성찰적
지식인
청년 학생을
위한

중국사 산책

성찰적 지식인을 위한
청년학생

중국사 / 산책

쑨테 지음 · 이화진 옮김

100
EVENTS
INFLUENCED
THE
HISTORY OF
CHINA

일빛

글머리에

　　길고 긴 역사의 강이 언제나 잔잔하고 조용하게 흐르는 것은 아니다. 수십 년, 심지어 수백 년 동안 평온했다 하더라도 평온함이 지나가고 나면 거센 물결과 파도가 일게 마련이고, 때로는 소용돌이가 일어 강물의 방향을 바꾸어놓기도 한다. 그러나 바로 이런 변혁의 시간이 있기에 인류의 역사는 고인 물처럼 썩지 않고 면면히 그 생명을 유지할 수 있다. 이 책에서 논하고 있는 것이 바로 이런 역사의 '물결'이다.

　　위대한 로마제국은 하루아침에 이루어지지 않았지만, 거의 하루아침에 멸망해 버렸다. 로마의 멸망으로 찬란한 문명이 막을 내림과 동시에 유럽에 길고 긴 중세시대가 시작되었다. 역사라는 기나긴 강 속에서 로마제국의 멸망은 순식간에 나타났다가 사라진 소용돌이와도 같지만, 그 소용돌이는 역사의 방향을 바꾸어놓았다. 역사를 돌이켜보면 이런 예를 수없이 많이 발견할 수 있다. 인류의 역사는 결코 틀에 박힌 규칙에 따라 기계적으로 돌아가는 죽은 역사가 아니라 영혼을 가진 살아있는 역사이다. 때문에 모든 시대의 역사를 동일한 원칙을 적용시켜 탐구할 수는 없다. 사람이 살다보면 몇 번의 중대한 고비를 맞이하게 되고, 그 고비를 어떻게 넘기느냐에 따라 그 후 상당히 긴 시간 동안의 운명이 결정된다. 역사도 역시 마찬가지로 중대한 고비가 어떠한 방식으로 결론지어지느냐에 따라 수백 년, 심지어 수천 년 동안 인류 전체의 운명이 결정된다. 바로 이런 이유 때문에 우리는 역사를 되짚어보지 않을 수 없고, 또 이런 회고와 반성은 우리에게 앞으로 또 다시 닥쳐올 역사의 중대한 고비를 슬기롭게 헤쳐 나갈 수 있는 힘을 부여한다. 이 책을 출간한 취지 역시 바로 여기에 있다.

중국은 유구한 역사를 가진 문명 국가이다. 이 기나 긴 시간 속에서 왕후장 상(王侯將相), 재자가인(才子佳人)을 비롯해 갠지스 강의 모래처럼 묵묵히 살아온 보통 백성들이 중국의 역사를 적어왔다. 하지만 역사란 균형을 이루며 발전하지 않는다. 어떤 시대는 그저 평범했고, 어떤 시대는 급변하는 정세 속에 영웅호걸들이 찬란히 빛나기도 했다. 어떤 시대에는 경제는 번영했지만 사상적으로 평범하기 그지 없었고, 국가의 쇠락에도 불구하고 문화는 번영했다. 이 책은 사람들에게 헤아릴 수 없이 많은 역사적 사건들 중에서도 중국 역사에 가장 영향을 준 100가지 사건을 엄선해 파란만장했던 역사의 장면을 간결한 필체로 묘사했다.

어떤 경우 역사는 인류와의 장난을 좋아한다. 당시에는 중요한 사건으로 생각되었지만, 훗날 그 사건은 무료하고 어떤 의의도 갖지 않는 경우를 만든다. 예를 들어 대대로 오행지(五行志)와 예의지(禮儀志)를 바로잡는 것은 중요한 정치·문화의 행위로 여겨졌지만, 당시에는 재미없고 맹목적인 일로만 치부되고 도리어 그 중요한 의의는 후대 사람들에게 발견된다. 예를 들어 저명한 여행가 서하객(徐霞客) 선생은 당시 사람들이 보기에는 그저 놀고먹는 방탕자에 불과했다. 하지만 수백년이 지난 후, 지질학자 정문강(丁文江)은 그를 중국 최고의 여행가라고 말한다. 이탈리아의 저명 역사학자 크로체(Benedetto Croce)가 "모든 역사는 현대사다"라고 말한 바와 같다. 역사는 시대의 발전이나 사람들의 이해, 후대 사람들의 선의 혹은 악의적 해석에 따라 변화한다.

우리는 사건들의 좋고 나쁨을 판가름하지 않았다. 그저 그 사건들이 역사속에서 갖는 위치에 대해 길게 연구했을 뿐이다.

이 책은 공평한 태도로 선인들을 대하는 것을 추구했고, 이러한 기초 위에 중국 역사에 영향을 끼친 커다란 사건들을 묘사했다. 인류 역사에 영향을 끼친 사건들 대부분은 이미 사람들에게 익숙한 영웅들의 서사시다. 이렇게 말하는 근거는 인간은 정치적 동물로, 전쟁은 정치의 연장선상에서 파생된 것이기 때문이다. 많은 경우가 피와 화약, 총검과 대포, 음모와 이해타산 속에서 자신의 방향을 전환했다. 이러한 인류의 동족 참살 속에서 인류가 만들어내고 숭배하던 '영웅'은, 천하를 장기판처럼 생각하고 백성을 장기마라고 여겼다. 강산은 판돈이 되어 버렸고, 서로가 서로를 죽이게 됐다. 중국 역사상 허다했던 전쟁은 중국에 커다란 변화를 가져왔고, 역사를 바꾸어 놓았다. 바로 전쟁의 형식으로 진행된 안사의 난, 아편전쟁 등이 그러한 예이다.

인류의 역사에 영향을 미친 사건들이 대부분 정치, 전쟁, 혁명 등과 불가분의 관계에 있기는 하지만, 짚고 넘어가야 할 사실은 인류의 운명에 영향을 미친 사건들이 결코 통치계급에 의해 독점되지는 않았다는 점이다. 때로는 간단한 도구의 발명, 또는 한 가지 기술의 개선만으로도 인류의 운명이 큰 변화를 맞이했다. 예를 들어 종이 제조술의 발명은 인류 문명의 연속과 발전에 중요한 의의를 가진다. 화약의 발명 역시 역사의 발전에 큰 역할을 했다. 그 외에도 이러한 문화적 현상은 역사의 발전에 영향을 준다. 예를 들어 1천여 년간 중국에서 행해진 과거제도, 중국 역사 속에 존재했던 문자옥(文字獄) 사건 등, 모두 대대적으로 정치, 사회, 사상학술 각 방면에 깊은 영향을 주었다.

사실 우리에게는 기나긴 인류의 역사지만 우주의 생명에 비하면 순간에 비유될 만큼 짧은 역사이기도 하다. 그러나 위대한 힘을 가진 인류는 지구라는 작은 행성 위에서 고도의 문명과 빛나는 역사를 창조해냈다. 역사를 되짚어 볼 때 우리는 각 시대가 낳은 걸출한 인물들만을 돌이켜 보는 것이 아니라 인류의 진보를 위해 묵묵히 이바지한 사람들까지도 모두 회고한다. 옛사람들을 그리는 일은 자신도 미약한 힘이나마 인류의 문명에 공헌하겠다고 다짐하게 만드는 효과를 가지고 있으며, 이 밖에도 인류 역사에 영향을 미친 사건들에서 유익한 결론을 얻는 것이 바로 이 책의 궁극적인 출간 목적이다.

끝으로 북경대학, 중국인민대학, 북경사범대학, 호남사범대학 등 대학역사학과의 교수와 학생들에게 진심으로 감사를 드리고, 그들의 노고와 노력으로 이 책을 완성할 수 있었다고 전하며, 많은 지지와 도움을 준 모든 나의 친구들에게 감사의 말을 전한다.

중국인민대학 역사과 정밍웨鄭明月 감수
북경대학 역사과 쑨톄孫鐵 주편
편집위원 가오징高敬, 팡이方軼, 천천陳塵, 천웨이陳偉, 왕쑤전王素珍, 리광후이李光輝, 류차오리劉巧麗, 왕베이王蓓,
       롄자오룽連照龍, 취충원屈從文

차
례

100
EVENTS
INFLUENCED
THE
HISTORY OF
CHINA

글머리에 • 5

1부 | 고대 중국 : 신화 시대~500년

1장 황제 시대부터 서주까지 15

　1 황제가 치우를 물리치다 • 16

　2 창힐이 한자를 창조하다 • 21

　3 계가 왕위 세습제를 실시하다 • 28

　4 주나라, 분봉제를 시행하다 • 32

2장 춘추전국 시대부터 진나라까지 41

　1 백가쟁명의 시대가 열리다 • 42

　2 공맹학이 성립되다 • 51

　3 노장학이 성립되다 • 60

　4 상앙변법, 진나라의 토대를 세우다 • 70

　5 진시황이 중국을 최초로 통일하다 • 79

　6 장성 축조, 민중의 능력과 뛰어난 창의성을 보여주다 • 87

　7 분서갱유, 진나라의 멸망을 초래하다 • 95

3장 한나라 시대부터 위진남북조까지 105

　1 한나라, 문경지치로 문화의 기틀을 다지다 • 106

　2 장건이 서역로를 개척하다 • 114

　3 한무제, 북방의 흉노를 물리치다 • 121

　4 도가를 버리고, 유가를 숭상하다 • 128

　5 사마천의 『사기』, 3천 년의 역사를 새기다 • 134

　6 왕망이 쿠테타로 신나라를 세우다 • 138

7 서역에서 불교가 중국에 전파되다 · 147

8 왕경의 황하 치수, 천년을 안정시키다 · 155

9 채륜의 종이 발명, 세계의 문화를 촉진하다 · 162

10 외척과 환관, 무소불의의 권세를 누리다 · 166

11 장각, 황건 봉기를 일으키다 · 174

12 적벽대전, 삼국시대를 열다 · 181

13 팔왕의 난, 서진을 몰락시키다 · 189

14 비수대전, 동진과 전진의 운명이 갈리다 · 195

15 북위 효문제, 낙양으로 천도하다 · 201

16 육진의 봉기, 북위가 분열되다 · 210

17 주무제 숭유억불 정책을 펴다 · 214

2부 | 중세 중국 : 500~1600년

4장 수나라 시대부터 당나라까지 223

1 수나라가 중국을 통일하다 · 224

2 과거제도가 시작되다 · 231

3 남북을 잇는 대운하를 개통하다 · 237

4 수당이 고구려 출정으로 흥망성쇠가 갈리다 · 242

5 정관지치, 당나라의 황금시대를 열다 · 247

6 당나라와 토번이 화친으로 서로 상생하다 · 253

7 『당률소의』, 중국 법전의 초석이 되다 · 260

8 측천무후, 유일무이한 희대의 여황이 등극하다 · 266

9 육조 혜능, 선종의 시조가 되다 · 274

10 개원성세, 개혁과 개방으로 태평성대를 열다 · 281

11 이백과 두보, 시가의 황금시대를 꽃피우다 · 287

12 안사의 난, 번진할거 시대를 열다 · 296

13 번진할거, 오대십국 시대를 열다 · 307

14 회창멸불, 당나라 무종이 불교를 말살하다 · 314

15 황소의 봉기, 최초로 '평등'의 개념을 외치다 · 321

16 석경당, 연운십육주를 할양하다 · 326

5장 송나라 건국부터 멸망까지 333

1 진교병변, 조광윤이 쿠테타로 황제에 오르다 · 334

2 전연지맹, 치욕인가 힘의 균형인가? · 342

3 필승, 활자 인쇄술을 발명하다 · 347

4 이학, 아랫사람을 다스리는 족쇄가 되다 · 355

5 여진족이 궐기하여 중원을 장악하다 · 362

6 정강의 변, 북송이 멸망하다 · 368

7 나침반의 발명, 세계의 시장화 시대를 열다 · 376

8 화약의 발명, 서구의 기사 계층을 와해시키다 · 381

6장 원나라 시대부터 명나라까지 339

1 칭기즈칸이 몽골을 통일하다 · 390

2 몽골의 유럽 정벌, 4대 한국이 서다 · 397

3 주원장, 민중혁명으로 명나라를 세우다 · 404

4 원, 명, 청이 북경을 수도로 삼다 · 411

5 정화, 해상 원정으로 세계와 교류하다 · 419

6 장거정의 개혁정치, 명나라의 경제를 일으키다 · 425

7 서양의 선교사들이 중국에 진출하다 · 434

3부 | 근대 중국 : 1600~1914년

7장 청나라 건국부터 문자옥 사건까지 449

1 누르하치, 만주족을 일으켜 청나라를 세우다 · 450

2 이자성의 농민봉기, 명나라가 멸망하다 · 458

3 오삼계가 청나라에 투항한 후 항청하다 • 465

4 정성공이 대만을 수복하다 • 472

5 달라이라마와 반선라마를 책봉하다 • 479

6 강건성세의 태평성세가 열리다 • 486

7 준갈이 부족을 평정하다 • 493

8 강희제, 러시아와 네르친스크 조약을 맺다 • 500

9 문자옥, 봉건전제주의의 통치수단으로 삼다 • 506

8장 서방의 사절단 파견부터 무창봉기까지 515

1 영국, 청나라에 매카트니 사절단을 파견하다 • 516

2 아편전쟁, 서방 자본주의 국가의 시장으로 전락하다 • 525

3 태평천국의 난, 만민이 평등한 세상을 꿈꾸다 • 534

4 신유정변, 서태후가 수렴청정을 하다 • 542

5 양무운동, 개혁의 꽃을 피우지 못하고 지다 • 550

6 변경의 위기, 오늘날 영토 분쟁의 불씨가 되다 • 555

7 중일전쟁, 중국 대륙의 발판을 마련하다 • 562

8 무술변법, 100일 유신으로 끝나다 • 570

9 의화단운동, 8국 연합군에 무너지다 • 578

10 무창봉기, 중화민국 건국의 도화선이 되다 • 584

4부 | 현대 중국 : 1914~현재

9장 중화민국 건국부터 5·4운동까지 593

1 원세개의 황제복벽, 83일 만에 막을 내리다 • 594

2 전족의 폐지, 여성이 압박에서 해방되다 • 602

3 5·4운동, 신민주주의 혁명이 되다 • 611

10장 중국공산당 창립부터 국민당 퇴각까지 619

1 1921년, 중국공산당을 창립하다 · 620

2 제1차 국공합작, 중국공산당이 우파에게 당하다 · 627

3 남창봉기, 중국인민해방군이 건립되다 · 634

4 팔칠회의, 추수봉기를 일으키다 · 642

5 정강산 회합, 농촌혁명의 근거지를 마련하다 · 649

6 동북역치, 북양군벌의 통치시대가 막을 내리다 · 655

7 준의회의, 모택동이 장정을 이끌게 되다 · 663

8 서안사변, 항일투쟁 통일전선을 구축하다 · 670

9 항일전쟁의 승리, 2차 세계대전을 종식시키다 · 679

10 공산당과 국민당이 중국의 운명을 건 대결전을 펼치다 · 687

11장 중화인민공화국 건국부터 현재까지 695

1 중화인민공화국을 수립하다 · 696

2 항미원조, 6·25 한국전쟁에 참전하다 · 702

3 마인추, 신인구론을 주장하다 · 708

4 닉슨 대통령의 중국 방문, 새로운 중미외교관계를 맺다 · 715

5 사인방 타도, 문화대혁명이 막을 내리다 · 721

6 중국, 개혁개방을 하다 · 728

7 홍콩과 마카오 반환으로 국치를 씻다 · 734

8 WTO 가입, 사회주의 시장경제를 새롭게 하다 · 740

9 중국공산당 제16차 전국대표대회, 샤오캉 사회를 추구하다 · 745

저자 후기 · 751

찾아보기 · 753

일러두기

1. 시대적 구분
이 책은 세계 역사의 시대적 구분에 맞춰 크게 고대, 중세, 근대, 현대로 나눈 후, 각 시대별로 각각 몇 개씩 세분하였는데, 서양의 중세에 해당하는 분봉제가 중국에서는 이미 서주 때부터 시작되었고, 진(秦)·한(漢) 시대에 봉건사회에 접어들었지만, 이렇게 시대 구분을 한 것은 세계사의 큰 틀에서 중국의 역사를 쉽게 이해하기 위함이었다.

2. 인명 표기
인명에 대한 표기는 기존의 한자음과 필요시 괄호에 중국어 표기법을 동시에 사용하였다. 그러나 중화인민공화국 수립 이후부터는 그 반대로 중국어 표기법을 사용하면서 괄호에 한자음을 표기해 두었음을 밝혀둔다.

3. 지명 표기
지명에 대한 표기는 기존의 한자음을 그대로 사용하였다. 다만 중화인민공화국 수립 이후부터는 이 역시 중국어 표기법을 사용하면서 괄호에 한자음을 표기해 두었다.

1부

100
EVENTS
INFLUENCED
THE
HISTORY OF
CHINA

고대 중국 : 신화 시대~500년

100
EVENTS
INFLUENCED
THE
HISTORY OF
CHINA

고대문명의 발상지 가운데 하나인 중국, 그 신화 속에 등장하는 황제(黃帝)는 매우 지혜롭고 능력 있는 인물로 그려져 있다. 중국인들은 황제를 자신들의 선조로 받아들일 뿐만 아니라 천문, 역법, 수레, 배, 지남차, 의술, 양잠, 우물, 문자, 음악, 도량형 제도 등 모든 문명 제도가 그로부터 기원하였다고 보고 있다. 그 후 황제의 뒤를 이어 전욱, 제곡, 요임금, 순임금 등 오제를 거쳐, 대우에 이르게 된다. 이때까지 민주적인 절차를 거쳐 내려오던 선양제도는 하나라가 건립되면서 커다란 변화를 겪게 되는데, 중국에 왕위 세습제를 바탕으로 한 고대국가가 들어선 것이다.

이렇게 중국은 하, 은, 주나라 시대를 거쳐 춘추전국시대에 이르게 된다. 주나라 때 서양에서는 볼 수 없는 분봉제가 실시되고, 춘추전국시대(BC 770~BC 221)에는 백가쟁명의 문화를 꽃피우기도 한다. 특히 이 시기 가운데 기원전 5~6세기는 세계사적으로도 '성인(聖人)들의 시대'라고 불리운다. 피타고라스, 헤라클레이토스, 파르메니데스, 소크라테스 등이 모두 공자, 노자 당시의 동시대인이었던 것이다.

제후국들이 주나라 왕조에 반기를 듦으로써 군웅활거의 춘추전국시대(전국시대 : BC 403~ BC 221)는 진시황이 중국을 통일함으로써 막을 내린다. 이에 춘추전국시대를 진나라의 통일 이전의 시대라는 뜻에서 선진시대(先秦時代)라고도 한다.

진시황은 중국을 최초로 통일하여 전제주의적 중앙집권을 한 최초의 황제(皇帝)이다. 그러나 중국 역사에서 최초로 통일을 이룩한 진나라는 불과 수십여 년의 역사를 마감하고 멸망하게 된다.

이후 들어선 한나라는 문경지치로 문화의 기틀을 다지고, 한무제가 부국강병의 시대를 열게 된다. 한나라는 400년간 지속되었으며 중국의 역사상 가장 강성했던 시기 중의 하나이다.

그러나 한나라 후기의 정치는 외척과 환관의 집권으로 부패하게 되고, 황건 봉기 등이 일어나 멸망한다. 이후 삼국시대, 5호16국시대 등 수나라 문제가 남조의 진(陳)나라를 멸망시키고 통일하기까지 369년간 위진남북조시대(221~589년)를 거치게 된다.

1장

황제 시대 부터
서주까지

| 황제가 치우를 물리치다
| 창힐이 한자를 창조하다
| 계가 왕위 세습제를 실시하다
| 주나라, 분봉제를 시행하다

1. 황제黃帝가 치우蚩尤를 물리치다

섬서성(陝西省) 중부(中部)에 황릉현(黃陵縣)이란 곳이 있다. 황릉현의 북쪽으로 교산(橋山)이라 불리는 산이 있는데, 이 산의 정상에는 거대한 능묘가 자리 잡고 있다. 바로 신화 속에 나오는 중화 민족의 조상 '황제(黃帝)'의 묘이다. 사람들이 그 능을 '황릉(黃陵)'이라 일컬었던 까닭에 본시 '중부(中部)'라고 불리던 이 마을은 '황릉현'으로 이름이 바뀌게 된다. 산과 산 사이를 가르며 유유히 흐르는 물줄기와 세찬 물결 가운데 위풍당당하게 솟아있는 산봉우리들의 형상을 보고 중국의 한 고서에는 "산세가 마치 교량(橋梁 : 다리)과 같아 저수(沮水)가 이를 감싸 흐르고 있다"라고 묘사하고 있다. 황릉의 사방으로 엇비슷한 봉우리들이 굴곡을 이루고 있는 섬북고원(陝北高原)이 펼쳐져 있으며, 그 산봉우리마다 울창한 삼림을 이루고 있는 오래된 측백나무들의 하늘을 찌를 듯한 기세가 마치 중국인의 유구함, 당당함, 강건함을 상징이라도 하는 듯하다.

사마천(司馬遷 : 전한前漢시대의 역사가, BC 145?~BC 86?)의 『사기(史記)』에 "황제장우교산(黃帝藏于橋山 : 황제가 교산에 묻혔다)"이라고 기록된 것으로 미루어 황제릉은 한(漢)나라 때 이미 존재하고 있었음을 알 수 있다. 황제는 유웅씨(有熊氏) 부족으로 유웅국(有熊國)의 부족장이었던 소전(少典)의 아들이라고 한다. 성은 공손(公孫), 이름은 헌원(軒轅)이다.

중국인들은 황제를 자신들의 선조로 받아들이는 데 조금도 주저하지 않는다. 중국 현대 문학의 거장 노신(盧迅, 루쉰 : 중국의 문학가이며 사상가, 1881~1936년) 역시 황제를 위대한 민족의 상징으로 여겼다. "아이아혈천헌원(我以我血薦軒轅 : 내 피를 헌원께 바치노라)"이라는 시구에서 노신(盧迅)은 자신의 목숨을 바친다고 할 만큼 헌원(軒轅, 즉 자신의 조국 중국)에 대한 사랑을 거침없이 표현하고 있다. 근래 들어 청명절(淸明節)이 돌아올 때면 많은 사람들이 황제릉을 찾아와 경건하게 참배를 하는 것을 볼 수가 있다. 대만 사람들과 해외에 거주하는 화교들 역시 중국을 방문할 때면 그들의 뿌리를 찾는 심정으로 황제릉에 와서 조상을 기리며, 후손으로서의 도리를 표하려 하고 있다. 중국인들은 모두 황제를 중화 민족의 상징으로 받아들이고 있는 것이다. 5천년의 역사가 유유히 흐르는 가운데 황제는 중국인들에게 있어 부국강병을 도모하고 인류 발전에 공헌토록 하는 원동력이라고 볼 수 있다.

황제(黃帝)는 누구인가

과학적인 관점에서 설명하자면 황제는 중국 원시사회 말기에 존재했던 부계 씨족사회 가운데 하나인 부족연맹의 족장이었다고 할 수 있다. 당시에는 부족, 씨족이 함께 모여서 생활하던 사회였으며, 계급과 국가는 아직 성립되기 전이었다. 황제 부족의 생활 터전은 역사 문헌마다 모두 다르게 기재하고 있다. 어떤 곳에서는 하북(河北)의 탁록현(涿鹿顯) 산골짜기에서 생활을 했다고 하는데, 『사기』에서 "탁록지야(涿鹿之野)"라는 기록을 볼 수 있다. 또 다른 곳에서는 지금의 하남(河南) 신정(新鄭) 일대에서 생활하였다고 하며, 그 일대를 "헌원지구(軒轅之丘)"라 일컬었다고 전하고 있다. 당시는 아직 완전한 형태의 정착 생활이 이루어지지 않았던 시기였기 때문에 잦은 이동으로 인해 황제의 부족은 대략 오늘날의 섬서(陝西), 하남(河南), 하북(河北)의 황하(黃河) 연안 일대에서 생활했을 것으로 추정되고 있다.

신화 속에 등장하는 황제는 매우 지혜롭고 능력 있는 인물로 그려져 있다. 그는 천문(天文)에 능하여 중국 최초의 역법(曆法)을 제정했을 뿐만 아니라 수레, 배, 지남차(指南車 : 수레 위에 장치한 인형의 팔이 항상 남쪽을 가리키도록 만들어진 수레)를 만들어내기도 하였다. 또한 의술에도 정통하여 신의(神醫)라 불리었던 기백(岐伯)과 함께 침술을 개발하였다. 황제와 기백의 의술에 관한 대화 기록은 훗날 중국 최초의 의서인 『황제내경(黃帝內經)』*으로 편찬되었다. 황제의 부인이었던 누조(嫘祖) 역시 재능이 뛰어난 인물로 누에를 먹이고 그 실을 뽑아내어 천을 짜는 일련의 방법을 터득하여 사람들에게 양잠 기술을 가르쳤다. 이때부터 사람들은 옷과

---

* 중국 신화의 인물인 황제와 그의 신하이며 천하의 명의인 기백(岐伯)과의 의술에 관한 토론을 진한(秦漢)시대에 기록한 것이라 전해지는데, 현존하는 내경으로는 당(唐)나라의 왕빙(王氷)이 주석(注釋)을 가한 24권본이 있다.

황제의 초상

면류관을 비롯하여 신발까지 만들 수 있게 되었으며, 신분의 고하를 막론하고 옷차림을 갖추게 되었다. 상고시대 풀과 짐승 가죽을 두르던 원시적인 생활 습관에 근본적인 변화가 생기게 된 것이다.

고대 사람들은 식량과 물이 부족하여 반드시 하천이 있는 곳을 따라 가며 터전을 일구어야 했고, 가축을 키우기 위해서는 끊임없이 물과 풀을 찾아 이동해야만 했기 때문에 그 불편함은 이루 말할 수가 없었다. 그러나 황제가 우물을 고안해 낸 후에는 하천에서 멀리 떨어진 곳에 가서도 터전을 일굴 수 있게 되었다. 그 당시 사람들은 동굴이나 벌판에서 기거하거나 나무 위에 임시로 거처를 마련하곤 하였을 뿐 집을 지을 줄 몰랐다. 이에 황제는 '나무를 베어 목재를 삼아 집을 짓고, 기둥을 올리고 처마를 내어 바람과 비를 피할 수 있는(伐木枸材벌목구재 筑作宫室축작궁실 上棟下宇상동하우 以避風雨이피풍우)' 집을 짓는 방법을 사람들에게 가르쳐 주었다. 황제의 수하로 수많은 인재들이 모여 들었으며, 모두 그들의 재능을 맘껏 펼쳐 보일 수 있었다. 상형문자를 만든 문자 학자 창힐(倉頡)*, 12음계를 확립하고 악곡을 선보인 음악가 영륜(伶倫)**, 수학에 정통하여 각종 도량형 제도를 만든 강수(康首) 등이 모두 이에 속한다고 할 수 있다.

물론 이러한 발명품들의 탄생에는 다분히 신화적이고 전설적인 요소가 섞여 있는 것이 사실이며, 실제 한두 사람의 힘으로 만들어진 발명품은 없다고 볼 수 있다. 이러한 역사 기록들은 그 시대 중국인의 조상이었던 황제의 지혜와 능력을 반증해 주고자 하는 자료로 보는 것이 타당할 것이다. 중국의 고대 학자들이 주저 없이 한 목소리로 인정하는 중국의 시조, 황제! 어찌 모든 문명 제도가 그로부터 기원하였다고 보지 않을 수 있겠는가!

---

* 중국의 전설에 나오는 황제(黃帝)의 신하로 달이나 해, 새나 짐승의 모양이나 발자취에서 착상(着想)하여 자연의 이치에 따라 처음으로 글자를 만들었다고 한다.
** 황제(黃帝) 때 해곡의 대나무를 베어 열두 개의 대통을 만들고 십이율의 율조를 만들었다고 한다.

황제와 치우의 교전

지금으로부터 4천여 년 전 황하와 장강(長江) 유역 일대에는 수많은 씨족과 부족이 살고 있었다. 황제와 동시대 인물로 또 다른 부족의 부족장이었던 염제(炎帝) 신농씨(神農氏)는 일찍이 중국 서북의 강수(姜水) 부근에 거주하였다고 한다. 황제와 근친(近親) 관계였다고는 하나, 황제 부족이 갈수록 번창한데 반해 염제 부족은 점차 쇠퇴일로를 걸었다.

그 당시 구려족(九黎族)의 부족장이었던 치우(蚩尤)는 매우 난폭한 인물이었다고 한다. 치우는 형제가 여든 한 명이었는데, 하나같이 몸은 맹수요, 머리는 청동, 목은 강철인데다 모래를 먹는 등 포악하고 사납기 그지없었다. 그들은 또한 칼, 창, 활 등 각종 병기를 만들어서 부족민들을 이끌고 다니며 다른 부족을 침략하였다. 비교적 이른 시기에 금속 제련 기술을 보유하고 있었던 치우 부족이 다른 부족들보다 막강한 군사력을 지니고 있었음을 알 수 있는 부분이다.

황제는 예전부터 치우 부족이란 화근을 제거해야겠다고 마음먹고 있었다. 이에 각 부족과 연합하여 군대를 모은 후 탁록(涿鹿 : 현재의 북경 연경延慶)의 벌판에서 치우와 한판 결전을 벌이게 된다.

이 전쟁에 관해서는 신화를 방불케 하는 수많은 이야기가 전해지고 있다. 황제는 평소 웅(熊 : 곰), 비(羆 : 큰곰), 비(貔 : 범과 비슷하기도 하고 곰과 비슷하기도 하다는 수컷 맹수. 옛날에는 이를 길들여 전쟁에 썼다고 함), 휴(貅 : 범과 비슷하기도 하고 곰과 비슷하기도 하다는 암컷 맹수), 추(貙 : 개만한 크기에 살쾡이 같은 무늬가 있으며, 표범과 비슷한 동물), 호(虎 : 호랑이) 등 여섯 종류의 맹수를 길렀는데, 전쟁이 나면 이 맹수들을 풀어 전쟁에 이용하였다(일부에서는 전설 속에 등장하는 여섯 종류의 맹수가 실은 맹수 이름으로 명명한 여섯 씨족이라고 보는 견해도 있다). 치우의 병사들이 비록 용맹스럽다고는 해도 황제의 군대와 이러한 맹수 떼까지 대적하기에는 역부족이어서 결국 패배를 거듭하게 된다.

황제가 병사를 이끌고 승세를 몰아 계속 추격을 하던 중 갑자기 하늘과 땅이 검게 변하더니 안개가 자욱해지고 광풍이 몰아치며 천둥과 번개까지 진동하여 황제의 군사들은 더 이상 치우를 추격할 수 없게 되었다. 치우가 풍백(風伯 : 바람을 맡아 다스리는 신)과 우사(雨師 : 비를 맡아 다스리는 신)에게 도움을 청하였던 것이다. 황

염제의 초상

제 역시 이에 뒤지지 않으려는 듯 천녀(天女 : 하늘을 날
아다니며 하계 사람과 왕래한다는 여자 선인仙人. 머리에 화만
華鬘을 쓰고 몸에는 깃옷을 입고 있으며, 음악을 좋아함)에게
도움을 청하여 풍백과 우사를 쫓아내었다. 일순간
바람이 멈추고 비가 멎더니 맑은 하늘이 그 모습을
드러내니 마침내 황제는 치우의 군사를 무찌르게 된
다. 일각에서는 치우가 요술을 부려서 안개를 자욱
하게 만들어 황제의 병사들이 앞을 분간할 수 없도록
하여 길을 잃게 만들었던 것이라고도 전해진다. 결
국 황제는 군대를 이끌고 방향을 분간하는 '지남차'
를 이용하여 산동(山東)까지 치우를 추격한 끝에 그를 붙잡았다. 황제는 치우를 죽
여 그 머리를 탁록에 가져다가 묻었다고 한다. 그러므로 오늘날 하북성 장가구시
(張家口市) 동남쪽에 위치한 탁록현에는 실제 치우의 무덤이 존재하고 있다.

▶▶ 역사의 흐름에 어떤 영향을 미쳤을까?

　　염제 부족과 황제 부족 사이에서도 충돌이 발생해 판천(阪泉 : 지금의 하북성 탁
록현 동남쪽) 지방에서 전쟁이 일어나게 된다. 결국 염제가 전쟁에 패하고 만다. 황
제는 치우를 상대로 승리를 거두고 염제까지 무찔러 그 위상이 더욱 높아지게 되
었으며, 중원 지역 각 부족장의 추대를 받아 부족 연맹의 수장 자리에 오르게 된
다. 훗날 황제 부족과 염제 부족이 합쳐져 하나의 부족인 화하족(華夏族)을 이루었
는데, 화하족이 바로 '중화 민족'의 전신인 것이다. 중국인들은 대대로 그들 자신
을 '염황(炎黃)의 자손'이라 칭하고 있으며, 고대의 문헌 기록에서도 황제 이후 중
국 역사에 등장하는 요(堯), 순(舜), 우(禹) 등과 하(夏), 상(商), 주(周)에 이르기까지
모두 염황의 자손이라고 기록하고 있다. 비단 중원의 한족(漢族)뿐만 아니라 북방
의 흉노(匈奴), 서방의 강족(羌族), 남방의 소수 민족들까지도 모두 자신들을 염황
의 자손이라 자처하고 있는 것이다.

　　중국인들은 지금까지도 스스로를 '염황의 자손'이라고 일컫는다. 같은 조상,
같은 뿌리라는 의식은 세계 각국에 흩어져 있는 중국인들을 하나로 결속시키고

있을 뿐만 아니라 '중화 민족'이 세계적으로 가장 응집력 있는 민족이 되도록 힘을 발휘하고 있다. 중국 역사는 기본적으로 통일을 추구한다. 사분오열되는 시대였다고 해도 정치적 포부가 있는 인인지사(仁人志士 : 인자하며 지조가 있는 사람)들은 모두 통일의 달성을 그들 자신의 목표로 여기고 이에 매진하였다. 백성들 역시 '중화 민족'은 온전히 하나 된 존재이고, 모두가 염황의 자손이며, 반드시 통일된 국가를 이루어야 한다고 여기고 있는 것이다. 이러한 모든 사상적 기반이 후대 중국인들의 사고방식과 국가관에도 영향을 끼치게 됨에 따라 중국인들은 자신도 모르는 사이에 오랜 기간 가슴 속에 침적되어 온 의식을 좇아서 중국이 나아갈 역사적 방향을 그려가고 있다.

2. 창힐倉頡이 한자를 창조하다

중국 문화에서 결코 빼놓을 수 없는 부분인 한자는 수천 년에 걸쳐 중국 역사를 기록하여 왔을 뿐만 아니라 고금 이래 의사소통의 중요한 수단이 되어 왔다. 특히 한자에서 파생 되어 나온 서예는 중국 문화의 귀한 보배라고까지 할 수 있다. 그렇다면 한자는 어떻게 만들어진 것일까?

한자의 기원에 대해 중국에서는 이미 2,500여 년에 걸쳐 지속적인 연구가 이루어져 왔다.

한자의 기원 탐구

진(秦)나라가 통일을 이루기 전인 춘추전국시대에 전해져 내려오는 설에 따르면 한자를 만든 사람은 창힐(倉頡)이라고 한다. 『순자(荀子)』「해폐(解蔽)」에 "책을 좋아하는 사람은 무수히 많았으되, 유일하게 창힐만이 후대까지 그 이름이 전해지고 있다"는 기록이 있으며, 『여씨춘추(呂氏春秋 : 진秦나라 때 정치가 여불위呂不韋가 편찬한 사론서史論書)』에는 "해중(奚仲)이 수레를 만들었고, 창힐이 문자를 만들었

중국 고대 서하의 문자 일부 파편

다"라고 기록되어 있다. 창힐은 황제(黃帝)의 사관(史官)이었다고 하며 고대에 문자를 정리한 대표적인 인물로 꼽힌다.『설문해자(說文解字 : 후한後漢시대 때 허신許愼이 편찬한 자전字典)』에는 "창힐은 황제시대 문자를 만든 사관으로서 '조자성인(造字聖人)'이라 추앙받았다"라고 기록되어 있다.

중국의 역사학자 서욱(徐旭)은 그 당시 역법(曆法)을 제정하기 위해서는 반드시 문자가 필요했고, 신(神)의 명령을 명문화하여 시행하기 위해서도 문자가 필요했을 것이기 때문에 창힐을 전욱(顓頊)*의 부족민이라고 추정하였으며, 문자의 탄생이 창힐과 관련이 있다고 여겼다. 창힐이 기원전 26세기 사람인 점을 참작하면 중국 문자는 4~5,000년 전에 이미 그 틀을 형성했음을 알 수 있다.

현재에 와서는 창힐을 인정하면서도 문자를 발명하는 데 기여한 사람들이 더 있었을 것으로 여겨 연구 범위를 확대해 나가고 있다. 노신(盧迅)은『문외문담(門外文談)』에서 다음과 같이 이야기하고 있다.

……그 당시 사회에 창힐 같은 사람이 어디 한 명뿐이었겠는가. 칼자루에 그림을 새긴 사람, 문설주에 그림을 그려 넣은 사람 등. 그들의 마음이 서로 통하여 입에서 입으로 그것들이 전해지면서 문자는 점점 더 많아졌을 것이다. 사관이 이러한 것들을 모아 정리하고 한 단계 더 발전시켜 나가면서 역사 기록도 가능해졌다고 보아야 한다. 이러한 사례를 제쳐두고 중국 문자의 유래를 논하는 것은 어불성설이 아닐 수 없다.

---

* 황제의 손자로 고대 중국의 전설상의 삼황오제 가운데 한 명이다. 이름은 고양(高陽)이고 고양씨(高陽氏)로도 부른다.『사기』에 제사를 잘 거행한 제왕으로 묘사되고 있는데, 이는 신권(神權) 정치의 선구자라고도 할 수 있다.

이는 곧 한자가 창힐 한 개인이 만들어 낸 것이 아니며, 창힐과 같은 사람들이 무수히 많아진 데 기인한 것으로서 이 가운데 창힐은 비교적 중요하고 다소 큰 영향을 끼친 인물이라는 것이다. 따라서 창힐이 과연 한자를 만들었는가 여부보다는 한자의 탄생, 즉 그 본연의 의미를 살펴보는 것이 더욱 중요하다고 할 수 있다. 한자의 탄생은 중국이 역사적으로 문자의 시대에 진입했음을 상징하는 일대 '사건'으로서 후대에도 매우 큰 영향을 미치게 된다.

창힐이 한자를 만들다

창힐의 성은 후강(侯剛)이며, 호는 사황씨(史皇氏)이다. 황제 시대의 사관이었으며, 한자의 창시자로 '조자성인(造字聖人)'이라 추앙받고 있다. 지금의 하남성(河南省) 남악현(南樂縣) 서북쪽으로 약 17킬로미터 떨어진 오촌(吳村)에 창힐능(倉頡陵), 창힐묘(倉頡廟), 조서대(造書臺)가 있는 것으로 미루어 사학자들은 창힐이 이곳에서 태어나 이곳에서 생을 마감하였을 것으로 추정하고 있다.

이전에 사람들은 매듭을 지어 대소사를 기록하였다. 즉 큰일은 매듭을 크게 만들고 작은 일은 매듭을 작게 지었으며, 상호 연관이 있는 일은 연결 매듭을 지어 놓곤 하였다. 후에 대나무 위에 칼로 부호를 새겨 넣는 방법으로 기록을 대신하였으나 역사의 발전, 문명의 진보에 따라 복잡한 사건들과 수많은 사물들의 이름을 매듭과 목판에 새긴 부호로만 기록하기에는 역부족일 수밖에 없었다. 따라서 문자의 필요성이 매우 절실하게 되었으며, 이에 "창힐이 문자를 처음 만들어 매듭을 대신하게 되었다"고 전해지고 있다. 황제(黃帝)의 집권기는 다양한 발명품이 등장하던 시기여서 '양잠(養蠶)' 기술을 비롯하여 배, 수레, 활, 거울, 밥 짓는 솥과 시루 등이 만들어졌다. 이렇듯 발명이 활발하게 이루어지던 시대적 영향을 받아 창힐도 문자를 만들어야겠다는 결심을 군힌 듯싶다.

창힐은 동공(瞳孔)이 네 개인 인물로 매우 총명했다고 한다. 창힐이 남방을 순시하던 어느 해, 양허산(陽虛山 : 지금의 섬서성 낙남현雒南縣)을 오르다가 현호(玄扈)의 낙망(洛汭) 물가에 이르렀을 때 우연히 등 위에 푸른 무늬가 가득한 거북 한 마리를 보게 된다. 이를 이상하게 여긴 창힐은 거북을 가져다가 세밀하게 관찰하기 시작하였다. 오랜 관찰 끝에 창힐은 거북의 등에 있는 무늬가 일정한 의미를 담

창힐 초상

고 있으며, 서로 통할 수 있다는 것을 깨달았다. 무늬가 의미를 나타낼 수 있다면 일정한 규칙을 정해 사람들의 뜻을 전달할 수도 있고, 사건을 기록할 수도 있지 않겠는가?

창힐은 밤낮으로 하늘의 별자리 분포, 땅 위 산천의 맥락(脈絡), 새나 짐승, 곤충, 물고기의 모습, 초목의 형상 등을 유심히 관찰하기 시작하였다. 그리고 그 모양을 본떠 다양한 부호들을 만들어내기 시작했으며, 각 부호별로 서로 다른 의미를 부여하였다. 그는 자신이 생각한 바를 그 부호들을 조합하여 몇 개의 단락으로 만들어 사람들에게 보여 주었고, 그의 설명을 듣고 나서 사람들은 그 뜻을 이해할 수가 있었다. 창힐은 이러한 부호들을 '자(字 : 글자)'라고 명명하였다.

창힐이 글자를 만드는 데 성공하고 난 후 괴이한 일이 발생했다. 그날 낮에는 곡식들이 비처럼 쏟아져 내렸고, 밤이 되자 귀신들이 통곡하는 소리가 들려왔다. 어찌하여 곡식들이 비처럼 쏟아지게 되었던 것일까? 창힐이 글자를 만들게 됨으로써 생각을 전달할 수 있고, 사건들을 기록할 수 있게 되었으니 대자연도 이를 축하하고자 하였기 때문이다. 하지만 왜 귀신들은 통곡을 했던 것일까? 어떤 사람은 글자가 있어 백성들이 점점 지혜로워진 반면, 덕(德)과는 점점 더 멀어져 서로는 속이며 죽이는 행태가 발생하게 될 것이고, 이때부터 태평한 날을 기대하기 어려울 것이기 때문이라고 했다. 귀신들마저도 안녕을 기대할 수 없으니, 통곡하지 않을 수 없었던 것이다.

창힐이 문자를 발명한 배경으로 다음과 같은 또 다른 설이 전해지고 있다. 어느 날 창힐이 매듭으로 기록한 사서를 황제에게 드렸는데, 기록에 오류가 있어 황제가 변경에서 가진 염제와의 담판에서 손해를 보게 된다. 창힐은 이에 책임을 지고 관직에서 물러나 천하를 떠돌며 역사를 기록하는 더 나은 방법을 찾아 다녔다. 3년이 지난 후에 고향인 백수양무촌(白水楊武村)으로 돌아온 창힐은 깊은 계곡에서 독거하면서 '천체(天體)'의 움직임을 관찰하고 금수(禽獸)의 발자국을 살펴' 정리한 각종 자료들을 바탕으로 만물을 대표하는 부호들을 만들어 내었다. 그리고 이러한 부호들을 '자(字)'라고 명명하게 되었다.

원칙		글 자								구조
상형	a	人	女	子	口	鼻	目	(手)	止(足)	인체 형상
	b	馬	虎	犬	象	鹿	羊			동물 형상
	c	日	月	雨	(電)申	山	水	禾	木	자연 물체
	d	壺		弓	矢	絲	冊	卜	兆	인공 기물

갑골문의 구조 도표

창힐이 만든 글자들은 모두 만물의 형상을 본떠 만들어낸 것이다. 태양의 붉은 원의 윤곽을 그려 만든 '일(日)' 자, 초승달의 모습을 묘사한 '월(月)' 자, 측면에서 본 사람의 모습을 하고 있는 '인(人)' 자 등, 창힐이 글자를 만들어 낸 일을 알게 된 황제는 매우 감동하여 그에게 '창(倉)'이란 성(姓)을 하사하였다. '창' 자는 '사람 인(人) 아래 임금 군(君)'이 있는 형상으로 "임금 위에 백성이 있고, 백성 아래 임금이 있다"란 뜻이다. 나중에 하늘에서도 이 일을 알고 창힐에게 비를 상으로 주었다고 전해지는데, 여기에서 민간의 곡우절(穀雨節)이 유래되었다고도 한다.

창힐묘(倉頡廟)가 있는 사관촌(史官村)은 섬서성 백수현(白水縣)에서 출발하여 위청(渭淸 : '위渭'는 '남南', '청淸'은 '간澗'이라고도 함) 국도 아래의 낙하(洛河)를 따라 가다가 다시 백락(白洛 : '백白'은 '수水', '락洛'은 '천川'이라고도 함) 국도로 들어서서 지프차를 타고 한 시간 정도 고원 위의 골짜기를 달린 후에야 도달할 수 있다. 1,800여 년의 역사를 자랑하는 창힐묘는 국무원에서 정한 '국가급 중점 문물보호 단위' 문화재이다.

창힐릉(倉頡陵)은 오촌(吳村)의 서쪽에 위치하고 있으며, 창힐묘와 동서로 마주하고 있는 5m 높이의 토산이다. 능묘 아래로 앙소문화(仰韶文化 : 황하 유역 신석기 시대 문화)와 용산문화(龍山文化 : 흑도문화黑陶文化라고도 하며 검은색 토기가 발굴되었던 신석기 말 문화)의 유적지가 있다. 능묘 앞에는 석상과 돌사자가 있고, 석방(石坊)에는 '창힐' 두 글자가 새겨져 있는 것을 볼 수 있다.

창힐묘가 조성된 시기는 명확하지가 않다. 다만 묘(廟) 안에 현존하는 석비에 "역한당이래 미상초체(歷漢唐以來 未嘗稍替 : 한당漢唐 이래 쇠함이 없다)"라는 기록으로 보아 지금의 창힐묘는 명청(明淸) 시기에 건축된 것으로 추정하고 있다. 총 면적은 2,700제곱킬로미터로 남향으로 지어졌으며, 한 쌍의 석망주(石望柱)에 새겨진 조각이 매우 정교하고 아름답다. 산문(山門 : 사당 묘묘廟의 대문)과 이문(二門 : 사당 묘묘廟의 중간에 위치한 문)은 모두 경산식(硬山式)으로 건축되었으며, 배전(拜殿), 정전(正殿), 침각(寢閣) 등의 건물들도 웅장하고 수려하다. 또한 명나라 시대 명인(名人)의 전액(篆額 : 전자체篆字體로 쓴 현판이나 비갈碑碣 문구)과 창힐 부부의 석상도 보존되어 있다. 창힐묘 안에는 많은 비석들이 수풀을 방불케 할 정도로 빼곡히 세워져 있으며, 울창한 송백(松柏), 유유히 날리는 버드나무, 즐비한 건축물 등이 장관을 이룬다.

'결승기사(結繩記事)' 시대와 안녕을 고하다

중국 고서에는 "결승기사(結繩記事 : 매듭을 지어 기록에 대신하다)", "계목위문(契木爲文 : 나무를 묶어 문장을 대신하다)" 이라는 등의 기록을 볼 수 있다. 기록의 초창기에 사용했던 이러한 방법들은 장기간 보존이 어려웠기 때문에 이를 통해 당시의 상황을 알아내기란 불가능하다. 그러나 안양(安陽)의 소둔(小屯)에서 발견된 15만 조각의 갑골 문자는 거북의 등껍데기와 소의 견갑골 위에 새긴 문자로서 거의 완벽하게 보존되어 있다. 총 수량은 3,500자 정도이며, 상형문자(象形文字) 외에도 형성(形聲), 회의(會意), 가차(假借)* 등 비교적 발전된 조자(造字) 방식이 보편적으로 두루 응용된 것을 볼 수 있다. 3,000년 전 상(商)나라 시기의 문자들이 이미 이 정도 수준의 완벽성을 지녔다고 볼 때, 문자는 이미 그 이전부터 상당히 긴 형성과 발전 과정을 거쳐 왔음을 알 수 있다.

중국의 고고학자들은 그들의 선인들이 이미 7~8천 년 전부터 거북이의 등에 글자와 같은 부호를 새겨놓은 사실을 고증한 바 있다. 5~6천 년 전에 존재했던 앙소문화와 대문구문화(大汶口文化 : 중국 황하 유역의 신석기 시대 문화) 유적에서 발굴된 도기에는 수천 가지가 넘는 부호가 새겨져 있는 것을 볼 수가 있다. 그 가운데 갑골에 새겨진 부호와 유사한 것들이 있는 것으로 보아 이를 초기의 문자라고 보는

---

* 한자 생성의 여섯 가지 원리 가운데 '형성'은 두 글자를 합하여 한쪽은 뜻을 나타내고 다른 쪽은 음을 나타내는 글자이다 ('銅' 자에서 '金'은 금속의 뜻을 나타내고 '同'은 음을 나타내는 따위이다). '회의'는 두 글자를 합하여 새로운 개념을 나타내는 글자이다 ('明'은 '日(날 일)'과 '月(달 월)'을 합하여 만든 것이다). '가차'는 어떤 뜻을 나타내는 한자가 없을 때, 그 단어의 발음에 부합하는 문자를 원래의 뜻과는 관계없이 빌려 쓴 글자이다(독일(獨逸), 비구니(比丘尼), 석가(釋迦) 등이 그 예이다).

사람들도 있다. 용산문화 초기의 도자기들에서 발견되는 주서(朱書 : 붉은 글씨)는 문자라고 보는 견해가 일반적이기 때문에 한자의 역사는 최소한 4천 년의 역사를 가지고 있다고 할 수 있다. 문자의 탄생은 인류가 오랜 사회생활을 거치면서 끊임없이 축적하고 연구 고찰한 성과가 아닐 수 없다. 그러므로 문자를 총괄하여 정리해 낸 창힐이야말로 한자의 형성과 발전에

정주시 대하촌에서 출토된 채회쌍련호(采繪雙連壺)

가장 큰 공헌을 한 인물이라고 할 수 있을 것이다.

▶▶ 역사의 흐름에 어떤 영향을 미쳤을까?

문자는 인류 문명을 기록하는 수단이다. 한 시기를 풍미했던 수많은 고대 문명들이 문자로 기록되지 못하였거나 기록이 소실되면서 결국 허무하게 사라져 버렸다. 한때 매우 번성했을지도 모를 경제, 문화, 제도, 그리고 수많은 영웅호걸들도 결국은 모래알처럼 흩어져 버렸거나 수풀 속 이슬이 되어 사라져 간 것이다. 그러므로 문자의 중요성은 문명을 논할 때 가장 극명하게 드러난다. 창힐이 문자를 만들어 내면서 한자의 역사는 시작되었다. 한자를 이용하여 역사를 기록함으로써 중국 문명은 오랜 기간 이어져 내려올 수 있었으며, 중국 민족이 하나로 응집할 수 있었던 것도 한자가 있었기 때문에 가능한 일이었다. 창힐은 한자를 발명하여 중국 역사에 매우 중요한 영향을 끼치게 된 것이다.

3. 계啓가 왕위 세습제를 실시하다

대우(大禹 : 성은 사姒, 이름은 문명文命, 호는 우禹. 홍수를 잘 다스린 공으로 순舜임금으로부터 왕위를 물려받음)가 물길을 다스려 홍수의 피해를 막았다는 '대우치수(大禹治水)'라는 고사는 중국 고대사의 한 대목을 장식하는 진취적이고 감동적인 이야기이다. 고사의 배경이 된 기원전 21세기경, 중국의 황하 유역은 홍수의 피해가 매우 극심하여 전답(田畓)이 물에 잠기고 가옥이 무너져 이재민이 속출하였다. 이에 각 부락의 사람들은 모두 힘을 모아 대자연과 목숨을 건 한판 승부를 벌이지 않을 수 없었다.

가장 먼저 홍수와의 전쟁에 선봉에서 선 사람은 대우의 아버지 곤(鯀)이었다. 그러나 곤은 홍수를 막고자 하는 마음만 간절했을 뿐 방법상에 많은 문제가 있었다. 홍수가 나면 사람을 그곳으로 보내 흙으로 둑을 쌓아 막았는데, 둑이 많아질수록 홍수는 오히려 더 심해지기만 하였다. 곤의 홍수 방지책이 실패로 돌아간 후, 그의 아들 대우가 나서서 치수에 대한 막중한 책임을 맡게 된다.

대우는 수맥의 특성을 파악하여 유수의 흐름에 따라 물길을 막힘없이 터줌

치수 중인 대우의 초상

으로써 홍수의 발생을 막고자 하였다. 이에 치밀하고 정확한 일련의 치수 대책을 마련하기 위하여 고생을 무릅쓰고 전국의 산과 강을 직접 시찰하며, 산천의 지세를 조사하였다. 산에까지 길을 내어 물길이 원활한 흐름을 유지하도록 하고 둑을 쌓아 도랑을 쌓는 등 12년 동안 노력을 지속한 결과, 마침내 중국 전역의 물길을 다스릴 수 있게 되었으며, 홍수의 피해를 막을 수 있게 되었다. 대우는 이 기간 동안 세 번이나 자기 집 앞을 지나게 되었음에도 불구하고, 그냥 지나쳤다는 일화로 유명하다. 대우의 치수 사업은 인간의 노력으로 자연의 재난을 극복한 위대한 승리의 서사시로 평가되고 있다.

그러나 대우의 치수 정책이 성공하고 나자 기존의 왕위 '선양제도'가 폐지되고 '세습제(즉 가천하家天下)'가 시행되었으며, 공유제 사회에서 사유제 사회로 진입하는 서막이 열리게 된다.

선양 제도가 부자세습제, 가천하 제도로 바뀌다

황제(黃帝)와 그의 뒤를 이어 황제 부족의 수장이 된 전욱(顓頊), 제곡(帝嚳)[*], 당요(唐堯 : 요임금), 우순(虞舜 : 순임금) 등을 전설 속의 '오제(五帝)'라 부른다.

요순 시대에는 씨족 간의 민주 제도를 아직 유지하고 있었다. 매번 나라의 큰일을 논할 때마다 요임금은 각 부족장의 의견을 수렴하였으며, 순제의 즉위 역시 각 부족장들의 천거로 정해져서 '요순선양(堯舜禪讓 : 요임금이 순임금에게 왕위를 양위하다)'의 고사가 나오게 된 배경을 이루었다. 요임금의 재위 기간 동안 중국 각지에서 대홍수의 피해가 속출하여 전답이 하루아침에 물바다가 되

하나라 우왕의 초상

고, 산과 언덕은 그 위에 떠 있는 섬처럼 보일 정도였다. 요임금은 하(夏) 부족의 '곤(鯀)'을 보내어 홍수를 막도록 하였으나, 9년의 시간이 흘렀음에도 불구하고 성공을 거두지 못하였다. 순임금이 즉위한 후 곤을 내쫓고 그의 아들 '우(禹)'로 하여금 홍수를 막도록 하였는데, 우는 물길을 터주는 방법을 택하여 10여 년의 노력을 들인 결과 마침내 홍수를 다스릴 수 있었다.

홍수를 막은 공을 인정받은 우는 백성들의 신망을 얻게 되어 순임금에 이어 모든 부족을 다스리는 중원의 제왕 자리에 오르게 된다. 초기에 도읍을 양성(陽城 : 지금의 하남河南 우현禹縣)으로 정하였다가 후에 안읍(安邑 : 지금의 산서山西 하현夏縣 서북쪽)으로 천도하였다. 우는 각 부족을 통솔하여 오랜 세월 북방에서 대치하던 남

---

[*] 황제의 손자로 이름은 고신(高辛)이고 고신씨(高辛氏)라고도 부른다. 전욱의 뒤를 이어 제위에 올랐고, 다른 전설상의 제왕처럼 고결한 인간으로 묘사되어 있다. 『사기』에는 태어날 때부터 자신의 이름을 말할 수 있는 명석한 사람이었다고 기록되어 있다.

대우치수도(大禹治水圖), 옥산(玉山)

방의 삼묘(三苗 : 강江, 회淮, 형주荊州) 부족과의 전쟁을 승리로 장식하게 된다. 이에 우의 명망은 시간이 지날수록 더 높아지게 된다. 그는 도산(塗山)으로 각 부족의 제후들을 불러 모으는 회의를 열면서 참석한 자에게는 옥과 비단을 하사하며 군신의 예를 맺고, 늦게 온 자에게는 그 무례함을 물어 죽였다.

우는 집권 말기에 고요(皐陶 : 요순시대 유명한 법관)를 후계자로 정하였으나, 얼마 안 되어 고요가 죽자 다시 우의 치수 사업을 도왔던 백익(伯益)을 천거하였다. 백익은 우물 파는 기계를 발명한 인물로 전해지고 있다. 그러나 우가 죽고 나자, 그의 아들 계(啓)는 우씨 가족의 권세를 이용하여 최고 권자를 빼앗고 중국 역사에서 최초의 국가, 즉 하(夏)나라를 건립한다. 이로써 '천하위공(天下爲公 : 천하는 모두의 것)'의 씨족제도는 막을 내리게 되었으며, 가족사유제도를 특징으로 하는 사회인 '소강지세(小康之世 : 만인이 평등하고 다툼이 없는 세상이 대동大同이라면, 소강은 예의禮義를 세워 군권君權이 행해지는 세상)'의 서막이 오르게 된 것이다.

왕위 세습제

하나라를 건립하고 나서 계(啓)는 가무와 주색에 빠져 하루하루를 보내며 도를 넘는 사냥과 음란한 생활로 주변 부족을 경악하게 하고, 많은 원성을 사게 된다. 이에 지금의 섬서성 서쪽 경계 부근에 살고 있던 호씨(扈氏) 부족이 계에 반대하며 거병을 하였으나, 병력상의 차이가 워낙 컸기 때문에 계에 의해 멸망하고 만다. 계가 죽은 후 계의 다섯 아들이 왕권 쟁탈을 벌이게 되어 건립된 지 얼마 되지 않은 하나라는 위기를 맞게 되었으며, 이틈을 타서 황하 유역의 후예(後羿 : 활의 명수)가 안읍(安邑)을 점령하였다. 계의 아들 태강(太康)과 중강(仲康)은 이락(伊洛) 지역을 떠돌다가 차례로 죽음을 맞이하게 되었으며, 중강의 아들 상(相)은 지금의 하남성 복양(濮陽)으로 달아나 친족인 짐관씨(斟灌氏)와 짐심씨(斟鄩氏)에게 몸을 의탁하였다.

자신의 궁술에 지나치게 자만했던 후예는 정사는 뒷전이고, 들판을 쏘다니며 사냥에만 열중하여 그의 심복이었던 한착(寒浞)에 의해 살해되고 만다. 한편 임신 중이던 상의 아내 후민(後緡)은 벽에 난 구멍을 이용하여 빠져나와 친정인 유잉씨(有仍氏) 부족으로 도망하여 소강(少康)을 낳았다. 한착이 사람을 풀어 소강을 잡으러 다니자 소강은 유우씨(有虞氏) 부족으로 피신하여 비로소 근거지를 마련하게 된다. 후에 소강은 하나라의 일부 귀족들과 친족들을 규합하여 한착을 물리치고 하나라 왕조를 재건하였는데, 역사적으로 이를 '소강중흥(少康中興)'이라고 부르고 있다. 우가 아들에게 왕권을 물려준 후 소강이 이를 다시 되찾기까지 백년의 세월이 흐른 후에야 세습제가 비로소 선양제를 대체하게 된 것이다. 수천 년 동안 중국 역사를 이끌어갈 전제 왕권의 기초가 바로 여기에서 그 기틀이 형성되었다고 볼 수 있다.

하나라 왕조는 농업을 근본으로 삼았다. 하나라 사람들은 나무 가래와 돌삽으로 황토 고원의 부드러운 대지를 개간하고, 고랑을 만들어 물길을 확보할 줄 알았으며, 우물을 이용하여 물을 댈 줄도 알았다. 농업에 적합한 음력 역법도 제정하였다. 농업이 발전하면서 잉여 식량도 생겨났으며, 잉여 식량으로 술을 빚기 시작하면서 하나라에는 양조업이 발달하게 된다. 이에 따라 술을 빚거나 마실 용도로 만든 다양한 주기(酒器)들이 쏟아져 나오고, 하나라 사람들에게 음주는 자연스럽게 생활의 일부분으로 자리 잡았다. 특히 통치자들의 음주는 도를 넘기 일쑤였다.

하나라 시대에 이미 청동 주조업(鑄造業)이 선을 보이기 시작하였고, 청동기들이 생산되면서 생산성은 크게 향상되었다. 하남(河南)의 이리두(二里頭 : 하나라 왕조 유적지)에서 발견된 하나라 시대의 궁전 건축군은 터가 매우 클 뿐만 아니라 문헌에 기록되어 있는 대로 하나라의 마지막 왕인 걸(桀)이 벌인 대형 토목공사가 거짓이 아니라는 것을 입증이라도 하듯이 드높은 요대(瑤臺 : 아름다운 누각)와 드넓은 경궁(傾宮 : 넓고 큰 궁실로 매우 높아 쓰러질 듯하여 이렇게 이름 지음)이 모습을 드러내고 있다. 하나라 걸왕은 세상의 모든 보물과 미녀를 이곳에 모아 방탕하고 음란한 생활을 하였다.

이리두에서 발견된 무덤들은 빈부의 구분이 매우 엄격한 것을 볼 수 있으며,

노예 순장의 형식으로 보아 하나라 시대부터 이미 노예가 존재했다는 것을 알 수 있다. 아직까지 하나라 시대의 문자는 발견되고 있지 않지만 갑골문이 상나라 시대에 이미 완벽한 모습을 갖추고 있었고, 고대 문헌 가운데에서도 『하서(夏書)』의 내용을 인용하고 있는 것 등으로 미루어 볼 때 하나라 시대에 이미 문자가 존재하고 있었음을 짐작할 수 있다. 이리두 유적에서 출토된 도기에서 발견된 20여 종의 부조(浮彫) 부호들이 이를 증명한다고 볼 수 있다. 하나라 왕조의 국왕은 대를 물릴수록 더욱 부패하고 음탕하여 어둠의 통치 속에 있던 하나라의 제후국들이 하나 둘씩 등을 돌리기 시작하여 결국 동방의 신흥 세력인 상족(商族)에 의해 멸망하고 만다.

▶▶ 역사의 흐름에 어떤 영향을 미쳤을까?

계(啓)가 우(禹)의 왕위를 계승하면서 부자(父子)나 형제간의 왕위 세습제가 형성되었다. 하나라 왕조의 건립은 중국에 '가천하 제도', 즉 '왕위세습제'가 탄생하였음을 알리는 상징이며, 중국의 역대 흥망성쇠의 순환 고리 가운데 하나를 형성하고 있다. 이는 또한 나라의 건립은 물론이고 왕조 성립, 왕위 세습, 왕권 찬탈의 첫 선례가 되고 있다. 고대 문헌에서는 계가 부친의 왕위를 계승한 것을 두고, 모두의 것이던 '천하위공(天下爲公)'의 '대동(大同)' 세상이 '천하위가(天下爲家)'의 '소강(小康)' 세상으로 바뀐 것을 의미한다고 보고 있다.

4. 주나라, 분봉제分封制를 시행하다

'중앙과 지방의 관계'는 중국 역사의 기저에 깔린 가장 민감한 부분이라고 할 수 있다. 중앙과 지방이 관계를 맺는 형식은 크게 '봉방건국(封邦建國 : 분봉제分封制)'과 '군현제(郡縣制)'의 두 가지 유형으로 나뉘는데, 역사적으로 주나라, 서한(西漢), 서진(西晉), 명나라 등 다수의 나라에서 볼 수 있듯이 봉방건국을 채택한 왕조가 비교적 많았다. 왕가의 친족을 지방의 제후로 봉하여 파견하면 왕족 본가의 통치에 있어서는 어느 정도 유리한 면이 있겠지만, 문제의 소지가 내포되어 있다는 것도 명약관화하다. 서한의 '칠국의 난(七國之亂)'*, 서진(西晉)의 '팔왕의 난(八王之亂)'**, 명나라 시대의 '정난지역(靖難之役)'*** 등은 모두 분봉제의 폐단에서 비롯된 것이라고 할 수 있다.

이러한 분봉제(分封制)는 주나라 시대부터 대대적으로 시행되었다.

분봉 제후

서부(西部)의 작은 변방국이었던 주나라는 상나라를 멸망시킨 후 대국(大國)으로 변모하게 된다. 주나라의 통치권을 강화하고 정복한 넓은 땅을 효과적으로 관리하며, 기존의 정착민들의 민심을 수습하기 위하여 주나라 초기에는 분봉제를 실시하였다. 분봉제란 주나라 왕의 자제, 친족, 공신을 비롯해 선왕과 성현의 후예들에게 일정한 범위의 토지와 백성을 나누어 귀속시킴으로써 일종의 제후국을 세워주는 것을 말한다. 이러한 제후국의 제후를 봉할 때는 책봉 의식을 거행했는데, 주나라 천자(天子)가 책봉령을 반포하고, 하사하는 토지의 범위와 수량을 함께 공표하였다. 아울러 봉토와 함께 이 지역의 백성들도 봉해졌으며, 관속(官屬), 노예, 예기(禮器), 의전 용구 등도 함께 하사하였다.

제후는 봉토의 규모와 지위에 따라 정도의 차이는 있어도 자신의 통치 범위 내에서 정치 기구를 조직하고, 군대와 감옥도 구비할 수 있었다. 그러나 제후는 정기적으로 주나라 왕을 알현하고 조공을 바치며, 주나라 왕의 출정에 맞춰 군대

---

* 한(漢)나라 왕조 시기에 세력이 강대해진 오(吳), 초(楚) 등의 여러 왕이 넓은 영지를 갖고 중앙 권력에 반항하였고, 한나라 경제(景帝)가 그 세력을 누르기 위하여 각 왕국의 영토를 삭감할 방침을 세우고 착수하려 하자 오왕(吳王)이 먼저 반기를 들었으며, 이어서 초·조(趙)·교서(膠西)·교동(膠東)·치천(菑川)·제남(濟南) 등 여섯 왕도 이에 가담하여 칠국의 반란으로 발전하였다.

** 한나라 무제(漢武帝)의 황후 양씨(楊氏) 일족과 혜제(惠帝)의 황후 가씨(賈氏) 일족들의 권력 다툼에서 비롯되어 여남왕(汝南王), 초왕(楚王), 조왕(趙王), 제왕(齊王), 장사왕(長沙王), 성도왕(成都王), 하간왕(河間王), 동해왕(東海王) 등 팔왕이 16년에 걸쳐 벌인 싸움을 말한다.

*** 명나라 초, 황위 계승을 둘러싸고 일어났던 내란으로 연왕(燕王) 주체(朱棣)가 황제 곁의 간신들을 없앤다는 구실로 일으켜 혜제(惠帝)를 몰아내고 즉위하여 영락제(永樂帝)가 되었다.

주나라 무왕의 초상

주공의 초상

를 파견해야 함은 물론 왕실의 중대사에 참석하여 함께 제례를 올려야 하는 등 의무를 다해야 했다.

주나라 왕조 초기에는 무왕(武王)과 주공(周公)의 집권기에 두 번의 대규모 분봉(分封)이 이루어졌다. 무왕은 상나라를 멸망시키고 난 후 곧바로 분봉을 실시하였다. 즉 신농(神農)의 후손에게는 초(焦), 황제(黃帝)의 후손에게는 축(祝), 요(堯)의 후손에게는 계(薊), 순(舜)의 후손에게는 진(陳), 대우(大禹)의 후손에게는 기(杞), 태공망(太公望) 사상보(師尙父)에게는 제(齊), 무왕의 첫째 아우 주공 단(旦)에게는 노(魯), 둘째 아우 소공석(召公奭)에게는 연(燕), 다섯째 아우 숙선(叔鮮)에게는 관(管), 여섯째 아우 숙도(叔度)에게는 채(蔡), 그리고 은(殷)나라의 마지막 왕이었던 주(紂)의 아들 무경(武庚)에게는 은(殷)을 각각 분봉하였다. 이들은 모두 역대 선현들과 성인들의 후손이거나 주나라의 공신, 자제, 또는 은나라와 상나라의 후손들이었다.

동쪽 변방국들의 반란을 진압한 주공(周公)은 은나라 왕조의 본거지였던 지역에 대한 통제를 강화하기 위하여 낙읍(洛邑 : 지금의 하남성河南省 낙양洛陽)이란 도성을 만들고 동부의 정치, 군사 중심 지역으로 삼는 한편, 은나라의 유민들을 이곳으로 이주시켰다. 또한 팔사(八師 : 일사─師는 2천5백 명으로 구성)의 병력을 파견하여 이곳을 감독하도록 하였다. 이때부터 서주(西周)는 두 개의 도성을 보유하게 된다. 초기의 도읍이었던 호경(鎬京)은 서도(西都) 또는 종주(宗周)라고도 불렸으며, 제2의 도읍 낙읍은 동도(東都) 또는 성주(成周)라고도 불렸다.

주공은 제후들의 봉토를 다시 대규모로 확대하였고, 이로써 제후국들로 하여금 주나라 황실을 더욱 굳건히 보위토록 하였다. 동쪽의 변방국들을 정벌하고 난 후 주공은 은나라 주왕(紂王)의 아들 무경(武庚)의 반란을 통해 얻은 교훈을 바탕으로 은나라 왕실의 혈통인 주왕의 배다른 형 미자계(微子啓)에게 송(宋 : 주나라 제후국으로 춘추 12제후국春秋十二諸侯國의 하나)을 다스리게 하면서도 무왕의 아들 강숙(康叔)을 은나라 도성 주변 지역의 제후로 봉하여 주나라의 안위를 꾀하였다. 그의 아우 소공(召公)의 아들을 연(燕)의 제후로 봉하고, 성왕(成王 : 주나라의 2대 왕)의 아우를 당(唐 : 후에 진국晋國이라 칭함)의 제후, 주공의 아들을 노(魯)의 제후로 봉하였다. 그 후에 오(吳), 초(楚), 진(秦) 등 장강(長江) 유역과 서부 지역까지 제후국들이 봉해졌다.

이로써 주나라 초기 두 차례의 분봉을 마친 후 왕기(王畿 : 주왕이 거하던 왕성王城을 중심으로 사방 500리 안의 지역)를 중심으로 수많은 제후국들이 주나라 왕실을 보위하는 형국으로 발전하게 된다. 왕기는 주나라 왕실이 통치하던 중심 지역으로 무왕은 낙수(洛水)와 이수(伊水) 사이의 지역에 왕성을 세울 계획이었으나, 왕성의 건립을 보지 못하고 세상을 떠났다. 동벌(東伐)을 마친 주공은 무왕의 계획에 따라 낙읍(洛邑 : 지금의 하남성 낙양시 동부 지역)을 세우고, 은나라 유민을 이곳으로 이주시켜 감시하였다.

또한 이 부근에 왕성(王城 : 낙양시 안에 위치)을 세우고 팔사 군대를 주둔시켜 동쪽의 제후들이 조회에 임하는 동도(東都 : 동쪽의 도읍)의 역할을 감당하게 하였다. 이로써 서쪽으로는 기양(岐陽), 동쪽으로는 포전(圃田)에 이르기까지 위(渭 : 감숙성甘肅省에서 발원하여 섬서성을 경유하여 황하로 흘러들어가는 강), 경(涇 : 감숙성에서 발원하여 섬서성으로 흘러들어가는 강), 하(河 : 황하), 낙(洛 : 섬서성陝西省에서 발원하여 하남성으로 흘러들어가는 강) 일대가 모두 주나라의 왕기에 속한다고 볼 수 있다.

호경(鎬京)을 중심으로 한 서쪽의 관중평원(關中平原)은 주나라가 흥기한 지역으로서 종주(宗周)라고 칭하기도 하였다. 동도(東都) 왕성을 중심으로 한 하낙(河洛) 일대는 종주를 수호하고 동방의 군사 도시를 안정시키는 주요 지역으로서 성주(成周)라 칭하기도 하였다. 왕기는 동서를 아우르며 그 길이가 1천여 리(1리는 약 500미터이므로 총 500킬로미터 정도가 됨)에 달했으며, 정치·군사적 역량이 증강되면서 중국 전역을 통제하고 관할할 수 있는 기초가 확립되었다.

주나라 왕조는 왕기(王畿 : 전복甸服이라고도 함) 이외의 지역을 후복(侯服 : 전복에서 5백리 이내의 지역. 전복이 왕성의 사방으로 5백리 이내의 지역이므로 왕성을 중심으로 천리 정도까지 떨어진 지역을 말함), 빈복(賓服 : 후복 바깥의 위성국가로 중국과 외교관계를 유지하

서주 시대 하사품의 내용을 기록한 대우정(大盂鼎)

며 빈객의 위치에 있던 지역), 황복(荒服 : 요복 밖 오백 리로 화하족과 관계가 먼 이민족들을 거주하게 하거나 죄인을 추방하는 유배지) 등으로 나누었다. 후복은 제후국들이 주로 분포한 지역이며, 후복 이외의 지역은 왕래가 소원한 고대 국가들이나 소수 민족의 부락이라고 할 수 있다.

이 가운데 동쪽의 제(齊), 노(魯), 북쪽의 진(晋), 연(燕), 중원(中原)의 위(衛) 등이 역사적으로 비교적 중요한 제후국들이라고 할 수 있다.

노(魯)나라는 주공 단(旦)이 다스렸던 제후국이다. 북쪽으로는 태산(泰山) 아래에서부터 동쪽으로 귀몽(龜蒙 : 산동성에서 두 번째로 높은 봉우리), 남쪽으로는 부(鳧), 역(嶧) 등 산동성의 여러 산들로 경계를 이루고 있으며, 부근의 소국들이 모두 노나라에 예속되었다. 지역적으로는 소호(少昊 : 중국 고대 신화에 등장하는 서방을 다스리는 신) 부족의 옛 터전으로서 엄(奄), 상(商) 부락이 형성되어 있었다. 무왕이 상나라를 멸하고 이곳 일대를 주공에게 분봉하였으나, 주공은 성왕(成王)을 보필하느라 이곳에 올 겨를이 없었다.

무왕이 죽은 후 이 지역의 회이(淮夷), 서융(徐戎) 부족이 동시에 반란을 일으켰으나 주공이 동벌을 감행하여 반란을 진압하고 국면을 진정시켰다. 그는 또한 자신의 아들 백금(伯禽)을 봉토로 보내고 군대를 주둔시켜 이곳을 지키도록 하였다. '만천하가 알도록 주나라 왕실을 보위(大啓爾宇대계이우 爲周室輔위주실보)' 함으로써 자신의 세력을 안정적으로 확대해 나갔을 뿐만 아니라 주나라 왕조의 강력한 수호신의 위치를 확고히 하게 된다. 아울러 은나라의 유민인 조씨(條氏), 서씨(徐氏), 상씨(尙氏), 소씨(蕭氏), 장작씨(長勺氏), 미작씨(尾勺氏) 등 여섯 부족을 이 지역으로 귀속시킴으로써, 그 공로로 수많은 예기와 의전 용구들을 하사받았다. 주나라 왕조의 동방을 대표하는 제후국으로써 노나라는 현지의 회이(淮夷) 마을을 주나라에 굴복시켰던 것이다.

제(齊)나라는 태공망 사상보(師尙父)가 다스렸던 제후국이다. 사상보는 주나라 무왕의 공신으로 주나라 왕조가 성립되는 데 큰 공을 세운 강상(姜尙 : 강태공姜太公으로 더 알려짐)을 말한다. 무왕은 산동성 치하(淄河) 이북의 영구(營丘) 지역을 사상보에게 봉하고 국호를 '제(齊)'라 하였다. 포고(蒲姑)의 유민들의 옛 터전이었던 이곳도 주나라에 대항하는 세력이 강성했던 곳이었기 때문에 무왕은 사상보로 하여금 민심을 다스리도록 하였다. 봉토의 경계는 동쪽으로는 해빈(海賓), 서쪽으로는 황하, 남쪽으로는 목릉(穆陵 : 산동성 기수沂水, 즉 산동성에서 발원하여 강소성으로 흘러들어가는 강의 이북 지역), 북쪽으로는 산동성 무체(無棣)에 이른다. 이곳 역시 동이(東夷)의 세력을 통제하는 주요 버팀목이 되는 곳으로 주나라 왕은 사상보에게 왕실을 거역한 후백(侯伯)을 징벌하도록 권한을 부여하기도 하였다.

하준과 명문(何尊及銘文)
기(器) 안쪽 바닥에는 다음과 같은 명문이 적혀있다. 대략 정리하면 "주나라 성왕(成王)이 성주(成周)에 도읍을 건설하고 무왕(武王)에게 제사를 지냈다. 주왕(周王)은 그의 종족 하(何)에게 하의 조상인 문왕, 무왕이 천하를 통일한 것을 기억하라고 당부하였다. 이 문장은 무왕이 상(商)을 멸하고 동도(東都)인 낙읍(洛邑)와 성주를 세웠다는 것을 기록하였다는 것을 알려주고 있다.

위(衛)나라는 강숙(康叔)이 다스렸던 제후국이다. 강숙은 무왕의 친동생으로 성왕(成王)의 숙부였다. 이 지역은 은나라의 옛 도읍지로서 주공이 무경(武庚), 관숙(管叔), 채숙(蔡叔) 등의 반란을 진압하고 강숙에게 봉분한 곳이다. 지금의 하남성 급현(汲縣) 이북 지역인 조가(朝歌)를 중심으로 하남성과 하북성의 접경 지역인 무부(武父) 이남에서부터 역시 지금의 하남성 모서(牟西) 지역인 포전(圃田) 이북 지역을 아우르는 영토이다. 이 봉토와 함께 도씨(陶氏), 시씨(施氏), 번씨(繁氏), 기씨(錡氏), 번씨(樊氏), 기씨(飢氏), 종규씨(終葵氏) 등 은나라와 상나라의 일곱 부족을 함께 귀속시키는 한편, 수많은 보석과 의전 용구를 하사받았다. 위나라는 은나라 사람들의 옛 터전이었기 때문에 주공이 매우 중시한 지역이었다.

주공은 「강고(康誥)」, 「재고(梓誥)」, 「주고(酒誥)」 등을 지어 상나라와 주나라의 제도를 병행할 것을 강숙에게 당부하였다. 주공의 당부와 가르침에 따라 강숙은 은나라 유민들의 대립 의식을 해소하여 민심을 다독이는 효과를 얻었다. 위나라는 중원에 위치하면서 여러 제후국 가운데 봉토도 가장 넓었으며, 지리적으로 왕기와 가까워 주나라 왕실을 보위하는 매우 중요한 제후국이었다. 성왕이 친정을 실시하면서 강숙을 사구(司寇)에 임명하여 형법을 관장하도록 했을 뿐만 아니라 위나라는 팔사를 지휘하는 군권까지 장악하게 된다.

진(晉)나라는 성왕(成王)의 아우 숙우(叔虞)가 다스렸던 제후국이다. 봉토는 지금의 산서성 내에 위치하였으며, 옛날부터 무수한 오랑캐들이 거주하던 지역이었다. 이들 오랑캐들이 틈만 나면 중원을 침범하였기 때문에 상나라 때는 자주 군사를 파병했던 지역이기도 하다. 무왕이 죽은 틈을 타고 이곳에 있던 당국(唐國)이 반란을 일으키자 성왕은 오랑캐들에 대한 방어를 강화하고자 그의 동생 숙우를 당(唐 : 지금의 산서성 익성翼城)의 제후로 봉하였다. 국호도 본시 당이라 정하였으나 숙우(叔虞)의 아들이 제위하고 나서 '진(晉)'으로 개명하였다. 이곳은 하나라의 옛 터전이었던 곳으로 숙우는 하나라의 유민 아홉 부족을 함께 얻게 되었기 때문에 진나라는 하나라의 제도와 적(狄), 융(戎) 등 오랑캐의 관습도 함께 융합하여 정사를 펴 나갈 수밖에 없었다.

연(燕)나라는 소공석(召公奭)이 다스렸던 제후국이다. 이곳은 주나라 왕조의 동북쪽 울타리가 되는 지역으로서 지리적으로 매우 중요한 위치에 있었다. 즉 연산(燕山)의 남북과 요서(遼西) 일대에 거주하던 융, 적 등의 오랑캐를 막아내야 했기 때문에 그 영향은 백산(白山)에서 흑수(黑水) 지역까지 이르렀다.

이밖에도 남쪽으로는 회수(淮水)의 상류로부터 장(蔣), 식(息 : 하남의 식현息縣) 등 주나라 왕조의 같은 성(姓)을 가진 친족 제후국들이 자리 잡고 있었으며, 당(唐), 백하(白河) 유역의 신(申), 여(呂) 등은 강(姜)씨 성의 제후가 다스렸다. 그리고 회수, 한수(漢水) 일대는 혼인을 통해 관계를 맺은 여러 제후국들이 포진하고 있었으며, 이 가운데 가장 큰 나라는 수국(隨國 : 지금의 호북성湖北省 수현隨縣)이었다. 장강 하류 유역에는 주나라 문왕(文王)의 조부였던 고공단부(古公亶父)의 장자 태백(太伯)과 차자 중옹(仲雍)이 태호(太湖) 연안을 따라 오국(吳國)을 건립하였다.

▶▶ 역사의 흐름에 어떤 영향을 미쳤을까?

당시의 역사적 환경과 넓어진 영토 면적을 감안하면 주나라 왕조가 실시한 분봉제야말로 가장 효과적인 통치 방법이었다고 할 수 있을 것이다. 실제로 제후를 봉하고 봉토를 하사하여 다스리게 한 분봉제는 주나라 왕실의 안정을 다지는 데 많은 기여를 하였다. 주나라가 상나라를 멸망시킨 후에도 주나라 왕조의 영향권 안에 있다고는 하지만 다수의 기존 국가들이 아직 존재하고 있었으며, 변경 지역에는 여러 소수 민족의 부락이 거주하고 있었다. 이러한 기존 국가와 소수 민족 부락과의 접경 지역에 제후국을 봉함으로써 주나라 왕조의 정치적 영향이 확대되는 동시에 선진적인 주나라 문화가 전파됨으로써 이 지역의 발전에도 긍정적인 영향을 끼치게 되었다. 이는 또한 중국이 민족의 통일을 도모하는 데 있어 역사적으로 중요한 의의를 지닌다고 할 수 있다.

그러나 각각의 제후국의 발전 양상과 속도에는 차이가 있었다. 일부 제후국은 사방으로 세력을 확장할 만큼 강대해지고 그 위풍을 떨쳤지만, 춘추시대에 접어들면서부터는 도처에 군웅이 할거하고 열국이 쟁탈전을 벌이는 국면을 맞이하게 된다.

무왕이 상나라를 멸한 후 제후들에게 대거 봉토를 하사하여 '제후국'들로 하여금 주나라 왕실을 보위하게 하는 정책을 실시하였지만, 분봉제를 통해 주나라 왕실의 안위를 다지겠다는 주나라 왕조의 목적이 완벽하게 성공했다고는 볼 수 없다. 역사는 권세와 재물에 대한 욕망이 형제간의 혈육의 정을 초월하는 경우를 많이 보여주고 있다. 그러므로 형이 아우에게 물려주던 왕위는 아비가 죽은 후 아들에게 물려주는 세습제로 변하게 되었다. 왕위 계승뿐만 아니라 봉건 종법제도(宗法制度 : 주나라 때 장자를 중심으로 종가를 이루게 한 종족宗族의 조직 규정)에 있어서도 제왕(帝王)이 그의 권한을 형제, 자녀들에게 나누어 주고 나면 곧이어 정권을 둘러싼 왕실내의 참혹한 투쟁이 전개되는 것을 쉽게 볼 수 있다.

한나라 시대의 '칠국의 난', 진(晉)나라 시대의 '팔왕의 난', 명나라 시대의 '정난의 역', '고후의 난(高煦之亂 : 영락제의 둘째 아들이었던 고후가 후계자로 선택되지 못한 것에 불만을 품고 황태자를 시해하려고 한 사건을 말함)', '신호의 난(宸濠之亂 : 영왕寧王 신호가 일으킨 반란으로 왕양명王陽明에 의해 진압됨)' 등은 모두 역사적으로도 분봉제를 실시한 왕조에서 발생하였던 것이다.

대규모 분봉이 실시되었던 주나라 시대에는 초기의 '삼감의 난(三監之亂 : 주나라 무왕의 뒤를 이어 어린 성왕이 즉위하자 은殷나라 주紂의 아들 무경武庚과 주공의 형제인 관숙

管叔·채숙蔡叔·곽숙霍叔 등 삼감三監이 일으킨 난'에서부터 춘추전국시대 군웅이 할거하기까지 이러한 현상들이 특히 두드러졌다. 어진 재상과 충신은 가리어 쓸 수 있어도 형제 자녀는 선택의 여지가 없기 때문이다. 혈육을 믿고 싶은 마음은 인지상정이나 고금을 통틀어 가계로 구성된 회사들을 보아도 자손들이 가산을 탕진하지 않으면 골육상잔이 벌어지고, 인정에 이끌린 인사나 방만한 경영을 하는 등 이와 관련된 폐단을 도처에서 볼 수 있다.

2장

춘추전국 시대부터
진나라까지

| 백가쟁명의 시대가 열리다

| 공맹학이 성립되다

| 노장학이 성립되다

| 상앙변법, 진나라의 토대를 세우다

| 진시황이 중국을 최초로 통일하다

| 장성 축조, 민중의 능력과 뛰어난 창의성을 보여주다

| 분서갱유, 진나라의 멸망을 초래하다

1. 백가쟁명百家爭鳴의 시대가 열리다

주(周)·진(秦) 시대라고도 불리는 춘추전국시대에는 많은 학자들이 배출되었으며, 이들의 저술과 학설이 쏟아져 나오면서 제도 개혁을 통해 세상을 구하려는 의식이 팽배했다. 이 시기에 배출되기 시작한 학자가 한두 명이 아니었으며, 학파도 한두 학파에 그치지 않았고, 다양한 종류의 무수한 저술이 쏟아져 나오면서 이들을 '제자(諸子)', '제가백가(諸子百家)' 또는 '백가쟁명(百家爭鳴)'이라고 칭하게 된다. 관직을 잃고 떠돌게 된 사람들, 사분오열된 학문, 천자와 제후, 그리고 사학(私學), 이러한 것들이 모두 백가쟁명 시대의 배경을 이루었다.

『장자』「천자(天子)」에서는 "천하지인각위기소욕언이자위방(天下之人各爲其所欲焉以自爲方 : 세상의 모든 사람들이 자신의 방식만이 옳다고 고집한다) ; 비부, 백가왕이불반, 필불합의(悲夫, 百家往而不反, 必不合矣 : 이 어찌 비통한 일이 아닐 수 있겠는가! 백가의 학자들이 학문을 연구하면 할수록 정도와는 멀어지니 선인의 도道에 부합됨이 없구나)"라고 토로하고 있다. 역사와 학술 발전에 있어 이러한 현상은 필연적인 추세일지도 모른다.

그러나 훗날 '제자(諸子)' 학문이 학술 사상의 큰 부분을 차지하였고, 더 나아가 고대문헌의 한 부류를 형성하게 된다. 이때에 이르러 중국의 4대 고대 문헌(경經, 사史, 자子, 집集을 말함)이 그 틀을 갖추게 되었다고 볼 수 있다.

그 가운데 무릇 '자(子)'라 함은 본래 경대부(卿大夫 : 정치를 직접 관장하는 벼슬아치로 제나라 위왕威王은 모든 지방 정치를 경대부에 일임함)에 대한 칭호였다. 중국의 근대 철학자 장병린(章炳麟, 장빙린 : 1868~1936년, 중국의 혁명 운동가이며 호는 태염太炎)이 "자유금언노야(子猶今言老爺 : '자'는 존귀한 사람을 공경하여 이르는 말인데, 오늘날의 '노야老爺'와 같은 말이다)"라고 한 말도 여기에서 기인한다고 볼 수 있다. 성 뒤에 '자'를 붙여 제자가 스승을 섬기는 호칭으로 쓰인 것은 공자(孔子)부터라고 할 수 있다.

제자(諸子)의 서적들은 본인이 직접 쓴 것이 아니며 대부분 그들의 제자들이 후에 기술하여 책으로 엮은 것이다. 본인이 직접 썼다고 해도 본래는 단편적인 문장들을 후대의 사람들이 책으로 편찬한 것이라고 할 수 있다. 따라서 고대 문헌은 편찬되기 전에 이미 그 사상이 존재하고 있었으며, 의도적인 집필이 아니었기 때문에 책이 나온 초창기의 작자는 불명이었다. 후에 제자들이 이름의 첫 자를 취하여 편명을 붙이게 되었고, 이것들이 쌓여 서적으로 편찬된 후에도 따로 책명을 정하지 않음에 따라 'ㅇ자'라는 명칭으로 쓰이게 되었다고 볼 수 있다.

중국 근대 사학자 여사면(呂思勉, 뤼쓰몐 : 1884~1957년)은『선진학술개론(先秦學術概論)』에서 "선진(先秦)시대 제자의 학설들은 주(周)나라 말기에 갑작스럽게 대두된 것이 아니다. 이미 그 전부터 분위기가 무르익어 있었으며, 수많은 학설이 계속해서 나오고 있었다. 이러한 와중에 최적의 시기가 도래하자, 마치 홍수처럼 물밀듯이 학설이 쏟아져 나오게 되었으며 제철을 만난 꽃들처럼 활짝 봉오리를 터뜨리게 된 것이다. 오랜 기간에 걸쳐 축적되었던 것이 터지는 경우 그 기세가 매우 강렬하고, 그 위용이 실로 대단하여 사람에게 끼치는 영향도 상당히 심원하다"라고 말한 바 있다.

여사면이 정리한 대로라면 선진시대 제자백가의 등장은 다음의 두 가지 요인으로 요약할 수 있다. 첫 번째는 왕조의 관료 출신들이다. 관료와 학자를 분리하였기 때문에 "제자는 모두 관료 출신들이다"란 말이 나오게 된 것이다. 두 번째는 사회 폐단을 척결하겠다며 스스로 학설을 들고 나온 사람들이다. 실제로 경제, 사회, 정치적 변화의 직접적인 결과로 인해 제자백가가 등장하고 발전했다고 볼 수 있다. 즉 정치 사회 변화에 대한 내재적인 요구에 따른 결과였던 것이다. 한마디로 '도전에 대한 응전'의 결과에 해당한다.

『한서(漢書)』「예문지(藝文志)」에는 "제자십가(諸子十家) 가운데 제자구가(諸子九家)만이 언급할 만한 가치가 있다. 모두 천자의 왕권이 미약하고 제후국의 세력이 강한 시기에 생겨났다. 각 제후국의 왕들과 천자가 보기에 좋아하고 싫어하는 것이 각기 서로 달랐다. 제자구가의 학설이 벌떼처럼 쏟아져 나왔지만 각 학설마다 제후들의 기호에 맞는 부분과 맞지 않는 부분이 모두 공존하고 있었다. 이에 제자들은 각 왕들의 기호에 맞는 일면을 부각시켜 그 구미에 맞도록 학설을 폄으로써 제후들이 학설을 취하도록 하였다"라고 설명하고 있다.

제자백가의 봉기, 사상의 르네상스가 도래하다

칠국(七國)이 패권을 다투던 시기에 세상은 매우 혼란스러웠으며, 각국은 백

묵자의 초상

방으로 부국강병의 묘책을 강구하고 있었다. 변화를 맞은 사회에서 문화의 조류는 민간으로 향하게 되었다. 사회 격동기에 선 세객(說客)들은 군주를 도와 세상을 구하는 중책을 스스로에게 부과하면서 자신들의 정치적 주장을 속속 펼치기 시작하였다. 이들은 여러 제후국을 떠돌며 군주와 직접 대면하여 주장을 펼치기도 하고, 제자들을 거느리고 자신의 학설을 펴서 서책으로 편찬하기도 하였다. 또는 방탕하고 괴상한 행동들을 일삼는 형식으로 세상에 대한 비판적 시각을 표출하기도 하였다. 일부는 정사에 참여하는 방식으로 치세를 펴고자 하였다. 바야흐로 백가쟁명의 시기가 도래하게 된 것이다.

공자(孔子)의 유가(儒家)를 비롯하여 묵가(墨家), 도가(道家), 법가(法家), 음양가(陰陽家), 명가(名家) 등이 등장하였다. 춘추전국시대의 제자백가들은 대부분 독립적인 사고를 통한 학풍을 형성하고 있었으며, 다른 학파의 견해를 결코 수용하지 않았다. 따라서 그들은 사상의 대대적인 해방을 불러일으키게 되지만, '백가(百家)'라는 칭호는 단지 당시 학파가 매우 많았다는 사실을 보여주는 표현일 뿐, 이 가운데 유가, 묵가, 도가, 법가, 음양가 등이 비교적 주요한 학파를 형성하고 있었다고 할 수 있다.

선진시대 제자백가의 학파에 대해서는 당시에도 여러 편의 문헌을 통하여 기록되고 있었다. 『장자(莊子)』「천하편(天下篇)」과 『순자(荀子)』「비십일자(非十一子)」에서는 보다 많은 학파가 기록되어 있는 것으로 알려져 있다. 그러나 제자백가에 대한 종합적인 내용은 『사기』「태사공 자서(太史公自書)」에 최초로 기록되어 있는데, 사마천(司馬遷)의 부친 사마담(司馬淡)이 지었다. 사마담은 과거 수세기에 걸쳐 내려오던 백가를 '음양가', '유가', '묵가', '명가', '법가', '도가' 등 육가(六家: 또는 6대 학파)로 분류하였다. 중국의 유명한 현대 철학사학자인 풍우란(馮友蘭, 펑유란: 1894~1990년)은 사마담은 백가에 대한 분류를 시도한 첫 번째 사람이라고 평하고 있다.

그 후에 나온 『한서』「예문지」에 기재되어 있는 유향(劉向), 유흠(劉歆)의 학설에는 '종횡가(縱橫家)', '잡가(雜家)', '농가 (農家)', '소설가(小說家)' 등을 더하여 '제자 십가(諸子十家)'로 칭하고 있다. 이 가운데 '소설가'를 제하면 '구류(九流)'라 하여 '구류십가(九流十家)'로 통칭하고 있으며, 각각의 기원에 대해서도 기술하고 있다. 여사면(呂思勉)은 『한서』 「예문지」에 등장 하는 '수술가(數術家)', '방기가(方技家)', '병서가(兵書家)' 등 삼략(三略) 또한 선진 제가 가운데 하나로 볼 수 있기 때문에, 실 제로는 총 12가(十二家)가 존재했으며 경우 에 따라 '병가(兵家)', '의가(醫家)'를 포함 시키기도 한다.

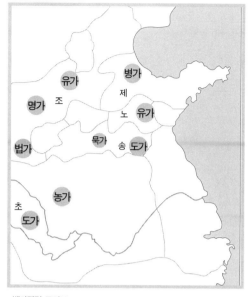

백가쟁명 표시도

제자백가

『장자』 「천하편」에서는 다음의 여섯 파(派)로 구분하고 있다. 1)묵적(墨翟), 금 활리(禽滑釐), 2)송견(宋銒), 윤문(尹文), 3)팽몽(彭蒙), 전병(田駢), 신도(愼到), 4)관윤(關 尹), 노담(老聃), 5)장주(莊周), 6)혜시(惠施), 환단(桓團), 공손룡(公孫龍)이다.

『순자』 「비십일자」에서 분류한 여섯 파는 다음과 같다. 1)타효(它囂), 위모(魏 牟), 2)진중(陳仲), 사추(史鰍), 3)묵적, 송견, 4)신도, 전병, 5)혜시, 정석(鄭析), 6)자사 (子思), 맹가(孟軻)이다.

노자(老子) : 출생 시기는 확실히 밝혀진 바 없다. '노담(老聃)'이란 인물이 기 원전 580년 즈음에 출생한 것으로 알려져 있다. 그러나 이 노자와 『노자(老子)』 사 이의 연관성은 아직까지도 확실히 밝혀지지 않고 있다.

관윤(關尹) : 노자와 같은 시기 인물로 추정된다.

공자(孔子) : 기원전 551년에 출생하여 기원전 479년에 세상을 떠났다.

손자(孫子, 손무孫武) : 대략 공자와 같은 시기 인물인 것으로 추정된다.

전국시대 묵자학파가 발명한 운제(雲梯, 구름사다리)

묵자(墨子) : 이름은 '묵적(墨翟)'이며, 출생과 사망 시기가 불분명하다. 대략 전국시대 초기 사람으로 공자보다 후대에 활동했던 것으로 추정된다.

자사(子思) : 공자의 손자이며, 이름은 '급(伋)'이다. 묵자와 동시대의 사람으로 추정된다.

양자(楊子) : 이름은 '양주(楊朱)'이다. 제가의 기록이 일치하지 않기 때문에 추정하기가 매우 어렵다. 묵자와 동시대이거나 다소 뒤에 활동했던 사람으로 맹자보다는 앞선 시대로 보인다. 풍우란(馮友蘭)은 『중국철학간사(中國哲學簡史)』에서 양자로 대표되는 일부 은자(隱者)들은 도교의 초기 단계에 속하는 사람들로서 노자와는 무관하다고 설명하고 있다. 『노자(老子)』는 그 후에 편찬되었기 때문에, 『노자』에 나오는 학설은 도가의 두 번째 단계에 속한다고 할 수 있다.

진중(陳仲) : 묵적의 제자로서 제(齊)나라 사람이다.

맹자(孟子) : 대략 기원전 372년에서 289년까지 살았던 인물이다. 공자보다 약 백년 정도 뒤에 활동했던 사람이다.

손자(孫子, 손빈孫臏) : 맹자와 동시대 인물이다.

금활리(禽滑厘) : 노나라 사람으로 맹자와 동시대 인물이다.

장자(莊子) : 맹자와 동시대이거나 다소 후대의 인물로 추정된다.

혜시(惠施) : 기원전 370년경에 출생하여 기원전 318년경에 사망한 것으로 보인다. 송(宋)나라 사람으로 위(魏)나라의 재상을 지낸 바 있다. 합종가(合縱家)의 학설을 편 실질적인 인물이라고 할 수 있다. 장자와 동시대의 인물이지만 장자보다 먼저 세상을 떠났다. 생전에 장자와 여러 차례 변론을 펴기도 하였다. 장자는 '자비아(子非我)'라는 문장에서 혜시에 대해 언급하고 있다. "혜시는 다방면에서 재주가 뛰어나고 다섯 수레에 해당하는 책을 읽었으나, 그의 논리는 어설프고 난잡하여 하는 말마다 논리에 어긋난다."

선진시대 백가의 문헌 중에는 혜시가 주장하는 10대 명제가 산발적으로 기록되어 있는데, 주로『장자』「천하편」에 기록되어 있다(이를 혜시의 역물십사歷物十事, 즉 사물을 보는 방법 열 가지라고 한다).

첫째 지대무외 위지대일, 지소무내 위지소일(至大無外 謂之大一, 至小無內 謂之小一: 지극히 커서 밖이 없는 것을 가장 큰 것(大一)이라고 하고, 지극히 작아서 안이 없는 것을 가장 작은 것(小一)이라고 한다). 둘째 무후불가적야 기대천리(無厚不可積也 其大千里: 두께가 없는 것은 쌓을 수 없지만 그 크기는 천리가 된다). 셋째 천여지비 산여택평(天與地卑 山與澤平: 하늘과 땅은 높이가 똑같고 산과 연못은 똑같이 평평하다). 넷째 남방무궁이유궁(南方無窮而有窮: 남쪽은 끝이 없으면서 끝이 있다). 다섯째 아지천하지중앙 연지북 월지남(我知天下之中央 燕之北 越之南: 나는 세상의 중심이 어디인가를 안다. 연나라의 북쪽과 월나라의 남쪽이 바로 그곳이다). 여섯째 일방중방예, 물방생방사(日方中方睨, 物方生方死: 해가 막 하늘 가운데 뜬 상태는 막 지는 상태이며, 어떤 존재가 막 태어났다는 것은 막 죽어가는 것이다). 일곱째 금일적월이석래(今日適越而昔來: 오늘 월나라에 가서 어제 돌아왔다). 여덟째 대동이여소동이 차지위소동이 만물필동필이 차지위대동이(大同而與小同異 此之謂小同異 萬物畢同畢異 此之謂大同異: 많이 같은 것과 조금 같은 것은 다르다. 이것을 조금 같거나 조금 다른 것이라고 한다. 만물은 어떤 점에서는 완전히 같지만 또 어떤 점에서는 완전히 다르다. 이것을 크게 같거나 크게 다른 것이라고 한다). 아홉째 연환가해야(連環可解也: 둥근 고리는 풀 수 있다). 열째 범애만물천지일체야(汎愛萬物天地一體也: 만물을 사랑하라. 온 세상이 한 몸이다).

위모(魏牟): 위(魏)나라의 공자(公子)로서 장자보다 후대의 사람이다. 공손룡(公孫龍)과 동시대 인물이다(출처: 전목錢穆『계년系年』).

공손룡(公孫龍): 기원전 325년에서 315년경에 출생하여 기원전 250년경에 사망한 것으로 추정된다. 혜시보다 다소 후대에 생존했던 인물이며 추연(鄒衍)과는 동시대 인물이라고 할 수 있다. 조(趙)나라 사람으로서 평원군(平原君: 조나라의 공자로서 수많은 식객을 거느렸다고 전해짐)의 식객이었다고도 한다.『한지(漢志)』에는 그의 저서 14편이 수록되어 있으며 현재까지 여섯 편이 전해지고 있는데, 이 가운데 다섯 편은 비교적 믿을 만하다고 평가되고 있다. "공손룡은 변증적 방법으로 사물을 관찰하고 비판하였으며, 다른 것과 같은 것, 옳은 것과 그른 것에 대한 분

한비자 초상

명한 고찰이 필요하다고 밝혔다"(출처 : 『회남자』「제속훈齊俗訓」).

직하학파(稷下學派 : 제齊나라의 수도 임치臨淄의 남문 밑에 모인 학자들이라는 말로서 위왕威王과 선왕宣王이 저택을 주고 상대부上大夫의 지위에 올려주는 등, 그들을 우대했기 때문에 여러 나라에서 수많은 사상가들이 모여들었다고 함)에 속하는 학자로는 순우곤(淳于髡), 신도(愼到), 환연(環淵), 접자(接子), 전병(田騈), 추연(鄒衍) 등이 있다. 『사기』「맹자순경전(孟子荀卿傳)」에는 추연은 제(齊)나라의 직하(稷下) 선생이라고 불리었으며, 순우곤, 신도, 환윤, 접자, 전병, 추석(騶奭) 등의 제자들을 거느렸다. 그들은 저마다 자신의 학술을 주장하여 군주의 환심을 사려고 했다. 이러한 사람들은 그야말로 헤아릴 수 없을 정도였다.

순우곤은 제나라 사람으로 박식하고 기억력이 뛰어났으나 특별한 유파를 정해 놓지 않고 닥치는 대로 배우는 사람이었다. 그가 왕에게 간언하기를 제나라 재상 안영(晏嬰)을 존경하지만, 그는 군주의 눈치를 살피는 인물이라고만 하였다. 어느 날 한 사람이 순우곤을 천거하여 양(梁)나라 혜왕(惠王)을 접견하도록 하였다. 혜왕은 좌우를 물리치고 홀로 그를 상대하였다. 그러나 순우곤은 한마디도 하지 않은 채 침묵을 지켰다. 혜왕이 이를 이상하게 여겨 그를 천거한 이에게 물었다.

"오늘 순우 선생을 청해 오지 않았는가. 그대가 말하기를 순우 선생은 관중(管仲)이나 안영보다 뛰어난 인물이라 하였건만, 오늘 그를 보았어도 아무런 소득을 얻지 못하였다. 그는 내가 말할 가치조차 없는 인물이라고 여기는 것인가. 도대체 이유가 무엇인가?"

이에 순우 선생을 천거한 이가 순우에게 까닭을 물었다. 이에 그는 이렇게 답하였다.

"그렇소. 전에 왕을 뵈었을 때, 왕은 출타 준비에 온통 마음을 빼앗겨 계셨소. 후에 다시 왕을 뵈었을 때, 왕께서는 또 음악에 마음을 빼앗기신 듯하니 나는 침묵할 수밖에 없지 않겠소."

혜왕은 이 말을 전해 듣고 크게 놀라며 다음과 같이 말한 후, 다시 순우 선생을 불러 한번 말을 시작하니 삼일 밤낮을 계속하며 피곤함도 잊었다고 한다.

"오호라, 순우 선생은 과연 성인이라 할 수 있도다. 전에 순우 선생이 오셨을 때 마침 말을 진상한 사람이 있었다. 과인이 그 말을 보기 전에 순우 선생이 도착하여 그를 돌려보낼 수밖에 없었다. 후에 선생이 다시 오셨을 때 마침 또 어떤 사람이 노래를 한곡 진상하였는데, 내가 아직 불러보지 못하고 있던 차에 순우 선생이 도착하였다. 과인이 비록 좌우의 신하는 물리쳤으나 사사로운 마음은 물리치지 못하고 여기에 그대로 두었기에 순우 선생이 그것을 보신 것이로다."

혜왕은 순우를 경상(卿相)의 자리에 앉히고자 하였으나 순우는 이를 거절하고 그곳을 떠났다. 이에 혜왕은 마차와 곡식과 베를 주고 황금 100일(鎰 : 20량兩에서 24량 정도에 해당. 1량은 50g 정도를 말함)을 하사하였다. 순우는 평생 관직에 나가지 않았다.

신도는 조(趙)나라 사람이고, 전병, 접자는 제나라 사람이었으며, 환연(環淵)은 초나라 사람이었다. 이들 모두는 황로(黃老 : 황제·노자 등을 교조로 하는 도교)의 도덕학설을 배웠으며, 자신의 이론으로 황로의 덕을 해석하였다고 볼 수 있다. 이에 신도는 『십이론(十二論)』을 저술하였고, 환연은 『상하편(上下篇)』, 전병과 접자도 모두 각자의 저서를 남기게 되었던 것이다.

『사기』「전경중완세가(田敬仲完世家)」에는 다음과 같이 기록하고 있다.

"선왕(宣王)은 문학을 논하는 세객들을 좋아하였다. 이에 추연, 순우곤, 전병, 접자, 신도, 환연의 무리 76명에게 모두 저택을 하사하고, 상대부(上大夫)로 삼았으며 정치는 뒷전이고 이들과의 논쟁을 즐겼다."

이로써 제나라 직하학파가 크게 흥성하여 그 규모가 수백 명에 달하게 되었다. 『사기』에는 직하학파는 추연(鄒衍)*을 우두머리로 하고 있으며(제나라의 추자鄒子는 모두 세 명이다. 그 이전의 인물 추기鄒忌는 맹자 전의 인물이며, 그 이후의 인물 추연鄒衍은

---

* 제(齊)나라의 사상가로 대략 기원전 305~240년 사람이다. 음양오행설(陰陽五行家)을 주장하였고, 세상의 모든 사상(事象)은 토(土)·목(木)·금(金)·화(火)·수(水)라는 오행(五行)의 원리에 의하여 일어나는 것이라 하였다. 《추자(鄒子)》, 《추자시종(鄒子始終)》 등의 저서가 있었으나 전하지 않는다.

맹자 후의 인물이다), 전병, 신도, 팽몽(彭蒙) 등은 대구(對句)를 즐겨 인용하였다고 전하고 있다. 왕응린(王應麟 : 1223~1296년, 남송시대의 유학자)은 『한지고증(漢志考證)』에서, 『칠략(七略)』을 인용하여 "제나라의 전병은 논쟁에 능했다. 그래서 제나라 사람들은 그를 '천구병(天口騈 : 하늘이 내린 입을 가진 사람)'이라고 불렀다"라고 전하고 있다. 이는 모두 도가에 속하는 학설이라고 할 수 있다. 신도는 황로학에서 출발하였으나 법률을 중시하는 형명가(刑名家 : 명가라고도 함)로 발전하였다. 직하학파는 대부분 도가 학설과 유가·묵가 사상을 계승한 것으로 명가(名家)와는 다른 그들만의 특징을 지니고 있었다.

▶▶ 역사의 흐름에 어떤 영향을 미쳤을까?

백가쟁명의 시대는 중국 역사에서 전란이 빈번하게 발생하는 '병황마란(兵荒馬亂 : 병사와 군마가 어지러이 날뜀)'의 시대, 전쟁과 혼란의 시기였다고 할 수 있다. 그러나 다른 한편으로는 중국 역사 속에서 가장 자유롭고, 가장 개방적이며, 가장 불가사의한 시대라고 할 수 있다. 특히 학술적인 발전과 사상의 전파 면에서는 최고의 황금기였다는 사실을 부인할 수 없을 것이다. 중국 역사에서 가장 심원한 사상과 학파가 탄생하였으며, 이후 역대 왕조에서는 백가쟁명의 사상적 영향을 받지 않을 수 없었다. 유가, 묵가, 도가, 법가, 종횡가, 음양가, 병가, 농가 등 학파의 사상은 모두 후대 역사에 상당한 영향을 끼치게 된다. 지금까지도 이 시기 사상의 질적, 양적 수준을 추월할만한 혁신적인 사상이 등장하지 않고 있다고 평가되고 있다. 또한 제자백가 시기 이후에 중국에는 이때보다 더 위대한 교육가, 사상가, 철학가, 군사 이론가가 나오지 않고 있다고 할 수 있다.

중국인들은 주저 없이 이야기하고 있다. 만약 백가쟁명의 시대가 없었다면, 이후 중국의 사상, 문화는 다양성을 상실했을 것이라고······.

2. 공맹학孔孟學이 성립되다

중국 역사에 있어 유가(儒家)처럼 오랜 시간에 걸쳐 통치이념, 사회사상, 도덕 관념과 개인 생활에 영향을 끼친 사상은 그 유례를 찾아보기가 힘들다. 유교는 한때 중국의 국교로 불렸을 만큼 사회 각 부문에 지대한 영향을 끼쳤으며, 이러한 유학의 포문을 연 사람은 다름 아닌 중국 역사에서 성인(聖人)으로 추앙받고 있는 공자(孔子)이다.

정치적 생애

기원전 500년 경, 노(魯)나라의 군주 희송(姬宋)이 협곡(夾谷 : 지금의 산동성 신태 新泰에 해당)에서 제(齊)나라의 군주 강저구(姜杵臼)와 회담을 갖게 된다. 이때 공구 (孔丘 : 구丘는 공자의 이름)는 예식에 관한 전문가의 신분으로 희송을 수행하였다. 공식적인 회담이 끝나고 벌어진 여흥의 자리에서 제나라는 내부락(萊部落 : 지금의 산 동성 평도平度에 해당)의 토속적인 가무를 선보이게 되었다. 공구는 유서(儒書)를 근거로 제나라가 궁중 가무를 보여주어야 하는 자리에서 야만 민족의 가무를 공연한 것은 명백히 잘못된 일임을 지적하였다. 이에 제나라는 곧 전통 궁중무로 바꾸었지만, 이 역시 평상시에 가볍게 즐기던 희극(喜劇) 정도에 불과했다.

공구(孔丘)는 다시 유서의 예법을 근거로 "평민이 군주를 능멸한 대죄(平民輕 視國君的大罪평민경시국군적대죄)"를 물어 노나라 호위무사들로 하여금 남녀 무희들을 무대 아래로 끌어내려 손발을 잘라 버리도록 하였다. 공구의 이러한 과감한 처사는 양국의 마찰을 불러일으키지 않았음은 물론이며, 오히려 제나라 군주가 자신의 과오를 깨닫고 크게 두려워하며, 과거 노나라의 영토를 침범하여 점령하였던 문수(汶水) 북부 일대의 토지(문수 이북, 귀산龜山 이남 지역의 전답에 해당)를 노나라에 돌려주게 되는 계기가 되었다고 공자의 제자들은 전하고 있다.

기원전 498년 공구는 노나라의 왕권 회복을 위하여 삼환(三桓)*의 도성을 함

---

* 노나라는 소공(昭公)이 19세의 어린 나이에 즉위하자, 실제적인 정권을 장악했던 환공(桓公)의 자손 계손(季孫), 숙손(叔孫), 맹손(孟孫) 등 신흥 세도가를 말한다.

공자의 초상

락시킬 것을 건의하였다. 역사적으로 '타삼도운동(墮三都運動)'이라고 불리는 이 정치 개혁은 결국 실패로 돌아가게 되었고, 공구가 시도했던 전통 질서 회복의 노력은 큰 시련에 부딪히게 된다.

'타삼도'를 시도했던 다음해(기원전 497년) 공구는 노나라의 희송에 의해 대리 재상 섭상사(攝相事)의 자리에 올라 재상의 일을 대신 행하게 되었다. 삼환은 크게 노하였으나, 그는 아랑곳하지 않고 섭상사의 자리에 오른 지 석 달이 채 되지 않은 때에 당시 노나라 정사를 문란하게 하고 있던 세객(說客) 소정묘(少正卯)를 붙잡아 그 자리에서 처형하였다.

공구는 소정묘가 범한 다섯 가지의 죄목을 아래와 같이 조목조목 열거하였다. 즉 "마음이 음흉하여 사람 비위를 잘 맞추고, 행위가 졸렬하여 다른 사람의 충고를 받아들이지 않으며, 거짓말을 늘어놓으며, 진실인 양 왜곡시키는가 하면 기억력이 좋고 아는 것이 많다하나 하나 같이 허접한 것들에 불과하며, 자신의 잘못을 마치 선한 일인 양 포장해 버린다"는 것이었다.

이렇듯 모호하고 추상적인 죄명들을 볼 때 권력을 가진 사람은 누구에게나 얼마든지 의도적으로 죄를 씌울 수 있으면서도 자신의 정당함을 주장할 수 있었던 것을 알 수 있다. 노나라 군주가 하늘에 제사를 지내는 제례 의식이 있던 어느 날, 제사에 쓰인 고기를 신하들에게 나눠주는 과정에서 삼환은 일부러 공구에게 고기를 주지 않았다. 주나라의 예법에 비추어 볼 때 이것은 매우 과중한 처분으로 상대를 매우 증오한다는 표현이었다. 공구는 결국 노나라를 떠나 위(衛)나라로 갈 수밖에 없었다.

공구의 정치 생애는 이렇게 막을 내렸지만, 그의 모든 정력을 교육에 쏟을 수 있게 되었다는 점에서는 오히려 행운이 아닐 수 없었다. 그는 제(齊)나라, 진(陳)나라, 채(蔡)나라 등을 돌며 자신의 오랜 정치 이념, 즉 주나라의 예법을 통치 이념으로 하는 나라를 찾아 다녔지만 끝내 찾지 못하였다. 기원전 484년, 그는 결국 13년 동안의 유랑 세월을 마치고 다시 노나라로 돌아와 살게 된다.

제자의 육성, 3천여 명의 제자를 낳다

공구가 다시 노나라로 돌아왔을 때, 이미 그의 나이는 63세였다. 하지만 그는 계속해서 제자들을 가르치며 기원전 12세기 주나라 왕조 초창기 시절에 대한 그리움과 숭배하는 마음을 전하였다. 또한 당시에 나와 있던 고서들을 그 자신의 관점에 따라 내용을 추가하거나 삭제하여 재편집하였다. 『역경(易經)』, 『춘추(春秋)』, 『시경(詩經)』, 『서경(書經)』, 『예기(禮記)』 등은 모두 이렇게 그의 손을 거쳐 정리된 것이다. 이 다섯 권의 책을 '오경(五經)'이라고 한다. 학술 발전의 황금시대가 막을 내리고 유학파들이 정권을 쥐게 되면서, 이 다섯 권의 책은 2천여 년 동안 중국의 사상을 지배하게 된다.

공자와 노담(노자)

공구의 정치 생애는 실패로 돌아갔지만, 그의 교육에 대한 집념만큼은 실로 가치 있고 또한 성공을 거두었다고 할 수 있다. 공자의 생애 대부분은 그의 학설을 전파하고 가르치는 본분에 충실하며, 제자들의 의문을 풀어주는 교육 전반에 있었다고 볼 수 있다. 그는 매우 효과적인 교육, 교학(教學) 방법을 선보였을 뿐만 아니라 교육의 내용적 체계를 비교적 완벽하게 구축하였으며, 심오한 영향력을 가진 교육 사상을 도출해 내어 모범적인 스승의 전형을 확립하였다.

공자의 제자 육성 과정은 크게 3단계로 나누어 볼 수 있다. 첫 번째 단계는 제나라로 벼슬자리를 얻기 위해 떠나기 전에 학교를 설립하기 시작하던 시기로 약 7~8년의 세월이 소요되었다. 이때 제자는 그리 많지 않았으나, 그의 학교는 나름대로의 큰 명성을 얻을 만큼 학교 설립은 성공적이었다고 평가받고 있다. 이 시기의 제자 가운데는 그보다 겨우 여섯 살 적은 안로(顏路 : 안회顏回의 부친)와 아홉 살 적은 자로(子路) 등이 있으며, 자로는 거의 평생에 걸쳐 공자를 보필하였다.

두 번째 단계는 공자의 나이 37세(노나라 소공昭公 27년, 즉 기원전 515년)에 제나라로 떠나 55세(노나라 정공定公 13년, 즉 기원전 497년) 때에 다시 노나라로 돌아오기 전까지 여러 제후국을 돌아다니던 시기를 말한다. 이 열여덟 해 동안 4년 간 정치에 참여하던 시기까지도 제자 육성을 멈추지 않았다. 공자의 교육과 제자육성 규모가 비약적으로 발전하던 시기에 해당하며, 그의 교육 경험은 시간이 지날수록 더욱 풍부해지고 교육 수준도 나날이 높아져 갔다. 공자의 명성이 높아질수록 제자들의 수도 갈수록 늘어나 노나라의 제자들 외에도 제(齊), 초(楚), 위(衛), 진(晋), 진(秦), 진(陳), 오(吳), 송(宋)나라 등지에서 그에게 학문을 배우고자 사람들이 몰려들었다. 공자의 명성과 위상이 수립되는 시기에 접어들었다고 볼 수 있다. 그의 제자 가운데 안회(顏回), 자공(子貢), 염구(冉求), 중궁(仲弓) 등 유명한 인물들은 대부분 이 시기에 공자의 문하생이 된 사람들이다. 이들 제자들 가운데 일부는 공자를 따라 여러 제후국을 돌아다니기도 하였고, 일부는 정치에 참여하기도 하였다.

세 번째 단계는 공자의 나이 68세(노나라 애공哀公 11년, 즉 기원전 484년)에 제후국을 떠도는 것을 멈추고 노나라로 돌아와서 세상을 떠나기까지의 5년 동안을 말한다. 당시 노나라의 재상이었던 계강자(季康子)가 사람을 보내어 공자를 노나라로 다시 불러들였던 것이나 애공과 계강자 모두 공자를 임용하지는 않았다. 비록 그에게 대부(大夫)의 벼슬을 내리고 때로 정치적 견해를 밝힐 수 있는 기회를 주기도 하였지만, 그의 의견을 듣고 따르는 사람은 없었다. 공자 역시 그의 모든 정력을 교육과 고대 문헌의 정리에 쏟게 된다. 이 시기에도 자하(子夏), 자유(子遊), 자장(子張), 증삼(曾參) 등 재주가 뛰어난 인물들을 비롯하여 많은 제자들을 배출하였다. 이들은 후에 대부분 교육에 종사하여 유학파의 형성과 발전 및 공자 사상의 전파에 중요한 역할을 하게 된다.

공자는 제후국을 돌아다니던 (정치참여 4년을 제외한) 14년 동안에도 제자 육성을 게을리 하지 않았다. 위(衛)나라와 진(陳)나라에서 각각 수년씩 머무는 동안 정치에 참여하지 않았기 때문에, 그와 제자들 사이에 학술적인 연구와 토론이 끊임없이 이루어졌음을 쉽게 짐작할 수 있다. 또한 드넓은 제후국을 돌아다니는 것 자체가 제자들에게는 견문을 넓히고 고난을 헤쳐 나갈 수 있는 경험을 축적하는 기회였다고 볼 수 있다. 일종의 특별 교육 형태였다고 할 수 있을 것이다.

공자는 일생을 교육에 몸 바치며 3천여 명의 제자들을 길러내었으며, 그 가운데 유명한 인물이 72명 정도에 이른다. 덕행이 뛰어났던 인물로는 안연(顏淵), 민자건(閔子騫), 염백우(冉伯牛), 중궁(仲弓) 등이 있으며, 언변이 뛰어났던 인물로는 재아(宰我), 자공(子貢) 등이 있다. 염유(冉有), 자로(子路) 등은 정사(政事)를 잘 처리했던 인물에 속하며 자유(子遊), 자하(子夏) 등은 고대 문헌에 통달했던 인물들이라고 할 수 있다. 공자의 제자들 가운데 각 분야에서 두각을 드러내며 뚜렷한 업적을 쌓은 인물도 매우 많이 있으며, 당시의 정치 상황은 특히 공자의 사상을 전파하고 유가의 형성과 발전에 일조하였다고 볼 수 있다.

아성(亞聖) 맹자

맹자(孟子)는 공자의 학설을 온 천하와 후세에 전파한 '일등 공신'이라고 할 수 있다. 유가에서는 공자의 다음 가는 '아성(亞聖)'의 자리에 올라 있다.

유가를 창시한 공자가 세상을 떠난 후, 유학은 자장(子張), 자사(子思), 안씨(顏氏), 맹씨(孟氏), 칠조씨(漆雕氏), 중량씨(仲良氏), 손씨(孫氏), 악정씨(樂正氏) 등 여덟 개의 유파로 나뉘게 된다. 그러나 중국의 위대한 문학가이자 사학자인 사마천(司馬遷)은 공자와 맹자를 함께 거론하기 시작하였으며, 후대에는 '공맹(孔孟)'이라 칭하며 동등하게 논하였다. 송(宋)나라 시대 이후 봉건 통치 군주들은 그들의 구미에 맞는 『맹자(孟子)』를 특히 중시하여 공자의 『논어(論語)』와 함께 봉건 사대부의 필독서로 정하게 된다. 이로써 맹자의 사상은 수 세기에 걸쳐 중국의 사회 각 영역에서 뿌리를 내리게 된다.

맹자의 이름은 가(軻)이며, 전국시대 추(鄒 : 지금의 산동성 추현鄒縣에 해당)나라 사람이다. 춘추전국시대 양(梁)나라 혜왕(惠王), 제(齊)나라 선왕(宣王) 시대에 활동했던 사람으로 중국의 위대한 사상가, 정치가이자 교육자이다. 맹자는 생전에 매우 오만했던 것으로 알려져 있다. "세상을 태평하게 다스릴 자가 지금 이 시대에 나 말고 누가 있겠는가?"(如欲平治天下여욕평치천하, 當今之世당금지세, 舍我其誰也!사아기수야!)라고 말한 바 있으나 여러 제후국을 두루 돌아다니며 우여곡절을 많이 겪었음에도 불구하고 결국 공자와 같은 길을 걷게 된다. 즉 책을 저술하고 학설을 세웠으며, 제자들을 육성하여 미래에 펼쳐질 자신의 이상을 위해 준비하는 수밖에 없었다. 정치에서 물러난 후, 그는 제자들과 함께 정치적 주장, 교육 강령 등 그의 학설을 정리하여 후대에 전하게 되었는데, 이 저술이 바로 지금까지 전해 내려오고 있는 『맹자(孟子)』 일곱 편이다.

맹자의 초상

맹자는 진(秦)·한(漢) 이후의 중국의 봉건사회에 지대한 영향을 끼쳤다. 그는 '인(仁)' 사상을 계승 발전시켜 본래 논리의 원칙 이었던 '인'의 개념을 사회, 정치 방향으로 발전시킴으로써 '인의(仁義)'를 핵심으로 하는 학설을 제기하였다. 즉 통치자들이 '정심(正心), 성의(誠意), 수신(修身), 제가(齊家)'의 경지에 오른 후에 '치국평천하(治國平天下)'하기를 바랐던 것이다.

그의 모든 학설에는 '인간의 심성은 선하다'는 '성선(性善)'의 개념과 '요순(堯舜)의 도리'를 지키는 '도요순(道堯舜)' 사상, '백성을 귀히 여기고 군주를 가벼이 여긴다'는 '민귀군경(民貴君輕)' 사상, '탕무(湯武 : 하夏나라의 폭군 걸桀 임금을 무력으로 몰아내고, 상商나라를 세워 천하를 얻은 후 인의 정치로써 나라를 지킨 인물)'를 본받고 '걸주(桀紂 : 폭군의 대명사로 불리는 은殷나라 주왕紂王과 하나라 걸왕桀王을 함께 말함)'를 반대하며, '인(仁)의 정치'를 강조하고, 전쟁에 반대하며, 양주(楊朱 : 도가道家 계열의 사상가)를 배격하고, '진중(陳仲), 허행(許行), 공손연(公孫衍), 장의(張儀)······' 등을 비판하는 내용이 포함되어 있다. 이러한 사상은 통치계급 내부의 각계 인사들을 교육하는 한편, 고위 통치계급에게 어떻게 '민심을 얻어 천하를 다스릴 수 있게(得其民斯得天下득기민사득천하)' 하는가에 있었다. 맹자의 '인도주의(人道主義)'는 여기서부터 출발한다고 할 수 있다.

맹자의 '민귀군경(民貴君輕)' 사상이야말로 그의 모든 학설의 핵심을 구현하는 수단이라고 할 수 있다. "민위귀, 군위경(民爲貴, 君爲輕 : 백성을 귀히 여기고 군주를 가벼이 여긴다)"이라는 정치 이념을 제기하면서, 그는 "득호구민(得乎丘民 : 땅에 의지해 살아가는 민심을 얻어야 한다)"이라는 학설을 함께 주장하였다. 즉 군주가 민심에 순응할 때에만 비로소 천하를 얻을 수 있으며, 백성을 핍박하는 군주는 '군주'로 대하지도 말아야 한다고 여겼다. 이러한 논리는 당시의 통치자들에게 민귀군경(民貴君輕) 사상의 장점을 이해하도록 하면서 '인의 정치'를 통하여 민심을 군주에게 향하도록 할 수 있으며, 주왕(紂王)처럼 독재자가 되어서는 안 된다는 사실을 일깨워주고 있는 것이다. 맹자는 유생들에게 백성의 고통에 관심을 가져야 한다고 강조하면서, 그러기 위해서는 관직에 나아가야 하며 관직은 '도의(道義)'를 실천하는 길이지 개인의 출세를 위한 것이 아님을 설파하였다.

유가의 핵심 사상

공맹학이 성립된 후 유가의 핵심 사상은 점차 기틀을 확립해 나가기 시작하였다. 그 다음 조대(朝代)로 이어지면서부터 유가의 핵심 사상은 중국 고대 국가의 통치 이념으로 굳어지게 되었으며, 후대에 지대한 영향을 끼치게 된다.

인(仁) : 애인(愛人 : 백성을 사랑하라)이다. 공자 사상 체계의 핵심 이론으로써, 사회, 정치, 논리, 도덕 최고의 이상이자 표본이 되는 사상이며, 그의 철학적 관점이 여실히 반영되어 있다. 후대에 매우 깊은 영향을 끼치게 된다. 현재의 교육 사상과 실천적 입장에서 해석하는 인본 사상은 '차별 없는 교육'이라고 할 수 있다. 춘추시대에는 관청에서 교육을 담당하였는데, 공자는 처음으로 사학(私學)을 열어 '귀천우열(貴賤優劣)'에 관계없이 모두에게 동등한 교육의 기회를 제공하였다. 현재의 정치 이념에서 '인도주의'는 '덕치(德治)'를 강조하고 있다. '덕치'의 기본 사상은 '백성을 널리 사랑'하고, '사랑을 베풀어 백성을 구제'하는 것을 말한다. 공자는 '인' 사상을 '예'에 도입하여 전통적인 '예치(禮治 : 예의 정치)'를 '덕치'로 변모시키고자 하였다. '예치'를 부정한 것이 아니라 오히려 계승 발전시킨 형태라고 이해하여야 할 것이다. 인간에 대한 사랑은 '인'의 본질이자 근간이 되는 내용이라고 할 수 있다. 자신을 사랑하는 것에서 나아가 남을 사랑하고 가족을 아끼는 마음에서 널리 대중에 대한 아끼는 마음으로 발전시켜 나가는 것을 말한다.

의(義) : 본래 '의(宜)', 즉 화목, 도리 등을 가리키는 것으로 '예(禮)'에 합당한 행위를 말한다. 공자는 '의'란 사상과 행위를 도덕적으로 판단하는 기준이라고 보았다.

예(禮) : 공자를 비롯한 유가의 정치와 논리의 범주를 가리킨다. 오랜 역사의 발전 과정을 겪으면서 '예'는 중국 봉건사회의 도덕규범과 생활 규칙으로서 중국인의 정신적 소양을 함양하는 데 중요한 역할을 해왔다. 그러나 사회의 변화와 발전을 거치면서, 특히 봉건사회 말기에 이르러서는 점점 사상을 속박하고 행위를 구속하는 수단이 되어 사회의 진보와 발전에 (나쁜) 영향을 끼치게 되었다.

지(智) : '지(知)'와 같으며 공자의 인식론과 논리학의 기본 범주를 가리킨다. 즉 지도(知道), 요해(了解), 견해(見解), 지식(知識), 총명(聰明), 지능(知能) 등을 아우르는 개념이라고 할 수 있다. 주요 분야는 지(知)의 성질, 지의 근원, 지의 내용, 지의 효과 등이며, 공자는 지의 성질에 관해 "지는 도덕의 범주로서 인간 행위 규범에 대한 지식이다"라고 보았다.

신(信) : 사람을 대하고 맡은 일을 처리할 때 성실히 꾸밈없이 임하는 것으로 '언행일치(言行一致)'의 태도를 말하며, 유가의 오상(五常 : 인仁, 의義, 예禮, 지智, 신信을 말함) 가운데 하나에 속한다. 공자는 '신'을 '인'의 중요한 구현 수단이자 현명한 사람이 반드시 구비해야 하는 품성이라고 보았다. 말과 행동이 진실하고 거짓이 없으면 다른 사람의 신임을 얻을 수 있다. 권력을 지닌 자가 신용을 지키면 백성도 진실로 대하고 상위 계급을 속이지 않게 되는 것이다.

서(恕) : 자신이 꺼리는 것을 남에게 행하지 않는 것을 말하며, 용서와 포용을 포함하는 개념이다.

충(忠) : 자기의 뜻을 세우려면 남의 뜻을 먼저 서게 하고, 자기의 목적을 달성하려면 남이 먼저 달성하게 한다는 뜻으로 공자는 '충(忠)'을 다른 사람과 교류함에 있어 진심을 가지고 성실하게 임해야 된다고 여겼다.

효(孝) : 공자는 효도와 공경을 '인'의 기초로 보았다. 나아가 효도는 부모를 봉양하는 데 그치는 것이 아니라 부모와 어른을 존경하는 마음을 기르는 것이 더 중요하다고 강조하였다. 또한 효도와 존경의 마음이 없으면 부모를 봉양하는 것이 개를 기르는 것이나 다를 바 없기 때문에 오히려 효에 역행하는 것이라고 여겼다. 공자는 부모도 과실을 범할 수 있으며, 자녀는 이에 대해 완곡히 충언을 하여 바로잡도록 할 것을 강조하면서 부모에 대한 절대적인 복종을 강요하는 것은 아니라고 설명하였다. 이러한 사상이 바로 중국의 고대 도덕관을 구현해 낸 것이라고 말할 수 있다. 공자가 논한 '효' 가운데는 "부모재, 불원유(父母在, 不遠遊 : 부모가 생존에 계시면 먼 곳을 다니지 않는다)", "삼년불개우부지도, 가위효의(三年不改于父之道, 可謂孝矣 : 3년 동안 아비가 행하던 도리를 바꾸지 않아야 효자라 할 수 있다)" 등 그 시대상에 국한된 부분도 더러 나타난다.

효는 후대의 유학자들에 의해 복잡하고 까다로운 예법으로 규정됨에 따라,

『예기』에는 부모가 돌아가시면 "수장불입구, 삼일불거화(水漿不入口, 三日不擧火 : 물도 마시지 않고 사흘 동안 화식을 금한다)", "곡읍무수(哭泣無數 : 끝도 없이 곡을 한다)", "신병체영(身病體羸 : 몸에 병이 심하게 난다)", 즉 정신과 육체가 모두 피폐해진 상태가 되어야 한다고 규정하고 있다. 송(宋)·명(明)나라 시대에 이르러 효도는 도덕론의 중요한 범주 가운데 하나에 속하게 되었으며, 이학자(理學者)였던 주희(朱熹)는 절대적인 부권(父權)을 주장하기도 하였다. '효'의 개념은 시대에 따라 변화를 거듭하여 왔다. 봉건주의를 선양하는 낙오된 관습을 철폐하면서 자녀에게 부모를 존중하고 공경하며 봉양하도록 이끌었으며, 충효 사상을 민족적 대의명분에 맞도록 적용하여 간소한 장례 의식 등이 주장되기도 하였다.

제(悌) : 어른에 대해 공경하는 마음을 갖는 것을 가리킨다. 공자는 공경하는 마음을 매우 중요한 품성 가운데 하나로 여겼으며, 그의 제자 유약(有若)은 스승의 사상을 바탕으로 '제'와 '효'를 '인의 근본'으로 삼았다.

▶▶ 역사의 흐름에 어떤 영향을 미쳤을까?

유학은 공자, 맹자 이후 중국의 국가 이념으로 발전하게 되었다. 특히 서한(西漢) 시대의 한나라 무제(武帝 : 기원전 156~87년. 한나라 제7대 황제로 유학자 동중서의 현량대책을 받아들여 유학을 관학官學으로 하였으며, 태학太學을 설치함)가 동중서(董仲舒)의 '유학독존(儒學獨尊)' 건의를 받아들인 후 유학은 통치자들의 의식에 뿌리내리게 되었다. 때로 외래 불교와 중국 본토의 도교에게 주도권을 빼앗긴 적도 있지만, 기본적인 유학의 통치 위상은 변하지 않았다. 유구한 중국의 역사 가운데 유학은 중국 국가는 물론 민중 개개인의 지도 사상으로서 막강한 역량을 발휘하여 왔다. 또한 고대와 중세 중국의 건국이념으로서, 그리고 개인의 행동 원칙으로서 현재까지도 매우 중요한 영향을 끼치고 있다.

3. 노장학老莊學이 성립되다

도교는 중국에서 유일하게 중국인이 창시하고 발전시킨 종교라고 할 수 있다. 서한시대 초기 황로(黃老 : 중국의 시조로 불리는 전설상의 제왕帝王 '황제黃帝'와 '노자老子'의 합성어로서 '황학黃學'과 '노학老學'이 결합된 학문적 경향)의 '무위사상(無爲思想 : 인공을 가하지 않고 인위人爲를 부정하는 노장 사상의 근본 개념)'은 중국의 사회 각 영역에서 중요한 위치를 차지하고 있었으며, 도교의 '휴양생식(休養生息 : 개인적으로는 인위적인 자극 없이 그대로 놔두어 원기를 회복하도록 하는 것을 말하며, 국가적으로는 형벌을 감면하고, 조세를 줄이며, 부역을 경감하여 백성들을 휴식하게 한다는 뜻)', 국력 회복(恢復) 등의 사상이 확립되는 데 지대한 영향을 끼쳤다. 도교가 후대 왕조에도 지속적으로 영향을 끼친 사실은 여러 역사적 사실을 통해 확인할 수 있다.

노자(老子)와 장자(莊子)

노자(老子)의 성은 이(李)요, 이름은 이(耳), 자는 담(聃)이다. 춘추시대 말기에 출생하였으며, 중국 고대 사상의 선철(先哲)로 첫 손가락에 꼽히는 인물이다.

젊은 시절 노담(老聃)은 주나라로 학문을 익히러 떠났다. 그는 박사(博士 : 고대에 경학經學을 전수하던 벼슬)를 찾아가 간청하여 태학(太學)에 입학하게 되었으며, 이곳에서 천문, 지리, 인륜 등을 닥치는 대로 배우고, 『시(詩)』, 『서(書)』, 『역(易)』, 『역(曆)』, 『예(禮)』, 『악(樂)』 등의 서적을 가리지 않고 모두 탐독하였다. 또한 문물(文物), 전장(典章 : 법령 제도), 사서(史書) 등을 쉬지 않고 연마하였다. 3년의 시간이 흐른 후에 노자의 실력은 일취월장하게 되었다. 박사는 그를 '수장실(守藏室)'의 사서로 추천하게 되었는데, 수장실은 주나라 왕조의 전적(典籍)을 보관하는 곳으로 천하의 모든 문서를 집대성하고 서적을 수장하여 없는 책이 없어 가히 '한우충동(汗牛充棟 : 짐으로 실으면 소가 땀을 흘리고, 쌓으면 들보에까지 찬다는 뜻으로 책이 매우 많음을 이르는 말)'이라 할 만하였다. 노담은 이곳에서 마치 물을 만난 고기처럼 수많은 서적의 세계 속으로 빠져들었다. 지식의 갈증을 채우기라도 하듯 그는 방대한 내용의 서적을 보고 읽었으며, 그의 지식의 경지는 갈수록 깊어져 예악(禮樂)에 통달하게 되었을 뿐만 아니라 도덕의 근본도 밝힐 수 있을 정도가 되었다. 다시 3년이 흐른 후 그는 수장실의 사관(史官)의 자리에 오르게 되었으며, 널리 이름이 알려지고 명성을 만방에 떨치게 된다.

노자와 장자(老莊像)

노담이 주나라에 머무는 기간이 길어지면서 그의 학문은 나날이 깊어지고 명성은 더욱 높아만 갔다. 춘추 시대에는 학식이 높은 사람에게 '자(子)'라는 칭호를 붙여 존경의 뜻을 표하였는데, 노담도 노자라고 불리게 되었다. 기원전 538년, 어느 날 공자는 제자 남궁경숙(南宮敬叔)에게 물었다.

"주나라 수장실의 사관인 노담이 고서를 비롯해 작금의 서적에 모두 통달하여 예악의 기원도 알 뿐 아니라 도덕의 근원까지 꿰뚫고 있다고 하네. 오늘 내가 주나라로 가서 그에게 한수 배우고자 하는데 나와 함께 가겠는가?"

남궁경숙이 흔쾌히 응하자 공자는 노나라 군주에게 이에 대한 허락을 구하였다. 노나라의 군주도 그의 출행을 허락하고, 마차 한 대와 마부 한 명을 비롯해 심부름꾼도 한 명 보내주며 남궁경숙이 공자를 수행하여 다녀오도록 하였다. 노자는 공자가 먼 길을 무릅쓰고 온 것을 보고 매우 기뻐하였다. 공자에게 자신의 견식을 들려주고 난 후, 공자를 대부(大夫)인 장홍(萇弘)과 만날 수 있도록 주선하였다. 장홍은 음악에 능해 공자에게 음악의 선율과 음악의 이론 등을 가르쳐 주었다. 또한 공자와 함께 제신(祭神) 의식을 참관하며, 음악 교육 장소와 사원의 예식 등을 시찰할 수 있도록 해주었다. 공자는 감탄을 금치 못하였으며, 이번 출행으로 거둔 성과가 적지 않았다.

장자(莊子)는 이름이 주(周)이며, 전국시대 중기의 송(宋)나라 몽(蒙) 지역(지금의 하남성河南省 상구시商丘市 동북쪽에 해당) 사람이었다. 기원전 369년경에 출생한 것으로 추정된다. 장자의 일생이 어떠하였는지는 잘 알려져 있지 않으나 풍부한 저술이 남아 있어 도교 사상의 집대성자로 불리고 있다. 장자는 중국의 철학사와 문학사를 비롯해 각 예술 영역에 지대한 영향을 끼쳤다. 노장 사상은 공맹 사상과 더불어 중국인들의 정신세계를 구축하는 원류라고 할 수 있다. 그러나 장자는 과묵하고 깊은 사색을 즐기던 사람으로 공명을 추구하지 않는 은거형 인물에 속한다고 볼 수 있다. 그는 역사적 사건에 연루되었거나 참여한 적이 거의 없기 때문에 확실한 사료에 근거하여 후세에 전달할 만한 그의 전기를 쓴다는 것은 거의 불가능하다고 볼 수 있다.

다만 장자가 왕과 제후 등 위정자들을 비웃으며 현실을 신랄하게 비판할 때 표출된 개성은 역사의 기록 속에 선명하게 남아 있다. 고요하고 평화롭게 학문을 탐구하여 저술하는 생활은 장자에게 더할 수 없는 보람을 느끼게 해주었다. 인생, 사회, 자연을 깊이 이해하게 되면서 그는 무한한 기쁨을 느꼈으며, 권력, 재물에 대해서는 일고의 가치도 없는 것으로 여기고 홀로 고결한 인격자임을 자처하였다. 혜시(惠施)가 위(魏)나라에서 재상을 하고 있던 시절에 장자가 위나라를 방문한 적이 있었다. 어떤 사람들은 장자가 혜시와 재상의 자리를 두고 다투기 위해 왔다고 수군거렸지만, 장자의 사람됨을 잘 알고 있었던 혜시는 그런 염려는 전혀 하지 않았다. 다만 장자가 직접 위(魏)나라 혜왕(惠王)과 대면하는 기회가 생기는 것을 원치 않았기 때문에 일부러 여론을 들끓게 하여 장자의 신변에 위험이 생길 수 있다며 그를 찾아 나서기 시작하였다. 장자도 혜시가 재상의 자리를 두고 다투기를 꺼려 자신을 찾아다니고 있다는 소문을 듣게 된다. 두 사람이 대면한 자리에서 장자는 내심 불편한 심기를 돌려서 말하였다.

"남방에 봉황이 한 마리 살고 있었소. 초련(椒棟)이 아니면 먹지 않았고, 예천(醴泉)의 물이 아니면 마시지 않았소. 이 새가 북방으로 날아가면서 마침 늙은 독수리 한 마리가 먹이로 잡은 쥐를 막 먹으려고 하는 광경을 보게 되었지요. 독수리는 봉황이 날아오는 것을 보고 '어이쿠'하고 당황하며 어쩔 줄을 몰랐소. 얼른 그 쥐를 자기 몸으로 감추었지요. 마치 봉황이 빼앗아 가기라도 할 것처럼 말이오. 그대도 그 재상의 자리를 내세워 나를 겁줄 셈이요?"

노자에 이어 이를 계승한 장자 사상은 훗날 도교 학파의 중심 사상으로 발전하게 된다.

황로사상과 휴양생식

한나라 초기의 대신들 가운데는 도교를 신봉하는 사람들이 적지 않았으며, 비교적 체계적으로 도교 학설에 접근하였다. 예컨대 조참(曹參 : 한나라 고조高祖 때의 공신)은 일찍이 개공(盖公 : 서한시대 황로학의 대가)에게 황로학을 배웠으며, 진평(陳平 : 한나라 고조 때의 공신)도 황로학을 좋아하였다. 전숙(田叔 : 한나라 시대 초기의 대신)은 악거공(樂巨公 : 서한시대 황로학의 대가)에게 황로학을 배웠으며, 한나라 무제 초기에 이르러 당시의 정사를 돌보던 신하였던 급암(汲黯), 직불의(直不疑), 사마담(司馬淡) 등도 황로학설을 배웠다. 한나라 초기에는 황제, 종친, 외척 가운데 한나라 문제(文帝)는 본래 황로학을 배우고 있었으며, 문제의 황후 두씨(竇氏)는 특히 황로학에 심취하여 문제에 이어 왕위에 오른 경제(景帝)를 비롯하여 태자(太子), 그리고 두씨 가문의 사람들은 황로학을 배우지 않을 수 없었다. 『한서』 「회남형산제북왕전(淮南衡山濟北王傳)」에는 다음과 같이 전하고 있다.

"당시의 제후국 군주들과 대신들은 빈객(賓客)을 많이 불러 모았는데, 이 가운데 회남왕(淮南王) 유안(劉安)은 '방술(方術 : 도교에서 말하는 장생불사長生不死하기 위한 여러 가지 방법)에 능한 자를 수천 명이나 불러 모아' 『회남자(淮南子)』를 편찬하게 하였다. 특히 황로 도가에 대한 내용이 가장 많다."

조참이 제(齊)나라의 승상(丞相)으로 있던 시절에 장로(長老)와 독서인(讀書人)을 전부 불러들여 백성을 안정시키는 방법을 물었다. 제나라에는 원래 100명을 헤아리는 유생(儒生)이 있었는데, 이들의 의견이 분분하여 어떤 것을 채택해야 좋을지 결정할 수가 없었다. 그래서 교서(膠西) 사람인 개공(盖公)을 청하여 물은 즉, 그는 "국가를 다스리는 가장 좋은 방법은 청정무위(淸淨無爲)이며, 그렇게 하면 백성들은 저절로 안정된다"라고 말하였다. 조참은 그의 말을 그대로 행하였는데, 승상이 된지 9년째 되는 해에 백성들의 생활은 안정되었고, 사람들은 조참을 현명한 승상이라고 칭찬하였다.

유방(劉邦)을 보좌하여 한나라를 세운 소하(蕭何)가 혜제 2년에 세상을 떠난 후 조참이 한나라의 상국(相國) 자리에 오르게 되었는데, 그는 소하가 제정한 법률과 관례를 그대로 두면서 여러 군국(郡國) 관아에서 과묵하고 중후한 인물들을 골라 승상(丞相)의 자리에 앉히고, 화술에 능한 신하들은 모두 파직시켰다. 그 결과가 매우 성공적이어서 백성들은 다음과 같은 노래를 지어 칭송하였다.

> 소하가 제정한 법(蕭何爲法소하위법)
> 일자(一字)처럼 밝고 곧았네(顜若畫一강약화일).
> 조참이 대를 이어(曹參代之조참대지)
> 지켜가며 잃지 않았네(守而勿失수이물실).
> 청정무위 정책 집행하니(載其淸淨재기청정)
> 온 백성 한결같이 편안하네(民以寧一민이녕일). (출처 : 『사기』「조상국세가曹相國世家」).

　　한나라 초기의 50~60년 동안은 사회적, 정치적으로 안정적인 시기에 해당한다. 통치계급 사이에 내부적으로 '여씨(呂氏)의 난(諸呂之亂)'＊, '7왕의 난(七王之亂)'＊＊ 등이 발생하였으나 사회 경제적인 파장은 크지 않았다. 정치 풍토도 건전한 형태로 뿌리를 내리게 되었다. 통치자들은 황제, 종친에서 군신백관에 이르기까지 모두 사회 하층계급 출신이 많아 생활이 방만하고, 인문 의식(人文意識 : 인류의 질서에 대한 의식)이 결여되어 있었으나 사회 하층의 지주, 상인들도 농민들을 핍박하는 정도가 경미하였으며, 중원(中原)의 한족과 변방의 소수 민족과의 관계도 평화롭게 유지되어 도가의 정책이 실현될 수 있는 여건이 형성되어 있었다고 볼 수 있다.

　　선진(先秦) 시대의 도가 학파는 노자(老子), 양주(楊朱), 장자(莊子), 직하(稷下), 황로(黃老) 등으로 나눌 수 있다. 노자는 '수일(守一)'＊＊＊, '무위(無爲)', '청

＊ 한나라 초기에 유씨(劉氏) 일족이 여씨 일족을 멸한 사건. 한나라 고조 유방이 죽은 뒤 황후 여태후(呂太后)가 동족인 여씨를 왕으로 봉하고 정치를 멋대로 하자, 여태후가 죽은 뒤 유씨가 들고일어나 여씨 일족을 몰살하였다.

＊＊ 한나라의 봉국(封國)인 오(吳)나라 유씨족(劉氏族)들이 다른 씨족들과 달리 점차 세력을 확대해 나가자, 한나라 경제는 이에 위험을 느끼고 제후 세력을 통제하기 위한 정책으로 '추은의 영(推恩之令 : 점차 세력을 확대하는 제후제후들에 대한 대책으로 그 나라의 분할 상속을 허가하여 봉국을 세분화하는 효과를 가져온 법령)'을 시행하여 오(吳)·초(楚)·조(趙)의 영토 삭감을 도모하였다. 이에 반발한 오·초·조는 교서(膠西)·교동(膠東)·치천(菑川)·제남(濟南)과 연합하여 반란을 일으켰으나 경제가 이를 진압하였고, 그후 중앙 정부의 통제력이 강화되었다.

＊＊＊ 일(一)은 기(氣) 또는 정기(精氣)에 해당하는 개념으로 기가 흩어지면 죽음에 이르게 된다고 여겨 기를 온전히 지켜 음양 두 기의 조화를 이루고자 하는 개념을 말한다.

정(淸靜)'* 등 구체적인 정치적 실천 방향을 세워놓고 있었으며, 특히 한나라 초기에 시행된 도교적 정치 이념의 핵심은 노자를 근간으로 한 황로사상이라고 말할 수 있다. 여기에 명가(名家), 묵가(墨家), 법가(法家), 유학(儒學) 등의 개념을 수용하여 소란스럽지 않게 청정(淸靜)으로 천하를 다스리는 것이며, '무위(無爲)'를 통해 '유위(有爲)'에 도달하는 것이다.

한나라 초기에는 황로의 정치사상이 당시의 시대적 특수성과 맞물려 극적인 효과를 발휘할 수 있었다. 사회, 경제적인 면에 있어서도 점차 호전되어 전란 초기에 "천자가 타는 마차를 끌 네 필의 말도 구하기 어렵고, 재상들은 소가 끄는 우차를 타고 다녀야 했다"고 묘사될 만큼 어려웠던 상황이 "경사(京師 : 옛날의 수도를 가리키는 말)에 돈이 넘쳐나 동전을 묶는 끈이 썩어 끊어질 정도이며, 창고에는 곡식들이 쌓이고 또 쌓여 창고 밖까지 비집고 나오는가 하면, 부패되어 먹지 못할 정도가 되었다. 백성들도 말을 타고 거리를 활보하여 논과 밭 사이사이로 말을 탄 사람들이 넘쳐날 만큼" 발전하게 되었다(출처 : 『한서』 「식화지食貨志」).

그러나 도가 사상에도 부정적인 면이 있었다. 서한(西漢) 중기 이후 사회와 경제가 하루가 다르게 발전하면서 사회적 모순과 민족 갈등이 점차 격화되었다. 정치적인 영역도 갈수록 복잡해짐에 따라 도교의 정치사상은 사회 현실과 동떨어지게 되었으며, 결국 유가 사상에 정치적 주도권을 내주게 된다. 전란 후의 상처를 치유해 주기에 탁월했던 도가 사상은 창조적 진취성을 갖추지 못함으로써 한나라 초기 수십 년 동안 실시되었던 각종 제도의 허점들을 드러내게 되었다. 이러한 점들이 정치사상으로서의 황로사상의 한계라고 할 수 있다.

---

* 원문 주석 : 『장자』 「천하(天下)」에 "관윤 노담문기풍이열지 건지이상무유, 주지이태일(關尹 老聃聞其風而悅之 建之以常無有 主之以太一)" 즉, 관윤(關尹), 노담(老聃)이 이러한 학설을 듣고 즐거워하였다. 그들은 영원하고도 아무것도 없는 경지를 세워 놓고, 태일(太一 : 사람의 신, 치화治化를 주관함. 삼신 가운데 하나로 나머지 두 신은 천일天一, 곧 하늘의 신으로 조화를 주관, 지일地一 곧, 땅의 신으로 교화를 주관함)을 그 중심 사상으로 삼았다. 『사기』 「노자·한비열전(老子韓非列傳)」에는 "이이무위자화, 청정자정(李耳無爲自化, 淸靜自正)" 즉, 이이(李耳 : 노자를 말함)는 '무위'로 스스로를 승화시키고 '청정'으로 자신을 바로잡았다는 말이 있다.

노장 사상과 도교의 형성

도교는 원시 무속 신앙에서 기원하였다. 귀신 숭배, 신선(神仙) 학설, 각종 방술과 양생의 방법을 종합하고, 음양오행(陰陽五行), 역학(易學) 이론, 도참(圖讖 : 미래의 길흉을 예언하는 술법), 위서(緯書 : 미래의 일이나 점술占術에 관한 비결을 담은 책), 신학(神學) 등을 아울러 도가 학설의 이론적 뼈대로 삼았다. 또한 각종 술법을 실천하고 '도(道)'를 가장 높은 신앙의 경지로 보았으며, 태상노군(太上老君), 즉 노자를 교주로 숭배하였다. 한나라 말기 장도릉(張道陵)*이 중국의 민중 문화의 특색을 지닌 종교로서 처음 창시하게 되었다.

노자와 장자로 대표되는 도가는 '도'에 대한 철학을 연구하는 학파라고 할 수 있다.

도교와 도가는 모두 노자의 도를 기저에 깔고 있다. 도가 학설은 도교의 철학적 뼈대이며, 도교는 도가의 종교적인 형식이라고 할 수 있다. 『노자(老子)』의 편찬으로 도교 학파 성립을 알리게 되었으며 장자의 도는 노자의 도와 완전히 같다고 할 수는 없지만, 그 기저에는 노자의 학설이 바탕을 이루고 있으며 노자 사상의 본질적 특성을 계승하고 있다. 노장 사상이 도가 학파의 주요 맥락을 형성하고 있는 것이다.

서한 초기에는 당시의 현실적 상황을 감안하여 육가(陸賈 : 한나라 고조 때의 개국 공신)는 '무위'의 원칙을 주장하였다. 한나라 개국 초기의 정치 상황으로 볼 때 백성들은 보다 자유롭게 생활을 영위할 수 있는 환경이 필요하였기 때문이다. '무위'는 바로 노자가 강력히 주장해 왔던 학설이었기 때문에 한나라 문제(文帝)와 경제(景帝) 때에 이르러 한나라 조정에서는 모두 황로 사상을 치국(治國)의 이념으로 삼게 되었다. 이는 시대적 선택이었다고 할 수 있을 것이다. 한나라 조정에서 도가 학설을 정치 지도 이념으로 삼았기 때문에 이때가 노장 학설이 가장 번성했던 시기라고 할 수 있다.

그러나 노장 사상을 순수한 정치 학설이라고 볼 수는 없으며, 치국을 위해 고

---

* 도가의 원류라 하는 천사도(天師道)의 창시자. 천인(天人)이 내리는 도(道)를 받고, 사람들의 병을 잘 고쳤기 때문에 많은 신자를 얻어 천사(天師)라 불리었다.

안해 낸 학설도 아니었기 때문에 비록 정치의 주도적 이념으로서의 위치를 차지하고는 있었다 하더라도 유가, 묵가의 학설도 채택하는 한편, 명가, 법가의 사상의 핵심적인 내용도 뽑아서 응용할 수밖에 없었다.

한나라 문제와 경제가 다스리던 시기에도 진(秦)나라의 제도가 계속 실시되고 있었기 때문에 일부에서 이를 비판하는 시각이 일기 시작하였다. '7국의 난(七國之亂, 혹은 7왕의 난)'이 발생하자 중앙집권적인 유가의 학설을 주장하는 사람들이 점점 많아지기 시작했으며, 마침내 유가는 주도적 정치적 이념으로 자리를 굳히게 되었고, 공자는 노자를 대신해 천자의 도를 실천하는 대의명분을 얻게 되었다. 유학은 노장사상을 대신하여 치국의 지도사상으로 발전하게 된 것이다. 상하질서를 확고히 세워 사회의 조화와 안정을 꾀하였던 유학은 군주의 자리를 공고히 할 수 있는 정치 이념으로 확실히 자리매김하였으며, 이후에 등장한 모든 왕조와 군주들의 변하지 않는 치국 이념이 되었다. 도가 학설은 정치 무대의 중심에서 자취를 감추게 되고 말았다.

그 후 도가 역시 정치적으로 비주류 반대파에 속하게 되었으며, 도가를 대표했던 인물들은 사원을 거쳐 민중 속으로 흩어지게 되었다. 도가의 신봉자들은 정치무대에 다시 복귀하려는 생각을 포기하지는 않고, 그들의 정치적 소견을 담은 『태평경(太平經 : 한나라 때 초기의 도교 경전)』을 써서 황제에게 올리기도 하였다. 도가에서 추구했던 환상 속의 태평세계는 '태평'한 수단, 즉 노자의 학설로 나라를 다스리고자 하였다. 그러나 그들이 요란하게 떠드는 노장의 '도'는 노자를 추종하는 것이었기 때문에 국가 권력을 쥐고 있던 유생들의 지지를 받을 수 없었다. 정치적으로 반대파의 입장에 서게 된 그들은 당시의 정권을 통해 그들의 정치 이상을 실현시키기가 불가능했다. 결국 자신들의 힘으로 정치적 이상을 추구하기 위해 태평도(太平道)와 오두미도(五斗米道) 등이 여러 차례 봉기를 일으키게된다. 그러나 태평도의 군사 행동이 실패로 끝나고, 일부 지역을 점거하여 다스리던 오두미도의 세력 역시 오랜 시간 지속되지는 못하였다. 정치 무대로 복귀하기 위한 노력이 실패로 돌아가자, 도가 사상은 노자를 교주로 한 '도교'만이남게 되었다.

노장 사상의 생명관을 살펴보면 노자는 '귀생(貴生)'을 주장하여 살아있는 동

장자의 초상

안을 중시 여겼다. 한편 '전생(全生)'을 주장한 장자는 살고 죽는 것을 자연 현상의 하나로 보았다. 이로부터 도교는 '양생(養生)'을 중시하게 되었으며, "생명을 연장하기 위해서는 하늘의 뜻에 따른다(延長生命연장생명, 順天發展순천발전)"는 내용으로써 죽지 않고 삶을 추구하는 '생구불사(生求不死)'의 신념을 주장하게 된다. 노자의 생사관은 '귀생'으로써 죽고 사는 것을 생명이 유연성을 증진시키는 경지에 도달하는 것으로 전환시켜 생각하였다. 이는 생명의 활력을 보존하는 데 힘쓰는 것으로써 향후 도교의 생사관에 기초를 확립하였다.

『장자』「양생주(養生主)」에 나오는 '전생'의 개념은 '도'를 '정기(精氣)'로 해석하여 "무릇 사람이 살아있다는 것은 하늘이 준 정기를 받고 땅이 준 형체를 받았다는 것을 말한다. 이 둘이 합쳐져 비로소 사람이 되며, 둘이 하나로 조화되지 못하면 살아있는 것으로 볼 수 없다"라고 주장하였다. 즉 장자는 노자의 '귀생설'을 '형체와 정신의 조화'의 개념으로 이끌어 내게 된 것이다. 이는 당시 한나라에 유행하였던 방술(方術)과 결합하여 양생(養生), 나아가 장생(長生)을 추구하게 되었으며, 이로써 도교의 생사관이 완성되었다고 볼 수 있다. 『장자』「좌유(左宥)」에는 "정신을 잘 지켜야만 육체도 장생할 수 있다", "위로는 조물주와 어울리고 아래로는 생사를 초월하여 시작도 끝도 없는 경지에 이른 이들과 벗을 삼는다", "하늘과 땅의 정신이 서로 교류한다", "고요히 홀로 거하고 정신은 밝은 곳에 거한다" 등의 내용을 담은 사상과 이러한 경지에 대한 관점이 기술되어 있다. 이는 신선이 된 후의 경지를 통해 도교를 해석하고 있는 것이라고 할 수 있다. 도교의 신선 학설이 노장 학설을 이용하여 사람들을 도교에 가입시켰다고 할 수 있겠지만, 신선 학설 본연의 적극적인 작용도 있었다고 할 수 있다.

인류는 자연의 힘에 맞서 죽음, 재난, 질병으로부터 벗어날 방법이 없었다. 그러나 봉건사회의 국가 기관들이야말로 당시 사람들에게 더욱 직접적인 사회적 압박으로 다가왔다고 볼 수 있다. 도교의 신선 사상은 죽음과 재난, 질병을 극복하고 유유자적하는 상태를 그 특징으로 삼고 있기 때문에, 자연에 대해 초월적 능력을 발휘하는 신의 경지인 동시에 당시 사회적 현실을 초월할 수 있는 신의 경지이기도 하였다.

노자기우도(老子騎牛圖)

노자 이후의 도교는 전국시대와 한나라 초기에 각각 두 차례 전면적인 발전을 이룩하게 된다. 장자 학파가 형성된 전국시대는 도교의 첫 번째 발전 시기라고 할 수 있다. 장자를 비롯한 그 밖의 다른 학자들이 각각 자신들의 입장에서 제자백가를 평하여 도가 각 지파의 학설 속에 융합시켰다. 『장자』는 각 도가 지파의 사상을 종합하여 편찬한 저술이라고 볼 수 있다. 『관자(管子)』가운데 「백심(白心)」, 「내업(內業)」, 「심술(心術)」 등의 편(篇)은 도가의 입장에서 각 지파의 사상을 흡수하여 정리한 것이다.

진한(秦漢) 시대 황로학의 발전으로 인해 도교의 두 번째로 번성의 시기를 맞이하게 된다. 『황제사경(黃帝四經)』, 『회남자(淮南子)』 등을 대표작으로 꼽을 수 있으며, 『회남자』는 음양오행설의 각종 술법과 신선의 양생지도(養生之道)를 종합한 저술로서 도가 학설과 신선 방술을 융합시켰다는 측면에서 하나의 성과로 여겨지고 있다. 그러나 한나라 무제(武帝)가 이 책의 편찬을 주관하던 유안(劉安)을 죽임으로써 도가에서 주장하던 "군인남면지술(君人南面之術 : 군주는 남쪽을 보고 앉아만 있다)", 즉 '군주는 가만히 앉아 있고 모든 일을 신하에게 시켜 하도록 한다'는 학설은 더 이상 효과를 거두지 못하게 되었다. 이로써 신선의 방술과 결합되었던 황로도(黃老道) 신앙이 초기 도교의 모태가 되었던 것이다.

▶▶ 역사의 흐름에 어떤 영향을 미쳤을까?

도교 학설은 중국 역사에서 중요한 철학의 한 부류였으며, 정치 이념의 한 형태였다고 할 수 있다. 도교 학설은 통치계급이 채택하여 백성들에게 휴양생식(休養生息)의 기회를 주게 되었을 뿐만 아니라 피통치계급이 도가의 기치를 들고 봉기를 일으키거나 압제에 대한 반발의 형태로 나타나기도 하였다. 도가 학설이 발전하면서 중국의 토종 종교인 도교의 형성에도 영향을 끼치게 되었다. 도교는 도가 학설을 위주로 유가, 묵가, 불교의 사상까지 취하였으며, 유교 문화에서 받아들이지 않았던 수많은 문화 요소를 마치 거대한 스펀지처럼 광범위하게 흡수하였다. 이로써 도교는 다양한 문화 요소를 도교의 교의(教義) 아래 하나로 융합시킴으로써 중국 고대의 전통 문화를 보존하는 중요한 매개체가 되었다. 중국의 4대 발명품 가운데 하나로 꼽히는 '화약'도 도가 사상의 방술사들이 단약(丹藥)을 만드는 과정에서 발명하게 된 것이라고 전해진다.

4. 상앙변법商鞅變法, 진나라의 토대를 세우다

중국의 학자 가운데 한 사람이 상앙(商鞅)에 대해 이렇게 말한 적이 있다. '나는 상앙을 민족의 영웅으로 삼아야 할 뿐 아니라, 그의 공적을 중국 최고의 자리에 올려야 한다고 생각한다. 물론 반대하는 사람이 있을 줄 알지만 중국을 통일하는 데 있어 상앙의 공을 인정하지 않을 수 없을 것이다.'

치세불일도, 변국불법고(治世不一道 便國不法古)

진(秦)나라 효공(孝公 : 기원전 381~338년, 전국시대의 진나라 왕, 이름은 거량) 원년(기원전 361년), 효공 거량(渠梁)은 인재를 널리 구하는 명을 내려 진나라를 부강하게 할 역량 있는 재원을 광범위하게 모집하였다. 인재를 구한다는 소식은 위(衛)나라의 한 젊은이의 귀에까지 들어가게 된다. 당시 격앙된 심정을 누르지 못했던 이 젊은이가 바로 전국시대 중기의 대개혁가 상앙(商鞅)이었다.

상앙은 당시 사회의 정치 · 경제적 변혁을 이끌어 나가기 위하여 '치세불일도

변국불법고(治世不一道 便國不法古 : 세상을 다스리는 방법
은 한 길만 존재하는 것이 아니며, 나라를 변화시키기 위해서는
옛 것을 그대로 따라서는 안 된다)'라는 관점에서 교육 개
혁을 강화하였다. 상앙은 나라를 다스리는 근본은
농경과 군대라고 여겼으며, 부국강병을 이룩하기 위
해서는 반드시 법을 정비하고 이를 만백성에게 알리
는 한편, 법치를 주도할 인재 양성이 시급하다고 생
각하였다.

상앙의 초상

또한 기존의 시(詩)·서(書)·예(禮)·악(樂) 등을 중
심으로 한 유가 학설을 정면으로 반박하며 "시와 서
를 불사르고, 법과 명령을 따르도록 해야 한다"고 주장하였다. 특히 농경과 군대
의 양성을 주요 내용으로 하는 법치 교육으로써 '선왕(先王) 시절의 교육'의 낡은
교육을 대체하여야 한다고 여겼으며, 덕치의 근간은 법치임을 주장하였다. 아울
러 '법령'은 반드시 백성들이 알기 쉬운 내용으로 선포하는 한편, 법관으로 하여
금 백성에게 법령을 해석해 주도록 하여 '만백성이 해야 할 것과 하지 말아야 할
것을 분명히 파악할 수 있도록' 하였다. 이러한 교육은 법과 제도를 알리고 법치
를 주도할 인재를 육성하는 중요한 수단이었다.

중국은 뼛속부터 보수적인 사회라고 할 수 있다. 그러므로 변법유신(變法維
新)의 길을 선택한 인재들은 대부분 유명을 달리한 경우가 많았다. 이에 해당하는
첫 번째 인물이 바로 상앙이라고 할 수 있다.

상앙(商鞅 : ?~BC 338)은 본래 위(衛)나라의 서얼 출신의 공자(公子)로, 이름은 공
손앙(公孫鞅)이다. 위나라 사람 앙(鞅)이라고 하여 위앙(衛鞅)이라고도 하고, 나중
에 진나라에서 공을 세워 상읍(商邑)의 땅을 봉지(封地)로 받아 상앙이라고 한다.
젊었을 때 이회(李悝 : 전국시대 초기 위魏나라의 재상)를 스승으로 섬겼으며, 이회와 오
기(吳起)의 변법 경험을 종합하고, 형명학(形名學)*을 깊이 연구하여 자신의 법가

---

* 법가 학설의 하나로, 관리를 등용할 때 그 사람의 '형(形)'과 '명(名)'을 살펴서 일치 여부를 판별해야 한다는
  이론. '형'은 그 사람이 이룩한 실제의 업적, '명'은 그 사람이 주장하는 의론을 말한다.

이론을 완성하였다. 학업을 마친 후에 먼저 위(魏)나라로 가서 재상이었던 공숙좌(公叔痤)의 문객(門客)이 되었다. 공숙좌는 임종 전에 위나라 혜황(惠王)에게 상앙을 천거하며 비록 나이는 어리나 재주가 뛰어나므로 재상으로 삼든지, 아니면 반드시 죽여 위나라 국경을 넘어서지 못하도록 할 것을 유언하였다. 위나라 혜왕(惠王)은 공숙좌가 병이 위중하여 헛소리를 하는 것으로 여겼으며, 상앙을 등용하지도 않고 죽이지도 않은 채 진(秦)나라로 가는 것을 내버려 두었다.

상앙은 그의 스승이었던 이회가 지은 『법경(法經)』을 들고 위나라를 떠나 서쪽의 진나라로 들어가게 된다. 진(秦)나라 도성 옹(雍)에 도착한 상앙은 효공(孝公 : BC 381~BC 338)*을 가까이서 볼 기회를 얻는다. 그는 먼저 3대에 걸친 '제왕의 도(帝王之道)'를 설명하고, 계속해서 제(齊)나라 환공(桓公)과 진(晉)나라 문공(文公)의 '패도(覇道)' 정치에 대해 설명하였다. 상앙은 '제왕의 도'와 '패도' 정치를 실현하기 위해서는 시간이 너무 많이 소요되기 때문에 낙후된 진나라의 국면을 신속하게 타개할 수는 없다고도 설명하였다. 효공의 의중을 헤아린 후 상앙은 '강국지술(强國之術)', 즉 강국이 되는 방법을 설파하였으며, 이에 효공은 크게 기뻐하며 상앙을 등용하게 된다.

진(秦)나라에 온지 3년 째 되던 해(기원전 359년) 진나라의 국정을 모두 파악하게 된 상앙은 효공에게 변법(變法 : 제도, 법제法制를 고침)을 통한 혁신 방안을 내놓게 된다. 심한 반발과 저항에 부딪히게 되지만 상앙은 확신을 갖고 강력하게 개혁을 밀어붙였으며, '치세불일도, 변국불법고'의 원칙을 굽히지 않았다. 결국 격렬한 논쟁에서의 승리는 상앙에게 돌아가게 되었으며, 그의 변법 방안은 통과되었다.

『사기』「진본기(秦本紀)」에는 상앙이 진나라 효공 원년에 진나라에 들어와 3년 동안 변법 개혁을 추진하였고, 5년 되는 해에 좌서장(左庶長 : 효공이 상앙을 임명하여 제정한 20등작第二十等爵制 중에서 10번째에 해당하는 관직)을 맡게 되었으며, 10년 되는 해에 진나라의 고위 관직에 해당하는 대량조(大良造 : 군사와 정치에 대한 권한을 가진

---

* 전국시대의 진나라 왕(재위 BC 361~BC 338)으로 위나라에서 온 상앙을 등용하여 국정을 개혁하고 부국강병에 힘을 기울였다. 이에 주왕(周王)으로부터 봉작(封爵)을 받고 유력한 제후로서의 지위를 확립하여, 후에 시황제(始皇帝)가 천하를 통일하는 기초를 쌓았다.

최고의 환관 직책. 20등급으로 나눈 작위 중에서 16등급에 해당)를 맡아 정사를 돌보았다. 22년 되는 해에 상앙은 위(魏)나라로 하여금 하서(河西) 지방을 진나라에 귀속시키도록 하는 한편, 진나라와 강제로 화친을 맺도록 하였다. 위(魏)나라 혜왕은 그때서야 크게 놀라 공숙좌의 말을 듣지 않을 것을 후회하며 탄식을 금치 못하였다.

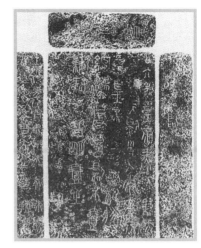

상앙방승명문(商鞅方升銘文)

상앙의 가장 큰 공으로 꼽히는 부분은 '용병(用兵 : 군사를 부림)'이 아닌 '변법'이라고 할 수 있다. 진나라에 있었던 20여 년 동안 그는 두 번에 걸쳐 변법을 실시하여 진나라를 서쪽의 강대국으로 변모시켰으며, 중국 내륙을 호시탐탐 노리며 진나라의 중국 통일에 기초를 확립하게 된다. 이처럼 중요한 변법을 감행한다는 것은 결코 쉬운 일이 아니었다. 신법(新法), 즉 새로운 법의 제정을 보장하려면 우선 군주의 신임을 얻어야 했다.

효공을 설득하기 위하여 상앙은 감룡(甘龍), 두지(杜摯) 등의 대신들과 격렬한 논쟁을 벌였다. 감룡과 두지 등 대신들의 진부한 논조에 대해 상앙은 "삼대(三代 : 요堯 · 순堯 · 우禹)의 왕이 모두 서로 다른 예를 취하였고, 오패(五覇 : 제齊나라 환공桓公, 진晋나라 문공文公, 송宋나라 양공襄公, 진秦나라 목공穆公, 초楚나라 장왕莊王)의 왕들도 저마다의 방식으로 패권을 차지하였다"는 역사적 사실을 들어 이들을 제압하였을 뿐만 아니라 "법(法)의 목적은 백성을 사랑하는 데 있으며, 예(禮)의 목적은 정무를 편하게 집행하려는 데 그 목적이 있다. 강국을 이룩하기 위해서는 옛 법에 얽매여서는 결코 안 되며 백성을 이롭게 하기 위해서는 예의에 얽매여서는 안 된다"라며 현실적인 측면을 강조하였다. 이러한 설전을 펼친 후에 마침내 효공의 신임을 얻게 된 것이다.

그러나 신법을 제대로 실시하기 위해서는 군주의 신임과 함께 백성의 신임도 얻어야 했다. 신법을 반포하기 전에 상앙은 도성의 남문 앞에 삼장(三丈) 길이의 나무 막대를 세워놓고 백성들을 향하여 누구든지 이 막대를 북문으로 옮겨 놓기만 하면 금 10냥을 상으로 받을 수 있다고 알려주었다. 대부분의 백성들은 세상에 그렇게 좋은 일이 쉽게 생길 수 있겠느냐며 미더워하지 않았다. 상앙이 상금을 금 50냥으로 올리자 어떤 사람이 반신반의하며 북문으로 그 막대를 옮겨 놓게 되었고, 그 사람은 금 50냥을 상으로 받게 되었다. 이 사실이 진나라에 퍼지면서 진나라 백성들은 상벌을 주요 내용으로 하는 상앙 변법의 내용을 이해하게 되었으며, 실질적인 법치 사회로 진입하게 된다.

진(秦)나라는 토지가 넓은 데 비해 인구가 적었으며, 개간해야 할 황무지가 방대하게 펼쳐져 있었다. 그러나 진나라의 토지와 노동력은 제대로 활용되지 못하고 있는 실정이었다. 일하지 않고 놀고먹는 한량의 수가 많았을 뿐만 아니라 농업을 팽개치고 장사에 종사하는 사람들이 많았다. 특히 봉록이 풍부한 고관대작들의 경우 광활한 토지를 차지하고 있으면서 일하지 않고 놀고먹는 한량들을 대거 식객으로 받아들여 먹여 살리고 있었다. 상앙은 이들을 농업의 기틀을 무너뜨리고 나라의 기틀을 약화시키는 '음유식지민(淫遊食之民)', 즉 하는 일 없이 놀고먹기만 하는 기생충 같은 식객들로 치부하였다.

부국강병을 이룩하기 위해서는 무엇보다도 나라의 근간이 되는 농민과 병사 육성이 시급하였고, '기생충 같은 식객들'을 근절시킬 필요가 있었다. 상앙은 나라의 상류계급에서 하류계급에 이르기까지 모두 농경과 국방에 힘써야 한다고 여겼으며, 이는 치국의 가장 근본적인 방법이라고 생각했다. 이에 생산력의 발전에 걸림돌이 되는 귀족제도와 식객 풍습에 대해 개혁을 가하기 시작하였다. 상앙은 농전(農戰), 즉 백성들에게 평시에는 농업에 종사하게 하고 전시에는 모든 백성이 군사가 되어 전쟁을 수행하게 하는 정책을 확립하는 한편, 식객들을 뿌리 뽑기 위한 단계별 개혁을 추진하게 된다.

그는 우선 '수형(修刑)', 즉 형법을 개혁하여 변법의 법률적 토대를 마련하였다. "상대부(上大夫) 이상은 형을 면한다"는 구법을 개혁하여 "법은 귀족을 보호하지 않으며… 법 앞에서는 귀천이 따로 없다" 등으로 고쳐 귀족의 정치적 특권을 철폐함으로써 평민의 지위로 그들을 끌어내렸다. 상앙은 또한 경미한 죄상도 중벌로 다스리게 하여 길거리에 함부로 재를 뿌리는 정도의 죄도 경(黥 : 이마에 죄인이라는 표시를 먹실로 새기는 고대 형벌의 일종), 즉 묵형(墨刑)의 중형으로 다스렸다.

이로써 변법의 권위를 강화하는 한편, 변법의 시행을 강력하게 보장할 수 있게 되었다.

이어서 대가족이 모여 사는 것을 금지하고, '십오연좌제(什伍連坐制)'를 실시하였다. 부자(父子), 형제(兄弟)가 한 집에 사는 것을 법령으로 엄격히 금하여, 한 집에 남자가 두 명이상 되면 반드시 분가하여 독립적인 호구를 구성하게 하였다. 이로써 대규모 식객들을 먹여 살리고 있던 귀족들은 큰 타격을 받게 되었다. 또한 군사 조직을 재편하여 다섯 가구를 '오(伍)', 열 가구를 '십(什)'으로 하는 단위를 구성하여 함부로 거주지를 옮기지 못하도록 하면서 상호 감시, 고발토록 하였다. 만약 한 가구라도 법을 위반하면 열 가구가 함께 벌을 받도록 하였다. 이처럼 엄격한 법률은 농민들이 토지를 떠나지 않도록 강력하게 묶어두는 수단이 되었으며, 하릴없이 떠도는 사람들도 자연히 없어지게 되었다. 국가는 나라 전역의 노동력을 장악할 수 있게 되었으며, 납세 소득을 안정시킬 수 있게 되었다.

상앙은 관록 세습의 원칙을 폐지하고 '군공(軍功)'에 따라 작위(爵位)를 20등급으로 나누고, 등급에 따라 봉토를 나누어주도록 하였다. 새로운 '군공작위법(軍功爵位法)'에 따르면 누구를 막론하고 전쟁에서 새롭게 공을 세워야만 작위를 받을 수 있었으며, 작위에 의해 농지를 분배받고 관직에 오를 수도 있었다. 작위가 있는 사람은 양민이 될 수 있었고, 작위가 없는 사람은 천민이 되어야 했다. 노예가 전쟁에서 공을 세워 작위를 얻으면 양민으로 승격되었다. 적의 머리를 하나 벨 때마다 작위가 한 단계 올라가고, 밭 한 경(頃), 택지 아홉 무(畝), 농노 한 명을 하사받을 수 있도록 하였다. 농업 생산력을 향상시켜 국가에 납부하는 양식과 옷감이 많은 경우도 군공에 포함되었다. 농사를 포기하고 장사를 하거나 농사를 게을리 하여 세금을 내지 못하게 된 경우는 양민의 신분을 폐하고 관노로 삼도록 하였다. 종친과 귀족의 경우도 군공이 없으면 작위나 토지를 하사하지 않았으며, 관직이나 작위 등 일체의 세습 제도를 모두 폐지하였다. 이로써 상앙은 군공의 원칙에 따라 봉토와 작위를 분배함으로써 합법적으로 기존의 식객들이 차지하고 있던 농토를 빼앗아 공을 세운 사람들에게 나누어 줄 수 있게 되었다.

기원전 350년 진나라의 수도 함양(咸陽)에서는 군현제(郡縣制)가 실시되었다. 상앙은 향(鄕), 읍(邑)을 현(縣)으로 통합하고, 진나라 전국에 31개의 현을 세웠다.

현의 수장은 중앙에서 파견하여 군주가 직접 통제함으로써 중국 역사에서 최초로 전제주의적인 중앙집권제가 탄생하였다. 이로써 농민에 대한 통치력이 강화되었으며, 귀족, 식객들을 타파할 수 있는 역량 또한 확보되었다.

마지막으로 상앙은 진나라 전역에서 놀고먹던 '식객'들의 땅을 압수하여 농사를 짓거나 전쟁에서 공을 세운 농민과 신흥 지주들에게 분배하는 한편, 귀족들의 봉강(封疆 : 대전계大田界, 즉 국경 안의 땅)과 천백(阡佰 : 소전계小田界, 즉 논밭 길)을 전부 국가에 귀속시킨 후 전쟁에서 세운 공에 따라 역시 분배함으로써 새로운 토지 경계선이 형성되었다. 귀족들도 일반 농민들과 마찬가지로 국가에 세금을 납부하도록 하여 '불과불납(不課不納)', 즉 세금 납부의 의무가 없었던 그들의 경제적 특권도 폐지시켰다. 납세의 공평성을 확보하기 위하여 상앙은 도량 기구의 표준을 반포함으로써 도량형을 통일하였다.

상앙의 일련의 개혁 조치들로 인해 사회적 생산력이 크게 향상되었으며, 진나라는 부국강병의 길로 들어서게 된다. 또한 이로써 진시황(秦始皇)이 주변 6국을 통일하는 데 튼튼한 기초를 마련하게 된다. 그러나 기원전 338년 효공이 세상을 떠나자, 상앙은 반대파에 의해 능지처참을 당하게 된다. 그의 중요한 정견은 후대 사람들에 의해 『상군서(商君書)』 29편으로 정리되었다. 『한서』 「예문지」에도 상앙에 대한 내용이 기록되어 있으며, 『상군서』 29편 가운데 24편이 현재까지 전해 내려오고 있다.

진인불련(秦人不憐) : 진나라 사람들이 상앙을 불쌍히 여기지 않다

역사적으로 모든 변법유신(變法維新) 행위는 치국방략(治國方略)의 새로운 선택일 뿐만 아니라 이익 관계를 새롭게 조정하는 과정이라고 할 수 있다. 이는 개혁이 저항에 부딪힐 수밖에 없는 가장 근본적인 이유이기도 하다. 상앙이 기존의 정전제(井田制)를 폐지하고 경전(耕戰 : 농사를 짓거나 전쟁에서 공을 세우는 일)을 장려하는 등의 개혁 정책으로 귀족 계층이 토지와 관직에 대해 가지고 있던 일련의 특권들을 모두 빼앗아 버렸다. 이로 인해 태자(太子)를 주축으로 한 기득권 집단의 강한 반발에 부딪힐 수밖에 없었다. 그러나 상앙은 기존의 권력자들에 의해 좌절하거나 물러서지 않았다.

그는 법률이 백성들을 제재하기 위한
수단에 그쳐서는 안 되며, "법률이 효력이
발생하지 못하는 것은 위에서부터 법을
범하기 때문이다"라는 말을 되새겨, 우선
태자를 부추겨 신법을 위반하도록 한 스
승들을 먼저 벌하였다. 이에 공손가(公孫
賈)는 묵형을 받았으며, 공자건(公子虔)은

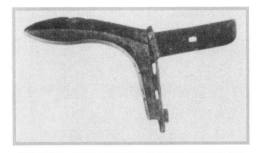

상앙극(商鞅戟) : 갈고리 모양의 무기로 창과 흡사한 형태를 띠고 있다

여러 차례의 경고에도 잘못을 고치지 않는다는 명분으로 코를 베어 버렸다. 상앙
의 이러한 행동은 '일벌백계(一罰百戒)'의 효과를 가져 왔다. 태자의 스승마저도
법률의 제재를 벗어날 수 없음을 보여줌으로써 요행을 바라는 심리를 싹부터 잘
라버리게 된 것이다. 상앙의 이러한 노력으로 신법은 10년 동안 순조롭게 실시되
었고, 백성들은 태평성대를 구가하게 되었다. 길거리에 돈이 떨어져 있어도 주워
가는 사람이 없고, 산적들이 자취를 감추었으며, 가정마다 노동력이 풍부해졌다.
백성들은 전쟁에서 용감하게 싸웠으며, 사리사욕을 채우려는 행위를 삼가게 됨
으로써 마을마다 태평성세가 이어졌다.

그러나 어떠한 개혁도 대가를 치르게 마련이고, 변법도 예외일 수 없었다. 진
나라 효공이 세상을 떠나자 상앙은 권력의 기반을 상실하게 되었고, 보위에 오른
태자는 보수파의 지원을 등에 업고 권토중래(捲土重來)하게 된다. 상앙에게는 무
참한 보복이 기다리고 있었다. 기득권층은 상앙이 모반을 주도했다고 모함하여
가장 잔인한 형인 오마분시형(五馬分尸刑 : 머리와 양팔, 양다리를 다섯 마리의 말에 묶어
각기 다른 방향으로 달리게 해 신체를 찢어 죽이는 극악한 처형 방법)에 처하도록 하였다. 상
앙은 처참한 최후를 맞았으나 그가 추진한 변법의 대업은 역사의 조류를 따라 이
미 되돌릴 수 없는 추세로 자리매김하였고, 마침내 진나라의 통일에 깊은 영향을
끼치게 된다.

오늘날 상앙에 대해서는 '안으로는 칼을 뽑아 들고 밖으로는 병사와 무기를
내세우는' 등 지나치게 폭력에 의존하였고, 교화적인 측면을 등한시하였다고 평
가가 내려지고 있다. 이는 시대적인 한계였다고 볼 수 있는 면도 없지 않다. 그는
가장 간단하고 난폭한 정치 수단으로 정치 이념적인 문제들을 해결하려고 하였

금호(金虎).
진나라 금기(金器)의 대표적인 기물이다. 진나라 사람들은 황금으로 각종 사물의 형상을 만들어 사용하거나 소장하기를 즐겨 하였다. 위의 금호는 화폐와 같은 기능을 지니고 있었으며, 정교함이 돋보이는 예술품이라고 할 수 있다. 당시의 귀족들이 소유하였다.

다. 『시(詩)』, 『서(書)』를 불태우고, 우민정책(愚民政策)과 문화 전제주의를 실시하였으며, 심지어 연좌제(連坐制) 등을 통해 무고한 희생을 강요하기도 함으로써 일련의 부정적인 영향을 발생시키기도 하였다. 이러한 부정적인 측면 때문에 귀족의 보복을 받을 수밖에 없었으며, 이를 보고도 '진인불련(秦人不憐)', 즉 진나라 백성들 중에 상앙을 불쌍히 여기는 사람이 없었던 것이다. 사마천을 비롯한 수많은 사학자들 가운데에서도 상앙을 제대로 이해하는 사람이 없었으니 안타까운 일이 아닐 수 없다.

▶▶ 역사의 흐름에 어떤 영향을 미쳤을까?

진(秦)나라는 중국의 서쪽 편벽한 지역에 자리하고 있던 보잘 것 없던 나라로서 정치, 경제, 문화 면에서 중국 내륙의 각 나라와는 비교할 수 없을 정도로 낙후되어 있었다. 진나라가 부강하게 된 데에는 상앙(商鞅)의 변법 정책과 밀접한 관계가 있다고 볼 수 있다. 상앙의 변법의 기초 위에서 진나라는 '나라가 잘 다스려지고 강력한 군대를 보유하게 되었음은 물론 영토가 넓어지고 군주가 존귀'하게 되었으며 강국으로 탈바꿈하게 되었다. 이로써 진시황(秦始皇)이 중국을 통일하는 데 튼튼한 기초가 마련된 것이다.

진시황이 실시한 여러 정책 가운데는 상앙의 변법을 발전시킨 것이 매우 많다. 상앙의 변법은 전국시대 가장 전형적이고 가장 강력하며, 가장 철저한 정치 개혁이라고 할 수 있으며, 사회의 생산력을 향상시키고 시대적 요구에 부응하여 역사를 발전시킨 주요한 사례라고 할 수 있다.

후대의 학자들은 상앙의 최대 업적은 군주 집권제, 군현제, 관료작위제, '십오(什伍)' 호구 편제, 형법, 토지사유와 일부일처식의 소농 경제 방식이라고 여기고 있다. 이러한 성과들은 진나라가 멸망한 후에도 중국의 역대 봉건 왕조들에 지속적으로 계승 발전되었다. 상앙의 변법은 '위진개제업(爲秦開帝業)', 즉 진나라에 황제의 시대를 열어줌과 동시에 중국 2천여 년의 봉건사회의 정치 제도와 경제 체제를 발전시키는 기초가 되었다.

5. 진시황이 중국을 최초로 통일하다

진시황(秦始皇)이 중국을 통일하기 전에도 중국에는 하(夏), 상(商), 주(周) 등 명의상의 통일 국가가 존재했다. 그러나 민족의 구성이나 정치적 구조, 사회 경제적인 형태에서 볼 때 진정한 의미의 전제주의적인 중앙집권적 통일 대제국으로 보기는 어렵다. 중국 제국의 형성은 천고(千古)의 황제로 불리는 진시황으로부터 시작된다고 볼 수 있다. 또한 진시황으로부터 2천여 년에 걸쳐 지속된 중국의 봉건 황제 제도가 확립되어 청(淸)나라 시대까지 지속된다.

덕은 삼황보다 뛰어나고, 공적은 오제를 넘어 선다

진시황(秦始皇 : BC 259~BC 210)*, 중국을 통일한 진나라 왕조의 개국 황제이다. 성은 영(嬴), 이름은 정(政)이며, 진나라 장양왕(莊襄王 : 기원전 281~247)의 아들로서 13세에 즉위하여 39세에 황제로 등극했다. 전국시대 말기, 진나라는 세력이 가장 막강하였으며, 동방의 6국을 통일할 여건을 갖추게 된다. 진나라의 왕으로 정(政, 즉 진시황)이 즉위한 초기에 국정은 당시 재상이었던 여불위(呂不韋)에 의해 결정되고 있었다. 기원전 238년, 진나라의 왕이 친정을 시작한 후 여불위를 재상의 자리에서 면하고 위료(尉繚), 이사(李斯) 등을 중용하였다. 그리고 기원전 230년에서 221년에 이르기까지 한(韓), 위(魏), 초(楚), 연(燕), 조(趙), 제(齊) 등 여섯 나라를 멸하

---

* 조(趙)나라의 상인(商人) 여불위의 계략으로 즉위한 장양왕의 아들이며 장양왕이 즉위 3년 만에 죽자 13세에 왕위에 올랐다. 처음에는 태후의 신임을 받은 여불위와 노애(嫪毐)가 권력을 장악하였으나, BC 238년 친정을 시작하였다. 중국을 최초로 통일한 중국 최초의 황제이다.

고, 중국 역사에서 처음으로 전국을 통일하여 다민족으로 구성된 전제주의적인 중앙집권 국가인 진(秦)나라 왕조를 열게 된다.

진시황의 초상

진시황은 6국을 통일한 후 전대미문의 중앙집권제를 확립하였다. 봉건제 아래에서 분권 운영되던 국가 기관 조직으로는 통일된 새로운 왕조를 다스리기에 부적합했기 때문에 진시황은 일련의 조정을 거쳐 중앙집권적인 통치의 기틀을 마련한 것이다.

우선 '왕(王)'을 '황제(皇帝)'로 고쳐 부르도록 하였다. 춘추전국시대에는 최고의 통치자를 '왕'으로 칭하였으나, 진시황이 중국을 통일한 후 스스로를 '덕매삼황, 공과오제(德邁三皇, 功過五帝)', 즉 "덕은 삼황(三皇 : 천황씨天皇氏, 지황씨地皇氏, 인황씨人皇氏 혹은 복희씨伏羲氏, 신농씨神農氏, 여와씨女媧氏)보다 뛰어나고, 공적은 오제(五帝 : 황제黃帝, 전욱顓頊, 제곡帝嚳, 당요唐堯, 우순虞舜)를 넘어 선다"라고 자평하며 '왕'으로는 그 존귀함을 다 나타낼 수 없다고 보았다. 이에 신하들에게 명을 내려 '제호(帝號)'를 정하도록 하였다. 대신들은 박사들과 상의하여 "예부터 천황(天皇), 지황(地皇), 태황(泰皇 : 인황人皇)이 있었으나 진황(秦皇)이 가장 존귀하나이다"라고 아뢰었다. 즉 존호(尊號)를 '진황'이라고 정하였다. 그러나 진시황이 보기에 '황(皇)'자 하나만 취하기에는 부족함이 있다고 여겨, 상고(上古) 시대에 사용하였던 '제(帝)'자를 함께 위호(位號)로 채택하였다. 이로써 '황제(皇帝)'라고 칭하게 된 것이다. 이때부터 '황제'는 '왕'을 대신하여 최고 통치자의 칭호가 되었으며, 진시황은 중국 역사에서 첫 번째 황제로 등극하게 된다. 진시황은 또한 다음 대의 황제가 선대 황제의 시호(諡號)를 짓지 못하도록 '시호법(諡號法)'을 폐지하고, 스스로를 '시황제(始皇帝)'라 칭하였다. 자신이 죽은 후에 자손들이 뒤를 이어 즉위하면 후세는 대를 계산하여 '2세', '3세'라고 칭하여 '만세에 이르도록 끝없이 전승되도록 하였다.'

황제의 위엄과 존귀함이 특별하도록 진나라 시대부터 이와 관련한 제도들이 마련되었다. 예컨대, 첫 번째로 황제의 명(命)은 '제(制)'라 하고, '영(令)'은 '조

(詔)'라고 하였으며, 문서에 황제의 이름을 올리지 못하도록 하였다. 황제는 스스로를 '짐(朕)'이라고 칭하고, 인장(印章)은 '새(璽)'라고 하였으며, 일반 백성들은 '짐', '새' 두 글자를 사용하지 못하도록 하였다. 이밖에도 의복과 관련된 일련의 제도를 제정하기에 이르렀다.

두 번째로 중앙집권 조직을 강화하였다. 진나라 왕조의 중앙 정권은 진나라의 기존에 있던 중앙 정권을 연장 확대한 것이다. 다만 관직의 명칭과 권력 분배는 다소의 변화를 보여 최고 통치자는 황제이고, 황제 외에 중앙의 최고 관직은 승상(丞相), 태위(太尉), 어사대부(御史大夫) 등 삼공(三公)이 맡도록 하였다.

승상(丞相) : 전국시대 진나라에 본래 있었던 '상(相)', '상국(相國)'의 자리로 통일 후 승상이라고 부르게 된다. 진나라 왕조의 1대 승상은 이사(李斯)로서 여전히 백관(百官)의 우두머리 자리에 앉았다. '금인자수(金印紫綬)', 즉 금색 인장(印章)과 자색 인끈(인장 꼭지에 맨 끈)을 갖추었으며, 천자를 보좌하고 천자의 정무를 도와 처리하였다.

태위(太尉) : 본래 '위(尉)', 또는 '국위(國尉)'라고 칭하였으며, 통일 후에 태위라고 부르게 된다. '금인자수'를 갖추었으며, 무사(武事)를 관장하고 '오병(五兵)'을 통솔하는 무관의 수장이라고 할 수 있다.

어사대부(御史大夫) : 진나라의 기존에 있던 '어사(御史)'를 통일 후에 '어사대부'라 칭하게 된 것으로 '재상에 이은 두 번째 다음 관직'이라고 할 수 있다. 어사대부는 '감찰'을 맡아 보았으며, '은인청수(銀印青綬)', 즉 은색 인장과 청색 인끈을 갖추었다. '승상'의 다음가는 지위라고 할 수 있다.

'삼공' 산하에 '구경(九卿)'을 두었으나 실제 관직의 수는 아홉에 그치지 않고 더 많았다. 대부분 진나라에 본래 있던 관직들도 일부만이 통일 후에 새로 설치한 것이다.

봉상(奉常) : 종묘와 예식을 주관하고 그 산하에 승(承 : 봉상을 보좌하는 직위로 지금의 '부副'에 해당한다고 볼 수 있음)을 두었다.

낭중령(郎中令) : 황제 호위와 명령 전달을 관장하고 그 산하에 대부(大夫), 낭중(郎中), 알자(謁者) 등을 두었다.

위위(衛尉) : 황궁의 경비 부대를 지휘하며 그 산하에 승(承)을 두었다.

대복(大僕) : 황실의 마차와 마부 관리 등을 담당하였다.

정위(廷尉) : 형벌을 관장하는 최고의 사법 기관으로 정감(正監), 좌감(左監), 우감(右監) 등을 두었다.

전객(典客) : 진나라 왕조의 통치를 받던 소수 민족을 관리하였다.

종정(宗正) : 종친과 황실의 친족들의 사무를 맡아 보았으며, 두 명의 승을 두었다.

치속내사(治粟內史) : 곡물을 관리하며 두 명의 승을 두었다.

소부(少府) : 황실 용도로 거두는 세금(관아에서 관리하는 산지, 임지, 호수, 늪지대에서 생산되는 소금, 철, 어류 등에 대한 세금)을 관장하고 여섯 명의 승을 두었다.

중위(中尉) : 도성의 방위를 담당하고 두 명의 승을 두었다.

주작중위(主爵中尉) : 제후들을 관리하였다.

진시황이 통치하던 시기의 중앙집권의 주요 특징은 군대와 정치 권한의 대부분이 황제 한 사람에게 집중되어 있다는 것이다. 승상, 태위, 어사대부 등에게 정무, 군대, 감찰의 권한을 분산하고, 서로 예속되지 않도록 하여 권력이 한쪽으로 새어 나가지 않도록 하였다. 승상은 조정의 집회와 토의 등을 주관하고, 황제를 도와 일상 업무를 처리하였으며, 각지에서 올라온 '상계(上計 : 각종 보고 문서)'를 열람하였다.

그러나 군대의 통솔권은 태위에게 속하였으며, 어사대부는 각 대신과 신료들의 상소문과 지방의 상계를 감찰할 수 있는 권리가 있었다. 태위는 명의상 최고의 군사 장관이었다. 지휘권만 있을 뿐 군대의 이동과 배치에 대한 권한은 갖고 있지 않았다. 삼공이 서로 예속되어 있지 않았기 때문에 최후의 결정권은 황제 한 사람에게 집중되었던 것이다.

세 번째로 지방 정권을 개편하였다. 통일 후 지방 조직은 군(郡), 현(縣), 향(鄕), 정(亭) 네 개의 단위로 구성되어 있었다. 통일 직후 진나라 왕조는 전국을 36개 군으로 나누었으나 변경 지역 개발과 군 행정에 대한 조정을 거친 후 46개 군으로 증가하였다. 각 군에는 수(守), 위(尉), 감(監)을 설치하였다. '수(守)'는 백성을 다스리고 '위(尉)'는 군대를 관리하였으며, '감어사(監御史)'는 백성을 비롯해 관리들을 감독하는 업무로서 중앙의 어사대부의 유사한 직무하고 볼 수 있다. 군수(郡守), 군위(郡尉), 감어사(監御史)도 직분이 명확하게 구분되었으며, 중앙의 '삼공' 분권과 같은 맥락이라고 할 수 있다. 군 아래에는 현(縣)을 두었으며, 현의 수장은 현령(縣令) 또는 현장(縣長)이라고 하였다. 관청에 속하였으며, 승(承)을 두 었다.

현 아래에는 향(鄕)과 정(亭)을 두었다. 대략 10리를 1정(亭)으로 삼고, 정에는 정장(亭長)을 두도록 하였다. 10정(亭)을 1향(鄕)으로 삼고, 향에는 '삼로(三老)'라 하여 유철(有鐵), 색부(嗇夫), 유요(游徼) 등을 두었다. '향삼로', 즉 유철, 색부, 유요 의 직책은 군의 수, 위, 감 등과 유사하다고 볼 수 있다. 유철은 교화(敎化)를 담당 하고, 색부는 소송 문제를 관장하고 세금 징수를 담당하였다. 유요는 법령의 준 수와 강도와 도적을 근절하는 업무를 담당하였다. 향 아래에 있는 정은 진나라 왕조의 지방 행정 조직의 가장 기본적인 단위로서 정장(亭長), 정부(亭夫), 구도(求 盜) 등을 각 한 명씩 두었다. 평상시 이들의 임무는 오병(五兵)을 훈련시키고 정을 방문하는 관리들을 접대하는 한편, 정부의 수송, 구매, 문서 전달 등의 업무를 함 께 맡아 보았다.

진나라 왕조에서 추진했던 봉건 관료 제도는 중국의 정치 제도사에 있어 획 기적인 발전을 이룩한 것으로 세습제를 개선하고, 식읍(食邑), 식부(食府) 제도를 폐지하였으며, 관리마다 해당 봉록을 정하도록 하였다. 승상에서 하급 관리에 이 르기까지, 즉 '2천석(二千石)'에서 '두식(斗食 : 1일 1두의 녹祿)'에 이르기까지 차등 적용하였으며, 이러한 제도는 진나라가 중국을 통일한 후 중국 전역에서 행해지 게 되었다. 또한 봉건사회가 지속되는 2천년 동안 그 기저는 흔들리지 않았다고 볼 수 있다.

네 번째로 '오덕종시설(五德終始說)'*을 바탕으로 통치의 사상적인 기틀을 확

---

* 오덕(五德 : 수水, 화火, 금金, 목木, 토土)이 연이어 회전한다는 설이다. 황제(黃帝)는 토덕(土德), 하(夏)나라의 우 (愚)는 목덕(木德), 은(殷)나라는 금덕(金德), 주(周)나라는 화덕(火德)으로 나라를 세웠기 때문에 주나라를 대신 하는 나라는 수덕(水德)이어야 한다는 것이다. 진시황은 이 설을 이용하여 수덕을 지닌 진나라가 정통(正統) 왕 조라고 주장하였다.

고히 하였다. 진나라의 통치계급은 자신들의 통치에 정당성을 부여해 줄 이론적 근거인 '오덕종시설'을 통하여 백성들을 기만하였다고 볼 수 있다. 화덕(火德)으로 세워진 주나라를 대신할 나라는 수덕(水德)을 지닌 진나라이어야 한다는 것이다. '오덕'설에서는 "황하(黃河)를 덕수(德水)라 고쳐 부르고, 수(水)는 겨울에 해당하기 때문에 겨울이 시작되는 10월을 1년의 시작으로 보았다. 색은 검정색을 상색(上色)으로 보았으며, 숫자의 6을 기준으로 삼았다. 음악은 대려(大呂 : 동양 음악에서 12율의 둘째 음에 해당)를 상음(上音)으로 하며, 모든 일은 법에 근거하여 판단한다"라고 주장하고 있다.

또한 의복과 깃발을 검정색으로 하고, 6을 기본 숫자로 하여 부절(符節)*과 관모의 길이는 6촌(寸), 가마의 높이는 6척(尺), 6척의 길이를 보(步)라 하고 마차는 말 6필로 끌도록 정하였다.

거동궤(車同軌), 서동문(書同文)**

진시황은 정치적으로 황제 제도와 전제주의적 중앙집권제를 확립하고, 경제와 문화의 영역에서도 통일을 추진하였다.

먼저 봉건적 토지소유제를 보장하는 율령을 반포한다. 진시황 31년(기원전 216년) '검수자실전(黔首自實田 : 백성의 머리수에 따라 실제 보유하고 있는 토지 현황을 보고하는 것을 말함)'을 실시하여 토지를 보유하고 있는 지주, 자경농 등으로 하여금 실제 소유 전답을 국가에 보고토록 하였다. 이는 진나라 왕조가 그들의 토지 사유권을 인정하고 보장하는 것을 의미한다. 또한 중농억상(重農抑商) 정책을 실시하여 농업을 가장 상위에 두고 나머지는 부차적인 산업으로 보았으며, 비생산적인 활동을 단호히 근절하였다. 이는 농업과 수공업 생산에 종사하도록 고무함으로써 봉건적 토지소유제를 보장하고, 봉건사회의 경제를 발전시키는 데 중요한 역할을 하게 된다.

---

* 예전에 돌이나 대나무, 옥 따위로 만들어 신표로 삼던 물건. 주로 사신들이 가지고 다녔으며, 둘로 갈라서 하나는 조정에 보관하고 하나는 본인이 가지고 다니면서 신분의 증거로 사용하였다.
** '거동궤(車同軌), 서동문(書同文)'은 온 천하의 수레는 두 바퀴의 폭이 같고, 문서는 같은 종류의 문자를 사용한다는 뜻으로, 천하가 통일되어 있는 상태를 이르는 말이다.

그 다음으로 화폐와 도량형과 문자를 통일하였다. 진나라가 통일을 하기 전에 화폐 통화는 매우 복잡하였다. 형태와 크기와 중량이 모두 달랐으며, 포전(布錢), 도폐(刀幣), 원전(圓錢), 영애(郢爰) 등 네 가지로 크게 나눌 수 있었다. '영애'가 초(楚)나라 지역을 중심으로 통용되었으며, '포전'은 한(韓)나라, 조(趙)나라, 위(魏)나라 등에서 통용되었다. 제(齊)나라, 연(燕)나라, 조(趙)나라 등에서는 '도폐'가 통

진릉동마차(秦陵銅馬車). 병마용에서 발견된 청동으로 만든 마차로 구조는 실물과 동일하다

용되었으며, 진(秦)나라, 동주(東周), 서주(西周), 위(魏)나라, 조(趙)나라 등지에서는 '원전'이 통용되었다. 진나라 왕조가 통일을 이룩하고 난 후 진시황은 중국의 화폐를 '황금(黃金)'을 가장 상급의 화폐로 정하고, '일(鎰)'을 화폐의 단위로 삼았다. '방공유곽원전(方孔有廓圓錢)'을 하급 화폐로 정하고, '반량(半兩)'을 단위로 삼아 '반량전(半兩錢)'으로 부르게 하였다. '원전'은 그 후 2천여 년 동안 통용되었다.

진나라 왕조가 통일을 이룩하기 전의 도량형의 상황은 화폐와 크게 다를 바가 없었으며, 매우 혼란스러웠다. 진나라는 이미 '상앙 변법'의 시기에 도량형의 기준을 통일시킨 적이 있었다. 통일 후 진나라 왕조는 기존 진나라의 규정을 바탕으로 하여 도량형을 통일시켰으며, 관련 조서를 관아에서 제작한 도량형 기기(器機)에 새겨 넣도록 하여 중국 전역에 보급시킴으로써 기준을 삼도록 하였다.

전국시대에는 오랜 기간 군웅할거의 국면이 지속되었기 때문에 언어의 소리도 다르고, 문자의 형태도 달라 동방 6국의 문자를 쓰기도 어렵고 알아보기도 어려운 상황이었다. 한자의 편방(偏旁)의 조합을 비롯하여 상하좌우의 글자 구성 또한 일정한 규율이 없어 교류와 소통에 심각한 장애가 발생하고 있었다.

기원전 221년 진시황은 진나라에서 통용되던 문자를 기초로 소전(小篆)*을 제

---

* 한자의 고전 팔체서의 하나로 진전(秦篆)이라고도 한다. 진시황이 문자의 정리와 통일을 위해 재상인 이사(李斯)에게 명하여 만들었다. 대전(大篆)을 간략하게 바꾸어 만든 글자체로 훗날 예서(隷書)가 통용된 다음에는 주로 도장(印章), 제명(題銘), 액자 등에 쓰이게 됐다.

청동대정(青銅大鼎).
이솥은 높이 1.13미터, 지름 0.87미터, 무게 400여 킬로
그램의 엄청난 무게와 소 한 마리의 머리를 삶을 수 있
을 정도이다.

정하여 중국 전역에 반포하였다. 또한 전국시대 음양가(陰陽家)의 오덕종시설을 이용하여 진나라는 하늘의 수덕(水德)을 받아 세워졌으며, 수(水), 즉 물의 색인 검정색을 숭상하고, 숫자는 6을 기준으로 삼는다. 이에 의복의 장식은 모두 검정색을 사용하고, 부절, 관모, 가마, 마차의 크기도 모두 6을 기준으로 정한다. 물은 음기(陰氣)를 상징하며, 음기는 죽음을 대표한다. 그러므로 더욱 가혹하고 잔인한 형벌이 실시되게 되었다. 진시황 34년, 진시황은 민간에서 소장하고 있던 『시(詩)』, 『서(書)』, 제자백가의 저서 등을 소각하도록 명령하고, 사학(私學)을 금지하였다. 이어 선약(仙藥)을 구하러 갔던 후생(侯生), 노생(盧生) 등이 도주함으로써 무고한 유생(儒生), 방사(方士) 4백여 명이 이에 연루되어 전부 함양(咸陽)에서 생매장 당하였다.

진시황은 통일 제국의 '치도(馳道 : 천자나 귀인이 나들이하는 길)'를 확보하기 위하여 통일 전 각 제후국이 건축하였던 모든 성루와 성벽을 제거하였다. 전국시대 각 제후국은 서로를 견제하기 위하여 수많은 성벽과 요새를 건축했는데, 각 나라의 도로 여건과 규모가 모두 달라 교통의 불편을 초래하였다. 이에 진시황은 교통에 방해가 되는 요새와 성벽, 성루 등을 모두 제거하도록 명하였다. 기원전 220년 수도 함양(咸陽)을 중심으로 한 '치도'가 형성되었으며, 기원전 212년 진시황은 다시 도성인 함양에서 북신(北申)까지 관통하는 '직도(直道)'를 건설하도록 명하여 2년 만에 완공하였다.

이러한 '치도'와 '직도'를 비롯하여 서남 변경 지역에 '오척도(五尺道 : 오천 너비의 도로)'를 개설하였다. 오늘날 호남(湖南), 강서(江西), 광동(廣東), 광서(廣西) 지역을 관통하는 '신도(新道)'를 건축하여 함양을 중심으로 방사형으로 발달한 도로망을 형성하였다. 후에 다시 도로와 차도의 너비를 통일하여 교통 소통에 편리를 도모하였다. 진나라 왕조가 통일을 이룩한 후 이와 같은 조치들을 취하여 봉건 시대의 할거 국면을 타파하고, 중앙집권의 강화, 다민족 국가의 통일의 기반을 강화했을 뿐만 아니라 봉건사회의 경제와 문화의 발전에 깊은 영향을 끼치게 된다.

▶▶ 역사의 흐름에 어떤 영향을 미쳤을까?

진시황은 중국 역사상 최초의 황제로서 중국 역사의 새로운 장을 여는 데 매우 깊은 영향을 끼쳤다고 할 수 있다. 진시황은 수백 년 동안 지속되었던 제후들의 패권 다툼과 전국칠웅의 분열과 혼란 국면의 막을 내리고, 중국 역사에서 최초의 중앙집권적인 통일 봉건 국가를 세운 것이다. 통일 후 정치적으로는 황제 제도를 비롯해 그 밖의 집권제적인 정치 제도도 확립하였으며, 후대 왕조에도 큰 영향을 끼쳐 경제적, 문화적으로 중국의 통일과 융합에 수많은 공적을 세움으로써 '천고일제(千古一帝)'로 일컬어지고 있다.

6. 장성 축조, 민중의 능력과 뛰어난 창의성을 보여주다

장강(長江), 장성(長城), 황산(黃山), 황하(黃河)는 모두 중국을 상징한다. 그러나 이 가운데 '장성'만이 중국인의 피와 땀으로 쌓아 올려 만든 건축물이며, 나머지는 모두 자연계의 피조물이라고 할 수 있다. 2천여 년의 세월을 거치면서 20여 개 왕조와 제후국들이 장성을 건축하였으며, 수많은 역대 왕조에서 건축되어 온 장성은 길이, 공정, 규모 등에서 모두 진(秦)나라 왕조의 장성과 필적할만하다. 심지어 진나라 왕조보다 월등한 것도 있다. 명(明)나라 시대의 통치자들은 특히 장성의 축조를 중시하였는데, 이는 당시의 북방 몽골의 각 부족들이 부대를 이끌고 중국 내륙 지역을 자주 침범하였기 때문이라고 볼 수 있다.

명나라 시대에는 세 차례에 걸쳐 대규모로 장성을 건축하였으며, 1500년을 전후하여 모두 완성하였다. 서쪽으로 감숙성(甘肅省) 가욕관(嘉峪關)에서 시작하여 동쪽으로 하북성(河北省) 동북부의 산해관(山海關)에 이르며, 영하(寧夏), 섬서(陝西), 내몽고(內蒙古), 산서(山西) 등의 성을 경유한다. 명나라 시대의 장성은 산맥의 굴곡을 따라 6,300킬로미터에 걸쳐 있으며, 중국 북방 숭산(崇山)의 험준한 산맥에 웅장한 위용을 지닌 성벽을 구축하게 되었다. 세계적으로 그 명성을 떨치고 있는 만리

장성은 중국인의 지혜의 산물이자 유구한 중국 역사의 살아있는 증거라고 할 수 있다.

춘추전국시대의 장성과 진시황의 장성 축조

만리장성은 고대 중국인의 지혜와 역량을 보여주는 결정체이자 인류의 건축 역사에서 보기 드문 고대의 군사적 방어 목적의 건축물이라고 할 수 있다. 장성은 진시황 때부터 건축되기 시작한 것으로 알고 있는 사람들이 많지만, 실제로는 전국시대 때부터 이미 이 거대한 공사의 서막이 오르고 있었다. 춘추전국시대에는 여러 제후국이 서로 패권 다툼을 벌이고 있었으며, 각 나라는 모두 단독 방어 성벽과 전쟁 상황을 알리는 봉화대를 갖추고 있었다. 그 후에 변경 지방을 중심으로 이러한 성벽과 성루를 유기적으로 연결시킴으로써 외적의 침입을 막는 방어선을 구축하게 된 것이다.

초(楚)나라는 기원전 7세기를 전후하여 한(韓)나라, 위(魏)나라 등의 공격에 대비하여 최초로 '방성(方城)'을 쌓기 시작했는데, 그 후 각 제후국에서 모두 이를 따라하게 되었다. 제(齊)나라는 초(楚)나라와 월(越)나라의 공격에 대비하기 위하여 태기산(泰沂山) 산간 지역에 제장성(齊長城)을 건축하였으며, 위(魏)나라는 진(秦)나라의 공격에 대비하기 위하여 낙수하(洛水河)를 따라 위장성(魏長城)을 건축하였다. 또한 조(趙)나라는 제나라와 위나라의 공격에 대비하기 위하여 장수(漳水) 일대에 조장성(趙長城)을 건축하였다. 이는 모두 전국장성(戰國長城)으로 불리고 있다. 이밖에도 연(燕)나라, 조(趙)나라, 위(魏)나라 등의 제후국들은 북방의 동호(東胡), 흉노(匈奴)와 같은 유목 민족의 남침을 막기 위하여 북방에 장성을 건축하였다. 6국이 연이어 패망한 후 장성들은 본래의 기능을 상실하게 되었으며, 다만 흉노(匈奴)의 침범을 막는 역할만을 감당하게 된다.

진나라 최초의 장성은 간공(簡公) 7년(기원전 408년)에 지어진 '참낙(塹洛)'으로서 낙하(洛河)를 따라 건축하였으며, 위(魏)나라를 방어하는 데 주목적이 있었다. 진나라 혜문왕(惠文王) 갱년(更年) 원년(기원전 324년)에 진나라는 다시 낙하 중류 유역에 '상군새(上郡塞)' 장성을 건축하게 되었으며, 이는 조(趙)나라를 방어하는 데 주목적이 있었다. 진나라 소양왕(昭襄王) 때에 이르러 농서(隴西), 북지(北地), 상군

(上郡)에 장성을 건축하였는데, 이는 흉노의 침범을 막기 위한 것이었다. 이 구간의 장성은 동쪽에서 북쪽 방향으로 뻗어 있으며, 임조(臨洮)에서 시작하여 지금의 섬서성 안새현(安塞縣)에서 두 갈래로 나뉘게 된다. 하나는 진나라의 상군(上郡) 관할 지역에서 부시(膚施)에 이르는 구간이며, 다른 하나는 내몽고 탁극탁현(托克托縣) 십이연성(十二連城) 부근의 황하 연안에 이르는 구간이다.

진시황이 6국을 통일하고 각종 개혁 정치를 펼쳐나가기 시작할 무렵, 북방의 흉노 귀족들은 호시탐탐 풍요로운 중국 내륙 지방을 노리며 남침을 감행해 왔다. 흉노 귀족들은 북방의 연(燕)나라, 조(趙)나라 등이 쇠락함에 따라 중국 내륙으로 한발 한발 다가서기 시작하였으며, 황하 하투(河套) 지역의 광활한 토지를 점령하였다. 주변 주민들은 혹독한 고통에 시달리게 되었을 뿐만 아니라 진나라 왕조의 수도인 함양에도 위협적인 존재로 부각되었다.

당시 민중들 사이에서는 '망진자호야(亡秦者胡也 : 진나라는 호胡, 즉 오랑캐에 의해 망할 것임)'라는 말이 공공연하게 퍼지고 있었기 때문에 매우 심각한 상황이었음을 알 수 있다. 진시황 32년(기원전 215년), 몽염(蒙恬) 장군이 30만 대군을 이끌고 흉노 정벌에 나서 하투 이남 지역을 되찾았으며, 이어 하투 이북의 음산(陰山) 일대의 방대한 영토까지 되찾게 됨에 따라 이곳에 다시 구원군(九原郡)을 설치하였다. 코앞에까지 왔던 흉노 귀족을 물리치기는 하였으나, 그 세력을 완전히 제압하지 못하게 됨에 따라 진나라 왕조에 여전히 위협적인 존재로 남게 된다. 이로써 흉노족을 재차 침입에 대비할 필요성이 대두되었으며, 진시황은 새로운 장성을 건축하기로 결정한다.

진나라 왕조는 민간에서 대거 인력을 징발하는 동시에 몽염 장군에게 병사들을 장성 건축에 동원하도록 명령하였다. 이 장성은 전국시대에 진(秦), 조(趙), 연(燕) 등이 흉노를 막기 위해 북방 지역에 건축하였던 기존 장성을 기틀로 하여 중건·증축하였으며, 새로운 성벽도 다수 건축하였다. 이들 성벽을 모두 연결하자, 마침내 진나라 왕조의 북방 지역에서 그 위용을 떨치게 된다.

진나라 장성은 서쪽에서 감숙성(甘肅省) 동부에서 시작되어 감숙, 영하, 섬서, 산서, 내몽고, 하북, 요녕(遼寧) 등의 성, 자치구를 지나 압록강(鴨綠江)에 이르며, 총 길이가 5,000킬로미터가 넘는다.

진나라 장성보다도 긴 한(漢)나라 장성은 총 길이가 1만킬로미터가 넘으며, 신장(新疆)에서 시작되어 수많은 성과 자치구를 지나 하북 지역에 이르게 된다. 현재도 곳곳에서 한나라 장성의 봉화대와 성벽의 흔적을 찾아볼 수 있다. 5~7세기에 걸쳐 북위(北魏) 650킬로미터, 북제(北齊) 1,000킬로미터, 북주(北周) 1,500킬로미터 등의 장성이 건축되었다. 12세기 금(金)나라 때에도 지금의 내몽고 자치구 동부의 패가이(貝加爾) 지구에 4,000킬로미터가 넘는 장성이 건축되었다.

명나라 시대에는 원(元)나라 시대의 잔여 세력이 남하하여 침범하는 것을 막기 위하여 끊임없이 북방장성(北方長城)을 건축하였다. 명나라 시대에는 2백여 년에 걸쳐 장성 건축이 지속되었으며, 초기에 건축한 장성은 동쪽으로 압록강(鴨綠江)에서 시작되어 서쪽 기련산(祁連山)에 이르는 7,300킬로미터가 넘는 구간이다. 명나라 시대 중엽 이후로는 산해관(山海關 : 만리장성의 관문으로 남북조시대南北朝時代의 북제北齊 때 이루어진 동쪽 끝에 있는 관문關門으로 알려짐)에서 가욕관(嘉峪關 : 만리장성의 8대 관문 가운데 만리장성의 서쪽 끝에 있는 관문關門으로 알려짐)에 이르는 장성을 보수하여 지금까지 양호한 상태로 보존되어 오고 있으며, 일부 사람들은 이를 장성의 기점과 종점으로 오해하고 있는 부분이 있다.

실제로 춘추전국시대에 수많은 제후국을 비롯하여 후대의 역대 왕조에서 건축한 장성의 총길이는 5만킬러미터가 넘는다. 이에 장성은 '2천 년의 유구한 역사를 품고 10만 리를 수놓은' 위대한 건축의 기적으로 불리고 있는 것이다. 장성 축조 공사는 그 규모가 놀랄 만큼 방대하여 명나라 시대에 건축된 장성만을 계산해도 5만m³에 해당하는 벽돌과 1억5천만m³에 달하는 토사가 사용되었다. 이는 너비 10미터, 두께 35센치미터의 도로를 시공한다고 가정할 때 지구를 두 바퀴나 돌 수 있는 분량에 해당한다.

역사 문헌의 기록에는 진나라 시대의 장성 공사에 동원된 인력은 30만에서 50만 명의 군대 병력 외에도 40만에서 50만 명에 해당하는 민간인이 징발되었다고 전해지며, 심지어 150만 명에 달한 경우도 있다고 전해지고 있다. 북제(北齊)의 장성 건축 시에는 한 번에 180만 명이 징발된 적도 있다고 한다. 수(隋)나라의 역사서에 의하면 수만, 수십만, 심지어 수백만 명의 민간인을 징발하여 장성 축조에 동원했다고 전해진다.

진시황은 대규모로 장성을 건축하여 유목민의 침략으로부터 중국 내륙의 농경지를 보호하였다. 그러나 방대한 공정으로 인해 백성들의 부담이 가중되었으며, 그로인한 고통이 말로 형용할 수 없을 지경이었다. 게다가 별도의 막중한 부역과 세금 등으로 마침내 견디다 못한 농민들의 봉기가 이어졌으며, 중국 역사에서 최초로 통일을 이룩한 중앙집권적 대제국은 불과 2대만에 수십여 년의 역사를 마감하고 멸망하게 된다.

다채롭고, 유일무이한 건축 공정

진시황에 이어 한나라 무제도 수차례 장성을 건축하여 하투(河套), 농서(隴西) 등지를 보호하고 동서를 왕래하는 교통의 편리성을 도모하였다.

장성은 방어를 위한 성벽 건축으로써 산과 고개를 넘고 사막과 초원을 가로지르며, 가파른 절벽과 하천도 건너는 등 복잡한 지형을 두루 거치고 있어 그 기묘한 공법은 고대 건축사의 기적으로 불리기에 충분하다. 특히 사막에서는 모래바다만이 끝없이 펼쳐져 있을 뿐 벽돌과 석재가 부족하였다. 한나라 장성을 건축할 때에는 현지의 역암(礫巖), 홍유(紅柳) 등으로 충당하였으며, 압력에 강한 역암과 유연성이 뛰어난 홍유가 시너지 효과를 발휘하여 두 재료를 사용한 성벽은 매우 견고하였다. 2천여 년의 세월이 흐르는 동안에도 비바람에 견디며 지금까지 자리를 지키고 있으며, 일부 지역은 길이가 수 미터에 이르는 성벽이 남아 있기도 하다.

중국 서북 지방의 황토고원(黃土高原) 지구에 있는 장성은 흙을 다져 단단하게 쌓는 방법이나 흙벽돌을 만들어 엇갈리게 교차하여 쌓는 방법을 선택하여 견고성이 결코 벽돌에 뒤지지 않았다. 감숙성의 가욕관 장성의 성벽은 성곽 서쪽으로 10킬로미터가 넘게 떨어진 흑산(黑山)에서 황토를 캐어 날라 흙벽돌을 만들었으며, 흙벽돌을 쌓을 때 모서리끼리 서로 어긋나도록 하였다. 이렇게 쌓은 성벽은 황토의 밀도가 높아져 견고할 뿐 아니라 성벽이 변형되거나 갈라질 위험이 적었다. 명나라 시대에 이르러 축조한 장성은 모두 벽돌이나 석재를 이용하거나 벽돌과 석재를 혼합하여 주 건축 재료로 사용하였다. 벽면은 갓돌 또는 댓돌을 이용하여 쌓고, 석회로 갈라진 틈을 발라 벌어지지 않도록 평평하게 메워 풀이나 나뭇가지 등

팔달령 장성. 유네스코가 지정한 세계문화유산인 만리장성 중 일반인에게 공개된 북경 북부 외곽에 위치한 장성으로 현재의 건축물은 명나라 때 건설된 것이다.

이 뚫지 못하였다. 벽 윗면에는 배수 고랑을 파서 강우로부터 벽을 보호하도록 하였다.

장성의 주요 관문이나 험준한 산의 입구, 산과 바다의 접경 지역에는 성루를 쌓아 교통의 편리성을 도모하는 한편, 방어에 유리하도록 하였다. 하천을 가로지르는 곳에는 장성 아래에 수문(水門)을 설치하여 하류의 길을 열어두었다. 성벽 앞쪽으로는 돌출된 성루를 만들어 성벽에 접근하는 적을 향해 좌우에서 활을 쏠 수 있도록 하여 방어에 유리하도록 하였다. 또한 성벽에서 일정한 거리가 떨어진 곳에 적루(敵樓 : 적의 정세를 살피기 위한 성벽의 망루)를 지어 무기, 군량미 등을 보관하고 보초병을 세워 지키게 하였으며, 전시에는 엄폐호(掩蔽壕)로 이용하였다. 장성이 난 길을 따라 별도로 봉화대를 건축하여 적이 침범하였을 때 연기를 피워 소식을 전달하도록 하였다.

장성을 건축하기 시작하면서부터 장성을 무대로 한 수많은 감동적인 이야기들이 펼쳐지게 되었으며, 이로써 장성의 문화적 가치 또한 높아졌다. 가슴을 뭉클하게 하는 위대한 전투가 이곳에서 수없이 많이 발생하였으며, 왕조의 흥망성쇠도 장성을 손에 넣느냐 마느냐에 달려 있곤 하였다. 장성을 배경으로 한 전투가 많이 발생하면서 이와 관련된 군사 전략가, 정치가 등 수많은 인물들이 역사의 페이지를 장식하게 되었으며, 장성이란 고대 건축물에는 다양한 문화적 코드가 결합되었다.

전국시대 조(趙)나라의 이목(李牧)은 장성 축조를 주관하였고, 이로써 흉노의 침범에 대항할 수 있게 됨에 따라 큰 공적을 세웠다. 또한 성벽 등의 장애물을 만들어 방어 위주의 전쟁이라는 새로운 전쟁사를 쓰게 되었으며, 그의 공적을 기리기 위하여 안문관(雁門關)에 부목동(斧牧洞)이란 사당을 지어 기념하였는데, 현재까지도 그 유적이 남아있는 것을 볼 수 있다.

고대 중국인들의 지혜의 결정체라고 할 수 있는 만리장성은 역대 중국 왕조의 통치자들이 수천수만 명의 민간인을 징발하여 오랜 기간 고역에 시달리게 하

고 무수한 생명을 희생시킨 후에야 비로소 완공되었는데, 옛 시인의 다음과 같은
시구가 이를 잘 반증해 주고 있다.

영정이 천하를 다스리게 된 뒤(贏政馭四海영정어사해)
북방에 만리장성을 쌓았네(北築萬里城북축만리성).
백성의 절반이 흙이 되었고(民命半爲土민명반위토),
백골이 사방에 가득하구나(白骨亂縱橫백골난종횡).

내몽고 양진장성(陽秦長城)

장성은 대부분 산맥에 위치하고 있으며, 산
세의 굴곡을 따라 건축되었다. 일부 구간은 지면
에서 1,300미터 고도 상에 위치하고 있기도 하다.
장성의 높이는 5~10미터로 일정하지 않은데다가
산세가 가파른 곳은 비교적 낮은 편이고, 완만한
산간 지대는 높은 편에 속한다. 성벽의 외부 면은
벽돌과 섬돌을 이용하여 쌓았으며, 내부는 다진
황토를 이용하였다. 장성의 정상 외벽으로는 '여
장(女墻 : 성벽 위로 돌출 된 작은 벽)'이라고 불리는 벽
을 별도로 건축하고, 작은 구멍을 많이 뚫어 놓았
다. 이 구멍을 통해 적의 동태나 외부의 움직임을
관찰할 수 있었다. 또한 130미터마다 보루를 설
치하여 감시 초소로 삼았다.

각각의 요새에는 봉화대를 설치하여 적의 움직임이 포착되면 바로 경보를
알렸다. 낮에는 늑대의 배설물을 섞은 건초를 태웠는데, 짙은 연기가 구름을 뚫
고 하늘까지 치솟곤 하였다. 밤에는 유황과 초석을 섞은 건초를 태워 밝은 빛이
나도록 함으로써 긴급한 상황을 알렸다.

장성이 건축된 지역은 지세가 험준하여 공사에 어려움이 매우 컸다. 그러나
고대 중국인들은 이러한 난관을 극복하고 자연적인 지세를 충분히 활용하여 공
사를 해나갔다. 산간 구릉 지역은 산등성이를 따라가며 공사를 하여 험준함이 요

구되는 요새의 지형적 특성을 살리는 한편, 공사도 비교적 용이하게 진행되었다. 하천 양안(兩岸)과 깊은 계곡은 기존의 굴곡과 절벽 등을 충분히 이용함으로써 험준한 지형과 함께 어우러진 외관이 그 위용을 더하는 듯하다. 대량의 토사와 돌, 벽돌 등을 산 고개까지 운반하기란 결코 쉬운 일이 아니었을 것이다. 따라서 장성을 건축할 때마다 대규모 노동력이 동원되었다. 555년 북제(北齊) 왕조가 거용관(居庸關 : 북경北京 북서쪽 60킬로미터 지점에 있는 관문關門)에서 대동(大同 : 지금의 산서山西성으로 여겨짐)에 이르는 450킬로미터 구간의 장성을 축조할 때는 무려 180만 명이 징발되었다고 한다.

장성 축조를 두고 무수히 많은 평가가 엇갈리고 있다. 일부에서는 중국의 보수적이고 소극적인 면을 극명하게 보여준다고 평가하고 있다. 장성 축조 자체가 일종의 방어적인 자세를 취하는 것으로써 약자만이 방어에 적극적이라는 주장이다. 국력이 막강했던 당나라 시대나 청나라 시대에는 장성을 건축할 필요조차 없었으며, 오히려 장성을 넘어 외부까지 그 세력을 떨쳤던 것이다. 일부 학자들은 장성은 결코 소극적인 자세를 취하는 것이 아니라 실크로드의 원활한 소통을 보장하기 위한 조치였다는 반대 주장을 내놓고 있다. 실크로드는 고대 중국이 서방 세계와 교류를 추진하는 중요한 루트였기 때문에 장성의 축조는 적극성의 표현이라는 주장이다. 그러나 어떠한 주장을 막론하고 장성은 중국, 나아가 세계적으로도 위대한 건축물 가운데 하나로 손꼽힌다고 할 수 있다.

▶▶ 역사의 흐름에 어떤 영향을 미쳤을까?

만리장성(萬里長城)은 유목 민족의 침범을 막고 중국 내륙의 생산과 사회 안정을 보장하는 데 중요한 역할을 함으로써 한족(漢族)이 주체가 되어 통일을 이룩한 다민족 국가의 안정과 발전을 이룩하는 기틀이 되었다. 만리장성의 축조로 당시 주민들은 과중한 부담에 시달리게 되었지만, 이로 인해 그 역사적 의의가 실추되었다고 만은 볼 수 없을 것이다. 당시 중국인들의 피와 땀과 생명을 대가로 만들어진 장성은 중국인의 능력과 지혜, 뛰어난 창의성을 보여준다고 할 수 있다. 만리장성은 세계에서 가장 길고 가장 오래되었으며, 가장 위대한 건축물인 것이다. 달 탐사에 성공했던 미국의 한 우주 비행사는 만리장성은 달에서 육안으로 볼 수 있는 2개의 대형 건축물 가운데 하나라고 이야기한 적이 있다. 장성은 명실상부한 인류 건축사의 기적이자 중국 민족의 자긍심을 대변한다고 볼 수 있다.

7. 분서갱유焚書坑儒, 진나라의 멸망을 초래하다

전국시대 제후국들의 패권 다툼은 그로 인해 경제적으로 심각한 손실을 초래했지만, 사상, 문화적인 측면에 있어서는 전대미문의 발전기를 맞이하게 된다. 각종 사상과 학설이 쏟아져 나오면서 유파를 형성하고 이들은 세상을 누비며 그들의 학설을 펼쳐나갔던 것이다. 유가, 법가, 도가, 묵가, 명가, 음양가, 종횡가, 병가, 농가, 잡가 등 '구류십가(九流十家)'의 학파가 형성되었으며, 이들은 사상적으로 자신들의 견해만을 견지하여 서로를 맹비난함으로써 중국 역사에서 보기 드문 '백가쟁명(百家爭鳴)'의 시대를 연 것이다. 이로써 중국의 학술 사상은 큰 번영기를 맞이하여 고대 학술 발전의 황금기를 구가하였다.

그러나 봉건 국가가 통일을 이룩하면서 전제주의적 중앙집권제는 당시 사회의 정치와 통치 형식으로 발전하게 되었다. 특히 기세등등한 천고의 황제 진시황의 등장으로 정치적, 경제적인 전제 집권이 강화되고, 문화 사상적인 측면에 대해서도 전제적 통일성을 추진하게 된다.

분서(焚書)

진시황이 초기부터 문화사상 영역에 대해 잔혹한 수법으로 통제를 가했던 것은 아니다. 진시황 26년(기원전 221년)에 통일 정권이 시작되어 '분서(焚書)'가 일어난 진시황 34년(기원전 213년)에 이르기까지 8년 동안 진시황은 6국의 궁궐과 민간에서 대량의 고대 문헌을 수집하기 시작하였으며, 70여 명의 학자를 등용하여 박사(博士)의 관직을 내렸다. 또한 2천여 명의 학생을 모집하여 박사의 수하에 두었는데, 이들을 제생(諸生)이라고 칭하였다. 진시황은 박사와 제생을 이용하여 고대 문헌을 분류하고 정리하도록 함으로써 정권의 힘으로 봉건 전제 정치에 불리한 서적들을 금하고, 진나라 왕조의 정권에 유리한 서적들을 보급시키고자 하였던 것이다. 진시황은 "과인은 천하의 서적을 수집하여 유용하지 않은 것은 버리고 문학사와 방술사를 대거 모집하여 연구를 추진하는 것도 태평성대를 이룩하기 위함이다"라고 말한 바 있다. 이에 진나라 왕조는 70명의 박사들을 예우하였음은 물론 제생들에게도 보상을 후하게 하였다.

분서 사건은 진시황 34년, 기원전 213년에 발생한다. 현존하는 자료를 분석해 보면, 그 원인과 결과에 아무런 필연적인 인과관계가 없는 것처럼 보인다. 그해에 진시황은 군신들과 향연을 즐기고 있었다. 복야(僕射 : 진나라 때 활 쏘는 일을 주관하던 관리) 주청신(周靑臣) 등 70명이 진시황 앞에 나아가 진시황의 공덕을 찬양하며 지나친 아부의 말들을 쏟아낸다.

"진나라의 영토는 천리에 불과했으나 폐하의 위대한 능력과 공덕에 힘입어 천하를 평정하고 오랑캐를 쫓아내게 되었으며, 태양과 달이 비추는 곳이면 조공을 바치지 않는 나라가 없습니다. 예전의 제후국들은 군현으로 재편되었고, 백성들도 근심 없이 평화롭게 살고 있으며, 전쟁의 위험도 없어지게 되었습니다. 이 같은 폐하의 공적은 만세까지 전해질 것이니, 상고(上古)의 어떠한 제왕도 폐하의 위대한 성덕에는 미치지 못할 것입니다."

황제를 칭송하는 말로써 당연하다고 받아들일 수 있는 말임에도 지나치게 고지식했던 박사 순우월(淳于越)은 이를 곧이곧대로 듣고 자신은 그와 다른 입장이었기 때문에 반박하기 시작하였다.

"신이 듣기에 은(殷), 주(周)의 왕들은 천세를 누렸으며, 그 자제들과 백관들로 하여금 보좌하게 하였습니다. 오늘날 폐하께서는 천하를 얻으셨지만 자제들은 아무런 벼슬이 없는 필부에 불과하니, 만일 제(齊)의 전상(田常)이나 진(晉)의 육경(六卿)처럼 반란을 일으키는 무리가 나타난다면 이를 보좌할 사람이 없으니, 어찌 구제할 수 있겠습니까?"

구제도(舊制度)의 철저한 타파를 통해서만 진나라 왕조의 안정과 발전이 이루어지는 것은 아니다. 오히려 구제도의 기틀 위에서 새로운 형식을 도모하여 점진적인 변혁을 추진함으로써 기존 전통과 제도적 수단을 충분히 이용하는 데 있다고 볼 수 있다.

순우월의 말에는 복고주의적 경향이 다분히 녹아 있다고도 볼 수 있지만, 조금 더 깊게 의미해 보면 진나라 왕조의 통일의 위업을 부정하려는 것이 아니라 오히려 그와 반대로 진나라 왕조의 지속적인 발전에 대한 깊은 염려에서 우러나온 통치자에 대한 진심어린 충고였다고 할 수 있다. 권력의 최고 통치자라면 이러한 충심어린 충고에 대해 냉정하게 판단을 내려 바른 길을 선택해야 할 것이다. 진시황은 유가를 무시하고 법가의 사상을 숭상하던 사람으로, 법가를 집대성한 한비자(韓非子)의 사상

이사의 초상

을 숭배하여 "현명한 군주는 서책에 쓰인 문장과 글귀에 좌우되지 않고 오직 법으로 가르치며, 선왕의 말에 구애되지 않고 오직 관료로써 스승을 삼는다"는 말을 추종하였다. 이야말로 부국강병을 이룩하는 길이요, 삼황오제를 뛰어넘을 수 있는 유일한 길이라고 여겼던 진시황은 박사의 발언이 심히 불만족스러웠다.

승상 이사(李斯 : ?~BC 208)*는 순우월의 발언에 매우 강력히 반발하여 상황을 극단으로 몰아붙였다. 그는 다음과 같이 목소리를 높였다.

"오제(五帝)는 복고를 선택하지 않았으며, 삼대(三代) 또한 전대의 제도를 그대로 답습한 것이 아닙니다. 각자 독자적인 치세를 취한 것으로 이는 도에 반하는 것이 아니라 시대의 변화에 맞추었기 때문입니다. 지금 폐하께서는 대업을 이루시었고, 그 공이 만세까지 미치게 될 것입니다. 우둔한 유가의 유생이 어찌 이 뜻을 알 수 있겠습니까! 삼대의 일을 거들먹거리는 자가 어찌 법을 알겠습니까? 제후들이 서로 패권을 다툴 때에는 유세하며 떠도는 세객들을 불러 모았는데, 지금은 천하가 이미 안정되고 법령이 통일되었으니, 백성들은 농사와 수공업에 힘쓰고 선비들은 법률에서 금하는 바를 잘 익히면 되는 것입니다. 오늘날 제생이 현

---

* 진나라의 정국을 담당한 실력자로 획기적인 정치를 추진한 법가류(法家流)의 정치가였고, 분서갱유를 단행하였다. 훗날 진시황이 죽자 막내아들 호해(胡亥)를 2세황제로 옹립하고, 진시황의 장자 부소(扶蘇)와 장군 몽염(蒙恬)을 자살하게 하였는데, 나중에 환관 조고(趙高)의 참소로 투옥되어 처형되었다.

재의 법령을 익히지 않고 과거를 배우려고 하니, 이는 지금의 세태에 어긋나는 것이며, 백성들을 혼란에 빠뜨리는 일이 아닐 수 없습니다.

저 승상은 죽음을 무릅쓰고 감히 말씀 올리오니, 고대의 것은 천하를 혼란에 빠뜨리게 될 것이고, 통일을 지속시켜 나가지 못하게 할 것입니다. 제후들이 서로 작당하여 복고를 주장하며 작금의 안정을 해하려 할 것이요, 헛된 말로써 현실을 혼란시키게 될 것입니다. 사람은 본래 사학(私學)을 좋아하며, 그릇된 논리를 세우기 마련입니다. 지금은 황제께서 천하를 통일하셨으니, 하나의 존엄을 세워야 마땅합니다. 사학에 몸담은 자들은 법을 그릇되게 여기고, 법령이 반포되어도 자신이 배운 것으로 법을 판단하려 듭니다. 조정에 들어와서 속마음과 다른 말을 늘어놓고 조정을 나와서는 비판의 목소리를 높이고 있습니다. 군주를 칭송한다는 것을 명분으로 삼아 남다른 특별한 학설을 펴서 자신을 높이고, 군중을 선동하여 유언비어가 난무하게 할 것입니다. 지금 당장 이를 금하지 않는다면 위로는 군주의 권위가 땅에 떨어질 것이요, 아래로는 파당이 우후죽순처럼 생겨날 것이니, 당장 이를 금하는 것이 옳은 처사입니다."

이사의 날선 발언에 진시황은 크게 공감하며, 이사가 제기한 '분서' 주장을 허락하게 된다. 이에 진나라 왕조의 사서(史書)를 제외한 그 밖의 사서를 비롯하여 『시』, 『서』, 그리고 백가의 학설을 담은 서적들은 전부 불태우게 된 것이다. 박사가 직무상 보아야 하는 도서, 농서와 의서를 비롯한 점술서를 제외하고 각 지방에서 소장하고 있던 모든 서적은 현지 관아에 제출하여 불사르도록 하였다. 명령이 하달된 후 30일 내에 불사르지 않은 자는 노역형에 처하고, 명령이 하달된 후에도 시서(詩書)를 논하는 자는 사형에 처하도록 하였다. 옛것을 들어 현재를 비판하는 자는 일가족을 사형에 처하고, 관리들 중에 고서(古書)를 소장한 것을 발견하고도 처벌하지 않은 자는 같은 죄로 다스렸다.

이사의 주장은 진나라 왕조의 통치를 받는 모든 지역에서 행해졌으며, 도처에서 서적을 불사르는 연기가 피어올랐다. 30일이 채 되지 않아 진나라 왕조 이전의 모든 고전 문헌들은 잿더미로 변하였고, 중국 고대 사상과 문화는 전에 없이 무참하게 파괴되었다. 역사적으로 유명한 '분서' 사건은 이렇게 해서 발생하게 된 것이다.

갱유(坑儒)

진시황의 어리석은 결정으로 분서 사건이 발발한지 1년 남짓 되던 해에 또 다시 '갱유(坑儒)'라는 참극이 발생하게 된다. 서적은 불살랐지만 인간의 머릿속에 있는 사상까지도 불사를 수는 없다는 것을 진시황 자신도 잘 알고 있었다. 복고주의 사상을 지닌 일부 귀족들이 문화 분야를 장악하고 있었기 때문에 진시황의 입장에서는 반드시 이들을 제거할 필요가 있었다. 그렇다면 어떠한 구실을 붙여야 좋단 말인가?

진나라 시대 갱유곡.
갱유곡은 진시황이 분서갱유를 감행한 장소로서 서안시 임동구 한욕향(韓谷鄕) 홍경보(洪慶堡)에 위치하고 있다.

진시황은 매우 다중적인 성격의 사람이었다. 갑옷을 걸치고 전장을 누비면서 천군만마를 호령하며 6국을 점령했던 용맹한 기개를 지녔던 동시에 신선(神仙)에 미혹되어 죽는 것을 두려워하던 심약한 인물이었다. 중국을 통일하고 역사적으로 최초의 황제가 된 그 순간부터 진시황은 신선 방술에 현혹되기 시작하였으며, 방사(方士)를 중용하고 단약을 만드는 데 방대한 재물을 쏟아 부었다. 그는 또 먼 곳으로 사람들을 보내어 불로장생의 약초를 구해오도록 하였다. 진시황 35년(기원전 212년) 불로장생의 약초를 구하려 떠났던 방사 후생(侯生)과 노생(盧生)은 불로장생의 약초가 존재하지 않는다는 것을 너무도 잘 알고 있었다. 다만 이러한 기회를 이용하여 횡재를 해볼 욕심이었던 것이다.

시간이 흐르면서 거짓말이 탄로 날 것이 두려워진 그들은 서로 살길을 모색하기 시작하였다.

"진시황은 성정이 괴팍하고 자기밖에 믿지 못하는 사람이다. 제후들을 누르고 천하를 통일하였으며, 무슨 일이든 마음 내키는 대로 해버리며 자기가 할 수 없는 일이 없다고 믿고 있다. 옥리(獄吏)는 채용하고 또 채용해도 끝없이 수요가 늘어나는데, 박사는 70명에 불과하고 그마저도 방치해둔 채 그들을 이용할 줄 모른다. 승상과 대신들은 모두 진시황의 의중에 맞도록 일을 처리하려 들기만 한다. 통치 계급은 처벌과 사형을 통해서만 위엄을 세우려 들고 있다. 천하의 모든 관료들과 백성들은 죄를 지을까 두려워하여 녹봉만 받아갈 뿐 충성을 바치지는 않는다. ……천하의 크고 작은 모든 일이 오직 황제 한 사람에 의해서만 결정된다. ……권세에 대한 탐욕이 이 지경에 이르렀으니 신선의 약초까지 구해다 줄 수는 없지 않겠는가."

이에 그들은 도망가기에 이르렀다. 진시황은 이들의 소식을 들은 후 크게 노하여 말하였다.

"한중(韓衆) 등은 떠나면서 이를 알리지도 않았고, 서불(徐市 : 서복徐福) 등은 수많은 방법을 다 쓰고도 단약을 만들어내지 못하였다. 매일 들려오는 소리라곤 간사한 무리들이 간악한 방법으로 사욕을 채우려 하는 소리뿐이다. 노생 등은 과인이 후한 상금을 내렸음에도 과인을 비방하며 은혜를 원수로 갚고 있다. 또한 함양에 있는 유생들 가운데 백성들을 현혹시키는 사람들이 있다는 말이 귀에 들어왔으니, 이에 어사(御史)를 보내어 유생들을 심문하게 하였다. 유생들은 자신만 빠져나오려고 서로가 서로를 밀고하니 연루된 자가 460여 명에 이르렀다. 이들을 모두 함양에 생매장하고 이러한 사실을 천하에 알려 일벌백계로 삼겠다."

역사적으로 '갱유'라고 불리는 사건은 이렇게 하여 발생하였다. 그러나 갱유 사건은 한 차례에 그치지 않았으며, 나중에 2차, 3차로 계속하여 발생하였다. 『문헌통고(文獻通考)』「학교고(學校考)」에서는 다음과 같이 전하고 있다.

"이번 겨울에 여산(驪山)에 과(瓜)를 심을 것이니 과가 익으면 박사와 유생들이 와서 보도록 하였다. 이를 미끼로 모여든 유생 7백여 명을 생매장하였다. 진나라 왕조 2대 왕(호해胡亥, BC 229?~BC 207)[*] 시기에는 진왕(陳王 : 진승陳勝)^{**}이 농민 봉기에 앞서 박사와 유생들과 의논했다고 하여 그에 수긍한 자 수십 명의 죄를 물었다. 이 시기의 박사와 유생들은 자신들을 방치해둔 채 (관리로) 이용하지 않는 것을 근심하기 보다는 멸하지 않고 남아있는 유생이 있는가를 두려워해야 할 형

---

* 진나라의 제2대 황제로서 이세황제(二世皇帝 : 재위 BC 210~BC 207)라고 한다. 기원전 210년 승상인 이사(李斯)와 환관 조고(趙高)에 의해 옹립되었지만, 대규모 토목사업을 벌이고 환관 조고의 전횡을 방임함으로써 민심을 잃고 진나라를 멸망의 길로 몰아넣었다.
** 중국 진(秦)나라 말기의 농민 반란 지도자로서 기원전 209년에 '진승·오광(吳廣)의 난'을 일으켜 '장초(張楚)'를 건국하였다. 이 때 진승은 "왕과 제후, 장수와 재상의 씨가 따로 있겠느냐(王侯將相寧有種乎왕후장상영유종호)"라는 유명한 말을 남겼다.

편이었다."

지식인의 마음이 정권을 떠나다

이사(李斯) 등 법가 학파의 통일에 대한 염원이 틀렸다고 할 수는 없을 것이
다. 다만 통일을 추구하면서 인간 의지의 통일, 문화의 통일을 과도하게 밀어붙
였다는 데 문제가 있다. 본래는 올바른 이론이라 할지라도 이러한 과정에서는 문
제점이 발생하지 않을 수 없으며, 모두가 숨을 죽여야 하는 질식할 것 같은 국면
을 초래하고 만 것이다. 이러한 상황은 통치자가 각 분야의 정책을 결정할 때 비
교하고 선택할 수 있는 분위기를 형성하는 데 전혀 도움이 되지 않는다. 중국처
럼 방대한 나라에서 '의지의 통일', '문화의 통일'이란 영원히 이상에 머물 수밖
에 없다고 볼 수 있다. 중앙 정권의 정치, 군사, 경제력이 아무리 강력하다고 해도
인류 생존의 물리적 여건에 근본적인 변화가 발생하지 않는다면 '문화의 통일',
'의지의 통일'에 대한 바람에는 허점이 생길 수밖에 없다는 것이다.

문화가 발전하면서 문화 속에 내재된 규율로 인해 도출되는 실질적인 결과
는 문화 통일론자들의 주관적 염원과는 상반되는 경우가 많다. 중국의 전통적인
사회 환경 속에서 통일 제국의 문화 정책은 각계각층 학파의 사상과 문화적 전통
을 존중하는 데 기반을 두어야 할 것이다. 국가의 안정을 근본적으로 동요시키지
않는다는 전제 아래 서로 다른 문화적 전통과 사상적 배경을 지닌 학술 유파들이
독립적인 발전과 합법적인 존립을 보장해 주어야만 한다. 특히 사상과 이념 분야
에 있어서는 일정 범위 내에서는 지식인들의 언론 자유를 보장해 주어 그들이 지
니고 있는 울분과 불만을 정상적으로 해소할 수 있는 길을 마련해 주어야 할 것
이다. 이렇게 되었다면 이사가 주장했던 '천하무이의(天下無異意 : 천하에 다른 뜻을
가진 이가 없도록 한다)'라는 문화 전제주의 정책은 효과적으로 제국의 통일과 안정
에 기여했을지도 모른다.

사상 전제주의의 결과를 표면적으로 살펴보면 사람마다 다른 말을 해대는
혼란 국면을 해소하는 데 도움이 되는 것처럼 보여 정권의 안정과 발전에도 유리
했던 것으로 보일 수 있다. 그러나 실질적으로는 사상적 이단의 잠복과 재탄생을
가중시키는 결과를 나음으로써 정권의 권위가 심각하게 실추되었으며, 신용도

가 극도로 감소되었다. 정권에 협력하는 사람은 갈수록 적어졌으며, 정권에서 멀어지는 사람들은 점점 많아졌다. 따라서 정권에 위기가 닥쳤을 때 본래는 정부와 한 배를 타고 환란을 함께 헤쳐 나갈 사람들이 모두 정부의 반대편에 서버리게 됨으로써 정권의 붕괴와 몰락을 서두르게 되는 것이다. 곽말약(郭末若)의 『진·초 사이의 유생(秦楚之間的儒者)』에서 분석한 바에 따르면 진나라 왕조 말기의 혼란스런 정치 국면 속에서 수많은 지식인들이 일말의 망설임도 없이 '혁명'의 반열에 뛰어들었다. 가장 근본적인 이유는 진나라 왕조의 고압적인 의지, 문화의 통일 정책에 있었다고 볼 수 있다. 유학자들이 정상적인 생업조차도 박탈당한 상황에서 정부와 한 배를 탈 것이라는 기대 자체가 허망한 것일지도 모른다.

사회적 책임을 지닌 지식인으로서 문제를 발견하고도 죽음이 두려워 말하지 못한다면 지식인으로서의 도리를 다하지 못한 것이라고 볼 수 있다. 그러나 진나라 왕조의 문화 정책을 되돌아보면, 이는 문화에 대한 고압 정책의 필연적 결과라고 할 수 있을 것이다. 더욱이 이러한 원인과 결과가 서로 얼키설키 교차되어 악순환이 계속될 수밖에 없었다. 문화에 대한 고압적인 정책은 지식인의 마음이 정권을 떠나고 비협조적인 태도를 양산할 수밖에 없었으며, 이러한 비협조적인 태도는 정부와 지식인의 사이의 모순을 더욱 격화시켰다.

결국 정부는 필연적으로 다시 더 강력한 고압적인 정책을 실시할 수밖에 없었으며, 이는 지식인들의 마음은 더 멀어지게 하고 반항 심리를 키우게 되었던 것이다. 이러한 악순환이 그치지 않고 계속되면서 정부는 결국 자업자득의 업보를 치르고 만다. '분서'는 후생(侯生), 노생(盧生) 사건을 일으키게 되었고, 후생, 노생 사건은 '갱유'라는 참극을 일으키게 되었으며, 이 두 사건은 서신선생(緖紳先生)과 진왕(陳王 : 진승陳勝)의 봉기 사건으로 이어졌다. 문화 정책은 문화 자체에만 관련되어 있지 않고, 한 나라의 왕조와 민족의 운명까지 결정할 수 있음을 시사하고 있는 것이다. 이러한 의의에서 보면 분서갱유는 유학에만 국한된 재난이 아니라 문화 전반의 큰 재난이자 중국의 문명사에 있어 가장 비열하고 처절한 암흑시대의 한 페이지를 그리고 있다고 할 수 있다.

▶▶ 역사의 흐름에 어떤 영향을 미쳤을까?

진시황은 가장 야만적이고 난폭한 방식으로 '분서'와 '갱유'를 단행하여 잔혹한 수법으로 사상의 통일을 이룩하려고 하였다. 이로써 봉건지주계급의 전제정권의 잔혹성과 황제가 지니고 있었던 무한한 권력의 실체가 그대로 드러났다고 볼 수 있다. 분서로 인해 춘추전국시대의 '백가쟁명'으로 형성된 문화적 번영과 문화적 보고는 큰 재난에 휩싸이고 말았다. 갱유는 유가 학파를 비롯하여 광범위한 지식층에게 큰 타격을 주게 되었으며, 법가 학설은 정치 이념으로 자리를 잡게 되었다. 그러나 진나라 왕조는 법가의 가혹한 논리만을 주장하다가 결국 멸망을 초래하고 말았던 것이다.

3장

한나라 시대부터
위진남북조까지

| 한나라, 문경지치로 문화의 기틀을 다지다
| 장건이 서역로를 개척하다
| 한무제, 북방의 흉노를 물리치다
| 도가를 버리고, 유가를 숭상하다
| 사마천의 『사기』, 3천 년의 역사를 새기다
| 왕망이 쿠테타로 신나라를 세우다
| 서역에서 불교가 중국에 전파되다
| 왕경의 황하 치수, 천년을 안정시키다
| 채륜의 종이 발명, 세계의 문화를 촉진하다
| 외척과 환관, 무소불의의 권세를 누리다
| 장각, 황건 봉기를 일으키다
| 적벽대전, 삼국시대를 열다
| 팔왕의 난, 서진을 몰락시키다
| 비수대전, 동진과 전진의 운명이 갈리다
| 북위 효문제, 낙양으로 천도하다
| 육진의 봉기, 북위가 분열되다
| 주무제, 숭유억불 정책을 펴다

1. 한나라, 문경지치文景之治로 문화의 기틀을 다지다

한(漢)나라 왕조는 기원전 202년 중국을 통일하였다. 당시에는 성씨가 다른 공신과 왕족들에게 7국을 분할하여 주었으며, 자제를 중심으로 성씨가 같은 왕족들에게는 9국을 분할하여 주었다. 그밖에도 백여 개의 제후국이 더 존립하고 있었다. 봉건 제후국은 식읍(食邑)의 개념으로 제후국의 군주에게는 백성을 통치할 권리는 없었다. 제후국은 모두 독립적으로 존립하였고, 도성으로 와서 왕실, 백관들과 함께 조회에 임하도록 하였다. 이러한 국면은 중앙의 권력이 아직 안정되기 전의 상황으로 이름뿐인 왕으로라도 자리를 채워 정세의 혼란을 막고자 하는 임시적인 방편에 속하였다.

통일의 대업이 안정되고 나자, 한나라 고조 유방(劉邦 : BC 247?~BC 195, 한漢나라의 제1대 황제, 재위 BC 202~BC 195)*과 여씨(呂氏) 황후는 온갖 방법을 동원하여 성씨가 다른 공신들을 제거하였다. 이 가운데 장사왕(長沙王) 오예(吳芮)**만이 제후로 봉해진지 넉 달 만에 병으로 세상을 떠나 제대로 생을 마감하였으며, 자손은 4대까지 이어지다가 자연적으로 대가 끊기면서 한나라에서 자취를 감추게 된다. 나머지 공신들은 모두 죽임을 당하거나 강제적으로 흉노에 망명하는 등 참담한 최후를 맞이할 수밖에 없었다.

여씨 황후(기원전 ?~180년)***가 여자 군주로 전제정치를 실시하면서 여산(呂産 : 여씨 황후의 동생)을 상국(相國)으로 삼고, 여록(呂祿 : 여씨 황후의 조카)을 상장군(上將軍)에 임명하였다. 여씨 황후가 삼왕(三王)을 모두 여씨로 봉하자 조정 내 대신들

---

* 지금의 강소성(江蘇省) 풍현(豊縣)의 패(沛) 땅에서 농부의 아들로 태어났다. 진나라 말기에 진승·오광이 반란을 일으키자 각지에서 군웅이 봉기할 때 군사를 일으켜 진왕(秦王) 자영(子嬰)으로부터 항복을 받았으며, 4년 간에 걸친 항우와의 쟁패전에서 항우를 대파하고 천하통일의 대업을 실현시켰다.

** 장사왕 오예 외에는 모두 죽임을 당했는데, 한왕(韓王) 신(信), 초왕(楚王) 한신(韓信), 회남왕 영포(英布), 양왕(梁王) 팽월(彭越), 연왕(燕王) 장여(丈餘), 조왕(趙王) 장이(張耳), 장사왕(長沙王) 오예(吳芮)의 칠국(七國)이었다.

*** 이름은 치(雉)이고, 한나라 고조의 황후이며 혜제의 어머니이다. 고조 유방이 죽자, 황태후·태황태후가 되어, 여후(呂后), 여태후(呂太后) 등으로 불린다. 당나라의 측천무후, 청나라의 서태후와 함께 '중국 3대 악녀'로 나란히 이름을 같이 한다.

과 제후국 군주들의 시기를 받게 되었으며, '여씨의 난(諸呂之亂)'(64쪽 참조)이 발생하게 되는 싹을 키웠던 것이다.

유씨 세력이 여씨 세력을 멸망시키고 난 후 문제(文帝) 유항(劉恒 : BC 202~BC 157)이 황제로 추대되어 등극하게 됨으로써 한나라 왕조는 비로소 안정 국면에 접어들게 된다. 문제는 23년 동안 재위하였으며, 황위를 아들 유계(劉啓 : BC 188~BC 141)에게 물려주었다. 그가 곧 경제(景帝)로서 16년간 재위하였다. 문제와 경제가 다스리던 39년 동안, 즉 기원전 179년부터 141년까지 한나라 정국은 비로소 정상 궤도에 오른 것이다. 전통적인 시호(諡號) 법에 따라 "도덕적 경지가 높고 견문이 넓은 것을 '문(文)'이라 한다", "정의감이 넘치는 것을 '경(景)'이라 한다"고 하여 문제(文帝)와 경제(景帝)의 시호가 지어졌다. '문'과 '경'은 모두 대단히 좋은 호칭에 속한다.

문제(文帝 : 재위 BC 180~BC 157) 유항과 경제(景帝 : 재위 BC 157~BC 141) 유계가 다스리던 시기에는 형벌을 가볍게 하고 부역의 의무를 덜어 주었으며, 유가 학파의 신하들을 가까이 하였다. 널리 현명한 인재를 구하는 한편, 그 해 곡식의 소출이 많지 않으면 황제 자신의 덕이 없음을 탓하며 큰 변화를 시도하지 않으면서 백성들을 쉬게 하였다. 황제 자신이 검소하고 '무위(無爲)'로 나라를 다스리게 됨으로써 중국 역사에서 '문경지치(文景之治 : 문제와 경제의 통치를 말하는데, 태평성대의 상징으로 쓰임)'라고 불리는 태평성대를 구가하게 된다. 이는 중국의 통일 역사에서 최초로 역사학자들에 의해 부러움과 칭송의 대상이 된 시기라고 할 수 있다.

문제와 경제 두 황제는 40년 동안 중국을 다스렸으며, 『사기』에 기록된 바에 따르면 경제(經濟)가 부흥되고 백성들의 생활이 안정되었으며, 국고는 곡식과 재물로 넘쳐났다. '동전을 묶어 놓은 실이 썩어 끊어질 정도'였으며, '곡식은 오랜 기간 쌓여 있어 변질될 정도'로 국가의 재정이 풍부해지자 인구가 증가하기 시작하였으며, 평화로운 시대의 문이 열리게 되었다. 이러한 사회적 안정 국면을 역사학자들은 '문경지치'로 평가하였으며, 이는 한나라 무제(武帝 : 유철劉徹, 재위 BC 141~BC 87)가 부국강병의 시대를 여는 데 탄탄한 기틀이 되었다.

'청정무위'

　서한시대 초기에는 황로학파(黃老學派)의 '청정무위(淸靜無爲 : 마음을 깨끗하고 고요하게 하되 자연의 순리를 따름)' 사상이 치세의 주도 사상으로 자리 잡았다. 황로학파는 도가 학파로서 황제(黃帝), 노자(老子)를 창시자로 추대하고 있으며, '무위'를 통한 치세를 통치의 주된 수단으로 삼고 있다. 이들은 위정자들이 정치 제도를 간소화하고 지나치게 간섭하지 않으면, 백성들의 생활은 자연히 안정되어 모반이 일어날 가능성이 없어진다고 여겼다. 한나라 고조(高祖) 유방(劉邦)의 시대에 이미 '무위'를 통한 치세를 하기 시작하였고, 혜제(惠帝)가 이를 계승하였다. 문제와 그의 아들 경제가 통치하던 시기에 이르러 '위민휴식(爲民休息 : 백성들의 조세와 부역의 의무를 가볍게 하여 휴식을 취하도록 함)', '무위이치(無爲而治 : 인위적으로 뭔가를 꾀하지 않으면서도 자연스럽게 잘 다스림)' 등의 정책이 본격적으로 추진되었다.

　'황제의 학(黃帝之學)'과 '노장(老莊)'의 학설은 전반적으로 모두 '허(虛)', '인(因)', '정(靜)' 등을 강조하여 통치자들에게 '청정무위(淸靜無爲)', '무위이치(無爲而治)'의 이념으로 다스릴 것을 주장하고 있다. 물론 이 두 가지 개념의 사이에도 차이점이 존재한다. '황제'의 학설은 '무위'를 강조하면서도 '형벌'과 '덕치'를 동시에 중시하여 원시 도교 학설 가운데에서도 '무위이무불위(無爲而無不爲 : 하는 것이 없지만, 하지 않는 것도 없다)' 사상을 발전시킨 개념이라고 할 수 있다. 따라서 '황로'의 정치적 행보는 소극적인 '무위'가 아닌 통치 수단의 전략적 선택의 개념인 것이다. 한나라 초기의 학술 사상계와 통치계급의 내부적으로 도가 사상을 주장했던 인물들이 황권의 인정을 받게 됨에 따라 이러한 사상이 통치 과정에서 실현되었다고 볼 수 있다. 당시의 시대적 배경과 맞물려 도가 사상은 사회 발전을 크게 촉진하게 되었다.

　한나라 초기의 통치 방식에 사상적 영향을 미친 이념은 도가(道家) 학설 하나에 국한 되었던 것은 아니다. '마상(馬上 : 말 위에서 하는 통치)', 즉 전쟁을 통한 통치를 반대했던 '육가(陸賈 : 한나라 초기의 저명한 사상가이자 변론가)'는 사실 유가의 범위에 속하는 학자였으나 '무위'를 통한 치세를 주장하였다. 유가(儒家) 역시 '시대의 흐름을 읽고 그 추이에 따르도록' 변화되면서 원시 유학의 진부한 면을 개선하여 현실 정치에 동참하려고 했다. 따라서 '청정무위'의 정치 노선은 완전히 도가 사상의 영향만을 받은 선택이 아니며, 한나라 초기 통치자들이 당시의 사회 현실을 고려하여 택한 역사적 결정이었으며, 시대적 요구에 부응하는 결과였다고 볼 수 있다.

진나라 왕조의 폭정과 전국시대 이후 계속된 사회 혼란 양상으로 이미 이러한 시대적 변화가 요구되고 있는 상황이었으나 시대적 요구만으로 통치자들의 사상이 저절로 변화되었다고 보기는 어렵다. 진나라 왕조가 중국을 통일한 후에도 사회적 안녕을 바라는 시대적 요구는 존재하고 있었으나 통치자가 이러한 민심에 따르지 않았을 뿐이다. 중국을 최초로 통일했던 전제주의 중앙집권 봉건 왕조는 폭정을 휘두름으로써 빠르게 멸망의 나락으로 떨어졌다. 진나라 왕조의 폭정의 잔해는 한나라 초기에도 여전히 존재하고 있었으며, 관료들의 전반적인 자질도 진나라 왕조와 큰 차이가 없었다. 한나라 고조는 관리들이 '조정을 속이며 사리사욕을 채우는 행위'를 맹비난하였다. 문제가 조조(晁錯 혹은 鼂錯 : BC ?~BC 154)*의 정치적 소견을 알아보기 위해 책문에 답했던 조조의 다음과 같은 말로 운을 띄웠다.

"관리가 공평하지 못하고 정책이 제대로 알려지지 않으면, 백성의 안녕도 없습니다."

이에 당시 유명한 정치가였던 가의(賈誼 : BC 200~BC 168)**는 다음과 같이 대답하였다.

"예전 진나라 왕조의 신하였던 자들이 지금은 한나라의 신하가 되었습니다. 과거의 잔해가 지금까지 남아 있으니, 이는 아직 아무것도 바뀌지 않은 것과 다를 바가 없습니다."

이로 보아 한나라 초기의 통치자들이 사회에 순응하기 위해 선택했던 치국

---

* 한나라 문제 때의 정치가로 그 당시 흉노를 압박하기 위해 둔전책(屯田策)을, 제후의 세력을 막기 위해서는 영지를 삭감하는 정책을 펼쳤다. 그러나 그로인해 오초7국(吳楚七國)의 난이 일어나자, 이를 무마하기 위해 정적이던 원앙(袁盎)의 참언이 받아들여 참수되었다.

** 한나라 문제 때 학자이고 정치가로 약관에 최연소 박사가 되었다. 진나라 때의 율령·관제·예악 등의 제도를 개선하였으나, 주발(周勃) 등 당시 고관들의 시기로 좌천되자 자신의 불우한 운명을 굴원(屈原)에 비유해 「조굴원부(弔屈原賦)」 등을 지었다.

의 수단은 통치계급에 대한 전면적인 조정으로써 결코 소극적인 '무위'가 아니었음을 알 수 있다.

문경지치(文景之治)

'청정무위(淸靜無爲)'의 정치 수단에만 의지해서는 결코 진정한 의미의 사회적 진보를 이룩할 수 없을 것이다. 물질적으로 풍부한 생산력을 확보하고 백성의 부담을 줄여주어야만 비로소 실질적인 혜택을 입을 수 있기 때문이다. 유방은 즉위한 후 진나라 왕조의 잔혹한 착취 방식을 개선하기 시작하였다. 경제의 통치시기에 이르러서는 전부(田賦 : 토지에 부과하던 세금)를 30분의 1로 줄이는 한편, 법령으로 규정하였다. 구부(口賦 : 인구수로 배정하여 거둬들이는 세금), 산부(算賦 : 15세에서 56세의 장정에게 부과하던 인두세), 경부(更賦 : 노동으로 병역을 대신하는 경졸更卒을 면하기 위하여 내는 세금) 등의 부역세 등도 정도의 차이를 두고 감면하였다.

요역(徭役 : 16세에서 60세까지의 남성에게 부과하던 노역)은 진나라 폭정의 상징으로서 한나라 초기의 통치자들은 특히 민간인의 노역 징발에 신중을 기하였다. 각종 세금에 시달리던 백성들의 고통을 줄여주기 위하여 문제는 제후들을 경성(京城)에 살지 못하도록 명하였으며, 자신의 제후국으로 돌아가서 거주하게 하였다. 또한 '적전제(籍田制 : 봉건사회의 농노 제도와 유사한 토지소유제)'를 실시하여 농업 생산력의 증가에 관심을 기울였다.

문경(文景), 즉 문제와 경제 두 황제는 수차례 명을 내려 이재민과 흉년으로 고생하는 백성들을 구제하도록 하고, 군국(郡國)의 관료들에게 명하여 농업과 양잠업을 중시하고 농업 생산력을 향상시키도록 하였다. 또한 '중농정책'의 일환으로 효행이 뛰어난 사람들에게 농지를 하사하는 정책을 실시하여 농민들의 농업 생산력을 진작시켰다. 이러한 정책과 법령을 통하여 사회 질서와 생산력이 신속하게 회복됨으로써 봉건 국가의 경제적 지주라고 볼 수 있는 소농(小農) 경제가 수십 년에 걸쳐 장족의 발전을 이루는 계기를 마련하게 된 것이다.

또한 맹목적인 '억상정책(抑商政策)'을 점진적으로 완화하여 상인들을 비롯해 상업과 유통업이 사회의 발전에 공헌할 수 있는 기회를 제공하였다. 문제의 통치시기에 조조(晁錯)의 '입속배작(入粟拜爵 : 조정으로 곡식을 가져오게 해서 관직을 내림)'의 방법을 받아들여 사회 구성원의 일원으로 동참하고자 하는 상인들에게도 그 소망을 충족시켜 주었을 뿐만 아니라 농민들의 잉여생산물이 소비될 수 있는 길을 열어주었다.

번거롭고 까다로운 진율(秦律 : 진나라 법률)과 혹독하고 잔인한 폭정으로 인해 "죄수가 온 길에 들끓고 감옥이 마을을 이루게 되었으며, 원망과 불만의 소리가 터져 나오면서 백성들은 결국 반기를 들게 되었다." 통치계급이 법률을 떠나서 치세를 펼 수는 없겠지만, 엄격하고 가혹한 형벌은 사람들을 모두 두려움에 떨게 하여 결국은 반기를 들게 하고 만다. 문경 시대의 형벌 역시 사서에 기록된 것처럼 '관용'적이지는 않았지만, 진나라 왕조에 비해서는 크게 완화되었고 법령에 따라 실행되었다.

특히 문제는 법령에 매우 엄격하였다. 그가 등용한 정위(廷尉) 장석지(張釋之)는 군주의 의견을 맹목적으로 좇아 일을 처리하지 않고 법률의 존엄을 보호하는 취지에서 '천자소여천하공공(天子所與天下公共)', 즉 천자가 소유한 것은 천하와 공동으로 소유한 것이라는 법률관을 선보이며 후대 사람들에게 칭송받았다. 예컨대 문제는 자신의 어마(御馬)를 놀라게 한 마부에게 사형을 시키고자 하였으나, 장석지는 벌금형 정도가 가하다고 여겨 결국 문제를 설득하였다. 또한 한나라 고조의 묘에서 옥환(玉環)을 훔친 도적에게 문제는 전 가족을 멸하고자 하였으나, 장석지는 도적 본인만 사형에 처할 것을 주장하여 그의 의견을 들을 수밖에 없었다. 한나라 초기 수십 년 동안은 형벌을 부과하는 데 신중을 기함으로써 법률의 존엄성이 높아졌을 뿐만 아니라 백성들에게도 평화롭고 안정된 사회 환경이 조성되었다.

한나라 초기에 통치자들은 권력을 자신을 돌아보고 구속하는 수단으로 삼았다. 이러한 풍조는 한나라 초기에 일기 시작하여 문경(文景) 시대에 최고조를 맞이하였다. 한나라 고조 유방은 승상 소하(蕭河)가 미앙궁(未央宮)을 지나치게 화려하게 지었다고 책망할 만큼 검소하였으며, 백성들을 부역에 동원하는 일을 줄이고 과도한 사치를 제한하고 있었다는 것을 알 수 있다. 혜제(惠帝, BC 210~BC 188)*,

---

* 한나라 고조(高祖) 유방(劉邦)의 차남으로 이름은 유영(劉盈)이다. 고조가 죽자, 어머니 고황후(高皇后) 여씨(呂氏)에 의해 옹립되었으나, 그녀의 그늘에 가려 불운한 황제로 지냈다.

도금은파리양감호(鍍金銀玻璃鑲嵌壺, 서한), 도금은훈로(鍍金銀薰爐, 서한), 금좌족(金座足, 서한)

여씨 황후 시대에도 근검절약을 중시하여 대규모 공사를 하거나 사치를 조장하지 않았다.

문경 시대에는 특히 스스로에게 엄격하고 청렴한 기풍과 근검절약하는 사회 풍조를 조성하기 위하여 노력하였다. '노대(露臺 : 높고 큰 대臺)'를 지으려고 했었던 문제도 '백금(百金)'이 소요된다고 하자, 지나치게 비용이 많이 든다하여 결국 그만두었다고 한다. 그가 특히 총애했던 신부인(愼夫人)은 "치마가 바닥에 닿지 않도록 짧게 만들었고, 방 안의 휘장에도 수를 놓지 않았다"고 전해지고 있다. 진시황이 자신의 분묘를 거대하게 지었던 것과는 달리 문제는 삶과 죽음에 대해 소박한 생각을 지니고 있었다. 그는 "천하의 만물이 생성과 동시에 곧 모두 죽게 되어 있다. 죽는 것은 하늘의 이치이니, 자연스러운 일이로다"라고 생각하였다. 그는 자신의 무덤을 짓는 것을 보며 모든 토기는 금, 은, 동, 주석 등을 사용하지 않도록 하고, 무덤이 산에 있으니 따로 봉분을 하지 못하도록 하였다. 이는 역대의 봉건 군주 가운데 매우 드문 경우에 해당한다고 볼 수 있다.

경제 역시 건물에 조각을 새겨 넣는 것을 엄격히 금하고, 관료들로 하여금 농업과 양잠업 등을 중시하도록 하며, 황금, 보석 등에 연연해하지 않도록 하였으며, 이러한 내용을 법령으로 체계화시키기도 하였다. 통치자 개인의 품성이 사회 진보와 퇴보에 결정적인 요인은 아닐지라도 근검절약하는 풍조를 강조함으로써, 사회의 전반적인 풍토를 개선하고, 농민의 부역 부담을 감소시키고, 사치 낭비를 근절하는 데 매우 효과적이었다고 볼 수 있다.

문제와 경제는 모두 통일을 강조하고, 분열에 반대하였다. 한나라 초에는 성씨가 다른 많은 제후들에게 분봉을 하였는데, 이들은 빠르게 할거 세력의 대표로 급성장하였다. 한나라를 세운 유방은 그의 생을 마칠 때까지 이들과 대립하였고, 마침내 성씨가 다른 제후 왕들을 뿌리 뽑는 데 성공하였다. 그러나 그는 역사적 교훈을 잘못 해석하여 성씨가 같은 많은 제후 왕들에게 분봉을 하는 우를 범하였다. 그들은 전국 대부분의 비옥한 토지와 인구를 점거하여 아주 빠른 속도로 중앙에 맞서는 지방 분열 세력으로 성장하였고, 마침내 건립된 지 얼마 되지 않는 통일 정권을 위협하기에 이른다.

경제의 통치 시기에는 오왕(吳王) 유비(劉濞)가 이끄는 분열 세력이 연합하여 '칠국의 난'(33쪽 참조)을 일으키는데, 이에 경제는 과감한 조치를 취하여 석 달만에 이 반란을 잠재웠고, 이들은 큰 타격을 입게 된다. 칠국의 난이 성공하지 못한 데에는 한나라 초기의 사회가 안정 국면을 맞이하여 백성들이 평화롭게 삶을 영위하고 있었고, 전란을 혐오하는 분위기가 주를 이루고 있었다는 것과 무관하지 않다. 이는 '휴양생식(休養生息)'의 정책이 낳은 긍정적인 정치적 효과라고 볼 수 있을 것이다.

경제는 이렇게 시대적으로 유리한 국면을 적극적으로 활용하여 중앙집권을 한층 강화하였다. 먼저 제후를 다수 양성하면서 그들의 권력은 대폭 축소하도록 하였다. 본래 제후국의 영토를 다시 나누어 더 많은 제후들에게 나누어 줌으로써, 그 세력을 약화시킨 것이다. 둘째, 제도 개혁을 실시하였다. 제후국의 관리는 제후가 임명하던 것에서 중앙에서 직접 임명하도록 하였으며, 중앙에서 임명한 관직과 제후가 임명한 관직은 명칭에서부터 차이를 두어 제후가 임명한 관리의 지위를 격하시켰다. 셋째, 제후가 통치력을 복원하지 못하도록 명하여 제후의 통치권을 박탈하였다. 이러한 조치들을 통하여 제후국이 불러일으킬 수 있는 문제의 근원을 철저히 근절시킴으로써 통일된 중앙집권 왕조의 진정한 면모를 과시하게 된다.

사회의 변동을 야기하는 세력, 즉 권력을 이용하여 횡포를 부리는 세력을 타파함으로써 한나라 초기의 사회는 안정을 점차 찾게 되었다.

▶▶ 역사의 흐름에 어떤 영향을 미쳤을까?

문경 시대는 한나라 초기 가장 번영했던 시대라고는 볼 수 없다. 그러나 이 시기의 역사적 기틀이 없었다면 한나라 무제 때의 부국번영은 결코 이룩할 수 없었을 것이다. '문경지치(文景之治)'의 정치 풍조는 후세에도 큰 귀감이 되고 있다. 첫째, 사회 진보와 발전은 수대에 걸친 지속된 노력의 결과이며, 통일된 정치 지도 사상이 반드시 필요하다는 것이다. 둘째, 사회의 안정은 사회 발전의 가장 기본적인 전제 조건이라고 할 수 있다. 셋째, 통치자는 역사의 교훈을 되새겨 사회 현실을 감안하여 정책을 조정하여야 하며, 객관적인 시대적 요구에 부응하여야 한다. 이러한 이유에 근거하여 문경지치는 봉건 통치자들의 모범으로 받아들여지고 있으며, 그 가운데 귀중한 역사적 교훈을 제시하고 있다고 볼 수 있다.

2. 장건張騫이 서역로를 개척하다

사람들은 흔히 중국인은 폐쇄적이고 보수적이어서 콜럼버스나 마젤란과 같은 위대한 탐험가가 없을 것이라고 생각한다. 이에 대해 청나라 말기의 계몽 사상가였던 양계초(梁啓超, 량치차오 : 1873~1929년, 중국의 사상가)는 『음빙실합집(飮冰室合集)』에서 이러한 사실을 정면으로 비판하였다. 그는 중요한 반증의 근거로 제시한 인물이 바로 한나라 때 서역(西域)을 개척했던 장건(張騫 : BC ?~BC 114)*이다.

중국 최초의 기남자

양계초(梁啓超)는 장건(張騫)을 중국 고대 '최초의 기남자(奇男子 : 재주와 슬기가 남달리 뛰어난 남자)'로 꼽는 데 주저하지 않았다. 반고(班固 : 32~92년, 후한 초기의 역사가)의 『한서(漢書)』에는 다음과 같은 기록이 있다.

장건은 한중(漢中 : 지금의 섬서성 남부, 호북성 서북부 지역) 사람으로 건원(建元 : 한나라 무제 때 연호, BC 140~BC 135) 연간에 랑(郎 : 황제 시종관侍從官의 통칭. 황제를 배종

---

* 기원전 138년 한나라 무제(武帝)의 명을 받고 흉노를 협공하기 위해, 대월지(大月氏)와 동맹하고자 파견되었고, 기원전 119년에는 이리(伊犁) 지방의 오손(烏孫)과 동맹하기 위해 파견되었다. 그로인해 서역으로 가는 남북의 도로를 개척하였으며, 실크로드의 개척에 중대한 공헌을 하였다.

호위陪從扈衛하는 직무를 수행함)이 되었다. 당시 천자께서 흉노에서 투항한 사람을 심문했는데, 그들 모두 '흉노가 월지(月氏)*의 왕을 격파하고, 그의 머리로써 음기(飮器 : 술 마시는 그릇)를 삼았으며, 월지는 도망쳐서 흉노를 원수처럼 여기고 있지만 함께 공격할 세력이 없다'고 하였다. 한나라가 드디어 호(胡 : 오랑캐)를 멸하려고 도모할 때, 이 말을 듣고 사신을 파견하여 월지와 연락을 취하고자 하였다. 그러나 이들을 만나기 위해서는 부득이 흉노의 영내를 지나야 했기 때문에 이에 널리 사신으로 갈 능력 있는 사람을 모집하게 되었는데, 장건이 랑의 신분으로 지원하여 월지에 사신으로 가게 된 것이다.

그는 당읍씨(堂邑氏 : 성姓을 말하며, 한나라 사람임)에 속하는 오랑캐 노예인 감보(甘父 : 당읍씨의 노예 이름. 당읍보堂邑父라고도 하는데, 이것은 주인의 성으로 씨를 삼고, 노예의 이름인 보父를 붙인 것)와 함께 농서(隴西 : 현재의 감숙성 임조臨洮에 해당)를 나섰다. 흉노의 영내를 지나다가 흉노가 그를 붙잡아 선우(單于 : 넓고 크다는 뜻으로 흉노가 자신들의 군주나 추장을 높여 부르던 칭호. 나중에 선비鮮卑, 저低, 강羌도 이 칭호를 사용했음)에게 보내서 만나게 하였다. 선우가 그를 붙들어 두면서 말하기를 '월지는 우리 북쪽에 있는데, 어찌 한나라가 사신을 보낼 수 있단 말인가? 내가 만약 월(越)나라로 사신을 보내고자 한다면 한나라는 내가 하려는 일을 들어주겠는가?'라고 하였다. 흉노는 장건을 10여 년 동안 붙잡아 두었고, 흉노의 여인을 부인으로 맞아주었으며 그 후 아들까지 생겼다. 그러나 장건은 끝내 한나라의 절(節 : 사신이 출행을 할 때 반드시 지니고 가는 일조의 신표信標)을 붙들고 잃지 않았다.

장건은 흉노와 함께 살게 된 후에도 기회를 노리고 있다가 가족들을 이끌고 월지가 있는 곳으로 도주하여 서쪽으로 수십 일을 걸어 대완(大宛 : 파미르 고원 바로 서쪽에 위치한 페르가나Fergana 지방)이란 곳에 도착하게 된다. 대완의 왕은 한나라가 물자가 풍부하고 재물이 많다는 것을 들은 바 있어 내심 한나라와 교역을 할 수

---

* 고대 종족의 명칭. 음은 '월지'이며, '氏'는 '支'와 통한다. 지금의 감숙성 서부와 청해성 경계 지역에 살았다. 이들은 기원전 3세기 흉노의 등장과 함께 아무다리아 지역으로 이주해 그리스 계통의 박트리아 왕국들을 무너뜨리고 대월지(大月氏)를 건국했다. 이후 쿠샨 왕조의 건국 세력과 연결되었다고 설명되기도 한다.

있기를 바라고 있던 터였다. 장건을 기쁘게 맞이하며, 어느 곳으로 가고자 하는지 물었다. 장건은 다음과 같이 대답하였다.

"한나라의 사신으로서 월지족을 찾아가던 중 흉노가 이 소식을 듣고 앞길을 막았기에 오늘 도주하여 이곳까지 오게 되었소. 왕이 길잡이를 붙여주어 저를 인도해 주셨으면 하오. 그렇게만 해주신다면 제가 한나라에 돌아간 후 반드시 큰 재물로 보답하게 될 것이오."

대완의 왕은 이 말을 믿고 곧 사람을 파견하여 그를 마차에 태워 강거(康居 : 중앙아시아 키르기즈Kyrgyz 초원을 중심으로 한 터키계 유목민, 또는 그들이 세운 나라인 소그디아나Sogdiana)로 안내하였다. 강거에서 대월지(大月氏)에게 연락을 취하였으나 대월지는 이미 흉노에게 죽임을 당하여 그의 부인이 왕위에 올라 있었으며, 이미 대하(大夏 : 박트리아를 말함, 힌두쿠시산맥과 아무다리아강 사이에 고대 그리스인이 세운 나라)의 군주로 섬기고 있었다. 그들은 땅이 비옥하고 도적이 적은 이곳에서 모두 평화롭게 살고 있었기 때문에 먼 한나라까지 가서 흉노에게 복수할 마음이 이미 없어진 상태라고 할 수 있었다. 장건은 월지, 대하 등을 설득하지 못하였으며, 몇 해를 머물다가 다시 돌아올 수밖에 없었다.

그러나 남산(南山) 강족(羌族)의 거주지에서 돌아오는 길에 흉노에게 다시 붙잡히게 된다. 몇 해가 지난 후 선우가 죽자 흉노는 내부적인 혼란에 휩싸였다. 마침내 장건은 그의 흉노족 아내와 같이 떠났던 당읍보 노인과 함께 도주하여 한나라로 돌아오게 된다. 장건은 태중대부(太中大夫)에 올랐으며, 당읍보 노인은 봉사군(奉使君)에 봉해졌다. 장건은 사람됨이 강건하고 도량이 넓으며, 신뢰감을 심어주는 인물이었기 때문에 오랑캐들도 그를 매우 존경하였다. 당읍보는 흉노족으로 사격에 능하였다. 극도로 곤궁해지면 그는 활로 새와 짐승을 쏘아 잡아먹곤 하였다. 장건이 처음 서역으로 떠날 때에는 100여 명이 함께 출발하였으나, 13년의 시간이 흐르면서 단 두 명만이 살아서 돌아오게 된 것이다. 장건이 살았던 대완, 대월지, 대하, 강거 등 한나라 주변에 있다고 전해지던 대여섯 나라가 실제로 존재하고, 황제는 그 나라들의 존재를 모두 시인하게 된다. 이러한 내용은 모두 『한서』「서역전(西域傳)」에 기록되어 있다.

한나라 시대에 서역(西域)은 감숙성 옥문관(玉門關 : 감숙성 돈황 부근에 배치되었던 관문) 서쪽, 총령산맥(蔥嶺山脈) 동쪽 지역을 가리켰다. 이곳에는 크고 작은 수십 개의 나라가 존립하고 있었으며, 대체로 지금의 신장(新疆) 일대 지역이라고 할 수 있다. 본래 서역 각국은 대개 흉노의 신하 나라였으나, 한나라 무제는 흉노를 철저히 고립시키기 위하여 이들과 연합하기로 결정한다. 한나라 무제는 대월지국(大月氏國 : 본래는 옥문관 부근에 위치하고 있었으나, 후에 아프가니스탄 영토 지역으로 쫓겨 가게 됨)이 흉노족과 원한 관계에 놓이게 된 것을 알고, 기원전 138년 장건을 비롯한 일련의 사람들을 서역에 파견하여 대월지족 등과 연합을 꾀하여 흉노를 무찌르고자 했던 것이다.

그러나 장건은 중도에 흉노에게 사로잡혀 10여 년이나 구류 생활을 하게 되었고, 후에 장건은 도주하여 오손(烏孫 : 고대 종족의 명칭. 혹은 우선烏孫이라고도 하는데, 투르크어를 사용하는 유목민족으로 천산天山산맥의 북쪽 기슭의 유목민), 대완, 강거 등을 전전하다가 대월지에 도착하였으나, 대월지는 이미 연합을 할 뜻이 없어진 상태였다. 결국 장건은 이번 출사(出使)에서 아무런 성과를 거두지 못하게 되었으며, 돌아오는 길에 흉노에게 사로잡혀 또 다시 1년 이상 구류 생활을 한 것이다. 기원전 126년이 되어서야 그는 장안(長安)으로 돌아왔다.

기원전 119년 다시 장건은 위청(衛靑)과 함께 흉노를 도모하기 위해 출발하였다. 3백여 명의 인원과 대규모 물자를 싣고 서역을 향해 출발하게 된 것이다. 오손에 도착한 후 부사(副使)를 대완, 강거, 대월지, 대하, 안식(安息 : 파르티아를 말함. 오늘날 이란 지역의 북동쪽에 위치한 나라) 등의 나라에 파견하여 한나라의 위용을 떨쳐 보이도록 하였다. 기원전 115년 장건은 오손 등의 여러 나라의 사절단 수십 명과 함께 장안으로 돌아오게 되었으며, 이로써 한나라와 서역 간의 교역로가 열리게 된다.

사마천의 『사기』에는 장건의 서역 교역로 개척을 '착공(鑿空 : 새로이 길을 냄)'이라는 말로 칭송하고 있다. '공(空)'은 '공(孔)'의 뜻으로 '새로운 길을 뚫다'라는 뜻이다. 장건이 서역 교역로를 개척함에 따라 중국인들은 장안에서 출발하여 서역의 각국을 거쳐 서아시아, 북아프리카, 그리고 유럽까지 진출할 수 있게 되었다. 이로 인하여 중국과 서방 국가 간의 경제, 문화 교류를 촉진하게 되었으며, 특히 중국의 비단이 서방으로 운송될 수 있도록 함으로써 오늘날 장건의 서역 개척

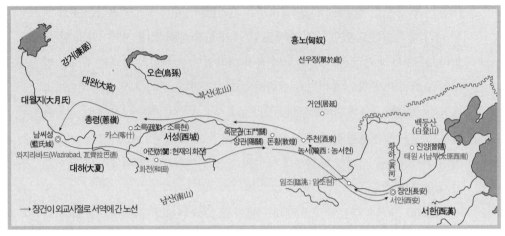

장건의 서역탐방도

을 '실크로드' 탄생의 전조로 평가하고 있다. 두 차례에 걸친 장건의 서역 출사로 인하여 한나라의 발달된 문명을 만방에 전하게 되었을 뿐만 아니라 다른 나라의 다채로운 문화가 들어오게 됨으로써 중국의 문화가 더욱 풍부해지게 되었다. 오늘날 실크로드는 여전히 수많은 관광객들의 발길이 끊이지 않고 있어 중국과 서방 문화 교류에 기여하고 있다.

실크로드

실크로드는 한나라 시대에 중국에서 서방을 오고가는 교통로를 일컫는다. 중국의 방대한 비단과 비단 제품이 이 길을 통해 서방으로 전해짐으로써 '실크로드'란 명칭을 얻게 된다. 고대 여러 나라들 가운데 중국만이 뽕나무 재배와 양잠을 통해 비단을 생산하고 있었다. 중국은 상나라, 주나라를 비롯해 전국시대 때부터 비단과 자수가 이미 상당한 수준에 올라 있었던 것으로 보이며, 세계 각국의 고고학적 자료에서도 이러한 사실이 증명되고 있다. 중국의 비단은 서북 지방의 여러 민족을 통하여 소량만이 중앙아시아, 인도 등으로 전해지고 있었다.

한나라 초기에 하서주랑(河西走廊 : 감숙성甘肅省 난주蘭州에서 돈황敦煌에 이르는 길) 평원에는 오손, 월지, 흉노 등이 번갈아 점령하였으며, 서역의 녹색 평원에는 여러 소국들이 흉노의 지배를 받고 있어 한나라와 서방의 직통 교역로 개척에 큰

한나라 시대 동병마진(銅兵馬陣)

어려움이 있었다. 원광(元光) 2년(기원전 133년)부터 한나라 무제는 해마다 대군을 파견하여 흉노를 공격하였으며, 서북 변경의 여러 군(郡)의 안정을 공고히 다졌다. 또한 주천(酒泉), 무위(武威), 장액(張掖), 돈황(敦煌) 등 4군(즉, 하서사군河西四郡를 말함)을 속속 설치하여 흉노와 강족의 교류를 단절시켰다. 이로써 서역과의 교통로를 확보할 수 있게 되었다. 또한 돈황에서 염택(鹽澤 : 지금의 나포박羅布泊 지역에 해당)까지 봉화대와 성루를 건축하여 흉노의 침범을 방어하였다.

기원전 77년 한나라 군대는 서역 교역로의 요충지인 누란국(樓蘭國 : 중앙아시아 타림분지 동부의 크로라이나Kroraina)을 공격하였다. 역시 서역 지방의 한 국가였던 선선국(鄯善國 : 역시 타림분지에 위치했음)은 수도를 남쪽의 천니성(扦泥城)으로 옮기게 되었다. 기원전 60년 한나라는 서역에 도호(都護 : 변경의 여러 번족蕃族을 다스리거나 정벌하는 일을 맡아보던 벼슬)를 설치하였고, 오루성(烏壘城 : 지금의 신강성 윤대輪臺 부근)에 둔전(屯田 : 변경이나 군사 요지에 주둔한 군대의 군량을 마련하기 위하여 설치한 토지)을 마련하여 서역의 교역로를 보호하였다.

장건이 서역의 오손(烏孫) 등과 동맹을 맺은 후 한나라의 사신과 상인들이 연이어 서역으로 나서게 되면서 실크로드는 더욱 번창하게 된다. 대량의 실크가 이 길을 통하여 서방으로 이동하게 되었으며, 서역 각국의 '진귀하고 이채로운 물품' 등도 중국에 들어왔다. 왕망(王莽 : 한나라 평제平帝를 독살하고 제위를 빼앗아

돈황 막고굴 323호굴 가운데 그려진 장건서행도(張騫西行圖)

국호를 신新으로 바꾸고 집권한 전한前漢의 정치가)의 집권기, 그리고 후한 시대에 이르기까지 수차례의 정변과 정국의 변동으로 인해 서역과의 정치적 관계는 단시간 단절된 적이 있었으나, 상업, 교역에는 큰 지장을 초래하지 않았다.

▶▶ 역사의 흐름에 어떤 영향을 미쳤을까?

장건의 '착공'에서 실크로드의 개척에 이르기까지 한나라는 유럽, 아시아, 아프리카 등 각국과 3백여 년에 걸쳐 경제, 문화 교류를 추진하였으며, 그 영향은 실로 컸다고 할 수 있다. 비록 상업적 교역로의 성격이 강했다고는 하지만, 중국과 유라시아 각국의 정치 교류와 문화 교류 역시 모두 이 길을 통하여 이루어졌다고 해도 과언이 아니다. 또한 중앙아시아, 남아시아의 음악, 춤, 회화, 조각, 건축 등의 예술과 천문, 역학, 의약 등 과학적 지식, 그리고 불교, 오교(襖敎)*, 마니교(摩尼敎)*, 경교(景敎)** 등의 종교도 이 길을 통하여 중국으로 전해지게 되었으며, 중국의 사회 각 분야에 매우 큰 영향을 끼쳤다. 또한 중국의 섬유 방직, 제지, 금은 수공예, 회화 등의 기술도 서방으로 전해졌다.

당나라 이후 해상 교통이 점차 발달하고, 서북 지역의 민족주의 정권의 흥망성쇠의 국면이 급격한 변화를 맞이하면서 육로 교통의 중요성과 안전성을 보장할 수 없게 됨에 따라 이 길은 점차 퇴보하게 된다. 그러나 원나라 시대에 이르러 마차 길이 발달하면서 실크로드는 다시 한 번 번영을 누리게 된다.

---

* 3세기 때, 페르시아에서 '빛의 사도'로 알려진 예언자 마니(Mani : 210?~276년)가 창시한 종교인 Manichaeism. 그리스도교 혹은 조로아스터교의 이단으로 여겨지기도 했으나, 일관된 교리, 엄격한 제도, 조직을 갖춘 하나의 종교로 한때 자리 잡았다.
** 콘스탄티노플의 주교 네스토리우스가 주창한 그리스도교 일파인 Nestorianism. 중국에는 635년(태종 9년)에 대진국(大秦國 : 로마) 사람 아라본(阿羅本) 일행이 당(唐)나라의 수도 장안(長安)에 도착하여 선교한 데서 비롯된다. 대진경교(大秦景敎)라고도 한다.

실크로드는 고대 중국과 서역, 더 나아가 서방 세계를 연결하는 주요 도로였다고 볼 수 있다. 실크로드를 통하여 중국의 비단 등 주요 상품을 비롯하여 제지술, 화약 등의 기술이 세계 기타 각국으로 전해지게 되어 세계 각국의 사회 경제 발전을 촉진하게 되었다. 또한 서방의 물품과 사상, 기술 등도 실크로드를 통해서 중국으로 들어오게 되었으며, 특히 불교의 동방 전파로 인해 중국 사회에는 큰 변화를 맞이하였다.

3. 한무제, 북방의 흉노匈奴를 물리치다

역사는 마치 거울의 한 면과 같아 그 속에서 교훈을 얻을 수 있다. 또한 역사는 나선 모양으로 발전하고 있어 때로 놀랄 만큼 같은 순간이 반복되는 것을 보게 된다. 중국은 수천 년의 역사를 거쳐 오면서 실패도 경험하였고, 성공도 체험하였다. 또한 번영과 평화도 누렸으며, 쇠락과 슬픔도 맛보았다. 그러나 문명이 야만성을 정복하고 인성(人性)이 수성(獸性)을 이기는 역사의 큰 추이는 변하지 않았다고 볼 수 있다. 중국은 변방 오랑캐 적들에게 둘러싸여 있는 환경 속에서 어떠한 역경이 닥쳐도 결코 포기하지 않았으며, 오랜 고통의 시간 속에서도 다시 불굴의 의지로 일어섬으로써 영광의 역사를 다시 써 나갔다.

고대 문명의 발상지 가운데 하나인 중국은 문화의 유구함과 강인함을 드러내고 있으며, 불굴의 정신을 바탕으로 천자(天子)의 자손이라는 자부심과 왕도(王道)를 실천하는 국가라는 자긍심이 대단하다. 한나라의 흉노 정벌 정책 역시 이러한 민족정신의 표현이며, 추후에 왜구를 퇴치하는 데 이러한 민족정신은 다시 한번 발휘되었다고 자평하고 있다.

진나라가 중국을 통일하던 시기에 북방의 흉노족(匈奴族)들도 연합을 꾀하여 이미 상당한 수준의 세력을 형성하고 있었다. 이들은 끊임없이 변경 지방을 침범하였으며, 이는 흉노와의 전쟁을 알리는 시작이었다고 할 수 있다. 당시에는 "망

흉노의 응형금관(鷹形金冠). 금관에는 독수리가 조각되어 있다.

진자호(亡秦者胡 : 진나라는 오랑캐, 즉 흉노에게 망할 것이다)"라는 소문이 공공연하게 퍼지고 있었다. 진나라는 몽염(蒙恬 : 기원전?~210)* 장군을 시켜 장성을 쌓고 흉노의 침입에 대비하였다.

제후국들이 진나라에 반기를 들자 흉노족들은 기회를 틈타 남하하기 시작하였고, 흉노족은 묵돌선우(冒頓單于, 모돈선우 : 기원전?~174)**의 시대가 열리고 있었다. 흉노족은 동호(東胡), 월지(月氏) 등을 무찌르고 북방의 민족들을 정벌함으로써 옛 연(燕)나라의 영토(황하 중류 지역 일대)를 점령하고, 북방에 거대한 세력을 확보하여 중국 내륙을 위협하였다. 초(楚)나라와 한(漢)나라의 중원(中原) 쟁탈전이 막 끝나고 한나라가 건립된 지 얼마 되지 않은 시점에서 흉노족은 마읍(馬邑 : 지금의 산서성山西省 삭주朔州 지역에 해당)을 침공하여 점령하였으며, 남쪽으로 태원(太原)까지 취하였다. 기원전 200년 한나라 고조 유방은 보병 32만 명을 거느리고 북벌에 나섰다. 하지만 보병이 다 정비되기도 전에 기병 40만을 이끌고 온 흉노의 묵돌선우에게 평성(平城) 백등산(白登山)에서 7일 동안 포위당하고 말았는데, 나중에 진평(陳平)의 계책으로 겨우 포위망을 뚫고 나올 수가 있었다.***

이때 한나라는 막 건립되어 제후국도 정해지지 않았으며, 중앙 정권도 매우 불안정한 시기였기 때문에 흉노와의 전쟁을 감당할 힘이 없었다. 진나라가 중국을 통일했지만 15년 만에 멸망하고 말았으며, 한나라 초기까지 아직 상주(商周) 이

* 진나라의 장군으로 제(齊)나라를 멸망시킬 때 큰 공을 세웠으며, 기원전 215년 흉노(匈奴)정벌 때 활약이 컸으며, 이듬해 만리장성을 완성하였다. 그러나 시황제(始皇帝)가 죽자, 환관 조고(趙高)와 승상 이사(李斯)의 흉계로 자살하였다.
** 내외 몽고를 정복하고 동아시아에서 처음으로 유목민 대국가, 즉 흉노국을 세웠다. 재위 기간은 기원전 209~174년이고, 묵돌(冒頓)이라는 이름은 투르크어의 Bayatur(바야투르, 용감한 자)를 한자로 음사한 것으로 전해진다.
*** 한나라 고조 유방(劉邦)은 북진하여 흉노족을 정벌하려 하였으나, 평성(平城 : 지금의 대동大同 부근)에서 포위되어 간신히 탈출한 다음, 한나라 황실(皇室)의 딸을 선우에게 주어 처를 삼게 하고, 매년 많은 견직물·술·쌀 등을 흉노에게 보낼 것을 조건으로 화의(和議)를 맺었다(BC 198).

래의 제후 의식이 매우 강하게 남아 있었다. 성씨가 다른 왕(한신韓信 등)들과 유씨(劉氏) 성을 가진 제후들도 모두 독립성을 유지하고 있었기 때문에 언제라도 중앙에 반기를 들 수 있는 상황이었다. 더욱이 전투력 면에서 당시 한나라는 흉노의 적수가 되지 못했다.

고대 전장에서 전투마(戰鬪馬)는 현대의 탱크와 맞먹을 만큼 위력적인 존재였다. 그러나 한나라 초기에는 말이 귀해 황제의 마차를 끌 색이 같은 네 필의 말도 구하기 어려운 실정이었으며, 재상들은 소가 끄는 수레를 타고 다니는 지경이었다. 중국 내륙 지역은 말을 기르기에 적합하지 않은 환경이었기 때문에 길러낸다고 해도 전투마로 사용하기는 불가능했다. 그러나 유목 민족인 흉노는 훌륭한 말들이 매우 많았을 뿐만 아니라 소와 양도 넘쳐났다. 어려서부터 말을 타고 활을 쏘며 자란 그들은 전시에는 모두 병사로 전쟁에 참여할 수 있었고, 병력을 총동원할 경우 10만 명에 달하였다. 한나라의 군대는 보병이 주를 이루고 있어 흉노를 대적할 수 없었기에 평성(平城)에서의 굴욕을 당할 수밖에 없었던 것이다.

한나라 왕조는 공주를 흉노의 선우에게 출가시키고 매년 대량의 비단과 곡식, 술 등의 물품을 주며 형제의 의를 맺었다. 이러한 회유책으로 흉노를 다스리고자 하였으나 흉노의 횡포는 더욱 심해지기만 했다. 다소 늦게 개화된 민족들은 흔히 강한 힘을 가진 권력을 신봉하고 사욕을 채우기에 급급한 면이 있으며, 무력으로 상하 관계가 형성되어 약육강식의 원칙만이 존재하는 경향이 있다. 흉노는 청장년을 중시하고 노년층을 경시하는 풍습이 있어 노인들은 젊은이들이 먹고 남긴 음식을 먹곤 하였다. 일본인들은 부모를 산에 갔다 버리고, 굶겨 죽이는 무도한 일도 서슴지 않았다고 한다. 비록 개화되기 전의 인습이라고 해도 예(禮)를 숭상하는 당시 한나라의 시각으로는 이해할 수 없는 부분이라고 할 수 있을 것이다.

흉노족에게는 문자가 없었기 때문에 구두로 약속을 취하곤 하였다. 전시에 잡은 포로들은 모두 노비로 삼았으며, 약탈한 물건들도 모두 자신의 재물에 속하였기 때문에 전장에서 이들은 용맹하기 그지없었다. 그러나 흉노의 경제 수준은 중국 내륙 지방보다 낙후되어 있었으며, 한나라의 화친 정책을 유약함의 표현으로 여겼기 때문에 변경 지역에서 여전히 노략질을 일삼았다.

한나라는 장기적인 안목으로 전략과 대책을 세우기 시작하였다. 70년 동안 흉노의 모욕을 받으면서도 참아낼 수 있었던 것은 오랜 시간을 걸러서라도 그들을 꼭 정벌하겠다는 굳은 결심이 있었기 때문이다. 후대의 남송(南宋)이 경솔하게 군사를 일으켜 북벌을 감행했다가 대패하여 그 후에 급격히 쇠퇴일로를 걸었던 것과는 대조된다고 볼 수 있다. 한나라가 건립된 지 70여 년이 지난 후 마침내 중앙 정권이 안정되었다. 중국 역사에서 실질적인 중앙집권제적 통일 국가였던 한나라는 70년간의 발전을 이룩하면서 막강한 경제력과 군사력을 축적하게 되었으며, 북벌을 감행하기 위한 시기가 무르익고 있었다. 이러한 시기에 한나라 무제(武帝) 유철(劉徹)이 즉위하면서 흉노 정벌을 위한 서막이 서서히 오르게 된다.

이역원정(異域遠征)

원삭(元朔 : 한나라 무제의 세 번째 연호) 2년(기원전 127년), 흉노가 상곡(上谷), 어양(漁陽 : 지금의 밀운密雲 지역에 해당)을 침입하여 관민 천여 명을 죽이고 약탈하였다. 거기장군(車騎將軍) 위청(衛青 : BC ?~BC 106)은 한나라 군대를 거느리고 수만 기병과 함께 출격하여 사살, 생포한 흉노족의 수가 수천 명에 이르렀으며, 소와 양 100만 마리를 획득하였다. 이로써 하투(河套) 지역을 다시 되찾았으며, 진나라 왕조 때 몽염 장군이 세웠던 변경 요새도 복원하였다. 또한 삭방(朔方), 오원(五原) 등의 군을 설치하여 장안을 흉노의 직접적인 위협으로부터 벗어나도록 하였다. 얼마 지나지 않아 흉노의 선우는 수만 기병을 이끌고 대군(代郡 : 지금의 하북성에 해당)을 침범하여 태수를 죽이고 수천 명을 포로로 잡아갔으며, 흉노 귀족 우현황(右賢王)이 다시 삭방군을 침범하여 관민을 죽이고 노략질을 하였다.

원삭 5년(기원전 124년), 대장군 위청은 한나라 군사 10만을 거느리고 700리 떨어진 곳까지 출격하여 우현왕 부락의 1만5천 명을 포로로 잡았다. 그 해 가을 흉노는 또 다시 대군(代郡)에 침범하여 도위(都尉)를 죽이고 포로로 천여 명을 잡아갔는데, 원삭 6년 봄에 한나라 군대는 10만 기병을 이끌고 다시 흉노의 주력부대를 공격하여 1만9천 명에 이르는 적의 목을 베었다. 수차례의 타격을 입었음에도 불구하고 흉노의 주력부대는 막북(漠北 : 지금의 몽고고원 고비사막 이북 일대에 해당)으로 후퇴하였으나, 동부 지역의 흉노 세력은 여전히 막강하여 원수(元狩) 원년(기원전 122년) 또 다시 상곡에 침입하여 수백 명을 학살하였다.

곽거병 석조 「마답흉노(馬踏匈奴)」. 흉노족이 말에 깔려 있다.

원수(元狩 : 한나라 무제의 네 번째 연호) 2년(기원전 121년) 표기장군(驃騎將軍) 곽거병(霍去病 : BC 140~BC 117, 한나라 무제 때의 장군으로 위청衛青의 누이인 위소아의 아들)이 1만여 명의 기병을 이끌고 농서 지역으로 출격하였다. 언지산(焉支山 : 연지산燕支山을 말함)을 넘어 천여 리를 와서야 흉노군과 부딪히게 되었으며, 육박전을 벌여 1만8천 명에 이르는 적을 사살 또는 생포하였다. 같은 해 여름 곽거병은 다시 수만 기병을 이끌고 거연택(居延澤 : 지금의 내몽고 지역에 해당)을 넘어 기련산(祁連山)을 공격하여 포로 3만 명을 사로잡았다. 뒤이어 흉노 혼야왕(渾邪王)이 4만 명을 이끌고 와서 투항하게 된다. 이로써 한나라 왕조는 하서(河西) 지역을 차지하게 되어 흉노와 강족(羌族) 사이를 차단시키게 되었을 뿐만 아니라 기련산 일대 천혜의 목초지를 차지하게 된다.

흉노의 민요에는 "우리 기련산 잃어 가축 먹일 수도 없고, 우리 연지산 잃어 여인들 얼굴 물들일 수도 없네(失我祁連山실아기련산, 使我六畜不繁息사아육축불번식, 失我焉支山실아언지산, 使我嫁婦無顔色사아가부무안색)"라는 노랫말이 있을 정도로 흉노에게는 큰 타격이 아닐 수 없었다. 한나라는 무위(武威), 주천(酒泉), 장액(張掖), 돈황(敦煌) 등 4군을 설치함으로써 금성(金城), 하서(河西)의 남산(南山 : 기련산을 말함)에서 염택(鹽澤)에 이르기까지 흉노의 그림자는 찾아 볼 수 없도록 하였다. 또한 이로써 서역과의 직통로도 확보할 수 있게 되었다.

원수 3년(기원전 120년), 흉노는 다시 우북평(右北平 : 지금의 요녕성遼寧省 능원陵源 일대에 해당), 정양(定襄) 등지까지 남하하여 천여 명을 포로로 잡아갔다. 그 이듬해 한나라 왕조는 10만 기병을 동서 양 방향에서 출격하여 사막을 지나는 원정을 감행하였다. 위청은 거침없이 사막을 통과하여 천여 리를 북진한 끝에 흉노의 선우와 대적하게 된다. 황혼이 지도록 격전은 계속되었으며, 모래 바람이 휘몰아치는 기상 여건을 이용하여 한나라 군대는 흉노군을 포위하였다. 혈전 속에 1만9천여

막북(漠北) 전투(판화)

명의 목을 베었으나 선우는 수백 명의 기병만 거느린 채 도주하였다.

　동로군(東路軍)을 인솔한 곽거병은 흉노의 본거지 2천 리 안에까지 진입하여 우현왕(右賢王)과 접전을 벌였으며, 7만여 명을 사살, 또는 생포하였다. 대흥안령(大興安嶺)까지 이른 표기장군 곽거병은 낭거서산(狼居胥山)*에서 봉제(封祭 : 하늘에 지내는 제사)를 지내고, 고연산(姑衍山)**에서 선제(禪祭 : 땅에 지내는 제사)를 지낸 다음 한해(翰海)***에까지 이르렀으며, 기세등등하게 전승을 기록하고 돌아오게 된다.

　흉노는 북쪽으로 퇴각하여 막남(漠南 : 내몽골 지역에 해당) 지역에서 흉노 정권을 찾아볼 수 없게 되었다. 수년이 지난 후 공손하(公孫賀)와 조파노(趙破奴) 등이 각각 만여 기병을 이끌고 천여 리에 이르는 지역까지 원정을 나갔으나 흉노를 찾아볼 수 없었다. 원봉(元封) 원년, 한나라 무제 유철(劉徹)은 기병 18만 대군을 이끌고

---

* 산의 명칭인데, 그 위치에 대해서는 몇 가지 다른 학설이 있다. 지금의 몽골공화국 울란바토르 동쪽에 있는 케룰렌 강 지역, 내몽고자치구 극십극승기(克什克勝旗) 서북에서 아파알기(阿巴嘎旗)에 이르는 지역, 그리고 내몽고자치구 오원현(五原縣) 서북 황하 북안에 있는 낭산(狼山) 등이 그것이다. 여기에서는 고비사막 북방에 있었던 곳으로 추정된다.

** 대흥안령의 봉우리 가운데 하나인데, 낭거서산의 서북쪽에 위치하였다. 지금의 몽골공화국 울란바토르 인근에 있는 산을 말하는 것으로 추정된다.

*** 한해(瀚海)라고도 함. 일설에는 지금의 러시아에 있는 바이칼 호수를 지칭하나, 다른 한편으로는 몽골 초원 동부의 후룬호(呼倫湖)와 바이호(貝爾湖)라고도 한다. 당시의 행군로를 가지고 추측해 볼 때 몽골 초원 동북쪽에 있는 것으로 지금의 커스커텐치(克什克勝旗)와 아빠가치(阿巴嘎旗) 사이의 달라이누르(達來諾爾)로 추정된다. 다르게는 고비를 칭하거나 몽골 초원에 있는 항가이산맥(杭愛山脈 : 몽골어 항가이Hangay는 풍부한 초원이란 의미)을 지칭하는 것으로 쓰이기도 하였다. 여기에서는 호수 명칭으로 쓰인 것으로 추정된다.

친히 북방을 순시하였다. 장성을 넘어 선우대(單于臺)까지 올랐으며 한나라의 깃발이 천리에 나부끼었다. 한나라 무제는 사신을 선우에게 파견하여 전쟁을 하려면 하고, 그렇지 않으면 신하 나라임을 수긍하여 더 이상 사막에서 고통 받지 말고 현명하게 판단할 것을 종용하였다. 선우는 크게 화가 났지만 사신을 구류하는 것밖에 할 수 있는 일이 없었다. 그는 북해(北海 : 바이칼 호)로 이주하였고, 한나라의 변경에 근접할 엄두조차 내지 못하였다.

흉노무사 복원도

수차례의 대전으로 흉노는 인구가 급격히 줄어들었으며, 무수한 가축을 상실하는 타격을 입게 되어 한나라를 침범할 여력이 남아 있지 않았다. 대외적인 전쟁으로 나라의 국력이 약해지면 불리한 사태를 호전시키기 위하여 저마다 서로 다른 의견을 주장하게 되어 내란이 발생할 수밖에 없는 상황이 벌어지곤 한다. 흉노의 세력이 쇠락함에 따라 그전까지 흉노의 지배를 받던 민족들도 기회를 틈타 독립을 하려 들었고, 흉노는 군대로 이를 진압하였다. 정령(丁零), 오손(烏孫), 오환(烏桓) 등이 한나라와 연합하여 사방에서 흉노를 포위하고 공격하자 흉노는 사상자가 속출하게 되는 등 큰 손실을 입게 된다.

한나라 소제(昭帝)의 집권 시기(BC 86~BC 74)에는 흉노의 다섯 선우(호한야선우呼韓邪單于, 도기선우屠耆單于, 거리선우車犁單于, 호갈선우呼揭單于, 오자선우烏藉單于) 사이에 패권 쟁탈전이 벌어져 흉노는 이 과정에서 남북으로 분열되고 만다. 한나라 선제(宣帝) 오봉(五鳳) 4년(기원전 54년), 북선우(北單于) 질지(郅支)는 선우정(單于庭 : 왕정王庭으로 선우가 머무르면서 정사를 행하던 곳)을 공격하였다. 이에 대적할 수 없었던 남흉노는 한나라의 변경 지역까지 남하하게 되었으며, 한나라와의 연합을 요청하였다. 감로(甘露) 원년(기원전 53년) 남흉노의 호한야선우(呼韓邪單于)가 한나라에 신하되기를 자청하여 장안으로 들어와 한나라 황제를 알현하기에 이른다.

▶▶ 역사의 흐름에 어떤 영향을 미쳤을까?

중국의 역사학자들은 한나라 무제가 흉노를 타파하여 한나라 고조가 백등산에서 흉노에 포위되었던 굴욕을 씻었을 뿐 아니라 흉노의 침범으로부터 중국 내륙의 농경지와 백성들을 완전히 보호할 수 있게 되었다고 평가하고 있다. 더욱이 한나라 군대의 위용을 이후 후대까지 과시함으로써 자긍심을 높이게 되었다는 것이다.

그리고 흉노가 서쪽으로 이주하게 됨에 따라 유라시아 대륙으로의 민족 대이동이 발생하게 되었으며, 이러한 대이동은 유럽까지 영향을 끼치게 된다. 로마 제국은 바로 이때 이주해 온 유목 민족의 공격으로 멸망에 이르렀다고 한다.

4. 도가를 버리고, 유가를 숭상하다

유가 사상의 형성과 발전은 중국 사회에 이루 말할 수 없는 큰 영향을 끼쳤다고 할 수 있다.

유학 형성의 배경

진나라가 쇠퇴하고 한나라 세력이 형성되기 시작할 즈음, 진시황이 분서갱유를 단행하여 무참하게 와해되었던 유가 사상이 차츰 다시 고개를 들기 시작했다. 진승(陳勝), 오광(吳廣)의 봉기를 필두로 공자의 후예 공갑(孔甲)이 진승의 박사 직책을 맡는 등 일부 유생들이 반진투쟁(反秦鬪爭)에 참여하였다. 서한(西漢) 초기에는 당시 명성이 높았던 유생 숙손통(叔孫通)을 태상(太常 : 종묘 예식을 관장하던 벼슬)으로 삼아 한나라 고조를 도와 예법과 예식을 제정하도록 하였다. 혜제(惠帝) 4년(기원전 191년)에 '협서율(挾書律 : 진시황이 분서 후 민간인이 의약醫藥, 복서卜書 등에 관한 것 이외의 책을 가지지 못하게 하던 법률)'을 폐지하고 제자학설의 부흥을 촉진하였다. 음양가(陰陽家), 유가(儒家), 묵가(墨家), 명가(名家), 법가(法家), 도가(道家) 등 육가가 활발하게 활동하였으며, 특히 유가와 도가 양대 학파의 영향력이 커지기 시작하였다.

한나라 초기는 사회·경제적인 기반이 심각하게 파괴되어 있는 상황이었으며, 통치계급의 입장에서는 생산력을 회복하여 봉건통치 질서를 안정시키는 것이 급선무였다. 이에 정치적으로는 '무위'를 통한 치세가 주류를 이루었고, 경제적으로는 조세와 부역을 감면하는 조치들이 시행되었으며, 사상적인 면에서는 '청정무위(淸靜無爲)'와 '형명가(刑名家 : 법으로 나라를 다스려야 한다고 주장하는 사람)'의 학설을 토대로 한 황로학설(黃老學說)이 중시되었다. 당시 오경박사(五經博士)들은 관직은 있었으나 실질적인 일이 없었기 때문에 정치적으로 중용되지 못하고 있는 실정이었다.

그러나 유가와 도가 양대 사상의 정치, 사상적인 투쟁은 갈수록 격화되고 있었다. 한나라 무제가 즉위할 때는 사회·경제적 여건이 크게 회복되어 안정과 발전을 구가하던 시기로 접어들고 있었다. 한나라 무제는 '문경지치'의 시대에 축적된 재정을 바탕으로 획기적인 발전을 이룩하게 된다. 아울러 지주계급과 국력이 증강하면서 농민에 대한 압제와 착취도 점차 가중되어 농민과 지주계급의 모순이 점차 격화되는 양상을 보이기 시작하였다. 따라서 통치자의 입장에서는 정치·경제적으로 전제주의적 중앙집권제를 한층 더 강화할 필요성이 강하게 제기되고 있었다.

이러한 상황에서 '청정무위'의 '황로사상'으로는 더 이상 통치자의 정치적 기대치를 만족시킬 수 없게 되었으며, 오히려 대업을 이루고자 하는 무제의 야망을 방해하는 요소로 작용하게 되었다. 그러나 유가의 춘추대일통사상(春秋大一統思想 : 고대 사회 종법宗法의 근간이 되는 사상으로 정치, 경제, 사회, 문화 등 여러 방면의 제도적 통일을 주장), 인의사상(仁義思想), 그리고 군신윤리관념(君臣倫理觀念)은 무제가 직면한 현실적 상황과 그가 펼치고자 하는 정치 이상에 잘 부합되었다고 볼 수 있다. 따라서 사상적인 면에 있어서 유가가 도가의 통치사상을 대체하게 된 것이다.

유가독존(儒家獨尊)

동중서 초상

동중서(董仲舒)*는 서한(西漢) 유가인 공양학파(公羊學派 : 음양오행설과 유가 사상을 결합한 학파)의 대가로, 광천(廣泉 : 지금의 하북성 조강현棗强縣에 해당)에서 출생하였다. 젊어서 『춘추』를 익혀 한나라 경제(景帝)의 집권기에 박사로 등용되었고, 한나라 무제가 즉위한 후 널리 인재를 등용하는 정책을 실시하자 동중서는 '천인삼책(天人三策)'을 건의하여 무제에게 중용되었다. 그는 무제에게 자주 자신의 정치적 견해를 진술하였고, 학문을 강연하였으며, 저술을 지어 학설을 굳건히 세움으로써 봉건 통치계급의 정치 이념을 든든하게 지원하였다.

동중서는 유학 사상을 기틀로 하여 법가와 도가의 사상을 수용함으로써 새로운 유학 사상 체계를 확립하였고, 유학의 경전이라고 할 수 있는 『춘추』에 주석을 달고 해석을 가하였다. 그는 군주와 신하의 관계는 '간화지 본화말(幹和枝 本和末 : 기둥과 줄기, 본질과 말초)'로 보았으며, "기둥은 단단하고 줄기는 가벼워야 하며, 본질이 크고 말초가 작아야 한다"고 강조하며, "도(道)의 큰 원류는 하늘에서 시작되기 때문에 하늘이 변하지 않으면 도도 변하지 않는다"라고 주장하였다. 나아가 "육예지과(六藝之科 : 『역경』・『서경』・『시경』・『춘추』・『예기』・『악경(樂經)』)와 공자의 학설에 포함되지 않는 모든 학설은 배척한다"고 역설하며, '파출백가 독존유가(罷黜百家 獨尊儒家)', 즉 "백가를 배척하고 유가의 학술을 독자적으로 높여야 한다"고 주장하였다.

그는 이러한 '재이론(災異論)'을 근거로 한나라 무제를 설득하여 하늘의 도에 따라 왕도를 행하도록 하였다. 즉 하늘의 도에 역행할 때, 일식과 월식, 지진, 산사

---

* 경제(景帝) 때 박사가 되었고, 무제(武帝)가 즉위하여 크게 인재를 구하므로 현량대책(賢良對策)을 올려 인정을 받았다. 오경박사(五經博士)를 두게 되고, 유가(儒家)로 통일된 것은 그의 영향이 컸다고 볼 수 있다. 출생년도는 불확실한데, 그가 기원전 87년에 죽은 한무제보다는 일찍 죽었고, 한고조의 치세 때 태어난 것으로 추정된다.

태 등 하늘이 내리는 경고를 되새기도록 하여 봉건 통치자의 과도한 부패를 제한하고자 했던 것이다. 동중서는 또한 '덕형병거(德刑竝擧)', 즉 덕치와 법치를 병행할 것과 교화(敎化)를 근본으로 삼을 것을 주장하였다. 태학(太學)과 상서(庠序 : 지방에 세운 학교)를 설립하여 봉건사회의 통치사상을 더욱 강화시킬 수 있는 기틀을 확립하였다. 경제적인 면에 있어서는 '한민명전(限民名田)', 즉 사유 토지를 제한하도록 함으로써 귀족과 관료들이 지주계급을 겸하는 것을 억제하고자 하였다.

동중서의 학설은 한나라 무제에 의해 채택된 후 한나라 시대를 비롯해 그 이후 왕조의 봉건 통치자들이 백성을 다스리는 기본 이론으로 자리 잡게 된다. 동중서는 이전에 강도상(江都相), 교서상(膠西相) 등의 직책을 역임하기도 하였으며, 늙어 노쇠해진 다음에는 관직에서 물러나 사가(私家)에 머물렀다. 저서로 『춘추번로(春秋繁露)』, 『동자문집(董子文集)』 등이 있다.

건원(建元) 원년(기원전 140년), 한나라 무제가 즉위한 후 승상 위관(衛綰)은 "현명한 인재를 등용하고 신불해(申不害), 상앙(商鞅), 한비(韓非), 소진(蘇秦), 장의(張儀) 등 조정을 혼란에 빠뜨릴 수 있는 법가 학파는 모두 파면할 것"을 주청하였으며, 무제는 그의 건의를 받아들였다. 또한 태위(太尉) 두영(竇嬰), 승상 전분(田蚡) 등은 유생 왕장(王臧)을 낭중령(郎中令), 조관(趙綰)을 어사대부로 무제에게 천거하는 등 유학을 숭상하고 도가를 배척하는 기풍을 조성하여 무제의 정치 개혁에 힘을 실어 주었다. 심지어 도가와 황로사상을 신봉했던 두태후(竇太后 : ?~BC 135)*에게는 이러한 사실을 알리지 못하도록 건의하였다. 두태후는 이에 불만을 품고 건원 2년 왕장과 조관, 그리고 태위와 승상 등을 모두 파면시켰다. 건원 6년 두태후가 세상을 떠나자 유가 사상은 다시 한 번 부흥기를 맞게 된다.

원광(元光) 원년(기원전 134년), 한나라 무제는 각지에 현명하고 인품이 훌륭한 문학지사(文學之士)를 장안으로 불러들여 친히 그들의 정치적 견해를 귀담아 듣기도 했다. 동중서는 이때 무제에게 "세상의 바른 진리는 고금을 통틀어 언제나 한

---

* 한나라 문제의 황후이며 경제의 어머니이다. 무제가 즉위할 때, 16세의 어린 나이였기 때문에 무제는 조모인 두태후의 감시와 견제를 받게 된다. 따라서 무제는 두태후와 정치적으로 충돌하게 되는데, 그 대표적인 것이 바로 유학과의 충돌이었다.

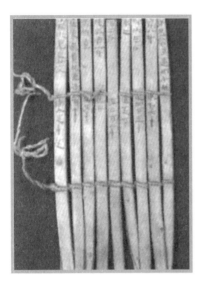
서한시대 죽간

결같다" 면서 '춘추대일통' 사상을 설파하기 시작하였다. 지금은 서로 다른 학설이 난무하고 사람들은 저마다 다른 논조를 펴고 있으며, 백가 사상의 근본은 모두 달라서 하나의 통치사상으로 거듭나지 못하고 있다고 주장하였다. 법령 또한 수차례 변경되어 백가 가운데 무엇을 따라야 할지 갈피를 잡지 못하고 있는 실정이라고 밝혔다. 이에 '육예지과(六藝之科)'와 공자의 학설에 포함되지 않는 모든 학설은 배척해야 한다고 역설하였다.

동중서의 사상은 정치적으로 통일을 추구하고 있던 통치자의 정책과 맞아 떨어지면서 한나라 무제의 마음을 사로잡게 된다. 또한 원삭(元朔) 5년(기원전 124년) 포의족(布衣族 : 부이족Buyei 또는 부예이족을 일컫는 소수민족) 출신 유생 공손홍(公孫弘 : BC 200~ BC 121)이 재상에 발탁되었으며, 같은 해 무제는 박사 관직에게 50명의 제자를 두도록 윤허하였다. 성적의 고하에 따라 낭중(郎中)들에게 문학역사장고(文學歷史掌故)라는 직책을 부여하고, 이 가운데 재능이 뛰어난 자를 선발하여 중요 직무를 맡겼다.

그 후 공경(公卿), 대부(大夫), 사리(士吏) 등도 모두 문학지사들이 차지하게 되어 유가 경전의 통달은 관직에 나가는 필수 조건이 되었다. 옥관, 옥리를 관장했던 장탕(張湯), 두주(杜周) 등도 한나라 무제의 뜻에 맞추어 『춘추』를 근거로 심문하도록 함으로써 유가 사상에 법률을 억지로 꿰어 맞추는 듯한 상황도 벌어졌다. 유가 사상은 봉건 왕조의 통치사상으로 완벽하게 자리 잡았으며, 도가 등 다른 제자의 학설 등은 정치 무대에서 퇴출되는 상황을 맞이하게 된 것이다.

동중서에 대해서는 유학을 미신화, 종교화, 봉건화, 전제화 했다는 갖가지 구실을 붙여 평가절하 하는 사람들도 있다. 일각의 여러 학자들은 "제자 사상이 유가와 병행 발전하여 학술적으로 융합되었다는 학술 발전의 추세를 고려하고, 유학이 형이상학의 근거로서 확립되면서 유학 체계가 완성되었으며, 한나라 정치 권력이 학술적으로 합법성을 추구했다는 당시의 정치적 현실을 감안하여 동중서의 사상을 이해하여야 한다"는 동중서 옹호론을 제기하고 있기도 한다. 이러한 당시의 상황을 백번 이해한다 하더라도 동중서의 음양오행, 천인감응 등의 학설을 접하게 되면 고개를 절레절레 흔들게 될 수밖에 없는 것이 사실이다. 소극적인 학자들은 동중서의 이러한 부분을 덮어버리고 추연(鄒衍)에게 모든 책임을 미루기도 하지만, 적극적인 학자들은 '우주론(宇宙論)'의 학설 속에 동중서의 이러한 사상들을 포함시킴으로서 동중서가 유학의 체계를 전면적으로 완성하였다고 평가하기도 한다.

동중서가 어떠한 이유로 음양오행(陰陽五行), 천인감응(天人感應) 등과 같은 논리를 펴게 된 것일까? 한나라 시대의 사상을 연구하는 학자들이 공통적으로 지니고 있는 의문점이다. 음양오행설은 추연의 '오덕종시설(五德終始說)', 『여씨춘추』의 '십이월기(十二月紀)', 『회남자』의 '시령훈(時令訓)', 『예기』의 '월령(月令)' 등과 밀접한 관련이 있으며, 시대의 조류에 따른 사고의 발전이 남긴 산물이라고 할 수 있을 것이다. 동중서의 이러한 학설의 원류가 상기 저술들과 연관이 있는지 그 진위 여부에 관계없이 유학의 발전에 획기적인 공헌을 하였다는 것만은 변할 수 없는 사실이라고 하겠다.

▶▶ 역사의 흐름에 어떤 영향을 미쳤을까?

한나라 무제 때 "백가(百家)를 배척하고 유가의 학술을 독자적으로 높여야 한다"는 흐름은 역사적 특수성을 지니고 있다고 할 수 있다. 그는 유학을 숭상하면서도 법가, 도가, 음양가 등 각종 학파의 서로 다른 사상을 흡수하여 공맹(孔孟)으로 대표되는 선진(先秦)시대의 유가 사상과는 조금 다른 형태의 유학을 선보였다. 한나라 무제는 유학과 형명가, 법가의 사상을 서로 결합시켜 '사상의 융합을 도출해 낸 패왕(覇王)의 도'로써 통치 수단을 삼았다. 이는 후대에 깊은 영향을 끼치게 되었으며, 이때부터 유가 사상은 중국 봉건시대 정통 통치사상으로서 입지를 굳히게 된다.

5. 사마천의 『사기史記』, 3천 년의 역사를 새기다

『사기(史記)』는 중국 역사 속에서 가장 주요한 사서로서 중국 역사학 최초의 고증 자료의 문을 열었다. 『사기』가 처음 저술되었을 때는 정해진 이름이 없어 '태사공서(太史公書)', '태사공기(太史公記)', '태사공(太史公)' 등으로 불렸다. '사기(史記)'는 본래 고대의 사서(史書)를 통칭하는 것으로 중국의 삼국시대부터 '태사공서'의 고유 명칭으로 굳어지게 된다. 『사기』의 저자 사마천(司馬遷 : BC 145?~BC 86?)*은 자(子)가 자장(子長)이며, 좌풍익하양(左馮翊夏陽 : 지금의 섬서성 한성韓城 서남쪽에 해당) 출신이다.

사마천에 대하여

사마천은 조상 대대로 사관을 역임했던 집안 출신으로 그의 부친은 한나라 시대의 태사령(太史令 : 궁정에서 역학, 역사 문서학을 맡아보는 관직) 사마담(司馬淡)이다. 사마천은 열 살에 부친을 따라 장안으로 오게 되었으며, 어려서부터 책을 많이 읽었다. 또한 견문을 넓히고 사료를 수집하기 위하여 전국 각지를 유람하였다. 전설상의 우왕(禹王)이 각 부락의 수장들을 소집하여 회의를 열었다는 절강성(浙江省) 회계(會計)를 비롯하여 애국 시인 굴원(屈原)이 몸을 던진 장사(長沙) 누라 강(淚羅江), 그리고 공자의 고향 곡부(曲阜)도 찾아가 공자가 제자를 가르쳤던 곳을 둘러보기도 하였으며, 한나라 고조 유방의 고향을 찾아 패현(沛縣)의 연장자들에게 유방이 거병한 이야기를 듣기도 하였다.

이러한 답사와 고찰을 통해 사마천은 방대한 지식을 얻게 되었으며, 민간에서 떠도는 말 가운데서 풍부한 자료를 수집함으로써 자신의 저술에 주요한 기틀을 마련하였다. 한나라 무제 집권기에 시종관(侍從官)을 맡게 된 사마천은 황제를

---

* 주나라 역사가 집안인 사마 가문의 후손으로, 아버지는 사마담이다. 그는 동양 최고의 역사가의 한 명으로 꼽히며 중국 '역사의 아버지'라고 일컬어지지만, 그의 삶은 불운했다. 그의 나이 48세 되던 해 이릉(李陵)의 사건에 연루되어 남자로서는 가장 치욕스러운 '궁형(宮刑 : 고환이 제거되어 그의 초상화에는 수염이 없다)'을 받았다.

수행하며 중국 각지를 순시(巡視)하였으며, 무제의 명으로 파(巴 : 지금의 중경시重慶市 일대), 촉(蜀 : 지금의 사천성 일대), 곤명(昆明) 일대를 시찰하기도 하였다.

소무(蘇武 : 한나라 무제 때에 흉노에 사신으로 갔다가 선우에게 붙잡혀 귀화를 종용받았지만 끝내 변절하지 않은 것으로 유명한 인물)가 흉노에 출사(出使)한지 2년 째 되던 해에 무제는 이사장군(貳師將軍) 이광리(李廣利)에게 군사 3만을 주어 흉노를 공격하도록 하였으나 전군이 거의 전멸당할 정도로 대패하였으며, 이광리는 겨우 도망쳐 돌아왔다. 당시 기도위(騎都尉)란 관직에 있었던 이광러의 손자 이릉(李陵)은 5천의 보병만을 이끌고 흉노와 결전을 벌였다. 흉노의 선우는 친히 3만 기병을 이끌고 와서 이릉의 군대를 겹겹이 포위하였다. 이릉은 궁술이 매우 뛰어났으며, 군사들도 용맹하게 싸워 5천의 보병으로 5~6천의 흉노 기병을 무찔렀다. 그러나 흉노의 군사가 점점 더 많아지고 지원군도 오지 않는 상황이 되자 한나라 군으로서는 중과부적일 수밖에 없었다. 결국 겨우 4백여 명만이 포위망을 뚫고 나오게 되었으며, 이릉은 사로잡혀 투항을 하고 만다. 이릉이 투항했다는 소식에 한나라 조정은 크게 동요하였다. 무제는 이릉의 모친과 아내, 자녀들을 모두 하옥시키고 대신들을 불러 이릉의 죄상을 논하도록 하였다.

대신들은 모두 이릉(李陵)이 목숨을 부지하기 위해 흉노에 투항한 것을 강하게 비난하였다. 한나라 무제는 당시 태사령이었던 사마천의 의견을 물었다.

사마천은 "이릉은 5천이 채 안 되는 보병을 데리고 적진 깊숙이 침투하여 수만 명의 적을 죽였습니다. 비록 패하기는 하였으나 이렇게 많은 적을 죽였으니 나라를 위해 제몫은 다하였다고 볼 수 있습니다. 비록 전장에서 목숨을 바치지는 못하였으나 분명 그가 따로 의도한 바가 있었을 것입니다. 아마도 다시 공을 세울 수 있는 기회를 노려 오늘의 패배를 갚고 황제께 보답코자 한 것으로 생각되옵니다"라고 답하였다.

무제는 사마천이 이처럼 이릉을 변호하는 이유가 이광리(李廣利 : 무제가 아끼는 비妃의 오라버니)를 얕잡아 보았기 때문이라고 여겨 크게 노하였다. 무제는 사마천을 향해 다음과 같이, "네가 이렇듯 적에 투항한 자를 강변하는 데는 조정과 반대하는 처사가 아니고 무엇이냐?"라고 소리친 후 그를 감옥에 가두고 정위(廷尉)로 하여금 심문하게 하였다.

사마천 초상

심문 결과 사마천에게 죄가 있다는 결정이 내려지게 되었으며, 부형(腐刑 : 육형肉刑의 하나로 거세를 하는 궁형宮刑)을 받게 된다. 사마천은 죄를 속할 만한 재물이 없었기 때문에 불행하게도 결국 형을 받고 감옥에 갇히게 된다.

치욕적인 부형을 받은 사마천은 자살까지 하려고 하였다. 그러나 그는 아직 다하지 못한 일이 있기 때문에 죽을 수 없다고 생각한다. 당시 그는 한 저서를 쓰는 데 온 힘을 기울이고 있었다. 바로 중국 고대의 가장 위대한 저서인 『사기』이다. "다 내 잘못이다. 형벌을 받아 몸이 온전하지 못하게 되었으니 다 소용없다." 사마천은 괴로워하였으나 다음과 같이 생각하였다.

'주나라 문왕(文王)은 수감되어 있는 시기에 『주역』을 저술하였고, 공자는 열국을 돌아다니던 중 진채(陳蔡)에게 구금당하였지만 후에 『춘추』를 남겼다. 굴원은 유배당한 후에 『이소(離騷)』를 지었으며, 좌구명(左丘明)은 눈이 멀었는데도 『국어(國語)』를 썼다. 손빈(孫臏)은 무릎 뼈를 잘린 후에 『병법』을 완성하였으며, 『시경(詩經)』 3백 편도 모두 옛사람들이 울분에 차있을 때 지어진 것으로 이러한 명작들은 모두 작가가 마음이 괴로울 때나 자신의 이상이 실현되지 못하였을 때 그 심정을 드러낸 것들이다. 나도 이 시기를 이용하여 이 사서를 완성하지 못할 이유가 없지 않은가?'

이렇게 그는 전설 속 중국의 시조 황제(黃帝) 시대에서부터 한나라 무제의 태초(太初) 원년(기원전 95년)까지 총 130편, 52만 자에 달하는 방대한 역사서 『사기』를 완성하게 된 것이다.

사마천은 『사기』에서 고대의 저명한 인물들의 사적을 상세하게 서술하고 있다. 특히 농민 봉기를 이끈 진승(陳勝), 오광(吳廣) 등을 높이 평가하고 있으며, 압제에 시달리는 하층 민중들을 동정하고 안타까워하였다. 그는 또한 고대 문헌 가운데 어려운 문자는 비교적 쉽게 이해할 수 있는 당시의 문자로 바꾸어 기술하였다. 생생한 인물 묘사와 생동감 넘치는 역사적 사건 기술은 뛰어난 언어의 미를 보여주고 있다고 평가되고 있다. 『사기』는 위대한 역사서인 동시에 훌륭한 문학서인 것이다.

사마천은 출옥한 후 '중서령(中書令 : 환관의 최고 직책에 해당)'으로 등용되었으나 쓸쓸하게 생을 마감하였다. 그러나 그의 일생과 그의 저술 『사기』는 '최고의 사서이며, 압운(押韻)이 없는 이소(離騷)'*라고 평가될 정도로 중국의 역사와 문학사에서 상당히 높은 위상을 차지하고 있다고 할 수 있다.

『사기』에 대하여

『사기』는 고금을 총망라하는 통사(通史)로서 전설상의 중국의 시조 황제에서부터 한나라 무제 태초(太初) 원년까지 중국 3천 년의 역사를 기술하고 있다. 사마천은 『사기』가 「본기(本紀)」 12편, 「표(表)」 10편, 「서(書)」 8편, 「세가(世家)」 30편, 「열전(列傳)」 70편

『사기』

등 총 130편으로 이루어졌다고 밝혔다. 반고(班固)는 『한서』 「사마천전(司馬遷傳)」에서 『사기』에 10편이 빠져 있다고 밝히고 있다. 삼국시대 위(魏)나라의 학자 장안(張晏)은 그 빠져 있는 10편이 '경제본기(景帝本紀)', '무제본기(武帝本紀)', '예서(禮書)', '악서(樂書)', '율서(律書)', '한흥이래장상연표(漢興以來將相年表)', '일자열전(日者列傳)', '삼왕세가(三王世家)', '구책열전(龜策列傳)', '전근열전(傅靳列傳)' 등이라고 밝혔다. 후대 사람들은 대부분 장안의 설에 수긍하지 않고 있지만, 『사기』의 일부가 소실된 것만은 의심할 여지가 없다.

---

* 압운은 시가에서 시행의 일정한 자리에 같은 운을 규칙적으로 다는 것이고, 이소는 굴원이 쓴 서정적 장편 서사시이다. 이소란 조우(遭憂), 즉 근심을 만난다는 뜻이며, 굴원(屈原) 역시 전국시대의 초(楚)나라의 회왕(懷王)과 충돌하여 물러나야 했던 실망과 우국(憂國)의 정을 노래한 것이다.

지금까지 전해오는 『사기』 역시 130편이라고는 하지만 일부는 사마천의 필체가 아닌 것이 확실하다고 한다. 한나라 원제(元帝), 성제(成帝) 시기의 박사 저소손(褚少孫)이 『사기』를 보완한 적이 있다고 전해지고 있다. 『사기』 가운데 '저선생왈(褚先生曰)'로 시작되는 부분이 바로 그가 보충한 부분이다.

『사기』는 매우 광범위한 분야에서 사료를 취하였다. 당시 사회에 전해 내려오고 있던 『세본(世本)』, 『국어(國語)』, 『국책(國策)』, 『진기(秦記)』, 『초한춘추(楚漢春秋)』를 비롯하여 제자백가의 저술과 조정의 각종 문서는 물론 현지 시찰을 통해서도 풍부한 자료를 확보하였다. 이 모든 사료들은 사마천이 『사기』를 저술하는 데 중요한 근거 자료로 활용되었다고 볼 수 있다. 특히 사마천은 자신이 수집한 자료들을 공들여 분석하여 일부 근거 없는 속설들은 과감하게 버리는 등 사료의 취사선택에 신중을 기하였다. 또한 불분명한 사실에 대해서는 보류하는 태도나 여러 다른 학설을 함께 기록하여 두었다. 『사기』에 기록되어 있는 내용들이 매우 상세하고 풍부한데는 이렇듯 광범위한 사료의 확보와 역사에 대한 신중한 기술 태도가 있었기에 가능한 일이었던 것이다.

▶▶ 역사의 흐름에 어떤 영향을 미쳤을까?

사마천의 『사기』는 중국 통사 편찬의 서막을 열었으며, 사실에 근거하여 기록하고, 권력에 굴복하지 않으며, 진리에 입각하며, 정의를 고수하는 중국 사학의 정신을 고취시켰다고 볼 수 있다. 정치가, 사학자, 사상가 등의 필독서로 자리 잡았으며, 후대에도 지대한 영향을 끼치게 된다.

6. 왕망王莽이 쿠테타로 신나라를 세우다

중국 역사에서 제도의 개혁을 추진한다는 이유로 자신이 직접 혁명을 일으킨 사람은 단 한 사람밖에 없으니, 그가 바로 신(新)나라 왕조의 황제였던 왕망(王

莽 : BC 45~BC 23)[*]이다. 왕망은 서한시대 말기에 갈수록
악화되는 사회적 모순을 완화시키기 위하여 일련의 새
로운 조치들을 실시하였다. 서한은 선제(宣帝) 이후 원제
(元帝), 성제(成帝), 애제(哀帝), 평제(平帝)^{**}등 네 명의 황제
가 모두 극도로 부패하고 무도하여 조정의 권력은 대부
분 외척들의 손에서 좌지우지되는 상황이었다. 원제의
황후였던 왕정군(王政君 : 효원황후孝元皇后 왕씨)의 형제들,
즉 왕봉(王鳳 : 왕망의 큰아버지), 왕상(王商), 왕음(王音), 왕근
(王根)을 비롯하여 조카 왕망(王莽)에 이르기까지 이들은
모두 한나라 왕조의 대사마(大司馬 : 재상에 해당)를 지냈
다. 다른 주요 관직과 자사(刺史), 군수(郡守) 등도 모두 왕

왕망의 초상

씨 집안에서 독점하는 등 왕씨 집안은 고위직에서 하급 관리까지 아우르는 거대
한 세력을 형성하고 있었다.

애제가 세상을 떠난 후 평제가 겨우 아홉 살 나이로 황제에 오르게 되자, 이
때부터 조정의 모든 권력은 대사마 왕망(王莽)의 수중으로 들어가고 만다. 당시
왕망은 작은 선심을 베풀어 사람들의 마음을 얻을 줄 아는 인물로 지주계급을 비
롯하여 지식계층, 관료, 귀족들과도 두터운 친분을 유지하고 있었다. 모든 주변
상황이 자신에게 유리하게 되었다고 판단될 즈음 왕망은 평제를 독살하고 젖먹
이를 황제 자리에 앉힌 후 섭정을 펼치게 된다. 그러나 이것마저도 그의 권력욕
을 만족시키지 못하였으며, 결국 젖먹이 황제를 물리고 그 자신이 황제에 등극하
여 국호를 '신(新)'으로 바꿔 한나라의 정권을 찬탈하였다. 그 이듬해에 연호를
'시건국(始建國)'으로 바꾸었다.

<hr />

* 한나라 원제(元帝)의 황후인 왕(王)씨가 그의 고모이다. 왕망은 황후의 동생 왕만(王曼)의 둘째 아들로, 평제를
  독살한 뒤 두 살의 유영(劉嬰 : 宣帝의 현손)을 세워 섭정하다가, 서기 8년에 유영을 내쫓고 한나라를 멸망시켜
  국호를 '신(新)'이라 하여 황제가 되었다. 사실상 최초로 선양혁명에 성공한 유일한 사람이었다.
** 선제는 전한의 제10대 황제로 재위기간은 BC 74~BC 49년이고, 원제의 재위기간은 BC 49~BC 33년, 성제의
  재위기간은 BC 32~BC 7년, 애제의 재위기간은 BC 7~BC 1년, 평제의 재위기간은 BC 1~AD 6년이다.

위선자의 면모

역사 속에서 왕망(王莽)은 부정적인 인물로 평가되고 있다. 근대에 들어와서 역사학자들이 그의 긍정적인 면을 주시하며 개혁의 의도를 다소 좋은 방향으로 평가하고 있지만, 각종 '음모', '허세'로 얼룩진 그의 인간성은 이미 굳어져 바꾸기 어려운 것이 사실이다. 왕망이 패망한 후, 동한 시대 초기의 학자 반고가 저술하여 조정에서 인정을 받은 『한서』 「왕망전(王莽傳)」 한 편이 등장하는 것을 제외하고는 그에 관한 사료는 전혀 존재하지 않고 있다. 다행스럽게도 『한서』 「왕망전」의 내용은 비교적 상세한 편이라고 할 수 있다.

초원(初元) 4년(기원전 45년) 왕망은 당시의 한나라 명문 가문에서 태어났다. 그의 고모 왕정군(王政君)이 원제의 황후였으며, 원제의 뒤를 이어 왕정군의 아들 성제가 황위를 잇게 된다. 성제가 즉위한 후 왕씨 가문은 아홉 명이 제후로 봉해졌으며, 다섯 명이 연이어 대사마의 자리에 오르게 되었기 때문에 명실상부한 최고의 귀족 가문이라고 할 수 있다.

그러나 왕망은 일찍 부친을 여의고, 그의 형 또한 젊은 나이에 요절하여 모친과 둘만 남게 된다. 이에 부귀하게 자란 그의 사촌들과는 조금 다른 생활 습관을 지니게 된다. 그는 겸손하고 학문에 정진하였으며, 검소하게 생활하는 등 일반 유생들과 크게 다를 바 없이 생활한 것이다. 홀로 된 모친과 형수를 극진히 봉양하였으며, 조카들도 성심껏 보살피는 등 매우 모범적인 모습을 보였다. 또한 사회 각계의 유생들을 비롯하여 그의 숙부들에게는 특히 예의바르게 행동하였다.

영시(永始 : 성제 때의 연호) 원년에 왕망은 신도후(新都侯)로 봉해졌으며, 기도위(騎都尉) 광록대부(光祿大夫) 시중(侍中)으로 임명되었다. 그는 궁중에서 일거수일투족을 매우 조심하였으며, 관직이 높아질수록 더욱 겸손한 태도를 보였다. 또한 중·고위직 관료들과 폭넓은 친분 관계를 유지하였으며, 빈곤한 유생들의 생활을 보살펴주고, 그 자신의 말과 의복까지도 모두 곤궁한 선비들에게 나누어 주는 등 집안에는 한 푼의 재산도 축적하지 않았다. 관료들은 모두 왕망을 천거하는 한편, 재야의 선비들 역시 끊임없이 그를 칭송하게 되어 왕망의 명성은 그의 숙부들을 추월하게 된다.

왕망은 그를 추종하는 사람들과 결속을 다지면서 신속하게 자신의 하부 조직을 결성하여 왕순(王舜), 왕읍(王邑)을 책사로 기용하고, 견풍(甄豊), 견한(甄邯)이 정책을 결정토록 하였다. 평안(平晏)은 기밀 유지를 담당하고, 유흠(劉歆)은 문장을 발표하여 여론을 조성하도록 하였으며, 손건(孫建)은 갖은 잡일을 도맡아 하였다. 견풍의 아들 견심(甄尋)과 탁군(涿郡)의 최발(崔發), 남양(南陽)의 진숭(陳崇) 등도 각 분야에서 왕망의 신망을 받았다. 사람의 마음을 사로잡는 데 공을 들인 결과 중국 전역에 왕망의 도움을 입지 않은 자가 없을 정도가 되었다.

신망시대 동환권(銅環權). 저울에 무게를 재는 도량형 단위로 사용되었다.

　　그러나 왕망은 여기서 멈추지 않고 황태후에게 "정(丁)과 부(傅) 두 집안(애제 집권 시기의 외척)은 외척들의 사치가 심합니다. 수많은 백성들이 굶주림에 시달리고 있으니, 태후께서는 당연이 거친 옷을 입고 음식의 기준을 낮추어 천하의 모범이 되어야 할 것입니다"라고 진언하였다. 또한 자진하여 자신의 재산 100만 전(錢)과 전답 30경(頃 : 1경은 100무畝, 1무는 사방 백보를 가리키는 면적 단위에 해당)을 대사농(大司農 : 한나라 때 재정을 담당하던 고위 관직)에 헌납하여 빈민을 구제하도록 하였다. 왕망의 이러한 조치는 관료들에게 큰 영향을 미치어 백관이 그의 행동을 따라하게 되었고, 황태후 역시 자신의 '탕목읍(湯沐邑 : 황태후 개인에게 봉한 식읍)'의 열 개 현을 대사농이 관리하도록 일임하였다.

　　자연 재해가 발생할 때마다 왕망은 채식을 하였는데, 원시(元始) 2년 중국 전역에 큰 가뭄과 함께 메뚜기 떼로 인한 피해가 발생하여 가장 큰 타격을 입은 청주(靑州) 지역의 백성들이 도처를 떠돌게 되자, 이에 왕망의 솔선수범에 따라 230명의 관민이 토지와 가옥을 헌납하여 이재민들을 안착시키게 하였으며, 재해 지역에는 세금을 감면하고 이재민들에게는 충분한 지원을 할 수 있게 하였다. 황실에서는 안정군(安定郡)의 호지원(呼池苑)을 '안민현(安民縣)'으로 바꾸어 이재민들을 안치하게 하였으며, 장안에도 1천여 채에 달하는 가옥이 지어져 이재민들에게 주어졌다.

　　유가의 전통 제도를 부활시키기 위하여 왕망은 명당(明堂), 벽옹(辟雍), 영대(靈臺) 등의 예식 건물과 시(市 : 시장), 상만창(常滿倉 : 국가 창고) 등을 지어 학자들에게

청동부거(靑銅斧車)

1만여 채의 가옥을 지원함으로써 천하의 학자들과 특수한 재능을 지닌 인재 수천 명을 장안으로 끌어 모을 수 있었는데, 유생들과 백성들도 자원하여 노동에 참여할 만큼 높은 적극성을 보였다. 10만 명이나 되는 인원이 공사에 참여하게 됨에 따라 20일 만에 모든 건축물을 완공하게 되었다.

원시(元始) 5년 정월, 공경대부(公卿大夫), 박사, 제후 등 902명이 공동으로 서명하여 왕망에게 '구석(九錫 : 황제가 공로가 큰 제후와 대신에게 내리는 최고 예우의 표시로 하사하던 아홉 가지 물품)'*을 하사하도록 주청하였다. 그해 가을 각지의 현황을 파악하기 위해 파견되었던 관리들이 돌아오면서 현지 주민들이 왕망을 칭송하며 지은 시(詩) 3만여 자 분량을 함께 가지고 왔다.

왕망은 더 나아가 '시무이가(市無二賈 : 시장에서 값을 가지고 흥정하지 못하도록 함)', '관무옥송(官無獄訟 : 관아에서 소송이 없어지도록 하는 것)', '읍무도적(邑無盜賊 : 마을에 도적이 없어지도록 하는 것)', '야무기민(野無饑民 : 농촌에 굶주리는 사람이 없도록 하는 것)', '도불십유(道不拾遺 : 거리에 물건이 떨어져도 주워가는 사람이 없는 것)', '남녀이로(男女異路 : 남녀가 좌우로 나뉘어 걸어가도록 분별을 두는 것)', '범자상형(犯者像刑 : 법을 어긴 자는 그의 초상을 그려 형을 가하고 실제 사람에게는 형을 가하지 않도록 하는 것)' 등을 법으로 규정하도록 상소를 올렸다. 이로써 마치 태고시대의 태평성대가 다시 오는 것처럼 보였으며, 왕망은 신속하게 황제의 보좌까지 차지하게 된다.

책벌레와 개혁자의 면모

왕망이 정권을 잡게 된 후, 심각한 사회적 위기에 부딪히게 되었다. 그는 각

＊ 거마(車馬 : 흑마와 황마 여덟 필이 이끄는 황금마차), 의복(衣服 : 왕의 예복), 악칙(樂則 : 옥으로 만든 장식품), 주호(朱戶 : 대문과 기둥에 붉은 칠을 한 저택), 납폐(納陛 : 신발을 신고 천자의 궁에 오를 수 있는 특권), 호분(虎賁 : 3백 명의 호위 군사), 부월(斧鉞 : 황제만이 사용할 수 있는 금은 도끼 한 쌍), 궁시(弓矢 : 붉은 활 한 벌과 화살 100개, 검은 활 열 벌과 화살 천 개), 거창(秬鬯 : 황제가 종묘 제례에 사용하는 술과 옥으로 만든 제기)을 말한다.

종 모순을 완화시키기 위하여 '신(新)' 왕조의 통치 방식을 고수하면서 『주례(周禮)』를 가장 근본이 되는 이념으로 삼고 개혁을 실시하였다. 서기 9년, 왕망은 중국 전역의 토지를 '왕전(王田)'으로 개칭하고 매매를 불허하였다. 고대의 정전제(井田制) 방식을 모방하여 한 가구에 장정 8명이 넘지 않으면 전답 1정(井 : 1정은 900무에 해당)으로 제한하고 나머지 토지는 구족(九族), 이웃, 지역 주민 등에 나누어주도록 하였다. 한편 전답이 없는 사람의 경우, 부부 한 쌍 당 100무의 전답을 받을 수 있도록 하였다. 사유 노비는 '사속(私屬)'으로 개칭하고 매매를 불허하였다. 그러나 왕망이 실시했던 '정전성법(井田聖法)'은 토지 문제를 해결하기는커녕 오히려 농민을 '왕전'에 매여 죽도록 일만 해야 하는 소나 말의 신세로 전락시키고 말았다. 노비 문제 역시 노비 소유를 법제화함으로써 고대 시대로 퇴보하는 결과를 가져왔다.

왕망은 또한 수차례에 걸쳐 화폐 제도를 개혁하였다. 금, 은, 거북, 조개, 전(錢), 포(布) 등 다섯 가지 재료로 여섯 가지로 분류한 28종의 화폐를 만들었으며, '보화(寶貨)'로 칭하였다. 그러나 종류가 지나치게 많고 이미 화폐로서의 기능을 상실한 지 오래인 거북껍데기, 조개껍데기 등을 다시 사용하도록 함으로써 심각한 금융 혼란을 초래하게 되었고, 뿐만 아니라 화폐의 가치가 걷잡을 수없이 떨어지는 결과를 낳고 말았다. 매번 개혁이 한 번씩 이루어질 때마다 백성들은 큰 혼란과 고통을 겪어야 했으며, 대량의 황금과 은 등이 왕망 휘하의 사람들의 수중으로 들어갔다.

왕망은 또한 '오균육관(五均六管)' 정책, 즉 중국 전역의 대도시에 '오균사시(五均司市)'라는 관청을 세워 시장 관리를 비롯하여 물가 안정, 세수 및 물류 등을 관장하도록 하였다. 소금, 술, 철기 등은 조정에서 전매하여 관이 관리하도록 하고, 화폐는 조정에서 일괄 주조하도록 하였으며, 산림, 늪지, 농상(農商), 수공업 등에서도 세금을 징수하였다. 표면적으로는 백성을 위하는 정책인 듯이 보이는 이러한 조치들은 실제로 왕망과 그 휘하 사람들에게 모든 재물이 집중되는 현상을 초래하였다.

왕망이 '오균육관'을 실시하기 위해 등용한 '관리'들은 대부분이 채자중(蔡子仲), 장장숙(張長叔) 등과 같이 큰 부를 가진 상인들이었기 때문에 이들은 수천수

'대천오십(大泉五十)' 동범(銅範) : AD 7년 왕망 때 만들어진 화폐

만의 재산을 모으게 되었다. 그들은 이러한 특권을 바탕으로 싸게 사서 비싼 값을 주고 파는 투기 행각을 일삼아 횡재를 하였으며, 화폐 개혁은 당시 상업에 심각한 폐해를 끼침으로써 백성들은 빈털터리가 되어가고 있었다. 가난한 백성들은 갖은 방법을 동원하여 생계를 이어가려고 하였지만 산에서 사냥, 방목을 하거나, 새, 물고기를 잡든지, 가축을 기르든지, 양잠, 방직, 심지어 바느질이나 점을 봐주는 일도 세금을 내야만 했다.

관직의 명칭과 고을 명칭에 대해서도 왕망은 수없이 개혁을 단행하였다. 대사농의 경우 희화(羲和), 납언(納言) 등으로 바꾸었으며, 소부(少府)는 공공(共工), 군(郡)의 태수(太守)는 대윤(大尹), 현(縣)의 현령(縣令), 현장(縣長) 등은 재(宰)로 바꾸었다. 처음에는 『상서(尙書)』 「요전(堯典)」의 정십이주(正十二州)에 근거하여 나누었으나, 나중에는 「우공(禹貢)」에 근거하여 구주(九州)로 바꾸게 되었다. 일부 군은 다섯 번이나 명칭이 바뀌었다가 결국 본래의 명칭으로 다시 칭하게 되었을 정도였다.

왕망은 다섯 등급의 작위를 반포하고 마구잡이로 작위에 봉하기 시작했다. 작위를 받은 사람은 장안에 거주하며 녹봉을 받을 수 있었으나, 작위만 있고 녹봉이 없는 상황이 발생하여 스스로 생계를 영위할 방법을 찾는 이도 생겨났다. 더욱이 이러한 관리들은 사욕을 채우기 위하여 뇌물을 받는 경우가 허다하였다. 일련의 개혁 조치가 사회 모순을 해결하기는커녕 더욱 악화시키는 결과를 낳고 말았다.

가난한 농민들은 '신법(新法)'을 조금이라도 어기면 바로 관노가 되어야 했기 때문에 법을 어기고 장안으로 끌려가 부역하는 사람의 수가 한때 10만 명에 달하기도 하였다. 왕망의 집권기에 동북과 서남 지역의 소수 민족이 전쟁을 벌임으로써 부역과 물자 징발이 대거 이루어짐에 따라 백성들의 생활은 더욱 참담해졌다. 왕망은 이렇게 백성들에게 착취한 물자로 대형 토목 공사와 사원 건축 등에 동원하는 등 제멋대로 낭비하였다.

그는 또 고대 황제들은 120명의 여인을 취하여 신선이 되었다는 말을 듣고 민간의 부녀자들을 대거 입궁시켜 방탕한 생활을 하기도 하였다.

왕망의 개혁 정치는 서한 말기의 사회적 위기를 타파하지 못했을 뿐만 아니라 오히려 모순을 한층 더 격화시켜 적미(赤眉), 녹림(綠林)* 등의 농민 봉기 세력에 의해 신나라 왕조가 멸망하는 결과를 초래하였다.

명나라 시대 구영(仇英) 작 「한궁춘효도(漢宮春曉圖)」: 화공이 궁중 여인의 초상화를 그리는 장면. 황제는 궁녀의 초상화를 보고 마음에 드는 여인을 선택했다.

후대의 평가

왕망의 개혁 정치가 실패로 돌아간 것을 두고 중국과 해외 학자들의 열띤 논쟁이 벌어졌다. 50년 전, 일부 학자들은 왕망을 '초기의 사회주의자'라고 떠벌였으나 현실성이 떨어지는 논리라고 볼 수 있다. 왕망의 패망은 그가 속해 있던 시대적 배경과 사건들로 충분히 설명이 가능하기 때문에 지나친 억측으로 일부러 가설을 정할 필요까지는 없다는 것이 일반적인 학자들의 견해이다.

왕망의 새로운 개혁 정치는 여러 분야에 걸쳐 진행되었지만 요점은 다음의 몇 가지로 정리해 볼 수 있다. 첫째 '왕전(王田)'을 통한 토지의 국유화이다. 각 제후와 대신들이 차지하였던 토지와 노예를 제한하였으며, 임의로 매매하는 것도 금지하였다. 둘째 '오균(五均)'과 '육관(六管)' 등의 조치를 취하여 나라에서 상업을 관장하도록 하였다. 금, 은, 포, 필(匹) 등으로 상위 화폐를 삼고, 거북껍데기나 조개껍데기 등으로 하위 화폐를 삼아 서로 통용되도록 하여 화폐 제도를 개혁하였다. 즉 농업과 상업 양대 정책으로 나눌 수 있으며, 이는 모두 전통적인 '식화(食貨 : 음식과 재물)'의 범주에 속한다고 볼 수 있다. 농민들은 모두 곡식을 심을 땅을 소유하고 재화는 질서 있게 유통되어 가격이 안정되고 고리대 등이 없어지도록 하는 것을 말한다.

이러한 이상은 국가와 사회의 근간이 되는 것으로 장기적인 안목과 계획이

---

* 신(新)나라 말기 왕망(王莽)의 실정에 항거하여 일어난 농민반란이다. 적미(赤眉)란 눈썹을 붉게 물들였기 때문이고, 녹림(綠林)이란 푸른 숲이란 뜻으로 도둑떼의 소굴이라는 말에서 붙여진 이름이다.

신망 시건국 연간의 '방두(方斗)' : 곡식을 되는 네모반듯한 그릇

필요하다. 그러나 왕망은 자신이 조서를 쓰고 명을 내리는 것으로 개혁이 이루어진다고 생각한 것이다. 한나라는 초기부터 모든 백성에게 평등한 조세 제도를 정착시키기 위하여 노력해 왔다. 그러나 지방 토호들은 백성을 계속 착취하였고, 토지를 분배해도 다시 빼앗고는 거짓 보고를 일삼았기 때문에 이러한 제도들은 어느새 유명무실해지곤 하였다. 왕망이 세웠던 신나라 왕조는 재정이 궁핍하여 공경(公卿) 이하의 신하들은 한 달에 비단한 필이 봉록의 전부였다. 불합리적인 세금 제도로 인해 관리들은 녹봉을 제대로 받지 못했던 것이다. 상황이 이러한 지경에 이르렀는데 종이 한 장짜리 조서로 천하를 움직이려 한다는 것은 지나친 낙관론이 아닐 수 없었던 것이다.

서한에서 동한으로 옮겨가는 시기에 발생한 두 가지 사건을 주목할 필요가 있다. 첫째는 조정의 통제력이 약화되어 민간의 사족(土族)들이 대거 일어나게 된 것이다. 둘째는 관료 기구가 지나치게 팽창되어 중앙과 지방의 관료 수가 13만 명을 넘어서게 되었다. 민간 봉기로 일어선 한나라 광무제(光武帝) 유수(劉秀 : BC 6~AD 57)*는 사족 세력을 충분히 활용하였으며, 관료들에게 꺾이지 않았다. 그러나 왕망은 이와 정반대의 상황이었다. 그는 지방 사족들과 대항할 능력이 없었는데도 사사건건 조서를 내려 그들과 맞섰다. 장안을 신안(新安)으로 개칭하였으나 오랜 기간 누적된 구시대의 관료주의를 완전히 타파하지 못하였다. 균전제(均田制)는 본래 농민의 입장을 고려한데서 출발하였으며, 상업 분야에서 정부가 전매제를 실시한다고 해도 제2선, 3선에서 상인들의 지원이 있어야 제도가 정착할 수 있다. 이러한 상황을 제대로 고려하지 못하였기 때문에 왕망의 개혁 정치는 실패로 돌아갈 수밖에 없었던 것이다.

---

* 후한(즉, 동한)의 초대 황제(재위 25~57)로 왕망의 군대를 격파하고 즉위해 한나라 왕조를 재건하였고, 적미군 등을 진압함으로써 36년에 전국을 통일하였다. 중앙집권화를 꾀하면서 학문을 장려하고, 백성들을 위해 노비를 해방하고, 죄인들을 석방시키고, 수리사업을 일으키는 등 선정을 베풀었다.

▶▶ 역사의 흐름에 어떤 영향을 미쳤을까?

왕망은 귀족의 토지 겸병의 문제를 해결하기 위하여 개혁을 시도하였으나 상고시대 성인들이 추진했던 방법을 도용하였기 때문에 당시의 현실과 맞지 않았으며, 결국 실패로 돌아갔다. 이로 인해 사회의 모순은 더욱 격화되었고, 적미, 녹림 등이 대거 봉기를 일으킴에 따라 급속하게 멸망하였다. 동한(東漢) 왕조는 왕망의 멸망이라는 교훈 속에서 귀족 세가들과 타협하는 정책을 채택하여 통치를 이어가게 된다.

7. 서역에서 불교佛敎가 중국에 전파되다

하남성(河南省) 낙양시(洛陽市) 동쪽 외곽으로 펼쳐진 울창한 삼림 속에는 '중국 제일의 고찰(古刹)'로 불리는 백마사(白馬寺)가 자리하고 있다. 2천여 년 전, 망산(邙山)과 낙수(洛水) 사이에 지어진 이 사찰은 웅장한 전각과 깎아지를 듯 높이 솟은 보탑(寶塔) 등으로 많은 관광객들의 발길을 사로잡고 있다. 백마사는 불교가 중국에 전파된 후 정부 차원에서 지어진 최초의 사찰이다.

백마사의 건축은 중국의 불교 역사에서 유명한 '영평구법(永平求法)'과 긴밀한 관계가 있다. 즉 한나라 명제(明帝 : 재위 57~75) 유장(劉莊)이 어느 날 밤 침궁(寢宮)의 남쪽 처소에서 금신(金神)의 얼굴과 하얀 광채가 궁전을 감싸고 있는 것을 보았는데, 그 다음날 그 금신이 부처인 것을 알게 된다. 이에 명제는 불법을 구하기 위하여 곧 채음(蔡愔)과 진경(秦景) 등을 사신으로 서역에 파견하였다. 채음과 진경 등은 월지(月氏 : 지금의 아프가니스탄 일대에 해당)에서 선교를 하러 이곳에 온 천축(天竺 : 고인도)의 고승 가섭마등(迦葉摩騰)과 축법란(竺法蘭)을 만나게 된다. 채음과 진경은 곧 두 불승에게 중국에 가서 불법을 강독해 줄 것을 청하였다. 이에 가섭마등과 축법란은 불경과 불상 등을 백마에 싣고 산을 넘고 물을 건너는 기나긴 여정 끝에 영평(永平) 10년(67년) 도성인 낙양(洛陽)에 도착하게 된다. 이에 명제는 천축의 방식을 모방하여 불교 사찰을 짓도록 칙령을 내렸으며, 불경을 싣고 온 백마의 공을 잊지 않기 위하여 사찰의 이름을 '백마사'라고 짓게 된다.

서방에서 온 불교

중국의 불교는 인도에서 기원하였다. 불교의 창시자는 고타마 싯다르타로 후에 '석가모니(釋迦牟尼)'로 추앙되었으며, 석가모니는 석가족(釋迦族)의 '성인(聖人)'이라는 뜻이다. 서기 1세기를 전후하여 불교는 중국에 전파되었다. 동한의 명제가 인도에 불법을 구하여 사신을 파견하였으며, 이들은 불경 42장을 필사하여 돌아왔다. 낙양성(洛陽城) 밖에 백마사를 짓고 서역의 승려들을 거하게 하였는데, 이는 중국에 지어진 최초의 불교 사찰이라고 할 수 있다. 동한의 환제(桓帝), 영제(靈帝) 시대에는 서역의 승려 안세고(安世高) 등이 낙양에 와서 불경을 번역하였으며, 이때부터 불교 각파의 경전이 한자로 번역되어 중국에 소개되기 시작하였다.

불교가 막 중국에 소개되었을 당시, 사람들은 불교를 신선방술(神仙方術)의 일종으로 여겨 일부 상류 계층과 소수 귀족들만이 신봉하였으며, 사회적 영향력도 크지 않았고, 한족 가운데 승려로 출가한 사람도 없는 시기였다. 외국에서 온 승려들은 무술(巫術), 주술(呪術) 등의 수단으로 불교를 전파하는 수준이었다. 중국의 삼국시대 강승회(康僧會 : ?~280년)* 등이 강남(江南) 지역에 불교를 전파하였는데, 오(吳)나라의 통치자 손권(孫權) 등이 신봉하면서 중국 남방 지역으로 전파되기 시작하였다.

한나라 말기, 위진남북조(魏晉南北朝) 시대의 중국 사회는 해마다 전란의 연속이었다. 오랜 기간 지속된 전쟁으로 백성들은 삶의 희망을 잃고 하루하루의 안녕을 보장할 수 없는 지경에 이르렀으며, 일부 귀족들마저도 변화무쌍한 세상사와 인생무상을 느끼게 된다. 이러한 상황에서 인생의 고난과 세상의 모든 법(法 : 다르마dharma)이 무상하다고 주장하는 불교 교의는 쉽게 사람들의 마음속으로 파고

---

* 원래 강거국(康居國: 지금의 동 투르키스탄) 사람으로, 선조가 대대로 인도에 살았으나 아버지가 장사하기 위하여 강거국으로 옮겨 살았다. 삼국시대 오나라 국왕 손권(孫權)을 불법에 귀의하게 하였고, 손권은 그를 위하여 건초사(建初寺)를 짓고 머물게 하였다.

들었으며, 이때에 불교는 신속한 발전을 거듭하
게 된다.

위진(魏晉) 시기에는 도가에 속하는 현학(玄
學)이 크게 성행하였으며, 사대부를 중심으로 노
장 사상이 유행하였다. 이때 대승불교 가운데 반
야학(般若學)이 현학의 언어를 사용하여 노장 현
학 사상의 입장에서 대승불교의 공종학설(空宗學
說)을 해석함으로써 귀족과 사대부 계층에 받아
들여지기 시작했다. 현학과 불교가 함께 섞여 발
전하게 되면서 불교는 더욱 신속하게 중국 사회
에 전파되었다.

불타좌상(佛陀坐像)

동진(東晉) 시기의 승려 석도안(釋道安 : 道安, 312~385년)*은 당시 유행했던 현학
의 논리로 불교의 교의를 해석했는데, 그가 이해하는 범주 내에서 현학화된 불교
교의로 불학 연구와 불경 번역을 주도함으로써 당시 유명한 불교 학자 가운데 한
사람으로 명성을 얻게 된다. 그는 불경 번역을 체계적으로 추진하면서 불경을 번
역할 때 반드시 준수해야 하는 원칙을 제기하였다. 또한 당시 유행하던 한자로
된 불경에 대해 초보적인 정리와 함께 불경의 목록을 작성하고, 승려들이 단체
공동생활에서 지켜야할 법규와 의식 등을 제정하였다. 이는 후대 불교 신도들도
준수하게 된다.

석도안의 제자 혜원(慧遠 : 334~416년)은 오랜 기간 여산(廬山)에 기거(起居)하면
서 승려들을 모아 불학을 강독하고 저서를 편찬하여 학설을 세웠다. 그는 불학과
전통 종교들과의 모순을 와해시키기 위하여 적극적인 노력을 펴나가는 한편 불
학과 봉건 통치계급 간의 관계 개선에도 노력을 기울였다. 또한 사후에 다시 생
명을 얻는 서방 극락 세계의 정토신앙(淨土信仰)을 제창하여 후대에 정토종(淨土宗)

---

* 12세에 출가하여 서역(西域)에서 온 불도징(佛圖澄)에게 사사하고, 스승의 사후에는 혜원(慧遠)을 비롯한 문하
생과 양양(襄陽)에 단계사(檀溪寺)를 짓고 교단을 조직하였다. 승려들의 의식이나 행규(行規)를 정하고, 승려는
모두 석(釋)을 성(姓)으로 할 것을 제창, 원래 이름은 도안이었으나 석도안(釋道安)이라 하였다.

불타출행도(佛陀出行圖)

의 시조로 추앙되었다. 그가 이끌었던 여산의 승도들은 당시 중국 남방 불교의 중심이었다고 볼 수 있다.

401년, 서역의 승려 구마라습(鳩摩羅什 : 344~413년)*이 장안에 와서 불경을 번역하기 시작하였다. 구마라습은 장안의 초당사(草堂寺)에 기거하면서 불경 35부 300여 권을 번역하였다. 그가 번역한 『반야경(般若經)』, 『법화경(法華經)』, 『대지도론(大智度論)』, 『중론(中論)』 등은 중국 불교 발전에 지대한 영향을 끼치게 되었으며, 당시 장안은 중국 북방 불교의 중심이 되었다. 동진 시대의 승려 법현(法顯 : 337~422년)은 인도에 가서 불경을 구해와 10여 년에 걸쳐 『불국기(佛國記)』**를 완성하였다.

남북조 시대에 불교는 통치자의 지지와 부조(扶助)를 얻어 신속하게 발전하였다. 이때는 기본적으로 인도 불교 각파의 경전이 모두 중국에 유입되어 있는 상태였으며, 중국 승려들도 매우 심도 있게 불경을 연구하고 있었기 때문에 일부 경론을 위주로 연구하는 학파가 형성되기 시작하였다. 이렇게 불교학파가 형성, 발전됨으로써 수당(隋唐) 시대 불교 종파의 성립의 기틀을 마련하였다.

남조(南朝)의 승려 축도생(竺道生 : ?~434년)***은 기존 학설에 구애받지 않은 채 "모든 중생에게 불성(佛性)이 있다"고 과감하게 주장하면서 누구나 부처가 될 수 있다고 강조하였다. 그는 모든 중생이 부처가 될 수 있다는 이념으로 '일천제(一

---

* 인도의 귀족 출신으로 승려가 되었고 주로 구자국에서 대승교 포교활동을 벌이다가, 401년 장안에 오게 되었다. 구마라시바(鳩摩羅時婆)·구마라기바(拘摩羅耆婆), 줄여서 나습(羅什)·습(什), 의역하여 동수(童壽)라고도 한다.

** 법현의 여행기로 『고승법현전(高僧法顯傳)』이라고도 한다. 399년 장안(長安)을 출발하여 약 15년 동안 순례를 했던 30여 개국에 대한 견문기(見聞記)로, 200년 후 현장법사(玄奘法師)의 『대당서역기(大唐西域記)』와 더불어 당시 인도의 불교, 풍속 등을 아는 데 좋은 자료가 되고 있다.

*** 원래 이름은 도생(道生)으로 15세에 축법태(竺法汰) 밑에서 승려가 되었고, 여산의 혜원(慧遠)의 가르침을 받았다. 혜예(慧叡)·혜엄(慧嚴)·혜관(慧觀) 등과 함께 구마라습의 가르침을 받아 그의 문하 4철(四哲)의 한 사람으로 불렸다. 축법태에게 출가하여 도를 배웠으므로 축도생이라고 하였다.

闡提 : 불교에서 선과 단절된 가장 큰 죄를 지은 인물'도 예외가 될 수 없음을 강조하였다. 종교 수행 방면에 있어서는 '돈오성불(頓悟成佛 : 단번에 불성을 깨닫는 것)'의 설법을 하여 큰 반향을 불러일으키게 된다.

북방에서는 북위(北魏)의 태무제(太武帝 : 408~452년)*가 최호(崔浩), 구겸지(寇謙之) 등의 권유로 446년 불교를 멸함으로써 자신이 중국의 정통임을 나타내고자 하였다. 이는 불교가 중국에 전파되는 과정에서 처음으로 심각한 타격을 입게 된 것이나 불교를 근본적으로 멸하지는 못하였다. 따라서 태무제가 세상을 떠나고 얼마 안 되어 불교는 다시 북방에서 세력을 회복하여 신속한 발전을 이루게 된다.

북위의 불교는 공덕(功德) 수련을 위주로 했기 때문에 인적·물적 자원을 대거 동원하여 사찰을 짓고 불탑을 세웠으며, 동굴을 파고 석조상들을 만들기 시작하였다. 이미 세계적으로 유명한 중국의 3대 석굴(돈황敦煌, 운강雲岡, 용문龍門)도 바로 이 시기부터 형성되기 시작한 것이다.

불교의 지속적인 발전

수당(隋唐) 시대는 중국 불교의 전성기였다고 할 수 있다. 이 시기는 정치, 경제, 문화적으로 최고의 발전을 구가했던 때로 수당의 통치자들은 불교의 사회적 작용을 매우 중시하였다. 이에 불교를 통하여 민심을 안정시키고 그들의 통치 질서를 유지하려고 하였다. 수나라 문제(文帝 : 재위 581~604)가 중국을 통일한 후 불교를 적극적으로 수호하였다. 그는 수차례 조서를 내려 중국 전역에 사찰과 불탑을 짓도록 하는 한편, 사찰을 세워 승려를 양성하고 불경의 번역을 체계적으로 추진하였다. 그러므로 수나라 왕조가 지속된 30여 년 동안 불교는 중국 전역에서 신속하게 발전하게 된다.

당나라 태종(太宗 : 재위 626~649)은 도교를 불교에 우선시하였으나 실제 당나라 왕조 3백여 년 동안은 도교와 불교를 모두 중시하는 정책을 시행했다고 볼 수

---

* 이름은 탁발도(拓跋燾), 북위(北魏)의 제3대 황제(재위 423~452)로 도교를 숭상하고 불교를 탄압하였다. 그의 불교탄압은 사대법난(四大法難)의 하나로 손꼽히는데, 446년 조서를 내려 사탑불상을 파기하고 승려를 갱살(坑殺)하였다.

있다. 중국을 통일한 후 당나라 태종은 전쟁이 발생한 지역에는 모두 사찰을 세우고 도교 사원을 건축하였다. 또한 손수 『성교서(聖敎序)』를 지어 불법을 선양하기도 하였다. 측천무후(則天武后)는 불교를 정권 찬탈에 이용하기 위하여 불교의 지위를 도교보다 격상시키는 명령을 내렸으며 승려들의 불경을 강독하도록 하는 한편, 사찰과 사탑을 증축하였다.

그러나 불교가 발전하면서 지주계급과 귀족의 이권에 저촉되는 부분이 발생하기 시작하였다. 또한 사찰 소유의 재산이 불어남에 따라 국가 재정은 큰 타격을 받게 되었으며, 봉건사회의 경제 기반이 송두리째 흔들리는 결과를 가져오게 되었다. 이에 당나라 무종(武宗 : 재위 840~846)은 회창(會昌) 5년(845년) 불교를 금하도록 명을 내렸다. 역사적으로 '회창법난(會昌法難)'*으로 불리는 이 사건으로 인해 불교는 심각한 타격을 입게 되었으며, 이때부터 쇠퇴일로를 걷게 된다. 무종이 세상을 떠난 후 불교는 다시 회복세로 돌아섰으나, 당나라 왕조도 이미 국력이 쇠하고 말기에 접어들고 있었기 때문에 예전의 번영에 비할 바는 못 되었다.

수당 시기에 중국은 외국과의 경제, 정치, 문화 교류가 매우 활발하게 추진되었다. 특히 불교 영역에서의 교류 활동이 상당히 빈번하게 이루어졌다. 당나라 태종 집권기에 현장법사(玄奘法師 : 602?~664년)**는 인도에서 17년 동안 불경을 공부하고 돌아와 경론(經論) 75부를 번역하였으며, 당나라 고종(高宗 : 재위 649~683) 집권기에는 의정법사(義淨法師 : 635~713년)***가 인도에서 불경을 구해와 25년에 걸쳐 총 56부에 달하는 경(經), 율(律)을 번역하였다. 또한 인도, 서역, 고려, 일본 등의 국가에서 승려들이 중국으로 들어와 불교를 전파하거나 배우기도 하였으며, 중국의 고승들이 다른 나라로 건너가 불교를 전파하기도 하였다. 당나라 현종(玄宗 :

---

* 845년 당나라 무종은 '회창(會昌)의 폐불(廢佛)'을 단행하였다. 사찰 4600개, 작은 절 4만여 개소가 폐쇄되고, 26만여 명의 승려가 환속되고, 사전(寺田) 수십만 경(頃)이 몰수되고, 사찰 노비의 해방이 15만 명에 이르렀다.
** 당나라의 고승으로 우리에게 잘 알려진 삼장법사(三藏法師) 현장스님이다. 인도 여행기인 『대당서역기(大唐西域記)』를 저술하였다. 삼장법사란 불교의 경장(經藏), 율장(律藏), 논장(論藏)에 모두 정통한 사람을 이르는 말인데, 『서유기(西遊記)』 때문에 삼장법사가 현장의 대명사처럼 쓰이게 된 것이다.
*** 당나라의 학승(學僧)으로 20여 년 동안 인도 등을 여행한 후 400부의 산스크리트 불전(佛典)을 가지고 돌아와 경전 번역에 힘썼다. 인도여행기 『남해기귀내법전(南海寄歸內法傳)』 『대당서역구법고승전(大唐西域求法高僧傳)』 등이 있다.

재위 712~756) 집권기의 고승 감진(鑒眞 : 688~763
년)*은 일본으로 건너가 불교를 전파하였다.

불타의 탄생 (인도)

　당나라 시대 이후 불교 내부의 각 계파는
상호 교류를 추진하는 한편, 유교, 불교, 도교
등 3교의 조화와 융합을 통해 '삼교합일(三敎
合一)', '유불일치(儒佛一致)' 등의 사상이 나타
나기도 하였다. 송명(宋明) 시기에는 이학(理
學)이 중국 후기 봉건사회의 정통 사상으로 자
리 잡았다. 정호(程顥), 장재(張載), 주희(朱熹), 육구연(陸九淵), 왕수인(王守仁) 등 이학
의 대가들은 대부분 불교를 비판하는 논조를 펼쳤으나, 실제 그들 사상 속에는
불교 사상이 많이 유입되어 있다고 볼 수 있다. 이들이 제시한 수많은 기본 명제
와 관점을 비롯하여 논증 방법 등도 상당 수준 불교의 영향을 받은 것이다. 이러
한 이유로 후대 사람들은 이학자들을 '유표불리(儒表佛里 : 표면적으로는 유교를 내세
우고 있으나 내면은 불교 사상)'라며 비판하고 있다.

　원나라와 명나라 이후 중국의 한족 거주지를 중심으로 불교는 점차 쇠퇴 추
세를 보였으며, 불학의 교리 면에 있어서도 별다른 발전을 이룩하지 못하였다. 불
교는 결국 전반적으로 정체해 있는 상황을 보이다가 청나라 말에서 민국(民國) 초
기에 일부 거사(居士)와 불교학자들이 불학에 관심을 기울이기 시작하면서 연구하
고 정리를 추진함으로써 근대 이후 다소 회복세를 보이는 추세라고 할 수 있다.

▶▶ 역사의 흐름에 어떤 영향을 미쳤을까?

　불교는 '신불멸론(神不滅論)'이라는 신성 이론과 '인과응보(因果應報)', '생사윤
회설(生死輪回說)' 등을 바탕으로 현실 세계의 고통을 벗어나 환상의 극락세계에
귀의하고자 하는 바람을 기본으로 하고 있는 종교라고 할 수 있다. 철학적으로는
세상에 존재하는 모든 사물은 모두 인연(因緣)에 의해서 생겨났다는 '제법인연생

---

* 속성은 순우(淳于)이며, 당나라의 고승으로 14살에 출가하여 율종(律宗)의 시조가 되었다. 753년 일본으로 건
　너가 율종을 강론, 전파하였고 또한 중국의 건축·조각·회화·의약 등의 지식을 일본에 보급하였다.

(諸法因緣生)'설과 자신을 초탈하는 '무상무아(無常無我)' 등을 주장하고 있으나, 현실과는 다소 동떨어진 환상적인 면이 강하다고 볼 수 있다. 인생은 고통으로 가득하고 인과(因果)에 따라 육도(六道 : 천상도天上道, 수라도修羅道, 인간도人間道, 축생도畜生道, 아귀도餓鬼道, 지옥도地獄道로서 생명들이 생전에 지었던 선과 악의 업에 따라 태어나는 곳)를 윤회한다고 여긴다.

그러나 사람에게는 모두 죽지 않는 영혼이 있어서 계정혜(戒定慧 : 깨달음에 이르려는 자가 반드시 닦아야 할 세 가지 수행, 즉 계율을 지켜 실천하는 계戒, 마음을 집중·통일시켜 산란하지 않게 하는 정定, 미혹을 끊고 진리를 주시하는 혜慧)의 수련을 통해 생사의 윤회에서 해탈하여 깨달음의 경지에 이르면 성불(成佛)할 수 있다고 강조하고 있다. 즉 속세에서 출가하여 수행할 것을 주장하고 있는데, 이는 고대 철학 발전의 매우 중요한 부분이라고 할 수 있다. 중국의 불교 철학은 전통 철학의 사변적(思辨的), 초월적(超越的) 논리를 제고함으로써 후대의 철학 발전, 특히 송명 시대의 이학 탄생에 깊은 영향을 끼치게 된다.

불교 장경(藏經)의 번역과 판각 인쇄 등이 방대하게 이루어짐으로써 중국의 번역과 인쇄술을 비약적으로 발전시켰다. 조판 인쇄된 불경 외에 석각 불경도 등장하였는데, 이러한 석경(石經)은 중국 고대 사회의 정치, 경제, 불교, 서법, 조각 예술 등을 연구하는 귀중한 자료라고 할 수 있다.

중국의 불교 석굴은 중국의 고대 문화 예술의 보고이자 우수한 문화유산으로서 중국 고대 사회 민중의 비범한 지혜와 뛰어난 예술적 성과를 반영하고 있다. 이 가운데 특히 돈황의 막고굴(莫高窟), 운강석굴(雲岡石窟), 용문석굴(龍門石窟) 등은 세계적 명성을 얻고 있는 중국 불교의 3대 석굴이다.

중국에는 3대 석굴 이외에도 오대산(五臺山), 아미산(峨眉山), 보타산(普陀山), 구화산(九華山) 등 '4대 명산'이 있다. 이 4대 명산은 문수(文殊), 보현(普賢), 관음(觀音), 지장(地藏) 등 4대 보살이 수도했던 지역이라고 전해 내려오고 있어 '4대 도장(道場)'이라고도 불린다.

중국 불교는 2천여 년의 역사를 지니고 있다. 불교는 중국에 전파, 발전되는 과정에서 중국의 전통 문화와 상호 흡수·융합되면서 중국 문화의 일부분이 되었다고 볼 수 있다. 또한 중국의 문학, 예술, 미술, 음악, 춤 등의 발전에도 지대한 영향을 끼쳤다.

중국과 외국의 문화 교류가 활발해지면서 중국의 불교는 조선, 일본, 베트남 등의 국가로 전파되었으며, 현지의 민족 문화와 결합하여 사상과 문화의 발전에 상당 부분 영향을 끼치게 된다. 티베트불교는 현재 몽고인민공화국과 구소련의 일부 지역에도 전파되었다. 20세기 초부터 중국 불교는 유럽과 아메리카의 일부 국가에도 전파되기 시작하였다.

8. 왕경王景의 황하 치수, 천년을 안정시키다

황하(黃河)는 중국의 젖줄기라고 할 수 있다. 그러나 중국인들에게 무수한 재난을 몰아왔던 강이기도 하다. 중국은 오랜 기간 황하로 인한 홍수로 골머리를 앓아왔다고 볼 수 있다. 따라서 5천 년 중국 역사는 황하 치수의 역사라고도 할 수 있을 것이다. 치수를 게을리 하고 오랜 기간 동안 치수 사업을 방치하면 심각한 수해를 당하는 것은 물론 이로 인해 경제가 쇠퇴하고, 민생이 피폐해지면 견디다 못한 백성들이 반기를 드는 사건들이 줄줄이 발생하게 된다. 이러한 상황에서 외적의 침입을 받게 되면 천하는 혼란에 빠지게 되고, 결국 왕조가 바뀌는 사태까지 벌어지고 만다. 치수의 성패에 따라 나라의 안정이 좌우되었다고도 볼 수 있다. 왕망(王莽) 정권의 패망, 원나라 말 홍건적(紅巾賊)의 출몰에 이은 원나라 왕조의 몰락 등의 사건은 모두 치수 사업과 직간접적으로 연관이 있었다.

이와 반대로 중국에 태평성대가 이어졌던 시기는 모두 치수 사업을 중시하여 그 성과의 덕을 본 시기였다고 할 수 있다. 치수가 성공을 거두면 나라가 안정되었고, 나라가 안정되면 민심이 안정되었으며, 민심이 안정되면 생산성이 향상되어 곡식이 풍성하고 모든 산업이 발전하여 사회가 전반적으로 발전하게 되었다. 이러한 상황에서는 외적들도 침범하지 못하였기 때문에 태평성대가 이어질 수 있었다.

상고시대 우왕(禹王)이 치수 사업을 펼쳤을 때에도 같은 결과가 나타났다. 우왕이 치수 사업에 성공하자 황하 유역의 농업이 크게 발전하였으며, 중국 역사는 원시사회에서 사유제를 인정하는 '가천하(家天下 : 왕위 세습제)' 사회로 진입하게 되었으며, 사회적 기반이 확고해지면서 중국 역사에서 최초의 국가인 '하(夏)' 왕조가 탄생하게 된 것이다.

황하의 치수 사업을 추진했던 수많은 인물 가운데 가장 공이 크고 빼놓을 수 없는 인물이 바로 동한(東漢) 명제(明帝 : 재위 58~75) 시대의 왕경(王景)이다.

왕경이 치수 사업을 펴기 전 황하의 상황

서기 20년경에 출생한 왕경(王景)은 자가 중통(仲通)이며, 낭야(琅邪 : 지금의 산동성 즉묵即墨 서남 지역에 해당) 출신 인물이다. 어려서부터 수많은 책을 읽어 학식이 높고 견문이 넓었다. 다양한 기술을 보유하고 있었으며, 특히 치수 사업에 관심과 열정이 높았다. 하루는 준의(浚儀 : 지금의 하남성 개봉開封 지역에 해당) 부근의 준의거(浚儀渠 : 변거汴渠의 한 구간) 수로가 황하에 의해 훼손되어 주민들의 생활과 농업 생산에 큰 불편을 초래하게 되었다. 조정에서는 사공(司空 : 관직명)의 추천으로 왕경을 파견하여 왕오(王吳)와 함께 준의거를 보수하도록 명령을 내렸다.

왕경은 왕오에게 댐을 쌓아 물의 흐름을 막는 방법, 즉 '언류법(堰流法)'을 제안하였다. 이 방법에 따라 준의거는 빠른 시일 내에 복구되었으며, 그 후에는 홍수 피해가 일어나지 않게 됨으로써 백성들의 칭송을 듣게 되었다. '언류법'은 왕경이 독창적으로 고안해 낸 방법으로서 방죽의 한쪽 측면으로 유량을 분담할 수 있는 댐을 구축하여 홍수가 발생했을 때 하류의 흐름을 댐 쪽으로 유도하는 방법을 말한다. 준의거 치수가 성공하자 왕경은 '물길을 다룰 줄 아는 사람'으로 명성을 얻게 된다.

왕망(王莽) 시건국(始建國) 3년(서기 11년) 황하는 위군(魏郡)의 제방이 터지면서 하류의 흐름이 바뀌게 되었다. 왕망은 하천이 동쪽으로 흘러가면 원성(元城 : 지금의 하북성 대명大名 동쪽 지방에 해당)에 위치하고 있는 조상의 분묘가 다시는 황하에 침수될 염려가 없어질 것으로 판단하고 보수를 하지 않은 채 제멋대로 흐르도록 방치하였다. 이에 황하가 제수(濟水)까지 삼켜 버리고 말았다.

동한 초년에 하남군(河南郡) 부근의 황하가 또 다시 극심하게 하류를 변동시키기 시작했다. 하천의 물길이 남쪽으로 크게 기울면서 황하, 제수, 변거 수로와 그 지류들이 뒤죽박죽으로 엉켜 흐르는 혼란스런 국면이 야기된 것이다. 뱃길이 막혀 조운(漕運)이 중단되었으며, 전답과 가옥이 모두 물에 침수되었다. 이 가운데 연주(兗州 : 지금의 하남성 북부, 산동성 서부, 하북성 동남부에 해당), 예주(豫州 : 하남성 동부, 남부, 안휘성 서북부에 해당) 등지는 특히 큰 피해를 입었다. 그 후 황하 이남의 침수 지역은 수십 개 현(縣)에 달하였다.

동한 명제(明帝) 유장(劉莊)이 집권한 후 상황은 더욱 악화되었다. 변거 수로가 파괴된 후 하류는 점점 동쪽으로 흘러 여러 지역을 침수시켰으며, 본래 유량을 분담하도록 설치된 수문마저도 모두 황하 속에 잠기고 말았다. 연주와 예주의 주민들은 모두 홍수의 피해를 입게 된 것이다. 일부 사람들은 황하가 변거를 삼킴으로써 하류가 동남쪽으로 흐르게 되면 유주(幽州 : 지금의 하북성 북부, 요녕성 남부 및 한반도 지역에 해당), 기주(冀州 : 지금의 하북성 중남부, 산동성 서단, 하남성 북단 지역에 해당) 등에 유리하다고 보았다. 왼쪽 댐을 보강하면 오른쪽 댐이 무너지고, 좌우 댐을 모두 보강하면 강 하류 유역이 위험해졌다. 자연스럽게 물길을 잡아주고 백성들을 높은 곳으로 이주시키면 수해를 막을 수 있을 뿐 아니라 댐을 구축하는 비용도 절약할 수 있었다. 치수에 대한 의견이 일치를 보지 못하여 두 번째로 황하의 흐름이 바뀐 후, 홍수 피해가 60년 동안 매해 계속되었다.

왕경의 황하 치수

영평(永平) 12년(서기 69년), 동한 명제는 어느 날 왕경이 치수에 일가견이 있다는 얘기를 듣고 사람을 파견하여 왕경을 불러들였다. 왕경은 명제에게 "황하는 변거 수로가 침수된 원인이라고 할 수 있습니다. 변거 수로는 황하의 피해를 가늠할 수 있는 기준으로서 황하와 변거 수로의 물길을 나누면 뱃길이 안정되어 안심하고 다닐 수 있으며, 황하와 변거 수로를 함께 치수하면 그로 인한 이점이 무궁무진할 것입니다"라고 아뢰었다. 명제는 치수에 대한 왕경의 견해에 깊이 공감하며 그에게 치수 사업을 일임하게 된다.

그해 4월 왕경과 왕오 등은 수십만 군민을 동원하여 대규모 치수 사업을 시작하였다. 관련 사료에는 치수 사업의 주요 내용으로 '축제(築堤 : 댐 구축), 이거(理渠 : 수로 안정), 절수(絶水 : 물길 절단), 입수문(立水門 : 수문 설치), 하변분류(河汴分流 : 황하와 변거 수로 분리), 복기구적(復其舊迹 : 옛 물길 복원)' 등 이었다.

먼저 '축제(築堤)'는 형양(滎陽 : 지금의 하남성 형양 동북 지역에 해당)에서 동쪽으로 천승(千乘 : 지금의 산동성 고청高靑 동북 지역에 해당)까지 천여 리에 이르는 황하 댐 및 변거 수로 제방을 건축하는 것을 말한다. 왕경은 황하가 갈수록 심하게 범람하는 데는 하류 유역에 토사가 침적되어 하상이 지면보다 높은 일종의 천정천(天井川)이 형성되었기 때문이라고 여겼다. 하천이 방죽 외부에 있는 평지보가 높게 형성되어 흐르기 때문에 홍수가 발생하여 방죽이 무너지면 모두 물에 잠겨 버리고 만다. 이에 왕경은 별도로 물길을 잘 유도하여 바로 바다로 유입될 수 있는 노선을 선택해 새로운 하도(河道 : 하천의 물길)를 구축해야 된다고 생각하였다.

이에 하천 양안(兩岸)에 방죽을 새로 쌓고 거대한 댐을 건설하였다. 바다로 유입되도록 새로 구축한 하도 노선은 하천의 본 원류보다 거리는 단축시키고 하상은 넓혀 하수의 유속과 토사 운송 능력을 일정수준 제고시킬 수 있게 됨으로써 하상에 토사가 침적되는 속도를 크게 줄일 수 있었다. 특히 새로 구축한 하도는 하천이 지면보다 높은 곳에서 흐르는 상황을 완화시킴으로써 황하의 주된 하류가 지면보다 낮은 상태에서 흐르도록 하여 방죽이 붕괴되는 상황을 감소시켰다. 새롭게 건설한 거대한 댐은 하류의 방향이 두 번 바뀐 뒤의 황하의 하상을 안정시킴으로써 동한 이후 황하는 오랜 기간 안정적인 흐름을 유지할 수 있게 된다.

'이거(理渠)'란 변거(汴渠) 수로를 안정시키는 것을 말한다. 변거 수로는 황하와 회하(淮河) 두 수계의 영향권 안에 있어, 한나라 왕조, 특히 동한 이후 중국 내륙과 동남 지역 조운(漕運 : 배로 물건을 실어 나름)을 담당하는 주요 수로였다. 왕경은 심혈을 기울여 반복해서 지세를 파악한 후 황하와 변거 수로를 분리하여 옛 물길을 복원하는 새로운 수로의 노선을 고안해 내었다. 즉 수로의 기점에서 시작하여 황하와 변거 수로가 나란히 흐르도록 한 후에 변거 수로의 주요 하류는 북쪽 제하(濟河)의 옛 물길로 흘러가도록 하였다. 장수진(長壽津)에 이르면 다시 황하의 옛 물길(또는 왕망하도王莽河道라고도 함)로 흘러들어가도록 하고, 이후부터는 다시 황하와 나란히 흐르도록 하다가 천승(千乘) 부근에서 바다로 유입되도록 하는 것이다. 제하(濟河)의 물길 가운데 일부는 변거 수로의 옛 물길로 흐르도록 하여 본래의 물길을 복원함으로써 조운(漕運)을 전담하는 뱃길로 이용하도록 하였다.

이 계획을 실행하기 위하여 왕경은 산굴을 파고 산을 깎아내며, 고랑을 내고 요지를 보호하는 한편, 부실한 방죽은 다시 견고히 쌓았다. 또한 물길을 개폐할 수 있는 인공 수문을 설치하는 등 방대한 사업

동한시대 도수전(陶水田)과 저수지(貯水池) 모형(부장품(葬品의 일종)

을 추진하였다. 무엇보다도 취수구(取水口)의 위치 선택이 매우 중요하였다. 만약 취수구의 위치를 잘못 선택하여 황하 북쪽으로 치우치면 수로로 물을 끌어들이지 못하고 남쪽으로 치우치면 수로가 물에 잠겨 황하와 변거 수로가 다시 섞여버리고 말기 때문이다. 왕경은 이러한 객관적인 상황을 파악하고 역사적 교훈을 되새겨 십리 마다 수문을 하나씩 설치하여 물길이 서로 순환되도록 하는 방법을 선택하였다. 변거 수로와 황하가 합쳐지는 100여 리 범위 내에 매 10리마다 물을 끌어들이는 수구(水口)를 설치하고 매 수구마다 수문을 달아 유량을 인공적으로 조절할 수 있도록 함으로써 황하의 물이 번갈아 변거 수로로 유입되도록 한 것이다. 수로에 유량이 적으면 수문을 많이 열고 유량이 많으면 수문을 닫도록 하여 다량의 토사를 함유한 황하의 물이 변거 수로로 유입되는 문제를 해결하게 되었다. 이는 왕경이 고안해 낸 또 하나의 치수와 수리 기술이라고 볼 수 있다.

당시 황하는 형양(滎陽) 이남 지역으로 복수(濮水), 제수(濟水), 변수(汴水), 낭탕하(蒗蕩河) 등 수많은 지류를 형성하고 있었다. 왕경은 이러한 지류들도 서로 합류할 수 있도록 지류가 황하로 유입되는 지점과 각 지류들이 만나는 지점에도 수문을 설치하였다. 일단 홍수가 발생하면 이러한 지류들은 황하의 유량과 황하가 운반하는 토사를 분담하는 작용을 하여 홍수 피해를 줄일 수 있었다. 홍수로 인한 대부분의 유량을 지류들이 분담하고 나면 황하의 주류는 토사 운반 능력이 떨어지게 되어도 지류들이 대량의 토사를 운반하여 전체적으로는 하상에 토사가 퇴적되는 속도를 늦출 수 있었다. 이는 황하의 유량을 장기적으로 안정시키는 매우

중요한 조치라고 할 수 있다.

산굴을 파고 산을 깎아 내며 고랑을 내고 요지(要地)를 보호하며, 부실한 방죽은 다시 견고히 쌓아 상류에 발달한 여울과 암초 등을 제거하였으며, 수로 주변을 막아 황하의 홍수로 범람하던 수로를 보호하였다. 또한 위험에 노출된 제방과 토사로 인해 유류가 원만하게 흐르지 않는 수로 구간에 대한 관리를 강화하여 수로의 소통을 원활하게 함으로써 조운의 편리를 도모하였다.

왕경이 주도한 '축제(築堤)', '이거(理渠)' 등의 공사와 제반 시설 공사는 매우 방대한 규모의 공정이었다. 천여 리에 이르는 황하와 7~8백 리에 이르는 변거 수로를 합해 2천여 리에 가까운 제방 구축과 하천 준설 공사는 당시 돈으로 '100억' 전(錢)에 가까운 거액이 드는 큰 사업이었다고 할 수 있다. 1년여의 공정 기간을 거쳐 이듬해 4월 드디어 모든 공사가 완공되기에 이르렀다. 수십 년 동안 지속된 황하의 홍수 피해는 이로써 안정을 찾게 되었으며, 정도(定陶 : 지금의 산동성 정도定陶북쪽 지역에 해당) 이북으로 대규모 경작지가 확보되어 농업 생산력이 회복되기 시작하였다. 농업 생산력이 현저하게 떨어졌던 당시 상황에서 이는 하나의 기적과도 같은 사건이었다.

영평 13년(서기 70년) 여름, 동한 명제(明帝) 유장(劉莊)은 친히 배를 타고 왕경 등의 수행을 받으며 황하를 순시하였다. 하천 양쪽 연안(沿岸)으로 가지런히 건축된 제방과 물 위를 한가로이 떠가는 배들을 보며 명제는 왕경에 대한 찬사를 끊이지 않고 쏟아내었다. 이에 왕경 수하에서 치수 사업에 참여했던 관리들을 한 단계씩 승격시키고, 왕경에게는 세 단계 승격과 함께 시어사(侍御史)에 봉하였다. 또한 왕경을 하제알자(河堤謁者 : 알자는 동한 시대 하천 방제 공정을 담당하던 관원)에 봉하였다. 곧이어 명제는 조서를 내려 황하 연안과 변거 수로 주변의 각 군현에 방제 전문 기구를 설치하고 전담 인원을 배치하도록 하는 한편, 서경(西京 : 서한의 도성 장안長安) 시대 방제 관리에 유리한 제도를 재도입하고, 매년 제방의 보호와 보수에 힘을 기울였다. 이로써 황하의 안정적인 흐름을 보장할 수 있게 되었다.

▶▶ 역사의 흐름에 어떤 영향을 미쳤을까?

왕경의 황하 치수 사업은 대단한 성공을 거두었다. 동한 말년 왕경이 황하를 치수한 이래 당나라 말엽까지 8백여 년이 흐르는 동안 황하의 범람은 단지 40년에 불과하였으며, 그 정도도 심하지 않았다. 그 후에 다시 수해가 점점 빈번하게 발생하기 시작하였으며, 송(宋)나라 인종(仁宗) 경력(慶曆) 8년(1048년)에 황하는 3차 범람과 함께 하도가 바뀌고 만다. 그 후 왕조의 역대 치수 담당자들은 왕경이 황하를 치수한 방법과 경험을 추종, 모방하곤 하였다. 왕경이 단 한 차례 황하에 대한 대규모 치수 사업을 실시함으로써 제멋대로 흐르기를 반복하던 황하는 8백 년 동안 안정세를 유지하였다. "왕경치하 천재무환(王景治河 千載無患 : 왕경의 황하 치수로 천년 동안 우환이 없었다)" 등 역사적으로 왕경의 황하 치수를 칭송하는 문구도 찾아볼 수 있다.

왕경의 황하 치수는 중국 역사에 지대한 영향을 끼쳤다. 왕경의 치수가 성공을 거둔 동한에서부터 삼국, 양진(兩晉), 남북조, 수나라, 당나라, 오대(五代 : 당나라와 송나라 사이, 즉 907~960년까지의 54년을 가리키는데, 그 동안에 중원에서는 후량後粱, 후당後唐, 후진後晉, 후한後漢, 후주後周 등 다섯 왕조가 흥망성쇠를 거듭했기 때문에 오대라고 함) 등 천여 년에 걸쳐 황하 유역은 심각한 홍수 피해가 발생하지 않았다.

이렇게 긴 시간 동안 전란의 영향을 빼면 황하 유역은 언제나 가장 중요한 농업 지역이었다. 봉건 시대에 농업이 발달한 지역은 인구가 증가하고 사회적 번영을 누렸다. 이에 이 8백 년 동안 혼란이 계속되던 난세에도 황하 유역을 차지하는 자가 최고의 강자로 인정받았으며, 중국 전역을 통일할 만한 세력을 확보하였다. 비록 통일을 하지 못하였더라도 패권을 차지했던 것만큼은 분명하였다. 나라를 다스림에 있어 황하 유역은 인구가 가장 많고 각종 산업이 가장 발달한 지역이었다. 중국의 남방 지역이 오랜 기간 개발을 통해 발전을 이룩하였지만 북방에는 비할 바가 아니었다.

동한에서 위진남북조시대를 거쳐 수나라, 당나라, 오대에 이르기까지 모두 왕경이 황하를 치수한 혜택을 누렸으며, 그 후대에도 계속 이어져 천여 년 동안 중국 역사에 지대한 영향을 끼치게 된다. 왕경 또한 명실상부한 치수 전문가로서 중국 역사에 길이 남을 중요한 역할을 한 인물로 기억되고 있다.

9. 채륜蔡倫의 종이 발명, 세계의 문화를 촉진하다

민족과 문명을 논할 때 문자는 중요한 의의를 지닌다. 심지어 민족과 문명의 존속 여부와 직결된다고 볼 수도 있다. 역사적으로 찬란한 고대 문명이 수없이 존재했었지만 문자로 기록되지 못하여 먼지처럼 사라져 버렸다. 그러나 돈황 장경동(藏經洞 : 돈황 막고굴 유적의 제17굴)처럼 시대적으로 특별히 눈에 띄지 않았거나 찬란했던 일부 문명의 주변에 머물러 있던 문명에 불과했더라도 그 잔해를 기록으로 남겼기 때문에 후대에 수많은 학자들이 앞 다투어 연구하고 민중들이 이야기꽃을 피우는 대상이 되곤 한다.

종이 발명의 배경

문자가 생기고 나면 그 다음에 가장 중요한 일은 문자를 기록할 적절한 도구를 얻는 일이다. 고대 이집트인들은 나일 강의 파피루스를 이용하여 역사를 기록하였고, 고대 유럽에서는 양피 등 동물의 가죽에 문자를 기록하였다. 중국의 경우 제지술(製紙術)이 발명되기 전에는 갑골(甲骨), 죽간(竹簡), 견백(絹帛 : 비단이나 무명) 등이 서한이나 문자 기록 등의 재료로 이용되었다. 그러나 갑골이나 죽간 등은 둔하고 무거워 진시황은 하루에 한 수레나 되는 상주문을 읽어야 했다고 한다. 견백은 가볍고 편리했지만 비용이 너무 비싸서 문자 기록에 적합하지 않았다.

한나라 시대에 이르러 서한(西漢)의 경제와 문화가 신속하게 발전함에 따라 갑골과 죽간으로는 그 수요를 충족시킬 수 없게 되었으며, 문자를 기록할 도구 발명을 서두르게 되었고, 마침내 종이가 발명되었다. 제지 기술은 매우 중요한 화학 기술로서 중국 역사에 길이 남을 보배이자 중요한 성과이다. 또한 역사적으로도 지대한 영향을 끼치게 된다.

채륜의 종이 발명

당시 사람들은 작은 면화 솜으로 종이를 만들기 시작하였는데, 1933년 고고학자들은 롭노르(오늘날의 신강위구르자치구 지역)* 북쪽 한나라 시대 봉수대 유적에서 고대의 종이 한 장을 발견하게 되는데, 마직물을 재료로 하얀 색을 띠고 있으며, 얇은 네모꼴에 길이 40센티미터, 너비 100센티미터의 불완전한 형태였다. 재질이 거칠고 표면이 고르지 않았으며, 삼베 줄기의 흔적이 보이는 것으로 미루어 초기에 만들어진 종이로 추정되며 정교함이 떨어졌다. 한나라 왕조 시기에 만들어진 종이는 마직물과 면화 솜을 이용하였으며, 가공 방법이 조잡하여 종이의 품질이 썩 좋지 못하였다. 마직물과 면화 솜은 모두 본래 재료의 용도가 따로 있었기 때문에 종이의 원료로 사용하는 데는 상당한 제약이 뒤따랐다. 따라서 문화생활의 욕구를 만족시켜 줄만큼 신속한 발전을 이루

채륜의 초상

지는 못하였다.

시대 문화적인 욕구를 충족시켜 줄 새로운 매개체를 필요로 하던 시기에 채륜(蔡倫 : 50?~121?)**의 등장은 제지술의 획기적인 발전을 이룩하는 돌파구가 되었다. 『관기동한(觀記東漢)』「권이(卷二)」에는 다음과 같이 전하고 있다.

채륜은…… 재주가 뛰어나고 성실하며, 신중한 인물로 휴일이 되면 문을 잠그고 손님의 방문을 사절하고 들판을 돌아다녔다. 그는 제지술을 담당하던 소부(少府) 소속의 상방(尙方)들을 이끌며, 나무껍질과 헌 천, 어망 등으로 종이를 만들기 시작하였다. 원흥(元興) 원년(105년)에 이를 황제에게 보고하니 황제(후한後漢의 화제和帝)는 매우 기뻐하며, 그 종이를 사용하지 않는 곳이 없었다. 사람들은 모두 그 종이를 채후지(蔡侯紙)라고 불렀다.

---

* 1933년 스웨덴 탐험가 스벤 헤딘(Sven Hedin)이 황문필(黃文弼)과 함께 도곤이라 불리는 롭노르 북쪽 한나라 봉수대 유적에서 종이 조각을 발견하였다. 이를 롭노르지(紙)라 부른다.
** 후한 때 환관으로 자는 경중(敬仲)이다. 명제 때 환관으로 조정에 들어간 후 화제(和帝) 때 궁중의 공방 장관인 상방령에 취임하여 궁중의 여러 가지 도구를 만들었다. 105년, 나무껍질, 헝겊, 그물 따위를 이용하여 종이를 만들어 화제에게 바쳐 널리 쓰이게 되었다.

이러한 기록을 통해 당시 채륜은 나무껍질, 헌 천, 어망 등을 이용하여 종이를 만들었던 것으로 추정된다.

채륜의 종이가 나오기 전에도 종이가 존재하기는 했었다. 그러나 원료 자체가 매우 제한적이었다. 그러므로 채륜이 새로운 원료를 발견함으로써 그러한 문제가 해결되었던 것이다. 헌 천이나 헌 어망 등은 이미 본연의 기능을 상실한 폐기물에 불과했기 때문에 이러한 재료를 종이의 원료로 다시 사용하게 됨에 따라 제지 공업의 발달을 크게 촉진시키는 역할을 하게 된다.

새로운 원료는 새로운 기술적 문제를 제기하게 되기 마련이다. 그러나 이와 관련된 기록들이 유실되어 실제 어떠한 방식으로 운용되었는지에 대해서는 고증할 방법이 없을 만큼 남아있는 기록이 그다지 많지 않다. 아마도 먼저 헌 천, 또는 어망을 찢거나 자른 후 일정 기간 물속에 넣어 불려 놓고 계속해서 찧거나 저어 펄프와 비슷한 물질을 만들었을 것으로 추정된다. 나무껍질로 종이를 만드는 과정은 이보다 더 어려웠을 것으로 보인다. 나무를 잘게 썰어 넣고 찧거나 젓는 것 외에도 중간에 끓이거나 석회수 같이 부패를 촉진시키는 액체를 넣었을 것이다.

채륜의 창의적인 종이 발명으로 제지 산업은 자연 발생적인 단계에서 독자적인 단계로 발전하게 된다. 채륜의 종이가 나오기 전에 제지업은 방직업(紡織業)의 작은 부대 업종에 불과하여 독립적인 산업으로 자리를 잡지 못하고 있던 상태였다. 채륜에 이르러 제지업은 방직업에서 독립되어 나오게 되었으며, 자체적인 목적과 필요에 의해 신속한 발전을 거듭하였다.

채륜의 종이가 나온 이후 서적 필사와 문화 전파 산업이 크게 발전하게 되었으며, 양진(兩晉) 남북조시대에는 서예와 회화의 수요가 늘어나면서 종이의 품질 개선에 대한 요구도 점차 높아지기 시작하였다. 특히 서예는 종이 품질에 대한 요구 조건이 매우 높았기 때문에 종이의 품질이 개선되지 않을 수 없었다.

그러나 남북 양대 왕조의 문화와 시대적 배경이 사회별로 조금씩 다르게 나타났기 때문에 두 지역에서 사용하는 종이의 원료도 다른 양상을 보였다.

등나무 껍질을 주원료로 하여 만든 남조(南朝)의 종이 등지(藤紙)는 품질이 매우 우수하였으며, 섬계(剡溪)에서 주로 생산되었다. 당시 사람들은 채륜이 나무껍질을 이용하여 종이를 만들었다는 경험에 근거하여 현지에서 손쉽게 구할 수 있는 재료로 종이를 만들게 된 것이다. 등지는 강남에 안거하던 동진(東晉)의 지형적 특색과 강좌풍류(江左風流 : 강좌는 양자강, 즉 장강의 하류 동남 지역을 가리키며, 동진, 송宋, 제齊, 양梁, 진陳 왕조가 통치했던 지역이다. 이곳에서 문학과 그림을 즐기며 논하던 문화적 풍조를 말함)를 즐기던 선비들의 기호에도 잘 들어맞는 종이였다고 할 수 있다. 북조(北朝)의 종이는 남조와 달리 닥나무를 주재료로 사용하였다.

▶▶ 역사의 흐름에 어떤 영향을 미쳤을까?

제지술은 중국 고대 4대 발명품 가운데 하나에 속하며, 고대 중국인의 지혜의 결정체라고 할 수 있다. 제지술이 발명된 후 사람들의 생활환경은 크게 바뀌었고, 문자 기록이 매우 편리해짐에 따라 서적이 비약적으로 증가하였으며, 교육과 문화 발전을 촉진하였다.

중국 고대 4대 발명품의 첫 번째로 꼽히는 제지술은 한나라 시대에 발명된 후 4세기에 조선으로 7세기 초에는 일본으로 전파되는 등 신속하게 이웃 나라들로 전파되었다. 당나라 천보(天寶 : 당나라 현종玄宗 연간) 10년(751년) 탈라스 전투(Battle of Talas : 당나라군과 동맹군 티베트가 압바스 왕조, 카르룩 연합군을 상대로 지금의 카자흐스탄 영토인 타슈켄트 부근 탈라스 강 유역에서 중앙아시아의 패권을 두고 싸운 전투) 이후 일부 중국의 제지술을 보유한 장인들이 아랍인들에게 포로로 잡혀가면서, 중앙아시아, 서아시아의 사마르칸트에도 제지술이 전파되었다. 793년경에는 바그다드, 795년경에는 다마스커스 등지로 전파되어 제지 공장 등이 세워졌다. 송나라 시대에 이르러 중국의 제지술은 아랍을 경유하여 아프리카, 유럽 등지로 전파되었으며, 900년경 이집트의 알렉산드리아에도 제지 공장이 세워졌다. 1100년 북아프리카의 모로코의 페스(Fes)에도 제지 공장이 세워졌으며, 1150년 유럽 최초의 제지 공장이 스페인에 세워지게 된다.

10. 외척과 환관, 무소불의의 권세를 누리다

　동한(東漢) 시대 정치의 특색으로는 외척(外戚)과 환관(宦官)의 정권 다툼을 들 수 있다. 이는 또한 번영을 누리던 동한이 급격하게 쇠퇴하게 된 주요 원인이라고도 할 수 있다. 장제(章帝 : 재위 75~88)가 세상을 떠난 후 화제(和帝 : 재위 88~105)가 즉위하면서부터 영제(靈帝 : 재위 167~189)에 이르기까지 동한 후기의 100여 년 동안 외척과 환관이 번갈아 집권하며 치열한 세력 다툼을 벌였다. 이에 한나라 조정은 극도에 혼란에 빠지면서 정치적 암흑기를 맞이하게 된다.

외척과 환관

　화제의 즉위를 시작으로 동한에는 열 명의 황제가 어린 나이에 즉위하여 단명하고 만다. 매번 어린 황제가 등극할 때마다 대개 태후(太后)가 청정(聽政)하며 조정의 정무를 다스리게 되면서 자신의 가족들을 중용하게 됨에 따라 외척이 권력을 쥐게 된다. 태후의 아비와 오라비 등이 대장군(大將軍)과 상서사(尙書事)를 독식하며 군권과 상서대(尙書帶)의 감찰, 행정권을 장악하는 것이다. 외척이 집권하면 황권은 약해질 수밖에 없다. 성인이 된 황제는 실권을 장악하기 위하여 자신을 지지하는 정치 역량을 확보하려고 하였으나, 외척이 조정의 실권을 쥐고 있는 상황에서 대신들은 모두 그 휘하에 놓여 있었다.

　황제는 자신의 최측근인 환관들을 통해 외척을 제거하려고 할 수밖에 없었다. 환관은 황제가 외척에 대항하여 투쟁하는 과정에서 황제를 적극 지지하였다. 이 과정에서 황제의 신임을 얻어 중용되면서 정치 세력을 형성하게 되었으며, 환관이 집권하는 국면으로까지 발전한다. 그러나 황제가 세상을 떠나고 다시 새로운 어린 황제가 즉위하면 태후가 청정을 하게 되고 외척이 집권한다. 그럼 다시 환관들을 배척하였고, 황제가 성장하면 다시 환관이 외척을 몰아내고 환관이 그들을 대신하는 등 반복과 악순환이 계속되었다. 동한 후기는 이렇듯 외척과 환관이 서로 권력 투쟁을 벌이며 서로 집권을 반복하는 과정이었다고 볼 수 있다.

　중국의 역사학자들은 동한의 외척과 환관을 '호랑이'와 '늑대'에 비유하고

있다. 외척은 호랑이요, 환관은 늑대라는 것
이다. 동한의 경우 앞문은 호랑이가 막고 있
고 뒷문으로 늑대가 들어오는 격으로 심지어
호랑이와 늑대가 함께 동한의 정권과 나라를
갈기갈기 찢어놓았다고 볼 수 있다. 동한 후
기의 특수한 정치 형태라고 볼 수 있는 외척
과 환관의 집권기에 조정과 백성들은 큰 도탄
에 빠지게 된다. 대개 봉건 왕조 말엽에 나타
나는 정치 부패와 경제 붕괴, 그리고 어눌하

주작등(朱雀燈). 주작이 불을 붙이는 등접시를 물고 있다.

고 무능한 황제의 즉위 등의 상황은 외척과 환관이 조정을 손아귀에 넣는 데 더
없이 좋은 여건을 만들어 주었던 것이다. 동한 말기 외척과 환관의 전정(專政)이
이를 잘 반증해 주는 전형이라고 볼 수 있다.

외척과 환관의 첫 격돌

동한의 개국 황제 유수(劉秀 : 후한의 초대 황제 광무제光武帝, 재위 25~57)가 정권을
수립한 후 외척에 대한 경계를 강화하며 권력의 누수를 막기에 힘썼기 때문에 당
시의 정치 권력은 정상적으로 운용되었다. 장제가 세상을 떠난 후 그의 아들 화
제는 열한 살의 나이에 황위를 물려받게 된다. 정무를 돌보기에는 너무 어렸기
때문에, 그의 모후인 두태후(竇太后 : ?~97)*가 청정을 하게 되었으며, 자연히 처가
의 친척들을 대거 끌어들여 정무를 보좌하게 하였다. 두태후의 오라비인 두헌(竇
憲) 등이 실권을 장악하고 외척 정권의 서막을 연 것이다.

그러나 화제가 성장하면서 그의 외숙 두헌 등에 불만을 품기 시작하였다. 환
관 정중(鄭衆) 등은 이러한 기회를 이용하여 화제와 모의하여 두헌 일당을 일거에
몰아내고 정권을 잡게 된다. 정중 등의 환관은 자신들을 제후로 봉하고 관직을
승격시키며, 권력의 중심에 선다. 이렇게 환관과 외척이 처음으로 격돌한 후 동

---

* 후한(後漢)의 초대 황제인 광무제(光武帝) 때 권신 두융(竇融)의 증손녀이다. 77년 후한의 제3대 황제인 장제(章
帝)의 비가 되고, 이듬해 황후로 책봉되었으며, 다음 황제인 화제(和帝) 때에 섭정(攝政)을 하며 권력을 휘둘렀다.

한 정권은 이들의 투쟁과 암투의 역사로 전락하여 황제는 단지 그들의 조종대로 움직이는 꼭두각시에 불과하였다.

화제가 세상을 떠나자 출생한 지 100일 밖에 되지 않는 상제(殤帝)가 즉위하였으나 몇 달도 되지 않아 죽고 말았다. 이에 상제의 모후였던 등태후(鄧太后)*는 그의 오라비인 등즐(鄧騭)과 공모하여 열세 살에 불과했던 화제의 조카 안제(安帝)를 황위에 올리고 그녀가 대권을 잡게 된다. 등태후도 외척을 등용하였으나 두태후 등이 패망한 전적을 교훈삼아 법을 최대한 준수하고 환관 정중, 채륜(蔡倫)** 등을 후대하여 평화를 유지하였다.

등태후가 세상을 떠난 후 안제가 친정을 하게 되자 등씨 일족을 모두 몰아내게 되었으며, 등즐 등 일곱 형제는 자살로 생을 마감하게 된다. 등씨 일족은 멸망하였으나 환관들이 득세하지는 못하였으며, 안제의 모후인 경씨(耿氏)와 황후 염씨(閻氏) 등의 외척이 다시 정권을 잡았다. 이들이 제멋대로 권력을 휘둘러 정치는 더욱 부패 일로를 걷게 된다. 안제가 세상을 떠나자 염씨 일가가 권력을 잡고 나이 어린 북향후(北鄕侯)를 황위에 올렸으니 이가 소제(少帝)이다. 그러나 소제가 황위에 오른 지 얼마 되지 않아 세상을 떠나자 외척들은 또 다시 조정의 정권을 마구 휘두르게 된다. 이에 대한 불만을 품고 있던 환관들은 정권을 찬탈하기로 의기투합하고 손정(孫程) 등 19명이 공모하여 기회를 보아 궁정에서 정변을 일으켰다. 염현(閻顯)과 그 일당을 죽이고 제음왕(濟陰王)을 옹립하였으니 이가 순제(順帝)이다. 기세등등해진 환관들은 그 자신들을 제후로 봉하였을 뿐만 아니라 관례를 깨고 양자를 들여 자신들의 작위를 세습하게 된다.***

---

* 등태후는 13세였던 안제(安帝)를 황위에 올리고 수렴청정(垂簾聽政)을 하였다. 『진서(晉書)』의 「직관지(職官志)」에 의하면 등태후는 오빠인 등즐을 거기장군(車騎將軍)과 의동삼사(儀同三司)로 임명하여 병권을 쥐어주고 권세를 휘둘렀다.

** 종이를 발명하고 난 후 114년 용정후(龍亭侯)로 책봉되어 장락(長樂 : 福建省) 태복(太僕 : 卿)이 되었으나, 안제(安帝) 즉위 후에 정쟁에 말려들어 음독 자살하였다.

*** 등태후가 죽자 실권은 안제의 황후 염씨의 오빠 염현(閻顯)에게 넘어갔다. 염현은 안제가 죽자 황태자를 폐위시키고 소제를 세웠지만, 소제가 급사한 후 손정 등 환관 19인이 염씨 일족을 살해하고 폐태자였던 순제를 세웠다. 이것이 황제가 환관에 의해 옹립된 최초의 예이다. 이 공으로 환관 19인은 일거에 후(侯)로 봉해졌고 양자를 들여 작위를 세습할 수 있었다. 『삼국지』에 나오는 조조(曹操)의 아버지도 이때 환관 조등(曹騰)의 양자가 되었다.

악순환의 연속

순제(順帝 : 재위 125~144)가 황위에 오르자 황후의 아비인 양상(梁商)이 대장군 (大將軍)의 자리에 올라 집권하였다. 양상이 죽자 순제는 양상의 아들 양기(梁冀 : 황후의 오빠)를 대장군으로 임명하여 집권토록 하였다. 이에 동한은 외척 집권기 가운데에서도 가장 부패한 정치적 암흑기에 접어들게 된다. 양기는 학문을 익히 지 않아 아무런 재주도 없었으며, 무재무덕(無才無德)한 인물로 법도 그 앞에서 무 용지물이 될 정도로 횡포하였다. 순제가 세상을 떠나자 두 살밖에 되지 않은 충 제(沖帝 : 재위 144~145)가 즉위하였으며, 양태후(梁太后)가 청정을 하게 됨에 따라 그 의 오라비 양기는 대권을 장악하게 된다.

1년 후 충제가 죽자 여덟 살에 불과한 질제(質帝 : 재위 145~146)가 즉위하였다. 질 제는 나이는 어렸으나 매우 총명하여 양기를 향해 '발호장군(跋扈將軍 : 제멋대로 날뛰 는 사람을 비유하는 말)'이라며 질책하였다. 양기는 이 말을 듣고 분하면서도 두려워 지기 시작하였다. 이 어린 황제를 섣불리 다룰 수 없다고 느끼자 그는 사람을 시켜 몰래 질제를 독살하고 열다섯 살의 여무후(蠡武侯)를 환제(桓帝 : 재위 146~167)로 옹립 하였다. 환제는 즉위 후에 양기의 동생을 황후로 맞이하게 됨으로써 양씨 집안의 권세는 더욱 하늘을 찌르게 되었고, 조정과 백성들은 도탄에 빠지게 된다.

양기는 대장군의 신분으로 조정의 정권을 장악하였을 뿐만 아니라 황태후와 황후 두 여동생이 황궁을 든든히 지키고 있고 수많은 환관들을 자신의 심복으로 앉힘으로써 황제는 완전히 그의 수중에 놓이고 만다. 심지어 황제의 생명까지도 양기에 의해 좌지우지되는 상황이었다. 환제는 그의 외척의 비위를 맞추기 위하 여 양기의 봉토를 늘리고, 양기가 관할하는 대장군부의 관속도 늘림으로써 양기 는 삼공(三公)의 두 배가 되는 봉토를 차지하게 된다. 양기의 형제와 아들들은 모 두 만호후(萬戶侯 : 1만 호의 영지를 다스리는 제후)로 봉하였으며, 양기에게 봉한 영지 는 3만호에 달하였다.

양기가 정권을 장악하자 그의 처인 손수(孫壽 : ?~159)*도 따라서 득세하게 된

---

* 아름다우면서도 드센 성격의 손수는 양기를 움직여 손씨 집안의 사람들을 시중(侍中), 교위(校尉) 등의 각종 벼 슬을 내리게 했다. 150년, 조정에서는 손수를 양성군(襄城君)으로 봉했고, 양적(陽翟)에서 거두는 조세를 받았 고, 장공주(長公主)와 같은 예우를 받았다.

동요전수(銅鑄錢樹)

다. 그녀는 양성군자(襄城君子)로 봉해져 양적현(陽翟縣)을 식읍으로 받아 그곳에서 올리는 조세를 받았고, 또한 적불(赤紱 : 붉은 빛을 띠는 천자의 제복의 일종)을 하사받아 공주와 같은 대우를 받았다. 양기의 기고만장함은 보는 사람을 두려움에 떨게 하였다. 그의 심기를 거스르지 않기 위해 조심해야 하는 한편, 그가 하는 말에는 무조건적으로 순종과 아첨을 해야만 했다. 조정의 모든 신료들은 벼슬이 올라갔을 때에 먼저 양기의 집으로 가서 그에게 감사를 전한 후에야 관직을 받아갈 수가 있었다. 태위(太尉) 이고(李固), 두교(杜喬) 등 심지가 곧았던 인물들은 그에게 아첨하거나 빌붙으려 하지 않았기 때문에 모함을 받고 죽고 말았다. 문무백관들도 그에게 순종하는 자는 목숨을 부지할 수 있었으며, 그에게 거역하면 바로 죽음을 맞이하였다. 양기는 자신의 뜻에 거슬리면 모함, 독살, 강탈 등 수단과 방법을 가리지 않았기 때문에 그를 두려워하지 않는 사람이 없었다.

환제는 양기에게 어떠한 물품을 하사하고 어떠한 예우를 할 것인지에 대해서 공경들과 회의를 열 정도였다. 이에 유사(有司 : 현직 관료들을 말함)들은 "양기가 조정의 조회에 참석할 때 다른 신료들처럼 종종걸음을 치지 않고 여유롭게 걸어 들어 오도록 하는 한편, 검을 지니고 궁전에 들 수 있고, 그를 칭송할 때 그 이름을 함부로 부르지 않도록 할 것(고대에는 황제의 이름을 함부로 부를 수 없었기 때문에 양기에 대한 예우는 황제에 버금간다고 볼 수 있다)"을 아뢰었다. 양기에 대한 예우는 서한의 개국 공신 소하(蕭何 : ?~BC 193)*에 비길 정도였으며, 정도(定陶), 양성(陽成) 등의 영지와 네 개 현을 그에게 봉토로 줄 정도로 그의 세력은 동한의 개국 공신 등우(鄧禹 : 후한 광무제 때의 개국공신)와 비겨도 손색이 없었다. 금전, 노비, 오색 비단, 거

---

* 한나라 고조 유방의 개국공신으로 한신(韓信), 장량(張良)과 함께 한삼걸이라고 칭해진다. 훗날 고조가 즉위할 때 차후(鄼侯)로 봉해지고 식읍(食邑) 7천 호를 하사받았으며, 뒤에 한신 등의 반란을 평정하고 최고의 상국(相國)에 올랐다.

마, 의복, 저택 등의 규모는 서한 중흥의 공신인 확광(霍光)에 비할 정도였다. 각 신료들이 조회에 나설 때 양기가 앉는 자리가 별도로 마련되어 있어 그의 지위는 삼공보다도 높았다고 할 수 있다. 이러한 예우에도 불구하고 양기는 만족할 줄 몰랐으며, 유사들이 취한 예가 미흡하다고 여겼다.

이때부터 양기는 모든 권력을 수중에 넣고 휘둘렀으며, 그 거만하고 흉포한 작태가 날이 갈수록 더욱 심해져

'약속외가(約束外家)' : 동한 명덕황후(明德皇后)인 마태후(馬太后)가 종친들에게 교만과 무례를 삼갈 것을 훈계하는 내용을 그리고 있다.

조정의 크고 작은 모든 일에 그가 관여하지 않는 것이 없을 정도였다. 정치적으로 무서울 게 없었으며, 일상의 생활도 사치스럽고 음탕하기 그지없었다.

역사 문헌들에 의하면, 양씨는 그의 등등한 기세를 만방에 드러내기 위하여 호화스러운 저택과 원림을 지어 황궁에 버금가는 화려하고 웅장함을 뽐내었으며, 도성 부근에 천여 리에 이르는 사냥터를 짓기도 하였다. 또한 토끼 농장을 세워 수십 리에 걸쳐 토끼를 길렀으며, 관민을 동원하여 수년에 걸쳐 완성하였다. 그는 각지에 명을 내려 살아 있는 토끼를 잡아 바치도록 하였으며, 또한 어떠한 상처도 입혀서는 안 된다고 강조하였다. 만약 이를 어기면 죽음으로 다스렸다. 어느 날 서역에서 온 상인이 이러한 금령을 모른 채 토끼 한 마리를 잘못하여 죽이고 말았다. 그 결과 이 지역의 주민 십여 명이 죽임을 당하였다.

양기는 수천 명의 양민을 노비로 삼고 '자매인(自賣人 : 스스로 자신을 판 사람)'이라고 칭하였다. 동한의 금령(禁令)은 그에게는 휴지 조각이나 다름없었다. 중국 각지에서 황제에게 바치기 위해 올라오는 진상품 가운데 상품(上品)은 모두 양기의 저택으로 보내지고 남은 것이 황궁으로 보내지곤 하였다. 양씨 일가에서 일곱 명의 제후가 봉해졌으며, 여인 일곱 명이 군(君 : 제후에 해당함)에 봉해졌다. 대장군 두 명, 황후 세 명, 귀인 여섯 명이 양씨 집안 출신이었으며, 공주를 아내로 삼은 자가 세 명, 문무대신에 오른 자가 무려 57명에 달하였다. 20여 년 동안 정권을 장

악하면서 세 명의 황제를 옹립하였기 때문에 동한에서 이보다 더한 권세를 가진 권신은 다시 없을 정도였다.

외척의 기세가 하늘을 찌르자 환관들이 불만을 품기 시작하였으며, 외척들과 암투를 벌이게 된다. 환제 역시도 외척의 통제를 받고 있었기 때문에 양기의 손아귀에 벗어나 자유를 얻고 싶은 마음이 간절하였다. 양태후와 양황후가 세상을 떠나자 때를 기다렸다는 듯이 환관 당형(唐衡), 선초(單超) 등과 함께 양기를 몰아낼 계획을 꾸몄다. 마침내 연희(延熹) 2년(159년) 중상시(仲常侍) 선초, 서황(徐璜), 구애(具瑗), 당형 등과 함께 정변을 일으켜 양씨 일족은 남녀노소를 막론하고 모두 죽이자 당황한 양기는 자살하고 만다. 그 외의 공경들 가운데 죽임을 당한 자가 수십 명에 달하였으며, 3백여 명을 파면하여 조정의 고관들은 모두 축출되었다. 양기의 재산을 몰수하여 경매에 붙인 결과 30여 억의 금전이 모아졌기 때문에 그해 나라의 세금을 모두 절반으로 감하는 조치를 취하였다.

양씨의 외척 세력은 모두 멸하였으나 정권은 환제의 손이 아닌 환관들의 수중으로 떨어졌다. 선초, 서황 등 다섯 환관은 외척을 척결한 공을 내세워 모두 한 날에 제후로 봉해짐으로써 세간에서는 오후(五侯)로 불리게 된다. 또한 소황문(小黃門)의 환관 유보(劉普), 조충(趙忠) 등 여덟 명도 향후(鄕侯)에 봉해졌다. 환관 집권기의 상황은 외척이 집권했을 때보다 별반 나아진 것이 없었다. 오히려 더욱 부패하고 혼란스러워졌다고 할 수 있다. 그들은 자신의 종친과 친족들을 지방으로 파견하여 자사(刺史), 태수(太守) 등을 담당하도록 함으로써 법을 제멋대로 어기고 뇌물을 받는가 하면 백성들의 재산을 강탈하여 도적과 다를 바가 없었다.

환관의 탐욕과 지방토호들의 핍박으로 백성들의 고통은 이루 말할 수 없었으며, 견디다 못해 도적의 무리를 이뤄 조직적으로 반항하기 시작하였다. 연희 8년(165년) 환제는 귀인(貴人) 두씨(竇氏)를 황후로 삼았다. 그러나 환제는 자식을 낳지 못하고 세상을 떠났다. 두황후와 그 아비 두무(竇武)는 열두 살 영제(靈帝 : 재위 168~189)를 황제로 옹립하였다. 두태후가 청정을 하면서 두무를 대장군으로 삼아 집정토록 하였다. 두무는 태부(太傅) 진번(陳蕃) 등과 공모하여 환관 세력을 제거하고 조정의 핵심 중추와 황궁의 근위대를 장악하는 한편, 도성 및 도성 부근의 지방 관료 기구를 손에 넣고 환관 세력을 뿌리 뽑고자 하였다.

그러나 환관 조절(曹節), 왕보(王甫) 등이 먼저 공격을 감행하여 영제와 두태후를 제압하고 거짓 성지를 내려 두무를 체포하도록 하였다. 두무 대장군은 조서를 거부하고 수천 명의 병사를 거느리고 저항하려고 하였으나 결국 자살로 최후를 맞이하게 된다. 두태후는 운대(雲臺)에 연금되었으며, 환관들은 영제를 마음대로 조종하였다. 본래 다소 우세한 위치에 있던 외척 세력이 한 순간에 일어난 환관의 반란으로 무너지는 것을 보면 당시 환관의 세력이 얼마나 강했는지 짐작할 수 있다.

조절, 왕부 등의 환관 세력은 두무, 진번 등을 죽이고 스스로 제후로 봉하는 동시에 관직을 높이고 작위를 부여하였다. 그들의 아비와 형제들은 모두 공경(公卿), 열교(列校), 목령(牧令), 수장(守長) 등 모든 관직을 독식하다시피 하였다. 왕보, 조절 등이 세상을 떠난 후 환관 조충(趙忠), 장양(張讓) 등 열두 명이 중상시(中常侍)에 올라 스스로 제후로 봉하자, 세간에서는 이들을 '십상시(十常侍)'*라고 불렀다. 영제는 심지어 "장상시(張常侍 : 장양)는 내 아버지요, 조상시(趙常侍 : 조충)는 내 어머니이다"라고 말할 정도였다. 환관들은 전대미문의 황제의 세력을 등에 업고 더욱 기고만장해져서 제멋대로 날뛰었고, 동한의 정치는 갈수록 깊은 혼란에 빠지게 된다.

▶▶ 역사의 흐름에 어떤 영향을 미쳤을까?

동한 후기의 정치는 한 마디로 '외척과 환관의 정치'라고 말할 수 있다. 황권이 외척과 환관의 수중에 떨어지게 됨에 따라 황제는 이들의 조종대로 움직일 수밖에 없었다. 외척과 환관은 그들이 장악한 권력을 이용하여 온갖 만행을 일삼았으며, 조정은 혼란에 빠지고 지방의 민중들도 피해를 입었다. 외척과 환관은 어느 누가 집권하든지에 상관없이 그들의 탐욕을 만족시키려고만 했기 때문에 정치적인 성과도 사회적인 유익도 기대할 수 없었다. 오히려 정치는 더욱 부패하고 경제는 더욱 도탄에 빠졌으며, 백성들의 생활은 더욱 곤궁해질 따름이었다. 동한

---

* 후한 말 영제(靈帝) 때 정권을 잡아 조정을 농락한 10여 명의 중상시, 즉 환관들을 말한다. 그들의 이름과 수 모두 차이가 나는데, 『후한서(後漢書)』는 12명, 『삼국지연의』에는 10명이다.

왕조는 외척과 환관의 정권 다툼으로 얼룩져 있으며, 황제는 주마등처럼 이들의 손에 의해 수시로 바뀌어 멸망의 나락으로 떨어졌다.

　　외척과 환관의 정치는 후대 왕조의 정치에도 지대한 영향을 끼치게 되었으며, 당나라, 명나라 시대에도 모두 환관 정치가 재현되기도 하였다. 중국 역사에서 외척의 등장은 헤아릴 수 없을 정도로 많아 중국 고대 정치사에 중대한 영향을 끼쳤다.

11. 장각, 황건黃巾 봉기를 일으키다

　　동한 말엽에 발생한 황건(黃巾)의 봉기로 부패한 동한 왕조는 심각한 타격을 입게 되었으며, 군벌 세력이 등장하는 계기를 만들어 준다. 이는 삼국의 혼란기에 접어드는 전조이자 난세의 시작을 알리는 신호탄이었다고 볼 수 있다.

　　동한 말엽 외척과 환관이 집권하면서 매관매직이 성행하였고, 조정은 날이 갈수록 더욱 부패하였다. 또한 동한의 서강(西羌 : 중국 서쪽 변방에 살던 티베트계系 유목민족)의 전쟁이 수십 년 동안 지속되면서 4백억에 가까운 재화가 소진되었으며, 지방 토호들 간에 토지겸병이 광범위하게 이루어지면서 농민들은 살길이 막막하였다. 이에 수차례에 걸쳐 소규모 농민 봉기가 일어나기 시작하였으나 군대에 의해 무참하게 진압되었다. 이러한 시대적 배경 속에서 장각(張角 : ?~184년)*은 대규모의 황건 봉기를 준비하게 된다.

---

* 황건적의 난의 지도자로 태평도(太平道)의 창시자이다. 대현량사(大賢良師)라 자칭하고 제자를 각지에 파견해 대중을 조직화한 후, 두 동생과 함께 농민을 규합하여 한나라 타도를 목표로 거병하였다. 그러나 그는 그 해에 병사하고 만다. 그들은 새 왕조의 출현을 표방하는 황색 천을 매고 있었으므로 '황건'이라 불렸고, 장각은 천공장군(天公將軍)이라 불렸다.

내외 호응을 통한 팔주(八州)의 동시 봉기 추진

동한 광화(光和 : 영제靈帝의 연호) 7년(184년) 황건 농민 봉기가 발생하였다. 동한 말엽 농민과 지주 사이의 모순이 격화되면서 일어났으며 오랜 준비 기간을 거쳐 조직적으로 일으킨 대규모 농민 전쟁이라고 할 수 있다.

이 치열했던 농민 봉기 전쟁은 비록 동한 왕조와 각지의 무장 토호 지주계급의 연합군에 의해 진압되면서 실패로 끝났지만 부패한 동한 왕조에 심각한 타격을 입힘으로써 한나라 왕조의 붕괴를 가속화시켰다. 또한 정도에 차이는 있었지만 토호 지주계급의 세력을 약화시켜 동한 후기 토지겸병 상황을 개선할 수 있는 가능성을 열어주었다. 환관과 외척이 번갈아 집권하면서 동한 후기의 정치는 더욱 부패하고 토지겸병이 악화되었으며, 부역과 세금은 날이 갈수록 무거워져 사회 불안이 가중되었다. 백성들은 고향을 등지고 정처 없이 떠돌게 되었으며, 계급 모순은 더욱 격화되는 양상을 보였다. 이때부터 소규모 농민 봉기가 계속해서 일어나게 된다.

'산우욕래풍만루(山雨欲來風滿樓 : 산에 비가 내리기 전에 도처에 바람이 세차게 몰아치는 법이다)'라는 말처럼 대규모 농민 봉기가 발생하기에 앞서 오랜 기간 분위기가 무르익고 있었다.

시대가 영웅을 만든다고 했던가. 장각(張角)은 기주(冀州) 거록(巨鹿 : 지금의 하북성 평향平鄕 서남 지역에 해당) 출신으로 수많은 민중이 동한 왕조의 폭정에 시달리는 비참한 상황을 목도하고 울분을 참을 수 없어 무장 봉기를 통해 이러한 상황을 타파하고, 아울러 새로운 국면 전환을 모색해야겠다고 결심하게 된다. 이에 다방면에 걸쳐 조직적으로 농민 봉기를 추진하게 된다.

장각은 스스로를 '대현양사(大賢良師)'라 칭하고 '태평도(太平道)'를 창시하였다. 부적, 주술 등의 방법으로 의술을 행하는 한편, 가난한 농민들에게 원시 도교의 평등사상을 선전하며 민중이 봉기하여 폭정세력에 맞서야 한다며 이들을 고무시켰다. 이러한 선전을 통하여 민중들이 행동에 나서도록 자극하고 종교를 이용하여 농민 봉기 조직을 결성해 나가기 시작하였다. 핵심 신도를 각지에 파견하여 농민의 역량을 결집시키는 데 힘썼다. 10여 년 간의 노력을 통해 비밀 결사 조직의 선전과 활동을 통해 장각은 청(靑), 서(徐), 유(幽), 기(冀), 형(荊), 양(揚), 연(兗),

예(豫) 등 팔주(八州)에 고루 수십만 신도를 거느리게 된다. 이를 바탕으로 장각은 각 신도 조직을 36방(方)으로 나누었는데, 규모가 큰 방의 인원수는 만여 명에 달하였고, 작은 규모의 방은 6~7천 명으로 이루어졌다. 각 방에는 '거수(渠帥)'를 설치하여 일괄 관리하는 등 봉기를 위한 조직 편제에 들어가기 시작하였다.

봉기 하루 전날 장각은 참언(讖言)의 형식으로 "창천(蒼天 : 동한 왕조)은 죽었고, 황천(黃天 : 황태일신黃太一神, 즉 태평도)이 일어나니 갑자년(甲子年 : 봉기가 일어난 해)에 천하가 대길하리라"*라고 예언하며 전투의 구호와 함께 봉기 계획을 세우게 된다. 종교 형식을 취한 농민의 대대적인 봉기가 곧 일어날 준비를 하고 있었던 것이다.

봉기에 앞서 장각은 대방의 수령 마원의(馬元義)에게 낙양과 각 주 사이를 오가며 형(荊), 양(揚) 두 주의 신도 수만 명을 업성(鄴城)으로 집결시켜 낙양 황궁에 있는 환관 신도들과 연락을 취하여 3월 5일 낙양과 각 주에서 동시에 봉기를 일으키기로 확정하였다.

그러나 봉기에 돌입하려고 하는 바로 그 시점에 태평도 내부에 배반자가 나오고 만다. 제남(濟南) 출신의 당주(唐周)라는 인물이 봉기의 모든 계획을 조정에 밀고해 버린 것이다. 동한 왕조는 이 소식을 접한 후 강력한 진압에 나서기 시작하였으며, 봉기의 주도자들을 잡아들이게 된다. 이러한 갑작스러운 변고에 봉기 조직은 흐트러지기 시작하였으며, 장각은 불리한 국면을 타개하기 위하여 과감하게 봉기 일정을 앞당기기로 결정하였다. 이에 깊은 밤을 틈타 사람을 보내어 각 방에 행동을 지시하게 되었으며, 봉기군은 황색 두건을 머리에 둘러 서로 알아볼 수 있도록 표시하였다. 역사적으로 유명한 '황건 봉기'가 드디어 일어나게 된 것이다.

황건 봉기가 발생한 후 '단 시간에 온 천하에 메아리치며 도성을 떠들썩하게 만들만큼' 그 기세는 실로 대단하였다. 장각은 스스로 '천공장군(天公將軍)'이라 일컬으며 봉기군을 이끌었으며, 봉기군의 주력부대를 세 개 지역에 나누어 분포

---

* 태평도의 구호로, "창천이사 황천당립 세재갑자 천하대길(蒼天已死 黃天當立 歲在甲子 天下大吉), 즉 푸른 하늘이 죽고 노란 하늘이 일어나니, 갑자년에 천하가 크게 길해지리라"를 내세워 백성들이 푸른 하늘에 해당하는 한 나라가 망하고 노란 하늘에 해당하는 새 세상이 올 것이라고 여기게 했다.

시켰다. 그의 동생 장보(張寶)는 '지공장군(地公將軍)', 장량(張梁)은 '인공장군(人公將軍)'이라 일컬으며, 각각의 봉기군을 이끌었다. 이들은 봉기군의 주력부대를 이끌고 기주(冀州) 지역을 주름잡으며 북방의 혁명 중심 세력으로 자리 잡게 된다. 장만성(張曼成 : ?~184년)*은 스스로를 '신상사(神上使)'라 일컬으며 황건 봉기군을 이끌고, 남양(南陽) 지역에 주둔하며 전투를 벌임으로써 남방의 혁명 중심 세력으로 자리 잡았다. 파재(波才), 팽탈(彭脫) 등은 영천(潁川 : 동한의 군郡 가운데 하나로서 지금의 하남성 우현禹縣 지역에 해당), 여남(汝南 : 동한의 군 가운데 하나로서 지금의 하남성 여남 동북 지역에 해당), 진국(陳國 : 동한의 군 가운데 하나로서 지금의 하남성 수양睢陽 지역에 해당) 일대를 진격하며 중국 동부 지역의 혁명 중심 세력을 형성하였다. 황건 봉기군은 가는 곳마다 관부를 불 지르고 지방 토호를 치는 한편, 성곽을 공격하여 성과 마을을 점령하였다. 황건 봉기군의 공격으로 동한 왕조의 통치 질서는 큰 타격을 입게 된다.

장각은 기존의 농민 봉기가 동한의 군대에 의해 진압된 교훈을 되새겨 내외 호응을 통해 팔주(八州)에서 동시 다발적으로 봉기를 일으키는 전략을 세웠다. 즉 도성인 낙양을 비롯하여 각 지방의 주(州)에서 일시에 봉기하도록 한 것이다. 각각의 봉기군이 완벽하고 치밀하게 협력 체계를 형성하지는 못하였지만, 동·남·북 세 방향에서 낙양을 포위하며 진격하는 형태를 볼 때 도성인 낙양을 주요 공격 목표로 삼고 있다는 것을 알 수 있다.

황건 봉기군의 전투 실패

팔주에서 동시에 일어난 황건의 봉기로 동한의 조정은 큰 충격에 휩싸였다. 당황한 통치계급은 군대를 동원하여 봉기를 진압하고자 하진(何進 : ?~189년)**을 대장군으로 임명하고 좌우 금위군(禁衛軍) 5개 진영의 군대를 모두 동원하여 경성

---

* 황건적의 뛰어난 장수로 장각의 명령에 따라 황건적을 이끌고 남양(南陽)을 점령하고 남양 태수 저공(褚貢)을 죽였다. 그러나 그해 6월 한나라에서 새로 남양태수로 임명한 진힐(秦頡)과 싸우다가 전사했다. 장만성의 부하들은 조홍(趙弘)을 새로운 우두머리로 받들고 8월까지 저항하다가 주준(朱儁)에게 토벌당했다.
** 영제(靈帝)의 황후인 하황후의 오빠로 그 당시 실권을 잡고 있었다. 후에 십상시들을 제거하려 했으나 도리어 십상시에게 암살당했던 인물이다.

(京城)을 방어하도록 하였다. 함곡(函谷), 태곡(太谷) 등 8개 요소에 팔관도위(八關都尉)를 설치하고 낙양 주변의 방어를 강화하였다. 파벌이 다른 경우 정치 참여를 금지했던 조치를 폐지하여 조정의 내부 모순을 완화시키는 한편, 황궁에 숨겨 두었던 재물과 돈으로 관병을 회유하고, 서원(西園)에 있던 말들을 군마로 차출하여 기병(騎兵)을 확충하였다. 모든 준비를 마치자 동한 왕조도 군대를 집결시켜 봉기군에 반격을 시작하였다.

당시 파재(波才)가 지휘하던 영천 일대의 봉기군들은 도성인 낙양에 직접적인 위협을 가하고 있었다. 한나라 조정에서는 중랑장(中郎將) 황보숭(皇甫嵩 : ?~195년)*이 통솔하는 주력부대를 이곳으로 투입시키게 된다. 봉기군의 주무대였던 하북성 일대는 북중랑장(北中郎將) 노식(盧植)이 북군 오교위(五敎尉)와 현지 군의 군대를 이끌고 진압에 나섰다. 장만성(張曼成)이 지휘하는 남양(南陽) 일대의 봉기군에 대해서는 방어를 강화하고 수비 위주의 진지를 구축하였다. 노련한 통치 경험과 군사작전 능력을 겸비한 동한의 통치계급은 '선방어, 후소탕'의 작전을 세우고 공수 겸비, 요새 공격, 단계별 격파 등의 전략 방침을 마련하였다. 황건군은 난폭하면서도 교활한 적과 일전을 벌이게 된 것이다.

그해 4월 영천 일대에서 황건 봉기군과 동한의 군대의 첫 교전이 벌어졌다. 영천의 황건 봉기군을 이끌었던 파재는 황보숭의 군대를 장사(長社 : 지금의 하남성 장갈長葛 동북 지역에 해당)에서 포위하고 공격함으로써 전세는 봉기군에게 매우 유리하였다. 그러나 실전 경험이 부족했던 봉기군은 초목지에 진영을 설치하고 경계를 게을리 했기 때문에 야밤에 황보숭의 군대가 진영에 불을 지르고 공격을 해오자 심각한 타격을 입고 만다. 황보숭은 고삐를 늦추지 않고 이 기회를 이용하여 조조(曹操 : 155~220년)** 등의 군대와 연합하여 진격함으로써 수만의 봉기군을 죽이고 파재의 군대를 대파하였다. 영천의 봉기군을 진압한 후 승기를 잡은 동한

---

* 영제(靈帝)는 그를 좌중랑장으로 삼고 노식, 주준과 함께 황건적을 토벌하도록 했다. 황건의 난 때, 혁혁한 공을 세운 문무를 겸비한 인물이다. 훗날, 192년 동탁이 왕윤(王允)과 여포에게 살해당한 후 거기장군과 태상(太常) 등을 지냈다. 그러나 왕윤을 죽이고 정권을 잡은 이각(李傕)이 전횡을 일삼자 병이 들어 죽었다.
** 184년 조조가 30살 때 황건적의 난이 일어난다. 이때 기도위(騎都尉)에 임명되어 영천(潁川)에서 황건적을 토벌하고, 이 공적으로 제남(濟南)의 상(相)으로 승진하였다. 훗날 위(魏)나라를 건국하였다.

의 관군은 여남, 진국 등의 봉기군을 공격하였다. 이에 파재의 봉기군 잔병은 양적(陽翟 : 지금의 하남성 우주시禹州市에 해당), 팽탈의 봉기군은 서화(西華 : 지금의 하남성 서화 남부 지역에 해당)에서 관군에게 진압당하고 만다.

영천, 여남의 황건 봉기군이 대패하자 동한의 도성은 위험에서 벗어나게 되었으며, 도성 방위군을 다른 지역의 봉기군 진압에 투입할 수 있게 되었다. 이때부터 전세가 역전되어 동한의 관군이 우세한 위치에서 주도권을 쥐고 전쟁에 임하게 된다.

이에 동한의 조정에서는 황보숭을 동부 지역에 투입하여 동군(東郡) 복이(卜己) 지역의 황건 봉기군을 진압하도록 하고 주준(朱儁) 등은 남양으로 이동시켜 장만성의 봉기군을 진압하도록 하였다. 황보숭은 창정(倉亭) 일대에서 복이의 봉기군을 공격하여 대파하고 손쉽게 진압에 성공하였다. 따라서 동한의 관군과 봉기군의 두 번째 교전은 남양 일대에서 벌어지게 된다.

봉기군은 전쟁의 실전 경험이 부족했기 때문에 관군의 계략에 빠져 추격전을 벌이다가 매복군의 공격을 받고 큰 타격을 입고 말았다. 봉기군을 지휘했던 한충(韓忠)은 투항하였음에도 그대로 죽임을 당하였다. 손하(孫夏)는 봉기군의 잔병을 이끌고 완성(宛城)까지 후퇴하였으나 관군을 당해내기에는 중과부적이었다. 결국 버티지 못하고 11월 완성에서 퇴거하여 서쪽의 악정산(鄂精山 : 지금의 하남성 남소南召 남부 지역에 해당)으로 후퇴하였으나 관군에게 진압당하고 만다.

그 후 전투는 황건 농민 봉기군의 주무대인 하북 지역으로 옮겨지게 된다. 장각이 거록에서 범중국적인 농민 봉기를 일으킨 후, 바로 광종(廣宗 : 지금의 하북성 위현威縣 동남 지역에 해당)을 공격하였다. 장보에게는 북상하여 곡양(曲陽 : 지금의 하북성 진현晉縣 서쪽 지역에 해당)을 점령하도록 명하여 하북의 중심 지역을 장악하도록 함으로써 장각, 장량의 군대와 함께 쇠뿔 모양의 진지를 구축하였다. 동한 왕조는 노식, 동탁(董卓 : ?~192년)* 등으로 하여금 하북 봉기군을 소탕하도록 하였으

---

* 그는 황건적 토벌에서 패배하여 면직되지만 한수(韓遂) 등이 양주에서 반란을 일으키자 복직되어 진압을 맡았다. 훗날 영제가 죽은 뒤, 190년 어린 황제를 죽이고 헌제를 즉위시켰다. 그 후 전횡을 일삼다가 부하이자 양자인 여포(呂布)에 의해 목숨을 잃는다.

나, 시간이 흘러도 별다른 진전을 이루지 못하고 있었다.

그해 8월, 황보숭은 관군 통수(統帥)에 임명되어 주력군을 이끌고 하북 전장에 투입되었다. 다른 지역의 봉기군은 대부분 대패하여 전세는 황건 봉기군에게 매우 불리한 상황이었다. 엎친 데 덮친 격으로 이렇듯 중요한 시기에 황건 봉기군의 수장 장각이 돌연 병사하고 만다. 이렇듯 어려운 상황에서도 봉기군은 장량, 장보의 인솔 하에 관군과의 혈전을 계속 전개하였다. 봉기군은 광종 일대에서 황보숭이 이끄는 관군과 격렬한 전투를 벌였으며, 수차례에 걸쳐 관군의 공격을 막아 내었다. 황보숭은 결국 진영을 가다듬고 병사들을 쉬게 하면서 상황을 지켜보기로 하였다.

동한시대 기병용(騎兵俑)

그러나 봉기군은 관군을 얕잡아 보고 그들이 공격을 멈춘 것으로 여겨 경계를 게을리 하게 되었다. 틈틈이 기회를 벼르고 있던 황보숭이 야밤에 기습 공격을 실시하자 봉기군은 우왕좌왕하다가 무참히 패배하고 만다. 이 전투에서 장량은 전사하였으며, 광종은 관군에게 함락되었다. 봉기군은 8만여 명이 투신자살을 하는 등 대부분 전멸하였다. 황보숭은 장량의 봉기군을 진압하고 광종(廣宗) 일대를 손에 넣은 후 병력을 신속하게 이동시켜 11월에 곡양(曲陽)을 점령하였다. 치열한 전투를 치르면서 장보(張寶)는 전사하였으며, 10만여 봉기군은 모두 죽임을 당하는 등 봉기군은 패배하였다. 이로써 하북 지역의 황건 봉기군도 피비린내 나는 전투 속에서 모두 몰살당하고 만다.

관군이 곡양을 함락시킴에 따라 장각 등이 일으킨 황건 봉기군의 주력부대는 동한의 관군과 토호 세력의 무력 진압으로 완벽한 실패로 끝이 났다. 그러나 농민 봉기의 불씨는 꺼지지 않고 남아 있어 각지에 흩어진 황건 봉기군의 잔병들은 계속 투쟁을 이어나갔으며, 수없이 넘어져도 다시 일어나는 불굴의 투지로 동한 왕조의 통치계급에 타격을 주었다. 이들의 투쟁은 20여 년간 지속되어 황건 봉기의 감동적인 대미를 장식하였다.

▶▶ 역사의 흐름에 어떤 영향을 미쳤을까?

황건 봉기는 비록 실패로 끝났지만 그 후
10년에 걸쳐 오랜 기간 영향을 미쳤다. 중국
각지에서는 황건 봉기군의 잔병들이 지속적
으로 활동하였으며, 이로써 후대 역사의 발전
에도 지대한 영향을 끼쳤다. 동한 왕조는 봉
기군을 진압하는 데는 성공했지만 국력이 크
게 소진되었으며, 봉기군을 진압하기 위해 지
방의 수장(守長)과 목령(牧令) 등 관료들에게
더 많은 군사권을 양도하게 되면서 동한이 쇠

동한시대 고묘군(古墓群)

퇴할 무렵 군벌 할거 전쟁이 출현하는 여건을 만들어주었다고 할 수 있다.

봉기군의 주력부대가 패한 후 세상은 더욱 혼란해 졌다. 황건 봉기군에 이어
흑산(黑山), 황룡(黃龍), 백파(白波), 좌교(左校), 곽대현(郭大賢), 우씨근(于氏根), 청우각
(靑牛角), 장백기(張白騎), 유석(劉石), 좌자장팔(左髭丈八), 평한(平漢), 대계(大計), 사예
(司隷), 연재(掾哉), 뇌공(雷公), 부운(浮雲), 비연(飛燕), 백작(白雀), 양봉(楊鳳), 우독(于
毒), 오록(五鹿), 이대목(李大目), 백요(白繞), 휴고(畦固)의 무리 등 셀 수없이 많은 농
민 봉기가 산간을 근거지로 일어나게 된다. 이러한 농민 봉기의 빈번한 발생으로
동한 말엽과 삼국의 혼란한 정국이 시작되었다고 볼 수 있다.

황건 농민 봉기는 비록 실패로 끝났지만 풍부한 농민 혁명의 유산을 남기는
등 중국 역사에서 유명한 농민 혁명 전쟁으로 기록되고 있다.

12. 적벽대전赤壁大戰, 삼국시대를 열다

중국의 삼국시대에는 수많은 영웅이 배출되어 아직까지도 흥미진진한 이야
기 거리를 제공하고 있다. 『삼국연의(三國演義)』가 널리 읽혀짐에 따라 삼국시대

의 고사들을 모르는 사람이 없을 정도이다. 이 가운데에서도 가장 사람들의 입에 자주 오르는 것이 아마도 '적벽대전(赤壁大戰)'일 것이다. 역사적인 측면에서 적벽 대전이 갖는 의의는 매우 크다고 할 수 있다. 이 결전으로 인해 북방의 중원 왕조 가 신속하게 중국을 통일하려던 꿈은 산산조각이 났으며, 삼국이 병립하는 국면 에 접어들게 된다. 이러한 상황이 3백여 년 동안 이어지면서 중국은 혼란기가 계 속되었고, 중국 역사의 한 페이지를 다시 쓰게 되었다고 볼 수 있다.

오(吳)나라와 연합하여 조조에 대항하다

208년에 발생한 '적벽대전'은 조조(曹操), 손권(孫權 : 182~252년)*, 유비(劉備 : 161~223년)**가 지금의 호북성(湖北省) 강릉(江陵)과 한구(漢口) 사이에 위치한 장강 연안을 무대로 벌인 결전으로 삼국 병립 국면을 확정하는 결정적인 역할을 하게 된다. 이 전쟁에서 열세에 놓였던 손권과 유비는 연합군을 결성하여 23~4만에 달 하던 조조군에 맞서게 된다. 정확한 상황 판단과 약점에 대한 철저한 분석과 치 밀한 협력을 통해 장점을 최대한 발휘하고 약점을 보완하여 화공(火攻)으로 승기 를 잡게 된다. 이 기세를 몰아 추격전을 늦추지 않음으로써 조조군은 대패하여 북쪽으로 달아나게 된다. 이로써 전쟁을 치르기 전 조조는 '횡삭부시(橫槊賦詩 : 칼 을 뽑으며 지은 시)'를 지으며 중국을 차지하려한 야심은 수포로 돌아가고 만다. 적 벽대전은 화공을 통해 약자가 강자를 이긴 전쟁의 전례로서 중국 역사의 한 페이 지를 장식하고 있다.

때는 208년 조조는 북방을 평정한 후 대군을 이끌고 남하하여 유표(劉表 : 142~208년)***를 공격하였다. 조조가 형주(荊州)에 도착하기도 전에 유표는 병사하

---

* 손견(孫堅)의 차남, 손책(孫策)의 동생으로 수성(守成)의 명수로 평가되고 있다. 200년, 형 손책이 급사하자, 오 (吳)나라 황제의 자리에 올랐다. 손권은 252년, 제갈각(諸葛恪)에게 후사(황태자 손량孫亮)를 부탁하고 71세의 나 이로 죽었다. 삼국시대는 280년 오나라가 서진(西晉)의 무제에게 멸망당하면서 끝이 난다.

** 전한(前漢) 경제의 황자(皇子) 중산정왕(中山靖王)의 후손이다. 221년, 한나라의 멸망을 계기로 제위에 올라 국 호를 한(漢 : 蜀漢)이라 하였다. 손권과의 이릉(夷陵)의 싸움에서 대패하고 후사를 제갈량에게 위탁하고 63세 의 나이로 병사하였다.

*** 전한 경제(景帝)의 네 번째 아들 노공왕(魯恭王) 유여(劉余)의 자손으로 후한 말 삼국시대에 형주(荊州)에서 할거했던 군웅이다.

였다. 그의 아들 유종(劉琮)은 조조군의 기세에 지레 겁을 먹고 사신을 보내 투항하였다. 이 시기에 유비는 번성(樊城 : 지금의 호북성 양번시襄樊市에 해당)에 주둔하고 있었다. 조조가 대규모 남하를 하고 있다는 소식을 들은 유비는 강릉(江陵 : 지금의 호북성 강릉 지역에 해당)으로 후퇴하기로 결정한다. 형주의 백성들

적벽대전 유적(호북성 포기蒲圻 지역)

은 유비의 인품이 훌륭한 것을 듣고 모두 그를 따라가려 하였다.

조조는 양양(襄陽)에 도착하여 유비가 강릉으로 퇴거하고 있고, 유표가 강릉에 대량의 군량미를 비축해 두었다는 소식을 듣게 된다. 강릉의 군량미를 유비가 먼저 차지할 것을 염려한 조조는 친히 5천 명의 기병을 거느리고 유비를 추격하기 시작하였다. 유비의 군대는 병기와 장비를 싣고 이동하는데다가 10여만 명의 백성들이 그를 따르고 있었기 때문에 하루에 10여 리밖에 이동할 수 없었다. 조조의 기병은 밤낮을 쉬지 않고 달려 하루에 3백여 리를 이동함으로써 당양(當陽) 장판파(長坂坡 : 지금의 호북성 당양현當陽縣 동북 지역에 해당)에서 유비를 따라잡게 된다. 유비의 군대는 조조의 기병대에게 일격을 당하여 뿔뿔이 흩어졌으며, 장비(張飛 : ?~221년)가 장판파에서 조조의 군대를 막고 있는 틈을 이용하여 유비와 제갈량(諸葛亮 : 181~234년)은 소수의 군대만을 이끌고 조조의 추격을 벗어날 수 있었다. 그러나 강릉에 이르는 길은 조조 군대에 의해 가로막혀 있어 결국 하구(夏口 : 지금의 호북성 무한시武漢市)로 발길을 돌리게 된다.

이에 조조는 강릉을 점령하고 강 연안을 따라 동쪽으로 진군을 계속하여 하구까지 도달하였다. 제갈량은 유비에게 상황이 위급한 만큼 손권에게 도움을 청할 수밖에 없다고 심중을 털어놓았다. 손권 역시 형주가 조조의 수중에 넘어가는 것을 염려하여 노숙(魯肅)을 유비에게 보내어 그와 연합하여 조조에 대항하도록 권하게 된다. 제갈량은 노숙과 함께 시상(柴桑 : 지금의 강서성江西省 구강九江 서남 지역에 해당)에 도착하여 손권을 대면하였다. 이때 제갈량은 손권에게 다음과 같이 말하였다.

대교(大喬), 소교(小喬)의 초상 : 대교와 소교를 합하여 이
교(二喬)라고 부르기도 한다

"조조가 형주를 점령하고 나면 바로 동오(東吳)를 공격하게 될 것입니다. 장군께서 조조에 대항하고자 하신다면 하루빨리 관계를 끊고 저희와 힘을 합쳐 대항해야 할 것입니다. 이럴 의향이 없으시다면 차라리 조조에게 투항하십시오. 더이상 망설이다가는 시기를 놓치게 될 것입니다."

이에 손권이 다음과 같이 반문하였다.

"그렇다면 유비 장군은 어찌 조조에게 투항하지 않은 게요?"

그러자 제갈량은 엄숙하게 다음과 같이 회답하였다.

"유비 장군은 황실의 후예로 세상을 구원할 영웅이십니다. 어찌 비굴하게 조조에게 투항할 수 있단 말입니까?"

이 말을 들은 손권은 감정이 격해져서 다시 제갈량에게 반문하였다.

"나 역시 누구에게라도 동오(東吳)의 강토와 군대를 고스란히 넘겨 줄 마음이 없소. 허나 유비 장군은 전투에서 패한지 얼마 되지 않았는데, 어떻게 조조에게 대항한단 말이오?"

이에 제갈량은 다음과 같이 답하였다.

"마음 놓으십시오. 유비 장군이 전투에서 한 번 패하였을지언정 아직 2만의 수군을 보유하고 있습니다. 조조의 군대가 수적으로 많다고는 하나 먼 길을 추격해 오느라 군사들의 기가 모두 소진되었을 것입니다. 북방 사람들은 수전(水戰)에 약할 뿐만 아니라 형주의 주민들은 그들의 명을 제대로 따르지 않을 것이니, 저희가 힘을 합하기만 한다면 반드시 조조의 군대를 무찌를 수 있을 것입니다."

손권은 제갈량의 분석을 듣고 흡족해하며 바로 부하 장군들에게 조조에게 대항할 방법을 모의하도록 조서를 내렸다.

이때 조조가 파견한 병사가 선전 포고문을 들고 도착하였다. 포고문에는 "나는 한나라 황제의 명령으로 군대를 이끌고 남정(南征)에 나선 것이다. 수군 80만을 거느리고 장군과 대결하러 왔소이다"라고 적혀 있었다. 손권이 포고문을 부하들에게 보여주자 이들은 얼굴빛이 변하며 말을 잇지 못하였다. 이에 동오의 관료 가운데 가장 원로에 속했던 장소(張昭)는 다음과 같이 아뢰었다.

"조조가 천자의 명의를 빌어 정벌하러 왔으니 이에 대항하는 것은 도의상 맞지 않습니다. 저희는 본래 장강의 천혜 요새라는 지리적 이점을 믿고 있었으나 지금은 이마저도 위태롭게 되었습니다. 조조는 형주를 차지하였을 뿐만 아니라 천여 척이 넘는 함선까지 거느리고 왔으니 수륙 양면에서 공격을 해온다면 저희는 막을 도리가 없습니다. 투항하는 것이 가장 나을 줄로 아뢰옵니다."

장소의 말에 여러 신료들이 동조하였으나 노숙(魯肅)만이 차가운 시선으로 지켜볼 뿐 한 마디도 하지 않았다. 손권은 들을수록 기분이 언짢아져 자리를 나서자 노숙이 곧 뒤따라 나왔다. 손권은 노숙의 생각을 물었다.

이에 노숙은 다음과 같이 대답하였다.

"방금 장소 등이 한 말은 한마디도 들을 바가 못 되옵니다. 투항을 하려면 저 노숙이야 가당하겠지요. 저는 투항을 한다 해도 고향으로 돌아가 선비들과 한담이나 나누며 기회가 되면 또 말단 관직을 얻을 수도 있을 것입니다. 그러나 만약 장군께서 투항하신다면 강동(江東) 육군(六郡)이 모두 조조의 손아귀에 들어가고 마는데 장군은 어디로 가시겠습니까?"

손권은 한숨을 내쉬며 말하였다.

"방금 대신들의 말은 실망스럽기 그지없었소. 그대가 하는 말이 비로소 내 마음에 드는도다."

회의를 마친 후 노숙은 손권에게 파양(鄱陽)에 있는 대장군 주유(周瑜 : 175~210년)*를 불러들여 상의해볼 것을 권했다.

주유는 시상(柴桑 : 동오의 수군기지가 있던 곳으로 지금의 강서성 구강시九江市에 해당)

---

* 주유는 외모가 수려하여 미주랑(美周郎)이라는 별명도 있었다. 나이가 같은 손책(孫策)과는 '단금(斷金)', 즉 금속을 끊을 정도로 친한 친구 사이였다. 적벽대전 후 천하를 통일하겠다는 원대한 계획을 세웠으나, 36세의 젊은 나이로 병사(病死)하고 말았다.

제갈량의 초상

에 오자마자 손권은 문무관원을 모두 불러 토의를 진행하였다. 회의가 시작되자 주유는 격앙된 목소리로 말하였다.

"조조는 한나라의 승상임을 자처하고 있지만 실은 한나라 왕실의 간신배에 불과합니다. 이번에 스스로 죽으러 오는 자에게 우리가 투항을 하다니 당치 않습니다."

그는 신료들을 향해 조조의 약점들을 분석해 설명하기 시작하였다. 북방의 군사들은 수전에 약할 뿐 아니라 이곳의 지리에도 익숙지 않으며 풍토에 잘 적응하지 못하고 있으니 병에 걸릴 확률이 높다는 것이다. 이에 군사가 아무리 많아도 전혀 소용이 없다고 결론을 내렸다.

주유의 분석을 들은 손권은 대담해져서 칼을 뽑아 들고 일어나 앞에 놓인 탁자의 한 귀퉁이를 '탁' 하고 내리쳤다. 탁자의 귀퉁이는 그대로 잘려나갔다. 그리고 이어서 손권은 다음과 같이 엄포를 놓았다.

"누구든지 다시 조조에게 투항하자고 하는 자가 있다면 이 탁자와 같은 꼴이 될 것이다."

그날 저녁 주유는 손권과 단독 대면하고 조조의 군사가 80만이라고 떠벌리고 있으나 실은 20여만 명에 불과하며, 그 가운데는 적지 않은 수의 형주 병사들이 포함되어 있는데, 이들은 전쟁을 할 마음이 없는 자들이므로 자신에게 5만의 군사만 내어주면 반드시 무찌르겠다고 밝혔다.

적벽대전

다음날 손권은 주유를 도독(都督)으로 임명하고 3만의 수군을 내어주며 유비와 연합하여 조조와 맞서도록 하였다. 주유가 군사들을 이끌고 적벽(赤壁 : 지금의 호북성 무창현 서쪽의 적기산赤磯山에 해당)에 도착하자 조조군의 선발 부대와 부딪히

적벽대전

게 된다. 주유의 예상이 맞아떨어지기라도 한 듯 조조군의 병사들 가운데는 남방의 환경에 적응하지 못해 역병(疫病)을 얻은 자들이 많았다. 교전을 벌이자마자 조조군은 바로 패하여 장강의 북쪽 연안까지 후퇴하게 된다. 주유는 수군을 장강의 남쪽 연안에 주둔시키고, 강을 사이에 둔 채 조조군과 대치하였다.

북방에서 온 조조의 병사들은 수전 경험이 없었기 때문에 배 멀미가 심하여 군선과 군선을 철 고리로 서로 연결하고 나서야 겨우 안정을 찾게 되었다. 주유의 부하 장수 가운데 황개(黃蓋)는 이러한 상황을 보고 주유에게 묘안을 한 가지 내었다. 적군은 아군에 비해 병사가 많기 때문에 시간이 지연될수록 상황은 불리해질 것이므로, 지금 조조군이 군선을 서로 연결해 놓은 틈을 이용하여 화공을 펼친다면 반드시 성공할 수 있다는 것이었다. 주유는 황개의 묘안을 받아들이고 황개의 부하로 하여금 조조에게 동오를 떠나 투항하겠다는 거짓 서한을 전달하도록 하였다. 조조는 동오의 장수들이 그를 두려워한다고 여겨 황개의 거짓 투항 서한을 조금도 의심하지 않았다.

황개는 군사들에게 배 열 척을 준비하도록 하고 배마다 마른 나뭇가지를 싣고 기름을 듬뿍 뿌려놓은 뒤 천으로 덮어놓도록 하였다. 배에 깃발을 꽂고 배 뒷머리에는 무게가 가벼운 작은 배들을 매어 놓아 큰 배에 불을 붙인 후에 옮겨 타고 이동할 수 있도록 조치를 취하였다. 시기적으로는 11월 한 겨울이었지만 날씨가 갑자기 따뜻해지고 동남풍이 불기 시작하였다. 그날 저녁 황개는 배 열 척에 군사들을 나누어 타게 하고 전진하였으며, 그 뒤로 작은 배들이 뒤따랐다. 배가 강 중심에 이르자 마치 시위를 떠난 화살처럼 쏜살같이 강북을 향해 미끄러져 나갔다.

조조의 수군 진영에 있던 병사들은 동오의 장군이 투항하러 온다는 소식을 듣고 모두 이 광경을 보러 배에 올랐다. 그러나 동오의 군선이 북쪽 연안에서 약 2리 정도 가까워졌을 때 앞에 열 척의 배에서 동시에 불길이 솟았다. 불길은 바람을 타고 그 위력이 더해지고 있었다. 불붙은 열 척의 군선은 마치 열 마리의 화룡(火龍)처럼 조조의 수군 진영으로 밀어닥쳤다. 조조 진영의 배들은 모두 서로 연결하여 놓았기 때문에 달아날 수도 없었으며, 순식간에 불길이 옮겨 붙기 시작하였다. 눈 깜짝할 사이에 수군 진영이 불바다가 되었을 뿐 아니라 연안 육지 진영에도 불이 옮겨 붙어 조조의 병사들은 불에 타 죽거나 허겁지겁 물에 뛰어 들었지만 수영을 못하여 빠져 죽고 만다.

주유는 북쪽 연안에 불길이 치솟는 것을 보고 군대를 이끌고 강을 건너 진격하였다. 주유 군 병사의 사기를 돋우는 북소리가 요란하게 강변에 메아리치자 조조의 군사들은 수많은 군사들이 공격을 해오는 것으로 알고 놀라 정신을 차릴 수조차 없는 지경에 이르렀다. 조조는 살아남은 패잔병들을 이끌고 화용(華容 : 지금의 호북성 잠강현潛江縣 서남 지역에 해당)으로 향하는 작은 길을 따라 도주하였다. 그러나 이 길은 진흙투성이의 구덩이여서 기병들이 통과할 수 없었다. 조조는 병사들에게 건초를 구해 구덩이를 메우도록 명하였고, 구덩이를 메우던 병사들 가운데 적지 않은 수가 말들에 짓밟혀 목숨을 잃고 만다. 유비와 주유가 연합하여 육로와 수로에 대한 경계를 강화하며 남군(南郡 : 지금의 호북성 강릉 지역에 해당)까지 추격하였다. 조조의 수십만 대군 가운데 절반이 넘는 수의 병사가 병사하거나 전쟁터에서 목숨을 잃었다. 조조는 조인(曹仁), 서황(徐晃), 악진(樂進) 등의 부하 장수들에게 강릉(江陵), 양양(襄陽) 등을 지키도록 하고 자신은 군대를 이끌고 북방으로 달아났다.

▶▶ 역사의 흐름에 어떤 영향을 미쳤을까?

적벽대전으로 삼국시대(위, 촉, 오)로 접어들게 되었다. 서진(西晉)이 잠깐 중국을 통일하였지만 수(隋)나라가 중국을 통일하기 전까지 3백여 년 동안 중국은 남북조시대로 대치하며 군웅이 할거하는 혼란한 시기를 맞이하게 된다. 이로써 중국 역사의 안타까운 한 페이지를 장식하게 된다. 적벽대전은 소수가 다수를 이긴 전쟁으로서 중국 전쟁사에 길이 남을 우수한 전투 전례로 기억되고 있다.

13. 팔왕八王의 난, 서진을 몰락시키다

진(晉)나라 왕조를 건립한 사마염(司馬炎 : 236~290년)*은 조조의 위(魏)나라를 수중에 넣고 천하의 황제가 될 수 있었던 것은 조조는 성씨에 상관없이 제후를 봉하였기 때문에 황실에서 고립무원의 처지에 놓였고, 그를 보호해 줄만한 든든한 언덕이 없었기 때문이라고 여겼다. 이에 그는 256년 고대의 분봉제를 다시 실시하여 황족 27명을 왕으로 봉하고, 왕이 자신의 제후국의 문무 관료를 임명할 수 있도록 하였다. 277년에는 제후국을 대(大), 차(次), 소(小) 등 세 부류로 나눈 후 각 제후국이 군대를 보유할 수 있도록 제도화하였다. 관할 주민이 2만호 이상을 대왕국(大王國)으로 정하고, 상·중·하 삼군(三軍) 5천 명을 둘 수 있도록 하고, 관할 주민이 1만호 정도 되는 제후국을 차왕국(次王國)으로 정하고 상·하 2군(二軍) 3천 명을 둘 수 있도록 하였다. 관할 주민이 5천호 이하인 제후국은 소국(小王國)으로 정하여 군대 1천5백 명을 둘 수 있도록 하였다.

무제(武帝 : 사마염)는 동성(同姓)의 왕족을 제후로 봉하는 한편, 성씨가 다른 사족(士族)들도 공(公), 후(侯), 백(伯), 자(子), 남(男) 등의 작위를 주고 봉토와 함께 소왕국에 준하는 군대를 보유할 수 있도록 하였다. 이에 따라 수많은 제후들이 중앙과 지방의 군사와 정치적 대권을 함께 소유하게 된다. 이들은 모두 난폭하고 탐

---

* 그의 조부는 위(魏) 왕조 때 정권을 잡은 대신 사마의(司馬懿)이며, 아버지는 사마소(司馬昭)이다. 조위(曹魏) 황제 조환을 겁박하여 선위를 물려받고 국호를 진(晉)으로 바꾸었다. 280년 오나라의 항복을 받아 천하를 재통일하였다. 훗날 사마예(司馬睿)가 건설한 동진과 구별하기 위하여, 이를 서진(西晉)이라 부른다.

욕스러운 야심가들로 서로 파당을 형성하고 군대를 확충하는 한편, 사대부와 관료, 지주계급을 끌어들이며 세력을 겨루면서 제위를 차지하려는 암투를 벌였다. 제후 왕국은 진나라 왕조 내부에 방대한 군웅 할거세력을 형성하였으며, 결국 '팔왕의 난(八王之亂)'이라는 참극을 벌이게 된다.*

골육상잔(骨肉相殘)

진나라 혜제(惠帝 : 263~306년)**가 제위한 후, 외척 양준(楊駿)은 암암리에 계략을 꾸미며 여남왕(汝南王) 사마량(司馬亮)을 몰아내고 정치적으로 권력을 독점하는 위치에 오르게 된다. 일부 제후국의 왕들은 당연히 불만스러웠으나, 그를 몰아낼 기회를 잡지 못하고 있을 뿐이었다.

혜제는 어수룩한 인물이었으나, 그의 아내 가후(賈后 : 256~300년)는 매우 악랄하고 무서운 여자였다. 그녀는 양준이 모든 정권을 쥐락펴락하는 데 불만을 품고 여남왕 사마량과 초왕(楚王) 사마위(司馬瑋)에게 밀서를 보내어 군대를 이끌고 도성으로 들어와 양준을 토벌하도록 하였다.

초왕 사마위는 형주(荊州)에서 군대를 이끌고 도성인 낙양에 도착하였다. 가후는 초왕 사마위의 지원을 받아 양준이 모반을 꾀하였다고 공포한 후 양준의 집을 포위하고 그를 죽이게 된다.

양준이 죽임을 당한 후 여남왕 사마량이 정사를 주관하게 된다. 사마량은 정권을 독점하고자 하였으나 병권은 초왕 사마위가 쥐고 있었기 때문에 둘 사이에 갈등이 발생하게 된다. 가후는 여남왕 사마량을 살려둘 수 없다고 보고 진나라 혜제의 거짓 밀령을 내려 초왕 사마위로 하여금 여남왕 사마량을 체포하여 죽이도록 한다.

초왕 사마위는 본래 가후와 한패였지만 가후는 그가 제후국의 왕을 두 명이

---

* 위나라가 종친을 너무 억압하여 왕실을 고립시킨 실패를 거울삼아 일족을 국내 요지의 왕으로 많이 봉하고 병력을 맡겼는데, 역설적으로 이는 아들 혜제(惠帝) 때에 '팔왕(八王)의 난'이 일어나는 원인이 되었다.
** 서진의 제2대 황제 사마충(司馬衷)이다. 290년 서진을 건국한 사마염이 죽자 나이 28세에 즉위하였다. 그러나 황제로서의 능력을 갖추지 못해 부인인 가충(賈充)의 딸 황후 가남풍(賈南風)을 중심으로 외척의 힘이 거대해져 팔왕의 난이 벌어진다.

나 죽인 후 권력이 너무 커진 것을 경계하게 된다. 이에 그날 저녁 초왕 사마위가 황제의 조서를 거짓으로 꾸며 임의로 여남왕을 죽인 죄를 물어 사형에 처한다고 공표하였다. 초왕은 가후에게 뒤통수를 맞았음을 알고 억울함을 호소했지만 때는 이미 늦은 후였다.

그 후 조정에는 황제를 보좌하는 대신이 없어 명의상으로는 진나라 혜제의 친정이 실시되었지만 실제는 가후가 집권하였다.

가후는 그녀가 집권한 7~8년 동안 기고만장하여 제멋대로 권력을 휘둘렀다. 태자 사마휼(司馬遹)은 가후의 소생이 아니었기 때문에 가후는 태자가 장성한 후 자신이 설 자리를 잃게 될까 걱정하지 않을 수 없었다. 이에 수단 방법을 가리지 않고 태자를 없애기 위해 고심하게 된다.

어느 날 가후는 사람을 시켜 태자의 문체를 흉내 내어 진나라 혜제의 퇴위를 촉구하는 서한을 한 통 쓰도록 하였다. 그리고 그날 태자를 불러 만취할 때까지 술을 마시도록 한 후 혼미한 태자에게 그 서한을 그대로 옮겨 적도록 하였다.

다음날 가후는 진나라 혜제를 시켜 신료들을 불러 모으게 하고 태자가 쓴 서한을 돌려보게 한 후 태자가 모반을 꾀하였다고 선포하였다. 대신들은 태자가 그 서한을 썼을 리 없다고 생각하였으나 가후가 태자의 필체와 대조하여 보도록 하였다. 결국 태자의 친필임이 확인되면서 아무도 거역하지 못하게 되자 가후는 태자를 폐위시켰다.

진나라 왕조의 조정 대신들은 그동안 가후의 만행에 큰 불만을 품고 있었는데, 태자까지 폐위시키자 모두들 격분하기 시작하였다. 도성 근위대인 금군(禁軍)을 장악하고 있던 조왕(趙王) 사마윤(司馬倫 : ?~301년)*은 이 기회를 이용하여 군사를 일으켜 가후를 제거하고자 하였으나, 또 한편 태자가 정권을 잡을 경우 그를 대적하기 힘들다고 판단하게 된다. 이에 대관 신료들이 태자의 복위를 꾀하고 있다는 소문을 퍼뜨리게 하였는데, 이 소문을 들은 가후는 두려운 마음에 태자를 독살한다. 상황이 유리해졌다고 판단한 조왕 사마윤은 이를 핑계로 금군의 교위

---

* 사마윤은 진(晉)나라 무제 사마염(司馬炎)의 숙부로 조왕(趙王)에 봉해졌다. 사마염이 죽은 뒤 그의 아들 사마충(司馬衷)이 혜제(惠帝)로 즉위하였으나, 그는 곧 제위를 찬탈하였다.

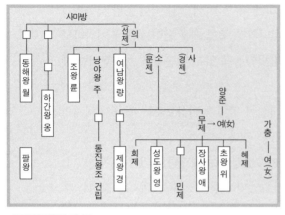

서진시대 팔왕의 계보도

(校尉), 제왕(齊王) 사마경(司馬冏)에게 군사를 이끌고 황궁에 진입하여 가후를 체포하도록 하였다.

음모와 계략에 능했던 가후도 이번에는 다른 이의 계략에 말려들고 만 것이다. 제왕 사마경이 군사를 이끌고 황궁에 진입한 것을 본 가후는 크게 놀라며 어떻게 된 연유인지를 물었다. 제왕 사마경이 황제의 조서를 받고 가후를 체포하러 왔음을 밝히자 가후는 의아해하며 "황제의 조서는 모두 내가 내리거늘 무슨 조서가 또 있단 말인가?"라고 소리를 질렀다. 가후는 혜제가 자신을 구해주기를 바랐지만 조왕 사마윤은 그녀를 죽이고 만다.

사마윤은 정권을 잡자 숨겨놓았던 그의 큰 야심을 드러낸다. 상국(相國)의 벼슬로는 만족할 수 없었던 것이다. 그는 1년을 기다린 후 혜제를 연금시키고 자신이 황제의 보좌를 차지하였다. 황제의 자리를 차지한 후 사마윤은 자신의 문무 관료를 비롯하여 시종(侍從), 병사에 이르기까지 모두 크고 작은 관직을 내렸다. 당시 관리들은 관모 위에 담비의 꼬리털을 이용하여 장식을 하곤 하였다. 그러나 사마윤이 관직을 남발하면서 창고에 비치해 두었던 담비 꼬리털이 모자라는 상황이 발생하였다. 할 수 없이 개의 꼬리털을 대신하게 되자 민간에서는 "담비가 부족하니 개털로 대신하네(貂不足초부족 拘尾續구미속)"라며 이를 풍자하는 말이 유행하였다.

각 지방 제후국의 왕들은 조왕 사마윤이 황제가 되었다는 소식을 듣고 모두 이 자리를 빼앗을 궁리를 하기에 바빴다. 이에 이들 사이에서는 서로 죽고 죽이는 참사가 연이어 발생하게 된다. 조왕 사마윤을 비롯하여 제왕 사마경, 성도왕(成都王) 사마영(司馬穎), 하간왕(河間王) 사마옹(司馬顒), 장사왕(長沙王) 사마예(司馬乂), 동해왕(東海王) 사마월(司馬越), 그리고 이미 죽임을 당한 여남왕 사마량, 초왕 사마위에 이르기까지 여덟 명의 제후가 이 혼탁한 전쟁에 뛰어들면서 중국 역사에서는 이를 '팔왕의 난'이라고 부르고 있다.

팔왕의 난은 16년 동안 계속되었다. 이들 가운데 일곱 명이 죽고 마지막까지 살아남은 동해왕 사마월이 혜제를 독살한 후 그의 동생 사마치(司馬熾 : 284~313년)를 옹립하니, 이가 진나라 회제(懷帝)*다.

▶▶ 역사의 흐름에 어떤 영향을 미쳤을까?

무제(武帝 : 사마염)가 서진(西晉)을 세우고 중국을 막 통일했을 무렵, 새로운 기백과 쇄신의 풍조를 기대하였지만 실제로는 이와 정반대의 상황이 나타났다. 서진은 개국하자마자 지위 고하를 막론하고 사치와 부패의 나라으로 떨어져 스스로 헤어나지 못함으로써 단명할 왕조의 운명을 지고 있었던 것이다. 진나라 무제는 명문세도가 출신으로 조상들의 공덕에 힘입어 천하를 얻게 되었으며, 그의 가족과 친족들은 오랜 기간 발전을 거듭해 오면서 방대한 권력 집단을 형성하고 있었다. 서진 왕조는 탐욕, 사치, 부패, 폭력으로 얼룩져 있었으며, 한위(漢魏) 시대부터 흉노, 선비족(鮮卑族) 등 북방의 호인(胡人)들이 점차 중국 내륙으로 들어오게 된다. 이로써 변경 지방에는 여러 민족이 섞여 거주하게 되면서 심각한 민족 문제와 정치적 위기까지 내포하게 된다. 특히 서진의 초기에는 호인과 한족의 충돌이 갈수록 심해져 일부 신료들은 융족(戎族)을 북쪽으로 다시 이주시켜야 한다는 주장이 제기되기도 하였다.

그러나 진나라 무제는 이를 받아들이지 않았으며, 오히려 북방 흉노족들의 귀순을 대거 받아들임으로써 문제를 더욱 키우는 결과를 낳게 된다. 또한 동한 말년 주(州), 군(郡) 등 지방 군웅의 할거를 교훈 삼아 제후들의 봉토를 줄이고 군대를 주둔시킴으로써 전란이 일어날 때마다 지방의 원조를 받지 못하여 상황을 더욱 악화시킬 수밖에 없었다.

'팔왕의 난'이 발생하면서 민중들은 말할 수 없는 고통에 시달리게 되었다.

---

* 서진의 제3대 황제이다. 290년 사마염이 붕어하기 직전에 예장왕(豫章王)에 봉해졌고, 307년 혜제가 독살당하자 황위에 올랐다. 훗날 311년 오호십육국시대 한(漢 : 유연이 세운 전조前趙)의 열종(烈宗) 소무제(昭武帝)인 유총(劉聰)에 의해 사로잡혔고, 313년에 처형되었다.

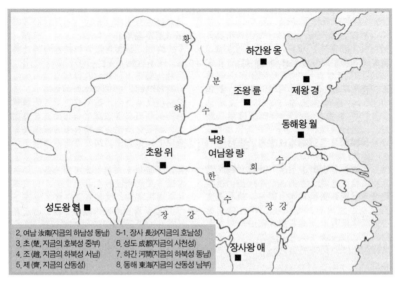

서진 팔왕의 봉토 약도

지도 내 범례:
2, 여남 汝南(지금의 하남성 동남)
3, 초 (楚, 지금의 호북성 중부)
4, 조 (趙, 지금의 하북성 서남)
5, 제 (齊, 지금의 산동성)
5-1, 장사 長沙(지금의 호남성)
6, 성도 成都(지금의 사천성)
7, 하간 河間(지금의 하북성 동남)
8, 동해 東海(지금의 산동성 남부)

수십만 명이 생명을 잃을 정도로 생산력은 파괴되었으며, 수많은 도시가 강탈당하고 화염에 휩싸였다. 도성인 낙양에서 열세 살 이상의 남자는 모두 부역에 동원되었으며 도시의 쌀 거래 가격은 한 섬에 1만 전(錢)이 넘어 기아로 숨진 사람도 부지기수였다. 민중은 다시 고통의 구덩이 속으로 떨어졌으며, 대규모 유민이 발생하였다.

또한 제후국의 왕들이 소수 민족의 귀족들을 혼탁한 전쟁과 암투 속에 끌어들임으로써 심각한 결과를 초래하였다. 성도왕 사마영은 흉노 유연(劉淵 : ?~310년)*의 외부 지원을 받고 그를 업(鄴 : 지금의 하남성 일대)까지 끌어들였으며, 동영공(東瀛公) 사마등(司馬騰)은 오환(烏桓), 갈인(羯人) 등의 소수 민족을 끌어들여 사마영을 공격하도록 함으로써 소수 민족이 만리장성 안으로 들어오는 기회를 주게 되었다. 유주(幽州) 자사(刺史) 왕준(王浚)은 요서(遼西) 지역의 선비족을 끌어들여 업(鄴) 지역을 공격하도록 하였다. 선비족은 이 기회를 틈타 수많은 부녀자를

---

* 오호십육국의 하나인 한(漢 : 前趙)의 건국자(재위 304~310)이다. 흉노(匈奴)의 선우(單于)의 자손으로 팔왕의 난에 편승하여 독립정권을 수립하여 대선우, 곧이어 황제라 칭했다. 그는 전조(前趙)의 기초를 확립시켰고, 이는 화북지방에서 오호십육국이 난립하는 계기가 되었다.

약탈하였으며, 이들의 공격으로 역수(易水)에 빠져 죽은 사람이 8천 명에 달하였다. 이때부터 하남의 북부 일대는 흉노와 선비족이 통치하는 세상으로 변하였으며, 민족 모순은 더욱 격화되었다. 이로 인해 팔왕의 난이 발생한 데 이어 각 민족의 봉기가 줄을 이었으며, 서진 왕조는 급속하게 멸망하고 만다.

14. 비수대전湜水大戰, 동진東晉과 전진前秦의 운명이 갈리다

전진(前秦)*의 부견(苻堅 : 337~385년)**은 357년 스스로 대진천왕(大秦天王)이라 일컬으며 즉위하였다. 그는 한족 출신의 인재 왕맹(王猛)을 중용하여 정사를 돌보았으며, 일련의 정치 개혁을 비롯하여 경제와 문화의 발전, 군대의 강화 등의 조치를 추진하였다. 관료 제도의 정비, 인재의 등용, 학교의 건립, 농업·양잠업을 비롯한 농경 사업, 치수 사업, 군대의 보강, 민족 관계의 개선 등에 있어 큰 성과를 거두었으며, 전진 왕조는 상당 수준 부국강병의 사회적 면모를 갖추게 된다.

383년 7월 부견은 동진(東晉)을 정벌하기로 결정한다. 북방을 막 통일한 지 얼마 되지 않은 시점이었기 때문에 장안(長安) 인근은 선비족(鮮卑族), 강족(羌族), 말갈족(靺鞨族) 등이 온 사방에 퍼져 있을 만큼 여러 민족들로 구성된 주민들이 다양하게 분포하고 있었고, 동진 왕조는 장강의 왼쪽 지방, 즉 서부 지역인 지금의 호북성 서북쪽 한수(漢水) 일대를 비롯한 사천(四川) 지역에 견고한 방어진을 구축하고 있었다. 이는 전쟁이 벌어졌을 때 가장 가까운 거리에서 공격을 하더라도 강익(江翼), 수양(壽陽) 부근에서 겨우 공격을 감행할 수 있을 정도였다. 이러한 상황

---

* 351년 저족(氐族)의 부건(苻健)이 세운 나라로 중국의 5호16국(五胡十六國) 가운데 하나에 속한다. 한때 화북(華北)을 통일하여 위세를 떨쳤으나 394년 후진을 세운 강족(羌族) 출신의 요장(姚萇)에게 망하였다.

** 전진(前秦)의 제3대 왕(재위 357~385)이다. 태학을 정비하고, 학문을 장려하고, 농경을 활발히 일으키는 등 큰 성과를 거두었다. 그러나 383년 대군을 거느리고 동진(東晉)을 공략하였으나 비수전투에서 대패하였다. 385년 후진(後秦)의 요장에게 붙잡혀 살해되었다.

에서 부견이 굳이 동진하여 동진(東晉) 왕조와 결전을 벌일 의도는 없었을 것으로 판단된다.

그러나 여러 민족으로 구성된 부대는 전쟁 외에 달리 존속시킬 방법이 없었으며, 부견은 자신의 군대가 말채찍만 모아 강으로 던져도 물줄기가 끊길 정도라며 수적으로 우위에 있다는 과도한 자신감이 앞서 있었다. 양주(凉州), 촉한(蜀漢), 유기(幽冀) 지역에 주둔하고 있는 병사의 수는 87만에 달해 질풍 같은 기세로 적군을 추풍낙엽처럼 나가떨어지게 할 수 있기 때문에 동진의 군대는 항복하지 않을 수 없을 것이라고 여겼다.

풍성학려(風聲鶴唳)*

태원(太元) 8년(383년) 7월 부견은 평민 10명당 1명씩을 병사로 차출하였으며, 20세 이하의 부호의 자제 가운데 건장하고 용감한 자들은 모두 금위군(禁衛軍) 군관으로 임명하였다. 또한 성급한 승리감에 도취되어 사마창명(司馬昌明 : 동진東晉)의 효무제(孝武帝)를 포로로 사로잡아 상서좌복사(尙書左僕射)에 앉히고, 재상인 사안(謝安)은 이부상서(吏部尙書), 환충(桓衝)은 시중(侍中)으로 삼겠다고 호언장담하였고, 마치 승리의 날이 그들을 기다리고 있기라도 한 듯이 동진 왕조의 모든 관료들을 포용하기 위한 관저까지 지어놓겠다고 떠벌렸다. 이러한 상황을 놓고 볼 때 그들의 기고만장한 기세가 어느 정도였는지 짐작하고도 남을 것이다.

8월이 되자 부견은 보병 60만, 기병 27만, 우림랑(羽林郎 : 금위군) 3만 등 총 90만 명의 대군을 이끌고 동서로 수천 킬로미터에 이르는 전선을 형성하며 수륙 양면에서 동진에 대한 공격을 감행하였다. 이에 동진 왕조는 막강한 적군이 국경으로 밀어 닥치자 생사를 건 결전을 벌이기로 결의하고, 내부 모순을 완화시키는 한편 병력을 재배치하고, 정확한 전략 전술을 세워 진군(秦軍)의 공격에 대비 태세를 취하였다.

동진(東晉)의 효무제 사마요(司馬曜)는 사안(謝安) 등의 보좌를 받아 환충(桓衝)

---

* 바람 소리와 학의 울음소리란 뜻으로 싸움에 패한 군사들이 작은 소리에도 공연히 놀라 겁을 먹는 것을 비유한 말이다.

을 강주(江州 : 지금의 호북성 동부와 강서성 서부에 해당) 자사(刺史)로 임명하여 장강(長江) 중류 유역에서 진(秦)나라 군대가 양양(襄陽)으로 남하하는 것을 저지하도록 하였다. 또한 사석(謝石)을 정벌군 대도독(大都督)으로 임명하고, 사현(謝玄)을 선발대 도독(都督)으로 임명하여 7년간 정예 훈련을 받은 전투 부대 '북부병(北府兵)' 8만 명을 이끌고 회하(淮河) 서쪽에서 진(秦)나라 주력부대의 공격을 막도록 하였다. 호빈(胡彬)에게는 수군 5천 명을 이끌고 전략적 요충지인 수양(壽陽 : 지금의 안휘성 수현壽縣에 해당)에 대한 방어를 보강하도록 함으로써 전진(前秦)의 대군과 결전 태세를 갖추었다.

같은 해 10월 18일, 부견의 동생 부융(苻融)은 전진(前秦)의 선발 부대를 이끌고 수양을 공격하여 진(晉)나라 평로장군(平虜將軍) 서원희(徐元喜) 등을 생포하였다. 모용수(慕容垂)가 이끄는 부대는 운성(鄖城 : 지금의 호북성 안육현安陸縣 부근에 해당)을 점령하였다. 진(晉)나라 호빈이 이끌던 부대는 수양을 지원하러 가던 중 수양이 이미 함락되었다는 소식을 듣고 후퇴하여 협석(峽石 : 지금의 안휘성 봉대현鳳臺縣 서남 지역에 해당)을 방어하기 위해 발길을 돌렸다. 수양을 점령한 부융은 고삐를 늦추지 않고 추격을 계속하여 협석을 공격하기에 이르렀다. 부융의 부하 장수인 양성(梁成)은 군사 5만을 이끌고 낙간(洛澗 : 지금의 안휘성 회원현懷遠縣에 해당)에 도착하여 낙구(洛口)에 통나무 울짱(말뚝을 잇따라 박아 만든 울타리)을 설치하여 회하의 흐름을 막음으로써 동서 양방향에서 오는 진(晉)나라 지원군을 차단하였다.

협석에서 고립된 호빈은 군량과 말을 먹일 사료가 떨어져 더 이상 버틸 수 없는 상황이 되자 사석에게 지원을 요청하는 서신을 보내었는데, 전진(前秦)의 군대가 중간에서 이를 가로채게 된다. 부융은 부견에게 진군(晉軍)의 병력이 부족하고 군량과 사료도 떨어져 있는 상황임을 알리고, 진군(晉軍)에게 달아날 틈을 주지 않도록 하기 위해 전진(前秦)의 군대를 신속하게 이동시킬 것을 건의하였다. 이 소식을 들은 부견은 대부분의 군대를 항성(項城)에 남겨둔 채 친히 8천의 기병을 이끌고 수양에 도착하였다.

또한 본래 동진(東晉) 양양(襄陽)의 장수였던 주서(朱序)를 동진에 보내어 투항을 권유하도록 하였다. 그러나 동진의 군영에 도착한 주서는 투항을 권유하기는커녕 사석(謝石) 등에게 전진 군대의 상황을 밀고하게 된다. 주서는 사석에게 시

사현의 초상

간을 끌다가 전진의 대군이 도착한 후 생포되는 처지가 되느니 전진의 군대가 집결되지 않은 틈을 노려 적극 공격에 나설 것을 건의하였다. 전진(前秦)의 선발 부대를 대파하기만 한다면 군대의 사기는 땅에 떨어질 것이며, 전진 군대의 공격력은 바로 와해되어 버릴 것으로 분석하였다. 초반 전진 군대의 기고만장한 기세에 다소 공포감을 느꼈던 사석은 본래 방어 위주로 전진 군대의 기가 꺾이기를 기다릴 심산이었다. 그러나 주서에게 상황과 진격에 대한 건의를 들은 후 바로 작전을 바꾸어 방어에서 공격으로 전환하여 적극적인 공세를 펼치게 된다.

11월이 되자 진군(晉軍)의 선발부대 도독(都督) 사현(謝玄)은 맹장(猛將) 유뢰지(劉牢之)에게 정예 부대 5천 명을 주어 낙간으로 파병하였다. 전진의 장수 양성은 낙간에서 진지를 구축하고 유뢰지와 결전을 벌이게 된다. 유뢰지는 일부 병력을 전진 군대가 주둔하고 있는 후방으로 보내어 귀로를 차단한 후 자신이 군대를 이끌고 낙수를 건너 양성의 군대를 공격하기 시작하였다. 전진의 군대는 후방과 중심 진영이 동시에 공격을 당하자 견뎌내지 못하고 양성은 전사하였으며, 보병과 기병 부대 5만 명은 완전히 와해되어 회수를 지나 도망가기에 바빴다. 이 전투에서 전진의 부대 1만5천 명이 희생되었다. 진군(晉軍)은 전진의 양주자사(揚州刺史) 왕현(王顯) 등을 사로잡고 군수 장비와 군량미와 마초(馬草 : 말꼴) 등을 대거 획득하였다.

낙간 전투에서의 승리로 전진 군대의 선발 부대에게 패배하여 좌절되었던 진군(晉軍)의 사기는 한껏 고취되었다. 사석은 이 승리를 바탕으로 수륙 양면으로 공격을 감행하여 전진 군대를 압박하기에 이른다. 부견은 수양성(壽陽城)에서 진군(晉軍)이 질서정연하게 행군하여 오는 것을 보고는 비수(淝水)의 동쪽에 위치한 팔공산(八公山)에서 불어오는 바람 소리에 풀과 나무가 움직이는 것마저도 진군(晉軍) 부대로 착각하여 겁에 질려 동생인 부융에게 "적군이 이처럼 막강하거늘 너는 어찌 약하다고 말한 것이냐?"라고 호통을 쳤다.

전진 90만 대군이 몰살하다

전진의 군대는 낙간 전투에서 패배한 후 비수의 서쪽 연안에 진영을 배치하고 동진 군대와 결전을 준비하였다. 동진의 사현(謝玄)은 자신의 군 병력이 약하다는 것을 알고 있었기 때문에 지구전이 될수록 불리하므로 속전속결을 취해야 유리하다고 판단하였다. 이에 사신을 부융에게 파견하여 다음과 같이 전하였다.

사안의 초상

"장군께서는 군대를 이끌고 동진의 중심부까지 치고 들어오셨는데, 어찌 비수 연안에 진을 치고 계신 것입니까? 이러한 진지 구축은 전쟁을 오래 끌고 가겠다는 뜻으로 속전속결의 방법이 아닙니다. 만약 장군의 군대가 뒤로 조금 후퇴하여 동진의 군대가 비수를 건너올 수 있는 공간이 마련된다면 단 한 번의 결전으로 승패가 결정 날 것이니 양국에게 모두 이롭지 아니하겠소?"

전진의 모든 장수들은 이를 동진의 계략이라고 여겨 부견에게 절대 속아 넘어가서는 안 된다고 일렀다. 그러나 부견은 군대를 다소 후퇴시키고 적군 병력의 절반 정도가 강을 절반쯤 건넜을 때 정예 기병부대로 공격하게 한다면 승리를 얻을 수 있을 것으로 생각했다. 이에 부융은 사현의 요구를 받아들여 전진의 군대를 후퇴시키기 시작하였다. 그러나 사기가 떨어질 때로 떨어지고 내부 혼란이 진정되지 않은 상태인데다 진영도 흐트러져 지휘 체계가 힘을 발휘하고 있지 못하던 전진의 군대는 후퇴를 시작하자마자 더 큰 혼란에 휩싸이고 만다. 주서 등은 이러한 틈을 이용하여 전진의 선봉 부대를 향해 "전진 군대가 패했다, 전진 군대가 패했다"라고 소리를 질러댔다. 전진의 선봉부대 병사들은 이 말을 곧이곧대로 믿고 목숨을 부지하기 위해 사방으로 도망치기 시작하였다.

동진의 군대는 사현 등 장수들의 지휘를 받고 단숨에 비수를 건너 적군을 향해 맹렬한 공격을 퍼부었다. 사태가 불리해진 것을 알아차린 부융은 말을 타고 진지를 돌며 도망가는 병사들을 정돈시키려 하였지만 말에서 떨어져 때마침 뒤쫓아 온 동진의 군대에게 죽임을 당하고 만다. 전진의 군사들은 우왕좌왕하며 전투력을 완전히 상실하였으며, 동진의 군대는 고삐를 멈추지 않고 청강(靑岡 : 지금의

비수대전

수양壽陽 부근에 해당)까지 계속하여 추격하였다. 전진의 병사들의 시체가 온 산과 들을 뒤덮었을 뿐만 아니라 강에도 쌓여 물줄기가 막힐 정도였다. 살아남은 병사들마저도 바람소리도 동진의 군대가 온 줄 알고 '걸음아 날 살려라'라는 듯이 북쪽으로 달아나기 바빴다. 이번 전쟁에서 전진의 병사들 열 명 가운데 여덟아홉 명이 죽었으며, 부견 역시 화살을 맞아 중상을 입고 허둥지둥 회북(淮北) 지방으로 달아났다.

비수대전의 승리로 동진 왕조는 정치적 안정을 찾게 되었으며, 북방의 소수민족의 남침을 효과적으로 저지하게 되었다. 이로써 장강의 이남 지역은 사회, 경제적 안정을 되찾고 발전의 발판을 마련할 수 있게 되었다. 비수대전에서 패배하면서 북방 지역의 통일을 이루어 나가던 전진 정권이 스스로 와해되는 국면을 맞았으며, 부견 역시 세력이 약화되고 말았다. 모용수(慕容垂 : 326~396년)*, 요장(姚萇 : 331~393년)** 등 귀족 세력들의 궐기로 전진의 통치는 무력화되었으며, 부견이 비참한 최후를 맞이하면서 전진 왕조도 멸망하였다.

---

* 5호16국시대 후연(後燕)의 초대 황제(재위 384~396)이다. 전연(前燕)의 모용황의 아들이었으나 형 위(暐)의 시기로 전진의 부견에게 망명하였다. 370년 부견이 전연을 멸망시키고, 뒤에 동진을 치다가 대패하였다. 이를 틈타 386년 도읍을 중산(中山)에 정하고 나라를 연(燕)이라 하였는데, 이것이 후연이다.
** 강족(羌族) 출신으로 전진을 멸하고, 중국 5호16국 시대 후진(後秦)의 초대 황제(재위 384~393)가 된다. 자는 경무(景茂), 묘호는 태조(太祖), 시호는 무소황제(武昭皇帝)이다.

▶▶ 역사의 흐름에 어떤 영향을 미쳤을까?

383년 동진의 사안, 사현과 전진의 부견, 부융의 대치 국면에 주서 등이 가세하면서 중국은 남북조시대(420~589년)의 장기적인 분열 상황이 지속되었기 때문에 비수대전이 분열 국면의 주요 원인은 아니라고 볼 수 있다. 중국 역사에서 차후에 중국의 통일을 이루어 낸 왕조는 일정 수준의 인구를 보유하고, 호인(胡人)과 한족의 경계가 점차 모호해 졌으며, 거대 세도가의 역량을 완벽하게 제압했었다는 사실이 증명되고 있다. 비수대전 이후에도 전란은 수(隋)나라가 다시 중국을 통일할 때까지 206년 동안 계속되었으며, 이 2백여 년 동안 민중들은 전란과 분열의 고통을 감수하며 살아가야 했다.

15. 북위北魏 효문제孝文帝, 낙양으로 천도하다

역사적으로 정복자는 피정복자의 우수한 문명과 문화가 정복당하는 경우가 많았다. 북위(北魏 : 386~534년)*가 북방을 통일한 후에도 민족 모순과 계급 갈등이 심각하였으며, 북위의 통치계급과 각 민족 사이의 계급 갈등이 첨예하게 대치되었다. 청주(青州), 제주(齊州), 낙주(洛州), 예주(豫州), 기주(冀州), 진주(秦州), 옹주(雍州), 서주(徐州), 연주(兗州) 등지에서는 봉기가 끊이지 않았으며, 북방 변경 일대로 도주하여 반기를 드는 일이 빈번하게 발생하였다. 북위의 통치계급과 한족 지주 토호 세력의 갈등을 비롯하여 북위의 통치계급 내부의 갈등, 봉건 중앙 정권과 옛 부락 귀족의 갈등 등 북위시대에는 갈등 국면이 첨예하게 나타났다. 이러한 갈등을 해결하기 위해서는 정치, 경제, 문화에 걸쳐 전면적이고도 강도 높은 개

---

* 중국 남북조시대 선비족(鮮卑族) 탁발씨(拓跋氏) 왕조라고도 하는데, 탁발씨의 후예인 규(珪)가 세운 나라이다. 전국시대 위(魏)나라와 삼국시대 조조의 위(魏)나라와 구별하기 위해 북위(북조)라고 불리고 있다. 효문제 때, 성을 원(元)으로 바꾸었기 때문에 원위(元魏) 혹은 후위(後魏)라고도 한다.

혁이 이루어져야만 했다. 북위에서 실제 이러한 개혁을 실시한 사람이 바로 효문제(孝文帝 : 467~499년)*이다.

낙양 천도

낙양(洛陽)은 양진남북조(兩晉南北朝)** 시대 정치와 군사의 중심 도시였다. 동한(東漢) 시대에는 수도이자 중국 내륙 최대의 상업 중심지이기도 하였다. 동한 말년에 심각하게 파괴되었다가 220년 조비(曹丕 : 187~226년)***가 황제에 오른 후, 하북(河北) 지역의 수만 가구를 낙양으로 이주시키고 한나라 왕조의 궁전을 바탕으로 다시 낙양 궁성과 외성을 지음으로써 다시 한 번 발전을 누리게 된다. 북방이 점차 통일되면서 낙양의 경제도 과거의 번영을 되찾아 발전하기 시작하였다. 특히 방직, 제염, 야철 등의 업종이 발달하였으며, 상업 활동이 왕성하게 이루어졌다. 낙양성 안에는 금시(金市), 마시(馬市), 양시(羊市) 등 세 개의 주요 시장이 형성되기도 하였다.

서진(西晉)이 중국을 통일한 후에는 낙양을 도성으로 삼으면서 인구가 점차 불어나기 시작하였으며, 낙양의 시장에는 견포(絹布), 곡물, 약재, 그릇을 비롯하여 각종 생산 도구에 이르기까지 없는 물건이 없을 정도였고, 중국 전역의 진귀한 상품도 모두 낙양의 시장으로 몰릴 만큼 당시의 중요한 무역 중심지가 되었다. 그러나 서진에서 '팔왕의 난'이 발생하면서 낙양의 경제는 다시 크게 무너졌고, 310년 흉노족 유요(劉曜 : ?~328년)****가 낙양을 침략하여 닥치는 대로 약탈을 일삼으면

---

* 이름은 탁발굉(拓跋宏)이다. 중국 북위의 제6대 황제(재위 471~499)로 북위 중흥의 길을 열었다. 녹봉제, 삼장제(三長制), 균전제를 시행하였고, 한화정책(漢化政策)을 취하여 한인과 북방민족의 귀족이 공존하는 북조 귀족제도와 더불어 문화정치의 융성시대로 접어들었다.

** 양진은 서진과 동진을 뜻하고, 남조는 송(宋), 제(齊), 양(梁), 진(陳)의 4왕조를, 북조는 화북(華北)지역의 북위(北魏)·북제(北齊)·북주(北周)의 3왕조에 대한 총칭으로 볼 수 있다. 당나라 이연수(李延壽)의 『북사(北史)』에 의하면, 탁발규(拓跋珪 : 北魏의 초대 황제)를 북조의 기점, 송(宋)을 남조의 기점으로 보고 있다.

*** 삼국시대 위(魏)나라의 초대 황제(재위 220~226)이다. 조조(曹操)가 사실상 새로운 왕조를 개창했지만, 220년 조조가 낙양(洛陽)에서 사망하자, 조비가 그 뒤를 이어 후한(後漢)의 헌제(獻帝)에게서 양위 받는 형식으로 황제가 되었다.

**** 5호16국의 하나인 한(漢 : 前趙)나라를 세운 유연(劉淵)의 조카로, 중국 전조(前趙)의 제5대 황제이다. 5호16국은 304년 유연의 건국에서 439년 북위 태무제가 통일할 때까지 존재한 나라들이다.

서 낙양은 다시 화염에 휩싸이게 된다. '영가(永嘉)의 난'*이 발생한 후 5호16국(五胡十六國) 시대가 지속되는 100여 년 동안 낙양은 폐허로 변하고 만다.

효문제는 정치적 업적이 뛰어났던 인물로서 북위 왕조의 통치 체계를 확고히 하기 위해서는 중원의 문화를 받아들여 낙후된 풍속을 바꿔야 한다고 여겼다. 이를 추진하기 위해 그는 북위의 수도를 평성(平城 : 지금의 산서성山西省 대동시大同市 동북 지역)에서 낙양으로 천도하기로 마음먹었다. 그러나 대관신료들이 천도를 반대할 것을 염려하며 대규모 남제(南齊) 정벌을 제의하기로 하였다. 하루는 신료들이 조정의 정사를 논하던 중 효문제가 남제 정벌을 거론하자 대신들은 모두 반대 의견을 내놓았으며, 그 가운데 임성왕(任城王) 탁발징(拓跋澄)이 가장 강력하게 반대 입장을 표명하자, 효문제는 화를 내었다.

"내 나라인데 내 맘대로 군사를 동원하지도 못한단 말이오?"

이에 탁발징은 다음과 같이 반박하였다.

"나라는 폐하의 것이오나 저는 이 나라의 대신으로서 군대를 동원하는 것이 위험하다는 것을 알면서도 어찌 아무 말도 하지 않을 수 있겠습니까?"

효문제는 잠시 생각에 잠긴 뒤, 대신들을 물리고 궁으로 돌아와 탁발징과 단독 대면하였다.

"과인이 방금 화를 낸 것은 대신들에게 겁을 주기 위함이었소. 과인의 생각에 평성은 전쟁에는 유리한 지역이나 개혁을 이루기에는 합당한 지역이 아닌 것 같소. 지금의 낡은 풍습을 바꾸기 위해서는 천도가 불가피하오. 제나라를 정벌한다는 구실로 출병하여 문무 대신들을 이끌고 중원으로 천도하려는 것인데, 경의 뜻은 어떠하오?"

탁발징은 크게 놀랐으나 곧 효문제의 뜻에 따르기로 하였다.

효문제는 친히 30만 보병과 기병을 인솔하고 남하하여 493년 평성을 출발하여 낙양에 도착하였다. 때마침 큰 비가 한 달 동안 계속해서 내려 도처가 진흙탕으로 변하여 행군이 몹시 어려워졌다. 그러나 효문제는 여전히 갑옷을 입고 말에

---

* 진(晉)나라 회제(懷帝) 영가(永嘉) 연간(307~312년) 동안에 흉노가 일으킨 난으로서 사실상 서진의 멸망을 초래하였다.

문관용(文官俑, 북위)

탄 채 계속해서 진군할 것을 명령하였다. 본래부터 제나라를 정벌하러 떠날 마음이 없었던 대신들은 큰 비가 내리는 것을 핑계 삼아 효문제를 저지하려 하였다. 효문제는 기회를 놓치지 않고 물었다.

"대규모 출병을 감행하여 중도에서 그만둔다면 세상의 웃음거리가 될 것이다. 계속해서 남진하지 않을 것이라면 도성을 이곳으로 옮기려 하는데, 그대들의 의견은 어떠한가?"

대신들은 서로 얼굴만 마주 볼 뿐 할 말을 잃었다. 효문제는 다시 재촉하였다.

"더 이상 망설이고 있을 수만은 없소. 천도를 동의하는 사람은 왼쪽으로 서고 반대하는 사람은 오른쪽으로 서시오."

귀족 가운데 한 사람이 대답하였다.

"폐하께서 남정(南征)을 멈추신다면 낙양으로 천도하는 결정에 따르겠습니다."

문무 대신들은 천도를 찬성할 수 없었지만 남정을 멈출 수 있다는 말을 듣고 천도에 지지를 표명하지 않을 수 없었다. 효문제는 곧바로 낙양을 정돈한 후, 임성왕 탁발징을 평성으로 보내 그곳의 왕족과 귀족들에게 천도의 좋은 점을 알리도록 하였다. 그리고 다시 본인이 직접 평성으로 와서 귀족과 연로한 대신들을 불러 모은 뒤 천도에 대해 토의하기 시작하였다. 평성의 귀족들 가운데 반대의 목소리가 높았으나, 그들이 반대하는 이유마다 효문제가 반박을 가하자 더 이상 할 말을 잃고 말았다. 마지막으로 천도는 막중한 대사이니만큼 길흉화복을 점쳐 본 후에 결정하자고 하였으나, 효문제는 단호하게 말하였다.

"결정을 내리기 힘든 일에나 점을 치는 것이오. 천도는 이미 결정된 일이거늘 무슨 점을 또 쳐본단 말인가. 천하를 다스리려면 사해(四海)가 다 내 집처럼 여겨 오늘은 남쪽, 내일은 북쪽, 이렇게 자유롭게 다녀야지 세상에 불변의 진리가 어디 있단 말이오? 우리 조상들도 천도를 여러 번 행하였거늘 어찌 과인은 하면 안 되는가?"

귀족 대신들은 효문제의 반박에 꿀 먹은 벙어리처럼 아무 말도 할 수 없었으며, 결국 낙양으로의 천도가 결정되었다. 낙양으로 천도를 감행한 효문제는 낡은 풍습을 개혁하는 데 더욱 박차를 가하기로 결정하였다. 하루는 대신들을 불러 모아 조회를 하는 자리에서 물었다.

"그대들은 낡은 풍습을 고쳐 나가야 한다고 보는가? 아니면 고수해야 한다고 보는가?"

대신들이 모두 고치는 것이 좋다고 대답하자, 그는 바로 개혁을 선포하고 이를 위반하지 말도록 명하였다. 또한 개혁을 내용으로 하는 법령을 반포하였다.

첫째, 한족들의 언어인 한어(漢語)를 사용하도록 하였다. 30세 이상인 자는 언어를 바꾸기가 어려운 점을 고려하여 유예 기간을 두도록 하고, 30세 이하로서 관직에 있는 자는 모두 한어를 사용하여야 하며, 이를 어기는 자는 직위 강등이나 면직의 처분을 받도록 하였다. 둘째, 관복을 한족들의 의복으로 바꾸도록 하였다. 셋째, 선비족과 한족 사대부와의 혼인을 장려하고 한족의 성으로 개명하도록 하였다. 북위 황실의 본래 성은 '탁발(拓跋)'이었으나 이때부터 '원(元)'으로 개명하였다. 효문제의 이름도 '원굉(元宏)'으로 바꾸어 한족의 성을 사용하게 되었다. 효문제의 과감하고 전면적인 개혁을 통하여 북위의 정치와 경제는 큰 발전을 이룩하게 되었으며, 선비족과 한족의 융합을 촉진하게 된다.

낙양으로 천도한 후 효문제는 2차 개혁을 단행하였다. 개혁의 주요 내용은 선비족이 본래 지니고 있던 생활 습관을 바꾸어 한족의 문화를 적극적으로 받아들이도록 한 것이다.

구체적인 내용으로는 첫째, 선비족의 의복을 한족의 의복으로 바꾸는 것이었다. 태화(太和) 19년(495년) 12월 갑자년(甲子年)에 효문제는 광극당(光極堂)에서 신료들과 회견하면서 관복을 나누어 주었다. 이는 선비족의 관복을 한족의 관복으로 바꾸는 구체적인 조치에 해당한다.

둘째, 관료들은 조정에서 한어를 사용하고 선비족 언어의 사용을 금지하였다. 선비족의 언어는 북방사투리라는 뜻의 '북어(北語)'로 규정하고, 한어를 정어

(正語)라 하여 공식 언어로 채택하였다. 효문제는 북어를 금지하고 정어를 사용하여야 한다고 명하여 30세 이상의 선비족 관료들은 조정에서 점진적으로 한어를 사용하도록 하고, 30세 이하의 관료들은 조정에서는 모두 한어를 사용하도록 하였다. 만일 고의적으로 선비족 언어를 사용하는 자는 관직을 강등시키거나 파면하였다.

셋째, 낙양으로 이주한 선비족은 낙양을 본관으로 삼도록 하여 죽은 후에도 평성으로 돌아가 장례를 치르지 못하도록 하였다.

넷째, 선비족 귀족의 본래 성씨를 계급과 가문에 차등을 두어 모두 한족의 성씨로 바꾸도록 하였다. 한족의 성으로 개명할 때 그 발음이 선비족 성씨의 발음과 유사한 문자를 기준으로 삼았다. 탁발씨(拓跋氏)는 왕족의 성씨로서 원씨(元氏)로 개명하였으며, 최고 등급에 해당하였다. 이외에 구목릉씨(丘穆陵氏)는 목씨(穆氏), 보육고씨(步六孤氏)는 육씨(陸氏), 하뢰씨(賀賴氏)는 하씨(賀氏), 독고씨(獨孤氏)는 유씨(劉氏), 하누씨(賀樓氏)는 누씨(樓氏), 물뉴우씨(勿忸于氏)는 우씨(于氏), 흘해씨(紇奚氏)는 혜씨(嵇氏), 위지씨(尉遲氏)는 위씨(尉氏) 등으로 개명하도록 하였다. 이러한 8대 성씨를 지닌 귀족의 사회적 지위는 북방의 최고 가문인 최(崔), 노(盧), 정(鄭), 왕(王) 등 4대 성씨와 동일하였다. 이보다 다소 낮은 등급의 선비족 귀족들의 성씨도 모두 한족의 성으로 바꾸도록 하였으며, 그 등급은 한족의 일반 사대부 가문과 동일하게 보았다. 효문제는 선비족의 황족, 귀족들이 한족 사대부와 혼인하는 것을 적극 장려하였으며, 혼인을 통해 정치적인 인척관계를 형성함으로써 한족과 선비족의 민족융합을 강화시키고자 하였다.

낡은 풍습의 개혁과 민족 융합의 추진

단녹제(斷祿制)를 반봉제(班俸制)로 대체 : 북위의 관료들은 녹봉이 없었으며, 중앙의 관료들도 등급에 따라 전쟁에서 얻은 재물, 노예들을 분배받았다. 지방의 관료들은 일정액을 세금으로 내고 난 후에는 임으로 착취, 횡령 등을 일삼았다. 또한 한 가구당 부과되는 세금도 비단 두 필, 면 두 근, 생사 한 근, 곡물 스무 섬 등이었으나 일부 마직물만 생산되는 주(州), 현(縣)에서는 관청에서 가구당 비단 한 필에 해당하는 마직물 두 장(丈)을 더 받아 보관하다가 상인들에게 위탁하여 비단으로 바꾸어 세금을 낼 수밖에 없었다. 이 과정에서 폭리를 취하는 상인들도 나타나게 되었다.

이에 484년 효문제는 반봉제(班俸制)를 실시하여 상인들을 내치고, 백성들의 부담을 덜어주는 조치를 취하게 되었다. 가구마다 각각 견사 세필, 곡물 두 곡(斛 : 곡식을 다는 그릇의 명칭) 아홉 두(斗)를 더 내어 관리들의 녹봉으로 주도록 하는 한편, 견사 두 필을 세금으로 미리 내어 현지에 없는 품목을 교환할 때 사용하도록 하였다. ……녹봉을 받은 후에 한 필이라도 뇌물을 받은 자는 모두 사형에 처하였다. 또한 485년에 반포한 균전령(均田令)에는 "모든 관리들에게 지방에 따라 농토를 배분한다. 자사(刺史)는 15경(頃), 태수(太守) 10경, 그 중급 관리들은 각 8경, 현령(縣令), 군승(郡丞) 등은 6경이며 세습이 가능하다. 그러나 매매는 불가한다"고 규정하였다. 이로써 개국 시기부터 만연된 탐관, 횡령 풍조가 사라지게 되었다.

종주독호제(宗主督護制)를 삼장제(三長制)로 대체 : 서진(西晉) 말년에 북방이 오랜 기간 혼란하였기 때문에 일선의 행정 기구들이 제 기능을 발휘하지 못하고 친족 유대 관계를 중심으로 군사, 정치, 경제가 하나로 결합되어 버렸다. 이러한 부락은 관리 계급인 중소지주계층과 농민, 그리고 일부 소작농으로 구성되어 있다. 북위는 초기에 종주독호(宗主督護)를 임명하는 제도를 취하였는데, 이들이 50가(五十家), 30가를 한 호(戶)로 보고하는 등 속이는 경우가 많이 발생하였다. 이리하여 486년부터 삼장제(三長制)를 실시하였다. 즉 다섯 호마다 영장(슈長) 1인을 두고, 다섯 영(슈)마다 이장(里長) 1인을 두며, 다섯 리(里)마다 1인의 당장(黨長)을 두어 호구(戶口)에 대한 감찰을 비롯하여 세금의 징수, 요역(徭役 : 강제 노동)과 병역의 징발, 균전령(均田令)의 실시 등을 담당하도록 함으로써 일선 행정 기구를 정돈하였다. 이로써 북위의 행정 체계는 중앙에서 일선까지 비교적 완벽한 체계를 갖추게 된다.

균전제(均田制)의 실시 : 북위 시대에는 지방의 토호가 대량의 토지를 차지하고 있었기 때문에 대부분의 농민들은 토지를 얻을 수 없었다. 이에 농민들은 지주에게 속한 은호(隱戶 : 호적이 없는 무적자無籍者)가 되거나 산으로 도망하여 봉기를 일으키는 반대 세력이 되기도 하였다. 은호가 많아질수록 국가의 세금과 부역(賦役)이 줄어들 수밖에 없으며, 농민 봉기가 잦아지면 국가의 통치 기반이 흔들릴

북위시대 우거(牛車)

수밖에 없게 된다.

이러한 사회적 모순을 완화시키기 위하여 485년 효문제는 균전령을 반포하였다. 즉 15세 이상의 남자에게는 개간하지 않은 논밭 40무(畝)를 분배하고, 부녀자에게는 20무를 분배하였으며, 노비는 양정(良丁 : 양민良民의 장정壯丁)에 준하였다. 소 한 마리 당 농지 30무를 분배받을 수 있으며, 최대 네 마리로 제한하였다. 처음 소로 교환한 농지에 대해서는 세금을 배로 늘리고, 소 세 마리에 상당하는 토지에 대해서는 세금을 다시 그 배로 늘린다. 이로써 소득의 잉여가 남지 않도록 하고, 모두 균등한 분배가 이루어지도록 하였다. 균전령은 북위 초, 옛 도읍인 평성에서부터 실시되었으며, 인구에 따라 논밭을 분배함으로써 도성과 그 중심 지역인 기내(畿內)에서 시행되던 과전제도(課田制度)를 한 단계 더 발전시켜 중국 전역에 실시되도록 한 것이라고 볼 수 있다.

균전제는 봉건 지주소유제에 저촉되는 점이 없었으며, 오히려 선비족 귀족과 한족 지주계급의 이익을 보호한다는 전제 아래 토지를 볼모로 농민을 구속하여 논밭을 일구도록 함으로써 봉건제 국가의 조세 수입과 부역 동원의 기틀을 마련했다고 볼 수 있다. 균전령은 법률의 형식으로 자작농의 토지 점유를 보장함으로써 자기 소유의 농지가 없거나 매우 적었던 농민들도 다소나마 경작지를 소유하게 되어 사회 전반적인 질서 안정과 생산성 향상을 도모할 수 있었다.

북위는 삼장제를 실시하는 동시에 새로운 조세 제도를 반포하였다. 즉 일부일처의 경우 매년 비단 한 필과 곡식 두 섬을 세금으로 내도록 하고, 15세 이상의 미혼 남녀 네 명, 경작에 종사하는 노비 여덟 명, 밭갈이 소 20마리를 각각의 기준으로 일부일처와 동일한 세금을 내도록 하였다. 일부일처를 세금 징수의 단위로 삼음으로써 종주(宗主)의 부정 비리를 막고, 일반 농가의 부담을 덜어주는 효과를 가져왔다. 도처에 흩어졌던 농민들도 강제로 정착하게 되었을 뿐만 아니라 허다한 무적자 호구들도 종주와 지방 토호의 지배에서 벗어나게 됨에 따라 납세 호구가 증가하고 세금도 늘어났던 것이다.

▶▶ 역사의 흐름에 어떤 영향을 미쳤을까?

북위 효문제의 개혁은 역사적으로 중국을 통일한 다민족 국가 발전의 본보기가 되었다고 할 수 있으며, 그 영향은 매우 컸다. 선비족은 역사에서 이미 사라진 민족이 되었지만 한족과 융화됨으로써 그 명칭만 바뀌었다고 볼 수 있을 것이다.

장기적 안목으로 본다면 효문제의 개혁은 북위 탁발족이 중국 역사에서 사라지기 직전에 남긴 자취라고 할 수 있다. 220년 최초의 통일제국 진(秦)·한(漢)이 모두 멸망하고 수(隨)·당(唐)·송(宋) 등 제2의 통일제국이 등장하기 전까지 소수 민족이 중국을 통일하고 발전시켜 나가는 방향을 제시했다고도 볼 수 있다.

한(漢)나라가 망한 후 369년 동안 중국은 통일을 이루지 못하였다. 당시 인구 분포를 보면 북쪽에서 남쪽으로 서쪽으로 동쪽으로 이동하는 추세였으며, 인구의 다수를 차지하고 있던 한족 역시 이러한 추세를 막을 수는 없었다. 북방의 소수 민족들이 기병 전술에는 능하였지만 회수(淮水)와 한수(漢水) 등 강이 있는 지역은 넘어올 수 없었으며, 유목 민족의 생활방식으로는 중국의 통일의 본보기를 세울 수 없었다. 진(秦)·한(漢) 등의 통일제국은 모두 관료 기구를 통하여 대다수 소규모 자작농들을 통치하였다. 그러나 분열의 시기에는 한족의 세도가와 이(夷), 적(狄) 등 소수 민족의 부족장들이 모두 제멋대로 권력을 휘두름에 따라 중앙정부가 뜻대로 세금 징수, 징병 등의 권한을 행사할 수 없었다. 각 민족의 언어가 모두 달랐던 점도 통일의 방해 요소로 작용할 수밖에 없었다.

북위의 탁발족은 이러한 장애를 모두 극복한 사례에 해당한다고 볼 수 있다. 이는 그들의 문화가 우수했기 때문에 가능했던 것이 아니라 인문 환경이 단조로워 가장 기본적인 분야에서부터 시작하여 원시적인 방법으로 문제를 해결해 나갔기 때문이었다. 따라서 부지불식간에 중국을 다시 통일하는 국면을 형성할 수 있었던 것이다.

16. 육진六鎭의 봉기, 북위가 분열되다

북위(北魏)의 효문제는 낙양으로 천도한 후, 두 번에 걸쳐 남제(南齊)*에 대한 대대적인 정벌을 실시하였으나 남제 군의 완강한 저항으로 실패하였다. 499년에는 오히려 남제의 공격을 받게 된다. 효문제는 병을 앓고 있는 상황에서도 남제 군과 맞서 싸워 그들을 물리쳤으나 얼마 지나지 않아 병으로 세상을 떠나고 만다. 효문제가 죽고 뒤를 이어 선무제(宣武帝) 원각(元恪 : 재위 499~515)이 왕위를 계승하면서 북위는 쇠락하기 시작하였다.

후에 효명제(孝明帝 : 510~528년)**가 어린 나이에 즉위하자 그의 모후인 호태후(胡太后)가 정사를 주관하였으나 제멋대로 권력을 휘두르며 사치를 일삼곤 하였다. 그녀는 불교가 그녀의 죄과를 덜어줄 것으로 믿고 이를 신봉하였다. 북위의 통치자들은 낙양으로 천도하기 전부터 대규모 인력을 동원하여 석굴을 파고 불상을 만들기 시작하였으며, 30여 년의 기간에 걸쳐 운강(雲岡 : 지금의 산서성 대동시 大同市 무주산武周山)에 대규모 석굴을 파고 10만 존 이상의 크고 작은 불상을 만들어 놓았다. 석굴을 파는 데만 24년이 걸렸으며 80만 명의 인력이 동원되었다. 이곳의 석굴과 불상은 중국 고대 인물의 수준 높은 조각 예술의 미를 보여주고 있으나 당시 민중들의 부담을 크게 가중시키는 데 일조하였다.

육진(六鎭)의 봉기

북위는 북방 변경 지역에 육진(六鎭)을 설립하고 장군을 파견하여 수비하도록 하였다. 523년 옥야진(沃野鎭, 지금의 내몽골 오원五原 북부지역)의 흉노족 파육한발

---

* 소도성(蕭道成 : 427~482년)이 창건한 중국의 왕조(479~502년)로 남조(南朝)시대의 두 번째 왕조이다. 북제(北齊 : 550~577년)와 구별하여 남제라고 한다. 남조 시대 최초의 왕조인 송(宋 : 420~479년)의 장군 소도성이 송나라 순제(順帝)로부터 양위를 받고 제위에 올랐다. 후에 소연(蕭衍 : 464~549년)이 거병하여, 502년 선양의 형식으로 화제(和帝)로부터 제위를 물려받아, 남조시대 양(梁)의 초대 황제가 되었다.
** 남북조시대 북위 제8대 황제 원후(元詡)이다. 5살 때 황제로 즉위하여 어머니 호태후(胡太后)가 섭정하였으며, 19살 때 어머니에 의해 독살당하였다. 결국 호태후의 실정과 누적된 한화(漢化) 정책에 대한 선비족(鮮卑族)의 불만은 523년 육진의 난을 초래하여 북위 멸망의 원인이 되었다.

릉(破六韓拔陵, '파육한'은 성씨에 해당)이
군사를 일으켜 진(鎭)의 장군을 죽이고
봉기를 일으키자, 나머지 다섯 개의 진
에서도 이에 영향을 받아 봉기가 일어
나게 된다. 북위에 반대하는 세력은
갈수록 늘어났으나 북위가 북방의 유
연족(柔然族 : 예예芮芮, 여여茹茹, 연연蠕蠕이
라고도 하는데, 고대 동호 계통에 속하며 선비

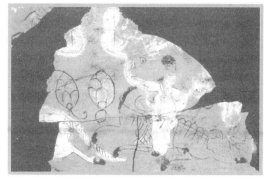

북위시대 칠관채화수렵도(漆棺彩畵狩獵圖)

족과 근원이 동일함)과 결탁하여 진압에 나서자 육진의 봉기는 실패로 돌아갔다.

북위정권은 육진의 병사와 민중들을 중심으로 한 반대 세력의 봉기를 방지
하기 위하여 봉기에 실패한 병사 20여만 명을 조정의 노비로 삼아 지금의 하북성
일대에 해당하는 기주(冀州), 정주(定州), 영주(瀛州) 등지로 압송하여 노역에 종사
토록 하였다. 이로써 기주 지역에 다시 봉기의 불길이 타오르게 된다. 선비족 출
신 갈영(葛榮)이 봉기군을 이끌고 영주로 진격하자, 북위 정권은 장무왕(章武王) 원
융(元融)을 대사마(大司馬)로, 광양왕(廣陽王) 원심(元深 : 원침元琛과 다른 인물임)을 대도
독(大都督)으로 삼아 대규모 진압에 나섰다. 그러나 먹고 놀 줄만 알았던 귀족 출
신의 진압군들은 전쟁을 어떻게 하는지조차도 모르고 있었다.

갈영의 봉기군은 박야진(博野鎭 : 지금의 하북성 중부 일대)에 이른 후 정예 기병
부대를 파견하여 원융의 부대를 습격하도록 하였다. 미처 대비하고 있지 못했던
원융은 봉기군에 의해 죽임을 당하였다. 원심은 원융이 적의 손에 죽었다는 소식
을 들은 후 곧바로 정주로 퇴각하였으나 역시 갈영의 기병대에 의해 생포되고 만
다. 갈영은 봉기군을 한 군데로 모아 백만 군사라고 큰소리치며 낙양으로 진군할
준비를 서둘렀으며 그 기세가 대단하였다. 이때, 수용(秀容 : 지금의 산서성) 지역 한
부락의 추장이었던 이주영(爾朱榮 : 493~530년)은 그 수하에 8천의 정예 기병부대를
보유하고 있었다. 그는 농민봉기군을 못마땅하게 생각하여 전적으로 그들과 맞
서 싸웠기 때문에 북위의 효명제는 이주영의 병력을 이용하여 갈영을 대적하고
자 하였다.

갈영은 이주영이 이끄는 군사의 수가 적어 쉽게 격퇴할 수 있을 것으로 여겼

기 때문에 병사들을 진영의 수십 리 떨어진 곳에서 흩어지게 하여 이주영의 군대를 포위하려고 하였다. 그러나 이주영은 이미 산속에 군사들을 매복시켜 놓고 있었다. 정예부대를 출격시켜 갈영의 병사를 분산시켜 격퇴하는 동시에 전후에서 협공을 벌여 봉기군을 섬멸하였으며, 갈영도 목숨을 잃고 만다. 갈영의 봉기가 실패로 돌아간 후 북위 내부에서는 큰 혼란이 야기되었다.

북위의 분열

고환(高歡 : 496~547년)*은 '하육혼(賀六渾)'이라는 선비족의 이름을 가지고 있을 뿐 아니라 선비족 귀족 출신의 누소군(婁昭君)의 후손을 아내로 맞는 등 선비족화된 한족 인물이었다.

북위 정광(正光) 5년(524년) 북방에는 육진의 국경수비대와 각 민족이 대규모 봉기를 일으켰다. 고환이 이때가 절호의 기회라고 여겨 개인적 야심을 품고 파육한발릉, 두낙주(杜洛周), 갈영 등이 이끄는 봉기의 대열에 합류하였다. 그는 봉기군 내부에 자신을 지지하는 조직을 결성하고 기회를 노리며 세력을 키워나갔다. 고환은 계호(契胡)의 추장 이주영의 세력이 막강하다고 판단하여 위경(尉景), 단영(段榮) 등 자신의 지지세력들과 함께 봉기군을 배반하고 이주영에게 투항하였다. 고환은 바로 이주영의 신뢰를 얻어 친신도독(親信都督 : 이주영의 근위대장)에 오르게 된다.

영안(永安) 3년(530년) 북위의 효장제(孝莊帝)의 꾐에 빠져 이주영이 낙양에서 죽임을 당하자, 고환은 이주씨(爾朱氏)들이 혼란에 빠져 우왕좌왕하는 틈을 타서 육진봉기 당시 이주영에게 귀순한 봉기군 20여만 명을 자신을 따르도록 선동하여 이들을 이끌고 하북 지방으로 이동하였다. 고환은 이들 20만 육진 군민을 기반으로 하여 정치적, 군사적 역량을 키워나가게 된다.

이듬해 북위 보태(普泰 : 절민제節閔帝의 연호) 원년(531년), 고환은 군민을 이끌고

---

* 육진의 난에 가담했으나, 나중에 항복하여 이주영의 부장이 되었으며, 그가 죽고 난 후에는 발해군의 호족(豪族) 고건(高乾) 등과 손을 잡고 자립하였다(531년). 북위가 동서로 나뉘게 되고 동위(東魏)의 실권자가 되었다. 자신은 제위에 오르지 않았지만, 그의 아들인 고양(高洋 : 문선제文宣帝)이 북제(北齊)를 건국하였다.

기주(冀州 : 지금의 하북성 기현冀縣)에 주둔하며 현지의 지주계급을 끌어들이는 한편 민족 갈등을 자극하여 이주씨에 반대하는 정서를 조장하였다. 마침내 상황은 극으로 치달아 일촉즉발의 위기감이 감돌게 되자 보태 2년(532년) 3월 이주조(爾朱兆)는 20만 대군을 이끌고 고환을 공격하였다. 고환은 적이 지칠 때까지 기다렸다가 공격하여 적은 인원으로 대승을 거두었으며 이주씨 군대에 큰 타격을 입히게 된다. 그리고 이 전쟁에서 승리한 틈을 타서 낙양까지 진군하게 되었으며 실질적인 북위 정권을 장악하는 '태상황(太上皇)'의 자리에 오르게 된다. 같은 해 7월 고환은 진양(晉陽)을 공격하여 이주씨의 잔여세력을 철저하게 제거한 후, 대승상부(大丞相府)를 건립하고 이곳에

북위시대 지궁무사용(持弓武士俑)

거하며 조정을 조종하였다. 이때부터 고환을 비롯한 후대의 북제(北齊) 제왕들은 진양을 다스리게 되었으며 진양은 북위, 동위(東魏), 북제 등 세 왕조의 실질적인 정치 중심지가 되면서 '패부(霸府)'로 불리게 된다.

▶▶ 역사의 흐름에 어떤 영향을 미쳤을까?

영희(永熙) 3년(534년) 북위의 효무제(孝武帝)가 고환의 꼭두각시 노릇을 달가워하지 않자 고환은 군사를 이끌고 낙양으로 들어가 효무제를 폐하였다. 이어 원선견(元善見)을 황위에 올리고 업성(鄴城, 지금의 하북성 임장臨漳)으로 천도하였으니, 이를 동위(東魏)라 칭하게 된다. 또 다른 군벌세력인 우문태(宇文泰 : 507~556년)*는 자신의 부대를 거느리고 서쪽 동관(潼關)에 입성하여 원보거(元寶炬)를 황제로

---

* 북위 6진의 난에 참가하였다가 하발악(賀拔岳)에게 귀순하였고, 하발악이 죽자, 하발악이 가지고 있던 기반으로 관중지방에서 세력을 모았다. 후에 서위의 대재상으로 실권을 쥐었다. 그가 죽자 대재상을 물려받은 우문각(宇文覺)이 556년 서위의 황제로부터 선양을 받아 제위에 올라 북주(北周)를 건국했다.

옹립하니, 이를 서위(西魏)라 칭하게 된다. 북위는 이로써 멸망하였다고 볼 수 있다. 중국의 북방 역시 통일과 분열이 반복되었으나 분열은 일시적인 상황에 불과하였다. 얼마 지나지 않아 우문태의 후계자가 북방을 통일하고 다시 중국을 통일하게 된다.

17. 주무제周武帝*, 숭유억불 정책을 펴다

　서진(西晉 : 156년 간 이어진 진나라는 수도를 낙양에 둔 전반 52년 간을 서진이라함) 말년부터 소수 민족이 중국 내륙으로 들어오게 되면서 중국 북방의 민족갈등과 계급갈등은 더욱 첨예하게 대립하였다. 소수 민족의 통치자들은 한족 등 각 민족을 억압하면서도 불교를 호인(胡人)들의 신으로 널리 알리는 등 적극적으로 불교를 이용하였다. 이로써 불교는 중국의 북부지역에 광범위하게 전파되었다.

　『위서(魏書)』「석노지(釋老志)」에는 북위 말엽, 도성인 낙양(지금의 낙양시 동죽 12킬로미터 지점)에만 5백여 개의 사찰이 존립하였다고 기록되어 있다. 신귀(神龜) 원년(518년)에는 사찰이 점차 민가를 점유하여 사찰이 세 곳이면 민가는 한 곳밖에 되지 않을 정도였다. 무태(武泰) 원년(528년)에 '하양(河陽)의 변'이 발생하여 수많은 왕족과 관료들이 죽임을 당하자 그들의 가옥과 민가들은 모두 승려들에게 귀속되었으며 경읍(京邑)의 저택들은 대부분 사찰이 되었다. 동위(東魏) 말엽에는 동위 영토 내에 약 3만여 개의 사찰이 들어섰으며 승려는 2백만 명에 달하였다. 북위와 동위의 조정에서는 도교도 매우 중시하여 도관(道觀) 등 도교사원의 수와 도사(道士)들의 수량도 사찰과 승려의 수에 버금갈 정도였다.

　북제(北齊) 시대에는 도성인 업성(鄴城 : 지금의 하북성 임장현臨漳縣 서남쪽 20여 킬로

---

* 이름은 우문옹(宇文邕, 543~578년)이고, 남북조 시대 북주의 제3대 황제(재위 560~578)이다. 577년 북제를 멸망시키고 화북을 통일하였으나, 진(陳)나라를 공격할 준비를 하다가 578년 병사했다.

미터 지점의 장수潭水 부근) 역시 불교의 중심지였다. 『역대삼보기(歷代三寶記)』(수隋나라의 비장방費長房이 597년, 곧 개황開皇 17년에 저술한 불교 역사서)에는 "성내에는 4천여 개의 사찰이 있었으며 승려는 8만 명에 달하였다"고 기록되어 있어 사찰과 승려의 수량 면에서는 동위 말엽의 수준에 뒤지지 않을 정도였다. 이렇게 불교가 흥성할 수 있었던 까닭은 최고 통치자의 숭상을 받음으로써 급속하게 발전할 수 있는 여건이 형성되었기 때문이라고 볼 수 있다.

불교의 정권 위협

불교, 도교의 세력이 확대되면서 조정의 세금과 요역, 병역 등 부역의 원천이 줄어들게 되었으며 지주계급의 경제적 발전도 저해하게 되었다. 불교의 '연육친(捐六親, 부모, 형제, 처자를 버림), 사예의(舍禮義 : 일체의 예식에 얽매이지 않음)' 사상과 불교, 도교의 다소 허황된 이야기들은 모두 유생들의 공격대상이 되었다. 이들 유생들은 중국의 정통문화를 수호하겠다는 입장에서 출발하여 불교와 도교를 격하시키려고 하였다. 유주(劉晝)는 불교를 '만물의 화근'이라고 지칭하였고, 장구자(張仇子)는 '중국을 혼란에 빠뜨리는 요괴'로 보았다.

태원에서 출토된 북주시대 석조 사유보살

번손(樊遜)은 이보다 더욱 강력하게 불교를 반대하였는데, 『북제서(北齊書)』「번손전(樊遜傳)」에서는 다음과 같이 기록하고 있다.

"천보(天寶) 5년(554년) 문선제가 불교와 도교에 대한 의견을 구하자 번손은 도교에서 전하는 옥간(玉簡), 금서(金書), 신경(神經), 비록(秘錄), 삼척구전(三尺九轉), 강설(絳雪), 현상(玄霜), 회남성도(淮南成道 : 회남왕淮南王) 유안(劉安 : 서한西漢 시대 사람으로 도술道術을 좋아해 불로장생不老長生의 비법을 찾는 데 몰두함)이 득도하여 신선이 되었다는 이야기, 견폐운중(犬吠雲中 : 하늘 나라의 개들이 구름 속을 다니며 짖는 신기한 풍경을 말함), 자교득선(子喬得仙 : 자교 선생이 득도하여 신선이 되었다는 이야기), 검비천상(劍飛天上 : 도술에 능한 도인들이 하늘에서 검술을 연마하는 신기한 풍경을 말함) 등은 모두 바다에서 대추를 찾고 부는 바람을 매어두려 하며 그림자를 잡으려는 것과 같은 허황된 이야기에 불과하다고 하였다.

　　……이들은 말세가 이미 다가왔고, 불교를 높이 떠받치면서 서역에서 경전을 들여와 쓰고 남궁(南宮)*의 불상을 본떠 그리었다. 곤지(昆池)의 흙이 본래부터 검었으나 굳이 하늘이 노해 불을 내려 타고 난 후의 잿더미라고 우기고 춘추(春秋)에 달빛이 밝으면 굳이 신이 강림했다고 우기는 것이라고 설명하였다. 법왕(法王 : 부처를 가리키는 말로 법, 곧 진리에 밝다는 뜻)이 존재하여 그 변화가 무쌍하니 이 세상을 덧없는 먼지로 가득하게 하는가 하면 수미산(須彌山 : 불교의 우주관에서 세계의 중심에 서있다는 산)도 좁쌀 안에 가두어 두기도 한다고 하였다. 이는 본래 있지도 않는 것을 있는 것처럼 그럴 듯하게 꾸며 중생을 미혹시키려 함이다. …… 형편과 상황에 따라 수시로 말을 달리하고 제멋대로 이랬다저랬다 하는 것이 세상의 속물과 다를 바가 없다고 맹비난하였다. 그는 승려, 비구니, 도사들은 모두 '민중을 오도하는 무리들'이므로 조속히 도태시켜야 한다고 주장하였다."

　　그러나 최고 통치자들이 여전히 불교와 도교를 감싸고 옹호하였기 때문에 북제시대에도 이 두 종교는 어떠한 제재도 받지 않고 발전을 거듭하였다.

　　서위(西魏), 북주(北周)시대에도 불교는 계속 흥성하였다. 서위의 정권의 핵심에 있었던 우문태(宇文泰)는 본인이 불교를 신봉하였다. 그의 후계자였던 북주의 효민제(孝閔帝) 우문각(宇文覺 : 542~557년)**과 명제(明帝) 우문육(宇文毓 : 534~560년)***은 더욱 독실한 불교 신자들이었기 때문에 불교는 나날이 발전을 이룩하게 된다. 도교 역시 이러한 시대적 배경을 바탕으로 급속하게 발전하였다. 그러므로 당시

---

* 불경과 불상을 처음 접한 후한(後漢) 명제(明帝 : 58~75년)가 우선 불상을 본떠 만든 뒤 남궁(南宮)에 봉안하였다고 전해진다.
** 남북조시대 북주의 초대 황제(재위 557년)이다. 우문태의 아들로 557년, 서위의 황제 공제(恭帝)로부터 선양을 받아 제위에 올라 북주를 건국한다. 그러나 그 해에 조정을 장악한 우문호(宇文護)를 제거하고자 하지만 사전에 발각되어 오히려 우문호에게 살해된다.
*** 남북조 시대 북주의 제2대 황제(재위 557~560)이다. 우문태의 서장자로, 아명이 통만돌(統萬突)이다. 그는 효민제를 살해한 우문호에 의해 제위에 오르지만, 결국 우문호에게 독살당했다.

에는 승려의 수가 평민 수의 배에 달했으며 도사들의 수도 평민들보다 많을 정도였다.

불교와 도교가 통치계급의 통치수단으로 이용되고 있었다고 해도 조정에 세금을 내지 않고 부역도 하지 않는 승려, 비구니, 도사들이 대부분의 토지를 차지하고 있음에 따라 영토도 작고 백성의 수도 적었던 북주의 경제는 심각한 타격을 입지 않을 수 없었다. 사찰, 도관 등의 지주계급은 관부, 지방토호세력들과 갈등을 일으켰을 뿐만 아니라 불교와 도교 사이에도 각 종교의 이권과 관련된 충돌이 발생한 것이다.

북위시대 진해용(陳海龍) 등이 만든 사면상비(四面像碑)

주무제의 억불정책

주무제 우문옹(宇文邕)은 유학(儒學)을 중심으로 나라를 다스리려는 원대한 포부를 지녔던 군주였다. 그는 재위 기간 동안 정치, 경제, 군사 등 분야에 있어 일련의 개혁을 실시하였는데『광홍명집(廣弘明集)』(644년, 당나라의 율사 도선道宣이 지은 불교에 관한 책) 7권「서열대왕신체혹해(敍列代王臣滯惑解)」에는 다음과 같이 기록하고 있다.

"천화(天和) 2년(567년), 촉군공(蜀郡公) 위원숭(衛元嵩)은 상소를 올려 '나라의 발전은 불교의 흥성에 있는 것이 아닙니다. 당(唐)나라와 노(盧)나라는 불교가 없었어도 나라가 태평하였으나, 제(齊)나라와 양(梁)나라는 사찰은 남았어도 나라는 사라졌습니다. 주(周)나라는 당나라와 노나라를 본보기로 삼을지언정 이미 망한 제나라와 양나라의 전례를 따라서는 안 될 것입니다' 라고 말하였으며, 주무제는 그의 말에 깊은 감명을 받았다."

도사 장빈(張賓) 역시 상소를 올려 불교를 폐할 것을 주장하였다. 이에 주무제는 대소신료들 및 승려, 도사들을 불러 모아 삼교의 우수성에 대한 토론회를 열었다. 주무제의 의도는 불교의 지위를 격하시켜 유교를 최우선의 지위에 앉히고

하남 안양 소재 북제시대 묘에서 출토된 황유편병
부조(黃釉扁瓶浮雕)

도교를 그 다음 순위에 놓은 뒤 불교를 가장 마지막에 둘 심산이었다. 그러나 조정의 대권을 장악하고 있던 대총재(大冢宰) 우문호(宇文護 : 515~572년)*는 독실한 불교신자였기 때문에 이에 반대 입장을 표명하였으며, 도안(道安), 견란(甄鸞) 등은 상소를 올려 도교를 없애야 한다고 주장하는 등 여러 차례의 토론에도 불구하고 삼교의 지위를 확정할 수 없었다.

건덕(建德) 원년(572년) 주무제는 우문호를 죽이고 조정의 정권을 장악하게 된다. 그리고 이듬해 12월 또 다시 대소신료들과 도사, 승려들을 불러 토론을 진행시킨 뒤, 유교에 최우선의 지위를 부여하고 도교, 불교 순으로 지위를 확정한다. 그러나 승면(僧勔), 승맹(僧猛), 정애(靜藹), 도적(道積) 등의 승려들이 강력하게 반발함에 따라 실현되지 못하자, 건덕 3년(574년) 5월, 주무제는 다시 한 번 대소신료들과 승려, 도사들을 불러 모아 토론회를 열었다. 이 토론회에서는 특히 불교와 도교의 논쟁이 격렬하게 벌어졌다. 『속고승전(續高僧傳)』「지현전(智炫傳)」에는 승려 지현(智炫)이 도사 장빈을 논쟁에서 힘겹게 꺾었음에도 불구하고 주무제가 도교를 옹호하며 불교는 깨끗한 종교가 아니라고 반박하자, 지현이 도교는 불경함이 말로다 할 수 없을 정도라고 항변하였다고 기록되어 있다.

주무제는 본래 불교만을 배척할 생각이었으나, 도안, 견란, 지현 등의 승려들에 의해 도교의 민신, 방술, 그리고 교리의 허황됨이 낱낱이 밝혀짐에 따라 불교와 도교 두 종교를 모두 금지하고 경전과 불상은 모두 파괴하며 승려와 도교는 모두 민간인으로 환속하도록 조서를 내렸다. 조서가 반포된 후 곧바로 시행되어 불상의 도금이 벗겨지고 불경이 불에 태워졌으며 승려들은 사찰에서 쫓겨나고

---

* 남북조 시대 북주의 재상이었다. 556년 우문태 사후 실권을 장악했으며, 초대 효민제, 2대 명제, 3대 무제를 옹립하면서 권세가 극에 달했으나 돌궐과 동맹을 맺고 북제 정복을 시도하다 실패한 뒤 무제의 책략에 의해 주살당했다.

사탑 등은 파괴되었다. 사찰은 모두 민간 주택으로 환원되었으며 승려들은 모두 환속하여 민간이 되었다.

건덕 6년(577년) 북제를 멸망시킨 주무제는 업성(鄴城)의 승려들을 여러 차례에 걸쳐 새 궁전으로 불러들여 숭유억불정책의 원인과 의의에 대해 설명하였다. 회의에 참석한 5백여 명의 승려들은 모두 침묵을 지켰으나, 승려 혜원(慧遠)만큼은 반대 의사를 명백히 드러내었으며 주무제가 아비지옥(阿鼻地獄)으로 떨어지게 될 것이라고 위협하였다. 불교도 임도림(任道林) 역시 상소를 올려 불교를 금지하는 것에 대한 반대 의사를 분명히 하고 인과응보에 따른 죄과를 받게 될 것이라고 협박하기도 하였다. 주무제는 자신은 오호(五胡)가 아니며 불교를 믿을 마음이 없다고 밝혔다. 그는 권력을 장악하게 되자, 본래 제(齊)나라의 영토였던 지역 내에서 불교를 금지하였으며, 사찰 등은 민간에 귀속시키거나 모두 파괴하였다. 이로써 중국 북부의 불교는 모두 금지되었다.

북주시대 강업묘(康業墓)

주무제의 이 불교금지 조치는 매우 철저하게 진행되었다고 볼 수 있다. 『방록(房錄)』11권에는 "그동안 조정과 민간에서 지어 수백 년 동안 내려오던 불탑이 모두 남김없이 파괴되었다. 불상에 입혀졌던 도금이 벗겨지고 불교의 경전은 모두 불태워졌다. 팔주(八州)에 있던 4만여 개의 사찰은 모두 왕실의 주택으로 상납되었고, 삼방(三方)에 있던 승려 가운데 3백만 명이 모두 군민으로 환속되어 민간 가호로 편제되었다"라고 기록되어 있다.

주무제의 전면적인 불교 금지 조치는 위(魏)나라 태무제(太武帝 : 북위北魏의 제3대 황제인 탁발도拓跋燾)의 불교금지조치와 비교해 볼 때 조정의 재원을 확보하고 정권을 공고히 하려는 목적은 같았으나 방법은 확연히 달랐다. 첫째, 불교금지조치는 수차례에 걸친 토론의 결과물로서 이미 사람들로 하여금 심적, 사상적 준비를 할 수 있는 시간을 주었다는 점이다. 둘째, 항거하는 승려와 도사들을 죽이지 않고 민간으로 환속시켰으며 사찰과 도관도 파괴하지 않고 왕실의 저택으로 사용하였다. 특히 명성이 높은 승려들과 도사들은 정부 관료의 신분으로 신도관(信道觀)에서 연구 등에 종사하도록 배려하였다. 또한 담연(曇延)은 광록대부(光祿大夫),

법지(法智)는 양천태수(洋川太守), 보광(普曠)은 기산군(岐山郡) 관리로 임명하는 등 재능이 있는 자는 두루 관료로 등용하였다. 주무제는 온건책을 활용하여 불교 금지를 실현하였다고 볼 수 있다.

▶▶ 역사의 흐름에 어떤 영향을 미쳤을까?

주무제의 불교금지 조치로 인하여 북주(北周) 정권은 대량의 재정자원을 확보하게 되었을 뿐만 아니라 3백만 명에 달하는 민간 가호를 확보하게 되어 생산성이 크게 향상되었다. 세금과 부역 인원이 해마다 증가하였으며, 병력도 크게 증강되었다. 이로써 후대 수(隋)나라의 통일을 비롯하여 돌궐족과의 전투에 맞설 수 있는 풍부한 물적 자원과 강력한 군사력을 갖출 수 있게 된 것이다. 통도관(通道觀)의 건립으로 유, 불, 도 삼교의 상호 교류와 융합도 활발하게 추진되었다. 유가를 통치이념으로 삼고 도교와 불교가 이를 보좌하도록 함으로써 삼교가 상호 결합된 새로운 봉건 통치이념 체계로 정권을 유지하고 사상적 체계를 공고히 하여 나라의 기틀을 더욱 튼튼히 할 수 있었던 것이다.

2부

100
EVENTS
INFLUENCED
THE
HISTORY OF
CHINA

중세 중국 : 500~1600년

100
EVENTS
INFLUENCED
THE
HISTORY OF
CHINA

이 시기는 세계적으로는 로마제국이 멸망하고 중세 봉건사회가 들어선 시기이다. 중국에서는 이미 주나라 때부터 분봉제가 실시되었고 일찍이 진(秦), 한(漢) 시대부터 봉건사회가 자리 잡음으로써 중국은 가장 먼저 봉건사회에 진입한 국가라고 할 수 있다. 그로인해 중국은 제후국들의 분열과 통일의 역사라고도 할 수 있다.

수나라 역시 3백여 년 동안 지속되어온 남북의 분열 시대를 마감하고 나서야 통일의 대업을 이룰 수 있었다.

노예사회에서 주요한 관직들은 모두 세습되었으나, 봉건사회에 들어서면서 차츰 관리를 등용하는 제도가 형성되었는데, 수나라의 과거제도는 하층계급에게도 등용의 문을 활짝 열어준 일대 개혁이라고 볼 수 있다.

그러나 고구려와의 전쟁으로 수나라는 40년도 지속하지 못한 채 멸망하고 만다.

그 후 들어선 당나라는 중국 역사에서 가장 개방적인 나라였다고 볼 수 있다. 당시 유럽에서는 인종 및 종교 문제로 잔혹한 투쟁이 벌어지던 것과 대조를 이루고 있다.

그러나 당나라 왕조의 태평성대가 끝나고 쇠퇴에 접어들기 시작하면서 안사의 난(755~763년)이 일어나고, 역사적으로 번진할거라고 불리는 오대십국(五代十國 : 907~960년) 시대가 열리게 된다. 이러한 혼란 국면은 송나라가 중국을 통일하고서야 비로소 끝을 맺는다.

이후 칭기즈칸이 건립한 몽골제국은 19세기 대영제국에 버금가는 대제국으로서 1280년 원나라가 통치했던 영토는 중국의 황하유역에서 유럽의 지중해에 달할 정도였으나, 점차 부패해진 원나라 시대 말엽 홍건군의 농민봉기가 발발한다. 결국 소작농 출신의 주원장에 의해 원나라는 멸망하게 되고 명나라가 들어서게 된다.

이로써 중국의 봉건전제주의는 진(秦), 한(漢) 시대에서 명나라 시대 말기까지 1600여 년 동안 지속되었다.

4장

수나라 시대부터
당나라까지

| 수나라가 중국을 통일하다

| 과거제도가 시작되다

| 남북을 잇는 대운하를 개통하다

| 수당이 고구려 출정으로 흥망성쇠가 갈리다

| 정관지치, 당나라의 황금시대를 열다

| 당나라와 토번이 화친으로 서로 상생하다

| 『당률소의』, 중국 법전의 초석이 되다

| 측천무후, 유일무이한 희대의 여황이 되다

| 육조 혜능, 선종의 시조가 되다

| 개원성세, 개혁과 개방으로 태평성대를 열다

| 이백과 두보, 시가의 황금시대를 꽃피우다

| 안사의 난, 번진할거 시대를 열다

| 번진할거, 오대십국 시대를 열다

| 회창멸불, 당나라 무종이 불교를 말살하다

| 황소의 봉기, 최초로 '평등'의 개념을 외치다

| 석경당, 연운십육주를 할양하다

1. 수隋나라가 중국을 통일하다

서진(西晉) 말엽부터 남북이 장기간 분열 국면을 맞게 된 주요 원인은 첨예한 민족갈등 때문이었다. 북조(北朝) 후기부터 선비족 귀족계층의 문벌화가 심화되었으며 특히 각 민족마다 공통으로 생산투쟁과 계급투쟁에 직면하면서 민족 간의 대대적인 융합을 촉진하게 된다. 그 가운데 한족인 양(楊)씨 가문이 주(周)를 대신하게 되면서 민족 모순의 상징이었던 선비족 정권 역시 멸망을 고했으며, 중국은 다시 한 번 남북통일의 분위기가 무르익기 시작하였다. 당시 수(隋)나라의 경제, 정치, 군사력은 모두 진(陳)나라에 앞서 있었다. 이에 3백여 년 동안 지속되어온 분열 국면은 수나라에 의해 통일대업을 다시 이루게

수나라 문제 양견의 초상

된다. 다민족 국가로서 통일을 이루어 낸 중앙집권 국가가 다시 건립되게 된 것이다.

장기간 계속된 분열국민과 다발적인 군사정변이 자주 일어나는 상황 속에서 통일을 저해했던 요소들은 점차 사라지고 정세는 안정 국면에 들어서게 된다. 중국의 역사학자들은 중국이 통일을 이룰 때마다 전통사상의 위대함을 강조해왔다. 그러나 전통사상이 그 효과를 발휘하기 위해서는 사회조직이 전통사상과 근접해야만 했다.

우문태(宇文泰 : 507~556년, 서위西魏의 실권가로 그의 아들 우문각이 북주北周를 세우는데 기초를 닦음)가 문치 분야에 있어 가장 주목받는 조치는 소작(蘇綽)을 도지상서(度支尙書)로 삼아 그에게 새 정권을 설계하도록 한 일이라고 할 수 있다. 소작은 박학다식한 인물로 특히 산술(算術)에 능하였다. 그의 모든 설계와 계획은 항상 『주례(周禮)』를 바탕으로 이루어졌으며 숫자화된 공식을 만든 후, 사람과 사실을 대입하는 방식을 사용하였다. 또한 북위부터 시작된 삼장제(三長制)와 균전제(均田制)

는 모두 이러한 간접적인 설계를 바탕으로 이루어진 것이라고 볼 수 있다. 이에 중앙 정권은 대규모 농민을 아우를 수 있었다.

진(陳)나라 정벌을 위한 준비

남북조 말엽의 중국은 북주(北周), 돌궐(突厥), 진(陳)* 등 세 정권이 병립하고 있었다. 북주는 무제(武帝)가 세상을 떠난 후 대권이 대신인 양견(楊堅 : 541~604년)** 의 수중으로 넘어갔고, 581년 2월 양견은 아홉 살에 즉위한 정제(靜帝)에게 양위를 강요하여 수(隋)나라를 건립하였으며, 도성은 그대로 장안(長安)으로 정하였다. 당시 수나라는 대부분의 장강 이북 지역을 포함하여 한대(漢代)의 장성 이남 지역과 동쪽으로 바다에 접하고 서쪽으로는 사천(四川) 지역까지 이르는 방대한 영역을 차지하고 있었다. 양견은 북주와 북제의 기반 위에서 군주의 중앙집권을 강화하고 경제사회의 발전을 촉진하는 일련의 조치들을 시행하여 수나라의 정치, 군사, 경제력을 키워나갔다.

돌궐은 중국 북방지역의 유목민족으로 북제와 북주가 전쟁을 지속하는 틈을 타서 양쪽 모두와 화친을 하고 이 기회를 이용하여 남쪽으로 세력을 확장하며 침략을 해오고 있었다. 수나라가 건국 후 돌궐에 대한 비단 공급을 중단하자, 돌궐은 남하하며 침략과 약탈을 계속하여 수나라를 위협하였다. 진(陳)나라 왕조는 후대의 진숙보(陳叔寶 : 553~604년)*** 집권기에 이르러서는 장강 이남 지역을 비롯하여 서릉협(西陵峽) 동쪽에서 연해 지역에 이르는 지역만을 간신히 보존하고 있을 뿐이었다. 정치는 부패하고 세금과 부역이 과중하였으며, 형벌이 지나치게 가혹하였다. 이에 백성들의 원망의 목소리가 거리를 가득 메웠으며 계급 갈등이 매우 심각하였다.

---

* 진(陳 : 557~589년)은 중국 남북조 시대 강남에 건국된 남조 최후의 왕조이다. 557년에 진패선(陳霸先 : 武帝, 재위 557~559)이 양(梁)나라를 멸하고 건국하였으며, 589년, 수(隋)나라에 의해 멸망당하였다.
** 수나라의 초대 황제(隋文帝 : 재위 581~604)이다. 581년, 북주의 정제(靜帝)로부터 양위를 받아 수나라를 세웠다. '개황율령'을 제정, 과거제 등 중앙집권제를 강화했으며, 589년 남조의 진을 평정, 남북조를 통일했다.
*** 중국의 남북조 시대 진의 마지막 제5대 황제(재위 582~589)이다. 589년 진나라의 수도 건강(建康)이 함락되었고, 진숙보는 우물에 숨어 있다가 사로잡혔다.

진나라 왕조는 장강(長江) 주변 천혜의 자연 요새를 바탕으로 수나라 군대의 남하를 막고 있는 실정이었다. 따라서 강북 지역의 요새 몇 곳을 제외하고는 파촉(巴蜀 : 중경시重慶市 및 사천성 일대) 지역과 장강 이북 대부분의 지역을 수나라가 차지하고 있는 상황이었기 때문에 아무리 장강 천혜의 요소라고 할지라도 이미 제 기능을 발휘하지 못하고 있다고 볼 수 있었다.

전체적으로 수나라는 중국 내륙의 중앙에 위치하고 있었으며 인구도 가장 많고 경제, 문화적으로도 비교적 발달해 있었을 뿐만 아니라 안정된 군사력을 보유하고 있었기 때문에 중국을 통일할 수 있는 가장 유리한 여건이 형성되었다. 다만 양견이 정권을 장악한지 얼마 안 되었기 때문에 내부적으로 안정 국면에 접어들지 못하였고 외부적으로는 돌궐과 진나라의 위협을 받고 있는 상황이었다고 볼 수 있다. 수나라가 비록 병력이 많다고는 할지라도 돌궐의 정예기병부대의 침략을 막아내기가 쉽지 않았고 수군 역시 장강의 천연 요새를 돌파하기에는 역부족이었기 때문에 수나라의 중국 통일은 십여 년의 긴 전쟁을 치른 후에야 비로소 달성될 수 있었다.

양견은 정권을 빼앗은 후 강남 지역을 차지하려는 생각을 가졌으나 수나라가 건국된 지 얼마 안 되는 상황이어서 아직 힘을 기르지 못한데다 돌궐의 지속적인 남침 공격에 시달리고 있는 형편이었기 때문에 우선 내부 안정과 국력 증강에 힘을 기울이기로 하였다. 그 후에 남하하여 진나라를 섬멸하고 북쪽으로 돌궐을 쳐서 천하를 통일할 생각이었던 것이다. 그러나 돌궐이 남하하여 침략과 약탈을 일삼는 규모가 갈수록 커짐에 따라 수나라 문제(文帝) 양견은 전략을 수정하여 우선 북쪽의 돌궐을 섬멸한 후 남쪽의 진나라를 치기로 하였다.

이러한 대업을 실행하기 위하여 다음과 같은 몇 가지 조치를 취하게 된다. 우선 경제적으로 균전제와 조세부역에 관한 새로운 규정을 반포하였다. 황무지를 농민들에게 분배하여 경작토록 하고 부역세와 요역을 경감시켰다. 또한 치수 사업을 적극 추진하여 경제를 회복, 발전시킴으로써 양식을 비축하는 등 전쟁을 위한 준비를 시작하였다. 정치적으로는 중앙통치기구를 강화하고 관료제도를 정비하였으며, 가혹한 형벌제도를 폐지하였다. 돌궐을 고립시키기 위하여 진나라 왕조에 자주 사신을 보내어 표면적인 우호관계를 유지하는 한편, 실질적으로는 내부 기밀 등을 염탐하고 진나라 왕조의 경계심을 느슨하게 만들었다.

군사적인 면에 있어서는 북주(北周)시대부터 내려오던 부병제(府兵制)를 개선하여 병권을 집중시키고 군대의 훈련을 강화하였다. 만리장성에 대한 경계를 강화하는 한편 수군 훈련에도 박차를 가하였다. 양견은 돌궐 내부에서 왕위를 둘러싸고 서로 죽고 죽이는 암투가 벌어지는 틈을 이용하여 정치적으로 고립과 분열을 가중시키는 한편 군사적으로도 반격을 가하는 등 두 가지 정책을 병행하여 추진하였다.

중국 통일

돌궐의 항복을 받아내어 신하의 나라로 삼은 후, 수나라는 진나라와의 전면전을 준비하게 된다. 철저한 전략수립과 준비를 마치고 나서 양견은 개황(開皇) 8년(588년) 10월 진격 준비를 완료하였다. 이에 회남(淮南)에 성(省)을 설치하고 수춘(壽春)을 수도로 정하였다. 진왕(晉王) 양광(楊廣 : 양견의 둘째 아들)을 상서령(尚書令)으로 삼았다.

수나라 시대에 처음 지어진 조주교(趙州橋)

진왕 양광, 진왕(秦王) 양준(楊俊), 청하공(青河公) 양소(楊素) 등을 행군원수(行軍元帥)로 임명하여 수륙군대 51만8천 명을 지휘하도록 하였다. 또한 장강의 상·중·하류 유역에 8대대의 공격 진영을 갖추었다. 즉, 양준이 이끄는 수륙군은 양양(襄陽)에서 한구(漢口)까지 주둔하고, 양소는 수군을 이끌고 영안(永安 : 지금의 사천성 봉절奉節) 동쪽으로 진군하며 형주자사(荊州刺史) 유인은(劉仁恩)은 강릉에서 출발하여 양소와 합류하도록 하였다. 양광의 부대는 육합(六合)에서 출발하고, 노주총관(盧州總管) 한금호(韓擒虎)는 노강(盧江 : 지금의 안휘성 합비시合肥市)에서 출발하며, 오주총관(吳州總管) 하약필(賀若弼)은 광릉(廣陵 : 지금의 강소성江蘇省 양주시揚州市)에서 출발하도록 하였다. 기주자사(蘄州刺史) 왕세적(王世積)은 수군을 이끌고 기춘(蘄春)을 출발하여 구강(九江)을 공격하도록 하였으며, 청주총관(青州總管) 연영(燕榮) 역시 수군을 이끌고 동해(東海 : 지금의 강소성 연운항連雲港)를 출발하여 연해지역으로

수나라 시대의 오아전선(五牙戰船)

남하한 후, 태호(太湖)로 진입하여 오현(吳縣 : 지금의 강소성 소주시蘇州市)을 공격하도록 하였다.

양준이 지휘하는 선발 3대대는 주력군을 지원하는 전략에 따라 공격목표를 무창(武昌)으로 정하고 상류유역의 진나라 군대가 하류유역으로 남하하지 못하도록 저지함으로써 하류유역에 주둔한 수나라 군대가 건강(建康 : 진陳나라의 수도)을 점령할 수 있도록 하였다. 양광이 지휘하는 후발 5대대는 주요 주공격 노선에 따라 건강(建康)을 공격목표로 진군하며, 이 가운데 양광, 하약필, 한금호가 이끄는 3대대를 주력부대로 하였다. 연영, 왕세적 등의 2대대는 동서 양쪽 날개에서 지원하며 건강과 외부의 연락을 차단하여 주력부대의 공격로를 확보할 수 있도록 하였다.

수나라 군대의 도강 행렬은 동쪽으로 장강 정면에서부터 바다를 따라 서쪽 파촉(巴蜀)을 가로질러 수천 리에 달하였기 때문에 중국 역사에서 가장 방대한 규모의 도강 작전이라고 할 수 있다. 도강 작전의 신속한 진행을 위하여 수나라는 공격에 앞서 진나라의 사신을 구류하고 관계를 단절하여 군사기밀을 유지하는 한편, 수많은 첩자를 진나라로 파견하여 내부 혼란을 야기 시키는 각종 활동을 전개하였다.

장강 상류유역과 하류유역 두 개 지역에서 동시에 전면공격이 시작되었다. 개황 8년(588년) 12월 양준은 십여 만 수륙군을 이끌고 한구(漢口)에 주둔하여 상류유역의 수나라 군대를 지휘하였다. 일부 병력은 그 남쪽 연안의 번구(樊口 : 지금의 호북성 악성鄂城 서북쪽) 지역을 점령하도록 하여 장강 상류지역을 완전히 장악하였다. 진나라의 장강 상류유역 군대를 지휘하던 주라후(周羅侯)는 처음부터 조직적인 지휘체계 없이 상류유역의 군사들이 개별적으로 대항하도록 하는 등 각 군이 개별행동을 취하도록 하였다. 상황이 불리해지면 병력을 집중시켜 강하(江夏 : 지금의 무창시武昌市)를 방어하도록 함으로써 양준이 이끄는 군대가 상류유역의 수나라 군대를 지원하지 못하도록 하였다. 양쪽 군대는 이러한 형세로 대치를 계속하고 있었다.

양소가 이끄는 수군은 삼협(三峽)을 따라 동쪽으로 내려가면서 유두탄(流頭灘 : 지금의 호북성 의창宜昌 서쪽)에 이르렀으나 진나라의 장수인 척흔(戚欣)이 낭미탄(狼尾灘 : 지금의 의창 서북쪽)의 험준한 지세를 이용하여 수군을 요새에 주둔시키며 진지를 고수하고 있었다. 양소는 진나라 군대의 정탐에 쉽게 들킬 염려가 없는 야밤을 틈타 군선 수천 척을 이끌고 동쪽으로 내려가 보병과 기병을 장강 남쪽 연안과 북쪽 연안에 상륙시킨 뒤 강을 끼고 진군하도록 하였다. 유인은의 부대 역시 북쪽 연안에서 서쪽으로 진군함으로써 낭미탄 요새를 점령하였으며, 수비하고 있던 진나라 군대 전원을 포로로 생포하였다. 진나라의 남강내사(南康內史) 여충숙(呂忠肅)은 기정(岐亭 : 지금의 호북성 의창 서북쪽 서릉협곡)을 수비하였으며, 굵은 철사로 만든 고리 세 줄을 장강에 가로질러 놓아 상류의 수나라 군선이 올라오지 못하도록 하였다. 양소, 유인은 등은 일부 병력을 거느리고 상륙하여 수군이 장강 북쪽 연안의 진나라 군대를 공격할 수 있도록 합동작전을 펴나갔다.

40여 차례의 교전을 치른 후 수나라 군대는 이듬해 1월 진나라 군대를 섬멸하고 철사 고리를 철거함으로써 군선이 순조롭게 통과할·수 있게 된다. 공안(公安) 지역을 방어하던 진나라의 형주자사(荊州刺史) 진혜기(陳慧紀)는 상황이 불리한 것을 알아차리고 성내의 모든 물자를 불사른 후 3만의 병력과 군선 천여 척을 이끌고 동쪽으로 후퇴하여 건강 방어에 합류하고자 출발하였다. 그러나 한구(漢口) 서편에서 양준에게 저지당하고 만다. 주라후, 진혜기 등이 각각 강하(江夏)와 한구에서 사로잡힘에 따라 건강을 지원할 수 없게 된 것이다.

장강 하류유역에서는 수나라 육군이 진격해 온다는 소식이 전해지자 진나라 각지의 수비군은 여러 차례 보고문을 올렸으나 조정의 기밀을 주관하던 시문경(施文慶), 심객경(沈客卿) 등에 의해 압류되었다. 수나라 군대가 강변까지 이르렀음에도 시문경 등은 음력설이 다가오고 있었기 때문에 출병을 거부한 채, 경구(京口 : 지금의 강소성 진강鎭江), 채석(采石 : 지금의 안휘성 당도當塗 북부) 등지에서 수비만 강화하였다.

개황 9년(589년) 정월 초하루에 양광은 육합(六合)의 남쪽 도엽산(桃葉山)으로 진군한 후 건강 주변의 진나라 군사들이 설을 맞아 들떠있는 틈을 이용하여 모든 군사들에게 강을 건너도록 명하였다. 행군총관(行軍總管) 우문술(宇文述)이 병사 3만을 거느리고 도엽산에서 강을 건너 석두산(石頭山 : 지금의 강소성 강녕현江寧縣 서북부)을 점령하였다. 하약필의 부대는 광릉(廣陵)에서 강을 건너 경구(京口)를 점령하였으며, 한금호도 횡강(橫江 : 지금의 안휘성 화현和縣 동남부)에서 야밤을 이용하여 강을 무사히 건넜다. 진나라의 군사들은 신년 맞이 연회에서 모두 술에 취하여 저항의지를 완전히 상실한 뒤였기 때문에 한금호의 부대는 손쉽게 채석을 점령하였다.

정월 초사흘에 진나라의 마지막 군주가 될 운명에 놓인 진숙보(陳叔寶)는 대신들을 불러 모아 수비전략을 논의하였다. 다음날 '친어육사(親御六師)', 즉 진숙보가 친히 진나라 6대대를 이끌고 참전한다는 조서를 내리고 소마가(蕭摩訶) 등의 장수를 전장에 파견하고 시문경을 대감군(大監軍)으로 임명하였다. 진숙보, 시문경 등은 군사전략에 대해 무지하였기 때문에 대부분의 군대를 도성에 결집시켜 놓고 일부 수군만을 백하(白下 : 지금의 강소성 남경南京 북부)로 진군시켜 육합 지역의 수나라 군대를 방어하도록 하였다. 또 다른 병력은 남예주(南豫州 : 지금의 안휘상 당도當塗 지역)를 지키며 채석을 점령한 한금호 부대의 공격을 막도록 하였다.

수나라 군대는 장강 도강에 성공한 후 일부 병력은 곡아(曲阿 : 지금의 강소성 단양丹陽 지역)로 진격하여 오주(吳州)의 진나라 군대와 대치하면서 주력부대가 건강으로 전진할 수 있도록 지원하였다. 한금호의 부대는 초이레 날에 고숙(姑孰 : 지금의 안휘성 당도 지역)을 점령한 후 장강을 따라 내려오자 연안에 주둔하고 있던 진나라의 병사들은 수나라 군대를 보는 즉시 모두 투항하였다. 정월 초이레에 하약필은 정예부대 8천 명을 이끌고 종산(鍾山 : 지금의 남경 자금산紫金山 지역) 이남의 백토강(白土崗)으로 진군하였으며, 한금호의 부대는 남릉(南陵 : 지금의 안휘성 동릉東陵 부근)에서 장강을 건너온 총관 두언(杜彦)의 부대 2만 병력과 합류하였다. 우문술의 부대 3만 병력은 백하(白下)로 진군하는 등 수나라 대군은 속속 강을 건너 진나라로 들어오게 되었으며 선발부대는 건강을 포위하게 된다.

건강(建康)의 지세는 범과 용이 도사리고 있는 듯한 험준한 천혜의 요새였으며 건강 부근에 배치한 병력 또한 십만에 달하였다. 진숙보는 요새를 수비하지 않고 전군의 병력을 도성 내외에 집결시켜 놓았으며 수나라 군대가 깊이 진입하기 전에 선공을 펼치자는 건의를 묵살함으로써 결국 멸망한다.

▶▶ 역사의 흐름에 어떤 영향을 미쳤을까?

수나라가 다시 통일의 대업을 달성한 일은 중국 역사에서 매우 중요한 사건에 해당한다. 수나라의 통일로 수백 년간 지속된 남북 분열의 국면이 마침표를 찍었을 뿐만 아니라 남북 문화의 융합, 장단점의 상호 보완 등이 이루어지기 시작하여 당(唐)나라의 문화적 번영기 및 송(宋), 명(明) 시대에 중국의 문화가 재도약하는 발판이 마련된다.

유학(儒學)의 발전 측면에서 보면, 단명한 왕조로서 남북 유학의 완벽한 통일과 유불선 삼교의 융합과 합일을 이루어내지는 못하였지만 수나라 왕조라는 과도기가 없었다면 그리고 이 과도기 유학자들의 노력이 없었다면 당나라 초기의 유학의 통일은 그렇게 신속하고 완벽하게 이루어질 수 없었을 것이다. 수나라는 비록 그 존립의 역사는 짧았지만 수나라 왕조 시대에 발전했던 유학은 유학사의 전후반을 연결하는 고리와 같은 역할을 담당했다고 볼 수 있을 만큼 중요한 의의를 지니고 있다.

2. 과거제도科擧制度가 시작되다

노예사회에서 주요한 관직들은 모두 세습되었다. 봉건사회에 들어서면서 차츰 관리를 등용하는 제도가 형성되었는데, 위(魏), 진(晉), 남북조(南北朝) 시대에는 '구품중정제(九品中正制)'라는 관리등용제도가 지방정부에서부터 시행되었다. 구품중정제의 관리 선발기준은 출신 가문에 달려있었다. 따라서 명문귀족의 자제들은 상품(上品)의 벼슬을 얻었으며, 평민과 빈한한 가문 출신은 하품(下品)의 보잘것 없는 관직에 머물러야 했다. 이에 "상품 관직엔 평민 출신이 없고 하품 관직엔 귀족출신이 없다"라는 말이 생겨나게 되었다.

봉건사회의 경제가 발전하고 농업생산성이 향상되면서 평민 지주계급의 경제력이 지속적으로 강화되었으며 인구도 불어나기 시작하여 사회의 주요 역량으로 자리 잡게 된다. 이에 따라 그들의 경제력에 상응하는 정치적인 지위를 요구하게 된다. 그러나 출신 가문에 따라 관리를 등용하는 구품중정제는 그들의 정계진출을 막는 걸림돌로 작용하였다. 오랜 기간 중앙의 명문세도가와 귀족들이 지방정권을 조종하는 국면이 형성되면서 이들이 패권을 휘두르며 각종 폐단이 발생하게 되었으며 이는 봉건 왕조의 통치체계에도 불리하게 작용하였던 것이다.

과거제도의 성립, 인재 등용의 문을 활짝 열다

과거제도는 수(隋)나라에서부터 시작되었다. '과거(科擧)'란 봉건 국가에서 정한 시험의 과목으로서 정기적으로 일괄 거행되는 시험을 말한다. 시험을 통해 관리를 등용하는 이러한 방법을 '개과취사(開科取士)'라고 부르기도 하였다.

수나라가 건립된 후 수나라 문제 양견은 중앙집권을 강화하고 중소지주계급의 정치적 기반을 확대하기 위하여 구품중정제를 폐지하고 관리등용의 권한을 중앙 정부에 귀속시켰다. 즉, 각 주(州)에서는 매년 문장이 수려한 인재 세 명을 선발하여 조정에 천거하도록 하였으며, 뒤이어 경관(京官) 오품(五品)이상, 지방관 총관(總管), 자사(刺史) 등도 '지행수근(志行修謹 : 덕성德性 시험)', '청평간제(淸平干濟 : 재능才能 시험)' 등 두 개 과목의 시험을 통해 인재를 등용하도록 명하였다. 수나라 양제(煬帝) 양광(楊廣, 隋煬帝 : 재위 604~618)이 즉위하면서 진사과(進士科)를 새로 설치하고 나라에서 시험을 주관하는 방법으로 인재를 등용하였는데, 시험에 합격하면 중앙, 또는 지방 관직에 나갈 수 있었다. 이렇게 하여 중국의 과거제도가 시작된 것이다.

과거제도의 확립은 중국의 고대 관리 등용 제도의 일대 개혁이라고 볼 수 있다. 과거제도는 평민 지주계급의 사회적 욕구를 충족시켜주어야 하는 시대적 추이와도 부합되었을 뿐만 아니라 각각의 지주계급이 통치 계층으로 진출할 수 있는 길을 열어주었다. 수나라에서부터 시작된 과거제도는 향후 중국의 봉건 왕조까지 그대로 이어졌으며, 변화와 발전을 거치면서 중국 봉건사회 관리등용의 기본제도로 확고한 자리를 굳히게 된다. 수나라 이전의 관리등용제도와 비교해 볼 때 과거제도는 유능한 인재를 선발하고 행정 효율을 높이는 데 유리한 작용을 함으로써 중앙집권적인 봉건 통치체계를 유지하는 데 중요한 작용을 하였다고 볼 수 있다.

과거고시도(科擧考試圖)

과거제도는 수나라에서 시작되어 당(唐), 송(宋)을 거쳐 완성되었으며 청(淸)나라에 이르러 폐지되기까지 1300여 년 동안 지속된다. 과거제도의 폐지 또한 중국 역사에 중요한 영향을 끼쳤다고 볼 수 있다. 과거제도는 일정 수준 평등한 경쟁체계를 갖추고 있었기 때문에 사회 각 계층의 유동성을 확보하고 문화를 통제, 보급시킬 수 있었다. 또한 봉건왕조 통치계급의 안정과 발전에 유리하였기 때문에 역대 통치자들은 모두 과거제도를 매우 중시하였다. 그러나 과거제도 자체의 폐단이 발생하면서 사회사상, 문화발전의 저해요소로 작용하기 시작하였다. 과거제도의 폐지는 중국 교육사에 혁명적인 변화를 가지고 왔으나 당시의 중국 사회에 부정적인 영향을 끼친 면도 부인할 수 없다.

과거제도의 역할

과거제도가 실시되면서 세도가와 귀족들이 관직을 독점하는 국면을 타파할 수 있었다. 수나라 문제가 과거제도를 처음 도입한 이래 중국 조정의 인재등용문이 된 과거제도는 역대 봉건통치자들의 중시를 받아왔다. 거의 중국 역대 왕조실록에 과거제도를 관리하는 전담기구가 설립되어 과거시험과 관련된 제반 사항들을 주관하였던 내용이 기록되어 있는 것을 볼 수 있다. 장중하고 엄격한 분위기 속에서 과거시험을 치르도록 하는 한편, 순조로운 진행을 위하여 시험 감독기구를 별도로 지정하여 운영하였으며, 부정행위가 발견되면 즉시 시험을 중단하고 황제는 유지를 내려 대신들로 하여금 경위 조사에 착수하도록 하였다. 부정행위가 사실로 들어날 경우 법률에 따라 그 죄를 물었으며 결코 용서를 받을 수 없었다.

청(淸)나라 시대에는 시험 감독관이 사욕을 채울 목적으로 시험 규정을 위반하면 경중을 가려 죄가 중하면 바로 처형되었으며, 가벼운 경우에는 유배나 파직 등의 조치가 내려졌다. 그리고 시험 응시생의 경우에는 명부를 박탈하고 과거에 응시하지 못하게 함으로써 관직에 나갈 수 있는 길을 완전히 차단하였다. 역대 봉건 통치자들이 과거제도를 통하여 정치적 안정과 발전을 꾀할 수 있었기 때문에 과거제도를 중시하지 않을 수 없었던 것이다.

이렇듯 수(隋)나라, 당(唐)나라 시대부터 과거제도를 통하여 본격적인 인재 등용이 이루어짐으로써 세도귀족들이 관직을 독점하는 국면을 타파할 수 있었다. 중소지주계급을 비롯하여 가난한 가문의 선비들에 이르기까지 일정 수준 균등한 기회 속에서 엄격한 시험을 통과한 사람만이 관리로 등용되어 통치계급의 반열에 오를 수 있었다. 따라서 과거제도는 황제의 권한을 강화시키는 도구로서의 기능을 발휘하였던 것이다. 과거제도를 통해 황제는 민간 계급에서 새로운 통치 세력과 든든한 지지기반, 즉 '사신(士紳)' 계층을 확보할 수 있었다. 과거제도가 시행되면서 이러한 계층은 점점 더 많아지게 되었으며, 이 계층의 규모가 커질수록 봉건 통치계급의 정치적 기반도 따라서 안정되었다.

과거제도는 사회 각 계층의 유동성 확보에도 기여하였다. 과거시험을 치르는 데 있어 명문가문의 자제 여부와 재산보유 여부 등은 더 이상 묻지 않고 개인의 지식과 재능을 더욱 중시 여김에 따라 어느 정도 평등한 경쟁 환경이 이루어졌다고 볼 수 있기 때문에 사회 계층 간 유동성 확보의 길이 열리게 되었다. 즉 아침에는 밭을 가는 농부였지만 저녁에는 조정에서 정무를 논하는 관리가 될 수 있는 상황이 현실적으로 이루어질 수 있게 된 것이다. 과거시험 절차는 매우 엄격하였으나 전 국민을 그 응시대상으로 삼고 있었기 때문에 사회적 지위를 격상시키려는 열망이 더욱 강할 수밖에 없었던 평민 가정 출신의 인물들은 남들보다 몇 배의 노력을 더하곤 하였다. "가난 속에서 십년을 노력한 끝에 드디어 장원에 이름을 올렸도다(十年寒窓苦십년한창고, 金榜題名時금방제명시)"라는 시구처럼 이들 가운데 관직의 기회를 얻는 이들이 상대적으로 많았다고 볼 수 있다.

이로써 당나라에서 청나라에 이르는 시기까지 과거제도는 사회 하층 민중이

상층 계급으로의 이동을 촉진하는 기능을 담당함으로써 사회구조의 변화의 핵심 역량으로 작용하였다. 정기적으로 지속된 과거시험에 의하여 선비계층은 관리계층으로 변모하였으며, 관리계층에는 이들 새로운 피가 수혈됨으로써 관리의 신구 세대교체를 이루어낼 수 있었다. 따라서 유학 경전(經典)에 통달한 인물들이 관리계층으로 지속적으로 흡수되는 동시에 사회 하층계급 출신으로서 누구보다도 민중의 고통과 관리체계의 허실과 폐단 등을 잘 알고 있는 이들은 정치의 일선에서 교착된 관료제도에 생기를 불어넣는 작용을 하였다.

이로써 관리계층의 부조리를 감소시키고 부패를 억제하는 소기(所期 : 원하는 바)의 효과를 거둘 수 있었다. 또한 이들 계층은 체계적인 문화교육을 받고 조정의 정무와 관련된 이론과 지식을 습득하여 양호한 문화적 소양과 비교적 높은 관리자로서의 자질을 구비하고 있었기 때문에 정무 처리의 효율성을 제고시킬 수 있었다. 봉건체제가 오랜 기간 지속될 수 있었던 역사적 원인도 과거제도로 등용된 관리들이 정치적으로 사회 모순을 완화시키고 이에 맞서 온 것과 무관하지 않다.

과거제도는 문화의 통제와 보급 기능을 지니고 있었다고 볼 수 있다. 매회 과거 시험을 통해 등용되는 인재의 수량은 유한하였기 때문에 일부 소수만이 정계에 진출하는 관리가 되어 사회적 신분이동이 이루어졌으며, 절대 다수는 사회 하층에 그대로 남아 문화와 지식의 보급자로서의 역할을 담당하게 되었던 것이다.

과거제도가 중국에서 무려 1300여 년 동안이나 지속되어 왔다는 점에서 인재선발과 등용에 있어 어느 정도 합리적인 제도였음은 부인할 수 없다. 과거시험 절차는 물론 수험장에 대해서도 삼엄한 관리가 이루어졌다. 모든 답안지는 한 부씩 필사한 후에 재검, 토론 등을 거치고 낙방한 답안도 한데 모아 두는 등 엄격하고 치밀한 절차를 통해 진행되었으며 부정행위에 대해서도 강도 높은 처벌이 가해졌던 것이다. 매회 합격자의 수가 정해져 있었기 때문에 학문을 익히지 않은 자는 아무리 재주가 뛰어나도 등용하지 않았다. 이러한 제도적 기틀이 확립됨에 따라 사회적 기풍도 건전해 졌으며 과거시험을 통과하여 공명을 얻은 자는 사회적으로 큰 존경을 받았다.

따라서 과거제도가 폐지되었음에도 과거시험을 통과하여 얻은 공명은 여전히 사회적인 가치를 상실하지 않고 있었기 때문에 이들을 존중하는 사회적 풍조는 계속해서 이어졌던 것이다. 과거제도 자체에 많은 병폐가 존재하였다고는 볼 수 없다. 과거제도에서 없어진 부분이 있다면 시험에서 다뤄지던 내용, 팔고문(八股文)* 문체, 그리고 봉건 군주의 전제정치에 이용하기 위한 인재 선발 등의 취지라고 할 수 있다.

과거제도의 폐지로 사회 도덕적인 풍기가 문란해진 점도 부인할 수 없다. 과거제도 하에서는 관직에 나가기 위해서 글을 읽고, 학문을 익혀 우수한 자는 관리로 등용하는 풍조가 굳어져 있었다. 학문을 익혀 관리가 되려는 선비들은 '치국평천하(治國平天下)'의 포부를 지니고 천하의 흥망이 자신에 달려있다는 책임을 통감하고 있었던 것이다. 대의를 중시하고 사사로운 이익을 경시하며 인(仁)과 지(智)를 추구하는 이들의 행동은 사회의 모범으로 제시되었다.

과거제도가 폐지되고 근대 민족자본주의가 발전하면서 사회적 지위가 가장 낮았던 상인들의 지위가 격상되기 시작하였다. 자본주의 제도 속에서 사리사욕을 채우려는 풍조가 만연되고 시간이 지날수록 사회구성원 개개인들의 행위 기준도 점점 이러한 방향으로 흐르게 된 것을 부인할 수 없을 것이다. 공명을 우선시하던 관리계층의 몰락으로 '대의를 중시하고 사욕을 경시'하던 사회적 가치관은 '사욕을 위해서 대의를 배반'하는 풍조로 바뀌고 말았다. 이로써 관료사회의 부패가 심화되고 대립과 무질서로 얼룩진 사회관계가 오랜 기간 지속되고 있는 등 그 영향은 오늘날까지 중국사회에 면면에 이어지고 있다고 볼 수 있다.

▶▶ 역사의 흐름에 어떤 영향을 미쳤을까?

중국의 전통사회에서 과거제도는 하층계급의 사회적 신분 유동의 가능성을 열어주었다. 비록 이러한 유동성이 지극히 제한적이었어도 민중의 관심과 열의는 대단하였다. 황제의 권한과 관료계층의 정치적 권리는 상대적으로 평형을 이

---

* 명(明)·청(淸) 시대 과거에 관한 특별한 형식의 문장이다. 문체에 고정된 격식이 있어서 파제(破題 : 제목의 뜻이나 의미 설명)·승제(承題 : 제목의 부연 설명)·기강(起講 : 1편의 강령을 서술)·입수(入手 : 본론으로 들어가는 부분)·기고(起股 : 본론의 근거 제시)·중고(中股 : 본론의 핵심 서술)·후고(後股 : 미진한 부분 보충)·속고(束股 : 결론 부분) 등 여덟 부분으로 이루어졌다. 팔고의 고(股)란 대구(對句)로 글을 짓는 것을 가리키는데, 곧 기고에서 속고까지 각각의 고가 모두 두 단락으로 대구를 이루기 때문에 팔고라고 한다.

루는 상태를 보임으로써 오랜 기간 중국사회의 안정과 질서유지에 공헌하였다고 볼 수 있다. 과거제도의 폐지로 당시 사회에 존재하였던 사회계급제를 타파하게 되었지만, 사신(士紳) 계층이 와해되면서 사회구조적으로 상층과 하층, 도시와 농촌의 경계를 더욱 분명하게 하는 결과를 초래하였다. 이는 사회 화합을 추구하는 전반적인 풍조에 부정적인 영향을 끼쳤다고 볼 수 있다. 과거제도가 폐지된 후 이를 대체할 적절한 제도가 확립되지 못함에 따라 사회 상하 계층의 유동성을 보장할 수 없게 되었다. 과거제도가 폐지되고 6년 후 청나라 왕조는 멸망하였다.

3. 남북을 잇는 대운하大運河를 개통하다

고대 중국의 거대한 수리공사의 산물인 경항대운하(京杭大運河)는 605년에서 610년까지 수나라 양제 때에 건설된 것이다. 낙양(洛陽)을 중심으로 북쪽의 북경(北京)에서 남쪽으로 항주(杭州)에 이르기까지 총길이 1794킬로미터의 세계에서 가장 긴 인공운하에 해당한다. 북경(北京), 천진(天津), 하북(河北), 산동(山東), 강소(江蘇), 절강(浙江) 등의 성(省), 시(市)를 경유하며, 해하(海河), 황하(黃河), 회하(淮河), 장강(長江), 전당강(錢塘江) 등 5대 수계를 연결하고 있다. 수많은 천연의 강, 하천, 호수를 연결하여 완공한 경항운하는 고대 중국의 남북을 이어주는 교통의 대동맥이었다고 할 수 있다. 대운하는 중국 고대 민중의 피와 땀이 서린 위대한 수리 건축공사로서 홍수 방지의 기능과 함께 정치, 군사용도로 활용되었으며 일상생활 가운데에서도 매우 중요한 기능을 담당하였다.

수나라 양제의 대운하 건설

중국은 고대부터 일찍이 자연적인 수원을 이용하여 인공운하를 건설하였다. 이로써 농지 관개용수와 운송 수단으로 활용되는 대운하의 역사가 시작되었다고 볼 수 있다. 문헌에 기록된 바에 따르면 춘추시대 오(吳)나라 왕 부차(夫差:

아버지를 시해하고 황제에 오른 양광, 즉 양제

?~BC 473년, 오나라의 마지막 군주)가 제(齊)나라를 공격하기 위하여 병사와 식량을 운송할 운하를 건설하기 시작하였다고 전해진다. 부차는 대규모 민간 노동력을 동원하여 장강(長江)과 회하(淮河)를 잇는 운하를 건설하였는데, 이 운하가 바로 '한구(邗溝)'이다. 한구는 후에 대운하 가운데 강소성 내 일부 구간에 해당한다.

양한(兩漢)에서 남북조 시대에도 한 구간 한 구간 운하가 계속해서 건설되었으며 비록 착공과 중단을 반복하였다고는 해도 강남지역과 중국 내륙을 연결하는 대운하 건설의 서막을 연 것만은 분명하다. 중국 내 남부와 북부의 정치, 경제, 문화가 나날이 발전하면서 기존의 운하로는 현실적인 수요를 감당할 수 없게 되었다. 특히 강남지역은 중국 경제에서 차지하는 비중이 점점 더 커짐에 따라 사회, 경제, 교통 측면에서 남북 간을 연결하는 수로 건설이 더욱 절실하게 필요하였다.

수나라 양제가 즉위한 후 중국 전역에 대한 정치적 영향력을 강화하고 강남지역의 물자를 편리하게 북방으로 운송하는 한편, 개인적인 즐거움을 만족시키기 위하여 다음의 두 가지 사업을 추진하기 시작하였다. 첫 번째는 낙양에 새로운 성, 동도(東都)를 건설하는 것이며, 두 번째는 중국을 남북으로 연결하는 대운하를 건설하는 것이었다.

605년 수나라 양제는 건축공사를 관리 감독하는 대신 우문개(宇文愷 : 555~612년, 수나라 때의 건축가)를 파견하여 동도 건축을 담당하도록 하였다. 건축공사 전문가로서 명성이 높았던 우문개는 수양제의 사치스런 마음을 충족시켜주기 위하여 공사규모를 방대하게 추진하였다. 궁전 건축에 소요되는 고급 목재와 석재는 모두 강남 이남, 오령(五嶺) 이북 지역에서 운반해 온 것으로 대들보 하나만 해도 수천 명이 끌어야 할 정도였다. 동도를 건축하기 위하여 매달 2백만 명의 민간인을 동원하여 밤낮을 가리지 않고 공사를 진행하였다. 낙양의 서부 지역에는 양제가 거닐며 즐길 수 있도록 큰 화원을 조성하였다. '서원(西苑)'이라고 불리는 이

화원은 주변 2백 리에 걸쳐 인공 바다, 산, 정자, 누각, 온갖 기이한 꽃들과 풀 등으로 꾸며 부족한 것이 없었다. 특히 겨울철에 나뭇잎이 떨어지면 인력을 동원하여 오색 비단을 꽃, 잎 모양으로 잘라 나무에 붙이도록 하였기 때문에 사계절 내내 봄과 같은 풍경이 유지되었다.

수나라 양제는 동도를 건축하던 그 해에 하남(河南), 회북(淮北) 지역 백성 백만 명을 동원하여 낙양의 서원에서 회수(淮水) 남쪽 연안의 산양(山陽 : 지금의 강소성 회안淮安지역)에 이르는 운하를 건설하도록 하였으며, '통제거(通濟渠)'라 명명하였다. 또한 회남(淮南) 지역 백성 십여만 명을 동원하여 산양에서 강도(江都 : 지금의 강소성 양주揚州 지역)까지의 운하를 건설함으로써 춘추시대 오왕(吳王) 부차가 건설한 '한구'와 연결시켰다. 이러한 수로가 형성되자 낙양에서 강남까지 이어지는 수로교통은 훨씬 편리하게 되었다. 그 후 5년 동안 수나라 양제는 다시 두 차례에 걸쳐 백성을 징발하여 낙양의 황하 북쪽 연안에서 탁군(涿郡 : 지금의 북경시北京市 일대)까지 이르는 수로인 '영제거(永濟渠)'와 강도의 맞은편 연안에서 경구(京口 : 지금의 강소성 진강鎭江 지역)에 이르는 수로 '강남하(江南河)'를 건설하였다. 마지막으로 네 개의 운하를 모두 연결함으로써 남북을 관통하는 총길이 4천 리에 달하는 대운하가 완성된다.

수나라 양제의 남방 순시

대운하는 중국 역사에 길이 남을 방대한 공사 가운데 하나라고 볼 수 있다. 운하가 건설됨으로써 중국의 경제, 문화적 발전은 물론 통일 대업에도 지대한 영향을 끼쳤던 것이다. 대운하가 중국 민중의 피와 땀, 더 나아가 생명의 대가인 것은 더 이상 말할 필요도 없을 것으로 본다. 수나라 양제는 지방 순시를 매우 즐겼는데, 그 자신이 유람을 좋아하기도 했거니와 백성들에게 자신의 위엄을 과시하고 싶은 마음이 강했기 때문이기도 하였다. 동도에서 강도에 이르는 운하가 완공되자, 수나라 양제는 20만 명의 대규모 인원을 거느리고 강도 순시에 나서게 되었다. 이미 관리들에게 명하여 만여 척에 이르는 배를 미리 준비시켜 놓고 있던 터였다.

수나라 양제와 그의 처 소후(蕭后)는 4층으로 지어진 대용선(大龍船)에 각각 나누어 타고 출발하였다. 배 위에는 궁전을 비롯하여 백여 간의 궁실이 지어져 있었으며 오색찬란한 장식으로 매우 화려하게 꾸며졌다. 궁비(宮妃), 왕족, 귀족, 문무대관들도 수천 척의 화려한 배에 나누어 타고 양제를 따랐으며, 그 뒤로 호위병과 그들의 무기, 천막 등을 수천 척의 배에 나누어 싣고 뒤따르게 되었다. 2백 리는 족히 되고도 남는 긴 배의 행렬은 어떻게 움직였던 것일까? 황제의 출행을 위해 철저한 안배가 이루어지고 있었다.

운하의 양쪽 연안에 버드나무를 가득 심은 갓길을 만들어 놓고 8만 명에 달하는 백성을 그곳으로 동원하여 배에 미리 연결해 놓은 밧줄을 앞으로 끌도록 함으로써 배가 움직이도록 한 것이다. 또한 기병 부대가 양쪽 연안에서 호위하며 함께 움직이고 있었다. 운하 위로 휘황찬란한 배가 유유히 떠가고 육지에는 오색 영롱한 깃발들이 나부끼었다. 밤이 되어 등불이 켜지고 음악소리가 천지에 울려 퍼지면 말로 다 형용할 수 없는 호화로운 광경이 펼쳐졌던 것이다.

수나라 양제는 자신을 수행하는 대규모 인원들이 흡족해 하도록 양쪽 연안(沿岸)의 백성들에게 그들이 먹고 마실 것을 준비해 놓고 '진상'하도록 명하였다. 그 지역의 주(州), 현(縣) 관리들은 백성들을 핍박하여 연회상을 준비하도록 하였으며, 일부 현에서는 백여 개에 달하는 연회상이 준비되기도 하였다. 이렇게 많이 차려진 음식은 양제와 궁비, 태감, 왕족, 문무대관 등 그 모든 수행 인원들이 실컷 먹고도 남을 정도였으며 남긴 음식들은 강 연안에 구덩이를 파고 묻어버리곤 하였다. 그러나 그들에게 강제로 음식을 진상할 수밖에 없었던 백성들은 모든 가산을 탕진하고 만다.

강도는 그 당시 중국에서 가장 번화했던 지역이었다. 수나라 양제는 강도에 도착한 후 마음껏 여흥을 즐기고, 그의 위세를 과시하였을 뿐만 아니라 순시에 사용할 의장 깃발을 장식하는 데에만 십여만 명을 동원하고 엄청난 재물을 소진하였다. 이러한 생활을 반년 동안이나 계속한 후에야 그는 다시 위풍당당하게 동도로 돌아왔다.

수나라 양제는 대운하 건설, 남방 순시 외에도 고구려 정벌 등을 감행하여 백성들의 부담을 가중시킴으로써 수나라 말엽 결국 농민 대봉기를 촉발시키게 된다. 이로써 겨우 수십 년 간 지속되었던 수나라 왕조는 결국 멸망하고 만다. 그러나 수나라 왕조는 비록 멸망의 길을 걷게 되었지만 대운하 자체는 후대에 매우 큰 영향을 미치게 된다.

대운하 연혁

당나라 왕조에 이르러 운하에 대한 일부 보수가 이루어졌다. 742년, 삼문협(三門峽) 동쪽으로 암석을 뚫고 수로를 건설하였는데, 이 수로가 바로 '천보하(天寶河)'이다.

후대 중국의 각 왕조에서는 통치계급의 이익을 도모하는 차원에서 대운하를 건축하고 활용하였다. 원(元)나라는 대도(大都 : 지금의 북경시)를 수도로 정하고 중국의 정치, 경제의 중심을 이곳으로 이전하게 된다. 이에 남북 직통 운하가 절실히 필요하였다.

원(元)나라 세조(世朝) 쿠빌라이(忽必烈 : 1215~1294년)는 1289년 북쪽으로 임청(臨淸)에서 시작하여 남쪽 동평로(東平路 : 지금의 산동 지역) 안산(安山)에 이르는 회통하(會通河) 건설을 명하였다. 또한 북경에서 통현(通縣)에 이르는 통혜하(通惠河)를 건설하여 기존의 수로로 연결시켰다. 이렇게 함으로써 낙양을 거치지 않고 항주에서 북경까지 이르는 직통 수로를 완공하였다.

수나라 왕조 때에 건설되었던 수로의 일부 구간은 오랜 기간 침적된 토양을 그대로 방치하여 점차 이용할 수 없게 되었고, 현재의 대운하는 대부분 원나라 때에 건축된 수로라고 볼 수 있다.

▶▶ 역사의 흐름에 어떤 영향을 미쳤을까?

대운하는 고대 중국인들의 피와 땀으로 창조해 낸 위대한 수리시설 공사였다고 할 수 있다. 북쪽으로 북경에서 시작하여 남쪽 항주에 이르기까지 하북, 산동, 강소, 절강 등 네 개의 성을 통과하며 총길이가 1794킬로미터에 달하는 중국 고대 남북교통의 대동맥이었던 것이다. 또한 중국의 대운하는 세계 최초, 세계 최대 규모의 운하로서 중국 역사에 길이 남을 중요한 위치를 차지하고 있다.

4. 수당隋唐이 고구려高句麗 출정으로 흥망성쇠가 갈리다

당나라 시대부터 북방 민족의 침략이 다른 소수 민족에 비해 빈번해졌으며 매우 치명적이기도 하였다. 수나라 왕조가 존립할 당시 동북부 지역 일대에 강력한 나라가 등장하였으니 바로 고구려이다. 고구려는 주변의 약소국들과 군신관계를 맺고 점차 동북지역의 패권군주로서의 위치를 굳히게 되었고 중국의 통일에까지 관여하였다. 이는 후에 수나라 양제를 비롯하여 당나라 태종과 고종 등이 여러 차례 고구려를 정벌에 나서게 되는 직접적인 원인으로 작용하게 된다.

수나라 양제의 고구려 출정과 수나라의 멸망

고구려(高句麗)는 한반도 북부에 위치하였다. 개황(開皇) 18년(598년) 고구려 영양왕(嬰陽王 : ?~618년)이 요서(遼西) 지방을 공격하였으나 영주총관(營州總管)의 추격으로 물러났다. 수나라 문제는 대군을 동원하여 고구려 정벌에 나섰다가 고구려 영토에 너무 깊이 들어가 고립됨으로써 아무런 소득도 얻지 못한 채 돌아올 수밖에 없었다. 수나라 양제는 세 차례에 걸쳐 고구려 정벌에 나섰으나 모두 실패하였다.

대업(大業) 7년(611년) 2월, 수나라 양제는 고구려 출정을 위한 준비를 명하였다. 대업 8년 봄이 되자 113만 대군을 지금의 북경시 지역에 해당하는 탁군(涿郡)

당나라 고조 이연의 초상

에 집결시키고 좌우 각 12군으로 편성하였다. 우문술(宇文述) 등이 지휘하는 군대는 요동을 경유하여 고구려로 진군하였으며, 수나라 양제는 친히 군대를 이끌고 요동(遼東)으로 향하였다. 내호아(來護兒)가 이끄는 강회(江淮)의 수군은 산동에서 바다를 건너 가장 먼저 상륙한 후 평양(平壤) 외곽에 도달하였으나 미리 매복하고 있던 고구려 군의 공격을 받고 대패하여 돌아갔다. 육로를 이용해 이동하던 30만 수나라 군대가 압록강을 건너오자 고구려 군대는 패한 척 후퇴하기 시작하였다. 그러나 평양 부근까지 수나라 대군을 유인하자 포위하여 섬멸하였다. 당황한 수나라 군대는 2천7백여 명만이 겨우 요동으로 도망쳐 오게 된다.

대업 9년(613년) 봄에 수나라 군대는 다시 고구려 정벌에 나섰다. 이번에도 수나라 양제는 전방인 요동까지 군대를 이끌고 내려왔다. 승전과 패전을 반복하던 중 수나라에서 양현감(楊玄感 : ?~613년)*이 이때를 노려 여양(黎陽 : 지금의 하남성 준현浚縣 동북부)에서 반란을 일으켜 동도를 침공했다는 소식이 날라들었다. 크게 놀란 수나라 양제는 수나라로 회군할 수밖에 없었다.

대업 10년(614년) 봄에 수나라 양제는 다시 친히 군대를 이끌고 탁군에 이르러 세 번째 고구려 정벌에 나섰다. 내호아는 수군을 이끌고 평양까지 밀고 들어왔으나 해마다 연이은 전쟁으로 쌍방 모두 심각한 손실을 입게 되었으며 수나라는 내부적으로 농민 반란이 전국을 휩쓸게 되자, 수나라 양제는 결국 다시 요동에서 그대로 회군할 수밖에 없었다.

고구려 정벌에 나섰던 4년 동안 수나라는 인적, 물적 자원이 막대하게 소모되면서 엄청난 대가를 치르게 되었고 국력 또한 급격하게 쇠퇴하였다. 가혹한 세금징수와 부역 징발로 백성들은 부역으로 인해 죽거나 세금으로 재산을 탕진할 수밖에 없었다. 특히 산동과 하북 지역은 그 피해가 매우 심각하였다. 산동의 동래(東萊)와 하북의 탁군은 당시 고구려 정벌의 군사 거점이었기 때문에 백성들은 부담과 고충이 매우 심하였다. 더욱이 대업 7년(611년), 이 일대에 발생한 홍수로 30여 개의 마을이 침수되고 만다. 농민 반란 역시 이 지역에서 가장 먼저 시작되었다.

대업 7년, 수나라 양제가 첫 번째 고구려 정벌을 준비할 당시, 장백산(長白山 : 지금의 산동성 장구章丘 동북지역)에서 왕박(王薄)이 가장 먼저 반란을 일으켰다. 그는 스스로를 '지세랑(知世郞)'이라고 일컬으며 『무향요동랑사가(無向遼東浪死歌)』를 지어 백성들에게 고구려 출정에 병사로 끌려가 억울하게 죽어서는 안 된다고 당부

---

* 중국 수(隋)나라의 권신 양소(楊素)의 아들로 예부상서에 올랐으나, 613년 양제의 제2차 고구려 침공 때 여양(黎陽)에서 이밀(李密) 등과 반란을 일으켰으나 패하여 자살하였다.

고구려인들이 사용했던 원와(圓瓦)

하였다. 대업 9년(613년) 수나라 양제가 두 번째로 고구려 출정을 감행하자 각지의 농민 반란은 더욱 격렬하게 발전하였다. 특히 여양(黎陽 : 지금의 하남성 준현浚縣 동부)에서 군량미를 운반하던 귀족출신의 양현감(楊玄感 : ?~613년)이 이틈을 타서 군사반란을 일으켰다. 그는 "위기에 처한 세상과 백성을 구원한다"는 기치를 내걸었기 때문에 하루에도 수천 명씩 그에게로 몰려들었다. 양현감은 수나라 군대에 의해 진압되었지만 중국 전역으로 불어 닥친 농민 반란의 물결은 피할 수 없는 추세가 되었다.

대업 9년 전까지 산동과 하북 일대에 국한되었던 농민 반란이 대업 9년 이후부터 하남, 강남, 영남(嶺南), 관중(關中), 회남(淮南) 등 중국 전역으로 신속하게 번져나갔다. 농민들이 반란을 일으킴과 동시에 수많은 귀족, 관리들도 모반 대열에 합류함으로써 군웅이 벌떼처럼 일어나 수나라에 반기를 드는 국면이 형성되었다. 당시 반란의 대오는 수십, 수백 개에 이를 정도였다.

대업 13년(617년) 수나라의 태원(太原)을 수비하던 이연(李淵 : 566~635년)*이 그의 아들 이세민(李世民 : 599~649년)의 계략에 따라 태원에서 거병하여 장안(長安)까지 진격하였다. 이연은 수나라 양제의 열세 살 난 손자를 수나라 공제(恭帝 : 605~619년)**로 옹립하고 수나라 양제를 태상황(太上皇)으로 밀어내었다. 자신은 승상(丞相)이 되어 스스로 당왕(唐王)에 봉하였다. 대업 14년(618년) 수나라 양제가 강도에서 그의 수하 우문화급(宇文化及 : ?~619년, 고구려 원정군 사령관인 우문술의 장남)에게 살해되자 이연은 수나라 공제를 폐하고 스스로 황제에 등극하여 국호를 당(唐)이라 칭하게 되었으니, 이로써 수나라는 멸망하였다.

---

* 중국 당나라의 초대 황제이며, 그의 어머니의 동생, 즉 이연의 이모가 바로 수나라 문제 양견의 아내인 독고황후이다. 그러므로 이연은 수나라 양제 양광의 이종 사촌형이 되는 셈이다.

** 이름은 양유(楊侑)이고 수나라 마지막 제3대 황제이다. 수나라 양제 양광의 손자이며 양광의 장남인 원덕태자 양소의 장남이다. 617년 이연에 의해 황위에 올랐으나, 618년 양제 양광은 암살되고, 이연이 황제에 올랐다. 양유 역시 이듬해인, 619년에 이세민에 의해 피살되었다.

당나라의 요동 정벌

644년에 이르러 중국은 당나라의 제2대 황제인 당(唐)나라 태종(太宗 : 599~649년)*의 천하가 되었다. 그는 오랜 기간 벼르고 벼르던 끝에 동북의 고구려 정벌에 나서기로 결심한다. 당시 고구려는 한반도뿐만 아니라 북부지역으로 세력을 확장하여 중국 동북의 요수(遼水) 유역까지 진출하였다. 공명심이 강하였던 당나라 태종으로서는 이러한 상황을 매우 견디기 어려웠다. 그러나 아무리 견디기 어렵다고 해도 신중을 기하지 않을 수 없었다. 바로 30년 전 수나라가 고구려 출정을 감행하면서 나라의 모든 자원을 소진하였고, 이로 인해 농민 반란이 일어났으며 당나라 태종 자신은 바로 그 기회를 이용하여 수나라를 멸망시키고 당나라 왕조를 세울 수 있었기 때문이다. 그러므로 30년이 흐른 지금, 다시 이 전쟁을 감행할지 여부는 신중에 신중을 기하지 않을 수 없었다.

당나라 태종은 20만 이하의 병력을 이용하여 속전속결을 이루고자 계획하였다. 그는 이 계획을 30년 전 고구려 출정에 참전했던 원로장군에게 토로하였으나 원로장군은 요동이 너무 멀어 군수물자 공급이 어려울 뿐만 아니라 고구려인들은 수비에 능하여 속전속결이 불가능하다는 이유를 들어 반대하였다. 그러나 원로장군은 태종을 설득시킬 수 없었으며 그를 설득시킬 수 있었던 최후의 대신 위정(魏徵)이 죽은 뒤여서 태종을 말릴 사람이 아무도 없었다. 당나라 태종은 결국 전쟁을 하기로 결심하였던 것이다.

645년 3월 당나라 태종이 출정을 앞두자, 남아서 후방을 지켜야 하는 그의 아들은 긴장된 나머지 며칠 동안 눈물을 흘렸다. 전장으로 떠나며 이별을 고하는 자리에서 그는 아들에게 자신이 입고 있는 도포를 가리키며 "다음에 너를 볼 때 이 옷을 갈아입을 것이다"라고 말하였다. 옷을 갈아입을 계절이 오기 전에 전쟁에서 이기고 돌아오겠다는 그의 결심을 보여주었던 것이다.

5월이 되자 당나라의 군대는 요동성(遼東城) 아래에 도착하였다. 요동은 현재

---

* 당나라의 제2대 황제(재위 626~649) 이세민(李世民)이다. 당나라를 수립하고 군웅을 평정하여 공정한 정치로 후세 제왕의 모범이 되었다. 그러나 태자를 두 번씩이나 폐하였고, 만년의 고구려 친정 실패 등 그가 죽은 뒤에는 정권이 동요하게 되었으며, 마침내 측천무후(則天武后)가 실권을 장악하게 되었다.

당나라 시대의 수렵출행벽화(狩獵出行壁畵)

중국 동북지역의 요양성(遼陽城)을 말하는 것으로 태종은 격전 끝에 요동성을 함락시켰다. 6월이 되어 안시(安市 : 요녕성 개평현盖平縣 동북부)에 도달하자 고구려는 15만 군을 동원하여 결전을 벌였다. 승산이 없을 것으로 판단한 고구려군은 성내의 모든 물자를 불사르고 야밤을 이용하여 철수함으로써 수백 리 안에서 사람의 그림자도 찾아볼 수 없게 되었다. 당나라 군대는 필요한 물자를 얻을 방법이 없어지게 되었으며 전쟁은 계속해서 지연되었다.

여름이 되었으나 당나라 태종은 입고 왔던 도포를 벗으려 하지 않았다. 다시 7월이 가고 8월이 가고, 비축해 두었던 양식도 떨어지고 동북 지역의 날씨는 추워졌으며 태종의 도포도 군데군데 떨어지기 시작하였다. 새 도포를 가지고 왔으나 태종은 군사들의 옷도 모두 떨어졌는데 자신만 새 옷으로 갈아입을 수 없다고 갈아입기를 거절하였다. 결국 당나라 태종의 군대는 철군할 수밖에 없었다. 철군을 하는 동안 9월과 10월이 지났으며 11월이 되어서야 태종은 유주(幽州)에 도착하였다. 유주에 도착한 병력은 출정 때의 5분에 1에 불과하였다. 유주는 현재의 북경을 말한다.

당나라 태종은 괴로운 마음으로 낡은 도포를 갈아입었으나 가슴에 남은 상처는 씻을 수 없었다. '위정이 살아있었다면 좋았을 것' 태종은 홀로 이렇게 생각하였다. 위정이 살아있었다면 이번 전쟁을 하지 말도록 그를 설득했을 것이었기 때문이었다. 당나라 태종은 위정의 묘에 새로 비석을 세우고 그의 아내와 자식들을 위로하며 그에 대한 추모의 마음을 전하였다.

▶▶ 역사의 흐름에 어떤 영향을 미쳤을까?

당나라 고종(高宗 : 628~683년)*은 철저한 준비를 마친 후 신라(新羅)와 연합하여 고구려와 백제에 맞서게 되었으며 결국 고구려와 백제는 멸망하였다. 당나라는 고구려의 영토였던 북부 대부분의 지역을 그들의 통치 영역에 포함시켰으며 신라는 삼국을 통일하며 한반도 전역을 차지하였다. 당나라 고종은 고구려와 백제를 멸망시켰을 뿐만 아니라 일본과의 전쟁에서도 승리함으로써 동북 지역 국가의 침입 위협으로부터 벗어나게 되었으며 번영을 위한 기틀을 다지게 되었다.

당나라 고조 이연의 능묘에서 출토된 문물인 당헌릉석호(唐鳳陵石虎)

이 전쟁이 끝난 후 중국과 한반도의 교류가 점차 빈번해 짐에 따라 수많은 신라의 유학생들과 승려들이 당나라에 와서 지식을 익히게 되었고 양국의 문화, 기술적 교류는 더욱 촉진되었다.

5. 정관지치貞觀之治, 당나라의 황금시대를 열다

당나라 태종 이세민은 18세에 부친 이연(李淵)을 부추겨 반란을 일으키게 하였다. 그는 수하에 뛰어난 지략가들을 많이 거느리고 있었으며 당나라 고조 이연의 대부분의 치세는 모두 그의 계획에서 나온 것이라고도 할 수 있다. 전쟁터에서는 늘 선봉에 섰으며 스무 살 약관의 나이에 10만이 넘는 대군을 거느릴 정도로 통솔력이 뛰어나 군사, 정치 분야에서 두각을 나타내었다. 당나라 태종이 전혀 잘못을 하지 않았다고는 말할 수 없겠지만 여러 문헌에서 확인할 수 있듯이 매우 치밀한 인물이었다. 또한 적진 앞에 몇몇의 기병만을 데리고 나아가 적장과 당당하게 대담을 하는 등 가장 위험한 현장에 모습을 드러내어 그의 위엄을 떨침

---

* 당나라의 제3대 황제인 이치(李治)이다. 이승건, 이태가 황태자에 올랐으나 폐위되어 황태자에 올랐고, 이세민이 죽자 22세의 나이에 황제에 오르게 된다. 처음에는 아버지의 정관의 치를 이끌던 유능한 가신들을 옆에 두었으나, 아버지의 재인이었던 무씨를 총애하였고 그가 병이 나자 측천황후가 정치를 대행하였다.

으로써 지도자로서의 고도의 리더십을 발휘하였다.

정관성세(貞觀盛世)

7세기 초기 당나라 시대는 중국 역사에서 매우 고무적인 시기였다고 할 수 있다. 630년 이정(李靖 : 당나라의 개국공신으로 유명한 전략가이자 뛰어난 장군)은 돌궐을 격퇴함으로써 당나라 태종 이세민은 주변 사이(四夷)의 군주들에게도 '천가한(天可汗)'으로 불리며 추앙을 받았다. 당나라 고조 이연은 이미 태상황(太上皇)으로 물러났으며 능연각(凌烟閣)에서 주연을 베풀곤 하였다. 태상황이 직접 비파를 연주하기도 했는데, 당나라 태종은 이에 맞춰 춤을 추기도 하였다. 다른 사람의 눈을 의식하지 않고 황제가 춤을 추는 장면은 중국 역사가 전례를 찾아보기 어렵다. 후에 당나라는 다시 서역의 여러 나라를 정벌하며 그 위세를 총령(蔥嶺) 서쪽까지 떨치며 페르시아와 인도와도 접촉을 가졌다. 당나라 초기에는 고구려만이 중국의 강력한 적수가 되었으나 당나라 고종에 이르러 평양성을 점령하고 안동도독부(安東都督府)를 설치하였다.

당나라 왕조는 무공(武功)뿐만 아니라 문치(文治)에도 뛰어났다. 도성인 장안의 동서 길이는 9.66킬로미터이고 남북 거리는 8킬로미터에 이르렀는데, 현재 서안시(西安市)에 남아 있는 성터는 본래 크기의 8분의 1에 불과하다. 도시 전체는 계획 건축을 통해 110개의 정방형 구간으로 나뉘었으며 남북을 연결하는 도로의 너비는 5백 척(尺)에 달하였다. 이러한 규모는 당시로서는 세계 최고 수준이었음에 틀림없다.

주변 각국에서 조공을 바치는 사절단의 행렬도 끊이지 않았다. 중서시랑(中書侍郎) 안사고(顏師古 : 581~645년, 당나라 초기의 학자)는 정관(貞觀) 3년(629년)에 화가들에게 이들의 다양하고 기이한 의상을 화폭에 담아 성대한 광경을 기념하도록 하였는데, 이 그림이 바로 '왕회도(王會圖)'이다. 이때부터 시작하여 당나라가 멸망하기까지 페르시아의 사절단은 열 차례나 중국에 방문하였다. 일본의 '견당사(遣唐使)'는 그 규모가 더욱 방대하였다. 초기에는 3, 5백 명에 불과하였으나 후에는 2천 명으로 늘어났으며 공식적인 사절단 외에도 유학생들과 유학승들도 대거 당나라에 유입되었다. 그 가운데 일부는 수십 년 동안이나 당나라에 머물다가 귀국하여 당나라의 법령, 제도를 모방하여 실시하기도 하였다. 일본사에서는 이를 '위령정치(委令政治)'라고 명명하였다.

당나라 태종의 초상

당나라의 균전제(均田制)는 일본에 유입되어 반전(班田)으로 발전하였다. 일본의 나라(奈良)와 헤이안(平安 : 지금의 교토京都 지역)은 모두 장안의 도시설계를 따라 건설하였으나 규모면에서는 비교가 되지 않았으며 이마저도 계획대로 완성되지 못하였다. 장안에는 '주작문가(朱雀門街)'라는 큰 도로가 있었는데, 일본의 나라와 헤이안의 도로도 '주작대로(朱雀大路)'라고 칭하고 있다.

등지성(鄧之誠)은 『신당서(新唐書)』, 『구당서(舊唐書)』에 기록된 내용을 근거로 하여 당나라와 교류를 가졌던 주변 민족이 모두 48개 '나라'였으며 구체적으로 다음과 같이 분석하여 나열하였다. '조공(朝貢)'을 바친 나라가 29개국, 납사(納士 : 현명한 인재를 받아들임) 6개국, 속국이 된 나라 5개국, 전쟁과 화친, 친밀과 소원을 반복했던 나라가 4개국, 사절단을 파견한 나라가 2개국, 유학생을 파견한 나라가 1개국, 화친을 맺은 나라가 1개국 등이었기 때문에 이로써 당나라의 태평성대를 가히 짐작할 수 있다.

당나라는 중국 역사에서 가장 개방적인 나라였다고 볼 수 있다. 초기 당나라 시대에서도 조정이 상당히 안정되어 있었고 각 종교를 육성할 역량이 충분하였기 때문에 탄압을 가하지 않았다. 현장법사(玄奘法師 : 602?~664년)가 인도에서 불경을 가지고 돌아오자 당나라 태종은 친히 그를 불러 만났으며 조정의 인적, 물적 자원을 동원하여 그의 불경번역 작업을 지원하였다. 그 후 인도와 서역의 고승들이 당나라로 들어와 불교경전의 번역을 추진하는 사람들이 수십 명에 달하였다. 경교(景敎), 오교(襖敎), 마니교(摩尼敎) 등도 장안에 사찰을 설립하였다. 또한 그 교주, 장로들에게는 제한을 두지 않고 관직과 품계를 부여하기도 하였다.

루서 구드리치(Luther Carrington Goodrich : 미국의 중국학자)의 『중국인민간사(中國人民簡史)』에서는 현대학자의 시각을 인용하여 "장안은 활발한 선교가 이루어지는 곳일 뿐만 아니라 국제화된 도시였다. 장안의 경내에는 시리아인, 아랍인, 페

위정의 초상

르시아인, 달단인(韃靼人 : 북방유목민족의 총칭), 티베트인, 한국인, 일본인, 안남인(安南人 : 인도차이나 반도의 동부에 거주하는 남방계 몽골족) 등 종족과 신앙이 다른 사람들이 모두 평화롭게 공존하고 있었다. 당시 유럽에서는 인종 및 종교 문제로 잔혹한 투쟁이 벌어지던 것과 선명한 대조를 이루고 있다"라고 설명하였다.

초기 당나라 시기에 이러한 태평성대를 열 수 있었던 것은 당나라 태종 이세민의 역량이 주효하였다. 그 자신이 여러 민족의 혈통을 이어받은 이유도 있었기 때문에 호인, 한족 모두 차별 없이 대하였다. 이러한 사회 풍조야말로 당나라의 태평성대를 여는 데 결정적인 영향을 끼쳤다고 볼 수 있다. 이세민은 신료들에게 "역대의 제왕들은 중원을 평정하고 나면 융적(戎狄) 등 소수 민족을 복종케 하였다. 짐의 재능은 고대 선인들에게 미치지 못하나 짐의 업적은 그들을 능가하였도다. 이에 능력이 있는 자는 귀족이거나 한족이거나 천민이거나 융적이거나 모두 동일하게 대할 것이며 모든 부족들은 내게 의지하여 마치 부모를 의지하는 것과 같이 될 것이다"라고 말하곤 하였다. 따라서 당대(唐代)에는 이민족들이 특히 많았다고 하며 청나라 사람 조익(趙翼 : 1727~1814년)*이 지은 『해여총고(陔余叢考)』에도 이러한 내용이 기록되어 있다.

7세기 당나라 초기 시대는 황제와 재상들이 수많은 업적을 쌓았던 황금시대였다. '제2제국'의 배태기로서 호인과 한족의 역량이 하나로 합쳐지는 한편 소규모 자작농들의 경제적 기틀이 확립되었다. 수나라가 무력을 남용하고 고압적인 정책을 실시함으로써 일시적으로 백성을 진정하는 효과는 거두었다고 볼 수 있다. 또한 수나라 양제 말년과 당나라 고조 초기의 대량학살을 거치면서 "배가 고픈 사람은 무엇이든 먹으면 만족하고 목이 마른 사람은 무엇이든 마시면 만족하

---

* 중국 청나라의 시인 겸 학자로 호는 구북(甌北)이다. 그의 저서 『해여총고(陔余叢考)』(43권)는 언어 · 사물(事物) 등의 기원과 전거(典據)를 기록한 청나라 고증학을 대표하는 저작의 하나이다.

게 된다(譬如飢者易爲食비여기자이위식, 渴者易爲飲也갈자이위음야)"는 위정(魏徵)의 말처럼 백성들은 조속한 사회의 안정을 바랐다.

이세민은 조정 대신들의 말을 귀담아 들었으며 간언을 과감하게 수용하였다. 모든 언론의 문을 개방하고 이를 철저히 활용함으로써 중국 역사에서 가장 획기적인 정치모델인 '정관지치'를 이뤄내었다. 중국의 모든 역사학자들도 이 기간을 "동쪽으로 바다까지 이르고 남쪽으로 오령(五嶺)에 이르기까지 대문을 걸어 잠그는 집이 없었으며 출행하며 양식을 챙기지 않아도 길에서 해결할 수 있었다"라고 칭송을 아끼지 않고 있다. 중국의 황제에 늘 비판적 시각을 보이던 서방의 중국학자들도 당나라 태종 이세민에게는 대부분 존경을 표할 정도이다.

당나라 태종 이세민의 '진사명(晋祠銘)', 태종의 글씨로 된 서예법첩

628년 이세민은 3천여 명의 궁녀들을 출궁시켜 그들이 자유로이 출가할 수 있도록 조치하였다. 633년에는 감옥에 갇혀 있던 사형수 390여 명을 집으로 돌려보낸 후 가을이 지난 시점에 돌아올 것을 명하였다. 정한 기한이 되자 한 명의 도망자도 없이 모두 돌아왔으며 당나라 태종은 이들을 모두 사면하였다. 시인 백거이(白居易 : 772~846년, 당나라 중기의 시인)는 이를 두고 "삼천 궁녀가 출궁되었고, 사형수 사백 명이 감옥으로 돌아왔네"라며 당나라 태종의 은덕을 칭송하였다.

정관지치의 원동력

수나라 왕조의 멸망을 두 눈으로 확인한 당나라 태종은 즉위한 후에도 수나라 양제의 행위를 거울로 삼아 그의 잘못을 돌아보며 자신의 행동의 경계로 삼았다. 그는 순자(荀子)와 같이 백성과 군주의 관계를 물과 배의 관계로 보았다. 즉 "물은 배를 띄우기도 하지만 배를 삼켜버리기도 하는 것이다(水則載舟수즉재주, 亦則覆舟역즉복주)." 특히 관리들의 성치행위를 눈여겨보고 현명한 인재를 등용하였으며, 간언을 스스럼없이 받아들였다. 재능만 있으면 출신 성분에 상관없이 관리로 등용하고 개인적인 원한을 들춰내지 않았다. 문무대관 가운데 위정(魏征)은 도교의 도사(道士)였으며 이연의 맏아들이었던 태자 건성(建成)의 옛 신하로 당나라 태종을 수차례 모해하였다. 위지공(尉遲公)은 철공 출신이자 투항한 장군이었으나 당나라 태종은 그를 중용하였다.

당나라 태종은 특히 신하들이 마음 놓고 간언을 할 수 있는 문을 열어 놓았다. 위정은 2백여 차례나 과격한 언사를 사용하여 간언을 올렸으며 태종은 언제나 겸허한 마음으로 이를 받아들이고 취사선택하여 따랐다. 위정이 죽은 후 태종은 몹시 상심하며 다음과 같이 말하였다. "구리를 거울로 삼으면 의관을 정제할수 있다. 옛것을 거울로 삼으면 역사의 흥망성쇠를 파악할 수 있다. 사람을 거울로 삼으면 성공과 실패를 깨달을 수 있다. 위정이 세상을 떠났으니 짐은 거울 하나를 잃었도다."

당나라 태종은 경제 분야에 있어서는 특히 농업 생산을 중시하여 균전제와 조용조(租庸調 : 租는 토지에, 庸은 사람에게, 調는 호戶에 부과하던 조세제도) 제도를 실시하였다. 사치를 멀리하고 비용을 절약하였으며, 요역과 부역을 경감시켜 주었다. 이로써 백성들은 의식에 여유가 생겼으며 편안하게 생업에 종사할 수 있었다. 문화 분야에 있어서는 학술을 장려하고 문학사들을 동원하여 경전과 사적(史籍)을 정리하도록 하였다. 장안에 국자감(國子監)을 설립하고 사이(四夷) 군주의 자제들도 와서 유학할 수 있도록 하였다. 또한 여러 차례 군대를 이끌고 나가 주변을 평정하였다. 돌궐의 항복을 받아내고 설연타(薛延陀 : 몽골 중가리아Jungaria 북부에 있던 터키계 유목 민족)를 평정하였으며, 고구려 정벌에 나서는 한편, 토번(吐蕃)을 굴복시키고 위구르족도 평정하였다. 이로써 당나라의 위엄과 명망은 널리 사방으로 퍼지게 되었다. 당나라 태종은 서북의 소수 민족들에게도 '천가한'이라고 추앙받으며 국제사회의 맹주로 자리 잡았다.

▶▶ 역사의 흐름에 어떤 영향을 미쳤을까?

당나라 태종이 집권하였던 정관(貞觀) 연간(627~649년) 동안에는 정치적으로 깨끗한 풍조가 형성되었고 경제가 발전하였으며, 사회가 안정되어 최고의 태평성대를 맞이하였다. 역사적으로는 이를 '정관지치'라고 부르고 있다. 정관지치의 내용을 살펴본 후에 사람들은 중국인들이 왜 스스로를 '당인(唐人)'이라고 지칭하며 세계 각지 중국인들이 모여 사는 곳을 '당인가(唐人街)'라고 칭하는 지 비로소 이해할 수 있을 것이다.

6. 당唐나라와 토번吐蕃이 화친으로 서로 상생하다

토번(吐蕃)은 티베트족의 조상으로 청장고원(靑藏高原)에서 생활하였다. 일부는 유목을 생업으로 삼았으며 일부는 농경에 종사하였다. 수공업이 비교적 발달하였으며, 방직과 제철금속 등은 상당한 수준에 도달해 있었다. 7세기 전반기에 토번에 혜성같이 등장한 수령 송찬간포(松贊干布)*는 각 부족을 통일한 후 강대한 노예제 정권을 수립하고 라사(邏些 : 지금의 티베트족자치구 라싸拉薩 지역)에 도읍을 정하였다. 634년 토번 왕조가 중국 서부 지역에 방대한 통일왕조를 수립한 시기에 중국 내륙에는 강력한 한족 정권인 당나라가 세워져 있었으며, 당나라는 당시 경제와 문화가 가장 발달한 나라 가운데 하나에 속하였다. 한 시대를 풍미했던 천재적 정치가, 군사 전략가였던 두 인물, 즉 송찬간포와 당나라 태종 이세민은 시대의 추세를 파악하고 혼인을 통해 우호적이고 평화적인 관계를 수립하게 된다.

송찬간포는 티베트 역사에서 매우 중요한 인물에 해당한다. 그는 토번의 제32대 찬보(贊普 : 각 부족 연맹의 우두머리로서 '강한 남자'라는 뜻이며 '왕'과 같은 의미로 쓰였음)로서 각 부족을 통일하고 토번의 태평성대를 열었다. 송찬간포는 성지 라사를 건설하여 이곳으로 천도하였다. 본래 토번의 근거지는 택당(澤當 : 라싸 동남부)

---

* 630년, 아버지 남리송첸 왕이 독살되자 왕으로 즉위한 송첸캄포 왕(재위 630-650)을 말한다. 토번(吐蕃) 또는 티베트 왕조는 티벳고원의 중앙에 성립된 고대왕국으로, 633년 송첸캄포 왕이 스키타이를 평정하고, 수도를 라사로 정하고 티베트 왕조를 열었다.

에서 30킬로미터 떨어진 지점에 있던 경결(瓊結)로서 토번은 이곳에서 8백여 년을 거주하였다. 토번의 초대 왕인 섭적찬보(聶赤贊普)는 기원전 237년 하늘에서 내려왔다고 전해진다. 그가 처음 발을 디딘 곳이 바로 아롱하(雅礱河)의 발원지인 아랍 향파신산(雅拉香波神山)이었다고 한다. 수려한 외모와 장대한 기골의 소유자로 총명하고 비범하였던 섭적찬보를 보고 아롱 지방 사람들은 어디에서 왔는지 물었다. 그가 손가락으로 하늘을 가리켰기 때문에 현지 사람들은 그를 하늘신의 아들이라고 믿게 되었으며 왕으로 옹립하였다. 티베트어로 '섭(聶)'은 '목'이란 뜻이며 '적(赤)'은 '보좌'라는 뜻이다. 그를 발견한 사람이 그를 목마 태우고 돌아왔기 때문에 이러한 이름이 붙여졌다고 전해진다.

문성공주(文成公主)*의 티베트 입성

7세기 초, 중국 내륙지역은 수년의 전쟁을 겪은 후 이연(李淵 : 당고조), 이세민(李世民 : 당태종) 부자가 618년 장안을 도성으로 정하고 중국 역사에서 전대미문의 대제국 당나라를 세웠다. 당나라의 국력은 당시 동아시아 지역의 문명의 중심에 설 만큼 강성하였으며, 주변의 수많은 소수 민족 부락들이 당나라와 새로운 관계를 수립하였다. 신하의 나라가 되거나 조공을 바치는 제후의 나라가 되기도 하였지만 한족과 기타 소수 민족과의 교류는 매우 활발하게 진행되었다.

이러한 시기에 토번의 영웅적 인물로 눈 덮인 고원의 맹주로 불리던 송찬간포는 소국들을 통합하고 도성을 라사로 정한 후 토번왕조를 세웠다. 그는 당나라 왕조와 긴밀한 관계를 형성하고자 적극적으로 방법을 모색하고 있었다. 634년 새해가 시작되면서 송찬간포는 두 차례나 언변에 능하고 지혜롭고 총명하기로 유명한 대재상 녹동찬(祿東贊, 가르통첸 : ?~667년)을 사신으로 장안에 파견하여 당나라 황실에 청혼을 하였다. 641년 이에 당나라 태종은 송찬간포의 화친을 수락하여 종친인 문성공주를 그에게 시집보내기로 결정한다. 이로써 문성공주는 당나

---

* 문성공주(625?~680년)는 티베트 왕 송찬간포에게 출가한 당나라 황실의 딸이다. 티베트를 통일한 송찬간포가 당태종에게 공주와의 혼인을 요청하자, 처음에는 그 강가(降嫁)를 거절하였으나 화의(和議)가 성립하여, 641년 혼인이 이루어졌다. 이는 티베트에 중국문화가 유입된 계기가 되었다.

라와 토번 사절단과 수많은 시종들의 수행을 받으며 당나라와 토번의 화친을 향한 긴 여정에 오르게 된다. 녹동찬이 장안에 사신으로 파견되어 당나라 황제가 출제한 어려운 문제들을 자신의 지혜로 슬기롭게 풀어나감으로써 송찬간포에게 착하고 아름다운 문성공주를 아내로 맞을 수 있도록 한 일화는 티베트의 민간에 여러 형태로 전해져 내려오고 있다.

송찬간포 석조상

송찬간포는 오랫동안 바라왔던 소원이 이루어지자 매우 기뻐하며 친히 군신들을 이끌고 백해(柏海 : 지금의 청해서 혹은 청해성 마다현瑪多縣 부근)까지 마중을 나왔다. 황하의 발원지에서 그리 멀지않은 찰릉호(札陵湖)와 악릉호(鄂陵湖) 주변에 '백해행궁(柏海行宮)'을 짓고 서로 다른 민족으로 부부의 연을 맺은 송찬간포와 문성공주는 이곳에서 화촉을 밝히었다.

송찬간포와 문성공주가 옥수(玉樹 : 지금의 청해성靑海省)에 다다랐을 때 이곳의 경치가 매우 아름답고 날씨 또한 쾌적하였으며, 먼 길을 걸어 노곤한 몸을 휴식도 취할 겸 산 계곡에서 한 달 정도 머무르게 되었다. 문성공주는 한가로운 틈을 이용하여 부황(父皇)이 하사한 곡물의 종자와 채소의 씨앗 등을 가지고, 수행해온 장인(匠人)들과 함께 현지 사람들에게 곡식을 심는 방법과 곡식을 갈아 분을 만드는 방법, 그리고 양조 등의 기술을 전수해 주었다. 옥수의 주민들은 문성공주에게 무척 감사하여 그녀가 그곳을 떠나 라사로 출발할 때 섭섭한 마음을 감추지 못하였다. 이에 그녀가 머물던 천막을 그대로 보존하고 그의 족적(足跡)과 얼굴상을 돌에 새겨 기념하며 매년 참배하였다. 또 710년 당나라 중종(中宗 : 656~710년)* 때에 금성공주(金城公主) 역시 토번 왕에게 시집오게 되는데, 이곳을 지나며 문성공주를 위해 사당을 짓고 '문성공주묘(文成公主廟)'라고 이름하였다.

---

* 당나라 제4대 황제(재위 683~684, 705~710)이고 이름은 현(顯)이다. 어머니가 측천무후(則天武后)이다. 제위에 오른 지 2개월 만에 폐위되었다가, 다시 제위를 회복하였다. 그러나 외척 위씨(韋氏)의 권세가 커져 황제는 이름뿐이었고, 아내 황후와 결탁한 그의 딸 안락공주(安樂公主)에 의해 독살되었다.

문성공주가 라사에 도착하자 그곳의 주민들은 모두 노래와 춤으로 그녀를 환영하며 기쁨에 겨워하였다.

문성공주가 티베트에 끼친 영향

당시 당나라에는 불교가 성행하였지만 토번에는 불교가 아직 전해지기 전이었다. 문성공주는 독실한 불교신자였기 때문에 장안을 떠나면서 불탑, 불경, 불상 등을 지니고 와서 토번에 전하였을 뿐만 아니라 사찰을 지어 불교를 전파하기로 결심한다. 그녀는 산양(山羊)에 있는 넓은 분지를 흙으로 메운 후 '대소사(大昭寺)'를 세웠다. 대소사가 완공된 후 문성공주와 송찬간포는 사찰까지 몸소 왕림하여 사찰 문 앞에 버드나무를 심었다. 후세 사람들은 이 버드나무를 '당유(唐柳)'라고 부르고 있다. '생구동맹비(甥舅同盟碑)'도 '장경회맹비(長慶會盟碑)'*라고 불리고 있으며 '당유' 옆에 세워져 있다.

현재 대소사의 대전 중앙에 있는 석가모니불상 역시 문성공주가 당시 장안에서 운반해 온 것이다. 대전(大殿) 양측의 배전(配殿) 안에는 정교하고 생동감 넘치게 만들어진 송찬간포와 문성공주의 상이 놓여 있다. 다만 그들을 추모하는 사람들이 저마다 금을 가지고 와서 그들의 얼굴 위에 덕지덕지 붙여 놓아 마치 금빛 물집이 잔뜩 생긴 것처럼 보인다.

문성공주는 후에 다시 '소조사(小昭寺 : 라싸에 위치한 사찰로 대소사와 1킬로미터 떨어져 있음)'를 세웠으며 이때부터 티베트에 불교가 점차 전파되기 시작하였다. 문성공주는 라사를 둘러싸고 있는 주변 산을 묘연(妙蓮), 보산(寶傘), 우시해라(右施海螺), 금강(金剛), 승리당(勝利幢), 보병(寶瓶), 금어(金魚) 등 팔대 보물의 이름으로 명명하였는데 현재까지도 동일하게 불리고 있다.

문성공주는 불교를 전파하며 토번 민족의 무탈과 번영을 기원하는 한편 오곡의 종자와 채소의 씨앗 등을 이곳에 들여와 심는 법을 가르쳤다. 옥수수, 감자, 누에콩, 청경채 등은 고원의 기후에도 잘 적응하여 매우 양호하게 성장하였다. 그러

---

* 당나라와 토번의 평화조약을 기념하는 비로 티베트 문자와 한문으로 적혀 있으며 두 나라의 경계를 정하고 평화를 유지하자는 내용으로 되어 있다.

나 밀 종자는 계속해서 돌연변이를 만들어 결국 지금의 티베트 사람들이 즐겨 먹는 청과맥(靑稞麥)으로 재배하였다. 이밖에도 마차, 가마, 말, 노새, 낙타를 비롯하여 생산기술과 의학서적 등을 보급하여 토번의 사회 발전을 이끌었다.

티베트 대조사 소재 문성공주금상

송찬간포는 현숙하고 다재다능한 문성공주를 매우 좋아하여 공주를 위해 포탈라궁(布達拉宮, 포달랍궁)을 짓게 된다. 포탈라궁은 천여 간의 궁실로 이루어진 웅장한 궁전으로 후에 천둥번개 등의 자연재해와 전란으로 파손되었다. 그러나 열일곱 차례의 중건을 거쳐 높이 117미터에 이르는 13층의 주 건물을 비롯하여 총 36만여 제곱미터에 해당하는 현재의 모습으로 재탄생하였다. 위풍당당하고 방대한 규모의 포탈라궁 안에는 다양하고 풍성한 내용의 벽화가 보존되어 있다. 특히 당나라 태종이 출제한 다섯 개의 어려운 문제를 슬기롭게 풀어 낸 토번의 사신 녹동찬의 이야기와 문성공주가 토번에 오면서 겪은 위험천만한 이야기들, 그리고 라사에 도착하여 그곳 백성들의 열렬한 환영을 받는 장면들이 생동감 있게 묘사되어 있다. 또한 벽화의 구조가 매우 정교하고 인물들의 표정이 살아 있으며 채색이 매우 화려하다. 포탈라궁의 토번 유적지 뒤에는 송찬간포가 정좌하여 수련을 했던 궁실이 위치하고 있으며, 그 안에는 송찬간포, 문성공주, 녹동찬 등의 소조상이 채색되어 진열돼 있다.

649년 당태종 이세민이 세상을 떠나고 당나라 고종이 새로 즉위한 후, 토번에 사신을 보내어 부고를 전하고 송찬간포에게 '부마도위(駙馬都尉)'의 신분을 주고 '서해군왕(西海郡王)'으로 봉하였다. 송찬간포는 장안으로 당나라 태종을 애도하는 사절단을 파견하고 열다섯 종류의 금을 태종의 묘인 소릉(昭陵)에 바쳤다. 또한 당나라의 새로운 군주가 된 당나라 고종에게도 축하와 지지의 서한을 보내었다. 당나라 고종은 다시 송찬간포를 '왕'으로 봉하고 그의 석상을 새겨 소릉 앞에 진열함으로써 그의 공로를 기념하였다.

▶▶ 역사의 흐름에 어떤 영향을 미쳤을까?

송찬간포가 문성공주를 아내로 맞은 후 중국 내륙 정권과 토번의 관계는 매우 우호적으로 유지되어 그 후 2백여 년 동안 전쟁이 거의 벌어지지 않았으며 사신과 상인들의 왕래가 빈번하여 졌다. 송찬간포는 중원의 문화를 숭상하여 동물의 가죽으로 만든 옷을 벗어버리고 비단 도포를 입기 시작하였다. 또한 토번 귀족의 자제들을 장안으로 보내어 학문을 익히도록 하였다. 당나라 왕조 역시 토번으로 수많은 장인(匠人)들을 보내어 각종 기술을 전수하였다.

문성공주는 매우 박식하였을 뿐만 아니라 위험을 두려워하지 않고 멀리 토번 왕에게 시집옴으로써 당나라와 토번의 경제, 문화 교류를 촉진시켰다. 이로써 두 민족이 더욱 친밀해지고 우호협력의 관계로 발전하는 역사적인 공헌을 하게 되었다. 문성공주의 이러한 업적은 고대 문헌과 사서뿐만 아니라 티베트인들의 마음속에도 깊이 자리하고 있다.

문성공주와 결혼이야기

가르통첸(?~667년)은 티베트 전역을 통일하여 토번(吐蕃)의 전성기를 연 33대 송찬간포(松贊干布) 시대의 재상이다. 중국 역사서에서는 그의 이름을 녹동찬(綠東贊)으로 기록하고 있다.

당나라 태종 이세민은 송찬간포의 청혼으로 온 사신 녹동찬에게 여섯 가지 시험을 치르게 했는데, 이를 '육시혼사(六試婚使)' 또는 '육난혼사(六難婚使)'라고 한다. 녹동찬의 지혜를 잘 나타내 주는 여섯 가지 시험의 내용은 다음과 같다.

첫째, 좁고 구불구불한 구멍이 난 돌에 명주실을 끼우게 하는 것이었다. 녹동찬은 명주실을 개미의 허리에 묶고 한쪽 구멍 앞에 놓은 다음 반대쪽 구멍에 꿀을 발라 놓았다. 개미는 꿀 냄새를 따라 구멍을 따라 나갔고, 자연히 실이 돌의 구멍을 통과하게 되었다. 이는 당나라 태종이 '공자천주(孔子穿珠)'라는 고사성어에서 착안한 것인 듯싶다.

둘째, 100마리의 암말과 100마리의 망아지를 모아 놓고 어미와 자식끼리 짝을 지우게 하는 것이었다. 녹동찬은 말들에게 하루 동안 물을 주지 않고, 다음날 말들을 한자리에 모았다. 망아지들은 제각기 어미의 젖을 물러갔고 결국 자연스럽게 어미말과 망아지들은 짝이 지워졌다.

또한 100마리의 어미닭과 100마리의 어린 닭들의 어미와 자식을 밝혀내는 것이었다. 녹동찬은 닭들 사이에 모이를 잔뜩 뿌렸다. 그러자 어미닭들이 각각의 새끼들을 불러 모아 같이 모이를 먹게 하였다.

셋째, 사신들의 수행원들이 하루 동안 100 단(壇)의 술을 마시고 100마리의 양을 먹고 그 양들의 가죽을 가져오는 것이었다. 다른 나라 사신들이 시도해 보았으나 수행원들이 취해 가죽을 벗길 수가 없었다. 녹동찬은 수행원들에게 아주 조금씩 술을 마시고 또 고기를 조그맣게 토막 내어 둘을 번갈아 먹으면서 가죽을 벗겨내게 했다.

넷째, 소나무 재목 100개를 어느 쪽이 가지 쪽이고 어느 쪽이 뿌리 쪽인지 알아맞히는 것이었다. 녹동찬은 소나무 재목들을 강가로 가지고 가서 모두 던져버렸다. 무거운 뿌리 쪽은 가라앉고 가벼운 가지 쪽은 자연스럽게 뜨게 되는 이치를 이용한 것이다.

다섯째, 장안의 대궐을 한밤중에 돌아다니다 길을 잃지 않고 자신의 숙소로 돌아가야 하는 것이었다. 녹동찬은 처음 장안에 왔을 때 대궐의 길이 복잡하기 때문에 길을 잃지 않으려고 길목마다 기호로 표시해 두었기 때문에 성공할 수 있었다.

여섯째, 궁궐에 각각 화려하게 치장한 여자 300명(500명이나 2,500명이라고도 한다)을 한자리에 모아놓고 누가 문성공주(文成公主)인지 맞추게 하는 것이었다. 예전에 녹동찬은 문성공주를 섬겼던 중국인 노파에게서 그녀의 용모에 관한 특징을 들어두었다. 결국 목에 멍이 있는 여자를 문성공주로 지명함으로써 모든 시험을 통과할 수 있었다.

이로써 가르통첸은 여섯 가지 시험(혹은 다섯 가지 시험을 냈다고도 한다)을 모두 통과하게 되어, 송찬간포와 문성공주의 결혼을 성사시키는 그의 임무를 완수했다고 한다.

7. 『당률소의(唐律疏議)』, 중국 법전의 초석이 되다

인류 최초의 법률은 원시사회의 씨족사회 규범이 변형된 것이다. 원시 규범은 씨족사회의 생활습관으로서 간단하고 비공식적이며 원시사회의 생산력과 상응하여 존재하였다. 또한 원시 규범은 인류의 마음속에 존재하고 있는 신념, 습관, 씨족 수장의 위엄을 드러내는 데 주요 목적이 있었다. 원시 규범 속에는 권리와 의무가 구분되어 있지 않았으며 혈연관계를 바탕으로 확립된 사회질서로서 그 규정범위 역시 혈연관계에 국한되어 있었다.

당나라 시대의 여성 의상

고대법은 노예제와 봉건제 두 부류로 나눌 수 있다. 기원전 18세기의 『함무라비 법전』*은 고대 노예사회의 대표적인 바빌론법인데, 현존하는 세계 최고(最古)의 성문법전으로서 비교적 완벽하게 보전되어 있다. 중국의 고대 노예제도는 기원전 21세기에서 11세기 사이의 하(夏), 상(商) 왕조시대부터 나타나기 시작하였다. 서방의 노예제도는 고대 그리스법(초기 민주정체가 실시되었던 아테네와 귀족정체가 실시되었던 스파르타가 대표적임)과 고대 로마법**을 들 수 있다.

중국은 가장 먼저 봉건사회에 진입한 국가라고 할 것이다. 전국시대 초기 이리(李悝 : 전국戰國 시대 위魏나라 때 사람)의 『법경(法經)』은 중국 역사에서 최초의 체계적인 봉건제 법전이라고 할 수 있다. 진(秦)나라, 한(漢)나라 이후에는 모두 통일된

---

* 고대 바빌로니아 제1왕조 제6대 왕인 함무라비왕(재위 : 기원전 1792~1750)이 그의 만년인 기원전 1750년경에 제정한 성문법이다. 1901년 말 프랑스 탐험대가 페르시아의 고도(古都) 수사에서 발견하였으며, 현재 완전한 원형으로 루브르 미술관에 소장되어 있다.

** 원문주석 : (고대 로마법의 대표적인 것으로는) 기원전 449년, 『12표법(The Laws of the Twelve Tables)』은 고대 로마의 원시적 관례를 기초로 제정한 제1호 성문법이라고 할 수 있다. (그 후) 6세기의 『유스티니아누스 법전(Codex Justinianus, Code of Justinian)』은 체계가 완벽하고 후세에 막대한 영향을 끼쳤으며 간단한 상품경제를 다루고 있는 노예제 법률문헌이라고 할 수 있다.

체계의 법전을 보유하고 있었으며 당나라 법전은 그 체계가 더욱 치밀하고 내용이 상세하며 한 단계 더 성숙해진 봉건제도 법전의 모범이라고 할 수 있다. 유럽의 봉건사회에는 지방관례법, 로마법, 교회법, 도시상법, 그리고 국왕의 칙령 등 다양한 법령이 존재했으며, 시기별, 국가별로 어떠한 법령에 더 중점을 두느냐에 따라 우선순위에 차이가 있었을 뿐 대개 지방 관례법을 거쳐 전국적으로 통일된 성문법 체계를 갖추는 형태를 취하여 발전하였다.

『영휘법(永徽法)』

중국에서 가장 체계적이고 가장 대표적인 봉건법전으로 당대(唐代)의 『영휘법(永徽法 : 『당률唐律』이라고도 함)』을 들 수 있다. 『영휘법』은 진(秦)나라, 한나라 시대부터 역대 봉건통치자들의 사법(司法) 경험을 바탕으로 당나라 왕조의 통치에 적합하도록 제정된 것이다. 이 법전은 중국 봉건사회의 경제, 문화가 최고로 발전한 전성기의 산물로서 치밀한 구조, 세련된 언어, 규범화된 문체, 체계적이고 완벽한 내용 등으로 이루어져 중국 봉건사회의 가장 대표적인 법전이라고 할 수 있다.

중국 최초의 가장 완벽한 법전이라고 할 수 있는 『당률소의(唐律疏議)』(『율소律疏』 혹은 『당소唐律』라고도 함)는 당나라의 재상이었던 장손무기(長孫無忌 : 594~659년)[*] 등이 황제의 명을 받들어 편찬하였으며, 총 30권으로 이루어져 있다. 법전의 내용은 『당률』의 율문 원문과 장손무기 등이 율문을 해석하여 덧붙인 부분으로 나눌 수 있다. 법전을 해석한 부분은 '의왈(議曰)'이라고 시작하므로 『당률소의(唐律疏議)』 또는 『당률소의(唐律疏義)』라고 불리는 것이다.

당나라 왕조의 법전은 '율(律)', '영(令)', '격(格)', '식(式)' 네 부분으로 나뉜다.

최고 상위법인 '율'은 '형법', 즉 죄에 대한 형량을 정하는 법에 해당한다.

'영'은 나라의 제도와 조정의 명령을 말한다.

'격'은 문무백관의 직책에 대한 범위를 정하고 관리들의 업무를 평가하는 제

---

[*] 중국 당나라의 명재상으로 수나라의 우효위장군 장손성의 아들이며 당태종 이세민의 황후인 장손황후의 오빠 즉, 이세민의 처남이다. 652년 당시 황제이자 자신의 조카 고종 이치의 명을 받들어 『율소』 30권을 편찬하였다.

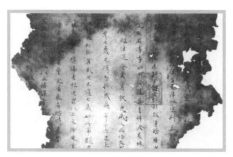
신장위구르자치구 투루판에서 출토된 『당률소의』의 일부

시 근거가 되는 규정을 말한다.

'식'은 상서(尚書) 각 부서의 사(寺), 감(監), 십육위(十六衛) 등 부문의 업무 규장에 해당한다.

당나라 고조는 배적(裴寂) 등에게 명하여 수나라의 『개황률(開皇律)』을 바탕으로 『무덕율(武德律)』을 편찬하도록 하였다. 당나라 태종은 정관 연간에 장손무기, 방현령(房玄齡) 등에게 『무덕율』의 내용을 수정, 첨삭하도록 하여 십여 년의 노력 끝에 『정관률(貞觀律)』을 완성하였다. 당률('당나라 법률'의 약칭)은 정관 연간에 수정한 후에는 다시 큰 폭의 수정을 가하지 않았다. 당나라 고종이 즉위한 후 율문 자체에 대해서는 소폭의 부분적인 수정을 가했을 뿐이다. 그는 율문이 집행과정에서 해석에 근거 자료가 없는 문제를 집중 해결하고자 하였다.

영휘(永徽) 3년(652년) 당나라 고종은 장손무기 등 열아홉 명의 신하들에게 『당소(唐疏)』를 편찬하도록 명하여 2년여에 걸쳐 완성한 후 전국에 반포하였기 때문에 이를 『영휘률소(永徽律疏)』라고도 부른다. 『당률소의』를 편찬하게 된 목적은 당률의 조문에 권위 있는 해석의 근거를 제공하는 데 있었다. 당률은 실시과정에서 통일된 해석이 이루어지지 않아 당률 조문에 대한 해석과 적용에 일관된 기준이 없었다. 이러한 상황은 당률을 효과적으로 실시하는 데 저해요소로 작용하였다. 바로 이 문제를 해결하기 위하여 『당률소의』가 편찬된 것이다.

『당률소의』는 당률 12편의 순서에 따라 502개의 율문 하나하나의 조문과 구절에 대해 주석을 달았는데, 문답(問答)의 형식을 취하여 차이점을 구별하고 숨어 있는 의혹들을 풀어 나가도록 하였다. 편찬자는 전국(戰國)시대, 진(秦), 한(漢), 위진·남북조(魏晉南北朝)에서 수나라에 이르기까지의 봉건법률 이론을 근거로 율문의 내용을 그 기원에서부터 함의(含意), 응용 범위 등을 기술하고 불완전한 부분에 대해서는 보충을 가함으로써 당률의 내용이 더욱 풍부해지는 결과를 낳았다. 『당률소의』는 조정에서 편찬하고 황제의 명령으로 전국에 반포되었기 때문에 막강한 권위성을 보유하였다.

이때부터 당나라는 이 법을 근거로 모든 재판을 심의하게 되었다고 볼 수 있다. 주석 부분은 실제로 율문과 동등한 법률적 효력을 지니고 있었기 때문에『당률소의』의 실질적인 효과는 본래 예상을 능가하였다. 즉 당률의 해석서일뿐만 아니라 당률과 동등한 당나라의 법전의 역할을 하게 된 것이다.

『당률소의』가 편찬된 후 당나라 고종, 측천무후, 중종(中宗), 현종(玄宗) 등의 시기에 부분적인 수정을 가하기도 하였지만 개별적인 내용의 첨삭과 개별문자의 수정에 불과하였다. 당률의 발전과정과『당률소의』의 연혁을 통해서 볼 때『당률소의』는 당나라의 명실상부한 하나의 법전임을 알 수 있다.

『당률소의』는 봉건시대의 법전인 만큼 봉건사회적 사상과 의식이 매우 농후하며 봉건 통치계급의 계급의식이 강하게 드러나 있다. 각종 예제(禮制), 군주전제(君主專制), 등급제도(等級制度), 종법제도(宗法制度) 등이 망라되어 있으며 법률사상적인 면에서 다음의 두 가지 특색을 지니고 있다고 볼 수 있다. 첫째, 덕과 예로써 통치와 교화의 근본을 삼고, 형과 벌로써 통치와 교화의 도구를 삼는다. 즉, 윤리도덕과 법률사상을 서로 융합하여 전자를 주요 이념으로 하고 후자가 이를 보좌하도록 한 것이다. 둘째, 법률조문을 간결하게 하는 한편, 형벌을 가볍게 하였다.『정관률』에 서술되어 있는 형벌의 종류를 수나라의 것과 비교해 볼 때, 92개 조항의 사형 조문을 폐지하고 71개 조항의 유배 죄목을 모두 감옥에 수감하는 것으로 바꾸었다. 이밖에 중죄를 경죄로 감한 경우도 매우 많다.

당률은 진(秦)나라, 한(漢)나라 이래의 봉건전제시대 법률 가운데 비교적 관용적인 법률이라고 볼 수 있다.

『당률소의』의 첫 편인「명례율(名例律)」은 현대 법전의 총칙과 같아서 당률의 기본 정신과 원칙 등을 밝히고 있다. 기타 17편은 모두 현대 형법의 세칙과 같다고 볼 수 있으며, 어떠한 행위가 어떠한 범죄에 포함되어 어떠한 형벌을 받게 되는지에 대한 각종 조항으로 구성되어 있다.

『당률소의』는 태(笞), 장(杖), 도(徒), 유(流), 사(死) 등 오종의 형벌을 규정하고 있으며, 이를 '오형(五刑)'이라고 통칭하였다.

십악(十惡)을 가장 무도한 범죄행위로 규정하여 1편에 열거하였다. 십악은 모두 황제의 전제정치의 기틀과 통치 질서에 직접적으로 저촉되는 행위로서 모반(謀反), 대역(大逆), 반역(叛逆), 불도(不道), 불경(不敬), 불효(不孝), 불목(不睦), 불의(不

義), 내란(內亂) 등을 말한다. 또한 '십악불사(十惡不赦)'라 하여 십악을 범한 죄인은 중형에 처하였으며, 속죄의 기회도 주지 않았을 뿐만 아니라 일체의 특권을 허용하지 않았다.

팔의(八議) 제도는 기원이 매우 오래된 제도로 당률에는 이를 더욱 상세히 규정하고 있다.

팔의 대상은 친(親), 고(故), 현(賢), 능(能), 공(功), 귀(貴), 근(勤), 빈(賓)으로서 황제의 친족과 종친을 비롯하여 봉건왕조의 귀족관료를 가리킨다. 이들은 십악의 죄만 범하지 않으면 다른 죄를 범하였다 하더라도 감형 또는 사면을 받았다. 이러한 제도적 특권은 등급과 계급사회의 차이점을 보여주고 있다.

당률 「명례율(名例律)」에 규정된 일부 원칙에는 범죄의 성격과 그에 따른 형벌에 대한 교화적인 측면이 부각되어 있는 것을 볼 수 있다. 공죄(公罪)와 사죄(私罪)의 구별을 명확히 하여 자수하는 자에게는 형벌을 감면해주는 한편, 공범자에 대한 동일형벌 적용, 여러 범죄를 저질렀을 경우 죄별로 형벌 적용, 범죄 회수에 따른 가중 처벌, 고의와 과실에 대한 차별 적용, 유형별 확대 적용 등의 원칙을 정하였다. 노약자와 장애인에 대한 감형 규정과 가족 간의 사기범죄는 조정에서 다루는 죄의 범위에 포함시키지 않는 것도 원칙에 포함시켰다. 이러한 기본원칙들이 규정되어 있는 것으로 미루어 당나라의 법률제도는 상당히 완벽한 체계를 갖추고 있으며 또한 세밀하고 구체적인 것을 알 수 있다.

이밖에도 황궁 경비와 변경 수비에 대한 법률인 「위금률(衛禁律)」, 관리의 직무와 파발 운수에 대한 법률인 「직제율(職制律)」, 호적, 토지, 부역, 세금을 비롯하여 혼인 가장에 관한 「호혼률(戶婚律)」, 국가소유의 가축과 창고 등을 관리하는 「구고율(廐庫律)」, 파병과 대형 공사 건축 등에 관한 규정인 「천흥율(擅興律)」, 봉건정권과 지주계급의 생명과 재산을 보호하는 「적도율(賊盜律)」, 싸움, 소송 분야의 법률인 「두송율(斗訟律)」, 사기, 위조에 관한 법률인 「사위율(詐僞律)」, 장사, 대부, 도량형, 상품가격 및 규격, 강간, 나라에서 금한 위락을 즐기는 행위, 화폐위조, 도박, 제방 파손, 교량 훼손, 방화, 의료사고, 교통 방해 등을 규정한 「잡률(雜律)」, 범죄자 체포, 탈영병, 노역에 대해 규정한 「포망율(捕亡律)」 등이 있다.

중국 법전 체계의 초석

7세기에 첫 선을 보인 『당률』은 중국 봉건사회가 안정적으로 발전하는 데 중추적 역할을 담당하였다. 이후 송나라, 원나라, 명나라, 청나라 시대의 각종 법률은 모두 『당률』을 계승하였다고 볼 수 있다. 청나라 시대의 『대청율례(大淸律例)』 역시 '율'을 기본적인 형식으로 취하고 있으며 '영', '격', '예', '칙(勅)' 등이 이를 보완하고 있다. 『법경(法經)』으로부터 최후의 봉건법전 『대청율례』에 이르기까지 서로 답습하며 계승되어 왔지만 시대별로 뚜렷한 특징을 보이고 있으며, 그 속의 내재된 함의는 지속적으로 이어지면서 독특한 특징을 형성하게 된 것이다.

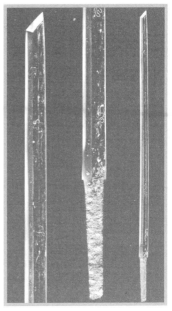

당나라 시대 보도도(寶刀圖)

중국의 법전체계는 『당률』을 바탕으로 발전되기 시작하였으며, 국외에도 깊은 영향을 끼치게 되었다. 일본의 '메이지유신'을 비롯하여 한국, 베트남 등의 국가의 법률도 『당률』을 근간으로 삼고 있어 중국의 법률과 유사한 점이 많다고 볼 수 있다.

『당률』은 세계 5대 법전 가운데 하나로도 꼽히고 있는 중국의 대표적인 법전이라고 할 수 있다. 법률체계는 법률의 역사적 전통과 법률에 대한 분류 작업을 거쳐 완성된다. 동일한 역사적 전통을 법률은 동일한 법률체계를 구성하게 된다. 중국의 법률체계는 중국 고대의 법률체계를 가리키는 것으로서 세계 5대 법전 가운데 하나에 속하며 세계적으로 매우 높은 위상을 지니고 있다.

송(宋)나라 시대의 『송형통(宋型統)』의 율문 역시 당률을 본보기로 삼은 것이다. 원(元)나라 시대의 『지원신격(至元新格)』 20편도 당률과 9편이 동일하며 팔의, 십악, 관리제도 등은 모두 당률을 그대로 사용하고 있다. 명나라 시대의 『대명률(大明律)』, 청나라 시대의 『대청율례』 등도 모두 당률의 영향을 받았다고 할 수 있다.

일본의 문무천황(文武天皇) 대보(大寶) 원년(761년)에 제정한 『대보율령(大寶律令)』은 율 6권 등 총 12편으로 구성되어 있는데, 편명과 목차 등이 당률과 모두 동일하며 율문의 내용과 상당히 유사하다. 한국의 『고려율(高麗律)』은 편제, 목차 등이 당률과 동일할 뿐만 아니라 형벌의 종류와 특권 계급에 대한 우대 조항 역시 당률과 매우 흡사하다고 볼 수 있다. 역대의 베트남 형률 역시 당률을 모방하여 만들어진 것으로 볼 수 있다.

▶▶ 역사의 흐름에 어떤 영향을 미쳤을까?

『당률소의』는 당률을 완성시켰을 뿐만 아니라 당나라 왕조의 영, 격, 식 등의 방대한 내용을 포함하고 있다. 또한 당대의 정치, 사회, 경제 자료를 비롯하여 계급, 등급 관계 및 관제(官制), 병제(兵制), 전제(田制), 부역제(賦役制) 등에 관한 수많은 근거자료가 기재되어 있다. 이에 청나라 시대의 학자인 왕명성(王鳴盛 : 1720~1797년, 청나라의 고증사학자 겸 시인)은 『당률소의』를 '희세지보(稀世之寶)' 즉, 세상에 보기 드문 희귀한 자료라고 칭송하였다.

8. 측천무후, 유일무이한 희대의 여황女皇이 되다

당나라 태종은 사리분별이 투철하고 매우 능력 있는 황제였다. 그러나 그 아들 고종은 지극히 평범하고 무능한 인물이었다. 고종은 즉위 후에 조정의 대사를 스스로 처리하지 못하고 그의 외숙부이자 재상인 장손무기(長孫無忌)에게 맡겼다. 그러나 당나라 고종이 측천무후(則天武后 : 624~705년)*를 황후의 자리에 앉힌 후에는 이러한 상황에 변화가 생기게 된다.

측천무후는 본래 당나라 태종 재위 시설 궁중 재인(才人 : 비빈妃嬪에 대한 칭호의 일종)으로 14살에 당나라 태종을 곁에서 섬겼다. 당시 태종의 마구간에는 '사자

---

* 성은 무(武), 이름은 조(曌)이다. 목재상으로 부자가 되어 당나라 건국을 후원한 무사확(武士彠)의 둘째딸이다. 690년 국호를 주(周)로 고치고 중국에서 여성으로 유일하게 황제가 되어 15년 동안 중국을 통치하였다.

측천무후 초상

총(獅子驄)'이라고 불리는 명마 한 필이 있었다. 준수한 외모와 달리 성격이 난폭하여 길들이기가 쉽지 않았다.

어느 날 당나라 태종은 여러 궁녀들을 이끌고 그 말을 보러 간 적이 있다. 태종은 농담 삼아 "너희 중에 누가 이 말을 길들일 수 있겠느냐?"라고 물었다. 비빈들은 아무도 감히 입을 열지 못했으나 당시 열네 살이었던 측천무후는 용감하게 입을 열었다. "폐하, 제가 할 수 있습니다." 태종은 크게 놀라 그녀를 돌아보며 어떤 방법이 있는지 물었다. 측천무후는 "먼저 제게 세 가지 물건을 주십시오. 철사로 만든 채찍과 쇠망치, 그리고 비수입니다. 저 말이 만약 말을 듣지 않으면 철사 채찍으로 때려 주겠어요. 그래도 고집을 꺾지 않으면 쇠망치로 머리를 내려 칠 것입니다. 계속해서 말을 듣지 않으면 비수로 목을 베어 버릴 것입니다"라고 대답하였다. 이 말을 들은 당나라 태종은 껄껄 웃음을 터뜨렸다. 측천무후의 말들은 유치한 수준이었지만 그녀의 씩씩한 성격을 높이 샀던 것이다. 당나라 태종이 세상을 떠난 후 황궁의 법도에 따라 측천무후는 비구니 암좌에 들어가야 했다. 물론 측천무후가 이를 달가워했을 리 없다.

유일무이한 여황

당나라 고종은 태자 시절부터 측천무후를 마음에 두고 있었다. 즉위한 지 2년이 지난 후, 그는 측천무후를 비구니 암좌에서 데리고 나와 그녀를 소의(昭儀 : 비빈에 대한 칭호의 일종)에 봉하였다. 후에 당나라 고종은 기존의 왕황후를 폐위시키고 측천무후를 황후로 삼고자 하였다. 그러나 조정의 원로대신들은 모두 이를 반대하였으며, 특히 고종의 외숙인 장손무기는 절대 불가 입장을 밝혔다.

이에 측천무후는 대신들을 매수하여 고종 앞에서 그녀가 황후가 될 수 있도록 지원해 달라고 막후 작업을 하기 시작하였다. 한 대신이 고종에게 "이 일은 폐하의 집안일이므로 다른 사람은 관여할 수 없다"고 밀하자, 당나라 고종은 왕황후를

태종의 황후인 장손황후(長孫皇后) 초상

폐하고 측천무후를 황후 자리에 올릴 결심을 하게 된다. 측천무후는 황후가 된 후 그녀의 과감하고 결단력 있는 성격을 발휘하여 그녀에게 반대했던 원로대신들을 강직, 유배시켰으며 권력을 장악하고 있던 장손무기마저도 자살을 하도록 만들었다. 그 후 무능하기 짝이 없던 고종은 병이 나서 의식마저 불투명하였으며, 눈도 뜨지 못하였다. 당나라 고종은 측천무후의 능력을 알아보았을 뿐만 아니라 그녀가 매우 예의바르다고 생각하여 조정의 대소사를 아예 그녀에게 일임하였다.

683년, 고종이 세상을 떠나자 측천무후는 두 아들 이현(李顯)과 이단(李旦)을 각각 황위에 올렸으니, 곧 당나라 중종(中宗 : 재위 683~684, 705~710)과 예종(叡宗 : 재위 684~690, 710~712)이다. 그러나 모두 그녀의 마음에 들지 않았다. 그녀는 중종을 폐위시키고 예종은 연금시킨 뒤 태후의 명의로 집정하기 시작하였다. 690년 9월, 측천무후는 대신들의 간청을 수락하는 형식으로 황제 자리에 올라 스스로 '성신황제(聖神皇帝)'라 칭하고 국호를 '주(周)'로 바꾸었다. 이로써 그녀는 중국 역사에서 유일무이한 여황의 자리에 오르게 된 것이다.

측천무후는 황제의 자리에 오르기 전에 일련의 개혁을 실시하여 자신의 통치기반을 확고히 다져놓았다.

첫째, 『씨족지(氏族志)』를 수정하여 『성씨록(姓氏錄)』으로 개편함으로써 역사적인 정통성을 부여하였고, 또 여론상으로 자신을 반대하던 사대부 귀족과 관료집단을 무력화시키고 신흥세력과 평민출신의 관료들을 육성하기 시작하였다. 사대부 귀족과 관료들도 더 이상 관직에 나가는 데 유리한 입지에 서지 못하게 되었기 때문에 귀족 출신이라고 해서 마음대로 권력을 휘두르지 못하게 되었다. 평민출신의 관료들도 더 이상 비천한 가문으로 인하여 굴욕을 당하는 일이 없어졌다. 수정을 가한 『성씨록』에서는 사대부 귀족들의 어떠한 특권도 찾아볼 수 없게 되었으며, 기존의 『씨족지』에 이름조차 올리지 못했던 무씨(武氏)는 『성씨록』에서는 제1등급에 오르게 된다.

둘째, 관직의 명칭을 바꾸고 동도(東道) 낙양을 신도(新都)로 개칭하는 등 자신이 황제에 오른 후의 새로운 질서를 확립하기 위한 중요한 첫걸음을 뗐던 것이다. 이로써 최고 권위자로서의 자신의 위상과 입지를 중국 전역에 과시하였다.

측천무후는 황제에 오르기 전 30여 년의 직간접적인 정치 인생을 통해 놀랄 만한 정치적 계략과 수단을 보여 주었으며 황제로 불린 십여 년의 세월 동안에는 인재 등용, 정사 처리, 치국 등 각 방면에서 뛰어난 정치적 재능과 정치가로서의 역량을 과시하였다.

특히 황제에 오른 후에는 인재 선발과 등용을 더욱 중시하였다. 그녀는 "광활한 중국 땅을 어찌 혼자 다스릴 수 있으리오. 반드시 훌륭한 인재를 선발하여 황제를 좌우에서 잘 보좌하도록 해야 할 것이다"라고 여겨 나라를 안정시키고 변방을 잘 다스릴 수 있는 인재를 출신 성분과 자격을 따지지 않고 능력에 따라 등용하였다. 널리 인재를 구하기 위하여 수나라에서부터 실시되기 시작한 과거제도를 더욱 체계화하는 한편, 인재 초빙에도 적극적으로 나섰다. 자기 스스로를 관리로 천거하거나 시범적으로 등용하여 관리 자격을 시험해 보는 것을 윤허하였으며, 원외관(員外官)을 설립하였다.

또한 최초로 전시(殿試)와 무과제도(武科制度)를 도입함으로써 인재 발굴의 범위를 확대하고 인재 등용의 문을 넓히는 데 유리한 여건을 조성하였다. 당나라 중기 시대의 명장 곽자의(郭子儀 : 697~781년)*가 바로 이러한 무과제도를 통해 등용된 인재라고 할 수 있다. 따라서 측천무후가 집권하던 시기에는 '문관은 인걸(仁傑)과 같고(文似仁杰문사인걸)', '무관은 휴무(休武)와 같은(武類休武무류휴무)' 능력 있는 신하들이 그녀에게 충성을 바침으로써 그녀가 집권한 주(周) 연간 동안 효과적으로 정권을 유지할 수 있었다.

측천무후는 농업생산도 매우 중시하여 "건국의 근본은 농업에 있으며", "농경에 종사하면 전답을 일구게 되고, 전답을 일구면 곡식을 많이 얻게 되며, 곡식이 많은 자는 곧 부유한 자이다"라고 말하면서 전답을 잘 일구어 집집마다 여분

---

* 당나라의 무장으로 안녹산(安祿山)의 난이 일어나자 중원(中原)의 반란군을 토벌했고, 위구르의 원군을 얻어 장안과 낙양을 수복했으며, 토번이 장안을 치려 할 때 토번을 무찔렀다. 그 후 당나라 최대의 공신으로서 영광을 누렸다.

의 양식이 있는 고을의 지방관은 승격시키고 가혹한 정치로 마을을 떠나는 주민이 많은 고을의 지방관은 죄가 경미할 경우 직위 강등시키거나 나아가 아무 때나 해임시킬 수 있도록 하였다. 이러한 제도적인 조치로 인하여 측천무후의 집권기에는 농업과 수공업이 크게 발전하였으며, 인구도 지속적으로 증가하였다. 당시의 통계에 따르면 영휘(永徽 : 당나라 고종의 연호, 650~655년) 연간의 중국의 가구 수는 380만 호에 불과하였으나, 측천무후가 세상을 떠난 해인 신룡(新龍) 원년에는 거의 두 배나 증가한 615만 호까지 증가하였다. 이러한 점만 살펴보아도 측천무후 집권 시기 농업경제의 발전 정도를 미루어 짐작할 수 있다.

측천무후는 또한 외적의 침입을 막아 변경 지역의 안정을 보장하고 이웃 나라들과의 관계 개선에도 역점을 기울였다. 토번귀족이 침범하여 소란을 일으키는 경우에는 단호하게 제지하고 반격을 가하였다. 장수(長壽 : 측천무후의 연호, 692~694년) 원년(692년), 측천무후는 왕효걸(王孝杰) 장군이 이끄는 군대를 파병하여 토번을 격퇴하고 안서(安西)의 네 개 진(鎭)을 되찾았다. 이에 구자(龜玆) 지역에 다시 안서도호부(安西都護府)를 설치하고 서북지역에 대한 방어를 공고히 다짐으로써 그동안 차단되어 있었던 중앙아시아로 향하는 '실크로드'를 다시 개통하게 된다.

또한 측천무후의 집권기에는 변경 지역에 군전(軍田), 둔전(屯田) 제도가 지속적으로 실시되었다. 천수(天授 : 690~692년) 연간에 검교(檢校)를 담당했던 누사덕(婁師德) 풍주도독(豊州都督)은 "둔전에 쌓인 곡식이 수백만이요, 병사들은 풍족한 생활을 하고 있다"라고 감찰 결과를 보고하기도 하였다. 대족(大足) 원년(701년) 양주도독으로 임명된 곽원진(郭元振)은 둔전에 대해 5년 동안 지속적인 관리를 한 결과 수십 년 동안 사용 가능한 군량미를 비축하게 된다. 측천무후가 장기간에 걸쳐 대규모로 실시한 둔전 정책은 변경 지역 개발, 농민의 부역 격감 등을 비롯하여 변경 지역 수비를 강화하는 데 효과적으로 작용하였다.

그러나 정권을 장악했던 반세기 동안 측천무후도 수많은 과오를 범하였다는 것을 부인할 수 없다. 서슴없이 가혹한 형벌을 행하는 관리들을 중용하였을 뿐만 아니라 밀고하는 자에게 큰 상을 내리기도 하여 탐관오리들이 난무하였다. 이러한 관리들은 고문을 가하여 자백을 받아 내거나 무고한 백성들을 마구 죽이고 모함을 서슴지 않음으로써 수많은 문무 관료들이 억울한 누명을 쓰게 되었다. 이러한 측면들이 측천무후의 정권 기반을 다지는 데 일조한 면이 있다고 하더라도 통치 집단의 내부 모순을 격화시킴으로써 일신의 안위만을 꾀하는 풍조가 만연하게 되었다. 이는 국가의 치세와 사회 생산력 발전에 영향을 끼치지 않을 수 없었다.

측천무후 행종도(行從圖) 일부

　　측천무후는 대거 신규 관리를 등용함으로써 관리집단의 몸집이 급속히 불어나게 되었으며 관료기구의 팽창으로 백성들의 부담이 더욱 가중될 수밖에 없었다. 특히 측천무후의 집권 말기에는 공적을 쌓기에 혈안이 되었을 뿐만 아니라 생활 역시 극도로 사치스러워져 수많은 재화와 노동력을 소모하게 되었기 때문에 생산력에 타격을 주었다.

　　그러나 이러한 잘못과 과실은 측천무후의 정치 생애의 일면에 해당할 뿐이다. 중국 역사에서 유일무이한 여황으로 모든 역경을 이기고 반세기에 걸친 긴 시간 동안 강력한 중앙집권체제를 확립함으로써 사회 안정과 경제발전을 이룩하였다. 그녀의 집권 시기는 위로는 '정관지치(貞觀之治)'와 아래로는 '개원성세(開元盛世)'*를 연결하는 고리 역할을 하였다고 볼 수 있다. 시대적 폐단을 제거하고 생산력의 발전을 도모하는 한편, 과거제도를 정비하고 문벌에 대한 관념을 타파하여 재능에 맞게 인재를 등용하였던 것이다. 측천무후의 대규모 개혁정치의 성과와 역사적 공헌에 비하면, 그녀의 과실과 잘못은 그리 거론할 여지도 없다고 볼 수 있다. 측천무후가 자신을 위해 세운 '무자비(無字碑)'처럼 그녀의 공적과 과실에 대한 평가는 역사적 판단에 맡길 수밖에 없는 것이다.

* 개원지치(開元之治)라고도 한다. 당나라의 현종(玄宗) 이융기(李隆基)가 다스린 개원(開元) 연간(713~741년)의 치세 또는 그 시기에 이루어진 정관지치 같은 태평성대를 비유하는 말이다. 개원은 현종이 즉위하면서 사용한 연호로 29년 간 측천무후의 전횡으로부터 빚어진 폐단을 일소하고 선정을 폈다.

여황의 출현 원인

측천무후는 중국 역사에서 전무후무, 유일무이한 여황(女皇)에 해당한다. 연약한 여자의 몸으로 열네 살에 당나라 태종의 재인(才人)이 되었다가, 후에 다시 당나라 고종의 소의(昭儀)가 되고, 황후를 거쳐 마침내 남존여비의 봉건사회에서 나라의 최고 보좌를 차지한 그녀는 황제로 등극한 후 문무대관을 좌지우지하며 생사의 권한을 한 손에 장악하였으며, 남성의 권위를 여지없이 땅에 떨어뜨렸던 것이다.

이는 실로 범상치 않은 일로 이 일이 가능할 수 있었던 것은 측천무후의 개인적 성향과 관계가 깊다고 할 수 있다. 음모와 계략에 일가견이 있었을 뿐만 아니라 사람의 마음을 사로잡는 방법을 알고 있었던 그녀는 뛰어난 정치적 역량을 구비하고 있었으며 통치 욕망도 매우 강하였다. 또한 위엄을 지닌 동시에 목적을 위해서는 수단방법을 가리지 않는 악독한 마음을 지니고 있었다. 그러나 아무리 뛰어난 능력을 지닌 역사적 인물이라 하더라도 당시의 시대적 배경을 떠나서는 아무런 의미가 없다고 볼 수 있다. 그렇다면 어찌하여 당나라 시대에 여황이 탄생할 수 있었을까?

당나라 왕조, 특히 당나라 초기 시대는 민간 풍속과 사회 풍조에서 나타나듯이 매우 개방적인 봉건사회였다고 할 수 있다. 당나라는 우선 민족의 대융합을 이룬 북조(北朝)에 이어 건국되었기 때문에 황실에서부터 이민족의 색채가 짙게 배어 있었다. 예법을 중시하지 않는 소수 민족의 풍속은 전통적인 윤리도덕 관념에 새로운 충격을 가하기도 하였다. 또 다른 한편으로는 당나라 초기에는 삼강오륜 등의 윤리의식과 부녀자의 정치활동을 금하는 이학(理學)의 사상이 형성되기 전이었으며 통치자들 역시 경학(經學), 예법과 도덕을 강조했던 산동(山東)지역 세도가들을 배척하거나 억압하는 정책을 실시하였기 때문에 여성의 사회적 지위가 비교적 높은 편이었다고 할 수 있다. 혼인 역시 자유롭고 개방적으로 이루어졌다.

측천무후는 당나라 태종의 재인이었다가 고종의 황후가 됨으로써 천하를 손에 넣을 기회를 얻게 된 것이다. 게다가 당나라의 부녀자들은 사회에 접촉할 기회가 매우 많았기 때문에 강인한 성격을 지니고 있었다고 할 수 있다. 측천무후 역시 패기 넘치는 기세와 담력을 바탕으로 황제의 보위에 앉을 수 있었던 것이다.

당나라 사회에는 측천무후뿐만 아니라 수많은 여걸들을 배출하였다. 당나라 중종(中宗) 집권기에 조정의 실무를 관장했던 위황후(韋皇后 : 660?~710년)*를 비롯하여 외모는 측천무후를 꼭 빼닮고 계략과 술수 또한 그 모후인 측천무후에게 지지 않았던 태평공주(太平公主 : 663?~713년)**, 재능이 뛰어났던 상관완아(上官婉兒 : 664~710년)***, 남장을 하고 아비를 대신하여 종군하였던 화목란(花木蘭)****을 제외하고는 모두 당나라 초기 시대에 활약했던 인물들이다. 측천무후를 필두로 당대의 부녀자들은 역사의 화려한 한 페이지를 장식하였으며, 휘황찬란한 당나라 시대의 역사 문화의 한 갈래로 당당하게 자리 잡은 것이다.

당나라 시대의 명장 정교금(程咬金 : 589~665년) 초상, 당나라 건국에 공을 세운 수말당초의 장수이다.

한 시대를 풍미했던 측천무후의 집권기는 그 시대만의 독특한 특징을 지니고 있으면서도 당나라 시대의 역사와 잘 융화되어 태평성대를 구가한 당나라 사회에 색다른 멋을 보태주고 있다.

---

* 당나라 중종(中宗)의 황후이다. 측천무후처럼 자신이 직접 황위에 오르기 위해 710년 중종을 독살하고 온왕(溫王) 이중무(李重茂)를 황제로 옹립하였지만, 예종(睿宗)의 아들인 임치왕(臨淄王) 이융기와 태평공주(太平公主) 등이 정변을 일으켜 살해되었다.

** 고종과 측천무후의 막내딸로서 무주(武周) 말기 전횡을 부리던 장역지(張易之) 형제를 죽이고 당나라 왕조를 부활시키는 데 기여하였다. 중종이 복위한 뒤 위황후에게 독살되자 임치왕 이융기와 연합하여 정변을 일으켜 일당을 제거하였으나, 현종이 즉위한 후 갈등을 빚다가 죽게 되었다.

*** 고종을 도와 측천무후의 폐위를 도모하다가 처형되었던 고종 때의 재상 상관의(上官儀)의 손녀로 가족이 몰살당했는데, 갓난아기였던 그녀는 살아남을 수 있었다. 훗날 측천무후가 아버지를 죽인 자신을 미워하느냐고 묻자, "원망하면 불충(不忠)이고, 그러하지 아니하면 불효(不孝)가 됩니다"라고 대답했다고 한다. 그녀는 측천무후에 의해 발탁되어 권세를 누리다가 이융기에 의해 살해당했다.

**** 중국 장편 서사시 「목란사(木蘭辭)」에 나오는 여자 영웅 화목란(花木蘭)이다. 중국 남북조 시대의 북위 때 이야기로 그녀는 아버지를 대신하여 12년 동안이나 남장을 하고 전장에 가서 공을 세워 금의환향한다는 이야기다. 이 이야기는 「뮬란」이란 제목으로 영화가 만들어지기도 했다.

▶▶ 역사의 흐름에 어떤 영향을 미쳤을까?

측천무후는 중국 역사에서 유일무이한 여황으로서 그가 끼친 영향은 실로 지대하다고 할 수 있다. 변변치 못한 집안 출신이었던 그녀는 통치기간 동안 일반 평민 지주계급의 관료들을 대거 등용하고 과거제도를 발전시킴으로써 귀족 사회에 심각한 타격을 입혔다. 또한 중국 평민사회의 기틀을 확립하였으며, 여성의 지위를 크게 제고시켰다.

9. 육조 혜능慧能, 선종禪宗의 시조가 되다

선(禪)의 정식 명칭은 선나(禪那 : 선禪의 원말)인데, 정려(靜慮) 또는 사유(思惟)에 대한 수련 등으로 번역된다. '정려(靜慮)'는 다른 모든 생각을 정지한 채 하나의 사고에만 집중하여 사고에 매진하는 것을 말한다. 즉 수선(修禪)에 임할 때는 일체의 잡념이 있어서는 안 되며 하나의 경지에 몰두하여 깊이 사고함으로써 정혜(定慧)*의 균형을 이뤄내는 심리상태를 가리킨다고 볼 수 있다. 정혜가 균형을 이루지 못하고 흔들리면 '선'이라고 말할 수 없는 것이다. '선'은 반드시 지적 인식을 거친 선택이어야 하며 마음속 세계가 티끌 하나 없이 뚜렷하고 명약관화하며 한 오라기의 미혹됨도 없는 상태여야 한다. 이러한 외정내동(外靜內動)의 수련이야말로 진정한 수선(修禪)의 자세라고 할 수 있다.

그러므로 불교의 수선(修禪)과 외도(外道)는 하늘과 땅만큼 큰 차이가 난다. 외도를 통한 수양은 형식상 불교와 비슷할 지라도 수양을 통해 도달하고자 하는 최고 경지는 극락왕생하는 것이다. 그러나 불교의 수선은 모든 번뇌를 없애고 생사를 초월하여 최고의 정각(正覺), 즉 보리(菩提 : Bodhi)에 이르기를 구하는 데 있다.

---

* 선정(禪定)과 지혜(智慧)이다. 선정은 참선하여 삼매경(三昧境)에 이름을 말하고, 지혜는 사물의 실상을 관조하여 의혹을 끊고 정각(正覺)을 얻는 힘을 말한다.

따라서 모든 '수선' 행위가 불교의 선정(禪定)이라고 말할 수는 없다. 이러한 근본적인 차이점 때문에 꼼짝도 하지 않고 정좌(靜坐)하여 하는 수련은 생천(生天 : 죽어서 천상계天上界에 다시 태어나는 것을 말함)에 도달하고자 하는 행위에 불과할 뿐이다.

남화사 소재 혜능의 육신상(肉身像)

'선나'는 또한 '기악(棄惡)', '공덕총림(功德叢林)'이라고 번역하기도 한다. '기악'이란 속세의 오개(五蓋), 즉 탐(貪), 진(嗔), 치(癡), 만(慢), 의(疑) 등 본래의 맑고 정갈했던 인성을 무디게 덮어 버리는 작용을 하는 일체의 악을 제거하는 것을 말한다. 수정(修定)을 통해 이러한 모든 악을 제거하고 본래의 맑고 정갈한 심성을 회복하는 수련이므로 '기악'이라 이름 붙였다고 할 수 있다. '공덕총림'은 『대지도론(大智度論)』제7권에서 "모든 '선정(禪定)'은 공덕이며, 사유에 대한 수련에 귀결된다"고 밝히고 있다. '선'으로 인해 지혜, 신통력, 사무량심(四無量心) 등의 공덕이 생긴다고 보았기 때문이다. 나무 아래에 정좌하여 하는 갖가지 수행을 통해 무한한 지혜를 개발하고 세상의 실상(實相 : 만유萬有의 진상眞相)을 몸소 깨달을 수 있다고 보았다. '선'은 불교 사상의 가장 기본이며 생명의 바탕이라고 할 수 있다. 중국에서 '선'은 불교와 함께 생장하여 왔기 때문에 '공덕총림'이라 불리게 되었던 것이다.

『육조단경(六祖壇經)』

불교 수행법에 있어 일대 공헌을 한 선종(禪宗)을 탄생시킨 혜능 선사의 『육조단경(六祖壇經)』은 중국 불교사의 하나의 기적이라고 할 수 있으며 중국 불교의 영광이자 자랑이다. 선종(禪宗)의 탄생은 2천 년 동안 이어져 내려온 중국 불교 역사 가운데서 가장 획기적인 사건이라고 할 수 있다.

혜능(慧能) 대사는 혜능(惠能 : 638~713년)*이라고도 하며 출가하기 전 성은 노씨

---

* 중국 선종의 제6조로서 육조대사(六祖大師)라고도 한다. 신수(神秀)와 함께 홍인(弘忍 : 제5조)의 문하에서 불법을 배웠다. 그의 설법을 기록한 『육조단경(六祖壇經)』이 전해진다. 후세에 신수의 계통을 북종선(北宗禪), 혜능의 계통을 남종선(南宗禪)이라고 하였는데, 이른바 오가칠종(五家七宗)은 모두 남종선에서 발전하였다.

(盧氏)이며 원적은 범양(範陽 : 지금의 북경 서남쪽 지역)이다. 그의 부친은 범양의 현관(縣官)이었으나 죄를 지어 신주(新州 : 지금의 관동성 신흥현新興縣 지역)로 좌천되었으며 영남(嶺南)으로 적을 옮기게 되었다. 혜능은 집안이 매우 곤궁하였으며, 세 살 때에 부친이 세상을 떠난 후 남해(南海)로 이주하였다.

나이가 차면서 혜능은 품팔이와 사냥으로 모친을 봉양하였다. 어느 날 누군가 읊조리는 『금강경(金剛經)』소리를 듣고 깨달음을 얻어 불교에 출가하기로 결심하게 된다. 스물 네 살이 되었을 때 혜능은 호북성 황매(黃梅) 동산사(東山寺)에 귀의하여 오조(五祖) 홍인(弘忍) 대사를 스승으로 섬기며 행자승(行者僧 : 행자行者)이 되었다. 사찰의 허드레 일을 도맡아 하면서 틈틈이 불경과 불법을 듣고 배웠다. 후계자를 지목해야 하는 시기에 이르자 홍인대사는 승려들로 하여금 불시(佛詩)를 한 수씩 짓게 하였다.

홍인 대사의 상좌승(上座僧)으로서 불경에 통달하고 박학다식했던 신수(神秀)는 그 자리에서 다음과 같은 불시를 지어 발표하였다. "육체는 보리수요, 마음은 명경대와 같아 부지런히 닦기를 게을리 하지 않으니 티끌 한 점 없이 깨끗하구나(身是菩提樹신시보리수, 心如明鏡臺심여명경대, 時時勤指拭시시근지식, 莫使惹塵埃막사야진애)." 혜능은 글을 쓸 줄 몰랐으나 옆 사람에게 대필토록 청하여 "보리는 눈으로 볼 수 있는 나무가 아니요, 명경은 대가 아닌 것을, 본시 존재조차 하지 않는 사물이거늘 어디에 티끌이 묻는단 말인가?(菩提本無樹보리본무수, 明鏡亦非臺명경역비대, 本來無一物본래무일물, 何處惹塵埃하처야진애)"라고 지었다.

홍인 대사는 신수의 불시에 나타난 사상은 불교 입문의 수준에 지나지 않으며 사상적 깊이가 아직 경지에 이르지 못하였다고 판단하였다. 그러나 혜능의 불시는 '무상(無相)'으로 '유상(有相)'을 파하였고 '돈오(頓悟 : 일순간에 깨우침을 얻는 것)'로서 '점오(漸悟 : 점차 깊이 깨닫는 것)'를 파함으로써 '직지인심 견성성불(直指人心 見性成佛 : 사람의 마음을 바르게 볼 때, 그 마음의 본성이 곧 부처님의 마음임을 깨닫게 된다)'의 경지를 그대로 드러내고 있었다. 이러한 '공무관(空無觀)'은 신수에 비해 훨씬 철저하게 규명되어 있었기 때문에 홍인 대사는 그의 가사와 바리를 혜능에게 전달하였다.

위와 같이 전해 내려오는 이야기의 진위 여부를 확실히 가려낼 방법은 없지

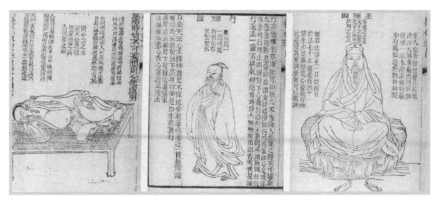

수선도(修禪圖)

만 그 깨달음의 경지에 대해서는 깊이 생각해 볼 가치가 있다. 신수는 혜능보다 학문의 경지는 분명 뛰어났을 것이다. 그러나 오조 홍인 대사는 왜 사찰의 허드레 일이나 하는 혜능을 선택했던 것일까? 그것은 혜능의 오성(悟性)이 신수보다 뛰어났기 때문이었다. 선종의 교의에 대한 혜능의 각성은 이보다 훨씬 심오하였다.

육조(六祖) 혜능 대사가 오도(悟道 : 도道를 깨달음)한 후, 오조는 그를 방으로 불러 심법(心法)을 전수하기 시작하였다. 당시 육조는 행자승의 신분으로서 미처 출가하지 못하고 수계(受戒)를 받아 정식 승려가 되지 않은 상태였다. 일개 행자승이 득법(得法)하였다고 어떻게 가사와 바리를 덥석 줄 수 있으며 선종의 법통을 전수하도록 할 수 있단 말인가? 당시로서는 매우 심각한 문제가 아닐 수 없었다. 그러므로 오조 홍인 대사는 그의 방에서 육조인 혜능에게 불법을 전수하게 되었다. 야심한 밤을 이용하여 혜능이 대사의 방에 들어가면 홍인 대사는 가사를 방바닥에 펼쳐 놓고 그 위에 혜능을 꿇어앉힌 후 그에게 심법을 전수하였다. 또한 선종의 법통, 즉 석가모니에서 홍인 대사까지 삼십여 대에 이르는 불가의 대통을 함께 전수하였다. 따라서 『육조단경』 속에는 서천사칠(西天四七), 동토이삼(東土二三)* 등의 대통 관계가 규명되어 있다.

혜능 대사는 홍인 대사로부터 가사와 바리를 전수받은 후, 그를 해하려는 자

* 석가모니가 열반에 드신 후, 서천사칠은 불법이 이심전심으로 전해내려 온 인도의 28조를 가리키는 말이고, 동토이삼은 중국의 달마, 혜가, 승찬, 도신, 홍인, 혜능 등 6조를 가리키는 말이다.

들을 피해 광동으로 되돌아와 사회(四會) 일대에서 무려 15년 동안이나 은닉생활을 하였다. 당나라 고종 의봉(儀鳳) 원년(676년)이 되어서야 비로소 세상에 모습을 드러내었다. 그해 5월 초파일 혜능 대사는 광주(廣州) 법성사(法性寺 : 지금의 광효사 光孝寺)로 돌아왔다. 어느 날 그는 사찰의 깃발이 바람에 나부끼는 것을 보고 두 승려가 바람이 움직이는 것인지, 깃발이 움직이는 것인지에 대해 논쟁을 벌이는 것을 듣게 된다. 혜능은 이들에게 "바람이 움직이는 것도 아니요, 깃발이 움직이는 것은 더욱 아니며, 그대들의 마음이 움직이는 것이다"라고 말하였다. 그곳에 있던 승려들은 혜능의 설법을 듣고 놀라움을 금치 못하였으며, 이로 인해 인종(印宗) 법사로 하여금 관심과 존경을 자아내게 하였다. 얼마 후 인종 법사는 혜능의 머리카락을 체도하고 고승, 명사들을 불러 모아 성대한 수계의식을 거행하였다.

이듬해 봄 혜능 법사는 천여 명의 전송을 받으며 법성사를 떠나게 되었으며 북쪽으로 올라와 남화사(南華寺)에 자리 잡고 불법을 전파하기 시작하였다. 혜능은 남화사에서 37년 간 불법을 전파하였으며, 이 기간 중에 소주자사(韶州刺史) 위거(韋璩) 등이 그가 성 안에 세운 사찰인 개원사(開元寺 : 후에 대범사大梵寺로 개명)에 와서 불경을 강독하기도 하였다. 혜능의 언행은 그의 제자 법해(法海)에 의하여 책으로 편찬되었는데, 이 책이 바로 선종에서 종파의 경전으로 삼고 있는 『육조법보단경(六祖法寶壇經)』이다. 불교에서는 불교의 시조 석가모니의 설법과 행위를 기록한 것을 '경(經)'이라고 일컫고 있으며 일개 종파의 언행록에 '경'이라는 칭호를 붙인 것은 혜능이 유일무이하다.

당나라 현종(玄宗) 선천(先天) 2년(713년) 혜능은 고향인 신흥현(新興縣) 국은사(國恩寺)에서 귀적(歸寂)하였으며 향년 76세였다. 이듬해 혜능의 진신(眞身)은 조계(曹溪)로 옮겨오게 되었으며 영조탑(靈照塔)에 공양되었다. 혜능은 생전에 조정의 깊은 신뢰와 총애를 입었다. 당나라 만세통천(萬歲通天) 원년(696년) 측천무후는 혜능에 대한 존경을 표하기 위하여 중서사인(中書舍人)을 보내어 혜능에게 수정으로 만든 바리사발과 가사, 백색 모포 등을 하사하였다. 예물과 함께 내린 조서에는 "황제의 자리에서 내려와 그대 곁에 앉아 조용히 그대의 불경 강독을 듣고 싶고 무한한 지식을 얻고 싶도다. 그대의 불경을 듣고 있노라면 세상 가장 높은 경지에 오른 듯한 마음이 드는도다"라며 혜능을 존경하는 마음을 그대로 표현하였다.

혜능은 세상을 떠난 후에 그 명성이 더욱 높아졌다. 당나라 헌종(憲宗 : 제11대 황제 이순李純, 재위 805~820)은 혜능에게 '대감선사(大鑒禪師)'라는 시호를 내렸으며, 송나라 태종(太宗, 제2대 황제 조광의趙匡義 : 재위 976~997)은 '대감진공선사(大鑒眞空禪師)'라는 시호를 더하였고, 송나라 인종(仁宗 : 제4대 황제 조정趙禎, 재위 1022~1063)은 여기에 또 '대감진공보각선사(大鑒眞空普覺禪師)'라는 시호를 더하였다. 마지막으로 송나라 신종(神宗 : 제6대 황제 조욱趙頊, 재위 1067~1085)이 '대감진공보각원명선사(大鑒眞空普覺圓明禪師)'라는 시호를 더하였고, 왕유(王維), 유종원(柳宗元),

육조 혜능 고거(故居)

유우석(劉禹錫) 등의 문학대가들이 혜능을 기리는 장편의 비문(碑文)을 지어 그의 사적을 기록하였다.

혜능의 선종 창립은 불교사의 일대 개혁을 몰고 왔으며 불교의 중국화를 완성시켰다고 볼 수 있다.

첫째, 불교의 시조인 석가모니의 권위를 과감하게 배제함으로써 외재하는 부처의 존재를 부정하고 부처는 마음속에 존재한다고 여겼다.

둘째, 모든 중생은 불성(佛性)을 지니고 있어 누구나 성불할 수 있다고 주장하였다. 이는 유가의 "누구나 요순(堯舜)처럼 될 수 있다(人皆爲堯舜인개위요순)"는 성선설(性善說)과 일맥상통한다고 볼 수 있다. 혜능 이후 선종은 유가와의 관계가 더욱 긴밀해지게 된다. 또한 유가의 효제(孝悌)를 인간의 본성으로 보는 논리학과 결합하여 논리와 교화 관련 저술들을 대거 쏟아놓기 시작함으로써 불교의 유교화를 촉진하였다.

셋째, 누구나 성불할 수 있으며 불경을 암송하거나 고행을 통한 수행 등은 할 필요가 없다고 주장하였다. 본성을 인식하기만 하면 누구나 성불할 수 있다는 '돈오성불(頓悟成佛)' 이론은 상위층 통치계급과 사대부의 시대적 요구에 영합할 수 있었을 뿐 아니라 하위층 백성들이 대거 불교를 믿도록 하는 데 지대한 영향을 끼치게 된다.

넷째, 그는 '돈오성불'을 비롯하여 자유방임적인 생활방식을 주장하여 선종의 평민화, 세속화를 촉진하였다. 혜능의 삼대 제자인 회해신사(懷海神師)는 "그날 일을 하지 않으면 그날 곡기를 입에 대지 않는다(一日不作일일부작, 一日不食일일불식)"는 종불(宗佛)을 주장하였으며, 종불의 신도들을 위해 『백장청규(百丈淸規)』를 저술하여 후대 선사(禪寺)의 설립 및 노동 자양제도(自養制度) 형성에 심오한 영향을 끼쳤다고 볼 수 있다. 이러한 이론들은 선종이 중국에서 급속하게 전파되고 광범위하게 발전하는 데 중요한 요인으로 작용하였다.

▶▶ 역사의 흐름에 어떤 영향을 미쳤을까?

역사의 발전 과정에서 선종은 종교의 범위를 초월하여 철학, 문학, 예술 등 수많은 영역과 현실 생활의 각 방면에 파고들었다. 중국 봉건사회 후기에 통치 이념의 자리를 차지한 송나라, 명나라의 이학(理學)은 모두 선종의 영향을 깊게 받았다고 볼 수 있으며, 육구연(陸九淵), 왕수인(王守仁)의 '오심편시우주(吾心便是宇宙 : 내 마음이 곧 우주)'라는 사상을 비롯하여 '심외무물(心外無物)', '명심견리(明心見理)' 등의 이론은 선종의 '내 마음이 곧 부처'라는 사상과 '본심생만법(本心生萬法)', '명심견성(明心見性)' 등과 일맥상통한다고 볼 수 있다.

당나라에서 명나라에 이르는 화단(畫壇)에 이르기까지의 회화의 특징을 살펴보면 그 표현 방식, 창작 의식에서 모두 선종에 심취되어 있는 흔적을 찾아볼 수 있다. 이들 작품 가운데 심오한 평온의 경지, 속세를 초탈한 경지 등을 표현하고 있는 것도 있다. 일상생활 가운데서도 본래 불교용어에서 유래되어 관용어가 된 사례가 많다. 20세기에 접어들면서 동방의 차분하고 달관한 정신세계를 대표하는 불교는 서방세계로 유입되기 시작하였다. 2차 대전 이후 '선(禪)'은 영국, 독일, 프랑스, 미국 등에서도 발전하게 된다. 종교인들 외에도 '선'은 철학가, 사회학가 등 서방 세계의 다양한 계층에 파고들기 시작하였으며, 그들은 선을 이용하여 사람들이 인성과 자연에 순종할 수 있게 되기를 바랐던 것이다. 그리고 일부 심리학자들과 정신 병리학자들도 선을 심리적 안정과 정신질환 치료의 방법으로 이용하고 있다.

혜능은 중국 역사에서 가장 막강한 영향력을 끼친 사상가 가운데 한 인물로 꼽히고 있다. 그의 사상은 철학 이론과 지혜 등을 포함하고 있어 오늘날까지도

사람들의 정신 계몽에 유익하게 작용하고 있을 뿐 아니라 시간이 지날수록 더욱 더 폭넓은 관심의 대상이 되고 있다.

10. 개원성세開元盛世, 개혁과 개방으로 태평성대를 열다

710년 위황후(韋皇后 : 660?~710년)는 당나라 중종(中宗 : 재위 683~684, 705~710)을 독살하고 황후의 신분으로 청정을 하기 시작하였으며, 상왕(相王)인 이단(李旦 : 예종睿宗)까지 모해하였다. 이에 이단의 아들이었던 이융기(李隆基)는 그의 고모인 태평공주(太平公主 : 측천무후의 딸)와 손을 잡고 궁중정변을 일으켜 위씨 일가 및 그 잔당들을 제거한 후, 어린 황제 이중무(李重茂 : 695~714년)*에게 강제로 황위를 숙부인 상왕 이단에게 양위하는 조서를 반포하도록 하였다. 이단은 당나라 예종(睿宗, 제5대 황제 : 재위 684~6909, 710~712)으로 옹립되었으며 이융기는 황태자로 책봉되었다.

당시의 궁정은 내부투쟁이 매우 치열하였으며, 태평공주는 이융기를 도와 위황후를 몰아낸 후 그 공적을 내세워 오만과 사치가 극에 달하였다. 조정의 재상 일곱 명 가운데 다섯 명이 태평공주와 긴밀한 관계를 유지하고 있었기 때문에 고모와 조카, 즉 태평공주와 태자인 이융기 사이에는 팽팽한 긴장감이 감돌고 있었다. 연화(延和) 원년(712년) 6월 예종은 스스로 태상황으로 물러나며 황위를 태자인 이융기에게 양위하였으니, 이가 바로 당나라 현종(玄宗)이다.

선천(先天) 2년(713년) 7월, 태평공주는 그녀를 따르는 무리들과 공모하여 현종을 무너뜨리는 정변을 일으킨 후 스스로 황제가 되고자 하였다. 그러나 이 계획

---

* 당나라 중종 이현(李顯)의 넷째 아들로, 710년 중종을 독살한 위황후에 의해 황제가 되었으나, 이융기의 정변으로 17일 만에 예종(睿宗)에게 양위하고 물러났다. 황실에서 묘호(廟號)나 시호(諡號)를 받지 못해 상제(殤帝) 또는 소제(少帝)라 불리기도 한다.

요숭(姚崇)의 초상, 당나라의 명재상

은 현종에 의해 발각되었으며 그는 먼저 손을 써서 태평공주를 죽이고 그 일당들을 모조리 제거해 버렸다. 측천무후를 시작으로 끊이지 않고 발생했던 궁중 정변은 이로써 일단락되었다고 볼 수 있다. 당나라 현종은 통치기간 동안 당나라 태종의 정책을 계승하여 현명한 재상을 등용하고 관리 제도를 정비하였으며, 인재를 선발하기 시작하였다. 상벌제도를 엄격히 실시하는 한편 군신간의 긴밀한 협조체계를 유지함으로써 당나라 왕조에는 후대 역사가들이 '개원성세(開元盛世)'라고 지칭하는 태평성대를 맞이하게 된다.

개원지치(開元之治)

안정과 평화가 넘치는 아름다운 한 시대를 가장 값진 보석 가운데 하나로 꼽히고 있는 황금에 비유하여 '황금시대'라고 부르기도 한다. 중국 역사의 황금시대를 꼽자면 한나라 무제(武帝)의 성세와 당나라 현종의 개원성세를 들 수 있을 것이다.

개원(開元)은 당나라 현종의 연호이다. 현종은 무려 44년 동안이나 재위했는데, 전기 집권기를 개원(713~741년)이라고 하며, 후기 집권기를 천보(天寶 : 742~756년)라고 한다. 개원 연간 동안 당나라 현종은 눈부신 업적들을 쌓음으로써 '개원성세'를 이룩하였다. 이는 당나라의 사회, 경제, 국력이 가장 발달했던 최고의 태평성대로써 '정관지치'와 측천무후의 치적을 바탕으로 당나라의 국력이 최고의 전성기를 구가하던 시대라고 볼 수 있다.

당나라 현종은 정권을 잡은 후 현명한 재상들의 간언을 새겨듣는 한편 관리 제도 정비에 힘을 기울였다. 요숭(姚崇 : 650~721년)을 비롯하여 송경(宋璟), 장구령(張九齡) 등 유능한 재상을 등용하는 한편, 내외관리들의 직책 이동 등의 체계를 확립하였다. 중앙에서 일부 관리를 선발하여 도독(都督), 자사(刺史) 등의 지방 관리로 전임시키고, 지방 관리들 중 공적이 뛰어난 자는 중앙의 관리로 등용하도록 하였다. 각 도의 채방사(采訪使)들로 하여금 지방을 순시하도록 하여 관리들의 기강을 바로잡는 동시에 중앙집권을 강화하는 효과를 꾀할 수 있었다.

경제적인 분야에 있어 현종은 즉위하던 해부터 근검절약을 몸소 실천하였으며, 각 지방에 명령하여 보석 채굴, 금은 제조 등을 금하였다. 이로써 측천무후 이후 궁중에 뿌리 깊게 자리 잡았던 사치풍조를 변화시키기 시작하였다. 재원을 늘리고 지출은 줄여 나감으로써 국가 재정이 확충되고 국고가 든든히 채워졌으며 물가는 안정되었다. 우수한 인재를 선발하기 위하여 현종은 궁전에서 직접 이부(吏部)의 새로

당나라 시대 개원 연간의 철우(鐵牛)

임명된 현령들을 대상으로 재시험을 치르기도 하였다. 유교학자들을 특히 우대하였으며, 관리들을 동원하여 민간의 유학서적을 찾아 나서도록 명하여 도서 5만 권을 얻을 수 있었다. 이로써 과학기술, 문화 방면에 큰 발전을 가져왔다. 군사방면에 있어서도 군사제도를 개혁하기 시작하였다. 무사를 모집하여 경사숙위(京師宿衛)와 변경 지역의 병사를 충원하는 한편 변경의 주요 군사 거점에는 절도사(節度使)를 설치하였다.

태평성대의 도래

당나라 현종의 치세에 힘입어 개원 연간에는 경제가 번영하고 국고가 넘쳤으며 민생은 안정을 되찾게 되었다. 당나라의 위상은 다른 나라까지 미칠 정도로 높아졌으며 당나라는 찬란한 태평성대의 시기로 접어든다.

당나라 현종의 집권기에 주요 농업발전의 양상을 살펴보면 다음과 같다.

첫째, 농경에 사용되는 쟁기의 구조를 곡원형(曲轅形)으로 개선하고 새로운 모양의 관개형(灌漑型) 수차를 개발하였다.

둘째, 대형수리사업을 전개하였다. 황하, 장강 유역 등지에 일련의 관개수로를 건설하고 오래된 수로와 제방을 보수하였다.

셋째, 방대한 황무지와 나대지를 개발하였다. 농민들도 새로운 농지를 얻어

부유해졌을 뿐만 아니라 당나라 조정도 매년 농민들에게 늘어난 농지만큼 양식과 면포를 거둘 수 있게 되었다. 인구가 크게 늘어나 현종 집권기의 호구 수는 당나라 태종 집권기에 비해 3배 가까이나 불어나게 되었다.

당나라 현종 시대에 수공업 분야에 나타난 주요 특징을 살펴보면 다음과 같다.

첫째, 방직업 분야에 있어 정주(定州), 익주(益州), 양주(揚州) 등은 모두 특수 문양을 넣은 능라(綾羅 : 비단)의 산지로 유명한 지역에 속하였다. 다양한 품종 가운데에서도 화조를 수놓은 능라는 오색찬란한 대형 꽃문양을 중앙에 그려 넣고 그 주변에 날아다니는 새를 비롯하여 흩날리는 꽃잎 등을 수놓아 화려함의 극치를 이루었다. 이는 당대의 직조 기술의 높은 수준을 그대로 반증하는 것이라고 볼 수 있다.

둘째, 도자기업 분야에 있어서는 형주(邢州)의 백자와 월주(越州)의 청자가 유명하였다. 형주의 백자는 은과 눈에 비유될 정도였으며 월주의 청자는 옥과 얼음에 비유되곤 하였다. 특히 하얀 바탕에 무색 유약을 입힌 후에 황, 녹, 청 삼색으로 장식한 '당삼채(唐三彩)'는 현란한 빛깔과 아름다운 모양으로 유명하였다.

셋째, 제지업의 경우 선주(宣州), 익주(益州)의 종이가 모두 유명하였다.

당나라의 장안은 당시 중국의 정치 중심이었을 뿐만 아니라 아시아 각국의 경제, 문화 교류의 중심이었다고 할 수 있다. 소수 민족을 비롯하여 아시아 각국 사람들에 이르기까지 모두 장안으로 몰려들었으며 국제화된 대도시로 발전하는 모습을 보였다.

당나라 왕조는 다민족 통일국가로서 발전한 주요 시대에 해당한다고 볼 수 있다. 당시 각각의 민족들은 적극적인 융합을 통해 민족 간 경제, 문화교류가 긴밀해졌으며, 그 강역(疆域)이 전례 없이 방대했다. 당나라 시대에 북방에는 돌궐(突厥), 회흘(回紇) 민족이 거주하고 있었으며 동북쪽에는 말갈족(靺鞨族)이 자리 잡고 있었다. 당나라 왕조는 북부 변경지방을 중심으로 도호부(都護部)와 도독부(都督部)를 설치하였다. 서남쪽으로는 남조(南詔)와 토번(吐藩)이 자리 잡고 있었다. 남조는 이족(彝族)과 백족(白族)의 조상이며, 토번은 티베트족의 조상에 해당한다. 당나라는 이들과 몇 차례에 걸쳐 통혼하면서 가족임을 강조하는 친밀한 관계를 유지하였다. 당나라가 이처럼 번영할 수 있었던 데는 당시 변경 지역의 소수 민족의 공헌을 간과할 수 없을 것이다.

당나라는 경제와 문화에 있어 당시 세계 최고의 위치에 올라와 있었다. 대외 통상이 발달하였으며, 아시아, 유럽 등 각국과의 교류가 전례 없이 성황을 이루었다. 당나라는 일본과 더욱 밀접한 관계를 유지하였으며, 당나라 문화는 일본에 지대한 영향을 끼치게 되는데, 정치제도, 생활방식 등에 있어서도 일본은 당나라 문화의 영향을 받았다고 볼 수 있다. 당나라는 인도 반도와도 빈번하게 사신을 교류하였으며, 특히 현장법사의 서역 유람은 중외(中外) 교류사 발전을 상징하는 미담으로 전해 내려오고 있다. 서아시아의 페르시아, 대식국(大食國 : 사라센제국) 등과도 우호통상관계를 맺음으로써 중국의 도자기 등이 이곳으로 전해지고 서아시아의 물품도 중국으로 유입되었다.

당나라 왕조의 사회 풍속

역대 각 왕조의 중국인 가운데 당대의 중국인만큼 넓은 시야를 지니고 외래 문명을 폭넓게 전파한 이들도 없을 것이다.

당나라가 외국인들이 운집하는 매력적인 국제무대로 발돋움할 수 있었던 주요 이유는 개방성과 함께 당시의 문명적 우월성을 들 수 있다. 물론 과거의 영화를 이야기하는 데만 그치기보다는 중국인이 지닌 강인한 도전정신과 투지를 일깨워 새로운 세계와 미래를 향한 믿음을 키워나갈 필요가 있을 것이다.

역사는 사회발전과 문명진화의 기록이라고 할 수 있다. 인류가 새로운 한 세기를 시작하는 시점에서 과거의 역사를 돌이켜 보고 이를 거울로 삼아 다시 새로운 한 세기를 준비해야 한다. 중국 역사에서 중국인들이 가장 큰 자긍심을 불러일으키는 것이 있다면, 아마 '성당(盛唐)' 시대의 기백이라고 할 수 있을 것이다. 중국인들이 스스로를 '당인(唐人)'이라고 부르는 것은 대단한 자부심의 표현이다. 현재에도 세계 각국의 중국인의 생활권을 중심으로 이러한 표현을 사용하고 있으며 빛이 바래지 않는 영광을 중국인들에게 심어주고 있다.

천 년 전, 유라시아 대륙에 형성된 비잔틴제국, 아랍제국, 그리고 당나라 왕조는 당시 인류사회 최고의 문명을 꽃피웠던 시기라고 할 수 있다. 그러나 비잔틴 왕국의 짧았던 영화는 아랍인들에 의해 단절되고 말았으며, 아랍 왕국은 8세기 말엽에 이르러서야 봉건제 국가를 건설하게 된다. 인도는 계일왕(戒日

당나라 시대 양금백옥탁(鑲金白玉鐲)

王 : 590?~647?)* 이후에 분열 국면을 맞이하게 된다.

당나라는 주변국과 경쟁을 하면서도 상호 발전을 추구했던 거의 유일한 왕조하고 할 수 있는데, 방대한 영토를 소유한 국가로서 민족관계와 국제정세의 변화를 예의주시할 필요가 있었다. 변경 지역 소수 민족의 침략에 대비하여 국방력을 키워야했지만, 종합적인 국력 면에 있어서는 외국과 각축전을 벌여야 했으며, 이는 유라시아 대륙 패권 다툼의 성격을 띠고 있다고도 볼 수 있다. 당시 최대의 강대국으로서 대외관계를 중시했던 당나라는 중앙아시아의 강국(康國 : 지금의 사마르칸트), 석국(石國 : 지금의 타슈켄트), 안국(安國 : 지금의 부하라), 조국(曹國 : 지금의 사마르칸트 동북부), 미국(米國 : Maimargh) 등과 독특한 조공체제를 통한 국제관계를 유지하고 있었다.

또한 신라 사절단은 장안에 89차례나 방문했으며 아랍 대식국 사절단은 41차례, 임읍(林邑) 24차례, 일본의 견당사(遣唐使) 14차례, 진랍(眞臘) 11차례, 사자국(獅子國 : 스리랑카) 3차례 등으로 기록되어 있다. 이밖에도 조선(朝鮮 : 고구려, 백제), 파나문오천축(婆羅門五天竺 : 인도), 이파라(泥婆羅 : 네팔), 토화라(吐火羅 : 아프가니스탄), 표국(驃國 : 미얀마), 페르시아, 불림(拂林 : 동로마) 등을 비롯하여 북아프리카, 중동 각국들도 사서에 기록된 횟수가 상세하지 않을 뿐 폭넓게 당나라와 교류했다고 볼 수 있다. 역대 각 왕조의 중국인 가운데 당대의 중국인만큼 넓은 시야를 지니고 외래문명을 폭넓게 전파한 이들도 없었다는 것을 알 수 있다.

유라시아 문명의 발전에 중심에 서 있었던 국가로서 당나라 왕조는 빈번하게 사신들을 파견하고 국가 재정 가운데 일부를 별도로 할애하여 지원경비로 사용하였다. 당시 당나라의 유명한 외교관으로는 643년 이후 네 차례 인도를 방문했던 왕현책(王玄策), 663년 동로마를 방문한 아라감(阿羅憾), 664년 일본을 방문한

---

* 고대 인도의 왕(재위 606~647) 하르샤바르다나왕으로 하르샤 왕조의 창시자이다. 굽타왕조가 쇠퇴한 후 서북 인도의 스탕비사르바라(현재의 타네슈)에 하르샤 왕조를 창시하여 갠지스 유역의 영토를 확보하고 서쪽의 구자라트를 정복했으며 북인도의 지배에 힘을 기울여 40년 동안 번영하였다.

곽무종(郭務悰) 등을 들 수 있다. 장안에는 외교기관 홍여사(鴻臚寺)와 사방관(四方館), 예빈원(禮賓院) 등이 설립되어 외국인들의 접대를 비롯하여 회견, 예식 등을 담당하였으며, 당나라에 들어 온 모든 사신들에 대한 일체의 비용을 지급하였다. 외국과의 교류가 다양해질수록 상호학습의 기회도 늘어나게 되는데, 이에 유라시아 대륙에 분포하고 있는 고대문명국 사이에 교류가 증대됨에 따라 당나라는 동아시아의 문명 교류의 최대 수혜국이 될 수 있었다.

▶▶ 역사의 흐름에 어떤 영향을 미쳤을까?

세계문명의 진화는 고립된 채 이루어지는 것이 아니다. 문명은 일종의 유기체로서 그 구성 요소들 간에 상호작용을 통해 새로운 동력을 만들어 내는 것이다. 당나라가 역대 왕조와 달리 새롭고 다양한 면모를 많이 보여줄 수 있었던 요인은 동시대 주변 민족과 국가들 간에 효과적인 교류를 추진할 수 있었기 때문이다. 따라서 당나라를 구성하고 있는 새로운 문명의 원동력을 분석하여 당나라의 문명을 살펴볼 필요가 있다.

당나라가 이룩했던 문명은 현재까지도 지대한 영향을 끼치고 있으며 중국인들의 강인한 도전정신과 투지를 일깨워 새로운 세계와 미래를 향한 믿음을 키워나가는 원동력이 되고 있다.

11. 이백과 두보, 시가詩歌의 황금시대를 꽃피우다

유구한 역사를 지닌 중국의 고대 문학은 수(隋)나라, 당(唐)나라, 오대(五代) 시대에 이르러 최고의 번영기를 맞이하게 된다. 전국(戰國)시대 이래 가장 다양하고 풍부한 문학 작품들이 쏟아져 나오게 되었다고 볼 수 있다. 이 가운데 특히 시가(詩歌)는 최고의 전성기를 구가하며 황금시대를 꽃피우게 된다. 3백여 년이 채 안되는 당나라 왕조의 존립 기간 동안 무려 5만 수에 가까운 시가(詩歌)가 탄생하였으며, 이러한 규모는 서주(西周)에서 남북조(南北朝)에 이르는 1천6,7백여 년 동안에 창작되어 지금까지 내려오는 시편보다 두세 배 더 많은 규모라고 할 수 있다. 자신만의 독특한 개성을 갖춘 유명한 시인들 또한 오륙십 명에 달하여 전국시대부터 남북조까지의 유명 시인들을 모두 합한 수보다도 많다. 무엇보다도 이백(李白)과 두보(杜甫)의 시편들이 이뤄낸 성과야말로 시가 창작의 최고봉에 달하였다고 말할 수 있다.

시선(詩仙) 이백

이백(李白 : 701~762년)*의 자는 태백(太白)이며 농서성기(隴西成紀 : 지금의 감숙성甘肅省 천수시天水市 지역) 출신의 인물이다. 이백의 조상은 수나라 말기에 중앙아시아로 이주하였으며, 그는 쇄엽(碎葉 : 지금의 러시아 토크마크Tokmak 지역)에서 태어났다. 다섯 살 되던 해에 부친을 따라 면주(綿州) 창명현(彰明縣 : 지금의 사천성四川省 강유현江油縣 지역)으로 이주하였다.

스물다섯 살이 되던 해에 "검을 빼어 들고 조국으로 향하노라, 가족들에게 이별을 고하고 먼 길을 떠나니 남쪽으로 창오(蒼梧)에 다다르고 동쪽으로 명해(溟海)를 누비게 되었도다(仗劍去國장검거국, 辭親遠游사친원유, 南窮蒼梧남궁창오, 東涉溟海동섭명해)"라는 시구에서 보여주듯이 유랑생활을 시작하였다. 후에 안륙(安陸)에 정착하여 십여 년의 세월을 보내며 이백은 북쪽으로 태원(太原), 서쪽으로 장안(長安), 동쪽으로 노군(魯郡) 등을 유랑하며 수많은 명인들과 친분을 맺게 되었으며 적지 않은 시문을 남겼다. 이백이 장안에 머물 때, 하지장(賀知章 : 659~744년)**은 그의 시를 한 번 보고 나더니 "귀신도 울고 갈 시구"라면서 그를 "시선(詩仙)"이라 칭하며 경탄을 금치 못하였다. 이에 하지장은 그에게 '경사(京師)'라는 명예직을 주게 된다.

---

* 이름은 이태백(李太白), 호는 청련거사(青蓮居士)이다. 두보(杜甫)와 함께 '이두(李杜)'로 병칭되는 중국 최대의 시인이며 시선(詩仙)이라 불린다. 한때 현종(玄宗)의 부름을 받았지만, 그의 생애는 방랑으로 시작하여 방랑으로 끝난다. 그러나 그의 방랑은 단순한 방랑이 아니고, 정신의 자유를 찾는 '대붕(大鵬)의 비상(飛翔)'이었다고 할 수 있겠다.

** 당나라 시인이고 학자로 현종(玄宗)을 섬겼고, 시인 이백(李白)의 발견자로 알려져 있다. 그 자신도 풍류인으로서 이름이 높았고, 서예에도 뛰어나 저서로 『초서효경(草書孝經)』이 있다.

천보(天寶) 원년 옥진공주(玉眞公主)의 부름을 받고 입궁하여 한림(翰林)에 봉해졌으며 당나라 현종(玄宗) 이융기(李隆基)에게 특별예우를 받았다. 그러나 한림 역시 이름만 있을 뿐 실권이 없는 자리였다. 이백이 보기에 이는 악사나 광대와 다를 바 없는 처우라고 여겼다. 천하를 보필하겠다는 염원을 늘 가슴 속에 품고 있었지만 실현할 방법이 없었던 그는 2년 동안의 궁중 생활을 마치고 하사 받은 금을 들고 고향으로 돌아오게 된다.

이백의 초상

장안을 떠난 후 이백은 오랜 기간 다시 이곳저곳을 표류하는 유랑생활을 하였다. 양(梁), 송(宋), 제(齊), 노(魯), 유(幽), 기(冀) 등 중국 각지를 돌아다니다가 여산(廬山)에 은거하려 하였으나, 영왕(永王 : 당나라 숙종 황제의 동생)의 권유로 그의 막부(幕府)에 가담하게 된다. 지덕(至德) 2년 영왕은 숙종에게 진압되었으며 이백은 야랑(夜郞)으로 유배되었다. 유배지로 가던 중 무산(巫山)에 이르렀을 때 사면을 받아 다시 돌아오게 되었으며, 61세 되던 해에 이광필(李光弼 : 708~764년)이 (반란군을 맞아) 동쪽의 임해(臨淮)를 지키고 있다는 소식을 듣고 이백은 고령의 나이도 아랑곳 않고 종군하여 나라를 위해 한 몸을 바치기로 결심하였으나 도중에 발병하여 돌아오고 만다. 다음해 당대의 유명한 전서(篆書)의 대가이자 도현(塗縣) 현령(縣令)으로 있던 이양빙(李陽冰)*이 다스리던 곳에서 세상을 떠났다.

이백은 중국의 산천을 매우 흠모하였으며, 호방한 기세와 자유분방한 시구로 중국의 아름다운 자연을 찬미하였다. 거대한 물줄기가 포효하는 황하, 도처에 기암괴석이 솟아있는 촉도(蜀道), 하늘 위에서 떨어지는 것과 같은 길고 장엄한 폭포 등의 모습을 거칠 것 없는 당당한 문체로 묘사하여 어느 누가 보더라도 그 호탕한 기세를 느낄 수 있도록 자연의 모습을 재현해 내었다. 그는 자신만의 상

---

* 당나라 중기 때 학자, 서예가로 이백과는 친척으로 알려져 있다. 벼슬이 장작감(將作監)이었으므로 이감(李監)이라고도 불렸다. 특히 전서를 잘 써 진나라 이사(李斯)와 함께 '이이(二李)'라고 불렸다.

상력을 동원하여 환상 속에 있는 천모산(天姥山)의 모습을 묘사해 냄으로써 웅장하고 아름다운 신선의 세계를 실감나게 보여주고 있을 뿐 아니라 자신의 자유에 대한 갈구를 표현해 내고 있다.

이백은 각고의 노력을 기울여 시를 창작하였으며, 옛 시인들이 남긴 작품을 보고 배우는 시인이었다. 그의 문집 가운데는 선대 문인들의 시부(詩賦)를 모방한 작품들이 남아 있기도 하다. 이백은 『풍(風)』, 『아(雅)』 등을 숭상하였으며, 건안(建安 : 196~220, 동한 말년 한나라 헌제獻帝의 연호)의 문호(文豪 : 공융孔融, 진림陳琳, 왕찬王粲, 서간徐干, 완우阮瑀, 응창應瑒, 유정劉楨 등 7대 문학가를 말함)들을 찬미하였다. 그의 시가에서도 이와 유사한 시풍을 발견할 수 있는 작품들이 있으며, 특히 악부민가(樂府民歌)를 본뜬 흔적이 역력하다. 따라서 이백의 시가 속에는 호방한 기세와 유려한 아름다움, 진솔한 심정과 당당한 기품이 고루 녹아있다고 할 수 있다.

상고시대부터 사람들의 입에서 입으로 전해 내려온 신화와 전설은 중국 문학사 가운데 낭만주의의 맹아를 형성했다고 볼 수 있다. 전국시대에 이르러 굴원(屈原 : 기원전 343?~278?)*은 전대(前代) 문학과 문화의 성과들을 모두 흡수하여 현실과의 투쟁 속에서도 찬란한 시편들을 창작하였다. 웅장하고 방대한 내용과 오묘하면서도 장엄한 형식으로 '전대의 시를 크게 발전 계승시키면서 후대의 사(詞)의 발전을 이끌어' 낭만주의 전통을 이은 창작의 첫 번째 전성기를 형성하였다.

굴원 이전에 생존했던 장자(莊子)는 그의 철학적 산문을 통해 기이하고 환상적인 우언(寓言)들을 만들어 냄으로써 낭만주의 전통의 한 획을 긋는 중요한 역할을 하였다. 서한, 동한을 거쳐 당나라 초기에 이르기까지 낭만주의 전통은 민간과 문인들의 작품에서 지속적으로 발전하였다. 한(漢), 위(魏), 육조(六朝)의 악부민가 가운데 『맥상상(陌上桑)』, 『목란사(木蘭詞)』 등의 작품을 비롯하여 조식(曹植), 완적(阮籍), 좌사(左思), 도연명(陶淵明), 포조(鮑照)의 일부 시가, 그리고 육조의 지괴소설(志怪小說 : 괴상한 이야기를 기록한 글이란 뜻으로 고대의 신화전설에 기원을 두고 있는 소설

---

* 전국시대 초(楚)나라의 정치가이자 시인으로 이름은 굴평(屈平)이다. 생몰연대는 『사기(史記)』 「굴원전」에 명기되지 않았기 때문에 여러 설이 있으나, 학식이 뛰어나 초나라 회왕(懷王)의 좌도(左徒 : 左相)의 중책을 맡았고, 중상모략으로 국왕 곁에서 멀어졌다. 『이소(離騷)』는 그 분함을 노래한 것이라고 『사기』에 적혀 있다.

의 원류) 가운데 나타나는 우수한 표현들은 모두 낭만주의 전통의 맥을 형성하고 있다고 볼 수 있을 것이다. 당나라의 태평성세에 이르러서는 이백으로 대표되는 낭만주의 문학의 최고 전성기를 구가하게 된다.

이백은 당대 시가 혁신에 큰 공헌을 한 인물이라고 할 수 있다. 그는 진자앙(陳子昂 : 661~702년, 당나라 초기 때 시인)의 시가 혁신 사상을 계승하여 이론과 실천 두 분야에서 모두 성공적으로 시가의 혁신을 이뤄냈던 것이다. 그의 시 「고풍(古風)」의 첫 수에는 시가 발전의 모든 역사를 망라하고 있다. 이백은 이를 "건안시대 이래로 화려한 시들이 넘쳐나고(自從建安來자종건안래, 綺麗不足珍기려부족진)"라고 표현하였다. 자부심에 가득찬 어조로 당시(唐詩)의 퇴폐적인 풍조를 극복하고자 하는 노력을 긍정적으로 평가하였다. 이로써 고대시가의 '풍(風)', '아(雅)'의 기상을 회복하여 올바른 방향으로 발전을 유도하고자 하였다.

「고풍(古風)」 제35수에서는 당시(唐詩)가 지나치게 어휘만을 다듬고 내용과 사상을 경시하는 시풍을 비판하고 있다. 그는 이를 "비연자(斐然子)는 기교를 너무 많이 부려 본래의 천진한 모습을 상실했도다(一曲斐然子일곡비연자, 雕蟲喪天眞조충상천진)"라고 개탄하였다. 실제 작품창작 과정에 있어서도 이백은 진자앙과 유사한 부분이 많다. 즉 '고체시(古體詩 : 주로 사회성을 발휘한 내용으로 시로 표현된 역사라는 뜻에서 시사詩史라고도 불리는 형식)' 작품이 많고 '율시(律詩 : 격률의 형식에 맞게 쓰인 시)'가 적은 편이다. 다만 악부민가의 영향을 받아 지은 시가와 칠언시(七言詩)를 발전시킨 부분에 있어서는 이백이 거둔 성과는 진자앙을 크게 뛰어넘고 있다고 볼 수 있다. 그의 이러한 노력을 바탕으로 시가 혁신은 큰 성공을 거두게 되었다. 이양빙(李陽冰)은 이백이 세상을 떠난 후에 그를 기념하기 위하여 편찬한 시집 『초당집(草堂集)』의 서문에서 "이백은 퇴폐적인 시풍을 일시에 막아내고 천하의 모든 시문의 풍격을 단번에 높여주었다(陳拾遺橫制頹波진습유횡제퇴파, 天下質文천하질문, 翕然一變흡연일변)." 이는 그가 시가 혁신에 끼친 공적에 대한 정확한 평가라고 할 수 있다.

이백의 시가가 후대에 끼친 영향은 그야말로 막대하다고 할 수 있다. 그가 살아있던 당시에도 그의 시는 광범위하게 알려짐으로써 정원(貞元) 연간에는 아직 시집으로 편찬되지 않은 그의 시들을 집집마다 모두 한두 수씩 정도는 가지고 있을 정도였다. 당나라 중기 시대에 이르러 한유(韓愈 : 768~824년, 당나라 때 문장가, 정치가, 사상가로 당송 8대가의 한 사람으로 불림), 맹교(孟郊 : 751~814년) 등이 그의 시가를 찬양하며 그 속에서 경험을 얻어 자신들의 호방하고 걸출한 시풍을 형성하게 되었다. 이하(李賀 : 790~816년)의 낭만주의적 시풍은 두 말할 나위 없이 이백의 시에서 많은 영감을 얻은 것으로 볼 수 있다.

이밖에 송나라 시대의 시인 소순흠(蘇舜欽), 왕령(王令), 소식(蘇軾), 육유(陸游)와 명청(明淸) 시대의 시인 고계(高啓), 양신(楊愼), 황경인(黃景仁), 공자진(龔自珍) 등도 이백의 시풍을 흡수하여 자신들의 창작에 이용하였다. 또한 송나라 시대의 소식, 신기질(辛棄疾) 등으로 대표되는 호방파의 사(詞) 역시 이백의 영향을 받은 것이라고 볼 수 있다. 이백은 출행할 때 만 마리 말이 수행하는 높은 관리도 마치 자신의 벗인 양 대하였다고 전해진다. 행적과 전설은 희곡소설로 쓰여 민간에 널리 전파됨으로써 자유를 갈망했던 일반 백성들의 그에 대한 사랑을 보여주고 있다.

강렬한 낭만주의 색채야말로 이백의 작품의 예술적 특성이라고 할 수 있다. 그는 굴원을 잇는 중국에서 가장 위대한 낭만주의 시인으로 자리매김하였다. 자유로운 상상력과 신화의 기이한 경지 속으로 자신의 강렬한 감정을 이입시켜 대상을 묘사하였으며, 그 가운데 놀랄 만큼 진솔한 문체와 거칠 것 없는 필치로 장엄하면서도 신비롭게 그 세계를 그려내고 있는 것이다. 그의 시가는 강렬한 애증과 예술적 매력이 담겨 있다고 할 수 있으며, 중국인의 정신적 재산 가운데에서도 가장 고귀한 보물이라고 할 수 있다.

시성(詩聖) 두보

두보(杜甫 : 712~770년)*는 자가 자미(子美)이며 자신의 시 가운데 스스로를 '소릉야로(少陵野老)'라고 칭하고 있다. 본적은 양양(襄陽 : 지금의 호북성 관할 구역)이며 그의 증조부 때에 공현(鞏縣 : 지금의 하남성 관할 구역)으로 이주하였다. 당나라 초기 때의 이름 높은 시인 두심언(杜審言 : 648?~708년)의 손자이다. 어려서부터 학문에

---

* 호는 소릉야로(少陵野老)이다. 먼 조상은 진대(晉代)의 두예(杜預)이고, 조부는 시인 두심언(杜審言)이다. 중국 고대 시에 지대한 영향을 미쳐 시성(詩聖)이라 부르며, 그의 작품은 시사(詩史)라 부른다. 이백과 함께 '이두(李杜)'라고 일컬으며, 고통 받는 민중들의 고단한 삶을 시로 묘사한 민중 시인이기도 하다.

뛰어났으며 지식과 견문이 풍부하고 정치적
야망을 지니고 있었다. 이백과 함께 당대를
대표하는 유명한 시의 대가라고 할 수 있다.
중국문학사에서는 이백과 두보를 '이두(李
杜)'라고 함께 지칭하고 있다.

두보의 초상

　　몰락한 관료 가정에서 성장한 두보는 어
려운 여건 속에서도 어려서부터 학문에 힘썼
으며 중국의 수많은 명산대천을 유람하며 우
수한 시가들을 창작하였다. 그가 30여세 쯤
되었을 때 낙양에서 이백과 만난 적이 있으며 두보는 이백보다 열한 살 아래이
다. 두 사람은 성격이 완전히 달랐지만 같은 성향과 취미를 지니고 있었기에 친
밀한 벗이 될 수 있었다.

　　후에 두보는 장안으로 건너와 진사(進士) 시험을 보게 되었는데, 마침 그때 당
시의 희대의 간신인 이임보(李林甫)가 정권을 잡고 있던 시기로 그는 지식인들을
가장 싫어하였다. 하층계급 출신의 지식인들이 관리가 되어 조정의 정사를 건건
이 간섭하면 그에게 매우 불리했기 때문이었다. 이에 그는 시험관을 매수한 후
당나라 현종(玄宗)을 속여 이번 응시생들의 답안은 모두 형편없어서 시험을 통과
한 사람이 단 한 명도 없다고 말하였다. 당나라 현종이 이를 매우 의아하게 생각
하자, 그는 미리 준비한 축하 상주문을 꺼내어 올리며 이번 일은 황제가 현명하
여 재주가 있는 인물들을 모두 등용하였기 때문에 민간에는 더 이상 인재가 남아
있지 않은 것으로 둘러대었다.

　　당시의 지식인들에게 있어 과거제도는 야망을 지니고 앞날을 도모할 수 있는
유일한 길이었기 때문에 쓰디쓴 좌절을 맛본 두보의 심정이 어떠했을지는 가히
짐작이 가고도 남을 것이다. 그는 장안에서 빈곤한 생활을 이어나가기 시작하였
다. 화려하고 사치스러운 권력층과 굶주림과 추위에 시달리는 가난한 백성들의
모습을 두 눈으로 확인한 그는 참을 수 없는 울분을 시가를 통해 쏟아 놓으며 불
평등한 사회모순을 꼬집었다. "귀족들의 집안에는 술과 고기 썩는 냄새가 진동하
건만 거리에는 얼어 죽은 시체들이 굴러다니는구나(朱門酒肉臭주문주육취, 路有凍死骨

두보 초당(草堂)

로유동사끌)." 이 시구는 당시의 사회상을 묘사한 불
후의 명구라고 할 수 있다.

두보는 장안에서 십 년 동안 거주하였다. 당
나라 현종이 그에게 작은 관직을 주었을 때 안사
의 난이 발발하고 만다. 장안 일대의 백성들은 너
도나도 피난길에 오르기 시작하였다. 두보 일가
역시 난민들의 행렬 속에서 갖은 고생을 겪은 후
에 작은 농촌 마을에 정착하였다. 바로 그 무렵에
그는 숙종(肅宗)*이 영무(靈武)에서 즉위했다는 소
식을 접하고 홀로 집을 떠나 숙종에게 가던 중 반
란군에게 붙잡혀 장안으로 끌려오게 된다.

장안은 이미 반란군의 수중에 들어간 뒤여서 이들은 도처에 방화, 살인, 약탈
행위를 일삼고 있었다. 궁전과 민가는 이미 활활 타오르는 불속에서 잿더미로 변
해가고 있었다. 당나라 왕조의 관리 가운데 일부는 투항하고 일부는 반란군에 의
해 낙양으로 압송되었다. 두보는 장안으로 잡혀온 후 반란군의 두목에게 끌려갔
으나, 두목은 두보가 큰 벼슬아치가 아님을 알고 풀어주었다.

이듬해 두보는 장안을 빠져나와 숙종이 이미 봉상(鳳翔 : 지금의 섬서성 봉상)으
로 옮겼다는 소식을 들은 뒤 그곳을 향해 발걸음을 재촉하였다. 당시 두보는 팔
뚝이 훤히 드러나는 도포와 낡은 미투리 신발을 걸치고 있을 정도로 제대로 된
의복 하나 없는 궁핍한 지경이었다. 당나라 숙종은 두보가 먼 길을 마다않고 조
정을 향해 온 정성에 감복하여 그에게 좌습유(左拾遺)라는 관직을 주었다.

좌습유는 황제에게 간언을 올리는 관직으로 숙종이 비록 두보를 이 자리에
앉히기는 하였으나 그의 의견을 중용하지는 않았다. 그러나 두보는 지나치게 일
에 몰두하였다. 얼마 후 숙종이 재상 방관(房琯)을 파직시켰다. 두보는 방관이 능
력이 있는 인물이라고 여겨 파면을 반대하는 상소문을 숙종에게 올리게 된다. 그

---

* 당나라의 현종 이융기의 아들로 이름은 이형(李亨 : 711~762년)이다. 756년 안사의 난으로 현종과 함께 사천(四川)
으로 피난하던 도중에 마외역(馬嵬驛)에서 금군(禁軍)의 일부를 이끌고 북상하여 영무(靈武)에서 스스로 황위(재
위 756~762)에 올랐다.

러나 이 일로 두보는 숙종의 눈 밖에 나게 되었으나 다행히 두보를 옹호해 주는 사람이 있어 그는 집으로 돌아갈 수 있었다.

당나라 군대가 장안을 수복하자 두보도 수많은 관료들과 함께 장안으로 돌아왔다. 당나라 숙종은 그를 화주(華州 : 지금의 섬서성 화현華縣지역)의 제사와 학교를 관장하는 작은 관리로 파견하였다. 두보는 마음 가득 실의를 안고 화주로 오게 된다. 당시 장안과 낙양이 비록 관군에 의해 수복이 되었다고는 하나 안사의 난이 완전히 진압된 상황은 아니었으며 격전은 계속되고 있었다. 당나라 조정은 도처에서 장병을 징집하여 병력을 보충하는 바람에 백성들은 하루도 편하게 살날이 없었다.

그러던 어느 날 두보는 석호촌(石壕村 : 지금의 하남성 섬현陝縣 동남부)이라는 마을을 지나게 된다. 날이 저물어 가난한 집에 들러 하루 밤 유숙을 청하였다. 그 집에는 농사를 짓는 늙은 노부부만이 살고 있었다. 밤이 깊었음에도 뒤척이며 잠을 이루지 못하고 있던 두보는 갑자기 급박하게 문을 두드리는 소리를 듣게 된다. 조용히 방안에서 바깥의 동정에 귀를 기울이니 옆방의 노인은 담을 넘어 도망가고 노파만이 문을 열고 밖으로 나가는 소리가 들렸다. 집으로 들어온 사람은 장정을 징집하러온 관리로서 노파를 향해 남자들은 어디 있느냐고 호통을 쳤다.

노파는 우는 소리로 아들 셋은 모두 업성(鄴城)으로 가서 전쟁에 동원되었고 며칠 전 한 아들이 보내 온 서한에는 형제 두 명이 전사했다고 하였다. 집안에 있는 사람이라곤 며느리와 젖먹이 손자밖에 없다고 하며 누구를 원하느냐고 물었다.

노파의 간곡한 간청에도 불구하고 관리는 돌아갈 생각을 하지 않았다. 노파는 하는 수 없이 자신이 따라 나서게 된다. 전쟁터의 병사들을 위해 잡역이라도 해야 되었던 것이다. 날이 밝아 두보가 그 집을 떠날 때는 노인 혼자만 남게 되었다.

두보는 이러한 참상을 두 눈으로 목격한 후 마음의 안정을 찾을 수가 없었다. 이에 이러한 일들을 시로 쓰게 되었으니, 이 시가 유명한 「석호리(石壕吏)」이다. 그가 화주에 있는 동안 「석호리」를 비롯하여 「동관리(潼關吏)」, 「신안리(新安吏)」, 「신혼별(新婚別)」, 「수로별(垂老別)」, 「무가별(無家別)」등 이와 유사한 시 여섯 수를 지었는데, 이를 합하여 '삼리삼별(三吏三別)'이라고 부르고 있다. 두보의 시가는 안사의 난 시기의 백성들의 고난을 노래하고 있기 때문에 당나라 왕조가 번영의 시기를 마감하고 쇠퇴의 길목으로 들어서는 시대상을 잘 반영해 주고 있다. 이에 후대 사람들은 그의 시들을 '시사(詩史)', 즉 시로 쓴 역사라고 칭하고 있다.

이듬해 두보는 화주의 관직을 그만두게 된다. 이어 중국 내륙지방에 심각한 가뭄이 발생하였다. 궁핍한 생활을 더 이상 견딜 수 없었던 그는 가족들을 이끌고 성도(成都)로 이주하였다. 그곳에서 친구의 도움에 의지하여 생활을 이어나갔다. 성도 외곽의 한 계곡 옆에 작은 초당(草堂)을 지은 두보는 그곳에서 4년 동안이나 은거생활을 하였다. 그러나 그의 친구마저 죽자 성도에도 의탁할 곳이 없어지게 되었으며, 두보는 다시 가족들을 이끌고 동쪽으로 정처 없이 길을 떠났다. 770년 상강(湘江)의 작은 배 위에서 가난과 질병으로 고생하던 두보는 생을 마감하게 된다.

두보가 세상을 떠난 후 사람들은 이 위대한 시인을 기념하기 위하여 그가 살았던 성도의 터전을 보호하기 시작하였다. 이곳이 오늘날까지 보존되어 내려오고 있는 유명한 '두보초당(杜甫草堂)'이다.

▶▶ 역사의 흐름에 어떤 영향을 미쳤을까?

이백과 두보는 중국 역사에서 가장 위대한 시인들로서 중국문학과 역사적으로도 매우 중요한 위치를 차지하고 있다. 그들은 뛰어난 재능으로 중국문화 발전에 지대한 공헌을 하였을 뿐만 아니라 중국의 후손들로 하여금 나라를 사랑하고 백성을 아끼며 지속적으로 분발해 나갈 것을 고무하고 있기 때문이다.

12. 안사(安史)의 난, 번진할거 시대를 열다

개원(開元) 연간 말기에 이르러 평화롭고 안정된 나날이 오랜 기간 이어지면서 당나라 현종(玄宗)도 통치에 열정을 다하던 기존의 기세를 점점 잃어가기 시작하였다. 천보(天寶)로 연호를 바꾼 후부터 당나라 현종은 양귀비(楊貴妃 : 719~756

년)[*]를 총애하고 환관 고력사(高力士 : 684~762 년)^{**}를 가까이 하였으며, 조정의 모든 정사는 재상인 이임보(李林甫 : ?~752년)^{***}에게 일임하여 처리하도록 하는 등 향락에 빠져들고 있었다.

안녹산의 초상

이임보는 당나라 현종 앞에서는 그의 뜻을 거스르지 않고 순종하는 체 하였지만 실제로는 권력을 휘두르며 온갖 만행을 일삼고 있었다. 이임보가 죽은 후 양귀비의 사촌 오라비인 양국충(楊國忠 : ?~756년)^{****}이 재상으로 임명되었다. 그는 자신의 뜻에 거스르는 사람들은 누구를 막론하고 배척하였으며, 뇌물을 받아 사적인 탐욕을 채우기에만 혈안이 되어 있었기 때문에 정치는 하루가 다르게 부패되어 갔다. 이러한 상황에서 토지 겸병이 가속화되면서 빈부 차이가 현저하게 벌어졌으며, 정치, 경제, 사회 모든 방면에서 쇠퇴일로를 걷기 시작하였다.

당나라 왕조 초기에는 중앙집권체제를 공고히 다지고 변방 수비를 강화하기 위하여 부병제(府兵制 : 국가가 토지를 주는 형식으로 농민을 토지에 예속시켜 병역의 의무를 부담시키는 제도)를 실시하였다. 부병제는 일반적으로 토지를 많이 분배하는 만큼 징집인원이 늘어나게 되어 있었다. 이에 분배받은 토지 규모에 따라 병역인원을

---

* 이름은 양옥환(楊玉環)이고, 현종의 비(妃)이다. 절세미인에 총명하여 황후 이상으로 현종의 총애를 받았지만, 정도가 지나쳐 안사의 난이 일어나는 원인이 되었다. 결국 이로 인해 그녀는 불후한 죽음을 맞았다. 서시(西施), 왕소군(王昭君), 초선(貂蟬)과 더불어 중국의 4대 미인 중 한 사람으로 꼽는다.

** 당나라 현종 때의 환관으로서 위황후와 태평공주 세력을 제거하는 데 공을 세워 현종의 두터운 신임을 받았다. 그는 740년(開元 28)에 양귀비를 후궁으로 들여왔으며, 이임보, 양국충, 안녹산을 조정에 추천하여 뒷날 '안사의 난'이 일어나는 계기를 만들었다.

*** 당나라 현종 때의 재상으로 아첨을 일삼고 유능한 관리들을 배척하여 '구밀복검(口蜜腹劍 : 입에는 꿀이 있고, 뱃속에는 칼이 있다)'이라는 평을 들었으며, 당나라를 쇠퇴의 길로 이끈 인물로 여겨지고 있다.

**** 양귀비의 사촌 오빠로 이름은 양소(楊釗)이다. 환관 고력사 등과 결탁한 환관정치로 관직을 독점하였고, 최악의 외척정치의 표본으로 꼽히는 사람이다. 안사의 난 때 피살당했다. 안녹산(安祿山)이 반란을 일으킨 명분은 '양국충 토벌'이었다.

징집하여 정기적으로 도성, 또는 변경 지역을 수비하도록 하였다. 중국 내륙과 변경의 주요 도시에는 대도독(大道督)을 설치하여 병력을 주관하도록 하였는데, 훗날 토지사유제가 발전하면서 농민들이 토지를 잃고 떠돌게 되자 병력 차출에 문제가 발생하였다. 여기에 전쟁이 빈번하게 발생하면서 시한에 맞추어 부병의 교체가 이루어지지 않아 장기간 병역에 복무하는 자가 속출하였으나 병역 부담은 줄지 않게 됨에 따라 대규모 도피 행렬이 이어졌다.

상황이 이러한 지경에 이르자 당나라 조정에서도 '모병제(募兵制)'로 전환하지 않을 수 없게 되었으며 병사를 모집하여 수도 방위를 맡기고 변경 지역에서는 장수의 통솔 하에 둔전(屯田)을 일구도록 하였다. 변경 지역에서 병사를 통솔하는 장관을 '절도사(節度使)'라고 칭하였다. 초기의 절도사들은 병권만을 장악하였지만, 후에 병사들을 이끌고 전쟁까지 참여해야 했기 때문에 지방의 행정, 재정권까지 함께 관장하게 된다. 절도사의 권력은 무한대로 확대되어 토지, 백성, 병사, 재물까지 두루 갖춘 대군벌 세력으로 성장하였다.

당나라 현종 시기에만 해도 절도사가 열 명이나 있었으며, 그들은 한 주(州), 또는 몇 개 주의 군사, 정치, 재정을 장악하면서 중앙정부의 통제권을 서서히 벗어나게 되었다. 당나라 현종을 위시한 귀족 관료들은 사리사욕을 채우는 데에만 혈안이 되어 정사를 돌보지 않았다. 당나라 현종은 봄밤이 너무 짧아 해가 일찍 중천에 뜬다하여 이때부터 군왕은 아침 조회에 참석조차 하지 않는 방탕한 생활을 영위하였다. 조정의 대소사는 모두 재상인 이임보, 양국충 등이 처리하였으며, 황실 내정은 모두 환관 고력사에게 일임하였다. 이임보는 권력을 제멋대로 휘두르며 자신과 뜻이 맞지 않은 사람들은 무조건 배척하였다. 양국충 역시 도처에서 재물을 긁어모으기 시작하였으며, 가리지 않고 뇌물을 받아 챙기곤 하였다. 통치 집단이 썩을 대로 썩어 부패하면서 안사의 난이 발발할 기회를 제공하게 되었던 것이다.

안사의 난

755년부터 763년에 걸쳐 발생한 '안사(安史)의 난'은 당나라 왕조의 지방할거 세력이 중앙정권에 대해 일으킨 첫 번째 반란을 말한다. 주동자인 안녹산(安祿山 :

703?~757년)[*]과 사사명(史思明 : ?~761년)^{**}의 이름을 취하여 '안사의 난'이라 부르게 된다.

범양(範陽 : 지금의 북경 서남부), 하동(河東 : 지금의 산서성 태원太原 지역), 평로(平盧 : 지금의 요녕성 금주錦州 서부) 등 세 개의 진(鎭)의 절도사였던 안녹산은 영주유성(營州柳城 : 지금의 요녕성 은주시 부근) 출신으로 성격이 교활하고 아첨에 능했다. 양귀비의 양자되기를 청하여 당나라 현종의 환심을 산 후 신임을 얻었다. 이후 관운이 형통하였고 가장 세력이 큰 군벌로 성장하였다. 그는 당나라 현종이 방탕한 생활에 빠져있고 중국 내륙성의 방위가 취약한 것을 알아채고는 당나라 현종의 자리를 탐낼 야심이 맹렬하게 솟구쳤다. 겉으로는 도성인 장안에 자주 들러 조정대신들에게 공손한 예를 차림으로써 당나라 현종의 신임을 얻는 것처럼 보였지만, 실제로는 암암리에 하북 노소(老巢) 지역을 중심으로 세력을 키우고 있었다.

그는 범양성 북부에 웅무성(雄武城)을 구축하고 병사와 무기를 비축하였으며, 민족 갈등을 이용하여 대규모 분열을 조장하였다. 십여 년에 걸친 준비를 마친 후, 755년 11월 안녹산는 자신의 부하였던 사사명과 결탁하여 양국충을 토벌한다는 명의로 군사 15만 명을 이끌고 당나라 왕조에 반란을 일으키게 됨으로써 안사의 난이 발발하게 된다.

천보 14년(755년) 11월 안녹산은 권신 양국충을 토벌한다는 명의로 범양에서 군사반란을 일으킨 것이다. 안녹산의 군대는 범양에서 남하하여 고성(藁城), 진유(陳留 : 하남성 개봉시), 형양(滎陽) 등을 점령한 후 기세를 몰아 낙양까지 밀고 들어왔다. 당나라 왕조는 영왕(榮王) 이완(李琬)을 원수로 임명하고 우금오대장군(右金吾大將軍) 고선지(高仙芝 : 702~756년)^{***}를 부원수로 임명하여 반군을 토벌하도록 하였

---

* 당나라의 절도사를 지낸 무장으로 난을 일으켜 장안까지 점령했지만, 아들 안경서(安慶緒)와 공모한 환관 이저아(李猪兒)에게 살해되었다. 이 난은 그의 절친한 친구 사사명이 이어받았는데, 8년 만에야 겨우 평정되었다. 이를 두고 두 사람의 이름을 따서 안사(安史)의 난이라고 부른다.

** 당나라의 무장으로 안사의 난에서 안녹산의 부장으로 활약을 했다. 757년 안녹산이 아들인 안경서에게 살해당하자, 난을 이끌게 된다. 결국 자신도 761년 아들 사조의(史朝義 : ?~763년)에게 죽게 되는 기이한 운명을 맞았다.

*** 고구려 유민 출신으로 당나라 장군이다. 안녹산의 서진(西進)을 저지함에도 불구하고 부하의 밀고와 모함으로, 756년 참수 당한다. 그의 뛰어난 부하장수에는 봉상청, 이사업이 있었고, 봉상청은 안사의 난 때 죽었지만 이사업은 '안사의 난' 진압에 공을 세웠다.

양귀비상마도(楊貴妃上馬圖)

다. 반군에 속한 전승사(田承嗣), 안수충(安守忠) 등은 낙양으로 진격하여 수비하던 장수 봉상청(封常淸) 군대를 기병부대로 섬멸시켰다. 아군이 대패하자 잔병들은 도망가기 바빴으며 반군은 낙양을 점령하게 되었고 봉상청도 도주하였다. 반군은 고선지 부대를 추격하기 시작하였다.

당나라 왕조의 군대는 이미 전열이 제멋대로 흐트러진 데다 병사들은 우왕 좌왕하였고 사망자는 수를 셀 수 없을 정도였다. 당나라 군사들은 후퇴를 거듭 하였지만, 동관(潼關)에 머물러 수비를 정비함으로써 반군의 서진(西進)을 막을 수 있게 된다. 하북(河北), 평원(平原 : 지금의 산동시 덕주시德州市 지역)의 태수 안진경(顔眞卿)과 상산(常山 ; 지금의 하북성 정정현正定縣 지역) 태수 안고경(顔杲卿) 형제는 합심 하여 반군에 맞서 싸웠다. 이에 사사명은 군대를 이끌고 상산(常山) 지역을 공격 하기 시작하였다. 태수 안고경은 밤낮으로 반군에 맞서 항전을 벌였으나 양식은 점점 떨어지고 지원군도 오지 않아 결국 상산 방어에 실패하고 말았으며 그를 비롯한 일가 30여 명이 죽임을 당하였다. 상산전투가 실패로 돌아가긴 했지만 이로써 반군은 동관을 공격할 병력을 상실함으로써 관중지역 방어에 대한 부담 을 덜게 된다.

천보 15년(756년) 정월, 안녹산은 낙양에서 스스로 대연황제(大燕皇帝)라 일컬 으며 장안(지금의 섬서성 서안시)을 공격하기 위한 대대적인 서진(西進)을 준비하였 다. 당나라 현종은 하서농우(河西隴右) 절도사 가서한(哥舒翰)을 병마부원수(兵馬副

元帥)로 임명하여 동관을 철저하게 방어하도록 하였다. 가서한은 군사력을 비축하면서 적이 지칠 때를 기다려 공격하는 전략을 채택하여 결전의 날이 오기만을 기다렸다. 그러나 당나라 현종은 여러 차례 그에게 출전하도록 독촉함으로써 가수한은 도리 없이 반군과 결전을 벌이지 않을 수 없었다. 당나라 군은 결국 대패하였고 가수한은 포로로 잡혀 안녹산에게 투항하고 만다. 동관이 함락되자 장안의 앞날도 보장할 수 없게 되었으며, 당나라 현종은 사천으로 피난하지 않을 수 없었다. 안녹산은 군대를 이끌고 장안으로 진격하였으며, 병사들이 닥치는 대로 노략질을 하도록 내버려 두었다. 문무백관이 모두 체포되고 궁녀들과 환관들은 낙양으로 압송되었다.

반군이 장안을 공격할 때에 당나라 현종의 아들 이형(李亨)은 영무(靈武)로 도주하여 스스로 황제라 칭하니 이가 당나라 숙종(肅宗)이다. 당나라 숙종은 군대와 무기를 정비하고 장안과 낙양 두 도성을 수복하여 당나라 왕조를 다시 부흥시킬 준비에 박차를 가하였다. 곽자의(郭子儀) 장군에게 군사 5만을 내어주어 영무로 진격토록 하고 이광필(李光弼)로 하여금 태원(太原)에서 항전토록 함으로써 당나라 숙종의 정권은 기반을 다져나가기 시작하였다.

그러나 이형은 포부만 크고 재능이 모자랐던 방관(房琯)을 임용하여 군사전략을 짜도록 하고 그에게 군사를 이끌고 두 도성을 수복하도록 명하였다. 방관은 군사를 3대로 편성하여 장안으로 진격토록 하였다. 2천 대의 우차(牛車) 부대를 중앙 공격군으로 삼고 양쪽에서 보병과 기병이 이를 보호하는 진부한 고대 전차부대 전략을 이용하여 함양 부근에서 반군 안수충의 부대와 맞붙게 된다. 그러나 적군이 기회를 엿보아 도처에 불을 놓자 놀란 소들은 우왕좌왕 사방으로 흩어지고 당나라 군대의 사상자는 4만여 명에 달하였다. 그 휘하의 부하장수 양희문(楊希文), 유귀철(劉貴哲) 등은 반군에 투항하였고 방관은 잔병 수천 명만을 이끌고 다시 영무로 도주하게 된다.

태원(太原)과 수양(睢陽) 전투
그 후 안사의 난을 일으킨 반군과 당나라 군대와의 전투 가운데 태원과 수양에서의 전투가 가장 영향력이 컸다고 볼 수 있다. 지덕(至德) 2년(757년) 정월, 안녹산은 그의 아들 안경서(安慶緒)에 의해 죽임을 당하였다.

그러나 그해 사사명, 채희덕(蔡希德) 등이 군대 10만 명을 이끌고 양쪽에서 태원을 포위하며 공격하였다. 그들은 태원을 함락시킨 후 삭방(朔方 : 지금의 영하寧夏 영무현靈武縣 서남부)까지 진군하여 당나라 숙종 정권을 멸망시키고자 하였다. 이 소식을 들은 이광필 장군은 군민을 인솔하여 성 밖에 참호를 짓고 성내에는 보루를 구축하는 등 천혜 요새의 장점을 최대한 활용하여 태원의 방어 체제를 군건히 하였다. 사사명은 기병부대를 이끌고 성을 공격하게 되는데, 그는 동서, 남북 양쪽에서 서로 호응하며 공격하는 한편, 높은 사다리를 만들고 성 주변에 토산을 쌓아 성을 공격하였다. 그러나 양쪽 모두 수개월 동안 팽팽한 대치국면을 유지하게 된다.

이광필은 성 밖으로 통하는 비밀 지하통로를 만들어 반군이 성을 공격하기 위해 만든 높은 사다리가 지하통로에 빠지도록 고안하고 대포 등을 제조하여 적군 2만여 명을 격퇴시켰다. 사사명은 결국 군대를 이끌고 다소 후퇴하게 된다. 이광필은 그의 심복 부하에게 거짓 투항을 하도록 한 뒤, 친히 군사를 이끌고 지하 참호에서 반군이 나타나기를 기다렸다. 사사명이 투항을 받아들이기 위해서 성으로 향하는 순간, 땅이 무너지면서 반군 수천 명이 지하 굴로 떨어지게 되었으며 일대 혼란이 발생하였다. 당나라 군대는 이때를 놓치지 않고 공격을 감행하여 반군 1만여 명을 사살하였다. 사사명은 채희덕에게 남아서 성을 공격하도록 명하고 본인은 함양으로 도주한다. 이광필은 공격을 계속하여 죽음을 두려워하지 않는 용감한 병사들을 전진 배치하여 진격토록 함으로써 반군 7만여 명을 사살하였다. 채희덕은 패전한 채 도주하였으며, 당나라 군대는 태원 수비 전투에서 승리를 거두게 된다.

이때에 안경서는 윤자기(尹子奇)에게 명하여 군사 13만 명을 이끌고 수양(睢陽 : 지금의 하남성 상구시商丘市 남부)을 공격하도록 하였다. 수양성을 수비하던 허원(許遠) 장군은 옹구(雍丘 : 지금의 하남성 기현杞縣 지역), 영릉(靈陵) 지역을 수비하고 있는 장순(張巡) 장군에게 지원을 요청하였다. 이에 장순 장군은 영릉에서 군대를 이끌고 수양성에 도착하여 허원과 함께 수양성 수비에 만전을 기하게 된다. 장순 장군은 전투를 지휘하고 허원 장군은 군량미를 확충하고 전투 장비를 정돈하는 등

두 장군은 서로 합심하여 군대를 통솔하였다. 수양성의 당나라 병사 수는 6천여 명에 불과하였으나 사기가 백배 충만하여 밤낮으로 전투를 벌여 나갔다. 하루에 20차례나 되는 교전을 통하여 반군 2만여 명을 사살하기도 하였다. 이에 윤자기는 군대를 철수하여 돌아갈 수밖에 없었다.

양옥환(楊玉環, 양귀비)의 초상

그러나 3, 4월 윤자기는 다시 수양성을 공격하였다. 장순은 소를 잡아 병사들에게 나누어 먹이며 사기를 진작시키고 전군 출전을 명하였다. 반군은 당나라 병사의 수가 적다고 얕잡아 보고 경계심이 해이해진 상태였다. 장순 장군은 친히 병사들을 이끌고 적진으로 출격하여 반군 장수 30여 명과 사병 3천여 명을 사살하였으며, 반군을 수십 리까지 추격함으로써 대승을 거두게 된다. 이후 양쪽은 수양성에서 대치국면을 유지하였다. 장순은 군사들에게 야밤을 이용하여 적을 공격하는 것처럼 가장하자 반군은 밤에도 휴식을 취할 수 없게 되었다. 당나라 군대는 낮을 이용하여 군대를 정비하고 충분한 휴식을 취하도록 하였다. 이러한 대치국면이 며칠 동안 지속된 후, 윤자기의 경계가 흐트러진 틈을 타서 장순은 남제운(南霽雲), 뇌만춘(雷萬春) 등의 십여 명의 장수를 이끌고 불시에 적진을 기습하여 윤자기의 진영까지 들어가 적장 50여 명과 반군 5천여 명을 사살하였다. 윤자기는 남제운이 쏜 화살에 왼쪽 눈을 맞고 생포될 뻔 하였으나 간신히 포위망을 뚫고 도주하였다.

그러나 7월에 윤자기는 다시 세 번째로 수양성을 공격하였다. 당나라 군대는 사상자가 충원되지 못하고 지원병도 오지 않은 상태에서 성내 양식까지 떨어지자 장순은 성문을 굳게 닫고 수비에 치중하였다. 반군은 높은 사다리와 목마, 토산 등을 쌓아 수양성을 공격하였으나 장순 장군은 상황에 맞게 응전하며 적군의 침입을 막아내었다. 윤자기는 다시 장기전에 임하는 방향으로 계획을 수정할 수밖에 없었다. 치열한 전투가 오래 지속됨에 따라 당나라 군대의 수는 6백여 명밖에 남지 않았고 이마저도 고립무원의 처지에 놓이고 말았다. 장순은 남제운을 임

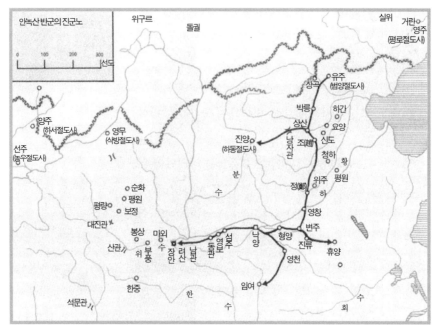

안녹산 반군의 진군노선도

회(臨淮 : 지금의 안휘성 사현泗縣 동남부)에 보내어 하란진명(賀蘭進明)에게 지원을 요청
하였다.

　　그러나 하란진명은 장순의 공적을 시기하여 지원군 파병을 거절하였다. 반
군은 당나라 군대의 지원병이 오지 않고 성 안에는 쥐새끼와 참새 한 마리 남아
있지 않은 상황을 알아차리자 공격을 서두르게 된다. 당나라 군대는 이미 출전
할 여력이 남아 있지 않은 상태였으며 수양성은 결국 함락되었다. 장순을 비롯
한 남제운, 뇌만춘 등 36명의 장수들이 죽임을 당하였으며, 허원은 낙양으로 압
송되었다.

　　태원, 수양성 전투로 인해 반군의 병력도 큰 타격을 입게 되었으며 전세가 역
전되는 중요한 계기로 작용하였다. 이때 곽자의 장군은 군사를 이끌고 봉상(鳳翔)
을 공격하여 수복하였을 뿐만 아니라 하동(河東)을 평정하였다. 당나라 숙종은 영
무에서 봉상에 진군한 후, 농우(隴右), 안서(安西), 서역 지역의 군사를 모두 불러
모으고 회흘(回紇)에도 지원군을 요청하여 두 도성을 수복하고자 하였다. 지덕 2

년(757년) 9월 당나라 군대는 다시 장안으로 진격하였다. 이사업(李嗣業)이 전방부대를 이끌고 곽자의가 중간 병력을 인솔하였으며, 왕은례(王恩禮)는 후방부대를 지휘하면서 이귀인(李歸仁)이 이끄는 반군과 교전을 벌이게 된다. 초반에는 당나라 군대가 불리한 처지에 놓여 반군에게 패하였다.

그러나 이사업이 최전방에 서서 병사들을 진두지휘하였고 당나라 군사들은 모두 긴 칼로 무장하고 전열을 가다듬어 진군하면서 적군을 초토화시키기 시작하였다. 당나라 장수 완난득(王難得)은 적군의 화살에 눈을 맞아 시야를 가리게 되자 화살과 함께 눈알도 빼내어 버리고 피범벅이 된 얼굴로 전투에 임하였다. 반군의 복병들은 복고회은(僕固懷恩 : ?~765년)*과 회흘 군대에 패하여 사기가 크게 떨어졌다. 당나라 군대는 반군 6만 명의 목을 베었으며 셀 수 없이 많은 병사들이 군마에 밟혀 죽었다. 반군은 대패하였고 당나라 군대는 이때를 노려 장안성을 되찾게 된다. 광평왕(廣平王 : 훗날 대종代宗)과 회흘왕 엽호(葉護), 당나라 장수 곽자의 등은 군대를 이끌고 낙양으로 진격하였다. 이에 안경서는 포로로 잡고 있던 가서한, 허원 등을 죽이고 하북으로 도주함으로써 당나라 군대는 마침내 낙양도 되찾게 된다.

상원(上元) 2년(761년) 3월 사조의(史朝儀)가 사사명을 죽이고 스스로 황제라 칭하며 즉위하였다.

사조의는 군사를 이끌고 송주(宋州 : 지금의 하남성 남구시南丘市 지역)를 공격하였으나 당나라 장수 전신공(田神功)에게 패하였다. 보응(寶應) 원년(762년), 당나라 대종(代宗, 이예李豫 : 재위 726~779)이 즉위하면서 옹왕(雍王) 이적(李適)을 천하병마원수(天下兵馬元帥)로 임명하고 복고회은을 부원수로 임명하여 이광필 장군과 함께 사조의를 정벌하러 나서게 된다. 당나라 군대는 낙양 북부 외곽지역에서 반군을 크게 무찔렀으며 사조의는 패하여 하북지역으로 철수하였다. 당나라 장수 복고양(僕固瑒)은 패주(貝州 : 지금의 하북성 청하현淸河縣 지역)에서 승리를 거두었다. 보응 2년

---

* 복골부족(僕骨部族)의 수장으로 안사(安史)의 난이 일어나자 부족을 이끌고 곽자의를 도와 당나라를 위해 싸웠으며 대종의 신임을 얻어 삭방절도사 등을 역임하였다. 그러나 나중에 모반 혐의를 받게 되자, 763년 반기를 들어 티베트·후구훈(吐谷渾)·위구르 등 수십만 명의 부족을 거느리고 싸웠으나 병으로 죽었다.

(763년) 사조의는 다시 대패하여 범양으로 달아났으나 빈궁을 견디지 못하고 자살함으로써 8년 동안 계속된 안사의 난은 비로소 평정되었다.

▶▶ 역사의 흐름에 어떤 영향을 미쳤을까?

안사의 난은 당나라 중기 사회갈등이 격화되면서 터져 나온 모순의 산물이라고 볼 수 있다. 오랜 기간 태평성대가 이어지면서 전쟁을 할 줄 몰랐던 당나라 조정은 너무나 빨리 장안과 낙양을 반군에게 내어주었다. 그러나 반군은 도성을 전령하면서 닥치는 대로 부녀자를 겁탈하고 재물을 약탈하였으며, 건장한 남자는 부역에 동원하고 노약자는 죽임으로써 민심을 잃는 결과를 초래하였다. '안사의 난'을 계기로 당나라 왕조는 번영에서 쇠퇴의 길로 들어서게 된다. 이 전쟁을 거치면서 특히 황하 중하류 유역의 백성들은 전에 없던 환란에 시달리게 되었으며 북방 경제는 크게 파괴되었다. 낙양 주변 수백 리에 달하는 지역은 모두 폐허로 변하였고, 여주(汝州), 정주(鄭州) 등도 모든 가옥과 재물이 재로 변하여 사람들은 종이로 옷을 대신할 지경에 이르렀다. 당나라는 극도의 침체기에 빠져들게 되었으며 사람의 그림자도 찾아보기 어려운 참담한 상황이 벌어졌다. 사회모순은 더욱 격화될 수밖에 없었으며 중앙정부의 통제력은 약화되었다. 이로써 각 지역에서 40여 개에 달하는 대소 군벌들이 세력을 형성하여 할거하는 국면에 돌입하게 된다.

안사의 난은 당나라가 번영에서 쇠퇴로 접어드는 전환점이라고 볼 수 있다. 이 전쟁은 당나라 사회, 경제에 심각한 타격을 입히게 되었으며 후에 번진할거(藩鎭割據) 국면이 이어지면서 당나라의 국력은 갈수록 쇠퇴하였고 결국 멸망에 이르게 된다.

안사의 난은 중국 역사적으로도 하나의 전환점이라고 볼 수 있다. 이 전쟁을 계기로 중국의 봉건사회는 최고의 전성기에서 쇠퇴 국면으로 접어들게 되었으며 중국 전역에 세력을 떨친 대제국의 전성시대는 오대(五代), 송(宋)나라에 이르기까지 수백 년 동안 다시는 중국 역사에 등장하지 않게 된다. 송나라 왕조는 비교적 유약했던 왕조로 일개 지방정권에 불과했다고 말할 수 있을 정도이다. 후에 몽골이 침입하여 이민족 정권을 수립하게 되었으며 뒤이은 명나라 왕조의 영향권도 역시 장성(長城) 이내 가욕관(嘉峪關 : 지금의 감숙성甘肅省 가욕관시) 동쪽에 이르는 지역에 불과하였다. 청나라 왕조에 이르러 중국은 다시 당나라 왕조의 규모를 회복하였으나, 이때의 중국은 이미 세계무대에서 뒤로 밀려나 있으면서도 이를 깨닫지 조차 못하고 있는 실정이었다.

13. 번진할거藩鎭割據, 오대십국 시대를 열다

중국 역사에서 항시 드러나는 큰 문제점은 바로 분열과 통일에 있다고 볼 수 있다. 당나라 왕조의 태평성세가 끝나고 쇠퇴에 접어들기 시작하면서 역사적으로 번진할거(藩鎭割據)라고 불리는 전국적인 분열이 일어나게 된다. '번(藩)'은 호위대, '진(鎭)'은 군사거점 지역인 군진(軍鎭)을 가리킨다. 봉건 왕조에서는 군진을 설치하여 자신의 안전을 지키고자 하였으나, 이러한 세력이 오히려 중앙정권을 위협하는 할거세력을 형성하곤 하였다. 즉 번진할거 국면은 봉건 왕조 통치자의 권력을 쟁취하고자 하는 욕구에서 비롯된 것이라고 볼 수 있다.

배경

당나라 현종의 재위(712~756년) 동안 주변 소수 민족의 침입을 방어하기 위하여 방융군진(防戎軍鎭)을 설치하고 절도사를 두었다. 절도사는 군사통수권, 재정 분배, 관할구역 내 주, 현 등을 감찰하는 권리를 지니고 있었으며, 당나라 왕조에는 총 아홉 명의 절도사와 한 명의 경략사(經略使)를 두었다. 이 가운데 북방의 여러 지역에 권력이 집중되는 현상이 매우 뚜렷하였다. 두세 군진의 절도사를 한 명이 담당하는 경우도 빈번하였으며, 안녹산의 경우도 범양(範陽), 평로(平盧), 하동(河東) 세 개 군진의 절도사로서 세력을 형성하였기 때문에 반란을 일으킬 수 있었던 것이다.

안사의 난이 발발한 후, 반군의 진격을 막고 군진제도가 중국 내륙까지 확대되도록 하기 위하여 가장 중요한 주(州)에 절도사를 두어 주변 지역의 주(州) 군사들을 지휘하도록 하였다. 그 다음으로 중요한 주에는 방어사(防禦使) 또는 단련사(團練使)를 설치하여 군사적 요충지를 방어하도록 하였다. 이에 지금의 섬서, 산서, 하남, 안휘, 산동, 강소, 호북 지역에는 수많은 절도사, 방어사, 단련사 등이 있는 대소 군진이 형성되었다. 이러한 국면은 후에 중국 전역으로 확산되었다.

본래는 군사관직에 불과하였던 절도사는 그 지역의 관찰처치사(觀察處置使 : 당나라 전기의 채방사采訪使의 명칭을 개명한 것임)의 역할까지 겸하였는데, 관찰처치사는 방어사 또는 단련사를 겸하고 있었기 때문에 이들은 모두 지방의 군정장관(軍政長官)이었다고 볼 수 있다. 주 이상의 일급 권력기구는 크게는 절도(節度), 작게는 관찰(觀察)로 구분되었으며, 당대 후기에는 번진(藩鎭) 또는 방진(方鎭)이라고 불리게 되었다. 방진이 모두 할거국면을 맞았던 것은 아니다. 지금의 섬서, 사천 및 강회이남 지방의 방진은 대부분 중앙정부의 명령에 복종하였으며, 조공을 바치고 있었다. 이들 지역의 관리임면권 또한 중앙정부가 쥐고 있었다.

그러나 지금의 하북 지역은 명의상으로는 당나라 정부의 관료였지만 대부분 할거세력으로서 중앙의 명령에 복종하지도 조공을 바치지도 않았다. '하북삼진(河北三鎭)'이라고 불리는 이들 지역은 지금의 산동(山東), 하남(河南), 호북(湖北), 산서(山西) 등지로서 오랜 기간 번진의 형태로 존립하였으며, 일부는 자신의 세력만 믿고 중앙정부에 거만한 자세를 취하였으며, 단기간 반란을 일으킨 할거세력도 일부 포함되어 있었다.

번진할거(藩鎭割據)

당나라 시대의 번진할거 국면은 네 단계로 나누어 살펴볼 수 있다.

제1단계는 당나라 대종(代宗 : 재위 762~779) 초년부터 덕종(德宗, 이괄李适 : 재위 742~805) 말년(762~805년)으로서 할거세력이 형성, 발전되는 단계였다. 763년 사조의(史朝儀)가 자살하면서 그 잔당 세력들이 당나라 왕조에 속속 투항하였고 이로써 안사의 난은 종결되었다. 그러나 무능력한 조정은 그 잔당 세력을 완전히 척결하지 못하였을 뿐만 아니라 절도사의 칭호를 주고 안사의 난이 발발했던 지역에서 그대로 안둔하도록 내버려 두었다.

이에 이회선(李懷仙)을 노룡(盧龍 : 유주幽州 또는 범양範陽이라고도 하며 지금의 북경 지역) 절도사에 임명하여 지금의 하북 동북부 지역을 다스리도록 하였으며, 이보 신(李寶臣)은 성덕(成德 : 진기鎭冀 또는 항기恒冀라고도 하며 지금의 하북 정정定定 지역) 절도 사로 임명하여 지금의 하북 중부지역을 다스리도록 하였다. 또한 전승사(田承嗣) 를 위박(魏博 : 지금의 하북성 대명大名 북부) 절도사로 임명하여 지금의 하북 남부지역 과 산동성 북부 지역을 다스리도록 하였다. 설호(薛嵩)는 상위(上衛 : 지금의 하남성 안양安陽 지역) 절도사로 지금의 하북 서남부와 산서, 하남 일부지역 등을 다스리도 록 하였다. 이로써 북방에는 총 네 개의 진이 형성되었으나, 후에 상위가 전승사 에게 합병되면서 삼진으로 되었으며 '하북삼진'이라고 불리게 된다.

이 삼진 지역은 명의상 조정의 명령에 따르는 것처럼 보였지만 실제로는 독 립되어 있었다. 군대의 주사령관직은 부자세습이 이루어지거나 대장군이 대리 형식으로 자리에 오르기도 하였는데, 당나라 조정에서는 이를 문제 삼지 않았다. 이밖에 치청진(淄青鎭 : 평로平盧라고도 하며 지금의 산동성 익도益都 지역), 산남동도(山南 東道 : 지금의 호북성 북양번北襄樊 지역) 등도 실질적으로는 독립적인 지위를 유지하고 있었다. 회서(淮西 : 지금의 하남성 여남汝南 지역) 절도사 이희열(李希烈)은 자신의 주둔 지에서 반역하여 스스로 건흥왕(建興王)이라고 칭하며 이미 왕이라 칭하고 있던, 치청, 위박, 성덕, 노룡 등 사진(四鎭)의 절도사들과 연합하여 중앙에 대항하기 시 작하였다.

당나라 덕종은 회서(淮西)의 주변 지역의 병력을 움직여 이희열을 토벌하려 하였으나, 주변 지역의 절도사들은 추이를 관망할 뿐 아무도 앞장서려 하지 않았 다. 783년 경원(涇原 : 지금의 감숙성 경천涇川 북부)의 병력으로 동부를 지원하고자 하 였으나, 그해 10월 이 군대에서 반란이 일어나 장안에 머물고 있던 전 노룡 절도 사 주차(朱泚)를 진제(秦帝)로 옹립하였다. 이에 덕종은 봉천(奉天 : 지금의 섬서성 간현 干縣 지역)을 떠날 수밖에 없었다. 784년 정월 이희열은 스스로 초제(楚帝)라 칭하고 연호를 무성(武成)으로 바꾸었다. 그해 2월 조정에 입궐한 삭방(朔方 : 지금의 영하자 치구 영무靈武 지역) 절도사 이회광(李懷光)도 반란을 일으키자, 덕종은 다시 양주(梁州 : 지금의 무한시)로 피난함에 따라 당나라 정권은 매우 위급한 상태에 놓이게 된다.

그러나 그해 6월 주차의 반란을 평정하고, 785년 8월 이회광의 반란도 진압

당나라 시대 전폐(錢弊) 한 벌

하였으며, 786년 4월 이희열이 부하 장수에게 죽임을 당함에 따라 하북, 산동의 네 개 진은 다시 중앙에 복종할 것을 다짐하여 겉으로는 통일이 된 듯한 국면을 형성하였다. 그러나 이 같은 혼란한 상황을 겪고 난 후 덕종은 방만한 고식정책(姑息政策 : 잠시의 편안함만 취하는 일시적인 방편)을 펴나감으로써 일신의 안일과 단편적인 안정을 추구하고자 하였다.

제2단계인 당나라 헌종(憲宗 : 이순李純) 영정(永貞) 원년부터 말년(805~820년)에 이르기까지는 번진 토벌 시기에 해당한다고 볼 수 있다. 영정 원년(805년) 8월 당나라 헌종이 즉위하면서 토번 소멸 정책을 추진하기 시작하였다. 806년에는 검남(劍南) 서천(西川 : 지금의 사천성 성도成都 지역) 절도사 유벽구(劉辟求)가 삼천(三川) 지역을 겸병하려 하였으나 조정에서 이를 반대하자 군사를 일으켜 동천(東川) 절도사가 통치하던 재주(梓州 : 지금의 사천성 삼대三臺 지역)를 공격하였다.

당나라 헌종은 곧바로 고숭문(高崇文)에게 신책(神策) 군대를 이끌고 출정하도록 하여 단번에 평정하였다. 그해 하수(夏綏) 절도사 양혜림(楊惠林)이 일으킨 반란을 평정하였으며, 이듬해 일어난 진해(鎭海 : 절서浙西라고도 하며 지금의 강소성 진강鎭江 지역) 절도사의 반란은 그 주변 지역의 병력을 이동시켜 평정하였다. 이렇게 몇 차례에 걸쳐 반란군을 진압하고 승리를 얻게 되자, 당나라 헌종과 전쟁을 주장한 주전파 대신들은 자신감이 늘어나게 된다.

809년 성덕 절도사 왕사진(王士眞)이 죽고 그의 아들 승종(承宗)이 중앙의 동의 없이 스스로 그 자리를 계승하였다. 당나라 헌종은 환관 토돌승최(吐突承璀)로 하여금 군대를 이끌고 토벌하게 하였으나 승리를 얻지는 못하였다. 결국 일시적인 타협안을 체결할 수밖에 없어 승종의 직위 계승을 인정하였다.

812년 위박 절도사 전계안(田季安)이 죽자 그의 아들 종간(從諫)이 어린 나이에 자리를 물려받게 되는데, 군대 내부에서는 대장군 전흥(田興 : 후에 홍정弘正으로 개명)을 옹립하고자 하였다. 그러나 전흥은 중앙의 명령에 따르고 법령을 준수하고자 하였다. 그는 종간의 호적을 신고하고 조정에 지방관을 임명하여 종간을 도성에 입성시키도록 청하였다. 이는 오랜 기간 할거국면에 처해있던 하북삼진에 새로운 돌파구를 마련한 사건이었다고 볼 수 있다.

회서지역은 이희열이 부하 장수 진선기(陳仙奇)에게 죽임을 당한 후 진선기는 오소성(吳少誠)에게 죽임을 당하였으며, 오소양(吳少陽)이 즉위하는 등 할거국면이 지속되고 있었다. 원화(元和) 9년(814년) 오소양이 죽고 그의 아들 오원제(吳元濟)가 군무를 관장하였다. 회서의 이러한 국면을 어떻게 처리할 것인가를 두고 당나라 조정에서는 주전파와 회유파로 나뉘어졌다. 당나라 헌종은 주전파와 뜻을 같이 하여 주변의 군대를 집결시켜 회서를 포위 공격하도록 하였다. 그러나 치청, 성덕 등 두 개 진은 암암리에 회서를 지원하고 있었다. 그들은 하양(河陽)의 전운창(轉運廠)을 불사르는가 하면 재상 무원형(武元衡)을 암살하고 어사중승(御史中丞) 배도(裴度)를 상해하는 등 조정의 공격을 저지하려고 하였다.

그러나 당나라 헌종은 이에 굴하지 않고 배도를 재상으로 삼고 반란에 대한 진압을 계속해 나갔다. 이 시기는 번진세력과 당나라 조정의 대결전의 양상을 띠고 있었다. 그러나 반군을 평정해야 하는 장군들 가운데는 사태를 관망하려는 자들이 적지 않아 공격은 무력해졌고 전쟁은 무려 4년이나 지속되었다. 재상 배도는 친히 전방 부대를 돌아보았으며, 817년 10월 당등(唐鄧) 절도사 이소설(李愬雪)이 야밤에 채주(蔡州)를 기습 공격하여 오원제(吳元濟)를 생포하면서 최종 승리를 거두게 된다. 이듬해 당나라 헌종은 치청을 공격하였다. 819년 2월 치청의 장군 유오(劉悟)가 절도사 이사도(李師道)를 죽이고 당나라에 항복하였다. 이에 성덕왕(成德王) 승종(承宗), 노룡의 유총(劉總) 등도 스스로 진을 떠나 중앙 조정으로 들어왔으며, 조정에서는 새로운 절도사를 임명하여 파견함으로써 장기간 지속되었던 할거국면은 안정을 찾게 된 듯 보였다.

번진의 부활

제3단계는 당나라 목종(穆宗 : 제12대 황제 이항李恒, 재위 820~824) 초년에서 당나라 의종(懿宗 : 제17대 황제 이최李漼, 재위 859~873) 말년(821~872년)에 이르는 기간으로 번진의 부활과 발전 시기를 말한다. 당나라 헌종이 반군을 평정하고 조성한 신국면은 그리 오래가지 못하였다. 또한 오랜 전쟁으로 인하여 당나라의 국고는 바닥난 상태였으며, 당나라 헌종 말기의 등용된 관리들이 백성들을 수탈하는 데 혈안이 되면서 원성을 사게 되었다. 오히려 새로운 평정 국면이 대신들의 사상을 마비시키는 결과를 초래했다고 볼 수 있다.

당나라 헌종이 세상을 떠나고 목종이 즉위한 후 병력을 감축해야 한다는 주장이 크게 일어났다. 병력을 감축하면 국가의 재정지출을 줄일 수 있을지 몰라도 감축된 병력은 생계를 이어나갈 방법이 없어져 혼란의 불씨가 될 수 있었다. 하북삼진의 병사들은 수십 년 동안 조정에서 임명되어 파견된 관리의 얼굴을 본적도 없으며 기세등등한 그들의 눈에 비친 관리들의 모습이란 투항하여 포로가 된 어리석고 교만하고 사치스런 인물들뿐이었다.

821년 노룡에서 먼저 병사들의 반란이 일어났다. 병사들은 조정에서 파견한 새 절도사 장홍정(張弘靖)을 옥에 가두고 나머지 관료들은 남김없이 모두 죽여 버렸다. 이어 성덕의 장수가 위박(魏博)에서 성덕 절도사로 파견된 전홍정(田弘正 : 전홍田興을 가리킴)을 죽이는 사건이 발생하자, 당나라 조정에서는 배도로 하여금 군사를 이끌고 이들을 토벌하도록 하였다. 또한 위박 절도사이자 전홍정의 아들인 전포(田布)에게 지원병을 출격시켜 성덕에서 일어난 반란을 함께 진압하도록 하였다. 그러나 위박의 장수들은 출병을 하려들지 않았으며 전포에게 중앙에서 독립할 것을 요구하게 되자, 결국 전포는 자살하고 만다.

'하북삼진'은 다시 조정의 통제권을 벗어나게 되었으며 병력 감축으로 갈 곳이 없어진 병사들은 속속 이곳으로 모여들었다. 새로운 할거세력인 주극융(朱克融), 왕정주(王廷湊), 사헌성(史憲誠) 등은 기존의 통치방식을 부활시켰다. 배도는 아무런 성과 없이 돌아올 수밖에 없었으며 막대한 군비를 감당할 수 없었던 당나라 조정은 현실을 수용할 수밖에 없었다. 상황이 이러한 지경에 이르자 당나라 조정에서도 하북 지역을 되찾을 계획조차 아예 세울 수 없게 되었다.

그러자 본시 당나라 조정의 통제권에 있던 지역에서도 할거세력이 등장하게 된다. 서주(徐州 : 지금의 강소성 관할에 속하는 지역)의 대장군 왕지흥(王智興)은 절도사 최군(崔群)을 제거하고 군정을 장악하였다. 당나라 조정에서도 그에 소속된 하북 절진(節鎭)을 그에게 줄 수밖에 없었다. 택로(澤潞 : 지금의 산서성 장치長治 지역) 절도사 유오(劉悟)가 군사(軍使) 유승해(劉承偕)를 제멋대로 감금해도 조정에서는 속수무책일 수밖에 없었으며 유승해를 유배시킨다고 발표한 후에야 유오는 그를 풀어주었다. 그 후 유오의 아들 삼대(三代)가 모두 택로에서 집권하였으며, 당나라 무종(武宗 : 제15대 황제 이염李炎, 재위 841~846) 회창(會昌) 4년(844년)에 이르러서야 이덕유(李德裕)가 택로를 평정하게 된다. '회창연간반군평정'이라고 불리는 이 전쟁의 승리는 당나라 조정이 다시 지방에 대한 통제력을 회복하는 데 큰 영향을 미쳤다고 볼 수 있다.

당나라 시대 시기의 삼채마(三彩馬)

제3단계는 번진이 부활, 발전하였으나 그 세력은 제1단계에 미치지 못하였다. 이 기간 동안 당나라 통제권 내에 있던 지역과 번진 할거세력 지역 모두에서 부하 장수가 상사를 제거하는 사건이 빈번하게 발생하였다. 이는 번진할거 국면의 또 다른 한 양상이자 권력이 하향 이동하는 상징적인 사건이라고 볼 수 있다.

제4단계는 당나라 희종(僖宗 : 제18대 황제 이현李儇, 재위 874~888) 건부(乾符) 2년에서 당나라 멸망(875~907년)에 이르는 시기로서 번진세력의 상호겸병이 이루어지던 단계에 해당한다. 당나라 말기 건부 2년(875년)에 왕선지(王仙芝), 황소(黃巢) 등이 이끄는 농민전쟁*이 발발하였다. 당나라 왕조는 각 진의 군사를 집결시켜 포위공격을 실시하는 한편 도통(都統), 부도통(副都統)을 총사령관으로 임명하였으나 인솔체계를 통일시키지 못하였다. 수많은 하부 절진(節鎭) 세력들이 이 시기를 틈타 자신의 세력을 확대시키기 시작하였다.

▶▶ 역사의 흐름에 어떤 영향을 미쳤을까?

광명(廣明 : 희종의 연호) 원년(880년) 12월, 황소가 이끄는 농민 반군이 장안으로 진격하면서 당나라 왕조의 중앙집권체제는 사실상 와해되었다. 이 시기를 틈타

---

*875~884년 사이에 일어난 농민 반란인 황소의 난이다. 왕선지는 먼저 죽었으나, 황소는 장안으로 쳐들어가 국호를 대제(大齊), 연호를 금통(金統)이라고 불렀다. 그러나 그의 통치는 사실상 경제적 기반이 없었고, 결국 황소의 군대는 이극용(李克用)에게 격파 당한 후 자결했다.

중국 전역에 수많은 할거세력이 출현하였다. 이들 가운데는 고병(高駢)과 같은 당나라 왕조의 절도사 출신을 비롯하여 양행밀(楊行密), 동창(董昌)과 같이 자신의 무장 세력을 형성한 후 당나라 왕조로부터 절도사의 칭호를 받아낸 경우도 있었다. 이러한 상황이 지속되면서 번진할거세력은 기하급수적으로 증가하였다. 농민 봉기가 실패로 끝나자, 이러한 번진세력들은 곧 바로 상호 겸병을 목적으로 한 전쟁에 돌입하였다. 수십 년 동안 지속된 전쟁은 중국 전역을 휩쓸었다. 천우(天佑 : 애종哀宗) 4년(907년) 명의뿐이었던 중앙 조정도 번진세력 가운데 하나인 주온(朱溫 : 852~912년)*의 손에 넘어 가면서 중국에는 당대 번진할거 국면의 연속이라고 할 수 있는 오대십국(五代十國) 시대가 열리게 된다. 이러한 혼란 국면은 북송이 중국을 통일하고서야 비로소 끝을 맺었다.

14. 회창멸불會昌滅佛, 당나라 무종武宗이 불교를 말살하다

중국역사에는 '삼무일종(三武一宗)'이라 하여 대대적으로 억불 정책을 실시한 시기가 있었다. '삼무(三武)'란 북위(北魏)의 '태무제(太武帝)' 탁발도(拓跋燾)와 북주(北周)의 '무제(武帝)' 우문옹(宇文邕), 당나라 '무종(武宗)' 이염(李炎 : 814~846년)**을 말하며, '일종(一宗)'이란 주(周 : 후주後周)나라 세종(世宗) 시영(柴榮)***을 가리키는 것이다. '회창멸불(會昌滅佛)'은 이 가운데에서도 당나라 무종이 회창(會昌) 연간

---

* 주전충(朱全忠)을 말한다. '황소(黃巢)의 난'에 참가하였으나, 전세가 불리하자 항복한 후 난을 평정한 공으로 각지의 절도사를 겸하는 등 화북 제일의 실력자가 되었고, 907년 후량(後梁)을 세웠다. 즉위 후 6년 만에 아들 주우규(朱友珪)에게 살해되었다.

** 당나라의 제15대 황제(재위 841~846)로 이름은 이염(李炎)이라고 한다. 선의황후(宣懿皇后) 위씨(韋氏) 소생으로 당나라 경종과 문종의 이복동생이다. 문종이 환관들과의 정쟁으로 독살당하자, 즉위하였다. 무종 역시 재위 6년 만에 독살당하였다.

*** 중국 5대(五代) 최후의 왕조(951~960년) 후주(後周)를 말한다. 후한(後漢)의 추밀사(樞密使) 곽위(郭威)가 군사를 일으켜 후한을 멸하고, 951년 제위에 올라 국호를 주(周)라고 하였다. 세종(世宗 : 柴榮)은 제2대 왕이다.

(841~846년)에 불교를 말살한 정책이다. 특히 불교와 봉건국가의 경제적 갈등이 표출된 것으로서 불교와 도교가 종교적인 위상을 놓고 한판 대결을 벌인 결과라고도 볼 수 있다.

불교의 번영과 불교 말살정책의 역사

인도의 불교가 중국에 유입된 시기는 대략 서한 (西漢) 말엽 즈음에 해당한다. 그 발전 단계는 크게 위진(魏晋)시대 이전의 유입 단계, 동진남북조(東晋南北朝)시대의 전파 단계, 그리고 수나라, 당나라의 흥성 단계 등 3단계로 나누어 살펴볼 수 있다. 동진남북조 시대에 접어들면서 불교사찰이 대거 건축되고 승려들의 수가 전에 없이 급속히 증가하였다. 북위(北魏) 시대의 불교 사찰의 수는 3만여 개에 달한 적도 있으며, 승려로 출가한 사람은 2백여만 명에 달하였다. 남조(南朝)의 양무제(梁武帝) 시대에는 건강(建康) 일대

법문사 지하 궁전에서 출토된 '불골(佛骨 : 불지사리)'

의 불교 사찰만 5백여 개에 이르렀고, 승려의 수는 10만 명에 달하였다. 이러한 불교 사찰들은 모두 독립된 경제수단을 보유하고 대량의 토지와 노동력을 점유하고 있었기 때문에 특수한 승려지주계급을 형성하게 된다.

불교사찰 경제가 발달하면서 봉건왕조와 경제 분야에서의 충돌이 불가피해졌다. 북주(北周)의 무제*의 집권기에 북주의 승려는 무려 백만 명에 이르고 사찰의 수도 만여 개에 달하여 조정의 병역, 재정 등에 심각한 영향을 끼치고 있었다. 북제(北齊)를 멸하기 위하여 그는 사찰로부터 병력과 토지를 빼앗아 오기로 결심한다. 이에 건덕(建德) 3년(574년) 불교와 도교를 금지하는 조서를 내리고 승려지주계급의 사찰, 토지, 동상(銅像) 등 모든 자산을 몰수하여 국고에 귀속시켰다. 백만

---

* 북주는 우문호(宇文護)가 서위(西魏)의 공제(恭帝)를 제위에서 밀어내고 세운 중국 북조(北朝)의 왕조(557~581년)이다. 제3대 무제 때 북제를 평정하여 화북(華北) 통일을 실현하고, 불교를 폐하여 왕권 강화를 도모하였다. 수나라를 세운 양건에게 망하였다.

명에 달하던 승려와 사찰에 소속되어 있던 불가와 신도들을 모두 민간인으로 환속하도록 하였다.

4년 후에 북주는 북제를 멸망시킴으로서 불교말살정책의 영향 범위는 만리장성 내부와 장강 상류유역, 황하 남북 지역의 사찰까지 이르게 된다.

강남지역은 '후경(侯景)의 난(후경侯景은 원래 북위北魏사람이었으나 양나라에 귀순하였다가 반란을 일으켜 양나라의 도읍 건강健康을 점령한 사건)'이 발발한 후 불교까지 그 불똥이 튀게 되었다. 진(陳)나라 왕조시대에 불교는 양(梁)나라 만큼 흥성하지는 못하였다. 불교는 수나라 문제 양견(楊堅)에 의해 다시 한 번 재도약의 시기를 맞이하게 된다.

수나라 문제 양견은 불교를 신봉하였으며, 개황(開皇) 원년(581년) 조령(詔令)을 발표하여 출가를 자유롭게 허락하였다. 또한 인구비례에 맞추어 출가 인원을 정하고 불상을 제작하도록 하였다. 수나라 시기에 불교가 다시 흥성하기 시작하였으며, 당나라에 이르러서는 더욱 발전하게 된다.

그러나 당나라 고조는 불교를 신봉하였으나 당나라 초기 시대에는 박혁(博奕) 등이 수차례 상서를 올려 불교의 폐단을 열거하고 불교를 금지할 것을 청하였다. 이에 당나라 고조는 조서를 내려 승려를 환속시켰으며 이러한 영향은 도사들에게까지 미치게 되었다. 그러나 당나라 고조가 퇴위한 후 당나라 태종이 섭정을 하게 되면서 대규모 사면을 실시하였기 때문에 실제로는 실시되지 못하였다. 당나라 태종은 정관 연간 초기에 정해진 규율에 따르지 않고 멋대로 머리를 깎고 승려가 되는 행위는 사형에 처한다는 명령을 내린 바 있었다.

당나라 태종은 말년에 근심걱정이 많아져 불법에 마음을 차츰 빼앗기게 된다. 특히 현장법사를 매우 좋아하여 손수 『대당삼장성교서(大唐三藏聖教序)』를 지어 불교를 전파한 적도 있었으며, 승려 1만8천여 명의 출가를 허락하는 명령을 내리기도 하였다. 당나라 태종의 뒤를 이은 고종, 중종 등은 모두 불교신자였으며, 측천무후는 도처에 불상을 세우고 명당을 지었으며 천추(天樞)를 설립하는 등 불교 발전에 역점을 기울였다. 이로써 불교세력은 더욱 팽창하게 된다. 불교사찰은 궁궐에 견주어도 될 만큼 사치스럽기 이를 데 없었다. 후대의 제왕들 가운데도 불교신자가 매우 많았으며 당나라 숙종, 대종 등은 궁궐 안에 도장(道場)을 짓

고 수백 명의 승려들로 하여금 조석으로 불경을 낭독하도록 하였다. 당나라 헌종
은 부처님의 사리를 맞이하는 예식을 거행하기도 하였다.

당나라 대종 때에는 관리들이 승려들을 벌줄 수 없도록 조서를 내림으로써
범죄를 저질러도 법망을 빠져나갈 수 있었다. 당시 중국 내륙의 비옥한 토지 역
시 대부분 사찰이 소유하고 있을 정도였다.

불교는 통치자들이 전파에 앞장섬에 따라 신속하게 발전을 이룩하였다. 그
러나 당시에도 봉건 왕조와의 갈등은 여전히 존재하고 있었다. 대규모 노동인력
이 출가하여 승려가 되거나 또는 사찰에 의탁해 있는 사찰 농가, 소작농이 되어
있었기 때문에 사찰은 수많은 토지와 노동력을 손에 쥐게 되어 사찰 경제가 발달
하기 시작하였다. 봉건 왕조의 납세 가호는 오히려 급속히 줄어들기 시작하였다.

박혁이 불교를 반대한 이유 가운데 하나는 승려는 무위도식하는 백성으로
조정에 세금을 내지도 않고 오히려 국가 재정을 다량으로 낭비하여 세금을 줄어
들게 하기 때문이었다. 한유(韓愈)는 국가의 재정을 고려하는 입장에서 불교의 폐
단을 지적하며 불교를 반대하는 문장을 짓기도 하였다. 당나라 대종 시기에 팽언
(彭偃)은 만 50세가 되지 않은 승려는 매년 네 필의 비단을 세금으로 내고 만 50세
이하의 비구니와 여도사는 비단 두 필씩을 내도록 하고 일반 백성들과 똑같이 부
역의 의무를 감당하도록 건의하였다. 그의 생각은 만약 이렇게만 된다면 백성이
출가하여 승려가 되어도 국가로서는 아무런 손실을 입게 되지 않는다고 여겼다.

봉건왕조와 불교가 토지와 노동력을 사이에 두고 갈등이 격화되다가 그 갈
등이 일정 수준에 도달하게 되면 봉건왕조는 불교를 향해 선전포고를 하지 않을
수 없게 된다.

또 다른 시각에서 당나라 무종의 불교말살 정책은 불교와 도교의 종교적 지
위 대결을 반영한 것으로 해석하고 있다. 도교는 중국의 토속종교로서 노자 이담
(李聃 : 이름은 이이李耳이고, 자는 담聃)을 교주로 받들고 있다. 북조(北朝)이래 황제는
대부분 도교를 신봉하였다. 당나라 왕조가 건립된 후 황제의 성이 이씨(李氏)이고
도교에서 추앙하는 노자 역시 이씨였기 때문에 통치자는 신권(神權)을 빌어 황제
의 위상을 높이고자 노자의 후손임을 자인하고 도교를 숭상하였다.

당나라 고종 시기에는 노자를 태상현원황제(太上玄元皇帝)로 추대하였을 정도

였다. 당나라 현종은 손수 『도덕경(道德經)』에 주석을 달아 사람들로 하여금 공부하도록 하였다. 또한 노자의 『도덕경』을 『도덕진경(道德眞經)』이라 존대하는 한편, 장자의 저술은 『남화진경(南華眞經)』, 경상자(庚桑子)*의 저술은 『동영진경(洞靈眞經)』, 열자(列子)**의 저술은 『충허진경(衝虛眞經)』등으로 존대하고, 과거제도에 노(老), 장(莊), 문(文), 열(列) 등 네 선인의 과목을 개설하였다. 도사(道士), 여관(女冠)***은 황실종친의 사무를 관장하던 종정사(宗正寺)에서 관리하도록 규정하였다. 이를 통해 당나라 왕조가 도사와 여관을 마치 가족처럼 대했다는 것을 알 수 있다. 측천무후가 불교를 숭상했던 이유는 첫째 불교는 여황 탄생의 이론적 근거를 제시하여 주었으며, 둘째 불교를 이용하여 도교세력을 누르고자 하였기 때문이었다.

당나라 왕조는 도교를 신봉하였기 때문에 수많은 황제들이 도사를 신뢰하였다. 도사들은 그전 왕조에서부터 도, 불 이교의 투쟁을 지속하여 왔으며 불교에 대한 공격을 일삼았다. 당나라 무종이 불교를 말살하고자 했던 가장 근본적인 원인은 불교사찰 경제세력을 약화시키려 한 것에 있지만 도사 조귀진(趙歸眞)이 불교를 맹공격했던 것과도 밀접한 관계가 있다고 볼 수 있다.

무종의 불교말살정책

당나라 무종 이전의 경종(敬宗 : 제13대 황제 이심李湛, 재위 824~826), 문종(文宗 : 제14대 황제 이앙李昂, 재위 827~840) 등도 관례에 따라 불사(佛事)를 행하였지만 경종은 도교에 매우 심취해 있는 상태였으며, 도사 조귀진은 황궁을 마음대로 출입하였다. 문종 역시 불교를 말살하고자 하는 뜻이 있었기 때문에 출가와 사찰건축을 금지하는 조서를 내리기도 하였다. 당나라 무종은 즉위하기 전부터 도술에 심취하였으며, 즉위한 후에는 도사들을 궁중으로 불러들여 가까이 두었다. 조귀진은

---

* 『장자(莊子)』의 「경상초편(庚桑楚篇)」에 그의 행적이 나타나 있다. 유가의 본거지인 노(魯)나라 외루(畏壘)의 산 속에 살면서 노자에게 배운 무위자연(無爲自然)의 길을 실천하였다고 한다.
** 이름은 어구(禦寇)이다. 사마천의 『사기(史記)』에는 그 전기가 보이지 않고, 『장자(莊子)』 「소요유편(逍遙遊篇)」에 "열자는 바람을 타고 하늘을 날았다"고 한다.
*** 도교(道敎)의 전도를 맡은 남녀를 함께 부르는 말로 남자는 도사(道士), 여자는 여관(女冠)이라 불렀다.

이점을 이용하여 무종에게 불교는 중국의 종교가 아니므로 완전히 척결해야 한다고 주장하였다. 당나라 문종은 재상에게 고대에는 농민 한 명이 세 명을 먹여 살렸지만 지금은 군대와 불교까지 더해져 농민 한 명이 다섯 명을 먹여 살리고 있는 실정이며, 특히 내 백성들은 불교로 인해 고통을 받고 있다고 토로한 적이 있었다.

당나라 시대의 삼채방궤(三彩方櫃)

당나라 무종은 "내 백성들이 곤궁하게 된 것은 모두 불교 때문이다"라고 밝히고 불교를 말살하는 조서를 내리게 된다. 먼저 산야에 지은 초제(招提), 난야(蘭若) 등 사사로이 세운 승려들의 거처 4만 개를 철거하고 승려 10만 명을 환속시켰다. 회창 5년(845년) 서경(西京)에는 사찰 네 개만을 남기고, 각 사찰마다 승려 열 명만을 두도록 하였으며, 동경(東京)에는 사찰 두 개만을 남기고 절도관찰사가 소재하고 있는 주(州) 34개 지역에는 사찰 한 개씩만을 남기도록 하였다. 승려들의 수는 서경과 동일하게 정하였다. 기타 자사 소재 주에 있는 사찰들은 모두 철거하도록 하였다. 또한 어사 네 명을 파견하여 각지를 순행하며 신속한 실행을 재촉하였다.

당나라 시대의 녹유리유수두(綠琉璃釉嘼頭)

조정에서 명칭을 하사한 사찰 가운데 철거된 수가 4천6백 개에 달하였으며, 승려 26만5백 명을 환속시키고 노비 15만 명과 사찰에서 노역하던 양민 50만 명을 구제하였다. 이때에 몰수한 토지는 수천수만 경에 달하였다. 구제한 노비들에게는 농지 백 무씩을 분배하여 조정의 민간 호구에 편입시켰다. 사찰의 동상으로는 동전을 제조하고 철상으로는 농기구를 만들었으며 금은상은 국고에 귀속시켰다. 또한 민간에서 보유하고 있는 불상은 한 달 내에 관아로 보내고 위반하는 자에게는 처벌을 가하였다.

회창 말년 당나라 전역의 납세가구는 '원화중흥(元和中興)'기로 불리는 당나라 헌종 시기보다 세배나 늘어났으며 당나라 목종 시대보다 3분의 1정도 더 증가함으로써 안사의 난 이후 가장 태평스러운 시기를 구가하게 되었다. 당나라 무종의 불교말살정책은 성공적이었다고 평가받고 있다. 그러나 그가 세상을 떠난 후 즉위한 선종(宣宗 : 제16대 황제 이침李忱, 재위 847~859)은 불교신자였기 때문에 당나라 무종 집권기에 철거하였던 불교사찰을 다시 복원하고 도사 조귀진 등을 처형하였다. 이때부터 불교는 점차 흥성하기 시작하였다.

불교에 대한 태도는 당나라 말기 '우이당쟁(牛李黨爭)*의 주요 논쟁 주제 가운데 하나였다고 할 수 있다. 이당(李黨)의 대표 주자였던 이덕유(李德裕)는 불교를 반대하여 절서(浙西) 지방의 관리로 있던 당시 1400여 사찰을 철거하였으며, 서천(西川) 절도사 시절에도 사관과 난야 천여 개를 철거하였다. 사찰의 토지는 농민들에게 다시 분배하여 주었다. 회창 연간의 불교말살정책 역시 당나라 무종과 이덕유가 합심하여 시행한 것이라고 볼 수 있다. 당나라 선종 대중(大中) 원년(847년) 이덕유는 덕주(德州) 사마(司馬)로 좌천되었으며, 후에 다시 최주(崖州 : 지금의 해남도 海南島 경산현瓊山縣 동부) 사마로 좌천되었다. 교파간의 투쟁이 결국 정치투쟁으로 비화되고 만 것이다.

▶▶ 역사의 흐름에 어떤 영향을 미쳤을까?

회창 연간에 실시된 불교말살정책은 중국 불교 역사에서 '삼무일종(三武一宗)'의 불교말살정책 가운데 가장 강도 높고 파괴적이었으며, 가장 광범위하고 가장 철저하게 중국 불교에 타격을 가한 경우라고 할 수 있다. 북위(北魏)의 불교말살정책은 북방의 일부 지역에만 해당되었지만 당나라 무종의 불교말살정책은 중국 전역까지 영향을 끼친 것이다. 특히 그 시기는 불교의 각 종파가 확립되고 최고의 전성기를 구가하고 있던 시점이었다. 30만 명에 달했던 승려들 가운데 26만 명이 강제 환속을 당하였으며, 파괴된 사찰만 4만여 개가 넘었다. 각 종파의 경전과 사찰들도 모두 불태워졌다.

한유(韓愈)의 말대로 "승려들을 모두 환속시키고(人其人인기인), 사찰은 민가로 환원하고(廬其居여기거), 모든 불경을 불태우는(火其書화기서)" 전면적인 불교말살정

---

* 우승유(牛僧儒), 이종민(李宗閔) 등을 영수로 하는 '우당(牛黨)'과 이덕유(李德裕), 정담(鄭覃) 등을 영수로 하는 '이당(李黨)' 사이에 약 40여 년 간 벌어졌던 당쟁을 말한다.

책을 실제로 시행하게 된 것이다. 이를 불교에 대한 '삼광정책(三光政策)'이라고도 한다. 이러한 파괴적인 말살정책을 겪으면서 불교 각 종파는 참담하게 무너졌으며, 사회, 정치, 사상 등 각 방면에서의 위상과 영향력도 크게 감소하였다.

15. 황소黃巢의 봉기, 최초로 '평등'의 개념을 외치다

중국 역사에서 농민봉기는 매우 드물었다. 발생 횟수, 발생 규모 면에서도 다른 나라와는 비교조차 할 수 없을 정도로 미미하다. 그러나 당나라 말엽 875년에서 884년에 걸쳐 발생한 황소의 봉기는 당나라 왕조를 전복시키는 데 최종 목적을 두었던 농민봉기였다고 말할 수 있다. 이 봉기를 통해 평등사상이 대두되었으며, 후세의 농민봉기에 지대한 영향을 끼치게 된다. 황소의 봉기는 중국 농민봉기의 새로운 지평을 열었다고 볼 수 있다.

군사들의 반란
당나라 왕조 말엽에 이르러 봉건사회의 압제와 착취를 견디다 못한 농민들은 속속 반란의 대열에 가담하였다. 762년에는 원조(袁晁)가 장강 하류유역에서 농민봉기를 일으켰고, 859년에는 구보(裘甫)가 절동(浙東)에서 봉기를 일으켰으며, 868년에 이르러 방훈(龐勛)은 서사(徐泗) 지역의 융족(戎族) 병사들을 이끌고 계림(桂林)에서 봉기를 일으키는 등 쉬지 않고 계속된 농민봉기는 백성들의 군중심리를 크게 자극하여 당나라 말엽 농민봉기의 서막을 열게 된다.

873년 당나라 의종(懿宗, 이최李漼 : 재위 859~873)이 세상을 떠나고 희종(僖宗 : 이현李儇 : 재위 873~888)이 즉위하면서 당나라 왕조의 정치는 더욱 암흑에 휩싸이게 되었으며 재정 손실이 3백만 관(貫 : 엽전 천 개를 꿴 꾸러미)에 달하였다. 그해는 황하 중하류유역에 가뭄이 발생하여 하절기의 보리 수확량이 절반에 그쳤으며, 가을이 되었어도 수확을 하지 못하여 농민들은 초근목피로 굶주림을 겨우 면하는

황소의 초상

실정이었다.

상황이 이러한 지경인데도 조정의 요역, 부세는 여전히 줄어들지 않아 농민들은 생활이 막막할 수밖에 없었다. 벼랑 끝으로 내몰린 분노한 군중들은 무기를 들고 투쟁의 대열에 합류함에 따라 농민봉기가 발발하게 된다.

874년 왕선지(王仙芝 : ?~878년)*는 장단(長壇 : 지금의 하남성 장단현 동북부)에 3천여 명의 농민을 모아 봉기를 일으켰다. 스스로 '천보평균대장군(天補平均大將軍) 겸 해내제호도통(海內諸豪都統)'이라고 칭하고 포고문을 발표한 뒤, 당나라 왕조를 전복시키자며 농민들에게 호소하였다. 이듬해 여름, 황소가 이끄는 수천의 군중들이 조주(曹州) 원구(冤句)에서 이에 호응하였다.

황소(黃巢 : ?~884년)**는 산동성 조주 원구(冤句 : 지금의 산동성 조현曹縣 지역) 출신이다. 소금을 팔아 생계를 유지하였고 학문을 익힌 적이 있었으며 기마와 궁술에 능하였다. 무장(武裝)한 사설 소금 판매조직을 결성하여 사사로이 소금을 판매하여 당나라 조정의 수사를 받는 과정에서 무장 투쟁을 일으키곤 하였다. 그는 당나라의 부패한 정권에 깊은 원한을 품고 당나라 왕조를 멸망시킬 뜻을 세우고 있었다. 황소가 봉기를 일으키자 가난에 지친 농민들이 속속 그의 휘하로 몰려들었으며 어느새 수만 명에 달하였다. 왕선지는 부대를 이끌고 복양(濮陽 : 지금의 하남성 범현範縣 지역)을 공격하였으며, 조주에 이르러 황소의 봉기군과 합류하였으며, 그 기세는 하늘을 찌를 듯이 높았다. 그들은 산동, 하남, 호북 등지를 공격하기 시작하였다.

---

* 당나라 말기에 일어난 '황소(黃巢)의 난' 초기의 지도자이다. 소금 밀매상인이었으나 기근과 수탈이 심해지자 천하 인민의 평등을 구호로 내걸고 약 3천명을 모아 반란을 일으켰으며 화북에서 양자강에 이르는 넓은 지역을 휩쓸었으나, 기주(蘄州)에서 패사하였다.

** 5세 때 시(詩)를 지었다는 이야기가 전해지고, 소금 암매매를 업으로 삼았던 그는 왕선지의 반란에 호응하여 군사를 일으킨 5년 후 장안(長安)에 입성하여 국호를 대제(大齊), 연호를 금통(金統)이라 부르고 스스로 황위에 올랐다. 이 난 이후 당나라는 23년 간 존속하지만 당나라가 붕괴되는 계기가 되었다.

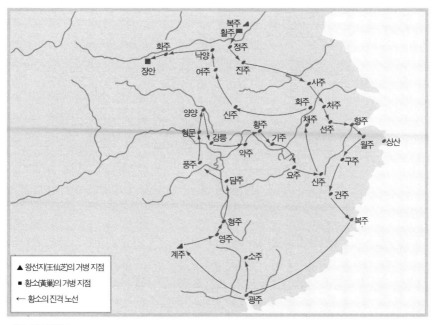

▲ 왕선지(王仙芝)의 거병 지점
■ 황소(黃巢)의 거병 지점
← 황소의 진격 노선

황소 봉기 진행도

　　당나라 왕조의 통치자들은 농민봉기군에게 심각한 타격을 입은 이후 높은 관직과 많은 재물로 그 지휘 장수들을 매수하기 시작하여 농민봉기군을 와해시키려 하였다. 당나라 왕조의 투항 권유와 그에게 제시한 조건들 앞에서 왕선지는 마음이 동요하게 된다. 그러나 황소와 봉기군이 사력을 다해 저항하는 것을 보고, 그는 공개적으로 투항할 엄두조차 내지 못하였다. 마침 이때 황소가 봉기군을 이끌고 산동을 공격하고 돌아왔으며, 왕선지는 호북에 머물고 있었다. 당나라 조정의 군대가 진압에 나서자 왕선지는 낙양에서 투항 조건을 타진하였다. 그의 사자가 중간에서 당나라 군대에게 붙잡혀 죽임을 당하게 됨에 따라 협상이 체결되기도 전에 봉기군은 피동적인 입장에 처하고 만다. 878년 2월, 황매(黃梅) 전투에서 봉기군 5만 명이 전사하였으며, 왕선지도 당나라 군대에 의해 결국 죽임을 당하였다. 다만 상양(尙讓)만이 일부 봉기군을 이끌고 포위망을 뚫어 호주(亳州)에 이르러 황소에게 투항하였다.

장안 공격

이때부터 농민봉기군은 황소를 통수(統帥)로 추대하고 '충천대장군(衝天大將軍)'이라 칭하였다. 연호를 왕패(王霸)라 하고 관청을 세웠으며 투쟁의 칼끝을 바로 지주계급정권을 상징하는 '하늘[天]'로 향하였다. 878년 2월부터 황소는 봉기군을 이끌고 회하(淮河) 남북지역을 휩쓸며 기회를 엿보다가, 장강을 건너 건주(虔州), 길주(吉州), 요주(饒州), 신주(信州), 복주(福州) 등을 공격하였다. 농민봉기군은 가는 곳마다 관부를 불사르고 탐관오리들을 죽이고 가난한 농민들을 도와주었기 때문에 백성의 지지를 얻게 되었으며, 후에 그 규모가 수십만 명까지 달하게 된다.

879년 10월, 농민봉기군은 광주(廣州)로 진격한 후, 이곳에서 대오를 정비하고 단기간의 휴식을 취하면서 인원과 무기를 보충하였다. 황소는 '백만도통(百萬都統)'의 명의로 '북벌정치선언'을 발표하면서 "자사(刺史)들의 재산을 수탈하지 않고 현령(縣令)들의 가족을 죽이지 않는다"는 구체적인 정치적 주장을 내어놓게 된다. 이어 군대를 이끌고 북상하여 당나라 왕조의 고도인 장안을 향해 진격하였다.

황소의 군대가 장안으로 진격하고 있다는 소식이 전해지자 당나라 황제는 크게 놀라 군대를 이동시켜 진압하려고 하였다. 재상 왕탁(王鐸)이 친히 나서 형남(荊南) 절도사와 남부지역의 행영초토도통(行營招討都統)을 맡아 강릉(江陵)에 주둔하며 방어에 나섰다. 또한 대대로 장수 집안 출신인 이계(李系)를 행영부도통(行營副都統) 겸 호남(湖南) 관찰사로 임명하여 군사 5만을 주고 담주(潭州)를 방어하도록 하였다. 고병(高騈) 장군을 회남(淮南) 절도사로 하여 양주(揚州)에 주둔시키고 장강 천혜의 요새지역을 방어하도록 하였다.

농민봉기군은 사기 충만하여 겁 없는 기세로 진격을 계속하였다. 그해 11월 봉기군은 계주(桂州 : 지금의 계림 지역)에 집결한 후 상강(湘江)을 따라 북상하여 영주(永州), 형주(衡州)를 지나 바로 담주를 점령하였으며, 당나라 군대 5만을 섬멸하였다. 봉기군은 그 기세를 몰아 장강 동부 하류지역의 악주(鄂州)를 점령하였으며, 안휘, 절강 등지를 돌며 전투를 벌였다. 880년 봉기군은 드디어 당나라 군대의 장강 방어선을 돌파하고 다시 회양 방어선까지 돌파하여 낙양을 손에 넣었다.

당나라 왕조는 동관 지역을 지켜내기 위하여 마지막까지 저항을 멈추지 않았다. 제극양(齊克讓)에게 1만 군사를 주어 외부 수비를 강화하는 한편 별도로 2800명 규모의 '신책군(神策軍)'을 조성하여 수비에 만전을 기하였다. 황소는 봉기군을 이끌고 동관성 앞까지 진격하였으며, 본인이 최전방에 서고 선봉장 상양(尙讓)에게는 동관의 후방을 지키도록 함으로써 동시에 협공을 취하였다. 현지 주민 천여 명도 스스로 흙을 퍼와 참호를 메우는 등 농민군을 지원하였다. 황소의 봉기군은 6일 만에 동관을 정복함으로써 장안으로 가는 길목을 열었다. 이로써 신속하게 장안으로 진격하여 들어갔다.

881년 5월 8일, 당나라 희종은 수하의 환관을 데리고 사천성 성도로 피난을 떠날 수밖에 없었다. 저녁 무렵에 농민군은 장안성을 점령하였다. 그해 5월 16일 농민봉기군은 장안에 신정권을 수립하여 국호는 '대제(大齊)', 연호를 '금통(金統)'이라 하였으며, 황소는 황제의 자리에 올랐다. 당나라 왕조의 삼품 이상 관리들은 모두 파면되었으며 사품 이하의 관리들은 유임되었다.

농민혁명을 통한 신정권이 수립된 이후, 황소는 더 이상 당나라 군대를 추격하지도 않았으며 관중(關中) 부근의 금위군대를 멸하지도 않은 채 승리의 기쁨 속에만 취해 있었다. 이틈을 이용하여 사천으로 몸을 피하였던 당나라 희종은 숨을 고른 후 대오를 정비할 시간을 벌게 된다. 그는 잔여세력을 집결시키는 한편 각지의 군벌들에게 연락을 취하여 농민군을 향하여 반격을 개시하였다. 농민군의 기세에 눌려 일시적으로 투항하였던 절도사들도 이 기회를 이용하여 병사를 일으켰다. 점차 농민군은 근거지를 상실하게 되고 당나라 군대의 포위망에 걸려들고 만다. 이런 어려운 역경 속에서 봉기군의 수장이었던 주온이 변심하였고, 883년 당나라 왕조의 통치계급은 사타족(沙陀族), 당항족(黨項族)의 귀족 무장 세력과 결탁한 후 농민군을 향해 진격하였다. 중과부적의 상황에서 농민군은 장안을 떠나 후퇴할 수밖에 없었으나 하남지역에서 투쟁을 계속하였다. 884년 6월, 농민군은 다시 산동으로 퇴각하였으며, 내무(萊蕪) 이북의 낭호곡(狼虎谷) 전투에서 대패하여 황소가 자살함으로써 농민봉기는 실패로 끝나게 된다.

▶▶ 역사의 흐름에 어떤 영향을 미쳤을까?

당나라 말엽 황소가 이끌었던 농민봉기에 수십만 군중이 모여들었다. 이들은 십여 개의 성을 돌며 십여 년 동안 봉기를 지속하였다. 황소의 농민 봉기는 중국 역사에서 매우 장렬했던 농민혁명전쟁으로서 중국농민전쟁사에 화려한 한 페이지를 장식하였다. 이로써 당나라 왕조의 통치에 심각한 타격을 입히게 되었으며 농민전쟁으로 인하여 봉건사회를 개조할 수 있다는 것을 입증하였다. 그리고 농민봉기의 발생으로 번진할거세력이 약화되었으며, 이로써 중앙과 번진, 번진과 번진 사이의 세력 균형을 깨뜨리게 되었다. 봉기군은 '충천(衝天)'을 혁명사상의 기저로 삼았으며, 최초로 '평등'의 개념을 전투구호에 반영하였다. 이렇게 탄생한 혁명정권은 봉건제도에 심각한 타격을 입히게 되었다. 황소의 봉기는 농민전쟁의 새로운 국면을 상징하고 있으며 후대의 농민투쟁에도 지대한 영향을 끼쳤다.

16. 석경당石敬瑭, 연운십육주燕雲十六州를 할양하다

당나라 말엽에 발발한 농민봉기로 인하여 당나라 왕조의 국력은 점점 쇠퇴하였다. 907년에 이르러 주온(朱溫, 즉 주전충)이 당나라를 멸하고 새로운 왕조인 후량(後梁) 정권을 탄생시켰다. 당나라 왕조의 후기부터는 번진할거 국면이 더 발전한 오대십국(五代十國 : 907~960년)*의 분열 시대로 접어들게 된다. 이 시기는 중국 역사에서 왕조 교체가 가장 빈번하게 일어났던 시기로서 군벌강권정치가 시행되었다. 할거한 번진은 일정한 군사력을 키우고 시기를 기다렸다가 기존의 왕조를 전복시키고 대신 왕조에 올라 자신의 왕조를 건립하였다. 왕조의 내부적으로도 황제의 자리를 놓고 내홍이 발생하여 형제, 부자간에 죽고 죽이는 비참한

---

* 당나라가 멸망한 907년부터 송나라가 건립된 960년까지이다. 황하 유역을 중심으로 화북을 통치했던 5개의 왕조(오대), 화중, 화남과 화북의 일부를 지배했던 여러 지방정권(십국)의 정치적 격변기를 말한다. 오대는 후량, 후당, 후진, 후한, 후주, 십국은 오월, 민, 형남, 초, 오, 남당, 남한, 북한, 전촉, 후촉을 말한다.

사건이 끊이지 않고 발생하였다. 오대시대는 하늘도 없고 법도 없던 무법천지의 시대였다고 말할 수 있다. 군벌들은 황위를 차지하기 위해서는 수단과 방법을 가리지 않았다.

이러한 관점에서 석경당은 국토를 팔고 오랑캐의 아들이 될지언정 황제의 야망을 버리지 않았으며 거란(契丹)의 도움을 얻어 황제의 자리에 오른 무치(無恥 : 부끄러움이 없음)한 인물이었다고 할 수 있다.

석경당(石敬瑭)*

석경당은 서이(西夷) 출신으로 얼렬계(臬捩鷄)의 아들이다. 사타(沙陀) 귀족 이국창(李國昌), 이극용(李克用 : 856~906년)** 부자를 따라 전쟁터에 나가 싸운 경험이 있다. 젊은 시절 대주자사(代州刺史) 이사원(李嗣源)의 눈에 들어 그의 사위가 되었다. 이사원은 이극용의 양자로서 후에 황제의 자리에 오르니, 이가 곧 후당(後唐)의 명종(明宗 : 오대십국 시대의 후당의 제2대 황제, 재위 926~933)이다.

후당의 명종이 세상을 떠난 후 그의 아들 이종후(李從厚)가 즉위하였으니, 이가 곧 민제(閔帝)이다. 그러나 민제는 즉위한 지 4개월 만에 명종의 양자였던 이종가(李從珂 : 937~978년)에게 황제의 자리를 내주게 된다. 이종가는 바로 후당의 말제(末帝)에 해당한다. 말제는 즉위 후 석경당을 태원(太原 : 북경北京) 절도사로 임명하여 그곳을 수비하도록 하였다. 이종가가 황위를 빼앗아 차지한 일은 석경당의 마음을 크게 동요시켰다. 그때부터 석경당은 황제의 자리를 차지할 욕심이 생겼으며 적극적으로 길을 모색하기 시작하였다. 태원은 지세가 매우 험준하였을 뿐만 아니라 양식도 충분히 비축해 놓고 있었다. 석경당은 또한 낙양의 재물을 태원으로 옮겨와 태원을 자신의 근거지로 삼고 거란(契丹)의 도움을 얻어 황제의 자리를 차지할 준비를 마치었다.

---

* 석경당(892~942년)은 오대십국 후진(後晉)의 건국자(재위 936~942)이다. 거란에 신하를 자청하고 세공을 바쳐 연운(燕雲) 16개주(州)를 할양한다는 조건으로 원조를 받아 반란을 일으켰다.

** 당나라 말기의 군웅으로 황소의 난을 진압하였다. 그러나 훗날 주전충(朱全忠)에게 태원(太原)이 포위되어 위협을 받던 중 병사하였다. 그 후 아들 이존욱(李存勖)이 후량(後梁)을 멸망시키고 화북(華北)을 통일하였다. 후당의 건국자 이존욱에 의해 태조(太祖) 무제(武帝)라 추증받는다.

주온의 초상

거란(契丹)은 중국 동북부 지역에 거주하던 소수 민족으로 916년 아보기(阿保機 : 872?~926년)*가 각 부락을 통일한 후 정권을 수립하였다. 아보기가 세상을 떠난 후 야율덕광(耶律德光 : 요나라 제2대 황제 요골堯骨, 재위 926~947)이 그 자리를 이었으며, 국호를 '요(遼)'라고 바꾸었다. 아보기가 건립한 정권은 나날이 세력을 키워나가며 오대(五代)의 북부 변경 지역을 자주 남침하여 약탈하였다. 아보기는 통일정권을 수립한 후 후량(後梁)의 왕에게 사신을 보내어 신하의 나라로 봉해줄 것을 청하였으며, 이에 후량은 거란을 '생구지국(甥舅之國)' 즉 조카의 나라로 삼았다. 거란은 끊이지 않고 남침을 계속하였으나, 이를 저지하는 세력도 만만치 않았기 때문에 중국 내륙까지 침범하기에는 항상 역부족이었다.

석경당은 그의 부하 상유한(桑維翰), 유지원(劉知遠) 등과 함께 거란의 원조를 받아 후당을 차지할 계획을 모의하고, 석경당은 상유한에게 거란에 보낼 문서의 초안을 작성하도록 하였다. 즉 거란을 황제의 나라로 섬기고 거란의 왕과 부자의 예를 맺으며 거사가 성사된 후 노룡(盧龍) 일대 및 안문관(雁門關) 이북의 모든 지역과 토지를 할양한다고 하였다. 유지원은 이러한 처사가 거란에게 너무 과분하다고 생각하였다. 그는 석경당에게 "황제의 나라로 섬기면 충분한 것으로 부자의 예까지 맺을 필요가 무엇이며 후한 재물을 주어 거란이 출병하도록 하면 될 것을 토지까지 할양한다면 중원에 큰 후환을 남기게 될 것이 뻔하며 그때가 되면 후회해도 이미 때는 늦을 것이다"라고 설득하였지만 황제가 될 욕심에 눈이 먼 석경당에게는 어떤 말도 귀에 들어오지 않았다. 당시 석경당의 나이가 45세이고 야율덕광은 34살에 불과하였기 때문에 이러한 예를 차린다는 것은 치욕의 극치였다고 할 수 있다.

---

* 요(遼)나라의 제1대 황제(재위 916-926)인 야율아보기(耶律阿保機)를 말한다. 본명은 야율억(耶律億)이다. 거란의 여러 부락의 통합에 성공하고, 916년에 즉위하여 중국식으로 황제라 칭하고 요녕성(遼寧省) 임한부(臨漢府)에 도읍하였다.

석경당이 반란을 일으키자 말제는 장경달(張敬達)을 도부서(都部署)로 삼고 양광원(楊光遠)을 부도부서(副都部署)로 삼아 석경당을 토벌하고자 하였다. 장경달은 진안향(晋安鄕 : 진양晋陽 남부)에 진양을 겹겹이 포위하는 긴 포위망을 구축하였다. 석경당은 성문을 굳게 걸어 잠그고 수비에 치중하였다. 그러나 곧 식량부족 문제에 직면하게 되었다. 이에 그해 9월 야율덕광은 친히 5만의 군사를 이끌고 석경당을 지원하러 출병하였다. 출병 당일 바로 당나라 군대를 격퇴하고 진안을 포위하였다.

말제는 다른 지역의 군대를 이동시켜 포위망을 풀고자 하였다. 이에 노룡 절도사 조덕균(趙德均)에게 군대를 출병하도록 명하였다. 그러나 조덕균은 오히려 야율덕광에게 수많은 금은보화를 주며 자신이 황제의 자리에 오를 수 있도록 도움을 요청하였다. 그는 자신이 군대를 이끌고 낙양을 공격하고 거란과는 형제의 예를 맺으며 석경당에게 상진 하동(常鎭河東) 지역을 줄 것을 약조하였다. 조덕균이 제시한 이러한 조건들은 석경당이 제시한 것과는 비교가 되지 않을 만큼 차이가 났지만, 이렇게 된 이상 조덕균의 요구를 들어주기로 하였다. 왜냐하면 야율덕광 혼자 군대를 이끌고 당나라 영토 깊숙이 침입하기에는 조덕균의 세력이 만만치 않았으며 당나라 군대에게 퇴로까지 차단될 위험이 있었기 때문이다.

이 소식을 듣게 된 석경당은 공포에 사로잡히게 된다. 그는 상유한을 거란의 진영으로 파견하여 야율덕광의 막사 앞에 무릎을 꿇고 아침부터 저녁까지 울며 불며 조덕균의 요구를 들어주지 말 것을 간청하였다. 결국 야율덕광은 없었던 일로 하기로 결정한다. 그해 11월 12일 거란의 야율덕광은 석경당을 진제(晋帝)로 봉하고 영원토록 부자의 인연을 맺을 것을 약정하고, 진(晋)나라는 매년 거란에게 비단 30만 필을 조공으로 바치고 연운십육주(燕雲十六州)를 거란에 할양하기로 한다.

연운십육주 지역에는 유(幽 : 요나라는 이 지역을 남경南京, 또는 연경燕京으로 승격시켰으며 지금의 북경에 해당), 탁(涿 : 하북성 탁주涿州 지역), 영(瀛 : 하북성 하간현河間縣 지역), 막(莫 : 임구任丘 지역), 단(檀 : 밀운密雲 지역), 계(薊 : 계현薊縣 지역), 순(順 : 순의현順義縣 지역), 위(蔚 : 위현蔚縣 지역), 신(新 : 하북성 원탁록현原涿鹿縣 지역), 규(嬀 : 회래현懷來縣 지역), 유(儒 : 북경 연경현燕慶縣 지역), 무(武 : 하북성 선화현宣化縣 지역), 삭(朔 : 산서성 삭현朔縣 지역), 운(雲 : 대동시大同市 지역), 응(應 : 응현應縣 지역), 환(寰 : 삭현朔縣 동부) 등이 포함되어 있다.

윤11월에 양광원(楊光遠)은 장경달(張敬達)을 죽이고 거란에 투항하였으며, 야율덕광은 석경당과 함께 남진을 계속하였다. 고모한(高謨翰)을 선봉으로 후당의 투항군과 함께 남진하여 단백곡(團柏谷)에 이르자 조덕균과 그의 아들 조연수(趙延壽)는 군대를 이끌고 도주하였으며, 다른 장수들도 도망가기에 바쁘자 병사들도 뿔뿔이 흩어지고 만다. 조덕균과 조연수는 노주(潞州)까지 도주하였으나, 야율덕광과 석경당이 노주에 다다르자 결국 거란에 투항하였다. 이에 야율덕광은 더 이상 남하하지 않고 그대로 머물렀으며 석경당은 낙양까지 진격하였다. 후당의 군대는 모두 석경당에게 투항하였으며, 말제와 조태후(曹太后), 유황후(劉皇后) 등은 당나라의 국보를 지니고 현무루(玄武樓)에 올라 분신자살하였다. 그날 밤 석경당은 낙양을 점령하였다. 그는 후진(後晉)의 태조(太祖)*가 되었다.

아황제(兒皇帝 : 거란의 꼭두각시 황제)

석경당은 야율덕광을 부황제(父皇帝)로 섬기고 거란의 신하임을 인정하였다. 매번 거란의 사신이 올 때마다 그는 무릎을 꿇고 예를 갖추어 조서와 칙령을 받았다. 해마다 금과 비단을 보내는 것은 물론 각종 경조사와 명절을 맞이할 때에도 후진(後晉)은 거란에게 진귀한 예물을 수없이 바쳐야만 했다. 이러한 예물은 태후, 원수(元帥), 태자를 비롯하여 한연휘(韓延徽), 조연수(趙延壽) 등 남북의 두 왕에게도 바쳐야 했으며 조금이라도 불만이 있으면 거란은 사자를 보내어 질책하였다. 석경당은 매번 비굴하게 무릎을 꿇고 사죄를 해야만 했다. 그러나 후진의 사자가 거란을 방문해도 거란은 이를 본척만척하였으며, 사자가 돌아와 이러한 상황을 조정에 보고할 때면 조정은 물론 백성들까지도 큰 굴욕으로 여겼다. 오로지 석경당만이 아무런 굴욕도 느끼지 않은 듯 깍듯하게 존경을 다하곤 하였다.

거란은 석경당에게 연운십육주를 얻었지만 일부지역의 군민들은 이에 대해

---

* 석경당은 936년 즉위하여 942년에 병사한다. 후진(後晉)의 제2대 출제(出帝) 석중귀(石重貴)는 석경당과 달리 요나라의 신하로 칭하는 것을 거부하였다. 946년 후진이 공격해 오자 야율덕광은 이를 격파하고 여세를 몰아 개봉(開封)을 점령하였다. 그로써 석중귀는 사로잡히고 후진은 멸망하였다.

격렬히 저항함으로써 이 지역에 대한 통치가 그리 쉽지만은 않았다. 운주(雲州) 절도판관(節度判官) 오만(吳巒)은 백성들을 향해 "예의바른 풍속을 지닌 우리가 어떻게 오랑캐나라의 신하가 될 수 있단 말인가?"라고 성토하였다. 그는 지역 신료들의 추대로 운주 지방을 다스리게 되었으며 오만의 인솔 하에 운주의 군사들과 백성들은 성문을 굳게 걸어 잠그고 성을 수호하였기 때문에 거란이 점령할 수 없었으며 결국 운주성을 돌아 지나갈 수밖에 없었다.

산서(山西) 평요(平遙) 채소무관상(彩塑武官像)

▶▶ 역사의 흐름에 어떤 영향을 미쳤을까?

거란은 연운십육주를 얻은 후 유주와 운주에 각각 남경도(南京道)와 서경도(西京道)를 설치하였다. 석경당은 북방의 요새인 연운십육주를 고스란히 거란에게 넘겨주어 거란이 남침할 수 있는 유리한 여건을 만들어 주었을 뿐만 아니라 중국 내륙에 위치한 왕조들이 거란과 군사 충돌이 발생할 때 어떠한 요새도 갖추지 못한 피동적인 입장에 처하도록 만들었다. 당시 상유한은 북방의 지세를 논하며 거란의 기병은 평탄한 지역에서만 그 장점을 발휘할 수 있으며 중국 내륙의 보병은 험준한 요새에서 그 장점을 발휘할 수 있다고 하였다. 연운십육주를 할양한 후, 연(燕), 계(薊) 이남 지역은 드넓은 평원지역으로 보병과 기병, 어디에 유리할 지는 자명한 일이었다.

주(周)나라 세종(世宗) 시영(柴榮)*은 현덕(顯德) 6년(959년) 북벌을 감행하면서 영(瀛), 막(莫), 영(寧 : 하북성 정해현靜海縣 남부) 삼주(三州)를 비롯하여 익진관(益津關 : 하북

---

* 중국 5대(五代) 최후의 왕조(951~960년)인 후주의 제2대 세종(世宗 : 柴榮)은 5대(五代) 시대 제1의 명군으로 일컬어지나, 통일 사업을 추진하다 도중에 죽는다. 아들 공제(恭帝)가 어리다는 이유로 장수들이 조광윤(趙匡胤)을 옹립함으로써 960년 후주는 3대 9년 만에 멸망하게 된다.

성 패현覇縣 지역), 와교관(瓦橋關 : 탁현涿縣 남부), 어구관(淤口關) 삼관(三關)을 되찾았다. 그러나 주나라 세종이 병사한 후에는 북벌도 중단되었다. 그 후 북송(北宋)이 건국된 후 중국 내륙을 통일하면서 송, 요가 대치하는 국면을 맞이한다. 송나라 태조는 두 차례에 걸쳐 북벌을 감행하여 연운지역을 되찾으려 하였으나 성공을 거두지 못하였다.

북방의 천연 요새지역을 상실함으로써 북송 역시 방어에 역점을 두어야 하는 피동적인 입장에 처할 수밖에 없었다. 병력을 확충하여 대군을 주둔시킴으로써 변경 수비를 의존하여야 했기 때문에 이는 북송의 정치, 군사 각 방면에 매우 심각한 영향을 끼치게 되었다. 송나라는 매우 부유한 왕조였음에 틀림없으나 갈수록 곤궁해지고 세력이 약화되어 결국 북방의 유목민족에게 멸망하고 만다.*

---

* 북송(北宋 : 960~1126년)은 조광윤(趙匡胤)이 오대 최후의 왕조 후주에게서 선양을 받아 개봉(開封)에 도읍하여 세운 나라이다. 국호는 송이었으나, 금나라에 의해 개봉에서 쫓겨나 남하한 뒤에는 남송과 구별하여 북송이라 불리었다.

5장

송나라 건국부터
멸망까지

| 진교병변, 조광윤이 쿠테타로 황제에 오르다

| 전연지맹, 치욕인가 힘의 균형인가?

| 필승, 활자 인쇄술을 발명하다

| 이학, 아랫사람을 다스리는 족쇄가 되다

| 여진족이 궐기하여 중원을 장악하다

| 정강의 변, 북송이 멸망하다

| 나침반의 발명, 세계의 시장화 시대를 열다

| 화약의 발명, 서구의 기사 계층을 와해시키다

1. 진교병변陳橋兵變, 조광윤이 쿠데타로 황제에 오르다

후주(後周) 현덕(顯德) 7년(960년) 정월 초하루, 오대(五代)의 후주 군신들은 궁 안에서 새해를 축하하고 있었다. 이때 갑자기 진주(鎭州)와 정주(定州)에서 북한(北漢)이 거란과 결탁하여 침입했다는 급보가 날라들었다. 재상이었던 범질(範質), 왕부(王溥) 등은 검교태위(檢校太尉) 겸 전전도점검(殿前都点檢) 조광윤(趙匡胤 : 927~976년)*에게 군대를 이끌고 나가 이를 제지하도록 하였다.

황포가신(黃袍加身)

정월 초사흘, 출병한 군대가 개봉(開封) 동북부에 위치한 첫 번째 역참(驛站)인 진교역(陳橋驛)에 도착하자 조광윤은 술에 취해 드러누웠으며 그를 황제로 옹립할 뜻을 지닌 군신들은 그를 둘러싼 채 아침이 오도록 기다렸다. 다음날 아침의 여명이 밝아올 즈음 사방에서 큰 흐느낌 소리가 온 천하에 진동하였다. 조보(趙普), 조광의(趙光義) 등이 급히 들어와 보니 병사들이 조광윤의 막사 안 침소 밖에서 모여 "저희에게 군주가 없습니다. 태위를 천자로 모시고자 합니다"라고 외치고 있었다. 조광윤의 심복들은 장수들과 모인 자리에서 "지금의 황제는 유약하여 친정을 할 수도 없습니다. 우리가 나라를 위해 적을 무찌르러 왔지만 누가 알아준단 말입니까? 조광윤을 황제로 옹립한 후에 다시 북정을 해도 되지 않겠습니까?"라고 주장하였다. 이에 군사정변에 대한 장수들의 기대는 걷잡을 수없이 크게 동요하기 시작하였다.

이때 조광윤의 동생 조광의(趙匡義 : 후에 광의光義로 개명한 송나라 태종太宗 조경趙炅)와 조광윤의 심복이었던 조보(趙普)는 때가 왔다고 생각하고 장수들에게 다음과 같이 준비하도록 하였다. 즉 황제가 즉위할 때 걸치는 황포(黃袍)를 술에 취한

---

* 송나라의 초대 황제(재위 960~976)이다. 5대(五代) 후주의 세종을 도와 거란 및 10국 정벌에 출정하였다가 세종 병사 후 공제에게 선양받아 즉위하였다. 중국 대륙을 거의 통일하였고, 문치주의에 의한 중앙집권적 관료제를 확립하고 과거제도를 정비하여 어시(御試)를 시작하였다.

진교역참, 진교병변 유적

척해 있다가 방금 깨어난 조광윤의 몸에 걸치고 모두 그 아래에 꿇어 엎드려 '만세(萬歲 : 황제를 지칭함)' 소리가 수십 리 밖까지 울려 퍼지도록 크게 외친 후 그를 황제로 옹립하자는 것이었다. 조광윤은 아무 것도 모르는 체하며 "그대들은 부귀를 탐하여 나를 황제로 옹립하려는 것이다. 내 말에 복종한다면 가하지만 그렇지 않으면 군주가 되기를 거부하노라"라고 말하였다.

그 자리에 모인 사람들이 입을 모아 어떠한 명령이든 따르겠다고 맹세하였다. 조광윤은 그 자리에서 개봉으로 돌아간 후 후주의 태후와 어린 황제를 해하여서는 안 되며 후주의 대신들을 홀대하지 말 것이며 국고를 털어서도 안 된다고 명령하였다. 이에 순종하는 자는 상을 내릴 것이고, 위반하는 자는 일가를 멸족하겠다고 하자 장수들은 모두 그의 뜻을 따를 것을 표하였다.

이에 조광윤은 병사들을 이끌고 개봉으로 회군하게 된다. 도성을 수비하던 금위군 수장인 석수신(石守信), 왕심기(王審琦) 등도 조광윤과 의형제를 맺은 자들로서 군사반란이 성공을 거두었다는 소식을 들은 후 성문을 열고 이들을 맞이하였다. 당시 개봉의 후주 금위군 수장 가운데 호위군에 해당하는 친군(親軍)·마보군(馬步軍) 부도지위사(副都指揮使) 한통(韓通)만이 엉겁결에 군사를 이끌고 저항하고자 하였으나, 군대를 집결시키기도 전에 군교(軍校) 왕언승(王彦升)에게 죽임을 당하였다. '진교병변'을 모의한 장수들은 피 한 방울 흘리지 않고 후주의 도성 개봉을 장악하였다.

송나라 태조 조광윤의 초상

후주의 재상 범질 등은 그때서야 적군이 침입했다는 급보가 거짓이었으며 너무 서두르다 보니 큰 낭패를 보게 된 것을 알아차렸지만 때는 이미 늦은 후였다. 그는 할 수 없이 백관을 거느리고 명령에 복종할 수밖에 없었으며 한림학사(翰林學士) 도곡(陶谷)은 사전에 이미 준비해 놓은 '선대조서(禪代詔書)'를 내어 보이며 주공제(周恭帝 : 953~973년)*의 퇴위를 선포하였다. 이에 조광윤은 정식으로 황제 자리에 오르게 되었으며 손쉽게 후주 정권을 빼앗을 수 있게 되었다. 공제 시종훈(柴宗訓)은 정왕(鄭王)에 봉해졌다.

조광윤은 후주의 귀덕군(歸德軍) 절도사로 있던 번진의 소재지가 송주(宋州 : 지금의 하남성 남구)였기 때문에 국호를 송(宋)이라 하고 개봉을 도성으로 정하였다. 중국 역사에서는 조광윤이 건국한 송나라 왕조를 북송이라 칭하고 있으며 조광윤은 세상을 떠난 후 송나라 태조(太祖)로 추대되었다. '황포가신' 고사는 조광윤이 어쩔 수 없는 상황이었다는 것을 강조하고 있지만 중국의 역사학자들은 이에 대해 몇 가지 의문점을 제기하고 있다.

첫째, 『속수기문(涑水紀聞)』등에는 "장군이 북정하러 가던 날 도성은 소문으로 매우 떠들썩하였다. 출병하는 날을 기해 장수들이 모의하여 그를 천자로 받들 것이라고 하였다. 도성 안의 부자들과 세도가들은 모두 멀리 피난을 갔지만 궁중에서만 이러한 사실을 모르고 있었다"라고 기록되어 있다. 당시 출정하던 군대 내에서는 진교에 도착하기도 전에 병변에 대한 얘기들이 나오고 있었다. 황포는 걸치지 않았어도 그가 이미 천자가 될 것이라는 얘기가 떠돌고 있었던 것이다. '진교병변'은 우연한 사건이 아니라 사전에 이미 모의된 것이었다. "황포는 흔한

---

* 후주(後周)의 제3대 황제(재위 959~960)로 이름은 시종훈(柴宗訓)이다. 후주의 제2대 황제 세종 시영(柴榮)이 그가 7살 때 죽자, 즉위하였다. 재위 1년 만에 진교의 변을 당하여 조광윤에게 선양하고 정왕에 봉해진 후 방주(房州)에서 병으로 사망했다.

물건이 아니거늘, 군대 진영에서 우연히 얻었다는 말을 믿을 자가 누구인가(黃袍不是尋常物황포부시심상물, 誰信軍中偶得之수신군중우득지)"라는 고시에서도 이러한 내용을 짐작할 수 있다.

둘째, 송나라 시대 사람들이 남긴 문장에서도 조광윤은 젊은 시절에 고신묘(高辛廟)에 들러 자신의 앞날과 공명에 대한 점을 본 적이 있다고 전한다. 소교(小校)에서 절도사에 이르기까지 모든 관직이 적힌 패가 다 나왔지만 그는 모두 버리고 취하지 않았다. 갑자기 이다음에 남은 것은 '천자' 밖에 없다고 말하고는 패를 뽑으니 과연 천자를 상징하는 '성(聖)' 패였다고 한다. 이 설의 진위여부는 알 수 없지만 송나라에서 모르는 사람이 없을 정도로 광범위하게 퍼져 있는 소문 역시 조광윤의 야망을 그대로 드러내 보여주고 있는 것이다. 진교역참에서 모든 장수들이 그를 둘러싸고 호소하며 조보와 조광의도 그의 막사에 들어와 이를 보고하는데, 조광윤이 술에 취해 깨지 않은 채 젊은 날부터 꿈꿔오던 야망이 실현되는 순간인데도 아무런 동요가 없었다는 것조차 꾸며낸 듯한 이야기인 것을 부정하기 어렵다.

셋째, 『송사(宋史)』「두태후전(杜太后傳)」에는 두태후가 아들의 '황포가신'에 대한 이야기를 전해 듣고도 "내 아들은 본시부터 큰 뜻을 품고 있었는데 과연 그러하였구나"라고 하며 조금도 놀라는 기색이 없었다. 오히려 태연하게 웃으며 "내 아들은 태어났을 때 매우 기이하였는데 사람들은 모두 그가 지존이 될 것이라고 말하였다. 그러니 근심할 것이 무엇이겠는가?"라고 말하였다. 사마광(司馬光)의 『속수기문』 1권에서 지적하고 있듯이 몸에 걸치는 황포는 결코 하늘에서 뚝 떨어질 수 있는 물건이 아니었다. 이러한 사실에 대해 한 시인은 "어미도 아들의 야심을 알고 있거늘, 남들이 오히려 그가 황제가 될 마음이 없었다고 하네(阿母素知兒有志아모소지아유지, 外人反道帝無心외인반도제무심)"라며 비꼬았다.

넷째, 당시 후주 조정은 국경에 변고가 났다는 급보를 전해 듣고 조광윤에게 출병을 명하였는데 황포를 걸친 후, 제대로 된 전투 한 번 없이 전쟁이 끝났다고 하였다. "진교역참 병변은 천고의 의문일세, 황포를 걸친 후에 군대를 철수시키다니(千秋疑案陳橋驛천추의안진교역, 一着黃袍加身便罷兵일착황포가신변파병)"라는 시구에서 짐작할 수 있듯이 진주(鎭州)와 정주(定州)의 급보는 조광윤의 군사 반란 계획의 일부로서 거짓 정보에 불과했던 것이다.

후주가 북송으로 정권이 바뀌는 과정에 있어 조광윤은 엄격한 군율을 적용하여 개봉으로 돌아온 즉시 군대는 병영으로 귀속시켰기 때문에 개봉성에는 기존에 왕조가 바뀌는 과정에서 발생했던 유혈폭동, 방화, 약탈 등의 혼란한 국면이 야기되지 않았다. 이에 조광윤은 후주의 대소신료들의 지원을 얻어낼 수 있었던 것이다. 북송이 건립된 후, 모용연쇠(慕容延釗), 한영곤(韓令坤) 등 후주의 주요 변방지역을 순찰하던 장수들도 송나라 태조의 즉위를 옹호하였다. 다만 노주(潞州 : 지금의 산서성 상당上黨 지역)를 점령하고 있던 소의군(昭義軍) 절도사 이균(李筠)과 양주의 회남 절도사 이중진(李重進) 등이 군사를 이끌고 반란을 일으켰다.

이에 송나라 태조는 친히 대군을 이끌고 나가 반년도 채 안되어 이균과 이중진 등의 반란을 평정하였다. 이균과 이중진은 당시 후주에서 세력이 비교적 큰 번진이었기 때문에 그들의 실패로 인하여 조광윤에게 불만을 품고 있었으나 세력이 약했던 일부 번진들도 중앙과 대적할 엄두를 내지 못한 채 어쩔 수 없이 굴복하게 된다. 건륭(建隆) 원년(960년) 말년, 북송은 후주의 통치기반을 토대로 하여 안정적인 국면을 맞이한다.

와탑지측(臥榻之側) – 자기 침대 곁에 어찌 다른 사람이 코골며 자도록 내버려 두겠는가

조광윤은 일 년이 채 되지 않은 시점에서 내부 정세를 안정시켰으나 송나라의 관할 구역 밖에는 북쪽으로 강력한 요나라와 요나라의 통제를 받고 있는 북한(北漢)이 자리잡고 있었으며, 남쪽으로는 오월(吳越), 남당(南唐), 형남(荊南), 남한(南漢), 후촉(後蜀) 등의 할거정권이 자리하고 있었다. 이러한 국면은 조광윤에게 자신이 '앉은 자리 빼고는 모두 남의 땅'이라는 느낌을 줄 수밖에 없었다. 내부 정세가 안정되자 조광윤은 후주의 세종(世宗)이 중국을 통일하고자 했던 의지를 이어가야겠다고 결심하게 된다. 당초 북한을 먼저 첫 공격 대상으로 고려하였으나 문무대관이 국익을 해할 뿐이라며 모두 반대하자 이 계획은 무산되었다.

흰 눈이 펑펑 쏟아지던 겨울 밤, 조광윤은 그의 동생 조광의와 함께 조보(趙普)의 집을 찾아 국책에 대해 의논하였다. 조보는 송나라 태조가 '태원(太原)'을 되찾고 싶어 하는 마음을 엿보이며 북한에 대한 공격의사를 타진하자 긴 한숨을 쉬고 난 후, 태원을 선공하는 것은 국익을 해칠 뿐 아무 런 성과도 거둘 수 없다고 말하고, 우선 남방의 제국 들을 평정한 후 북한을 친다면 좁쌀 만한 땅덩이가 어디로 달아나겠느냐고 설득하였다. 조보의 이러한 분석이야말로 태조가 조보를 찾아왔던 진정한 이유 라고 볼 수 있었기 때문에 태조는 기쁘기 그지없었 다. 남방의 여러 할거제국들을 소멸한 후 북한을 친 다는 송나라 태조의 통일 전략 방침은 이렇게 정해 지게 되었으며, 후세 사람들은 이를 '선남후북(先南 後北)' 또는 '선이후난(先易後難)' 방침이라고 부른다.

북송 문신 조각상

북송의 통일전쟁 구도는 이에 따라 추진되었다. 남방의 할거세력을 평정하기 전까지 요나라와 북한에 대해서는 기본적으로 방 어적인 자세를 취하였으며, 변경 지역에서 적당하게 무력을 과시하는 한편, 그들 이 침범하면 반격을 취하는 입장을 취하였다. 또한 거란과 서로 사신을 교류하며 관계 발전을 모색함으로써 북방지역의 일시적 안녕을 꾀하고자 하였다. 남방의 제국에 대해서는 그들의 정치적 동태를 면밀하게 주시하며 돌파구가 될 만한 사 건이 생길 때까지 기회를 엿보았다.

건륭 3년(962년) 9월, 호남의 무평(武平) 절도사 주행봉(周行逢)이 병사하자 그의 어린 아들 주보권(周保權)이 그 자리를 계승하였다. 형주(衡州 : 지금의 호남 형양衡陽 지역)의 할거세력 장문표(張文表)는 이에 불복하여 담주(潭州 : 지금의 호남 장사長沙 지 역)를 공격하며 그 자리를 빼앗으려고 하였다. 주보권은 양사인(楊師人)에게 출병 을 명하여 이를 저지하도록 하는 한편, 송나라에 사신을 보내어 지원을 요청하였 다. 이는 북송이 할거세력을 제거할 수 있는 군대 파병에 더할 나위 없이 좋은 기 회를 제공하게 된다. 송나라 태조는 기회를 놓치지 않고 모용연쇠를 호남도(湖南 道) 행영도부서(行營都部署), 이처운(李處耘)을 도감(都監)으로 임명하여 장문표를 토 벌한다는 명의로 양양(襄陽 : 지금의 호북성 양번襄樊 지역)에서 호남을 향해 출병하도 록 하였다.

당시 북송의 군대가 호남(湖南)으로 진격하기 위해서는 형남(荊南) 절도사가 할거하고 있는 지역을 지나야만 했다. 그 당시 형남 절도사는 이미 고보융(高保融)의 아들 고계충(高繼衝)에게 계승되어 있었다. 고계충은 3만의 군대밖에 없었고 내부는 폭정으로 외부는 강국들에 시달리고 있었기 때문에 세력이 날이 갈수록 약화되고 있었다. 이에 조광윤은 주보권을 지원하고 장문표를 토벌한다는 명목으로 출병한 후 형남에서 '가도(假道)' 즉 '길목을 빌린다'는 명분으로 형남을 공격하여 형남과 호남 두 개 지역의 할거세력을 섬멸할 계획을 세워놓고 있었다. 건덕(乾德) 원년(963년) 송나라 군대는 강릉부(江陵府)에 도달하여 길을 빌린다는 명목으로 형남 지역에 들어섰다. 고계충은 속수무책으로 송나라 군대를 맞아들일 수밖에 없었으며 형남은 이렇게 멸망하였다. 송나라 군대는 다시 호남으로 진격하기 시작하여 저항하는 수비군을 격퇴하고 주보권을 생포하여 호남지역도 평정하게 된다.

건덕 2년 10월 송나라 태조는 후촉(後蜀)의 맹창(孟昶)이 암암리에 북한과 결탁하여 송나라를 협공하려 했다는 빌미를 잡고 왕전빈(王全斌)을 서천(西川) 행영도부서로 삼고 6만의 병력을 2대대로 나누어 후촉을 공격하도록 하였다. 1대대는 왕전빈, 최언진(崔彦進) 등이 인솔하여 검문(劍門 : 지금의 사천성 검각劍閣 북부)을 통해 후촉의 국경으로 진입하였으며, 2대대는 유광의(劉光義), 조빈(曹彬) 등이 인솔하여 귀주(歸州 : 지금의 호북성 자귀秭歸 지역)에서 출발하여 강을 거슬러 올라가 기주(夔州 : 지금의 사천성 봉절현奉節縣 지역)로 바로 진격하였다. 맹창은 방탕하고 부패한 생활을 하였으며, 군정을 소홀히 하였기 때문에 후촉 군대의 사기는 떨어질 대로 떨어져 있었다. 때문에 송나라 군대의 맹렬한 공세를 견디지 못하였다. 송나라 군대는 후촉의 반격을 격퇴하고 성도(成都)까지 신속하게 진격하였으며, 건덕 3년 정월 맹창이 투항함으로써 후촉은 멸망하였다.

후촉에 이은 다음 대상은 남한(南漢)의 할거정권이었다. 개보(開寶) 3년(970년) 11월, 송나라 태조는 반미(潘美)를 계주도(桂州道) 행영도부서로 삼고 남한에 대한 대대적인 공격을 감행하였다. 남한의 유황제(劉皇帝) 부우(負隅)는 완강하게 반항하였으나 남한의 수많은 장수들이 통치 집단 내부와 투쟁이 벌어지면서 그 군주는 죽임을 당하고 병권은 몇몇 환관의 수중에 쥐어지게 된다. 그러나 군사시설은 모두 파괴된 지 오래이고 보수를 하지 않은 상태였기 때문에 송나라 군대의 공격을 막

진교병변 유적

아낼 방법이 없었다. 결국 송나라 군대에 투항하면서 남한도 멸망하였다.

남한을 멸망시킨 후 북송은 전열을 다시 가다듬고 남방의 할거세력 가운데 비교적 강한 남당(南唐)을 공격할 준비를 하였다. 개보 7년(974년) 송나라 태조는 남당을 공격할 모든 준비를 마치고 공격의 빌미를 잡기위해 남당의 군주인 이욱(李煜)에게 친히 개봉으로 알현할 것을 요구하였다. 이욱은 송나라가 자신을 구금할 것을 두려워하여 이에 응하지 않았다. 이에 송나라 태조는 그해 9월 조빈(曹彬)에게 군대 10만을 주어 남당을 공격하도록 하였다. 조빈은 군선을 준비하여 강을 따라 내려가면서 남당의 주력부대를 격퇴하고 강녕부(江寧府 : 지금의 강소성 남경 지역)를 포위하였다. 개보 8년 11월, 이욱은 포위된 지 일 년 만에 어쩔 수 없이 투항하게 됨으로써 남당도 멸망하였다.

남방의 모든 제국을 평정하는 기간 동안 송나라 태조는 두 차례에 걸쳐 북한을 공격하였으나 성공을 거두지 못하였다. 개보 9년(976년) 10월 송나라 태조가 갑작스럽게 세상을 떠나자 그의 동생 조광의가 등극하게 되었으니, 이가 바로 송나라 태종(太宗 : 재위 976~997)*이다. 송나라 태종은 형이 못다 이룬 과업을 계승하

---

* 송나라 제2대 황제 조광의(趙匡義 : 939-997년)이다. 조광윤의 친동생으로 후에 형과 같은 이름을 쓰는 것을 꺼려하여 '빛 광'으로 바꿔서 광의(光義)로 고쳤다. 그는 남아 있던 오월(吳越)과 북한(北漢)을 정벌하고 소국들을 정벌하여 979년 당나라 멸망 이후 중국을 재통일하였다.

고자 정치적 압박을 가하여 오월왕(吳越王) 전숙(錢俶)과 복건(福建)의 장주(漳州), 천주(泉州)에 할거하던 진홍진(陳洪進)을 신하로 삼고 투항을 받아내었다. 이로써 절강, 복건 지역도 송나라에 귀속되었다. 태평흥극(太平興國) 4년(979년) 초에 송나라 태종은 친히 대군을 이끌고 북벌에 나섰다. 이번 북벌에서 그는 성을 포위하고 지원군을 격퇴시키는 전략을 구사하였다. 즉 반미(潘美) 등의 장군으로 하여금 태원의 사방을 포위하도록 하고 요나라의 지원병을 격퇴함으로써 북한의 군주 유계원(劉繼元)은 결국 견디지 못하고 투항하게 된다.

▶▶ 역사의 흐름에 어떤 영향을 미쳤을까?

이로써 안사의 난 이후 2백 년 동안 지속된 봉건 군벌들의 할거국면은 막을 내리게 된다. 또한 북송의 통일로 중국 남북의 경제, 문화 발전에 매우 유리한 여건이 조성된다.

2. 전연지맹澶淵之盟, 치욕인가 힘의 균형인가?

북송 경덕(景德)* 원년(1004년) 요(遼)나라의 승천황태후(承天皇太后)와 요나라 성종(聖宗) 야율융서(耶律隆緖 : 요나라의 제6대 황제, 재위 982~1031)는 와교관(瓦橋關 : 지금의 하북성 웅현雄縣의 옛 남관南關 지역) 남쪽의 열 개 현 수복을 명분으로 남침을 감행하였다. 요나라의 군대는 송나라 군대를 연파하며 11월 황하 유역의 중요 도시 담주성(潭州省) 북쪽까지 밀고 들어오며 송나라의 동경(東京)을 위협하자 송나라 조정과 백성은 모두 두려움에 떨었다.

---

* 이름이 조덕창(趙德昌)이며 북송의 제3대 황제(재위 998~1022) 진종(眞宗 : 968~1022년)의 연호이다. 1004년 북쪽의 요나라가 송나라를 침공했을 때 친히 군대를 이끌고 맞아 싸웠으나, 요나라에게 매년 재물을 보내는 것으로 화의했다. 이것이 전연지맹, 즉 '단연의 맹세'이다.

담주성(潭州城) 전투

송나라의 대신 왕흠약(王欽若)은 승주(升州 : 지금의 강소성 남경시)로 천도할 것을 주장하였으며, 진요수(陳堯叟)는 익주(益州 : 지금의 사천성 성도시)로 천도할 것을 주장하였다. 그러나 송나라의 재상 구준(寇準)은 송나라 진종(眞宗)이 친히 전장에 나갈 것을 강력히 주장하여 송나라 진종은 어쩔 수 없이 북정에 오르게 된다. 구준은 요나라와의 전투에서 여러 차례 공을 세운 양연랑(楊延郎 : 양업楊業의 아들로서 후에 연소延昭로 개명) 등을 중용하였다. 송나라 군대는 담주성 전방에 궁수(弓手)를 매복시켜 요나라의 남경통군사(南京統軍使) 소달람(蕭撻覽 : 또는 소달름蕭撻凜이라고도 함)을 사살하자 요나라 군사의 사기는 단번에 꺾이게 되었

송나라 시대 하급 군관들이 휴대하던 동패(銅牌), 일종의 신분증의 구실을 하였다.

다. 송나라 진종은 구준의 계속된 재촉에 담주 북쪽 성문의 성루에 올라 친히 모습을 드러내게 되었으며 송나라 군사의 사기는 크게 고양되었다. 이로써 송나라와 요나라는 대치국면을 이어나가게 된다.

본래 담주성은 황하 양안을 가로지르고 있으며 송나라 진종이 남쪽 성에 도착한 시점은 거란 군사의 사기가 가장 왕성할 때였기 때문에 송나라 군대의 사기는 매우 저하되어 있었다. 여러 신하들은 진종이 행군을 멈추고 사태를 관망하여야 하며 절대 황하의 북쪽 연안으로 건너가서는 안 된다고 주장하였다. 그러나 구준은 "폐하가 강을 건너지 않으시면 군대의 사기는 더욱 저하되고 기강이 해이해질 것입니다. 이렇게 되면 적군의 사기를 누를 수 없게 될 것이 분명한데 어떻게 승리할 수 있단 말입니까?"라고 말하며 진종을 설득하였다.

구준은 행영(行營)을 나오던 중 고경(高瓊)과 마주쳤다. 그는 고경에게 "태위는 나라의 대단한 은총을 받고 있는 몸이오. 지금처럼 나라가 어려운 때에 나라를 구원할 방법을 생각해야 하지 않겠소?"라고 물었다. 고경이 죽음으로써 나라에 보답하겠다고 대답하자 구준은 고경을 데리고 다시 진종을 알현하였다. 그는 큰 목소리로 "폐하께서 제 말을 믿지 못하시겠다면 고경 장군에게 물어보시지

구준의 초상

요"라고 말하였다. 이에 고경은 구준의 의견이 매우 합당하며 한 치의 거짓도 없다고 대답하였으며, 구준은 상황이 급박한 만큼 시기를 놓쳐서는 안 되므로 지금 바로 행동에 옮길 것을 간곡히 청하였다.

결국 송나라 진종은 문무대신들의 호위를 받으며 강을 건너게 되었으며 북쪽 성문의 성루에 모습을 드러낸 것이다. 송나라 군사들은 진종의 황룡이 새겨진 대기(大旗)를 보고 사기가 크게 고양되었으며 환호성이 사방 수십 리까지 울려 퍼졌다.

송나라, 요나라 두 나라가 대치 국면을 맞은 지 십여 일이 지났을 무렵, 거란의 통군 사령관 소달람이 친히 전쟁 상황을 보러 나왔다가 매복하고 있던 송나라 궁수의 화살에 맞아 죽고 만다. 요나라 군대는 전쟁을 통해 어떠한 이득도 얻지 못한데다 진퇴양난의 처지에 놓이게 되자 사자를 보내어 송나라에 화해를 청하게 되었다. 이미 전쟁 상황은 요나라에 불리하고 송나라에 유리하게 바뀌었으며, 전쟁의 주도권 역시 송나라 군대가 완전히 장악하게 되었다. 구준은 화해의 조건으로 요나라는 송나라의 신하 나라가 되어야 하며 유주(幽州)에서 물러나도록 해야 한다고 주장하였다. 그러나 승리에 대한 확신도 없고 전쟁을 두려워했던 진종은 거란을 회유하는 방법으로 갈등을 해소하려고 하였다. 결국 구준도 화해에 응하는 데 동의하였다.

전연지맹(澶淵之盟)

요나라의 남침 목적은 송나라의 물자를 약탈하고 정치적 이권을 얻으려던 것이었으나 요나라의 장수가 전사하면서 송나라에 화해를 청할 수밖에 없는 처지에 놓이게 된 것이다. 송나라 진종 역시 요나라 군대가 속히 북쪽으로 철수하기를 바랐기 때문에 사신을 보내어 화해에 응하였다. 그해 12월, 두 나라는 강화조약을 맺고 서로 사신을 파견하게 된다. 강화조약의 구체적인 내용을 살펴보면, 우선 송나라는 매년 요나라에 은진 십만 양과 비단 20만 필을 주고 요나라의 태후를 숙모(叔母)로 존대하도록 하였다. 역사적으로는 이 강화조약을 '전연지맹(澶

淵之盟 또는 단연지맹'이라고 부르고 있다. 이는 여전히 송나라에 불평등한 조약이기는 하였지만, 이후 한동안 송나라와 요나라 사이에 전쟁이 끊이지 않았던 국면은 안정을 찾게 되었다.

그러나 막대한 규모의 전쟁 배상금은 향후 오랜 기간 동안 북송의 백성들에게 심각한 경제적 부담을 안겨주었다. 송나라의 입장에서 '전연지맹'은 '뇌물'로써 화평을 얻어낸 것이므로 권위와 존엄을 상실한 치욕적 사건

요묘벽화(遼墓壁畵) 거란인인마도(契丹人引馬圖)

이라고 볼 수 있다. 그러나 조약이 체결된 후 송나라, 요나라 두 나라 사이에 백 년 동안 대규모의 전쟁 없이 평화가 이어졌기 때문에 이는 중국 내륙과 북부 변방 지방의 경제, 문화적 교류 및 민족 융합에 긍정적인 효과를 가져 오기도 하였다.

'전연지맹'이 체결된 후, 요나라와의 전쟁을 주장한 구준은 그 공로를 인정 받아 송나라 진종의 후대와 존경을 받았다. 그러나 천도를 주장했던 왕흠약 등이 진종에게 구준이 진종의 친정을 주장한 것은 황제의 안위를 놓고 도박을 한 셈이며 또한 나라의 운명을 노름 패에 내던진 것과 다름없다며 이는 나라의 큰 수치임을 성토하였다. 그러자 이때부터 진종은 구준을 조금씩 멀리 하였으며, 더 이상 그를 중용하지 않게 되었다고 한다.

▶▶ 역사의 흐름에 어떤 영향을 미쳤을까?

송나라, 요나라의 '전연지맹'에 대해 장복총(蔣復璁)은 "중국인의 사상과 중국의 역사 전반에 영향을 끼친 사건"이라고 언급하였다. 중국에 '강화(講和)'는 '매국(賣國)'이라는 말이 존재하게 된 내면에는 역사적으로 나타난 '강화'의 이면에 항상 말로 '무마'하거나 '회피'하려는 경향을 보여 왔기 때문이다. 이러한 역사적 현실을 놓고 볼 때 서방 열강이 침입하기 전까지 중국의 역사는 주로 다수 민족과 소수 민족의 충돌의 역사라고 할 수 있다. 전쟁이 벌어지면 상호 재정, 세수 등에 막대한 타격을 입을 수밖에 없었으며 나라의 존립과 사회적 안위에도 영

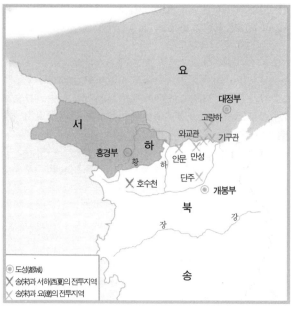

북송, 요, 서하의 전쟁 지도

향을 끼쳤다. 그런 연유로 이러한 역사적 사례를 논할 때면 언제나 '전연지맹'부터 언급하게 되었던 것이다.

10세기에서 11세기 초까지 중국 역사의 발전 양상을 놓고 장기적인 안목으로 분석해 본다면, 향후 중국 역사에서 나타난 경쟁 구도도 파악해 볼 수 있다. 거란(契丹)이 세운 요나라(916~1125년)와 여진(女眞)이 세운 금나라(1115~1234년)는 모두 유목민족이 세운 정권이지만 농업을 새롭게 발전시켜 나감으로써 지금의 동북 지역 및 열하(熱河)를 근거지로 삼은 후 화북지방을 두고 남조와 쟁탈전을 벌렸다. 북송을 대표로 하는 남조는 남방의 경제와 자원을 바탕으로 북방 민족을 이길 수 있다는 자신감에 불타 있었고, 조광윤은 "스무 필의 비단으로 거란인의 머리 하나를 살 수 있다. 거란의 병력은 십만 명이 채 되지 않는다"라는 말을 통해 이러한 자신감을 강하게 표출하였다.

그러나 오랜 기간 계속된 쟁탈전은 각 왕조의 발전에 영향을 끼치게 되었을 뿐만 아니라 향후에 등장하는 원(元)나라, 명(明)나라, 청(淸)나라 등 각 왕조의 탄생에도 영향을 미쳤다. 일본이 '만주국(滿洲國)'이라는 말을 만들어 낸 데에는 이렇게 수백 년 간 민족 모순이 지속된 중국 역사의 발전 양상을 치밀하게 분석하여 중국을 침입할 새로운 빌미를 만들고자 했던 것이라고 볼 수 있다.

그리고 수백 년 간 지속된 역사는 보통 사람들이 흔히 생각하듯이 문화수준이 낮은 소수민족이 문화수준이 높은 다수 민족에게 융합되는 과정이라고 볼 수만은 없다. 후대 사람들은 "이러한 민족 간의 전면적인 전쟁은 중국의 제2제국 시대라고 불리는 수, 당, 송나라가 경쟁, 대외 지향적 성향 등의 활로를 찾지 못하게 하였을 뿐만 아니라 오히려 이를 포기할 수밖에 없는 처지에 놓이게 하였고, 그러므로 뒤이어 탄생한 명, 청 등 제3제국은 대내 지향, 비경쟁적인 성향을 띠게 되었다"는 것이다.

'전연지맹'은 지연(地緣) 정치의 산물이라고 할 수 있다. 서로 경쟁적인 정치 체제가 지역적 평화를 유지하기 위해 힘의 균형을 유지하려는 노력의 결과로 볼 수도 있다는 것이다. 이러한 지연 정치의 영향은 수천 년이 지난 오늘날에도 여전히 그 음울한 그림자를 드리우고 있으며 끊이지 않고 재현되고 있다.

3. 필승畢昇, 활자 인쇄술印刷術을 발명하다

'문명의 어머니'로 불리고 있는 '인쇄술'은 중국 고대의 4대 발명품 가운데 하나에 속한다. 고대의 인쇄술은 크게 조판 인쇄술과 활자 인쇄술로 구분할 수 있다. 조판 인쇄술은 활자 인쇄술에 앞서 등장하여 기원전에 이미 도장 날인(捺印) 방식을 사용할 줄 알았으며 후에 비석 탁본(拓本) 방식을 고안해 내었다. 수나라에 이르러 조판 인쇄 기술을 발명하였다. 조판 인쇄술은 당나라에서 크게 성행하였으며, 송나라에 와서 완벽한 체계를 갖추게 된다. 20세기 초까지 조판 인쇄술은 중국의 문헌과 도서를 생산하는 가장 중요한 인쇄방식이었다고 할 수 있다. 또한 천여 년의 세월 동안 변화와 발전을 거듭하며 완벽을 추구하여 왔다.

조판(雕版) 인쇄는 목판을 비롯하여 석판, 동판(銅版) 등의 재료를 사용하였으며, 단색, 채색 등의 인쇄가 가능하였다. 초기의 단면 도안, 소형 서적에서 출발하여 오늘날에는 유형별로 대형 인쇄도 가능해졌다. 오대(五代) 시대에는 22년에 걸쳐 『구경(九經)』 등 유가서적 130책(册)이 새겨졌으며, 송나라 시대에는 12년에 걸쳐 13만 개의 판각에 달하는 『대장경(大藏經)』이 새겨졌다. 명나라, 청나라 시대에 새겨진 『도장(道藏)』, 『속도장(續道藏)』 등은 불교와 도교의 경전을 집대성한 것으로 방대한 규모의 조판 인쇄 작업이었다고 할 수 있다.

필승의 초상

활자 인쇄술

조판 인쇄술은 당나라 시대부터 광범위하게 활용되기 시작하였으며, 송나라 시대에 이르러 보편화되었다. 이로써 당시 백성들의 문화생활이 풍부해졌을 뿐만 아니라 중국의 학술 전통을 계승, 고양시키는 데 중요한 역할을 담당하였다.

조판 인쇄술은 기존의 손으로 하는 필사의 수고를 크게 덜어주게 됨으로써 인력과 시간을 절약할 수 있게 되었고, 또한 서적 생산과 지식 보급 면에 있어서도 일대 혁명을 몰고 왔다고 할 수 있다. 그러나 조판 인쇄는 매 쪽마다 하나의 판각을 새겨야했으며 오자가 생기면 고치기 어려운 문제를 지니고 있었다. 방대한 분량의 서적을 인쇄하려면 수많은 시간과 목재가 필요했기 때문에 막대한 비용이 들었다. 또한 판각을 보관하기 위한 넓은 장소가 필요했으며 관리에도 적지 않은 어려움이 따랐다. 이에 조판 인쇄의 바탕 위에서 발명된 활자(活字) 배판(排版) 인쇄술은 이러한 모순을 해결하였을 뿐만 아니라 인쇄의 효율을 더욱 높일 수 있었다.

활자 인쇄술은 우선 한 자씩 개별적인 활자를 제작한 후 인쇄물에 따라 필요한 글자를 한 판에 배열하며 인쇄하는 방법을 말한다. 활자 인쇄술을 이용할 경우 책 하나를 인쇄한 후 조판한 글자들을 떼 내어 다른 서적을 인쇄할 때 다시 사용이 가능하였다. 이러한 방법은 컴퓨터 조판이 보편화되기 전까지 서적, 신문, 잡지 등의 인쇄에 두루 사용되었다.

현대 문명의 중요한 기둥이라고 할 수 있는 활자 인쇄술은 후에 고도의 기계화 단계로까지 발전하게 된다. 그러나 구미의 일부 국가들에서는 15세기 중엽 (1440~1450년) 독일의 구텐베르크(J. G. Gutenberg)에 의해 활자 인쇄술이 발명되었다고 여기고 있다. 또한 활자 인쇄술과 인쇄술을 동일하게 취급하여 구텐베르크를 '인쇄술의 발명자'로 결론짓고 있지만 이는 사실과 다르다고 할 수 있다.

먼저 서적 인쇄는 활자 인쇄술로만 이루어 졌던 것이 아니며 조판 인쇄술 역시 주요 인쇄 수단이었다. 활자 인쇄는 조판 인쇄의 기틀 위에서 발명되었다고 할 수 있으며 조판 인쇄술은 중국인에 의해 처음 발명되었기 때문이다. 그러므로 엄밀한 의미에서는 구텐베르크를 인쇄술의 발명가로 볼 수 없는 것이다. 또한 구텐베르크가 유럽에서 처음으로 활자 인쇄술을 활용한 사람이기 때문에 활자 인쇄술이 유럽인들에게 중요한 의의를 지닌 것을 부정할 수는 없겠지만 활자 인쇄술은 중국인에 의해 발명되어 직, 간접적인 방법으로 세계 각지로 전파되었다고 볼 수 있다. 구텐베르크 역시 이러한 영향을 받아 라틴어 문자의 활자 인쇄술을 발명하게 되었다고 추정할 수 있다.

활자 인쇄술은 11세기 중엽 중국 북송 경력(慶歷 : 북송의 제4대 황제 인종仁宗의 연호, 재위 1022~1063) 연간(1041~1048년)에 천재적인 장인이었던 필승(畢昇 : ?~?)*에 의해 발명되었다. 그는 처음에는 나무를 이용하였으나 후에 점토를 원료로 사용하였다. 이는 구텐베르크의 활자보다도 무려 4백 년이나 앞선 세계 최초의 활자라고 할 수 있다. 활자 인쇄술의 핵심은 활자 제작 재료의 선택과 그 제작 공법에 있다. 중국 고대의 사람들은 점토, 목재, 구리, 주석, 아연 등을 재료로 하여 여러 차례 실험을 거친 후 모두 만족할 만한 성과를 거두었다. 필승은 처음으로 점토를 원료로 활자를 만드는 데 성공하였다. 중국 고대의 활자는 제작 재료에 따라 크게 비금속 활자와 금속 활자로 나눌 수 있다. 점토, 나무, 도기 등은 비금속 활자에 속하며, 주석, 구리, 아연 등은 금속 재료에 속한다.

송나라 시대 필승과 같은 연대에 이미 나무를 이용하여 활자를 만드는 실험

---

* 북송(北宋)의 경력(慶曆) 연간(年間)에 활판 인쇄술을 발명한 사람이다. 심괄의 『몽계필담』에 그의 점토 활자 인쇄술 발명에 대한 기록이 있으나 목판인쇄가 보급되면서 그의 활자인쇄는 그다지 발달하지 못하였다.

북송의 점토활자판

을 한 사람이 있었으나, 나무는 물과 접하면 쉽게 팽창하여 원하는 효과를 거둘 수 없어 결국 성공을 거두지 못하였다. 필승은 활자의 재료를 나무에서 점토로 성공적인 전환을 이루어 낸 것이다.

그러나 후에 목판 활자 인쇄술이 성공을 거두어 발전을 거듭하게 되었으며 서하문(西夏文 : 서하국을 건국한 경종景宗 이원호李元昊가 창제한 서하문자西夏文字)으로 된 『길상편지구화본속(吉祥遍至口和本續)』 등 목판 활자본과 위구르어로 된 목판활자가 출토되어 이러한 사실을 반증해 주고 있다. 원나라 시대의 농학자(農學者) 왕정(王禎)은 목판 활자와 회전식 조판 시설 제작에 성공하여 대덕(大德 : 원나라 성종成宗의 연호, 1297~1307년) 연간에 이미 이 목판 활자를 이용하여 『정덕현지(旌德縣志)』 등을 인쇄하였으나 유실되었다. 명나라 시대 이후 목판 활자 인쇄술은 더욱 더 발전하는 양상을 보였다.

관련 문헌에는 필승은 먼저 점토로 하나하나의 글자를 제작한 후 불로 구워 단단하게 한 후 활자로 이용하였다. 이러한 활자들로 서적을 시험 삼아 인쇄해 본 결과 매우 성공적이었다. 11세기 중국 송나라 왕조 경력 연간(1041~1048년)에 필승은 점토 활자 인쇄술 발명에 성공하게 된 것이다.

송나라 시대 과학자인 심괄(沈括 : 1031~1095년)의 저서 『몽계필담(夢溪筆談)』 18권 「기예(技藝)」편에는 필승의 점토 활자 인쇄술 발명에 대해 다음과 같이 기록하고 있다.

"당나라 때에는 아직까지 조판 인쇄술이 발달하지 않았다. 풍영왕(馮瀛王) 때부터 '오경'을 인쇄하기 시작하였으며, 후에 나온 전적(典籍)은 모두 조판본에 해당한다. 경력 연간에 평민 필승이 활판 인쇄술을 발명하였다. 마치 동전처럼 얇은 점토에 글자를 새기는 방법으로 매 글자 당 한 자씩 새기고 불에 구워 단단하게 하였다. 그런 후에 철판 위에 송진, 초, 종이가루 등으로 이루어진 액을 겉면에 발랐다. 인쇄를 할 때는 먼저 철판 위에 글자를 가득 배열하고 한 면을 한 판본으로 삼았다. 그 위에 접착액을 조금 섞어 넣고 불에 구워 약기운이 번지면 평면으로 된 판으로 위에서 눌러 글자가 편편하게 고정되도록 하였다. 이러한 방법은 두세 권 정도를 인쇄할 때는 효과적인 작업이 될 수 없었지만 수십, 수백 권을 인쇄할 때는 빠른 속도로 작업이 가능하였다. 한 판을 인쇄하는 동안 다른 판의 글자를 배열해 놓을 수 있어서 인쇄가 끝나는 즉시 다음 면을 인쇄할 수 있었기 때문이었다. 이렇게 서로 바꾸어 가면서 인쇄를 하면 빠르게 작업을 마칠 수 있었다.

매 글자마다 여러 개의 활자를 만들어 놓고 '지(之)', '야(也)' 등 자주 쓰이는 글자는 스무 개씩 만들어 놓고 한판에 여러 개를 동시에 사용할 수 있도록 하였다. 인쇄를 하지 않을 때 활자들은 모두 종이에 싸서 보관하고 목판 위에 발음에 따라 구별하여 넣어 두고 보관하였다. 기이한 글자여서 보관해 놓은 활자 가운데 없는 경우는 바로 새겨서 풀 등으로 구워 바로 이용할 수 있었다. 나무를 이용해서 활자를 만들지 않은 이유는 나무는 재질이 물러 물에 닿으면 위아래가 뒤틀려 편평하지 않고 약물과 서로 붙어버려서 떼어 내기가 어려웠기 때문이다. 점토를 이용하면 인쇄가 끝난 후에 내부에 섞은 약이 녹을 수 있도록 약간의 열을 가한 후 손으로 쓸어 담기만 하면 되었다. 활자는 깨끗하고 정결하게 다시 사용할 수 있었던 것이다. 필승이 죽은 후 그의 인쇄술은 여러 사람에게 전수되어 지금까지 귀한 보물처럼 내려오고 있다."

점토 활자 인쇄술은 중국과학사에 길이 남을 중대한 발명이라고 할 수 있다. 또한 『몽계필담』에는 필승의 점토 활자의 특징을 다음과 같이 기재하고 있다.

"첫째, 점토 위에 바로 글씨를 새길 수 있어 종이에 글씨를 쓰고 다시 판에 붙여 새겨야 하는 이중의 수고를 덜 수 있었다. 둘째, 점토 활자의 굵기가 동전의 굵기처럼 얇아서 현존하는 적씨(翟氏) 점토 활자의 실물 및 관련 문헌에 기록되어 있는 목판 활자와 외형적으로 큰 차이가 있었다. 셋째, 활자 배열과 조판에 송진, 밀랍, 종이가루 등을 이용하여 철판 위에 고정시킨 후 철판을 불 위에 놓고 구움으로써 송진, 밀랍, 종이가루 등으로 제작한 접착제가 용해되면서 점토 활자를 철판 위에 단단하게 고정시킬 수 있었다."

이상의 기술된 내용을 통해 다음과 같은 사실을 확인할 수 있다.

첫째, 조판, 활자 인쇄 모두 글자를 반대 방향으로 새겨야 한다는 것이다. 이는 인쇄공이 가장 기본적으로 구비해야 했던 기능이었다. 만약 판각이나 활자판 위에 바로 반대 방향의 글자를 새길 수 있다면 가히 대단한 실력의 소유자라고 말할 수 있을 것이다. 판각이나 활자판 위에 바로 반대 방향의 글자를 양각하여 새길 수 있으려면 서법과 조각, 두 가지 기능에 모두 능해야 했기 때문이다.

둘째, 건조해진 점토는 쉽게 부서져 버리는 습성이 있다. 조각 기술이 아무리 뛰어나다고 해도 이런 점토판은 칼을 대는 순간 부서진 흙이 사방으로 흩날리게 될 것이다. 글자의 가장 자리가 떨어져 나가고 가지런하지 못한 그 상태로 불에 구우면 전각(篆刻) 예술품의 하나로서 개성을 발휘할 수는 있겠지만 독자들은 알아보지 못하는 글자들이 나오고 만다. 점토는 30% 정도의 수분을 머금고 있을 때 조각칼에 붙지도 않고 부서지지도 않아 필체의 가장가리를 정갈하게 조각하기 가장 좋은 상태라고 볼 수 있다. 그러므로 필승이 직접 조각했다는 점토판은 일정 수준의 수분을 함유하고 있었다는 것을 알 수 있다.

셋째, 점토가 수분을 머금고 있거나 건조되어 있는 상황을 막론하고 글자를 새길 때 양 옆에서 고정하는 도구를 사용할 수 없다. 고정하는 도구를 사용하면 점토판 자체가 변형되거나 부서져 버릴 수 있기 때문이다. 따라서 책상이나 평상 위에 점토판을 펴놓고 작업을 했을 것이며 점토판의 안정성을 높이고 글자를 새기는데 편의를 도모하기 위하여 납작하고 편평한 점토판을 사용했을 것으로 추정된다. 여러 문헌에서 필승이 조각한 점토판이 동전의 굵기처럼 얇았다고 묘사한 것은 점토판의 외관에 대한 생동감 넘치는 묘사라고 볼 수 있다. 당시 동전의 굵기는 측면에서 안쪽으로 연결되는 비교적 두터운 부분을 기준으로 해도 지금의 단위로 환산하면 4미리미터에 불과하다. 이처럼 얇은 굵기의 점토판은 글자를 새기기에 편리했을 뿐만 아니라 건조가 빨리되고 불에 구울 때 열기를 고르게 받을 수 있었을 것이다.

넷째, 송진, 밀랍, 종이가루 등을 섞어 접착제로 사용하여 점토 활자를 철판 위에 고정시킨 후 인쇄하는 기술은 필승이 처음 개발한 기술이라고 할 수 있다. 이러한 방법은 후세 왕정(王禎)이 사용했던 계행(界行 : 격자) 조판 방법과 고정목재판에 활자를 배열하는 방법과는 큰 차이를 보인다. 필승의 점토 활자는 편평한 형태를 하고 있었기 때문에 계행(界行), 고정목재판 등으로 눌러 고정시킬 방법이 없었다. 이에 접착제를 이용하여 고정시키는 가장 간편하고 실용적인 방법을 선택하게 된 것이다.

이후 서하(西夏)* 정권은 점토 활자를 이용하여 불경을 인쇄하였으며, 그 실물이 지금까지 전해 내려오고 있다. 원나라 시대의 사람들도 계속하여 이 방법을 이용하여 점토활자본을 인쇄하였다고 하나 지금까지 전해지고 있는 것은 없는 상황이다. 이에 원나라 시대에 점토활자로 서적을 인쇄하였다는 사실은 고증할 방법이 없다고 볼 수 있다. 청나라 시대에 이르러 이요(李瑤)와 적금(翟金) 등이 필승의 방법을 응용하여 자신들이 고안한 점토활자로 서적 인쇄에 성공하였으며, 지금까지 그 실물이 전해 내려오고 있다.

한편 점토활자에서 더 나아가 원나라 시대 초기의 과학자였던 왕정(王禎 : ?~?)**은 목활자(木活字)를 발명하여 활자 인쇄술을 크게 개선하게 된다. 즉 매 행마다 글자를 틀 속에 고정시켜 넣고 배열이 끝나면 나무 부스러기 등으로 공간을 메워주는 방법으로써 필승이 활자 고정과 해체에 많은 시간을 허비했던 불편함을 보완할 수 있었다. 조판공이 한 글자 한 글자를 찾는 번거로움을 경감시켜 조판의 효율성을 높이기 위하여 왕정은 고심 끝에 '회전식 배열판'을 고안해 내었다. 그는 목활자를 발음에 따라 번호를 매겨 두 개의 목재 회전판에 배열해 두었다. 하나는 용도에 따라 선별해 둔 글자를 배열하고 또 다른 하나에는 일상적으로 사용하는 글자를 배열해 둠으로써 조판공은 앉아서 회전판을 돌려 좌우에서 원하는 글자를 빼내오기만 하면 되었다.

중국 고대의 활자 인쇄 가운데는 점토 활자, 목활자 외에도 주석, 구리, 아연 등의 금속활자와 도기로 만든 활자도 선보이고 있으나 가장 보편적인 것은 역시 목활자였다. 1773년 청나라 정부는 25만3천5백여 매의 조목활자(棗木活字)를 새겨 총 2300여 권에 달하는 『무영전취진판총서(武英殿聚珍板叢書)』 138종을 인쇄하였

---

* 1038년 중국 서북부의 오르도스(Ordos)와 감숙(甘肅) 지역에서 티베트 계통의 탕구트족이 세운 나라이다. 본래의 명칭은 '대하(大夏)'이지만, 송(宋)에서 '서하(西夏)'라고 불러 이 명칭으로 널리 알려졌다. 1227년 칭기즈칸의 몽골군에 의해 멸망하였다.

** 원나라 때의 과학자로 자가 백선(伯善)이라 왕백선이라 부르기도 한다. 그는 1313년에 중국에서 처음으로 종합적인 농업기술서인 『왕정농서(王禎農書)』 22권을 펴낸 농학자이기도 하다.

다. 이는 역사적으로 최대 규모의 활자 인쇄 작업이었다고 할 수 있다.

▶▶ 역사의 흐름에 어떤 영향을 미쳤을까?

활자 인쇄는 인쇄의 효율성을 크게 제고시켰을 뿐만 아니라 다음과 같은 장점들을 지니고 있다. 즉 오자를 발견하면 처음부터 다시 새겨야 하는 조판 인쇄처럼 번거로움이 없이 즉시 수정이 가능하였으며, 충해(蟲害)를 입거나 목판이 변형되는 등 보관상의 어려움이 해소되었다. 또한 체계화된 활자들만 가지고 있으면 어떠한 책도 인쇄가 가능하여 글자를 쓰고 다시 조각해야 하는 조판 인쇄의 비용을 크게 절감할 수 있었다. 또한 출판 시기도 단축되었다. 이렇듯 경제적이고 간편한 인쇄 방법은 필승이 세계 인쇄술 역사에 부여한 획기적인 의미를 지닌 이정표라고 볼 수 있다.

활자 인쇄술은 인쇄술의 일대 혁명을 몰고 왔다. 중국의 조판 인쇄술은 발명된 지 얼마 지나지 않은 시점에서 일본으로 전파되었으며 12세기에는 이집트로 유입되었다. 유럽에서는 14세기에 비로소 조판 인쇄의 도형이 선보이기 시작하였으며, 지금까지도 목판 수인화(水印畵)는 조판 인쇄 방법을 이용하고 있다. 활자 인쇄술은 14세기에 한국, 일본에 전파되었으며, 다시 중앙아시아, 소아시아, 서아시아를 거쳐 이집트까지 전파되었다. 유럽도 그 영향권 안에 포함되었다. 유럽에서는 1450년에 이르러 독일인 구텐베르크에 의해 활판 인쇄술이 발명되었으며 초기에는 아연, 알루미늄, 주석합금 등으로 제작하였다. 이는 중국의 필승이 활판 인쇄를 발명한 것과는 4백여 년의 차이를 보이고 있다. 활자 인쇄술은 중국이 세계 문명 발달에 끼친 일대 공헌이라고 볼 수 있는 것이다.

활자 인쇄술이 발명된 후 세계의 문화, 교육, 교류 등은 모두 공전(空前 : 비교할 만한 것이 이전에는 없음)의 변화를 기록하게 된다. 중국은 정보 홍수의 시대로 접어들게 되었으며 인쇄된 서적은 앞선 시대보다 배 이상 증가하게 되었다. 도서가 보급되면서 각종 문화가 빠르게 전파되었으며 교육의 발전을 이끌었다. 이로써 중국은 새로운 한 시대에 진입하게 된 것이다.

4. 이학理學, 아랫사람을 다스리는 족쇄가 되다

송나라 시대에는 '이학(理學)'이라고 불리는 학파가 학술사상계에 모습을 드러내었다. 이학은 불교, 도교사상이 유가의 철학 속으로 스며들면서 나타난 새로운 유학의 한 학파라고 볼 수 있다. 한나라 무제(武帝)가 '유가독존(儒家獨尊)' 사상을 추진한 이래 공맹(孔孟)의 학설은 학계를 독식하였으며, 한나라에서 당나라에 이르기까지 경학(經學)이 크게 발달하였다.

그러나 한나라의 유가통치사상은 고증에 지나치게 편중되어 있었으며 지나치게 세분화되는 경향으로 흘렀다. 당나라의 유학은 주석의 해석을 중시하여 일관성이 결여되었다. 유, 불, 도교가 서로 영향을 주고받으며 융화되면서 송나라에 이르러서는 옛 경전에 얽매이지 않고 '의(義)'와 '이(理)'에 대한 해석에 치중하게 됨으로써 새로운 유학사상으로 발전하였다. 이에 송나라 때에 발전한 이러한 새로운 유학사상을 '이학'이라고 칭하고 있으며, '도학(道學)' 또는 '송학(宋學)'이라고도 부른다.

'존천리, 멸인욕(存天理, 滅人欲)' – 하늘의 이치를 따르고 인간의 욕망을 말살하다

이학의 창시자는 북송의 주돈이(周敦頤 : 1017~1073년)[*]이며 이를 발전시킨 사람은 정호(程顥 : 1032~1085년)[**], 정이(程頤 : 1033~1107년)[***]를 비롯한 남송의 주희(朱

---

[*] 호는 염계(濂溪)이다. 그는 도가사상의 영향을 받고 새로운 유교이론을 창시하였다. 즉 우주의 근원인 태극(太極 : 無極)으로부터 만물이 생성되었다고 논하고, 우주생성의 원리와 인간의 중정(中正) 인의(仁義)의 도는 본래 하나라고 하였다. 송나라 시대 유학의 형이상적 사유는 그에 의해 시작되었다고 말해진다.

[**] 호는 명도(明道)이다. 그는 다양한 자연현상을 질서지우는 우주의 근본원리를 '이(理)'라 부르고, '이기일원론(理氣一元論)', '성즉이설(性則理說)'을 주창하였다. 그의 사상은 동생 정이를 거쳐 주자(朱子)에게 큰 영향을 주어 송나라 새 유학의 기초가 되었고, 정주학(程朱學)의 중핵을 이루었다.

[***] 호는 이천(伊川)이다. 정호(程顥)의 동생으로 형과 함께 주돈이에게 배웠고, 형과 아울러 '이정자(二程子)'라 불리운다. 그는 '이기이원론(理氣二元論)'의 철학을 수립하였고, 그의 사상은 남송의 주희에게 계승되어 주희와 함께 정주학(程朱學)이라 불린다.

정호의 초상

熹 : 1130~1200년)*라고 할 수 있다. 정호의 자는 백순(伯淳), 정이의 자는 정숙(程叔)이며 낙양 출신 인물들로 두 사람 모두 주돈이를 스승으로 모셨다. 주돈이가 주장한 '무극(無極)'은 우주의 근원을 말하는 것으로 정호, 정이 형제는 이를 한 단계 발전시켜 '이(理)'를 천하 만물의 근본으로 보았다.

　　다만 정호는 내적 수양을 중시하였으며, 이는 남송의 육구연(陸九淵 : 1139~1192년)**에게 계승되어 발전하였다. 정이는 '격물치지(格物致知 : 사물의 이치를 끝까지 파고들어 지식을 명확하게 하는 것을 말함)'를 주장하면서 "인간의 욕망을 제거하고, 하늘의 이치를 따라야 한다(去人欲거인욕, 存天理존천리)"는 이론을 펼쳤다. 또한 "굶어 죽는 일은 작은 일이지만 절개를 잃는 것은 큰일이다(餓死事小아사사소, 失節事大실절사대)"라고 주장하였다. 정이의 사상은 남송의 주희에게 계승되어 이를 '정주지학(程朱之學)'이라고 부르기도 한다.

　　주돈이는 이학의 문을 연 창시자로 인정받고 있다. 송나라, 명나라 시대 이학의 주제가 '심성의리(心性義理)'로 자리 잡게 된 데는 주돈이의 공로를 인정하지 않을 수 없다.

　　'심성의리'란 생명과 도덕에 관한 논리로써 송나라, 명나라 유학의 주제이자 유학의 역사에서 끊이지 않는 논쟁을 불러왔던 문제였다. 가장 먼저 이 문제를 제기한 인물은 맹자(孟子)와 그의 스승이었던 자사(子思)였다. 그러나 당시의 시대적 환경으로 인해 이러한 문제들은 충분한 논증이 이루어질 수 없었다. 그 후 순

---

* 주자(朱子)라는 존칭으로도 불린다. 그는 유학을 집대성하여 우주가 형이상학적인 '이(理)'와 형이하학적인 '기(氣)'로 구성되어 있다고 보고 인간에게는 선한 '이'가 본성으로 나타난다고 하였다. 그러나 불순한 '기' 때문에 악하게 되며 '격물(格物)'로 이 불순함을 제거할 수 있다는 '주자학'을 창시하였다.

** 호가 상산(象山)이라 육상산이라고도 한다. 주자와 대립하여 중국 전체를 양분하는 학문적 세력을 형성하였는데, 주자는 객관적 유심론(격물치지의 '성즉이설性卽理說')을 그는 주관적 유심론(치지致知를 주로 한 '심즉이설心卽理說')을 주장하였다. 그의 학문은 양자호(楊慈湖) 등에 의해 계승되었다.

정이의 초상

자(荀子), 동중서(董仲舒), 양웅(揚雄), 한유(韓愈) 등 일부 유학자들은 이에 대한 각자의 입장을 밝히기도 하였으나, 모두 유학의 '숙세숙인(淑世淑人 : 태평성대와 선량한 백성)'의 교화에 목적을 두었기 때문에 인간 본성의 선악 측면을 다루는 것에 그쳤을 뿐 그 본질적인 의의를 파악하지는 못하였다.

불교가 중국에 유입된 후 불교도들이 불성(佛性)에 대한 의혹을 풀고자 유학의 '심성'에 대한 용어를 빌어 사용하게 되면서 '심성의리'에 대한 문제는 본질적 접근을 시도하게 되었다. 이러한 의미에서 주돈이가 주창한 '심성의리' 학설은 송나라 유학자들의 칭송과 지지를 받게 되었다. 이학 사상의 주요 내용은 불교적 계시에서 기원하고 있기 때문에 수백 년 동안 충돌해 왔던 유(儒), 불(佛) 두 종교는 진정한 화해 국면을 맞이하였다고 볼 수 있다.

송나라, 명나라의 이학을 대표하는 가장 유명한 도학자로 주희(朱熹)를 들 수 있을 것이다. 그의 대표적인 도학관념은 "인간의 욕망을 완전히 제거한 후에 하늘의 도리를 다한다(革儘人欲혁진인욕, 復儘天理복진천리)"는 말로 농축할 수 있다.

주희의 자는 부회(符晦)로서 자양(紫陽)이라고도 하며 공자와 동중서 이후 중국에 가장 큰 영향을 끼친 고대 사상가에 해당한다. 그의 본적은 휘주(徽州)이나 오랜 기간 복건성 건양(建陽) 지역에서 거주하였기 때문에, 그의 학문을 '민학(閩學)'이라고 부르기도 한다. 주희는 세상만사와 만물에 모두 일만 가지 이치가 있다고 여겼으며, 이 이치는 '태극(太極)', '천리(天理)'라고 할 수 있다. 정치, 윤리적으로는 '군신(君臣), 부자(父子), 부부(夫婦)'와 '인(仁), 의(義), 예(禮), 지(智), 신(信)' 등 '삼강오상(三綱五常)'에 해당하며, 이러한 사상과 이론은 후세 통치자들에게 가장 많이 선택되었다. 다만 남송의 육구연은 '심학(心學)'을 창시하여 "심즉시이(心卽是理), 즉 마음이 곧 진리"이며 "우주즉시오심(宇宙則是吾心), 즉 우주가 곧 내 마음"이라는 주장을 펼치며 주희의 관점에 따르지 않았다. 그의 사상 체계는 후에 명나라 시대의 왕수인(王守仁 : 1472~1529년)*에 의해 크게 발전함으로써 '육왕학파(陸王學派)'를 형성하게 된다.

가도학(假道學)

도덕군자의 분위기를 물씬 풍겼던 주희는 그의 정적(政敵)인 태수 당중우(唐仲友)가 엄예(嚴蘂)라는 기생과 부적절한 남녀관계를 맺고 있다고 질타를 가한 적이 있다. 당중우의 비행을 밝혀내기 위해 그는 엄예를 잡아 와서 고문을 가하며 자백을 받아내려 하였다. 그러나 비록 기생의 신분이었으나 엄예는 자신의 정인을 배반하지 않기 위해 죽음도 불사하며 인정하지 않음으로써 이 일은 흐지부지 끝이 났다.

이 사건은 한때 세상을 떠들썩하게 했던 일로 중국 역사 서적을 몇 권 읽어 본 사람이라면 누구나 알고 있는 사실이다. 그러나 그 후에 발생한 일에 대해서는 아는 사람이 많지 않을 것이다. 자신이 공격했던 방법 그대로 주희는 다른 사람에 의해 똑같은 공격을 받게 되었던 것이다. 1196년 감찰어사 심계조(沈繼祖)는 주희가 비구니 두 명을 첩으로 거느리고 있는 언행이 불일치한 사람이라고 상소를 올렸다. 이에 황제는 그의 관직을 강등시키려 하였으며, 놀란 그는 죄를 인정하며 사죄하였다. 또한 "평범하고 무능력한 인물로 말이 진부하기 짝이 없고 거짓 학문을 입으로 떠들 줄만 알았지 어떻게 활용해야 하는지는 알지 못한다"며 스스로를 질책하였다.

이는 매우 의외의 사건이 아닐 수 없으며 도학자들 사이에 '도행'이 가장 깊다고 인정받고 있던 주희조차도 다른 사람의 욕망을 말살하는 데에만 열중하였으며, 자신의 욕망은 말살하지 못한 '가도학자'였던 것으로 보아 일반 도학자들은 언급할 여지조차 없다고 볼 수 있다.

송나라, 명나라의 도학자들이 주장했던 '존천리, 멸인욕(存天理, 滅人欲)' 사상

---

* 명나라 중기 때 학자로 자는 백안(伯安)이다. 호가 양명(陽明)이라 왕양명이라 부르기도 하고, 그의 철학을 양명학이라 한다. 그의 철학은 육구연으로부터 시작되었으나 주자학의 성리설에 의해 새로이 지행합일(知行合一)과 치량지(致良知)의 설을 세워 심즉리(心卽理)의 천리를 풀이했다.

은 실제로 '다른 사람에게 적용되는 논리요, 자기 자신에게 적용되는 논리는 아니었으며(律人不律己율인불율기)', '아래 사람들에게 적용되는 논리요, 윗사람에게 적용되는 논리는 아니었던 것(律下不律上율하불율상)'이다.

'3궁(宮), 6원(院), 72명의 비(妃)'라는 말에서 알 수 있듯이 봉건사회에서 육체적 욕망을 가장 적나라하게 드러냈던 사람은 다름 아닌 황제였다. 송나라 이전의 왕조였던 진대(晉代)의 무제(武帝 : 동진의 효무제孝武帝)는 후궁의 수가 무려 일만여 명에 달했기 때문에 밤이 되면 단지 발걸음이 멈추는 곳에 들어가 잠자리를 갖곤 하였다. 명나라 시대의 정덕황제(正德皇帝 : 명나라 제11대 황제 주후조朱厚照, 재위 1505~1521)의 음란했던 생활, 청나라 시대의 건륭황제(乾隆皇帝 : 청나라 제6대 황제 홍력弘曆, 재위 1735~1795)가 강남 곳곳을 누비며 여색을 탐했던 일 등 이러한 사례는 비일비재하다. 송나라의 경우를 살펴보면 송나라 휘종(徽宗 : 북송의 제8대 황제 조길趙佶, 재위 1100~1125)은 이사사(李師師)라는 기생과, 송나라 이종(理宗 : 남송의 5대 황제 조

주희저서도(朱熹著書圖)

윤趙昀, 재위 1224~1264)은 당안안(唐安安)이라는 기생과 염문을 뿌렸던 것으로 알려져 있다.

청나라 시대의 시인 사몽란(史夢蘭)은 세태를 반영한 풍자시를 통해 "송나라 시대는 고명한 도학은 그 명성이 높지만 황제는 오히려 색을 밝히네. 안안당과 사사이는 모두 황제의 성은을 한 없이 입었다네"라고 당시 시대상을 꼬집었다. 이렇듯 막강한 '인간의 욕망'에 대해 도학자들은 어찌하여 일언반구도 하지 않는 것인가?

'존천리, 멸인욕(存天理, 滅人欲)'을 주장했던 도학자들은 자신의 욕망을 말살하지도 못하였을 뿐만 아니라 윗사람, 즉 황제에게 말살하도록 진언하지도 못하였

던 것이다. 그들의 이러한 논리는 다만 일반 백성들에게 적용되었던 것뿐이었다.

청나라 시대의 유명한 철학자였던 대진(戴震 : 1723~1777년)은 송나라, 명나라의 이학을 철저하게 해부하여 파헤쳤다. 그의 견해를 분석해 보면, 이학은 인간의 음식남녀(飮食男女), 의식주행(衣食住行), 희로애락(喜怒哀樂) 등의 본능적 욕구를 모두 제거해야 하는 '인간의 욕망' 속에 포함시켜 버리고 '세상에서 가장 고귀한 품성'이라는 명분으로 비현실적이고 인간의 본성을 무시한 금욕주의를 서민들에게 강요하였던 것이라고 볼 수 있다. 이러한 상황이 이어지면서 다음과 같은 결과를 초래하게 된다.

첫째, 인간의 욕망을 말살하는 기준에 도달한다는 실현 불가능한 논리가 현실적으로는 이미 확고한 체계를 갖추고 있었기 때문에(송, 명의 이학은 당시 사회의 주류 사상과 이념으로 자리 잡았음) 이론과 실천이라는 상극된 국면이 초래되었다. 사람들은 저마다의 논리를 펴며 당시의 사회 환경에 적응하려 하였지만, 사회적으로는 이미 가식적인 분위기가 만연해 있었기 때문에 이러한 상황이야말로 오히려 도덕의 몰락을 극명하게 드러내 주었다.

둘째, 사람들은 저마다의 기준을 바탕으로 인간의 욕망을 말살할 수 있다고 여기고 있었기 때문에 이러한 기준을 다른 사람에게 엄격하게 적용하고 또 평가하였다. 그러나 실질적으로 인간의 욕망을 말살한다는 것은 불가능했기 때문에 사람들은 다른 사람들에게 불만을 가질 수밖에 없었으며, 이는 인간관계 발전을 저해함으로써 사회적 분위기는 더욱 암울해졌다.

셋째, 상기 두 가지 문제점으로부터 도출된 가장 근본적인 문제점으로서 봉건사회는 등급사회였기 때문에 권력계층은 가식으로서 자신을 가리고 다른 사람에게는 엄격한 기준을 적용하는 데 있어 유리한 고지를 선점하고 있었다는 것이다. 권세가 클수록 자신의 욕망을 만족시키는 데 혈안이 되어 있는 본 모습을 감추고, 다른 사람, 특히 피지배계급에게 결코 할 수 없는 인간의 욕망 말살을 강요하였다. '존천리, 멸인욕(存天理, 滅人欲)'의 이념은 강자가 약자를 억누르고 상위층이 하위층을 제압하는 무기로 사용됨으로써 심각한 사회적 불평등을 격화시켰던 것이다.

청나라 시대 강희제(康熙帝 : 청나라 제4대 황제 현엽玄燁, 재위 1661~1722) 53년에 황제가 발표한 조서에는 "짐은 인심과 풍속을 근본으로 하여 천하를 다스릴 것이다. 사람의 마음을 바르게 하고 풍속을 중시하기 위해서는 경학을 숭상하고 경서가 아닌 책들은 모두 근절시켜야 한다. 이것은 바뀔 수 없는 진리라고 할 수 있다. 최근 세간에 음란하고 황당하며 진리를 왜곡시키는 소설들이 많이 유행하여 우매한 백성들을 유혹하고 선비와 관료들까지 보고 싶은 욕망이 생기게 하고 있다. 이는 풍속과 관계되므로 결코 작은 일이라고 할 수 없다. 이에 소설을 금지한다"라고 되어 있다.

백성의 마음을 바로잡고자 하는 통치자는 무수히 많을 것이다. 북양(北洋) 군벌 손전방(孫傳芳)은 상해(上海)에서 '음란죄'를 물어 유해율(劉海栗)의 누드화 전시까지 금지하였다.

황제를 비롯하여 대장군에 이르는 통치계급은 수십, 심지어 수천 명의 미인들을 차지하고도 민간에서 또 다른 미인을 보면 별 어려움 없이 그들을 차지하곤 하였다. 상황이 이러할진대 그들 가운데 음서(淫書), 음화(淫畵)에 관심 있는 사람이 누가 있겠는가? (마음대로 여자를 취할 수 있는) 그들은 당당하게 소시민들을 향해 음서와 음화를 금하도록 엄격히 요구할 수 있었다. 그러나 『홍루몽(紅樓夢)』, 『서상기(西廂記)』, 『모란정(牧丹亭)』, 유해율의 '누드화전'처럼 실제로 이러한 음서와 음화 가운데 상당수는 도색적인 내용이라고 볼 수 없는 것들이 많다. 성인이라고 자처하는 황제는 범인들에게나 속한 식(食), 색(色), 성(性) 등을 탐닉하는 한편, 백성들은 성인에 의해 금욕주의적 생활을 강요받아야 하는 상황은 천년 동안 풀리지 않는 너무나 아이러니한 일이 아닐 수 없다.

부유한 권세층은 '존천리, 멸인욕(存天理, 滅人欲)'의 이론을 빌어 얼마 되지도 않는 소시민들의 정신적, 물질적 이익을 박탈해가고 있는데 문제의 핵심이 있는 것이다.

이에 대해 노신(魯迅 : 루쉰)은 『광인일기(狂人日記)』라는 소설을 통해 예의와 교화를 강조하는 '인의도덕'으로 가득한 종이 이면에 '식인(食人 : 흘인吃人)'이라고 씌어 있는 것을 개탄하였다. 봉건사회의 예의와 교화는 정신적 식인문화와 다를 바가 없었던 것이다.

이학은 송나라 시대에 이르러 통치계급의 이념으로 자리 잡으면서 크게 발달하였고 사상학계에 있어서도 통치적 지위를 확보하였다. 이학이 제창한 '존천리, 멸인욕(存天理, 滅人欲)'과 '삼강오상(三綱五常)' 등의 사상은 사회 각 계급으로 스며들어 사상적 족쇄로 작용하게 되었으며 행동 규범에도 영향을 끼치게 되었다. 특히 여성의 지위 격하에 심각한 영향을 미쳤다. 송나라, 명나라의 이학은 유학의 새로운 발전 단계를 형성하였으며, 중국 역사에 있어서도 중요한 자리를 차지하고 있다.

5. 여진족女眞族이 궐기하여 중원을 장악하다

여진족은 중국의 북방에서 오랜 기간 살아왔던 민족이다. 여진족의 전신은 춘추전국시대에 '숙신(肅愼)'이라고 불리던 북방 부족이라고 할 수 있다. 한나라 때에는 '읍루(挹婁)', 남북조시대에는 '물길(勿吉)', 수·당 시대에는 '말갈(靺鞨)'이라고 불렸으며 모두 시대별로 다른 여진족의 이름에 해당한다. 송나라와 거란이 대치국면에 있었던 시기부터 여진족이라고 불리었다. 여진족은 천여 년의 세월 동안 흑룡강(黑龍江)과 송화강(松花江) 유역 일대에서 초목을 따라 이동하며 유목, 수렵 등으로 생활을 영위하였다.

당나라 말년부터 요나라 태조인 야율아보기(耶律阿保機)가 북방지역에서 세력을 확장하기 시작하였으며, 북방에서 생활하던 수많은 유목민족들이 모두 거란의 세력권 안으로 통합되었다. 여진족도 그 중 하나에 속하는 민족이라고 할 수 있다. 거란은 여진족 부락의 수천 가호를 요양(遼陽) 이남 지역으로 이주시켜 그 세력을 약화시키고자 하였다. 이렇게 강제 이주된 여진족 부락 가운데 요나라에 동화되어 요나라의 호적에 편입된 민족을 '숙여진(熟女眞)'이라고 칭하였다. 일부 율말강(栗末江 : 지금의 송화강松花江) 이북, 영강주(寧江州 : 지금의 길린성 오가참吳家站 지역) 이북

의 여진족 부락은 한 번도 기존의 생활터전을 떠
난 적이 없었던 사람들로 이들을 '생여진(生女眞)'
이라고 불렀다. 당시 생여진족의 규모는 십여 만
명에 불과하였으며, 72개 부락으로 나뉘어 있었
다. 각 부락은 민족 고유의 풍속과 제도를 그대로
유지하였으며, 같은 시기의 송나라, 요나라보다
는 문명이 많이 뒤떨어져 있는 상황이었다.

금나라 기병과 마구장(馬具裝)

세력을 키우며 기회를 엿보다

낙후되어 있던 민족이 한번 발전의 기회를 잡기 시작하면 그 상승세를 막기
어렵다. 외래문화가 유입되면서 생여진 가운데 완안부(完顔部)의 발전이 두드러
졌으며 그 세력이 점점 더 확장되었다. 완안부의 문헌에 기록되어 있는 1대 추장
은 10세기 초에 활동한 '함보(函普)'*였으며 고려(高麗)에서 건너 간 인물로 전해지
고 있다. 그가 완안부에 도착했을 때는 이미 60세가 넘은 나이였다. 마침 완안부
의 한 사람이 다른 부족 사람을 죽여 두 부족 간에 원한이 생기게 되었으며, 서로
죽고 죽이는 상황이 반복되면서 원한은 더욱 깊어졌다. 함보는 연륜이 높고 지혜
로웠던 인물로 부족민의 간청에 따라 이러한 분쟁을 해결하게 된다. 그는 한 사
람을 죽여 분쟁이 계속되면 쌍방 모두에게 손해이므로 당초 사건을 일으킨 당사
자만 처형하고 재물로써 배상하면 더 이상 싸울 필요도 없고 모두에게 이익이 될
것이라고 조언하였다.

두 부족은 이 방법이 합당하다고 여겨 이에 동의하였다. 쌍방은 "누구든지
사람을 죽이는 자는 가족 가운데 한 명과 말 열 필, 송아지 열 마리, 황금 여섯 량
을 피해자 가족에게 주어 화해하고 사적인 분쟁을 금한다"라는 조약을 맺게 된
다. 여진족이 사람을 죽이면 말과 소 삼십 마리로 배상하는 풍속은 이렇게 하여

---

* 함보는 금나라 황실 완안씨(完顔氏)의 시조이다. 감복(龕福) 혹은 합부(哈富)라고도 한다. 훗날 완안부의 추장
아골타(阿骨打)가 제위(帝位 : 재위 1115~1123)에 올라 금나라(1115~1234년)를 세운다. 함보는 아골타의 7대조이
고, 함보의 장남 완안오로(完顔烏魯)는 금덕제(金德帝)로 추시된다.

금나라 시대 철불(鐵佛)

시작된 것이다. 함보는 두 부족의 오랜 분쟁을 해결해 주었기 때문에 부족민들은 그를 매우 신임하였으며, 추장으로 추대하였다. 후에 금(金)나라 왕조는 그를 시조(始祖)로 받들게 된다.

함보에 이어 오노(烏魯), 발해(跋海), 수가(綏可) 등의 수대를 거치면서 완안부는 생여진 부족 가운데 단연 두각을 나타내게 되었으며 그 세력이 점점 더 강대해졌다. 특히 석노(石魯)가 추장이 된 후 그는 여진족이 문서에 근거한 계약 문화가 형성되어 있지 않아서 효과적인 통치를 할 수 없다는 것을 깨달았다. 이에 그는 '기본조항'을 제정하여 부락의 사무를 체계화하기로 결심한다. 그러나 석노의 이러한 생각은 부족민들의 반대에 부딪히게 된다. 일부 부족민은 그를 붙잡아 죽이려고 하였으나 석노가 장차 큰 인물이 될 것으로 믿었던 그의 숙부 사리홀(謝里忽)이 활을 쏘아 부족민들을 흩어지게 한 후에야 석노는 목숨을 부지할 수 있었다.

이 일을 계기로 개혁에 대한 석노의 결심은 더욱 굳어졌다. 조례에 따른 정치가 실시되기 시작하면서 완안부의 세력은 증대되었으며 석노는 구습을 따르고 있는 다른 부족들에 대한 토벌을 시작하였다. 완안부는 백전백승을 거두며 수많은 생여진 부락을 정복하였으며, 석노의 위상은 더욱 높아지게 된다. 거란의 황제는 석노에게 '척은(惕隱)'이라는 벼슬을 겸하게 하면서 그의 손을 빌어 생여진 전체를 통제하려고 하였다.

11세기 초, 석노의 아들 오고내(烏古乃)가 6대 추장에 올랐다. 이때의 완안부는 이미 안출호수(按出虎水 : 지금의 아십하阿什河 강) 유역 일대에 정착하여 생활하였다. 이 지역은 산림이 조밀하고 토지가 비옥하며 과거의 어떠한 시기보다도 풍요로운 생활을 영위하게 된다. 오고내는 생여진의 각 부락들을 정복한 후 백산부(白山部), 야회부(耶悔部), 통문부(統門部), 야라부(耶懶部), 토골론부(土骨論部)와 연합하여 포섭(蒲聶 : 포노리蒲奴里), 철려(鐵驪), 월리독(越里篤), 오리미(奧里米), 부아리(剖阿里) 등 요나라 왕조의 '오국부(五國部)'라 불리는 오부와 함께 부락 연맹을 결성하고 연맹의 수장 자리에 오르게 되었으며, 요나라로부터도 '생여진 절도사'라는 칭호를 받았다.

오고내가 세상을 떠난 후 그의 아들 핵리발(劾里鉢)이 연맹 수장의 자리를 이어 받았다. 그는 그의 형제, 조카들을 이끌고 부락 연맹 내부의 귀속들의 반란을 진압하였으며, '와신상담(臥薪嘗膽)'의 방식으로 거란의 의심을 무마시켰다. 또한 세력 확장을 위한 전쟁을 계속 이어나갔다. 그가 세상을 떠날 무렵, 과거의 약소 부락에 불과했던 완안부는 30개 부락으로 구성된 대연맹체로서 노예제 국가의 초기형태가 형성되고 있었다. 만약 강력한 통솔력을 지닌 인물이 나타나 이러한 세력을 결속하여 기회를 틈타 대거 남진한다면 그들보다 문명과 경제가 발달한 민족을 정복할 수 있는 시기가 무르익었다고 볼 수 있다.

완안아골타(完顏阿骨打)의 건국

여진족의 세력이 눈부시게 발전하고 있을 무렵 거란의 통치자자들은 부패일로를 걷고 있었다. 거란의 마지막 황제인 천조(天祚 : 1075~1128년)*는 사냥을 좋아하고 폭음을 일삼았으며 정사를 소홀히 하였기 때문에 거란의 국력은 하루가 다르게 쇠퇴하였다. 이미 요나라의 내부에서 사나운 반란의 물결이 몰아치고 있을 정도였다.

1113년, 핵리발의 둘째 아들인 완안아골타(1068~1123년)**가 여진족 부락 연맹의 추장 자리에 올랐다. 그는 여진족의 통치자 가운데 가장 핵심적인 인물이라고 할 수 있다. 『금사(金史)』에는 "그가 출생하기 전날 밤 하늘에 오색구름이 창연하였는데, 이는 기이한 인물이 태어나 비범한 일을 해낼 징조로서 하늘이 이를 암

---

* 이름은 야율연희(耶律延禧)이다. 요(遼)나라 왕조 최후의 황제(재위 1101~1125)로 1125년 금나라에 항복한 뒤에 해빈왕(海濱王)으로 봉해졌으나, 1128년 병사하였다.

** 완안(完顏)은 여진어로 '왕(王)'이라는 뜻이고, 아골타는 여진어 아구다(Aguda)를 가차한 것으로, '너그럽고 넓은 아량이나 모양'이라는 뜻이다. 당시 요나라의 황제인 천조제(天祚帝) 야율연희(耶律延禧)를 물리치고 금나라를 건국해, 금나라 초대 황제(太祖 : 재위 1115~1123)가 되었다.

금나라 태조 완안아골타릉, 능침 안에 있는 봉조문 옥식건(鳳鳥紋玉飾件)

시한 것이며 사람의 능력으로는 할 수 없는 일이다" 라고 기재되어 있다. 이러한 전설을 곧이곧대로 믿을 수는 없겠지만 아골타는 확실히 비범한 데가 있는 인물이었다. 그는 행동이 강직하고 용맹하였으며, 위풍당당한 기세를 지닌 인물로서 아비와 형을 따라 반란 부족을 진압하였으며, 단 한 번도 패전을 기록한 적이 없었기 때문에 핵리발은 그를 매우 신임하였다고 한다.

요나라 천경(天慶) 4년(1114년) 9월, 완안아골타는 각 부족의 병사 8백씩을 모아 군사를 일으켜 거란을 침입하였다. 그는 먼저 영강주(寧江州)를 향해 진격하였다. 영강주에는 8백의 병사들이 수비를 하고 있었으며 동북로도통(東北路都統) 소사선(蕭嗣先)이 7천의 군사를 이끌고 지원에 나섰기 때문에 총 7800명의 군사가 버티고 있었다. 그러나 거란의 정치가 부패한데다 백성들의 생활은 매우 궁핍하였기 때문에 요나라 군대의 사기와 규율은 이미 땅에 떨어진 상태였다. 이러한 상황에서 투지가 왕성한 여진족 병사들의 공격을 막아내기란 수적 우세만으로는 역부족이었다고 할 수 있다. 거란의 군사들이 뿔뿔이 흩어지자 아골타는 영강성을 점령하게 된다. 거란은 각 부족의 군대를 파견하여 반격에 나섰다. 양쪽 군대는 11월 출하점(出河店 : 지금의 길림성 부여현扶余縣 지역)에서 격돌하게 되었으며 아골타는 3700명을 이끌고 전쟁에 나가 대승을 거두었다. 투항한 거란의 군사는 여진의 군사로 재편되었으며 승기를 앞세워 요양(遼陽), 함주(咸州 : 지금의 요녕성 개원開元 지역)까지 진격하게 된다.

완안아골타의 지휘 하에 여진족 군대는 1년이 채 지나기도 전에 요나라의 흑룡강(黑龍江), 길림(吉林), 요녕(遼寧) 등 동북부 지역의 수많은 도시와 거점을 차지하였다. 연이은 승리로 영토가 확대됨에 따라 씨족부락제를 유지하고 있던 여진족의 통치체계에도 변화가 필요하였다. 이에 아골타의 동생 완안성(完顔晟 : 오걸매吳乞買라고도 함)과 국상(國相) 완안철개(完顔撒改) 등은 아골타에게 나라를 건립하고 황제에 오르도록 권유하였다. 요나라 천경 5년(1115년) 정월 초하루에 아골타는 한족의 제도를 모방하여 황제라 칭하였으며, 국호를 대금(大金), 연호를 '수국(收

國'이라 하고 도성을 영부(寧府 : 지금의 흑룡강성 아성현阿城縣 남부)에 정하였다. 아골타는 금나라 태조(太祖)의 자리에 올랐다.

아골타는 즉위한 후, 안으로는 제도를 개선하고 밖으로는 군대를 정비하여 거란을 멸망시킬 준비를 진행시켰다. 그는 국상제(國相制)를 폐지하고 암판발극열(諳版勃極烈) 등으로 국정을 보좌하게 하고 여진의 병사들에게는 전통적인 '맹안모극(猛安謨克)' 제도를 시행하였다. 3백 호를 모극(謨克)이라 하고 열 모극을 맹안(猛安)이라 하여 정식으로 군사행정조직으로 구성하였으며, 요나라에서 투항한 군사들은 요나라의 병법제도에 따라 '도통(都統)' 또는 '군수(軍帥)'에 편입시켰다. 새로 건국된 금나라 왕조는 더욱 고앙(高仰)된 기세로 요나라에 맹공세를 펼치기 시작하였다. 금나라는 천보(天輔) 4년(1120년)에 요나라의 상경(上京) 임황부(臨潢府 : 지금의 내몽골 파림좌기巴林左旗 남부)를 함락시켰으며, 6년에는 중경(中京 : 지금의 내몽골 영성寧城 서부)을 점령하였다. 그해 말에 다시 연경(燕京 : 지금의 북경)을 함락시키게 됨으로써 한 시대를 풍미했던 거란은 멸망을 눈앞에 두게 된다.

천보 7년(1123년) 8월 아골타가 연경에서 회군하여 북진하던 중에 병사하자, 그의 동생 왕완성(完顔晟 : 1075~1135년)이 즉위하여 연호를 천회(天會)로 바꾸니, 그가 곧 금나라 태종(太宗)*이다. 금나라 태종은 서하(西夏)와 연합하여 요나라의 마지막 황제 천조를 추격하였으며, 천회 3년(1125년) 당항(黨項)으로 피신하려던 천조가 도중에 금나라 병사들에게 생포됨으로써 요나라는 멸망하였다.

▶▶ 역사의 흐름에 어떤 영향을 미쳤을까?

아골타는 일생을 전쟁터에서 보냈다. 그는 전대(前代)의 과업을 계승하여 금나라를 건국하는 대업을 이루어 냄으로써 여진족의 통일과 발전에 명실상부한 공로를 세웠다. 금나라를 건립한 후, 그는 씨족 혈연관계를 바탕으로 한 부락연맹에 대한 개혁을 실시하여 동성통혼(同姓通婚) 등의 낙후된 풍속을 근절시켰다. 또한 요나라에 대한 정벌을 추진하면서 내부적으로는 생산력 향상에 역점을 두

---

* 금나라의 제2대 황제(재위 1123~1135)로 여진족 이름은 오걸매(吳乞買)이다. 1125년, 그는 송나라와 동맹, 즉 해상지맹(海上之盟)을 맺고 요나라를 협공하여 만주 지역으로부터 요나라를 멸망시켰다.

었다. 그는 완안희윤(完顏希尹)에게 명하여 '한족의 해자(楷字)를 모방하고 거란의 문자를 답습하여 금나라의 언어로 통합'하도록 하였다. 이로써 여진의 문자가 탄생하게 되었으며 기존의 나무와 매듭 등으로 의사를 소통하던 낙후된 생활에서 벗어날 수 있었다.

곧이어 여진은 이미 왕성해진 세력을 바탕으로 시대적 기회를 잘 포착하여 중국 내륙까지 진입하게 되면서 민족 최고의 전성기를 맞이하게 된다. 여진족은 그 세력이 점차 확장되면서 대거 남하하게 되었으며, 한족, 거란족 등과 어울려 함께 일하고 생활하면서 문화, 경제적으로 큰 발전을 이룩하였다. 또한 점차 한족 문화를 받아들이게 되어 민족 간의 대융합이 이루어지게 된다. 여진족은 한족의 선진 문화와 생산도구를 기존의 삶의 터전이었던 동북지역까지 전수하게 됨으로써 동북지역의 개발과 발전에 큰 영향을 끼쳤던 것이다.

6. 정강의 변靖康之變, 북송北宋이 멸망하다

새로 건국된 금나라의 기세가 점점 더 강성해서 중국 내륙을 엿보고 있을 무렵, 송나라는 아둔한 군주인 휘종(徽宗 : 북송의 제8대 황제, 재위 1100~1125)이 다스리고 있었다. 그는 희대의 간신인 채경(蔡京)을 재상으로 삼고 동관(童貫), 왕보(王黼), 양사성(梁師成), 양전(楊戩), 이언(李彦), 고구(高俅) 등을 중용하여 북송 정치의 일대 암흑기를 초래하였으며, 송나라는 가장 부패한 시대로 접어들고 있었다. 선화(宣和 : 휘종의 연호) 원년(1119년)에는 송강(宋江)이 산동에서 봉기를 일으켰으며 이듬해에는 방랍(方臘)이 절강에서 반란의 깃발을 휘날리는 등 북송의 정치는 바람 앞의 촛불처럼 위태하기 짝이 없었다.

선화 2년(1120년) 금나라가 요나라를 멸망시키려 하자, 북종은 이 기회에 요나라에게 빼앗겼던 땅들을 다시 회복하고자 하였다. 이에 금나라와 '해상지맹(海上之盟)'을 맺고 두 나라가 함께 요나라를 협공하여 만리장성 이남의 연운 지역은 송나라 군이 점령하고 만리장성 이북의 주, 현은 금나라 군이 점령하기로 하였다. 협공이 승리를 거둔 후에는 연운 지역은 북송에게 다시 귀속되고 북송은 매년 요나라에게 보내던 것과 같은 양의 조공을 금나라에 보내기로 하였다. 그러나 송나라 군은 부패할 대로 부패하여 요나라의 연경 수비군에게 두 차례나 대패하고 만다.

그해 말에 금나라 군은 거용관(居庸關)에서 연경(燕京)으로 진격하여 연경을 함락시켰다. 금나라는 연경 및 그에 속한 6주 24현을 송나라에 주기로 합의하는 대신, 북송이 본래 요나라에 보내던 40만 전에 달하는 조공을 금나라에 바칠 것과 이외에 별도로 6주 24현의 부세 역시 그대로 금나라에 바치도록 하였다. 또한 매년 100만 민(緡 : 관貫과 같은 뜻으로 1000문文의 동전 꾸러미를 가리킴)을 연경 6주의 세금을 대신하는 명목으로 금나라에 바친다는 약조를 받은 후에서야 금나라 군은 연경에서 철군하였다. 금나라 군은 철군하면서 연경의 금은보화와 부녀자, 부호들을 모두 데리고 떠났으며 텅 빈 성 몇 개만을 송나라에 넘겨주었다.

정경의 변과 뼈에 사무치는 굴욕

요나라를 멸망시킨 후 금나라는 북송으로 시선을 돌렸다. 북송의 통치계급이 부패하고 국방이 허술한 것을 알아챈 금나라는 승세를 타고 송나라를 멸망시킨 후 중국을 통일하기로 결정한다. 요나라를 멸망시킨 그해(1125년) 10월 금나라 태종은 송나라에 대한 공격을 지시하는 조서를 내렸으며 금나라 군은 동서 2대대로 나뉘어 공격을 감행하였다. 서로군(西路軍)은 점한(粘罕)을 대장군으로 하여 대동(大同)에서 태원(太原)으로 진격하였으며, 동로군(東路軍)은 알리불(斡里不)을 대장군으로 하여 평주(平州)에서 연산(燕山)으로 진격하였다. 두 군대는 송나라의 수도인 동경(東京 : 지금의 개봉開封)에서 회우하기로 하였다.

금나라 군대는 송나라 군의 수비가 허술한 틈을 타

송나라 휘종 조길의 초상

서 송나라 국경 깊숙이 진입하였다. 서로군이 태원에서 왕품(王稟)의 군대로부터 완강한 저항을 받아 공격이 지연되었을 뿐 동로군은 순조롭게 연산부(燕山府)에 도착하였다. 송나라 장수 곽약사(郭藥師)는 바로 투항하였다. 송나라 휘종은 금나라의 침공 소식에 놀라 급히 퇴위조서를 써서 태자인 조환(趙桓 : 1100~1161년)이 즉위하도록 하였으며, 자신은 서둘러 진강(鎭江)으로 피난하였다. 조환은 바로 송나라 흠종(欽宗 : 북송의 제9대 황제, 재위 1125~1127)으로 이듬해(1126년) 연호를 정강(靖康)으로 바꾸었다.

당시 송나라의 조정은 화친파와 주전파로 나뉘어 의견이 분분하였다. 송나라 흠종과 재상 이방언(李邦彦), 장방창(張邦昌) 등은 비굴하게 화친조약을 맺고 배상금과 국토를 할양할 것을 주장하였으며, 주전파인 이강(李綱) 등은 황제의 친정(親征) 등 진취적인 방향을 선택할 것을 주장하였다. 주전파와 동경 군민들의 대항의지에 눌려 송나라 흠종은 이강을 병부시랑(兵部侍郎), 상서우승(尙書右丞), 동경유수(東京留守), 친정행영사(親征行營使) 등에 겸하여 임명하여 도성인 개봉의 수비 총책임을 맡겼다.

정강 원년(1126년) 정월 초파일에 금나라 군은 이미 개봉 성문 앞까지 도착하였다. 그러나 송나라 각지의 근왕병(勤王兵)들이 도성을 지키기 위해 속속 모여들었고 이강이 친히 군대를 지휘하였기 때문에 금나라 군의 공격을 수차례에 걸쳐 물리쳤다. 하북, 산동에서도 의병이 일어나 금나라에 대항하였기 때문에 전세는 고립무원의 금나라 군에 배우 불리하게 바뀌었으며 결국 수많은 사상자를 낸 채 철군할 수밖에 없었다.

금나라 군이 철군한 후 송나라 조정에서는 다시 투항파가 득세하게 되었다. 이강 등 주전파는 동경을 떠날 수밖에 없게 되었고, 근왕병들과 민병 조직도 뿔뿔이 흩어지면서 수비에 다시 구멍이 뚫리기 시작하였다. 금나라 군은 여름 동안 군대를 정비한 후 1126년 8월 다시 동서 양쪽에서 송나라로 남침을 감행하였다. 서로군은 태원을 함락시킨 후 승세를 타고 도강을 시도하였으며, 동로군은 진정(眞定)을 점령하였다. 정강 원년 윤11월 25일 금나라의 동서 양군은 동경을 포위 공격하여 마침내 함락시키게 된다.

그러나 동경 백성들의 항전의지는 매우 고앙(高仰)되어 있어 강화를 맺기 위해 하루 전에 도착한 금나라의 사신을 죽여 버렸다. 다음날 30만 명에 달하는 백성들이 손에 닥치는 대로 무기를 들고 나와 금나라 군대에 저항하기 시작하였다. 금나라 군이 성을 불태우려 하는 순간 수많은 백성들이 구름같이 몰려들었다. 금나라 군은 황급히 방어진지를 구축하고 동경의 백성들이 성 밖으로 나오지 못하도록 막았다. 금나라 군대는 넉 달 동안 동경을 점령하고 온갖 약탈을 일삼았다.

정강 2년(1127년) 정월 금나라 군은 송나라 휘종과 흠종을 감금한 뒤 2월 6일에 금나라 군주의 명의로 조서를 내려 휘종과 흠종을 서민으로 강등시키고 금나라와 내통해왔던 송나라의 재상 장방창(張邦昌)을 초황제(楚皇帝)라 하여 그들의 꼭두각시로 세웠다. 4월 초하루가 되자 금군은 휘종, 흠종 두 황제를 비롯하여 황후, 궁비, 황자, 종친 등 3천 여 명을 포로로 잡아 북으로 끌고 갔다. 송나라 황실의 보새(寶璽), 여복(輿服), 법물(法物), 예기(禮器), 혼천의(渾天儀) 등의 보물 역시 남김없이 가지고 떠났다. 이로써 조광윤이 세운 북송 왕조는 167년째에 이르러 멸망하게 되었으니, 역사적으로 이 사건을 '정강의 변'이라고 부르고 있다.

남송(南宋)의 건립과 송, 금의 대치 국면 형성

1127년 금나라는 개봉에서 철군한 후 장방창을 꼭두각시인 초황제로 삼았다. 장방창은 본래 송나라의 재상이었으나 금나라에 투항하였기 때문에 개봉의 백성들은 그에 대한 원망이 갈수록 커져갔다. 옛 송나라의 신하였던 대부분의 사람들도 그의 퇴위를 주장하였다. 결국 장방창은 맹태후(孟太后 : 북송 철종哲宗의 황후)의 명의로 조서를 내려 강왕(康王) 조구(趙構 : 1107~1187년)*를 황제로 옹립하고 물러났다. 정강 2년(1127년) 5월 1일 강왕 조구가 정식으로 즉위하였으니, 이가 송나라 고종(高宗)이다. 중국 내륙 대부분의 영토를 잃고 강남 지역에 안주하게 된 송나라 왕조는 후에 도성을 임안(臨安 : 지금의 절강성 항주시)로 옮기게 된다. 이때부터 남송 시대가 시작되었다고 할 수 있다.

---

* 중국 남송(南宋)의 초대 황제인 고종(高宗)이자 송(宋) 왕조의 제10대 황제(재위 1127~1162)이다. 북송의 수도 개봉(開封)이 함락된 후 즉위한 흠종의 아우로 강남으로 천도하여 임안(臨安)에 수도를 정해 남송이라 부르며, 연호를 건염(建炎)으로 하였다.

남송의 초기에는 걸출한 장군들이 수없이 배출되어 금나라 군을 수차례 격퇴하였으나 송나라 고종은 그들의 공이 지나치게 부각되고 휘종과 흠종이 되돌아올 경우 황제의 자리를 잃을까봐 두려워하였다. 이에 여러 장수들의 병권을 몰수하고 강화를 주장하게 된다. 건염(建炎) 원년 9월 금나라가 그들의 꼭두각시 황제였던 장방창을 폐위한 것을 빌미로 다시 남침하여 하양(河陽)에 도달했다는 소식을 들은 송나라 고종은 사실여부를 확인하지도 않은 채 바로 남쪽으로 피난을 떠날 준비를 하였다.

10월 초 남경(南京 : 지금의 하남성 남구南丘 지역)을 출발한 지 한 달 만에 송나라 고종은 양주(揚州)에 도착하였다. 12월이 되자 금나라 군대는 3대대로 나뉘어 남하하였다. 완안종보(完顔宗補)가 동로군을 이끌고 창주(滄州)에서 강을 건너 산동을 공격하였으며, 완안종한(完安宗翰)은 중로군을 이끌고 하양(河陽)에서 강을 건너 바로 하남을 공격하였다. 서로군은 완안종망(完安宗望)이 파견한 누실(婁室)이 이끌고 섬서(陝西)로 진격하였다. 건염 3년(1129년) 2월 금나라 군은 양주를 습격하였으며, 송나라 고종은 서둘러 진강부(鎭江府)를 지나 항주(杭州)로 피난하였다. 금나라 군대는 9월부터 강을 건너 남하하기 시작하였고, 또 다시 송나라 고종은 군신들을 이끌고 피난길에 오른다. 10월에는 월주(越州 : 지금의 절강성 소흥紹興 지역)에 이르렀다가 다시 명주(明州 : 지금의 영파寧波 지역), 정해(定海) 등을 거쳐 바다에 표류하기도 하였다. 건염 4년 여름이 되어 금나라 군이 강남 지역에서 철군한 후에서야, 그는 다시 임안부(賃安府)로 돌아오게 되었으며 후에 임안부는 남송의 도성이 되었다.

송나라 고종을 비롯한 화친파 세력이 전쟁에 소극적이었다고는 해도 조정과 백성들의 여론에 눌려 여러 차례 군대를 조직하였으며, 금나라 군과 대항하여 남침을 저지하기도 하였다. 이렇게 됨으로써 송나라와 금나라의 대치국면은 비로소 안정을 찾게 되었다. 중국민족의 영웅으로 추앙되고 있는 악비(岳飛 : 1103~1141년)[*],

---

[*] 남송 초기의 무장(武將)이자 정치가이며 학자이다. 북송이 멸망할 무렵 의용군에 참전하여 전공을 쌓았으며, 남송 때 호북(湖北) 일대를 영유하는 대군벌(大軍閥)이 되었지만 무능한 고종과 재상 진회에 의해 젊은 나이에 살해되었다.

한세충(韓世忠 : 1089~1151년)* 등은 모두 남송 초기에 금나라에 대항하였던 장수들이다.

악비(岳飛)의 자는 붕거(鵬擧)이며 하북 서로(西路) 상주(相州) 탕음(湯陰 : 지금의 하남성 소재지) 출신으로 농가에서 태어났다. 남송 초에 그는 하북 초무사(招撫司)의 하급 장교였으나 왕언(王彦)을 따라 하북 일대에서 금나라 군대에 맞서 싸웠다. 왕언의 수하를 떠난 후에는 병시의 병상 종택(宗澤)과 연을 맺게 된다. 신염 4년 (1130년)에 여진의 김올술(金兀術 : 완안종필完安宗弼이라고도 함)이 군대를 이끌고 임안부에서 운하를 따라 북쪽으로 철수하자, 악비는 상주(常州)를 습격하여 건강부(建康府 : 지금의 강소성 남경시)를 수복하였다. 이에 금나라 군은 강북으로 철군하였다. 이 무렵 악비는 이미 2백여 차례의 전쟁을 겪었으며 용감하고 전투에 능하여 그의 명성은 나날이 높아졌으며 독자적인 전투 지휘가 가능한 장수로 우뚝 서게 된다. 소흥(紹興 : 송나라 고종의 연호) 2년(1132년) 서른을 갓 넘긴 나이에 그는 이미 장강 중류지역을 수비하는 주수(主帥)의 자리에 올랐다.

이후 소흥 4년(1134년), 악비는 조정의 명령으로 북벌군을 진두지휘하게 된다. 악주(鄂州 : 지금의 호북성 무창武昌 지역)에서 양양(襄陽 : 지금의 호북성 양번襄樊 지역)으로 진격하여 꼭두각시 정권에 불과한 제(齊)나라 군대에 맹렬한 공격을 퍼부었다. 이에 두세 달 만에 계획대로 양양, 영주(郢州 : 지금의 호북성 종상鍾祥 지역), 수주(隨州 : 지금의 호북성 수현隨縣 지역), 등주(鄧州 : 지금의 하남성 등현鄧縣 지역), 당주(唐州 : 지금의 하남성 당하唐河 지역), 신양군(信陽軍 : 지금의 하남성 신양信陽 지역) 등 6개 주, 군을 수복하였다. 이는 남송이 건립된 이래 처음으로 대규모 영토를 수복한 전쟁이었다고 볼 수 있다. 당시 악비는 서른두 살에 불과하였으나 절도사로 봉해지게 됨으로써 남송 대장군 가운데 가장 젊고 유망한 장군으로 이름을 올리게 된다. 그가 통솔하는 '악비군'은 군대기강이 엄격하고 전공이 혁혁하여 백성들로부터 많은 사랑을 받았으며 금나라 군에 대항하는 남송 군의 든든한 기둥으로 자리매김 하였다.

* 그는 악비, 유기(劉錡) 등과 함께 금나라의 침입을 막는 데 힘쓴 무장이다. 악비가 투옥되자, 그는 구명을 위해 진회(秦檜)에게 격렬하게 항의하며 악비를 처형한 이유를 물었으나, 진회는 "그럴 수밖에 없었다(莫須有막수유)"라고 답하였고, 한세충은 "그런 말로는 천하를 납득시킬 수 없다(莫須有三字막수유삼자, 何以服天下하이복천하)"라며 물러나 은둔하였다고 한다.

항주 악묘(岳廟) 진회(秦檜) 부부의 철상

　소흥 10년(1140년) 5월 금나라는 다시 2대대로 나누어 섬서(陝西)와 하남(河南)에 대대적인 공격을 감행하여 손쉽게 하남과 섬서를 점령하였으며, 다시 대군을 이끌고 회남(淮南) 지방에 대한 대대적인 공세를 진행하였다. 송나라 고종은 다시 겁에 질려 관직에서 물러난 후 모친상을 당하여 집에 머무르던 악비를 다시 복위시키는 조서를 내렸다. 악비는 양양에서 출격하여 회남과 섬서 지역으로 진격하던 금나라 군대를 저지하였다. 금나라 군대의 수장인 김올술은 악비군의 병력이 분산되기를 기다렸다가 친히 정예기병 1만5천 명을 이끌고 악비군의 지휘거점이었던 언성(郾城 : 지금은 하남성 소재 지역)을 공격하였다.

　소흥 10년(1140년) 7월 초파일에 김올술은 언성에서 악비군과 대치하면서 오후부터 전투를 시작하여 늦은 밤이 될 때까지 결전을 벌였다. 송나라 군대는 적은 수로 대군을 이기는 승리를 거두었으며 이로써 금나라 군대에 막대한 타격을 입히게 되었다. 악비군은 다시 영창부(潁昌府)에서 김올술의 군대를 크게 무찔렀으며 개봉에서 22.5킬로미터 떨어진 지점에 있는 주선진(朱仙鎭)까지 추격하였다. 당시 황하 남북 연안에서 금나라 군대에 대항하여 싸우던 수많은 의병들도 모두 악비군의 깃발을 달고 악비군의 북벌을 지원하였다. 다른 지역의 송나라 군도 국부적으로 반격을 가하는 등 금나라 군에 대한 저항의 기세는 나날이 드높아 지고 있었다.

　그러나 송나라 고종과 재상 진회(秦檜)를 주축으로 한 투항파는 금나라 군대의 남침을 막아 그들의 울타리를 보존하는 데만 목적이 있었을 뿐 금나라의 속국이 되는 데는 전혀 불만이 없었다. 이에 송나라 군에게 금나라 군과 강화를 맺도록 강제 조서를 내렸다. 소흥 11년(1141년) 12월 29일 송나라 고종과 진회는 '근거 없는' 죄명을 악비에게 씌워 그 부자를 살해하였다. 당시 악비의 나이는 39세였으며 그의 아들 악운(岳雲)은 23살에 불과하였다. 악비는 처형되기에 앞서 감옥 안에 있는 탁자 위에 "하늘은 다 알고 있다. 하늘은 다 알고 있다(天日昭昭천일소소, 天日昭昭천일소소)"라는 문구를 남기며 투항파에 마지막까지 저항하였다. 악비를 따르고 지지하며 금나라에 끝까지 대항하려고 했던 문무 관료들은 모두 강직되거나 파면되었다. 송나라 고종은 조공을 납부하고 신하의 나라가 되는 조건으로 동남 지역 얼마 안 되는 땅덩어리의 통치권을 되찾게 된다.

송나라 고종 이후 송, 금 두 나라는 비교적 안정적인 관계를 유지하였다. 금나라가 몇 차례 남침을 하였으나 대부분 중도에서 되돌아갔으며, 남송은 효종(孝宗 : 남송 2대 황제 조신趙愼, 재위 1162~1189)의 집권기에 북벌을 시도하였으나 영토를 수복하지는 못하였다. 중국 역사에는 다시 남북이 대치하는 국면이 형성되었으며 원나라가 다시 중국을 통일할 때까지 이러한 국면은 지속되었다.

▶▶ 역사의 흐름에 어떤 영향을 미쳤을까?

북송 말에서 남송 초까지는 중국 역사에서 두 번째로 인구의 대대적인 남하가 이루어졌던 시기이다. 당시의 문헌에는 "중원의 관리와 백성들이 가족을 거느리고 모두 남쪽으로 건너왔다. 얼마나 많은 지 알 수 없는 노릇이다"라고 기록되어 있다. 남쪽으로 내려올 수밖에 없었던 북방의 관료와 백성들은 대부분 발전된 농업기술을 가진 농민과 선진문화 사상을 지닌 사대부 출신들이었다. 그들이 남쪽에 정착하면서 북방의 과학기술과 문화를 남쪽으로 전파하게 됨으로써 강남(江南)과 영남(嶺南) 지역의 발전을 촉진시키게 되었다. 남송시대부터 중국의 경제 중심이 북방에서 남방으로 이동하게 되었다고 볼 수 있다. 중국의 역사학자들은 한족에서 분류되어 나온 객가인(客家人)도 이 시기에 형성되었을 것으로 추정하고 있다.

북방지역에서는 금나라가 요나라와 북송을 멸망시킨 후 그 국력이 나날이 강성해졌다. 금나라 세종(世宗 : 금나라 제5대 황제 완안옹完顔雍 혹은 오녹烏祿이라고도 함, 재위 1161~1189)은 안으로 내정을 안정시키고 뛰어난 인재를 등용하는 한편 한족의 통치제도를 흡수하여 개혁을 시도함으로써 북방의 경제, 문화의 발전과 민족의 대융합을 이뤄내었다. 초목을 따라 이동하며 생활하던 여진족도 점차 '한화(漢化)' 되어 감에 따라 원나라가 통일을 할 무렵에는 북방의 여진족도 한족과 크게 다를 바가 없었다.

    12세기에 발발한 송나라와 금나라의 전쟁은 중국 역사에서 가장 광범위하고 오랜 기간 지속된 민족전쟁이었다고 할 수 있다. 악비 등이 쌓은 전쟁의 공적은 송나라 조정과 통치세력을 위한 것에 국한되는 것이 아니라 민족의 이익과 소망을 실현시킨 것이라고 볼 수 있다. 즉 분열에 반대하고 진보를 추구하며 다시 도태되지 않기를 바라는 정의의 투쟁이었다. 악비의 '정충보국(精忠報國)' 사상은 후대 자손들에게 나라를 지키고 이민족의 침입에 결연히 맞서 싸우도록 하는 정신적 유산이라고 할 수 있다.

7. 나침반의 발명, 세계의 시장화 시대를 열다

    고대인들에게도 드넓은 바다를 탐험하고 싶은 욕망이 있었을 것이나 기술적 한계로 인하여 실현될 수 없었다. 고대 그리스인들이 '항해(航海)'라고 칭했던 것 역시 풍랑이 없고 상대적으로 물결이 잔잔한 지중해 해역에 국한되어 있었다고 볼 수 있으며 끝없이 펼쳐진 망망대해는 그림의 떡과 같이 바라볼 수밖에 없는 대상이었던 것이다. 바다를 건너 교류가 불가능할 수밖에 없었던 이러한 상황은 조선(造船) 기술의 한계였다고 보기보다는 망망대해에서 방향을 가늠하기가 불가능했기 때문이었다고 볼 수 있다. 대양을 향해 선박을 출항시켰다고 해도 바다 가운데서 길을 잃게 되면 결국 바다 귀신이 될 수밖에 없었다. 나침반의 발명은 선박에 눈을 달아 준 것과 같아서 해운업의 발전에 가장 기본적인 여건을 만들어

주었다고 볼 수 있다. 나침반은 중국에서 가장 먼저 발명되었으며 오랜 기간 변화와 수정을 거쳐 현재의 모습으로 발전하였다.

'사남(司南)'에서 '지남어(指南魚)'까지의 발전 과정

중국 문헌에는 고대에 해상과 육지에서 방향을 구분하는 목적으로 사용한 도구에 대한 기록이 많이 남아 있다. 중국의 시조라고 불리는 황제(黃帝)는 치우(蚩尤)와 전쟁을 하면서 '지남차(指南車)'를 발명했다고 전해진다. 지남차는 뿌연 안개 속에서도 정확하게 방향을 분별할 수 있었기 때문에 길을 잃을 염려가 없었다. 지남차는 나침반과 관련된 가장 초기적인 고안이었다고 볼 수 있다. 그러나 후대 사람들은 고대 문헌을 바탕으로 여러 차례 지남차를 다시 제작하려고 시도하였으나 모두 성공을 거두지 못하였다. 따라서 '지남차'의 진위여부에 대해서는 의문을 품어볼 만하다.

그러나 자석(磁石)의 특성을 이용해 만들어 낸 나침반은 중국인의 뛰어난 발명품 가운데 하나라고 볼 수 있다. 나침반의 발명 시기는 지금으로부터 2500년에서 3000년 전인 주(周)나라까지 거슬러 올라간다. 춘추전국시대에 이미 자석과 자성(磁性)에 대한 특성이 알려져 있었다. 『한비자(韓非子)』「유도편(流度篇)」에는 "선왕(先王)이 사남(司南)으로 단조석(端朝夕)"이라는 기록이 있다. '선왕'은 '주왕(周王)'을 가리키는 것이며 '사남'은 '나침반', '단조석'은 '사방(四方)의 방위'를 뜻하므로 이는 나침반의 용도에 대해 설명하고 있는 것을 알 수 있다.

또 다른 고대 문헌에는 "정(鄭)나라 사람들은 먼 곳에 옥을 캐러 가면서 길을 잃지 않기 위해 '사남(司南 : 숟가락 모양의 자성磁性을 가진 기구)'을 꼭 가지고 다녔다"라고 기록되어 있다. 춘추전국시대 제(齊)나라의 이름난 정치가였던 관중(管仲)은 그의 저서 『관자(管子)』에서 "자석(慈石) 아래에는 반드시 '동금(銅金)'이 있다"라고 기록하고 있다. 자석(慈石)은 자석(磁石)을 말하며 '동금'은 일종의 철광을 뜻한다고 볼 수 있다. 2600년 전 관중이 생존했던 시기에 벌써 자석의 존재가 알려져 있었으며 자석

북송 시대 수부법을 활용한 지남침

이 자성을 띠고 있음을 확실히 파악하고 있었다는 것을 알 수 있다.

자석은 자성(磁性)과 극성(極性) 두 가지 특징을 지니고 있다. 즉 자석에 있는 양극은 남과 북의 방위를 가리키는 성질을 지니고 있다. 자석의 자성은 중국 전국시대와 고대 그리스시대에 모두 발견하였지만 극성은 유럽에 앞서 중국에서 먼저 발견하였다.

자석이 남북의 방향을 가리키는 극성은 발견하기 쉽지 않다. 자력이 작고 마찰력이 큰 상황에서는 자석의 양극이 자유롭게 남북을 가리킬 수 없기 때문이다. 중국은 전국시대에 최초로 극성을 발견했던 것이다. 또한 자석이 남쪽을 가리키는 특성을 이용하여 초기의 나침반 '사남'을 제작하였다. 사남의 '사(司)'는 '장악하다', '관장하다'의 뜻을 가지고 있어 중국어의 '사기(司機 : 운전기사)', '사노(司爐 : 보일러공)', '사령(司令 : 사령관)' 등의 낱말에서 사용되는 '사(司)'자는 모두 같은 뜻이다.

그러나 '사남'을 사용하는 데는 많은 제약이 따랐다. 자석으로 사남을 만들었어도 제대로 극을 찾기가 그리 쉽지 않았으며 숟가락 안에 자석을 담는 과정에서 진동을 받거나 일부 자성을 잃게 될 수 있었기 때문이다. 또한 사남을 사용할 때는 반드시 바닥이 편평해야 했으며, 그 부피도 비교적 컸기 때문에 사남을 발명한 후에도 더 나은 나침반을 만들기 위한 노력은 계속되었다. 사남에 이어 등장한 새로운 나침반이 바로 '지남어(指南魚)'이다.

현대 과학의 시각으로 볼 때 고대인들은 (물고기 모양의) 강철 조각을 불 위에 놓고 붉게 달아오르게 하는 방법으로 자석 안의 자구(磁區 : Magnetic domain, 원자 간에 자화磁化가 서로 평행하게 배열된 영역)를 활성화시켰던 것으로 분석할 수 있다. 지구(地球)의 자성을 따라 붉게 달아오른 강철 조각을 냉각시키면 지구 자기장의 작용으로 인해 일정한 규칙에 따라 자구가 질서 있게 배열되었는데, 이러한 조각들은 극성을 띠어 나침반 구실을 하는 '지남어(指南魚)'*로 탄생하게 된 것이다. 냉각되는 시점에서 지남어의 꼬리부분은 아래로 처지게 되는데, 이는 지구의 경각

---

* 물고기 모양의 강철조각을 불에 벌겋게 달군 후 머리는 남쪽, 꼬리는 북쪽을 향해 놓고 꼬리를 물속에 넣어 급냉각시키면 자화(磁化)되는데, 이 자화된 지남어를 물그릇에 넣으면 물 위에 뜨면서 머리가 남쪽을 가리킨다.

(傾角)에 기인한 것으로 자성을 증강시키는 작용을 한다.

지남침(指南針, 나침반)의 제작방법

지구 자기장의 강도는 그리 크지 않은 편에 속하며 지남어의 자성은 매우 약했기 때문에 지남어의 효과는 기대에 미치지 못하는 부분이 많았다. 지남어를 대신할 이상적인 나침반을 만들기 위해 고대 사람들은 지속적인 실험과 탐색을 시도하였다. 강철 조각의 지남어를 발명한 데 이어 지남침(指南針, 즉 나침반)이 남쪽을 가리키도록 고안한 사람이 있었다. 자성을 띤 이 작은 침이야말로 세계 최초의 나침반이라고 할 수 있다.

북송의 이름난 과학자 심괄(沈括 : 1031~1095년)*은 중국의 고대 과학기술에 있어 괄목할 만한 성과를 거둔 인물이다. 북송시대에는 활자 인쇄, 나침반 등의 응용기술 등 중국의 수많은 과학발명이 이루어졌다. 이러한 성과들은 심괄의 기록에 의해 후세까지

북송 중기 누현법을 활용한 지남침

전달될 수 있었는데, 지남침이 남쪽을 가리키도록 하려면 자유롭게 바늘이 움직일 수 있는 공간이 필요했다. 심괄은 그의 저서 『몽계필담(夢溪筆談)』에서 지남침의 용법에 대해 다음의 몇 가지 내용을 소개하고 있다.

첫째는 '수부법(水浮法)'으로 지남침의 바늘을 물을 담은 그릇 속에 넣어두고 수면 위로 떠오르게 하여 남쪽을 가리키도록 하는 방법이다. 둘째는 '지갑선정법(指甲旋定法)'으로 지남침의 바늘을 손톱 위에 올린 후 가볍게 돌리고 나서 남쪽을 향하도록 하는 방법이다. 셋째는 '완순선정법(碗脣旋定法)'으로 자성을 띤 바늘을 매끄러운 그릇의 안쪽 면을 타고 굴리면서 바늘이 방향을 잡도록 하는 방법이

---

* 중국의 북송(北宋) 때의 정치가이며 학자로 천체관측법·역법(曆法) 등을 창안하였다. 그는 매우 박학다식했으며, 특히 천문·수학·지리·본초(本草) 등 과학에 밝았다. 자는 존중(存中)이고, 호는 몽계장인(夢溪丈人)이다.

나침반

다. 넷째는 '누현법(縷懸法)'으로 자성을 띤 바늘 중간에 촛농을 한 방울 떨어드린 후 가느다란 실이 촛농에 달라붙도록 하여 공중에서 몇 차례 돌다가 방향을 가리키도록 하는 방법을 말한다. '누현법'을 이용할 경우에는 반드시 바람이 없는 곳을 골라야만 간편하게 사용이 가능하였다.

심괄은 상기 네 가지 방법 가운데 '누현법'이 가장 이상적이라고 밝혔다. 손톱이나 그릇은 표면이 너무 매끄러워서 바늘이 쉽게 떨어져 버릴 수 있으며 '수부법'은 수면이 쉽게 흔들려 바늘이 안정을 찾기가 어려웠다.

심괄이 9백여 년 전에 사용했던 이 네 가지 방법 가운데 일부는 현대에도 활용가치가 있다고 여겨지는 것이 있다. 자변의(磁變儀), 자력의(磁力儀) 등의 기본원리는 심괄의 '누현법'의 원리를 그대로 차용한 것이기 때문이다. 항해 중에 사용하는 중요한 기기인 나침반은 '수부법'의 원리로 설계되어 만들어 졌다고 볼 수 있다.

심괄은 세계 최초로 편각(偏角)을 발견한 사람이다. '편각'은 지리상의 남극, 북극 방향과 자기극의 방향이 일치하지 않기 때문에 생기는 편차를 말한다. 지남침의 자침(磁針)이 가리키는 남극, 북극은 자오선을 따라 북자극과 남자극을 가리키게 되는데 이 자오선과 지리학적 자오선이 일치하지 않음으로써 협각(夾角)이 생기게 되는 것이다. 과학적으로 이를 편각이라고 부르고 있다. 지역별로 편각은 모두 달라서 어떤 곳은 편동(偏東), 어떤 곳은 편서(偏西) 등의 특징을 보이고 있다.

심괄은 『몽계필담』 제24권에서 "자석을 갈아 바늘을 만들면 남쪽을 가리킬 수 있다. 그러나 항상 동쪽으로 치우치기 때문에 정남이라고는 할 수 없다"라고 기록되어 있다. 이는 세계 최초의 편각에 대한 기록으로서 서방에서는 1492년 콜럼버스가 대서양을 건너면서 편각을 발견하게 되었기 때문에 중국에서 편각을 발견한 후 4백 년이 지나서야 알려진 것이다.

▶▶ 역사의 흐름에 어떤 영향을 미쳤을까?

지남침, 즉 나침반이 발명되고 난 후 바로 항해에 이용되면서 나침반은 사회 발전에 중요한 역할을 담당하게 된다. 중국은 최초로 나침반을 항해에 이용했던 나라에 해당한다. 이때부터 해양 선박은 눈을 단 듯 더 이상 길을 잃을 염려가 없게 되었으며 항해 업종은 새로운 도약기를 맞이한 것이다. 이로써 각국 간의 무역과 문화교류를 촉진시킬 수 있었다. 나침반은 세계 각국으로 전파된 후 세계 여러 나라의 항해에 이용되었다. 이렇듯 파급효과가 지대하였기 때문에 나침반을 중국 고대의 4대 발명품 가운데 하나로 꼽고 있는 것이다. 세계적인 (영국의) 과학사가인 니덤(Dr. Joseph Needham : 1900~1995년)은 "나침반이 항해에 이용할 수 있게 되면서 원시 항해의 시대는 막을 내리게 되었다. 앞으로는 해양의 시대가 도래 하게 될 것이다"라고 말하였다. 나침반이 생기면서 중국의 항해 분야도 큰 발전을 이루었으며 정화(鄭和)의 바다 항해와 같은 쾌거를 이룩하게 된다.

나침반 제조 기술이 유럽으로 유입된 후부터 유럽 항해사업의 발전을 촉진하였다. 15세기 말에서 16세기 초까지 유럽 각국은 나침반을 구비하고 항해에 나서게 된다. 그들은 위험을 두려워하지 않고 새로운 항로를 개발하여 아메리카 대륙을 발견하였으며, 지구 일주도 가능하였다. 일찍이 마르크스는 "나침반은 세계의 시장화 시대를 열었으며 식민지를 만들게 되었다"라고 말했다.

8. 화약의 발명, 서구의 기사 계층을 와해시키다

화약(火藥)이 없던 냉병기(冷兵器) 시절, 화기(火器)의 등장은 무기의 일대 혁명을 일으켰다고 볼 수 있다. 중국은 일찍부터 화기를 사용하였으며, 최초로 사용한 화기는 '화전(火箭)'이었다. 화전은 중국 삼국시대에 처음 등장하였다. 촉(蜀)나라 건흥(建興) 7년(229년) 제갈량(諸葛亮)은 군대를 이끌고 진창(陳倉 : 지금의 섬서성 보계시寶鷄市 동부)을 공격하였다. 위(魏)나라 장수 학소(郝昭)는 높은 사다리를 타고 올라와 성 안으로 진격하려는 촉나라 군사들을 향해 '화전'을 사용하도록 하였다. 사다리가 불에 타면서 촉나라 군은 전력에 큰 손실을 입게 된다.

당시에 학소가 사용했던 '화전'은 불에 타기 쉬운 인화물질을 화살에 덧붙인 것으로서 점화한 후에 발사하도록 하였다. 이는 여기에서 언급하고자 하는 진정한 의미의 화전은 아니다. 진정한 의미의 화전은 자체 내장한 연료를 연소하면서 발생하는 기체가 분사되는 반작용으로 인해 앞으로 발사되도록 설계한 것을 말한다. 그러나 그 전의 화전은 화약의 발명과 직접적인 관계가 없다고 보아도 무방할 것이다. 화약이 발명된 후 비로소 화기가 정식으로 세상에 등장하게 되었다고 볼 수 있다.

화약은 중국 고대의 연단술사들이 단약(丹藥)을 만드는 과정에서 발명한 것이다. 인류가 최초로 사용한 화약은 '흑색화약'으로서 지금으로부터 천 년 전에 발명되었다. 화약의 발명이 세계적으로 알려지면서 화약은 중국 고대의 4대 발명품 가운데 하나로 손꼽히고 있으며 화학사에서도 중요한 위치를 차지하고 있다.

단약을 만들던 방사들의 의외의 발견

중국은 고대부터 연단술(煉丹術)이 발달하였다. 각종 사서에는 전국시대부터 방사(方士)들이 불로장생의 단약을 만들어 오고 있었기 때문에 통치계급의 지지와 후원을 받아왔다고 기록되어 있다. 방사들은 왕조의 건립과 더불어 불로장생의 약을 만드는 실험을 계속적으로 시도할 수밖에 없었으며 때로는 터득한 경험을 문자로 기록하여 두기도 하였다. 일례로 동한(東漢)의 위백양(魏伯陽)*이 지은 『주역참동계(周易參同契)』 등을 들 수 있다. 삼국시대 이후 이러한 방사들은 본래 몸담고 있던 도가 학파에서 벗어나 단약을 만드는 방법을 배우고 실험하는 쪽으로 관심을 돌리게 된다. 이에 연단술은 새로운 형태의 도교로 변모하기 시작하였다. 신흥 도교가 홍성을 거듭하면서 연단술도 지속적인 발전 추세를 보이게 되었

---

* 동한 때의 철학자. 학설은 『주역(周易)』과 유사해, 『주역』에 나오는 효상(爻象)의 원리를 그대로 빌려와 신단(神丹)을 만드는 방법과 과정을 논하였다. 기공 수련과 신단 등을 통해 생명을 연장시키고 질병을 고칠 수 있다는 학설로 당시 많은 사람들이 따랐다.

으며 화약제조를 비롯하여 양생 등 의학 발전에도 기틀을 다지게 되었다.

연단술사들은 적절한 환경 아래에서 하나의 물질이 형질의 변화과정을 거쳐 또 다른 물질과 결합할 경우 본래의 형질을 결합한 다른 물질에 전이시킬 수 있다고 여겼다. 또한 이러한 변화는 사람에게도 일어날 수 있다고 믿었다. 그들은 금, 은과 같이 쉽게 부식되지 않는 광석을 삼키기 좋은 단약으로 제련하여 인간이 섭취할 경우 그 부식하지 않는 형질이 인간에게도 흡수되어 불로장생할 수 있을 것으로 생각했던 것이다. 이러한 논리는 현대과학의 입장에서 보면 황당무계한 것에 불과하지만 진(秦), 한(漢), 수(隋), 당(唐) 등의 연단술사 등은 이를 믿어 의심치 않았다.

또한 불로장생하며 오래도록 부귀영화를 누리기를 바랐던 제왕과 귀족들에 있어 그러한 믿음은 더욱 강렬하였다. 이러한 시대적 환경 속에서 광석의 부피를 최소화하고 감촉은 부드럽게 하며 독성을 제거하여 삼키기에 좋은 환약의 형태로 단약을 만들어 내는 것이 연단술사들의 중요한 일과가 되었다. 광석 중에서는 특히 유황은 다른 광물들의 모양을 변형시키는 데 유용하였음으로 연단술사들이 가장 애용했던 약물 가운데 하나였다.

대부분의 성분이 질산칼륨이었던 초석(硝石)은 고대에서 금속을 용해하는 데 주로 사용했던 원료에 속하였다. 따라서 단약을 연소시킬 때 우연한 부주위로 유황과 초석이 동시에 불 위로 떨어지면 화염과 폭발이 일어나게 되었던 것이다. 연단술사들은 경험이나 우연한 기회를 통해 적당량의 유황과 초석을 섞어 목탄 위에 뿌리고 불을 붙이면 불길이 일거나 폭발이 일어나는 상황을 알아차리게 된다. 진(晉)나라의 유명한 도사였던 갈홍(葛洪 : 283~343년?)*은 그의 저서 『포박자(抱朴子)』 「선약편(仙藥篇)」에서 웅황(雄黃), 초석, 돼지창자기름, 송진 등을 섞어 단약을 만들었다고 기록하고 있다. 웅황은 유황을 대거 함유하고 있으며 초석은 강화제의 역할을 할 수 있고, 돼지창자기름과 송진에는 탄(炭) 성분이 포함되어 있기 때문에

---

* 동진 때의 문학가이자 도교 이론가, 의학가, 연단술가로, 자는 치천(稚川)이고, 호는 포박자(抱朴子)이다. 303년 석빙(石氷)의 난 때 공을 세워 열후(列侯) 바로 아래 작위 관내후(關內侯)가 되기도 했으나, 만년에 나부산(羅浮山)에 들어가 저술과 연단에 전념하였다.

중국 고대 연단술사 갈홍

화약의 기본 구성요소인 유황, 초석, 탄이 모두 포함되어 있는 일종의 화약이었다고 볼 수 있다.

현재까지 입증된 것 가운데 화약성분의 배합에 대한 가장 오래된 기록은 당나라 원화(元和) 삼년(808년) 청허자(淸虛子)가 집필한 『연홍갑경지보집성(鉛汞甲庚至寶集成)』 제2권에 소개되고 있는 '복화반법(伏火礬法)'이다. 구체적인 내용을 살펴보면 "유황(硫) 두 량, 초석 두 량, 쥐방울(약초 가운데 하나로서 태우면 숯이 됨) 세 전(錢 : 1량兩의 10분에 1에 해당하는 단위, 1량이 50그램 정도 되므로 1전은 5그램 정도라고 할 수 있음) 반 정도. ……이 약을 지면과 수평이 되도록 항아리에 넣고 항아리를 지면과 수평이 되도록 땅에 묻는다. 둥글게 빚은 환약에 불을 붙여 넣으면 안에서 연기가 피어오르기 시작한다"라고 기록되어 있다.

당나라 중기 시기에 편찬된 『진원묘도요략(眞元妙道要略)』에는 "유황, 웅황과 초석을 결합하여 불을 가하면 화염이 손과 얼굴에까지 번지고 전신을 태우기도 하였다", "초석…… 등을 처음 다루는 자는 삼황(유황硫黃, 웅황雄黃, 자황雌黃) 등과 섞어 불을 가하면 바로 화를 입게 된다"라고 기록되어 있다. 당시 사람들은 화약의 연소, 폭발을 인지하고 있었던 것을 알 수 있다. 그리고 9세기경 중국에서 드디어 화약이 발명되었다.

화약무기의 탄생

당나라 초기 이후의 연단술사들은 화약을 만드는 비법을 숙지하게 된다. 그러나 당나라 시대의 제왕들은 신선이 되는 데 심취해 있었기 때문에 그들의 후광을 입고 있는 연단술사들은 여전히 신선 단약을 만드는 것이 주된 일과였다고 할 수 있다. 때문에 화약 제조는 단지 유황과 초석의 특성을 변형시키는 데 국한되어 있었다.

당나라 말기 오대십국의 분열 국면이 형성되면서 천하는 혼란에 빠졌으며

연단인폭도(煉丹引爆圖)

사방에서 전쟁의 불길이 치솟았다. 이에 귀족과 사대부에 기생하여 살아가던 연단술사와 방사들은 갈 곳을 잃게 되었으며, 이 가운데 일부는 화약을 군사적 목적으로 사용하는 기술을 개발하기 시작하였다. 이때부터 다양한 화약무기가 등장하기 시작하였으며, '화전(火箭)' 역시 이러한 무기 가운데 하나였다. 일반적인 대나무 막대에 화약통을 달고 화약통의 끝부분에 불을 붙일 수 있는 도화선을 달고 화약이 연소하면서 발생하는 기체의 힘을 이용하여 화살이 그 반대 방향으로 날아가도록 고안되었다. 이는 현대의 미사일 발사 원리와 다르지 않다.

『송사(宋史)』「태조본기(太祖本紀)」에는 "개보(開寶) 9년(976년) 8월 을미(乙未)일에 오월(吳越)의 국왕이 화전을 사용하는 군대를 선보였다"라고 기재되어 있다. '화전'에 대한 기록은 『무경총요(武經總要)』제1서(書)에 "화전의 화살 머리에 화약을 발라 활로 쏘아 이용하였다"라는 내용을 볼 수 있으며, 일찍이 개보 3년(970년)에 한 관리가 태조에게 「화전법(火箭法)」을 진상하였다는 또 다른 기록을 확인할 수 있다. 오월의 국왕이 선보인 화전 군대는 화살에 화약을 장착했었던 것으로 추정할 수 있다. 오대 시기의 오월국은 북송 50년경에 이미 건국되었던 나라로서 당시에 화약을 사용하여 전쟁에 임했다는 사실을 미루어 짐작할 수 있다. 975년에 송나라 태조는 화전을 사용하여 남당(南唐)을 멸망시켰으며, 1000년 북송의 신위수군(神衛水軍) 대장 당복(唐福) 등도 화전 등의 무기를 전쟁에 이용함으로써 조정으로부터 큰 상을 하사받았다.

화약무기는 탄생과 동시에 군사전문가들의 집중적인 관심을 받으며 급속하게 발전하였다. 송나라 왕조에서 사용했던 화전은 단발식(單發式)으로 도화선 하나에 화살이 하나씩만 연결되어 있었다. 명나라 시대에 이르러 등장한 다발식(多發式) 화전은 도화선 하나에 화살이 수개에서 수십, 또는 백발 이상씩 연결되도록 고안되었다. 다발식 화전의 종류를 살펴보면 오호출혈전(五虎出穴箭 : 5발), 화노유성전(火弩流星箭) : 10발), 화룡전(火龍箭 : 20발), 장사파적전(長蛇破敵箭 : 30발), 일와봉(一窩蜂 : 32발), 군표횡분전(群豹橫奔箭 : 40발), 백호제분전(白虎齊奔箭 : 100발), 신화전패(神火箭牌 : 100여 발) 등 매우 다양했던 것을 알 수 있다.

그리고 16세기 중엽 '화룡출수(火龍出水)'라고 불리는 또 다른 신식 화전이 등장하게 된다. '화룡출수'에 대한 기록은 명나라 시대 후반에 편찬된 『무비지(武備志)』, 『화룡경(火龍經)』 등의 병법서 가운데 도안과 함께 실려 있다.

이러한 신식 화전은 웅장한 기세로 적에게 위압감을 주기 위하여 용의 모양으로 만들어졌다. 『무비지』에는 그 제조 방법이 다음과 같이 소개되어 있다.

"먼저 5척 길이로 죽순대를 잘라 마디를 제거하고 얇게 깎아 용의 몸체를 만든다. 나무로 용의 머리와 꼬리를 조각하여 몸체의 앞뒤에 연결시켜 용의 형상을 갖추도록 한다. 몸체 안에 수발의 단발식 화전을 장착하고 도화선은 몸체 밖으로 빼어낸다. 단발식 화전의 각각의 도화선을 하나로 연결하여 용의 머리 하단에 구멍을 내어 빼낸다. 용의 몸체의 앞뒤에 각각 대형 화전을 두 개씩 비스듬히 장착한 후 각각의 도화선을 하나로 연결시킨다. 마지막으로 용의 몸체 안에 있는 단발식 화전을 하나로 연결시킨 도화선과 앞뒤 화전의 도화선을 연결시킨 것을 다시 몸체 아래 부분에 하나로 묶어둠으로써 '화룡출수'라 불리는 신식 무기가 완성된다."

화룡출수는 수전에서 사용되었다. 적의 군함이 보일 때, 용의 몸체 아래 부분에 묶어두었던 도화선에 불을 붙이면 앞뒤에 장착하였던 네 개의 화살이 발사되었다. 처음 발사된 이들 화전의 비행거리는 2,3리나 된다. 이 화살이 모두 연소되고 나면 자연이 몸체 안에 있던 2차 화살이 발사되며 이때 발사된 화살은 적군을 향해 날아가 군함을 불태우게 된다.

1259년에는 '돌화창(突火槍)'이라고 불리는 무기가 등장하였다. 돌화창은 구식 화승총(火繩銃)과 비슷한 형태로 탄알을 발사할 수 있는 특징을 지니고 있었다. 12세기에서 14세기에 이르기까지 돌화창의 몸체가 금속으로 바뀌면서 '화통(火

統)'이라고 불리기 시작하였으며, 화통은 돌화창보다 발사 능력이 훨씬 막강하였다. 후에 다시 '전장창(前裝槍)'의 형태로 발전하였다가 청나라 말기 서방의 화기가 중국으로 유입된 후에 도태되었다.

▶▶ 역사의 흐름에 어떤 영향을 미쳤을까?

화약은 북송시대의 군대에서는 이미 보편화되어 사용되고 있었으며 후에 요나라에도 화약무기 제조기술이 전파되었다. 요나라 도종(道宗 : 제8대 황제 야율홍기 耶律洪基, 재위 1055~1101)이 매일 화약무기부대를 열병하였다는 기록도 남아 있다. 남송, 금, 몽고 세 나라는 모두 화약무기의 제조 기술을 보유하게 되었으며 이미 정형화된 무기와 새로운 신식 무기를 대거 생산하였다. 특히 관형(管形) 무기의 등장은 병기의 역사에 일대 전환을 불러일으켰다고 할 수 있다.

후에 화약은 아랍으로 전파되었으며 아랍에서 유럽 각국으로 전파되었다. 문예부흥이 일어난 후부터 화약과 화약 제조기술은 크게 발전하였다. 유럽 각국의 자본주의 혁명 시기에 사용했던 화약무기는 신흥 자본주의 계급의 중요한 무기로서 반봉건 전쟁을 전개하는 데 지대한 활약을 하게 된다. 마르크스는 "화약이 기사(騎士) 계층을 와해시켰다"라고 하여 화약무기가 반봉건사회 붕괴에 주요한 역할을 했음을 입증하였다.

과학기술이 점점 더 발전하면서 스웨덴의 화학자 노벨이 화약의 기능을 대폭 개선하여 흑색화약을 황색폭약으로 개량하였다. 이때부터 화약은 전쟁터뿐만 아니라 광석채굴, 도로공사 등 민간 건설 분야까지 폭넓게 사용하게 됨으로써 인류사회 발전에 공헌하였다. 물론 최초로 화약을 발명한 중국인의 공로를 무시할 수 없을 것이다.

6장

원나라 시대부터
명나라까지

| 칭기즈칸이 몽골을 통일하다

| 몽골의 유럽 정벌, 4대 한국汗國이 서다

| 주원장, 민중혁명으로 명나라를 세우다

| 원, 명, 청이 북경을 수도로 삼다

| 정화, 해상 원정으로 세계와 교류하다

| 장거정의 개혁정치, 명나라의 경제를 일으키다

| 서양의 선교사들이 중국에 진출하다

1. 칭기즈칸이 몽골을 통일하다

몽고족(蒙古族)은 중국 북방에 오랜 기간 거주하였던 소수 민족 가운데 하나에 속하며 당대에는 몽고족을 몽올실위(蒙兀室韋)라고 칭하였다. 본래는 액이고납하(額爾古納河 : 지금의 내몽고內蒙古 자치구의 북동쪽 변경의 아르군 강) 강 상류유역에서 거주하였으며, 점차 몽골초원과 그 주변 초원으로 이동하여 거주하게 되었다. 몽고족은 유목민족으로서 낮에는 초원에 나와 방목하고 밤에는 몽골파오(蒙古包, 몽고포 : 원형 천막 가옥, 즉 게르)에 들어가 생활하였다. 몽고족이 노예제 사회로 진입하게 된 것은 요나라와 금나라의 통치를 받던 시기부터였다. 몽고족은 수많은 부락으로 나뉘어져 있었으며 각 부족의 수장들은 가축을 약탈하고 목초지와 노예를 확보하기 위해 전쟁을 일삼았기 때문에 경제생산에 큰 타격을 입곤 하였다. 전쟁의 국면을 끝내고 각 부락을 통일하는 대업이야말로 당시 몽고족이 가장 바랐던 염원이었다고 할 수 있다.

칭기즈칸(成吉思汗, 성길사한 : 1162~1227년)*은 몽골의 각 부락을 통일한 제1대 칸(군주)으로서 몽고의 조지 워싱턴(George Washington : 미국의 초대 대통령)이라고 불리기도 한다. 그의 손자였던 쿠빌라이(忽必烈, 홀필렬) 역시 중국에서는 천하를 통일했던 명군으로 여겨지고 있다. 칭기즈칸의 아들과 그 후손들이 건립한 몽골제국은 19세기 대영제국에 버금가는 대제국으로서 1280년 몽골이 통치했던 영토는 중국의 황하유역에서 유럽의 지중해에 달했다.

일대천교(一代天驕) 칭기즈칸

칭기즈칸의 이름은 테무친(鐵木眞)이며 성은 보르지긴(孛兒只斤), 걸안씨(乞顏氏) 부족이다. 중국에서는 '원태조(元太祖)'라고 불리며 몽고족의 뛰어난 군사 전

---

* 원(元)나라 태조(太祖 : 재위 1206~1227) 성길사한(成吉思汗)이다. 이름은 철목진(鐵木眞) 즉 '테무친', 성은 패아지근(孛兒只斤), 중국어로는 '베얼즈진'으로, 몽골 부족을 통일하고, 중국, 중앙아시아, 동유럽 일대를 정복하여 세계 역사상 가장 넓은 대륙을 점유한 몽골제국의 창업자이자 초대 대칸이다.

략가이자 정치가였다. 몽골 걸안부(乞顔部)의
귀족 출신인 그는 태어날 때 그의 부친이 전
쟁에서 포로로 잡은 추장의 이름이 테무친이
었기 때문에 이를 기념하기 위하여 테무친이
라고 이름 지었다. 그가 아직 유년기일 때 금
나라 왕조의 통치자들은 몽고족에게 잔혹한
통치를 일삼았으며 각 부족 간의 쟁탈전도 심
하였기 때문에 몽골족의 생활은 매우 고달프
고 어려웠다.

칭기즈칸의 초상

  1170년 테무친의 부친 예수게이(也速該, 야
속해)가 타타르 부족에게 독살 당하자 예수게
이의 아내였던 호엘룬(婦月倫, 상월륜)은 테무
친과 그의 형제들을 데리고 수년 동안 힘겨운 생활을 이어나갔다. 어린 시절의
고생은 테무친을 강건하고 용맹한 인물로 성장시켰다. 몽골 부족의 군주였던 후
투라한(忽圖剌汗, 홀도랄한)이 죽자 몽골 부족은 모두 자무카(札木合, 찰목합 : ?~1206년)
의 통제를 받게 된다. 테무친 역시 자무카를 따라 유목생활을 하였다. 후에 자신
의 뜻에 따르는 사람들을 끌어들여 자무카의 통제에서 벗어난 그는 자신만의 왕
국을 건설하게 되었으며, 12세기 말 1180년대에 이르러 테무친은 스스로를 '칸'
이라고 칭하였다.

  이에 자무카가 자다란(札荅闌, 찰답란), 타이츠우(泰赤烏, 태적오) 등 13개 부족을
거느리고 테무친을 공격하게 되었으며 테무친은 13개 부대로 나뉘어 공격하는
십삼익(十三翼) 전략을 써서 대전하였으나 패하고 만다. 역사적으로는 이 사건을
'십삼익전투(十三翼戰鬪)'라고 부르고 있다. 그러나 전쟁이 끝난 후 자무카는 포
로로 잡은 사람들을 모두 무참히 살해하였기 때문에 수하 부족들의 원성을 사게 되
었다. 그로인해 그들은 자무카를 떠나 속속 테무친에게로 의탁하였고 테무친은
전쟁에서 진 후에 그 세력이 더욱 막강해졌다.

  테무친은 사람의 마음을 얻는 재주가 뛰어나 자무카 수하의 부족들 가운데
그에게로 의탁하는 수가 늘어나게 되었으며 그의 세력도 점점 더 커지기 시작하

였다. 1196년 테무친은 왕칸(王汗 : ?~1203년)*과 함께 금나라의 승상 완안양(完顔襄)을 도와 타타르 부족을 멸망시킴에 따라 금나라로부터 찰올홀리(札兀忽里 : 부족 장관)에 봉해지게 된다. 후에 그는 다시 왕칸과 연합하여 동맹을 결성 중이던 하다진(合答斤, 합답근) 등 11개 연합군을 대파하였다. 1201년 테무친은 다시 자무카 부족 연맹을 공격하여 대파함으로써 연맹을 무력화시키게 된다. 그 다음해에 다시 활역전(闊亦田 : 지금의 하라하하哈拉哈河, 즉 합랍합하 강 상류유역)에서 나이만(乃蠻, 내만) 연합군과 결전을 벌여 대승을 거두었으며 승세를 몰아 타타르의 네 개 부족을 공격하여 멸망시켰다.

테무친의 세력이 나날이 강성해지자 이를 시기한 왕칸은 1203년 테무친을 기습하였으며, 테무친은 패하여 반주니하(班朱尼河 : 지금의 후룬 호倫湖 서남부) 강으로 쫓겨 가게 된다. 그는 자신을 따라온 부하들과 후룬 호(湖)의 탁한 강물을 마시는 것으로 혈맹을 맺고 함께 역경을 헤쳐 나가기로 맹세하였다. 테무친은 왕칸의 동정을 주시하고 있던 중 그가 교만하고 방만하여 경계 태세가 소홀해졌다는 소식을 듣고 자신의 형제에게 명하여 거짓 투항을 하도록 명하였다. 이틈을 타고 야밤에 왕칸의 막사에 기습 공격을 하여 사흘밤낮 동안 혈전을 거듭한 끝에 승리를 거두었다. 왕칸은 홀로 도망하였으나 나이만 부족에게 살해되었으며, 한때 강성했던 그의 부족인 케레이트(克烈, 극렬) 부족도 패망하게 된다.

이제 대초원에서 테무친에 대항할 세력은 서쪽의 대국인 나이만(乃蠻) 부족밖에 없었다. 이에 나이만의 다얀칸(太陽汗, 태양한)과 테무친 사이에는 초원을 차지하기 위한 대전투가 벌어지게 된다. 다얀칸은 왕고부(王古部)와 연합하여 테무친에 대항하려 하였으나 왕고부가 오히려 테무친에게 이러한 정보를 누설함으로써 테무친은 모든 준비를 마치고 다얀칸을 기다렸다. 1204년 테무친은 마침내 강대한 적을 물리치고 초원 위의 모든 부락을 자신의 통치권 아래에 두게 되는 통일 대업을 이룩하게 된다. 초원 위에 분산되어 있던 각 부족은 하나의 민족으로 융합되었으며, 이때부터 '몽고족(蒙古族)'으로 명칭을 통일하였다. 이로써 몽

---

* 몽골 유목민 집단 중 하나인 케레이트 부족의 마지막 지도자이다. 이름은 토그릴 또는 토오릴이라고 한다. 왕한(王汗)은 금나라에 의해 하사받은 한자 이름으로, 이를 몽골식으로 옹칸 혹은 왕칸이라고 한다.

고족이 세계 역사의 무대에 등장하기 위한 기틀을 확립한다.

1206년 몽골 고원의 백여 개 부족들이 모두 멸망하고 타타르(塔塔兒, 탑탑아), 크렐(혹은 케레이트), 메르키트(蔑兒乞, 멸아걸), 나이만과 몽골 오대 부족이 모두 테무친의 깃발 아래서 통일되었다. 테무친은 동쪽의 홍안령(興安嶺) 산맥에서 시작하여 서쪽으로 아이태산(阿爾泰山), 남쪽으로 거대한 사막과 북쪽으로 바이칼 호수에 이르기까지 드넓은 지역을 차지하고 몽고 역사에서 최초의 군사 노예제국을 건설하였다. 그해 몽고족의 각 수장은 모두 알탄하(斡灘河 : 지금의 몽골 악눈하鄂嫩河 강) 강의 발원지에서 쿠릴타이(忽里臺, 홀리대 : 대집회) 대회를 열고 테무친을 몽고족의 대칸으로 추대하였으며, '칭기즈칸('해양' 또는 '강대한 황제'라는 뜻이 있다)'으로 불리게 된다.

몽골제국의 건국과 남진서정(南進西征)

몽골제국 초기에 칭기즈칸은 몽골의 유목민을 95개의 천호(千戶)에 나누어 귀속시켰다. 천호 아래에는 백호(百戶), 십호(十戶)를 설치하였다. 천호의 수장인 나안(那顔)은 모두 칭기즈칸의 신하 가운데서 봉하였으며, 각 천호에 소속된 유목민은 임의로 천호에서 이탈할 수 없도록 규정하여 나안에게 예속시켰다. 일부 천호의 나안은 동생과 아들들로 봉하여 좌우에서 제왕을 보좌하도록 하였다. 대장군 무카리(木華黎, 목화여 : 1170~1223년)[*], 보고르주(博爾朮, 박이출 : ?~?)[**] 등은 만호의 나안이 되었으며, 이는 몽골의 가장 큰 양대 군사 장관에 해당한다. 금위군인 겁벽(怯薛)을 1만 명으로 늘리고 천호 나안을 비롯하여, 백호장(百戶長), 십호장(十戶長)의 자제(子弟)들을 겁벽의 병사로 삼음으로써 몽골 전체를 장악하게 된다.

또한 재판관에 해당하는 자르구치(札魯忽赤, 찰노홀적)를 설립하여 호적, 송사

---

[*] 몽골족의 개국공신으로 보고르주(博爾朮), 치라군(赤老溫), 보로굴(博爾忽)과 함께 4걸이라 불렸다. 지용을 겸비한 명장으로 많은 공을 세웠고, 그의 후손들은 원나라 왕조 4대 권문세족 중 으뜸이었다.

[**] 무카리 혹은 무칼리, 치라군 혹은 치라운, 보로굴과 함께 4걸(四傑) 혹은 사준마(四駿馬)라 불렸는데, 그 중에서도 무카리와 함께 보고르주는 제1공신으로서 좌만호(左萬戶), 우만호(右萬戶)의 벼슬을 받아 각각 동쪽(만주 방면)과 서쪽(중앙아시아) 지방을 경략하였다.

등의 행정과 사법사무를 관장하도록 하였다. 이로써 행정, 군사 업무를 통합한 통치기구가 생겨나게 된다. 칭기즈칸은 이렇듯 사법기구를 설립하는 동시에 몽골의 관습법에 해당하는 '대찰철(大札撒)', 즉 『몽고습관법(蒙古習慣法)』을 제정하여 반포하였다. 그는 또한 나이만부에 남아 거주하고 있던 위구르인 타타통아(塔塔統阿)에게 위구르 자모(字母)를 몽고 병음으로 기록하여 몽골의 문자를 만들도록 명하여, 이때부터 몽골에도 소통할 수 있는 문자가 생기게 되었다. 이로써 몽골의 국가제도는 더욱 완벽한 체계를 갖추기 시작하였다.

칭기즈칸의 국정체계는 전통적인 초원의 귀족제인 알로타(斡魯朶)를 발전시킨 것으로 유목민들의 군사봉건 국가기구를 말한다. 몽골제국이 건립된 후 기존의 부락민은 모두 서로 다른 천호에 귀속됨으로써 부족 간의 경계가 불명확하게 되었으며 이를 모두 아우르는 몽고족의 개념이 형성되기 시작하였다. 몽고족의 형성은 칭기즈칸의 통일과 밀접한 관련이 있다고 할 수 있는 것이다. 주변의 키르키즈(吉利吉思), 위구르(畏兀兒), 하라누(哈剌魯) 등의 부족들은 각각 1207, 1209, 1211년에 칭기즈칸에게 귀속되었다.

몽골제국이 건국된 후 새롭게 흥기한 몽골 귀족들은 수많은 재물을 탈취하기 위하여 대규모 대외전쟁을 일으키게 된다. 1205년, 1207년과 1209년에 칭기즈칸은 세 차례에 걸쳐 서하(西夏)를 침범하여 서하는 여자들을 바치고 강화를 청할 수밖에 없었다. 1211년에는 대군을 이끌고 남하하여 금나라를 공격하였으며, 1215년에 금나라의 중도(中都 : 지금의 북경)를 점령하였으며, 요서지방에 주둔하고 있던 금나라 군대를 격퇴하고 북경(北京 : 지금의 내몽고 영성寧城 서부)을 점령하였다. 1218년 서요(西遼)가 몽골제국에 의해 멸망하였다.

1219년에 칭기즈칸은 20만 대군을 이끌고 서정(西征)에 나서 중앙아시아의 대국 호라즘(花剌子模, 화자자모)* 제국을 침략하였다. 군대를 수개 부대로 나누어 진격하였으며, 각 성을 포위 공격하는 방법으로 함락시키기 시작하였다. 점령한 도시들을 상대로 대규모 살육을 저질렀으며 폐허로 만들었고 포로로 잡인 사람

---

* 호라즘은 중앙아시아 서부 아무다리야 강(江) 하류 유역, 지금의 히바에 있었던 국가(1077~1231년)이다. 아라비아인은 후와리즘이라 부르고, 원조(元朝)의 사서(史書)에는 화자자모(花剌子模)라 기록되어 있다.

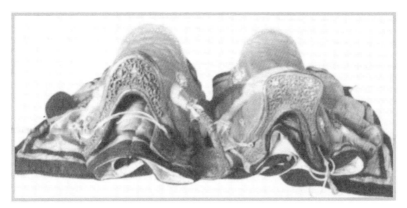

칭기즈칸이 정벌에 나섰을 때 사용했던 말안장.

들을 공격 시에 전방에 배치시키는 등 잔혹한 방법으로 전멸시킴으로써 후환을 없앴다. 전쟁의 주도권은 언제나 몽골제국의 수중에 있었다고 할 수 있다. 1219년 와다라성을 공격하여 이듬해에 함락시켰다.

1220년 부하라성(호라즘제국의 이전의 수도)과 호라즘제국의 새로운 수도인 사마르칸트(지금의 우즈베키스탄의 사마르칸트) 등을 함락시켰으며 주치(朮赤, 출적 : 1177?~1227년)[*], 오고타이(窩闊台, 와활태 : 1185~1241년)[**], 차가타이(察合台, 찰합태 : ?~1242년, 칭기즈칸의 둘째 아들) 등은 군대를 이끌고 호라즘제국의 도성 옥룡걸적(玉龍杰赤 : 지금의 투르크메니스탄의 우르겐트)을 점령하게 된다. 툴루이(拖雷, 타뢰 : 1192~1232년)[***]가 이끄는 군대는 후라산(현재 이란의 동북부, 테헤란 동쪽)으로 진격하였다. 제베, 수부타이 등은 칭기즈칸의 명을 받들어 호라즘제국의 통치자 무함마드 술탄(摩訶末算端)을 추격하였으며, 그는 카스피해에 홀로 동떨어진 작은 섬까지

---

* 칭기즈칸의 장남으로 출생이 의심스러웠던지 '손님'이라는 뜻의 '주치'라는 이름을 얻게 되었다. 칭기즈칸을 따라 많은 원정에 참여했고, 1223년에는 킵차크 초원에 침입하여 하르하 강변에 킵차크 한국의 기초를 닦았다. 칭기즈칸의 사후 투르가이와 우랄스크를 물려받았으며, 오르다, 바투 등 아들들을 두었다.

** 칭기즈칸의 셋째 아들로 1227년 칭기즈칸이 죽고 난 후, 1229년의 대집회에서 유언에 따라 제2대 황제로 추대된다. 몽골제국 제2대 황제 태종(太宗 : 재위 1229~1241) 기간 그는 남송 및 고려, 러시아, 유럽 및 인도 방면을 공략하는 등 정복사업으로 영토 확장을 이루었다.

*** 칭기즈칸의 막내아들로 금나라 토벌에 참여하였고 훗날 원나라를 통치한 세조 쿠빌라이의 아버지이다. 1229년의 쿠릴타이(대집회)에서 형인 오고타이를 제2대 황제에 오르게 하였다.

도주하였으나 결국 병사하였다. 제베와 수부타이는 군대를 이끌고 서쪽으로 계속 진입하여 크림 반도까지 이르게 된다.

1221년 툴루이는 후라산 전역을 점령하게 되었으며 칭기즈칸은 술탄 자란틴(札蘭丁)을 끝까지 추격하며 인도양에 이르렀으나 결국 잡지 못하고 회군하였다. 1222년 점령한 지역마다 다루가치를 두어 통치하도록 하였으며, 1223년 사마르칸트에서 돌아와 겨울을 지낸 뒤 이듬해에 몽골제국으로 귀환하였다. 칭기즈칸은 서정(西征)을 하며 대규모 살육과 파괴를 저지름으로써 중아시아 국가에 막대한 피해를 안겨주었다. 1226년 다시 서하로 출정하여 이듬해에 서하를 멸망시켰으며, 1227년 하력(夏曆) 7월 12일 칭기즈칸이 병으로 세상을 떠났다. 임종 전에 '송나라를 점령하고 금나라를 멸망' 시키는 전략을 전수하였다.

칭기즈칸의 시신은 몽골로 운반되어 불이한산(不爾罕山) 부근에 안장되었다(『원사元史』에는 기련곡起輦谷이라고 되어 있다). 40명의 아름다운 처녀와 40필의 준마가 함께 순장되어 지하세계에서도 그가 마음껏 향락을 즐길 수 있도록 하였다고 전해진다. 또한 도굴의 위험을 막고자 천여 명의 군인이 말을 타고 그 위를 밟도록 하여 현재까지도 무덤의 위치가 발견되지 않고 있다.

칭기즈칸이 세상을 떠난 후 몽골 세력은 계속 남하하여 1233년 개봉을 점령하였다. 금나라 애종(哀宗 : 제9대 황제 완안수서完顔守緖 : 재위 1223~1234)은 채주(蔡州 : 지금의 하남성 여남汝南 지역)까지 도망하였으나 몽골과 남송 연합군에 의해 채주마저 점령당하였다. 1234년 몽골과 남송 연합군의 공격으로 금나라는 결국 멸망하였으며, 금나라가 멸망하자 곧이어 몽골과 남송의 전쟁이 시작되었다. 1241년 오고타이가 죽은 뒤, 1251년 몽고 귀족 툴루이의 아들 몽케(蒙哥, 몽가 : 몽골제국의 제4대 황제, 재위 1251~1259)가 대칸의 자리에 오르게 된다. 그는 후에 조어성(釣魚城) 전투에서 화살에 맞아 사망하였다. 1260년 칭기즈칸의 손자인 쿠빌라이(忽必烈 : 1215~1294년)*가 대칸의 자리에 오르게 되었으며, 1271년 그는 국호를 원(元)으로 바꾸었다. 1279년 남송이 멸망하고 쿠빌라이가 중국을 통치하게 되었으며 역사

---

* 형 몽케를 이어 몽골제국 제5대 칸(재위 1260~1294)이 된다. 그는 국호를 원(元)으로 고치고 대도(大都 : 현재의 베이징 시)를 도읍으로 정하였다. 남송을 멸망시키고 중국을 통일하였다.

적으로 그를 원나라 세조(世祖)라 부르고 있다.

▶▶ 역사의 흐름에 어떤 영향을 미쳤을까?

칭기즈칸은 몽고족의 민족영웅이자 중국 역사에도 지대한 공헌을 한 제왕이라고 할 수 있다. 그는 초원 위에 흩어져 생활하던 각 민족을 통일하여 전쟁을 종식시킴으로써 오랜 기간 지속되었던 분열 국면에 막을 내리노녹 하였다. 나뉭하고 복잡한 민족이 서로 융합 통일됨으로써 형성된 몽고족은 현재 중국의 주요 민족 가운데 하나에 속하기도 한다. 칭기즈칸이 몽고 역사에서 최초로 건립한 노예제국은 몽고족의 발전과 경제 발달 등에 매우 지대한 영향을 끼치게 되었다.

칭기즈칸은 금나라에 대한 공격을 감행하고 서하를 멸망시킴으로써 원나라 건국에 기틀을 마련하였고, 원나라가 중국을 통일함으로써 5세기 동안 지속되었던 할거 국면과 혼란을 거듭했던 정국은 안정을 맞이하게 되었으며 향후 역사발전과 통일대업에도 튼튼한 기반을 형성하였다. 원나라의 통일로 대내 각 민족의 경제, 문화교류가 촉진되고 변경 지역의 발전의 기틀을 마련한 것이다. 이는 다민족국가로서 중국의 안정과 발전을 촉진시키는 한편 민족융합을 강화하여 대외적인 문화교류를 확대하는 결과를 가져올 수 있었다.

2. 몽골의 유럽 정벌, 4대 한국汗國이 서다

몽골제국이 건국된 후 칭기즈칸을 주축으로 한 몽골 귀족들은 약탈 전쟁을 감행하였다. 서정(西征)과 남하(南下)를 주요 공격 방향으로 정하고 남쪽으로는 남송과 금나라를 주요 공격대상으로 삼았다. 서정이란 13세기 전반 몽골제국이 중아시아와 동유럽을 정벌했던 전쟁으로서 몽골은 총 세 차례에 걸쳐 서정을 실시하였다. 첫 번째는 1218년과 1219년부터 1224년에 이르는 시기로 칭기즈칸의 서정을 가리킨다. 두 번째는 1235년부터 1242년까지 툴루이의 서정을 말하며, 세 번째는 1253년부터 1258년에 이르는 훌라구(旭烈兀, 욱열올 : 1218~1265년)*의 서정이라고 할 수 있다. 칭기즈칸과 그의 후계자들은 용감한 성품과 뛰어난 무공으로 유라시아 대륙을 정복하였으며, 몽골을 중심으로 킵차크한국(欽察汗國), 차가타이한국(察合台汗國), 오고타이한국(窩闊台汗國), 일한국(伊利汗國) 등으로 구성된 유라시아 대륙을 망라하는 대제국을 건립하였던 것이다.

서정(西征)의 회오리

1219년 칭기즈칸은 나이만부족의 잔여세력을 제거하고 서역의 강국인 호라즘제국을 멸하기 위하여 호라즘제국이 몽골의 상인과 사신을 죽였다는 이유를 들어 20만 대군을 이끌고 서정에 나섰다. 주치, 차가타이, 오고타이, 툴루이 등 그의 네 명의 아들을 비롯하여 대장군 수부타이(速不台, 속불태 : 1176~1248년, 몽골제국의 무장으로 칭기즈칸의 4선봉 중 한 명)와 제베(哲別, 철별 : ?~1225년, 젤메·수부타이·쿠빌라이와 함께 칭기즈칸의 4선봉 중 한 명으로 제별者別이라고도 씀)가 동행하였다. 몽골군은 중아시아로 진입한 후 1220년 호라즘제국의 도성인 사마르칸트를 점령하였다. 호라즘제국의 국왕이 서쪽으로 도주하자 칭기즈칸은 수부타이와 제베 등에게 추격을 명하였다. 몽골군대는 코카서스(Caucasus)를 지나 돈 강 유역에 진입한 후 유럽으로 출격하였다. 1223년 칼카 강 전투에서 돌궐과 러시아 연합군을 대파하였으며, 러시아의 왕과 대신들은 대부분 죽임을 당하였다. 칭기즈칸은 호라즘제국의 태자인 자란틴 군대를 추격하도록 하여 인더스 강 유역에서 대파하였다. 그때서야 몽골군은 철수하기 시작하였다.

칭기즈칸이 세상을 떠난 후에도 몽골의 서정은 멈추지 않았다. 1234년 원나라 태조 오고타이는 제왕과 대신들을 불러 모아 칭기즈칸의 대업을 계승하여 서정을 계속할 것을 결정하였다. 오고타이는 페르시아(지금의 이란)와 킵차크, 부리아르를 공격하여 정복함으로써 페르시아 전역을 차지하였다.

---

* 칭기즈칸의 막내아들 툴루이의 셋째아들로 형 몽케칸의 명령으로 1253년 서아시아로 원정, 1258년 아바스왕조를 멸망시키고, 다시 시리아를 정토(征討)하던 중 몽케칸의 부보(訃報)를 받았다. 그러나 둘째형 쿠빌라이와 동생 아리크부카 사이의 칸위 다툼을 알고 귀환을 단념하고 일한국(재위 1258~1265)을 세웠다.

몽골인 공성도(攻城圖)

　1235년 킵차크를 공격하던 부대가 저지당하자 오고타이는 더 강력한 부대로 서정군대를 지원하였다. 주치의 아들 바투(拔都, 발도), 차가카이의 아들 바이타르(拜答兒, 배답아), 오고타이의 아들 구육(貴由, 귀유), 툴루이의 아들 몽케를 비롯하여 여러 제왕과 나안, 공주와 부마의 장자 등을 이번 원정에 참가시켰다. 이로써 바투를 총 사령관으로 한 '장자서정(長子西征)' 군대가 탄생하게 되었다. 이듬해 몽골대군은 볼가 강 중류의 부리아르로 진격하였으며, 대장군 수부타이가 부리아르를 점령하였다. 1237년 몽골대군은 다시 킵차크로 진격하였으며, 몽케는 킵차크의 대장군 츠만을 죽이고 카스피해 이북 지역을 점령하였다. 바투는 대군을 이끌고 러시아를 침공하여 1237년 랴잔(Ryazan), 모스크바 등 열네 개 도시를 점령하였으며, 1238년 2월 블라디미르를 함락시키고 그 이듬해 키예프를 함락시켰다.

　1240년 몽골군은 볼레르(지금의 폴란드)와 마자르(지금의 헝가리)를 공격하여 점령하였으며, 1241년 4월 크라코프, 리거니차 등을 점령하고 모라비아 지역을 약탈하였다. 바투는 3대대를 거느리고 마자르 군대를 대파하였으며, 마자르 국왕은 도주하였다. 몽골군은 다시 아드리아해 동쪽 해안과 남유럽 일대를 공격하여 약탈하였다. 그해 말, 오고타이가 죽었다는 소식이 전해지자 바투는 발칸에서 볼가 강 유역으로 군대를 철군시키게 된다. 그리고 바투(拔都 : 몽골제국 킵차크한국汗國

원나라 태조 오고타이의 초상

의 제1대 칸, 재위 1242~1255)는 이 부대를 이끌고 볼가 강 유역을 일대 킵차크한국을 세우고 사라(薩萊, 살래 : 지금의 러시아 아스트라칸Astrakhan 지역)를 수도로 정하였다.

1253년에는 툴루이의 아들 훌라구가 군대를 이끌고 3차 원정에 나섰다. 이번 서정의 주요 목표는 서남아시아 지역이었으며 최종 목표는 무라이(지금의 카스피해 남쪽 연안에 위치한 이란의 북부지역)를 멸망시키는 데 있었다. 그해 10월 훌라구는 이란의 서부로 진입하여 티그리스·유프라테스 강을 건너 무라이 지역을 향해 진군하였다. 훌라구는 석노(石弩 : 돌로 만든 화살촉), 화기 등을 대거 동원하여 아르메니아, 사마르칸트 등을 거쳐 페르시아(이란)성에 도착한 후 어지를 내려 서아시아 제왕들에게 힘을 합쳐 무라이를 멸하도록 명하였다.

1256년 훌라구가 통솔하던 몽골대군은 아무르 강을 건너 6월 중 무라이에 도착하였다. 몽골의 선봉장 체더부화(怯的不花, 겁적부화)는 무라이의 여러 성을 함락시킴으로써 무라이에 심각한 피해를 입혔다. 무라이의 수장이었던 루크나딘은 몽골군의 기세에 눌려 그의 동생을 사신사로 파견하여 훌라구에게 강화를 요청하였다. 훌라구는 루크나딘이 직접 와서 투항하도록 요구하였으나 루크나딘은 쉽게 결정을 내리지 못하였다. 그래 11월 훌라구는 몽골대군에게 맹공세를 펼치도록 명하였으며, 루크나딘은 결국 항복하였다. 몽골군은 무라이 도성인 아라모스(지금의 카스피 해 유역 남부)를 점령하였다. 1257년 루크나딘은 몽골군에 의해 죽임을 당하였으며, 그의 가족들도 함께 화를 당하였다. 무라이는 폐허로 변하게 된다.

1257년 3월 아제르바이잔에 주둔하고 있던 바이주(拜住, 배주)가 진영으로 돌아오자 훌라구는 그와 함께 서정을 계속하여 이슬람의 상징인 검은 의복의 나라 압바스 제국의 수도 바그다드에 도착하였다. 당시 압바스 왕조는 모스타신하라파가 집권하고 있었으며 압바스 왕조 외에도 이슬람 왕국 전체를 다스리는 티그리스·유프라테스 강 유역의 강대국이었다. 1257년 겨울 훌라구, 바이주 등은 3대대를 거느리고 바그다드를 포위 공격하였다. 이듬해 초에 3대대는 바그다드를 완전히 포위한 채 총공세를 퍼부었다. 몽골군대는 화포로 성벽을 공격하는 한편 성문을 부수는데 성공하였다. 2월에 모스타신하리파가 백성들을 이끌고 투항하였으며, 훌라구는 바그다드를 점령하였다. 몽골군은 7일 동안 바그다드에서 대약탈극을 펼쳤으며 모스타신이 죽임을 당하면서 압바스 왕조는 멸망하였다. 훌라구는 다시 서정을 계속하여 시리아의 다마스커스까지 진격하는 등 서남아시아 전역에 세력을 확장하였다. 몽골군은 이집트 군에게 대패하면서 비로소 서성을 멈추었으며 이란의 타브리스에 머물러 일한국(伊利汗國 : 훌라구가 제1대 칸, 재위 1258~1265)을 세우게 된다.

몽골의 4대 한국(汗國)

몽골제국이 서정을 승리로 장식할 수 있었던 주요 원인은 가까운 곳부터 점령한 후 먼 곳으로 이동하는 전략이 주효했기 때문이며 몽골 사막을 중심으로 점차 확장하였다. 또한 전술상에 있어 몽골의 기병은 가장 혁신적인 부대라는 칭호에 걸맞게 수많은 기발한 전투방식을 선보임으로써 천하제일의 기병으로 인정받고 있다. 그들의 무기는 우피 갑옷, 활과 화살, 단도, 단구창(單鉤槍 : 창의 머리 부분部分에 갈고리가 하나 거꾸로 붙어 있으며 끝이 꼬부라진 긴 창槍) 등으로 대표된다. 게르만과 폴란드 연합군을 포위 공격한 바투의 전투와 테무친이 금나라 군의 주력부대를 대파한 것 등은 뛰어난 전투로 평가받고 있다.

가장 뛰어난 전투는 헝가리의 수도 부다페스트 전투라고 할 수 있다. 당시 유럽부대의 전술은 열을 지어 출격하는 방식을 자주 사용하였다. 교회 종소리에 맞춰 보병이 방어진을 구축하면 중무장한 기병이 줄지어 출전하였다. 몽골군은 저자세로 전진하여 적의 주력부대와 부딪히면 바로 흩어졌으며 활을 쏘아 적의 추격을 막았다. 헝가리 군은 첫 대전에서 승리를 거두었으나 몽골군의 활 공격에 못 견뎌 마차로 주변에 방어벽을 구축하였다. 전진부대는 방패로 방어진을 구축해 놓고 주력부대는 안에서 결전을 준비하였던 것이다. 몽골군은 기회를 엿보다가 우회하여 포위한 후 일부러 틈을 주어 헝가리 부대가 포위를 풀기 위해 그쪽으로 진격하기 시작하면 바로 늪이나 산림으로 유인하여 반격을 가하였다. 몽골 군대의 공격성향이 가장 잘 드러나는 부분이라고 할 수 있다. 헝가리 군은 몽골군을 먼 이방에서 온 오합지졸로 여기고 쉽게 이길 수 있을 것으로 생각하였으나 오히려 대패하고 만 것이다.

몽골의 기병부대는 일대일 결투를 두려워하지 않았다. 주력부대는 기회를 포착했다고 생각하면 총출동하여 진격하였다. 왕족을 호위하는 겹벽의 호위병도 예외일 수 없었다. 기병들은 무기를 손에 들고 적진으로 뛰어 들어 적장의 목을 베고 그들의 깃발을 빼앗아 왔다. 또한 궁술이 뛰어난 기병들도 많았으나 온몸을 중무장한 유럽의 기병들에게는 큰 효과를 얻을 수 없었다. 이러한 경우 단도와 단구창으로 기병을 말에서 떨어뜨린 후 말에게 밟혀 죽도록 만들었다.

몽골군대는 한족의 병법도 활용하여 한족 기술자로 하여금 대포를 만들도록 하여 전술의 효과를 높였다. 서정에 나서는 병사들은 가장 우수한 인물들로 구성된 정예부대와 제왕의 장자들로 구성된 부대가 출정하였다. 바투의 서정에 나선 수장들은 모두가 장자로서 오고타이는 "장자가 출정하면 병력이 증강되고 그 기세가 대단하다"고 여겼다.

1219년부터 1258년에 이르는 반세기동안 몽골제국은 세 차례 서정을 실시하여 지금의 아라비아해 서쪽으로부터 북쪽의 킵차크, 호라즘제국과 동쪽으로 아이태산(阿爾泰山), 서쪽으로 아무르 강에 이르는 서요(西遼), 위구르에 이르는 방대한 영역에 '차가타이한국'을 세우게 된다. 오브 강 상류 유역에서 서쪽으로 발하슈 호(Balkhash, Lake)에 이르는 나이만부의 옛 영토에는 '오고타이한국'이 세워졌으며, 볼가 강 유역의 랴잔, 블라디미르, 모스크바, 키예프 등지에는 '킵차크한국'이 세워졌다. 티그리스·유프라테스 강 유역의 이란, 아프가니스탄, 시리아에 걸쳐서 '일한국'이 세워지는 등 전대미문의 대제국이 건설되었다.

4대 한국의 제왕은 몽골제국의 중앙에서 봉한 최고의 군사 수장들로 중앙과 번속관계를 유지하면서 대칸이 직접 관장하였다. 후에 몽골에서 대칸의 자리를 두고 갈등이 격화되고 각각의 한국과 적절한 경제적 교류가 결여되면서 몽골제국의 복잡한 정치복합체는 갈수록 와해되고 만다.

이 가운데 킵차크한국과 일한국은 각각 독립적으로 발전하게 되었으며 오고타이한국의 경우 오고타이와 그의 아들들이 계속해서 대칸으로 선출되면서 영토가 항상 중앙에 귀속되어 있었기 때문에 실제로 단독 한국체계를 형성하지 못하였다. 차가타이한국은 일리 강 유역에 세워졌기 때문에 지리적으로 중국 내륙과 몽골 고원에 인접하고 있어 정치적으로 중앙과 밀접한 종속관계를 맺을 수밖에 없었다. 몽케가 대칸의 자리에 오른 후 차가타이한국은 베스파리 등지에 상서성(尙書省)을 세워 위구르에서 하중(河中) 지구를 관할하도록 하였다. 차가타이한국의 칸의 자리는 중앙정권에 의해 좌우되었다고 볼 수 있으며 실제로는 오고타이한국과 마찬가지로 중국 역사의 일부에 해당한다고 볼 수 있다.

▶▶ 역사의 흐름에 어떤 영향을 미쳤을까?

몽골대군은 13세기에 대규모 서정(西征)을 실시하여 적은 수의 군대와 후방 지원부대가 멀리 떨어져 있었음에도 불구하고 서역의 여러 나라를 정복하였다. 이로써 유라시아 대륙의 역사가 새로운 장을 맞이하게 되었으며 유럽과 중동의 군사 개혁을 촉진시키게 되었다. 전투가 벌어지면 몽골군은 한족에게서 익힌 화약 제조기술을 활용하여 서방 각국의 군대에 심각한 타격을 입혔다. 화기 제조기술이 서방으로 전파되면서 서방의 군사기술도 급속한 발전을 이룩하게 된다.

몽골은 아시아, 유럽의 수많은 민족을 포괄하는 공전의 대제국을 건설하였다. 완벽한 통일을 이루었다고는 볼 수 없지만 분열의 시대에 비해 제국 내부의 각 민족 간의 교류가 빈번하고 왕성해진 것만은 부정할 수 없다. 몽골제국의 가장 중앙에 위치하고 있던 중국은 이 시기에 유럽을 비롯한 세계 여러 나라와 과학, 문화적인 교류가 증대되었다.

몽골의 서정(西征) 과정에서 이슬람교도가 중국으로 유입되었으며 일부는 중국 본토에 정착하였다. 이들은 한족을 비롯한 중국의 다른 민족들과 함께 생활하면서 융화됨으로써 중국에 새로운 민족인 '회족(回族)'이 탄생하였다.

3. 주원장, 민중혁명으로 명나라를 세우다

원나라 시대 말엽 '홍건군(紅巾軍 : 농민반란을 일으켰던 백련교도白蓮敎徒들로서 머리에 붉은 두건을 두르고 반란을 일으켰기 때문에 홍건군이라 불림)'의 농민 대봉기가 발발하였다. 소작농 출신에 불과했던 주원장(朱元璋 : 1328~1398년)*은 어린 시절 지주의 소를 먹이는 목동이었으며 17세에 가난을 견디지 못해 중이 되었다. 그 후 홍건군의 영수가 되어 나타난 그는 남북을 정벌하고 수많은 군웅들을 물리쳤으며 원나라 왕조의 통치에 막을 내리게 하였다. 1368년 주원장은 응천(應天 : 지금의 남경시)에서 명나라 왕조를 건립한 후 제위에 오르게 된다. 주원장이 일개 빈천한 목동과 중의 신분에서 황제의 보위까지 오를 수 있었던 것은 그를 위해 목숨을 바칠 각오가 되어 있으며 수많은 역경을 함께 했던 개국공신들이 있었기 때문이다. 그러나 주원장은 즉위한 후 그들의 공이 지나치게 부각되는 것을 방지하기 위하여 각종 빌미를 만들어 군사와 조정의 대권을 쥐고 있던 원로공신들을 모두 죽여버렸다. 봉건시대에 가장 많은 공신들을 죽인 전제군주가 바로 주원장이다.

원(元)을 멸하고 명(明)을 세우다

주원장(朱元璋)의 아명은 중팔(重八)이며 후에 흥종(興宗)으로 개명하였다. 자는 국서(國瑞)로 호주(濠州) 종리(鍾離 : 지금의 안휘성 봉양현鳳陽縣 지역) 출신이다. 가난한 농민 가정에서 태어난 그는 어린 시절 지주의 소를 먹이는 목동이었다. 원나라 시대 지정(至正) 4년(1344년) 주원장이 살던 마을에 가뭄과 병충해가 발생하였으며, 역병까지 겹치면서 그의 부모형제가 모두 화를 당하고 만다. 입에 풀칠이라도 하기 위해 출가하여 황각사(皇覺寺)의 중이 되었지만 흉년이 계속되면서 절을 떠나 시주를 받으며 생계를 이을 수밖에 없는 처지가 되었다. 그는 안휘(安徽)

---

* 명(明)나라의 초대 황제 태조 홍무제(洪武帝 : 재위 1368~1398)이다. 홍건적에서 두각을 나타내어 각지 군웅들을 굴복시키고 명나라를 세웠다. 동시에 북벌군을 일으켜 원나라를 몽골로 몰아내고 중국의 통일을 완성하였다. 한족(漢族) 왕조를 회복시킴과 아울러 중앙집권적 독재체제의 확립을 꾀하였다.

서부지역과 하남의 동부를 3년 동안 떠돌면서 숱한 고 난을 겪었으며 이때의 경험이 주원장에게 매우 중요한 영향을 끼쳤다고 볼 수 있다.

명나라 태조 주원장의 초상

　이러한 와중에 홍건군의 농민 대봉기가 발생하게 된다. 주원장은 호주의 곽자흥(郭子興 : ?~1355년)이 이끄 는 홍건군에 몸담게 되었으며 뛰어난 예지와 용맹한 기 지로 곽자흥의 심복이 될 수 있었다. 곽자흥은 그의 양 녀였던 마씨(馬氏)를 주원장에게 아내로 주었다. 곽자흥 의 수하에 있던 기간 동안 주원장은 조금씩 자신의 세력 을 키워나가기 시작하였으며, 자신을 추종하는 일련의 조직을 거느리게 되었다. 곽자흥이 죽고 나자 주원장은 그의 아들을 손쉽게 격퇴하고 전 부대의 통제권을 장악 하였다.

　그 후 주원장은 당시 홍건군의 실세였던 유복통(劉福通)이 북방의 원나라 군 사와 격전을 벌이는 틈을 이용하여 군대를 확충하고 남하에 나서기 시작하였다. 1355년 소명왕(小明王) 한임아(韓林兒 : ?~1366년)*가 다스리고 있던 송나라(즉 대송국 大宋國) 조정에 의해 좌부원수(左副元帥)에 임명되었다. 1356년 주원장은 집경(集慶) 을 점령하였으며, 집경을 응천부(應天府 : 지금의 강소성 남경시)라 개명한 후 송나라 조정에 의해 강남행성평장(江南行省平章)에 봉해지면서 스스로 오국공(吳國公)이라 칭하였다. 또한 주승(朱升)의 건의를 받아들여 성벽을 높이 쌓고 양식을 비축하는 대신 성급히 왕이라 칭하지 않았다.

　주원장은 응천부를 중심으로 생산력을 높이는 한편 앞으로 있을 대전(大戰) 을 위해 견실한 기반을 쌓아나갔다. 1363년에서 1367년 동안 주원장은 파양호(鄱 陽湖)에서 자신보다 강한 적수였던 진우량(陳友諒)을 철저히 무너뜨린 후 오왕(吳

---

* 화북 백련교(白蓮敎)의 교주였던 아버지 한산동(韓山童)이 송나라 휘종(徽宗)의 8세손이라 칭하며 반란을 꾀하 다가 포살되자, 그는 유복통 등에 의해 소명왕으로 옹립되어 안휘성에서 대송국(大宋國)을 건국하고 개봉(開 封)에 도읍을 두었다.

명효릉(明孝陵)

王)이라 칭하였다. 그 후 절강의 장사성(張士誠)을 제거하고 한임아까지 죽임으로써 강남과 강북을 아우르는 장강 중하류 유역을 차지하였다. 또한 서달(徐達)과 상우춘(常遇春) 등을 주력부대로 하여 중국 내륙을 향한 북벌을 감행하였다.

1368년 정월 주원장은 응천부에서 국호를 대명(大明), 연호를 '홍무(洪武)'라 하고 응천부를 도성으로 삼아 황제의 자리에 등극한다. 그해 8월 명나라 군대는 원나라의 대도(大都 : 북경)를 함락시킴으로써 원나라 순제(順帝 : 1320~1370년)*를 사막으로 되돌려 보냈다. 이로써 원나라는 멸망하였다. 주원장은 이후 십여 년 동안 중국 전역을 평정시켜 나갔다.

주원장은 빈농 출신이었기 때문에 백성들의 고통을 너무나 잘 알고 있었다. 그는 재위기간 동안 호구조사, 토지소유주 확인, 어장과 삼림조사, 치수사업 실시, 둔전(屯田) 실시, 농경 장려, 세수 감면 등을 주요 내용으로 하는 농민생활 안정정책을 실시하였다. 또한 『대명률(大明律)』을 반포하였으며, 피폐해진 백성들의 생활에 휴식과 안정을 주어 생산력 회복과 발전을 효과적으로 유도하였다. 이로써 이 시기의 조세 액수는 원나라 시대의 세 배나 많아졌다.

주원장은 원나라 말엽의 정치적 부패와 탐관오리들의 실상을 직접 목도했기 때문에 농민을 착취하는 탐관오리의 만행에 대해 깊은 반감을 지니고 있었다. 명

---

* 이름은 토곤테무르이고, 원나라의 제11대 칸(재위 1333~1368) 혜종(惠宗)을 말한다. 순제(順帝)는 명나라에서 바친 시호다.

나라 왕조를 건국한 후 그는 관리제도 정돈에 역점을 기울여 엄격하게 법을 준수하도록 하였으며, 탐관오리의 처벌에 대해서는 매우 가혹한 방법들을 동원하였다. 당시의 법령에 따르면 탐관오리를 발견하는 백성은 그를 직접 도성까지 끌고 올 수 있었으며 이를 저지하는 자는 일가는 물론 일족을 멸하도록 하였다. 관아의 창고에 있는 재물과 양식을 도둑질할 경우 은전 60량 이상에 해당하면 바로 처형하여 효시하고 살 껍질을 벗기는 저벌을 가아였다. 또만 랭징린부의 상쪽 벽에 살 껍질을 담은 포대를 매달아 놓아 관리들의 경각심을 불러일으키도록 하여 감히 다시 범법 행위를 행하지 못하도록 하였다. 이외에도 다리 힘줄을 끊거나 손가락을 자르고 손발을 절단하고 창자를 꺼내고 생식기를 절단하는 등의 가혹한 형벌을 실시하였다.

주원장이 재위한 30년 동안 수많은 탐관오리가 이러한 처벌을 받게 된다. 홍무 9년(1376년) 안휘(安徽) 봉양(鳳陽) 둔전에서 죄를 지은 관리만 만여 명에 달할 정도였다. 일련의 탐관오리 안건(案件) 가운데 가장 주목할 만한 것은 곽환(郭桓)의 안건이라고 할 수 있다. 곽환은 호부시랑(戶部侍郞)을 지낸 관리로 절강 서부 지역의 가을걷이 양식을 제멋대로 남용하였다. 홍무 18년(1385년)에 7백여 섬의 곡식을 남용한 혐의가 발각되면서 육부의 좌우 시랑 이하의 관리는 모두 처형당하였으며, 각 지역의 포정사(布政司)에 있던 관리들까지 화가 미쳐 수만 명이나 죽임을 당하였다. 남용한 곡식을 찾는 일은 중국 전역의 부호들까지 연루시키게 되면서 중산계급에 이르기까지 모두 몰락을 초래하였다. 탐관오리들에게 이렇듯 가혹한 형벌을 내리고 대규모 살육을 감행한 것은 전례를 찾아보기 어렵다. 주원장이 대대적으로 탐관오리를 처벌함에 따라 재물을 탐하는 풍조가 없어지고 관리들의 통치수단도 크게 개선되었다.

공신제거 및 승상제 폐지를 통한 황권강화

주원장은 내정을 바로잡고 생산력 회복에 힘쓰며 관리들의 통치체제를 정비하는 동시에 대규모 숙청을 감행하여 공신들을 대거 제거하고 황권을 강화함으로써 자신의 통치체계를 공고히 하고자 하였다. 이 가운데 호유용(胡惟庸)과 남옥(藍玉) 숙청 사건이 가장 대표적인 사례에 해당한다고 볼 수 있다.

호유용(胡惟庸 : ?~1380년)은 안휘 정원(定遠) 출신으로 용봉(龍鳳) 원년(1355년)에 화주(和州)에서 주원장에게 투항한 후 원수부주착(元帥府奏着)에 임명되었으며, 주부(主簿), 지현(知縣), 통판(通判), 첨사(僉事) 등의 관직을 역임하였다. 홍무 3년(1370년) 중서성(中書省)의 핵심 관료로 정사를 주관하였다. 홍무 6년 우승상(右丞相)을 거쳐 좌승상(左丞相)의 자리에 오르는 등 주원장의 막강한 신뢰를 등에 업고 있었다. 그러나 권세가 점점 커질수록 호유용은 전권을 마음대로 휘두르며 함부로 행동하기 시작하였다. 조정의 정사를 돌보는 데 있어 사람의 목숨이 달린 인명안이나 관직의 승격, 좌천 등이 걸린 대사도 황제에게 보고하지 않고 임의로 처리해 버렸다. 조정의 안팎에서 올리는 상소문 역시 자신에게 불리한 내용이 있으면 절대 황제에게 보여주지 않았다. 이로 인해 그의 주변에는 권세에 아첨하려는 사람들과 공신, 무관, 벼슬을 얻으려는 사람들로 문전성시를 이루었다. 호유용은 이에 자신을 따르는 무리들로 당파를 지어 황권을 무시하기 시작하였다.

홍무 13년(1380년) 주원장은 권력남용의 죄를 씌워 호유용을 처형하고 어사대부 진녕(陳寧), 어사중승(御使中丞) 도절(塗節) 등 수명도 함께 처형하였다. 그런 후 10년이 지난 홍무 23년(1390년) 주원장은 호유용의 당파를 숙청한다는 명분으로 대규모 살생을 감행하였다. 태사한국공(太師韓國公) 이선장(李善長)을 비롯하여 그의 일가 70여 명을 몰살하였고, 육중형(陸仲亨) 등 제후 수명을 죽임으로써 이에 연루되어 목숨을 잃은 사람이 3만여 명에 달하였다. 중국 역사에서 이를 '호유용 사건(胡惟庸案)'이라고 칭하고 있다.

남옥(藍玉 : ?~1393년)은 안휘 정원 출신으로 대장군 상우춘(常遇春)의 처남이다. 초년에 상우춘의 수하에 있을 당시 수많은 전공을 세운 인물로 홍무 20년(1387년) 대장군에 임명되어 전장을 누볐다. 요동의 납합출(納哈出)의 항복을 받아내었을 뿐만 아니라 포어이해(捕魚爾海) 전투에서 목영(沐英), 풍승(馮勝) 등과 운남 지역을 평정하는 등 원나라 왕조의 잔여 세력을 소탕하는 서북, 운남 지역의 전투에서 큰 공을 세움으로써 '양국공(凉國公)'에 봉해졌다. 후에 다시 태자를 보좌하는 '태부(太傅)'의 직분을 맡게 된다.

그러나 남옥은 자신의 공적으로 인해 자만했을 뿐만 아니라 행동이 난폭하여 불법행위를 수없이 저질렀다. 또한 오만방자한 성품으로 인해 무례한 행위를 일삼았다. 결국 홍무 26년(1393년) 금의위지휘(錦衣衛指揮) 장얼(蔣讞)이 모반죄로 고발하면서, 그는 죽임을 당하였다. 명나라 태조는 이를 빌미로 남옥과 관련된 자들에 대한 대대적인 숙청을 감행하여 공(公) 한 명, 제후 열세 명, 백(伯) 두 명 등을 비롯하여 1만5천 명을 죽이게 된다. 호유용과 남옥을 빌미로 하여 두 차례에 걸쳐 감행된 대대적인 숙청에 대해 고서에서는 "명나라의 개국공신들은 남아 있는 사람이 없었다"라고 기록하고 있다.

이 두 사건 외에도 개국공신들을 비명횡사하게 만든 사건들은 부지기수라고 할 수 있다. 명나라의 개국공신 가운데 목숨을 부지한 사람은 탕화(湯和), 경중문(耿仲文) 등 손에 꼽을 정도이다. 주원장과 같이 대규모로 공신들을 제거한 경우는 역사에서 전례를 찾아볼 수 없는 사건이라고 할 수 있다.

명나라 시대 역사 연구가로 유명한 우한(吳晗, 오함 : 1909~1969년)* 선생은 '호유용 사건'에 대해 다음과 같이 언급한 적이 있다.

"호유용을 처형함으로써 주원장은 정치개혁을 추진할 수 있는 편리한 무기를 얻게 되었다. 조금이라도 원망하는 기색을 보였거나 자만한 행동을 한 경우, 또는 황제의 통치에 위험을 초래할 수 있다고 판단되는 문무백관과 귀족, 사대부 등은 모두 이 사건에 연루시켜 죽이고 일가를 멸하였다. 호유용의 죄상은 통치계급의 내부 모순에 따라 점점 더 확대발전하여 수습할 수 없을 정도로 커져버린 것이다. 당초의 죄목은 일본과 내통하였다는 것이었으나 후에 다시 몽골과 내통하였다는 죄목이 추가되었다. 일본과 몽골은 당시 명나라의 최대 적국이었기 때문에 이들과 내통한 죄는 모반죄에 해당하였다. 이 사건은 다시 이선장(李善長 : 1314~1390년)**이 모반에 가담하였다는 것으로 확대되었다……"

주원장에게 호유용 등을 처형한 사건은 공신들을 제거하였다는 것뿐만 아니

---

* 중국의 정치가, 역사가로 이름은 춘함(春晗), 호는 오헌(梧軒)이다. 항일전쟁 때 급진적 자유주의자로서 활약하였고, 전후 베이징 부시장, 전국인민대표대회 대표 등 요직에 있었다. 1965년 문화대혁명 때 비판의 대상이 되어 실각당한 후 옥중에서 사망하였다.

** 명나라가 건국되자, 초대 승상에 취임하였고, 최고의 개국공신으로 권세를 누렸다. 1380년 좌승상 호유용이 대역죄로 죽게 될 때, 그는 최고의 개국공신인 점을 들어 연좌의 가능성을 배제하고 이 일을 묻어두었다. 그러나 1390년 호유용 사건을 재수사할 때, 그의 조카 이존의가 호유용과 밀통한 것이 드러나자 자결하였다. 이후 명나라의 승상제는 완전히 폐지되었다.

라 제도적으로 황권을 강화하였다는데 더 큰 의의가 있다고 볼 수 있다. 호유용 사건이 발생하기 전인 홍무 9년(1376년)에 주원장은 행중서성(行中書省)을 폐지하고 정사사(政使司), 제형안찰사사(提刑按察使司), 도지휘사사(都指揮使司) 등을 설치하여 지방의 민(民), 형(刑), 병(兵)권을 나누어 관장하도록 하였다. 홍무 13년(1380년) 호유용 사건이 발생한 후에는 중서성을 아예 없애고 승상제도를 폐지하였으며, 승상의 권한을 이(吏), 호(戶), 예(禮), 병(兵), 형(刑), 공(工) 육부에 나누어 배분하였다. 또한 도찰원(都察院)을 설치하여 백관을 감시하도록 하고 금의위(錦衣衛)라는 특수기구를 설치하여 조정 대신과 백성들을 감독하도록 하였다. 이러한 일련의 조치들은 모두 황권을 대대적으로 강화시키는 결과를 낳았던 것이다.

주원장은 중앙집권제를 강화하는 동시에 이와 모순되는 정책으로서 황자(皇子)들을 제후로 봉하여 수도 주변을 병풍처럼 에워싸고 황실을 지키는 번왕으로 삼았다. 주원장이 분봉제를 실시한 목적은 북방의 몽골 세력을 방어하는 동시에 조정의 간신들이 황위를 엿보지 못하도록 방지하기 위한 차원이었다. 제왕들도 공문을 내려 간신을 잡아들일 수 있도록 하였으며, 군대를 파병하여 황제 주변의 적을 멸할 수 있도록 하였던 것이다. 이와 더불어 왕들이 권력을 마음대로 휘두르는 것을 방지하기 위하여 황제가 필요시에 제후를 폐할 수 있도록 하였다.

▶▶ 역사의 흐름에 어떤 영향을 미쳤을까?

주원장은 일련의 정책들을 추진하여 중국의 봉건전제주의 왕조 가운데 가장 강력한 황권의 전성기를 이룩하였다. 특히 승상제도의 폐지는 중국 봉건국가체제의 일대 변혁이라고 할 수 있다. 진시황이 중국을 통일한 이래 승상의 권한은 황권을 보좌하기 위해 존재해 왔으며 상황에 따라 황권을 제약하는 역할을 해왔던 것이 사실이다. 역대 왕조별로 황권과 승상의 권한은 경중의 차이가 있었을 뿐 황권을 제약하는 주요 기제로서 승상의 권한은 지속적으로 존재해 왔다고 볼 수 있다. 그러나 주원장은 승상제도를 폐지함으로써 어떠한 제약도 없는 상황에서 황권을 마음대로 행사하였으며, 이는 전제주의 제도가 극치에 달했음을 상징하는 것으로 볼 수 있다.

4. 원元, 명明, 청淸이 북경北京을 수도로 삼다

북경성(北京城)의 기원과 발전 단계에 대한 의견은 매우 다양하다. 이 가운데에서도 북경을 하나의 도시로 파악하는 관점이 긍정적인 반응을 얻고 있으며, 이는 서주(西周) 시대 초기에 제후를 분봉했던 시절로 거슬러 올라가게 된다. 즉 당시 제후국의 하나였던 계국(薊國)의 수도 계성(薊城 : 지금의 북경의 서남쪽)은 역사적으로 북경에 처음 등장한 도시라고 할 수 있다. 이는 지금으로부터 3천 년 전에 있었던 역사적 사실에 해당한다.

금나라의 중도(中都)에서 원나라의 대도(大都)가 되기까지

연(燕)나라 때부터 북경은 중국 북방의 주요 도시 가운데 하나로 자리 잡았다. 진(秦)나라의 대장군 왕전(王翦 : ?~?)*은 기원전 226년 계성을 점령하고 광양군(廣陽郡)을 설치하였으며, 관아를 계성에 세움으로써 이때부터 진나라 북부의 주요 도시가 되었다. 연(燕)나라의 땅은 서한(西漢) 시대에 이르러 국(國) 또는 군(郡)으로 바뀌었으며 관아를 계성에 설치하였다. 한나라 고조 유방은 재위 5년에 태위(太尉) 노관(盧綰)을 연왕(燕王)에 봉하였으며, 한나라 무제(漢武帝) 원삭(元朔) 2년 연국(燕國)을 연군(燕郡)으로 바꾸었다. 서한 시대의 성터는 현재 화평문(和平門)과 광안문(廣安門) 일대에 남아있는 것을 볼 수 있다.

서진(西晉) 시대에 계성은 연왕(燕王)의 봉토였다가 후에 유주(幽州)로 바뀌면서 관아가 들어서게 된다. 이 시기에는 북경에 현존하는 최초의 불교사찰인 담자사(潭柘寺)가 지어졌다. 350년에 전연(前燕)의 군주 모용준(慕容儁 : 319~360년)**은 군사를 일으켜 계성을 점령하였으며, 352년에 황제로 즉위하고 계성을 수도로 삼

---

* 진(秦)나라의 장수로서 조(趙)나라와 초(楚)나라 등을 점령해 진나라 시황제(始皇帝)의 천하통일에 큰 공을 세웠다. 백기(白起), 염파(廉頗), 이목(李牧) 등과 함께 전국시대 4대 명장으로 꼽힌다.
** 오호십육국 시대 전연(前燕)의 제2대 왕(재위 348~360)이다. 모용황(慕容皝)의 둘째아들로 337년 모용황이 전연을 건국하고, 348년 모용황이 죽자 연왕(燕王)이 되었다. 염위(冉魏)의 후조(後趙)를 멸망시키고, 352년 제위(帝位)에 올랐다.

원나라 시대 대도(大都 : 지금의 북경) 유적

았다. 이는 북경 역사에서 소수 민족이 처음으로 북경을 수도로 정한 경우에 해당한다. 이 시기에 유명한 불교사찰인 홍라사(紅螺寺)가 건축되었으며 현재까지 보존되고 있다.

수나라 초기에는 연군(燕郡)를 폐하고 유주(幽州)로 삼았다. 대업(大業 : 수나라 양제煬帝의 연호) 초년에는 유주를 다시 탁군(涿郡)으로 바꾸고 계성(薊城)을 설치하였다. 수나라 때에는 경항운하(京杭運河)가 개통되고 방산석경(房山石經 : 북경 근처 방산의 돌에 1만 4278개의 경전을 새김)이 새겨지는 등 북경의 문명, 문화 발전에 매우 중요한 시기가 되었다고 볼 수 있다. 당나라 고조 무덕(武德) 원년(618년) 탁군은 다시 유주로 바뀌었다. 천보(天寶 : 당나라 현종玄宗의 연호) 원년에 유주는 또 범양군(範陽郡)으로 바뀌었으며, 계성에 관아가 설치되었다. 고대의 한 문헌에는 "유주성은 남북으로 9리(里), 동서 7리, 둘레가 32리(현재의 5리 정도에 해당)로 네 개의 성에 열 개의 문으로 이루어져 있다."

요나라 시대에는 요나라 태종(太宗)이 938년 유주를 남경(南經)으로 바꾸었으며 연경(燕京)이라고도 불렀는데 배도(陪都)에 해당하였다. 『요사(遼史)』「지리지(地理志)」에는 "남경성은 길이 36리, 높이 3장(丈)으로 대략적인 면적이 1장(丈) 5척(尺) 정도 된다. 성문 위에 성루(城樓)가 지어져 있으며 총 여덟 개의 문이 있다"라고 기록되어 있다. 요나라의 남경성 안은 가로, 세로 도로와 골목이 조밀하고 인구도 매우 많았다. 현존하는 고건축물로는 성 서쪽의 양대산(暘臺山) 산맥에 위치한 대각사(大覺寺)가 있으며, 지금의 선무문(宣武門) 밖 우가(牛街)에 위치한 이슬람 사원에 해당한다. 요나라 남경성 위치는 대략 지금의 북경 서남부 지역으로 추정되며 성 면적이 9킬로미터에 달하고 인구는 30만 정도였다.

현재의 북경은 원나라 시대 대도성(大都城)의 바탕 위에서 다시 개축한 것이다. 원나라 대도(大都)의 전신은 바로 금나라의 중도(中都)였다. 1115년 세력이 강성해진 여진족은 국호를 금(金)이라 칭하고 나라를 세운 후 북송을 멸망시켰다.

1151년 북경으로 천도하였으며, 북경은 금나라의 중도가 되었다. 중도에는 웅장하고 화려한 금황성(金皇城)이 지어졌다. 이는 북경이 역사적으로 처음 진정한 수도의 형태를 띤 것이라고 할 수 있다. 세계적으로 유명한 노구교(盧溝橋) 역시 이 시기에 건설되었다.

몽고족은 그 세력이 점점 더 강성해지는 시기에 접어들면서 1206년 칭기즈칸이 즉위하며 몽골제국을 건립하였다. 쿠빌라이는 원나라 원년(1264년) 8월 연경을 배도의 성격을 지닌 중도로 삼는다는 조서를 내렸다. 지원(至元) 8년 쿠빌라이는 국호를 '대원(大元)'이라 정하고 "유연(幽燕) 지방은 마치 용이 웅크리고 호랑이가 버티고 있는 듯한 웅장한 형세를 지니고 있으며 남쪽으로 강회(江淮) 지역을 통제하고 북쪽으로 삭막(朔漠)에 연하여 있다"라는 이유를 들어 중도에서 대도로 바꾸었으며, 상도(上都 : 지금의 몽골 정람기正藍旗 상도곽륵上都郭勒 지역)에서 이곳으로 천도하게 된다.

이때부터 북경(즉 원나라 시대의 대도)은 통일왕조이자 다민족 봉건국가의 정치 중심으로 자리하게 되었던 것이다. 몽골이 금나라를 멸망시키는 와중에 중도는 크게 파괴되었기 때문에 쿠빌라이는 금나라의 중도를 버려둔 채 그 동북에 위치한 경화도(瓊華島 : 지금의 북해北海 일대)의 별궁을 중심지로 삼고, 지원(至元) 원년(1264년)에 대규모 도시건설을 추진하였다. 대도의 도시계획은 유병충(劉秉忠)과 아랍인 흑질아(黑迭兒)에 의해 이루어졌다. 그는 고대 한족의 전통적인 도시 배치 형태에 따라 설계하였으며, 8년에 걸쳐 완성하였다. 도시의 모양은 남북 간 길이 7400미터, 동서 간 너비 6650미터로 정방형에 가깝게 설계되었다. 북쪽에 두 개의 문과 동, 서, 남쪽 삼면에는 각각 세 개의 문을 내었으며 성 밖으로 성을 에워싸고 흐르는 보호천을 건설하였다. 황성은 대도의 남부 중앙에 자리하도록 하였으며, 황성(皇城)의 남부에서 동쪽으로 다소 치우치게 궁성(宮城)이 위치하도록 하였다.

성의 주요 간선도로는 모두 성문을 통과하도록 하고 가로세로로 조밀하게 골목과 도로를 만들었으며 사찰, 사원, 어서(御署), 상점들이 들어서게 하였다. 골목과 거리 사이사이에 주거지를 건설하였다. 궁전 내부의 주요 건축물로는 대명전(大明殿), 연춘각(延春閣) 등이 있으며, 현존하는 주요 건축물로는 묘응사(妙應寺),

백탑(白塔), 백탑사(白塔寺), 공묘(孔廟), 와불사(臥佛寺), 국자감(國子監), 동악묘(東岳廟), 벽운사(碧雲寺), 동사청진사(東四淸眞寺 : 이슬람사원) 등이 있다. 원나라 시대의 대도(大都)는 현재 북경의 자리에 건설됨으로써 북경의 발전에 중요한 첫걸음을 디딜 수 있도록 하였다. 또한 도시설계가 매우 합리적이고 건축물들이 웅장한 모습을 뽐내고 있어 고색창연한 고도로서 세계 어느 나라에도 뒤지지 않는다고 할 수 있다.

원나라 시대의 성벽은 흙으로 지어졌는데 부서진 북성(北城)의 성벽 유적은 지금도 관광객들에게 옛 북경의 모습을 어렴풋이 되살려 주고 있다. 북해공원(北海公園) 안에 위치한 성에는 원나라 시대의 대형 옥옹(玉瓮 : 옥으로 만든 대형 항아리)이 남아 있는데 무게가 3500킬로그램으로서 현존하는 중국 최대의 옥기(玉器)라고 할 수 있으며 중국의 국보에 해당한다. 마르코 폴로(Marco Polo : 1254~1324년)*가 북경을 보고 "이렇게 아름답고 균형적인 도시의 모습을 글로 다 형용할 수 없다"라고 했을 만큼 당시 원나라 시대의 대도는 세계에서 가장 웅장하고 번창했던 도시였음을 알 수 있다.

원나라 시대의 문화 역시 이 시기를 전후하여 새로운 전성기를 맞았다고 할 수 있다. 과학자 곽수경(郭守敬 : 1231~1316년, 원나라의 천문학자)은 공정학(工程學 : 건축학), 천문학(天文學) 등을 연구하여 북경 주민들의 생활에 깊은 영향을 끼쳤다. 또한 관한경(關漢卿) 등이 주축이 된 원나라 시대의 잡극(雜劇)은 당시 백성들의 가장 큰 여가생활이자 즐거움이었다. 또한 유교, 불교, 도교가 서로 균형을 이루며 발전하는 모습을 보여주었다. 유교는 국자감을 중심으로 사상체계를 발전시켜 나갔으며, 도시와 농촌 곳곳에 불교사찰이 지어졌다. 도교를 중심으로 한 백운관(白雲觀)은 구처기(丘處機 : 1148~1227년, 도교의 한 일파인 전진교의 7인의 한 사람)의 지도력을 바탕으로 최고의 전성기를 맞이하였다. 라마교의 교주도 국사(國師)로 추대되어 국정 전반에 영향을 끼치게 되었다. 북경을 중심으로 세계 각국의 문화교류

---

* 이탈리아의 탐험가이자 베네치아의 상인으로 동방여행을 떠나 중국 각지를 여행하고 원나라에서 쿠빌라이 칸의 총애를 받아 관직에 올라 17년을 살았다. 17년 동안 중국의 여러 도시와 지방을 비롯하여 몽고, 미얀마, 베트남 등을 여행하였으며, 그로인해 『동방견문록』을 지었다.

가 활발히 이루어지면서 마르코 폴로를 비롯한 유럽, 서방의 상인들과 선교사들이 신비한 동방의 세계로 몰려들었으며 유라시아 대륙 간의 교류를 촉진시키는 결과를 낳았다.

명, 청 시대의 수도 북경

명나라 태조인 주원장은 홍무(洪武) 원년에 응천(應天 : 지금의 남경시)에서 스스로 황제의 자리에 등극하였다. 그해 8월 응천을 남경(南京)으로 정하고 변양(汴梁 : 지금의 개봉시)을 북경(北京)으로 정하였다. 1399년 북평(北平 : 지금의 북경)의 연왕(燕王) 주체(朱棣 : 1360~1424년)*가 군사를 일으켜 남진하여 건문제(建文帝 : 명나라의 제2대 황제 주윤문朱允炆, 재위 1398~1402)의 제위를 빼앗고 황제가 되었다. 주체는 북평을 북쪽으로 사막까지 통제할 수 있고 남쪽으로는 중국 내륙을 장악할 수 있는 '용의 땅'이라고 여겨 이곳으로 천도하기로 결정하였다. 이에 북평을 북경으로 바꾸어 부르게 된다. 영락(永樂) 4년(1406년) 주체는 북경으로 천도하는 조서를 내리고 북경에 궁전을 짓게 하였다. 중간에 잠시 공사가 중단되기도 하였지만, 영락 8년(1420년) 북경에 거대한 규모의 자금성(紫禁城) 궁전이 완성되었다. 이듬해 명나라 왕조는 정식으로 북경으로 천도하였다.

명나라 시대의 북경성은 원나라 시대의 대도 궁전을 철거한 후 역대 도시의 장점만을 흡수하여 남경성 궁전의 건축방식을 참조하여 새롭게 탄생하였다. 궁성(宮城 : 자금성紫禁城), 황성(皇城), 내성(內城), 외성(外城) 등 네 개 부분으로 구분되어진다. 북경의 궁성은 남북 간 길이가 960미터, 동서 간 너비 760미터이며 사면에 높은 성벽을 쌓아 올렸으며 성의 각 모서리마다 화려한 성루를 건축하였다. 궁성 내부는 황제가 친정하는 장소와 침궁 등 총 15만 제곱미터에 해당하는 각종 궁전이 9천여 개나 들어섰다. 이는 중국, 나아가 세계적으로도 현존 최대 규모로서 완벽하게 보존된 황성이라고 할 수 있다.

황성의 동서 간 거리는 2500미터, 남북 간 거리는 2750미터이며 불완전한 정

---

* 명나라 제3대 황제(재위 1402~1424)이다. 태조 홍무제(洪武帝 : 주원장)의 넷째 아들이며 묘호는 태종(太宗)이다. 후에 성조(成祖)로 개칭하였으며, 그의 연호를 따라서 영락제(永樂帝)라 일컬어진다.

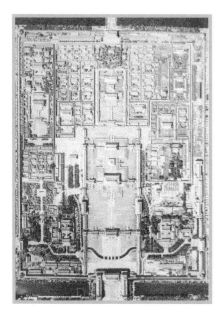
고궁평면도

방형의 모습을 하고 있다. 황성의 사방에 문을 세웠으며 남문이 바로 천안문(天安門)에 해당한다. 황성 내부의 주요 건축물로는 궁원(宮苑), 묘사(廟社), 사관(寺觀), 어서(御署), 창고 등을 들 수 있다.

내성은 동서 간 6650미터, 남북 간 5350미터에 해당하며 남쪽으로 세 개의 문이 나 있으며 동, 북, 서쪽에는 각각 두 개씩의 문을 세웠다. 이러한 문 앞에는 모두 옹성(甕城 : 반으로 쪼갠 독과 같다고 해서 붙인 이름으로 성문을 보호하는 역할을 함)을 건축하고 성루와 전루(箭樓)를 함께 만들었다. 내성의 동남, 서남쪽의 모퉁이에는 각루(角樓)를 지었다.

북경의 외성은 명나라 시대 가정(嘉靖 : 명나라 제12대 황제 가정제嘉靖帝의 연호) 32년에 지어졌으며 동서 간 7950미터, 남북 간 3100미터로 되어있다. 남쪽으로 세 개의 문이 나있고 동서로 각각 한 개의 문이 나있으며 북쪽은 내성으로 통하는 세 개의 문 이외에도 동서 양쪽 모퉁이에 성 밖으로 통하는 두 개의 문을 만들었다. 명나라 시대에는 북경성에 경산(景山), 천단(天壇), 사직단(社稷壇), 태묘(太廟), 산천단(山川壇), 일단(日壇), 월단(月壇), 지단(地壇) 등 대형 건축물들이 속속 들어섰다. 이러한 건축물들은 모두 전 세계적인 명성을 얻고 있는 관광명승지로 각광받고 있으며, 이 가운데서도 웅장한 건축물과 뛰어난 성학(聲學) 효과를 보여주고 있는 천단은 최고의 명승지로 평가받고 있다.

명나라 시대 북경성은 16리에 달하는 중축선(中軸線)이 남북을 관통하며 성(城) 전반의 중심을 잡아주고 있으며 외성의 남쪽 정중앙에 위치한 영정문(永定門)을 기점으로 하고 있다. 황성의 후문은 북쪽의 종고루(鍾鼓樓)로서 중축선의 종점에 해당한다. 외성, 내성, 황성, 궁성은 모두 이 중축선 상에 대칭을 이루며 위치하고 있어 체계적이고 조화로운 세계적인 건축군을 형성하고 있다고 할 수 있다.

1644년 명나라 왕조가 극도로 부패해 지면서 중국 각지에서 끊이지 않고 봉기가 일어났으며 섬서성의 농민 이자성(李自成 : 1606~1645년)*이 이끄는 농민봉기군이 북경까지 침입하자 명의 숭정황제(崇禎皇帝)는 홀로 경산에 있는 나무에 목을 매 자살하였다. 농민봉기군은 승리를 거둔 후 나라를 다스리기 보다는 공에 따른 이익 챙기기에만 혈안이 되어 그들 자신도 부패의 나락으로 떨어지게 된다.

이때 명나라 시대의 대장군 오삼계(吳三桂 : 1612~1678년)**가 동북 각 지역의 만주족 세력을 규합하여 북경으로 쳐들어왔다. 이자성은 무리를 이끌고 남쪽으로 후퇴할 수밖에 없었으며 만주족이 북경에 진입하면서 3백여 년에 이르는 청나라 왕조의 통치시대를 열게 된다. 청나라 왕조가 통치하기 전까지 중국은 세계적인 대국으로 기세를 높이고 있었으며 북경은 세계 최고의 번영 도시 가운데 하나로 꼽히었다. 북경만의 도시적 특성을 갖추기 시작하였으며, 도시 체계도 안정을 이루어 현재까지 북경에 남아있는 여러 풍속들도 이 시기에 이루어진 것들이 매우 많다.

청나라 시대는 명나라 시대의 건물과 궁전을 그대로 모방하여 수도를 건설하였으며, 별다른 변화를 주지 않았다. 순치(順治 : 청나라 제3대 황제 세조 순치제의 연호) 2년에 황극전(皇極殿), 중극전(中極殿), 건극전(建極殿) 등을 중건하였으며, 각각 태화전(太和殿), 중화전(中和殿), 보화전(保和殿)으로 개칭하였다. 순치 8년에는 승천문(承天門)을 중건하여 천안문으로 개칭하였으며, 북경의 도시 구성에는 큰 변화가 없었다.

청나라 시대에는 주로 원림(園林)을 조성하는 데 역점을 두었다. 황성 안에 남해(南海), 중해(中海), 북해(北海) 등 황가원림을 조성하는 한편 서북 외곽으로도 화려하고 방대한 규모의 원림을 짓기 시작하였다. 창춘원(暢春園), 원명원(圓明園), 기춘원(綺春園), 이화원(頤和園), 정명원(靜明園), 정의원(靜宜園), 숙춘원(淑春園), 명학원(明鶴園), 낭윤원(朗潤園), 울수원(蔚秀園) 등은 모두 이때에 지어진 원림들로서 명성

---

* 명나라 말기의 농민 반란 지도자로 이름은 이홍기(李鴻基)이다. 1644년 대순(大順)을 세우고 북경을 점령하자, 명나라 마지막 황제 숭정제는 목을 매어 자살하였다. 그러나 명나라를 멸망시켰으나 오삼계(吳三桂)와 청나라의 연합군에 패하였다.

** 1644년 이자성이 북경을 점령했을 때 청나라 태종에게 투항한 후, 청나라 군대는 오삼계를 길잡이로 이자성을 물리칠 수 있었다. 그 공으로 번왕에 봉해졌다. 훗날 강희제가 번을 폐하려는 움직임을 보이자, 반란을 일으켰다가 사망했다.

을 얻고 있다. 특히 이화원과 원명원의 유적공원은 현재까지 양호한 상태로 보존되어 있다.

청나라 왕조 말엽부터 서방 열강이 침입하면서 외국인들이 북경의 동교민항(東交民巷) 일대에 사관, 병영, 주택 등을 짓기 시작하였다. 동방의 고도(古都)로서 고색창연한 북경에 돌연 서방의 작은 건물들이 등장하면서 이국적이고 국제적인 향기를 더하게 된다. 또한 지역적 특색을 한껏 머금은 지방정부의 북경 지소(支所)가 설립되면서 북경의 모습에 또 다른 특색을 더해주었다. 북경이 중국의 정치, 문화의 중심이 되면서 과거를 보러오는 선비들을 비롯하여 상인, 관리 등 인구가 크게 증가하게 되었다. 또한 지방의 청사 소재지들도 북경을 방문하는 지역 인사를 접대하기 위해 북경에 지소를 건립하게 된다. 이러한 지소들을 회관(會館)이라고 불렀으며 각각의 회관은 농후한 지역적 특색을 발산하면서 새로운 사상의 집산지로서의 역할을 담당하였던 것이다.

▶▶ 역사의 흐름에 어떤 영향을 미쳤을까?

북경은 원나라, 명나라, 청나라 세 왕조의 수도였다. 이러한 기반을 바탕으로 현재 중국의 수도로서 그 위상을 뽐내고 있으며 중국 역사에서 중요한 의의를 지닌 도시로 인정받고 있다. 송나라 시대 이전에 존립했던 왕조는 장안과 낙양을 두고 수도를 선택하였으며, 이는 동서 간 쟁탈전이었다고 볼 수 있다. 송나라 왕조의 개봉 천도는 일대 변화를 예고한 것으로, 원나라 시대 이후에는 남경과 북경을 사이에 둔 남북 간 쟁탈전으로 발전하였다. 동서 간 쟁탈전에서 남북 간 쟁탈전으로 변화하게 된 근본적인 요인은 남방이 개발됨으로써 남방 경제가 북방 경제를 순식간에 앞서 나간 데에 있다고 볼 수 있다. 한 나라의 정치, 경제, 문화의 중심인 수도를 정할 때는 이러한 요소들이 반영되게 마련이다. 따라서 북경이 중국의 수도가 되었다는 것은 중국 역사에서 매우 중요한 의의를 지니고 있다.

5. 정화鄭和, 해상 원정으로 세계와 교류하다

중국의 조선업과 항해업은 유구한 역사를 지니고 있다. 당나라 시대부터 수많은 외국 상인들이 해로를 이용하여 중국에 건너와 상업 활동을 전개하였는데, 이들은 대부분 안전성이 뛰어난 중국 해선을 이용하였다고 한다. 송나라 시대부터 항해에 나침반을 이용하기 시작하여 원양 항해업에 유리한 여건을 조성하게 되었다. 13세기 초에 중국은 이미 열 개의 돛과 돛대를 갖춘 대함선을 운행하였다.

명나라 왕조 초기에는 중앙집권이 강화되면서 국내외 정세가 안정됨에 따라 봉건사회에도 상품경제가 신속하게 발전하게 되었다. 명나라 왕조는 대외관계를 발전시키고 무역을 촉진시키기 위하여 정화(鄭和 : 1371~1433년)*를 통수(統帥)로 하는 거대한 함대를 '서양(지금의 인도차이나 반도, 말레이 반도, 인도네시아, 보르네오 등지를 가리킴)' 각국에 일곱 차례에 걸쳐 파견하였다. 이로써 중국과 세계 각국의 교류사 및 항해사에 길이 남을 만한 화려한 한 페이지를 장식하게 된다.

일곱 번의 원정과 중국의 위상 확립

정화(鄭和)는 1371년 운남(雲南) 곤양주(昆陽州 ; 지금의 곤명昆明 진영현晋寧縣 지역)의 이슬람교를 신봉하는 한 회족 집안에서 태어났다. 본명은 마화(馬和), 아명은 삼보(三寶)로 조부와 부친이 모두 이슬람교를 신봉하였으며, 이슬람의 성지 메카(지금의 사우디아라비아 지역에 위치)를 순례한 적이 있다. 어린 시절부터 부친에게 외국의 상황을 듣고 자랐으며, 11세가 되던 해에 명나라 태조 주원장이 일으킨 운남 통일전쟁 중에 포로로 잡혀 궁으로 끌려갔다. 후에 주원장의 넷째 아들인 주체의 내시가 되었다.

1403년 주체가 등극하였으니, 이가 명나라 성조(成祖)이다. 이듬해 정월 초하

---

* 명나라 때의 환관으로 성은 마(馬)씨, 이름은 마화(馬和)이다. 정난의 변 때 연왕이 영락제(永樂帝)로 등극하는 데에 큰 역할을 하였다. 성조 영락제 때 시작된 남해(南海) 원정의 총지휘관으로 동남아시아에서 아프리카 케냐에 이르는 30여 국에 원정하였다.

정화의 초상

루 주체는 마화가 지략이 뛰어나고 용감하며 여러 차례 공을 세운 것을 치사하기 위하여 그에게 '정(鄭)'이라는 성씨를 내리었다. 이때부터 정화로 불리게 되었으며 내궁태감(內宮太監)에 봉하여졌다. 영락 3년(1405년 7월 11일) 정화는 방대한 함대를 거느리고 첫 번째 원정길에 나선 후 1405년부터 1433년에 걸친 28년 동안 정화와 그의 함대는 아시아, 아프리카 30개 국을 돌며 10만여 리를 항해하였다. 일곱 번에 걸친 원정(遠征)으로 중국해와 인도양을 두루 섭렵하였으며, 타이완에서 페르시아 만을 거쳐 중국인들이 황금의 나라로 여기고 있는 아프리카까지 이르렀다.

당시의 중국인들은 아랍 상인들로부터 유럽의 존재를 들어 알고 있기는 하였으나, 그곳에 가고 싶은 마음이 들 정도는 아니었다. 먼 서방에 있는 유럽 지역에 대해서는 양피와 술 정도밖에 알 길이 없었기 때문에 정화의 관심을 끌었던 것은 아니었다. 그러나 원정을 실시했던 30년 동안 각국의 물품과 약재, 지리 지식 등이 급속하게 중국에 유입되었으며, 중국 역시 인도양에 분포한 나라들에 정치적 영향력을 행사하게 되었다. 중국은 이러한 나라들과 정치, 경제, 문화적인 관계를 맺음으로써 일곱 번에 걸친 원정의 성과는 이루 말할 수 없다.

1405년 6월 정화는 62척의 대함선에 2만9천여 명에 달하는 원정 대원을 이끌고 소주(蘇州) 유가항(劉家港)을 출발하여 첫 번째 항해에 나서게 된다. 함선의 최대 크기는 길이 백여 미터, 너비 수십 미터에 달했으며 최대 천 명을 태울 수 있었다. 함선 안에는 항해도, 나침반을 구비하여 두었다. 당시에 사용했던 나침반은 방위가 여러 개로 나뉘어 있었으며 각도별로 눈금이 새겨져 있어 방위와 눈금에 따라 움직이면 항로의 원근을 미루어 짐작할 수 있었다. 이러한 나침반은 밤에는 별자리를 가리켜 별의 움직임을 보고 방향을 가늠할 수 있었는데, 당시 중국의 조선업과 항해업이 어느 정도 발달하였는지 잘 보여주고 있는 대목이라고 할 수 있다.

정화는 첫 번째 원정에서 먼저 참파(Champa, 지금의 베트남 남부지역)에 도착하

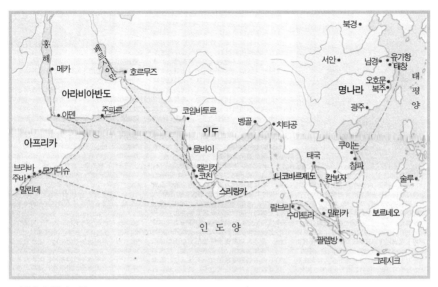

정화의 남해원정 노선도

였으며, 자바(JAVA), 구항(舊港, 지금의 인도네시아 수마트라 섬 동남부), 수마트라 (Sumatera), 말라카(Malacca), 캘리컷(Calicut), 실론(Ceylon, 스리랑카) 등의 나라에도 발을 내딛게 되었다. 금은보화를 가득 싣고 떠났던 정화는 도착하는 나라마다 명나라 성조의 친서를 국왕에게 전하고 후한 예물을 줌으로써 우호적인 교류관계를 형성하고자 하였다. 국왕들은 정화가 대규모 함선을 이끌고 왔으며 우호적인 태도를 취하자 그들을 위협하러 온 것이 아님을 깨닫고 성대하게 그를 대접하였다.

첫 번째 원정은 3년 간 계속되었으며 1407년 9월이 되어서야 다시 명나라로 돌아오게 된다. 여러 나라의 국왕들은 정화가 돌아가는 길에 사신과 함께 수많은 예물을 보내어 답례를 취하였다. 항해 도중에 몇 차례 풍랑을 만나기도 하였으나 함선에는 노련한 수공들이 버티고 있어 위험을 넘길 수 있었다. 명나라로 돌아오던 길에 구항(舊港)을 지나던 중 곤경에 처할 뻔도 하였다. 그곳에 있던 진조의(陳祖義)라는 해적 두목이 작은 섬을 하나 차지한 채, 해적패들을 끌어 모아 외국 상선만을 노려 약탈을 하고 있었기 때문이었다. 진조의는 정화가 수많은 보화를 싣고 이곳을 지난다는 소식을 듣고는 눈이 벌개져서 기다리고 있었다. 그들은 겉으로는 정화를 맞이하는 척 하면서 방심한 틈을 노려 약탈을 할 계획을 세웠다. 그

정화가 남해 원정 시에 이용했던 보선(寶船) 모형

러나 이 소식을 들은 현지의 시진경(施進卿)이란 인물이 몰래 사람을 보내어 정화에게 이 사실을 알려 주었다.

정화는 2만 병사를 거느리고 원정 중이었기 때문에 소규모 해적은 상대가 되지 않았다. 그는 함선들을 흩어지게 하고 구항 해안에 배를 정박시킨 후, 해상의 병사들에게 화약과 도총 등을 준비하게 하고 경계를 늦추지 말고 기다리도록 명하였다. 밤이 깊어지고 해수면이 잔잔해지자 진조의는 해적 떼를 이끌고 수십 척의 배에 나눠 탄 채 항구로 향하였다. 몰래 습격을 하려던 그들은 배 위에서 화포 소리가 울려 퍼지면서 주변의 대함들이 몰려와 자신들의 해적선을 포위하는 것을 보게 되었다. 명나라 군대는 수적으로도 우세했으며 완벽한 준비를 하고 기다리고 있었기 때문에 진조의의 해적선을 대파할 수 있었다. 함대 위에 선 병사들은 들고 있던 횃불을 해적선을 향해 떨어뜨림으로서 해적선을 모두 불태워버렸다. 도망치려다 붙잡힌 진조의는 포로가 될 수밖에 없었다.

정화는 진조의를 꽁꽁 묶어 중국으로 압송하였으며, 북경에 다다른 후 명나라 성조에게 포로를 헌상하였다. 각국의 사신들도 명나라 성조를 알현하고 모두 진귀한 예물들을 바쳤다. 명나라 성조는 정화가 임무를 훌륭히 완수한 것을 보고 만면에 웃음을 띤 채 기쁨을 감추지 못하였다.

그 후 정화는 1408년 9월부터 1409년 9월까지, 이어 1409년 10월에서 1411년 7월, 1413년부터 1415년, 1417년 5월부터 1419년 8월, 1421년 정월부터 1422년 8월, 1430년 6월부터 1433년 7월까지 함대를 이끌고 원정을 계속함으로써 중국의 위상을 높이고 세계 각국과 중국의 교역을 증진시키게 된다. 정화는 지나는 곳마다 중국의 자기, 동기, 철기, 금은, 각종 비단, 나사(羅紗), 수놓은 비단 등의 면포를 선물하였으며, 돌아올 때에는 아시아, 아프리카 각국의 특산품, 예컨대 후추, 상아, 보석, 염료, 약재, 유황, 향료, 야자, 그리고 기린, 사자, 타조, 치타 등 희귀 동물을 가지고 들어왔다. 이로써 중국과 아시아, 아프리카 국가와 경제교류가 더욱 폭넓게 이루어질 수 있었다.

강권을 배제한 우호적 교류

정화와 명나라 함대는 가는 곳마다 우호적인 태도를 취하였으며, 가지고 온 물건들을 평화적인 방식으로 공평하게 거래하였다. 또한 현지의 풍속을 파악하는 등 그곳 주민들을 매우 존중하였다. 고리국(古里國 : 켈리컷)에서는 군중 앞에서 박수로 거래가 성사되었음을 알리는 풍습이 있었는데 가격의 고하에 관계없이 한번 결정되면 되돌릴 수 없었다. 명나라도 그곳의 풍습을 그대로 존중하여 주민들에게 좋은 인상을 남기게 되었다. 세 번째 출항에서 스리랑카에 도착했을 때는 각종 금은 공기(供器), 화장품, 직금보번(織錦寶幡 : 비단으로 짠 기) 등을 섬의 사찰에 기증하였으며, 비석을 세워 이를 기념하였다.

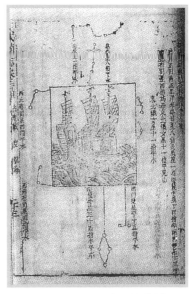

정화가 남해원정에 사용했던 항해견성도(航海牽星圖)

정화의 함대는 가는 곳마다 큰 환영을 받았다고 볼 수 있다. 인도네시아 보르네오 주민들은 자신들의 나라에서 중국인을 만나면 매우 정중하게 대하였으며, 술에 취해 있더라도 집으로 데리고 가서 정성껏 돌보아 마치 오래 된 친구와도 같이 대하였다. 현재까지도 소말리아, 탄자니아 공화국 등은 현지에서 출토된 명나라 시대의 도자기를 중국과의 우호교류의 상징으로 여기고 있다. 인도네시아 자바의 시마랑(Semarang)에 있는 삼보묘(三寶廟), 태국의 삼보묘(三寶廟)와 삼보탑(三寶塔 : 정화가 삼보태감三寶太監이라고 불렸기 때문에 이로써 명명함)을 비롯하여, 인도 켈리컷의 코친(Cochin) 일대 등 동남아 각국에도 기념비가 세워졌다.

정화의 원정길에 정박하였던 나라들에서는 사절단을 보내어 중국과의 통상을 요청하였다. 보르네오, 필리핀, 말레이시아 등의 국가는 국왕이 직접 중국에 방문하기도 하였다. 이로써 중국과 아시아, 아프리카 국가와의 경제 문화교류는 더욱 활발해지게 되었다.

1498년 포르투갈 사람 바스코 다 가마(Vasco da Gama : 1469~1524년, 포르투갈의 항해자)가 이끄는 범선 세 척이 인도로 향하던 중 희망봉을 돌아 동아프리카에 상륙하였다. 그들은 현지 주민들에게 정교하게 수놓은 자수 청사모를 과시하려 하였으나 현지 주민들은 그들이 보여주는 구슬, 방울, 산호목걸이, 세숫대야 등을 비웃기만 하였다. 그곳의 한 주민은 옛날에 '흰둥이 귀신'들이 비단을 걸치고 큰 배를 타고 그들 해안에 도착한 적이 있었다고만 회고할 뿐 그들이 누구이며 어디서 왔는지 또 어디로 갔는지는 아무도 모를 것이라고 하였다. 그들이 타고 왔던 보물선도 점점 사람들의 기억 속에서 사라지게 되었다.

▶▶ 역사의 흐름에 어떤 영향을 미쳤을까?

정화는 항해를 하면서도 도착하는 지역마다 세밀한 항해일지를 작성하여『정화항해도(鄭和航海圖)』를 편찬하였다. 이 지도에는 항해의 목적지와 장단거리 항로, 정박지, 암초 지역 등에 대해 세밀하게 기록하고 있다. 또한 항해를 통해 해상의 풍향, 기후, 조차 등의 자연변화에 대한 지식을 쌓았던 것을 알 수 있다. 정화의 함대가 돌아오는 시기에서 알 수 있듯이 그는 계절풍을 이용하여 항해에 나섰다.

출항 시기는 대개 겨울 또는 초봄이었는데 이때는 대륙에서 해양 쪽으로 풍향이 형성되었다. 돌아오는 시기는 바다에서 대륙 쪽으로 풍향이 형성되었다고 볼 수 있다. 따라서 이때 중국은 이미 항해와 풍향에 대한 지식을 숙지하고 있었던 것을 알 수 있다.

정화와 함께 출항에 나섰던 마환(馬歡), 불신(佛信), 공진(鞏珍) 등도 모두 그들의 항해 경험을 서적으로 편찬하였다. 마환의『영애승람(瀛涯勝覽)』, 불신의『성차승람(星搓勝覽)』, 공진의『서양번국지(西洋番國志)』 등은 방문했던 각국의 정황을 기록하여 아시아, 아프리카 국가들의 생활, 풍속, 생산 상황 등에 대해 중국인들이 쉽게 이해할 수 있도록 한 세계지식 참고서라고 할만하다.

영국의 퇴역장교 개빈 멘지스(Gavin Menzies : 1937~)*는 정화가 일곱 차례에 걸

---

* 『1421 중국, 세계는 발견하다』의 저자로, 전역 후 그는 정화 함대의 베일에 가려진 항해를 14년 동안 추적하며 조사하였다.

쳐 원정에서 돌아온 후에 대부분의 기록은 소멸되었지만 정화와 대원들이 함께 제작한 항해노선도와 성상도(星象圖)는 당시의 혼란한 상황에서 소멸될 위기를 맞았음에도 이탈리아 상인 다콘티가 인도에서 정화의 함대를 만났을 때 손에 넣은 후로 여러 사람의 손을 거쳐 베네치아까지 전해졌다고 밝혔다. 멘지스는 다콘티가 1428년 포르투갈을 경유할 때 포르투갈 국왕의 맏아들이 이 지도를 얻게 되었으며 그 자신이 가지고 있던 세계지도 안에 포함시켰을 것이라고 수상하였다.

그 후 포르투갈의 항해가 바스코 다 가마와 마젤란(Ferdinand Magellan : 1480~1521년, 포르투갈 태생의 에스파냐 항해가) 그리고 영국의 항해가 브라이언 쿡(Brian Cook) 등이 이 지도의 복사본을 사용하였다고 전해지며 그중 일부는 지금까지 세계 각지의 박물관에 보관되어 있다. 멘지스의 주장이 사실로 밝혀지면 정화의 항해 원정은 후대 유럽의 항해가들의 신대륙 발견 등에 선구적 역할을 했다고 볼 수 있으며 세계역사를 변화시킨 일대 사건이라고 말할 수 있을 것이다.

6. 장거정張居正의 개혁정치, 명나라의 경제를 일으키다

16세기에 접어들면서 중국은 시대적 좌절감을 맛보아야 했다. 명나라 왕조의 통치로 중국은 봉건사회의 최고 전성기를 누렸지만 생산력의 발전을 촉진시키지는 못하였고 오히려 각 분야의 갈등과 모순을 격화시키게 되었다. 또 다른 한편으로는 자본주의 경제의 싹이 조금씩 돋아나기 시작하였던 것이다. 그러나 이러한 시대적 좌절의 시기에 중국에는 위대한 정치가 한 명이 역사의 무대로 성큼성큼 걸어 나왔으니 그가 바로 장거정(張居正 : 1525~1582년)*이다. 장거정은 일련

---

* 명나라 황제 만력제(萬曆帝)의 신임을 얻어 10년간 수보(首輔)의 자리에 앉아 국정을 처리하였다. 지주를 누르고 농민 부담의 균형을 꾀하였으며, 일조편법(一條鞭法 : 과세대상을 토지로 옮기고, 은으로 납세를 하게 함)을 실시함으로써 명나라의 국력을 만회하였다. 명나라 제일의 정치가로 손꼽는다.

의 정치개혁을 통하여 사회모순을 완화시키는 한편, 경제발전을 촉진하고 명나라 왕조의 봉건통치체제를 확고히 하였으며, 자본주의 경제의 시대 조류에도 순응해 나갔다고 볼 수 있다. 따라서 그는 서방의 부르주아 계급의 정치, 경제이론가들이 주시하는 '중국경제의 일인자'로서 세계경제 발전사에 한 페이지를 장식하였다.

개혁의 배경

장거정(張居正)은 명나라 시대 만력(萬曆) 원년(1572년)부터 만력 10년(1582년)에 이르기까지 개혁정치를 주도하였다. 이 시기에 명나라 시대에는 수많은 일들이 발생한다.

명나라 왕조는 봉건 전제 제도가 최고로 발달했던 왕조라고 할 수 있다. 그러나 명나라 시대의 통치체제는 군주의 절대권력 남용과 관리들의 부패정치를 초래하게 된다. 명나라 시대에는 역대 어느 왕조보다도 군주의 권력이 고도로 팽창해 있었다. 그러나 어떤 것도 너무 지나치게 과하면 반발을 사게 마련이다. 모든 권력이 황제에게 집중되면서 종친과 귀족들의 생활은 사치와 방탕으로 얼룩지게 되었으며 조정의 업무를 관장할 최소한의 능력마저도 상실해 버리고 말았다.

대(代)를 거듭할수록 우매한 황제들이 즉위하면서 명나라 시대 중엽부터는 황제가 조회에 나오지 않고 정사를 돌보지 않는 것이 관례가 되어 버렸다. 황제가 오랜 기간 정사를 나 몰라라 하면서 정치권력의 중심은 내각으로 옮겨가게 되었으며 수보(首輔 : 명나라 시대의 내각 최고 책임자)의 자리에 오르는 사람이 권력을 장악하게 되었다. 통치의 주체인 내각관료들은 수보의 자리를 두고 치열한 쟁탈전을 벌이지 않을 수 없었다. 따라서 전임 수보가 물러나게 되면 그와 관련된 관료들도 따라서 대거 퇴각하게 됨에 따라 오늘 권세를 얻었다가도 내일이면 다시 쫓겨나는 상황이 반복되었다. 이로써 통치계급의 부패와 혼란은 걷잡을 수 없을 정도로 심각한 국면으로 치달았다.

바닥난 국가 재정은 정치적 위기상황보다도 더욱 심각한 국면을 맞고 있었다. 특히 당시의 가장 민감한 문제였던 토지겸병 문제는 이미 위기 국면에 접어들고 있었다. 명나라 시대 중엽부터 귀족이 토지를 겸병하는 사태가 갈수록 심각해졌다. 강남 일대의 대지주 가운데는 7만 경(傾)의 토지를 소유한 자가 나타날 정도였으며 조정에서는 대학사(大學士) 서계(徐階 : 1494~1574년)* 일가가 점유한 토지 면적이 24만 무(畝)에 달하였다. 전 영토의 납세대상 토지 가운데 절반을 대지주들이 차지하고 있으면서 세금을 전혀 내지 않았기 때문에 국가재정은 타격을 입을 수밖에 없었다. 융경(隆慶) 5년(1571년) 한 해의 재정 수입은 250만 량에 불과했으나 지출은 400만 량에 달하여 3분의 1이나 적자를 기록하였다. 관리들의 탐욕과 낭비는 물론 방대한 군비는 궁핍한 재정 부담을 더욱 가중시키고 있어 재정은 바닥을 드러낸 지 오래였다.

이러한 상황에서 귀족들의 토지수탈은 더욱 가혹한 양상으로 치달았다. 봉건 통치계급의 착취 행태가 갈수록 더 심각해짐으로써 사회갈등과 모순이 첨예하게 대립하였다. 등무칠(鄧茂七), 유통(劉通), 남정서(藍廷瑞)를 비롯하여 유육(劉六), 유칠(劉七) 등의 농민 봉기가 꼬리에 꼬리를 물고 일어나 명나라는 도처에 화약고가 버티고 있는 위기 상황에 직면하게 된다.

명나라 왕조가 존립했던 16세기라는 특정 시대는 왕조의 멸망과 쇠퇴는 물론 봉건주의 체제 자체가 서서히 몰락해 가고 있었던 것을 유념해 볼 필요가 있다. 왕조의 몰락을 바라보면서도 그것을 다시 일으켜 세우고자 혼신의 힘을 모두 기울였던 정치가들이 있었다는 것을 부정할 수는 없다. 그러나 봉건체제 자체가 흔들리는 세기 말엽에 상상을 능가하는 힘을 발휘하여 쇠락한 체제에 성공적으로 활력을 불어 넣었던 사람은 아마도 장거정이 유일한 것으로 본다. 16세기 말엽의 시대적 배경은 역대의 개혁정치에서 볼 수 없었던 특수성으로 인해 그 자신에게는 역량을 펼칠 수 있는 기회로 작용하게 되었다.

중국의 봉건전제주의 체제는 진(秦), 한(漢) 시대에서 명나라 시대 말기까지 1600여 년 동안 지속되었다. 그 탄생부터 발전까지 강성과 쇠락이라는 부침(浮沈)을 반복하며 이어져왔다고 볼 수 있다. 수없이 발생한 농민 봉기는 봉건 왕조를

---

* 명나라의 정치가로 전횡이 격심했던 권신 엄숭(嚴嵩)을 실각시키고 수보가 되어 가정제·융경제 밑에서 인심을 수습하고 선정을 펴 명상(名相)이라 칭송되었다. 그러나 동료인 고공(高拱) 등과 뜻이 맞지 않아 1568년 사직하였다. 장거정은 그의 문하생이었다.

장거정이 황제를 위해 편찬한 『제감도설(帝鑑圖說)』

하나, 둘씩 멸망에 이르게 하였으며, 봉건 통치의 붕괴를 조장하였다. 그러나 새로운 봉건체제도 여전히 전례를 답습하여 몰락을 눈앞에 둔 말기에 이르면 그러한 구습은 더욱 강력하게 재현되었다고 볼 수 있다. 명나라 시대에 이르러 정치적으로는 중앙집권 전제가 전례 없이 막강했던 시기로서 재상의 권한마저도 황제에게 귀속되었다. 이에 후대 사람들은 명나라 왕조를 봉건 전제주의가 가장 극대화되었던 왕조라고 여기고 있다.

그러나 이렇게 고도화된 전제주의 왕조도 그 말년에 이르러 쇠퇴한 모습은 한, 당, 송나라 시대 말엽보다도 더욱 보잘 것 없었다. 전제주의 최고의 전성기와 최악의 침체기가 한 왕조에서 발생했다는 사실은 역사에서 그 전례를 찾아 볼 수 없다고 볼 수 있다. 이렇듯 극과 극을 달리는 상황은 봉건전제주의 체제 자체가 본래부터 모순을 지닌 체제라는 것을 반영해 주고 있으며 이미 온갖 허점이 불거질 대로 불거져 나와 멸망을 바로 눈앞에 두고 있는 사실을 알려주는 것이다.

장거정은 이렇듯 중국이 역사적, 시대적으로 전환을 앞둔 가장 중요한 시점에 정치무대에 등장하여 위대한 개혁정치를 선보이게 된다.

장거정의 개혁정치

장거정(張居正)의 자는 숙대(淑大), 호는 태악(太岳)이며 '문충(文忠)'이라는 시호(諡號)를 받았다. 호북성 강릉(江陵) 초시(草市)에서 농부의 아들로 태어났다. 유아 시절부터 신동으로 고을에 명성을 떨쳤으며 5세에 입학하여 7세에 육경(六經)의 대의(大義)에 통달하였으며, 12세에 수재(秀才)에 합격하였다. 13세에 「영죽(詠竹)」이라는 절구(絶句)를 지었다.

소수 강(瀟水) 상수 강(湘水)변에 대나무 숲이 펼쳐져 있네(綠遍瀟湘外녹편소상외)
듬성듬성 솟은 나무 사이로 아침이슬은 추위에 떠는데(疎林玉露寒소림옥로한)

힘차게 솟아오른 대나무 마디마디(鳳毛叢勁節봉모총경절)

하늘을 향해 질주하누나.(直上勁頭竿직상경두간)

이 시구를 통해 어린 시절부터 그가 원대한 꿈을 키워왔다는 것을 알 수 있다. 이 해에 그는 거인(擧人)에 충분히 합격할 수 있었으나 총 감독관이던 호광(湖廣 : 호북, 호남지역) 순무(巡撫)는 이 소년이 비범한 것으로 보고 너무 분발시키기 위해 일부터 떨어뜨려 좌절을 맛보도록 하였다. 삼년이 지난 후 장거정은 다시 시험에 임하여 장원을 차지하였다. 당시 16세에 불과했던 그는 당시 가장 젊은 거인이 되었다. 그전에 시험을 감독했던 순무는 이 소식을 듣고 매우 기뻐하며 몸에 지녔던 옥패(玉佩)를 그에게 주면서 나라를 위하는 훌륭한 관리가 될 것을 당부하였다.

그 후 장거정은 승승장구하여 23세에 회시(會試), 전시(殿試)를 통과하여 진사(進士)가 되었으며 한림원(翰林院)의 서길사(庶吉士)로도 뽑혔다. 25세에 한림원 편수(編修)로 승격되었으며 43세에 내각에 입각하여 대학사(大學士)를 지냈다. 45세에 내각의 최고 수장인 수보(首輔)의 자리에 오르게 된다.

명나라 태조 주원장이 승상제도를 폐지한 후 내각의 수보가 실질적인 재상의 역할을 감당하였다. 융경(隆慶) 6년(1572년) 명나라 목종(穆宗 : 융경제隆慶帝, 명나라 제12대 황제 주재후朱載厚, 재위 1567~1572)이 병으로 세상을 떠나게 되었다. 그는 고공(高拱), 장거정, 고의(高儀) 등이 함께 열 살밖에 안 된 어린 황제 신종(神宗 : 만력제萬曆帝, 명나라 제13대 황제 주익균朱翊鈞, 재위 1572~1620)을 보좌하도록 유조(遺詔)를 내렸다.

고공은 당시 내각의 수보로서 교만하고 횡포한 인물이었다. 그는 장거정은 자기 수하 인물이며 고의는 연로하고 병약했기 때문에 모두 적수가 되지 못한다고 여겼다. 또한 자신과 정권을 다툴 인물은 사예감(司禮監)의 장인태감(掌印太監) 풍보(馮保)라고 생각하였다. 고공과 풍보가 암투를 벌이는 과정에서 장거정은 풍보와 함께 고공을 내쫓았으며 연로한 고의가 병으로 세상을 떠나자 장거정은 서열에 따라 수보의 자리에 오르게 되었다. 그는 본래 어린 황제의 스승인 동시에 전 황제의 유조에서 언급한 인물 가운데 유일한 신하였기 때문에 황제의 전폭적인 신뢰를 받을 수 있었다. 그는 정사를 관장했던 10년 동안 실질적인 권력을 장악하게 되었으며 이는 개혁정치를 펼쳐나가기에 유리한 환경을 조성해 주었다.

장거정은 다음과 같은 개혁조치를 펼쳐나가기 시작하였다. 내정 부분에 있어 가장 먼저 관리 제도를 정비하여 중앙집권을 강화하였다. 장거정은 '고성법(考成法)'을 창시하여 각급 관리들이 중앙정부에서 내린 조서를 이행하는지 여부를 엄격하게 감찰하였다. 이에 정기적으로 지방의 정무 내용을 내각에 보고하도록 하여 내각의 실권을 높였다. 고리타분한 관습에 매달리는 관리들을 비롯하여 개혁에 완강히 반대하는 관리들은 모두 파면시켰으며 변법을 지지하는 새로운 신진 세력들을 대거 등용하여 신법을 추진하기 위한 준비 작업에 들어가도록 하였다. 우편, 도량형 등에 대해서도 정비를 추진하였다. 장거정의 개혁방침은 "주권을 강화하고 관리의 직책을 명확히 하며 상벌제도를 행하고 일관된 명령체계를 구성"하여 "중앙조정의 통치력을 강화하여 파벌을 없애는 것"에 있다고 볼 수 있다.

장거정의 개혁성과는 특히 경제 분야에서 두드러졌다.

그는 이름난 수리학자 반계순독(潘季馴督)에게 황하가 남하하여 회하로 들어가는 현상이 재현되지 않도록 황하 치수 사업을 추진토록 하였다. 이로써 물에 잠겼던 전답이 다시 모습을 드러내고 수십 년 동안 버려져 있던 땅들이 농경지와 뽕나무 밭으로 변하게 되었으며 조하(曹河)가 제 기능을 발휘하여 북경까지의 직통항로가 재개되었다.

장거정의 경제개혁 가운데 가장 중요한 내용은 중국 봉건사회 역사에서 부역제도의 일대 개혁을 일으킨 '일조편법(一條鞭法)'이라고 할 수 있다. 명나라 왕조 초기의 부역제도는 매우 복잡하였다. 부세는 양식을 기준으로 은과 비단으로 보충하며 여름, 가을 두 번에 걸쳐 징수하였다. 이외에도 농민들은 각종 명목의 요역에 동원되어야 했으며 토지에 대한 별도의 공물을 바쳐야 했다. '일조편법'은 현(縣)의 모든 부역을 하나로 통일하는 것으로 토지와 장정의 수를 파악한 후 은으로 거두는 방법을 말한다. 관아의 요역 문제는 별도로 인원을 고용하여 비용을 지불하는 것으로 해결하도록 하였다. 다시 말해 각 주현(州縣)의 전부(田賦 : 조세租稅 부과의 대상이 되는 토지), 요역 및 기타 잡다한 모든 세금을 은량(銀兩)으로 통일하여 징수하는 것으로서 토지 한 무(畝) 당 세액을 계산하여 납부하면 되었다.

이러한 방법은 징수과정을 간소화하였을 뿐만 아니라 관리들에 중간에 속임수를 쓰는 행위 등을 방지할 수 있었다.

일조편법이 실시되면서 토지가 없는 백성들은 노역의 부담에서 해방되었으며 토지를 소유한 농민들도 은량을 내고 농사를 계속 지을 수 있게 되어 농업생산이 증대되는 효과를 거둘 수 있었다. 또한 요역을 은량으로 대신함으로써 농민들은 그전보다 훨씬 더 많은 신체의 자유를 얻어 쉽게 농토를 떠날 수 있는 여건이 조성되었다. 이에 따라 도시 수공업은 풍부한 노동력을 확보할 수 있게 되었으며 토지가 없는 수공업자나 상인들은 토지와 관련된 세금을 내지 않아도 되었기 때문에 수공업이 크게 발전할 수 있는 계기가 마련되었다.

'일조편법'의 시행으로 명나라 왕조의 세수도 눈에 띄게 증가하였으며, 재정경제상황도 나아지게

척계광의 초상

되었다. 국고에는 5, 6년 동안 먹을 수 있는 1300여만 섬의 양식이 비축되었으며 이는 1년 먹을 양식마저도 채 되지 않았던 가정(嘉靖 : 명나라 제11대 황제 주후총朱厚熜의 재위 기간, 1521~1567) 연간과 비교해 보면 그 개선 효과가 확연하게 드러난다.

장거정은 군사방면에 있어서도 개혁을 실시하였다. 그는 척계광(戚繼光 : 1528~1588년)*으로 하여금 계문(薊門)을 수비하도록 하였으며, 이성량(李成梁)에게 요동(遼東)을 지키도록 하였다. 또한 동쪽의 산해관(山海關)에서 서쪽의 거용관(居庸關)에 이르는 만리장성 위에 적의 침공을 알리는 봉화대 3천여 개를 증축하였다. 달단(韃靼 : 중국 북방의 몽고계 유목민족)의 엄달한(俺達汗)의 부족과는 차시(茶市),

---

* 중국 명나라 말기의 장수로서 몽골 침략에 맞서 장성의 방위를 굳건히 하였다. 가정제(嘉靖帝)와 융경제(隆慶帝) 연간에 '남왜북로(南倭北虜)'의 외환을 극복하는 데 큰 공을 세웠으며, 중국인들에게는 특히 항왜(抗倭)의 민족영웅(民族英雄)으로 숭앙(崇仰)받고 있다.

마시(馬市)를 개설하는 등 평화적인 교류를 추진하였다. 이로써 북방 수비가 강화되고 변경 지역이 안정되었으며 이삼십 년 동안 명나라 왕조와 달단 사이에는 전쟁이 없는 평화로운 나날이 지속되었다.

이러한 개혁정책을 통해 봉건체제의 중앙집권이 강화될 수 있었으며 법 제정과 시행, 법령 발효 등이 원활하게 이루어지는 국면을 맞이하였다. 경제 상황이 개선되고 재정수입이 증가하기 시작하였으며, 적의 침략을 막고 반격할 수 있는 국방력이 증강되었다. 그러나 장거정의 개혁의 본질은 백성들의 부담을 경감시키는 데 있었던 것이 아니라 명나라 왕조의 봉건 통치 체제를 강화하는 데 있었다고 볼 수 있다. 그의 변법(變法)은 지주계급의 기본 이익과는 무관하였기 때문에 일시적인 개선 효과를 거둘 수 있었을 뿐, 봉건사회의 멸망이라는 필연적인 시대적 추세를 되돌릴 수는 없었던 것이다. 장거정의 개혁은 관료, 지주계급의 기득권을 어느 정도 제한하는 데 그쳤다고 볼 수 있다.

장거정의 별세와 개혁의 실패

장거정 개인이 주도했던 개혁인 만큼 비록 성공을 거두었을지라도 그 이면에 이미 실패의 위험이 도사리고 있었다고 볼 수 있다. 개혁자가 있을 때는 개혁정치가 실현될 수 있지만 개혁자가 없어지고 나면 그 개혁정치도 따라서 소멸되어 버리게 되는 것이다. 장거정이 58세 되던 해, 왕성하게 활동하던 그에게 어느 날 갑자기 고질병인 치질이 도지게 되었으며 3개월이 지나자 이미 생명이 위급한 상황까지 이르게 되었다.

이러한 상황을 예상조차 하지 못했던 그는 임종을 앞두고 서둘러 사예태감(司禮太監) 풍보의 건의를 받아들여 그가 천거한 예부상서(禮部尙書) 반성(潘晟)을 입각시키려 하였다. 그러나 반성은 평범하기 그지없는 인물이었으나 관직에 등용되기도 전에 탄핵을 받아 물러나게 되었다. 그의 후임으로는 장거정의 총애를 받아왔던 장사유(張四維)가 선택되었다. 부유한 가정에서 자라난 그는 성격이 호탕하고 능력도 뛰어났으나 아첨과 아부를 일삼는 등 품행이 방정하지 못하였다. 그는 수보에 오른 후 장거정이 제후들을 모함하고 권력을 마음대로 휘둘렀으며 나라에 불충했다는 큰 죄명을 씌워 그가 집권하던 시기의 신법을 모조리 폐지하였다. 장거정은 한 시기를 주름잡았지만 자신을 배반할 마음을 품고 아첨하는 자를 알아보지 못하고 곁에 두어 내환을 키운 셈이다. 결국 그의 모든 공적은 하루아침에 물거품이 되어 버리고 말았다.

만력(萬曆) 10년 6월 장거정이 별세하자 그해 12월 반대파가 반란을 일으켰다. 장거정 일가의 모든 재산이 몰수되고 그의 가족들은 굶어죽는 지경에 이르렀으며 그와 관련된 관리들은 모조리 쫓겨나게 되었다. 장거정이 공들여 쌓아 놓은 새로운 정책들도 모두 허사로 돌아갔다.

군주전제시대의 황제는 절대 권력의 존재라고 할 수 있다. 황권과 재상의 권한 사이에는 언제나 상호 보완, 상호 견제라는 모순이 존재하고 있어 재상의 권력이 높으면 황제의 시기와 원한을 사게 되어 비극적 결말을 맺게 되곤 한다. 장거정의 경우도 예외일 수 없었다. 장거정이 새로운 정치를 펼쳐 나가는 시기에 명나라 신종(神宗)은 사리에 어두운 소년에 불과했다. 장거정이 그의 스승이기도 했기 때문에 신종은 장거정이 가르쳐주는 대로 모두 따랐으며 개혁에 대해서도 별다른 이견이 없었다.

그러나 나이가 참에 따라 연회를 줄이고 하사품을 절제하며 놀기보다는 학문에 힘쓰라는 장거정의 충고에 불만을 품기 시작하였다. 반대파들은 이러한 상황을 예의주시하고 있었다. 장거정이 병으로 갑자기 세상을 떠나자 반대파들의 반란을 황제가 먼저 지지하고 나선 것이다. 이틈을 타고 그에게 원한을 품었던 자들이 복수에 동참하게 되면서 개혁을 지지했던 관리들까지 연루되어 1년이 채 지나기도 전에 개혁파들은 조정에서 모습을 찾아볼 수 없게 되었다.

장거정이 분골쇄신하며 쌓아 올렸던 개혁의 성과들은 저물어가는 왕조에 일시적인 광영을 선사하였다. 그러나 그가 세상을 떠난 후 개혁이 실패로 돌아가면서 명나라 왕조가 멸망에 이르기까지의 60여 년 동안 각종 사회모순이 격화되어 다시는 되돌릴 수 없는 상황으로 치닫게 되었다. 장거정에 뒤를 이어 이러한 격동의 시기를 구원할 인물이 나오지 않게 됨에 따라 명나라 왕조는 역사의 뒤안길로 사라져 버리고 만다.

▶▶ 역사의 흐름에 어떤 영향을 미쳤을까?

청나라 시대 역사학자였던 정정옥(張廷玉)은 장거정의 개혁을 통해 명나라 왕조는 다시 강력한 정부체제를 확립하게 되는 성과를 거두었다고 평가하였다. 개혁을 실시하기 전인 가정 말년에는 1년 먹을 양식도 채 구비하지 못하고 있는 상황이었으며 재정은 바닥나고 수입이 지출의 3분의 1밖에 되지 않을 정도로 적자가 심각하였다. 개혁이 실시된 후 국고에는 10년 먹을 양식이 비축되었고 4백만 량에 달하는 은전이 쌓이게 되었다. 장거정은 위기를 맞은 명나라 왕조에 새로운 제도적 역량을 불어넣은 위대한 정치가로서 비범한 재주로 한 시대를 장악한 그의 일생은 역사의 한 페이지를 화려하게 장식하고 있다. 장거정은 봉건체제 개혁에 대한 혁혁한 공적을 인정받아 중국의 봉건체제 초기의 상앙(商鞅), 중기의 왕안석(王安石 : 1021~1086년)*의 뒤를 잇는 후기의 개혁가로서 3대 개혁가 반열에 오르고 있다.

7. 서양의 선교사들이 중국에 진출하다

중국으로 진출한 선교사들은 명, 청의 정치, 경제, 문화에 지대한 영향을 끼치게 된다. 아편전쟁(阿片戰爭)**이 발생하기 전에 중국으로 들어왔던 선교사들은 선진 과학기술을 들여왔을 뿐만 아니라 중국문명을 서방세계에 알리는 역할을 담당하기도 하였다. 그러나 아편전쟁이 발생한 후에 들어온 선교사들은 서방 열

---

* 북송(北宋) 때의 정치가로 '당송팔대가(唐宋八大家)'의 한 명으로 꼽히기도 한다. 북송의 황제 신종(神宗)에게 발탁되어 1069~1076년에 신법(新法)이라고 불리는 청묘법(靑苗法), 균수법(均輸法), 모역법(募役法), 시역법(市易法), 보갑법(保甲法), 보마법(保馬法) 등의 정책을 입안하고 추진한 개혁적 정치 사상가로 널리 알려져 있다.

** 19세기 중반 청나라와 영국 사이에서 벌어진 전쟁으로 2번의 전쟁이 있다. 제1차 아편전쟁(1840~1842년)은 홍콩의 할양, 광둥 이외의 다섯 항구를 추가 개항하도록 하는 난징조약을 체결하였다. 제2차 아편전쟁(1856~1860년)은 결국 베이징 함락 후 청나라가 영국, 프랑스, 러시아와 베이징 조약을 맺으면서 전쟁은 종결되었다.

강의 중국 침략에 방조자로 낙인찍히게 되었다.

중국 선교의 선구자 마테오리치(Matteo Ricci)*

마테오리치의 초상

1560년 파리예수회에서 파견한 서방 선교사들이 처음으로 중국에 발을 내딛게 되었다. 그들은 서양의 문화를 전파하면서 중국의 정치에도 참여하였다. 1522년부터 1800년까지 중국을 다녀간 선교사의 수는 780여 명에 달하며 포르투갈 사람이 가장 많은 것으로 알려져 있다. 강희 19년에 예수회 신도는 30만 명에 달하기도 하였다. 선교사들이 중국에 들어온 가장 큰 목적은 기독교를 전파하기 위한 것이었다.

그러나 유구한 역사와 문명, 그리고 유교사상이 뿌리 깊게 박혀있는 중국에서 선교활동을 벌이기 위해서는 반드시 유교사상을 깊이 이해하고 중국의 문화에 융화되어야만 했다. 또한 중국의 유교사상, 민속과 풍습, 제도와 법률은 모두 중국의 고문헌에 기반을 두고 있었다. 유교를 이용하여 불교를 배척하고, 유교를 이용하여 선교활동을 전개해 나가기 위해서는 중국 고문헌에 대한 번역이라는 첫 번째 관문을 통과해야만 했다. 중국의 고대 경전과 천주교의 교의를 조화롭게 융화시킬 수 있을 때 선교라는 최종 목적에 도달할 수 있었기 때문이다. 이에 초기의 선교사들은 신기하고 오묘한 예물을 진상하는 한편 중국어를 따라하고 한자를 익혔으며 유교의 복장을 한 채 중국 사회로 녹아들었다.

이들 가운데 가장 뛰어났던 인물이 바로 마테오리치였다. 그는 명나라 말기에 이탈리아 예수회가 파견한 선교사로 중국어 이름은 이마두(利瑪竇), 자는 서태

---

* 중국 이름은 이마두(利瑪竇 : 1552~1610년)이다. 이탈리아의 예수회 선교사로 인도를 경유하여 중국에 들어왔다. 중국에서 선교하기 위해 서양의 학술을 중국어로 번역하였으며, 그의 저서 『천주실의』는 한국의 천주교 성립에도 결정적인 영향을 끼쳤다.

서광계(오른쪽)와 마테오리치가 '도(道)'를 논하는 그림

(西泰)라고 한다. 그는 21세에 예수회에 가입하여 로마의 신학대학에서 성직자 교육을 받았다. 1577년 리스본의 코임브라(Coimbra) 대학에서 포르투갈어를 수학한 후 그 이듬해에 포르투갈 파드로아도 (Padroado : 보호권保護權이라고도 하며 국가가 선교사 및 교회를 보호하고 후원하는 제도)의 후원을 받아 인도의 고아 (Goa) 지역으로 선교를 떠나게 된다.

1579년 천주교의 정식 신부가 되었으며 1581년 예수회 극동 순회 선교사 발리냐노(Alexander Valignano : 1538~1606년)의 명으로 마카오에 들어가 중국어를 배우기 시작하였다. 그 이듬해에 이탈리아 예수회의 또 다른 선교사인 루지에리(Michele Ruggleri : 1543~1607년)와 함께 광동성 조경(肇慶)에 정착하게 되었으며 중국 최초의 교회를 설립하였다.

그는 중국의 사회풍습에 적응하기 위하여 머리를 깎고 승복을 입은 후 자신을 승려라고 자처하였으며, 자신의 거처를 선화사(仙花寺)라고 이름 붙였다. 조경에서 지내는 동안 주변 사람들을 초대하여 자신이 그린 「산해여지도(山海輿地圖)」를 비롯하여 지구본, 해시계 등을 참관하도록 하는 등 인심을 얻었다. 「산해여지도」는 1584년부터 인쇄되어 전파되기 시작하였으며, 그의 신도 수도 대략 80명 정도로 늘어나게 되었다. 1589년 소주(韶州)로 이주한 후에는 선생을 모셔서 『사서장구(四書章句)』를 청하여 듣고는 이를 라틴어로 번역하고 주석을 달아 1594년에 모두 완성하였다. 이는 『사서(四書 : 즉, 논어, 맹자, 중용, 대학)』의 최초 외국어 번역본에 해당한다. 마테오리치는 역서의 서문에 유가의 논리 관념을 칭송하고 『사서(四書)』를 로마의 철학가 세네카(Seneca : BC 4~AD 65, 이탈리아 고대 로마제정기의 스토아 철학자)의 저서와 견줄 만하다고 하였다.

마테오리치는 광동(廣東)에서 10년 간 거주하였다. 이 기간 동안 그는 승려의 사회적 지위가 유생에 미치지 못하다는 것을 깊이 깨닫고 발리냐노에게 승려의 신분을 벗고 머리와 수염을 기르며 유생들이 입는 비단 옷으로 갈아입을 것을 건의한다. 1594년 발리냐노가 이를 허락하자 그대로 시행하였다. 이듬해 그는 유생 복장을 하고 소주(韶州)보다 북쪽에 있는 강서성 남창(南昌)에 정착하였다. 이곳에서 유생, 관리, 황족들과 폭넓게 교제하며 천문, 지리, 철학 등에 대해서 논하곤 하였다. 또한 아리스토텔레스(Aristotle) 등 철학가들이 교우의 도리에 대해 논한 백 가지 격언을 담아 『교우론(交友論)』을 펴내기도 하였으며, 최초의 중국어 종교론서인 『천학실의(天學實義)』의 초고를 완성하였다.

마테오리치는 중국어에 통달했을 뿐만 아니라 오경(五經)을 모두 읽고 그 내용을 잘 파악하고 있었기 때문에 유가의 경전을 이용하여 기독교의 교리를 설명하였다. 그는 유교와 기독교의 교리를 상호 결합하여 체계적인 논리와 풍부한 학식, 막힘없는 말솜씨로 사대부 관리들을 설득시킴으로써 사대부들은 서로 앞 다투어 이 '서양의 유교학자'를 방문하거나 초청하려고 하였다. 마테오리치가 특히 중국의 학자들에게 감탄을 자아내게 하였던 재주는 바로 기억력이었다. 그는 한번 보기만 해도 바로 암송할 수 있었을 뿐만 아니라 거꾸로도 유창하게 암송하는 재주가 있었다. 마테오리치의 놀랄만한 기억력은 그를 본 사람이면 누구나 감탄의 감탄을 금치 못할 지경이었다. 후에 그는 『서국기법(西國記法)』이라는 소책자를 집필하여 그의 '국부 기억법(局部記憶法)'을 소개하기도 하였다.

1597년 발리냐노는 마테오리치를 예수회 중국선교회 회장으로 임명하고 북경에 영구 정착할 것을 명하고 이를 위해 조공물품을 마련해 주었다. 이듬해 마테오리치는 조공을 진상하고 역법 개정에 도움을 준다는 명목으로 복직을 위해 북경으로 향하던 예부상서 왕충명(王忠銘)을 따라 북경으로 들어왔다. 그러나 북경에 거류하는 것을 거절당하고 다시 남쪽으로 돌아오게 된다. 1599년 남경에 정착한 그는 지역명사, 관리들과 폭넓게 교제하며 이지(李贄), 서광계(徐光啓) 등과도 친분을 맺음으로써 나날이 명성이 높아졌다.

1600년 마테오리치는 다시 조공을 바친다는 명목으로 북경 행에 올랐으며 이듬해 비준을 얻어 명나라 신종(神宗)을 알현하게 된다. 그는 천주의 모습을 그린 그림과 성모마리아상, 천주경, 진주를 박은 십자가, 시각을 알리는 자명종, 만국지도 등을 진상하였다. 명나라 조정 대신들은 그의 천문, 지리 방면의 지식을

동교민항(東交民巷) 천주교 성당 내부 풍경

높이 평가하여 그에게 관직까지 주게 된다. 이때부터 마테오리치는 명나라의 봉록을 받게 되었을 뿐만 아니라 궁중의 시계를 수리 보수한다는 명목으로 북경에 정착하게 되었다. 그는 서광계, 이지조(李之藻), 풍응경(馮應京), 양정균(楊廷筠), 엽향고(葉向高), 조여변(曹子汴) 등과 친분을 쌓아나가면서 지리, 수학, 천문 등에 대한 지식을 소개하였다.

마테오리치는 조경에 머물던 시절에 그렸던 「산해여지도」를 손수 검열한 후에 인쇄 발행하기 시작하였으며, 후에 「곤여만국전도(坤輿萬國全圖)」 등도 수차례 발행하였다. 그는 지도 위에 다음과 같이 로마 교황에 대한 설명을 곁들였다. "교황은 독신으로 로마에 거주하며 자신의 모든 것을 천주교에 바친다. 전 로마인들은 물론 유럽인들도 모두 그를 매우 존경한다." 아울러 중국인이 공자를 기리는 제사를 드리는 풍속에 대해 "공자의 탄생일 및 일 년 중 모 절기가 되면 성대한 예를 갖추고 고기와 다른 음식을 올리며 그가 남긴 숭고한 학설에 대해 감사를 드린다. ……이는 제사를 드리는 사람들에게 공명과 관운이 따르기를 기원하는 것이다"라고 설명하였다.

마테오리치가 구술하고 서광계가 번역 출판한 교학서로는 『기하원본(幾何原本)』(6권), 『측량법의(測量法儀)』 등이 있으며 이지조가 마테오리치에게 자문을 구하여 편찬한 책으로는 『혼개통헌도설(渾蓋通憲圖說)』, 『동문산지(同文算指)』 등이 있다. 그가 직접 지은 『천학실의』는 유가 경전을 원용하여 기독교의 교의를 설명한 책이다. 그는 이 책에서 "나는 유교를 창시한 공자의 논리에서 우리의 교의를 찾고자 사력을 다하였다. 나는 일부러 경전 가운데 뜻이 모호한 부분을 원용하여 우리의 교의에 유리하도록 해석하였다"라고 설명하고 있다. 이밖에도 『기인십편(畸人十篇)』, 『변학유독(辨學遺牘)』, 『중국찰기(中國札記)』 등이 있다.

마테오리치가 공자에 대한 제사 등 중국의 풍속을 용인한 선교전략을 두고 서방과 중국에 들어온 선교사들 사이에서는 수많은 논쟁이 벌어짐으로써 중국의 예식에 대한 쟁론이 격화되는 현상이 초래되었다. 천주교의 전통적인 선교방법과 달리 마테오리치는 성경에 위배되는 방식을 취하였던 것이다. 이러한 모험은 한 세기를 넘긴 후에 끝을 맺게 된다. 예법과 예식에 대한 쟁론의 결과로 청나라 왕조는 백 년 동안 기독교를 금지하게 되었던 것이다. 예수회는 교황 클레멘스 8세의 혹독한 질책을 받게 되었으며 결국 모두 교적에서 제적되었다. 마테오리치는 천문에 관한 전문가를 중국에 파견하여 역법(曆法)을 개정하여 선교사들의 중국에서의 지위를 확고히 할 수 있도록 여러 차례 건의를 올렸으나 그가 생존했던 시기에는 채택되지 않았으며 1610년 북경에서 별세하였다.

마테오리치는 자신만의 새로운 해석을 통하여 천주교에 유교의 옷을 입힘으로써 중국에서 선교할 수 있는 권리를 확보하게 되었다. 서방의 과학지식은 그가 중국에 뿌리를 내리기 위한 수단이었다고 볼 수 있으며 선교활동에 기반을 형성했다고 볼 수 있다. 먼 나라에서 온 이 서방의 선교사는 그가 어떤 목적을 가지고 중국에 왔든 중국사회에 공헌한 것만큼은 부정할 수 없는 사실이다.

샬 폰벨*의 활약

샬 폰벨(J. A. Schall von Bell : 1592~1666년)은 독일 쾰른의 귀족 집안에서 태어났으며 1611년 예수회에 가입하였다. 1620년 중국의 마카오에 오게 되었으며 천계(天啓) 2년(1622년) 북경으로 들어왔다가 곧이어 다시 서안(西安)으로 가서 선교활동을 전개하였다. 1631년 북경으로 다시 돌아왔으며 당시 흠천감(欽天監 : 중국 명·청 시대의 천문기관)의 선교사로 있던 테렌츠(Johann Terrenz : 1576~1630년)**가 세상을 떠난 뒤였기 때문에 그의 후임이 되는 명분으로 북경에 남게 되었다(당시 선교사들이 중국에 남기 위해서는 선교 외의 명분이 필요했다). 그의 업무는 서광계를 도와 『숭정역서(崇禎曆書)』를 편찬하는 일이었다. 샬 폰벨은 천문기기를 만들어 숭정황제(崇禎皇帝 : 명나라 마지막 황제 주유검朱由檢, 재위 1628~1644)로부터 '흠포천학(欽

---

* 중국식 이름은 탕약망(湯若望)이다. 독일 예수회 신부로서 중국에서 활약한 선교사로 천문·역법에 밝았고 의술에도 명성을 얻었다. 주요 저서로 『시헌력(時憲曆)』 등이 있다.

** 독일에서 태어났으며 중국명은 등옥함(鄧玉函)이고, 본명은 슈레크이다. 로마에서 공부하였고 자연과학에 조예가 깊어 갈릴레이와도 가까웠다고 한다. 1611년 예수회에 들어갔으며, 1621년 중국으로 건너간 후 숭정제의 부름을 받아 달력을 개정하고 천체관측기계를 만드는 등 중국의 천문학 발달에 공헌하다가 병사했다.

襄天學)'이라는 현판을 하사받기도 하였으며, 대포 20개를 만들었다는 설도 전해 지고 있다.

1644년 전란이 발생하여 만주족이 중국 내륙으로 침입하였다. 북경까지 진입한 청나라 군대는 닥치는 대로 땅과 건물을 차지하고 사람들을 내쫓기 시작하였다. 샬 폰벨은 선무문(宣武門) 안에 있던 천주당(天主堂)*으로 몸을 피하였으나 이곳마저도 침입을 당하였다. 그들은 사람뿐만 아니라 이곳의 모든 물건을 사흘 안에 가지고 나가도록 위협하였다. 샬 폰벨은 상소를 올려 이곳에는 아직 미완인 역서 판본과 천문기기, 서적, 교회의 예식에 사용되는 기구들이 보관되어 있어 사흘 안에 모두 옮기는 것은 불가능하며 교회가 파괴되면 중건하기가 어렵다고 호소하였다. 하느님이 그의 기도를 듣고 응답이라도 하신 듯 섭정왕(攝政王) 도르곤(多爾袞, 다이곤 : 1612~1650년)**은 상소문을 보고 큰 선심을 베풀어 이튿날 그들이 천주당으로 돌아가도록 하락하고 병사들이 다시 진입하지 못하도록 명하였다.

이 일을 계기로 샬 폰벨은 청나라 왕조와 인연을 맺게 되었으며 그 후에도 몇 차례 황궁에 입궁하여 역법을 설명하고 자신이 제작한 천문기기와 세계지도를 진상하기도 하였다. 당시 새로운 역법이 필요했던 청나라 왕조는 샬 폰벨이 만든 역법을 시범적으로 실시한 결과 성공을 거두자 곧 순치 2년(1645년)에 반포하여 시행하게 되었다. 샬 폰벨은 흠천감의 감정(監正 : 정오품正品官 정식 품계를 받은 관리)의 자리에 오르게 되었으며 이는 그의 화려한 생의 시작에 불과하였다.

당시 중국에 들어온 외국 선교사들은 선교활동과 천문학 연구 외에도 대부분 의술에 능하였다. 병자 한 명을 고쳐주는 것이 가난한 사람 백 명을 도와주는 것보다 더 사람의 마음을 움직일 수 있었기 때문이다. 샬 폰벨 역시 이러한 본성을 잘 알고 있었기 때문에 귀족들이 그에게 도움을 요청할 때마다 병을 고쳐주면

---

* 원문주석 : 세간에서는 남당(南堂)이라고 불렸으며 북경에서 가장 오래된 천주교회당이다. 명나라 시대 만력 33년 천주교 예수회 선교사 이탈리아인 마테오리치가 설립하였다. 수차례에 걸쳐 파괴와 중건을 반복하였으며, 현존하는 건물은 청나라 시대 광서(光緒) 30년(1901년)에 중건된 것이다.

** 누르하치의 14번째 아들로 태종이 죽고 순치제가 어린 나이로 즉위하자 정친왕(鄭親王) 지르하란(濟爾哈朗 : 누르하치의 동생인 슈르가치의 6남)과 함께 섭정하였다. 1644년 북경에 입성하여 중국 전토를 무력으로 평정함으로써 청나라의 중국 지배의 기초를 확립하였다.

서 교의를 전파하였던 것이다. 이러한 그의 전략은 주효하여 나중에는 황태후(皇太后) 박이제길특씨(博爾濟吉特氏 : 1613~1688년)*도 그의 신도가 되었다. 황태후는 그를 교부(教父 : 의부義父라고도 함)로 섬겼으며 어린 순치황제(順治皇帝 : 청나라의 제3대 황제 복림福臨, 재위 1643~1661)도 그를 매우 존경하여 '통정대부(通政大夫)', '태상시경(太常寺卿)', '통현교사(通玄教師)' 등의 수많은 봉호(封號)와 더불어 금은과 비단 등의 재물을 하사하였다. 이뿐만 아니라 샬 폰벨을 부를 때는 '할아버지'라는 뜻의 '마법(瑪法 : 중국어 발음으로는 '마파')'이라고 칭하였다. 후에는 황궁 출입을 자유롭게 하는 것은 물론 황제에게 아뢰기만 하고 바로 내궁까지 들어갈 수 있는 등의 특별대우를 허락하는 조서를 내렸다.

샬 폰벨의 명성은 이때부터 고금을 막론하고 모든 선교사들 가운데 최고의 전성기를 누렸다고 할 수 있다. 만약 순치의 집권기가 20년간 더 지속되었다면 그는 더없는 영광을 안고 천국에서 하느님을 만났을 지도 모른다. 1654년 순치황제는 그의 요구에 따라 마테오리치의 무덤 서쪽에 위치한 일부 땅을 그에게 묘지로 하사하였다. 1660년 샬 폰벨은 이곳에 성모당(聖母堂)을 건립하고 당 앞에 만(滿), 한(漢) 양종 언어로 이 남다른 축복을 기록한 기념비를 세우게 된다. 예배를 드릴 때는 "우리의 군주가 요순과 같고 나라의 길운이 끝없이 이어지기를" 하느님께 기도하였다.

그러나 순치는 스물네 살에 천연두로 세상을 떠나게 된다. 그는 임종의 순간에도 샬 폰벨에게 다음 황위를 이을 왕자에 대한 의견을 구하는 것을 잊지 않았다. 샬 폰벨은 과학적인 분석을 통해 천연두를 앓은 적이 있는 셋째 아들 현엽(炫燁 : 강희제康熙帝, 청나라의 제4대 황제, 재위 1661~1722)을 추천하였다. 당시에 천연두는 불치병에 해당했으며 나이가 많을수록 위험성이 컸다. 현엽은 이미 앓고 난 후였기 때문에 천연두를 앓지 않은 다른 형제들보다 장수할 확률이 높았던 것이다. 순치는 그가 가장 믿고 있는 사람의 말에 바로 동의하였으며, 얼마 지나지 않아 현엽은 청나라의 4대 황제가 된다.

---

* 이름은 포목포태(布木布泰)이며, 효장문황후(孝莊文皇后)이다. 청나라 태종(太宗) 홍타이지(皇太極)의 비이며, 순치제의 모후, 강희제의 조모이다. 청나라 유일의 그리고 중국 최후의 태황태후(太皇太后)이다.

아편전쟁 발생 이후의 선교사들의 활동

아편전쟁이 발생한 이후 수많은 서방의 선교사들은 서방 열강이 중국을 침략하는 데 일조한 면이 있다. 특히 선교사들과 중국 민간인 사이에 소송사건이 빈번하게 발생했던 점을 주목할 만하다. 이러한 소송사건은 명나라 시대 말기 예수회의 선교사들이 중국으로 들어온 지 얼마 되지 않은 시점에서도 발생하였기 때문에 근대에 갑자기 발생한 것이라고는 볼 수 없다. 기독교에 가장 반대했던 계층은 유생과 승려들이었다. 명나라 시대 만력 연간(1616년)에는 남경에서 소송사건이 발생한 적이 있으며 청나라 시대 강희 연간에 이르러서는 천주교가 중국 신도들이 조상과 공자에게 제사지내는 것을 반대하였기 때문에 예법과 예식에 대한 논쟁이 불거져 나오게 되었다.

드디어 옹정황제(雍正皇帝 : 청나라 제5대 황제 애신각라愛新覺羅 윤진胤禛, 재위 1722~1735)는 천주교를 금지하는 조서를 내렸으며 선교사들을 외국으로 추방하기 시작하였다. 이후 건륭(乾隆 : 1735~1795년)과 가경(嘉慶 : 1796~1820년) 연간에도 중국 조정의 천주교 반대 입장에는 큰 변화가 없었다. 서양인들이 중국 영토 내에서의 선교활동을 금지하는 내용이 법률에 포함되기도 하였다. 그러나 근대에 발생한 소송 안건은 서방 열강들이 중국을 식민지화하는 과정에서 발생한 것이므로 위의 안건과는 성격이 다르다고 할 수 있다.

아편전쟁에서 무참하게 패한 중국은 영국의 강압으로 「남경조약(南京條約 : 난징조약)」을 체결함으로써 연해의 5개 항을 개항하고 외국인들의 거주를 허락하게 되었다. 1844년 중국과 미국 간에 체결된 「망하조약(望厦條約 : 왕샤조약)」* 제17조에서는 미국인이 무역항에 자유롭게 교회를 지을 수 있도록 규정하고 있다. 그해 중국과 프랑스 간에 체결된 「황포조약(黃埔條約 : 황푸조약)」** 제22조에는 중국인

---

* 1844년 7월 마카오 교외의 왕샤촌(望厦村)에서 청나라와 미국이 체결한 양국 최초의 조약이자 불평등 조약이었다. 이 조약으로 미국은 여러 가지 특권을 인정받았는데, 영사재판권(領事裁判權)에 관한 규정은 영국과의 조약보다 상세하며, 12년 뒤에 조약을 다시 개정할 수 있는 조항 등 영국 이상의 특권을 얻었다.
** 1844년 중국 광저우(廣州) 교외에서 청나라와 프랑스 간에 맺어진 수호통상조약이다. 이 조약으로 프랑스는 여러 가지 이권을 보장받았는데, 미국과 같은 5개 항의 개항과 영사(領事)설치, 관세제한, 영사재판권, 일방적 최혜국대우 등이 포함되어 있다.

이 프랑스 교회와 묘지 등을 훼손할 경우 그 지방관리가 법에 따라 엄격히 처벌하도록 규정하였다. 이는 외국인이 중국에서 교회를 세우고 선교활동을 할 당시에 근거가 되는 최초의 법률에 해당한다.

또한 그해 양광총독(兩廣總督) 기영(耆英 : 1787~1858년)*은 프랑스 공사의 요청으로 도광황제(道光皇帝 : 1782~1850년)**에게 천주교 금지를 해제시켜 줄 것을 주청하였다. 이에 도광황제는 1846년 정식으로 천주교에 대한 모든 검사설사를 폐하였을 뿐만 아니라 기존에 몰수한 천주교 성당에 대해서도 배상하기로 하였다. 이는 천주교에 대한 청나라 왕조의 변화된 입장을 보여주는 것으로, 이때부터 120여 년간 금지되었던 모든 조치가 폐지됨으로써 비밀리에 불법적으로 전개되던 선교활동은 공개적이고 합법적으로 추진되었다.

그 후에 체결된 각종 조약들을 바탕으로 외국 선교사들은 중국의 각 지역을 돌며 선교활동을 펼칠 수 있게 되었을 뿐만 아니라 출신국의 국민으로서의 신분을 보장받아 영사재판권과 치외법권을 누릴 수 있게 되었다. 이러한 조약들에 따르면 중국정부는 기독교에 대해서 어떤 조사도 할 수 없음은 물론 기독교를 믿는 중국인 신도에 대해서도 중국의 법대로 처벌할 수 없었다. 이는 기독교가 중국에서 선교활동을 펼친 천여 년 동안 전례 없던 변화로서 외국 선교사들의 행위는 불법적인 것에서 중외조약(中外條約)의 비호 아래 합법적으로 바뀌었으며 중국정부의 입장 역시 능동적인 위치에서 피동적으로 바뀌게 되었다.

그러나 외국 선교사들은 당시 중국인들의 기독교에 대한 인식이 부족하였을 뿐만 아니라 이에 대한 반대 성향을 지니고 있다는 것을 간과하였다. 각 조항의 규정들이 실시되는 과정에서 중국과 외국정부 간, 중국인과 외국선교사 간, 신도와 비신도 간에 수많은 오해와 분쟁이 실타래처럼 얼키설키 엮인 채 터져 나오기

---

* 청나라 말기의 정치가로 양광총독 겸 흠차대신으로 외교교섭을 맡았으며, 8월의 난징 조약 및 호문채 추가조약에 조인하였다. 함풍제 즉위 뒤 요직에서 물러났다가, 1858년 톈진(天津)조약 교섭 때 다시 기용되었으나, 칙명(勅命)을 거역한 죄로 자살하였다.
** 청나라 제8대 황제(재위 1820~1850) 선종(宣宗) 민녕(旻寧)이다. 서양 자본주의의 외압에도 치세에 힘썼으나, 결국 아편전쟁, 난징조약을 겪으며 홍콩이 영국에 넘어가는 등 서구 열강이 쇄도해오는 길을 열어주었다. 그 결과 그가 죽은 뒤 반 년도 안 되어 태평천국의 난이 일어났다.

동교민항 천주교 성당

시작하였다. 실제로 「북경조약(北京條約 : 베이징조약)」*
이 체결된 후부터 이러한 소송 안은 지속적인 증가세
를 보이며, 1899년까지 40여 년 간 관청에 소안을 제
기했거나 문서로 확인 가능한 소송 건이 무려 200여
건을 웃돌았다.

　　외국 선교사들 대부분이 중국인의 행복한 삶을
증진시켜주기 위한 선량한 동기를 지니고 중국에 와
서 선교활동을 펼친 것이 사실이다. 그러나 일부 그
렇지 않는 사람들이 있었다는 것이 문제였다. 도덕
적 양심과 선량한 마음을 지닌 군자와 간사한 위선
자들이 함께 섞여 있었기 때문에 일부 선교사들은
열강의 중국침략 전쟁에 일조하거나 불평등 조약 체결에 참여하고 민간의 소송
사건까지 간섭하였다. 천주교 내부의 정직하고 곧은 품성의 선교사들까지도 이
들의 부당한 행위에 대해 깊은 불만을 품을 정도였다. 1848년 조제프 가베(Joseph
Gabet : 1808~1853년, 프랑스의 가톨릭교 선교사) 신부가 출판한 『중국교회일람(中國敎會
一覽)』에서는 "교회가 외국기구로 변질되어 침략의 수단으로 이용되었으며 교회
의 신도들은 식민주의 압제 하에서 목적을 상실한 비밀조직 구성원이 되어버렸
다"라며 개탄하였다.

▶▶ 역사의 흐름에 어떤 영향을 미쳤을까?

서방의 선교사들이 중국으로 들어온 것은 중국의 역사적인 사건이라고 할
수 있다. 이들 선교사들이 들여온 선진 과학기술이 중국 과학기술 발전에 지대한
영향을 끼쳤기 때문이다. 중국 과학의 거장 서광계(徐光啓 : 1562~1633년)**도 바로

---

* 1860년 10월 영국·프랑스·러시아 등 3국과 개별적으로 체결한 조약의 통칭이다. 청나라는 외교사절의 베이
　징 주재권을 확인하고, 영국에 대하여는 주룽(九龍)의 할양, 프랑스에 대하여는 몰수한 가톨릭 재산을 반환,
　러시아에는 우수리강(江) 이동의 연해지방을 러시아 영토로 정한다는 것 등이다.
* 중국 명나라 말기의 정치가, 학자이며, 예수회에 입교하고 마테오리치에게 천문·역산·지리·수학·수리(水
　利)·무기 등의 서양과학을 배웠다. 세례명은 바오로이다. 유클리드의 기하학을 마테오리치와 함께 번역하여
　『기하학 원본』 6권을 간행하였다.

이들 선교사들에게 큰 영향을 받았다. 서방의 선교사들이 중국에 들어와 기독교를 전파함으로써 사회적으로도 수많은 변화가 발생하였다. '태평천국의 난'*은 기독교가 중국 본토화 되는 과정에서 일어난 사건이라고 할 수 있다. 의화단 운동(義和團運動 : 1899~1901년)** 역시 서방 선교사들의 부당행위와 직접적으로 관련되어 있음을 부정할 수 없다. 선교사들의 부당행위가 바로 의화단 운동 발발의 도화선이 되었던 것이다.

---

* 태평천국(太平國 : 1851~1864년)은 중국 청나라 말기에 홍수전(洪秀全)과 농민반란군이 세워 14년간 존속한 기독교 신정(神政) 국가이다. 재산을 공유하고 토지를 농민에게 고르게 분배하는 사회주의적 성격과 난징조약의 배상금으로 허덕이던 농민들이 가세하였다.

** 청나라 말기 화베이(華北) 일대에서 의화단을 중심으로 일어난 농민투쟁으로 '부청멸양(扶淸滅洋)'을 구호로 일으킨 외세배척 운동이다. 1900년 영국·러시아·독일·프랑스·미국·이탈리아·오스트리아·일본 등 8개국 연합군에 패해, 1901년 베이징의정서(北京議定書)를 맺게 되어 중국의 식민지화는 더 깊어졌다.

3부

100
EVENTS
INFLUENCED
THE
HISTORY OF
CHINA

근대 중국 : 1600~1914년

100
EVENTS
INFLUENCED
THE
HISTORY OF
CHINA

17세기 초 중국은 명나라가 쇠퇴하고 청나라가 부상하고 있던 변혁의 시기를 맞고 있었다. 대내적으로 농민봉기가 전국을 강타하고 있던 명나라는 대외적으로는 강성해진 만주족이 변경 지역을 약탈하며 잠식해 들어오고 있어 거의 붕괴직전의 상황이었다.

당시 서방국가들도 사회적, 역사적으로 중대한 변환기를 맞이하고 있었다. 포르투갈, 스페인에 이어 네덜란드가 새롭게 해상의 패권자로 등장하면서 네덜란드는 동인도회사를 설립하여 식민지를 확대하고 있었다.

이런 와중에 276년 동안 지속된 명나라 왕조를 멸망시킨 청나라는 강희, 옹정, 건륭에 이르는 130여 년 동안 중국 봉건사회에 마지막으로 태평성세가 열리기도 한다. 청나라 왕조 3백 년을 통틀어 가장 번성했던 시기이기도 하다.

그러나 지구의 반대편 특히 영국에서는 산업혁명이 진행되고 있어 전 세계적인 불안을 예고하고 있었다. 18세기 말에 이르자, 영국은 산업혁명이 끝나고 과거의 수공업 형태에서 기계제조업 형태로 변화하고 있을 시점이었기 때문에 해외시장 개척에 국가와 민생이 걸려 있었다. 그러나 중국은 여전히 세계의 중심 국가라 자부하면서 문호를 굳게 닫고 있었으며, 이런 중국의 통상제한 정책은 영국의 상업 발전에 가장 큰 저해요소로 작용하고 있었다.

결국 영국은 견고한 전함과 막강한 대포를 앞세워 1840년 아편전쟁을 일으킴으로써 중국의 문호를 강제로 개방하게 된다. 이때부터 중국은 열강의 꽁무니를 쫓아가기 바쁜 상황에 직면한다. 아편전쟁은 중국 역사의 전환점이 되었으며 중국 근대사는 이때부터 시작되었다고 볼 수 있다.

그리고 19세기 말에 이르러 세계의 자본주의 국가들은 제국주의 단계로 발전하는 과도기에 접어든다. 이로써 전 세계적인 식민지 쟁탈전이 극에 달하게 되었으며 중국은 자본주의 열강의 중요 각축장으로 변모하게 된다.

이 시기 동안 수많은 인물들이 등장하여 쓰러져가는 중국을 살리기 위해 양무운동, 무술변법 등 무수한 처방을 내리기도 하였지만 모두 실패로 끝나고, 이런 식민지 상황은 1912년 청나라 황제를 강제 퇴위시키고 손문을 수장으로 하는 남경임시정부가 수립될 때까지 이어진다. 이때야 비로소 중국 역사의 새장이 열리게 되는 것이다.

7장

청나라 건국부터
문자옥 사건까지

| 누르하치, 만주족을 일으켜 청나라를 세우다

| 이자성의 농민봉기, 명나라가 멸망하다

| 오삼계가 청나라에 투항한 후 항청하다

| 정성공이 대만을 수복하다

| 달라이라마와 반선라마를 책봉하다

| 강건성세의 태평성세가 열리다

| 준갈이 부족을 평정하다

| 강희제, 러시아와 네르친스크 조약을 맺다

| 문자옥, 봉건전제주의의 통치수단으로 삼다

1. 누르하치, 만주족滿洲族을 일으켜 청나라를 세우다

명나라 왕조는 중기에 접어들면서 정치는 나날이 부패해졌으며 변방에 대한 경계 또한 허술해지기 시작하였다. 이틈을 타고 중국 동북지역의 여진족 부족 가운데 건주여진(建州女眞)이 세력을 확장하여 하루가 다르게 강성해 졌다. 여진족은 만주족의 전신에 해당한다. 만주족은 세력을 키워 강성해진 후 중국 내륙을 점령하고 중국 역사에서 마지막 봉건 전제주의 왕조를 세웠기 때문에 중국 역사에서 매우 중요한 위치를 차지한다고 할 수 있다. 만주족에 의한 청나라 왕조의 건립은 누르하치(努爾哈赤 : 1559~1626년)*의 거병에서 시작되었다.

건주여진(建州女眞)과 팔기제도(八旗制度)

팔기병(八旗兵)를 창설하고 통수로서 직접 진두지휘하였던 누르하치는 이름난 군사 전략가이자 정치가라고 할 수 있다. 만주족으로 애신각라씨(愛新覺羅氏)이며 건주좌위(建州左衛) 혁도아랍(赫圖阿拉 : 허투알라, 지금의 요녕성 신빈新賓 서부의 혁도아랍 노성老城 일대)의 여진족 귀족 집안에서 출생하였다. 선대 육조(六祖) 맹가첩목아(猛哥帖木兒 : 몽케테무르)** 때부터 명나라 왕조에서 책봉받기 시작하였으며, 벼슬이 우도독(右都督)까지 이르렀고, 조부 각창안(覺昌安 : 기오창가)이 건주좌위 도지휘(都指揮)로 임명되었으며 부친 탑극세(塔克世 : 탁시)가 그 자리를 계승하였다.

누르하치는 어려서부터 말을 타고 궁술을 익혔으며 무술이 출중하였다. 열 살에 모친을 잃고 십오륙 세가 될 때까지 외조부였던 건주수령 왕고가(王杲家)의

---

* 성은 애신각라(愛新覺羅)이며 이름은 노이합적(努爾哈赤 : 누루하치)으로 중국 청나라의 창건자로 태조(太祖 : 재위 1616-1626) 황제이다. 누르하치는 여진어로 '멧돼지 가죽'이라는 뜻이다. 여진의 대부분을 통일하여 한(汗)의 지위에 올라 국호를 후금(後金)이라 하였고, 명(明)과 싸움 중 병사하였지만 그가 확립해 놓은 기초 위에 아들 홍타이지가 대업을 완수하였다.

** 누르하치의 6대조로 성은 맹가(猛哥), 이름은 첩목이(帖木耳) 혹은 첩목아(帖木兒)이다. 애신각라맹특목(愛新覺羅孟特穆)이라고도 하고, 줄여서 맹특목(孟特穆)이라고도 한다. 오도리만호부(斡朶里萬戶府)의 만호이자 제1대 건주좌위지휘사(建州左衛指揮使 : 1405~1433년)를 지냈다.

손에 자라게 된다. 후에 무순(撫順), 청하(淸河 : 지금의
본계本溪 북부 청하성靑河城 지역) 등지에서 상업에 종사
하며 광범위하게 인맥을 키워나갔으며 몽골어와 중
국어, 한자 등을 익혔다. 『삼국연의(三國演義)』와 『수
호전(水滸傳)』을 즐겨 읽었으며, 그 가운데서 옛 병서
인 육도(六韜), 삼략(三略)을 익히는 한편 요동의 산천
지형과 요새의 위치 등을 파악해 나가기 시작하였
다. 십팔구 세가 되었을 무렵 명나라 장수 이성량(李
成梁 : 1526~1615년)*의 부대에 속하여 전쟁을 치루며
여러 차례 전공을 세움에 따라 중용되었다.

여진족의 문자

　　당시 건주여진의 여러 부락은 서로 살육을 일삼
고 있었다. 이성량은 건주 각부족의 모순과 갈등을 이용하여 통치체제를 강화하
였던 것으로 볼 수 있다. 명나라 시대 만력(萬曆)** 11년(1583년) 누르하치가 25세
되던 해에 건주여진 부락 가운데 토륜성(土倫城)의 성주 이감외란(尼堪外蘭)이 명나
라 군대를 이끌고 고륵채성(高勒寨城)의 성주 아태(阿台 : 아타이)를 침략하였다. 아
태의 처는 각창안(覺昌安)의 손녀였기 때문에 각창안은 이 소식을 듣자마자 손녀
의 안위를 확인하기 위해 바로 탑극세를 데리고 고륵채성으로 향하였다. 그들이
도착했을 때는 마침 명나라 군대가 고륵채성을 공격하는 중이었기 때문에 혼란
한 전투 속에서 각창안과 탑극세는 명나라 군대에 의해 죽임을 당하고 만다. 조
부(각창안)와 부친(탑극세)이 죽자 누르하치는 부친의 뒤를 이어 건주좌위 도지휘
에 올랐다.***

---

* 명나라 장수로서 요동총병(遼東總兵)으로 요동에서 몽고와 여진족의 방위를 총괄하였다. 1583년 명나라에 귀
　부했던 누르하치의 아버지와 할아버지가 고륵채에서 명군(明軍)에게 살해되자, 그는 누르하치를 달래기 위해
　토지와 말 등을 주었으며, 그가 여진 부족들을 통일해 가는 것을 후원하였다.
* 명나라 제13대 황제 신종(神宗 : 재위 1572~1620) 주익균(朱翊鈞)은 장거정(張居正)이 죽은 뒤 친정을 하면서 황제
　의 역할과 정무를 내팽개치는 '태정(怠政)'을 하여 명나라의 정치적 혼란을 가져왔다. 명나라는 결국 정치적
　혼란을 극복하지 못하고 농민반란과 후금(後金)의 침략에 시달리다가 1644년에 멸망하였다.
*** 이 사건은 누르하치의 불만을 샀고, 훗날 1618년 그가 명(明)과의 전쟁을 선포하며 발표한 이른바 '일곱 가
　지 큰 원한(七大恨)'의 첫 번째 항목으로 꼽힌다.

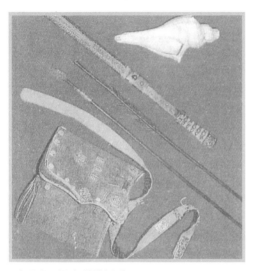
만주족의 조상들이 사용했던 수렵도구

조부와 부친의 장례를 치루며 통곡했던 누르하치는 명나라 군대를 대적하기에는 역부족인 것을 알고 있었기 때문에 복수의 칼날을 토륜성 성주 이감외륜에게 거누었다. 조부와 부친이 남긴 열세 벌의 갑옷으로 무장하고 백 명의 무사를 거느린 채 그는 토륜성을 함락시켰다. 이듬해 옹과낙성(翁科洛城)을 공격하던 중 화살에 맞는 부상을 입기도 하였다. 만력 13년 2월에는 계범(界凡), 살아호(薩兒滸), 동가(佟佳), 파이달(巴爾達) 등 네 개 성을 점령하게 된다. 그해 4월 80명의 기병을 이끌고 혼하(渾河)에 매복하고 있다가 계범 등 5개 성의 연합군 8백 명을 격퇴하였다. 만력 14년 7월에는 아이혼성(鵝爾渾城 : 지금의 무순撫順 동부)을 공격하며 수많은 부상을 입었음에도 불구하고 끝까지 싸움으로써 결국 승리를 거두었다. 우왕좌왕하며 도주하던 이감외륜은 마지막에 악륵혼(鄂勒琿 : 지금의 치치하얼 부근)까지 와서 명나라 군대에게 보호를 요청하였다. 그러나 그곳까지 추격해온 누르하치의 기세를 본 명나라 군대는 상황이 심상치 않음을 눈치 채고 전쟁이 날 것을 염려하여 누르하치가 이감외륜을 죽이도록 내버려 두었다.

만력 15년에 누르하치는 혁도아랍성(지금의 신빈현성新賓縣城 지역)에 도성을 짓고 법제를 정비한 후 왕위에 올랐으며 스스로에게 여진국의 숙륵패륵(淑勒貝勒)이라는 호를 붙였다. 그는 정치적으로 자신에게 승복하면 덕으로 다스리고 반대하면 군사를 동원하는 강건, 회유책을 동시에 사용하였다. 만력 16년에 건주여진의 소극살호(蘇克薩滸), 혼하(渾河), 완안(完顔), 동악(棟鄂), 철진(哲陳) 등 5개 부락을 통일하였다. 완안부의 비영동(費領東), 동악부의 하화예(何和禮), 아이고도부(雅爾古都部)의 호이한(扈爾漢) 등의 수령은 누르하치에게 귀순하여 후에 후금(後金)의 개국 공신이 되었다.

만력 17년 군대를 재정비한 누르하치는 환도군(環刀軍), 철추군(鐵錘軍), 관적

군(串赤軍), 능사군(能射軍)으로 나누어 여진부족의 수장
이었던 극오십(克五十)을 죽이고 이 공으로 명나라 조정
에 의해 건주좌위 도독첨사(都督僉事)에 책봉되었으며 만
력 18년부터 여러 차례 북경에 드나들며 조공을 바치기
도 하였다. 만력 19년에는 장백산(長白山) 압록강 일대까
지 차지하였으며, 만력 21년 6월 엽혁(葉赫), 합달(哈達),
오랍(烏拉), 휘발(輝發) 등 네 부족의 연합군을 격퇴하였
다. 이에 누르하치의 명성은 나날이 높아졌으며 몇 년
후 건주여진을 통일하게 된다.

누르하치의 초상

상황이 이렇게 되자 여진족의 다른 부(部)들도 공포
에 사로잡혔다. 당시 여진은 건주여진을 비롯하여 해서
여진(海西女眞), 야인여진(野人女眞) 등 총 세 부로 나뉘어
있었다. 해서여진 가운데 가장 세력이 강대했던 엽혁부는 1593년 9월 여진, 몽골
아홉 개 부족과 동맹을 맺고 3만 명의 군사를 3대대로 나누어 누르하치를 공격하
였다.

9월, 9부족 연합군이 고륵산(古勒山) 아래에 도착했을 때 건주여진의 병사들
은 이미 산 위에서 진지를 구축한 채 이들을 기다리고 있었다. 이번 고륵산 전투
에서 누르하치는 일만의 병력으로 엽혁, 합달 등 9족 연합군 3만 명을 맞이하여
엽혁의 패륵 포재(布齋) 등 4천 여 명의 목을 배었으며 오랍의 패륵 만태(滿泰)의 아
우인 포점태(布占泰)를 생포하여 9족 연합군을 무너뜨렸다. 누르하치는 여세를 몰
아 주사리부(朱舍里部)와 눌은부(訥殷部) 등을 멸하였으며, 엽혁부도 누르하치의 추
격으로 멸망하였다. 다시 몇 년의 세월이 흐른 후 누르하치는 여진족 전체를 통
일하게 되었으며, 만력 23년 몽골의 과이심부(科爾沁部), 객이객부(喀爾喀部) 등과
우호관계를 맺게 된다.

이러한 누르하치의 공적을 높이 산 명나라 왕조는 그를 산계(散階) 정2품에
해당하는 용호장군(龍虎將軍)에 책봉하였다. 그 이듬해에 누르하치는 조선(朝鮮)
왕조와도 사신을 왕래하게 된다. 그는 스스로 여진국 건주위 이인(夷人)들의 군주
로 자처하면서 각 부를 통치하는 수령의 수를 32명에서 53명까지 늘렸다. 포점태

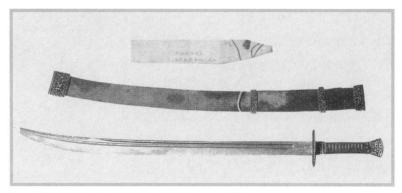

누르하치가 청나라 왕조의 기틀을 확립하며 사용했던 것으로 알려진 보검

를 오랍부로 돌려보내어 패륵이 되도록 하였으며, 다섯 번의 혼인과 일곱 번의 동맹 관계를 맺었다. 누르하치는 정복과 회유정책을 함께 사용하며 도문 강(圖們江), 오소리 강(烏蘇里江) 유역의 동해여진에 대한 공격을 감행하기 시작하였다. 만력 29년 동해여진의 합달부(哈達部)를 멸망시켰다.

누르하치는 여진족의 통일을 추진하면서 부족 전체를 여덟 개의 기(旗)로 나누고 황(黃), 백(白), 홍(紅), 남(藍) 등 4정색(正色)의 깃발로 각 군을 대표하도록 하였다. '기'는 행정단위인 동시에 군사조직의 단위였다. '기'의 하부 단위는 우록(牛錄)으로 매 우록 당 3백 명씩을 관할하도록 하였으며, 평상시에는 경작과 사냥 등에 종사하다가 전쟁이 나면 전투에 임하도록 하였다. 이러한 행정, 군사 일체 조직은 생산력을 증강시키는 동시에 크게 전투력도 향상시킬 수 있었다.

만력 43년에 팔기제(八旗制)로 재편하면서 기존의 4정색에 다시 4색으로 테두리를 두른 깃발을 추가하였다. 깃발에 따라 여진족을 분산 배치하고 전쟁에 나갈 사람과 남아서 농사지을 사람을 구분하였다. 출정 시에는 죽음을 각오한 전방부대가 돌격하고 그 뒤로 정예부대가 뒤따랐으며 전쟁이 끝난 후 공적을 세운 자에게는 상을 내리고 죄를 범한 자에게는 그에 따른 처벌을 가하였다.

1616년, 때가 되었다고 판단한 누르하치는 팔기 귀족들의 추대를 받아 혁도아랍(지금의 요녕성 신빈 부근)에서 '칸'의 자리에 올랐으며 국호를 '대금(大金)'이라 하였다. 과거의 금나라 왕조와 구분하기 위하여 역사적으로는 이를 '후금(後金)'

이라 칭하고 있다. 후금 천명(天命) 2년(1617년) 다시 군사를 이끌고 동해여진의 잔여 부족을 점령하였으며, 천명(天命) 3년 마구간을 짓는다는 구실로 병기를 제조하는 한편, 명나라의 눈을 속이기 위하여 신하의 나라를 자처하며 빠짐없이 조공을 바쳤다. 그는 여러 차례 북경을 드나들며 명나라 왕조의 허실을 자신의 두 눈으로 확인하곤 하였다.

일곱 가지 원한

누르하치는 후금을 세운 후 2년여에 걸쳐 대내적인 정비를 실시하여 생산력을 높이고 병력을 지속적으로 확충하였다. 1618년 그는 팔기의 수령과 장수들을 불러 모은 후에 후금과 명나라는 일곱 가지 원한이 맺혀 있음을 성토하였다. 또한 이 일곱 가지 원한을 풀기 위하여 군사를 일으켜 명나라를 정복하기로 결정한다.

『청태조고황제실록(淸太祖高皇帝實錄)』에는 누르하치의 일곱 가지 원한을 다음과 같이 기록하고 있다.

"내 조부와 부친은 명나라에 대해 터럭만큼도 원망을 품은 적이 없었다. 그러나 명나라는 아무 이유 없이 변경 지역을 공격하여 조부와 부친이 화를 당하도록 하였으니 이것이 첫 번째 원한이다. 명나라의 도발에도 불구하고 나는 여전히 관계를 회복하고자 비석을 세워 다음과 같이 맹세하였다. '만주족과 한족 중에 누구든지 국경을 준수하여 넘어오는 자는 보는 즉시 죽이고 일부러 살려주는 자는 화를 면할 수 없을 것이다.' 그러나 명나라는 이러한 맹세를 무시하고 병력을 과시하며 국경을 넘어와 엽혁(葉赫 : 엽혁부)을 보호하려 하였으니 이것이 두 번째 원한이다. 명나라 사람들이 청하(淸河) 이남과 강안(江岸) 북쪽까지 들어와 매년 약탈을 일삼아 나는 맹약에 따라 그들을 죽였을 뿐인데 명나라는 맹약을 저버리고 내가 무고하게 사람을 죽였다고 하여 본국 사신 강고리(綱古里), 방길납(方吉納) 등을 광녕(廣寧)에 구류하고 살인자를 넘기라고 하여 결국 열 명을 그들에게 넘겨주었다. 그들이 변경에서 죽임을 당하였으니 이것이 세 번째 원한이다.

명나라가 국경을 넘어 엽혁을 돕고 본래 내게 주려던 여인을 몽골에게 주니 이것이 네 번째 원한이다. 시하(柴河), 삼차(三岔), 무안(撫安) 등은 우리 민족이 대대로 농사를 지으며 뿌리를 내리고 살던 곳인데 명나라가 이를 못마땅하게 여겨 수확을 금지하고 군사들을 동원하여 내쫓으니 이것이 다섯 번째 원한이다. 변경 밖 엽혁의 죄는 하늘도 아는 사실이거늘 명나라는 그의 말만 믿고 사신을 파견하여 내게 욕을 해대고 멋대로 능멸하니 이것이 여섯 번째 원한이다.

합달(哈達 : 합달부)이 엽혁을 도와 두 번이나 침략을 해와 내가 이를 저지하고자 하였으나 하늘도 내가 합달을 평정한 것을 알거늘 명나라는 또 합달의 편을 들어 합달이 다시 독립된 국가를 세우도록 하였다. 그러나 엽혁이 합달을 침략한 적은 셀 수도 없이 많다. 나라와 나라가 전쟁을 하면 하늘의 뜻에 따르는 자는 승리하여 지속적으로 존립하게 되고 하늘의 뜻을 거스르는 자는 패하여 망하게 되는 것이 이치이거늘 어찌 이미 멸망한 자를 다시 되살리려고 하는가? 천하의 군주인 명나라는 공평무사하게 일을 처리해야 옳거늘 어찌 우리에게만 가혹하게 구는가? 호륜(扈倫) 등의 나라가 연합하여 나를 치러 왔을 때 하늘은 호륜의 도발을 못마땅하게 여겼으며 나를 어여삐 여겨 내편을 들었거늘 오늘 명나라가 하늘도 못마땅하게 여기는 엽혁을 도우니 이는 하늘의 뜻을 거스르는 것이요, 시비가 전도된 망령된 행위이니 이것이 일곱 번째 원한이다. 이토록 나를 능멸하니 더 이상 견딜 수 없을 정도가 되었다. 이에 일곱 가지 원한을 이유로 명나라를 정벌하고자 한다."

이튿날 누르하치는 2만 명의 병력을 이끌고 무순(撫順)으로 진격하였다. 그는 먼저 무순을 수비하던 명나라 장수에게 서한을 보내어 투항을 권하였다. 명나라 장수 이영방(李永芳)은 후금 군대의 맹렬한 기세에 눌려 저항 한 번 하지 않고 투항함으로써 후금은 성내의 백성과 가축 30만 마리를 얻게 되었다. 명나라 왕조의 요동순무(遼東巡撫)는 병력을 파견하여 무순을 지원하고자 하였으나 도중에 후금의 군사들에게 대패하고 말았다. 누르하치는 무순성을 폐허로 만든 뒤 수많은 전리품을 싣고 혁도아랍으로 돌아오게 된다. 이 소식을 접한 명나라 신종(神宗)은 크게 노하여 양호(楊鎬)를 요동경략(遼東經略)으로 삼아 후금을 토벌하기로 결정하였다.

1619년 양호는 10만 병력을 집결시켜 군대를 4대대로 나누고 네 명의 총병(總兵)이 이를 인솔하여 혁도아랍으로 진격하도록 하였다. 중로좌익(中路左翼)에 산해관 총병 두송(杜松), 중로우익(中路右翼)에 요동 총병 이여백(李如柏), 북로(北路)는 개원(開原) 총병 마림(馬林), 남로(南路)는 요양(遼陽) 총병 유정(劉鋌)이 이끌었으며 47만 대군임을 자처하였다. 양호는 심양(沈陽)에 진지를 구축하고 전군을 지휘하였다.

그해 정월 누르하치는 엽혁부의 20여 개 진지를 점령하면서 전쟁에 임하기 시작하였다. 3월 초에 벌어진 살이호(薩爾滸) 전투에서는 적들의 공격방향을 무시하고 한 곳을 사수하는 전략을 취하여 팔기군을 이끌고 명나라 11만 병력에 맞서 서로 두송의 부대, 북로 마림 부대, 동로 유정 부대 등을 무찔렀으며 명나라를 원조하러 온 조선군도 투항하게 됨으로써 명나라 군대 6만을 섬멸하였다. 살이호 전투의 패배로 명나라는 국력의 큰 손실을 입게 되었으며 후금은 더욱 세력을 확장하여 명나라의 숨통을 조이게 되었다. 이로부터 2년이 지난 후 누르하치는 다시 팔기대군을 이끌고 요동의 주요 거점인 심양(沈陽)과 요양(遼陽)을 점령하였다. 1625년 3월 누르하치는 후금의 수도를 심양으로 옮기고 성경(盛京)이라 칭하였다. 이때부터 후금은 명나라에게 가장 위협적인 존재가 되었다.

▶▶ 역사의 흐름에 어떤 영향을 미쳤을까?

누르하치는 40여년을 전쟁과 함께 살았다. 이 과정에서 무예와 전술이 뛰어난 팔기군을 창설하였으며, 유능한 장수들을 육성하였다. 정치군사 제도를 추진함에 있어 탁월한 능력으로 수많은 업적을 쌓게 되었으며 만주족은 이를 바탕으로 전성기를 구가하게 된다. 누르하치가 세상을 떠난 후 얼마 지나지 않은 시점에서 만주 귀족들은 막강한 군사력을 기반으로 명나라 말엽 농민봉기로 인한 유리한 상황을 잘 이용함으로써 중국내륙으로 성공적으로 진입하였다. 이로써 중국 역사에서 매우 중요한 위치를 차지하고 있으며 최후의 전제주의 중앙집권 왕조를 건립하게 된다.

2. 이자성李自成의 농민봉기, 명나라가 멸망하다

　　명나라 말기에 발생한 농민전쟁은 중국 봉건사회 후기의 농민봉기군과 명나라, 또 농민봉기군과 청나라 군대 사이에 벌어진 전쟁으로서 중국 역사에 등장한 농민봉기 가운데 가장 격렬했다고 말할 수 있다. 명나라 말기 천계(天啓) 7년(1627년) 섬서(陝西)에서 왕이(王二)*가 일으킨 봉기를 시작으로 청나라 시대 순치(順治) 15년(1658년)에 실패로 막을 내리기까지 명나라 군과는 17년 간, 청나라 군과는 14년 간 치열한 싸움을 벌이게 된 것이다. 황하와 장강 연안의 십여 개의 성들이 분포한 방대한 지역에 걸쳐 일어난 이 전쟁은 중국 역사에 중요한 영향을 끼친 일대 사건으로 인식되고 있다.

틈왕(闖王) 이자성(李自成)**

　　명나라 왕조 말기에 이르자 각종 사회모순이 전례 없이 격화되었으며 특히 농민과 지주계급 간의 갈등이 고조되었다. 부패한 봉건 지주계급의 핍박에 시달리다 못해 중국 각지에서 이에 대항하는 궐기가 파죽지세로 일어나기 시작하였다. 이 가운데에서도 섬서 지역이 농민봉기의 중심에 있었다. 섬서 지역은 오랜 기간 사회모순이 구심점으로 작용해 왔으며 명나라 왕조에서 책봉한 번왕(藩王)들이 농민들에게 폭정과 착취를 일삼으면서 농민들의 생활은 그 어느 지역보다도 참담하였으며, 갈등이 첨예하게 대립하였다. 게다가 이 지역에는 몽고족, 한족, 회족 등이 함께 거주하였기 때문에 민족 간의 분쟁이 치열하였고 각 민족과 통치자 간의 대립은 더욱 심하였다고 볼 수 있다. 따라서 섬서 지역은 농민 전쟁

---

* 1627~1628년 섬서(陝西) 지방에 대기근이 일어나자 굶주린 농민들이 폭동을 일으키게 되었다. 이때 초기의 지도자 왕가윤(王嘉胤 : ?~1631년)과 왕자용(王自用 : ?~1633년)을 말한다. 이후 고영상, 장헌충, 나여재 등이 이어 봉기군의 지도자가 되었다. 고영상은 자신을 '틈왕(闖王)'이라 일컬었다.

** 본명은 이홍기(李鴻基 : 1606~1645년)이다. 명나라 말기의 농민 봉기 지도자로 1644년 대순(大順)을 세우고 북경을 점령해 명나라를 멸망시켰다. 당시 33세였던 명나라 황제 숭정제는 경산 동쪽 비탈 홰나무(槐樹) 밑에서 목을 매어 자살하였다. 그의 죽음과 동시에 명나라는 사실상 멸망하였으나, 청나라에 투항한 오삼계(吳三桂)와 청나라 연합군에 패해 뜻을 이루지 못했다.

이 가장 먼저 발발할 수 있는 일촉즉발의 상황이 이어지고 있었다. 이러한 사회적인 갈등 속에서 섬서를 중심으로 중국 전역에서 발생한 농민봉기는 군사반란과 수공업자들의 파업 등으로 이어져 명나라 말 농민 전쟁으로 발전할 수밖에 없게 되었던 것이다.

이자성의 석조상

천보 7년(1672년) 3월, 섬서 지역에 큰 가뭄이 발생하였으며, 징성지현(澄城知縣) 장두요(張斗耀)는 백성들이 굶어죽든 말든 부세를 착취하는 데만 혈안이 되어 있었다. 백수(白水) 지역의 굶주림에 시달리던 농민 가운데 한 명이었던 왕이(王二 : 왕가윤과 왕자용)는 살아갈 길이 막막했던 수백 명의 농민들을 불러 모아 놓고 투쟁을 전개하였다. 그는 먼저 "누가 지현을 죽일 수 있는가?" 라며 농민들을 선동하기 시작하였으며, 모인 사람들이 이구동성으로 "내가 죽이겠소"를 외치자 이들을 이끌고 현성으로 쳐들어갔다. 그가 장두요를 죽임으로써 명나라 말 농민전쟁의 서막이 열리게 된 것이다.

천보 8년(1628년) 섬서 부곡왕(府谷王) 가윤(嘉胤), 한남왕(漢南王) 대량(大梁), 안새(安塞) 고영상(高迎祥) 등이 굶주린 백성들을 이끌고 봉기를 일으키게 되었으며 연안(延安) 미지(米脂)에서는 장헌충(張獻忠)이 봉기를 일으키게 된다. 이자성은 섬서 미지현(米脂縣) 사람으로 섬서에서 농민봉기가 발생한 후 고영상의 수하로 들어갔으며 '틈장(闖將 : 돌격대장)'으로 자처하였다. 후에 자신을 따르는 군대를 이끌고 농민전쟁에 동참하였다. 섬북(陝北) 지역에서 발생한 농민 봉기로 인해 명나라 통치계급은 큰 충격을 받았다. 숭정황제는 강경책과 회유책을 동시에 이용하며 농민봉기를 진압하고자 하였다. 삼변총독(三邊總督) 양학(楊鶴)이 나서서 '선 회유, 후 섬멸'의 방법을 통해 농민봉기를 와해시킬 계획을 세웠다. 명나라 군의 강경회유정책을 펼치자 섬서 지역 일반 농민봉기군들만 희생되었을 뿐, 적지 않은 수의 두목들이 명나라 조정의 회유책을 받아들임으로써 항복과 반란이 반복되는 혼란한 국면이 초래되었다.

왕자용(王自用 : ?~1633년)*은 고영상, 장헌충, 나여재(羅汝才) 등과 연합하여 36개의 진영을 갖추었다고 호언장담하며 산서(山西)에서 투쟁을 계속하여 전개하였다. 분산되는 것처럼 보였던 농민봉기군은 다시 공동연합작전을 취하는 단계로 접어들었다. 봉기군의 세력은 점점 강성해졌으며 명나라 왕조의 회유정책은 파산지경에 이르게 되었다. 회유책을 주도했던 양학(楊鶴)은 자리에서 물러나게 되었으며 홍승주(洪承疇)가 삼변총독의 자리를 물려받았다. 그는 모든 군사력을 동원하여 봉기를 포위하고 공격하기 시작하였다. 숭정 6년(1633년) 왕자용이 전사하자 고영상의 주도 하에 명나라 군대와 치열한 접전을 벌였으나 봉기군은 병력에 큰 손실을 입게 된다. 더 이상의 세력 약화를 막기 위하여 봉기군은 산서에서 하남으로 이동하게 된다.

숭정(崇禎) 6년 겨울 고영상(?~1636년), 장헌충(1606~1646년), 나여재(?~1642년), 이자성(1606~1645년) 등은 민지현(澠池縣)에서 명나라 군대의 황하 방어선을 뚫고 명나라 군의 세력이 비교적 취약한 하남 서부지역으로 진입하여 새롭게 전투를 전개하기 시작하였다. 봉기군은 민지현 전투에서 성공적으로 포위망을 뚫고 승리함으로써 섬멸될 위험에서 벗어났을 뿐만 아니라 피동적 입장에서 주도적 입장으로 바뀌게 되었다. 이는 훗날 봉기군의 세력이 다시 강성해지는 계기를 마련해주었다.

하남, 호북, 사천, 섬서 접경지역의 산간지대를 무대로 봉기군은 빠르게 이동하며 명나라 군대와 공방전을 벌이게 되자 명나라 군은 군대를 분산하여 일부는 요새를 지키고 일부는 봉기군을 추격할 수밖에 없었다. 이러한 양상은 명나라 군대의 전투지역을 광범위하게 만들었을 뿐만 아니라 병력이 분산되는 문제점을 야기하게 되었다. 홍승주는 명나라 군의 피동적인 상황을 타파하기 위하여 주력부대로 하여금 주요 거점지역을 포위하여 공격하도록 전술을 바꾸었다. 이에 고영상의 봉기군은 확산(確山), 주선진(朱仙鎭 : 지금의 하남성 개봉시開封市 서남부) 지역에

---

* 명나라 말 섬서(陝西) 곡현(谷縣) 출신의 농민봉기의 초기 지도자 왕가윤(王嘉胤 : ?~1631년)이 죽은 뒤 왕자용이 봉기군의 지도자가 되었으며, 숭정 6년(1633년) 왕자용이 병으로 죽은 뒤 고영상, 장헌충, 나여재 등이 봉기군의 지도자로 떠올랐다. 그리고 1644년 고영상의 뒤를 이은 이자성이 북경을 점령하여 명나라를 멸망시켰다.

서 연패하여 서부 산간지역으로 후퇴하
게 된다.

　1635년 농민봉기군 13가(家) 72영
(營)의 수령들은 형양(滎陽)에서 회의를
열고 명나라 군의 포위공격을 막을 방
법을 의논하였다. 이자성은 "목표지점
을 정한 후 군대를 나누어 사방에서 공
격하는 방법"의 연합공격 방안을 제시
하여 각부 수령들의 동조를 얻게 된다.
숭정 9년(1636년) 여름이 될 때까지 봉기
군은 산림에서 3개월 동안 포위된 채로
지내고 있었다. 고영상은 부대를 이끌
고 섬서 한중(漢中)에서 포위망을 뚫던
중 섬서순무(陝西巡撫) 손전정(孫傳庭)의
매복에 걸려 포로로 잡힌 후 죽임을 당

농민봉기군의 진군노선도

하였다. 이에 이자성이 '틈장'에서 '틈왕(闖王)'으로 추대되었다.

　이후 봉기군은 호북, 안휘, 하남일대에서 활동하는 장헌충 부대와 감숙(甘肅),
영하(寧夏), 섬서(陝西) 일대를 무대로 활동하는 이자성 부대 등 크게 두 파로 나뉘
어졌다. 숭정 11년 명나라 왕조는 다시 강경회유책을 병용하는 자세를 취하였으
며, 봉기군은 각자 전투를 벌임에 따라 세력이 약화되기 시작하였다. 이자성은
섬서 동관(潼關) 남원(南原)에서 참패한 후 기병 18명만을 이끌고 겨우 도주하였으
며, 섬서 남부 지역 상낙(商洛) 산림 속에 들어가 은거하였다. 그는 자신의 경험을
철저히 분석하며 다시 재기의 기회를 노렸다. 장헌충은 명나라 왕조의 회유책을
받아들임에 따라 농민전쟁은 침체기에 접어들었다.

　봉기군의 역량을 확충하기 위하여 이자성은 부대를 이끌고 하남 지역으로
이동하였으며, 숭정 14년(1641년) 1월, 복왕(福王) 주상순(朱常洵)을 진압하고 다시
낙양을 점령하게 된다. 그는 명나라 말에 이르러 토지가 고도로 집중되고 부세가
과중하게 부과되는 등 사회갈등 현상에 주목하여 토지를 균등하게 배분하고 세

금을 없애는 '균전면량(均田免糧)'을 기치로 내걸어 농민들의 폭넓은 지지를 받을 수 있었다. 당시에는 농민들 사이에 "소고기, 양고기, 술과 양식을 준비하세. 성문을 활짝 열고 틈왕을 맞이하세. 틈왕이 오면 세금을 내지 않아도 된다네"라는 노래가 크게 유행할 정도였다.

이자성이 점령한 성의 창고를 열어 굶주림에 지친 농민을 구제하기 시작하자 그에게로 몰려드는 농민이 백만에 달하였다. 장헌충 역시 1년의 휴식기를 갖은 후 숭정 12년(1639년) 5월 다시 군사를 일으켰다. 그는 나후산(羅侯山 : 지금의 호북성 죽산현竹山縣 동남부)에서 명나라 군의 주력부대인 좌량옥부(左良玉部)를 섬멸하고 사천(四川)으로 이동하여 달주(達州) 전투에서도 전승을 거두었다. 장헌충은 여세를 몰아 다시 호북으로 이동하였으며, 숭정 14년(1641년) 2월, 양왕(襄王)을 진압하고 양양(襄陽)을 함락시켰다. 낙양과 양양이 봉기군의 수중에 들어가면서 명나라 왕조의 회유정책은 실패로 돌아갔으며 재정은 바닥이 나고 만다.

이자성의 봉기 실패

장헌충과 이자성은 서로 지원을 주고받으며 사천, 섬서 지역과 하남 지역에서 명나라 군과 전투를 벌였다. 숭정 16년(1643년) 5월, 장헌충(張獻忠)*은 무창(武昌)을 점령하게 되었으며 초왕(楚王 : 주지주朱至澍)을 강물에 빠뜨려 죽였다. 그는 스스로 대서왕(大西王)이라 칭하며 정권을 확립해 나가기 시작하였다. 이듬해에 군대를 이끌고 사천으로 이동하여 8월에 성도(成都)를 함락시킨 후 다시 황제라 칭하며 연호를 대순(大順)으로 고치고 대서(大西) 정권을 세우게 된다.

이자성은 낙양에서 호남, 호북으로 이동하며 전투를 벌였다. 숭정 15년(1642년)에 양양(襄陽)을 점령한 뒤 역시 신순왕(新順王)이라 칭하며 정권의 초보적인 단계에 진입하였다. 이후 승천부(承天府 : 지금의 호북성 종상현鍾祥縣 지역), 효감(孝感 : 지금의 호북성 중부 도시 샤오간), 황주(黃州 : 지금의 호북성 황강시黃岡市 지역) 등지를 연이어 점령한 뒤 하남 일대 명나라 왕조의 정예부대를 모두 섬멸함으로써 하남, 낙양일

---

* 명나라 말기의 농민 봉기 지도자로 1644년 사천(四川)을 근거지로 '대서(大西)'를 세워 황제가 되었지만, 무자비하게 살육과 약탈을 저지른 것으로 알려져 있다. 1646년 청나라 군대에 패배하여 전사하였다.

대의 천하를 수중에 넣게 되었다.

이자성은 양양을 점령하고 나서 이동공격 전술에서 장수를 파견하여 성읍을 지키는 수비 위주의 전술로 바꾸었다. 엄격한 군사기율을 통해 각종 군사제도를 완비하고 군대를 기병과 보병으로 나눈 후 한 진영에 각각 두 조씩 배치하였다. 전술적으로는 기병과 보병이 상호 협조하여 기병이 적을 유인하고 보병이 이를 막는 동안 기병이 다시 포위하여 섬멸하는 방법을 채택하였다. 성을 공격할 때에는 기병이 포위하고 보병이 출격하며 3교대로 나누어 밤낮을 가리지 않고 싸우도록 하였다. 이는 봉기군이 이동전쟁의 단계에서 진지를 구축하는 단계로 진입하였음을 나태 내는 것으로서, 즉 명나라 왕조를 무너뜨릴 실력을 갖추었음을 보여주는 것이다.

이자성은 관중(關中)을 점령한 후 산서, 그리고 이어 북경을 점령할 계획을 세웠다. 숭정 16년(1643년) 10월 이자성은 대군을 이끌고 동관(潼關)을 공격하였다. 그는 10대군을 이끌고 명나라 삼변총독 손전정(孫傳庭)을 포위 공격하여 섬멸한 후, 11월, 한 번의 전투도 없이 서안(西安)으로 입성하였다.

숭정 17년(1644년) 1월 이자성은 대순정권(大順政權)을 세우고 세력을 확장하기 시작하였으며, 서안을 북경 공격의 주요 기지로 삼았다. 이어 다시 대군을 이끌고 황하를 건너 산서로 이동한 후 태원(太原)을 함락시키고 연이어 대동(大同), 선부(宣府 : 지금의 하북성 선화현宣化縣 지역)를 점령한 뒤 북쪽에서부터 북경을 포위하였다. 일부 봉기군은 좌영제(左營制) 장군 유방량(劉芳亮)이 인솔하여 황하를 건너 산서 상당(上黨 : 지금의 산서성 장치시長治市 지역)을 점령한 뒤, 진정(眞定 : 지금의 하북성 정정현正定縣 지역), 보정(保定)을 각각 취한 후에 남쪽에서부터 북경을 포위하도록 하였다. 그해 3월 17일 이자성이 창평(昌平)에서 북경을 포위 공격하자 명나라 군대는 자멸하였다. 3월 19일 이자성이 북경성에 진입하자 숭정황제는 산에서 목을 매 숨졌으며 명나라 왕조는 멸망에 이르게 된다.

이자성은 북경에 진입한 후 명나라 왕조의 잔여 세력을 제거할 궁리에 골몰하였다. 명나라의 잔여 세력 가운데 가장 강력한 인물은 산해관의 영원총병(寧遠總兵) 오삼계(吳三桂 : 1612~1678년)였다. 그의 존재는 봉기군에게 있어 화근의 불씨가 될 수 있었던 것이다. 그러나 농민봉기군에 대한 원한에서 나온 심정일지 몰라도 오삼계는 청나라에 투항한 뒤 청나라와 연합하여 봉기군 진압에 나서게 된다. 이에 그해 4월 이자성은 친히 군대를 이끌고 오삼계를 치기 위하여 산해관으로 진격하였다. 그러나 오삼계와 청나라 연합군에게 대패하여 다시 북경으로 돌아오고 만다. 4월 29일, 그는 서둘러 자신을 황제라 칭하며 즉위하였으며, 대순을 건국한 뒤 그 다음날 바로 북경에서 철수하였다.

이자성은 북경에서 철수한 후 퇴각로를 모색하기 시작하였다. 이에 산서 평양(平陽)을 거쳐 한성(韓城)에서 서안으로 진입하였다. 그러나 순치 원년(1644년) 겨울, 청나라 군대는 2대대로 나누어 서안을 공격하기 시작하였다. 이듬해 2월 동관마저 청나라 군에게 점령당하게 되자, 이자성은 서안에서 양양을 거쳐 무창으로 이동하였다. 그해 5월 다시 호북 통산현(通山縣) 남부의 구궁산(九宮山)에서 지주무장세력의 습격을 받고 전사하였다.

순치 3년(1646년) 청나라 군대는 다시 섬서 남부에서 사천으로 진입하여 대서군(大西軍)을 공격하기 시작하였다. 장헌충은 이듬해 7월 성도를 떠나 북상하며 청군과 전투를 벌였으며, 그해 11월 봉황산(鳳凰山 : 지금의 사천성 남계현南溪縣 북부)에서 전사하였다. 이자성, 장헌충이 죽은 후에도 농민봉기군의 잔여 세력은 투쟁을 계속하였다. 대순 농민봉기군은 2대대로 나누어 학요기(郝搖旗), 유체순(劉體純) 등이 인솔하는 부대는 동정호(洞庭湖) 동부일대에서 활동하였으며, 이과(李過), 고일공(高一功) 등은 동정호 서부일대에서 활동하였다. 대서 농민봉기군은 손가망(孫可望), 이정국(李定國) 등이 인솔하여 사천, 귀주 일대에서 청나라 군과 투쟁을 계속하였다. 청나라 군 역시 봉기군에 대한 진압에 병력을 대거 투입하였다. 잔여 봉기군의 수령 가운데 이과가 병사하고 고일공, 유체순, 학요기 등이 전사하자 손가망은 청나라에 투항하였으며, 이정국도 패배하였다. 순치 15년(1658년) 명나라 말에 발생했던 농민전쟁은 결국 실패로 끝을 맺었다.

▶▶ 역사의 흐름에 어떤 영향을 미쳤을까?

명나라 말 농민봉기군과 명, 청 군대의 30여 년에 걸친 전쟁으로 인하여 명나라는 멸망하고 청나라 역시 큰 타격을 입었다. 이로써 중국의 농민전쟁사상 새로운 역사의 한 페이지를 열었다. 명나라 말 농민전쟁에서 봉기군이 보여주었던 가장 전형적인 전술은 이동하는 전투였다. 그러나 명, 청 군대의 공격을 받고 결국은 실패로 끝이 났다. 농민봉기군은 죽음을 두려워하지 않고 지속적인 투쟁을 벌여나가는 정신과 역경 속에서도 굴하지 않는 기개는 후대까지 이어지게 되었으며, 이자성의 봉기의 성공과 실패 역시 후세에 지대한 영향을 끼치게 되었다. 1949년 마오쩌둥은 공산당 중앙기구를 인솔하고 북경에 들어오며 이자성을 전철로 삼아 중국공산당원들이 절제하고 겸허하기를 당부하였다고 한다.

3. 오삼계吳三桂가 청나라에 투항한 후 항청降淸하다

'충관일노위홍안(衝冠一怒爲紅顔)', 즉 "여인 하나 때문에 화가 머리끝까지 치밀었다"는 이 시구는 명나라 말 청나라 초, 명나라 장군 오삼계(吳三桂 : 1612~1678년)*가 청나라 군대를 중원으로 끌어들이게 된 이야기를 배경으로 삼고 있다. 사실여부를 막론하고 오삼계의 이 행동 하나로 인해 중국은 역사의 흐름에 큰 변화를 맞게 되었다. 이를 계기로 만주족이 중국 내륙으로 진출하여 청나라를 세운후 중국을 약 3백 년이나 통치하게 되었던 것이다. 청나라 군대가 신속하게 중국 내륙으로 진입할 수 있었던 데는 산해관(山海關)을 수비하던 장수 오삼계의 투항과 매우 밀접한 관련이 있다. 오삼계는 청나라에 투항한 후에 다시 '삼번의 난(三藩之亂)'**이라 불리는 반란을 일으키게 된다. 이 역시 중국 역사에 지대한 영향을 끼친 사건이라고 할 수 있다.

---

* 명나라 말기와 청나라 초기의 장수이다. 명나라 말 이자성이 북경을 점령했을 때, 산해관을 지키고 있던 그는 청나라 태종 홍타이지에게 투항하여, 청나라 군대의 길잡이가 된 공으로 번왕에 봉해진다. 강희제가 번을 폐하려는 움직임을 보이자, 반란을 일으켰다가 사망했다.
** 강희제가 한족을 탄압하는 정책을 실시하자, 쿠데타를 일으켰다. 평남왕(平南王) 상가희(尙可喜), 정남왕(靖南王) 경정충(耿精忠)이 이에 호응하였는데, 이를 '삼번의 난'이라 한다. 1678년 오삼계는 황제라 칭하고 국호를 주(周), 연호를 소무(昭武)라 정하였으나, 그 해 8월 67세의 나이로 죽었다.

산해관 전투 전의 시대 상황

1616년, 누르하치가 여진의 각 부를 통일하고 후금 정권을 세운 후 명나라 왕조와 대립국면을 형성하였다. 누르하치가 죽은 후에는 황태극(皇太極 : 1592~1643년)*이 뒤를 이어 즉위하였으며, 국호를 '금(金)'에서 '청(清)'으로 바꾸고 청나라 왕조를 세웠다. 그 후 청나라 군대는 대릉하(大凌河)를 점령하고 명나라의 우방이었던 조선과 몽골의 차가타이

산해관 명나라 시대 철포(鐵砲)

한국 등을 설복시킨 후 금주(錦州)를 포위 공격하였다. 이를 지원하러 온 명나라 13만 군대를 대파한 후 명나라 왕조가 10년 동안 힘겹게 지켜온 금주, 영원(寧遠) 방어선이 모두 무너지게 된다. 명을 멸망시키기 위해 남하하던 청나라 군대 앞에는 산해관을 비롯하여 몇 개의 초소만이 자리하고 있는 영원(寧遠)만이 남아 있을 뿐이었다.

산해관은 중국의 동북지방에서 화북으로 들어오는 육로의 요충지로서 "한 사람의 병사라도 이곳을 지키고 있으면 일만 적군도 함락시키지 못한다(一夫當關일부당관, 萬夫莫開만부막개)"라는 말이 있을 정도로 천혜의 요새라고 할 수 있다. 산해관이 함락되기 전에 청나라 군대는 몽골로 우회하여 만리장성을 넘어 조금씩 잠식하는 방법을 선택할 수밖에 없었다. 즉 북경을 취하는 방법은 큰 나무를 베는 것과 같아서 양 옆에서 조금씩 쳐내면 스스로 넘어지게 되어 있다고 여겼던 것이다. 그러나 지금은 명나라의 정예부대가 모두 사라졌기 때문에 사방에서 공격하면 북경을 반드시 손에 넣을 수 있다고 보았다.

1643년 청나라 황태극이 심양에서 세상을 떠난 후 그의 어린 아들 복림(福臨)이 여섯 살의 나이에 즉위하였으니 바로 청나라의 3대 황제 순치(順治 : 재위

---

* 청나라 제2대 황제 태종(太宗 : 재위 1626~1643)이다. 이름이 황태극(皇太極), 즉 만주어로 홍타이지라고 한다. 그는 국호를 '대청(大清)', 즉 청나라를 개국하였고, 연호를 숭덕(崇德)으로 바꿔 숭덕제(崇德帝)라고도 한다.

1643~1661)이다. 바람 앞의 촛불처럼 일촉즉발의 위기의 순간에 청나라 대군이 침입하기도 전에 명나라 왕조는 이미 농민봉기의 폭풍 속에서 운명이 경각에 달려있는 상황이었다. 1627년 섬서 북부에서 발발한 농민 봉기는 17년 동안 부침을 지속하다가 1644년 거용관(居庸關)을 점령하면서 파죽지세로 밀고 들어와 북경에 입성하였다. 명나라의 숭정황제는 기세가 이미 기운 것을 알고 매산(煤山 : 지금의 경산景山)에서 목을 매 스스로 목숨을 끊음으로써 276년 동안 지속되었던 명나라 왕조는 멸망을 고하게 되었다.

오삼계의 초상

　　중국 내륙의 정세가 급변하고 있을 당시, 청나라 내비서원(內秘書院)의 대학사(大學士) 범문정(範文程)은 명나라의 멸망은 시간의 문제일 뿐이므로 청나라가 대적해야 할 주요 대상은 명나라 군대가 아닌 농민봉기군이라고 분석하였다. 그는 청나라 군대가 이 시기를 놓치지 말고 번개같이 내륙으로 밀고 내려가 명나라의 수도를 점령해야 한다고 제안하였다. 당시 어린 순치를 대신해 섭정 중이던 도르곤은 그의 제안을 받아들여 14만 대군을 이끌고 침입을 감행하였다. 그러나 요하(遼河)를 건너는 시점에서야 청나라 군대는 이자성의 봉기군이 이미 한 달 전에 북경을 점령하여 명나라 왕조가 이미 멸망하였다는 사실을 알게 된다. 도르곤은 진퇴양난에 빠지게 되었으며 농민봉기군에 대해 가장 잘 이해하고 있는 명나라 장수 홍승주(洪承疇 : 1593~1665년)의 의견을 구하였다. 홍승주는 청나라 군대는 이자성의 군대를 반드시 이길 것이라며 북경 진격을 강력하게 주장하였다. 이에 도르곤은 몽골을 통해 내륙으로 들어와 북경을 공략할 준비를 하게 된다.

　　이때 산해관에 주둔하고 있던 오삼계는 농민봉기군과 청나라 군대가 모두 노리고 있는 요충지였다. 오삼계는 본적이 강소성 고우현(高郵縣)으로 거칠 것 없이 전장을 누비며 용맹하게 적과 싸우는 것으로 유명하였으며, 명나라 명장의 반열에도 올라 있었다. 이자성의 농민군이 북경으로 진격하자 숭정황제는 오삼계를 평서백(平西伯)으로 책봉하고 그에게 영원(寧遠) 지역을 포기하고 북경으로 들어와 왕을 호위할 것을 명하였다. 오삼계는 황제의 명을 받은 후 산해관의 수십만 대군을 이끌고 북경을 향해 출발 도중에 망설이며 주저하는 바람에 시간이 지체될 수밖에 없었다. 수도가 이미 함락되고 황제와 황후가 이미 세상을 떠났다는 소식을 들은 후 오삼계는 다시 말머리를 돌려 산해관으로 향하였다. 농민봉기군과 청나라 군대 사이에서 자신의 이익을 보전하기 위하여 신중을 기할 수밖에 없었다. 농민봉기군에게 항복을 할 것인가, 청나라 군에게 투항할 것인가를 두고 고민에 고민을 계속하였으나 결정을 내리지 못하고 있었다.

충관일노위홍안(衝冠一努爲紅顔)

이자성은 북경을 점령한 후 산해관에 주둔하고 있는 오삼계의 동향이 사태발전에 매우 중요한 영향을 끼칠 것을 알고 있었다. 산해관 문제를 해결하는 방법은 무력으로 완벽하게 진압하여 오삼계 부대를 섬멸하거나 회유책을 써서 유혈충돌을 막는 것 두 가지밖에 없었다. 농민봉기군의 장수들은 북경을 점령한 후에는 전쟁할 마음이 없어진 듯 보였으며 병사들도 향락에 빠져있었기 때문에 아무래도 회유책이 상책일 것으로 여겨졌다. 이에 이자성은 오삼계의 투항을 받아내기 위하여 은 4만 량과 황금 천 량, 그리고 오삼계를 제후로 봉한다는 칙서 한 통을 써서 사신을 파견하였다. 이때 북경의 수도 방위 총책이었던 오양(吳襄)은 오삼계의 아버지로 이미 포로로 잡혀있는 상황이었다. 이자성은 오양에게 투항을 권유하는 서한을 쓰도록 강요하였기 때문에 오삼계는 어쩔 수 없이 이자성의 사신을 받아들이고 농민봉기군에게 투항하기로 마음먹게 된다.

그러나 오삼계가 군대를 이끌고 북경으로 향하여 이자성을 알현하러 가던 중, 영평부(永平府 : 지금의 하북성 노룡현盧龍縣 지역을 다스리던 부) 서사하역(西沙河驛)에 도착했을 때 갑자기 말머리를 돌려 산해관으로 되돌아갔다. 오삼계가 산해관으로 되돌아간 원인을 두고 두 가지 해석이 나오고 있다. 하나는 대순 농민봉기군이 북경을 점령한 후, 명나라 조정과 대신의 재물을 취하여 봉기군에게 나누어 주는 정책을 실시하였다. 이때 오삼계의 부친 오양에게 고문을 가하였기 때문에 오삼계가 이에 반감을 갖게 되었다는 것이다. 또 다른 해석은 대순 봉기군의 장수 유종민(劉宗敏)이 오삼계의 애첩 진원원(陳圓圓)을 차지하자 화가 머리끝까지 치민 오

삼계가 마음을 돌렸다는 것으로 '충관일노위홍안(衝冠一
怒爲紅顔)'이라는 시구의 배경이 되었던 사건이다.

진원원 초상

　진원원은 명말 소주(蘇州) 지방의 명기로 목소리가
천하일품이었을 뿐만 아니라 용모 또한 절색이었던 것
으로 알려져 있다. 어느 청나라 사람의 기록에 따르면 오
삼계는 소년시절에 진원원이 나오는 공연을 보기 위하
여 극단에 자주 드나들었으며 관직이 요동총병(遼東總兵)
까지 오르자 수많은 돈을 들여 그녀를 사려 하였으나 황
제가 총애했던 비의 아비되는 전원(田畹)이 이미 데려간
후였다. 숭정의 총애를 받고 있던 궁비 전씨는 황제의 근
심을 덜어주기 위해 그의 아비 전원에게 의논하자 전원
은 진원원을 숭정황제에게 진상하기로 하였다. 진원원은 단장을 하고 입궁하였
으나 이때 숭정은 걱정과 수심에 가득 차 있었기 때문에 여인에도 흥미를 느끼지
못하였다. 때문에 진원원은 다시 전씨 집으로 돌아오게 된다. 당시는 이자성의 농
민군이 북경을 향해 사정거리를 좁혀오고 있던 시기였기 때문에 전원은 자신의
부귀와 안위에 대해 전전긍긍하고 있었다.

　진원원은 그에게 "천하가 이토록 혼란스러운데 대인께서는 의지할만한 사
람이 한 사람도 없습니다. 반란이 일어나면 화를 당할지도 모릅니다. 소첩이 듣
기에 오삼계 장군이 군대를 이끌고 산해관을 나섰다고 합니다. 대인께서는 오장
군과 친분을 맺어 훗날을 기약하심이 어떠시겠습니까?"라고 말하였다. 다른 묘
안이 없었던 그는 오삼계의 저택으로 가서 그를 위한 연회를 베풀어 주었다. 오
삼계는 연회석상에서 주저 없이 진원원을 자신에게 준다면 전원의 신변에 위험
이 발생하지 않도록 해주겠노라고 호언장담하였다. 전원은 병권을 장악하고 있
는 오삼계의 요청을 거절할 수 없었다. 오삼계는 진원원을 산해관으로 데려갈 생
각이었으나 부친 오양이 이를 저지하는 바람에 뜻을 이루지 못하였다. 이자성의
농민봉기군은 북경을 점령한 후 대장군 유종민이 전원의 저택을 차지하고 진원
원을 찾았다. 그러나 이미 오양의 집으로 옮겼다는 사실을 알고 오양을 붙잡아
온갖 고문을 가하며 물었으나 오양이 대답하지 않자 오양의 집을 샅샅이 뒤져 진

팔기군의 정황기갑의(正黃旗甲衣)

원원을 찾아내고는 자신이 차지해 버렸던 것이다.

산해관으로 다시 돌아온 오삼계는 자신의 세력으로는 농민봉기군에 대적할 수 없다는 사실을 잘 알고 있었다. 그러나 청나라에 투항하여 군주를 배반했다는 오명도 피하고 다른 사람의 힘을 빌려 원수도 갚기 위해 한 가지 묘안을 짜내게 된다. 그는 도르곤에게 서한을 보내 군사를 빌려달라고 청하였던 것이다. 도르곤은 서한을 받고 내심 기쁨을 감추지 못하였으나 이를 내색하지 않고 지원병을 파견하도록 허락하였다. 아울러 오삼계가 먼저 청나라에 투항해야 한다는 조건을 내걸었다. 농민봉기군이 산해관 앞까지 도착했을 때 오삼계는 다시 청나라에 신속히 원병을 파견해 줄 것을 요청하였다. 도르곤은 오삼계의 서한을 받은 후 상황이 급박해진 것을 깨닫고 농민봉기군이 산해관을 차지하는 것을 막기 위하여 청나라 군대에 밤낮을 가리지 말고 전진할 것을 명하였다.

청나라 군이 산해관까지 10여리를 앞두고 있을 때 오삼계는 농민봉기군과 이미 격전을 치르고 있었다. 그해 4월 초, 산해관 북부를 수비하고 있던 오삼계의 군대는 농민봉기군에게 투항하고 말았으며 오삼계의 군대는 무너지기 일보 직전의 상황이었다. 그러나 청나라 군대는 여전히 도착하지 않고 있었다. 오삼계는 여러 차례 사람을 파견하여 원병을 청하였으나 도르곤은 진지만을 구축한 채 움직이지 않고 있었다. 도르곤은 오삼계가 직접 와서 '원병요청'이 아닌 '투항'으로 입장을 바꿀 것을 강요하였던 것이다. 오삼계는 하는 수 없이 뜻을 모은 장수들과 소수의 정예기병들을 데리고 농민봉기군의 포위망을 뚫은 후 도르곤이 있는 환희령(歡喜嶺)으로 향하였다. 1644년 4월 27일 오삼계는 도르곤과 5만 명을 출병시킬 것과 성문을 열어 청나라 군대를 맞이할 것 등을 약속하는 협상을 마치고 다시 산해관으로 돌아왔다. 산해관의 동쪽 성문이 열리자 청나라 군대는 폭풍처럼 밀고 들어왔으며 이자성은 이러한 사실을 전혀 모르는 상황이었다.

정오가 되어 바람이 몰아치고 모래가 날리는 산해관의 전장에서 오삼계의 부대와 농민군이 격전을 치르고 있을 때 산해관으로 진입한 도르곤은 청나라 군대의 출격을 명하였다. 바람처럼 질주하는 청나라 군대 앞에는 거칠 것이 없었다. 봉기군을 지휘하던 이자성은 흰 깃발을 휘날리며 자신들을 향해 돌격해 오는 군대의 기세에 놀라움을 금치 못하고 있을 때 전방에서 달려온 병사가 그에게 무릎을 꿇고 급보를 전하였다. 흰 깃발의 기병은 산해관 영원군의 병사가 아니라 만주족 병사들로서 속히 자리를 피해야 한다는 것이었다. 이자성은 마노 말머리를 돌려 북경으로 향하였다. 농민봉기군은 밀물처럼 달려드는 청나라 군대에 놀라 어쩔 줄을 모르는 가운데 대패하여 시체가 바다를 이루었다.

북경으로 돌아온 이자성은 서둘러 대전에서 즉위식을 갖고 문무 대신들의 알현을 받은 뒤, 이튿날 아침 일찍 봉기군을 이끌고 북경을 떠나 서안으로 퇴각하였다. 이자성이 북경을 떠난 지 사흘째 되는 날 도르곤은 청나라 군대를 이끌고 기세등등하게 북경성 안으로 진군하였다. 1644년 10월 도르곤은 순치황제를 심양에서 북경으로 모셔왔으며 북경을 청나라의 수도로 삼게 된다. 이때부터 청나라 왕조는 중국을 통치하기 시작하였다.

도르곤은 군대를 정비하여 성대하게 청나라 세조(世祖) 순치황제의 입성을 맞이하였으며, 북경에 청나라 왕조를 세우고 중원의 모든 강산을 수중에 넣을 준비를 하였다. 오삼계가 산해관의 성문을 열어 청나라 군대의 입성을 도운 공을 인정하여 그를 평서왕(平西王)에 봉하였으며, 은 만 량을 하사하였다. 오삼계는 또 그것을 덥석 받아들였다. 이로써 청나라에 원병을 청하려던 당초의 뜻과는 달리 성문을 열어 적에게 길을 내준 반역자의 오명을 쓰지 않을 수 없게 된 것이다.

명나라의 숭정황제가 스스로 목숨을 끊은 후 복왕(福王) 주유숭(朱由崧 : 1607~1646년)*이 남경에서 남명(南明) 왕조를 세웠다. 남명의 새 왕조도 오삼계가 막강한 병력을 보유하고 있으며 이것이 새 왕조의 앞날에 매우 중요한 영향을 끼칠 것을 알고 있었다. 이에 특사를 강주(絳州)로 보내어 그를 계국공(薊國公)으로

---

* 남명의 제1대 황제 홍광제(弘光帝 : 재위 1644~1645)이다. 명나라 유신(遺臣)들이 남경(南京)에서 황족인 그를 옹립하여 명나라의 부흥운동을 전개하였는데, 이를 남명(南明)이라 한다. 명나라 부흥을 선언하였으나 청나라 군과의 교전 중 사로잡혀 연경으로 연행되어 처형당하였다.

봉하려 한다는 사실을 알리는 한편 해로를 통하여 쌀 30만 섬과 은 5만 량을 오삼계의 군대에 하사하였다. 그러나 오삼계는 이미 청나라를 섬기고 귀순할 생각을 굳힌 상태였기 때문에 남명 왕조의 이러한 제의를 받아들이려 하지 않았다. 후에 오삼계는 평서왕에 봉해져 운남 지방을 다스리게 되었을 뿐만 아니라 귀주 지방도 그의 관할에 속하게 되었다. 교만과 사치에 사로잡힌 그는 자신의 자손을 대대로 번왕(藩王)의 자리에 앉힐 욕심을 품게 된다.

그러나 강희황제가 즉위한 후 번왕제도를 폐지하려 하자 오삼계는 반란을 일으켰으니 이를 역사적으로 '삼번의 난(三藩之難)'이라고 부르고 있다. 1681년 청나라 군이 운남의 곤명(昆明)으로 진격하여 진압함으로써 오삼계의 반란은 실패로 끝나게 된다.

▶▶ 역사의 흐름에 어떤 영향을 미쳤을까?

산해관 전투는 청나라 왕조, 농민군, 오삼계(吳三桂)의 운명을 뒤바꿔 놓았다. 청나라 군은 농민군이 이룬 잠깐의 승리를 종결시켰고, 청나라 왕조라는 역사의 신기원을 열게 된다. 산해관 전투가 끝난 지 10일, 도르곤은 청나라 군을 이끌고 수도로 들어왔다. 그리고 오삼계의 운명은 이 때부터 대(大)청나라 왕조에 넘어가게 된다.

4. 정성공鄭成功이 대만臺灣을 수복하다

정성공(鄭成功 : 1624~1662년)*은 열강으로부터 대만을 수복한 중국의 민족영웅으로서 중국의 통일과업에 기여한 인물로 평가받고 있다. 대만 수복은 통일을 위

---

* 청나라에 저항하여 명나라 부흥 운동을 전개한 인물이다. 그는 대만(臺灣)을 점령한 네덜란드 세력을 '항청복명(抗淸復明)'과 대륙 반격의 강화를 기도하였으나 39세의 나이로 일찍 죽었다. 그는 대만에서 네덜란드 세력을 물리친 공로로 중국 역사의 영웅으로 추앙받고 있다.

해 분투하고 있는 중국인들의 진취성을 고무시켜주고 있는 중국 역사의 일대 사건이라고 할 수 있다.

　17세기 초 중국은 명나라가 쇠퇴하고 청나라가 부상하고 있던 변혁의 시기를 맞고 있었다. 대내적으로 농민봉기가 전국을 강타하고 있던 명나라는 대외적으로는 강성해진 만주족이 변경 지역을 약탈하며 잠식해 들어오고 있어 거의 붕괴직전의 상황이었다. 당시 서방국가들도 사회적, 역사적으로 중대한 변환기를 맞이하고 있었으며 포르투갈, 스페인에 이어 네덜란드가 새롭게 해상의 패권자로 등장하였다.

정성공 석조상

네덜란드는 동인도회사를 설립하여 식민지를 확대하고 있었으며, 그 손길이 중국의 동남 연해(沿海)까지 미치어 대만의 팽호도(澎湖島)를 점령하게 된다.

　명나라 천계(天啓) 4년(1624년) 복건총병(福建總兵) 유자고(兪咨皐)는 팽호도에 침입한 네덜란드 군대를 무찌르고 고문진(高文津 : Kobenloet) 장교를 사로잡았다. 그러나 안타깝게도 잔군 추격에는 실패하여 네덜란드 군대는 대남(臺南) 지역으로 후퇴하게 되었으며 이곳에 젤란디아성(熱蘭遮城 : Zeelandia, 대만성臺灣城)과 프로빈시아성(普羅文査城 : Provintia, 적감루赤嵌樓)을 구축하게 된다. 숭정 15년(1642년) 네덜란드 군대는 대만 섬을 따라 북상하여 스페인 군대를 물리치고 대북(臺北)의 계롱(鷄籠), 담수(淡水)를 점령하였으며, 이때부터 대만 섬은 네덜란드의 수중으로 들어가게 되었다. 대만을 점령한 네덜란드 군대가 무거운 세금과 수탈 정책 등 가혹한 식민통치를 펼치자 대만 주민들은 이에 격분하여 저항하기 시작하였다. 이때부터 한족과 현지 고산족(高山族) 등을 주축으로 한 저항의 물결이 끊임없이 이어지게 된다.

　이때에 청나라 왕조에 항거하던 인물 가운데 중국의 민족영웅으로 떠오른 인물이 정성공(鄭成功)이다. 그가 바로 네덜란드의 식민통치에서 대만을 수복하였기 때문이다. 정성공은 복건성 남안(南安) 출신으로 명나라 천계 4년(1624년) 7월 14일 일본의 히라토(平戸)에서 아버지인 복건총병 정지용(鄭芝龍)과 일본인 어머니 다가와(田川) 사이에서 태어났으며 숭정 3년에 일본에서 중국으로 건너왔다. 남

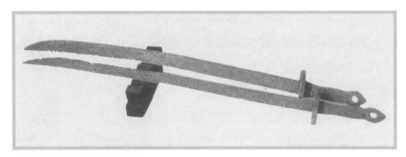
정성공의 군대가 사용했던 대도(大刀)

명 융무(隆武 : 남명의 2대 황제 융무제 연호, 재위 1645~1646) 원년(청나라 순치 2년, 1645년)
에 융무제(隆武帝)가 그를 중용하여 '주(朱)'라는 성(性)을 하사하고 이름을 '성공'
으로 바꾸었으며 충효백(忠孝伯)에 봉하였다. 또한 어영중군도독(御營中軍都督)으
로 임명하여 세간에서는 그를 '국성야(國姓爺)'라고 칭하게 된다. 융무 2년에 그의
부친이 청나라 왕조에 투항하자 부자의 연을 끊고 남명 왕조를 받들며 청나라에
대한 저항을 계속하였다. 그는 스스로 대장군이라 칭하며 복건성 금문(金門), 하
문(廈門) 등지를 근거지로 삼아 항청운동(抗淸運動)을 지속적으로 전개하였다.

　　남명 영력(永歷 : 남명의 제5대 황제 영력제의 연호, 재위 1647~1662) 2년(1648년) 위원후
(威遠侯), 연평공(延平公)에 봉해진 후, 그는 상벌제도를 엄격하게 실시하고 군대출
정 시 금령(禁令)을 제정하여 군기를 바로 잡음으로써 전투에 능한 수륙군대를 육
성하였다. 영력 12년(1658년) 청나라 주력 군대가 대서군(大西軍) 이정국(李定國)의
부대와 서남지역에서 전투를 벌이는 틈을 이용하여 수륙군대 10만 명과 전함 290
척을 이끌고 북정에 나섰다. 청나라 군대를 연이어 무찌르고 온주(溫州)를 점령한
후 남명의 병부시랑(兵部侍郎) 장황언(張煌言)과 합류하던 중 양산(羊山)에서 돌풍을
만나 배와 군대를 잃게 되고 만다. 이에 주산(舟山)으로 퇴각하여 다시 군대를 정
비하였다.

　　이듬해 5월에 다시 군대를 이끌고 숭명도(崇明島)를 거쳐 장강으로 진입한 후
남경을 포위하는 한편 장황언의 군대를 파병하여 무호(蕪湖), 휘주(徽州), 영국(寧
國), 태평(太平), 지주(池州) 등 4부(府) 3주(州), 24현(縣)을 점령하도록 하였다. 그러
나 후에 청나라 군대의 반격을 받고 장군 14명을 포함하여 수만의 병력을 상실

한 채 하문으로 퇴각하게 된다. 영력 15년 정월 이정국이 남명의 군대와 연합하여 청나라에 대항하였으나 대패함에 따라 중국대륙은 대부분 청나라가 차지하게 되었다. 정성공은 상황이 여의치 않음을 깨닫고 우선 대만을 수복한 후 금문(金門: 진먼 섬), 하문(廈門 : 샤먼 섬, 혹은 아모이 섬)을 공략하여 다시 중국대륙을 점령할 계획을 마련하였다. 대륙 점령에 실패하여 퇴각하더라도 대만을 수복하여 열강을 물리치면 내환을 없애는 것이었기 때문에 그는 대만 수복을 위한 설선을 결심하게 된다.

정성공의 대만 수복

순치 18년 3월 23일, 정성공은 2만5천의 대군을 2백여 척의 전함에 나누어 타게 하고 금문의 요라만(料羅灣)을 출발하였다. 이튿날 정성공의 대군은 팽호도에 도착하였으며, 4월 1일 이곳에 3천의 병력을 주둔시킨 뒤 날이 저물자 나머지 대군을 이끌고 대만 섬을 향해 전진하였다.

팽호도에서 대만 섬에 상륙하려면 남북 두 갈래의 항로 가운데 하나를 선택해야 했다. 남항로는 네덜란드인들이 곤신(鯤身 : 쿤선 섬) 사주(沙州)에 젤란디아성을 구축하고 대형 대포를 설치하여 봉쇄하고 있었으며, 북항로는 파괴된 갑판 등을 해저에 깔아놓고 오랜 기간 침적이 이루어져서 대형 군함이 이동하기가 어려운 상태였기 때문에 네덜란드 군대의 경계가 상대적으로 허술한 편에 속했다. 정성공의 군대는 이러한 상황을 파악한 후 북항로를 선택하게 된다. 그해 4월 2일 함대는 녹이문(鹿耳門)에 도착한 후 조수가 급속히 불어나기를 기다려 5,6척의 깊이까지 높아지자 북선(北線), 미도(尾島), 젤란디아성 서북부 부근의 화료항(和寮港)에 순조롭게 상륙하였다.

네덜란드 군대는 대만 섬에 약 2600여 명 정도 주둔하고 있었다. 젤란디아성에 주둔하는 2천여 명의 군대는 대만 총독 코예트(Coyet)가 통수하고 있었으며, 프로빈시아성에 주둔하고 있는 6백여 명의 군사는 발렌틴(Valentijn)이 통솔하고 있었다. 정성공의 군대를 발견한 네덜란드 군대는 2대대로 나누어 출격하였다. 코예트가 먼저 전함 헥토르호와 스콜라프호를 비롯하여 소범선인 백로호, 쾌속정 마리아호를 출격시키자 정성공도 반격에 나서기 시작하였다. 이에 헥토르는 침몰되었으며 나머지 세 전함도 모두 격퇴시켰다.

그해 4월 3일에 베더(Beder) 상위(上尉)는 네덜란드 육군 240명을 이끌고 북쪽으로 진격하며 미도에 상륙하였다. 그러나 정성공의 군대 4천여 명이 양쪽에 대포와 화살로 공격하자 베더 상위를 포함한 118명이 그 자리에서 목숨을 잃었다. 수륙 양면에서 네덜란드 군을 물리친 정성공의 군대는 적감성(赤嵌城 : 적감루赤嵌樓)을 포위하고 적감성과 대만성의 연락을 단절시키고 해륙교통을 차단하였다. 또한 미도에 주둔한 군대로 하여금 네덜란드 군의 증원을 사전에 차단하도록 하였다. 4월 6일이 되자 적감성의 네덜란드 군대는 결국 투항하게 된다.

이에 4월 7일부터 정성공은 대만성에 대한 공격을 시작하였다. 그러나 대만성은 매우 견고하고 대포의 화력이 막강하여 십여 일이 지나도록 대치국면이 지속되었다. 정성공은 기존에 점령한 지역에 대한 경계를 강화하는 한편 대만성에 대한 포위 공격을 실시하였다. 그해 5월 28일, 네덜란드령 자바의 바타비아(Batavia : 오늘날의 자카르타) 당국은 대만성의 소식을 접하고 사병 7백여 명과 전함 10척 등의 지원 병력을 파견하였으며, 7월 5일에 대만 해역에 도착하였다. 이러한 사실을 사전에 정탐한 정성공은 포위 공격을 강화하면서 지원 부대를 격퇴할 준비에 나섰다. 지원 병력이 도착한 후 네덜란드 부대는 포위되어 있는 불리한 상황을 타파하기 위하여 정성공의 군대를 대만성에서 축출하고 적감성 부근에 정박해 있던 정성공의 함대를 격퇴시키고자 하였다. 이에 두 척의 함대를 대만성 후방에 배치하여 정성공 부대의 대포를 파괴한 후, 삼사백 명의 보병을 대만성으로 출동시키며 다시 20여 척의 함정을 출격시켜 정성공의 전함을 습격하도록 하였다.

윤7월 23일 쌍방은 해상에서 격돌하였다. 정성공은 친히 전함을 이끌고 해상으로 나아가 네덜란드 함대를 포위하고 한 시간 동안의 격전을 치렀다. 이러한 가운데 적군 함대 두 척을 격침하고 소군함 3척을 사로잡았으며 백여 명의 적병을 무찔렀다. 나머지 네덜란드 군함들은 먼 바다로 도주하였다. 1662년 1월 정성공은 다시 병력을 대만성 외부의 사주로 결집시켜 포대 3곳을 구축하고 28개의 대포를 설치하였다. 또한 대만성에 근접해 있는 작은 산에는 참호를 마련해 놓았다. 네덜란드 군은 대포와 총, 수류탄 등으로 반격함으로써 대만성은 그대로 불바다가 되었다. 1662년 1월 27일 네덜란드 군은 반격을 멈추었으며, 1662년 2월 1

일 쌍방은 정식으로 36조에 달하는 조약을 체결하고 서명하였다.

　　정성공의 대만 수복은 중국의 해전사상 최대 규모와 원거리의 상륙작전을 성공시킨 것으로 무기의 열세에도 불구하고 우수한 무기를 지닌 네덜란드 군에 승리한 뛰어난 전투로 인정받고 있다. 정성공이 이 전쟁에서 승리함으로써 네덜란드의 대만 식민통치는 막을 내리게 되었으며 열강의 침입에 맞서 중국의 영토와 주권을 수호할 수 있게 되었다. 1차 대만 전쟁은 정성공의 승리로 끝이 나게 됨으로써 영토 분할을 절대 용인하지 않는 중국의 전통을 다시 확인시켜 주었다고 볼 수 있다. 정성공은 바로 이러한 관점에서 중국역사의 민족영웅으로 자리 잡게 된 것이다.

중앙정부의 대만 통치

　　대만이 수복된 후 정성공은 1662년 6월 서른아홉 살의 나이로 대만에서 병사하였다. 그의 아들 정경(鄭經 : 1642~1681년)*이 권력다툼의 내란을 평정하고 승리자의 모습으로 연평군왕(延平郡王)의 자리를 세습하게 됨으로써 대만의 제2대 지도자가 되었다. 정경의 정치 이념은 그의 아버지인 정성공과는 판이하게 달랐다. 정성공은 "대만은 중국인이 다스려 왔던 중국의 영토이다"라고 말하였지만, 정경은 "대만은 멀리 바다에 떨어져 있기 때문에 중국의 영토가 아니다"라고 생각한 것이다. 실제로 정경은 이미 대만을 중국에서 분리시켰다고 볼 수 있다.

　　강희 20년(1681년) 대만의 정세에 커다란 변화가 일게 된다. 즉 정경이 병사하고 그의 아들 정극장(鄭克藏 : 1664~1681년)**이 그 자리를 물려받았으나 그 권세가 안정적이지 않은 틈을 타고 정경의 신임을 받았던 대신 풍석범(馮錫範)이 정변을 일으켜 정극장을 죽이고 정경의 둘째아들***을 대신 옹립하였던 것이다. 정변이

---

* 정성공이 대만을 점령한 지 얼마 후 세상을 떠나자, 정성공의 맏아들로 대만 정씨왕국(鄭氏王國)의 2대 왕(재위 1662~1681)이 되었다.

** 그는 재능이 뛰어났고 할아버지 정성공과 비슷한 점이 많았지만, 정극장의 왕위 계승을 못마땅하게 생각하던 풍석범에 의해 살해되었다. 풍석범은 그의 사위이자 정극장의 동생 정극상(鄭克塽 : 1670~1707년)을 왕위에 세운다.

*** 정경의 둘째아들이자 정극장의 동생인 정극상(鄭克塽)으로 정씨왕국의 마지막 3대 왕(재위 1681~1683)이다. 그가 즉위 당시 12살에 불과했으므로 나라의 실권은 풍석범이 쥐게 되었고, 이로인해 민심을 잃었고 결국 청나라에 항복을 하였다.

성공을 거두자 풍석범은 자기 마음대로 권력을 휘두르기 시작하였으며, 이로 인해 대만의 인심은 그에게서 완전히 돌아서게 된다. 청나라 왕조는 삼번의 난을 평정하고 사회, 경제적으로 번영의 길에 들어서게 되었기 때문에 대만을 영토에 포함시키기 위한 일정을 논의하기 시작하였다.

강희 22년 6월 강희제는 정성공의 수하에 있었던 대장군 시랑(施琅)을 복건수사제독(福建水師提督)으로 임명하는 한편 태자의 소보(少保)라는 관직을 겸하도록 하였다. 이에 시랑은 수군을 통솔하여 팽호도와 대만으로 진격하게 된다. 그해 6월 18일 청나라 군대는 팽호도 안팎의 호정(虎井), 통판(桶盤) 두 개의 섬을 점령하였으며, 대만 섬 외부를 평정 한 뒤 6월 22일 총공세를 펼쳐 16시가 되었을 쯤에 적군 1만2천 명을 진압하고 포로 5천 명을 생포하였을 뿐만 아니라 격침, 노획한 전함의 수가 190여 척에 달하는 등 완벽한 승리를 거두었다. 청나라 군대는 사망 329명, 부상 1800여 명에 불구하였으며, 정성공이 정비해 놓았던 군대는 병력에 큰 손실을 입게 되었다.

청나라 군대가 팽호열도를 점령한 후, 시랑은 한편으로는 진격을 멈추고 군대를 정비하는 한편 평화적 해결 방법을 모색하고자 하였다. 팽호는 대만의 문호라고 할 수 있다. 정씨 일가는 그 주력부대가 와해되고 대만의 한두 지역씩 그 문호를 개방하게 됨에 따라 강희 22년 7월 5일(1683년) 청나라 왕조가 제시한 조건들을 받아들임으로써 청나라 정부를 향해 무장해제를 하고 투항하게 된다.

▶▶ 역사의 흐름에 어떤 영향을 미쳤을까?

시랑과 정성공은 모두 대만의 수복에 공을 세운 중국의 민족 영웅이라고 할 수 있다. 두 번에 걸친 대만 수복을 통해 대만이 중국영토라는 것을 다시금 증명하게 된 것이다. 중국인들은 과거, 현재, 미래를 막론하고 대만을 중국에서 분리하려는 시도는 실패로 돌아갈 운명을 지니고 있다고 믿고 있다. 대만 수복은 중국민족의 희망과 목표로써 정성공의 공적은 현재에도 그러한 노력을 게을리 해서는 안 된다는 경각심을 중국인들에게 일깨워주는 역할을 하고 있다.

5. 달라이라마達賴喇嘛와 반선라마班禪喇嘛를 책봉하다

불교의 주요 지파 가운데 하나에 속하는 티베트 불교는 세계적으로도 높은 위상을 지니고 있으며, 특히 중국의 서장(西藏 : 티베트족자치구) 지역에 지대한 영향을 끼치고 있다고 볼 수 있다. 티베트족은 중국의 소수 민족 가운데 중요한 위시를 차지하고 있는 민족이며 서장 지역 역시 중국에서 분리될 수 없는 영토의 한 부분으로 중시되고 있다. 중국은 청나라 시대부터 중앙정부에서 달라이라마와 반선라마*를 책봉하는 제도를 실시하여 지금까지도 시행되고 있으며 중국이 티베트 지역에 주권을 행사하고 있는 중요한 의의를 지닌 제도라고 할 수 있다.

서장(티베트)과 중국의 관계 – 그 발전과 역사

서장(西藏)은 중국의 서남부에 위치하고 있다. 이곳을 터전으로 삼았던 티베트족의 조상은 기원전부터 중국내륙의 한족과 긴밀한 관계를 유지하고 있었다. 오랜 시간이 경과하면서 서장의 고원 지대에 분산되어 분포하고 있던 부락들이 점차 통일되어 현재의 티베트족을 형성하였다. 당나라 시대에는 왕실 간의 혼인, 동맹 등을 통하여 정치적으로 우호적이고 친밀한 관계를 형성하여 왔으며 경제, 문화적으로도 긴밀한 교류관계를 유지하여 왔다. 이는 중원과 서장이 하나로 통일되는 데 든든한 기틀을 형성해주었다고 볼 수 있다. 서장 티베트족자치구의 수도 라싸의 포탈라궁 안에는 641년 당나라 왕실에서 서장 토번에게 시집온 문성공주의 석조상이 지금까지도 잘 보존되어 있으며 대소사(大昭寺) 앞에 위치한 광장에는 823년에 쌍방의 동맹을 상징하는 '당번회맹비(唐蕃會盟碑)'가 세워져 있다.

13세기 초 칭기즈칸이 중국 북부지역을 통일하고 몽골한국을 세우게 되자, 1247년 서장 종교계 영수인 살가반지달(薩迦班智達) 공알견찬(貢嘎堅贊)은 몽골의 황자 쿠단(闊端, 활단)과 양주(凉州)에서 서장이 몽골에 귀속되는 조건을 논의하게

---

* 달뢰라마(達賴喇嘛), 즉 달라이라마에서 몽골어 '달라이'는 '바다'를 뜻하며, 티베트어 '라마'는 산스크리트어의 '구루'에 해당하는 말로 '영적인 스승'이라는 뜻이다. 반선라마(班禪喇嘛), 즉 '판첸라마'는 달라이라마의 뒤를 잇는 제2의 지도자 및 그 칭호이다.

옹화궁(雍和宮) 금분파병(金奔巴瓶, 청나라 시대)

되었다. 즉 서장의 지도와 공물을 바치는 것은 물론 몽골에서 파견된 관리가 서장을 다스리는 데도 합의하게 된 것이다. 1629년에 편찬된 『살가세계사(薩迦世系史)』에는 당시 살가반지달이 서장 각지의 승려 수장들에게 보낸 서한 가운데 몽골에 귀속되는 사유와 준수해야 하는 지방행정제도의 내용이 기록되어 있다. 1271년 몽골한국은 국호를 '원(元)'으로 바꾸고 1279년 중국을 통일하게 된다. 한나라(기원전 206~220년), 당나라에 이어 중국 전역과 각 민족을 통일한 중앙정권이 탄생한 것이며, 서장 지역도 원나라 중앙정부가 직접 통치하는 행정구역으로 자리 잡게 된 것이다. 이때부터 중국의 왕조와 중앙정권의 주체가 바뀌는 것에 상관없이 서장 지역은 중앙정권의 통치를 받게 되었다.

원나라 시대에는 황제가 선정원(宣政院)을 설치하여 서정의 군정을 직접 관리하였으며, 이 기구의 책임자는 황제가 결정하였다. 이렇게 파견된 관리는 그 지역과 관련된 모든 사항을 황제에게 직접 보고하도록 하였다. 선정원의 실권을 쥐고 있는 '원사(院使)'는 중앙 정부의 총리로서 전국의 정무를 관장하고 있던 우승상(右丞相)이 겸직하였다. 또한 선정원에 예속된 군정기구 '선위사사도원수부(宣慰使司都元帥府)'를 설립하여 운영하였으며, 군대를 주둔시키고 왕자를 비롯한 그 후예들이 서장의 동부 변경 지역에 주둔하고 있다가 이 지역에 변고가 발생하면 바로 출격하도록 하여 변경 지역의 안정을 꾀하도록 하였다.

원나라 시대에 중앙에서 서장으로 파견된 관리는 그 지역의 인구비례, 지세의 험준함 여부, 생산량에 따라 역참을 설립하여 교통을 하나로 연결하도록 하였다. 또한 인구조사를 실시하여 각 만호(萬戶)에 따라 부역 노동량을 확정하는 한편 역참에 필요한 노동력, 물자, 운수에 사용할 가축 등을 결정하였다.

명나라 시대에 이르러서도 서장 지역에 대한 지속적인 관리가 이루어졌다. 명나라 왕조는 지금의 서장 중부와 동부 지역에 각각 '오사장행도지휘사사(烏思藏行都指揮使司)'와 '타감행도지휘사사(朶甘行都指揮使司)'를 설립하여 섬서행도지휘사사(陝西行都指揮使司)에 예속시킴으로써 행성급(行省級) 군사기구에 해당하는 지

위를 부여하였고 민정을 겸하도록 하였다. 서
장 서남부의 아리(阿里) 지역에는 별도로 '아력
사군민원수수(俄力思軍民元帥府)'를 설치하였으
며, 이러한 기구의 책임자는 모두 중앙에서 임
명하였다.

　명나라 성조(成祖)의 집권기에 이르러 서장
의 불교와 정치가 혼합되면서 각 파별로 한 지
역씩 할거하는 국면이 형성되었다. 이에 명나

청나라 왕조가 반선라마에게 하사한 금인(金印)

라 왕조는 서장 각 지역의 종교 영수들에게 '법왕(法王)', '왕(王)', '관정국사(灌頂國
師)'의 명칭을 부여하여 통치의 효율성을 꾀하였다. 그러나 왕위를 계승하기 전
에는 반드시 명나라 황제의 윤허를 얻어야 하며 사신을 파견하여 책봉을 받아야
만 비로소 새 왕이 즉위할 수 있었다. 달라이라마와 반선라마 양대 활불(活佛 : 라
마교의 우두머리)의 계통은 티베트 불교의 최대 종파인 겔룩파(格魯派, 격로파)*의 전
통에 속한다. 겔룩파는 명나라 시대에서부터 세력을 키우기 시작하였으며, 3대
달라이라마는 본시 겔룩파의 한 사찰의 주지였다. 명나라 왕조는 달라이라마가
입궁하여 조공을 바치는 것을 허락하고 1587년에 그에게 '타아지창(朶兒只唱)'이
라는 호칭을 하사하였다.

달라이라마와 반선라마 제도의 확립

　청나라 왕조는 서장지역에 대한 통치를 강화하기 시작하였다. 이는 여러 방면
에서 원, 명을 뛰어넘는 일련의 관리조치들을 시행한 것이다. 1652년 순치황제는
5대 달라이라마**를 입궁토록 청하였을 뿐만 아니라 웅장한 규모의 황사(黃寺)를

---

* '거루파(格魯派)' 혹은 승려들이 법회 때 황색 모자를 써서 '황모파(黃帽派)'라고도 부른다. 총카파(宗喀巴 :
　1357~1419년)가 카담파를 개혁, 거루파를 일으키고 황모를 사용했는데, 그는 티베트 정통파 불교의 개혁자로
　서 라마교 황모파의 개조가 되었다.
** 롭상갸초(羅桑嘉措, 라상가초 : 1617~1682년)를 말한다. 겔룩파의 공식적인 1대 지도자는 간덴트리파(根敦朱巴,
　근돈주파 : 1391~1474년), 즉 겔룩파의 창시자 총카파가 세운 첫 번째 사원 간덴사의 주지이다. 현재 달라이라
　마는 우리가 잘 아는 14대 달라이라마 텐진갸초(丹增嘉措, 단증가초)이다.

지어 그가 북경에 있는 동안 거처로 삼도록 하였다. 달라이라마는 북경에서 청나라 왕조의 성대한 대접을 받게 되었으며 그 이듬해에 순치황제는 다시 달라이라마에게 금책(金冊)과 금인(金印)을 하사하고 '서천대선자재불(西天大善自在佛)', '천하석교보통와적달라항라달라이라마(天下釋敎普通瓦赤喇恒達賴喇嘛)'로 봉하였다.

1682년 5대 달라이라마가 세상을 떠나자 서장의 상류계급에서는 6대 달라이라마(상양갸초 : 倉央嘉措, 창앙가조, 1683~1706년)의 선정을 두고 몽골과 서장의 통치자 사이에 권력투쟁이 벌어졌다. 강희황제는 서장의 사무를 몽골한에 즉위한 고시한(固始汗)의 증손 납장한(拉藏汗)이 혼자서 처리하는 것이 더 이상 여의치 않음을 파악하고, 1709년 시랑 혁도(赫壽)를 특파하여 납장한과 함께 서장의 정사를 처리하도록 하였다. 이렇게 하여 청나라 왕조가 서장에 관리를 파견하기 시작하였던 것이다.

1713년 강희제는 특사를 서장에 파견하여 5대 반선 로산이시(羅桑益喜, 나상익희 : 1663~1737년)를 '반선액이덕니(班禪額爾德尼)'로 책봉하였다. 강희제의 이러한 조치는 반선의 종교적 지위를 이용하여 민심을 안정시키고 서장의 국면을 진정시키는 효과를 발휘하게 된다. 서장에 변고가 발생하면 쟁의가 끊이지 않고 있는 6대 달라이라마 외에 청나라 왕조가 정식으로 책봉한 반선이 겔룩파의 사무를 관장할 수 있게 된 것이다. 이때부터 반선의 칭호와 종교계 지도자로서의 위치가 확립되었으며 반선의 책봉 역시 반드시 중앙정부의 결정에 따르도록 제도화 하였다.

1717년 신장 지역의 최대 몽골 세력인 준갈이(準噶爾 : Dzungar, 준가르)가 서장을 점령하고 불교를 말살하기 시작하였다. 그는 서장의 대형 사찰의 금은을 모조리 약탈하여 이리(伊犁) 지역으로 가지고 감으로써 서장은 일대 혼란에 빠지게 되었다. 청나라 왕조는 두 차례 군대를 파견하여 서장을 지원하였으며, 1720년 준갈이를 축출한 뒤 7대 달라이라마(칼장갸초格桑嘉措, 격상가조, 1708~1757년)의 즉위식을 포탈라 궁에서 갖도록 하였다. 1721년 청나라 왕조는 서장의 지방정부 가운데 대권을 쥐고 있던 제파(第巴)라는 관직을 폐지하고 지방정부 네 곳에 각각 갈륜(噶倫)을 설치하여 공동으로 정무를 관장하게 하였다. 그러나 6년이 지난 후 갈륜 내부에서 발생한 분열로 서로 죽고 죽이는 전쟁으로 발전하게 된다.

이에 옹정황제는 군대를 파견하여 내란을 종식시킨 후 1727년 서장에 주재

서장 라싸에 위치한 포탈라 궁 전경

하며 정무를 관장할 대신 두 명을 3년을 임기로 파견하게 된다. 또한 내란 평정에 공을 세운 파나내(頗羅鼐)를 패자(貝子 : 청나라 왕조에서 봉한 일종의 작호)로 봉하여 서장의 모든 정무를 관장하도록 하였다. 서장에 주둔하는 청나라 군대는 서장에 주재하는 두 명의 대신들이 지휘하도록 하였다. 1729년 파나내는 다시 군왕(郡王)으로 봉해졌으나 파나내가 죽고

그의 아들이 군왕을 세습한 후부터 모든 일을 대신들과 상의 없이 독단적으로 처리하게 되자 대신들은 그를 죽이고 만다. 이 소식을 들은 부하장수가 다시 서장에 주재하는 두 명의 대신을 죽이고 만다. 7대 달라이라마는 공반지달(公班智達)로 하여금 대리왕으로써 서장의 정무를 관장하도록 하는 한편 대신들을 죽인 범인을 체포하고 반란의 경과를 건륭황제에게 보고하였다.

이에 건륭황제는 군대를 파병하여 이 반란을 진압한 후 서장 지역에 대한 대대적인 개혁을 실시하게 된다. 그는 장왕(藏王), 군왕(郡王), 패자(貝子) 등의 제도를 모두 폐지하고 7대 달라이라마인 격상가조(格桑嘉措)로 하여금 서장의 지방정권을 장악하도록 하였다. 서장의 지방정부인 갈하(噶厦)를 설립하고 다시 네 명의 갈륜을 두었으며, 이 가운데 세 명은 세속인으로 한 명은 승려로 임명하여 3품의 관직을 부여하였다. 이들은 서장 주재 대신과 달라이라마가 직접 관리하고 갈륜 등 중요 직책은 중앙정부에서 임명하도록 하였다. 청나라 왕조는 서장의 안위와 관계된 일은 서장 주재 대신이 달라이라마와 협상하여 추진토록 하였다. 이로써 서장 주재 대신과 달라이라마의 정치적 입장이 대등해지게 된다. 또한 이때부터 티베트 불교 최대 종파인 겔룩파에 의한 '정치와 종교합일' 정책이 확립되었다고 볼 수 있다.

청나라 왕조는 서장의 행정기구 기능을 체계화시키기 위하여 이와 관련된 '장정(章程)'을 반포하여 구습을 개혁하는 한편 새로운 제도를 실시하였다. 1793

년『흠정장내선후장정(欽定藏內善後章程)』29조를 반포하였으며, 그 주요 내용은 다음과 같다. 청나라 정부는 달라이라마, 반선액이더니 등 서장의 활불이 세상을 떠난 뒤 '전세영동(轉世靈童 : 달라이라마가 입적 후 환생한 아이로 여겨지는 인물)'을 확정할 권리를 갖으며 각 대의 달라이라마, 반선액이덕니와 서장의 고승들이 환생한 전세영동을 찾아 나설 때, 그 영동들의 이름을 적은 패를 중앙정부가 하달한 금병 속에 넣고 고승들의 확인을 거친 후 서장 주재 대신이 패를 뽑아 결정하도록 하였다(이 금병과 패는 지금까지도 라싸에 보관되어 있다고 한다). 전세영동에게 삭발, 법명, 수계를 담당할 스승과 경전을 전수할 스승 역시 서장 주재 대신이 중앙에 보고하여 윤허를 얻도록 하였으며, 또한 달라이라마와 반선액이덕니의 즉위식과 친정의식은 중앙정부에서 관리를 파견하여 감시하도록 하였다.

서장 주재 대신은 중앙정부를 대표하여 서장의 각종 사무를 감독하였으며, 달라이라마와 반선액이덕니와 동등한 지위를 보장받았다. 갈륜을 포함한 관리들도 모두 이에 예속되었으며 서장의 문무 관리들에 대한 품계, 인원 수, 승격과 증원 등을 관장하였다. 서장의 최고 관리는 갈륜 4명, 대본(代本) 6명으로 구성되었으며 중앙에서 임명하였고 이들의 봉록 또한 중앙에서 지급하였다.

또한 3천 명 규모의 서장 군대를 확보하고 군관의 등급, 인원 수, 군대의 보급품 충당, 무기 장비, 주둔 지점 등을 규정하고 내륙에서 1400여 명의 군사를 이동시켜 서장에 주둔하도록 하였다. 서장과 한족으로 구성된 군대는 중앙에서 파견된 관리가 통솔하였다.

서장은 중앙의 규정에 따라 주전국(鑄錢局)을 설립하여 궁전에서 사용할 화폐를 주조하고 은전의 정면과 뒷면에 나누어 한장(漢藏) 문자로 '건륭보장(乾隆寶藏)'이라는 글자를 새겨 넣도록 하였다. 또한 달라이라마와 반선액이덕니는 연중 재정수입과 지출을 서장 주재 대신에게 검사를 받아야 했다. 서장 지역에 대한 부역은 중국 전역에서 고루 부담하도록 하였다. 귀족과 대사찰의 승려 가운데 공적을 세워 부역을 면제 받은 자들은 서장 주재 대신, 또는 달라이라마가 심사하여 비준한 후에 증서를 발부받아야만 했다. 서장에 와서 무역을 행하던 네팔, 캐시미어 지역의 상인들을 대상으로 등기를 실시하여 명부를 만들고 이를 문서화하여 서장 주재 대신에게 보고한 후에 담당 관리가 통행증을 발부하도록 하였다.

달라이라마를 책봉한 금책(金册)

라싸에 출입하는 외부인들은 서장 주재 대신이 발급하는 통행증을 받을 때까지 대기하여야 하며 정해진 날짜까지 되돌아가야만 했다.

인도, 네팔 등의 국가 등과 접경한 서장 서남부 지역에는 국경을 표시하는 경계비를 설치하고 서장 주재 대신이 매년 순회하여 주둔군의 수비 현황과 국경 경계비의 상황을 감독하도록 하였다. 서장의 외교와 관계된 일은 모두 서장 주재 대신이 처리할 권리를 가졌다. 갈륜은 단독으로 외국과 교통해서는 안 되며 달라이라마, 반선액이덕니가 외국의 서한, 보시 등을 받은 경우에도 대신에게 보고하여 검사를 받도록 하였으며, 대신이 상황을 판단하여 회신하도록 하였다. 범죄자에 대한 처벌도 대신의 심사와 허가가 있어야 했다. 1727년 처음으로 서장 주재 대신을 파견한 이래 1911년 청나라 왕조가 멸망하기까지 백여 명의 대신들이 서장으로 파견되었다.

▶▶ 역사의 흐름에 어떤 영향을 미쳤을까?

청나라 정부의 일련의 정치적 조치로 서장과 중앙정부와의 관계가 더욱 긴밀해졌으며 변경 지역의 안정에도 기여하였다. 이는 훗날 중국정부가 서장(西藏) 지역을 관리하는데 풍부한 경험을 쌓을 수 있도록 하였다. 달라이라마, 반선라마의 책봉제도가 형성됨으로써 서장과 중앙정부의 예속관계를 결정하는 중요한 계기를 마련하게 된 것이다.

6. 강건성세康乾盛世의 태평성세가 열리다

청나라 왕조는 순치 원년에 북경으로 입성한 후 18년 동안 주변의 각종 군웅 세력을 진압하고 초기의 태평성대를 맞이하기 위한 기틀을 마련하게 된다. 특히 강희제가 즉위한 후, 강희 20년에 8년에 걸친 오삼계의 난을 평정한 것을 계기로 정성공이 수복한 대만 지역까지 대륙에 예속시켰다. 그리고 강희 23년 강희제는 친히 황하 치수 지역을 둘러보는 등 청나라 왕조는 경제 건설과 사회 안정에 역점을 기울이게 됨으로써 강희(康熙), 옹정(雍正), 건륭(乾隆)*에 이르는 태평성대의 막이 오르게 된다.

강건성세의 배경

중국 봉건사회에 마지막으로 선보였던 태평성세는 강희, 옹정, 건륭에 이르는 130여 년의 시기라고 할 수 있다. 통치자는 민족갈등과 계급모순을 완화하고 통일된 다민족 국가로서 정치, 경제 조치를 지속적으로 취하여 나감으로써 상당 기간 사회적 안정을 이룩하였다. 백성들도 안정된 사회 환경 속에서 생산 활동에 힘쓰게 되었으며 명말 청초의 혼란한 전란의 상처에서 회복되어 다시 한 번 봉건 사회의 번영기를 맞이하였다. 당시 청나라 왕조는 세계에서 가장 강대한 제국 가운데 하나로서 동방의 강국으로서의 면모를 과시하고 있었다.

봉건사회의 태평성세는 결코 우연하게 이루어지는 것이 아니다. 태평성세를 이루는데 직접적인 영향을 끼친 원인에는 여러 가지가 있겠지만 가장 근본적인 요인은 정부의 정책과 시행 방법이 민심과 민의에 부합하는가 여부에 있다. 강희, 옹정, 건륭 황제는 관리제도 정비를 치세의 최우선에 두고 일관되게 실현하였다. 지위, 권세를 막론하고 총독(總督), 순무(巡撫) 급의 국경을 지키는 대신, 조

---

* 강건성세 혹은 강옹건성세(康雍乾盛世)는 청나라의 최전성기로 제4대 황제 강희제(聖祖 : 재위 1661~1722) 치세 부터 특히 삼번의 난을 평정한 1681년부터 제5대 황제 옹정제(世宗 : 재위 1722~1735)를 거치고, 제6대 황제 건륭 제(高宗 : 재위 1735~1796) 치세를 말한다.

486 3부 | 근대 중국 : 1600~1914년

정의 고관, 심지어 황제의 종친까지도 법을 어기면 엄격하게 처벌하였다. 일례로 건륭황제는 재물을 탐했다는 죄로 그의 처남, 즉 양회염정(兩淮鹽政)을 거쳐 내무부 총관을 지낸 고항(高恒) 등을 처벌한 것을 들 수 있다.

또한 세 황제는 명나라가 멸망한 교훈을 되새겨 농업을 국가의 근본으로 삼고 경제를 발전시켜 백성을 배부르게 하는 정책을 실시함으로써 집집마다 살림이 넉넉해지게 되었다. 이것이 바로 강희, 옹정, 건륭 황제에 이르러 태평성세를 누릴 수 있었던 가장 근본적인 요인이었다고 할 수 있다. 이를 바탕으로 청나라 왕조는 대규모 농업 발전 정책을 추진하였

「현엽융장도(玄燁戎裝圖)」한 축(軸)

다. 특히 황무지 개간에 역점을 두어 옹정, 건륭 때에 이르러서는 황무지 개간 사업을 변경 지역까지 확대하였다. 변경 지역에 주둔하는 군인들에게도 '군둔(軍屯 : 둔전屯田)'을 일구도록 함으로써 토지개간이 대대적으로 이루어지게 되었으며 경지도 점진적으로 늘어나게 되었다. 농업의 명맥이라고 할 수 있는 수리사업에 치중하여 농민들의 부담을 경감시키고 생활환경을 개선시키는 한편 생산력 증대를 지속적으로 꾀하였다. 농민들의 생활이 안정됨에 따라 사회전반에 걸쳐 안정적인 국면이 형성되었다고 볼 수 있다.

이 시기에 청나라 왕조는 '대일통(大一統)' 사상을 견지하여 일련의 민족정책을 제정하여 변경 지역의 장기적인 안정을 꾀하게 된다. 강희 30년(1691년) 강희제는 장성의 경계를 없애고 변방과 내륙이 하나라는 사상을 제기함으로써 2천여 년 간 장성을 경계로 벌어진 내외 전란과 한족과 소수 민족간의 투쟁이라는 전통관념을 타파시키기에 이르렀다. '대일통' 사상은 강희제에 이르러 정치 이념으로써 최고의 가치를 실현하였다고 볼 수 있다. 그러나 서북지역 준갈이 부족이 여러 차례 '대일통' 사상에 반하는 반란을 일으키게 된다.

강희 29년 갈이단(噶爾丹, 간덴)과의 첫 번째 전란을 시작으로 책망아랍포단(策妄阿拉布壇)과 두 번째로 전쟁을 벌였으며, 청나라 세종(世宗 : 옹정제) 때에는 갈이

단책령(噶爾丹策零)과 세 번째로 전쟁을 벌이게 된다. 청나라 고종(高宗 : 건륭제)의 집권기에는 달와제(達瓦齊)와의 전쟁에 이어 아목이철납(阿睦爾撤納), 신강(新疆) 회부(回部)의 확집점(霍集占)과 전쟁을 벌여 모두 승리함으로써 전쟁은 종식되었다. 건륭 24년(1759년)에 이르러 청해(靑海), 신강 등 서북지역과 서장에 관련된 모든 문제들이 해결되었다고 볼 수 있다. 황제 3대에 걸쳐 70여 년 동안 전란과 반란을 진압함으로써 마지막 승리를 거둘 수 있게 되었으며 중국은 다시 통일된 국가의 모습을 갖추게 된다. 옹정황제는 토사(土司 : 현지인 중에서 유능한 인물을 중앙정부가 관리로 임명하여 현지인을 관리하는 방식)를 폐지하고 유관(流官 : 조정에서 임명한 정식 관리)을 파견하는 등 서남지역에 대해 일련의 개혁정치를 실시하였다. 이러한 정치체제는 건륭 초년에 완벽하게 자리 잡게 된다.

강희, 옹정, 건륭 세 황제는 사상적으로 모두 유가 사상을 통치 이념으로 삼았으며 전통문화 발전에 힘을 기울였다. 이러한 문화적 번영은 문화의 다양성 확보에 기여했음을 물론 태평성세를 앞당기고 '문치(文治)'를 통한 태평성세의 전성기를 구가할 수 있는 배경을 조성해 주었던 것이다.

태평성세의 발전 양상

강희, 옹정, 건륭이 통치했던 시기는 청나라 왕조 3백 년을 통틀어 가장 번성했던 시기였다고 할 수 있으며 중국의 봉건사회 가운데에서도 역사적 번영을 이루었던 시기에 해당한다. 농업 방면에 있어 인구의 수와 경작지 면적 등에 있어 모두 역대 왕조의 기록을 앞서 나갔다. 강희 24년 중국의 경작지 면적은 6억 무(畝)를 기록하였으며, 건륭 말년에 이르러서는 무려 10억5천만 무(畝)로 증가하였다. 곡물 생산량도 급속하게 늘어나 2천40억 근에 달하였으며, 보리의 수확률이 15대1로서 유럽에서 1위를 차지한 영국의 10대1의 기록을 넘어서 곡물 수확량이 영국을 앞지르게 되었다. 당시 중국의 농업 총생산량은 세계 1위였다고 볼 수 있다. 1700년을 좌우하여 1억5천만 명에 이르던 인구는 1794년에 3억1천5백만 명으로 늘어나 당시 9억에 달하던 세계 인구의 3분의 1을 중국이 차지하였다.

중국 도시의 발달도 괄목할만 하였다. 19세기 초, 세계에서 50만 이상의 주민을 보유한 도시는 열 개에 불과하였으며, 그 가운데 중국이 북경, 강녕(江寧), 양주

(揚州), 소주(蘇州), 항주(杭州), 광주(廣州) 등 여섯 개를 차지하였다. 도시에 이어 그 하급 단위인 허시(墟市), 집진(集鎭) 등도 큰 폭으로 증가하였다. 남경은 방직 물품 생산지로 명성을 떨쳐 방직공의 수가 수만 명에 달하였다. 프랑스의 계몽학자 볼테르(Voltaire : 1694~1778년, 18세기 프랑스의 대표적 계몽사상가)는 중국을 "세계에서 가장 아름답고 유구하고 방대한 나라로 인구도 가장 많고 치세도 가장 잘 이루어지고 있는 나라"라고 호평한 바 있다.

이 시기에는 특히 대외무역이 급속하게 발전하였다. 차, 비단, 무명 등이 주요 수출품에 해당하였으며, 특히 차는 수출품의 1위를 차지하였다. 18세기 말엽 영국이 동인도회사를 설립하여 매년 중국으로부터 은 400만 량에 달하는 차를 구매하였다. 반면 영국 상인들은 모직제품, 금속, 면화 등을 주로 수출하였기 때문에 이를 모두 합쳐도 영국이 중국에서 사들이는 차의 규모에 미치지 못하였다. 무역수지의 균형을 맞추기 위하여 영국 상인들은 대량의 은을

건륭황제가 대열(大閱) 시에 착용했던 갑옷과 투구

중국으로 운송해 올 수밖에 없었다. 강희 연간에 청나라 왕조가 정한 목표 관세 액수는 4만3천 량 정도였으나 실제 징수액은 이를 훨씬 초과하였다. 건륭 말년에는 매년 잉여세액(목표보다 초과 징수한 부분)이 85만 량에 달할 정도로 이는 강희 연간에 정한 세액보다 20배를 넘는 액수에 해당하였다. 이러한 무역의 불균형을 맞추기 위하여 영국은 대량의 아편을 중국으로 들여오게 되었으며 아편전쟁까지 일으켰다.

18세기 초, 강희제는 과학 분야에서 방대한 규모의 양대 사업을 추진하였다. 그 가운데 하나는 『율력연원(律曆淵源)』을 편찬하여 중국과 서방의 각종 음악이론을 비롯하여 악기제조, 천문역법, 그리고 서방의 수학과 중국의 산학(算學)을 소개하는 것이었다. 또 다른 사업은 근대의 과학적 방법을 동원하여 상세한 중국지도

를 만드는 것이었다.

프랑스 『백과전서(百科全書)』의 편집장인 드니 디드로(Denis Diderot : 1713~1784
년, 18세기 프랑스의 대표적인 계몽주의 사상가)는 이 백과사전의 「중국」편에서 "중국민
족은 역사가 유구하고 문화, 예술, 지혜, 정치, 철학 등에 대한 관심은 다른 어떤
민족보다도 뛰어났다"라고 설명하고 있다. 독일의 라이프니츠(Gottfried Wilhelm
Leibniz : 1646~1716년, 독일의 철학자로 자연과학, 수학, 법학, 신학, 언어학에도 뛰어난 사상가)
는 "유럽은 중국보다 사유와 사변에 뛰어나다고 볼 수 있다. ……그러나 그 실천
철학 면에 있어서는 즉 생활, 윤리, 정치실현 등에 있어서는 유럽이 중국인에 비
할 수 없다"라고 여겼다.

강희, 옹정, 건륭 황제 시대에는 변경 지역을 개발하여 한(漢), 당(唐)나라 시대
보다도 중국의 영토가 크게 확대되었다. 전기의 청나라 왕조 영토는 서쪽으로 총
령(蔥嶺) 산맥을 넘어 서북의 카자흐스탄 동부 발하슈 호(Balkhash, Lake)에 이르렀
으며 북쪽으로는 시베리아와 인접하였다. 동북쪽으로는 흥안령(興安嶺) 산맥에서
사할린 섬에 이르렀으며 동쪽으로 태평양, 동남쪽으로는 대만과 그 부속 도서를
모두 포함하였다. 남쪽으로 남해 군도를 포함함으로써 현재의 중국 영토의 기틀
을 확립하였다.

문화적으로는 교육, 문학예술, 사학, 철학, 지리, 수학, 천문, 의학, 군사 등
각 영역에서 고른 발전을 보였으며 수많은 인재가 배출됨으로써 다양한 장르를
선보였다. 또한 걸출한 문학작품들이 수없이 등장하고 서책 정리 작업이 대규
모로 실시됨으로써 도서로 출판이 광범위하게 이루어졌다. 이 가운데 강희 연
간에 정리한 『고금도서집성(古今圖書集成 : 청나라 때 편찬된 백과사전)』과 건륭 연간
에 정리한 『사고전서(四庫全書 : 청나라 때 편찬된 총서叢書)』가 가장 대표적이라고 할
수 있다. 또한 이렇게 문치의 정치 이념이 최고조로 발휘되면서 유생들의 지위
도 높아지게 되는데, 유학의 고증학파가 독보적인 위치를 차지함으로써 이 시
기에 크게 흥성하였다. 강희, 옹정, 건륭의 치세에 힘입어 중국 전통문화는 하나
로 집대성되는 한편 다시 한 번 최고의 전성기를 구가하게 된다.

성세에 숨어있던 내환

중국이 강희, 옹정, 건륭의 성세를 누리고 있던 시기, 지구의 반대편 특히 영국에서는 산업혁명이 진행되고 있어 전 세계적인 불안을 예고하고 있었다. 즉 자산계급 혁명이 세계의 구습을 변화시키며 중세기 봉건신학이 얽매고 있던 속박을 벗어나기 위한 계몽사상 운동의 물결이 세차게 몰아쳤던 것이다. 이때부터 백여 년 동안 중국은 세계에서 차지하고 있던 위상이 곤두박질치게 되었으며 다시는 그 위풍당당한 기세를 회복할 수 없는 처지에 몰리게 되고 만다. 마르크스는 이에 대해 "세계 인구의 3분의 1을 차지하고 있는 제국이 시대의 추이를 읽지 못하고 현실에 안주하고 있으며 인위적으로 세상과의 단절을 시도함으로써 중국이라는 우물 안 개구리로 전락하였다. 이러한 제국은 결국 패배가 결정되어 있는 전쟁을 통하여 멸망할 수밖에 없는 운명에 봉착하고 있음에도 도의를 앞세우며 진부한 세계의 대표를 자처하곤 한다. 그러나 현대 사회는 싸게 사서 비싸게 팔수 있는 특권을 획득하기 위해 분투하는 국가들이 이미 주름잡고 있으며 이는 그 어떠한 시인도 감히 생각할 수 없었던 기막힌 호응관계를 이루는 비가(悲歌)가 되고 말았던 것이다"라고 그 역설적인 논리를 편 바 있다.

강희, 옹정, 건륭 시대는 태평성세를 이룩하였던 동시에 화근의 불씨를 키우고 있었다고 볼 수 있다.

서방의 방직공정은 점진적으로 기계화되고 있었으며 석탄을 이용하여 철강을 제련하고 증기기계가 등장하였다. 시장이 발달하고 상인들의 활동이 활발해졌으며 항해기술의 발달은 식민지 개발을 촉진시키고 교통운수의 개혁을 일으키고 있었다. 이러한 일련의 사회변혁으로 서방세계는 점차 공업화 단계에 진입하며 '근대사회'로 변모하고 있었던 것이다. 그러나 세계의 이러한 변화에 맞서 중국 봉건사회의 마지막 태평성세를 이룩하였던 세 황제는 우매할 정도로 무감각한 반응을 보였다. 특히 공업을 제한하고 과학기술을 멸시하였으며, 문호를 걸어 잠그는 쇄국정책을 실시하여 중앙집권을 강화하는 등의 틀에 얽매인 사상은 사회발전을 심각하게 저해할 수밖에 없었다.

서유럽 국가가 공업발전을 이룩하기 위해 사력을 다했던 것과 달리 청나라 왕조는 공업을 통제하고 제약하며 공업발전에 타격을 주는 한편 공업을 '말업(末

業 : 농업을 본업本業이라 중시하고 이에 반대되는 개념으로 상공업을 천시하는 호칭'이라 천시하였다. 상공업의 발전은 왕실의 품격에 위배될 뿐만 아니라 국가에도 이로울 것이 없다고 여겼다. 유가 사상이 지배하는 청나라 왕조는 말엽에 이르러 과학기술을 '형이하학'적 존재로 멸시하는 풍조가 만연하였으며, 발명과 창조 등의 활동을 '기괴한 농간'으로 여겼다. 청나라 왕조 초기에 대재(戴梓)라는 사람이 화기(火器)의 일종인 '연주총(連珠銃)'을 만들었으며 이 무기는 한 번에 28발의 탄알을 쏠 수 있었다. 그는 이밖에도 반장창(蟠腸槍), 위원장군포(威遠將軍砲) 등을 만들었으나 청나라 왕조의 통치자들은 말을 타고 활을 쏘는 것이 만주족의 근본이라며 이를 무시하였을 뿐만 아니라 대재를 모략하는 자들의 말만 믿고 그를 변경 지역에 노역을 보내버렸다.

또한 청나라 왕조는 문호를 닫고 쇄국정책을 실시하며 외부와의 교류 거부를 기본적인 외교정책으로 삼았다. 강희제부터 건륭제로 이어졌던 이 성세의 시기는 인류 역사상 분산의 시기에서 통일의 시기로 점차 이동하던 때에 해당하며 경제의 세계화 추세가 갈수록 뚜렷하게 나타났다. 그러나 중국은 대외 정책에 있어 시대를 거스르는 봉건 정책을 취하고 있었던 것이다. 서방 열강들이 해외무역을 발전시키고 있던 시기에 청나라 왕조의 통치자들은 불안한 해안지역의 정세에만 가슴을 졸이고 있었다. 과거의 전통에서 현대사회로 걸어 나오기 위해서는 세상의 변화를 읽을 줄 아는 안목을 키워야만 한다. 그러나 중국의 미래를 책임지고 있던 통치자들의 의식과 가치관은 고여서 썩어버린 물처럼 계속해서 가라앉고만 있었던 것이다. 이러한 상황에서 중국은 세계의 낙오자가 되지 않을 수 없었다.

▶▶ 역사의 흐름에 어떤 영향을 미쳤을까?

강희, 옹정, 건륭 황제가 다스렸던 태평성세에 중국인의 진작된 기세를 통해 중국의 찬란했던 역사의 한 시기를 느껴 볼 수 있다. 이때의 중국은 동방문명의 최정상을 달리고 있었으며 18세기 세계에서 가장 강대한 나라의 면모를 과시하고 있었다. 그러나 서방국가에 비해 세계정세에 영향을 줄만한 새로운 발명품이 등장하지 않았다. 서방은 이미 근대사회로 진입하고 있었지만 중국은 여전히 봉건사회의 전성기에 도취되어 있었던 것이다. 이는 역사의 새로운 변화의 바람을 예고하고 있었다.

7. 준갈이準噶爾 부족을 평정하다

청나라 왕조와 준갈이 부족 간의 전쟁은 신강(新疆), 청해(青海), 서장(西藏), 몽골의 통일과 직결되어 있는 문제로 이 전쟁에서 승리한 청나라 왕조는 신강, 청해, 서장, 몽골 지역에 세력을 공고히 하게 된다. 특히 준갈이(準噶爾 : Dzungar, 준가르) 부족*의 수령 갈이단(噶爾丹 : 갈단)부터 책망아랍포단(策妄阿拉布壇 : 체왕랍탄), 갈이단책령(噶爾丹策零 : 갈단체렝), 그리고 아목이살납(阿睦爾撒納) 수령에 이르기까지 모두 러시아와 긴밀한 관계를 유지하고 있었으며 그들의 반란은 러시아의 책동과 지원을 받고 있었다. 따라서 청나라 왕조와 준갈이 부족의 전쟁은 중국의 통일과 주권 수호에 중요한 의의를 지니고 있다고 볼 수 있다.

갈이단과 강희황제

명말 청초, 중국 북방의 몽고족(蒙古族)은 지금의 내몽고 지역을 중심으로 한 막남(漠南) 몽골과 과거 외몽고 지역 일대를 장악한 막북(漠北) 객이객(喀爾喀) 몽골, 그리고 천산(天山) 이북 일대에서 유목생활을 하는 막서(漠西) 액노특(厄魯特) 몽골 등 크게 세 부분으로 나뉘어 있었다. 액노특은 위랍특(衛拉特)이라고도 칭하며 다시 네 부분으로 나뉘었다. 즉 지금의 신강 우루무치 지역 일대에서 유목생활을 하는 화석특(和碩特), 이리하(伊犁河) 유역을 중심으로 유목생활을 하는 준갈이, 그리고 신강 탑성(塔城) 일대에서 유목생활을 하는 토이호특(土爾扈特), 마지막으로

---

* 몽골 오이라트 출신의 부족연합체이다. 17~18세기에 걸쳐 오이라트의 주도권을 잡아, 이리(伊犁) 지방을 본거지로 마지막 유목 왕국을 건설했으나 청나라 건륭제의 친정에 의해 멸망했다.

책을 읽고 있는 강희제의 초상

이르티슈 강 유역에서 유목생활을 하는 두이백특(杜爾伯特) 등이다. 이 가운데 준갈이 부족의 세력이 가장 강성하였으며, 점차 세력을 확장하여 토이호특 부족과 화석특 부족의 방목지를 점령하고는 토이호특 부족민을 볼가 강 유역으로 내쫓았다. 화석특 부족은 청해로 이주할 수밖에 없었다.

갈이단의 집권 시기에는 신강 지역의 두이백특 부족과 토이호특 부족에 예속되어 있던 휘특(輝特) 부족을 합병한 후 청해(靑海)로 이주한 화석특 부족을 점령하였을 뿐만 아니라 신강 남부 위구르족이 거주하고 있던 여러 성까지 점령하게 된다. 준갈이 부족은 그 세력이 점차 확장됨에 따라 더 넓은 지역을 차지하려는 야심을 키우게 된다. 마침 제정러시아의 차르 황제 역시 외부로 세력을 확장하고 있었으며 중국 서북 변경 지역을 차지하려는 욕심을 채우기 위해 준갈이 부족을 회유하기 시작하였다. 강희 26년(1687년) 말에 차르는 중국과 러시아 국경협상의 전권을 골로빈(Golovin)에게 일임하고 이르쿠츠크(Irkutsk)에서 갈이단의 대표를 접견한 후 그에게 반란을 일으킬 것을 책동하여 객이객 몽골을 공격하도록 하였다. 이는 중국의 입장에서는 분열을 획책하는 반란이었다고 볼 수 있다.

야심이 대단했던 갈이단은 동쪽으로 진격을 계속하여 객이객 몽골을 공격하는 한편, 청나라 왕조와도 대적하게 된다. 강희 27년(1688년) 갈이단은 군대를 이끌고 항애산(杭愛山)을 넘어 토사도한부(土謝圖汗部)를 기습하였다. 미처 대비를 하지 못했던 토사도한은 도망가기에 급급하여 모두 뿔뿔이 흩어졌다. 갈이단은 여세를 몰아 차신한(車臣汗), 찰살극도한(札薩克圖汗)을 점령하는 한편, 대라마(大喇嘛) 철포존단파호도극도(哲布尊丹巴呼圖克圖)의 자리를 차지하는 등 객이객 부족을 참담하게 유린하였다. 객이객 부족은 하는 수 없이 러시아로 도주하려 하였으나 생활습관과 풍속이 이들과는 너무 다른 것이 문제였다.

이에 철포존단파호도극도(哲布尊丹巴呼圖克圖)는 "나는 청나라 왕조의 큰 은혜를 입었다. 만약 전쟁을 피해 러시아로 가게 되면 러시아는 불교를 신봉한 적도 없고 풍속도 우리와 같은 점이 전혀 없을 뿐 아니라 언어와 의복도 다르므로 오래 버티지 못할 것이 당연하다. 우리가 모두 내륙으로 가서 청나라 황제에게 의탁한다면 오래도록 복을 누릴 수 있을 것이다"라고 말하였다. 이에 객이객 부족 수십만 명을 이끌고 남하하여 청나라 왕조에 귀순하였다. 강희제는 이들을 내몽고 북부 초원에 정착시켜 유목생활을 하도록 하는 한편 갈이단에게 객이객 부족의 땅에서 퇴거할 것을 명하였다. 그러나 갈이단은 러시아를 등에 업고 있어 두려울 것이 없었다. 그는 여세를 몰아 계속 동진하였으며, 강희 29년(1690년) 객이객 부족을 추격한다는 명목으로 내몽고를 침입하였다. 게다가 강희제를 향해 공공연하게 "폐하는 남방을 다스리고 저는 북방을 다스리겠소"라며 남북을 분리시킬 것을 주장하였다. 이에 강희제는 영토를 수호하기 위하여 군대를 동원하여 갈이단을 진압하기로 결정한다.

강희제의 군대는 2대대로 나누어 출격하였다. 좌로군(左路軍)은 고북구(古北口 : 지금의 하북성 난평灤平 남부)에서 출격하였으며, 우로군(右路軍)은 희봉구(喜峰口 : 지금의 하북성 관성寬城 서남부)에서 출격하여 좌우에서 우회하여 북진한 후 오주목심(烏珠穆沁) 지역에서 갈이단을 소멸하기로 하였다. 강희제는 박낙화둔(博洛和屯 : 지금의 내몽고 정남기正藍旗 남부)까지 임하여 손수 군대를 지휘하였다. 또한 성경장군(盛京將軍 : 지금의 요녕성 심양 지역을 다스림), 길림장군(吉林將軍 : 지금의 길림시 지역을 다스림)에게 부대를 이끌고 서쪽에서 서요하(西遼河), 조아하(洮兒河)를 건너 과이심(科爾沁) 몽골부대와 합류한 후 청나라 군의 주력부대를 지원하도록 하였다.

우로군은 북진하여 오주목심의 경계 지역에서 갈이단 부대와 격돌하였으나 상황이 불리해지자 일단 남쪽으로 후퇴하였다. 갈이단은 승기를 잡고 남진하기 시작하였으며, 사랍목륜하(沙拉木倫河) 강을 건너 오란포통(烏蘭布通)으로 진격하였다. 청나라 좌로군도 오란포통 남쪽으로 진격하였으며, 강희제는 우로군이 남쪽으로 후퇴하는 것을 멈추고 좌로군과 합류한 후 오란포통에서 갈이단을 격퇴하도록 명하였다. 또한 일부 병력을 귀화성(歸化城 : 지금의 내몽고 후허하오터)에 주둔시키고 기회를 보아 갈이단의 퇴로를 공격하도록 하였다.

오란포통은 극십극등기(克什克騰旗 : 지금의 내몽고 옹우특기翁牛特旗 서남부)의 서쪽에 위치하고 있으며 북쪽은 산으로 둘러싸여 있고 남쪽으로는 고량하(高凉河 :

「북정독운도(北征督運圖)」(국부). 강희제가 준갈이 반란 세력을 무찌르기 위하여 극노륜하로 군량미를 나르는 풍경

사랍목륜하 강 상류 지류)가 흐르고 있어 지세가 매우 험준하였다. 갈이단은 배산임수(背山臨水)의 진을 구축하고 만여 마리의 낙타의 발을 묶어 땅에 엎드리게 한 후, 그 등 위에 나무상자를 올리고 젖은 양탄자를 덮어 성곽의 울타리와 같은 방어선을 구축하였다. 이 방어선을 이른 바 '낙타성'이라고 불렀다. 병사들을 낙타성 안에 배치하고 나무 상자의 튀어 나온 부분에 총과 활을 놓고 공격하였다. 이에 청나라 군대는 화기부대를 전진배치하고 보병을 그 뒤에 배치하여 강을 사이에 놓고 포진하였다. 8월 1일 정오를 기해 교전이 시작되었다.

청나라 군대는 화총과 화포로 '낙타성'에 집중 공격을 퍼부었으며 공격은 밤 늦게까지 지속되었다. 낙타성이 두 개로 갈라지는 것을 확인한 후 강을 건너 진격을 실시하였으며, 보병은 정면에서 돌격하고 기병은 왼쪽에서 우회하여 측면을 공격하였다. 갈이단의 군대는 대패하여 모두 산속으로 후퇴하였으며, 다음날 사신을 보내어 강화를 청하였다. 갈이단은 이틈을 이용하여 잔병들을 이끌고 사랍목륜하 강을 건너 도주하기 시작하였다. 과포다(科布多 : 지금의 몽골 길이갈랑도亯

爾噶朗圖 지역)까지 왔을 때 그의 부대는 수천 명의 병사밖에 남지 않았다.

오란포통 전투에서 패한 후에도 갈이단은 과포다 지역에서 잔병들을 모아 정비한 후 재기를 다짐하고 있었다. 그는 차르에게 더 많은 병력을 지원받기 위해 노력하는 한편 내몽고 과이심(科爾沁) 등의 부대를 선동하여 청나라 관리를 죽이는 등 변경 지역에 혼란을 야기하는 산발적인 반란을 일으키도록 하였다.

건륭 연간에 처음 지어진 승덕(承德) 진녕사(晉寧寺)의 불상

갈이단의 도발에 대비하여 청나라 정부는 군비를 강화하고 한편으로는 정치적 공세를 펴서 정치적으로 해결할 방법을 모색하였다.

1695년 5월 차르의 종용과 지원에 따라 갈이단은 3만 병력을 이끌고 다시 동쪽으로 침범하였으며, 파안오란(巴顔烏蘭) 일대에 이르러 전쟁의 포성이 다시 진동하게 되었다. 1696년 2월 강희제는 10만 병력을 이끌고 3대대로 나누어 반격에 나섰다. 동로군은 흑룡강장군(黑龍江將軍) 살포소(薩布素)가 동삼성(東三省) 군대를 이끌고 흥안령에서 극노륜하(克魯倫河)로 진격하였으며, 서로군은 무원대장군(撫遠大將軍) 비양고(費揚古)가 섬서, 감숙의 병사를 인솔하여 영하(寧夏) 북부에서 사막을 넘어 옹금하(翁金河) 강을 따라 북상한 후 적군의 퇴로를 차단하였다. 주력부대인 중로군은 강희황제가 직접 인솔하고 독석구(獨石口)를 출발하여 극노륜하로 직진하였으며, 동서 양쪽 군대와 합류하여 협공을 가하게 된다.

갈이단은 강희제가 직접 군대를 인솔하고 극노륜하로 진격해온다는 사실을 알고는 전투에 나설 엄두가 나지 않았다. 이에 진영과 무기를 버려두고 야밤을 틈타 서쪽으로 도주하였다. 청나라 군대가 파안오란에 도착했을 때는 갈이단의 군대는 이미 도주하여 텅텅 비어 있었다. 강희제는 갈이단의 주력부대를 격퇴하기 위하여 총병(總兵) 악승룡(岳升龍), 마진(馬進), 백빈(白斌) 등에게 명하여 정예부대를 이끌고 갈이단 반군을 추격하도록 했으며 서로군 통수 비양고에게 밀지를 내려 갈이단 반군의 도주경로를 차단하도록 명하였다.

그해 5월 13일 서로군은 소막다(昭莫多 : 지금의 몽골 오란파탁烏蘭巴托 이남의 종막덕

宗英德 지역)에서 갈이단 반군과 맞닥뜨리게 되었으며 쌍방은 격렬한 전투를 치르게 되었다. 청나라 군대는 오후부터 저녁 늦도록 혈전을 치러 반군 3천여 명을 무찌르는 등 갈이단의 군대를 대파하였다. 청나라 군대의 포탄 공격에 갈이단의 처 아노(阿奴)도 목숨을 잃었다. 소막다 전투를 통해 갈이단 반군 세력은 대부분 진압되었으며 청나라 군대는 반군에게 결정적인 승리를 거두었다.

갈이단은 전투에서 패한 후 잔병들을 이끌고 탑미이하(塔米爾河) 강 유역까지 도주하였으나 막다른 골목에 다다라 죽음을 바로 눈앞에 둔 처지가 되었다. 그러나 그는 청나라의 회유책을 모두 거부하고 끝까지 반항하였다.

갈이단의 잔여세력을 철저히 제거하기 위하여 강희제는 그의 근거지를 섬멸하여 장기적인 평화체제를 구축하고자 결심하게 된다. 이에 1692년 2월 강희제는 다시 반란군을 진압하는 3차 군사행동에 돌입하였다. 그는 비양고, 마은합(馬銀哈) 등에게 각각의 부대 총 6천 명을 이끌고 영하(寧夏)에서 출발하여 갈이단의 잔여 세력을 소탕하도록 하였으며, 자신은 그해 4월에 영하에 도착하여 직접 군대를 지휘하였다.

청나라 군대가 공격할 당시 갈이단 부족 내에서 내란이 일어나 모두 뿔뿔이 흩어짐으로써 군대에는 5, 6백 명의 군사밖에 남아있지 않게 되었으며 갈이단은 고립무원의 처지에 놓이게 되었다. 청나라 군대의 맹공 속에 사면초가에 빠진 갈이단은 결국 독약을 마시고 자살하였다. 이로써 차르의 지원을 받아 북방지역에서 반란을 일으킨 갈이단의 반군세력은 모두 진압되었다.

준갈이 부족 평정

갈이단이 죽은 후 책망아랍포단이 준갈이 부족의 통치자가 되었다. 그는 자신의 통치기반을 확고하게 다지며 점차 세력을 확장하였으며, 다시 북방을 할거할 야심을 키우게 된다. 러시아의 차르 역시 그의 반군 세력을 지지하였기 때문에 책망아랍포단은 러시아의 지원 아래 청나라 군대가 주둔하고 있는 과포다와 파리곤(巴里坤 : 지금의 신강 파리곤), 합밀(哈密) 등 군사거점을 습격하였으며, 서장에도 침입하는 등 반란을 일삼았다. 강희제는 즉시 지원군을 서장에 파견하여 주둔군과 함께 공격함으로써 책망아랍포단의 반군세력을 서장에서 몰아내었다. 강희제가 세상을 떠난 후 옹정황제는 준갈이 귀족의 할거세력들의 반란을 계속하여 진압하였다. 옹정 5년(1727년) 겨울에 책망아랍포단이 죽자 그의 아들 갈이단책령(噶爾丹策零)이 즉위하였으며, 역시 차르의 지원을 받으며 계속해서 반란을 일으켰다. 옹정 6년 이후 청나라 왕조는 수차례 출병하여 갈이단책령의 반군 세력을 평정하였다.

옹정 10년(1732년) 7월, 갈이단책령은 다시 반군을 이끌고 청나라 군대가 주둔하고 있던 탑반이하(塔半爾河) 강 유역을 습격하였다. 8월 초에 청나라 군대는 정예기병 3만 명을 동원하여 갈이단책령의 진영을 공격하자 준갈이 반군은 모두 도망치기 급급하였다. 청나라 군대는 여세를 몰아 그 잔여 세력을 광현사(光顯寺 : 지금의 몽골 악이혼하鄂爾渾河 상류)에서 섬멸하였으며, 갈이단책령은 결국 항복할 수밖에 없게 되었다.

건륭 10년(1745년) 갈이단책령이 죽은 후 준갈이 부족은 내란을 겪게 되었으며 달와제(達瓦齊)가 한(汗, 칸)의 자리를 차지하였다. 건륭 20년(1755년) 2월 청나라 군대는 5만 명의 병력을 이리 지역으로 출격시켜 달와제가 미처 대비하지 못한 틈을 이용하여 생포하였다. 곧이어 청나라 왕조에 투항했던 아목이살납(阿睦爾撒納)이 액노특 몽골의 네 부를 통치하려던 야심을 채우지 못하게 되자 다시 반란을 일으켰다.

건륭 22년(1757년) 봄 청나라 왕조는 병력을 동원하여 파리곤 등에서 나누어 진격함으로써 반군을 대파하였다. 아목이살납은 차르로 도주한 후 병사하였다. 마침내 청나라 군대는 준갈이 귀족의 반란을 진압하고 최후의 승리를 얻게 되었다.

▶▶ 역사의 흐름에 어떤 영향을 미쳤을까?

청나라는 준갈이 귀족들의 반란을 진압하고 서부 변경 지역을 분열의 위험을 일소하였다. 또한 서부 변경 지역의 관리를 강화하여 통일된 나라의 면모를 확고히 하였다. 반란을 평정한 후 청나라는 준갈이 유목 봉건 귀족들이 시행하던 농노제 통치를 폐지하고 서부지역에 대한 사회, 경제발전에 촉진의 힘을 기울였다. 준갈이 귀족반란을 진압하고 승리를 거둠으로써 침략기회를 엿보고 있던 러시아의 차르도 타격을 받지 않을 수 없었다. 준갈이 반란 세력에 대한 평정은 중국의 국토 수호에 긍정적인 역할을 발휘하였던 것이다.

8. 강희제, 러시아와 네르친스크Nerchinsk 조약을 맺다*

　차르가 통치했던 제정러시아는 침략 성향이 강했던 제국 가운데 하나로 꼽을 수 있다. 본래는 중국과 국경을 접하지 않았지만 청나라 왕조가 시작될 무렵부터 영토를 확장하여 어느새 중국의 동북지역까지 이르게 되었다. 중국이 강희제(康熙帝)의 통치를 받고 있을 당시 러시아의 황제는 높은 명성을 자랑하는 표트르 1세(러시아 제국 로마노프왕조 황제, 재위 1682~1725)였다. 이 두 위대한 황제가 한 시대에 공존함으로써 후대 역사에 지대한 영향을 끼치게 되었던 것이다.

러시아의 중국 동북지역 침략과 청나라의 반격
　17세기 중엽 식민정책을 펼치고 있던 제정러시아는 중국의 영토를 호시탐탐 엿보고 있었다. 1643년 제정러시아 야쿠츠크(Yakutsk) 지역의 독군(督軍) 골로빈(Golovin)은 포야르코프(Poyarkov)를 수장으로 하는 원정대 133명을 흑룡강(黑龍江) 등지로 파견하였는데 총탄으로 무장한 이들은 약탈을 일삼으며 온갖 만행을 저지르곤 하였다. 이들의 침략행위는 현지 다우르 족의 반격을 받아 타격을 입게 되었으며, 1646년 봄에 야쿠츠크로 되돌아갈 무렵에는 원정대의 총수가 133명에서 53명으로 줄어들었다.
　1650년 1월 하바로프(Khabarov : 1603~1671년)가 다시 70명의 코사크 족(Cossack)을 이끌고 외흥안령(外興安嶺) 산맥을 넘어 중국의 흑룡강 유역까지 침입한 후 알

---

* 청나라와 러시아가 네르친스크(尼布楚, 니포초)에서 맺은 조약이다. 1689년 러시아가 아무르 강 방면으로 진출해오자 청나라가 알바진성을 포위, 공격한 것을 계기로 유럽 국가와 최초로 대등하게 맺은 조약이다. 주요 내용은 국경선 확정, 월경자(越境者)의 처리, 양국간의 통상의 자유 등이 포함되어 있다.

바진(Albazin) 서쪽까지 들어왔다. 1651년 초에 그
는 다시 137명을 이끌고 흑룡강으로 넘어와 무력
으로 알바진(Albazin)성을 점령하였다. 그러나 중
국 동북지역 소수 민족들의 강한 저항에 부딪혀
흑룡강 유역에서 물러나게 된다.

1665년 여름, 러시아 시베리아 지역의 체르
니코프스키(Czernykovski)가 우스트-일림스크(Ust-
Ilimsk)의 독군(督軍)을 죽이고 그의 일당 84명을 이
끌고 흑룡강 유역으로 넘어와 알바진성을 점령
하였다. 그러나 그들의 침략행위를 오히려 차르
가 지지하여 체르니코프스키를 알바진성의 총관
(總管)으로 임명하고 2천 루피를 상금으로 주게
된다. 차르의 지지를 얻어 더욱 두려울 것이 없어
진 체르니코프스키는 네르친스크와 알바진에 성

곽을 구축하는 등 건축공사를 실시하였으며, 세금을 착취하고 납치를 일삼았다.
또한 식민 농장을 세워 현지의 중국인들을 노역으로 부리며 압박하였을 뿐만 아
니라 흑룡강 중하류 유역까지 침략하며 세력을 확장하려 하였다.

당시 청나라를 통치하고 있던 강희제는 중국의 변경 지역의 영토를 넓히고
안정을 꾀하며 다양한 소수 민족들이 함께 어우러진 강력한 봉건국가를 건설해
나가고 있었다. 봉건체제 하에서 경제, 문화의 새로운 전성기를 맞이하고 있었던
것이다. 이에 중국의 통일체제와 안정을 더욱 공고히 다지며 러시아의 침략에 맞
서 국토 수호의 기틀을 형성하게 된다. 마침내 강희제는 군대를 출격시켜 알바진
의 러시아 침략자를 축출함으로써 변경 지역의 영토를 지키고 안정을 추구하는
과감한 결정을 내리게 된다.

그는 흑룡강(지금의 애휘愛輝 지역)과 호마이(呼瑪爾) 두 지역에 군대를 주둔시키
고 양식을 비축하기 시작하였으며, 전함을 건조하고 둔전을 일구었다. 또한 역참
을 세우고 이를 따라 도로를 건설함으로써 '반드시 승리하는 전투를 하고 승리
해서 얻은 지역은 굳건히 수호하는 정책'을 펼쳐나갔다. 1683년 여름에 강희제는

다시 흑룡강 장군에 부도통(副都統) 살포소(薩布素)를 임명하여 애휘 지역을 방어하도록 하였으며, 세 차례에 걸쳐 3천 명의 병력을 주둔시킴으로써 흑룡강 유역에 대한 수비를 강화하였다. 청나라는 군대를 정비하여 전쟁에 임할 만반의 준비를 갖추는 동시에 수차례 알바진을 점령하고 있는 러시아인들에게 중국 영토에서 떠날 것을 경고하였다. 그러나 중국의 경고를 귓등으로 흘려버린 그들은 오히려 알바진의 병력을 증강하고 전쟁 경험이 풍부한 군사 전문가이자 러시아 귀족인 토르푸친(Torpuchin)을 알바진의 독군으로 임명하여 향후 전쟁을 지휘하도록 하였다.

수차례의 경고와 설득에도 불구하고 제정러시아의 태도에 변화가 없자 강희제는 이들을 소탕하기로 결정하였다. 드디어 1685년 6월 도통(都統) 팽춘(彭春)이 강희제의 명으로 알바진에 진격하였다. 그해 6월 23일 청나라 군대의 통수부는 알바진성 아래에 이르러 러시아와 대화를 시도하였으나 러시아는 여전히 완고하고 무례하기 짝이 없었다. 이에 6월 24일이 되자 청나라 군대는 진지를 구축하고 알바진성을 포위하였다. 6월 25일에 일부 러시아 군대가 흑룡강의 물살을 타고 내려와 알바진성으로 잠입을 시도하였으나 청나라 군대에 발각됨으로써 격렬한 전투가 벌어지게 된다. 러시아 군은 40여 명의 사상자를 내고 물러났다.

이어 청나라 군대는 대포를 이용하여 알바진성에 맹렬한 공격을 퍼붓기 시작하였다. 러시아군은 큰 타격을 입고 더 이상 버틸 수 없는 지경까지 이르렀다. 결국 청나라 군대의 투항 설득에 따라 토르푸친이 백기를 들고 나왔다. 청나라는 그들의 항복을 받아들이고 관대한 처분을 내림으로써 7백여 명의 러시아 군은 알바진에서 철수한 후 액이고납하(額爾古納河 : 아르군 강) 강을 건너 다시 러시아로 돌아가게 된다. 또한 바시니 등 귀국을 원치 않는 러시아 병사들은 중국에 남아 거주하도록 허락하였다.

토르푸친이 알바진에서 네르친스크로 퇴각할 즈음 페이튼(Peyton)이 이끄는 6백 명의 원군도 네르친스크에 도착함으로써 러시아군의 병력은 다시 보강되었다. 청나라 군대는 전쟁에서 승리한 후 알바진에 병력을 주둔시키지 않은 채 모두 애휘에서 철수한 상태였다. 이에 토르푸친과 페이튼은 다시 군대를 이끌고 와서 알바진을 점령하였다. 이들은 성곽을 구축하고 양식을 비축하는 등 대항할 태세를 갖추기 시작하였다. 1686년 3월 강희제는 살포소 장군에게 명하여 2천의 병력을 이끌고 알바진을 재공격하도록 하였다. 그해 7월 살포소는 2천의 병력과 복건 등패(藤牌)의 병력 4백 명을 이끌고 알바진으로 진격하였다. 2개월여에 걸친 전투와 포위 공격을 받은 러시아군은 심각한 타격을 입게 되었다. 9월 말에 이르러 토르푸친이 사살되고 성내의 군사들은 전사하거나 병사하여 8백여 명의 병력은 66명으로 줄어들었다. 양식마저 바닥난 상태에서 성안의 군사들은 죽기늘 기다리는 수밖에 없는 상황이었다.

1686년 11월 알바진성 안에 남은 군사들의 운명이 경각에 달렸을 시점에 문뉴과부(文紐科夫)와 파블로프(Pavlov)가 이끄는 러시아 사절단이 모스크바에서 북경에 도착하였다. 이들은 알바진성의 포위를 풀어 줄 것과 러시아 측이 골로빈을 사신으로 파견하여 변경을 확정짓는 담판을 할 용의가 있음을 밝히는 차르황제의 서신을 전하게 된다. 강희제는 차르의 요구를 받아들여 전투를 멈추고 알바진의 포위를 푼 뒤 철군하였다. 11월 말에 청나라 군대는 모든 공격을 멈추었다. 이에 1687년 5월 청나라 군대는 알바진에서 철수하여 애휘로 돌아와 러시아 사절단이 도착하기를 기다리게 되었으며 2년여에 걸친 알바진 전투는 이로써 막을 내리게 된다.

네르친스크 조약

1689년 6월 13일 색액도(索額圖)를 단장으로 하는 청나라 사절단이 북경에서 출발하여 고북구(古北口)를 거쳐 7월 31일 네르친스크에 도착하였다. 이들은 석륵객하(石勒喀河 : 실카 강) 남쪽 연안에 막사를 구축하였다. 청나라 사절단은 영시위내대신(領侍衛內大臣) 색액도, 도통일등공(都統一等公) 동국강(佟國綱), 도통(都統) 낭담(郎談), 도통 반달이선(班達爾善), 흑룡강장군 살포소, 호군통령(護軍統領) 마라(瑪喇), 이번원시랑(理藩院侍郎) 온달(溫達) 등이며 통역으로 예수회 선교사 프랑스인 제르비용과 포르투갈인 페레이라가 담당하였다.

러시아의 골로빈 사절단은 1686년 2월 모스크바를 출발하여 1687년 9월 바이칼 호 동쪽 연안에 도착하였다. 그곳에서 2년을 머문 후 1689년 8월 19일이 되어서야 네르친스크에 도착하였다. 러시아 사절단은 골로빈을 비롯하여 우스트-일림스크(Ust-Ilimsk)의 총독 블라소프, 그리고 비서인 코르니츠키가 동행하였다.

　일련의 준비를 마친 후 8월 22일 공식적인 회담이 시작되었다. 회의가 시작되자마자 러시아는 흑룡강을 양국의 경계로 정하여 왼쪽은 러시아가 오른쪽은 중국이 차지하는 방안을 내놓았다. 중국의 입장에서는 러시아가 무력으로도 차지하지 못한 흑룡강 이북의 중국 영토를 협상을 통해 차지하려는 속셈으로 밖에 볼 수 없었다. 중국은 러시아의 이러한 터무니없는 요구를 일언지하에 거절하였다. 또한 색액도가 나서서 흑룡강이 중국의 영토임을 설명하고 아무르 강과 네르친스크를 국경의 경계로 삼을 것을 주장하였다. 결국 첫날의 회담은 아무런 성과 없이 마치게 되었다.

　8월 23일에 다시 열린 2차 회담에서 러시아가 원래의 요구를 고수하고 중국도 강경한 반대 입장을 견지하였기 때문에 한 치의 양보도 없는 공방이 계속되었으며 회담은 결렬위기에 놓이게 되었다. 이에 첫 번째 방안이 실현 가능성이 없다고 판단한 골로빈은 한걸음 물러서 우만하(牛滿河)와 제야 강을 경계로 할 것을 주장하였다. 색액도는 회담이 조속히 마무리되기를 바랐기 때문에 러시아의 두 번째 방안을 분명하게 거부하는 동시에 네르친스크를 러시아에 양보할 수 있다는 중국 측 양보안을 내었다. 그러나 러시아 역시 중국 측의 양보안이 불만족스럽기는 마찬가지였기 때문에 양국 간 이견은 여전히 상당한 격차를 보인 채 2차 회담도 아무런 성과 없이 막을 내렸다.

　2차 회담이 끝난 8월 24일부터 9월 6일에 이르는 보름 동안 양국은 공식 회담을 갖지 않은 채 통역원을 통해 협상을 진행하였다. 여러 차례에 걸친 협상 과정에서 중국은 러시아의 무리한 요구를 거절하는 한편 양보의 입장을 전달하기도 하였다. 러시아는 중국의 완강한 태도를 확인한 후 흑룡강 지역에 대한 미련을 버림으로써 쌍방의 이견은 조금씩 좁혀지기 시작하였다. 8월 22일 첫 회담이 개최된 이래 16일 동안의 교섭을 거쳐 마침내 중요 안건에 대한 협의가 이루어지게 되었다.

　강희 26년 7월 24일 중국과 러시아는 최초의 국경조약인 「중러네르친스크조약(Treaty of Nerchinsk)」을 체결하게 된다. 총 6개 조항으로 구성된 조약에는 중국과 러시아의 동쪽 경계를 외흥안령(外興安嶺 : 스타노보이 산맥)에서 바다에 이르기까지

만주어와 러시아어로 작성된 「네르친스크 조약」

케르비치 강과 아르군 강을 경계로 하며 산맥 이남과 흑룡강으로 유입되는 하천은 모두 중국의 영토에 속하며 그 이북의 영토와 하천은 러시아의 영토에 속한다는 내용을 명시하고 있다.

제1조. 북쪽에서 흑룡강으로 유입되는 작이납(綽爾納, Tchernaya), 즉 우루무 강(烏魯木河, Ourouon)과 부근의 케르비치 강(格爾畢齊河, Kerbetchi)을 경계로 국경을 삼으며 이 강을 따라 대흥안령 산맥에서 바다에 이르는 구간의 남쪽에 속하는 흑룡강은 모두 중국에 속하며 산맥의 북쪽은 러시아에 속하도록 한다. 다만 우디 강 이남과 외흥안령 산맥 북쪽 중간 지역은 결정을 미루고 양국이 정확한 조사를 거친 후 사신을 파견하거나 문서를 보내는 형식으로 결정하도록 한다.

제2조. 흑룡강으로 유입되는 아르곤 강(額爾古納河, Aregun)을 경계로 남쪽 연안은 중국의 영토로 북쪽 연안은 러시아의 영토로 삼는다. 그 남쪽 연안의 모르크(墨勒克, Meritken) 하구에 있는 러시아 가옥은 모두 북쪽으로 이주시킨다.

제3조. 알바진 지역의 러시아 성곽은 모두 철거하고 주민을 비롯한 모든 사물은 차간칸(Chagan Khan) 지역으로 철수시킨다.

제4조. 국경이 결정된 후 양국의 사냥꾼들은 경계를 넘어올 수 없다. 만약 한두 명이 월경하여 몰래 사냥한 경우 현지 관리에게 송치하여 죄의 경중에 따라 처벌하도록 한다. 열 명 또는 열다섯 명 등으로 무리를 지어 살인, 약탈을 한 경우 조사를 하지 않고 현장에서 사살할 수 있도록 한다. 한두 명이 모르고 죄를 범한 경우에는 서로 관대한 조치를 취하며 함부로 처벌하지 않도록 한다.

제5조. 과거에 벌어진 일에 대해서는 추궁하지 않고 현재 중국에 거주하는 러시아인과 러시아에 거주하는 중국인을 서로 송환하지 않고 거주하도록 허락한다.

제6조. 양국은 우호관계를 지속적으로 발전시켜 나가며 향후 여행, 왕래할 경우 통행증을 소지하고 있으면 자유롭게 교역할 수 있도록 한다.

제7조. 조약을 체결한 후 양국의 범죄자들이 월경한 경우 체포하여 송환하도록 한다.

제8조. 양국의 대신이 회견할 경우 우호적인 만남을 유지하며 조약에 위배되는 행위를 범하지 않는다.

▶▶ 역사의 흐름에 어떤 영향을 미쳤을까?

중국과 러시아 간에 「네르친스크 조약」이 체결됨으로써 흑룡강 유역과 오소리 강 유역의 방대한 영토가 합법적으로 중국에 귀속되었다. 중국과 러시아 양국의 국경분계선이 명확하게 규정되어 제정러시아의 중국 흑룡강 유역에 대한 침입을 억제하는 효과와 더불어 동북 변경 지역에도 장기적인 안정이 보장될 수 있었다. 「네르친스크 조약」 체결 후 이 조약에 따라 국경분계선을 삼은 지 150년이 지나는 동안 흑룡강 유역을 사이에 두고 양국 간에는 심각한 국토 분쟁이 발생하지 않게 되었다.

9. 문자옥文字獄, 봉건전제주의의 통치수단으로 삼다

문자옥(文字獄)이란 통치자가 지식계급의 저항을 억누르기 위하여 그들의 작품 가운데 애매한 의미의 글자를 빌미로 삼아 누명을 씌우고 제거한 데서 유래한 말이다. 문자옥의 역사는 매우 오래되었으며 청나라 왕조 시대가 가장 심각하였다. 정권을 쥐고 있었던 만주족은 나라 전체의 대다수를 차지하고 있는 한족에 대해 경각심을 늦출 수 없었으며 이들에 대해 엄격한 통제를 가하였던 것이다. 특히 청나라 초기에는 문인들이 그들의 문장 속에 다소의 불만이나 통치자의 의심을 받을 문구를 쓰게 되면 황권을 능멸했다거나 자신의 통치에 불만이 있는 것으로 간주하여 문자옥을 감행하였으며, 수십 명에서 수백 명에 이르는 문인들이 이러한 누명을 쓰고 죽어갔다.

문자옥의 역사

고대 중국 역사의 일부분은 문인들이 문장을 경솔하게 지어 화를 입은 문자옥의 역사라고 해도 무방할 것이다. 황권의 전제정권을 강화하기 위하여 중국의 통치자들은 문인들과 지식인들을 상대로 온갖 잔인한 방법을 동원하여 압박하였다. 위진(魏晉)시대에서 명, 청에 이르기까지 문자옥은 한 사람을 처벌하는 단계에서 연루된 사람을 줄줄이 처벌하는 방식으로 발전하게 되었으며 일족을 몰살하거나 능지처참, 분시 등 가혹한 처벌이 내려졌다. 또한 잔인한 처벌을 내리기로 유명했던 주원장(朱元璋), 옹정(雍正), 건륭(乾隆)과 같은 황제들은 특별한 이유를 대지도 않은 채 사람을 죽이기도 하였다. 수천 년 동안 지속된 봉건 전제 체제는 문자의 그물이 조밀하게 쳐져 있어 문자로 인한 화가 그칠 날이 없었다. 이에 수많은 지식인들이 칼날 앞에 이슬로 사라지고 말았다.

고대 중국은 이렇듯 문자로 인한 화가 그칠 날이 없는 나라였다. 그들의 사상과 작품으로 인해 죄를 짓고 양심과 진리로 인해 형벌을 받아야만 했다. 이러한 상황에서 사상과 문화는 폐허가 되고 지식인들의 창조성과 패기는 탄압을 받을 수밖에 없었기 때문에 몸을 사리는 습성이 중국인들에게 배게 되었다. 뛰어난 인재는 칼끝의 이슬로 사라지고 소인배들이 득세하는 세상이 만들어질 수밖에 없었다. 이에 지식인들은 자신들의 출세를 위해 학문을 왜곡하거나 고대 문헌 연구에만 몰두하게 되었다.

최초의 문자옥은 춘추전국시대 제(齊)나라의 '최저(崔杼)가 태사(太史)를 죽인 사건*이라고 볼 수 있다. 기원전 548년 제나라 장공(莊公)은 대부(大夫) 최저의 아내와 정을 통하다 발각되어 최저에게 죽임을 당하였다. 제나라의 사관이 "최저가 그

---

* 548년 제나라 대부(大夫) 최저가 장공(莊公)을 살해하고 경공을 옹립한 사건이다. 경공(景公 : ??~BC 490년)은 춘추
  시대 제나라의 제26대 군주(재위 BC 548~BC 490)이다. 경공은 최저 사후, 안영(晏嬰)을 재상으로 삼아 나라를 다스
  렸는데, 역대 제나라 군주 중 가장 긴 기간(58년) 재위한 군주이기도 하다.

의 군주를 죽였다"라고 기록한 것을 보고 최저는 그 사관을 죽이게 된다. 사관의 동생이 다시 사관이 되어 그 일을 또 기록하자 역시 최저에게 죽임을 당하였다.

한나라 시대에 양운(楊惲)은 조정에서 파직된 후 다음과 같은 문장을 지었다.

> 남산의 저 비옥한 농토는(田彼南山전피남산)
>
> 황폐하게 버려진 채 돌보는 이가 없네.(荒穢不治황예불치)
>
> 밭 한가득 콩을 심었건만(種一傾豆종일경두)
>
> 콩은 모두 떨어지고 콩대만 남았도다.(落而爲其낙이위기)
>
> 인생을 즐기는 데 정신이 팔려 있으니(人生行樂也인생행락야)
>
> 언제 부귀를 이룩할 것인가?(須富貴何時?수부귀하시?)
>
> 날이면 날마다 옷깃을 흩날리고 소매를 들썩이며(是日也시일야, 拂衣而熹불의이희, 奮袖低昂분수저앙)
>
> 다리를 사뿐 들고 춤추기만 즐기는구나.(頓足其舞돈족기무)
>
> 황음무도한 저 생활을(誠荒淫無度성황음무도)
>
> 언제 그치려나 알 수 없도다.(不知其不可也불지기불가야)

이를 본 한나라 선제(宣帝 : 전한前漢의 제10대 황제 유순劉詢, 재위 BC 74~BC 49)는 크게 노하여 '황폐하게 버려진 채 돌보는 이가 없네(荒穢不治)' 등의 어휘로 조정을 비방했다는 죄명을 씌워 죽였다.

북송시대의 대문호인 소식(蘇軾 : 1037~1101년)*은 오대시안(烏臺詩案 : 독서가 만 권에 달하여도 율律은 읽지 않는다는 말이 빌미가 된 필화사건)으로 인해 목숨을 잃을 뻔하였으나 왕안석(王安石 : 1021~1086년)** 등이 태평성세에 뛰어난 문인을 죽이는 일이

---

* 북송 때 시인으로 호가 동파거사(東坡居士)라 소동파(蘇東坡)라 부른다. 당송팔대가의 한 사람이다. 그의 나이 44세 때 이 필화사건으로 심한 취조를 받은 후 호북성(湖北省) 황주(黃州)로 유배되었다가, 50세 때 철종(哲宗)의 즉위로 구법당이 득세하면서 풀려났다.
** 북송 때의 문필가이자 정치가로 신법(新法)의 개혁 정책을 실시하였다. 당송팔대가의 한 사람이기도 하다. '신법(新法)'이 실시되자 '구법당(舊法黨)'에 속했던 소식, 사마광 등과 논쟁을 벌였고 갈등을 빚을 수밖에 없었다.

벌어져서는 안 된다는 상소를 올리고, 그 자신도 "입
관한지 오래 되었으나 아직도 승격되지 못하여 새로
들어온 젊은 관리들과 함께 일하게 되었건만 소통
방식이 너무 달라 문장을 지어 풍자한 것 뿐이다"*라
고 자신의 죄를 인정하고 뉘우치는 시를 지어 겨우
풀려나게 되었다. 하지만 이 일로 소식이 황주(黃州)
로 좌천되었을 뿐만 아니라 소철(蘇轍 : 1039~1112년),
황정견(黃庭堅 : 1045~1105년), 사마광(司馬光 : 1019~1086
년)** 등까지 연루되어 벌을 받게 되었다. 이때부터
문자옥은 중국 봉건사회의 당쟁과 정적을 제거하는
도구로 이용되었으며 통치자가 지식인을 순종시키
게 만드는 수단이 되었다.

옹정제 초상

　　명나라 시대의 문자옥은 청나라 시대 문자옥의
전조의 성격을 띠고 있다고 볼 수 있다. 한때 승려였
던 주원장은 문장에 '적(賊)'과 발음이 유사한 '즉(則)', '승(僧)'과 발음이 유사한
'생(生)', '도(盜)'와 발음이 같은 '도(道)' 등을 사용하여 자신을 능멸했다는 누명을
씌워 수많은 지식인을 죽음으로 몰아넣었다. 절강부학(浙江府學) 교수 임원량(林元
亮), 북평부학(北平府學) 훈도(訓導) 조백녕(趙伯寧), 복주부학(福州府學) 훈도 임백경
(林伯憬), 계림부학(桂林府學) 훈도 채질(蔡質), 덕안부학(德安府學) 훈도 오헌(吳憲), 상
주부학(常州府學) 훈도 채진(蔡鎭), 진주부학(陳州府學) 훈도 주면(周冕), 회경부학(懷慶
府學) 훈도 여예(呂睿), 호주부학(毫州府學) 훈도 임운(林雲) 등이 모두 이로 인해 화를
당한 사람들에 해당한다.

　　이들을 죽음으로 몰아넣은 시들을 살펴보면 다음과 같다. 한 승려가 황제의

---

* 여기서 '젊은 관리들'은 소식을 포함한 '구법당'을 말한 것이다. 다만 여기서 젊다고 말한 것은 소식이 자신
　보다 더 나이가 어리기 때문에 한 말이지 구법당이 젊다는 뜻이 아니다.
** 소철은 북송 때 문인으로 소순(蘇洵)의 아들이며 소식의 아우로 당송팔대가의 한 사람이고, 황정견은 북송
　때 시인으로 소식 문하인의 제1인자이며, 사마광은 북송 때 유학자이자 역사가, 정치가로 신법(新法)과 구법
　(舊法)의 다툼에서 구법파의 영수로서 왕안석과 논쟁을 벌였다.

은혜에 대한 감사의 마음을 담아 "금 접시에 향기로운 음식을 담아 올리고 옥그릇에 잘 익은 술을 담아 올리네. 황제가 이렇듯 큰 은혜를 베풀어 주시니, 미천한 몸은 몸 둘 바를 모르겠네(金盤蘇合來殊城금반소합래수성, 玉碗醍醐出上方옥완제호출상방, 稠迭濫承天下賜조질남승천하사, 自慚無德頌陶唐자참무덕송도당)"라는 시를 지어 올렸다. 그러나 주원장은 '수(殊)'가 '알(歹)'과 '주(朱)'가 합쳐진 글자로서 '주원장을 죽이다'라는 뜻을 암시하고 있다며 그 승려를 죽여 버렸다.

일초(一初)라는 승려는 "염주(炎州)에 빛깔고운 녹색 깃털 옷이 많다는 이야기를 들었네. 매일 이 깃털을 얻으려고 새들을 잡기 위해 분주하다네. 녹색깃털로 인해 새들은 일신이 지쳐만 가니, 평화롭고 고요한 새들의 안식처가 어디메쯤 있으리오?(見說炎州進翠衣견설염주진취의, 網羅一日遍東西망라일일편동서. 羽毛亦足爲身累우모역족위신루, 那得秋林淨處棲나득추림정처서)"라는 시를 지었고, 지암(止庵)이라는 승려는 "서쪽에 새로 초당을 지어 놓으니 날이 더워도 더위 식힐 곳이 없네. 연못은 6월인데도 벌써 물이 마르고. 나무는 3년이 지나도록 자라지 않는구나. 심신을 정갈히 하려고 마당을 쓸어보고, 창문을 열어 신선한 공기와 따뜻한 햇살을 맞아들이네. 저녁바람에 버드나무 흔들리고 매미가 우는 소리에 석양이 저무는구나(新築西園小草堂신축서원소초당, 熱時無處可乘涼열시무처가승량. 池塘六月由來淺지당류월유래천, 林木三年未得長림목삼년미득장. 欲淨身心頻掃地욕정신심빈소지, 愛開窗戶不殺香애개창호불살향. 晚風只有溪南柳만풍지유계남류, 又畏蟬聲鬧夕陽우외선성료석양)"라는 시를 지었는데 주원장이 보기에 이러한 시들은 모두 법이 지나치게 엄격하다는 것을 풍자하였다고 여겨 그들도 죽임을 당하였다.

하루는 주원장이 사찰의 벽에 포대화상(布袋和尙 : ?~916년)*을 노래한 시를 발견하였다. "속세가 드넓고 방대하다지만 모두 포대 안에 넣을 수 있다네. 어차피 넣었다가 다시 꺼내야 하니 마대를 열어둔 들 어떠하리(大千世界浩茫茫대천세계호망망, 收拾都將一袋裝수습도장일대장. 畢竟有收還有散필경유수환유산, 放寬些子也何妨?방관사자야하방?)" 주원장은 이를 보고 매우 격분하여 사찰의 모든 승려들을 죽이고 말았다.

---

* 후량(後梁)의 고승으로 배가 나온 뚱뚱한 몸에 지팡이를 들고 일용품을 담은 포대를 메고 다니면서 길흉화복을 점쳤다고 하는 칠복신의 하나에 속한다. 배불뚝이 미륵불이라고도 한다.

시인 고계(高啓)가 지은 "계집종이 술이 취해 이끼를 밟았네. 달빛 밝은 밤 연회도 끝나고 돌아오려니 작은 개 한 마리 벽에 비친 제 모습을 보고 짖어대누나. 깊은 밤 군게 닫힌 궁 안으로 어느 누가 찾아와 줄까?(女奴扶醉踏蒼苔여노부취답창태, 明月西園侍宴回명월서원시연회. 小犬隔墻空吠影소견격장공폐영, 夜深宮禁有誰來?야심궁금유수래?)"라는 시를 보고도 주원장은 자신을 풍자한 것으로 여겨 그 역시 죽임을 당하였다.

장상례(張尙禮)라는 문인은 "정원 깊은 곳 물시계 소리가 청아하구나. 닫힌 울타리 속에서 봄풀이 자라듯 내 수심도 자라나네. 꿈속에서 어렵게 황제 품에 안겼건만 꾀꼬리 소리에 그만 깨고 말았네(庭院沈沈晝漏淸정원침침주누청, 閉門春草共愁生폐문춘초공수생. 夢中正得君王寵몽중정득군왕총, 却被黃鸝叫一聲각피황리규일성)"라는 시를 지음으로써 '잠실(蠶室 : 고대에 궁형에 처하기 전에 사람을 가두어 두던 곳)'에 갇힌 채 죽음을 맞이하였다. 또한 진양호(陳養浩)는 "성 남쪽에 사는 과부, 밤마다 부역나간 남편이 그리워 곡을 하는구나(城南有嫠婦성남유리부, 夜夜哭征父야야곡정부)"라는 시를 지었다는 이유로 물에 빠뜨려 죽임을 당하였다.

강희, 건륭시대의 문자옥

봉건 전제주의의 발전과 더불어 청나라 왕조에 들어서자 문자옥은 다시 한번 그 위세를 떨치기 시작하였다. 순치(順治) 황제 집권기에 석함가안(釋函可案), 황육기안(黃毓祺案), 모중탁안(毛重倬案), 장진언안(張縉彦案), 장연용안(莊延龍案) 등이 발생하였다.

이 가운데에서도 장연용(莊延龍)이 발행한 『명사(明史)』로 인해 발생한 문자옥은 수많은 사람이 연루되는 비교적 큰 규모의 문자옥에 속한다. 장연용은 절강 오정(烏程 : 지금의 오흥烏興 지역) 출신으로 이웃에 살았던 명나라 시대의 학사 주국정(朱國禎)이 집필했던 명사의 유고(遺稿)를 산 후에 여러 학자들을 불러 함께 편집하게 된다. 그는 명나라 말 숭정황제에 관한 기록을 보충한 후 이를 『명사』라 이름붙인 후 자신의 명의로 발간하였다. 이 서적 가운데는 청나라 왕조 선인들의 이름을 비롯하여 명나라에 반역하고 청나라에 투항한 장수의 이름까지 기록되어 있었으며 청나라의 연호가 아닌 남명의 연호 '영력(永曆)' 등을 사용하는 등 숱한 금기를 범하고 있었다.

천자만년죽관취호필(天子萬年管翠毫筆, 청나라 시대)

책을 편찬한 후에 장연용이 죽자, 그의 부친인 장윤성(莊允城)이 이를 간행하였다. 그러나 장윤성은 누군가의 밀고로 체포되어 북경으로 압송된 후에 옥사하였다. 장연용은 무덤에서 시신을 꺼내어 다시 불에 태우는 형에 처해졌으며 책의 서문을 작성한 자를 비롯하여 교열, 인쇄, 매매, 소장 등을 한 사람들도 모두 죽임을 당하였다. 이 일에 연루되어 죽임을 당한 사람의 수는 70여 명에 이르렀으며 변경 지역에 노역자로 끌려간 사람은 수백 명에 달하였다.

강희(康熙) 연간에 발생했던 문자옥 가운데 특히 유명한 사건은 『남산집(南山集)』 안건이다. 방효표(方孝標)는 운남에서 오삼계의 수하에 있던 인물로서 후에 조속히 청나라에 투항함으로써 죽음을 면하였으며, 『전검기문(滇黔紀聞)』 등의 저서를 남겼다. 후에 이 책을 보게 된 대명세(戴名世 : 1653~1713년)는 자신의 저서인 『남산집』을 지으며 그 안의 내용을 대거 인용하게 되면서 '대역(大逆)' 죄를 범하게 된 것이다. 실제 두 사람의 저서 모두 청나라 왕조를 비방하는 내용이 전혀 없었으나 '대역'의 죄명을 씌게 된 데는 남명의 영력(永曆) 정권을 위조(僞朝 : 정통성을 인정받지 못한 왕조)라고 지칭하지 않고 책 가운데 남명의 홍광제(弘光帝 : 제1대 황제, 재위 1644~1645)와 그 연호가 등장하였으며, 강희황제가 명나라의 태자를 죽인 사실이 적나라하게 드러나 있었기 때문이었다. 이 '남산집'과 관련된 문자옥에 수백 명이 연루되었으며 대명세는 참수당하고 이미 세상을 떠난 방효표는 시신을 다시 꺼내어 욕보이게 되었다. 두 집안의 16세 이상의 남자는 모두 죽임을 당하였으며, 여자들은 노비로 전락하였다. 또한 방씨 일가는 흑룡강 지역의 노역에 동원되었다.

옹정(雍正) 시대에 이르러 문자옥은 더욱 극심해졌다. 조정의 신료였던 사사정(査嗣庭)은 강서 지역의 시험 감독관으로 임명되어 '유민소지(維民所止)'라는 제목으로 시험을 출제하였다. 그러나 누군가가 '유지(維止)'라는 두 글자가 '옹정(雍正) 두 글자의 머리를 없앤 것'이라고 고발하였다. 크게 분노한 옹정황제는 사사정을 하옥시키게 되었으며 놀란 사사정은 옥사하고 말았다. 이에 다시 그 시체를 욕보이고 사사정의 가족들은 죽임을 당하거나 유배지로 보내지게 된다. 어느 날 한림관(翰林官) 서준(徐駿)이 올린 상소에 '폐하(陛下)'를 잘못하여 '폐(狴 : 들개라는 뜻)'라고 쓴 글자가 발견되었다. 옹정은 서준을 파면하고 그가 지은 시들을 모두 살펴보게 하였다. 그 가운데 "청아한 바람은 글자도 모르면서 어찌하여 멋대로 책장을 넘기는가?(清風不識字청풍불식자, 何事亂翻書?하사란번서?)"라는 문구를 발견하게 되었다. 이를 발견한 사람이 '청풍(清風)'이 청나라 왕조를 지칭하는 것이라고 주장함에 따라 서준은 청나라 왕조를 비방한 죄를 짓고 죽임을 당하게 된다.

옹정은 밀서로 고발하는 제도를 만들었을 뿐만 아니라 군중 비판 운동의 서막을 열었다. 전명세(錢名世)라는 유생이 연갱요(年羹堯)에게 바친 시 가운데 "섬서의 군대 깃발은 주나라 장군 소백과 같고, 나팔소리와 북소리는 한나라 장군 곽거병에 비길 수 있도다(分陝旌旗同召伯분섬정기동소백, 從天鼓角漢將軍종천고각한장군)"라는 구절이 있었다. 연갱요가 반역죄로 죽임을 당하자 옹정황제는 전명세의 집에 '명교죄인(名教罪人)'이라는 현판을 내걸게 하고 수백 명의 거인(擧人), 진사(進士)들에게 시문을 지어 그를 비판하도록 하였다. 또한 이 시문들을 모아 『어제전명세(御制錢名世)』라는 서적으로 편찬한 후 각급 학교에 보내어 경계심을 일깨우도록 하였다. 한편 사사정의 죄를 묻기 위하여 옹정은 사사정의 일기를 뒤져 죄목을 찾고자 하였다. 이로써 한 인간의 영혼 속 깊은 내면까지 드러나도록 함으로써 사상을 비롯한 정신세계에 대한 통치를 강화하려고 하였다.

건륭제(乾隆帝)가 즉위한 후 문자옥에 대한 조사가 훨씬 치밀하고 그 강도도 높아지게 된다. 따라서 문자옥의 발생 빈도도 많아질 수밖에 없었다. 한림학사 호중조(胡中藻)가 지은 시구 "내 양심에 비추어 무엇이 혼탁하고 무엇이 청결한지를 분별하려 하노라(一把心腸論濁清일파심장론탁청)"를 보고 건륭제는 무슨 속셈으로 흐릴 '탁(濁)'자를 국호인 '청(清)'자 앞에 두었냐며 불같이 화를 내게 되었다. 호중조는 '탁(濁)'자 한 글자 때문에 목숨을 잃었으며 그 죄가 그의 스승과 벗들에게 미치게 되었다.

『일주루(一株樓)』라는 시집을 지은 서술기(徐述虁)는 그의 시 가운데 "내일 아침이면 날개를 활짝 펴고, 단번에 청도로 가리(明朝期振翮명조기진핵, 一擧去清都일거거

청도"라는 두 구절로 말미암아 대역죄를 짓게 되었다. 즉 아침 '조(朝)'자는 조정 '조(朝)'와 같기 때문에 명나라 왕조를 부흥시키고 청나라 왕조를 멸망시키려는 의도를 보였다는 것이다.* 이에 이미 세상을 떠난 서술기와 그 아들의 시신은 다시 꺼내어 욕보이고 그의 손자와 그 시집을 교정한 사람들을 모두 처형하였다. 이밖에도 이와 흡사한 사례는 일일이 다 열거할 수 없을 정도로 많다. 청나라 왕조 전기는 문자옥이 휩쓸었던 시기로 모두 백여 차례에 걸쳐 문자옥이 발생하였으며, 그 형벌 또한 매우 가혹하여 보는 사람들로 하여금 삼가게 했을 뿐만 아니라 막막한 심정이 되도록 만들었다. 이러한 전제주의 문화 속에서 수많은 지식인들은 정치를 떠나 옛 문헌의 고증에만 몰두하도록 하였다. 당시의 원로대신이었던 양시정(梁詩正)은 "문자로써 교류의 수단을 삼지 말고 사심 없이 지었던 문장들도 반드시 불태워 없애야 한다"라는 결론을 내리기에 이르렀다.

▶▶ 역사의 흐름에 어떤 영향을 미쳤을까?

청나라 왕조에 성행했던 문자옥은 전례 없이 강화되었던 봉건 전제주의의 산물이었다고 볼 수 있다. 가장 근본적인 목적은 사상 문화 영역 안에서 군주 전제주의와 만주족 귀족들의 통치체계에 절대적인 권위를 부여하는 데 있었다. 사상을 얽매고 언로를 차단함으로써 과학 문화 발전에도 심각한 영향을 끼치게 되었다. 이는 침묵으로 질식할 것 같은 사회 환경을 조성함으로써 암울한 정치국면을 초래하였다. 이러한 상황 속에서 수많은 지식인들은 더 이상 세상사에 관심을 두지 않게 되었으며 다만 옛 문헌 속으로 파고들게 됨에 따라 건륭, 가경(嘉慶)*시기의 고증학의 흥성을 불러일으키게 되었다. 이는 중국역사의 비극이 아닐 수 없다.

---

* 이 시는 「학립계군(鶴立鷄群)」이라는 시다. 글자 그대로만 보면 "내일 아침 학이 날개를 활짝 펴고, 하늘 높이 날아올라 청도로 간다"는 뜻이지만, '명당(明當)'이 아닌 '명조(明朝)'로 쓰고, '지청도(至淸都)'가 아닌 '거청도(去淸都)'라 풀이하여 청나라를 망하게 하려 했다는 것이다.

** 청나라 제7대 황제(재위 1796~1820) 인종(仁宗)이다. 이름은 영염(永琰)이었으나 후에 옹염(顒琰)으로 고쳤다. 1796년 그는 선양(禪讓)을 받아 즉위하였으나 태상황제(太上皇帝)가 된 건륭제가 실질적으로 통치하였고, 태상황제의 사망 후에야 친정을 펼 수 있었다.

8장

서방의 사절단 파견부터
무창봉기까지

| 영국, 청나라에 매카트니 사절단을 파견하다

| 아편전쟁, 서방 자본주의 국가의 시장으로 전락하다

| 태평천국의 난, 만민이 평등한 세상을 꿈꾸다

| 신유정변, 서태후가 수렴청정을 하다

| 양무운동, 개혁의 꽃을 피우지 못하고 지다

| 변경의 위기, 오늘날 영토 분쟁의 불씨가 되다

| 중일전쟁, 중국 대륙의 발판을 마련하다

| 무술변법, 100일 유신으로 끝나다

| 의화단운동, 8국 연합군에 무너지다

| 무창봉기, 중화민국 건국의 도화선이 되다

1. 영국, 청나라에 매카트니 사절단을 파견하다

64개의 화포를 갖춘 전함 '라이언호'와 최대 용적 1200톤을 자랑하는 동인도 회사의 바컨틴 범선(barquentine : 3개의 마스트를 가진 범선) '힌두스탄(Hindustan)호', 그리고 소형 호위함 '자칼(Jackal)호'는 조수가 차자마자 돛을 올리고 포츠머스(Portsmouth) 항구와 작별을 고하였다. 함대는 서쪽을 향해 운항하고 있었다. 바람을 최대한 이용하기 위하여 매카트니(G. MaCartney : 1737~1806년)* 훈작(勳爵)은 웨이머스(Weymouth)에서 정박하는 것도 포기하였다. 당시 영국 국왕과 왕실은 모두 웨이머스에 머물고 있었으며 매카트니는 그곳에서 잠시 정박하기로 미리 약속이 되어 있었다. '라이언호'의 뱃고물 위에서 매카트니는 바다 공기를 한껏 들이마셨다. 그는 이번 모험에 한껏 들떠 있었다. 영국은 이처럼 방대한 사절단을 파견해 본 적이 없었으며 유럽의 어느 국가도 이처럼 방대한 규모의 사절단을 중국에 파견한 적이 없었다. 이번 출항은 그야말로 위대한 행보가 될 것이라고 굳게 믿고 있었다. 그러나 전혀 예상치 못한 상황이 그를 기다리고 있을 줄은 꿈에도 몰랐던 것이다.

사절단 파견의 배경

19세기 초까지 중국은 여러 가지 복잡한 원인으로 인해 서방 세계와 외교관계를 수립하지 않고 있었다. 우선 서방 국가들은 너무 멀리 떨어져 있었다. 당시 중국에 드나들던 선박들은 모두 범선이었으며 수에즈 운하가 개통되기 전이었기 때문에 반드시 아프리카 최남단의 희망봉을 돌아와야 했다. 이에 런던에서 광주(廣州)까지는 가장 빨리 와도 3개월이 소요되었으며 무역 규모도 그리 크지 않았다. 서양인들이 중국에서 수입하는 물건은 차와 비단을 비롯한 사치품에 국한

---

* 영국의 외교관, 정치가이다. 카리브제도 총독, 세인트조지 요새 총독을 거쳐 1793년 영국 최초의 특명전권대사로 중국에 왔다. 그는 삼궤구고두(三跪九叩頭)의 예(禮)를 거부하고 한쪽 무릎만을 꿇는 영국식 예를 고집함으로써, 조지 3세의 개항 및 통상의 조약체결이라는 소기의 목적은 달성하지 못하고, 1794년 귀국했다.

되었다. 중국은 자급자족 경제체제를 유지하고 있었기 때문에 서양에서 특별히 수입할 물건이 없었던 것도 사실이다. 따라서 당시 중국의 국제무역수지는 큰 폭의 흑자를 기록하고 있었다. 이러한 상황 속에서 외교관계를 수립해야 할 필요성을 크게 느끼지 못했던 것이다.

다른 한편으로는 당시 중국은 다른 나라와의 평등관계를 인정하지 않았다. 서양인들이 중국을 찾았을 때도 주변의 유구인(琉球人 : 현재의 오키나와인)이나 고려인(高麗人)처럼 대했다고 볼 수 있다. 그들은 오지 않으면 억지로 오게 할 생각도 없었을 뿐더러 만약 중국에 온다면 중국을 종주국으로 여기고 그들 자신은 번국의 입장이 되어야만 했다. '천자'의 위치는 절대 변할 수 없다는 체통과 예법문제는 중국이 외교관계를 수립하는데 큰 장애요소로 작용하게 되었다.

당시 중국은 외국과의 교류를 취할 필요성을 전혀 느끼지 못하고 있었다. '서양 오랑캐'들도 중국 변방의 오랑캐들과 다를 바 없이 예절과 염치를 모르는 존재라고 여겼기 때문에 이들과의 교류를 통해 얻을 수 있는 이점이 없다고 보았던 것이다. 이익을 얻으려고 오는 그들에게 황제가 은혜를 베풀어 장사를 할 수 있도록 배려하는 것이라고 여겼다. 중국은 외국에 대해 당근과 채찍 두 가지 방식으로만 대할 줄 알았다. 만약 자신의 본분을 지키지 않는다면 무력을 동원하여 몰아내면 된다고 생각했던 것이다. 당시 중국은 외교가 무엇인지 몰랐으며 '소멸(消滅)'과 '회유(懷柔)'의 개념만이 있었다고 볼 수 있다. 조정의 권세가들도 파벌을 형성하여 강경하게 소멸을 주장하는 파와 회유를 주장하는 파로 나뉘곤 하였다.

당시의 통상제도 역시 매우 특이한 형태를 띠고 있었으며 서양 상인들은 광주에서만 교역이 가능하였다. 명말 청초에는 서양인들이 장주(漳州), 천주(泉州), 복주(福州), 하문(廈門), 영파(寧波), 정해(定海) 등 여러 지역을 다니기도 하였지만 후에 현실적인 불편함이 뒤따르고 청나라 조정에서 이를 법으로 금지함에 따라 '한 항구에서만 통상을 허락하는 제도'를 정하게 된 것이다. 광주 내에서도 외국인들은 자유롭지 못하였다. 여름과 가을 두 계절에만 무역 활동을 할 수 있었으며 광주의 십삼행(十三行)에서만 거주할 수 있었다. 무역을 마치면 반드시 마카오로 건너가 겨울을 나야 했다. 십삼행은 중국정부가 지정한 외국인과의 무역을 허가한 상인들을 지칭하는 것으로 십삼행의 '행총(行總)'은 이들의 대표 격으로 정부의 교섭 관리에 속하였다. 광주 지역 관리들은 반드시 모든 명령을 행총을 통해 외국상인들에게 전하였으며, 외국상인들이 관리들에게 보내는 문서 역시 행총이 전달하였다.

외국상인들은 광주의 법에 따라 가마를 탈 수 없었으나 실제로 관리들은 크게 문제 삼지 않았다. 그러나 십삼행에 거주하는 동안 외국인들은 마음대로 다른 지역으로 여행을 할 수 없었다. 다만 매월 8이 있는 날짜(8, 18, 28일 등)에 통사(通事)의 인솔 하에 하남의 '화지(花地)'로 단 한번 여행을 다녀올 수 있었다. 외국인들은 무기를 지닌 채 광주 시내를 다닐 수 없었으며 그들의 아내를 중국으로 데리고 들어올 수 없었다. 이는 중국에 정착하거나 일부 지역을 차지할 위험을 사전에 방지하기 위함이었다.

가장 기이한 규정은 외국인은 중국의 책을 살 수도 없었고 중국어를 배워서도 안 되는 것이었다. 최초의 개신교 선교사였던 모리슨(Robert Morrison : 1782~1834년)*에게 중국어를 가르쳤던 사람은 매번 그를 가르치러 갈 때마다 신발 한 켤레와 독약 한 병을 가지고 다녔다. 신발은 자신이 중국어를 가르치는 사람이 아니라 신발 파는 사람임을 가장하기 위한 것이었으며 독약은 만일 발각될 경우 자진하기 위한 것이었다.

이 당시 중국의 세관은 독자적인 형태를 띠고 있었다. 청나라 조정에서 정한 통관세는 본래 평균 4% 정도로 매우 가벼웠으며 청나라 조정은 통관세 자체를 그다지 큰 관심을 갖고 있지 않았다. 그러나 현지 관리들이 각종 세금을 가중시키면서 조정에서 정한 관세를 포함한 실제 세액은 물건 값의 20%에 달하였다. 정부는 세액을 공개하도록 법령에 규정하고 있었으나 실제로 관리들은 그들의 편의대로 세액을 조정하기 위하여 비밀을 엄밀하게 지켜나갔다. 외국인들은 매번 세액을 깎기 위한 교섭을 벌어야 했기 때문에 번거롭기가 이루 말할 수 없었다.

---

* 중국명은 마예손(馬禮遜, 마리쉰)이다. 영국 런던선교회에서 파견한 프로테스탄트 선교사로 중국에서 처음으로 활동한 개신교 선교사이다. 1897년 마카오로 들어와 말라카에 최초의 신학문 학교인 영화학당을 세우고 인쇄소를 설립하여 정기간행물을 발행하였다.

외국인들은 이러한 초기 중국의 통상제도에 불만을 품고 있었지만 중국의 규정임을 인정하여 용인하곤 하였다. 그러나 18세기 말(건륭 말, 가경 초)에 이르자 외국인들의 태도에도 변화가 생기기 시작하였다. 당시 중국의 해외무역의 대부분은 영국의 동인도회사가 장악하고 있었다. 광주에 거주하는 외국인들 가운데에서도 영국인이 우위를 차지하였다. 이때의 영국은 산업혁명이 끝나고 과거의 수공업 형태에서 기계제조업 형태로 변화하고 있을 시점이었기 때문에 해외시장 개척에 국가와 민생이 걸려 있었다. 따라서 중국의 통상제한 정책은 영국의 상업 발전에 가장 큰 저해요소로 작용하고 있다고 여기게 되었다. 당시 영국은 인도에서 프랑스를 누르고 인도반도를 장악함으로써 인도를 발전의 근거지로 삼아 동아시아 시장 개척에 유리한 위치를 확보하고 있었다.

이때의 유럽 사람들은 건륭황제를 가장 모범적이고 현명한 군주로 여기고 있었기 때문에 그들이 중국과의 통상에서 겪는 어려움은 광주의 지방 관리들의 농간으로만 생각하였다. 만약 건륭황제에게 이러한 사실을 알릴 수만 있다면 건륭황제가 이를 반드시 개선해 줄 것으로 믿었던 것이다. 1793년(건륭57년)은 마침 건륭황제가 83세의 수연을 맞았던 해이다. 영국이 이때에 특사를 파견하여 건륭황제의 수연을 축하하게 된다면 중국과 영국의 우의를 다질 수 있는 절호의 기회를 얻게 되는 셈이었다. 광주의 관리들도 건륭황제의 허영심을 알고 있었기 때문에 영국이 특사를 파견하여 수연을 축하도록 종용하였다. 이에 영국은 매카트니를 중국에 특사로 파견하게 된 것이다.

매카트니의 불운

매카트니는 제정러시아의 공사(公使), 카리브해 총독과 마드리드의 총독을 두루 역임한 바 있는 외교의 베테랑이었다. 당시 영국 국왕 조지 3세가 중국에 파견한 사신들은 모두 뛰어난 관리들이라고 볼 수 있다. 사절단에는 외교관, 영국 청년귀족, 학자, 의사, 화가, 악사, 기술자, 사병, 하인 등이 포함되어 있었으며 그 수가 백여 명에 달하였다. 이들이 배에 오르는 수속을 하는 데만도 며칠의 시간이 걸리곤 하였다.

이때에는 영국과 프랑스의 전쟁이 임박해 있었으나 사절단의 중국행은 계획대로 추진되었다. 당시 영국이 이번 사절단에 얼마나 많은 기대를 걸고 있었는지 짐작할 수 있다. 영국 내각에서도 지금 이들이 타고 가는 배들이 절실히 필요한 시점이며 일단 출발하면 다시 오지 못할 것도 알고 있었다. 소식을 전달하는 파발 병이 군대를 쫓아갈 수는 있어도 함대를 쫓아갈 수는 없는 노릇이었다. 한번 출발한 함대는 하늘의 뜻에 따르는 수밖에 없다고 볼 수 있다. 매카트니는 일본 천황, 베트남 황제, 조선의 국왕을 비롯하여 마닐라, 말루쿠 제도(Kepulauan Maluku) 등 극동의 각 국가들의 군주와 접촉하라는 사명을 함께 부여받고 있었다. 그는 또한 중국의 문호를 여는 데 도움이 될 만한 어떤 나라도 방문할 수 있는 권리를 부여받았다. 대영제국은 이미 전 세계적인 강국으로서 모든 병력을 한 대륙에 집중시키지는 않고 있었다. 장기적인 계획을 세우고 미래를 위해 투자하고 있었다고 볼 수 있다.

같은 날 세계의 다른 한편에서는 동인도회사(東印度會社)*의 특파원이 4월에 런던을 출발하여 9월 20일 광주에 도착하였다. 그들은 광주에서 양광(兩廣 : 광동과 광서지역) 총독과의 회견을 주선할 것을 요구하였다. 회견의 목적은 동인도회사의 이사장인 프란시스 베린의 서한을 양광 총독에게 전달하려는 데 있었다. 서한에는 영국의 국왕이 양국의 우호교류를 증진하고 무역관계를 발전시키기 위하여 매카트니 훈작을 전권 특사로 임명하여 북경을 방문하도록 하였으며, 양국 평등의 원칙 하에서 교류를 추진하기로 결정하였다는 내용이 담겨 있었다. 사절단이 출발할 즈음에 영국 측은 사절단의 파견 목적을 중국에 미리 알려준 것이다.

매카트니 사절단은 방문에 앞서 심사숙고하여 모든 준비에 임하였다. 건륭황제에게 올릴 예물은 영국의 최상품들로서 중국으로 하여금 영국이 부강한 나라이자 문명국임을 인지시키는 데 역점을 두었다. 영국 정부는 매카트니에게 중국의

---

* 동인도 회사(East India Company)는 대항해 시대, 유럽 국가들이 아시아의 무역을 독점하기 위해 세워진 회사이다. 1595년 네덜란드가 인도 항로로 진출하여 향료 무역을 본격적으로 개시하자, 이에 자극받은 영국 런던의 상인들이 1600년에 설립하였다. 이 외에 네덜란드 동인도회사(1602년), 덴마크 동인도회사(1616년), 프랑스 동인도회사(1664년), 스웨덴 동인도회사(1731년) 등 있다.

건륭황제가 영국의 매카트니 사절단을 접견하는 모습

예법을 최대한 존중하도록 당부하였으나, 단 중국과 영국이 평등하다는 전제를 잊지 말도록 하였다. 영국이 중국과 교섭할 안건은 다음과 같이 정리할 수 있다.

첫째, 영국은 전권을 일임한 특사를 파견하여 중국에 상주하기를 원하며, 중국의 특사가 영국에 주재할 시 최고의 예우를 베풀 것이다. 둘째, 영국은 중국이 통상 항구를 더 개방해 줄 것을 희망한다. 셋째, 영국은 중국이 확정적이고 공개적인 세관 원칙을 마련해 줄 것을 희망한다. 넷째, 포르투갈 사람들이 마카오를 이용하는 것처럼 중국이 영국의 상인들이 거주하고 상품을 저장할 수 있는 작은 섬을 영국에게 할양하여 줄 것을 희망한다.

건륭황제도 매우 기쁘게 영국의 사절단을 맞이하였다. 그러나 영국을 중국에 예속된 번국이 조공을 바치는 것쯤으로 치부하여 무릎을 꿇고 예를 취할 것을 요구하였다. 매카트니는 처음에 이를 거부하였으나 후에 조건을 달고 응하였다. 매카트니의 조건은 향후 중국의 특사가 런던에 파견될 때 영국의 국왕에게 무릎을 꿇는 예를 취할 것을 약속하거나 중국의 사신이 그가 가지고 온 영국 국왕의 초상 앞에서 무릎을 꿇고 예를 취하는 것이었다. 매카트니는 양국의 평등을 실현하고자 했다고 볼 수 있다. 그는 중국이 그의 조건을 받아들이지 않으면 무릎을 꿇고 예를 취하기를 거부한다고 밝혔다. 건륭황제는 심기가 상하여 접견이 끝나자마자 바로 그들에게 중국을 떠나 귀국하도록 명하였다. 또한 매카트니가 제의한 조건들은 모두 거절하였다. 영국과 중국의 평등한 교습은 완벽한 실패로 막을 내리게 되었으며 중국은 세계가 근대화 단계로 완전히 진입하기 전에 세계 속으로 융화될 기회를 상실하고 말았다.

암허스트(William Pitt Amherst)의 시련

프랑스와의 전쟁에서 나폴레옹에게 승리한 영국은 프랑스 제국의 멸망을 중국에게 알렸으나 그들에게 되돌아온 대답은 "당신네 나라와는 멀리 떨어져 있으나 …… 국왕은 대의를 아는 듯하고 천자의 뜻에 순응하니 참으로 기특하다"라는 성의 없는 무관심의 표현뿐이었다.

매카트니가 중국에서 오만한 태도를 보여 고립되었던 상황을 만회하기 위하여 영국은 다시 영국 귀족원의 의원이자 몬테리올 전쟁 승리자의 조카이자 후계자인 윌리엄 피트 암허스트(1773~1857년)*를 대표로 하는 새로운 사절단을 파견하기로 결정한다.

1816년 2월 8일 암허스트는 알체스테(Alceste) 전함에 올랐다. 그의 여정은 매카트니에 비해 절반이나 단축되어 6월 달에 중국해에 도착하였으며, 스톤튼(Staunton)과 그 지역 광주 사람들과 만남의 자리를 가진 후 바로 북직예(北直隷) 만으로 출발하였다.

7월 28일 북직예 만에 도착한 그들에게 바로 '머리를 숙여 예를 표하는' 예법의 문제가 불거져 나왔다. 암허스트 훈작은 이에 대해 별다른 거부감이 없었으나 그의 고문들 사이에 서로 이견이 발생하였다. 사절단의 서열에서 세 번째에 해당하는 엘리스는 머리를 숙이는 예의는 대세에 지장을 주지 않는 형식에 불과하다고 여겼으나 스톤튼은 반대 의견을 내놓았다. 영국 내각이 취한 실용주의적인 태도는, 즉 북경에 사절단을 파견한 것은 소기의 목적을 달성하기 위한 것이지 머

---

* 중국명은 아미사덕(阿美士德, 아메이스더)이다. 영국의 정치가이자 외교관으로 1814년 영국 동인도회사의 인도의 무역독점이 폐지되자, 1816년 광둥무역을 개선할 목적으로 특파사절로 파견되었으나 황제를 알현할 때 삼궤구고두의 예를 거부하여 황제를 만나지 못하고 돌아갔다.

리를 숙임으로써 얻을 수 있는 것이 무엇이냐는 것이었다.

　동인도회사의 관리자는 광주로 돌아간 후 다시 결정할 것을 주장하였다. 영국의 영예(榮譽)를 존중받기 위해서는 처음부터 무례를 당할 수는 없다고 여겼던 것이다. 암허스트는 결국 '머리를 숙이는 예'를 거절하였으며, 이때에 자신의 사명이 서로 간에 힘겨루기에 달려있음을 깨닫게 되었다. 사절단을 수행하던 중국 관료들은 8월 4일 알체스테호에 올랐으나 냉랭한 분위기를 감지하였다. 암허스트는 매카트니의 전례를 들어 입장을 견지하였으며, 중국 관료들은 매카트니가 직접 예를 취하는 것을 보았다고 주장하기 시작하였다. 가경 연간의 한 상소에 씌어진 "당신네 사신이 예를 행하려면 무릎을 꿇고 머리를 조아려야 한다"는 예를 들어 말했다.

　천진(天津)에 도착하자 한 테이블에 누런 비단이 깔리고 향기로운 향이 피어오르기 시작하였다. 중국인들은 모두 앞에 꿇어앉았으나 암허스트는 여전히 선 채로 있다가 천천히 모자를 벗고 고개 숙여 예를 표하였다. 이 기이한 예식이 끝난 후 벌어진 연회에서 영국인들도 가부좌를 틀고 앉아야 했다. 중국의 관리들은 거침없이 야만인들이 이렇게 앉을 줄도 모른다고 불쾌감을 드러내었으며 이렇듯 야만적인 상태에서는 황제를 만나게 할 수 없다고 입을 모았다. 암허스트와 그 일행이 무릎을 꿇기로 결정하자 중국의 관원들은 그가 당장 시범을 보일 것을 촉구하였으나 암허스트는 이를 거절하였다. 스톤튼은 암허스트를 수행하여 온 그의 조카로 하여금 시범을 보이도록 하였다.

　천진을 지나자 새로운 문제가 또 다시 불거져 나왔다. 사절단의 수행 인원이 너무 많다는 것이었다. 그리고 다시 머리를 숙여 예를 표하는 문제를 들먹이기 시작하였다. 중국의 관리는 황제는 예의에 벗어난 행위는 용서하지 않을 것이라고 말하자 암허스트도 매카트니가 사용했던 방법을 그대로 원용하였다. 즉 자신과 같은 등급의 중국인 관리가 영국 섭정왕의 초상 앞에 고개를 숙여 예를 표하거나 또는 향후 영국에 파견될 중국사절단이 섭정왕에게 고개 숙여 예를 취할 것을 약속하면 그도 가경황제에게 예를 표하겠다고 하였다. 그러나 중국인들은 여전히 노여운 표정을 지었다. 암허스트는 무릎을 세 번 꿇는 데까지는 동의하였으나 더 이상의 양보는 거부하였다.

사절단이 행군하는 동안에도 중국의 설득은 계속되었다. 한번은 비가 억수 같이 쏟아졌으나 북경이 가까워졌기 때문에 가마를 타는 것은 황제에 대한 불경이 될 수 있다며 가마를 타지 못하도록 하였다. 황제는 마지막으로 자신의 외삼촌 국공(國公) 화세태(和世泰)를 보내어 암허스트 일행을 맞이하도록 하였다. 화세태는 영국의 사신을 접견한 자리에서도 냉랭한 태도를 보이며 자리에 앉도록 권하지 조차 않았다. 그는 분기탱천한 목소리로 세 번 무릎을 꿇고 아홉 번 머리를 조아리는 '삼궤구고(三跪九叩)'의 예를 반드시 취해야 한다며 '가경(嘉慶)은 천하의 군주이니 세인들은 모두 그를 경배해야 한다'며 그렇지 않을 경우 추방할 것임을 경고하였다.

그해 8월 29일 새벽에 북경에 도착하였으나 아무 것도 합의에 이른 사안이 없었다. 영국 사절단은 이미 심신이 지치고 피곤한 상태였다. 중국 관리는 그들에게 당장 자금성(紫禁城)으로 들어갈 것을 요구하였으나 이미 자정이 넘은 시각이었다. 영국 사절단은 그들을 숙소로 데리고 가줄 것을 요청하였으나 바로 이때 고위 관원에 속하는 화친왕(和親王)이 조정에 입회할 때의 의복 차림으로 등장하였다. 그는 접견 시각이 앞당겨 졌다며 사신과 두 명의 수행원, 그리고 통역을 담당할 모리슨만이 들어갈 수 있다고 전하였다. 이때 중국 관리들이 떼 지어 사신을 끌어당기며 강제로 황제에게 끌고 가려고 하자 한바탕 소란이 일어나게 되었다. 등을 떠밀고 팔을 잡아당기는 등의 충돌이 발생하며 고함소리가 사방에 가득하게 퍼졌다.

암허스트는 그들을 막아서며 지금은 피곤에 지친 상태이고 의복도 정갈하지 못하며 시간도 늦었다는 점을 들고 사절단에게 무력을 행사한 것에 대해 항의하기 시작하였다. 그는 마지막까지 머리를 조아리는 예를 거부하고 모두 물러설 것을 요구하였다. 암허스트가 저항한 사실이 황제에게 알려지자 황제는 크게 화를 내며 그들에게 바로 북경을 떠날 것을 명하였다. 그날 밤 사절단은 귀국길에 오를 수밖에 없었다.

▶▶ 역사의 흐름에 어떤 영향을 미쳤을까?

1840년에서 1842년에 걸쳐 발생한 1차 아편전쟁에서 영국은 견고한 전함과 막강한 대포를 앞세워 중국의 문호를 강제로 개방하였다. 천자로서의 중국의 권위는 처음으로 위기를 맞게 되었으며 이때부터 열강의 꽁무니를 쫓아가기 바쁜 상황에 직면하게 된다. 중국과 서방의 관계는 매우 특별하다고 볼 수 있다. 즉 아편전쟁 이전에 외국에 평등한 위치를 부여하기를 거부했던 중국은 아편전쟁 이후 외국으로부터 평등한 지위를 부여받지 못하는 처지로 전락하고 만 것이다.

2. 아편전쟁, 서방 자본주의 국가의 시장으로 전락하다

1840년 영국은 기타 서방 열강들의 지원을 등에 업고 유구한 봉건체제 국가인 중국을 침략하였다. 이 전쟁은 영국이 중국에 아편을 들여와 팔기시작하면서 발발하였기 때문에 역사적으로 '아편전쟁(鴉片戰爭)'이라 불리고 있다. 아편전쟁 이후 중국은 독립적인 봉건국가에서 반봉건국가, 식민지 형태로 전락하면서 백여 년에 걸쳐 굴욕과 고난, 탐색과 투쟁의 역사를 써 내려가게 된다.

아편 수입과 임칙서(林則徐)의 금연 운동

아편은 8세기 무렵부터 아랍 사람들의 손을 거쳐 중국으로 수입되었으며 줄곧 약재로써 사용되어 왔다. 16세기에 이르렀을 때 사람들은 아편을 피울 수 있다는 것을 알게 되었다. 당시 포르투갈은 최대의 마약판매국이었으며 17세기 말 영국이 인도를 정복한 후 아편의 전매권을 인도를 통치하고 있던 동인도회사에 넘기게 된다. 이때부터 대량의 아편이 중국으로 유입되어 판매되기 시작하였으며, 영국은 중국에서 차, 생사(生絲)를 수입함으로써 이러한 삼각 무역 구조 안에서 영국은 폭리를 취하였다. 영국이 아편을 대거 중국에 유입시켰을 뿐만 아니라 미국도 터키의 아편을 중국에 팔았고 러시아도 중아시아의 아편을 중국에 팔게 되었다.

당시의 아편 가격은 1킬로그램 당 백은(白銀) 5량 정도였다. 이때부터 아편전

임칙서 초상

쟁이 발생하기 전까지 40여 년 간 영국은 중국에 40여 만 상자의 아편을 들여왔으며 중국에서 3, 4억에 달하는 은량을 갈취하여 갔다. 이로 인해 중국에서 은(銀)은 씨가 마르기 시작하였고 은의 가격도 2배 이상 오르게 되었다. 공상업이 침체되면서 나라와 국민 모두 곤경에 처할 수밖에 없는 상황이 되었다. 아편을 피는 사람은 점점 늘어나 귀족관료, 지주계급뿐만 아니라 상인, 학자들까지도 손을 대기 시작하였고, 후에는 농민, 직공, 부역자들까지도 아편을 피게 되었다. 1838년, 중국의 아편 흡연 인구는 2백만 명을 넘어섰다. 아편 금연을 주장한 애국 지사들은 "중국의 재물로 외세의 성곽을 쌓아주고 있다. 사람을 상하게 하는 이 물건이 점점 나라를 병들게 하고 있다"라며 금연을 호소하였다. 이에 청나라 조정에서도 이를 처리할 방법을 강구하지 않을 수 없었다.

1838년 6월 2일, 아편 금연을 강력하게 주장했던 홍려사경(鴻臚寺卿) 황작자 (黃爵滋)는 황제에게 상소를 올려 아편을 피우는 자들에 대한 엄격한 처벌을 주장하였다. 즉 현재 아편을 피우고 있는 사람은 1년의 유예기간을 주어 반드시 금연하도록 하고 기간이 경과했음에도 금연을 하지 않은 사람에 대해서는 일반 백성은 사형에 처하고 관리는 최고형의 경우 본인은 사형에 처하고 그의 자손들은 과거에 응시하지 못하도록 하였다. 호광(湖廣 : 호북성과 호남성) 총독 임칙서(林則徐, 린쩌쉬 : 1785~1850년)*, 양강(兩江 : 청나라 시대 강서성과 강남성을 말하며 강남성은 지금의 강소성과 안휘성 일대에 해당) 총독 도주(陶澍) 등도 황작자의 주장에 동조하였다.

임칙서(林則徐)는 1838년 7월에서 9월까지 도광황제(道光皇帝 : 1782~1850년)**에

* 청나라 말기의 정치가로 청나라의 흠차대신을 두 번 역임하였다. 그는 아편 밀수의 근절을 꾀하기 위해 영국 상인들이 소유한 아편을 몰수해 2만여 상자를 불태우고, 아편 상인들을 국외로 추방하는 등 강경 수단을 썼다. 이로 인해 아편 전쟁이 일어나는 계기가 되었다.

** 청나라 제8대 황제 민녕(旻寧 : 선종宣宗, 재위 1820~1850)이다. 즉위 후 동인도 회사가 전개한 삼각무역(아편무역)으로 문제가 일어나자 임칙서에게 이를 수습하게 하였다. 결국 1840년 제1차 아편전쟁으로 이어졌고 1842년 난징조약으로 홍콩이 영국에 넘어감은 물론 상하이 등 5개 항구가 개항되어 서구 열강이 대대적으로 쇄도해오는 길을 열어주었다.

게 세 차례에 걸쳐 상소를 올리며 황작자의 주장을 적극 옹호하였다. 그는 아편을 금지시키지 않은 채 긴 시간이 경과하면 군대는 쇠락하고 국고가 텅 비게 될 것이며 중국은 적에 대한 방어력을 거의 상실하게 될 뿐 아니라 조정은 군대의 봉록마저도 줄 형편이 못될 것이라고 날카롭게 지적하였다. 임칙서의 이러한 강경한 자세에 마음이 움직인 도광황제는 결국 아편금지령을 내리게 된다.

호문(虎門)을 공격하는 영국 황실의 해군 남경호(南京號)

1838년 도광황제는 임칙서(林則徐)를 흠차대신(欽差大臣)으로 임명하고 병부상서(兵部尙書)의 직책을 겸하도록 하였다. 아울러 광동 수군의 통솔권을 부여하고 광동에서 아편금연운동을 추진하도록 하였다. 1839년 1월 8일 임칙서는 북경을 출발하여 광동으로 향하였다. 금연운동에 적극적인 태도를 보이지 않았던 양광(兩廣) 총독 등정정(鄧廷楨)마저도 이러한 상황에 동화됨으로써 임칙서와 합심하여 중국에 도사리고 있는 우환을 제거하기 위한 금연운동을 적극적으로 추진하게 되었다. 임칙서는 아편의 현황에 대한 치밀한 조사를 마친 후 3월 18일 외국 상인들에게 지니고 있는 모든 아편을 3일 안에 모두 내놓을 것을 명하였다. 또한 향후 절대 아편을 가지고 오지 않을 것이며 만약 이를 위반하여 발각된 경우 모든 아편은 몰수되고 위반자는 그 자리에서 바로 처벌받을 것을 서명한 보증서를 함께 제출하도록 하였다.

이튿날 외국 상인들의 거주지를 모두 포위한 후 중국인 하인들과 부근의 주민들을 그곳에서 철수시켰다. 다른 나라들은 임칙서의 명에 따를 것을 약속하였지만 영국의 상무감독(商務監督) 찰리 엘리어트(Charles Elliot : 1801~1875년)*는 영국 상선이 향후 아편을 가지고 들어오지 않을 것을 보증할 수 있지만 이를 위반하여

___

* 중국명은 의율(義律)이다. 영국의 외교관으로 네이피어의 뒤를 이어 무역 총감독관으로 활약하였고, 아편전쟁 때 영국함대와 함께 전권위원으로 아편전쟁을 지휘, 승리로 이끌었다.

발각되었을 경우 처벌을 두고 두 가지 조건을 내걸었다. 첫째는 몰수한 아편은 반드시 보상을 해주어야 하며, 둘째 위반자를 발각 즉시 처벌하지 말고 공개적인 재판을 거쳐 형을 결정할 것을 주장하였다.

경고한 3일이 지나고 3월 22일이 되자 외국인들은 겨우 1037상자의 아편만을 형식적으로 제출하였다. 이에 임칙서는 즉시 군대를 출동시켜 외국 상점을 봉쇄하는 한편 영국과의 무역을 중지시켰다. 또한 외국 상점과 아편 상선과의 연락을 차단하였으며, 중국인 고용인들을 모두 철수시켰다. 결국 엘리어트는 모든 아편을 내어놓게 되었으며 임칙서와 등정정이 이를 직접 검수하였다. 4월 12일부터 5월 21일에 걸쳐 아편에 대한 검수가 끝나고 총 2만여 상자, 약 230만 근에 해당하는 아편을 몰수하게 된다. 이는 백은(白銀) 약 8백만 량에 해당하는 규모였다.

이에 더 이상 아편이 유통되지 않도록 임칙서는 몰수한 아편을 소각하기로 결정하였다. 1839년 6월 3일 오후 2시를 기하여 아편 소각이 시작되었다. 병사들은 웅덩이를 파고 바닷물을 유입시킨 후 아편을 모두 집어넣고 그 위에 석회가루를 뿌렸다. 아편은 일순간에 잿더미로 변하였다. 이때는 마침 조수가 빠져나가는 시기였기 때문에 임칙서는 수문을 열고 아편이 모두 바다 속으로 휩쓸려 들어가도록 하였다. 1839년 6월 3일부터 23일에 걸쳐 2만여 상자의 아편이 바다 속으로 사라지게 된 것이다.

전쟁발발과 청나라의 패배

청나라의 아편 금연 조치에 대해 영국의 자산계급, 특히 아편을 통해 영리를 취하고 있던 단체들을 중심으로 중국에 대한 전쟁의 목소리가 높아지기 시작하였다. 영국 정부는 즉각 출격 명령을 내리게 된다. 1840년 6월 영국군 총사령관 블레머(Blemer)가 40여 척의 함대와 4천 명의 병사를 이끌고 중국의 남해에 도착하였다. 6월 28일 영국 함정이 주강(珠江) 해구를 봉쇄함으로써 1차 아편전쟁이 발발하게 되었으며 영국의 중국 침략이 본격화되었다. 그해 7월 초에 영국군은 절강 정해(定海)를 점령하였으며, 8월 초에는 천진의 대고구(大沽口)까지 이르러 북경을 코앞까지 위협하게 된다. 그제야 깜짝 놀란 도광황제는 직예(直隸 : 지금의 하북성) 총독 기선(琦善 : ?~1854년)*을 천진(天津)으로 파견하여 영국군과 협상을 벌이도록 하였다. 맹렬한 기세로 돌격하던 영국군은 본래 중국을 향해 그들의 화력을 한껏 뿜낼 생각이었으나 주산(舟山) 군도에 주둔한 병사들이 전염병에 걸려 많은 수가 사망하였다.

광주 성문 초소 앞의 프랑스 군

이러한 이유로 블레머는 북방으로의 진격을 멈추고 기선(琦善)에게 다음과 같은 협상조건을 내걸었다. 첫째, 불공정한 업무처리를 한 임칙처를 처벌할 것, 둘째, 고위관료를 광주로 파견하여 영국 상인의 억울함을 들어줄 것 등이었다. 도광황제는 기선이 세 치 혀로 영국군을 물리쳤다고 생각하고 그를 천재인 양 여기게 되었다. 이에 임칙서의 관직을 폐하고 변방의 이리(伊犁) 지역의 노역으로 유배시킨 후 기선을 흠차대신 겸 양광 총독으로 임명하여 영국군과의 협상을 계속 진행하도록 하였다. 그해 연말 기선은 다시 영국군과 협상을 시작하였다.

그러나 1841년 1월 7일 영국군은 돌연 천비양(穿鼻洋)에 공격을 감행하여 사각(沙角), 대각(大角) 포대를 점령하였다. 1월 중순 기선은 영국의 전권을 일임 받은 엘리어트의 강요에 못 이겨 홍콩을 할양하고 아편 배상액 6백만 위안을 지불하며 광주를 개방할 것 등의 조건에 응하였다. 이는 기선이 개인적으로 결정한 것으로 청나라 조정의 뜻에 위배되었기 때문에 후에 처벌을 받게 된다. 그러나 1월 26일 영국군은 중국 정부의 동의를 거치지도 않은 채 홍콩을 점령하였다.

청나라 조정은 사각, 대각의 포대를 점령당한 것을 알고 난 후 즉시 영국군에 선전포고를 하였다. 2월 하순에 영국군은 호문(虎門) 포대를 점령하였으며, 수군

---

* 청나라 말 정치가로 아편전쟁 때 타협책을 주장하였다. 영국 대표 엘리어트와의 교섭에서 보인 수완으로 흠차대신이 되어 임칙서 대신 군사외교의 책임자로 광동(廣東)에서 활약하였다. 이듬해 패전으로 난징조약을 체결하고는 관직을 박탈당하고 유형에 처해졌으나 후에 사면되었다.

중국과 영국의 「남경조약」 체결 모습

제독 관천배(關天培)를 비롯한 수백 명의 수군이 희생되었다. 5월이 되어 영국군이 광주성 외곽까지 밀고 들어오자 청나라 군대는 모두 성안으로 퇴각하였다. 5월 하순에 새로 임명된 정역(靖逆) 장군 혁산(奕山)이 영국군에 강화를 요청하게 됨으로써 영국과 굴욕적인 「광주화약(廣州和約)」을 맺게 된다. 「광주화약」은 우수한 무기를 지닌 영국군이 광주성 코앞까지 밀고 들어옴으로써 어쩔 수 없이 성 밖으로 나와 굴욕적인 강화를 맺은 것으로 '성하지맹(城下之盟)'이라고 불리기도 한다. 「광주화약」의 체결로 청나라는 영국군에 6백만 위안의 배상금을 물어주게 된다.

그러나 영국정부는 엘리어트가 중국으로부터 얻은 배상금에 여전히 만족하지 못함으로써 다시 헨리 포틴저(Henry Pottinger : 1789~1856년)를 파견하여 전권을 주는 한편 군대를 증원하여 중국에 대한 침략전쟁을 확대해 나가기 시작하였다. 1841년 8월 하순에 포틴저가 이끄는 영국군은 홍콩에서 북쪽으로 진격하여 26일 하문을 점령하였으며, 9월에는 대만을 점령하였다. 10월에 이르러 정해(定海), 진해(鎭海), 영파(寧波) 등이 영국군에 점령되었으며, 1842년에 5월에 다시 북진을 계속한 영국군은 6월에 장강 하구의 오송(吳淞) 포대를 비롯하여 보산(寶山), 상해 등을 점령하기에 이르렀다. 또한 장강을 따라 서쪽으로 진군하여 8월 5일 강녕(江寧 : 남경) 강변에 도착하게 된다. 부패하고 무능했던 청나라 조정은 성경(盛京) 장군 기영(耆英 : 1787~1858년)*을 남경으로 파견하였다. 8월 29일에 기영이 영국군함 안

---

* 중국 청나라 말기 정치가로 이름은 개춘(介春)이다. 1842년 광주(廣州) 장군 흠차대신(欽差大臣)이 되어 8월의 난징 조약 및 호문채 추가조약에 조인하였다. 이후 양광 총독 겸 흠차대신으로서 외교교섭을 맡았으며, 함풍제 즉위 뒤 요직에서 물러났다.

에서 포틴저와 중국 근대사상 최초의 불평등조약인 「남경조약(南京條約)」*을 체결함으로써 1차 아편전쟁은 비로소 끝이 나게 된다.

격변의 시기

「남경조약」과 그 추가보충조약을 통하여 영국은 중국으로부터 수많은 특권을 얻어가게 된다. 그 주요 내용을 살펴보면 다음과 같다.

첫째, 홍콩을 강점한다. 영국은 오래전부터 중국 연해의 도서를 차지하려고 생각하고 있었다. 아편전쟁이 발생하기 전, 아편무역으로 성장한 자딘 매디슨(Jardine Matheson

아편전쟁 후 아편을 피우는 홍콩남자, 한연(旱煙, 잎담배)과 수연(水煙, 살담배)

Limited)**은 영국의 외무상 파머스톤(Palmerston) 경에게 홍콩을 차지할 수 있는 방법을 제안하기도 하였다. 홍콩은 안전하고 방대한 정박항을 구비하고 있을 뿐 아니라 수심이 깊어 방어에 유리하였다. 「남경조약」은 청나라가 홍콩을 영국에게 할양하고 자치법령을 만들어 다스릴 수 있도록 하였다. 이때부터 홍콩은 영국의 식민통치를 받게 되었으며 중국침략의 주요거점이 되었다.

둘째, 거액의 배상금을 지불한다. 중국은 영국에 아편 배상액 6백만 위안, 중국의 부채 3백만 위안, 군비 1천2백만 위안 등 총 2천1백만 위안(광주성 아편 배상액 6백만 위안 제외)을 총 4년에 걸쳐 상납하여야 하였다. 이는 청나라 조정 1년 예산의 30%에 달하는 액수였다.

셋째, 5개 항을 개항한다. 「남경조약」은 중국의 광주, 복주(福州), 하문, 영파,

---

* 남경조약(南京條約, 난징조약)은 아편전쟁의 종결을 위하여 영국과 청나라가 1842년 8월에 체결한 굴욕적인 강화조약이다. 당시 난징에 정박 중인 영국 군함 콘월리스호(號) 상에서 청나라 전권대사 기영(耆英)·이리포(伊里布)와 영국 전권대사 포틴저가 조인하였다. 13조로 되어 있고, 1843년 6월 홍콩에서 비준서가 교환되었다.
** 1832년 동인도회사 소속 무역선의 선장이던 스코츠 윌리엄 자딘(Scots William Jardine)과 제임스 매디슨(James Matheson)이 중국 광동성(廣東省) 광주(廣州)에 설립한 영국의 중국 무역회사이다. 중국이름은 이화양행(怡和洋行), 또는 사전양행(渣甸洋行)이다. 아편과 중국차(홍차)의 무역에 주력하였다.

상해(上海) 등 5개 항을 통상 항으로 개방하도록 규정하였다. 영국은 5개 항에 영사 등의 관리를 파견하여 주재하도록 하고 상인들은 자유롭게 무역활동을 할 수 있도록 하였다. 이로써 청나라 정부가 지정한 '행상(行商 : 공행公行과 같은 독점상인)' 무역을 해오던 제한에서 벗어나게 되었다. 이때부터 중국 동남연해 각 성의 문호가 열리고 자본주의 상품이 물밀듯이 들어왔다. 후에 또 다시 체결한 「호문조약(虎門條約)」*에서는 영국인이 5개 항에서 토지를 임대하여 건물을 지을 수 있고 영구 거주를 허가하도록 하였다. 외국인들은 이 조항을 마음대로 해석하여 중국의 각 통상 항에 일부지역을 직접 관리까지 하는 조차지로 설정해 버렸다. 이러한 조차지를 거점으로 삼아 정치, 경제적으로 중국을 잠식하기 시작하였다.

넷째, 관세 조정권을 갖는다. 관세협정을 통해 화물의 수입·수출세, 증여세 등을 규정에 따라 공평하게 징수하도록 하였다. 이때부터 중국은 관세 자주권을 상실하게 되었으며 영국의 동의 없이는 통관의 세금을 인상, 인하할 수 없었다.

「오구통상장정(五口通商章程)」**에서는 세율을 5%정도까지 낮춤으로써 관세 장벽을 통한 자국 상품 보호를 전혀 할 수 없는 지경에 이르렀다. 열강들은 중국에서 상품 덤핑 및 자원 수탈을 마음대로 할 수 있게 되었다.

다섯째, 영사에 판결권을 부여한다. 「오구통상장정」에서는 영국인이 중국인과의 사이에 '소송'이 발생하거나 중국 영토에서 범죄를 저지른 경우, 그 형량과 처벌에 대해서는 영국이 정한 장정, 법률을 영사관에 발부하여 그대로 행하도록 하였으며, 중국 관리가 중국 법률에 따라 판결할 수 없도록 하였다. 이러한 '영사판결권' 제도는 중국의 사법 자주권을 심각하게 침해하는 것으로써 외국인이 중국에서 범죄를 저지르고도 중국 법률의 처벌을 받지 않는 선례를 남기게 되었다.

여섯째, 일방적인 최혜국대우를 누린다. 최혜국대우는 조약을 체결한 양국이 동등하게 누리는 권리에 해당한다. 그러나 중국과 영국은 불평등조약 관계에

* 호문조약(虎門條約, 후먼조약)은 1840~1842년에 발발한 아편전쟁 이후 체결된 난징조약의 후속조약으로 청나라와 영국 간 1843년 10월 3일에 호문(虎門)에서 체결된 불평등 조약이다.
** 1843년 난징조약의 불명확한 내용을 명확하게 규정한다며 영국의 헨리 포틴저(Henry Pottinger)와 청나라 기영(耆英 : 치잉)을 대표로 하여 홍콩에서 청나라와 영국이 「오구통상장정(五口通商章程)」이란 규정을 체결하였고, 또 10월 18일에 호문(虎門)에서 「호문조약(虎門條約)」을 체결한 것이다.

있었기 때문에 조약을 체결한 외국측만이 일방적으로 최혜국대우를 누리게 되었던 것이다.

「남경조약」및 그 추가보충조약 가운데 영국은 청나라 정부의 관리들이 국제사무에 대해 아둔하고 무지한 것을 이용하여 협박과 기만을 일삼음으로써 중국은 얼떨결에 영국의 조종을 받게 된 것이다. 중국이 굳게 걸어 닫았던 대문은 영국의 대포에 의해 열린 후 다시는 닫힐 수 없게 되었다.

▶▶ 역사의 흐름에 어떤 영향을 미쳤을까?

중국은 스스로 천자의 나라이자 최고의 상국(上國)으로 자부해왔다. 그러나 영국군의 화력 앞에서 이러한 자아도취적 생각은 모두 무너졌으며 이는 중국의 사상학계의 일대 충격으로 전해지게 되었다. 또한 일본 등 동방의 주변 국가에도 충격을 던져주었다. 아편전쟁을 통해 영국은 동방의 제국인 중국을 물리치게 됨으로써 영국을 비롯한 서방국가가 동방에서 우위를 차지할 수 있게 된 것이다. 이로써 동방국가들은 서방자본주의 국가의 원료산지와 상품의 덤핑시장으로 전락하였다. 서방자본주의 국가는 이때부터 더욱 신속하게 자본주의를 발전시키게 되었으며 강력하고 방대한 자본주의 세계를 구축할 수 있었던 것이다.

아편전쟁 이후 중국의 사회계급구조와 주요 갈등구조에도 변화가 발생하기 시작하였다. 아편전쟁이 발생하기 전 중국사회는 기본적으로 농민계급과 지주계급으로 양분되었으나 아편전쟁이 발생한 이후 매판자본과 매판상인들이 등장하게 되었으며 외국기업 가운데에서는 공장노동자계급이 처음으로 탄생하게 되었다. 중국사회에는 기존의 봉건지주계급과 인민대중의 갈등 외에도 외국 자본주의와 중국인 간에 새로운 갈등 양상이 등장하게 된다. 이때부터 중국의 혁명사는 새로운 역사의 장을 맞이하였다고 볼 수 있다. 반제국, 반봉건 시대에 반대하는 자산계급 민주혁명의 시기로 접어들게 된 것이다. 아편전쟁은 중국 역사의 전환점이 되었으며 중국 근대사는 이때부터 시작되었다고 할 수 있다.

3. 태평천국太平天國의 난, 만민이 평등한 세상을 꿈꾸다

19세기 중엽에 발발한 태평천국의 난은 '반봉건 반침략'을 기치로 내건 농민 전쟁을 말한다. 아편전쟁 이후 중국 사회의 갈등은 전례 없이 격화되었다. 전시 군비 7천만 위안과 외국에 지불한 배상금 2천만 위안이 모두 농민들과 생산직 근로자들의 어깨에 지워졌으며 층층시하 관리들의 수탈과 지주계급의 떠넘기기식 편법이 판을 치면서 농민들은 실제 명문화된 규정의 세금보다 몇 배나 더 많은 부담을 질 수밖에 없었다. 게다가 은값은 갈수록 치솟고 매년 계속되는 홍수와 가뭄으로 농민들은 헐벗고 굶주리는 비참한 지경에 처하게 되었다. 이러한 이유로 농민들의 저항 의식이 중국 전역에 소용돌이치기 시작하였으며, 특히 광동, 광서지역과 호남지역의 농민저항이 가장 거세게 일었다. 이러한 시대적 배경 속에서 태평천국의 난이 광서지역에서 폭발하게 된다.

초기의 발전 양상

1844년, 풍운산(馮雲山 : 1822~1852년)*과 함께 광서지역에서 배상제교(拜上帝教 : 상제교)를 전파하던 홍수전(洪秀全 : 1814~1864년)**은 반청 봉기를 준비하고 있었다. 1850년 가을이 되자 홍수전은 각지의 배상제회 신도들에게 계평(桂平) 금전촌(金田村)으로 집결시키는 총동원령을 내리고 '단영(團營)'을 조직하였다. '단영'은 일종의 군사조직으로서 2만여 명이 모여들었다. 1851년 1월 11일에 홍수전은 국호를 '태평천국(太平天國)'***이라고 하여 봉기를 일으키게 된다.

---

* 중국 태평천국 창립자의 한 사람이다. 홍수전의 상제회(上帝會)의 최초의 동지가 되어 상제회의 기초를 쌓았다. 1851년 영안(永安)에서 태평천국이 건설되었을 때 남왕(南王)에 봉하여졌다. 태평군의 작전, 군제 및 그 밖의 제도가 그에 의해 이루어진 것이 많다고 전한다. 1852년 전주(全州)를 공격하다가 전사하였다.

** 중국 태평천국의 창시자이다. 스스로를 예수의 동생이라 일컬었으며, 중국에서 처음으로 일신교인 배상제교를 설립하였다. 1851년에 평화롭고 평등한 지상천국을 부르짖으며 군사를 일으켜 태평천국을 세우고 자신을 천왕이라 칭했다. 1853년에 난징을 점령하고 신국가 건설에 착수했으나, 1864년 6월 정부의 군사가 난징을 함락하기 바로 전에 병사하였다.

*** 1851년 청나라 말기 홍수전(洪秀全)과 농민봉기군이 세워 14년간 존속한 국가(1851~1864년)이다. 이 '태평천국'이라는 호(號)는 상제의 명령과 가호를 받아 평화롭고 평등한 지상천국을 수립한다는 기원(祈願)을 표시한 것이다.

청나라 조정은 군대를 파견하여 소탕하고자 하였으
나 1851년 9월 하순에 태평군은 포위망을 뚫고 영안(永
安)을 점령하였다. 태평군이 영안을 점령한 후 다시 청나
라 군대에 의해 포위되기도 하였으나 청나라 군의 남로
군과 북로군의 협공이 제대로 이루어지지 않음으로써
태평군은 이곳에서 반년 동안이나 체류하게 되었다. 또
한 이 기간을 이용하여 정치, 군사적으로 체계를 갖춰나
가기 시작하였다. 홍수전은 이곳에서 양수청(楊秀淸)을
동왕(東王), 소조귀(蕭朝貴)를 서왕(西王), 풍운산을 남왕(南

홍수전 초상

王), 위창휘(韋昌輝)를 북왕(北王), 석달개(石達開)를 익왕(翼王)으로 봉한 후, 규율을
확립하고 대오를 정돈하는 한편, 음력을 천력으로 바꾸는 등 정권의 기틀을 마련
하였다.

　　1852년 4월 5일 태평군은 자력으로 포위망을 뚫고 전주(全州)를 공격하였으
며, 상강(湘江)을 따라 북상하여 호남지역에 이르렀다. 이어 "금릉(金陵 : 남경을 가리
킴)을 점령하여 근거지로 삼는다"는 목표를 세우고 진격하기 시작하였다. 태평군
은 전군이 북상하여 장사(長沙)를 포위하고 악주(岳州)를 점령하였다. 다시 무창(武
昌)을 함락시키고 만여 척의 선박을 획득한 후 수군 진영을 구축하기도 하였다.
1853년 2월 9일 태평군은 50만 군대임을 자처하며 장강을 사이에 두고 수륙 양방
향에서 동진하여 구강(九江), 안경(安慶), 무호(蕪湖)를 점령하였다. 이어 3월 19일에
는 마침내 남경을 점령하여 이곳을 수도로 정하고 '천경(天京)'이라 개명하였다.
후에 다시 두 부대를 파견하여 진강(鎭江), 양주(揚州)를 점령함으로써 '천경'을 잇
는 뿔 모양의 세력권을 형성하게 된다.

　　태평천국의 난이 발생하기 전에 중국은 지주와 토호세력의 토지겸병문제가
매우 심각하였다. 토지 대부분이 소수 몇 사람의 손 안에 집중되어 있어 80%에
달하는 농민이 토지가 없을 정도였다. 강회(江淮)유역, 화북지역 등지에는 백 경
(頃), 천 경의 땅을 소유한 지주가 나타나기도 하였다. 추위와 배고픔에 허덕이고
있던 대부분의 농민들은 그들 자신만의 토지를 갖을 수 있기를 갈망하고 있었다.
홍수전은 모두 평등하고 천하가 모두 한 가족이며 태평성세를 누리는 '천국'을

만들고자 하였다.

태평천국 왕부석방(太平天國王府石舫, 청나라 시대)

1853년 겨울 그는 「천조전묘제도(天朝田畝制度)」를 반포하였다. 「천조전묘제도」의 주요 내용은 봉건지주 토지소유제를 폐지하는 것이었다. 토지는 농민에게 있어 생명의 근원과 같은 존재였다. 홍수전은 봉건지주 토지소유제를 폐지하고 천하의 토지를 농민에게 고루 나누어 경작하게 함으로써 "함께 경작하고 함께 먹고 함께 입고 함께 구매하는 모두가 평등하고 모두가 배부른" 이상적인 평등사회를 구현하고자 하였다. 이러한 이상적인 천국에 대한 청사진은 그가 나라를 세운 가장 근본적인 이유라고 할 수 있다. 홍수전은 중국농민전쟁사상 최초로 토지문제의 해결 방안을 제시한 인물에 해당한다. 태평천국의 봉기로 「천조전묘제도」가 출현했다는 것은 농민전쟁 발전사에 있어 매우 고무적인 현상으로 근대 중국의 농민계급이 나라와 민생을 구제하기 위한 시도를 했다는 점에서 큰 의의가 있다고 볼 수 있다.

태평천국이 천경을 수도로 정하자 청나라 군대가 곧 이곳에 몰려오게 되었다. 흠차대신 향영(向榮)은 만여 명을 이끌고 천경성 동쪽에 '강남대영'의 진지를 구축하였으며, 흠차대신 기선(琦善) 역시 만여 명을 이끌고 양주를 포위하며 '강북대영' 진지를 구축하였다. 청나라 군대는 남북 두 부대로 나누어 남북에서 협공을 벌임으로써 기회가 왔을 때 남경을 다시 수복하고자 하였다. 이때 태평천국은 이미 백만의 군대를 보유하고 있다고 자부하였으며, 공격적인 전술을 펼치고 있었다. 그러나 적극적인 공격을 피한 채 천경을 방어하는 자세를 취하였다. 다만 북벌을 감행하여 수도 북경으로 군대를 파견하였으며, 서정을 통해 장강 상류 유역을 점령하는 정책을 펼쳐나갔다. 북벌, 서정에 나선 태평군과 천경을 수비하는 태평군 등 세 부대를 상대하게 함으로써 천경 주위에 포진하고 있던 청나라 군대의 병력을 분산시키는 효과를 거둘 수 있었다.

1853년 5월 13일 태평군 천관부승상(天官副丞相) 임봉상(林鳳祥)과 지관정승상

(地官正丞相) 이개방(李開芳) 등이 2만여 명을 이끌고 포구(浦口)에서 출발하여 북벌에 나서게 되었다. 10월 29일 천진 서남부의 정해(靜海), 독유진(獨流鎭)을 점령하고 군대를 주둔시킨 채 지원병을 기다렸다. 북벌군이 직예(直隷 : 하북성 일대)까지 밀고 들어오자 청나라 조정은 크게 동요하여 바로 군대를 출격시켜 포위 공격을 감행하였으며, 태평군이 전멸하면서 북벌은 실패로 끝나게 된다.

한편 북벌을 감행함과 동시에 태평군은 1853년 6월 3일 하관부승상(夏官副丞相) 뇌한영(賴漢英) 등에게 명하여 천여 척의 전함과 보병 2,3만 명을 이끌고 천경삭강(朔江)에서 북상하여 서정에 임하도록 하였다. 6월 10일 서정군은 안경(安慶)을 점령하자 익왕 석달개가 안경에 도착하여 직접 서정 군대를 지휘하였다. 그해 겨울 청나라 군을 이끌던 증국번(曾國藩 : 1811~1872년)*이 강서에서 호북으로 지원군을 파견하자 석달개가 군대를 이끌고 서진하여 함양(咸陽), 숭양(崇陽) 등지에서 상군(湘軍 : 호남성의 군사)을 대파하고 다시 틈을 노려 강서로 진군하였다. 그 결과 여덟 개의 부(府)와 40여 개의 현을 점령하였으며, 증국번을 남창으로 몰아넣는 등 서정군은 그야말로 기세등등하였다. 1856년 봄 석달개는 주력부대를 이끌고 회군하여 천경을 지키게 됨으로써 서정은 막을 내리게 되었다. 3년 동안 북벌과 서정을 감행하면서 실패를 겪기도 했지만 태평군은 소기의 목적을 달성하였다고 볼 수 있다.

태평천국이 북벌과 서정을 실시하는 동안 천경은 청나라 군대가 강남과 강북에서 포위하며 위협을 가하고 있는 상태였다. 병력이 계속 분산되고 약화되면서 태평군은 양주(揚州), 무호(蕪湖) 등을 포기할 수밖에 없었으며 진강(鎭江)도 위태로운 상태가 됨으로써 천경 주위의 병력이 갈수록 약화되는 추세를 보이게 된다. 그러나 1856년 4월 연왕 진일강(秦日綱)이 수만의 군사를 이끌고 강북대영을 공격하여 승리함으로써 다시 양주를 되찾았다. 다시 남쪽에서 강을 건너 진강을 포위하고 있던 청나라 군대를 물리친 후 천경으로 돌아왔다. 이때 석달개는 군대

---

* 1851년 태평천국의 난이 시작되자 상군(湘軍)을 편성하여 진압에 주동적 역할을 하였고, 태평천국을 진압한 공적으로 청말 최대의 정치가가 되었다. 그는 애국적 사상가로 높이 평가받기도 하지만 혹평을 받기도 한데, 유교이념에 의해 봉건적 질서를 유지하려는 보수주의자이며, 정치적으로는 외국 근대 공업의 도입에 주력한 실리주의자였다.

를 이끌고 강남에서 천경으로 돌아와 나흘 동안의 격전을 치른 끝에 강남대영의
청나라 군대를 물리치게 된다. 강남대영의 대장 향영은 단양(丹陽)까지 퇴각하였
으며, 분을 참지 못해 죽고 말았다. 이에 천경은 청나라 군대의 위협에서 벗어날
수 있게 되었다.

태평군의 쇠락

홍수전의 옥새

태평군이 강남과 강북의 청나라 군대를 대파한 후
천경 주변의 군사적 위협은 크게 완화되었다. 그러나 그
해 9월 2일 지도층의 내부 모순이 격화되면서 내홍이 발
생하였다. 양수청 및 그의 부하들은 모두 죽임을 당하였
으며, 북왕 위창휘, 진일강도 홍수전에 의해 죽임을 당
하였다. 1857년 5월, 석달개마저 홍수전의 의심을 받자
수만의 태평군을 이끌고 천경을 떠나 독자적인 반청 운
동을 펼치게 된다.

이러한 혼란을 겪은 후 태평천국군의 위세는 크게
꺾이게 되었으며 병력도 갈수록 약화될 수밖에 없었다.
호북 지역의 근거지를 모두 상실하였을 뿐만 아니라 강서 지역의 점령지도 대부
분 상실하였다. 다만 안휘전투에서 젊은 장수 진옥성(陳玉成), 이수성(李秀成) 등이
용맹을 떨침으로써 세력을 다소 확장할 수 있었을 뿐이었다. 또한 당시 중국 전
역에 걸친 혁명의 물결은 여전히 고조되어 있는 상태인데다 홍수전이 진옥성, 이
수성 등 젊은 장수들을 중용하면서 약화 추세에 있던 병력이 완전히 붕괴되는 것
만은 막을 수 있었다. 그러나 전반적인 국면을 놓고 보자면 과거의 공격적인 전
술에서 방어적인 전술을 취할 수밖에 없는 처지에 놓였다고 할 수 있다.

1858년 청나라 군은 다시 강남, 강서대영을 설치하고 천경을 포위하였다. 포
위망을 뚫기 위하여 후군(後軍)의 주장(主將) 이수성은 천경을 출발하여 좌군 주장
이세현과 합세하기로 하였다. 이수성은 강북에 도착한 후 전군(前軍) 주장 진옥
성과 종양(樅陽)에서 만나 작전계획을 세웠다. 진옥성의 부대가 먼저 여주(廬州)
를 공격한 후 군대를 이끌고 남하하여 이수성의 부대와 합동공격을 펼치기로 하

였다. 9월에 태평군은 강북대영을 두
번째로 물리치며 승리를 거두게 되었으
며 양주 등의 지역까지 점령하였다.

천왕조지(天王詔旨)

1860년 강남대영의 청나라 군대가
다시 천경을 포위하였다. 간왕(干王) 홍
인간(洪仁玕)과 충왕(忠王) 이수성은 '위
위구조(圍魏救趙 : 위나라를 포위하여 조나라
를 구한다는 뜻으로 정면 공격보다 우회하라는 의미)'의 방법을 써서 천경의 포위망을 풀
고자 하였다. 5월 2일 태평군은 총공격을 감행하게 되었으며 5월 6일에 청나라
군대는 대패하였다. 흠차대신 화춘(和春) 등은 진강으로 도주하였으며, 강남대영
은 또 다시 와해되었다. 태평군은 두 번째 강남대영을 물리친 후 동정(東征)을 결
정하였다. 5월 15일 이수성이 인솔하는 대군이 천경에서 출발하여 강소성 구용
(句容), 단양(丹陽), 상주(常州) 등을 연이어 점령하자 화춘은 도주하던 중에 자살하
고 만다. 6월 2일 소주(蘇州)를 점령한 태평군은 상해까지 진군하기로 결정하였
다. 그러나 태평군 내에 있었던 청나라 군 첩자의 밀고와 영국·프랑스 연합군의
저지로 뜻을 이루지 못하였다.

태평군이 동쪽에서 상해를 공격하던 때에 청나라 양강(兩江) 총독 증국번, 호
북 순무(巡撫) 호임익(胡林翼)은 기회를 틈타 상군(湘軍) 수륙 부대 5만 명을 이끌고
동진하였다. 도원(道員) 증국전(曾國荃)이 육군 병사 8천을 인솔하고 왔으며 제독(提
督) 양악빈(楊岳斌)이 수군 병사 4천을 인솔하고 합류하여 안경을 공격하였다. 부도
통(副都統) 다융아(多隆阿), 안찰사(按察使) 이속의(李續宜) 등이 기병 2만을 이끌고 동
성(桐城) 서남 외곽에 주둔하며 원병의 임무를 맡기로 하였다. 증국번, 호임익이
각각 기문(祁門), 태호(太湖)에 주재하며 병력 배치 및 이동을 진두지휘하였다.

홍수전은 병력을 이동하여 청나라 군에 포위된 안경을 공격하였다. 5월 상순
과 하순, 8월 하순 등 세 차례에 걸쳐 강력한 공격을 펼쳤으나 모두 상군(湘軍)에
게 패배하였다. 1861년 9월 5일 안경(安慶)은 청나라 군이 점령하게 된다.

남경 소재 태평천국 왕부 화원

태평천국의 난 실패

안경을 빼앗긴 후 진옥성은 여주로 퇴각하였다. 1862년 초, 진득재(陳得才), 뇌문광(賴文光) 등에게 군대를 이끌고 하남, 섬서 지역으로 이동하여 군사를 모집할 것을 명하였는데, 이로써 신변 병력은 더욱 약화되었다. 5월에 청나라 군의 장수 다융아(多隆阿)가 공격을 감행하자 진옥성은 성을 버리고 수주(壽州)로 도주하였다. 그러나 지주계급의 무장단체 단연(團練)의 두목 묘패림(苗沛霖)의 계략에 걸려 생포되었으며 청나라 조정으로 압송되어 죽임을 당하였다. 이로써 태평천국의 서부 방어선은 무너지게 된다.

이수성이 이끄는 태평군 부대는 호북에서 동쪽 절강으로 이동하여 항주를 점령한 후 1862년 초에 상해로 다시 진격을 시도하였다. 이때는 2차 아편전쟁이 끝난 시기로 청나라 조정은 영국과 프랑스 군대와 결탁하여 태평군을 공격하였다. 태평군은 상해를 점령하지 못했을 뿐만 아니라 천경은 동서 양쪽에서 협공을 받는 진퇴양난의 입장에 놓였으며 양쪽의 전쟁이 더욱 격렬해지는 상황에서 홍수전을 위시한 천경의 태평천국군은 아무 것도 할 수 없는 지경이 되었다. 중국번은 이때를 노려 병력을 재배치하고 군사를 모아 천경을 공격할 준비를 하게 된다. 1862년 초여름 중국번은 상회군(湘淮軍) 7만 명을 이끌고 여러 방향에서 나누어 천경으로 진격하도록 하였다. 5월에 이르러 증국전(曾國筌), 팽옥린(彭玉麟) 등이 수륙 2만의 군대를 이끌고 우화대(雨花臺)에 주둔함으로써 천경을 코앞까지 위협하였다.

강소순무 이홍장(李鴻章)은 회군(淮軍)과 '상승군(常勝軍 : 태평천국에 대항하기 위해 된 싱딘 얼간이 이뵝부대)'의 병력을 결집하여 상해에서 서진하였다. 1863년 12월, 소주, 무석 등을 탈환하고 상주까지 진격하였다. 절강순무 좌종당(左宗棠)은 상서에서 절강으로 진격하여 1864년 3월 항주를 탈환하였다. 증국전의 부대는 상군과 함께 천경 주변의 거점 도시들을 하나하나 점령하기 시작하였으며, 곧이어 천경을 포위하게 되었다. 홍수전은 천경을 사수하기로 결정하였으나 6월 1일에 세상을 떠났다. 그의 아들 홍천귀복(洪天貴福)이 즉위하였으나 모든 군정의 권한은 이수성이 장악하였다. 7월 19일 정오에 태평천국의 동쪽 문이 열 발의 화포 공격으로 무너졌다. 상군 부대가 대규모로 성을 향해 진격하였으며, 다른 방향에 진격해 들어왔던 부대들도 성안으로 들어옴으로써 천경은 상군에 의해 점령되었다. 천경이 함락됨으로써 태평천국의 난도 실패로 끝나게 된다.

▶▶ 역사의 흐름에 어떤 영향을 미쳤을까?

태평천국의 난은 1851년부터 1864년까지 14년에 걸쳐 지속되었다. 총 18개 성(省)을 망라하였으며, 전쟁의 규모와 격전 양상, 군사 전략과 지휘 수준 등에 있어 중국의 구식 농민전쟁 가운데 최고봉이었다고 할 수 있다. 태평천국의 난으로 청나라 조정의 봉건 통치는 심각한 타격을 입게 되었으며 봉건사회의 멸망을 재촉하게 된다. 태평천국의 난은 농민정권을 수립하고 일련의 이론과 강령들을 제시함으로써 농민전쟁의 최고 수준을 선보였다고 할 수 있다. 또한 외국의 침략적 자본주의 세력에도 영향을 주었으며 근대 민주주의 혁명의 서막을 열었다고 볼 수 있다.

4. 신유정변辛酉政變, 서태후가 수렴청정을 하다

중국 근대사에 당당이 이름을 올린 여인이 있으니 바로 '나랍씨(那拉氏)', 즉 '자희태후(慈禧太后 : 1835~1908년)'*이다. 1861년 자희태후는 청나라 왕조의 최고 통치 권력을 수중에 넣었으며 동치(同治 : 재위 1861~1874), 광서(光緖 : 재위 1874~1908) 2대에 걸치는 48년 동안 황태후의 신분으로 수렴청정을 실시하였다. 그러나 이는 중국인들에게 더 할 수없는 치욕과 고통을 겪게 하였으며, 중국역사에 큰 영향을 주게 된다.

신유정변**의 배경

1860년은 청나라 왕조에게 무수한 재난을 안겨 준 한 해였다. 대업을 이루고자 꿈에 부풀었던 함풍황제(咸豊皇帝 : 재위 1850~1861)는 거세게 몰아친 태평천국의 난 앞에선 속수무책일 뿐이었다. 청나라 왕조는 혹독한 시련을 겪으며 언제 꺼질지 모르는 바람 앞의 촛불과 같은 위태로운 상황이 유지되고 있었다. 이러한 시기에 다시 2차 아편전쟁의 불길이 수도인 북경까지 번지게 된다. 1860년 9월 영프연합군이 북경의 숨통을 조이며 올라오자 청나라 조정은 크게 동요하였다. 함풍황제는 급히 나랍씨와 측근들만 데리고 열하(熱河)로 몸을 피하였으며, 공친왕(共親王) 혁흔(奕欣 : 1832~1898년)***에게 북경에 남아 열강과 강화를 맺도록 하였

---

* 함풍제의 후궁이며, 동치제의 생모로 '서태후(西太后)'라고도 한다. 동치제가 6세에 즉위하자, 공친왕과 공모하여 반대파를 일소하고 동태후(東太后 : 함풍제의 황후, 慈安皇太后)와 섭정을 하였다. 동치제가 죽자, 광서제를 즉위시켰으나 훗날 광서제를 유폐하는 무술정변(戊戌政變)을 일으켰다.
** 함풍제가 죽자, 1861년에 서태후와 공친왕 등이 일으킨 정치 쿠데타이다. 서태후 48년 집권의 길을 연 신유정변은 숙순(肅順)을 대표로 한 열하파(熱河派)와 공친왕 등을 중심으로 한 북경파(北京派)의 권력 장악을 위한 암투로 시작되었다. 이는 북경파의 승리로 막을 내렸다.
*** 도광제의 6남이자 함풍제의 이복동생으로, 1861년 서태후와 연합하여 동치제의 측근인 이친왕(怡親王) 등을 제거하였다. 그 후 의정왕대신(議政王大臣), 군기처(軍機處)와 총리아문(總理衙門) 대신을 지내면서 내치와 외교에 힘을 쏟아 '동치중흥(同治中興)'이라는 말을 들었다. 1884년 관직에서 물러났으나, 1894년 청일전쟁 때 군기처대신이 되어 전쟁을 치르고 전후의 정국(政國)을 지도하였다.

혁흔의 초상

다. 혁흔은 열강의 요구를 모두 수긍함으로써 굴욕적인 「북경조약(北京條約)」*을 체결하게 되었으며 영국과 프랑스의 호의를 얻게 된다.

신유정변이 일어난 데는 이러 함풍황제와 그의 동생 공친왕 사이의 갈등이라는 특수한 시대적 배경이 드리워져 있었다. 함풍이 즉위하기 전에 혁흔은 그의 주요 경쟁 대상이었으며 즉위한 이후에는 혁흔에게 통제와 제약을 수없이 가하고 있었다. 함풍황제는 열하로 몸을 피하면서 혁흔에게 북경에 남아 열강들과 강화를 맺도록 한데에는 그를 제거할 마음이 숨어 있었다는 것을 부인할 수 없다. 그러나 혁흔은 성공적으로 강화조약을 맺고 열강의 호감까지 얻게 된 것이다. 이때 함풍황제의 곁에는 측근 대신이었던 숙순(肅順)과 가장 총애하는 비였던 나랍씨, 즉 자희태후가 있었다.

나랍씨는 몰락한 만주족 기인(旗人) 가정에서 태어났으며 아명이 난아(蘭兒)였다. 그녀의 아버지는 안휘의 후보도대(候補道臺)로서 관운이 순탄하지 못하였기 때문에 집안이 매우 곤궁하였다. 부친의 지인 가운데 오당(吳棠)이라는 사람이 난아의 생김새가 곱고 머리가 총명한 것을 보고는 귀인이 될 상이라고 여겨 그녀의 형편을 도와주곤 하였다. 난아가 읽은 책과 사용하는 붓, 먹 모두 오당이 대어주었다. 난아가 열일곱 살이 되었을 때 황궁의 궁녀로 뽑혀 들어가게 되었으며 황후 유호록씨(鈕祜祿氏)의 거처인 곤녕궁(坤寧宮)에 배치되었다. 함풍황제는 그녀를 보고 매우 마음에 들어 '귀인'에 봉하였으며, 후에 다시 '의빈(懿嬪)'에 봉하였다. 그녀가 후에 동치황제가 된 재순(載淳)을 낳은 후에는 '의비(懿妃)'로 봉하였으며, 함풍 6년에는 '의귀비(懿貴妃)'에 봉해졌다.

---

* 1860년 10월 제2차 아편 전쟁이 절정에 이른 때, 베이징에서 청나라가 영국, 프랑스, 러시아 등 3국과 개별적으로 체결한 3개 조약이다. 이 조약을 고비로 보수배외파(保守排外派)가 물러나고, 조약체결에 나선 공친왕을 중심으로 한 대외화친파(對外和親派)가 득세하였다.

숙순이 대권을 쥐고 있는데 불만을 지니고 있었던 자희태후와 혁흔은 같은 뜻을 품고 있었기 때문에 가까워지기 시작하였으며, 그들의 동맹으로 후에 정변이 발생하게 된 것이다.

함풍황제가 서른한 살이 되던 해, 즉 열하로 피신한 지 1년 쯤 되던 해에 병에 걸리고 말았는데 갈수록 병세가 악화되었다. 그는 황권을 물려주는 일을 생각하지 않을 수 없었다. 황후인 자안(慈安)은 스물여섯, 의귀비는 스물일곱에 불과하였으며, 황자는 겨우 여섯 살이었다. 그가 세상을 떠나고 나면 어린 아들과 과부가 된 여인들만 남겨지는 것이므로 황권이 흔들리지 않도록 반드시 묘책을 강구해야만 했다.

신유정변 발생 전의 투쟁 양상

마침내 함풍황제는 역사의 교훈들과 자신의 생각을 종합한 고육지책을 실행해 옮기게 된다. 먼저 여덟 명으로 구성된 방대한 고문단을 만들었다. 그들이 서로 견제함으로써 황권이 흔들리는 것을 막을 수 있을 것으로 생각했던 것이다. 이렇게 많은 수로 구성된 고문단은 함풍황제가 처음이라고 볼 수 있다. 그러나 이것만으로는 부족했기 때문에 그는 황후와 황귀비에게 특권을 부여하여 절체절명의 순간에 자신을 보호할 수 있고 황자를 보호할 수 있도록 조치를 취하여야만 했다. 이에 그는 임종 전에 여덟 명의 대신을 임명하고 정무를 일임하는 동시에 황후에게는 '어상(御賞)' 인(印), 그리고 어린 황제에게는 '동도당(同道堂)' 인(印)을 하사한 후 이를 의귀비(훗날의 자희태후)에게 보관하도록 유언하였다. 또한 어지를 내릴 때는 머리에 반드시 '어상' 인을 찍어 시작을 알리고 내용을 다 적은 후에는 말미에 '동도당' 인을 찍어 완료되었음을 나타내도록 하였다. 이 두 도장이 있어야만 비로소 어지로서 효력을 발휘하도록 한 것이다. 두 도장은 아주 특별한 황권의 상징이라고 볼 수 있다.

함풍황제는 이러한 권력분배 안은 급작스럽게 만든 것이 아니라 심사숙고하여 만든 결과라고 할 수 있다. 두 명의 황태후와 어린 황제를 한 편에 그리고 여덟 명의 대신을 한 편에 두어 어느 일방이 부각되지도 또 없어서도 안 되는 권력의 균형을 고려한 것이다. 이는 수렴청정의 형태도 섭정의 형태도 아닌 '수렴청정과 섭정을 결합한 형태'라고 볼 수 있다. 함풍황제는 자신의 방안이 더없이 훌륭하여 문제가 없을 것으로 판단했기 때문에 편안하게 눈을 감았다. 그러나 문제는 여지없이 발생하였으며, 그것도 대형 문제가 발생하게 된다.

광서황제를 대신하여 조정의 정무를 주재하는 자희태후

가장 근본적인 문제는 여덟 명의 대신이 모두 황권을 차지하기 위해 혈안이 된다. 그들의 이러한 의도는 어지사건을 통해 드러나게 되었다. 함풍황제가 아무리 치밀하게 생각했다고 해도 여전히 생각이 미치지 못하는 부분이 있었다. 특히 어지(御旨)에 대해 분명한 언급이 없었다. 어지의 내용, 열람, 수정, 반포 등에 대해서는 한 마디도 하지 않았던 것이다. 이는 대신들에게 황권을 찬탈할 절호의 기회를 안겨주었다고 볼 수 있다. 그들은 자신들의 속셈을 극명하게 드러냄으로써 두 황태후에게 정식으로 도전한 셈이었다.

여덟 명의 대신들은 황후에게 어지는 대신들이 내용을 작성하고 황후는 도장만 찍을 수 있으며 어지의 내용을 수정할 수 없고 신하들이 올린 내용을 열람할 수도 없다고 못 박았던 것이다. 이는 신하가 올린 상소문을 황태후는 어떤 것도 열람할 수 없으며 황제의 어지를 대신들이 작성하고 황태후는 도장만 찍을 뿐 어지의 내용을 수정할 권리도 없다는 것을 의미하고 있었다. 이렇게 된다면 두 명의 황태후는 도장을 찍는 꼭두각시에 불과해질 뿐이었다. 대신들은 젊은 과부와 어린 황제가 무슨 재주가 있겠느냐며 그들을 자신들의 지시대로 움직이는 도구이자 아첨의 대상으로만 생각하였던 것이다. 그러나 그들은 나이는 스물일곱 살에 불과했지만 총명하기 이를 데 없는 자희태후의 존재를 무시하는 과오를 범했다고 볼 수 있다. 자희태후는 이러한 상황을 그대로 보고 있지만은 않았으며 반격에 나서기 시작하였다.

어지는 황권의 상징이므로 어지의 반포권을 누가 가지고 있느냐에 따라 누가 최고의 황권을 가지고 있느냐가 판가름 나게 되어 있었다. 이 점에 대해서는

가마에 오른 자희태후 사진

쌍방 모두 너무나 잘 알고 있었다. 두 명의 황태후는 그들이 올린 상소문을 되돌려 보내며 어지에 대해서 그녀들은 자신들의 뜻을 밝히고 검열할 수 있으며 수정과 직인 그리고 부결권이 있음을 명백히 하였다. 이러한 원칙적인 문제에 대해 쌍방이 대치국면을 형성하면서 나흘 동안이나 공방을 계속하였다. 결국 고문단의 대신들이 양보함으로써 두 황후와 고문단 대신들의 첫 싸움에서 두 황후가 승리하게 된다. 이러한 논쟁을 통해 그녀들은 대신들이 황권을 넘보고 있음을 분명하게 알아차리게 되었으며 언젠가 이들을 반드시 제거해야겠다는 결심을 한 것으로 볼 수 있다.

후에 어사(御史) 동원순(董元醇)은 황태후에게 상소를 올려 다음과 같은 건의를 하였다. 첫째, 황태후는 조정에 대한 권한을 강화하여 좌우 대신들이 간섭하지 못하도록 한다. 즉 황태후가 황권을 장악하고 이에 대해 누구도 간섭하지 못하도록 한 것을 말한다. 둘째, 별도로 친왕을 세워 정사를 보좌하도록 한다. 여덟 명의 대신 가운데 섞인 한두 명의 친왕은 그들의 입장에서 볼 때 눈에 가시와 같은 존재가 될 것이 분명했다. 이러한 상소는 반드시 그 내막이 있게 마련이었다. 후에 이 상소는 공친왕 혁흔 일파의 공조가 있었음이 밝혀졌다.

두 황태후는 이 상소를 보고 마치 자신들의 마음을 그대로 적어 놓은 듯하여 기쁨을 감추지 못하였다. 고문 대신들은 이러한 상소의 소문을 듣고 황태후에게 그들에게도 보여주기를 청하게 된다. 황태후가 내어준 상소의 내용을 본 그들은 분기탱천하여 이를 반박하고 이 글을 올린 사람을 참형에 처하라는 어지의 초안을 공동으로 올렸다. 두 황태후는 고문 대신들이 동원순을 참형에 처한다는 어지의 초안을 보고 매우 분개하였으나 이를 잠시 보관하여 두고 북경으로 돌아간 후 처리하겠다고 하였다.

그러나 고문 대신들은 정사를 돌보지 않고 심지어 '파업'의 형태를 보이는 등 과격한 수법으로 황태후를 압박하기 시작하였다. 이때 황태후도 당분간 그들을 용인하는 수밖에 다른 방법이 없다고 판단하여 그들이 쓴 어지를 그대로 시행하도록 명하였다. 대신들은 크게 흡족하며 서로 축하를 나누는 등 수선을 떨었다. 대신들의 생각에 과부가 된 젊은 황태후의 여린 마음을 눌렀다고 자만하였으며, 앞으로는 그들의 세상이 될 것으로 여겼던 것이다.

이 사건으로 인해 대신들이 유리한 위치를 점하게 된 것처럼 보이지만 그들은 두 황태후가 때를 기다리고 있음을 미처 알지 못하였다. 두 황태후는 잠시 몸을 사린 채 십보 전진을 위한 일보 후퇴의 전략을 구사하고 있었던 것이다. 이번 싸움에서 표면적으로는 대신들이 승리한 것처럼 보일지 몰라도 황태후는 그들의 발밑에 대형 폭탄을 매복해 놓고 있었다. 첫 번째 싸움에서 대신들을 제거하는 데 망설임이 컸던 황태후는 이번 싸움을 통해 단호히 그들을 제거할 결심을 굳히게 되었다고 볼 수 있다. 왜냐하면 이 사건을 통해 대신들이 감추고 있던 속셈이 남김없이 드러났기 때문이다. 생사의 문제가 걸린 마지막 싸움에서 두 황태후는 공친왕 혁흔과 결탁하여 북경으로 돌아오는 길에 정변을 일으키게 된다. 이해가 신유년이었기 때문에 이 정변을 '신유정변'이라 명명하였다.

수렴청정

혁흔은 비록 북경에 있었지만 두 황태후가 있는 피서산장에서 벌어지는 일을 훤히 들여다보듯 다 알고 있었다. 그는 함풍황제가 세상을 떠나 열하로 가는 도중에 숙순 등 대신들에게 겸양한 태도로 일관하면서 정변의 구체적인 방안들을 세우고 있었다. 북경에 돌아온 후 그는 곧 자신의 계획대로 모든 준비를 마친 상태였다.

나랍씨(자희태후)는 황제의 관을 호송하는 일은 그 무엇보다도 중요한 일이라며 숙순 등의 대신이 이 일을 맡아야 한다고 주장하였다. 한편으로는 혁흔에게 열하에 남아 지키도록 하면서 때를 보아 행동하도록 하였다. 숙순은 황제의 관을 옮기는 동안 중간에 여러 번 쉬기를 반복하였기 때문에 이동시간이 매우 지체되었다. 나랍씨는 재순(載淳 : 동치황제)을 데리고 먼저 북경에 도착하였다. 혁흔은 열강들에게 만약, 이친왕(怡親王), 정친왕(鄭親王), 숙순 등이 정권을 장악한다면 「북

수렴청정 장소

경조약」이 실현될 가망이 없다고 책동하기 시작하였다.

숙순 일행이 밀운(密雲)에 도착했을 때 그의 숙소가 행관(行館)에 마련되었다. 혁흔은 나랍씨의 밀지를 받고 열하에서 숙순을 뒤쫓아 왔으며 야밤을 이용하여 번개같이 행관을 포위하고 숙순을 포박하였다. 숙순은 처소에서 끌려나오면서 왜 자신을 포박하느냐며 고함을 질러댔다. 혁흔이 어지에 따른 것이라고 대답하자, 그는 정무대신인 자신의 직책을 파면하기도 전에 포박하여 심문할 수 없다고 반박하였다. 이에 혁흔은 냉소적인 목소리로 포박을 당했다면 당연히 파면된 것이라며 더 이상의 말이 필요 없다고 못 박았다.

결국 함풍이 임명한 여덟 명의 정무대신들 가운데 다섯 명은 파면되어 신강(新疆)으로 유배되었으며 재원(載垣), 단화(端華) 등은 자진토록 하였다. 숙순은 종인부(宗人府)로 끌려가 심문을 받으면서도 새로운 황제가 아직 등극하지도 않았는데 자신을 포박하여 심문하라는 어지의 어인은 누가 찍은 것이냐며 살기등등하게 되물었다. 그를 심문하던 종정(宗正)은 동궁과 서궁의 황태후가 찍은 도장이라고 알려주었다. 숙순은 "끝났도다. 끝났도다. 참으로 대단한 서태후로다"라며 한탄을 금치 못하였다. 함께 심문을 받던 재원과 단화는 그들의 죄목을 써넣은 문서에 서명을 하지 않으려고 버텼으나 숙순은 거침없이 서명하였다. 그는 재원과 단화를 향해 "인정을 해도 죽을 것이요, 인정하지 않아도 죽을 것이다. 고문대신들 가운데 누가 살아남을 수 있겠는가?"라며 체념하였다. 종인부는 그에게 능지처참에 처한다는 판결을 내렸으나 나랍씨는 마지막 선심이라도 쓰듯이 참수형에 처할 것을 명하였다.

숙순이 죄인을 압송하는 나무 우리에 갇힌 채 형장으로 끌려가는 동안 주변에 수많은 사람들이 몰려들었다. 일부는 그에게 부서진 기와조각이나 돌을 던지기도 하였다. 숙순은 한때 팔기(八旗) 귀족에 대한 봉록을 줄이자고 주장한 적이 있었기 때문에 진수성찬에 비단 옷을 입으며 사치스런 생활을 했던 팔기의 귀족들도 그에 대한 원한이 매우 깊을 수밖에 없었다.

정변 후에 자희태후는 수렴청정을 하기로 마음먹고 있었다. 자안황후가 스물여섯, 자희는 스물일곱, 그리고 어린 황제는 겨우 여섯 살에 불과했으며 중국 역사의 무수한 사례에서 볼 수 있듯이 친정을 하지 않으면 죽음을 면하기 어려웠다. 자칫 잘못하여 '황권'을 제대로 장악하지 못하면 '황천(黃泉)'에 갈 수밖에 없었던 것이다. 이에 자희황후는 수렴청정을 선택하게 되었다고 볼 수 있다.

공친왕 혁흔의 계획에 따라 군대를 장악하고 있던 승보(勝保)와 원로대신 가정(賈楨)이 각각 황태후의 수렴청정을 청하는 상소를 올리도록 하였다. 조정 내부와 외부, 문관과 무관이 상소를 올림으로써 문무 대신들이 모두 수렴청정을 원한다는 여론을 유도할 수 있었다. 물이 흐르는 곳에 도랑이 생기듯이 모든 일은 계획대로 순조롭게 이루어졌다. 감추거나 할 필요도 없이 상소의 힘과 전(前) 황제의 유지 등을 명분으로 세워 두 황태후는 어지를 반포하고 수렴청정을 실행할 것을 알렸다. 이에 대신들에게 수렴청정의 장정(章程)에 대한 초안을 만들어 올리도록 하였다.

그러나 수렴청정을 실시함에 있어 선대의 제도가 없다는 난관에 부딪히게 된다. 청나라 왕조의 황제는 선대의 제도를 거스르며 정사를 볼 수 없었다. 그러나 수렴청정은 선례가 없었던 것이다. 대신들은 매우 보수적인 관념을 지니고 있었기 때문에 선대의 제도를 뛰어넘는 장정을 만들 엄두를 내지 못하였다. 대신들이 서로 머리를 맞대고 고민하였으나 요령을 알지 못하였기 때문에 수렴청정 장정의 초안조차 만들지 못하고 있었다. 이에 자희태후는 스스로 어지를 내려 수렴청정의 요지를 짚어주게 된다. 대신들은 그제야 가닥을 잡고 초안 작성에 들어감으로써 장정은 순조롭게 진행될 수 있었다.

함풍 11년(1861년, 신유년) 11월 1일에 수렴청정 의식이 거행되었다. 이로써 청나라 왕조 역사에 있어 최초로 황태후가 수렴청정에 임하게 되었다.

▶▶ 역사의 흐름에 어떤 영향을 미쳤을까?

역사의 변화 추세에 따라 형성된 기회는 자희태후를 특별한 인물로 만들었다. 수렴청정은 그녀에게 가장 완벽한 선택이었다고 볼 수 있다. 그녀가 집권했던 48년 동안 황권은 단 한 번도 위기에 처한 적이 없었다. 그러나 이 48년 동안은 중국에 가장 치욕적이었던 48년으로서 중국인들에게 막대한 고통과 굴욕을 안겨주었다.

5. 양무운동洋務運動, 개혁의 꽃을 피우지 못하고 지다

양무운동은 '동광신정(同光新政 : 동치, 광서 연간의 신정치)'이라고도 불렸다. 중국과 외세가 연합하여 태평천국의 난을 진압하는 과정에서 청나라 왕조의 봉건 세력 가운데 매판적 성향을 띤 관료군벌이 형성되기 시작하였다. 이들은 자본주의의 생산기술을 이용하여 허물어지고 있는 봉건통치 체제를 유지하려는 목적을 지니고 있었다. 이들은 당시 청나라 조정에서 권력을 쥐고 있던 양무파로 1860년대부터 1890년대에 이르기까지 양무혁신에 노력을 기울였기 때문에 이를 '양무운동(洋務運動)'*이라고 한다.

양무운동

'양무'란 외교교섭, 조약체결, 유학생 파견, 서양의 총과 대포 구입을 비롯하여 '서양식' 군대 훈련, 서양의 과학 학습, 서양의 기계 사용, 광산 개발과 공장 건설 등 서양과의 교류에 관련된 모든 행위를 말한다고 볼 수 있다. 양무를 주장하고 제창했던 양무파는 초기에 그 수가 그리 많지 않았다. 청나라 조정에는 각국과의 사무를 처리했던 아문(衙門)대신 혁흔, 문상(文祥) 등이 있었으며 지방에는 실권을 쥐고 있던 대관료 중국번(曾國藩 : 청궈판), 이홍장(李紅章, 리훙장 : 1823~1901년),

---

* 19세기 후반 근대화 운동으로 서양의 문물을 수용해 부국강병을 이루려는 자강운동이다. 주로 봉건관료 혹은 매판관료 세력, 즉 태평천국의 난을 진압하는 과정에서 성장한 지방관료 세력이 주체가 되었다. 이는 중앙의 봉건관료의 반대로 봉건 왕조 체제를 유지하려는 데 개혁목표를 두게 되었고 동시에 이는 양무운동의 최대 한계점이기도 했다.

좌종당(左宗棠, 쭤쭝탕 : 1812~1885년), 장지동(張之洞, 장즈둥 : 1837~1909년)* 등이 해당된다. 이 가운데에서도 증국번을 주축으로 한 '상계집단(湘系集團)', 이홍장을 주축으로 한 '회계집단(淮系集團)', 그 뒤를 이어 흥성한 '장지동집단' 등의 영향이 비교적 컸다고 할 수 있다.

증국번의 초상

양무운동은 군사, 정치, 경제, 외교 등 매우 방대한 내용을 포괄하고 있다. 특히 '자강(自强)'을 명분으로 한 군수공업과 그와 연관된 기업 건설을 통해 신식 무기 장비를 갖춘 육해군 육성이 그 주요 내용이라고 할 수 있다.

1860년대부터 양무파는 '강남제조국(江南製造局)', '복주선정국(福州船政局)', '안경군계소(安慶軍械所)' 등 근대 군수공업을 일으키게 된다. 이 가운데 '강남제조국'은 중국 최초로 정부가 건설한 군수공장으로서 1865년 이홍장에 의해 상해에 창립되었다. 공장 근로자는 약 2천여 명이며 총, 포, 탄약, 수뢰(水雷) 등의 군용품을 주로 제조하였다. 또한 윤선(輪船 : 기선氣船)도 함께 제조하였으며, 1867년부터는 함선(艦船)을 제조하기 시작하였다.

이홍장 초상

'복주선정국'은 청나라 정부가 건설한 최대 규모의 선박 건조 공장으로서 1866년 복주에서 좌종당이 창립하였다. 공장 근로자는 1700여 명이며 대·소형 전함을 주로 제조하였다. '안경군계소'는 청나라 정부가 최초로 건설한 근대식 무기공장으로 1861년 12월 증국번이 안경에서 창립하였다. 공장의 규모는 그리 크지 않으며 탄알, 화약, 포탄 등을 주로 제조하였다.

이러한 공장을 건설하는 것 외에도 양무파는 유학생들을 해외로 파견하여 기술을 익히도록 하였다. 그러나 양무파는 군수공업을 발전시키는 데 있어 자금,

---

* 이들은 청나라 말기의 정치가이다. 증국번에게 배운 이홍장은 청나라의 부국강병을 위한 양무운동 등을 주도한 사람이고, 좌종당은 1866년 중국 최초의 관영 조선소를 만들어 양무운동의 선구자가 되었으며, 장지동은 보수적인 대외 강경론자로 유교적인 전통을 살리면서 근대화 정책을 취하였다.

장지동의 초상

원료, 연료, 교통, 운수 등 쉽게 해결하기 힘든 난관에 봉착하였다.

양무파는 '부국(富國)'의 구호를 외치며 1870년부터 정부가 주도하거나 정부가 감독하고 민간이 주도하는 경우, 그리고 정부와 민간이 합자 형식으로 '윤선초상국(輪船招商局 : 윤선은 기선을 말함)', '개평광무국(開平鑛務局)', '천진전보국(天津電報局)', '당산서각장철로(唐山胥各莊鐵路)', '상해기기직포국(上海機器織布局)', '난주직니국(蘭州織呢局)' 등 민간 기업을 건설하게 된다. 아울러 해양 방위에 대한 계획을 수립하기 시작하여 1884년부터 남양(南洋), 북양(北洋), 복건(福建) 해군을 창건하였다. 양무파가 해군아문(海軍衙門)을 장악한 후 북양함대를 확충하기 시작하였으며, 여순(旅順) 부두와 위해위(威海衛) 군항을 건설한다.

그러나 양무파가 경영했던 근대 공업기업들은 봉건적 생산관계를 변화시키지 않는다는 것을 전제로 건설되었다고 볼 수 있다. 이들이 건설한 기업들은 대외 의존도가 매우 높았을 뿐만 아니라 봉건성이 농후하였으며, 일정 수준의 독과점 형태였다고 할 수 있다. 따라서 양무파가 중국에 건설한 근대 공업기업들과 해양 방어기지는 공업기술, 자본 및 관리상으로 제국주의의 간섭과 제약을 받을 수밖에 없었다. 이로 인해 제국주의가 중국의 정치, 군사, 경제에 대한 통제력을 강화하는 데 일조하였으며, 그 자신도 점점 매판적 성향을 띠게 된다. 훗날 이들 기업들은 파산할 수밖에 없는 운명이 예정되어 있었을 뿐만 아니라 중국의 근대 민족공업 발전을 저해하고 압박하는 요소로 작용하게 된다.

양무운동의 효과 및 문제

1862년 증국번이 '안경군계소'를 창립한 것을 시작으로 청나라 조정은 20여 개의 신식 군수공장을 건설하였다. 이홍장이 상해에 건설한 '강남제조국'은 1890년대에 이르러 이미 '극동 최대의 종합군수공장'으로 발전하였으며, 복주의 마미(馬尾) 조선공장에서는 34척의 기계동력을 이용하는 함정을 건조하였다. 중국 전역에 4백여 킬로미터에 해당하는 철도가 건설되고 백여 개의 대형 민족 유통업과 기업 등이 자리 잡았을 뿐만 아니라 정부 주도, 정부·민간 합작, 중외합작 등의 기업이 생겨나게 되었다. 1888년 북양해군이 창건되면서 '극동 최대의 해군'(영국의 「타임지」보도)으로 그 기세를 높였다. 이에 대해 이홍장은 발해(渤海)의 관문은 철통같은 수비로 흔들림이 없음을 과시하기도 하였다.

청정부의 '총리각국사무아문(總理各國事務衙門)'

　　1862년 청나라에는 외국어로 된 과학기술 서적을 도입하여 번역하는 '경사동문관(京師同文館 : 경사는 북경을 가리킴)'이 설립되었으며 1864년에는 상해와 광주에 동문관이 속속 세워졌다. 1867년 복주에는 '선정학당(船政學堂)'이 설립되었으며 강남제조국 내에 번역관이 들어서 서방의 현대 과학기술과 사회사상을 담은 서적들을 다량 유입하게 되었다. 1870년대부터 청나라는 국비유학생을 해외로 대거 파견하여 서방의 과학기술과 문화를 배우도록 하였다. 이들은 1880년대부터 귀국하기 시작하여 각 분야에서 능력을 발휘하게 된다. 1885년에 청나라는 모든 외채를 상환하였으며, 재정상 여유도 생기기 시작하였다. 1894년까지 매년 4백만 량의 재정수입이 남게 되어 청나라 말기 개혁의 성과는 세계가 주목할 만큼 고무적이었다.

　　당시 중국에 거주하고 있던 영국학자 티모시 리처드(Timothy Richard : 1845~1919년)[*]는 "1840년 어리석은 아편전쟁을 벌였던 청나라가 1895년에는 신속하고 눈부신 발전을 거두었으니 실로 감탄하지 않을 수 없다"라고 평가하였다. '동치중흥(同治中興)'이라고 불리는 만청의 찬란했던 한 시기는 유구한 역사를 지닌 청나라

---

[*] 중국명은 리제마태(李提摩太, 리티모타이)이다. 1870년 영국의 침례교 목사로 청나라에 파송되어 활약한 선교사이다. 서양의 학문, 지식을 중국인에게 소개하는 단체 '광학회(廣學會)'를 주재하여 많은 공헌을 하였다. 1916년 점진적 개혁을 주창함으로써 혁명파인 손문(孫文) 등의 지지를 못 받자 중국을 떠나 귀국하였다.

호리산 포대. 중국 양무운동의 산물

에 다시 한 번 환골탈태와 장기적 번영을 도모할 수 있는 절호의 기회를 부여했다고 할 수 있다. 그러나 개혁의 가장 중요한 시기에 다시 난관에 부딪히고 만다.

1885년 자희태후는 개혁파의 대표적인 인물이었던 공친왕 혁흔을 파면시켰다. 당시는 양무운동 개혁의 칼날이 황권을 위시한 상류계층과 사회조직, 인사 제도 등의 법제로 향하고 있을 때였다. 가장 강력한 개혁의 역량이 필요할 때 자희태후의 배후에 자리 잡은 보수 세력들이 반란을 일으키게 된 것이다. '팔고문(八股文)'에만 능통할 뿐 사고가 틀에 박혀 있어 개혁의 수혈이 가장 필요한 이들은 사회 발전에 제대로 적응조차 하지 못하는 과거제도 출신들로서 개혁 전에 쌓이고 쌓인 사리사욕과 부패의 악습을 비롯하여 효율성이 낮고 무능한 체제의 폐단을 개혁의 소치로 돌려 양무파를 몰아붙임으로써 더 이상의 개혁을 저지하게 된 것이다.

이후 수년 간 1850년대와 60년대에 등장하기 시작한 양무파의 중신들 예컨대 이홍장, 문상(文祥), 증국번, 좌종당, 심보정(沈保靖), 장지동 등이 시간이 지나면서 연로해 짐에 따라 관직에서 물러나기 시작하였으며, 주관이 뚜렷하고 개성이 강하며 능력과 재능을 겸비한 중신들은 모두 추풍낙엽처럼 조정에서 밀려나게 되었다. 과거의 신료들이 물러난 자리에 새로운 인재들이 들어서지 못함에 따라 조정에는 소극적이고 기회주의적인 지극히 평범한 인물들이나 아첨을 일삼는 소인배들만 들끓게 됨에 따라 인재가 있으면 정책이 서고 인재가 없으면 정책도 무너지는 '인재품귀' 현상이 나타나고 만 것이다. 이때부터 청나라는 날로 치열해지는 국제환경 속에서 한없이 뒤처지게 되었으며 상황은 갈수록 더욱 악화되었다.

▶▶ 역사의 흐름에 어떤 영향을 미쳤을까?

양무운동으로 자본주의 국가의 일부 근대 생산기술이 도입되었으며 근대 산업인력이 중국에도 등장하였고, 양무파가 창립한 신식 학당을 통해 자연과학을 습득한 지식인들과 기술을 보유한 인력이 배출될 수 있었다. 그리고 기업의 이윤

창출로 일부 관료, 지주, 상인들을 근대공업에 투자할 수 있도록 끌어 들일 수 있게 되었으며 객관적으로 중국 관료주의 발전을 촉진하는 원동력이 되었다.

6. 변경邊境의 위기, 오늘날 영토 분쟁의 불씨가 되다

19세기 말에 이르러 세계의 주요 자본주의 국가들은 제국주의 단계로 발전하는 과도기에 접어들었다. 세계 각국이 쟁탈전을 벌인 결과 일본과 독일의 세력이 크게 확장되면서 기존 제국주의의 패권자인 영국에 위협을 가하게 된다. 일본과 독일은 어느새 영국, 프랑스, 러시아, 미국 등과 어깨를 나란히 할 정도로 자본주의 강국의 모습을 갖추게 된 것이다. 이러한 열강들은 상품판매와 자원공급을 해줄 시장을 확장하기 위하여 외부침략을 확대해 나가기 시작하였다. 이로써 전 세계적인 식민지 쟁탈전이 극에 달하게 되었으며 극동지역은 자본주의 열강의 중요 각축장으로 변모되었다. 서방열강의 외부침략이 갈수록 격화되는 시점에서 중국의 변경 지역은 위협에 직면하였다. 일본과 미국이 대만을 침략하였으며, 러시아와 영국은 신강(新疆) 지역을, 게다가 영국은 운남(雲南), 서장(西藏 : 티베트) 지역까지 호시탐탐 노리고 있었기 때문에 중국 변경 지역은 새로운 위기감이 고조되었으며 사방에 전쟁의 위험이 도사리는 험난한 형국이 조성된다.

육상 변경 지역의 위기
중국의 서북 변경 지역에는 제정러시아가 신강 지역으로 마수를 뻗치고 있었다. 1864년 10월 제정러시아는 청나라 조정과 중아(中我 : 즉 중－러) 「감분서북계약기(勘分西北界約記)」*를 체결한 후 중국 서부지역의 44만 제곱킬로미터에 해당하

---

* 이에 따라 청나라는 바얼카스 호(巴爾喀什湖) 이동 및 이남과 자이상나오얼(齋桑爾) 이북 44만 제곱킬로미터를 러시아에 할양하게 된다. 또한 카슈가르(喀什噶爾 : 지금의 카스 시喀什市)를 추가로 개방하여 상업 교류지로 만들고, 쿠룬(庫倫 : 지금의 울란바토르)과 카슈가르에 러시아의 영사관을 증설한다.

좌종당의 초상

는 영토를 러시아령으로 규정하여 차지하였으며, 신강 전체를 삼키려는 속셈이었다.

1864년 신강의 회족들은 섬서성과 감숙성을 중심으로 반청투쟁을 전개하였으며, 이로 인해 대규모 반청 반란이 발발하였다. 이러한 무장폭동의 초기 형태는 이 지역의 봉건군주들이 그들의 통치권을 확보하기 위하여 일으킨 반란으로서 일부 군주들은 외국의 힘을 빌리는 것도 마다하지 않았다. 객십갈이(喀什噶爾, 카슈가르 : 지금의 신강 위구르 자치구에 있는 카스 시)의 봉건군주 금상인(金相印)은 한족들의 도시를 점령하기 위하여 중앙아시아의 호한한국(浩罕汗國)에 원조를 요청하였다. 이에 호한한국은 1865년 아고백(阿古柏)을 파견하여 신강을 침략하도록 함으로써 객십갈이 지역을 점령하였다. 2년 후 아고백은 '철덕이국(哲德爾國 : 칠성국七城國, 즉 일곱의 성으로 된 나라를 말함)'의 성립을 선언하고 자신이 한(汗, 국왕)의 자리에 올랐다. 1870년 아고백은 신강 남부 전역과 북부 일부를 장악하게 된다.

제정러시아가 신강 지역을 점령한 것에 불만을 품고 있던 영국은 인도를 거점으로 하여 서장을 점령하고 신강 지역까지 진출하여 제정러시아 세력을 몰아낼 생각을 하였다. 1874년 영국은 아고백과 정식으로 조약을 체결하여 아고백 정권을 인정하는 한편 총포와 탄약을 지원하는 조건으로 아고백 통치 지역과 통상, 주둔, 영사관 설립 등의 특권을 얻게 된다. 러시아는 아고백의 세력이 더 이상 확대되는 것을 막고 이틈을 이용하여 중국을 침략하기 위하여 '변경 지역 안정'을 핑계로 출병하여 1871년 신강의 이리(伊犁) 지역을 점령하였다. 표면적으로는 중국을 대신하여 이리 지역을 수복하였다고 포장하였지만 실제로는 정부기구를 두어 통치하기 시작하였으며, 이곳의 토지를 개간하고 현지 중국인들에게는 높은 세금을 징수하였다. 특히 이리 지역을 제정러시아 알마아타(Alma-ata)의 행정구역 관할 안에 포함시켜 관리하였다.

1876년부터 1878년에 이르는 동안 청나라 정부는 좌종당을 흠차대신으로 임명하여 군대를 이끌고 서정(西征)에 임하도록 하였다. 신강 주민들의 지원을 받으며 점령된 지역을 수복하였으나 제정러시아는 이리 지역에서 물러나는 것을 거부하였다. 또한 1881년 2월 청나라를 압박하여 중아 「이리조약(伊犁條約)」*을 체결하도록 함으로써 하르고스 강 서쪽의 7만여 제곱킬로미터의 토지를 강탈하였다.

중국의 서남 변경 지역은 영국과 프랑스 제국주의의 침입을 받게 된다. 1860년대에서 1870년대에 이르는 동안 프랑스는 무력으로 베트남을 점령하였다. 1883년 12월 프랑스 군대는 베트남 국왕의 요청으로 중국과 베트남 접경 지역에 주둔하고 있던 청나라 군대를 급습하였다. 중프전쟁이 발발한 후 유수복(劉水福)이 이끄는 흑기군(黑旗軍)이 프랑스 군대와 격전을 벌이고 있었지만 자희태후를 위시한 청나라 조정은 프랑스에 강화를 요청함으로써 1884년 5월 천진에서 「중프간 간단한 협력 조항(中法會議簡明條款)」을 체결하게 된다. 이 조약에 따라 청나라는 베트남에 대한 프랑스의 보호권을 인정하고 베트남 주둔 청나라 군대를 철군하며 중국과 베트남 접경 지역에 통상 항구를 개방하였다.

그해 6월 하순 프랑스 군대는 양산(凉山)에 주둔하고 있던 청나라 군대를 공격하기 시작함으로써 또 다시 전쟁이 일어났다. 8월 23일 프랑스 군대가 마미군항(馬尾軍港)을 습격하여 복건(福建) 해군은 전멸하고 마미 조선공장은 모두 파괴되고 말았다. 8월 26일 청나라 정부는 프랑스에 정식으로 선전포고를 하게 된다. 1885년 3월 23일 프랑스 군대는 진남관(鎭南關)에 맹공을 퍼부었으며 풍자재(馮子材) 장군이 앞장서 군대를 이끌고 적진으로 뛰어 격전을 벌인 끝에 진남관 대첩을 이룩하였다. 승기를 잡은 청나라 군대는 여세를 몰아 양산까지 수복하였다. 그러나 전세가 청나라에 매우 유리한 상황임에도 불구하고 청나라 정부는 다시 굴욕적인 강화조약을 맺게 된다. 그해 6월 「중법회정월남조약(中法會訂越南條約)」을 체결함으로써 청나라는 '지지 않았음에도 패배하였고', 프랑스는 '이기지 않았음에도 승리한' 형국이 되었으며 이때부터 중국의 서남지역이 열강에 개방되었다.

당시 영국은 중국의 운남과 서장(티베트) 지역에 침략의 마수를 뻗치기 시작

* 1881년 중국 신강성(新疆省) 이리 지방을 둘러싼 청나라와 러시아의 국경선을 결정한 조약이다. 이리조약(伊犁條約, 이려조약)으로 러시아는 이리 지방의 대부분을 청나라에 반환하였지만, 청나라는 그 일부와 자이산 노르 지방을 러시아에 할양하였으며, 배상금 90만 루블을 지불하였다.

하였는데, 1876년 영국의 토머스 웨이드(Thomas Francis Wade : 1818~1895년)* 주중공사는 '마가리(馬嘉理) 사건'**을 빌미로 청나라 정부를 협박하였던 것이다.

즉 1874년 영국의 브라운 대령을 대장으로 하는 193명의 무장 '탐험대'가 미얀마 만달레이(Mandalay)에서 출발하여 북상한 후 운남과 미얀마의 접경지대를 조사하고 있었다. 영국의 주중대사관은 영국 주(駐)상해 영사관의 통역관 마가리를 운남지역으로 먼저 파견하여 운남에서 이들을 맞이하도록 하였다. 1875년 2월 마가리는 브라운 대령의 무장 '탐험대'와 함께 멋대로 국경을 넘어 운남의 만윤(蠻允) 부근에 도착하였다. 2월 21일 마가리는 현지 주민들에게 무례한 태도로 길을 물으며 총으로 위협사격까지 가하자 분노한 주민들이 그만 그를 죽여 버리고 말았다.

마가리 사건이 발생하자, 영국의 웨이드 주중공사는 청나라 정부에 외교단절을 언급하며 위협을 가하기 시작하였다. 1876년 2월 영국은 4척의 군함을 인도에서 중국으로 이동시킴으로써 웨이드 공사의 위협에 힘을 실어주었다. 영국의 각종 위협을 받으며 청나라 정부는 웨이드와 연태(烟台)에서 중영「연태조약(烟台條約)」16조항을 체결하게 된 것이다. 이 조약에 따르면 중국은 영국에 백은 20만 량을 배상하고 특사를 영국에 파견하여 정중하게 사과하도록 하였다.

이와 별도로 영국이 서장을 탐험할 수 있는 규정을 정하게 되었다. 영국 탐험대가 북경을 출발하여 감숙, 청해를 거치거나 또는 사천에서 서장으로 들어와 인도로 향할 수 있도록 규정하였으며, 또한 인도에서 파견한 사람이 서장을 거쳐 들어올 수 있도록 하였다. 영국은 중영「연태조약」과 별도의 특별규정을 통하여 막대한 통상이권과 영사판결권 등을 강점하였을 뿐만 아니라 서장 지역마저도 침략하게 된 것이다. 1890년과 1893년 영국은 중국과 다시「장인조약(藏印條約)」과 「장인속약(藏印續約)」등을 체결함으로써 서장까지 침략의 손길을 뻗치게 되었

---

* 1861~1871년 북경 주재 영국공사관에 근무하고, 1871~1883년 공사를 역임하였다. 1876년 운남(雲南) 문제 처리를 위하여 이홍장을 만나 교섭 끝에 지부조약(芝罘條約 : 즈푸조약)을 체결하였다.

** 1875년 영국의 지부(芝罘) 영사관 통역관 마가리가 운남에서 양자강 상류에 이르는 브라운 대령의 무역로 개척을 돕기 위하여 운남으로 가던 중 살해되었다. 영국공사 웨이드는 이를 이용해 천진조약의 개정을 추진하여, 1876년 즈푸조약으로 그 목적을 달성하였다.

다. 이에 러시아는 서장의 지방정부와 청나라 정부 사이를 이간질하는 등 서장을 놓고 영국과 각축을 벌이게 된다.

연해 지역의 위기

한편 중국의 연해 지역은 일본과 미국의 위협에 노출되었다. 1847년과 1849년 미국 해군은 두 차례 군함을 대만으로 파견하여 광산탐사 등을 실시하였다. 1867년 미국은 로버(rover)호가 좌초되어 실종된 선원 일곱 명이 대만에서 화를 당하였다는 것을 빌미로 페더(Peder) 상장(上將)이 이끄는 해군 군함 2척과 해병대 181명을 파견하여 대만 섬 남부에 상륙하도록 하였다. 이들은 대만 현지 고산족(高山族)을 공격하였다. 미국 주(駐)하문(夏門) 영사 르젠드르(Charles William Legendre)는 고산족 수장과 담판을 명분으로 대만에 당도한 후 대만 섬 해안과 항구, 섬 내부의 정치, 경제 상황에 대한 막대한 양의 자료를 수집하였다. 그러나 대만 주민의 저항에 부딪혀 미국 군함은 철수하게 되었으며 르젠드로도 대만에서 떠나게 된다.

1870년대부터 일본은 대만 침략의 가장 위협적인 존재가 되었다. 당시 대만과 조선은 일본의 세력 확장 주요 대상이었다고 할 수 있다. 일본은 류큐(琉球)* 국왕에게 '번왕(藩王)'의 칭호를 강요한 후 1873년 3월, 1871년 류큐 선원 수십 명이 배가 난파하여 대만으로 표류하여 왔으나 이곳에서 화를 입은 사건을 빌미로 하여 외무경(外務卿) 소에지마 다네오미(副島種臣 : 1828~1905년)**를 북경으로 파견하여 청나라 총리아문과 교섭을 시도하였다. 1874년 초 일본은 대만에 군사 공격을 결정하였다. 그해 4월 일본은 '대만번지사무국(臺灣藩地事務局)'을 설립하고 오쿠마 시게노부(大隈重信 : 1838~1922년)***를 국장으로 삼아 나가사키(長崎)에 대만을 침

---

* 류큐국(琉球國 : 유구국)은 중국해 남동부에 있었던 섬나라로 15세기부터 19세기까지 류큐 제도에 있었던 왕국이다. 1879년 일본 제국은 무력으로 류큐국의 마지막 왕 쇼타이를 강제로 도쿄로 이주시켜 후작으로 봉하였다. 결국 류큐국은 멸망하고 일본의 영토가 되었다. 이로서 청나라와 일본의 갈등은 심화되었다.

** 일본 메이지유신(明治維新) 시대의 정치가이다. 1871년에 외무경(外務卿 : 외무대신)이 되었으며, 정한론(征韓論)을 강경하게 주장하였다.

*** 일본 정치가이자 교육자이다. 제8대, 제17대 일본 내각 총리대신을 2차례 역임하였으며, 와세다대학(早稻田大學)의 전신인 도쿄전문학교를 설립한 인물이기도 하다.

대만 신죽군민이 일본에 대항하는 그림

략할 군사기지를 설치하였다. 또한 육국 중장 사이고 쓰구미치(西鄕從道 : 1843~1902년)*를 '대만번지사무도독(臺灣藩地事務都督)으로 임명하여 대만 침략 군사지휘를 담당하도록 하였다. 1875년 일본은 육, 해군 3천여 명을 출병시킨 후 사이고 쓰구미치의 지휘 하에 대만을 공격하도록 한다. 그해 5월 일본군은 대만에 상륙하였다.

일본의 이러한 군사행동은 미국의 지원을 받은 것이라고 할 수 있다. 1872년 미국의 드롱 주일본 대사는 일본에게 대만을 침략할 것을 종용한 바 있으며, 1867년 미국이 대만을 공격했을 때 대만 조사차 방문했던 바 있고 미국의 주하문 영사였던 르젠드르를 일본 외무성 고문으로 추천함으로써 일본의 대만 침략을 돕도록 하였다. 그 가운데 미국의 이권을 챙기고자 하였다. 일본은 1875년 5월 대만에 상륙한 후 현지 고산족의 강력한 저항에 부딪혀 5,6백 명의 사상자를 낸 후 구산(龜山)으로 철수하게 된다.

청나라 조정은 일본이 대만을 침략한 소식을 듣고 일본 정부에 항의를 표시

---

* 일본 메이지시대의 정치가이자 군인이다. 메이지유신의 중심 인물인 사이고 다카모리(西鄕隆盛)의 동생이다. 메이지유신 2년 뒤인, 1869년 유럽에 가 유럽의 군사조직을 공부하였다. 1874년 육군 중장으로 대만(臺灣) 출병을 지휘하였다. 이토 히로부미 내각에서 해군대신과 내무대신을 역임하였다.

하면서 다른 한편으로는 복건선정대신 심보정(沈葆楨)을 '흠차판리대만등처해방 겸이각국사무대신(欽差辦理臺灣等處海防兼理各國事務大臣 : 대만 관련 사무 및 각국과의 외교업무를 담당하는 대신)으로 임명하였다. 심보정은 기선, 병사를 이끌고 순시를 명분으로 대만으로 향하여 상황을 살펴보도록 하였다. 또한 복건포정사(福建布政使)를 대동하도록 하였다.

현지 고산족의 강력한 저항을 받은 일본군은 사망자가 지속적으로 늘어났으며 더 이상 버틸 수없는 상황에 이르렀다. 게다가 청나라 조정이 병력을 증원하여 대만에 파견하였기 때문에 일본이 무력으로 대만을 점령하기란 더욱 불가능해 졌다. 이에 일본은 외교적인 방법으로 선회하게 된다. 일본정부가 대만을 공격하고 난 후 얼마 안 되어 기하라 사키미츠(柳原前光)을 주중 공사로 임명하고 오쿠보 도시미치(大久保利通 : 1830~1878년)*를 특사로 임명하여 교섭에 임하도록 하였다. 영국, 미국의 주중 대사들도 조정에 나서 중국이 양보하도록 압력을 가하였다. 청나라에서 외교사무를 담당하던 이홍장 역시 일본과의 강화를 주장하였다.

결국 그해 10월 청나라 정부는 혁흔, 이홍장을 대표로 하여 오쿠보 도시미치와 북경에서 협상을 벌이게 된다. 10월 31일 중일 「대사전약(臺事專約)」(「북경전약(北京專約)」이라고도 함) 3조를 체결하여 중국은 일본에 사상자에 대한 보상금을 지불하고 배상금 은 50만 량을 지불하여 일본이 대만에서 철수하는 전제로 삼았다. 이 조약 안에는 대만의 고산족이 일본의 무고한 국민을 죽였음을 명기하고 일본의 대만 침략은 자국민을 보호하기 위한 정당행위였음을 기재하였다. 일본은 이를 근거로 중국이 이미 류큐를 일본의 속국으로 인정했다고 주장하며, 1879년 류큐를 합병하여 국왕을 폐하고 이 섬을 오키나와(沖繩縣)로 개명하게 된다.

▶▶ 역사의 흐름에 어떤 영향을 미쳤을까?

19세기 말 중국에 불어 닥친 변경위기는 중국이 방대한 영토를 상실하게 되었으며 훗날 중국의 영토 변화에 중요한 영향을 끼치게 된다. 훗날 발생한 수많

---

* 일본 메이지시대의 정치가이다. 264년 동안 일본을 통치해온 도쿠가와 막부를 무너뜨린 메이지유신을 이끌었던 주역으로 기도 다카요시, 사이고 다카모리와 함께 '유신삼걸(維新三傑)'로 불린다.

은 영토분쟁은 바로 이 시기에 분쟁의 불씨를 심어놓은 것이라고 볼 수 있다. 변경위기는 중국인의 침략에 대한 저항의지를 불태우게 하였을 뿐만 아니라 나라와 민족을 구하기 위한 열정이 샘솟게 하였다. 이러한 국토 상실을 방지하기 위하여 청나라 정부는 대만과 신강에 성을 설치하는 등 일련의 조치를 실시하게 되었으며 이러한 조치는 지금까지도 이어지고 있다. 이는 청나라 정부가 취한 비교적 긍정적인 조치로 평가받고 있다.

7. 중일전쟁中日戰爭, 중국대륙의 발판을 마련하다*

'메이지유신(明治維新)'**을 통해 근대화를 이룩한 일본은 대외 확장 정책인 '대륙정책(大陸政策)'을 실시하였다. 그 첫발로서 조선과 대만을 점령한 후 중국대륙 더 나아가 세계를 정복할 야심을 키우게 된다. 일본의 메이지 천황은 이 대륙정책을 '만리 영토 개척', '세계만방에 일본의 위신 수립'이라는 그럴듯한 말로 포장하기도 하였다.

조선의 문제와 중일전쟁

1875년 일본은 조선을 침략하기 위한 첫 행보로 군함을 이끌고 한강을 통해 한성(漢城 : 서울)으로 들어오게 되었으며 영종도(永宗島)를 점령하였다. 1876년 일

---

* 1894년 6월부터 1895년 4월까지 청나라와 일본이 조선의 지배권을 놓고 다툰 청일전쟁이다. 그 결과 청나라는 1895년 4월 시모노세키조약(下關條約 : 당시는 馬關)을 체결하였다. 일본은 엄청난 배상금과 요동반도(遼東半島), 대만 등을 할양받았다. 다만 일본의 세력에 위협을 느낀 러시아, 프랑스, 독일의 3국 간섭으로 요동반도는 반환되었다.

** 일본의 정치, 사회 구조를 크게 바꾼 일련의 사건들로 근대 자본주의 체제로의 개혁을 말한다. 대체로 1853년에서 1877년 전후의 시기이다. 이로 인해 1866년 막부 시대가 막을 내리게 되었고, 1867년에는 왕정복고가 이루어져 천황의 절대주의를 바탕으로 경제적으로는 자본주의가, 정치적으로는 입헌정치가, 대외적으로는 제국주의가 형성되었다.

본은 조선과 「강화도조약(江華島條約)」*을 체결함으로써 조선에 대한 침략 정책을 가속화하기 시작하였다. 1882년 '임오군란(壬午軍亂)'의 발생을 빌미로 일본은 다시 조선과 「제물포조약(濟物浦條約)」**을 체결하였으며, 조선에 병력을 주둔할 수 있는 권리를 획득하게 된다. 1885년 다시 조선에서 '갑신정변(甲申政變)'***이 발생하자 청나라 정부와 체결한 「천진조약」에 조선에 반란이 일어나 중일 양국 또는 일방이 출병하게 되면 반드시 사전에 상호 통지할 것을 추가하였다. 이로써 일본은 조선에 출병할 수 있는 특권을 얻게 되었다고 볼 수 있다.

등세창의 초상

　　1880년대 이후 일본의 자본주의가 급속히 발전하여 1890년부터 경제위기가 나타나기 시작하였으며, 일본 내부의 계급갈등이 첨예하게 대립되었다. 일본의 통치자들은 이러한 상황을 타개하기 위하여 침략전쟁의 행보를 가속화하게 된다. 이러한 방침의 일환으로 군비를 증가하여 국가 재정의 60%를 군사 장비 확충에 투자하고 근대화된 육, 해군을 확립해 나가기 시작하였다. 다른 한편으로는 일본 수상 야마가다 아리도모(山縣友朋)가 직접 나서 국회의 시정연설을 통해 조선을 비롯하여 중국의 동북, 대만 지역은 일본 안위와 직결되어 있는 '생명선(生命線)'이라고 강조하고 일본은 이미 이 지역에 대한 대규모 침략 준비를 마쳤다고 밝혔다.

　　1894년 5월 조선에 동학당 혁명이 발생하자 조선의 국왕은 청나라 정부에 파병과 진압을 요청하였다. 당시 청나라에서 조선 관련 사무를 관장하고 있던 직예

---

* 1876년(고종 13년) 조선과 일본간에 운요호 사건을 빌미로 체결된 조약으로 한일수호조약 혹은 병자수호조약(丙子修好條約)이라고도 한다. 조선의 자주권 인정, 청나라의 종주권 부인, 치외법권 인정 등 일본의 경제적 침략의 토대가 된 최초의 근대적 조약이자, 불평등 조약이다.

** 1882년(고종 19년) 임오군란(壬午軍亂 : 별기군(別技軍)은 우대를 하고, 구식 군인들은 홀대를 하자 구식 군인들이 일으킨 난)으로 발생한 일본 측의 피해보상 문제 등을 다룬 조선과 일본 사이의 불평등조약이다. 이 조약으로 일본군의 조선 주둔을 허용하는 결과를 가져왔다.

*** 1884년(고종 21년) 김옥균·박영효·홍영식 등 개화당이 청나라에 의존하려는 척족 중심의 수구당을 몰아내고 개화정권을 수립하려 한 정변이다. 우정국 낙성식을 계기로 정변을 일으켜 민씨 일가들을 축출하거나 일부 처형하였다. 그러나 3일 만에 진압되어 '3일 천하'라고도 한다.

(直隷)총독 겸 북양(北洋)대신 이홍장은 6월 5일 직예제독 엽지초(葉志超), 태원진(太原鎭) 총병 섭사성(聶士成)에게 1500명의 군대를 이끌고 조선으로 떠나도록 명하였다. 6월 2일부터 조선에 출병을 준비하고 있던 일본은 이 소식을 들은 후 6월 5일 본영을 구축하고 7,8천 규모의 종합부대를 신속하게 조선으로 파견하였다. 6월 8일 일본의 선발부대는 인천에 상륙하였으며, 6월 10일 인천에서 한성으로 들어오는 전략 요충지를 모두 장악하였다. 이러한 상황에서 일본은 아산(牙山)에 주둔하고 있던 청나라 군대를 향해 총포를 겨눔으로써 전쟁이 발발하게 된다.

조선을 침략한 일본의 병력규모를 본 이홍장은 당혹감을 감추지 못하였으며, 대항할 엄두도 증원을 요청할 수도 없는 진퇴양난의 처지에 놓이게 되었다. 그는 양국이 동시에 철수할 것을 제안하여 이러한 국면이 정리되기를 바랐지만 일본은 이를 거절하였다. 당시 청나라에는 병력을 증원하여 전쟁에 임하자는 여론이 형성되고 있었으나 청나라 통치계급 내부에서는 주전과 주화의 주장이 격렬하게 대립되었다. 특히 자희태후를 위시한 황후파는 강력하게 강화를 주장하였다. 교만하고 탐욕스러운 권력광이었던 자희태후는 광서황제의 친정을 허락한 상태였지만 군사권만은 여전히 장악하고 있었다.

마침 그해는 자희태후가 60세 생일을 맞이하는 해였기 때문에 연초부터 대형 토목공사가 벌어지고 있었으며 자금성에서 이화원에 이르는 길은 오색 천들로 하늘을 가리는 가설막이 세워져 있었다. 그녀가 전쟁을 강력하게 반대한 데는 일단 전쟁이 발발하면 그녀의 60세 수연이 물거품이 될 것은 물론 통치체제도 약화될 위험이 있었기 때문이었다. 이홍장은 이러한 자희태후의 든든한 지주였다고 볼 수 있다.

그러나 광서황제를 위시한 황제파는 군대를 정비하여 침략에 맞설 것을 강력하게 주장하였다. 청나라의 국내여론을 감안하는 한편 자희태후의 통제에서 벗어나 자신의 권력체계를 세울 수 있는 기회라고 여겼기 때문이다. 이에 광서제는 이홍장에게 군대를 정돈하여 전쟁에 임할 준비를 하라는 어지를 내리게 된다. 이홍장은 자희태후의 배후세력으로서 광서제에게 겉으로는 예를 차렸지만 결코 그의 뜻을 따르지는 않았다. 그는 '이이제이(以夷制夷)'의 전술을 이용하고자 러시아, 영국 등에게 중재를 요청함으로써 전쟁에서 피할 방도를 꾀하였지만 자기 잇속을 챙기기에 바빴던 열강은 일본에게 침략을 종용하고 있었다. 이에 이홍장의 이이제이를 이용한 중재안은 물거품이 되고 만다.

1894년 7월 24일 이홍장은 광서제와 청나라 주전파의 압박을 견디지 못하고 위여귀(衛汝貴), 마옥곤(馬玉崑), 좌보귀(左寶貴), 풍아(豊阿) 등 4군을 파병하여 요동에서 압록강을 건너 평양으로 진격하도록 하였다. 또한 북양함대의 제원(濟遠), 광을(廣乙), 양위(揚威) 등 3대 군함으로 하여금 영국 상선 '고승(高升)'호를 호위하여 원병을 아산에 이동시키기 시작하였다. 이 소식을 접한 일본은 연합함대를 파견하여 이를 저지하게 된다.

7월 25일 새벽 제원, 광을 2개 군함은 아산에서 회항하던 중 아산 앞바다의 풍도(豊島) 해역에 이르렀을 때 일본의 요시노(吉野), 나니와(浪速), 아키츠시마(秋津洲) 등의 함대와 마주하게 된다. 일본함대는 제원, 광을 군함에 포격을 가함으로써 선전포고도 없이 중국에 대한 침략전쟁을 도발하였다. 이해는 음력으로 갑오년(甲午年)에 해당하였기 때문에 중국 역사에서 이를 '갑오전쟁(甲午戰爭)'으로 명명하고 있다. 북양함대는 반격하지 않을 수 없었으며 포격전이 시작되고 얼마 안 되어 광을호(號)가 포탄에 맞고 만다. 광을호의 임국상(林國祥) 함장은 군함을 남쪽으로 이동시켜 정박시킨 후 폭발시키도록 명하였다.

바다에 고립된 제원호(號)의 함장 방백겸(方伯謙)은 죽음이 두려워 백기를 걸고 서쪽으로 도주하였다. 일본의 요시노(吉野)호가 계속해서 추격해오자 제원호의 선원인 왕국성(王國成), 이사무(李仕茂) 등은 항명하여 요시노호를 향해 포탄 네 발을 쏘게 되었으며 그 가운데 세 발이 명중되었다. 저격을 당한 요시노호는 그제서야 추격을 멈추고 되돌아갔다. 일본 함대가 제원호를 폭격하고 있을 때 고승호는 병사들을 싣고 천진에서 출발하였다. 그러나 곧 일본 함대에 포위되고 말았다. 일본함대는 고승호의 투항을 종용하였으나 천여 명의 중국 병사들이 이를 거부함으로써 일본의 포탄으로 고승호는 격침되었으며 배에 타고 있던 병사들도 모두 희생되었다.

같은 날 일본군 4천여 명이 아산에 있는 청나라 군대에 공격을 가하였다. 엽지초는 아산을 포기하고 평양으로 퇴각하였다. 섭사성은 성환역(成歡驛)에서 일본군과 전투를 벌이게 되었으나 중과부적으로 역시 평양으로 퇴각하였다.

8월 1일, 중국과 일본은 동시에 선전포고를 함으로써 전쟁이 발발하게 된다.

갑오해전(甲午海戰)

전쟁이 발발한 후 이홍장은 자희태후의 지원을 등에 업고 소극적인 태도로 전쟁에 임하였다. 그는 육군에는 "지킬 수 있으면 지키고, 지킬 수 없으면 퇴각하라"는 명을 내리는 동시에 해군에는 "우선 군함을 안전하게 보호하고 난 후 적을 공격하며", "발해만 일대에서 군함의 위용만을 과시할 뿐 일본 함대와의 격전을 피하도록" 명하였다. 이러한 타협적이고 물러서는 정책은 일본군의 사기를 북돋아 주었을 뿐만 아니라 청나라 군대의 사기를 바닥까지 떨어뜨리는 결과를 가져왔다.

9월 15일 일본 육군은 4대대로 나누어 평양으로 진격하자 청나라 군대도 반격에 나서게 된다. 마옥곤의 부대는 평양 남문에서 일본군에게 큰 타격을 입혔으며 좌보귀의 부대는 현무문(玄武門)을 굳건히 지키며 일본군에 수많은 사상자를 내게 하였다. 그러나 좌보기가 포탄을 맞고 숨짐으로써 현무문이 일본군에게 넘어갔으며 죽음이 두려웠던 엽지초 통수는 다시 퇴각을 명령하였다. 이에 다량의 군수물자를 버려둔 채 단숨에 5백 리나 후퇴하여 봉황성(鳳凰城)까지 물러났다.

바다에서는 일본 연합군대가 북양함대와의 결전을 준비하고 있었다.

9월 16일 청나라 해군제독 정여창(丁汝昌 : 1836~1895년)*이 북양함대를 이끌고 증원 부대를 대동강 하구로 호송하고 있었다. 9월 17일 대동강 하구에서 회항하던 중 오전 11시경 대동강 하구 이남의 황해 해역에서 '마츠시마(松島)'호를 기함으로 하는 일본 군함 12척과 맞닥뜨렸다. 북양함대는 '정원(定遠)'을 기함으로 하여 총 10척이 이동 중이었다. 일본 군함을 발견한 후 정여창은 즉각 발포를 명하였으며, '정원', '진원(鎭遠)' 등 철갑 함대를 중심으로 나머지 군함을 '인(人)'자 형으로 포진시켰다. 12시 50분 쌍방의 교전이 시작되었다.

북양함대는 원거리에서 포탄을 발사하였기 때문에 일본 군함을 명중시키지

---

* 청나라의 군인으로 청일 전쟁 당시 세계 8위의 함대라 불리는 북양함대의 함장으로 황해해전에서 일본군과 격전을 벌였으나 10여 척의 함대 중 5척이 격침되는 패배를 안고 위해(威海 : 웨이하이)로 후퇴했다. 그러나 위해전투에서도 대패해 이홍장에게 패배한 사실을 알리고 자살했다.

치원호 군함의 일부 군병

못하였으나 일본의 요시노 등 4척의 군함은 빠른 속도로 정원, 진원 두 함대 앞을 가로질러 우측의 '초용(超勇)', '양위(揚威)' 두 소함정을 공격하였다. 포탄이 명중된 초용호는 바로 침몰되었으며 양위호는 해안으로 진지를 이탈하여 배에 붙은 불을 끄려 하였기 때문에 전투력을 상실하였다. 그러나 정원호가 대포를 발사하면서 배가 크게 흔들리자 현수교(懸垂橋)에서 전투를 지휘하던 정여창이 그만 넘어지며 부상을 당하였다. 정원호의 함장 유보섬(劉步蟾)이 그를 대신해 함대를 지휘하고 정여창은 갑판에서 병사들의 사기를 북돋아 주었다. 정원호 등의 맹공으로 히에이(比睿), 아카기(赤城) 등의 일본 군함은 포탄에 부서지고 수많은 사상자를 냄으로써 전열에서 이탈하게 된다.

오후 2시 반이 지날 무렵 일본의 정예함정으로 불리는 요시노 등 4척의 군함이 북양함대의 우측에서 다시 좌측으로 이동하여 정원호의 앞쪽에 포진한 후 중국 기함에 접근하여 어뢰를 발사하려고 하였다. 마침 치원(致遠)호의 함장 등세창(鄧世昌, 등시창 : 1849~1894년)*이 이를 발견하고 위험에 처한 기함을 구하기 위해 전

---

* 등세창은 청나라 말기의 군인으로 정여창과 함께 북양함대를 이끈 사람이다. 1867년 복건에서 해군 사관학교에 입학해 1874년 졸업하고 1887년 어뢰순양함 치원의 선장이 되었으나 1894년 9월 17일 청일 전쟁 당시 황해 해전에서 전사했다.

속력으로 전진하여 정원호의 앞에 위치한 후 일본 함대와 격전을 벌이게 된다. 요시노호 등 네 척의 일본 군함에 포위공격을 받은 치원호는 배가 파손되어 기울기 시작하였으며, 탄약도 모두 소진되고 말았다. 오후 3시를 전후하여 치원호는 요시노호와 마주하게 되었으며 등세창은 부함장 진금규(陳金揆)에게 일본 함대는 요시노호의 지휘를 받고 있기 때문에 요시노호를 격침시키면 사기가 떨어질 것이라고 말하였다. 이에 전속력으로 요시노호에 접근하여 자폭을 시도하였다. 요시노호는 재빨리 이를 피하며 어뢰를 발사하였으며, 치원호는 어뢰에 명중되어 폭발함으로써 격침되고 말았다. 등세창을 비롯한 2백 명의 해군 병사들 가운데 20여 명만 구조되었을 뿐 대부분 희생되고 말았다.

등세창의 본명은 영창(永昌)이며 자는 정경(正卿)이다. 광동 번우(番禹) 출신으로 18세에 복주 선정학당에 입학하여 항해 지식을 배웠다. 1875년 해동운포함(海東雲砲艦) 함장으로 임명되었으며 1880년 북양함대로 전입된 후 비정포함(飛霆砲艦) 함장으로 임명되었다. 1887년 영국으로 파견되어 치원호 등 4척의 함대를 구입해왔으며 귀국한 후 황해해전에서 전사할 때까지 치원호의 함장으로 활동하였다. 등세창은 평상시 엄격한 훈련을 실시하였으며, 군사업무에 통달하였으며, 배를 다루는 솜씨가 마치 말을 다루듯 하여 주변의 찬사를 들었다. 등세창은 늘 "사람은 누구나 죽게 마련인 법, 다만 죽어야 할 장소에서 죽기를 원한다"고 말하곤 하였다. 풍도해전(豊島海戰) 후 북양함대의 군사들은 매우 분개하여 일본군과 바다에서 싸우다 죽을 결심을 하였고, 등세창은 만약 상황이 불리해지면 바로 적함과 운명을 같이 해야 한다고 강조하였다. 그는 치원호의 병사들과 함께 자신의 이 맹세를 현실로 옮겼던 것이다.

치원호 외에도 경원(經遠)호는 임영승(林永升 : 1853~1894년)* 함장의 지휘 하에 격전을 벌였으나 임영승이 전사하면서 경원호도 격침되었다. 2백여 명의 병사들 가운데 6명만이 구조되고 대부분은 희생되었다. 북양함대의 왼쪽 날개였던 제

---

* 임영승의 원래 이름은 종경(鍾卿)이다. 광서(光緖) 3년(1877년) 영국에 유학하여 해군을 공부했다. 20년(1894년) 갑오년에 황해해전(黃海海戰)이 나자 등세창 등과 군대를 호송하여 조선에 왔다. 경원호의 함장으로 전투 중에 용감하게 전투를 독려하다가 포탄에 맞아 전사했다.

원, 광갑 두 함정은 치원호가 침몰되는 것을 보고 도주함으로써 그 배의 함장인 방백겸, 오경영(吳敬榮) 등은 중국인에게 씻을 수 없는 치욕을 안겨주었다.

황해해전에서 일본함대 5척이 크게 파손되었으며 북양함대는 5척이 격침되어 일본 함대보다 큰 손실을 입었다. 그러나 북양함대는 여전히 막강한 전투력을 확보하고 있었다. 다만 이홍장이 자신의 이익을 보전하기 위하여 북양함대를 출전시키지 않고 위해위(威海衛 : 웨이하이 요새) 깊숙이 숨겨둔 것이다. 그러나 1895년 2월 일본 함대에 의해 전멸하였으며, 중국은 전쟁에서 패배하게 된다.

중국의 패전으로 다음과 같은 불평등조약을 체결하였다. 1895년 4월 17일 「마관조약(馬關條約 : 시모노세키조약下關條約)」을 체결하였으며, 그 내용은 다음과 같다.

1. 중국은 조선이 자주독립국임을 인정한다.
2. 중국은 요동반도, 대만, 팽호도(澎湖島)를 일본에 할양한다.
3. 중국은 일본에 군비 2억 량(兩)을 배상한다.
4. 사시(沙市), 중경(重慶), 소주(蘇州), 항주(杭州) 등을 개방한다.
5. 일본은 중국에 자유롭게 기계를 제조할 수 있으며 세금을 납부한다.
6. 일본군은 위해위(威海衛)를 3년 동안 점령하며 중국이 배상금을 완납한 후 중국에게 반환하며, 주둔 기간 동안 경비는 중국이 부담한다.

▶▶ 역사의 흐름에 어떤 영향을 미쳤을까?

갑오전쟁(甲午戰爭 : 청일전쟁)이 발생하기 전 극동지역은 러시아와 영국의 각축장이었다. 중국과 일본은 정도의 차이가 있었을 뿐 모두 불평등조약의 제약을 받고 있었다. 갑오전쟁의 승리로 일본은 일시에 아시아 강국으로 부상하였으며, 반식민지 상태에서 벗어나게 된다. 그러나 중국의 국제 위상은 바닥으로 떨어졌으며, 국력이 크게 약화되었다. 일본은 조선, 대만을 점령함으로써 중국의 동북, 화동 지역에 직접적인 위협을 가하게 되었으며, 중국 대륙 침략의 발판을 마련했다고 볼 수 있다. 이는 중국의 큰 우환의 불씨를 심어두게 된 것이다.

8. 무술변법戊戌變法, 100일 유신으로 끝나다

중국은 역사적으로 무수한 개혁을 겪었지만 그 가운데서도 특히 무술변법(戊戌變法 : 변법자강운동變法自彊運動)*은 반드시 짚고 넘어가야 하는 사건이라고 할 수 있다. 무술변법은 무술유신(戊戌維新)이라고도 하며 자본계급을 변화, 개선시키려 했던 정치운동이었다고 정의할 수 있다. 이 개혁은 청나라가 청일전쟁(淸日戰爭)에 패배한 후, 전에 없던 민족적 위기의식이 팽배해졌던 시기에 상류 자본계급, 진보적 지식층이었던 강유위(康有爲, 강유웨이 : 1858~1927년), 양계초(梁啓超, 량치차오 : 1873~1929년), 담사동(譚嗣同, 탄쓰퉁: 1865~1898년), 엄복(嚴復, 옌푸 : 1854~1921년)** 등을 중심으로 한 유신파(維新派)가 전개했던 개혁운동이다.

강유위(康有爲)와 '공거상소(公車上書)'***

강유위는 강유흠(康有欽), 강조이(康祖詒)라고도 불리우며 자(字)는 광하(廣廈), 호(號)는 장소(長素)이다. 청나라 함풍(咸豊) 8년 2월 5일(1858년 3월 19일) 광동성(廣東省) 광주부(廣州府) 남해현(南海縣) 은당향(銀糖鄉 : 현재의 은하향銀河鄉)에서 태어났으며 청나라 말기 을미과(乙未科 : 청나라 시대 과거제도의 한 종류)에 응시하여 5등으로 합격하였다. 그는 대유학자로서 어려서부터 시서(詩書)에 능하였으며, 고금(古今)을 막론하고 서책에 통달하였다고 한다. 그가 남긴 풍부한 저서 가운데 『신학위경고(新學僞經考)』는 일찍이 중국문화의 보고라 일컬어지고 있는데, 바이칼 호를 여행하면서 그 문화의 진수를 발굴하고 역사의 본모습을 찾아내어 기록한 것으

---

* 청일전쟁 이후 양무운동의 한계를 느끼고 강유위, 양계초 등이 정치, 교육, 법 등 청나라 사회 전반의 제도들을 개혁하고자 한 운동이다. 그러나 이 운동은 서태후의 쿠데타로 좌절되고, 강유위와 양계초는 망명하였다. 이로 인해 1898년(무술년) 6월에 시작된 무술변법은 '100일 변법'이라고도 불린다.
** 강유위는 1898년 그의 변법자강책이 광서제에게 받아들여져 무술변법이라 불리는 개혁을 지도하였고, 그의 제자 양계초는 번역, 신문·잡지 발행, 정치학교 개설 등에 힘썼으며, 담사동은 중국 정치개혁의 중심인물이었고, 엄복은 서유럽의 학술, 사상을 번역 소개하는데 힘썼다.
*** 강유위가 광서제(光緒帝)에게 보낸 개혁 요구 서한을 말한다. 공거(公車)는 당시 향시(鄉試)에 합격한 선비인 거인(擧人)을 비유하는 말로 본래는 거인들이 타고 다니는 교통수단을 말한다.

로 빈틈없이 철저하게 학문에 정진했던 국학자로서의 그의
모습이 잘 반영되어 있다.

강유위의 초상

중국 고유의 문화적 특성이 가미된 정치개혁, 체제혁신
사상을 연구한『공자개제고(孔子改制考)』와 후대에 지은『대
동서(大同書)』등에서는 신유학 사상과 서양문명을 유기적으
로 결합하여 당시 중국사회를 개혁하고자 하는 의지가 엿
보이고 있다. '소강대동(小康大同 : 모두가 함께 잘 사는 태평성세
의 이상사회)'의 유토피아를 실현하고자 "옛것의 바탕 위에서
개혁을 추진한다"는 이론적 기초를 확립해 나간 것이다. 이
러한 과정을 통해 그는 수천 년 동안 면면히 이어 내려오며 중국의 고문화가 간
직해 온 진귀한 보물들을 발굴해 내기 시작하였다.

역대 사대부들은 공자의 명구 '민가사유지, 불가사지지(民可使由之, 不可使知
之)'를 두고 "백성들에게 무슨 일을 해야 하는지만 가르쳐주어라. 다만 왜 해야
하는지를 가르쳐 주어서는 안 된다"라고 해석하였다. 강유위는 이러한 해석이야
말로 남도 해하고 자신도 망하는 '우민정책(愚民政策)'이 아닐 수 없다고 반박하면
서 이 구절을 '민가, 사유지; 민불가, 사지지(民可, 使由之 ; 民不可, 使知之)'로 재구성
하여 "백성의 소양이 족하면 그들이 자유롭게 일을 할 수 있도록 하되, 백성의 소
양이 부족하면 널리 교육하여 개화시켜야 한다"고 새롭게 재해석 하였다. 강유
위, 그는 훗날 무술변법의 정신적 지주로 떠올랐으며 함께 무술변법을 주도한 양
계초 역시 그의 문하생이었다.

광서(光緒) 21년(1895년) 봄, 청나라 18개 성(省)의 수천 명의 거인(擧人 : 향시에 합
격한 선비)들이 과거시험(科擧試驗 : 향시에 합격한 선비들이 치르는 전시殿試)을 치르기 위
하여 북경으로 몰려들었다. 그들이 합격자 명단이 적힌 방을 확인하려 고개를 드
는 순간, 중국 역사에서 가장 치욕적인 소식이 북경에 전해졌다. 광서 20년(1894
년) 7월 1일부터 조선 땅에서 시작된 청일전쟁에서 청군이 맥없이 패하여 일본군
이 조선반도를 점령하였을 뿐만 아니라 압록강을 건너 중국 동북지방까지 밀고
올라왔다는 것이다. 특히 다윗과 골리앗의 싸움으로 비교되었던 황해대전(黃海大
戰)에서 일본 해군은 아시아 최강이라 자처했던 청나라 북양함대(北洋艦隊)의 주력

부대를 일격에 격침시키고 말았다.

　그해 10월 일본 육군은 요동반도(遼東半島)에 상륙하여 여순(旅順)을 점령하였을 뿐만 아니라 산동반도(山東半島) 영성(榮城)에 상륙하여 북양함대 기지를 후방에서 공격하였다. 이듬해 1월 18일, 북경의 관문인 위해(威海)가 함락되면서 일본군은 북쪽과 동남쪽에서 북경을 포위하고 위협을 가하여 왔다. 이러한 사태에 이르자 청나라 왕조는 어쩔 수 없이 구차함을 무릅쓰고 화해를 청하고 주권을 포기하는 치욕적인 화해조약을 받아들이게 된다. 이에 4월 15일 '청일강화조약 11조' 즉, 「시모노세키조약」이 체결되었다는 소식이 북경으로 날라들고 만 것이다.

　이때 그의 문하생이었던 양계초와 함께 과거를 보기 위해 북경에 머물고 있었던 강유위는 18개 성, 거인(舉人) 1천3백 명을 송균암(松筠庵)에 집결시켜 공동으로 청원서를 작성하였다. "거인(舉人)들이 공거(公車)를 타고 도찰원(都察院)으로 집결하니 그 길이만 5리에 이르렀고 도찰원 문 앞은 발 디딜 틈조차 없이 꽉 들어찼다. 대만(臺灣)에서 온 거인은 눈물과 콧물이 범벅이 되도록 울분을 터뜨렸으며 도찰원 원장은 두 손을 모아 읍하며 한탄을 금치 못하니 중국 역사가 수천 년간 이어져 내려오면서도 이러한 수모는 난생처음이다"라며 울분을 토하였는데, 이것이 바로 소위 '공거상서(公車上書)'라 일컬어지는 사건이다.

　'공거상서'는 강유위가 작성한 것으로 그는 진심을 다하여 광서황제에게 다음과 같은 세 가지 조서(詔書)를 조속히 내려 멸망해 가는 나라를 구할 것을 간청하였다. 첫째는 자신의 죄를 뉘우치는 조서로서 황제 스스로 뼈 속 깊이 잘못을 통감하고 백성을 독려하여 함께 국치(國恥)를 씻어 내도록 하자는 것이다. 둘째는 엄한 처벌을 내리는 조서로서 영토가 잘려 나가도록 제대로 방어하지 못한 자들을 엄벌하여 국정을 쇄신토록 하는 것이다. 셋째는 인재를 널리 구하는 조서로서 형식에 구애 없이 재능이 있으면 등용하도록 하였다. 이렇게 파격 발탁된 인재들은 모두 사력을 다해 황제를 보필하여야 한다고 강조하고 있다.

　강유위는 현실적 폐단을 짚어내어 구체적이면서도 실현 가능한 장기 전략과 단기 전술을 제안하기도 하였다. 또한 도처에 위험이 도사리고 있는 고립무원의 북경을 버리고 즉시 서안(西安)으로 천도하여 중국인의 민족정신을 고취시켜 일본과 끝까지 맞서 싸울 것을 주장하였다.

그는 웅장한 기세로 "백전백패하여 연해가 피로 물들고 국치를 씻지 못하더라도 화해는 결코 있을 수 없다"며 비분강개함을 써 내려갔다. 배상금으로 지불해야 하는 많은 자금으로 군비를 확충하여 영국산 스미스 총과 독가스를 살포할 수 있는 대포 수십만 대를 구매하고, 용장 이병형(李秉蘅)을 사령관으로 하고 그 수하의 보좌관 열 명을 뽑아 정돈이 필요한 열 개의 진영으로 파견하여 선봉에 서도록 하여야 한다. 각 주(州)와 현(縣)에서 성품이 강직하고 병법을 아는 자를 선별토록 하여 열 개 진영을 묶어 그 가운데

양계초의 초상

한 명을 선출하여 선봉장이 되도록 한다. 남양군도(南洋群島)에 거주하는 4백만 화교들 역시 비록 경제활동으로 인해 떨어져 있는 상황이라 하여도 외세에 의해 영토가 잘려나가 국제적 웃음거리가 된 일을 수치스럽게 여겨 조국 중국을 위해 돌아와 싸워야 한다고 강조하였다.

강유위는 "4천년의 유구한 역사를 이어 오면서 전에 없던 혼란이 발생한 중국을 지금 세계가 주시하고 있으며 작금의 사태를 바로 잡기 위해서는 새 시대를 여는 세력이 천하를 다스리도록 해야 하며 수구 세력이 천하를 다스려서는 안 될 것이다"라고 쓰고 있다.

그는 또한 중국이 다시 떨쳐 일어나 태평성세를 열어 나가기 위한 방법의 일환으로 삼법(三法)을 제시하였다.

첫째는 '부국(富國)이 되는 법'이다.

하나, 은행을 설립하는 등 금융시장을 형성하는 '통화법'을 제정한다.

둘, 도로와 철도 등 현대적인 교통수단을 발전시키도록 한다.

셋, 기계와 기선을 도입하여 민족 고유의 기계제조업을 발전시킨다.

넷, 국가의 잠재적 에너지 개발을 위한 광산 개발에 역점을 기울인다.

다섯, 화폐를 주조하여 국가의 화폐를 통일하고 외환을 효과적으로 관리한다.

여섯, 우편행정을 개선하여 신속한 정보통신체계를 확립하도록 한다.

둘째는 '백성을 살피는 법'이다.

하나, 농업을 국본으로 삼고 과학과 교육을 통하여 농업을 진흥시키도록 한다.

둘, 공업발전에 힘써 제조업 관련 분야 연구를 추진하고 발명을 장려한다.

셋, 조세감면과 각종 우대정책을 실시하여 상공업의 발전을 도모한다.

셋째는 '백성을 교화하는 법'이다.

하나, 의무교육을 강화하여 교육을 널리 보급하도록 한다. 그는 "서양이 부강해 진 것은 총과 대포 때문이 아니라 진리를 추구하는 학문에 정진하였기 때문이다. 유능하고 지혜로운 백성이 많은 나라는 강해지고 이러한 백성이 적은 나라는 약해질 수밖에 없다. 일곱 살이 되면 반드시 학교에 입학하여야 하며 중도에 학업을 포기하면 부모에게 그 죄를 물을 것이다"라는 훌륭한 경구(警句)를 남겼다.

둘, 과거제도를 개혁한다. 형식에 얽매인 팔고문(八股文 : 여덟 개의 짝으로 이루어진 한시 문체)을 폐지하고 열심히 과학을 배우도록 한다.

셋, 언론사를 설립하고 언론의 자유를 보장하도록 한다. "언론사를 설립하여 '신문'이라고 명명한다. 정무와 민생을 함께 다루고 오락적인 내용과 교육적인 내용을 함께 실으며 정치적 논평도 게재하여 마치 향교(鄕校)와 같은 기능을 담당하도록 하여 백성의 견문을 넓히고 시사에 통달하도록 한다."

넷, 도학(道學)을 설립한다. 기독교 교회를 모방하여 문화와 도덕적 소양을 쌓을 수 있는 장을 마련하는 것으로 공묘(孔廟)가 한 예가 될 수 있다. 조속히 도교학당을 세우고 강연을 하는 대유학자 가운데 공자의 도를 발견한 자가 있으면 자격을 논하지 않고 더욱 예를 갖추어 국자감(國子監)의 관료로 임용하거나 학정(學政 : 청나라 시대 각 성省의 교육 행정 장관)으로 선출되도록 한다. 세계 각지를 다니며 선교 활동을 펴는 기독교의 선교사처럼 대유학자들을 천거하여 중국 민족의 우수한 문화를 세계에 알리는 한편, 세계적인 문화유산들과 당당히 경쟁을 펼치도록 한다.

다섯, 마지막으로 황제에게 문제를 근본적으로 해결할 수 있는 방안으로 관료 제도의 개편을 건의한다. 잉여 인력을 줄이고 인재를 육성하여 국내외에서 널리 인재를 등용하도록 한다. 각 부(府), 현(縣)의 백성들이 모여 함께 현명하고 직언을 올릴 수 있는 자를 천거하여 10만호 당 1명씩 '의랑(議郞 : 민심을 살펴 정부에 알리는 관직)'을 선출하도록 한다. 위로 상소를 올리고 아래로 민심을 살피는 각급 '의랑'들이 상호 토론을 거쳐 모든 정무를 결정하도록 하고 부(府), 현(縣)에 대한 감독도 실시한다.

비록 '공거상서'가 원하던 효과를 얻어 내지는 못하였지만 광서황제를 비롯한 일부 관료들에게 큰 반향을 불러일으킴으로써 유신변법(維新變法)에 대한 이해를 넓히는 계기가 된 것은 사실이다. 또한 '공거상서'를 통해 강유위의 명성은 더욱 더 높아졌으며 훗날 무술변법이 탄생할 수 있는 여건을 마련하게 된다.

실패로 막을 내린 백일유신

무술년 한 해, 제국주의의 중국 영토 나눠 갖기는 다시 극심해졌다. 광서 23년, 독일은 선교사 2명의 죽음을 구실삼아 돌연 교주만(膠州灣)을 점령하고 아무런 근거 없이 교주만 조차(租借)를 요구하고 나섰다. 무술년 2월 11일, 러시아는 또 청나라에 25년 동안 대련(大連), 여순(旅順) 등 2개의 항구 도시를 조차하겠다고 요구하고 나섰다. 더욱 통탄할 일은 이렇게 염치없고 치욕스런 요구를 부패하고 무능한 청나라 왕조가 허가하고 말았다는 것이다. 이는 결국 서방 열강의 중국 영토에 대한 탐욕에 불을 지른 결과를 낳게 되어 프랑스는 99년 동안 광주만(廣州灣)을 조차하겠

담사동의 초상

다고 요구하였으며, 마카오와 계림(桂林)까지 마수를 뻗치게 되었다. 영국은 99년 동안 구룡반도(九龍半島)를 조차하겠다고 요구하였으며, 일본이 철수하고 나서 그 뒤를 이어 위해(威海)를 강제로 조차하였다. 일본은 호시탐탐 복건성(福建省)까지 노리고 있었다. 러시아의 탐욕은 더욱 도를 넘어서 만주, 몽고, 신강(新講)까지 손아귀에 넣어 버렸다. 중국은 거의 멸망의 문턱까지 온 것만 같았다.

그러나 이러한 상황에서도 강유위, 양계초, 담사동, 엄복 등 유신파는 북경, 상해(上海), 장사(長沙), 천진(天津) 등지에서 학회 조직, 신문·잡지 발간, 학당설립, 유신변법(維新變法) 선전, 서양 자본주의 계급 문화 소개 등 활발한 활동을 전개하여 나갔다. 당시 상해의 『시무보(時務報)』와 천진의 『국문보(國聞報)』는 각각 중국 남부와 북부 여론의 주도적 위치를 차지하고 있었으며 장사(長沙)에서는 시무학

청나라 여권

당(時務學堂)이 그 명성을 드높이고 있었다. 유신파는 완고파(頑固派)와 논쟁을 벌이면서 변법사상만이 나라를 구할 수 있으며 외국 문물을 배우고 민권을 확립하며 입헌군주제 시행과 같은 정치변화의 필요성을 널리 선전하였다. 민권을 확립하고 자본주의 사상을 발전시키려는 유신변법운동은 중국 전역에 더욱더 확산되었다.

1898년(광서 24년, 음력 무술년) 6월 11일, 광서황제는 '명정국시조(明定國是祖)'라는 조서를 반포하고 변법을 실행에 옮기는 소위 '무술변법'을 시행하였다. 그때부터 9월 21일까지 광서황제는 강유위 등 유신파의 건의를 받아 들여 구태를 벗어 던지는 일련의 새로운 변법 조서를 발표하게 된다.

경제 분야에서는 농, 공, 상 총국(總局) 설립, 개인 창업 장려, 광업철도총국 설립, 신규 철로 개설, 광물자원 개발, 우정국(郵政局) 설립, 역참(驛站) 철거, 재정 개혁, 국가예산결산 편제 등을 다루고 있다.

정치적으로는 관리와 백성의 상소제도 정비, 관료의 방해 행위 봉쇄, 신문사·학회 설립 허가, 일정수준 언론·출판의 자유 보장, 방만·중복기구 해산, 잉여인원 감축 등의 내용이 포함되었다.

문화·교육 분야에 있어서는 과거제도 개혁, 팔고문(八股文) 폐지, 과학저서 편찬 및 발명 권장 등이 있으며 북경에 북경사범학당 설립, 전국에 중소학당 설립, 역서국(譯書局) 설립, 외국서적 번역 등이 포함되어 있다.

군사 분야에 있어서는 구식 군대 감축, 육해군에 신식훈련 방식 도입, 국방 강화 등이 있으며 이러한 변화는 중국 자본주의 발전과 서방 과학기술 보급에 유리한 환경을 조성하고 자본가 계급과 지식층의 정치참여에 유리한 발판을 마련하게 되었다.

'백일유신'이 시작되자 청나라 조정의 수구파(守舊派)들은 유신운동이 전개되는 것을 두고 볼 수만은 없었다. 누군가 자희태후(慈禧太后)에게 강유위와 양계초를 죽여야 한다는 상소를 올렸으며 혁광(奕劻), 이련영(李蓮英) 등은 태후에게 무

룽을 꿇으며 '수렴청정(垂簾聽政)'을 청하였다. 어사(御使)
양숭이(楊崇伊)는 천진에서 수차례 대신(大臣) 영록(榮祿)
과 만나 은밀하게 음모를 꾸몄으며 심지어 궁 내외에서
는 광서황제를 폐하고 새로운 황제를 옹립한다는 말까
지 나돌았다. 9월 중순경, 광서황제는 강유위에게 몇 차
례 밀서를 내려 대책을 논의하였으나 실권이 없었던 유
신파는 속수무책이었으며 단지 광서황제에게 원세개(遠
世凱, 위안스카이 : 1859~1916년)*를 중용하도록 건의하여 그
가 영록을 견제하도록 하는데 그쳤다.

광서황제 초상

광서황제는 그달 16, 17일 두 차례에 걸쳐 원세개를
소견(召見)한 후, 그에게 시랑(侍郎 : 명청明淸시대에 정부 각
부部의 부장관副長官)의 벼슬을 내렸으며, 18일 밤, 담사동
이 원세개를 은밀히 찾아가 영록을 죽이고 거병하여 황제를 구할 것을 권유하였
으나 훗날 원세개에게 배신당하고 만다.

1898년 9월 21일 새벽, 갑자기 이화원(頤和園)에서 자금성(紫禁城)으로 돌아온
자희태후는 광서황제의 침궁으로 들어가 광서황제를 중남해(中南海) 영대(瀛臺)에
감금하고 '훈정(訓政 : 청나라 시대, 상황上皇이나 황태후皇太后가 황제를 놓아 둔 채 정무를
보던 제도)' 조서를 내렸다. 자희태후가 다시 훈정을 실시하게 되면서 '무술정변'
(유신운동을 100일만에 종식시키고 광서제를 유폐시킨 사건)은 성공을 거두었다. 무술정
변 성공 후 자희태후는 도주한 강유위, 양계초를 사살하고 담사동, 양심수(楊深
秀), 임욱(林旭), 양예(楊銳), 유광제(劉光第), 강광인(康廣仁), 서치정(徐致靖), 장맹환(張
萌桓) 등은 체포하도록 명하였다. 9월 28일, 담사동 등 여섯 명은 북경 채시구(菜市
口)에서 죽임을 당하였다. 서치정은 무기징역에 처해졌으며 장맹환은 신강(新講)
으로 유배되었다. 신규 정책 가운데 7월에 설립된 북경사범대학당을 제외한 모

---

* 중국의 군인이며 정치가로 청일전쟁에 패한 뒤 서양식 군대를 훈련시켜 북양군벌의 기초를 마련하였으나 담
  사동 등 개혁과를 배반하고 변법운동을 좌절시켰다. 이후 의화단의 난을 진압했으며 신해혁명 때 청나라 조
  정의 실권을 잡고 임시총통이 되었다. 1916년 이어 스스로 황제라 칭하였으나 반원운동에 휘말려 죽는다.

든 정책이 폐지되었으며 무술변법은 실패로 막을 내렸다.

▶▶ 역사의 흐름에 어떤 영향을 미쳤을까?

중국 근대사에서 자본계급의 개혁이라는 중대한 의의를 지니고 있는 무술변법은 당시 중국사회에 막대한 영향을 끼쳤으나 결국 실패로 끝나고 말았다. 그러나 그 후에 나타난 청말의 새로운 정책들과 신해혁명(辛亥革命) 발발까지 영향을 미친 것이 사실이다. 결국 몇 년의 시간이 흐른 후 막다른 골목에 처한 청나라 조정은 어쩔 수 없이 강유위가 제창한 새로운 정책들을 채택하여 시행할 수밖에 없게 되었다. 또한 무술변법으로 인해 중국 최초의 근대적 개념의 대학, 즉 북경대학의 전신인 북경사범대학당이 설립되었으며 5·4운동까지 지대한 영향을 끼치게 된다.

9. 의화단운동義和團運動, 8국 연합군에 무너지다

1899년 서방 열강이 중국 영토분할에 혈안이 되어 있던 시기 의화단운동*이 발발하였다. 의화단운동은 제국주의에 반대하는 애국운동이자 비극적 사건이라고 할 수 있다. 의화단운동이 실패한 후 청나라 정부와 제국주의 국가는 「신축조약(辛丑條約)」**을 체결함으로써 중국인들의 생활은 참담하기 이루 말할 수 없는 지경에 이르게 된다.

---

* 1899년부터 1901년까지 중국 산동, 화북(華北) 지역에서 의화단이 일으킨 배외적(排外的) 농민투쟁이다. 즉 '청조(淸朝)'를 받들고 외국을 멸망시킨다는 부청멸양(扶淸滅洋)'의 기치를 내걸고 반외세, 반기독교 등 외세배척을 주요 목적으로 하였다.
** 1900년 8월 열강 연합군이 의화단운동을 진압하고, 1901년 9월 7일 북경에서 열강 세력이 청나라 정부를 압박하여 체결한 불평등조약을 말한다. '베이징의정서(北京議定書)'라고도 하는데, 청나라가 독일, 일본 등에 사죄사(謝罪使)를 파견하고, 배외(排外) 운동 금지, 외국 군대의 상주 등이 포함되어 있다.

외국선교사의 부당한 행위와 의화단 운동의 발발

중국 수역에서 활동 중인 독일의 루커스호 포함

의화단의 본래 명칭은 의화권(義和拳)이며 산동, 하남, 직예(直隸 : 지금의 하북성) 일대를 무대로 한 민간비밀조직이었다. 그들은 권법을 익히고 무술을 전수하며 반청활동을 벌여나가고 있었으며 대부분 가난한 농민들로 구성되어 있었다. 의화단은 산동에서 가장 먼저 생겨났는데, 당시의 시대적 배경으로 볼 때 결코 우연이라고 말할 수 없으며 그 내면에는 복잡하고 심원한 요인이 존재하고 있었다. 갑오전쟁 후 일본군의 착취에 시달렸던 산동 주민들은 중국 영토를 분할하려는 제국주의 열강의 침략에 가장 먼저 노출되었다. 열강들의 정치, 경제, 문화 침략과 청나라 정부의 착취, 그리고 해마다 계속되는 자연재해와 인위적인 재해, 특히 천주교, 기독교의 창궐로 인해 교회와 관련된 소송 안건이 빈번하게 발생함으로써 기존의 민족갈등과 계급갈등을 더욱 악화시켰다.

산동의화단은 초기부터 외국 교회와의 투쟁형식으로 발전하였다. 이러한 사실들로 미루어 볼 때 외국 교회가 산동에 들어오면서 선교사들의 부당한 행위는 산동의화단 운동을 폭발시키는 주요 원인이었다고 볼 수 있다. 근대에 들어 중국에서 서방의 기독교의 전파는 중국사회의 식민지화, 반봉건화와 행보를 같이하며 발전하였다. 식민주의자들은 종교를 그들의 침략정책의 효과적인 도구로 사용하여 첫걸음을 내딛게 하였다. 즉 선교사들을 군사, 정치, 경제 침략의 목적에 이용한 것이다. 선교사들은 불평등조약에서 특권이 보장되어 있어 중국 근대사회의 특수한 계층을 형성하였다.

1900년 당시, 산동성 전역 108개의 주, 현 가운데 72개 주, 현에서 기독교회가 활동하고 있었으며 27개 소의 성당이 설립되었다. 이렇게 방대한 교회세력은 중국인들의 생활에 심각한 영향을 끼치게 된다. 때문에 외국 선교사들이 산동 각지에서 부당한 행위를 일삼으면서 반교회 운동이 촉발되었다고 볼 수 있다.

서방 열강들이 중국에서 세력 다툼을 벌이는데 있어 선교사들이 중요한 역할

청나라 동치 연간의 외국 선교사

을 했음을 부정하기 어렵다. 천주교 성언회(聖言會 : Society of divine word)의 앤저(Anzer)는 독일이 교주만(膠州灣)을 강점하도록 혼신의 노력을 기울였다. 그는 각종 정보를 수집하고 계획을 수립하는 한편 여론을 조성하고 기지를 물색하였으며, 시기를 결정하고 다양한 빌미거리를 만드는 등 수단과 방법을 가리지 않았던 것이다. 천주교 성언회와 앤저의 부적절한 행위 및 독일이 거야교안(巨野敎案)*을 빌미로 교주만을 강점하자 산동 주민들은 크게 분개하였다.

이는 의화단운동이 발생하는 직접적인 계기가 되었다고 볼 수 있다. 선교사들이 중국의 정사에도 관여하고 내정을 간섭하는 행위는 19세기말 매우 보편적인 양상에 속하였다. 산동도 예외일 수 없었으며 오히려 이러한 현상이 가장 심각한 지역에 해당했다고 볼 수 있다. 앤저는 중국의 2품 관료로서 독무(督撫 : 지방장관)와 같은 서열에 속하였다. 그는 산동의 지방 관료들에게 교회의 지시에 따르도록 공공연하게 명령하곤 하였다. 성언회의 선교사들 가운데는 관리들을 부추겨 주민들을 압박하는 이들도 적지 않았다. 또한 수많은 교회에서 무기를 보유하고 있었다. 무성(武城) 십이리장(十二里莊), 우성(禹城) 한장(韓莊), 평음(平陰) 백운욕(白雲峪) 등지의 교회들은 연발총 백여 대씩을 보유하고 있었으며 대포를 구비한 곳도 있었다. 선교사들 가운데는 지방 지주세력과 결탁하여 주민들을 압박하는 이들도 있었다.

또한 주민들의 토지와 가옥을 강점하는 등 경제적인 불이익을 끼치는 경우도 발생하였다. 고리대를 놓아 백성들의 착취하는 등 투기활동을 하여 중국에 자본을 수출하기도 하였다. 의화단운동은 바로 이러한 시대적 배경 속에서 발발하게 된 것이다.

---

* 1897년 11월 독일은 선교사 두 명이 살해된 거야교안을 빌미로 교주만을 강점했고, 러시아는 이를 핑계로 12월에 여순. 대련을 점령해 열강의 중국 할양이 이루어졌다.

천진성을 점령한 열강 연합군의 대규모 사열식

낭방에서 의화단과 청나라 관병 연합군의 저격으로 천진에서 30여 킬로미터 떨어진 양촌 기차역에 서있는 연합군

의화단

　의화단은 농민과 소규모 수공업자들로 구성되어 있었다. 초기에는 '반청복명(反淸復明)'을 기치로 내걸어 청나라 정부에 진압을 당하기도 하였다. 민족위기가 고조되는 상황에 직면하자 의화단은 '부청멸양(扶淸滅洋)'을 외치며 투쟁 상대를 제국주의에 맞추게 된다. 의화단은 통일된 조직과 지도층이 형성되어 있지 않았으며 청소년들이 다수를 차지하고 있었다. 그러나 그들은 기율을 엄격히 준수하였기 때문에 일단 공문이 내려오면 천여 명이 모여드는 등 막강한 전투력을 보유하고 있었다.

　1899년 산동 평원현(平原縣) 의화단은 주홍등(朱紅燈)의 인솔 하에 봉기를 일으켰다. 그들은 교회를 불태우고 선교사들을 내쫓았으며 탐관오리들을 처단하기 시작하였다. 청나라 정부는 군대를 파병하여 진압을 시도하였으나 의화단의 세력은 거대한 폭풍과도 같이 직예(하북성)까지 밀려들어왔으며 천진과 북경까지 이르게 되었다. 산서, 내몽고와 동북지역도 의화단운동의 물결이 거세게 일기 시작하였다.

　1900년 4월 미국, 영국, 프랑스, 독일 등 4개국 공사는 청나라 정부에 단시간에 의화단을 소탕할 것을 요청하는 연합공문을 보냈다. 그러나 자희태후는 의화단운동의 기세가 매우 거센 것을 보고 의화단을 이용하여 외세를 견제하여 의화단과 외세의 세력을 동시에 약화시킬 목적으로 이에 의화단을 합법적인 단체로 인정하였다. 1900년 6월 자희태후의 묵인과 지지를 얻게 된 의화단은 북경으로 대거 몰려들었다. 그들은 북경에서 무술을 익히고 무기를 제조하는 한편 교회를

청말 애국지사가 그린 「시국도(時局圖)」   의화단 단민

불사르고 탐관오리를 처단하는 등 '멸양(滅洋)', '반제(反帝)' 활동을 광범위하게 펼쳐 나갔다.

　1900년 6월 10일 이러한 상황을 진압하기 위하여 영국, 프랑스, 러시아, 독일, 이탈리아, 일본, 미국, 오스트리아 등 8개국 연합군이 침략하여 대고(大古)에서 천진을 거쳐 북경으로 진입하였다. 이로써 8국 연합군의 중국 침략전쟁이 발발하게 된다. 8국 연합군은 낭방(廊坊) 부근에서 의화단과 청나라 관병들의 저격을 받아 6월 26일 천진의 '조차지'로 퇴각하였다. 북경에서는 의화단이 동교민항(東交民巷)에 위치한 각국 대사관을 포위하고 서십고(西什庫) 성당을 공격하였다. 천진에서는 의화단과 청나라 관병 연합군이 기차역과 프랑스의 조차지를 공격하였다. 그러나 6월 17일 8국 연합국 일부 병력이 대고 포대를 점령한 후 천진으로 대거 침략해 들어왔다. 의화단은 천진에서 8국 연합군과 격전을 벌였으며 의화단의 영향을 받은 일부 청나라 관병들도 천진을 지키기 위한 전투에 참여하였다. 그러나 7월 14일 천진은 8국 연합군에 점령되고 만다. 의화단은 천여 명의 적군을 물리치며 연합군의 병력에 큰 타격을 입혔다.

　8월 4일, 8국 연합군은 2만의 병력으로 다시 북경을 공격하였으며, 8월 14일

천진성 공격에 참가한 독일 군관들이 입성하기 전 찍은 사진　　일본군 사열

북경을 점령하였다. 연말에 이르러 8국 연합군은 십여만 병력을 동원하여 보정
(保定), 정정(正定), 정형(井陘) 등을 점령하였으며, 동북 3성도 이들의 수중에 넘어
가게 된다. 전쟁이 벌어지는 동안 제정러시아는 해란포(海蘭泡)와 강동(江東) 64개
마을을 짓밟은 대참극을 벌였다. 해란포는 애휘현(瓊輝縣 : 지금의 애휘愛輝 지역) 맞
은편에 위치하고 있는 마을로써 7월 16일 3천여 명의 중국인이 이곳에서 제정러
시아군에 의해 죽임을 당하였다. 흑룡강 동쪽 연안에 정기리 강(精奇里江 : 지금의
러시아 제야 강) 이남에 위치하고 있는 강동 64개 마을은 7월 17일에 7천여 명의 중
국인이 죽임을 당하였다.

　8월 중순, 8국 연합군은 북경을 점령하였으며, 자희태후는 피신하는 중에 청
나라 관병들에게 의화단을 진압할 것을 명하게 된다. 또한 열강에 의화단 진압을
도와 줄 것을 요청하였다. 12월 말 열강들이 강화 관련 12개 조항을 제안하자 자
희태후는 서둘러 모든 조항에 동의하는 명령을 내렸다. 1901년 9월 7일 청나라
정부와 영국, 프랑스, 일본, 러시아, 독일, 미국, 이탈리아, 오스트리아, 스페인, 벨
기에, 네덜란드 등 11개국 대표가 모여 굴욕적인「신축조약」(베이징의정서)을 체결
하게 된 것이다.

▶▶ 역사의 흐름에 어떤 영향을 미쳤을까?

　의화단운동은 농민계급에 국한되어 있었기 때문에 청나라 정부와 외세의 협
공으로 실패하고 말았다. 그러나 이들의 거센 항거운동은 청나라 통치기반에 심

열병식장으로 향하는 영국군

각한 타격을 입히는 한편 백성들을 각성시키고 혁명의 조류를 발전시킴으로써 부패한 청나라의 붕괴를 앞당기게 된다. 의화단운동이 실패한 후 체결한 「신축조약」은 청나라와 열강 간의 또 하나의 불평등조약으로서 가장 굴욕적인 매국조약이라고 할 수 있다. 이때부터 청나라는 완전히 제국주의에 의해 장악되었으며 청나라 조정은 열강의 충직한 머슴으로 전락하게 되고, 중국의 식민지화는 나락으로 떨어지게 된다.

10. 무창봉기武昌蜂起, 중화민국 건국의 도화선이 되다

전설 속에 등장하는 중국의 요순우(堯舜禹) 시대에는 선거를 통해 부락연맹의 수장이 결정되었다. 비록 전임자가 합당한 인물을 천거할 수 있는 권리를 지니고 있었지만 자신의 자손에게 물려주는 것은 엄격히 제한되어 있었다. 우임금이 세상을 떠난 후 그의 아들 계(啓)는 일가의 권력과 명망을 이용하여 방대한 권력을 장악하게 됨으로써 '선양제(禪讓制)'를 폐지하고 '가천하(家天下)' 왕국을 건설하였다. 이때부터 중국의 정치체제는 군주세습제 시대로 들어서게 되었으며 중국의 역사는 왕조의 몰락과 홍성이 반복되는 역사의 성격을 띠게 된다. 군주 전제주의 통치체제는 청나라 말엽까지 지속되었다.

중국 역사에서 수많은 농민봉기가 일어나 "왕후장상이 날 때부터 타고 나는가?"라는 의문을 제기하기도 하였지만 모두 실패로 끝나고 말았다. 또한 봉기세력이 일단 권력을 잡게 되면 역시 황제를 꿈꾸는 권력 추구자로 탈바꿈하여 전제정치의 수호자로 변모하곤 하였다. 민주는 중국과는 너무나 멀리 떨어진 곳에 있었던 것이다.

그러나 이러한 상황은 청나라 말엽에 이르러 '무창봉기(武昌蜂起)'*를 계기로 하여 변화가 일어나게 된다. 무창봉기는 비록 그 최종 목표에는 도달하지 못했지만 청나라를 붕괴시키고 역사적으로 전례 없는 무군주(無君主)의 공화국을 수립하게 된 것이다.

무창봉기의 배경

1840년 아편전쟁이 발생한 후 중국은 더 한층 식민지 사회로 전락하여 국가의 위상은 나락으로 떨어졌으며 주권이 상실되고 백성들은 고통의 나날을 보낼 수밖에 없었다. 이러한 비극적 상황은 20세기 초까지 지속되었다. 이 반세기의 시간 동안 수많은 인물들이 등장하여 쓰러져가는 중국을 살리기 위해 무수한 처방을 내리기도 하였지만 모두 실패로 끝나고 말았다. 특히 홍수전의 태평천국 운동은 중국 사회를 크게 동요시켰다. 태평천국 운동이 실패한 지 30년이 지난 후 '제2의 홍수전'을 자칭하는 인물이 개혁의 무대에 등장하였다. 무력으로 청나라 왕조를 전복시킨 후 중국에 최초의 공화국을 세운 그는 바로 손중산(孫中山, 쑨원 : 1866~1925년)**이다.

손중산은 이름이 문(文)이며 자는 덕명(德明), 호는 일신(日新)으로 후에 일선(逸仙)으로 바꾸었다. 광동 향산(香山 : 지금의 중산시中山市 지역), 취형촌(翠亨村) 출신으

---

* 1911년 10월 10일 중국 호북성(湖北省) 무창(武昌)에서 일어난 봉기로 청조(淸朝)를 무너뜨리고 중화민국을 세운 신해혁명의 시발점이 된 봉기를 말한다.
** 중국 혁명의 지도자로 공화제를 창시한 손문(孫文, 쑨원)을 말한다. 그는 삼민주의(三民主義), 즉 민족(民族)주의, 민권(民權)주의, 민생(民生)주의를 제창했으며, 중국국민당 창시자이기도 하다.

손중산의 초상

황흥의 초상

로 일본에서 혁명 활동을 벌일 당시에 중산초(中山樵)라는 가명을 사용하였기 때문에 후에 손중산으로 불리게 되었다.

광서 5년 손중산은 모친을 따라 미국의 호놀룰루로 가게 된다. 그의 형인 손미(孫眉, 쑨메이)는 현지의 화교 자본가였기 때문에 그의 도움을 받아 손중산은 호놀룰루, 광주(廣州), 홍콩 등지에서 체계적인 서양식 근대교육을 받을 수 있었다. 1883년부터 1885년까지 지속된 중프전쟁을 계기로 그는 위기에 처한 민족을 구해야겠다는 마음을 품게 된다. 청나라 정부의 매국, 전제통치, 부패한 면면들을 똑똑히 목격한 그는 반청 정서와 함께 자산계급이 주축이 되어 중국을 개혁하고자 하는 결심을 하게 되었으며 청나라에 반대하는 글들을 발표하기 시작하였다. 또한 초기 개량주의자(改良主義者)인 하계(何啓), 정관응(鄭觀應) 등과 교제하였다.

1892년 홍콩 서의서원(西醫書院)을 졸업한 후 마카오(澳門), 광주 등지에서 의사로 활동하면서 뜻을 같이하는 사람들과 혁명단체 창립을 준비하였다. 1894년 손중산은 이홍장에게 "인재는 그 능력을 최대한 발휘할 수 있고, 지역은 그 특성을 최대한 발전시킬 수 있으며, 물건은 그 효용가치를 최대한 드러낼 수 있고, 재화는 최대한 활발하게 유통될 수 있어야한다"는 상소를 올렸지만 받아들여지지 않았다. 1894년 11월 손중산은 상해에서 다시 호놀룰루로 건너가 "청나라를 축출하고 중국을 되찾아 민주정권을 수립한다"는 기치를 내걸고 '홍중회(興中會)'를 창립하였다. 1895년 2월에는 '홍콩 홍중회'를 설립하고 그해 10월 비밀리에 광주 봉기를 도모하였으나 사전에 발각되어 실패로 끝나게 된다.

손중산은 해외로 도피하였으나 1896년 10월 영국 런던에서 청나라 공사의 계략으로 체포되었다. 다행히 영국 지인의 도움으로 위험을 피할 수 있었다. 후에 손중산은 구미 각국의 경제, 정치 상황을 상세히 고찰하고 다양한 유파의 정치학설을 연구하는 한편 구미 각국의 진보인사들과 폭넓은 교제를 유지하며 그만의 특색이 드러난 민생주의 이론과 삼민주의 사상을 구상하게 된다. 1897년 영국에서 캐나다를 거쳐 일본으로 향하여 그곳의 여야 인사들과 교제하기 시작하였다. 무술변법 이후 일본의 우호적 인사들의 소개로 손

무창봉기의 대리 총사령관 장익무(좌)와 군무부 부장 손무

중산은 강유위, 양계초를 주축으로 하는 개량파와 협력의 가능성을 타진하게 되었다. 그러나 개량파가 황제를 보호하고 혁명을 반대하는 입장을 견지하였기 때문에 실현되지 못하였다.

1904년 손중산은 일본, 호놀룰루, 베트남, 사이암(지금의 태국), 미국 등지를 다니며 화교를 비롯한 유학생들에게 혁명의 당위성을 설명하기 시작하였다. 1905년 벨기에, 독일, 프랑스 등지의 유학생을 규합하여 혁명단체를 설립한 후 중국 내 혁명단체와 혁명의 뜻을 지닌 인사들과 긴밀한 연락을 취하였다.

광서 26년(1900년) 8국 연합군이 중국을 침략하여 의화단운동을 진압한 후 청나라 정부와 「신축조약」을 체결하였다. 청나라의 통치자들은 제국주의의 지원을 얻기 위해 매국 행위도 서슴지 않고 백성들을 더욱 가혹하게 착취함으로써 중국 전역에 거센 저항의 물결이 일었다. 이때는 중국의 자산계급이 역사의 무대에 등장하던 시기로 각지의 혁명 세력은 속속 혁명단체를 구성하기 시작하였다. 손중산의 흥중회를 비롯하여 화흥회(華興會), 광복회(光復會) 등도 모두 이 시기에 형성되었다.

1905년 8월 손중산, 황흥(黃興) 등은 흥중회, 화흥회 등 혁명단체를 기반으로 일본 도쿄에 동맹회(同盟會)를 창립하였다. 동맹회는 손중산을 총리로 추대하고 '청나라 축출, 중화회복, 민국창립, 토지균등배분' 등을 강령으로 정하였다. 동맹회의 기관지인 「민보(民報)」를 통해 손중산은 처음으로 '민족, 민권, 민생' 등 삼대주의(三大主義)를 제창하였다. 동맹회가 설립되면서 중국의 혁명운동을 촉진하게 되었다. 1906년부터 1911년까지 동맹회는 화남 각지에서 수차례 무장봉기

를 일으켰다. 손중산은 봉기의 전략 방침을 정하는 한편 해외로 다니며 봉기에 소요되는 경비를 모금하였다. 수차례 봉기를 일으켰음에도 불구하고 군중의 기반이 약하고 계획이 치밀하지못하여 모두 실패하고 만다.

그러나 혁명의 고리는 지속적으로 이어져 청나라 정부에 심각한 타격을 입히는 한편 민중들에게 희망의 서광을 안겨주었는데, 특히 1911년 4월 27일 광주 황화강(黃花崗) 전투는 중국 전역에 큰 반향을 불러일으켰으며 더욱 강력한 무장봉기가 곧 발생할 것임을 암시하였다.

무창봉기의 발생

1911년 4월 광주의 황화강 봉기가 실패로 끝난 후 동맹회 지도부는 혁명의 거점을 장강 유역으로 이동하기로 결정하였고, 동맹회 총본부가 진두지휘하여 호북지역 혁명단체의 대연합이 실현되었다. 문학사(文學社), 공진회(共進會) 등의 혁명단체가 호북지역 신군(新軍)을 대상으로 추진한 선전, 조직 활동이 실효를 거두기 시작하면서 신군의 통수권을 장악하게 되는 등 장기간의 노력의 결실이 맺게 되었다. 무창봉기가 일어나기 바로 전날에 신군의 3분의 1이상이 혁명조직에 가담함으로써 무창봉기의 주력부대로 거듭나게 된다. 그해 여름, 사천지역에 보로운동(保路運動)*이 발발하였다. 청나라 조정은 호북 무한(武漢)의 신군 대부분을 사천(四川)으로 이동시킴에 따라 무한 주둔 통치병력이 크게 감소하게 되었으며 이는 무창봉기에 유리한 여건을 조성해주었다고 볼 수 있다.

1911년 9월 24일 문학사와 공진회는 무창에서 연석회의를 갖고 봉기의 임시총사령부를 구성한 후 무창 소조가(小朝街) 85번지에 본부를 마련하였다. 문학사의 대표 장익무(蔣翊武)를 임시총사령으로 추대하고 공진회의 대표 손무(孫武)를 참모장으로 선임하여 봉기의 계획을 정하였다. 10월 6일(음력 8월 15일, 중추절)로 정했던 봉기 일정은 준비 부족으로 열흘 뒤(10월 16일)로 미뤄졌다. 그러나 10월 9

---

* 청일전쟁 후 열강에 빼앗긴 이권을 되찾기 위해 민간이 주도하여 철도를 부설하였으나 당시 어려운 재정을 타파하기 위해 청나라 조정은 철도를 국유화하여 이를 담보로 외국으로부터 차관을 도입하려 하자 사천(四川) 지역을 중심으로 철도를 지키자는 운동을 전개한 것을 말한다. 이는 무창봉기를 촉발시킨 도화선이 되었다.

일 손무가 한구(漢口)의 러시아 조차지인 보선리(寶善里) 혁명 본부에서 서둘러 폭탄을 만들던 중 실수로 그만 폭발이 일어나고 만다. 러시아 순경이 도착한 후 수색한 깃발, 부호, 인쇄물, 공고문 등을 압수하여 청나라 정부에 이를 넘겨줌으로써 상황은 매우 위태롭게 변하였다.

이러한 상황에서 신군 가운데 혁명당원들은 자체적으로 연락을 취하여 과감하게 봉기를 일으킴으로써 활로를 찾고자 하였다. 10월 10일 저녁 신군 공정(工程) 제8영의 혁명당원들이 봉기의 첫 총성을 울린 후, 중화문(中華門) 부근에 위치한 초망대(楚望臺) 군수창고를 장악하였다. 창고 안에는 보총 수만 대와 대포 수십 대, 탄환 수십만 발이 보관되어 있었다. 이와 때를 같이하여 성 밖에 주둔하고 있던 제21 혼성협(混成協) 치중대(輜重隊)의 혁명당원들도 봉화를 신호로 봉기를 일으켰다. 포병영(砲兵營)과 공정대(工程隊)도 즉각적으로 동조하여 초망대로 집결하였다. 채제민(蔡濟民), 오성한(吳醒漢) 등도 29표(標), 30표의 병사들을 이끌고 진영을 나와 초망대로 향하였으며, 기타 병영의 혁명당원들도 적극적으로 봉기에 동참하였다. 무창의 독서(督署) 등 기관을 지키는 구군(舊軍)이 완강하게 저항하였을 뿐 3천 명에 달하는 병사들이 봉기에 동참하게 된다.

그날 밤 10시 30분을 기하여 봉기군은 3대대로 나누어 총독서(總督署)와 독서 바로 옆에 위치한 제8진(鎭) 사령부에 공격을 가하였다. 1대대는 자양교(紫陽橋), 왕부구가(王府口街)를 거쳐 독서의 후원으로 진격하였으며, 2대대는 수륙가(水陸街)에서 제8진 사령부와 독서의 양쪽 측면을 공격하였다. 3대대는 진수갑(津水閘)에서 보안문(保安門) 정가(正街)를 거쳐 독서의 앞문으로 진격하였다. 이미 성 안으로 들어온 포팔표(砲八標) 부대는 중화문과 사산(蛇山)의 발사 기지를 점령하고 독서를 향해 발포하기 시작하였다.

밤 12시가 지나 봉기군은 공격을 감행하여 격전에 돌입하였다. 봉기군은 청나라 구군의 방어선을 뚫고 독서 부근까지 접근한 후 독서와 진(鎭) 사령부 후문, 그리고 앞문의 종루(鐘樓) 등에 불을 질렀다. 사산과 중화문에서 대기하고 있던 포병대는 불길을 향해 발포하기 시작하였으며, 3대대 봉기군은 포병대의 지원 사격을 받으며 일시에 독서 안으로 진입하여 건물에 불을 질렀다. 배수의 진을 치고 완강하게 저항하던 구군도 대세가 이미 기울었음을 눈치 채고 일부는 투항하였으며, 대부분은 달아났다. 봉기군은 독서와 진(鎭) 사령부를 점령하게 되었으며 호광(湖廣) 총독 제8진의 통수 장표(張彪)는 도주하였다.

　10월 11일 여명이 밝아올 무렵 무창성(武昌城) 내의 각 관청과 성문은 모두 봉기군이 장악하였다. 이날 오전을 기하여 관망 자세를 보이던 청나라 병사들이 속속 초망대로 집결하여 혁명당원의 지시에 따르게 되었다. 봉기군을 상징하는 십팔성기(十八星旗)가 무창성 성벽 꼭대기에 걸림으로써 무창봉기의 성공을 알렸다. 10월 11일 밤 무창봉기의 성공 소식을 들은 한양(漢陽)의 혁명당원들도 봉기를 일으켜 한양을 장악하였으며, 10월 12일 한구(漢口) 역시 혁명당원들에게 장악되었다. 이로써 무한의 3대 진(鎭)은 모두 봉기군의 통제 하에 놓이게 되었다.

▶▶ 역사의 흐름에 어떤 영향을 미쳤을까?

　무창봉기는 우선 청나라 봉건통치의 붕괴를 알리는 경종이었다는 점에서 역사적으로 매우 큰 의의를 지니고 있다. 무창봉기는 중국 전역에 혁명의 불길을 지피게 되었으며 청나라 정부에 심각한 타격을 안겨주었다. 1912년 2월 청나라 황제를 강제 퇴위시킴으로써 2백 년 동안 지속된 청나라 왕조의 봉건통치와 2천 년을 이어왔던 군주전제 통치는 막을 내리었다. 또한 공화국의 탄생을 알리는 신호탄이었다는 점에서 그 두 번째 의의를 찾을 수 있다. 무창봉기를 통해 호북지역에 최초로 군벌정부가 등장하게 되었으며 이는 공화국 정권의 모태가 되었다. 무창봉기의 성공으로 다른 지역에서도 유사한 봉기가 일어나게 됨으로써 불과 2개월 만에 중화민국이 탄생하게 된다. 손중산을 수장으로 하는 남경임시정부가 수립되면서 신해혁명(辛亥革命)*은 성공을 거두었다.

　무창봉기는 수천 년 동안 지속된 중국의 군주전제제도를 붕괴시킨 근대적 의미의 민족, 민주혁명으로서 중국 역사에서 하나의 이정표가 되는 사건이라고 할 수 있다. 이때부터 중국 역사의 새장이 열리게 된 것이다.

---

* 신해혁명(1911~1912년)은 청나라 왕조를 타도하고 중화민국(中華民國)을 세운 혁명이다. 1911년(辛亥年)에 일어난 중국 민주주의 혁명은 무창봉기의 성공으로 손문(孫文)을 임시 대총통으로 한 남경(南京)정부가 수립되었다. 이로써 손문의 삼민주의(三民主義)를 지도이념으로 하는 중화민국이 탄생하였다.

4부

100
EVENTS
INFLUENCED
THE
HISTORY OF
CHINA

현대 중국 : 1914~현재

100
EVENTS
INFLUENCED
THE
HISTORY OF
CHINA

1917년 레닌이 주도한 러시아의 10월 혁명이 성공하면서 세계는 물론 중국에도 영향을 끼치게 된다. 1919년 중국에서도 5·4운동이 일어나면서 노동자계급이 대규모 파업 등 정치공세에 나서면서 정치무대에 선을 보이게 되고, 마르크스주의가 더욱 확대 전파되는 계기가 마련된다. 그 결과 1921년, 중국에도 사회주의 혁명 세력이 될 중국공산당이 창당되게 된다.

그 후 1949년 중화인민공화국이 수립되기까지 수많은 우여곡절을 겪게 되는데, 이른바 중국은 '제1차 국공합작'(1924~1927년, 북양군벌과의 국내혁명전쟁)을 거치게 된다. 그러나 1927년 장제스는 국민당 정부를 수립하고, 공산당을 타도함으로써 국공합작은 결렬되고 만다.

'제1차 국공합작'이 결렬되자, 공산당은 국민당과 국내혁명전쟁(1927~1934년)을 치르게 되고, 수세에 몰린 공산당은 국민당과 전투를 하면서 2만5천리를 걸어서 이동하는 대장정(大長征 : 1934~1936년)에 오른다.

이후 국내혁명전쟁은 북양군벌의 수장 장학량의 '서안사변' 사건으로 끝이 나고, 중국은 일본의 제국주의 침략에 맞서 싸우게 되는데, 이른바 '제2차 국공합작'(1937~1945년, 항일전쟁)이 그것이다.

그 결과 2차 세계대전이 끝나자, '제2차 국공합작'도 끝이 난다. 공산당과 국민당은 또 다시 중국의 패권을 놓고 대결전을 벌일 수밖에 없었다. 결국 공산당과 국민당 사이에 국내혁명전쟁(1946~1949년, 국공내전)을 치르고 난 후에야 마침내 중화인민공화국이 수립될 수 있었던 것이다.

중화인민공화국이 수립된 후 마오쩌둥 시절 문화대혁명을 겪기도 했지만, 오늘날 중국은 G2라는 세계 정상의 반열에 올랐다. 특히 이러한 전환이야말로 덩샤오핑을 중심으로 한 제2대 중국 지도부의 탄생이 있었기 때문에 새로운 사회주의의 현대화 시대로의 진입이 가능했다고 볼 수 있다.

그러나 급속한 경제 성장 뒤에는 자본주의가 필연적으로 겪을 수밖에 없는 그늘이 있다. 중국 역시 빈부 격차가 점점 심화되고 있고, 실업이 늘어나고 있는 게 사실이다. 마오쩌둥, 덩샤오핑에 이은 제3대 중국 지도부가 말하는 '샤오캉 사회', 즉 의식주 걱정하지 않고 물질적으로 안락한 중산층 사회를 이루어내 사회주의 국가로서의 자존심을 지켜내야 할 문제를 안고 있는 것이다.

9장

중화민국 건국부터
5·4운동까지

| 원세개의 황제복벽, 83일 만에 막을 내리다

| 전족의 폐지, 여성이 압박에서 해방되다

| 5·4운동, 신민주주의 혁명이 되다

1. 원세개의 황제복벽, 83일 만에 막을 내리다

신해혁명으로 청나라 왕조가 무너졌지만 희대의 야심가 원세개(遠世凱)에게 그 승리의 영광을 모두 빼앗기고 말았다. 원세개는 제왕적 사상을 지닌 완고한 인물로 정권을 잡자마자 공화국을 무너뜨리고 황제제도의 부활을 꾀하게 된다. 이에 대한 제국주의의 지지를 얻기 위하여 그는 국가의 주권을 팔아넘기는 「이십일조(二十一條)」* 조약 체결도 마다하지 않는다. 「이십일조」는 중국과 중국인들에게 돌이킬 수 없는 고통과 치욕을 안겨주었으며 중국의 근대사 발전에도 중요한 영향을 끼치게 된다. 그러나 원세개의 황제에 대한 야심은 호국전쟁의 포성 아래 산산이 부서지고 공화국에 대한 개념이 중국인들의 가슴 속에 파고들기 시작한다. 원세개의 복벽(復辟 : 천자나 황제로 다시 복위함) 시도와 실패를 통해 역사는 결코 역행하지 않는다는 것이 다시 한 번 입증된 셈이다.

원세개는 어떠한 인물인가

원세개(遠世凱, 위안스카이 : 1859~1916년)의 자는 '위정(慰庭)'으로 '위정(慰廷)', '위정(慰亭)'이라고도 하며 호는 '용암(容菴)'이다. 하남 항성(項城) 출신으로 회계 군벌(淮系軍閥) 원갑삼(袁甲三)의 증손이다. 향시(鄕試)에 두 번이나 낙방한 후 분개하여 군인이 되었다. 1881년 산동 투회군(投淮軍) 오장경(吳長慶)의 부대에서 영무처(營務處) 회판(會辦)에 임명되었다. 이듬해 부대가 조선으로 이동하게 되었으며 전방의 영무처 사무를 맡아보게 된다. 조선의 국왕을 도와 '신건친군(新建親軍)'의 훈련을 도왔으며 한성병변(漢城兵變 : 임오군란)**을 진압하였다. 1885년 이홍장의

추천을 받아 조선의 통상 사무를 총괄하는 전권을 일임 받았다. 중일갑오전쟁(中日甲午戰爭 : 1894년, 청일전쟁)이 발발하자 청나라 군대의 전방 영무처 사무와 운수 관련 업무를 관장하였다.

원세개의 초상

전쟁이 끝난 후 원세개는 절강 온처도(溫處道)에서 북경에 남아 파견을 기다리면서 그는 자신의 전우에게 『병법(兵法)』 12권을 번역하도록 하여 당시 자희태후의 측근에 속했던 영록(榮祿)에게 진상하여 환심을 사고자 하였다. 청일전쟁 후 청나라 정부는 상군(湘軍)과 회군(淮軍)만으로는 병력이 약하다고 여겨 신군을 새로 확충하고자 하였다. 이에 원세개는 자희태후의 측근 영록의 추천을 받아 1895년 12월 천진 소참(小站)에서 '정무군(定武軍)' 10개 영을 관장하게 된다. 이를 바탕으로 원세개는 대규모로 군인을 모집하여 7천여 명에 달하는 신규 육군을 편제, 훈련시키게 된다. 1897년 청나라 정부는 원세개가 병력 증원에 공을 세운 점을 인정하여 '직예안찰사(直隸按察使)'로 승격시키고 계속하여 군사훈련을 지휘하도록 하였다.

1898년 9월 광서황제의 지원을 받은 유신파의 변법자강운동이 최고조에 달하였다. 자희태후와 영록을 위시한 완고파들은 암암리에 정변을 일으켜 이를 억누르고자 하였다. 유신파는 원세개가 강학회(强學會)에 참여한 적이 있으며 외교에 능통하고 군대를 장악하고 있는 점을 감안하여 9월 16일 광서황제에게 천거하였다. 광서황제는 특별히 그를 병부시랑에 임명하여 군대훈련을 담당하도록 하였다. 상황이 유신파에게 매우 불리한 지경에 이르자 유신파는 원세개에게 영록을 죽이고 구당을 제거하여 신당 수립에 협조할 것을 요청하였다. 원세개는 흔쾌히 대답했지만 천진으로 돌아온 후 영록에게 이 사실을 알리고 유신파를 밀고해버림으로써 다수의 유신파가 목숨을 잃게 된다. 이때부터 자희태후의 신임을 얻게 된 원세개는 순풍에 돛 단 듯이 관운이 형통하게 된다.

1899년 6월 공부(工部) 우시랑(右侍郎)에 올랐으며 12월에는 산동순무(山東巡撫) 서리를 맡아 산동 지역 의화단을 진압하였다. 8국 연합군이 북경을 공격하자 '동남호보(東南互保)' 작전에 참여하기도 하였다. 1901년 11월 이홍장이 병사하자 사

원세개를 토벌한 명장 채악(蔡鍔) 장군

실상 원세개가 그를 계승하여 '직예총독 겸 북양대신(北洋大臣)' 서리(이듬해 6월 정식으로 임명)에 임명되었다. 1902년 초에 원세개는 정무처(政務處) 참예정무대신(參預政務大臣), 연병대신(練兵大臣)을 겸임하게 되었으며 보정(保定)에 북양군정사(北洋軍政司 : 후에 북양독연공소北洋督練公所로 바뀜)를 창립하고 스스로 최고직인 독판(督辦)의 자리에 오른다. 이로써 북양상비군(北洋常備軍 : 약칭 북양군)에 대한 편제를 실시함으로써 청나라 수도와 그 주변 지역에 대한 치안 유지 권한을 장악하게 된다. 이어 상무대신, 전정대신(電政大臣), 철도대신(鐵路大臣) 등의 관직을 겸하였다.

1905년 원세개는 북양군을 6진(鎭)으로 재편하고 6만여 명의 병력을 보유하였다. 이 가운데 제1진을 제외하고 나머지 5진은 모두 그의 적계(嫡系) 부하들로 구성하였다. 이때부터 원세개를 위시한 북양군벌 무장 세력이 형성됨으로써 훗날 원세개가 중국의 최고 권리를 쟁취하는 강력한 수단이 된다. 그러나 원세개의 세력이 급격히 팽창하기 시작하자 청나라 귀족들의 의심을 사지 않을 수 없었다. 1907년 청나라 왕조는 명의상 승격이지만 실제로는 권력을 약화시키는 방법을 택하여 그를 군기대신(軍機大臣) 겸 외무부 대신으로 임명함으로써 북양군에 대한 지휘권을 박탈하였다. 1909년 섭정왕 재풍(載灃, 짜이펑 : 1883~1951년)*은 그를 파면하고 고향으로 돌려보내어 요양하도록 하였다.

그러나 원세개는 사실상 북양군에 대한 영향력을 상실하지 않은 상태였다. 그는 요양하는 기간 동안 중국정국의 변화를 예의주시하며 재개하기 위한 준비를 하고 있었다. 또한 원세개는 당시 혁명의 지도자였던 손중산(孫中山, 즉 손문)의 주의를 끌게 된다. 1908년 자희태후가 세상을 떠난 후 손중산은 운명의 여신이

---

* 청나라의 황족이자 광서제의 동생인 순친왕이다. 광서제가 자식이 없이 죽자, 재풍의 장남인 부의(溥儀, 푸이 : 청나라의 마지막 12대 황제 선통제宣統帝, 재위 1908~1912)가 황제가 되었다. 1908년 당시 3살이던 부의를 대신하여 섭정왕(攝政王)이 되었으나 신해혁명으로 1912년에 퇴위하였다.

원세개를 향하여 미소 짓고 있기 때문에 머지않아 원세개가 중국의 운명을 좌우할 인물로 등장하게 될 것이라 여기며 그에게 무한한 기대를 걸고 있었다. 원세개는 바로 이점을 이용하여 신해혁명 승리의 성과를 모두 빼앗아 가버린 것이다.

무창봉기 후 청나라 정부는 원세개가 훈련시킨 북양군을 지휘할 수 없다는 것을 깨달은 후 그를 다시 불러들이지 않을 수 없었다. 청나라 정부는 원세개에게 혁명당원들을 소탕할 임무를 맡기게 된다. 원세개는 이 기회를 이용하여 청나라 정부의 군정대권을 일임 받아 내각총리대신에 올랐다. 다른 한편으로는 혁명당원들에게 대세를 좌우할 주도권을 쥔 인물로 자신을 부각시켰다. 1912년 2월 원세개는 이러한 상황 속에서 군사 위협과 협상이라는 두 개의 카드를 들고 중화민국 임시대통령의 직위를 차지한다. 청나라는 멸망했지만 혁명의 성과는 모두 원세개를 우두머리로 한 북양군벌 세력의 수중에 떨어지게 된 것이다.

원세개의 복벽시도와 실패

원세개는 신해혁명의 성과를 모두 빼앗은 후 1913년 3월 상해에서 강경한 혁명당원인 송교인(宋敎仁, 쑹자오런 : 1882~1913년)*을 암살하고 서방 열강에 차관을 요청하여 내전을 일으키게 된다. 내전을 일으킨 지 두 달 만에 그는 국민당원들의 '2차 혁명(신해혁명을 1차 혁명이라고 함)'을 진압하였다. 원세개가 '2차 혁명'을 진압한 후 황제복벽을 준비하기 시작한다. 그는 먼저 헌법을 제정하고 후에 대통령을 선출하는 입법 형식을 바꾸도록 국회에 압박을 가하여 1913년 10월 6일 대통령 선거를 먼저 실시하였다. 이날 원세개가 매수한 사복경찰과 지방의 불량배 수천 명이 '공민단(公民團)'의 기치를 내걸고 국회를 포위한 후 원세개를 대통령으로 선출하지 않으면 아무도 집에 돌아갈 수 없을 것이라고 협박하며 국회 주변에서 소동을 일으켰다. 국회의원들은 오전 8시부터 밤 10시까지 아무것도 먹지 못한 채 세 번이나 재선거를 거쳐 마침내 원세계의 세력에 굴복하고 만다. 이로써 원

---

* 손문(孫文, 쑨원)과 중국동맹회를 창설하고 혁명 활동을 하였으며, 중화민국 수립 이후 국민당을 창설하였다. 1912년 선거에서 국민당의 압승을 가져왔고 차기 총리가 유력시되었는데, 1913년 상하이역에서 원세개가 보낸 자객의 저격으로 31세의 젊은 나이로 죽었다. 이로 인해 2차 혁명이 일어났다.

세개는 정식으로 대통령의 보좌에 앉게 된다.

1914년 1월 10일 원세개는 더 이상 필요가 없어진 국회에 대한 해산명령을 내렸다. 그해 2월 자신의 의도대로 '약법회의(約法會議)'를 설립한 후 "모든 결정은 원세개의 친필서명이 있어야 한다"는 「중화민국약법(中華民國約法)」을 제정하여 5월 1일부터 공포하여 시행토록 하였다. 이로서 「임시약법」을 대신하게 되었다. 신 「약법(約法)」에는 대통령이 모든 통치권한을 갖도록 규정하고 내정, 외교, 군사, 헌법제정과 관리제도, 임면권 등을 모두 원세개가 장악하도록 하였다. 그해 12월 '약법회의'는 「총통선거법(總統選擧法)」 수정안을 통과시킴으로써 대통령은 무제한 연임할 수 있으며 그 후계자를 대통령이 추천하도록 하였다.

이로써 원세개는 종신토록 독재통치권을 행사할 수 있게 되었을 뿐만 아니라 자신의 자손들로 대통을 이을 수 있게 되었다. 원세개의 머리 위에 '중화민국'이라는 허울을 제외하고 모든 체제가 전제 황권과 다를 바가 없어졌다. '민국(民國)'이라는 허울을 벗어버리기 위하여 원세개는 열강들에게 의탁하여 국가의 주권을 하나 둘씩 팔아버리게 된다. 원세개가 집권했던 수년 동안 중국은 제국주의 열강들과 백여 건의 불평등 계약, 협정, 조약 등을 체결하였다. 특히 1915년 5월 9일 중국을 멸망시키려는 의도로 일본이 제시한 「이십일조」를 받아들였던 것이다.

오랜 기간을 준비한 끝에 마침내 원세개는 황제복벽운동을 전개할 시기가 도래했다고 판단하였다. 1915년 8월 원세개의 외국 고문인 미국인 프랭크 굿노(Frank Johnson Goodnow : 1859~1939년)*와 일본인 아리가 나가오(有賀長雄 : 1860~1921년)로 하여금 「신약법론(新約法論)」, 「공화국과 군주론(共和與君主論)」을 발표하도록 하여 "중국은 공화국보다 군주제가 더 합당하다"며 원세개를 황제로 추대하자는 여론을 공공연하게 조장하기 시작하였다.

또한 원세개는 양도(楊度)에게 입헌당원과 혁명파 가운데 변심한 자들을 북경성에 규합하여 '주안회(籌安會)'를 결성한 후 공개적으로 복벽운동을 추진하였

---

* 중화민국 법제 고문으로 미국의 행정법학자이다. 그는 원세개 대총통에게 독재정치를 권유한 글인 『중국국체론(中國國體論)』을 제출하였다. 그는 중국에는 공화정(共和政)보다도 제정(帝政)이 적합하다고 하였다.

다. 10월에서 11월까지 원세개의 주도로 각 성(省)의 장관이 감독하고 각 성에서 선출한 1993명의 대표로 국가체제에 대한 투표를 실시하였다. 투표 결과 전원이 군주제를 옹호함으로써 12월 11일 "중국국민의 뜻에 따라 대통령 원세개를 중화 제국의 황제로 추대한다"는 '추대서(推戴書)'를 올리게 된다. 원세개가 거듭 사양하는 듯한 입장을 취하자 그날 오후 '추대서'를 또 다시 올렸다. 12월 12일 원세개는 마지못해 받아들인다는 뜻으로 "백성이 원하므로 하늘도 그 뜻에 따라야 한다"는 입바른 소리로 황위를 받아들이는 성명을 발표한 후 정식으로 황제에 추대되었다.

1916년 1월 1일 황제에 등극하였으며, 등극에 앞서 수많은 사람에게 왕이라는 작위를 봉하였다. 먼저 여원홍(黎元洪)을 무의친왕(武義親王)으로 봉하고 육정상(陸征祥) 등에게 문무 대신들을 이끌고 여원홍의 집으로 찾아가 축하하도록 하였다. 여원홍은 "아무런 공도 세우지 않았기 때문에 작위를 받을 수 없다"며 절을 하고 물러났다. 그날 오후 원세개는 다시 왕의 제복을 그에게 보냈으나 여원홍은 "나는 친왕(親王)이 아니므로 제복을 입을 필요가 없다"며 돌려보냈다. 원세개는 청나라 왕조의 마지막 황제인 부의(溥儀, 푸이 : 1906~1967년)*를 의덕친왕(懿德親王)으로 봉하고 모든 제왕보다 높은 위치를 부여하였다. 또한 부륜(溥倫)을 참정원(參政院) 원장으로 삼아 여원홍을 대신하게 하였으며, 그에게 친왕에 해당하는 봉록을 주었다.

아울러 "옛 벗, 전대의 대신, 연로 대신에 대해서는 신하라는 칭호를 면하는 명령"을 내렸다. 옛 벗으로는 여원홍, 혁흔, 재풍, 세속(世續), 나동(那桐), 석량(錫良), 주복(周馥) 등 일곱 명을 말하며 전대의 대신은 서세창(徐世昌), 조이손(趙爾巽), 이경희(李經羲), 장건(張謇) 등 네 명을 가리킨다. 왕개운(王闓運), 마상백(馬相伯) 등은 연로 대신에 속하였으며, 이들은 모두 신하라 부르지 않도록 하였다. 신왕조는 상단에 붉은 태양이 그려져 있는 오색국기를 사용하였으며, 이는 다섯 민족이

---

* 그는 청나라의 마지막 황제(재위 1908-1912)로 파란만장한 삶을 살았다. 1964년 그가 쓴 자서전 『나의 전반생 (我的前半生)』은 1987년 이탈리아의 영화감독인 베르톨루치에 의해 「마지막 황제」라는 영화로 만들어져 세계적인 반향을 일으키기도 했다.

임시 대통령에 취임한 원세개와 북양장령들이 함께 찍은 사진

한 왕을 추대함을 의미하였다. 또한 총 2천만 위안을 들여 대통령 관저를 신화궁
(新話宮)으로 바꾸고 어좌(御座)와 용포(龍袍), 평천관(平天冠) 등을 구비하도록 하였
으며, 옥새금인으로 국정을 보게 된다.

12월 21일 원세개는 문무 대관을 임명하였다. 일등공신에 용제광(龍濟光), 장
훈(張勛), 풍국장(馮國璋), 강계제(姜桂題), 단지귀(段芝貴), 예사충(倪嗣冲), 일등후(一等
侯)에 탕향명(湯薌銘), 이순(李純), 주서(朱瑞), 육영정(陸榮廷), 조척(趙倜), 진실(陳室),
당계요(唐繼堯), 염석산(閻錫山), 왕점원(王占元), 일등백(一等伯)에 장석란(張錫鸞), 주
가보(周家寶), 장명기(張鳴岐), 전문열(田文烈), 근운붕(靳雲鵬), 양증신(楊增新), 육건장
(陸建章), 맹사원(孟思遠), 굴영광(屈映光), 제요림(齊耀琳), 조곤(曹錕), 양선덕(楊善德)을
봉하고 이밖에 자작, 남작 등 총 128명을 제후로 봉하였다. 또한 사단장, 여단장,
진수사(鎭守使) 수경거도위(授輕車都尉) 등에 70여 명을 임명하였다.

원세개가 대거 제왕을 봉하는 시기에 황제벽복에 불만을 품고 있던 관리들
은 사직하거나 휴가를 얻어 북경을 떠났다. 원세개는 이들이 북경을 떠나는 상황
이 자신에게 불리할 것으로 보고 사복군경을 풀어 동, 서 역참에서 이들이 마음
대로 북경을 떠나지 못하도록 명하였다. 그러나 12월 23일을 기하여 운남 호국군
(護國軍)이 우레와 같은 기세로 봉기를 일으킬 줄은 원세개도 미처 생각하지 못한
부분이었다(이것을 3차 혁명이라 한다).

이어 귀주(貴州), 광서(廣西) 지역에서도 '호국군'이 결성되어 원세개와 결전에
들어갈 태세를 갖추었다. 북양군벌 내부에서도 분열이 발생하기 시작하였다. 원

세개 수하의 두 장군 단기서(段祺瑞, 돤치루이 : 1865~1936
년)*와 풍국장(馮國璋, 펑궈장 : 1859~1919년)**은 황제
복벽에 부정적인 태도를 보였으며 풍국장은 암
암리에 호국군과 연락을 취하기도 하였다.

단기서의 초상

　이러한 상황 속에서 원세개는 1916년 3월 22
일 황제제도를 폐지할 수밖에 없게 된다. '홍헌(洪
憲)'이란 연호를 쓰지 않고 그 대신 '대통령'의 명의
로 명령을 반포하였다. 원세개는 황제에 오른 지 83
일 만에 다시 황제제도를 폐지하게 된 것이다. 그러나 호국군은 여전히 원세개가
완전히 물러날 것을 요구하였으며, 손중산은 원세개를 무너뜨리려는 무장투쟁
을 계속하였다. 중국 전역에서 원세개를 처벌하라는 선언과 보고가 빗발치게 되
었으며 풍국장(馮國璋)마저도 이에 동참하여 원세개의 퇴위를 촉구하였다. 원세
개는 남방의 조아(爪牙 : 손톱과 어금니로 가까운 신하를 비유적으로 뜻하는 말)에 자신의
위치를 지켜주기를 바랐으나 (그들은) 독립을 선포하였다.*** 결국 내외협공을 거
세게 받았던 그는 초조함과 두려움에 병이 든 후 다시는 일어나지 못하는 지경에
이른다.

　1916년 6월 6일 원세개는 갖은 비방 속에서 비참하게 세상을 떠났으며 6월
29일 대통령에 취임한 여원홍(黎元洪, 리위안홍 : 1864~1928년)****은 '임시약법'과 국

* 1911년 신해혁명 뒤 원세개의 독재정권 확립에 협조하였으나, 1916년 원세개의 황제 복위에 반대하여 사직하
　였다. 원세개 사후, 총리가 되어 정권을 장악했다. 그러나 그의 친일 행각으로 5·4운동 때 항거의 대상이 되
　었다.
** 신해혁명 때 혁명군을 공격했고 여원홍(黎元洪, 리위안홍)이 대통통이 되자 부통통이 되었고, 여원홍이 실각
　되자 대리 대총통이 되었다. 이후 단기서와 대(對)독일 참전문제 등으로 대립하다, 1918년 서세창(徐世昌, 쉬
　스창)이 대총통이 되자 물러났다.
*** 3월 22일, 황제제도를 폐지하고 추가적인 유화책으로 단기서를 다시 기용하여 자신은 다시 중화민국 대총
　통의 위치로 돌아가기를 희망하였다. 그러나 봉기가 일어난 지방 각 성의 군벌과 민중은 계속 그를 성토하
　였고, 지방 군벌들은 관계를 단절하고 독립을 선포하였다.
**** 1916년 원세개가 죽자 대총통(大總統)이 되었으나, 이듬해 장훈(張勳, 장쉰)의 복벽사건(復辟事件 : 부의를 다
　시 황제로 복위시키려 함)으로 쫓겨났다. 1922년 직례군벌(直隸軍閥)의 추대로 재차 대총통이 되었으나, 이듬
　해 다시 쫓겨나 천진에 은퇴하여 살다 사망했다.

회를 복원시켰다. 호국운동에 참여했던 각계 정치세력의 노력은 이로써 일단락되었다. 원세개의 복벽운동은 실패로 끝나고, 7월 14일 당계요(唐繼堯, 탕지야오 : 1883~1927년)*는 군무원(軍務院) 폐지를 선포하고 이어 더 이상 중화혁명당은 일체의 군사행동을 중지하도록 명하게 된다.

▶▶ 역사의 흐름에 어떤 영향을 미쳤을까?

원세개의 복벽 실패로 중국의 전제제도는 완전히 붕괴되어 사라지게 되었다. 공화국의 개념이 대중에게 파고들기 시작한 후에는 아무리 막강한 권력을 지니고 있어도 복벽의 시도는 실패가 예정되어 있다고 볼 수 있다. 군주전제 통치제도는 이미 과거 속으로 사라졌기 때문에 다시 되돌릴 수 없다는 것을 반증하고 있는 것이다. 그러나 원세개의 복벽 시도로 중국은 막대한 손실을 입게 되었다. 황제에 오르기 위해 그가 일본과 「이십일조」를 체결함으로써 일본 제국주의의 중국 침략의 화근을 심어 놓게 된 것이다. 원세개의 실각과 북양군벌의 분열로 중국은 군벌 혼전의 시대로 접어들게 되었으며, 1949년 중화인민공화국이 수립되기 전까지 40년 동안 이러한 혼란은 계속된다.

2. 전족纏足의 폐지, 여성이 압박에서 해방되다

'전족(纏足)'은 중국 특유의 여성에게 행하는 장식으로 시대에 뒤떨어진 폐습 가운데 하나에 속한다. 길고 가는 천으로 여성의 발과 복사뼈를 꽁꽁 동여매어 골격을 변화시키는 것으로 발의 모양이 길고 안쪽으로 휘어지게 된다. 전족 시대

---

* 1915년 원세개가 황제복벽을 요구하자, 이에 채악(蔡鍔, 차이어) 등 수십 명과 피로써 동맹을 맺고 원세개 토벌을 위한 호국군을 조직하였다. 1916년 운남성 독군(督軍) 겸 성장(省長)을 거쳐 1917년 정국군(靖國軍) 총사령으로 활동하면서 호법운동(護法運動)을 전개하였다.

에 여성들은 4, 5세부터 발을 동여매기 시작하며 성인이 된 후 골격이 굳어지면 천을 풀도록 되어 있었다. 전족은 우연하게 발전한 것이 아니며 전통적인 봉건사회의 예교와 세속적인 사회 편견이 여성의 신체를 통해 반영된 것이라고 볼 수 있다. 수천 년의 세월이 흐르는 동안 중국에서 여성은 남성에게 예속된 존재였으며 출가하기 전에는 아버지를 따르고 출가한 후에는 남편을 따르며 남편이 세상을 떠난 후에는 아들을 따라야 하는 것이 불변의 '법도'였다고 할 수 있다. 남존여비 사상은 여성을 남성의 노예와 노리개로 여겼기 때문에 전족과 같은 폐습이 나타나게 되었던 것이다.

전족의 변천사

전족이 언제부터 등장했는지는 확실하게 알려져 있지 않다. 도종의(陶宗儀 : ?~1369년, 중국 원나라 말 명나라 초의 학자)는 『남촌철경록(南村輟耕錄)』에서 장방기(張邦基)의 『묵장만록(墨莊漫錄)』을 인용하여, "『남사(南史)』에 제(齊)나라의 동혼후(東昏侯)가 반귀비(潘貴妃)를 위하여 금으로 연꽃 모양을 만들어 그 위를 걸어가게 하면서 '걸음걸음 연꽃이 피어난다'"고 묘사하였다. 그러나 그녀의 발이 작았다고 직접 언급하지는 않았다. 『고락부(古樂府)』, 『옥대신영(玉臺新詠)』에는 육조(六朝) 시대의 문인들이 눈썹과 눈, 입술, 허리, 손가락 등에 대해 묘사하고 있을 뿐 전족에 대해서는 언급하지 않고 있다.

수많은 자료를 통해 분석해 볼 때 당대(唐代)까지도 여성들의 전족 풍습이 없었던 것으로 볼 수 있다. 이백은 「완사석상여(浣紗石上女)」라는 시에서 "금박달린 신을 신은 두 발이 이슬처럼 하얗도다(一雙金齒履일쌍금치이, 兩足白如霜양족백여상)"라고 읊고 있기 때문에 당시의 여성들은 전족은커녕 양말도 신지 않고 있어 발의 피부색까지도 판단할 수 있었음을 알 수 있다.

남당(南唐)시대에 이르러 황제 이욱(李煜 : 937~978년)*이 전처 아황(娥皇)이 죽은 후에 우울함에 젖어있자 빈비와 궁녀들은 그를 기쁘게 하기 위해 온갖 방법을 동

---

* 남당(南唐)의 후주(後主)로 남당의 제3대 왕(재위 961~975)이다. 이름은 종가(從嘉), 자는 중광(重光)이다. 961년 후주가 되어 이름을 욱(煜)으로 고치고, 재위 16년에 송나라 태조(조광윤)에게 멸망되었다.

민국시대 여성 의상(1)

원하였다. 화려하게 차려입은 궁녀들이 춤을 출 때 천으로 발을 감쌌기 때문에 중심이 흔들려 하늘거리는 모습이 마치 바람에 흩날리는 버드나무와 같았다. 이욱은 후에 황금으로 6척 크기의 금연대(金蓮臺)를 짓게 하고 궁녀들을 그 위에서 춤추도록 하였다. '삼촌금련(三寸金蓮 : 3척 크기의 발로 연대에서 춤을 춘다)'이란 말은 여기에서 유래된 것이라고 볼 수 있다. 당호(唐鎬)의 시구 가운데 "연꽃 가운데 핀 꽃이 더욱 아름답구나, 하늘거리는 그림자가 구름 속에서 비쳤다 사라지고 사라진 후 다시 비치네(蓮中花更好연중화갱호, 雲里影長斷운리영장단)"는 바로 이러한 장면을 묘사한 것이다.

이때부터 사대부와 귀족 가문의 여성들이 이를 따라 배우면서 하나의 유행으로 자리 잡게 된다. 마치 현대 여성들이 머리를 염색하고 하이힐을 신으며 가슴을 부풀어보이게 하는 것처럼 이러한 유행도 계속되었던 것이다.

전족의 풍습과 성행은 중국여성의 전통적인 도덕 교육 관념과 밀접하게 관련되어 있다. 송나라 시대에 이르러 이학이 흥성하면서 '극기복례(克己復禮)' 즉 자신을 예속하여 예를 따르는 풍조가 만연하였다. 여성에게는 삼종(三從)과 사덕(四德 : 인의예지仁義禮智를 말함)을 요구하며 규중 깊은 곳에서 규중의 법도만을 따르도록 하였다. 전족이 유행하면서 여성은 정상적인 도보를 할 수 없게 되었기 때문에 뛰고 춤을 추는 능력을 상실하게 된다. 이로써 혼례를 치르기 전까지는 규방에 틀어박혀 있을 수밖에 없었다. 전족은 여성을 길들이는 데 매우 효과적인 수단이었다.

송나라 시대의 장방기(張邦基)는 그의 저서 『묵장만록(墨莊漫錄)』에 "여성의 전족은 근대(近代)부터 시작되었으며 그 이전에는 아무런 기록이 전해지지 않고 있다"고 기술하였다. 그림 속에 나타난 여성의 상을 보아도 북송의 여성 가운데는 전족을 한 사람은 그리 많지 않다. 왕거정(王居正)의 그림 「방거도(紡車圖)」에 묘사된 두 여인은 모두 편평하고 큰 신발을 신고 있으며 돈황의 벽화 속에 등장하는 북송의 여성들 가운데에도 전족을 한 사람은 매우 적었다. 그러므로 북송시대에는 전족이 크게 유행하지 않았던 것을 알 수 있다. 그러나 남송에 이르면서 이러한 풍조에 변화가 발생하기 시작한다. 이 시기의 여성들은 전족으로 활처럼 휘어진 발들을 하고 있는 경우가 허다하였다. 고궁박물관에 소장되어 있는 「수산도(搜山圖)」와 「잡극인물도(雜劇人物圖)」에 등장하는 여성들의 두 발이 매우 가늘고 작은 것을 볼 수 있으며 일부에서는 전족으로 인해 휘어져 있는 흔적을 발견할 수도 있다.

민국시대 여성 의상(2)

원, 명, 청 왕조에서도 송나라 시대 전족의 풍습이 그대로 이어졌으며 하나의 유행처럼 자리 잡게 된다. 소수 민족 지역의 일부 여성들만 이러한 전족의 풍습에서 자유로웠다고 볼 수 있다. 명나라 시대의 소설, 수필 등에서도 전족에 대한 기록을 발견할 수 있다. 장대(張岱)의 저서 『도암몽록(陶庵夢錄)』「양주수마(揚州瘦馬)」에는 당시 기녀의 선발 기준 가운데 하나로 발의 크기를 검사하였다고 기록하고 있다. 즉 "손으로 치마를 들어 올려 발을 내밀어 보도록 하였다. 발을 검사하는 데도 방법이 있었다. 대문을 나설 때 치마소리가 먼저 나면 발이 큰 것이요, 치마를 높이 치켜들고 사람이 나오기 전에 발이 먼저 나오면 발이 작은 것이다."

『금병매(金甁梅)』에는 서문경(西門慶)이 상맹옥루(相孟玉樓)라는 기방에 갔을 때 발을 감상하는 대목에 대한 구절이 있다. 서문경이 그의 하녀였던 송혜연(宋惠蓮)을 희롱하며 그녀의 발이 반금련(潘金蓮)보다 작다고 칭찬하자 송혜연은 득의양양하여 반금련의 발은 자신의 신발을 감쌀 정도로 크다고 비웃었던 것이다. 화가 머리끝까지 난 반금련은 송혜연과 그의 남편을 모함하여 죽여 버린다. 송혜연은 자신의 발이 작다고 자랑하고 또 다른 사람의 발이 크다고 조롱하는 바람에 화를 당하게 된 것이다.

주원장(朱元璋)의 아내였던 마황후(馬皇后)는 전족을 하지 않았지만 이를 아는 사람이 별로 없었다. 어느 날 그녀가 가마에 타고 길을 가던 중 바람이 불어 가마의 휘장이 날리는 바람에 그녀의 큰 발이 노출되고 만다. '비밀이 드러나다, 약점이 드러나다'라는 뜻의 한자 '노마각(露馬脚)'은 바로 여기에서 유래하였다.

청나라를 세운 만주족의 여성들은 전족의 풍습이 없었다. 만주족은 수차례 명을 내려 전족을 금하는 등 한족의 전족 풍습에 반대하였다. 순치 2년(1645년)에는 출생하는 여아에 대해 전족을 금한다는 명을 내렸으며 강희 원년(1662년)에는 강희 원년 이후 태어난 여아에게 전족을 행하면 그 부모를 처벌하도록 하였다. 아비가 관리일 경우 이병(吏兵) 이부(二部) 의처(議處)로 압송하고 평민일 경우에는 형부(刑部)에서 처벌하도록 하였다. 죄의 경중을 따져 중한 경우에는 곤장 열 대를 치고 10년 동안 유배를 보내었다.

후에 주운(奏雲)이라는 사람이 이 법이 너무 가혹하다고 여겨 전족 금지령을 해제해 달라는 상소를 올리게 된다. 이때부터 민간의 여성들은 다시 전족을 행하기 시작하였다. 청나라 시대의 문인 방현(方絢)은 『향연품조(香蓮品藻)』라는 책에서 작은 발에 대한 묘사와 감상법을 적어놓고 있다. 그는 작은 발의 형태를 연꽃봉오리, 초승달, 정방형, 죽순, 마름모 등 다섯 가지로 나누어 설명하였다. 청나라 시대에 이르러 작은 발에 대한 선호도가 최고조에 달했음을 알 수 있는 대목이다.

1851년 태평천국의 난이 발발한 후 봉기군은 그들의 발길이 닿는 곳마다 여성들이 속박에서 벗어나 봉기에 동참할 것을 역설하였다. 태평천국군과 함께 생활한 적이 있는 영국 군인 릴리는 태평천국군의 '여성의 전족 반대'를 태평천국운동 가운데 가장 주목받고 특색 있는 상징처럼 여겼다. 때문에 그 영향이 매우 대단했다는 것을 알 수 있다. 그러나 태평천국군이 장악하지 못한 지역에서는 여전히 전족이 성행하였다.

서방 사상의 거센 충격을 받은 후에야 전족은 비로소 사라지게 된다.

전족의 폐해
중국의 여성은 오랜 기간 노예와 같은 처지에 처해있었으며 전족은 여성들

에게 육체와 정신 두 가지 방면에서 고통을 안겨주
었다. 송서(宋恕)는 그의 저서 『육재비의구참(六齋卑議
救慘)』에서 전족으로 인해 "열 명 가운데 한두 명은
죽음에 이르렀으며 일곱 여덟 명은 치명적인 상처를
입었다"고 기록하였다. 작은 두 발을 얻기 위해 항아
리 하나 가득 눈물을 흘려야 한다는 말이 있을 정도
였기 때문에 전족의 고통이 어느 정도였는지 현대를
사는 여성들은 상상조차 하기 어려울 것이다.

전족을 한 여성들

　일반적으로 4, 5세가 되면 전족을 하기 시작하였
다. 전족을 하려면 우선 발바닥에 밑창을 대고 엄지
발가락을 제외한 네 개의 발가락을 흰색 천으로 꽁
꽁 동여매어 발이 자랄 수 없도록 한다. 발의 형태가
고정되면 앞이 뾰족한 신발을 신겼다. 6, 7세가 되면 발가락을 구부려 천으로 싸
맨 후 발의 모양을 변화시킬 때까지 날마다 다시 강하게 동여매었다. 전족의 형
태는 '작고 가늘며 곡선이 살아있고 향기가 나며 부드럽고 고른 모양'이 되어야
만 비로소 완벽하다고 할 수 있었다. 수년간 가혹한 고통을 겪고 난 후 두 발의 피
부, 근육, 인대와 관절, 골격이 모두 변형되어 버린다. 외형적으로 보면 피부는 하
얗고 가늘고 부드러우며 발바닥이 오목하게 들어가야 했으며 발바닥 쪽에서 보
면 삼각형의 종자(粽子 : 중국 단오절에 먹는 전통음식)처럼 생겨서 엄지발가락을 제외
한 나머지 네 개의 발가락은 퇴화되어 마치 작은 땅콩의 모양을 띠게 된다. 신체
의 일부를 인위적으로 변형시킨 그 생리적 고통이 어떠했을지는 짐작이 가고도
남음이 있다. 또한 작은 발은 걷기도 불편하여 위험이 닥쳤을 때 달아날 방법도
없었다.

　전족은 대를 이어 행해졌기 때문에 후에는 일상적인 풍습의 하나로 굳어져
사회적으로 자연스럽게 받아들여졌다. 만약 딸이 전족을 거부하면 부모는 말할
수 없이 체면이 깎였을 뿐만 아니라 출가를 하지 못할 수도 있었다. 그러므로 전
족을 얼마나 잘 했느냐에 따라 혼처의 수준이 달라질 정도였다. 세간에서는 "전
족을 한 작은 발은 수재(秀才)에게 시집가서 하얀 빵에 고기를 먹을 수 있다네. 전

전족을 한 소녀

족을 안 한 큰 발은 장님에게 시집가서 거친 조밥에 매운 고추만 먹는다네"라는 민요가 유행하기도 했다. 전족은 이렇듯 남은 일생이 걸린 일이었기 때문에 여성들은 눈물을 그렁그렁 쏟아내면서도 자신의 발을 괴롭힐 수밖에 없었으며 고통을 당하며 희망을 키울 수밖에 없었다. 이는 당시의 생활이자 현실이었다.

그러나 전족은 중국의 위신을 바닥까지 떨어뜨리기도 하였다. 청말의 대신 최영(崔英)이 영국에 사신으로 갔을 때의 일이다. 하루는 그의 부인이 전족을 감고 있던 흰 천을 빨아 대사관저 옥상 위에 널어 말리고 있었다. 외국인들은 옥상에서 길고 흰 천이 휘날리는 것을 보고 중국이 국상을 당한 것으로 오해하여 문의를 해오기 시작하였다. 대사관에서는 설명할 방법이 없었기 때문에 매우 난감한 상황이 되었다. 또한 청나라 북양대신 이홍장이 외국을 방문했을 때 맹인학교를 참관한 적이 있었다. 맹인 아동들도 중국의 '삼촌금련(三寸金蓮)'의 이야기를 들어 알고 있었기 때문에 이홍장이 다가오자 쭈그리고 앉아 그의 발을 만지기 시작하였다. 이홍장은 당연히 전족을 한 작은 발이 아니었지만 외국의 맹인 학생조차도 중국이 전족을 한다는 사실을 알고 있었던 것이다. 게다가 '삼촌금련'에는 남녀구분이 없다고까지 생각하였다. 전족이 중국의 국가 이미지에 어느 정도 영향을 끼치고 있는지 설명해주는 대목이라고 할 수 있다.

전족 금지

청말 서방의 문화가 중국으로 유입되면서 중국인들의 사고 수준도 높아지기 시작하였다. 강유위, 양계초 등 진보세력이 주축이 된 '천족(天足 : 전족을 하지 않은 큰 발) 운동'이 활발하게 전개되면서 낡은 구습과 진부한 관념에 충격을 가하게 되었으며 결국 전족 금지의 분위기가 고조되었다.

중국 최초의 '반전족(反纏足) 조직'은 하문(廈門)에 있던 런던 선교회 존 마이크 목사가 결성한 것으로 그는 1874년 하문에서 전족 반대 집회를 열었다. 이때

60명의 여성들이 참여하였으며, 대부분 하층의 노동여성들이었다. 그들은 '천족회(天足會)'라고 명명한 반전족 단체를 설립하여 입회자들은 전족을 하지 못하도록 결정하였다.

전족을 한 여자 아이

중국 초기의 유신파들도 중국의 여성 문제에 관심을 기울이기 시작하였다. 그들은 남녀가 평등하며 여성이 남성의 전유물이 되는 것에 반대하였다. 유신파는 여성해방의 선결 조건 가운데 신체적 해방이 포함된다고 생각하였다. 1883년 유신파의 대표적 인물인 강유위는 그의 고향인 광주(廣州) 남해(南海)에서 뜻을 같이 하는 진보인사들과 '부전족회(不纏足會)'를 창립하였다. 그는 자신이 먼저 모범을 보이기 위해 그의 아내와 딸들에게 전족을 하지 말도록 하였다.

1896년 강유위, 강광인(康廣仁) 등은 광주에서 '월중부전족회(粵中不纏足會)'를 설립하고 여성의 전족을 반대하였다. 이 조직의 초기 회원이 만여 명에 달하였다. 강유위와 늘 함께 거론되는 유신파의 영수 양계초 역시 전존 반대 운동을 적극적으로 추진하였다. 1897년 6월 30일 그는 상해에서 '부전족총회(不纏足總會)'를 설립하였으며, 설립과 동시에 중국 대내외적으로 큰 반향을 불러일으켰다. '부전족총회(不纏足總會)'의 장정에는 "입회인은 여아를 출산한 후 여아에게 전족을 할 수 없다. 남성 입회인은 전족을 한 여성과 결혼할 수 없다. 입회인이 낳은 여아 가운데 이미 전족을 하였으나 8세 미만인 경우 모두 전족을 풀도록 한다"는 규정이 포함되었다.

자희태후를 위시한 청나라 조정의 통치자들도 강유위와 양계초의 신변법운동을 진압하기는 하였으나 얼마 지나지 않아 강유위와 양계초 등이 주장한 전족 반대운동의 기치를 높이게 된다. 1902년에 자희태후는 전족 금지를 고무하는 어지를 발표하였으며, 중국 전역에 반향을 불러일으켰다.

1912년 중화민국이 성립된 후 손중산을 주축으로 한 남경임시정부는 여성의 전족을 금지하는 성명을 발표하였다. 그해 3월 13일 내무부에 명하여 각 성에 전족 금지를 촉구하는 공문을 하달하도록 하였다. 이 공문에는 구습을 타파하고 새로운 풍습을 정착시키는 시기에 전족과 같은 폐습은 반드시 폐지되어 국민의 체력을 향상시켜야 한다고 천명하였다. 이 공문이 중국 전역으로 전달되면서 각 성에서도 전족을 금지하게 되었으며 고의적으로 이에 불복종하는 자에 대해서는 그 일가에 과중한 벌금을 부과하였다.

신해혁명 후 여성은 의상, 신발, 모자와 머리모양 등도 새로운 스타일을 추구하게 된다. 전족으로 꼭 동여매었던 작은 발을 해방시켜 새로운 형태의 신발에 적응하도록 한 것이다. 서양 여성의 차림새도 무의식중에 영향을 끼치기 시작하였다. 국제화의 문이 열리면서 전족은 이미 시대에 뒤떨어지게 되었으며 그 자리를 점차 '천족'이 대신하게 된다.

1939년 섬감녕정부(陝甘寧政府 : 섬서, 감숙, 영하 일대를 무대로 활동했던 공산당 정부)도 여성의 전족을 금지하는 조례를 반포하였다. 이 조례에는 18세 이상의 여성은 전족을 금하고 40세 이하인 여성 가운데 전족을 한 여성은 반드시 전족을 풀도록 하였으며, 40세 이상인 여성은 강제성이 없이 전족을 풀도록 권고하고 있다. 아울러 여성 간부를 대거 파견하여 설득 작업을 벌이도록 하였다.

1950년 7월 15일 중화인민공화국 중앙인민정부는 여성의 전족을 금지하는 명령을 내렸다. 즉 일부 여성들은 아직도 전족을 하고 있는데 이는 봉건사회의 여성에 대한 압박을 상징하는 것이며 여성의 건강을 해칠 뿐 아니라 생산 활동 참여를 저해하므로 반드시 금지해야 한다고 명시하였다.

이때부터 대다수의 여성들은 전족을 하지 않게 되었으며 중년, 노년 여성들도 자신의 발을 전족에서 해방시키기 시작하였다. 그들의 작은 발을 감고 있던 흰 천을 던져버림으로써 전족은 비로소 사라지게 된다. 이와 함께 한 시대도 막을 내리게 된다.

▶▶ 역사의 흐름에 어떤 영향을 미쳤을까?

전족의 풍습 폐지는 중국여성운동사상 가장 성공적인 업적으로 꼽히고 있는 일대 사건이라고 할 수 있다. 인구의 절반을 차지하고 있던 여성을 신체적 속박에서 해방시키게 됨으로써 절반의 노동력을 증가시키는 경제적인 가치를 창출하기도 한 것이다. 이는 중국의 역사 발전에 매우 중요한 영향을 끼치게 되었을 뿐만 아니라 여성의 지위가 향상되고 중국이 새로운 시대에 진입했다는 상징이라고 볼 수 있다. 전족의 폐지는 중국 근대사에서 가장 중요한 사건 가운데 하나로 꼽을 수 있다.

3. 5·4운동五四運動, 신민주주의 혁명이 되다

1917년 레닌이 이끄는 볼셰비키 당은 러시아 무산계급과 노동자들을 동원하여 폭력으로 자산계급 통치정권을 전복시킨 후 세계 최초로 무산계급이 집권하는 사회주의 국가를 건설하였다. 볼셰비키 당의 10월 혁명의 승리는 전 세계를 크게 동요시켰으며 새로운 통치 제도와 민족 해방에 대한 희망을 보게 된 중국인들도 민족 해방 투쟁의 열망에 사로잡히게 되었으며, 이로써 반제국주의, 반봉건주의 운동에 불을 지피게 된다.

5·4운동의 사상적 배경

신해혁명 후 원세개(袁世凱)는 황제복벽(皇帝復辟)을 추진하는 동시에 '존공독경(尊孔讀經 : 공자를 존중하고 경전을 읽도록 함)'을 강조하였다. 1914년 「제성고령(祭聖告令)」을 반포하여 중국 전역에 공자에 대한 제사를 지내도록 공고하였다. 원세개의 황제복벽을 지지하기 위하여 중국과 외세 세력 가운데 일부는 공자의 제례의식 등을 강조한 시대 역행적 풍조에 동조하게 된다. 이러한 상황 속에서 진독수(陳獨秀, 천두슈 : 1879~1942년)*, 이대소(李大釗, 리다자오 : 1889~1927년)**, 노신(魯迅, 루쉰 :

---

* 1917년 호적(胡適, 후스)과 함께 백화문을 제창하는 한편, 유교사상을 비판하는 글을 발표하였다. 1921년 중국 공산당을 창설하여 중국공산당 총서기(總書記)가 되었는데, 중국의 레닌이라 불리었다.

** 5·4운동 후 신문화운동 지도자가 되었고, 1921년 중국공산당 창당에 참여하였다. 1925년 손문이 죽자 국민당 및 공산당 지도자로 활약하다, 1927년 장작림(張作霖, 장쭤린)의 러시아 대사관 수색사건 때 체포되어 총살당했다.

1881~1936년)* 등을 중심으로 한 급진 민주주의
세력들이 반봉건을 외치는 신문화운동을 펼
치게 된다. 신문화운동은 자산계급의 민주사
상을 전파하는 동시에 '존공독경' 등 복고사
상과 격렬한 투쟁을 벌이기 시작하였다.

진독수의 초상

　이 신문화운동은 1915년 9월 15일『청년
잡지(青年雜志)』가 상해에서 창간과 더불어
시작된 것이라고 할 수 있다. 1916년 9월 제2
권 제1기부터 북경으로 옮겨온 뒤에는『신청
년(新青年)』이란 이름으로 발간되었으며 진보
지식계급을 응집시키는 결과를 낳게 되었
다. '민주'와 '과학'이라는 두 개의 기치를 세우고 정치 관점에서 학술사상, 윤
리도덕, 문화예술에 이르는 각 분야에서 봉건복고세력에 맹렬한 공격을 퍼붓기
시작하였다. 그들은 봉건전제 통치사상을 옹호하는 공자의 학설에 반격을 가
하며 '공자타도'를 주도하였으며, 남녀평등과 개성의 해방 등을 부르짖기도 하
였다.

　1917년에는 '문학혁명'을 일으켜 백화문(白話文)**을 쓸 것을 주장하고 문언
문(文言文)***을 반대하는 한편 신문학을 옹호하며 구문학에 반대하는 조류를 형
성하였다. 신문화운동이 발전함에 따라『신청년』은 신문화운동사상을 이끄는
구심점이 되었다. 특히 중국의 위대한 문학가, 사상가, 그리고 혁명가인 노신은
1918년 5월『신청년』에 중국 현대문학 사상 최초의 백화소설인『광인일기(狂人日

---

* 본명은 주수인(周樹人, 저우수런)이고, 루쉰은 대표적인 필명이다. 1918년 문학혁명을 계기로 첫 단편소설『광
　인일기(狂人日記)』를 발표하여 가족제도와 예교(禮敎)의 폐해를 폭로하였다. 그는 위대한 문학인일 뿐 아니라
　위대한 사상가이자 혁명가로 평가받고 있다.
** 당, 송, 원, 명, 청 시대를 거치면서 확립된 중국어의 구어체를 말한다. 따라서 민간에서 사용되는 일상 언어
　가 반영되어, 대중이 쉽게 이해할 수 있도록 그 형태를 갖추었다.
*** 지식인층을 중심으로 고전 등에 나오는 문구를 근거로 쓰인 고문(古文) 또는 서면어(書面語)를 말한다. 따라
　서 일상생활에서 사용되는 말과 괴리될 수밖에 없게 되었다.

1918년 이대소 초상

노신 선생 가족사진

記)』를 발표함으로써 구사회의 예절과 구태의연한 도덕관념에 대해 날카로운 비판을 가하게 된다. 봉건주의체제의 '인의도덕' 뒤에 숨어 있는 사람의 잔인한 속성을 '흘인(吃人)' 즉, '사람을 잡아먹다'라는 과격한 언어로 표현하였다. '사람을 잡아먹는' 사람들은 "말 속에 독을 품고 웃음 속에 칼날을 품고 있다"고 지적하였던 것이다. 2천여 년 간 지속된 중국의 봉건통치 역사는 이렇게 사람이 사람을 잡아먹는 역사였다고 밝히고 "앞으로는 사람을 잡아먹는 사람이 살지 못하는 세상이 되도록 해야 한다"는 결의로 끝을 맺고 있다.

이 소설은 신문화운동의 초석이 되었다고 할 수 있다. 『신청년』의 영향을 받아 일부 진보적인 간행물들은 백화문을 사용하기 시작하였으며, 이러한 사회풍조는 문언문으로 발행되던 신문에도 영향을 주어 백화문으로 다시 단행본을 만드는 곳도 생겨나게 된다. 이때부터 백화문과 신식 부호를 사용하는 단평(短評), 기사, 사설 등이 등장하기 시작하였으며, 이러한 문학개혁으로 중국의 신문들은 새로운 모습을 재탄생시키게 되었다.

진독수, 이대소 등이 주축이 되어 미신을 타파하고 과학적 사고를 정립하며 독재에 반대하는 민주 정신을 함양하고 문언문에 반대하고 백화문을 장려하는 신문화운동을 펼쳐나가기도 하였다. 뒤이어 등장한 사회주의 사상은 새로운 계급혁명의 필요성을 반영하여 사회적으로 큰 반향을 불러일으켰다.

이러한 운동들이 심도 있게 진행되면서 수많은 젊은이들을 응집시키게 되었으며 반제국·반봉건의 사상 아래 청년학생들이 집결되면서 반제국·반봉건 정치투쟁을 위한 사상이 무르익기 시작하였다. 이로써 정치적, 사상적으로 봉건주의 통치체제에 전례 없던 심각한 타격을 입혔을 뿐만 아니라 새로운 사상 해방의 풍조를 조성하여 5·4운동의 기틀을 확립하게 된다.

5·4운동의 발발

1918년 11월 17일 1차 세계대전이 끝나자, 전후 문제를 처리하기 위하여 1919년 전승국들은 파리에서 강화회의를 개최하였다. 중국도 이 회의에 참석하여 다음과 같은 세 가지 요구 사항을 제기한다.

첫째, 중국에서의 제국주의 특권 철폐, 둘째, 일본과 원세개가 체결한 「이십일조(二十一條)」 불평등조약 폐기, 셋째, 전쟁기간 중 일본이 독일에게서 빼앗은 산동에 대한 특권 귀속 등이다. 중국은 이 회의에 기대와 환상을 가지고 있었으며 '공리(公理)'로써 '강권(强權)'에 이길 수 있다고 믿었기 때문에 중국의 요구가 실현될 수 있을 것으로 여겼다.

그러나 파리강화회의에서 영국, 프랑스, 미국 등의 농간으로 앞선 두 가지 요구 사항은 아예 토론조차 되지 않았으며, 세 번째 요구 사항에 대해서는 일본이 1917년 북경 당국이 문서의 형태로 '기꺼이 동의'했음을 이유로 들어 단호하게 거절하는 등 횡포한 태도로 일관하였다. 파리강화회의에서 일본의 손을 들어줌에 따라 산동에 대한 권리를 일본에게 이양한다는 등에 관한 내용이 독일과의 조약 가운데 포함되었다. 원세개가 이끄는 북양군벌 정권이 이 강화조약에 서명함으로써 중국인의 기대와 환상은 산산이 부서지고 만다. 공리, 항구적 평화 등은 모두 입바른 소리에 그치게 되었다. 이러한 결과는 오랜 기간 참아왔던 중국인들의 분노를 폭발시키는 계기가 되었다.

5월 4일 오후 북경의 열세 개 학교 학생 3천여 명이 천안문(天安門)에 집결하여 제국주의 침략과 군벌정부의 매국행위에 대한 항거를 시작하였다. 그들은 선언문을 발표하고 배포하는 동시에 '국권수호', '매국노 척결', '청도(靑島) 반환 사수', '강화조약체결 반대' 등의 구호를 외치며 파리강회조약을 거부하고 나섰다.

또한 파리강화조약에 서명한 조여림(曹汝霖, 차오루린 : 1877~1966년)[*], 육종여(陸宗興, 루쭝위 : 1876~1941년)[**], 장종상(章宗祥, 장쭝샹 : 당시 주일대사)[***] 등을 처벌할 것을 주장하며 시가행진을 벌였다. 시가행렬은 동교민항(東交民巷)에 위치한 외국대사관 앞에서 시위를 하려고 했으나 서쪽 입구에서 군경에 의해 저지당하고 만다.

호적(胡適)의 초상

학생들의 분노는 매국노로 낙인찍힌 조여림에게 향하였다. 학생들의 시위행렬은 부귀가(富貴街), 동호부가(東戶部街), 동삼좌문대가(東三座門大街)를 지나고 어하교(御河橋)를 넘어 동장안대가(東長安大街), 동단패루(東單牌樓), 미시대가(米市大街), 석대인호동(石大人胡同 : 지금의 외교부가外交部街, 호동은 중국어로 '후통'이라고 하며 전통골목과 유사함)을 거쳐 조가루(趙家樓)에 있는 조여림의 집 앞으로 모여들었다. 조여림은 대문을 굳게 잠그고 있었으나 학생들이 이웃의 담을 넘어 들어가 대문을 열자 어느새 우르르 그의 집 안으로 들어가게 되었다. 조여림은 재빨리 몸을 숨겼으나 분노한 학생들은 그의 집을 불사르고 이에 놀라 뛰어 나온 장종상에게 뭇매를 가하였다. 그러나 이들의 행동은 곧 군벌정부에 의해 진압되었으며 30명의 학생이 체포되었다.

이튿날 북경 시내 전문대학 이상의 학생들은 일괄적으로 수업을 거부하며 항의하였으며, 이러한 사실을 중국 전역에 알렸다. 셋째 날에 이르자 북경 시내

---

[*] 1915년 원세개의 명으로 중·일 교섭을 맡아 굴욕적인 '21개조 조약'에 조인했다. 1919년 5·4운동이 전개되는 동안 북경의 학생들로부터 대표적인 '친일파 매국노'(漢奸)로 지목되어 결국 파면되었다.

[**] 중화민국 초대 일본 주재 공사로 원세개, 단기서 두 정권의 대일매국정책을 추진하였고, 5·4운동으로 물러난 후에도 친일 왕조명(汪兆銘, 왕자오밍) 정권의 고문을 지내는 등 친일의 자세를 고수하였다.

[***] 1919년 5월 4일 천안문광장에 집결한 북경의 학생들이 "밖으로는 국권을 쟁취하고 안으로는 국적을 처벌하자"고 외치면서 조가루(趙家樓 : 친일파 조여림曹汝霖의 집)를 불태우고 장종상(章宗祥 : 당시 주일대사)을 호되게 구타했다.

채원배의 초상

중등학교 이상의 학생들은 연합회를 결성하여 국민투쟁의 불길을 당기게 된다. 북경대학 총장 채원배(蔡元培, 차이위안페이 : 1868~1940년)[*]는 정부의 압력에 의해 사퇴의 사를 발표하게 되는데, 이대소 등의 교수들은 체포된 학생들을 구하기 위하여 백방의 노력을 기울이는 한편, 채원배 총장을 설득하여 정부와 투쟁을 벌일 것을 촉구하였다.

5월 7일 천진의 학생들도 시위행렬에 동참하였으며, 제남(齊南)의 중등학교 이상의 학생들도 시위행렬에 나섰다. 5월 26일 상해의 학생들까지 수업을 거부하고 이에 동참하였으며, 곧이어 무한(武漢), 장사(長沙), 광주 등지의 학생들도 속속 시위 대열 속으로 모여들었다. 이대소, 진독수, 모택동(毛澤東, 마오쩌둥 : 1893~1976년)[**], 주은래(周恩來, 저우언라이 : 1898~1976년)[***] 등 공산주의 사상에 접하기 시작했던 지식계층들도 북경, 장사, 천진 등지에서 반제국주의 애국운동에 동참한다. 북경 학생들로 인해 불붙은 애국의 불길은 중국 전역으로 신속하게 퍼져 나갔다.

6월 3일을 계기로 5·4운동은 새로운 전환기를 맞이하여 무산계급 투쟁으로 변모하였다. 상해의 공장 노동자들의 파업을 시작으로 상인들도 파업에 동참하였다. 곧이어 당산(唐山), 장신점(長辛店), 구강(九江) 등지의 공장 노동자들도 파업을 하고 시위 행렬에 나섰다. 이때부터 5·4운동은 지식계급의 범주를 넘어 무산계급, 소자산계급과 민족자산계급이 공동으로 참여하는 통일전선혁명으로 탈바꿈하였다. 운동의 중심 지역도 북경에서 상해로 이동하였으며, 무산계급이 운동

[*] 1912년 중화민국 성립 후 초대 교육총장이 되어 근대 중국 학제의 기초를 세웠다. 그 후 1916년 북경대학 총장에 취임하여 진독수, 호적(胡適, 후스) 등 신예교수를 등용하였고, 5·4운동 때에는 학생과 교원의 사상과 행동을 옹호하였다.

[**] 1918년 10월 모택동은 양창지의 소개로 북경대학 도서관 주임인 이대소(李大釗, 리다자오)의 사서보(司書補)로 일하면서 강의를 받았고, 1919년 5·4운동 발발 후 호남(湖南) 학생연합회를 설립하고 『상강평론(湘江評論)』을 펴냈으나 곧 금지당하여 피신하였다.

[***] 천진의 난카이대학(南開大學) 재학 중 5·4운동에 참가하여 투옥, 퇴학당하였고, 1920년 프랑스로 건너가 파리대학에서 정치학을 공부하였다.

북양군벌정부가 파견한 군경들이 거리에서 연설하는 북경대학 학생들을 체포하는 모습

의 주도층으로 등장하여 그 세력을 과시하였다.

　방대한 규모의 애국운동은 중국의 20여 개 성과 150여 개 도시를 휩쓸었으며, 수많은 군중, 특히 무산계급의 압박을 받은 군벌정권은 6월 10일 체포한 학생들을 석방하고 조여림, 육종여, 장종상 등 세 명을 파면하게 된다. 그리고 6월 28일 파리강화회의에 참석하려고 했던 중국대표는 국내외 여론의 압박과 프랑스까지 따라나선 중국노동자와 학생들에게 포위되어 결국 참석하지 못하였으며, 독일과의 강화조약을 거부하게 된다. 이로써 5·4운동에서 제기한 핵심적 정치사안들이 기본적으로 실현되었다고 볼 수 있다.

▶▶ 역사의 흐름에 어떤 영향을 미쳤을까?

　5·4운동은 중국의 광범위한은 군중이 참여했던 애국정치운동이었다고 할 수 있다. 이 운동이 추진되면서 무산계급과 도시의 소자산계급, 민족자산계급이 점진적으로 연합체계를 구성하게 되었으며 일종의 혁명대오를 구성했다고 볼 수 있다. 신해혁명이 발생한 후 공산주의 사상을 접하기 시작한 대규모 지식층이 5·4운동을 주도적으로 이끌었으며 애국심에 불타는 청년학생들이 이 운동의 선봉에 선 것이다. 5·4운동은 중국의 무산계급을 각성시키고 독립된 정치 역량을 과시할 수 있는 계기가 되었으며 이들이 정치무대의 한 가운데에 서서 그 위력을 발휘함으로써 5·4운동의 성공에 결정적 역할을 담당하였다. 5·4운동은 신해혁

「청년잡지」제2호부터는 「신청년」으로 개칭

명보다도 더 많은 대중적 지지를 받았으며 반제국주의, 반봉건주의에 타협하지 않은 혁명의 정체성을 드러냈다고 볼 수 있다. 이는 반봉건·반제국의 자산계급의 민주혁명이 새로운 단계로 발전되었음을 상징하는 것으로 구민주주의 혁명계급이 신민주주의 혁명계급으로 전환된 것이다. 다시 말해서 5·4운동은 중국의 신민주주의 혁명의 시작이라고 볼 수 있다.

5·4운동은 반제국·반봉건 애국운동인 동시에 반제국·반봉건 사상운동이었다. 5·4운동을 계기로 마르크스·레닌 사상이 중국에 폭넓게 전파되었으며 공산당 혁명에 사상적, 조직적 기반을 다질 수 있게 된 것이다.

10장

중국공산당 창립부터
국민당 퇴각까지

| 1921년, 중국공산당을 창립하다

| 제1차 국공합작, 중국공산당이 우파에게 당하다

| 남창봉기, 중국인민해방군이 건립되다

| 팔칠회의, 추수봉기를 일으키다

| 정강산 회합, 농촌혁명의 근거지를 마련하다

| 동북역치, 북양군벌의 통치시대가 막을 내리다

| 준의회의, 모택동이 장정을 이끌게 되다

| 서안사변, 항일투쟁 통일전선을 구축하다

| 항일전쟁의 승리, 2차 세계대전을 종식시키다

| 공산당과 국민당이 중국의 운명을 건 대결전을 펼치다

1. 1921년, 중국공산당을 창립하다

　　중국에는 "공산당이 없으면 신중국도 없다네"라는 노래가 있다. 이 노래 말은 그대로 현실이 되어 공산당은 중국의 역사를 다시 쓰게 된다. 열강의 침입으로 무수한 굴욕을 당했던 중국은 다시 강성해지기 시작하였으며, 부활의 서광을 보게 되는데, 현재의 중국이 거둔 모든 성과는 공산당과 긴밀하게 연관되어 있다고 볼 수 있으며 중국공산당은 중국과 세계의 역사를 새롭게 쓰고 있는 것이다. 공산당의 탄생은 중국 역사 속에서 일대 사건으로 기록되고 있다.

중국공산당 탄생의 배경

　　1840년 아편전쟁이 발생한 후 중국은 자본주의 열강의 침략을 받기 시작하였으며, 점차 반봉건, 식민 형태의 사회로 전락하였다. 두 번의 아편전쟁과 중프전쟁, 갑오중일전쟁(청일전쟁), 8국연합군의 중국 침략 등 매번의 전쟁을 거칠 때마다 중국은 굴욕과 재난을 감수해야만 했다. 제국주의와 봉건주의 통치를 타파하고 국가의 독립과 국민의 자유로운 생활을 보장하기 위해 중국은 오랜 기간 투쟁을 벌려야만 했다. 이 가운데는 농민계급이 봉기한 '태평천국의 난'과 서양문물에 눈을 뜬 관료들이 주도한 '양무운동', 자산계급 '개량파(改良派)'가 주도한 '백일유신' 및 자산계급 혁명파가 주도한 '신해혁명' 등이 있었다. 그러나 혁명 주도층과 주류 계급이 선진 사상을 지니고 있지 못하였기 때문에 개량파와 혁명파의 혁명은 모두 실패로 돌아갔다. 그러나 중국은 신진 지식계층은 암흑 속에서도 포기하지 않고 나라와 백성을 구제할 길을 끊임없이 모색하였다.

　　1917년 레닌(Vladimir Lenin : 1870~1924년)*이 주도한 러시아의 10월 혁명이 성공

중국공산당 제1차 전국대표대회 회의장소

하면서 중국에도 영향을 끼치게 되는데, 러시아 10월 혁명의 영향과 5·4운동을 거치면서 중국의 노동자계급은 독립적으로 정치무대에 올라 설 준비에 돌입하였다. 이대소(李大釗, 리다자오), 진독수(陳獨秀, 천두슈), 모택동(毛澤東, 마오쩌둥), 이달(李達, 리다), 정중하(鄭中夏, 정중샤), 주은래(周恩來, 저우언라이) 등 공산주의 사상을 접하기 시작한 지식층은 무산계급의 막강한 역량을 인식하게 되었으며 노동자계급을 상대로 마르크스주의를 전파하고 이들을 조직화하기 시작하였다. 이로써 마르크스주의와 중국의 노동자운동이 상호 결합하는 계기를 마련하게 된다.

모택동 초상

　　1919년 중국에 5·4운동이 일어나자 노동자계급은 대규모 파업 등 정치공세에 나서기 시작하였으며, 독립된 정치역량을 과시하며 정치무대에 선을 보이게 된다. 5·4운동으로 인해 마르크스주의를 더욱 확대 전파하고 노동자운동을 발전시킬 수 있는 계기가 형성되었다고 볼 수 있다. 이로써 중국공산당 성립에 사상적 계급적 기반이 마련되었다. 1920년 봄, 공산당 코민테른(Comintern)**의 보이딘스키가 5·4운동 이후의 중국의 혁명 동향을 분석하기 위하여 중국을 방문하였다. 그는 북경과 상해에서 이대소와 진독수를 만나 중국의 공산당 창립에 대한 의견을 나누었다.

　　1920년 여름 상해공산주의소조(上海共産主義小組 : 중국공산당은 상해에서 출발하였다고 볼 수 있음)가 설립되고 진독수가 초대 서기를 맡게 된다. 『신청년』을 상해공산주의소조의 기관발행지로 삼고 이론을 다루는 간행물로 월간지 『공산당(共産

---

* 1917년 11월 혁명(볼셰비키혁명, 구력 10월)의 중심인물로 과도정부를 무장봉기로 전복하고 이른바 프롤레타리아 혁명정권을 수립하였다. 그는 마르크스주의를 러시아에 맞게 발전시킨 사상가이자 혁명가였으나, 그의 꿈을 완성하지 못하고 1924년 일찍 세상을 떠났다.

** 제1차 세계대전으로 제2인터내셔널이 와해된 후 레닌의 지도하에 1919년에 결성한 '제3인터내셔널'인 '공산주의자 인터내셔널(Communist International)'을 말한다. 프롤레타리아독재를 통한 사회주의의 달성이라는 노선에 있다는 점에서 제2인터내셔널과 구별된다.

黨)』을 새로 창간하였다. 상해공산주의소조의 지원 하에 각 지역의 공산주의소조가 속속 생겨나게 되었다. 이대소의 주도로 북경공산주의소조 및 무한, 장사, 광주, 제남 등지의 공산주의소조가 설립되었다. 각지의 공산주의소조가 설립된 후 마르크스주의에 대한 연구와 선전이 활발하게 이루어짐으로써 노동자계급을 조직화하기 시작하였고 사회주의청년단 등도 결성되어 활동에 돌입하였다. 이로써 중국공산당 창당을 위한 기본적인 조직이 완비되었다고 볼 수 있다.

각지의 공산당이 빠르게 설립되고 활발한 활동이 전개됨에 따라 제1차 전국 대표대회를 개최할 수 있는 분위기가 무르익게 된다.

이에 중국공산당은 상해에서 1921년 7월 23일에서 31일에 걸쳐 제1차 전국 대표대회를 개최하였다. 각지의 공산주의소조(프랑스에 설립된 공산주의소조는 중국 내 공산주의소조와 연락을 취하지 않고 있는 상태였기 때문에 대표를 파견하지 않음)가 참석하여 12명의 대표를 천거하였다. 호남소조 모택동, 하숙형(何叔衡, 허수형), 호북소조 동필무(董必武, 둥비우), 진담추(陳潭秋, 천탄추), 상해소조 이달, 이한준(李漢俊, 리한쥔), 북경소조 유인정(劉仁靜, 류런징), 장국도(張國燾, 장궈타오), 제남소조 왕진미(王儘美, 왕진메이), 등은명(鄧恩銘, 덩언밍), 광주소조 진공부(陳公傅, 천궁푸), 일본도쿄소조 주불해(周佛海, 저우푸하이) 등이 이에 해당한다. 또한 진독수가 파견한 대표 포혜승(包惠僧, 바오후이썽)도 대회에 참가하였다. 이들은 당시 중국의 공산당원 50명을 대표하는 인물들이라고 볼 수 있다. 코민테른의 대표 마링(Hendricus Maring : 1883~1942년)[*]도 참석한 이 대회를 통해 중국역사를 바꿀 정당이 탄생하게 된다.

상해에서 남호(南湖)까지

중공(中共) 1기 대회가 개최된 장소는 1920년대 상해의 전형적인 석고문(石庫門)[**] 가옥으로서 1920년 가을에 건축되었으며 당시 상해대표 이한준(李漢俊)과 그

---

[*] 네덜란드의 사회주의자로 인도네시아에서 노동운동을 전개하였고 인도사회민주동맹을 설립하였다. 그 후 1918년 추방된 후 코민테른 극동지부 대표가 되었고, 1921년 손문과 회담, 국민당과 공산당과의 합류를 제안하였으며, 1924년 제1차 국공합작을 실현시켰다.

[**] 석재 문틀과 검은 칠을 한 두꺼운 목재 문짝으로 구성된 아치형 대문을 말하는 것으로 가옥전체가 외부를 향해 있는 상해의 전통주택을 말한다.

의 형 이서성(李書城)이 거주하고 있었다.

마링의 초상

    1921년 7월 23일 중공 1기 대표 열세 명과 코민테른 대표 두 명이 이곳에 도착하였다. 이들이 모인 곳은 이한준이 거주하는 1층 거실로 그리 넓지 않은 공간에 소박한 장식으로 이루어져 있었다. 장국도(張國燾, 장궈타오 : 1898~1979년)*의 주재로 회의가 시작되었으며 모택동, 주불해 등이 기록을 맡았다.

    7월 30일 저녁 제6차 회의가 막 시작되었을 때 긴 소매의 도포를 걸친 중년남자(프랑스 조차지의 순시를 담당하고 있었던 정자경程子卿으로 알려져 있음)가 회의장으로 뛰어들어 실내를 이리저리 살피기 시작하였다. 대표들이 어찌된 영문인지를 그에게 묻자 그는 각계 연합회회장 왕회장을 찾는다는 둥 잘못 들어왔다는 둥 횡설수설하며 회의장을 나갔다. 비밀업무의 경험이 있던 마링은 회의를 즉시 중단할 것을 건의하고 신속하게 해산토록 한 뒤 이한준과 진공부 두 사람만 남게 하였다.

    그로부터 15분쯤 경과한 뒤 프랑스 조차지 순경 아홉 명이 이한준의 집을 포위하였다. 그들은 한 시간 동안 집안을 샅샅이 뒤졌으나 사회주의 선전 홍보물과 서적 외에 다른 의심을 살 만한 물건을 발견하지 못하였다. 거실 서랍 안에 공산당강령초안이 놓여 있었으나 여러 번 수정을 거치느라 필적이 불분명하여 그들의 주의를 끌지는 못하였다. 프랑스 조차지 순경들은 한 바탕 경고를 늘어놓은 후 철수하였으나 사방에 감시인들을 매복시켜 놓았다.

    중공 1기 대회가 프랑스 조차지의 순경들에 의해 발각되어 수색을 받게 된 데는 마링 때문이었다. 1921년 3월 마링은 코민테른의 대표로서 유럽에서 상해로 들어왔으며 도중에 오스트레일리아 비엔나를 거치게 된다. 이때에 현지 정부가 그의 행보를 추적함으로써 비엔나 경찰에 의해 구류를 당했던 것이다. 현지의 지인과 변호사의 도움으로 석방되었으나 경찰은 계속 그를 주시하고 있었다. 경

---

* 1919년 5·4운동에서 학생운동가로 두각을 나타내었고 1920년 중국공산당에 가입하였다. 이후 이립삼, 구추백과 함께 중국공산당의 핵심 인물이 되었고, 국공합작이 결렬되자 1927년 남창봉기에 참여하였다.

찰국은 외무국을 통하여 그가 방문하는 나라마다 정보를 알려주었기 때문에 유럽에서 상해까지 오는 동안 그는 엄격한 검사를 거쳐야 했으며 상해에 도착해서도 조차지 순경들의 집중 감시를 받게 되었던 것이다. 그가 이한준의 집에서 열린 대회에 참석하고 있을 때 프랑스 조차지 순경의 수색 사건이 발생하게 된 것이다. 1기 대회가 중단된 후 회의를 준비했던 왕회오(王會悟 : 이달의 부인)는 절강성 가흥에 위치한 남호에서 배를 빌어 회의를 계속할 것을 건의하였다. 왕회오는 꽃 문양이 새겨진 도금한 중형 놀잇배(배의 양 측면 가운데 한쪽으로만 탑승이 가능한 배)를 구하였다. 이러한 배는 청말 남호 일대의 어민들이 유람선으로 이용하던 배로 화려한 장식으로 인해 '화방(畵舫)'이라고 불렀다.

이튿날 중공 1기 대표들은 아침 7시 35분발 기차를 타고 상해를 출발하여 10시에 가흥(嘉興)에 도착하였다. 왕회오가 기차역에서 이들을 마중하였으며, 왕회오의 안내를 받아 동문사자회도구(東門獅子滙渡口)에서 나룻배를 타고 호수 중앙에 있는 섬에 도착하였다. 연우루(烟雨樓)에 올라 회의를 할 유람선의 위치를 확인한 후 왕회오가 미리 마련해 둔 유람선에 올랐다. 그들이 탄 배가 연우루에서 동쪽으로 2백 미터 정도 떨어진 한적한 곳에 이르자 삿대로 배를 고정시키고 회의를 시작하였다. 왕회오는 뱃머리에 앉아 있다가 다른 배들이 접근하면 안으로 들어와 그들에게 알려주곤 하였다. 중공 1기 대표들은 사람들의 의심을 피하기 위하여 특별히 마작까지 준비하여 테이블 위에 펼쳐 두었다. 오전 11시에 시작된 회의는 6시가 넘어서야 끝이 났으며 폐회에 이르자 가벼운 환호성과 함께 '공산당 만세, 코민테른 만세, 공산주의 만세' 등이 고요히 울려 퍼졌다.

이로써 중국공산당이 탄생하게 된 것이다.

중국공산당 제1차 전국대표대회의 내용과 결의

1921년 7월에 개최된 중국공산당 제1차 전국대표대회에서는 당원의 수가 적고 각지의 조직이 아직 체계화되지 않은 실정을 고려하여 중앙위원회를 출범하지 않는 대신 중앙국(中央局)을 결성하여 공산당의 지도체계를 확립하고자 하였다. 이 대회를 통해 진독수, 장국도, 이달 등 세 명으로 중앙국을 구성하게 되었으며 초대 서기에 진독수, 조직주임(組織主任)에 장국도, 선전주임(宣傳主任)에 이달을 각각 선출하였다. 중앙국의 결성으로 공산당 조직이 강화되는 한편 각지의 조직을 통일적으로 운영할 수 있는 중요한 계기가 마련되었다.

이 대회에서 통과된 중국공산당 강령의 내용은 다음과 같다.

1), 당의 명칭을 '중국공산당'으로 결정한다.

2) 당의 강령은 다음과 같다.

　　① 무산계급 혁명군대는 자산계급을 타도하여 노동계급으로 국가를 다시
　　　중건함으로써 계급차별을 완벽하게 해소한다.

　　② 무산계급 집권체제를 확립하여 계급투쟁의 목적인 '계급소멸'을 달성한다.

　　③ 자본사유제도를 폐지하고 일체의 생산자원, 일례로 기계, 토지, 공장,
　　　반제품 등을 몰수하여 사회에 환원한다.

　　④ 코민테른(제3인터내셔널)과 연합체계를 구축한다.

3) 당은 '소비에트(Soviet : 사회주의 공화국 연방)' 형식을 채택하여 노동자 농민과 군대를 조직하여 공산주의를 선전하고 사회주의 혁명이 당의 최우선 정책임을 인정한다. 황색지식분자(黃色知識分子 : 자본주의 경향의 지식인)를 비롯한 다른 당파와는 모든 관계를 단절한다.

4) 당의 강령과 정책을 받아들이고 당에 충성하기를 원하는 자는 성별, 국적에 관계없이 당원 1명의 소개를 통하여 당원이 될 수 있다. 그러나 당에 가입하기 전 반드시 공산당의 강령에 반대하는 어떠한 당파와도 관계를 단절해야 한다.

5) 당원 소개 절차는 다음과 같다. 소개를 받는 자는 현지 위원회의 검사를 거쳐야 하며 검사기간은 최대 2개월로 정한다. 검사 후 다수 당원의 동의를 거쳐 신청인을 당원으로 인정한다. 만약 해당지역에 집행위원회가 설립되어 있으면 해당지역 집행위원회의 비준을 받아야 한다.

6) 공개 시기가 왔다고 판단하기 전에 당의 임무와 당원의 신분은 철저히 비밀로 한다.

7) 5명 이상의 당원이 있는 지역에는 지방위원회를 설립할 수 있다.

8) 한 지역의 위원회 구성원은 현지 서기의 소개를 받아 다른 지역의 위원회로 전입할 수 있다.

9) 당원의 수가 열 명에 미치지 못하는 지방위원회는 서기 1명만이 모든 사무

를 관장하도록 하고 당원의 수가 열 명이 넘는 경우 재무위원 1명, 조직위원 1명, 선정위원 1명을 둘 수 있다. 당원의 수가 30명이 넘는 경우 집행위원회를 결성하고 집행위원회의 장정을 별도로 제정하도록 한다.

10) 각지의 당원이 증가하는 추세에 있을 경우 직업별로 노동자, 농민, 군인, 그리고 학생 조직으로 나누어 당 밖에서 활동하도록 한다. 이러한 조직은 당의 지방 집행위원회의 지시를 따라야 한다.

11) (누락 : 오기誤記로 추정)

12) 지방위원회의 재정, 출간, 정책은 모두 중앙집행위원회의 감독과 지시를 따라야 한다.

13) 당원의 수가 오백 명을 초과하거나 이미 5개 이상의 지방위원회가 설립되어 있는 경우, 합당한 지역을 선택하여 전국대표회의가 선출한 열 명의 위원으로 구성된 중앙집행위원회를 설립한다. 상기 여건이 구비되지 못한 경우에는 필요에 따라 임시중앙집행위원회를 구성한다. 중앙집행위원회의 상세 규정은 별도로 정한다.

14) 현행 법률에 의해 강요당한 경우 또는 당의 동의를 얻은 경우를 제외하고는 어떠한 당원도 정부관리 또는 국회의원을 담당할 수 없다. 단 군인, 경찰, 문관 고용직은 이러한 제한을 받지 않는다.

15) 본 강령은 전국대표대회 3분의 2이상의 대표의 동의를 거쳐 수정할 수 있다.

▶▶ 역사의 흐름에 어떤 영향을 미쳤을까?

중국공산당의 성립은 중국 역사에서 획기적인 사건이라고 할 수 있다. 이때부터 중국에는 마르크스주의 사상을 지도사상으로 삼고 민주집중제도(民主集中制度)를 조직의 원칙으로 삼으며 공산주의를 목표로 삼아 분투하는 무산계급 정당이 탄생하게 된 것이다. 중국공산당이 성립된 후 중국의 혁명 추진 양상은 전과 판이하게 달라진 새로운 모습을 선보이게 된다.

2. 제1차 국공합작, 중국공산당이 우파에게 당하다

신해혁명이 실패로 끝난 후에도 손중산(孫中山 : 쑨원)은 자산계급 민주혁명파의 입장을 견지하며 끝까지 노력을 포기하지 않았다. 그는 중화혁명당(中華革命黨)을 중국국민당(中國國民黨)으로 재편하였으나 중화혁명당이나 중국국민당 모두 군중들과 괴리되어 있었기 때문에 손중산이 주도한 두 차례의 혁명과 호국운동(護國運動), 호법운동(護法運動) 등은 모두 실패로 끝나고 말았다. 손중산이 혁명의 활로를 찾지 못하고 고심하고 있을 때 러시아 10월 혁명의 성공은 그에게 희망적인 가능성을 보여주게 된다. 손중산은 레닌과 소비에트 정부에 러시아 볼셰비키당의 불굴의 투쟁정신에 대해 경의를 표하는 전보를 보냈다. 이러한 상황에서 5·4운동의 성공은 손중산으로 하여금 민중의 역량을 느낄 수 있는 계기를 만들어 주었다. 1921년 갓 탄생한 중국공산당은 시국을 바라보는 입장을 밝히며 민주혁명의 뜻을 굽히지 않고 있는 손중산의 정신에 경의를 표하였다. 그러나 동시에 혁명은 반드시 민중의 역량으로 이루어져야 함을 설명해 주었던 것이다. 이러한 시대적 배경이 국공합작의 여건을 형성하게 되었다고 볼 수 있다.

중공 3기와 국민당 1기

1922년 4월 22일 손중산은 광서에서 광주로 돌아왔다. 코미테른의 대표 마링도 광주에서 개최되는 중국사회주의청년단(中國社會主義靑年團) 제1차 전국대표대회에 참석하기 위해 중국에 와 있는 상황이었다. 그는 소비에트러시아의 전권을 일임 받은 대사로서 손중산과의 회담에서 국공합작에 관한 문제를 거론하게 된다. 손중산은 소비에트러시아에 대한 우호적인 입장을 전달하고 중국혁명에 있어 실질적이고 진실한 우방은 소비에트러시아임을 믿고 있으며 소비에트러시아와 관계를 확립할 의사가 있음을 설명하였다. 이에 그는 공산당원과 사회주의청년단원이 국민당에 입당하는 것을 허락한다는 뜻을 밝혔다. 이로써 단절되었던 당외합작(黨外合作) 분위기가 다시금 조성되는 계기가 마련된다.

1923년 6월 12일 중국공산당 제3차 전국대표대회가 광주에서 개최되었다.

여러 차례 실패 후 국민당 개선에 나선 손중산

이는 중국 역사에서 비교적 중요한 위치를 차지하고 있는 대회로서 코민테른이 국공합작 및 공산당원이 개인 명의로 국민당에 가입하는 것을 허가하는 결의안이 통과된 것이다. 이로써 제1차 국공합작을 위한 정치적 기반이 형성되었다고 볼 수 있다.

이 대회에서는 젊은 공산당원들을 주축으로 중국의 혁명과 대내외정세, 당 운영 등에 대해 열띤 토론이 벌어졌다. 대회에 참석한 대표들은 국공합작을 반대하는 장국도 등의 그른 판단을 비판하면서 모든 것을 국민당에게 일임해 버리는 진독수의 우경적인 가치관에 대해서도 비판을 가하였다. 이러한 토론을 거쳐 「국민운동 및 국민당문제에 대한 결의안(關于國民運動及國民黨問題的決議案)」 등 몇 가지 안건을 통과시킴으로써 손중산이 이끄는 국민당과의 합작을 통해 통일전선전술을 구축하는 안을 결정하게 된다. 공산당원은 개인 신분으로 국민당에 가입할 수 있으며 그 목적은 국민당을 노동자, 농민, 소자산계급과 민족자산계급으로 이루어진 혁명동맹으로 개편하는데 있었다.

그러나 공산당의 정치적 독립성을 유지하기 위하여 공산당원은 국민당에 가입한 후에도 공산당 조직을 확대하기 위하여 노력하여야 하며 당의 기율을 엄격히 준수하도록 하였다. 중공 3기에서 특히 눈여겨보아야할 사실은 모택동이 5인으로 구성된 중앙국의 일원으로 선출되어 사무장을 담당하게 됨으로써 진독수와 함께 당의 일상적인 사무를 관장하게 되었다는 것이다. 모택동은 중국공산당이 창당된 후 처음으로 당의 핵심 지도층에 포함되었으며, 이는 그가 1935년에 열린 준의회의(遵義會議)가 열리기 전까지 당내에서 맡았던 최고직분에 해당한다.

중국공산당과 소비에트러시아가 제안한 노동자, 농민을 연합한 정당과 혁명 무장세력 확립 건의에 따라 손중산은 국민당을 개편하기로 결정하였다. 1922년 가을 손중산은 상해에서 공산당원까지 참여하는 회의를 개최하고 국민당 개편 계획을 논의하여 국민당 개편 선언 초고와 당강(黨綱), 당장(黨章) 등을 마련하였다. 이는 국공 양당이 처음으로 추진한 합작의 형태였다고 할 수 있다.

1924년 1월 20일부터 30일까지 중국국민당 제1차 전국대표대회가 손중산의 주재로 광주에서 개최되었다. 이번 대회는 코민테른과 중국공산당의 협조를 얻어 개최하게 된 것으로 이대소, 모택동, 담평산(潭平山, 탄핑산), 구추백(瞿秋白, 취추바이 : 1899~1935년)*, 임백거(林伯渠, 린바이취) 등 23명의 공산당원을 비롯하여 총 165명의 대표가 참석하였다. 이 대회에서 「중국국민당 제1차 대표대회선언(中國國民黨第一次代表大會宣言)」이 통과됨으로써 국민당의 새로운 당강, 당장을 비롯하여 구체적인 개편 방법이 확정되었다. 또한 삼민주의에 대한 새로운 해석을 시도하여 구삼민주의를 신삼민주의로 발전시킴으로써 '러시아와의 연합', '공산당과의 연합', '노동자 농민에 대한 원조'라는 3대 정책을 확립하였다. 또한 대회 선언을 통해 공산당의 반제국, 반봉건의 주장을 받아들였다.

특히 신삼민주의의 내용은 중국공산당이 민주혁명 단계에서 제시한 강령과 기본적으로 일치하므로 국공합작의 정치적 기틀을 형성하였다. 이 대회에서 통과된 「중국국민당장정(中國國民黨章程)」은 국민당을 개편하여 공산당원과 사회주의청년단원이 개인자격으로 국민당에 가입할 수 있으며 과거의 개인 집권제도를 민주주의 집중제도로 개편하였다. 또한 이대소, 담평산, 모택동, 임백거, 구추백, 장국도 등 열 명의 공산당원이 포함된 국민당 중앙집행위원회를 발족시켰다.

---

* 중국공산당 초기 지도자로 이론가 겸 선전가이다. 1922년 중국공산당에 가입했고, 제1차 국공합작 결렬 이후 중국공산당을 주도하면서 국민당 우파에 대한 투쟁에 적극 참여했다.

이로써 국민당 개편 작업이 완료되었으며 노동자, 농민, 소자산계급과 민족자산계급이 민주혁명연맹으로 구성된 국민당은 공산당과 국민당의 합작을 기초로한 통일전선체제를 구축하였다. 이 대회는 제1차 국공합작의 형성과 제1차 국내혁명전쟁이 정식으로 시작되었음을 알리는 상징적인 의미를 지니고 있다고 할수 있다.

국공합작과 제1차 국내혁명전쟁

1924년 5월 소비에트러시아와 중국공산당의 협조를 얻어 손중산(1866~1925년)*은 광주 황포(黃埔)에 육군군관학교를 설립함으로써 군사간부를 육성하게 된다. 국민당 좌파 요중개(廖仲愷, 랴오중카이 : 1877~1925년)**가 학교의 당대표를 맡고 장개석(蔣介石, 장제스 : 1887~1975년)***이 교장으로 임명되었다. 요중개는 장개석과 소비에트러시아 고문과 상의를 거친 후 중국공산당에서 적당한 인물을 학교의 정치부 주임으로 선임해 줄 것을 요청하기로 결정하였다. 1924년 11월 중국공산당은 주은래를 육군군관학교의 정치부 주임으로 파견하였으며, 후에 운대영(惲代英, 윈다이잉), 소초녀(蕭楚女, 샤오추뉘), 섭영진(聶榮臻, 녜룽전) 등의 당원을 파견하여 학교의 사무를 나누어 맡도록 하였다.

주은래는 군관학교에 도착한 후 먼저 체계적인 공산당 조직을 확립하기 위하여 '중국황포군교특별지부(中國黃埔軍校特別支部)'를 구성하였다. 당원 배양을 위한 정치교육방안을 확정한 후, 사회발전사, 제국주의 침략사, 각국 혁명사 등의 과목을 개설하였다. 그는 "군대의 정치적 역량 배양을 위해서는 정치교육에 집중해야 한다"고 강조하고 직접 강의에 나서는 한편 모택동, 장태뢰(張太雷, 장타

---

* 1919년 5·4운동 후 중화혁명당의 대중성의 필요성을 느끼고 중국국민당으로 재편 한 뒤, 국공합작, 노동자, 농민과의 결속을 꾀하였고, 장병을 양성하고 북벌을 준비하였다. 그러나 뜻을 이루지 못한 채 "혁명은 아직 이룩되지 않았다"는 유언을 남기고 1925년 북경에서 사망하였다.

** 1911년 신해혁명 후 광동도독부 총참의(總參議)가 되었으나, 제2혁명 후 일본에 망명하였다. 1920년 귀국 후, 손문의 광동군정부에 참가하여 국공합작을 추진하였다. 1925년 손문이 죽은 후 국민당 좌파 중심인물로 국민정부의 재정부장이 되었으나, 그 해 8월 20일 우파에게 암살당하였다.

*** 1918년 손문의 휘하에 들어가 주로 군사면에서 활약하였다. 1924년 황포군관학교 교장, 1926년 국민혁명군 총사령에 취임하였으나, 1927년 상하이쿠데타를 일으켜 공산당을 탄압하였다.

국민당 당정무 주요 요인들과 함께 황포군관학교 개학식에 참석한 손중산

이레이), 소조정(蘇兆征, 쑤자오정) 등을 강사로 초빙하기도 하였다. 군관학교 안에는 커다란 용수나무가 있었는데 주은래는 학생들과 이 용수나무 아래에서 허심탄회한 대화를 나누곤 하였다. 황포군관학교는 장선운(蔣先云, 장셴윈), 서향전(徐向前, 쉬샹첸), 진갱(陳廣, 천겅), 좌권(左權, 줘췐), 주일군(周逸群, 저우이췬), 황공략(黃公略, 황궁뤼에), 도주(陶鑄, 타오주), 유지단(劉志丹, 류즈단) 등 우수한 학생들을 대거 보유하고 있었으며 대부분이 공산당원에 속했다. 또한 제1차 국내혁명전쟁을 치르는데 있어 수많은 인재를 배출해 냄으로써 많은 공헌을 하게 된다.

국공합작의 여건이 조성된 상황에서 중국공산당의 적극적인 주도 아래 중국에는 반제국, 반봉건의 기치를 내건 대혁명의 물결이 일기 시작하였다. 1919년에 일어난 5·4운동은 중국 전역에 혁명의 불길을 지피게 되었으며 북양군벌정권을 무너뜨리기 위한 기틀을 다져 놓았다.

이를 바탕으로 1926년에서 1927년에 이르는 기간 동안 공산당과 국민당의 협조 하에 반제국주의와 북양군벌정권을 무너뜨리기 위한 전쟁이 일어나게 된다. 1926년 7월 국민혁명군은 군벌정권의 통치체제를 완전히 붕괴시키기 위해 장개석을 총사령관으로 임명하여 약 10만의 병력을 이끌고 광동에서 출발하여 3대대로 나누어 북벌을 감행하게 하였다. 공산당원과 공청단원(共青團員)이 주축이 된 제4군 엽정(葉挺, 예팅) 독립군이 북벌 선발대로 나서게 되었으며 용감하게 전

운대영의 초상

투에 임하는 그들은 '철군(鐵軍)'이라는 칭호를 얻게 되었다. 북벌전쟁에 대한 노동자, 농민의 광범위한 지지를 바탕으로 국민혁명군은 빠르게 전진하였다. 이에 서로군은 호남지방을 비롯하여 호북의 무한(武漢)을 장악하게 되었으며 중로군은 강서 지역을, 동로군은 복건(福建) 지역을 장악하게 되었다. 1927년 초, 북벌군은 북양군벌군대의 오패부(吳佩孚, 우페이푸), 손전방(孫傳芳, 쑨촨팡) 등의 주력부대를 격퇴하고 승리를 거둠으로써 전체 중국의 절반 정도를 장악하였다.

북벌이 순조롭게 진행되고 노동자, 농민운동이 급속하게 발전하면서 제국주의 봉건세력은 중국에서의 통치기반이 흔들리기 시작하였다. 그러나 북벌군의 세력이 점점 확장될 무렵 장개석, 왕정위(汪精衛, 왕징웨이 : 1883~1944년)* 등 국민당 우파세력이 제국주의의 지원을 받아 상해와 무한에서 '4·12', '7·15' 정변을 일으키게 된다. 게다가 진독수 등 투항을 고려하는 우경파의 영향으로 공산당 내부적으로도 돌파구를 마련할 올바른 선택을 할 수 없는 지경에 이르게 되었다. 그 결과 장개석 등이 북벌의 성과를 바탕으로 새로운 군벌통치세력으로 등장하게 되었으며 기세당당했던 북벌은 실패로 막을 내리게 된다.

혁명이 실패한 데에는 여러 가지 원인을 찾을 수 있다. 먼저 객관적인 적의 우세를 감안하지 않을 수 없다. 제국주의 열강과 중국의 봉건군벌, 매판자본계급이 서로 결탁해 형성한 세력은 정치적 경험이나 경제력에서 혁명군을 앞서고 있었던 것이 사실이다.

그 다음으로는 중국혁명군 주력부대가 노동자, 농민의 광범위한 가세로 이루어졌으나 참여범위와 조직력 면에서 충분한 역량을 발휘하지 못하였으며, 힘

---

* 본명 왕조명(汪兆銘, 왕자오밍)이다. 중국국민당 일원으로 손문과 친밀한 관계에 있었으나, 손문 사후 그의 위치가 장개석의 강력한 도전을 받게 되었다. 장개석과 라이벌로 대립하다, 중일전쟁 발발 후 친일파로 변절하여 난징에 친일괴뢰정권을 세웠다. 중국의 대표적인 매국노(漢奸)로 불린다.

의 불균형이 초래되었다. 특히 혁명의 중심이었던 중국공산당은 아직 미성숙한 유년기에 머물러 있었기 때문에 기강이 불완전하였을 뿐만 아니라 중국 국정에 적합하도록 마르크스주의 사상을 원용하지 못하여 중국의 특색이 드러나는 혁명 루트를 찾지 못하였던 것이다. 북벌전쟁이 후반기에 접어들면서 투항 쪽으로 마음이 기운 우경파 진독수가 중앙통치체계를 장악하면서 혁명의 주도권을 포기하였기 때문에 상대의 돌발 기습에 효과적인 대응이 불가능하였다. 이로써 제1차 국공합작은 심각한 타격을 입은 채 실패로 끝나게 된다.

▶▶ 역사의 흐름에 어떤 영향을 미쳤을까?

제1차 국공합작(1924년 1월~1927년 7월)*은 갓 탄생한 중국공산당에게 단련의 기회를 제공하였으며, 이 전쟁을 통해 수많은 경험을 축적하였다. 또한 국공합작으로 일으킨 전쟁에서 짧은 2, 3년 동안 광동 일대를 중심으로 북양군벌정권 통치를 타파함으로써 중국에 있는 제국주의 세력에 큰 타격을 입히게 되었다.

또한 이번 전쟁의 시작과 실패를 통해 노동자, 농민의 무장의 중요성을 깨닫게 되었으며 국공합작의 통일전선전술에 있어 공산당의 독립성 견지의 필요성이 부각되었다. 즉 통일전선전술을 구사함에 있어 중국공산당이 혁명의 방향성을 유지해야 한다는 것이다. 농민과 소자산계급의 무장을 강화하고 좌파 간 단결, 중도파 흡수, 우파 타도 등의 사상을 견지함으로써 우파의 기습공격에 대비하여 혁명의 성과를 장악할 필요성이 있었다. 그러나 이 전쟁의 시작과 실패를 통해 적의 실체를 분명하게 파악하게 되었다는 것도 소기의 성과로 볼 수 있을 것이다.

---

* 제1차 국공합작은 1927년 무한에 혁명정권이 수립되기까지 하였는데, 좌파의 영향력을 두려워한 장개석이 그 해 4월 상해에서 반공우파 쿠데타를 감행함으로써 국공합작은 결렬되고 공산당은 불법화되었다. 이에 7월 13일, 중국공산당은 제1차 국공합작의 종료를 선언하였다.

3. 남창봉기, 중국인민해방군이 건립되다

중국인민해방군은 중국의 부흥에 매우 중요한 역할을 담당하였다. 제2차 중국혁명전쟁, 항일전쟁, 해방전쟁, 한국전쟁을 거치며 신중국이 성립되기까지 50여 년 동안 중국인들이 힘차게 일어나 반봉건, 식민 상태에서 벗어나도록 하였다. 또한 신중국의 사회주의 현대화 과정에서 중국의 안위를 굳건히 지킴으로써 철통같은 만리장성의 위력을 발휘하였다고 볼 수 있다. 인민해방군이 탄생한 1927년 8월 1일은 중국공산당과 중국의 혁명사에 있어 매우 중요한 위치를 차지하고 있는 남창봉기(南昌起義)*가 일어났던 날이다.

국공합작을 통한 대혁명의 실패와 중국공산당의 남창봉기 준비

중국공산당은 창당 이후 대규모 노동자 계급을 조직하여 5·4운동에 참여하도록 하였으며, 그 과정에서 통일전선의 중요성을 깨닫게 된다. 중국공산당의 적극적인 노력으로 1924년 제1차 국공합작이 실현되었으며 본격적인 국민혁명운동이 전개되었다. 통일전선을 구성한 국민대혁명의 막이 올랐던 것이다.

1926년 그렇게 시작된 북벌전쟁은 제국주의를 등에 업고 있는 북양군벌정권을 무너뜨리는 데 그 목적이 있었다. 북벌전쟁이 진전되면서 북양군벌세력이 와해되고 제국주의도 타격을 입게 되었다. 그러나 순조롭게 진행되던 북벌전쟁은 국민당 우파가 제국주의 세력과 결탁하여 중국공산당을 공격하게 됨으로써 제1차 국공합작이 결렬되기에 이르렀다.

1927년 4월 12일 장개석은 건달들을 무장시켜 노동자계급으로 위장한 후 각지역의 노동자규찰대를 습격하도록 하였다. 곧이어 '노동자 내홍'을 빌미로 군대를 동원하여 노동자규찰대에 총포를 겨눔으로써 3백여 명의 노동자를 희생시

---

* 1927년 8월 1일 중국 강서성(江西省) 난창(南昌, 난창)에서 일어난 공산주의자들의 봉기로 국공 내전 기간 중 중국국민당과 중국공산당 사이에 벌어진 최초의 전투이다. 중국공산당은 난창을 공격하여 점령하는 데 성공하였으나 국민당군의 역습을 맞아 5일 만에 패퇴하였다.

컸으며, 이날 오후 노동자로 위장한 무장 건달들이 상해 총공회(上海總工會)를 점령하였다.

남창봉기 시절의 주은래

이튿날 총공회에서는 노동자군중집회를 열고 그들이 받은 총격에 총격으로 응수할 것과 노동자로 위장한 건달들의 소탕 등에 대해 논의하였다. 회의가 끝난 후에는 거리유세를 진행하였다. 시위행렬이 보산로(寶山路)에 이르렀을 때 장개석은 무기를 전혀 지니고 있지 않은 이들을 향해 총격을 가하여 보산로는 피로 물들게 되었다. 또한 총공회를 압수 수색하여 공산당원, 노동자 수장, 혁명에 공을 세운 군중을 찾아내어 살해하였다. 이 짧은 3일 동안 3백여 명이 목숨을 잃고 5백여 명이 체포되었으며 5천여 명이 실종되었다. 이 사건이 바로 '4·12' 대학살 사건으로 장개석은 후에도 여러 지역에서 이러한 대학살을 자행하였다. 그해 4월 북양군벌 가운데 하나였던 장작림(張作霖, 장쭤린 : 1873~1928년)*이 공산당 창당인 이대소(李大釗, 리다자오 : 1889~1927년)**를 북경에서 살해하였다.

장개석에게 동조한 인물로는 좌파로 가장했던 왕정위가 있다. 그는 송경령(宋慶齡, 쑹칭링)으로 대표되는 국민당 좌파의 반대에도 불구하고 7월 14일 야간을 이용하여 무한에서 '공산당과 분리'를 목적으로 회의를 개최하였다. 왕정위는 '공산당과의 분리'를 주제로 한 보고서를 발표한 후 반공 정서를 조장하기 시작하였다. 또한 국민당에 입당한 공산당원에 대해 처벌하겠다고 공언하는 한편, 한 당 안에는 이념과 이념이 충돌해서는 안 되며 정책과 정책이 서로 충돌해서도 안 되고 더구나 두 개의 최고기관이 있을 수 없다고 강조하였다. 즉 공산당과 국민

---

* 중국 만주지역의 군벌, 정치가로 1926년 직예파(直隷派) 군벌과 합세하여 북경에 진출, 국민혁명군의 북벌저지에 임하였다. 1927년 열강의 묵인 하에 북경 공사관 구역으로 군사를 투입하고 소련대사관의 수사 등 탄압을 가하여 이대소 등 20명을 처형하였다.

** 5·4운동 후 신문화운동 지도자가 된 후, 1921년 중국공산당 창당에 참여하고 1922년 국민당에 입당하여 그 개편과 국공합작을 추진하였다. 1925년 수도(首都)혁명, 1926년 3·18사건 등 국민운동을 지도하다가 1927년 4월 장작림의 러시아 대사관 수색사건 때 체포되어 총살당하였다.

당이 서로 분리되어야 한다는 것이었다.

주덕의 초상

이 회의에서 '공산당과 분리'에 필요한 각종 결의와 명령을 통과시켰으며 특히 중앙당부(中央黨部)는 본당의 이념과 정책에 위배되는 일체의 언행을 제재해야 하며, 국민당에 가입한 공산당원과 당의 각급 부서, 정부조직, 국민혁명군 내에 직책을 맡고 있는 자는 반드시 공산당을 탈퇴하여야 하며 그렇지 않을 경우 일괄 정직시키도록 하였다. 또한 국민혁명 시기에 공산당원은 국민당의 혁명 활동에 지장을 주는 행위를 해서는 안 되며 국민당의 명의로 공산당 활동을 해서는 안 된다고 성토하였다.

회의를 마친 후 7월 하순부터 왕정위가 주축이 되어 국민당과 공산당의 '평화적 분리'는 '무력소탕'의 형태로 발전되었으며, 그는 공산당을 적으로 간주하고 잡는 즉시 총살시킴으로써 공산당에 대한 대학살이 시작되었다.

대혁명의 실패에는 외부적인 요인도 작용했겠지만 당시 중국공산당을 이끌었던 진독수(陳獨秀, 천두슈 : 1879~1942년)[*]의 우경적인 태도에 문제가 있었다고 할 수 있다. 특히 국민당 우파를 배려하고 양보하는 정책을 실시하였으며, 군대의 지휘권에 대한 인식 부족이 가장 중요한 문제였다고 볼 수 있다.

중공(中共) 중앙당부는 제1차 국내혁명전쟁을 전개하면서 군대 장악의 중요성을 소홀히 하면서 대부분의 군대 통제권이 국민당의 수중에 넘어가 있었다. 중국공산당이 장악하고 있거나 영향을 끼칠 수 있는 무장 세력은 국민당 장발규(張發奎, 장파쿠이)가 인솔하는 국민혁명군의 제4집단군 제2방면군에 속해 있었다. 그 가운데는 하룡(賀龍, 허룽 : 1896~1969년)[**], 엽정(葉挺, 예팅 : 1896~1946년) 등의 부대도

---

[*] 중국공산당의 총서기(總書記)가 되어 중국의 레닌이라고 호칭되었으나, 1927년 중국공산당 제5차 전국대표대회에서 국내외로부터 '우경 투항주의자'라는 거센 비판을 받았다. 1929년 트로츠키주의로 전향한 그는 결국 중국공산당으로부터 축출당했다.

[**] 제1차 국공합작이 진행되던 1926년 국민당군이었는데 이때 중국공산당에 입당했다. 제1차 국공합작을 깨고 장개석과 국민당 우파가 공산당을 탄압하자, 주은래, 주덕(朱德, 주더) 등과 함께 남창봉기를 일으켰는데, 당시 홍군 제2방면군을 지휘하였다.

포함되어 있었다. 대혁명이 실패로 끝나가고 있을 무렵인 1927년 7월 중공(中共) 중앙당부는 한구(漢口)에서 임시정치국 상무회의를 열고 장발규의 국민혁명군 제2방면군에서 군사폭동을 일으키도록 결정하였다. 이와 함께 주은래를 서기로 전적위원회(前敵委員會 : 전방위원회)를 구성하였다. 그러나 장발규가 왕정위의 편에 선 것을 확인한 후에는 그에 대한 환상을 버리고 독립적으로 남경과 무한 등에 있는 국민당정부를 향해 군사행동을 취하기로 결정함으로써 남창봉기가 발발하게 된다.

남창봉기의 전개 과정

국민당 군대는 남창에서 그 세력이 비교적 약하였다. 주배덕(朱培德, 주페이더)이 지휘하는 제5방면군의 총지휘부와 경위단(警衛團), 제3, 제6군이 일부씩 떨어져 있어 총 3천여 명 정도가 주둔하고 있었다. 중국공산당이 영향력을 발휘할 수 있는 무장 세력은 엽정이 이끄는 제20군과 주덕(朱德, 주더 : 1886~1976년)*이 이끄는 제3군 군관교육단, 남창공안국의 두 개의 보안부대, 엽정의 독립군이 주력부대로 있는 제25사단, 그리고 채정개(蔡廷鍇)의 제10사단 등이 있었다. 이밖에 노덕명(盧德銘, 루더밍)이 인솔하는 국민정부경위단(國民政府警衛團), 진의(陳毅, 천이)가 이끄는 중앙군정학교(中央軍政學校) 무한분교(武漢分校) 등이 무한에서 남창으로 집결하였다.

7월 27일, 주은래는 남창에서 주덕, 유백승(劉伯承, 류보청), 운대영, 팽배(彭湃, 펑빠이), 엽정, 섭영진, 그리고 강서 당조직 책임자가 참석하는 중요회의를 주재하였다. 회의를 통해 유백승을 참모단장으로 하고 주은래, 엽정, 하룡을 위원으로 하는 참모단을 구성하게 되었으며 그 산하에 봉기군 총사령부를 설치하고 하룡을 총사령관에 엽정을 전방총사령관에 임명하였다. 선발위원회는 7월 30일에 봉기를 일으키기로 하였다. 이때 장국도가 무한에서 남창으로 달려와 봉기를 저지

---

* 1926년 러시아에서 귀국 후 제1차 국공합작 때 남창의 국민당군을 지휘하였다. 1927년 국공합작이 붕괴되자, 국민당 정부로부터 남창봉기를 진압하라는 명령을 받지만 오히려 이 봉기에 가담하였다. 1928년 마오쩌둥과 홍군을 조직하는 등 훗날 개국원수라 불린다.

남창봉기군 일부 사진. 오른쪽부터 진의, 주자곤, 송유화, 속유, 이일맹, 엽
정, 원국평, 주극정

하려고 하였다. 그러나 주은래를 앞세운 전방위원회는 장국도의 저지를 물리치고 봉기를 결정하였다.

8월 1일이 되자 주은래, 하룡, 엽정, 주덕, 유백승 등이 이끄는 중국공산당 영향권의 병력 2만을 이끌고 강서성 남창에서 봉기를 선언하였다. 네 시간 동안의 격전을 치르면서 적군 3천여 명이 숨지고 총포 5천 자루, 탄환 100만 발을 비롯하여 대포 수대를 획득하고 남창을 점령하였다.

8월 2일 마회령(馬回嶺)에 주둔하고 있던 제4군 제25사단의 주력부대가 전방위원회에서 파견한 섭영진의 지휘를 받으며 남창에서 주력부대가 합류하도록 하였다. 봉기에서 승리한 후 부대는 여전히 국민혁명군 제2방면군의 번호를 연용(沿用)하였다. 하룡을 대리 총사령관으로 임명하고 유백승을 참모단 참모장에, 곽말약(郭沫若, 귀모뤄)을 총정치부(總政治部) 주임에 임명하였다. 각각의 부대를 다음과 같이 3개 군으로 편성하였다. 첫째, 제20군은 하룡을 군대장, 요건오(廖乾吾, 랴오첸우)를 공산당대표로 하여 제1, 제2, 제3 사단 및 군 직속 교도단(敎導團) 특무영(特務營)을 관할하도록 한다. 둘째, 제11군은 엽정을 대대장, 섭영진을 공산당대표로 하여 제24, 제25, 제10사단과 군 직속 포병단을 관할하도록 한다. 셋째, 제9군은 위저(韋杵, 웨이추)를 군대장, 주덕을 부군대장, 주극정(朱克靖)을 공산당대표로 하여 군관교육단을 주축으로 남창의 인쇄, 철도 노동자들을 포함하여 일개 단(團)의 병력을 갖추도록 한다.

8월 1일 오전에 열린 전방위원회에서는 국민당 중앙위원 및 각 성, 구, 특별시, 해외의 각 당부(黨部) 대표가 참석하는 연석회의를 주재하였다. 이 회의에서 통과된 「연석회의선언(連席會議宣言)」에는 '제국주의타도', '신구 군벌 타도', '경작농의 토지소유 시행' 등의 구호와 정치 강령을 결정하였다. 이에 공산당원을 주축으로 국민당 좌파가 참여하는 중국국민당혁명위원회(中國國民黨革命委員會)를 결성하였다.

중국국민당혁명위원회는 송경령(宋慶齡), 등연달(鄧演達, 덩옌다 : 1895~1931년)*, 담평산, 주은래, 하룡, 엽정, 소조정(蘇兆征), 운대영, 이립삼(李立三, 리리싼), 장국도, 곽말약, 오옥장(吳玉章, 우위장), 서특립(徐特立, 쉬터리), 임조함(林祖涵, 린주한), 팽배, 하향의(何香擬, 허샹니), 팽택민(彭澤民, 펑저민), 장서시(張曙時) 등 25명으로 구성하였다.

정치적 성향이 강하게 배인 이 위원회는 중국국민당혁명위원회의 명의로 손중산의 '러시아와의 연합', '공산당과의 연합', '노동자 농민에 대한 원조'라는 3대 정책을 계승하는데 그 목적을 둠으로써 남경의 장개석 정부와 무한의 왕정위 정부에 반대하며, 노동자, 농민과 도시 소자산계급, 연합국민당 좌파인사 등이 연합한 무산계급이 이끄는 민주혁명정권이라고 볼 수 있다. 이날 국공합작 시기에 국민당 중앙위원에 선출된 15명의 공산당원과 국민당 좌파인사 7명이 서명한 국민당 「중앙위원회선언(中央委員會宣言)」을 발표하고 장개석과 왕정위의 배반행위를 신랄하게 공개하였다. 또한 제국주의 반대, 신구 군벌 타도, 토지문제 해결을 위해 투쟁할 것임을 강조하였다.

남창봉기 이후의 상황

남창봉기는 국민당 우파를 크게 동요시켰다. 왕정위는 주배덕의 제3, 제9 양군의 주력부대를 남창으로 급파하여 남창을 포위하고 봉기군을 섬멸하려고 하였다. 이러한 상황 속에서 전방위원회는 봉기군은 예정대로 광동으로 남하하여 해구(海口)를 점령하고 원병을 기다린 후 광동을 근거지로 중건하여 북벌을 재개하기로 한다.

8월 3일에서 6일에 이르기까지 봉기군은 남창에서 철수하여 임천(臨川)을 경유하여 광창(廣昌)으로 남하하였다. 채정개의 제10사단은 진현현(進賢縣) 이가도(李家渡)에 도착할 즈음 변심하여 부대를 이끌고 절강(浙江)으로 향하였다. 무한분교의 간부와 공산당원들은 배를 타고 구강(九江)에 이르렀을 때 장발규에 의해 구

---

* 1919년 보정군관학교를 졸업하였으며, 황포군관학교 훈련부 부주임과 교육장 등을 역임했다. 1927년부터 중국국민당혁명위원회의 위원으로 장개석 군사독재에 반대하다가 1931년 체포, 처형되었다.

인민영웅기념비 상의 남창봉기 부조

류되었으나 분교의 공산당대표 진의(陳毅, 천이 : 1901~1972년)*가 남하하는 것처럼 가장하여 임천(臨川)에서 봉기군을 따라잡았는데, 진의는 제25사단 제73단의 공산당대표로 파견되었다.

이때 장개석도 양광의 제8군 총사령관 이제심(李濟深, 리지선)에게 8개 사단병력을 강서, 호남 남부 지역에 나누어 전진하도록 명하여 남하하는 봉기군을 격퇴하고자 하였다. 봉기군은 서금(瑞金), 회창(會昌) 지역에서 황소횡(黃紹竑, 황사오훙), 전대균(錢大鈞, 첸다쥔)의 부대를 격퇴한 후 심오(尋鄔 : 지금의 심오尋鳥 지역)를 지나 매현(梅縣)으로 나오려던 기존 노선을 변경하여 장정(長汀), 상항(上杭)에서 광동의 삼하패(三河壩), 조주(潮州), 산두(汕頭) 지역으로 진입하도록 노선을 바꾸었다.

주덕은 제25사단을 인솔하여 삼하패(三河壩)에 남아 이곳을 수비하도록 하고 주일군(周逸群, 저우이췬)은 제3사단을 이끌고 조주(潮州)와 산두(汕頭)를 수비하도록 하였다. 두 차례에 걸쳐 병력을 나눔으로써 남은 주력부대 6천은 서쪽으로 진격하고 해풍(海豊), 육풍(陸豊)에서 농민군대를 합류시켜 기회를 보다가 혜주(惠州)를 점령하기로 하였다. 탕갱(湯坑) 지역에서 설악(薛岳) 등의 부대와 격전을 치렀으나 여전히 대치 국면을 면치 못하였기 때문에 게양(揭陽)으로 철수하였다.

10월 3일 유사진(流沙鎭)에서 산두에서 철수한 부대와 전방위원회 수뇌기관

* 1920년 학생운동 주모자로 소환당한 후 중경(重慶)에서 『신촉보(新蜀報)』를 창간, 공산당 선전사업에 활동하였다. 1923년 정식으로 중국공산당에 가입, 1931년 중화소비에트 임시정부 중앙집행위원이 되었으며, 장정(長征)시기에는 복건(福建) 일대에서 활약하였다.

이 합류하였다. 산두에서 철수하기 전, 중공(中共) 중앙당부는 장태뢰를 먼저 보내어 주은래에게 '칠팔회의'의 취지를 알리고 봉기군 수뇌들로 하여금 부대를 떠나도록 지시하였다. 전방위원회는 유사진에서 회의를 열고 주은래가 봉기의 실패의 원인을 분석한 후 무장군은 해풍, 육풍으로 퇴각하여 장기전에 돌입하기로 하였다. 그러나 이날 오후 봉기군의 주력부대가 오석산(烏石山)에 도착하자마자 진제당(陳濟棠, 천지탕), 서경당(徐景唐, 쉬징탕) 등의 부대와 격전을 벌이게 되었으며 대패하고 만다. 제24사단은 1300여 명의 병력밖에 남지 않았으며 동랑(董郎, 둥랑), 안창이(顔昌頤, 옌창이) 등이 인솔하여 해풍, 육풍 지역으로 들어와 현지 농민군대와 합류하였다. 이들은 노동자농민혁명군 제2사단으로 개편하고 지속적인 투쟁을 벌여나가게 된다.

주덕, 진의가 이끌던 부대는 강서성 남부, 광동성 북부를 거쳐 호남성 남부로 진입하여 유격전을 시작하였다. 1928년 1월 호남 남부지역의 공산당조직과 농민무장 세력의 협조로 의장(宜章)에서 연말에 봉기를 일으켰다. 그러나 국민당 군대의 소탕작전으로 봉기군과 농민무장 세력은 호남 남부까지 퇴각하였으며, 그해 4월 정강산(井岡山)에서 모택동이 인솔하는 부대와 합류하여 중국노동자농민혁명군 제4군을 결성하게 된다. 이 부대는 후에 홍군(紅軍 : 중국공산당의 무장조직) 제4군으로 개칭하였으며, 중국 역사에서는 이를 '정강산 혁명 근거지'로 부르고 있다.

▶▶ 역사의 흐름에 어떤 영향을 미쳤을까?

남창봉기는 실패로 돌아갔지만 진독수의 우경주의 비판을 실제 행동으로 옮겼다는 점과 중국공산당이 독립적으로 혁명전쟁을 주도하고 혁명군대를 창설하여 국민당 군대를 향해 대항을 알리는 총포를 쏘아올림으로써 제2차 국내혁명전쟁의 기점이 되었다는 점은 높이 평가할 만하다. 1933년 7월 11일 중앙노동자농민 민주정부는 매년 8월 1일을 중국노동자농민 홍군기념일로 정하여 그해 제1회 팔일건군절(八一建軍節) 기념행사를 가졌다. 1949년 6월 15일 중국인민혁명군사위원회는 '팔·일' 두 글자를 중국인민해방군의 군기와 휘장의 주요 상징으로 삼기로 결정한다.

4. 팔칠회의八七會議, 추수봉기를 일으키다

중국공산당이 무장혁명을 통해 정권을 잡으려는 결정을 하게 된 결정적인 계기는 바로 '팔칠회의'를 통해서였다. 중국공산당은 이 회의를 통해 무장봉기의 원칙을 확정하게 된다. 모택동은 "모든 권력은 총구로부터 나온다"고 함으로써 향후 중국의 혁명 발전에 중요한 의의를 시사하고 있다.

팔칠회의의 배경

국공합작을 바탕으로 형성되었던 혁명의 새로운 국면은 손중산이 병사한 후 큰 위기에 봉착하게 된다. 국민당 내부의 반공주의자들이 보란 듯이 활동을 펼침에 따라 황포군관학교에는 반공을 주요 사상적 기반으로 하는 '손문주의학회(孫文主義學會)'가 결성되었다. 이 학회의 회장이 바로 황포군관학교의 교장이자 좌파를 가장하여 등장했던 장개석이었다.

1925년 6, 7월 동안 장개석의 지인이었던 대계도(戴季陶, 다이지타오 : 1890~1949년)가 '대계도주의'를 만들어 공산당을 배척하는 자산계급정당을 설립하게 되었다. 장개석 역시 하나의 집단에 두 개의 이념, 두 명의 영수(領袖)가 있을 수 없다고 강조하였다. 중국공산당 내에서는 우경패배주의자의 경향을 보였던 진독수가 거듭된 양보를 하는 바람에 장개석은 광주국민정부당 정권의 최고의 권리를 차지할 수 있었다.

1926년 7월 국민혁명군이 북벌에 나서 장강 중하류 유역의 각 성들을 신속하게 장악해 나가기 시작하였다. 혁명의 조류에 반하여 장개석도 반공 행보를 가속화하였다. 1927년 4월 11일 강소성과 절강성 일대 기업자본가들의 원조를 받은 후 장개석은 북벌을 통해 장악한 성들을 중심으로 공산당을 제거하라는 밀령을 내리게 된다. 이렇게 되자 아무런 방비도 하지 않고 있던 공산당과 혁명에 동참했던 군중들은 목숨을 잃게 되었다. 절강성 출신인 장개석은 장정강(張靜江, 장징장) 등으로 하여금 '공산당 제거'를 지휘하도록 하였다.

1927년 4월 11일 항주시(杭州市) 공안국의 장열(章烈, 장례) 국장은 대규모 군경을 이끌고 유명한 공산당원의 주택을 수색하며 이들을 체포하기 시작하였다. 이러한 와중에서 선중화(宣中華, 쉔중화), 안체성(安體誠, 안티청) 등 공산당 고위간부가 체포되어 화를 입고 만다. 4월 27일 장정강을 주석으로 하는 절강성정부가 수립되면서 국민당은 이후 22년 동안 절강성을 통치하였다. 상해의 폭력배 진군(陳群, 천췬), 양호(楊虎, 양후) 등은 공산당원과 이에 동조한 군중들을 영파(寧波)로 압송하여 심문하면서 수많은 사람들이 옥에 갇히게 된다.

1927년 모택동

4월 12일 상해의 조직폭력배 세력인 청홍방(靑紅邦) 조직원들은 전원 무장하고 노동자를 가장하여 조차지역으로 출동하였다. 이들이 노동자규찰대에 공격을 감행하자 국민당은 '노동자 내홍'을 핑계로 노동자규찰대의 무장을 해제하고 3백여 명의 사상자를 낸 후 상해총공회를 점령하였다.

이러한 폭력유혈책동에 항거하여 4월 13일 상해시의 20만 노동자가 파업을 벌이기도 하였다. 그러나 시위행렬이 보산로(寶山路)에 이르렀을 때 동원된 군대가 이들을 향해 총격을 가함으로써 보산로 일대는 피바다로 변하였다. 4월 14일부터는 상해의 군경들은 공산당원과 혁명에 동참한 군중들을 '공산당 제거'라는 명목으로 마구 체포하여 죽임에 따라 상해 전역은 공포에 휩싸였다. 4·12정변으로 불리는 이 사건을 계기로 장개석은 반공노선을 분명히 하게 된다.

5월 13일 장개석은 국민혁명군 제14독립사단 사단장 하두인(夏斗寅, 샤더우인)에게 반란을 종용하여 무한을 공격하도록 한다. 이 공격을 받고 엽정 등이 이끌던 국민혁명군은 붕괴되었다. 5월 21일 밤, 군벌부대로 재편된 국민혁명군 제35군 제33단 단장 허극상(許克祥, 쉬커샹)이 천여 명의 군대를 이끌고 '마일사변(馬日事變)'을 일으켜 호남성 공회(工會), 호남성 농회(農會)를 비롯한 혁명단체를 봉쇄하고 공산당원과 국민당 좌파, 그리고 공회, 농회 소속 군중들에게 총격을 가하였다. 6월 10일까지 1만여 명이 희생되었으며 이들은 공산당제거위원회까지 결성함으로써 장사(長沙) 역시 죽음의 공포에 휩싸이게 된다.

정변이 발생한 후 열혈 공산당원 유직순(柳直荀, 류즈쉰)은 노동자 농민으로 구

'팔칠회의' 기념관

성된 10만의 병력을 동원하여 장사를 공격할 것을 건의했지만 중공 지도층은 이를 반대하였다. 이렇게 되자 허극상은 숨을 고를 수 있는 시간을 벌게 됨으로써 혁명군은 후에 커다란 병력 손실을 입고 만다. 마일사변의 영향으로 강서 지방의 국민당 군대도 공산당 제거에 돌입하게 되었으며 대혁명은 실패로 끝이 났다.

팔칠회의와 추수(秋收)봉기

중국공산당과 중국혁명군은 생사존망의 기로에 놓이게 되었다. 이에 제1차 국내혁명전쟁의 경험과 교훈을 바탕으로 진독수의 우경패배주의 노선의 착오를 바로잡고 향후 혁명투쟁의 방침을 새로 확정하였다. 1927년 8월 7일 중공(中共) 중앙당부는 한구에서 긴급회의를 소집하였다. 중앙위원 열 명과 후보중앙위원 세 명을 비롯하여 중앙감독위원회, 중앙군사위원회, 공청단(共靑團) 중앙간부, 호남, 호북 지역 대표 여덟 명이 회의에 참석하였다. 코민테른의 대표와 중앙사무처 담당자도 함께 참석하였다. 이번 회의는 이유한(李維漢, 리웨이한)이 주석을 맡고 구추백(瞿秋白, 취추바이 : 1899~1935년)*이 주재하였다. 회의를 통해 「중국공산당 중앙위원회가 전당 당원에게 알리는 글(中國共産黨中央委員會告全黨黨員書)」, 「최근 농민운동 의결안(最近農民運動的議決案)」, 「당의 조직문제 의결안(黨的組織問題議決案)」 등을 통과시켰다.

회의 토론 과정에서 모택동은 우경기회주의자들이 군대와 무력투쟁을 소홀히 하는 과오를 범했다고 맹렬히 비판하며 대혁명은 실패로 끝이 났지만 향후 반

---

* 1927년 국공합작이 붕괴되고 진독수가 실각되자, 그를 대신해 중앙위 총서기가 되었으나 이듬해 그도 '좌익 기회주의자'로 몰려 파면되고 향충발(向忠發)이 총서기에 올랐다. 1931년 공산당에 복귀한 후, 1934년 모택동의 강서 해방구로 들어가 장정(長征)을 후원하다, 1935년 국민당군에 발각되어 총살당했다.

드시 농민들과 함께 무력투쟁을 전개해 나가야 할 것을 역설하였다. 그는 이 회의에서 "총대(무력)에서 정권이 나온다(槍杆子里面出政權창간자리면출정권)"는 유명한 말을 남겼다.

구추백의 초상

'팔칠회의'는 진독수의 우경패배주의 노선을 철회하고 진독수의 직위를 해제한 후 새로운 중앙임시정치국을 구성하게 된다. 소조정, 향충발(向忠發, 상중파 : 1880~1931년)[*], 구추백, 나역농(羅亦農, 뤄이눙), 고순장(顧順章, 구순장), 왕가파(王荷波, 왕커보), 이유한, 팽배, 임필(任弼, 린비) 등을 정치국위원으로 선출하고 주은래, 등중하(鄧中夏, : 1890~1933년)[**], 모택동, 팽공달(彭公達, 펑궁다), 이립삼(李立三, 리리싼 : 1899~1967년)[***], 장태뢰, 장국도 등을 정치국 후보위원으로 선출하였다. 또한 토지혁명과 무력으로 국민당에 대항하는 방침 등을 확정하게 된다. 즉 농민들의 추수봉기를 당면 핵심과제로 삼고 대혁명 시기 동안 노동자·농민운동이 순조롭게 전개되었던 호남, 호북, 강서, 광동 4성에서 추수폭동을 일으키기로 결정하였다. 회의를 마친 후 중공(中共) 중앙당부는 모택동을 중앙특파원으로 정하고 팽공달을 호남에 파견하여 호남성 공산당위원회 개편과 추수폭동을 지휘하도록 하였다.

1927년 8월 호남성 공산당위원회는 회의를 개최하여 '칠팔회의'의 취지를 전달하고 추수봉기에 대한 토론을 진행하였다. 모택동은 호남의 추수봉기는 농민의 토지 문제를 해결하기 위한 것임을 부정할 수 없으나 농민의 힘에만 의지하여 봉기를 일으킬 수는 없다고 강조하였다. 그는 반드시 군대의 협조가 있어야 한다고 설명하고 군사력을 경시하여 낭패를 당했던 선례를 되짚으며 봉기군의

[*] 제1차 국공합작 결렬 후 지식인을 중시하고 노동자 출신을 무시하는 진독수의 수정주의적 노선을 비판하면서 중국공산당 중앙위원회 총서기(1928~1931년)에 올랐으나, 친구인 이립삼의 노선, 즉 도시봉기가 실패로 끝나자 좌경모험주의로 낙인 찍혀 실각했다. 그 해 6월 국민당 경찰에 체포되어 처형당했다.

[**] 중국공산당 초기 노동운동 지도자로 1920년 북경에서 공산주의 소조에 참가하면서 노동운동에 투신했다. 1922년 중국노동조합서기부 주임을 맡고 장신점철도노동자파업, 2·7대파업 광주홍콩파업 등을 주도했다.

[***] 1920년 프랑스 유학에서 공산주의를 접하고 노동운동에 뛰어들었고, 1927년 남창봉기를 기획하였다. 그는 러시아혁명을 본떠 도시지역의 무장봉기로 사회주의 혁명을 달성하려 했으나 실패하고 러시아로 갔다. 훗날 모택동의 배려로 중화인민공화국 노동부 부장을 역임하였으나 문화대혁명 때 자살하였다.

추수봉기에 참가한 일부 일원이 1937년 연안에서 찍은 사진

60%는 반드시 군사 행동에 두어야 한다고 역설하였다. 총대로 정권을 빼앗아 새로운 정권을 세울 것을 다시 한 번 강조한 것이다.

또한 공개적으로 공산당의 기치를 내걸고 봉기를 일으킨 후 무산계급이 주도하는 노동자·농민정권을 세우는 데 합의하였다. 호남과 강서 접경지역인 장사, 예릉(醴陵), 유양(瀏陽), 평강(平江), 상담(湘潭), 영향(寧鄕) 등의 현과 안원(安源)의 광산 지역을 봉기 대상 지역으로 결정한 후, 첫 공격 목표로 호남 동부의 각 현들을, 그리고 두 번째 공격 목표인 장사를 점령하기로 결정하였다. 이번 봉기는 중국공산당 전방위원회와 행동위원회가 함께 주도하고 전방위원회는 모택동을 서기로 임명하여 각종 군사 관련 사무를 관장하도록 하였다.

당시 호남 군벌 당생지(唐生智, 탕성즈)의 부대는 호북, 안휘(安徽) 일대에서 장개석, 이종인(李宗仁, 리쭝런) 등과 대치하고 있었다. 따라서 호남의 군대를 대부분 호남 남부로 이동시킨 상태였기 때문에 호남 동부는 거의 비어있는 상태였다. 때문에 봉기군에게 매우 유리한 형세였다고 할 수 있다. 9월 초에 모택동은 봉기에 참여하는 혁명무장군대를 노동자·농민혁명군 제1군 제2사단으로 편제하고, 노덕명(盧德銘, 루더밍)을 총 사령관에, 여쇄도(余灑度, 위싸두)를 사단장, 여분민(余奔民, 위번민)을 부사단장으로 임명하였다.

그 산하에 3개 단(團)을 두어 제1단은 본래의 국민정부경위단(國民政府警衛團)을 위주로 하여 호북의 숭양(崇陽), 통성(通城) 지역의 농민자위군과 평강의 농민무장부대 일부를 함께 편제하였다. 제2단은 안원의 노동자규찰대와 광산노동자, 그리고 평향(萍鄉), 예릉, 안복(安福), 연화(蓮花)의 농민자위군을 편제하였다. 제3단은 유양의 농민무장부대를 위주로 평강농민무장부대를 일부 흡수하여 구성하였다. 3개 단은 총 5천 명의 병력으로 이루어졌으며 별도로 여쇄도 등이 봉기 전에 하두인의 잔병들을 모아 제4단에 개편하여 귀속시켰다.

9월 9일, 마침내 추수봉기가 일어나게 된다. 우로군 제1단이 선봉에 서고 제4단이 후방에 서서 평강을 향해 진군하였다. 그러나 금평(金坪)을 지나 장수가(長壽街)를 공격할 때 제4군이 반란을 일으켜 제1단은 앞뒤로 공격을 받는 수세에 몰리게 된다. 진영이 둘로 갈라지면서 단장이 실종되자 철수할 수밖에 없는 상황이 되었기 때문에 유양으로 방향을 바꾸어 이동하였다. 9월 10일 제2단은 안원에서 봉기를 일으켜 먼저 평향을 공격했으나 실패하자 이어 노관(老關)을 공격하여 점령하였다. 다시 9월 12일에 예릉을 점령한 후 예릉현 혁명위원회를 구성하였으나 적의 공격을 받고 노관을 거쳐 북상하여 9월 15일에 유양현을 점령하게 된다. 그러나 너무 자만하여 적을 얕잡아 보는 실수를 범하는 바람에 포위 공격을 당하게 되었으며 포위망을 뚫고 나오며 병력에 큰 손실을 입게 된다.

9월 11일 제3단은 모택동이 직접 지휘하여 동고(銅鼓)에서 봉기를 일으켜 유양을 향해 진격하였다. 당일 바로 백사진(白沙鎭)을 점령하고 이튿날 동문시(東門市)를 점령하였으나, 13일 적의 제8군 2개 단의 포위 공격을 받고 여섯 시간 동안 격전을 벌이게 된다. 결국 수많은 사상자를 낸 후 상평으로 퇴각하였다.

9월 17일 모택동은 각 단에 유양의 문가시(文家市)로 철수할 것을 명하였으며, 9월 19일 각 군은 남은 봉기군을 이끌고 문가시로 집결하였다. 모택동은 전방위원회 회의를 주재하며 향후 부대의 행동 방향에 대해 토론하기 시작하였다. 그는 적의 우세한 병력과 현재 공산당 군대의 약점을 인정하고 노동자·농민혁명군대가 처한 불리한 상황에 대해 분석한 후 장사 공격을 포기하고 부대는 나소산(羅霄

山)을 따라 남하하여 농촌에서 토지혁명을 시행하며 유격전을 펼칠 것을 주장하였다. 여쇄도는 유양을 취한 후 바로 장사를 공격할 것을 주장하였으나 회의에서 이 안은 부결되었다. 모택동의 주장이 회의에서 통과되자 9월 20일 각 부대는 나소산맥(羅霄山脈) 중간에 위치한 정강산(井岡山)으로 이동하였다.

호남과 강서 접경지역에서 일으켰던 추수봉기는 우세한 적을 상대로 도시부터 공격하는 경험 부족을 드러내며 실패로 막을 내렸다. 그러나 중국공산당이 공개적으로 무장봉기의 기치를 내걸었다는 점에서 역사적으로 중요한 의의를 지니고 있다고 볼 수 있다. 또한 노동자·농민혁명군을 결성하고 봉기 실패 후 장사 공격을 적시에 포기한 후 부대를 이끌고 정강산으로 진군함으로써 혁명의 근거지를 마련하였으며, 혁명 역량을 보존하고 향후의 정확한 출로를 찾았다는 점에서도 중요한 의미를 지니고 있다고 할 수 있다.

▶▶ 역사의 흐름에 어떤 영향을 미쳤을까?

팔칠회의는 중국혁명이 절체절명의 순간에 달했을 때 대혁명의 실패 원인을 분석하여 교훈을 취하였을 뿐만 아니라 향후 국공 양당의 관계와 토지혁명, 무장투쟁 등에 대해 심도 있는 토론이 이루어진 회의였다. 회의를 통해 진독수를 위시한 우경패배주의 노선을 과감하게 수정하고 토지혁명과 국민당에 대한 무력 대항 등의 방침을 결정하였다. 또한 추수봉기를 당면 과제로 채택하였다. 모택동은 회의석상에서 "정권은 총대를 가지고 쟁취하는 것"이라는 논리를 펴게 되었다. 팔칠회의는 중국혁명이 한 차례 좌절을 겪은 후에 중공(中共) 중앙당부가 소집한 중요한 역사적 의의를 지닌 회의로서 중국공산당이 농촌에서 무장폭동을 주도하고 토지혁명을 전개하는 새로운 투쟁노선이었다는 점에서 큰 의의를 지니고 있다.

5. 정강산 회합, 농촌혁명의 근거지를 마련하다

정강산(井岡山)은 나소산맥의 중부, 호남과 강서성 접경지역에 위치하고 있다. 동서 간 5백리에 달하는 산맥이 끝없이 이어져 있고 풍경이 수려하며 쾌적한 기후가 특징이다. 정강산의 자연환경은 산 정상을 아스라이 덮고 있는 운무와 울창한 삼림, 10리 주변을 수놓은 두견화, 오색찬란한 폭포 등으로 이루어져 있다. 중국의 수많은 산 가운데 정강산은 가장 아름다운 축에 들지는 못한다. 그러나 모택동이 이끌었던 중국 노동자·농민혁명군이 창립된 첫 번째 농촌혁명의 근거지였다는 점에서 정강산의 명성은 다른 산들보다 특별한 의미를 지니고 있다고 볼 수 있다. 바로 이곳을 거점으로 농촌이 도시를 포위하는 혁명의 새 길이 열리게 된 것이며 넓은 들판을 불태울 작은 불씨가 키워졌던 것이다.

추수봉기 후 모택동의 선택

1927년 9월 30일 모택동이 인솔하는 추수봉기군이 장사를 공격하는데 불리한 입장에 놓이자 강서성 영신현(永新縣) 삼만촌(三灣村)으로 퇴각하여 '삼만 군대 재편'을 단행하게 된다. 곧이어 봉기군은 영강현(寧岡縣) 고성진(古城鎭)에 주둔한 후 전방위원회 확대회의를 개최하여 당면 상황과 여건을 분석하고 정강산에 농촌혁명의 근거지를 구축하기로 결정한다.

정강산에 위치한 몇몇 현에는 대혁명 시기에 구성한 공산당 조직과 농민자위군이 수립되어 있었기 때문에 군중들도 공산당에 호의적이었다. 산 위에 위치한 자평(茨坪), 대오정(大五井), 소오정(小五井) 지역의 논과 마을을 비롯하여 주변의 각 현의 농업경제는 부대를 양성하는데 큰 무리가 없었다. 또한 도시에서 비교적 멀리 떨어져 있었기 때문에 교통이 불편하여 국민당의 통치가 미치지 못하였다. 험준한 산세와 곳곳에 포진한 요새, 그리고 울창한 삼림으로 인해 몇 군데 좁은 길만이 산속으로 나 있었기 때문에 공격과 수비에 유리하였다. 국민당의 병력과 공산당의 병력이 천양지차를 보이고 있는 현재 시점에서 이곳은 가장 이상적인 거점이었다고 볼 수 있다.

이곳에는 옛날부터 '산의 대왕'을 자처하는 인물들이 오랜 기간 거주하여 왔다. 그 당시는 원문재(袁文才, 위안원차이), 왕좌(王佐, 왕쭤) 등 농민무장부대가 각각 150명의 부대원과 총포 60대를 지니고 주둔하고 있었다. 왕좌는 산 위의 자평과 대오정, 소오정 지역에 주둔하였으며, 원문재는 정강산의 북쪽 산맥에 위치한 영강(寧岡) 모평(茅坪)에 주둔하여 상호 협조를 주고받고 있었다.

고성(古城) 회의를 마친 후 모택동은 현지 농민무장부대가 의리가 있지만 의심이 많은 점에 착안하여 몇몇 수행원을 이끌고 10월 6일에 원문재가 있는 영강 대창촌(大倉村)에 이르렀다. 원문재는 다소 두려움에 떨며 임가사당(林家祠堂) 주변에 스무 명 정도를 총을 소지한 채 매복시켜 놓았다. 모택동과 그 일행을 본 후 안심하였으나 매복시켜 놓은 군사들은 끝까지 모습을 드러내지 않았다. 모택동은 강서성 공산당위원회의 소개로 이들을 찾아왔다고 설명하고 '부자들의 창고를 털어 농민을 구제'한 그들의 혁명성을 치하하였다. 아울러 현재 노동자·농민혁명군이 처한 어려운 상황을 털어놓았다.

쌍방이 순조롭게 이야기가 진행되자 모택동은 그 자리에서 총 100대를 지원하겠다고 약속하였다. 예상치 못한 선물에 크게 감동한 원문재는 노동자·농민혁명군이 곤경을 벗어날 수 있도록 적극 협조할 것을 밝혔다. 그는 곧 혁명군에게 은 6백 위안에 해당하는 금액을 원조하고 혁명군이 모평에 후방 병원과 수비진을 구축하는 데 동의하였으며, 산 위에 주둔하고 있는 왕좌에게도 협조를 구해주기로 하였다.

10월 13일 모택동은 노동자·농민혁명군의 주력부대를 이끌고 영현(鄷縣) 수구촌(水口村)에 도착하였다. 이곳 주민을 대상으로 당원을 증원하고 일련의 사회조사를 전개하였다. 그는 남창봉기가 광동에서 실패했다는 소식을 접한 후 호남 남부로 퇴각하려는 결정을 포기하고 나소산 중부에 혁명근거지 구축에 대한 결심을 굳힌 것이다. 모택동은 당시 부연대장 장종손(張宗遜, 장쭝쉰)과 다음과 같은 대화를 나눈 적이 있다. 즉 중국혁명은 농민을 떠나서 생각할 수 없으며 무장투쟁은 반드시 농민운동과 연계해야 하며 농민을 무장시키는 것이 중요하다는 것이었다. 노동자·농민혁명군이 모평에 주둔한 지 얼마 안 되어 호남 영현 수구촌 일대에서 유격전을 벌려 지방의 토호세력을 척결하고 토지개혁을 단행하였다. 이러한 활동으로 모택동과 노동자·농민혁명군은 원문재의 부대와 현지 주민들로부터 명망이 높아지게 되었으며 특히 현지 농민무장세력인 원문재에게 신뢰를 얻게 되었다. 원문재의 심복인 왕좌는 원문재가 공산당에 입당하고 혁명에 투신하자 그도 영향을 받았다.

원문재의 초상

1928년 노동자·농민혁명군이 수천현(遂川縣)을 점령한 사건은 왕좌를 크게 자극하게 되었으며 그는 모택동에게 혁명군과 함께 일하고 싶다는 뜻을 밝히게 된다. 그는 공산당이 농민의 이익을 위해 분투한다는 것을 깨닫게 되면서 혁명군에 대한 의심을 버리게 되었으며 공산당의 지시에 따라 활동하기를 원하게 되었던 것이다. 1928년 2월 전방위원회는 원문재와 왕좌의 그간의 행적과 적극적인 요청을 받아들여 이들의 자위군을 노동자·농민혁명군 제1군 제1사단 제2단으로 개편하였다. 원문재를 단장, 왕좌를 부단장으로 임명함으로써 현지 무장 세력도 혁명의 길로 들어서게 된다.

노동자·농민혁명군은 정강산에 도착한 후 가장 먼저 군대와 지방에 공산당위원회를 구성하였다. 군대와 지방 모두 공산당의 지도에 따라 일관된 체계를 확립하지 않으면 세력이 분산되고 무력화되어 발전을 기약할 수 없다고 생각했기 때문이다. 그러므로 모택동은 공산당위원회 구성을 늘 최우선에 두었다.

3만에서 군대를 재편할 때 가장 염두에 두었던 것이 군대 안에 공산당위원회를 구성하여 군대가 공산당위원회의 지시를 받도록 한 것이었다. 아울러 공산당 지부를 연대마다 두도록 원칙을 정하였다. 당시는 시간이 촉박하였기 때문에 구체적인 조치들을 실행에 옮기지 못하였다. 부대가 영현, 수구촌에 도착한 후 10월 15일 모택동은 엽가사당(葉家祠堂)에서 여섯 명의 신규 당원을 입당시키는 선서식을 주재하며 각 연대의 공산당위원회 대표들도 모두 참석하도록 하였다. 그는 입당선서의 취지를 상세하게 설명한 후 여섯 명의 신규 당원들에게 오른 손을 들고 다음과 같이 선서를 낭독하도록 하였다. "개인을 희생하고 혁명을 위해 노력하며 계급투쟁에 힘쓰고 조직에 복종하며 비밀을 엄수하고 절대 당을 배신하지 않는다." 수천 대분진(大汾鎭)에 도착한 후 또 다른 연대에서 입당선서의 의식

「정강산회사(井岡山會師)」(유화)

을 거행하였다.

이렇게 되자 얼마 지나지 않아 각 연대의 공산당지부가 모두 확립되었다. 공산당지부가 확립된 후 연대의 정신무장이 새롭게 쇄신되었다. 지부는 당원들에게 현재의 추세를 파악하고 군중의 심리를 이해하며 그들의 근심을 덜어주는 등 세 가지 일을 완수할 것을 당부하였다. 또한 신규 당원을 양성하도록 하였다. 연대의 정치적 여건이 성숙되어 신규 당원이 점차 증가함으로써 추수봉기 후 각종 활동들이 활발하고 신속하게 추진되었다.

군대 내부에 공산당을 구성하는 동시에 모택동은 각 지방의 공산당 조직의 회복과 발전에 역점을 기울였다. 공산당 조직의 책임자들은 대부분 외지에서 온 학생들이 주류를 이루며 간혹 현지의 농민위원회 등의 핵심인물들이 포함되어 있었다. 대혁명이 실패한 후 수많은 공산당 조직이 와해되었으나 여전히 투쟁을 지속하고 있는 당원들도 적지 않았다. 모택동은 군대 내에 구성된 공산당 조직이 지방의 공산당 조직 발전에 도움을 주도록 하는 방법을 채택하였다.

노동자·농민혁명군이 모평에 당도한 그날 밤 저녁 모택동은 정강산 주변에서 은신하고 있던 영신(永新), 영강(寧岡), 연화(蓮花) 현의 공산당지부 분당 당원들을 소집하여 회의를 개최하였다. 11월 상순에 다시 모평에서 영강, 영신, 연화 현의 기존 공산당 조직책임자들을 소집하여 회의를 열었다. 이듬해 1월 수천을 점령한 후 전방위원회와 만안(萬安), 수천현 공산당위원회와 연석회의를 개최하였다. 이러한 회의를 통하여 모택동은 당시의 상황을 분석하고 공산당 중건과 발전을 위해 힘써줄 것을 모두에게 당부하였다. 그는 군대 내부에서 정치경험이 있는 당원간부 일부를 추렴하여 농촌 일선으로 보내 공산당 조직 운동을 펼치도록 하였다.

정강산 회합, 홍군이 탄생하다

남창봉기가 실패로 돌아간 후 일부 혁명군은 주덕의 인솔을 받으며 유격전을 펼치고 있었으며 호남 남부 일대에서 대규모 농민폭동을 일으켰다.

주덕, 진의, 왕이탁(王爾琢, 왕얼줘) 등이 남창봉기군의 잔병부대를 이끌고 호남 남부지역에서 대규모 농민폭동을 일으켜 성공을 거두었으나 다시 국민당 군대의 추격을 받고 있다는 소식이 모택동에게 전해졌다. 정강산으

노동자농민홍군 제1사단기(공산당은 국민당에게 늘 포위공격을 당했기 때문에 포위망을 무너뜨리는 공격을 해왔으며 이를 '반위초(反圍剿)' 공격이라고 한다)

로 퇴각했던 모택동은 곧 원문재, 하장공(何長工, 허창궁) 등 제2단의 병력을 서쪽으로 파견하여 침현(郴縣)에서 퇴각한 호남 남부 농민군을 데리고 이곳으로 합류하도록 하였다. 모택동 자신은 직접 제1단을 이끌고 계동(桂東), 여성(汝城) 등지에서 국민당의 추격군을 제지하였다. 4월 20일 그는 장자청(張子淸) 단장과 제1단을 지휘하여 영현(酃縣)을 점령하고 서쪽에서 진입하는 추격군을 제지하여 주덕이 안전하게 퇴각할 수 있도록 엄호하였다.

4월 24일을 전후하여 모택동은 제1단을 이끌고 영강 농시(聾市)로 돌아와 이틀 전에 이미 농시에 도착해 있던 주덕, 진의 부대와 합류하게 된다. 이때 주덕의 나이는 42세, 모택동의 나이는 34세였으며 이때부터 그들의 길고도 긴밀한 전투생애가 시작되었다고 볼 수 있다. 모택동은 주덕에게 호남과 강서성의 국민당 군대를 피해 무사히 돌아온 것이 다행이라고 말하자, 주덕은 모택동의 엄호가 있었기 때문이라고 치하하였다.

그들은 용강서원(龍江書院)에서 부대의 대대이상 간부들의 회의를 소집하고 두 부대를 합쳐 노동자·농민혁명군 제4군으로 재편하는 결정을 내리었다. 주덕을 군장, 모택동을 공산당위원회 대표, 진의를 교도대대 대장으로 정하였으며, 총 6개 단으로 분할하였다. 중공 제4군의 제1차 공산당대표대회를 통해 중공 제4군 군사위원회를 구성하고 모택동을 서기로 선출하였다. 호남 남부 침주(郴州),

뇌양(耒陽) 등의 현의 농민들을 제30, 제33, 2개 단으로 편재하여 호남 남부로 되돌려 보낸 후 군 이하의 사단 번호는 모두 폐지하였다. 군부 직속 4개 단으로는 남창봉기군 전부로 구성된 제28단, 호남 남부 의장(宜章) 농민군으로 구성된 제31단, 원문재와 왕좌 부대로 구성된 제32단 등이며 이로써 총 병력은 기존의 천여 명 정도에서 6천 명으로 늘어나게 된다. 이 가운데 제28단과 제31단을 주력부대로 삼았다. 6월이 되자 중공중앙의 규정에 따라 노동자·농민혁명군 제4단은 홍군 제4군으로 개명하고 '홍사군(紅四軍)'으로 약칭하여 불렀다.

주덕과 모택동의 군대가 합류하여 '홍군(紅軍)'으로 거듭난 것은 중국 노동자·농민 홍군의 발전사상 일대 사건으로 기록되어 있다. 주덕이 이끌었던 남창봉기군의 잔병부대는 강한 전투력을 보유한 북벌군과 엽정의 독립단을 기초로 형성된 부대로 약 2천여 명으로 구성되어 있으며 천여 대의 총을 보유하고 있었다. 엄격한 훈련을 받고 정제된 장비를 지니고 있을 뿐 아니라 수많은 전쟁을 통해 풍부한 경험이 축적되어 있었다. 그들의 합류로 정강산 혁명거점의 세력은 크게 증강되었다고 볼 수 있다.

1928년 12월 팽덕회(彭德懷, 펑더화이)가 이끌던 평강봉기 홍오군(紅五軍)도 정강산에 당도하여 모택동, 주덕의 홍사군과 합류하였다.

모택동은 혁명을 지속적으로 추진하는 동시에 정강산 지역의 토지개혁을 이룩함으로써 농촌사회의 대변동을 일으키게 된다. 수천 년간 지속되어 오던 봉건토지소유제가 없어지고 수많은 빈농들은 오랫동안 꿈에 그리던 토지를 얻게 된다. 영신현에서는 출가한지 오래된 비구니들이 시집을 가도 산 아래 토지를 나누어 주었다. 수많은 빈농들은 토지를 얻게 된 순간 홍군이 그들을 위해 분투하고 있음을 깨닫게 되었으며 이때부터 열렬한 지원자가 되어 홍군과 그 거점 발전에 전력을 기울이게 된 것이다. 정강산 혁명근거지는 이러한 사회적 기반을 바탕으로 발전을 이룩하였다고 볼 수 있다.

▶▶ 역사의 흐름에 어떤 영향을 미쳤을까?

중국공산당이 정강산에서 회합한 이후 1년여의 혁명 여정은 모택동과 그의 부대가 복잡한 환경 속에서 부단히 활로를 모색했던 노력의 결과라고 볼 수 있다. 이 가운데는 성공의 경험과 실패의 교훈이 모두 포함되어 있으며, 이는 중국 공산당의 더없이 귀한 재산이자 새롭게 전진하는 기점이 되었다.

6. 동북역치東北易幟, 북양군벌의 통치시대가 막을 내리다

1912년 1월 1일 중화민국정부가 수립된 후, 임시대통령이었던 손중산의 주재 하에 국기를 제정하게 된다. 홍, 황, 남, 백, 흑 등 오색으로 구성된 도안은 한족, 만주족, 몽고족, 회족, 티베트족 등 오대 민족 공화국을 상징하였다(중국 각 민족을 대표하는 공화국이라고 볼 수 있다). 1917년 손중산이 광주에서 혁명정부를 수립할 당시에는 국기의 도안을 청천백일만지홍(靑天白日滿地紅)으로 바꾸었다. 밝은 태양이 대지를 눈부시게 비추고 있는 것을 상징하는 것이었다. 북양군벌정권의 통치시기에는 오색기(五色旗)를 국기로 삼음으로써 국기는 정권의 교체를 상징하는 것처럼 보였다. 중국근대사에 있어 동북역치(東北易幟)*는 대단히 중요한 의의를 지닌 매우 중대한 사건이라고 할 수 있다.

장작림(張作霖)의 죽음
국공합작을 기반으로 벌인 제1차 국내혁명전쟁은 1927년 4월 장개석의 반혁명전쟁으로 실패하게 되었다. 그러나 북벌전쟁은 계속되어 국민혁명군은 장개석의 지휘를 받으며 각 대대가 북경으로 이동하고 있었다. 이러한 상황 속에서 명의상 북양군벌정부의 수뇌였던 장작림은 내전이 외교에 영향을 줄뿐만 아니라 국민을 고통에 시달리게 한다는 이유를 들며 국민들의 고충을 감안해 평화적

---

* 1928년 6월 3일 만주군벌 장작림이 죽은 후, 그의 아들 장학량(張學良)이 그해 12월 29일 북양정부(北洋政府)의 오색기를 국민정부의 청천백일만지홍기(靑天白日滿地紅旗)로 바꾸어 달고 국민당정부의 명에 따르기로 함으로써 북벌을 마감한 사건이다.

장작림의 초상

으로 남북 분쟁을 해결하기로 결정하고, 다음날 바로 북경에서 퇴각할 것임을 선포하였다. 모든 정무는 국무원에서 섭행(攝行)하도록 하고 군사는 각 군의 단장들이 담당하도록 하였으며, 이후 정치적 문제는 국민들이 공동으로 결정하도록 한 후 동북지역 자신의 근거지로 돌아갈 준비를 하게 된다.

장작림(張作霖, 장쭤린 : 1873~1928년)*은 일본제국주의가 중국에서 키운 주요 군벌로 일본에게 있어 중요한 의미를 지니는 인물에 해당한다. 장작림이 북경에서 퇴각하게 되면 일본의 이익에 악영향을 주지 않을 수 없었다. 자신의 이익을 지속적으로 확대하기 위하여 일본관동군은 장작림을 제거하고 새로운 인물을 키우기로 결정하게 된다. 당시 장작림 또한 일본에 의심을 품게 되면서 보복이 두려워지기 시작하였다. 그는 안전을 고려하여 자동차로 고북구(古北口)를 통과하려 하였으나 당시 도로사정이 매우 열악하여 차체가 흔들리는 것을 견디기 어려울 정도였다. 이에 그는 기차로 돌아갈 준비를 하게 된다. 장작림의 측근 장교인 장작상(張作相, 장쭤샹)은 동북으로 돌아가는 노선 가운데 북경에서 유관(楡關) 구간은 군대들로 하여금 엄격히 엄호하도록 하였다. 유관에서 심양까지의 구간의 안전은 봉계대장(奉系大將) 오준승(吳俊升, 우쥔성)이 담당하였다.

그러나 장작림은 완전히 안심할 수 없어 일부러 6월 1일 북경을 출발한다고 발표하고 경봉로(京奉路)에 차량까지 배치해 두었다. 그러나 다시 6월 2일로 출발일을 변경한 후 2일에도 여전히 북경에 머물렀다. 6월 3일 오전 그는 아무도 모르게 기차를 타고 북경을 출발하였다. 양우정(楊宇霆, 양위팅), 장학량(張學良, 장쉐량) 등은 북경에 남아 염석산(閻錫山, 옌시산) 측 대표와 협상하여 북벌군이 평화롭게

---

* 중화민국 수립 후 봉천(奉天) 수장으로 만주일대를 장악한 실권자였다. 그는 친일적 성향을 가진 인물이었으나, 북벌군에게 밀려 북경으로부터 철수하던 중 1928년 6월 그가 탄 열차가 일본관동군에 의해 폭파되어 사망하였다. 이는 그의 아들 장학량이 항일 성향으로 전환하는 계기가 되었다.

북경에 입성할 때까지 기다리도록 하였다.

그러나 이렇듯 치밀함을 기했음에도 불구하고 장작림은 일본관동군에 의해 암살되고 만다. 6월 4일 5시 반 경 장작림은 전용 기차를 타고 심양에서 서북으로 6리 정도 떨어진 황고둔(皇姑屯) 역에 이르렀을 때 갑자기 폭탄이 폭발하여 남만로(南滿路) 철도 교량이 무너졌다. 장작림이 타고 있던 전용 기차의 4호 열차에서 7호 열차까지 박살이 나고 말았다.

장작림, 장학량이 동북지역을 다스릴 때 사용한 사무실. '장씨수부(張氏帥附)' 내 제1호 건물, 대청루(大靑樓)

함께 타고 있던 오준승 역시 폭발로 인해 장기가 드러나고 머리를 크게 다쳐 그 자리에서 숨지게 된다. 장작림은 당시에 중상을 입고 목숨을 건졌지만 열차에서 구조되어 차량으로 심양에 이동하는 도중에 이미 정신을 잃고 당일 16시에 눈을 감게 된다.

'황고둔 사건(황구툰 사건)'이 발생한 후 일본은 일련의 조치들을 취하여 열차 폭발안의 진상을 숨겼다. 일본은 장작림을 암살한 후 그날 밤 부의(溥儀, 푸이)를 엄호하며 그를 천진에서 대련으로 이동시켰다. 즉 부의로 하여금 봉계군벌(奉系軍閥)을 대신하여 동북 3성을 중국의 통치에서 분리시키고 자신들의 꼭두각시 왕국을 건설할 계획을 세운 것이다.

소장 장학량

일본제국주의는 본래 황고둔에서 장작림을 암살하고 나면 동북(東北) 정국이 급격한 혼란에 빠지게 될 것으로 생각하였다. 그 틈을 이용하여 군대를 선동하면 동북지역을 손쉽게 얻을 수 있을 것으로 여겼던 것이다. 그러나 황고둔의 폭발 사건에도 불구하고 동북지역은 여전히 안정을 유지하고 있었다. 정치, 경제, 주민들의 일상생활도 별다른 여파를 받지 않았던 것이다. 이러한 양상이 나타난 데에는 젊은 장교 장학량이 버티고 있었기 때문에 가능한 일이었다. 그는 어느새 동북 3성(東北三省 : 아버지 장작림의 뒤를 이음)의 통수로서 자리 잡고 있었던 것이다.

장학량 장군 초상

장학량(張學良, 장쉐량 : 1901~2001년)*은 장작림의 장자로서 1901년에 태어났다. 어린 시절 향학에서 '사서오경'을 배우는 등 봉건주의 윤리교육을 받은 바 있었다. 그 후 양학당(洋學堂)에 입학하여 역사, 지리, 영어 등의 지식을 익히고 일련의 자본주의 사상을 받아들이기 시작하였다. 1915년 부친 장작림이 27사단 사단장으로 승격하여 심양에 주둔하게 되자, 그도 부친을 따라 심양으로 오게 되었으며 1916년 우봉지(于鳳至, 위펑즈)와 결혼하였다. 1919년 3월 동북강무당(東北講武堂) 포병과(砲兵科)에 입학하여 공부를 마친 후 그해 7월 졸업하면서 포병 상교(上校)로 승진하였다. 이때부터 줄곧 동북군에서 활동하였으며, 쉴 새 없이 계속되었던 각종 군벌전쟁에 참여하였다. 유복한 집안 출신이었던 그는 청년시절에 아편을 피우기도 하였으나 군인으로서의 생애 가운데 특히 절친한 벗인 곽송령(郭松齡, 궈쑹링)과 교제하는 동안 그의 영향을 받아 아편을 끊고 새롭게 출발할 수 있게 되었다.

장학량은 심양으로 돌아온 후 바로 부친의 장례를 치르지 않았다. 오히려 장작림의 명의로 봉천성장(奉天省長) 공서(公署, 공관)에 교섭원을 특파하도록 전보를 쳤다. 전보가 내려진 후 내막을 모르는 사람들은 장작림이 죽지 않았다고 여기게 되었으며 일본 정보기관과 봉천(奉天)에 주둔하고 있는 일본 총영사관의 관리들마저도 의심과 추측만이 난무할 뿐 정확한 상황을 파악하지 못하였다.

장작림의 후계자 문제와 관련하여 봉계군벌의 '원로파'와 구파 군인들은 모두 장학량이 너무 젊고 통치 경험이 부족할 뿐만 아니라 다루기 까다로운 인물로 여겨 장작상(張作相, 장쭤샹)을 '동북의 왕'으로 추대하였다. 그러나 신파 군인, 특히 일본에서 유학을 마치고 돌아온 군관들은 야심만만한 양우정(楊宇霆, 양위팅)을

---

* 황고둔 사건 이후 일본에 대한 적개심을 품게 되었으며 장개석의 국민정부를 지지하였다. 초기에는 장개석의 지시에 따라 일본보다 공산당을 공격하는데 주력했으나, 1936년 12월 서안(西安)에서 장개석을 구금하고 제2차 국공합작을 요구한 서안사건을 주도하기도 하였다.

후계자로 옹호하고 나섰다. 수차례에 걸쳐 논쟁을 벌였
음에도 결론이 나지 않자 장작상이 나서 장작림의 체면
을 고려한다면 장학량이 가장 적임자라고 설득하기 시
작하였다. 그는 장학량이 용모가 준수하고 용맹하며 능
력이 뛰어난 인물임을 강조하고, 그가 나서면 누구나 승
복할 것이며 동북지역의 각계각층의 단결을 도모하고
현재 처한 역경을 극복해 나갈 수 있을 것이라고 역설하
였다.

장학량 고거

　　또한 자신은 장작림의 뒤를 잇는 자리를 절대 사양
할 것이며 다만 장학량을 도와 그에게 협조할 뜻임을 밝
혔다. 장작상은 구파 군인들이 자신의 의견에 동조하도록 열심히 설득하였기 때
문에 장작림의 뒤를 이을 사람이 자기밖에 누가 더 있겠느냐며 거만을 떨던 양우
정도 이에 동의하지 않을 수 없었다. 이에 6월 20일 장학량은 '장학량이 봉천 군
무 독판에 취임하였음'을 발표한 후 그 다음날 봉천성장 유상청(劉尙淸, 류상칭)에
게 장작림이 중상을 입고 결국 세상을 떠났음을 공표하도록 하였다. 그리고 그때
서야 장작림을 위한 장례절차를 밟기 시작하였다.

　　7월 3일 동북 3성 의회는 공동으로 장학량을 동북 3성 보안 총사령관 겸 봉천
성 보안사령관으로 추대하였다. 이로써 그날부터 장학량은 동북 3성 보안 총사
령관에 취임하게 된다.

동북역치

　　장작림이 폭발사고로 죽은 후 북벌군 가운데 풍옥상(馮玉祥, 펑위샹), 이종인
등은 바로 출격하여 봉계군벌을 장악할 것을 주장하였다. 그러나 장개석은 이를
반대하였다. 일본이 동북지역의 침범 기회를 호시탐탐 엿보고 있는 시점에서 동
북지역에 전쟁이 발발하면 상황은 걷잡을 수 없는 양상으로 치달을 것이 뻔했기
때문이다. 또한 장학량은 장작림과 달라 전쟁을 혐오하고 있으며 통일에 대한 사
상을 지니고 있기 때문에 평화적으로 동북지역 문제를 해결할 수 있을 것으로 판
단하였다. 이에 장개석은 방본인(方本仁, 팡번런), 백숭희(白崇禧, 바이충시), 하천리(何

千里, 허첸리)를 심양(沈陽)으로 파견하게 된다.

이러한 조치는 우선 국민혁명군을 대표하여 장작림의 죽음을 애도한다는 것을 구실로 장학량과 접촉을 시도한 후 무력으로 동북지역을 강점할 뜻이 없음을 전하는 데 있었다. 그 다음으로는 평화통일의 방법을 모색하려 함이었다. 일단 일본군이 방해하기 시작하면 평화적 통일은 실현이 어려워질 수밖에 없었기 때문에 사소한 오해로 충돌이 발생하지 않도록 하고 평봉(平奉) 철도의 교통 회복을 우선적으로 추진하는 방법을 강구하고자 하였다. 마지막으로 봉계군벌이 열하(熱河) 지역을 양보하여 방진무(方振武, 팡전우)로 하여금 이 성의 주석을 담당하게 해 줄 것을 청하였다. 장학량은 남경정부의 조건을 모두 수락하였다.

방본인, 하천리가 심양으로 파견되었던 시점에 일본군은 전 주영국대사 임권조(林權助, 린첸주)를 봉천으로 파견하여 봉천 총영사 임구치랑(林久治郎)과 회동하도록 하였다. 조문을 핑계로 장학량에게 압박을 가하여 동북지역과 남경정부의 협력을 저해하고자 하였다. 장학량은 그들에게 "나는 중국인이므로 당연히 중국을 위주로 생각할 수밖에 없소. 국민당정부와 타협하려는 이유는 중국의 통일과 지방자치가 동북 3성 주민들의 오랜 바람이었기 때문이오. 내 결심은 동북 3성 주민들의 의지와 바람에서 나온 것이며 동북 3성 주민들의 민심에 위배되는 일은 절대 할 수 없소"라고 자신의 뜻을 밝혔다.

후에 장학량은 자신이 일본과 했던 말들을 방인본, 하천리 등에게도 전달하며 울분을 토하기도 하였다. 그는 격정을 누르지 못하고 "이는 사람이 할 짓이 아니며 자신이 무슨 얼어 죽을 총사령관이냐"며 눈물을 쏟기 시작하였다. 장학량의 이러한 모습을 본 방인본과 하천리도 동정을 금치 못하였다. 동북지역을 향한 일본의 야심이 언제 드러날지 알 수 없는 상황이었기 때문에 '역치(易幟)'*를 조급하게 추진할 수는 없었다. 장학량은 탁자를 내리치며 자신이 망국의 노비가 될 수 없는 심정을 토로하였다. 일본군은 6천만 위안의 차관을 장학량에게 주어 봉

---

* 만주군벌 장작림이 죽은 후 일본관동군의 예상과는 달리, 1928년 12월 북양정부(北洋政府)의 오색기(五色旗)를 장개석 국민정부의 청천백일만지홍기(靑天白日滿地紅旗)로 바꾸어 다는 역치를 단행했다. 훗날 장개석을 구금한 서안사변은 두 번째 역치라 할 수 있다.

천 지역을 정돈하게 하면서 이를 계기로 장학량을 매수하여 '동북역치'를 저지하고자 하였다. 장학량은 매우 분개하여 대원수 관저에서 분통을 터뜨리며 말했다. "일본군이 나를 이토록 업신여기다니. 동북역치는 반드시 성사시킬 것이다. 청백기(남경정부의 국기) 밑에서 죽을 수 있다면 여한이 없다!"

이종인의 초상

일본군은 장학량을 매수하려는 시도가 실패로 끝났음에도 야심을 버리지 않고 동북지역 독립이라는 기치를 내걸었다. 장학량에게 그의 부친이 생전에 일본에 한 약속을 지킬 것을 강요하였으며, 동북지역에서 더 많은 특권을 누리려고 하였다. 또한 장학량을 자신들의 의도대로 움직이는 꼭두각시로 만들려고 하였으며, 만약 그가 복종하지 않으면 그를 대신할 다른 인물을 물색하려고 생각하고 있었다.

이러한 상황을 미국 역시 좌시하고 있지만은 않았다. 그러나 미국은 외교적인 수단을 동원하여 한편으로는 국민당의 중국통일을 찬성하며 장학량에게 투항을 권고하였으며, 다른 한편으로는 일본이 동북지역을 무력으로 강점하도록 부추기고 있었다. 이렇게 함으로써 장개석을 미국으로 끌어들이고 일본이 동북지역을 점령한 후 러시아를 공격하도록 함으로써 정세가 미국에게 유리한 방향으로 발전하기를 도모하고 있었다.

이러한 상황에서 군벌 장종창(張宗昌, 장쭝창), 저옥박(褚玉璞, 추위푸) 등이 일본과 결탁하여 직노군(直魯軍 : 하북과 산동의 군대)을 이끌고 진포(津浦)까지 진격하였으나 패배하여 퇴각하였다. 그러나 장종창은 장학량에게 자신의 군대를 이끌고 봉천으로 철수시킨 후 군대를 정비할 수 있도록 요구하였으며, 그에게 영구방어지역을 분할하여 줄 것을 요구하였다. 이는 그가 동북지역을 강점하려는 야심을 드러낸 것이다. 그는 또한 부대를 이끌고 와서 장작림을 위해 복수해 주겠다고 큰소리쳤다. 장학량은 장종창과 저옥박의 이러한 도발에 대해 미리 준비를 하고 있던 터였다. 8월 3일 장종창과 저옥박이 동북군을 향해 진격해 들어올 때에 동북군은 이미 반격준비를 마친 상태였다. 수일간의 격전을 치르며 장학량은 장종

백숭희의 초상

창과 저옥박의 직노연합군을 물리치게 되었으며 장종창은 대련으로 도주하였다.

10월 28일 장학량은 심양에서 회의를 주재하고 '역치'와 군 감축에 대해 논의하였다. 그는 동북지역에 국민당정부를 세우지 않는다는 조건으로 역치를 하기로 결정한다. 장학량은 이미 북벌전쟁에서 획득한 화물여객열차 2백 대와 기관차 열 대를 국민당정부에 인도하였다. 11월 12일 평봉철도가 다시 개통되었다. 동북지역의 주민들은 동북역치에 대해 기대감을 드러내며 장학량이 조속히 역치를 실현시키기를 희망하는 각종 행사들을 개최하기도 하였다.

12월 중순 국민정부는 장군(張群, 장췬), 오철성(吳鐵城, 우톄청), 이석증(李石曾, 리스쩡), 방본인 등을 심양으로 파견하여 국기와 임명장을 보냈다. 12월 20일 장학량은 역치 의식을 거행하고 '역치'가 이루어졌음을 선포하였다. 1928년 12월 29일 새벽, 동북 3성에는 오색기가 내려지고 청천백일만지홍기가 게양됨으로써 남경정부에 종속되었음을 나타내게 되었다. 이로써 동북지역의 주권도 중국 중앙정부에 귀속되었다.

장학량은 '동북역치'를 알리는 공문을 중국 전역에 발송하고 "선대 대원수(장작림)의 유지를 받들어 통일을 도모하고 평화를 관철시키기 위하여 이날을 기해 다음과 같이 선포한다. 삼민주의를 준수하고 국민당정부에 복종하며 국기를 교체한다. 지역이 멀리 떨어져 있다고 소홀히 하지 말기를 엎드려 부탁하며 아무쪼록 고견을 자주 내려주기를 진심으로 바란다"고 밝혔다.

12월 30일 남경의 국민당정부는 장학량을 동북변방군 사령관으로 임명하고 장작상, 만복린(萬福麟, 완푸린)을 부사령관으로 임명하였다. 또한 적문선(翟文選, 자이원쉔)을 봉천성정부 주석, 장작상을 길림성정부 주석, 상음괴(常蔭槐, 창인화이)를 흑룡강성정부 주석, 그리고 탕옥린(湯玉麟, 탕위린)을 열하성정부 주석으로 임명하였다.

동북역치는 일본에 대항한 중국의 애국적 행위로 평가되고 있다. 중국의 통일과 영토에 대한 주권 수호에도 부합되는 행위라고 볼 수 있다. 이 시점을 기하여 북양군벌의 중국 통치역사는 막을 내리게 되었으며 중국은 표면적으로 통일을 이룩하게 된다.

7. 준의회의遵義會議, 모택동이 장정을 이끌게 되다

왕명(王明, 왕밍 : 1904~1974년)*의 시대착오적인 좌경노선으로 인하여 중앙 홍군은 국민당군대의 제5차 '포위 공격'을 막아내지 못하고 근거지에서 퇴각하게 되었다. 1934년 10월 10일 중공중앙, 중앙군사위원회 홍군 주력부대 5개 군단을 비롯하여 중앙, 군사기관과 직속부대 8만6천 명이 전략적 이동을 선택할 수밖에 없는 상황에 처하게 되었다. 중국역사에서는 이를 '장정(長征)**'이라고 부르고 있다.

시대착오적 좌경노선이 초래한 손실

장정(長征) 초기에 좌경노선은 퇴각하면서 도주하는 과오를 범하였을 뿐만 아니라 전략적 이동을 '이사' 가는 것과 다를 바 없이 행동하였다. 이동하는 군대에게 인쇄기기, 군수기기 등 무거운 기자재를 들고 가도록 하여 일부 군대는 행동이 느려질 수밖에 없었기 때문에 이는 행군과 전투에 불리할 수밖에 없었다.

---

* 본명은 진소우(陳紹禹, 천사오위)다. 모택동의 최대 정적이자 논적이었으며 중국공산당 총서기를 역임한 인물이다. 1921년 중국공산당 창당 후, 진독수, 구추백, 이립삼, 왕명을 거쳐 모택동으로 이어지는 권력의 이동을 보인다. 이 과정에서 모택동은 당의 오류를 바로잡아, 변화와 발전을 이끌어낸 혁명의 영웅으로 여겨지고 있다.

** 홍군(紅軍)이 국민당군의 포위망을 뚫고 강서성 서금(瑞金 : 공산당 점령지역, 해방구)에서 섬서성 북부까지 국민당군과 전투를 하면서 2만5천리를 걸어서 이동한 행군을 말한다. 장정(1934~1936년)을 통해 홍군의 전략이 게릴라전으로 바뀌었고 모택동이 핵심 지도자로 부상하였다.

장정 전의 홍군 부대

　점점 더 수세에 몰리는 심각한 상황 속에서 모택동은 기동 작전을 펼칠 것을 주장하게 된다. 호남 남부지역은 공산당조직이 긴밀하고 주민들의 성향이 공산당에게 유리하였을 뿐만 아니라 국민당 각 부대가 이동 재편되고 있는 상황에서 국민당의 주력부대 설악(薛岳, 비웨)과 주혼원(周渾元, 저우훈위안) 부대가 추격하기는 먼 거리에 있었기 때문에 군대를 정비하여 반격을 가하여 국민당 군대를 섬멸할 가능성이 있었던 것이다. 이렇게 되면 현재의 피동적인 상황을 능동적으로 바꿀 수 있었다. 홍삼군단(紅三軍團) 군단장 팽덕회도 중공중앙을 향해 기민하게 기동작전을 펼치다가 기회를 보아 적군의 소규모 부대를 섬멸하게 된다면 장개석은 전군을 수정배치할 것이므로 이때에 공격하면 적의 기세를 꺾을 수 있다고 주장하였다. 그렇지 못할 경우 공산당 군대는 호남, 광서 지역으로 몰리게 되어 광서지역 국민당 군대와 맞붙게 될 것이므로 공산당에게 불리한 상황이 초래될 수 있었던 것이다.

　그러나 박고(博古, 보구 : 1907~1946년)[*], 오토 브라운(Otto Braun : 중국명 이덕李德)[**] 등이 이러한 건의를 받아들이지 않고 전쟁을 피하려는 소극적인 태도로 일관함

으로써 상황을 역전시킬 절호의 기회를 상실하고 만다. 11월 25일 중앙군사위원회는 광서의 전주(全州), 홍안(興安)에서 상강(湘江)을 건널 수밖에 없었으며, 이는 국민당 군대 네 번째 봉쇄선에 해당하였다. 11월 27일 홍군의 선발부대는 순조롭게 강을 건넜으나 뒤이은 부대는 운반하는 수레가 너무 많아 행동이 느려질 수밖에 없었다. 부대가 채 강을 건너기도 전에 우수한 전투능력을 갖춘 국민당 군대가 바로 추격해 옴으로써 협공을 받게 되었다.

준의회의 후의 모택동

중앙 홍군의 주력부대가 상강 봉쇄선을 돌파하고 포위망을 뚫고 나옴에 따라 장개석이 공산당을 섬멸하기 위해 펼쳤던 상강 동안(東岸) 계획은 실패로 끝나게 되었으나 홍군 역시 출발 당시 8만6천 명이었던 부대가 3만까지 급격히 줄어드는 등 엄청난 대가를 치르게 되었다.

박고는 막중한 책임감을 느꼈으나 속수무책이었으며 오토 브라운은 한숨과 탄식을 쏟아내면서도 자신의 책임을 전가시키기에 급급하였다. 그는 먼저 홍군 22사단 주자곤(周子昆, 저우쯔쿤) 사단장을 처단하려 하였다. 이 부대는 상강 연안에서 전투를 벌이면서 거의 전멸당했으며 부상을 입은 주자곤을 비롯하여 열 명 정도만이 포위망을 뚫고 나왔던 것이다. 오토 브라운은 주자곤이 전투에서 도주했다고 책망하며 "당신부대는 어디 있는 게요? 부대를 잃고도 무슨 낯으로 도주한 것인가?"라며 비난을 퍼부은 후에 경호부대에게 그를 포박할 것을 명하였다. 그리고 그를 군사법정으로 회부하여 처벌하려고 하였으나 경비부대의 누구도 선뜻 이에 따르려 하지 않았고 박고마저도 침묵을 지켰다. 이에 모택동은 주자곤을 자신에게 맡기라며 끼어 들었다. 그리고는 주자곤에게 계속 군대를 이끌고 싸우라며 격려의 말을 해주었다. 이 사실을 알게 된 오토 브라운은 모택동에게 패장을 옹호하며 인심을 얻으려 한다며 공격을 가하기 시작하였다.

상강전투에서 막대한 손실을 입은 후, 전쟁 지휘본부에서도 패전의 원인을 분석하기 시작하였다. 유백승은 광동의 공산당 간부들은 공산당이 다섯 차례나 포위공격을 받고 계속해서 패전하여 절체절명의 위기에 봉착한 것을 직접 눈으로 확인했다고 하며 이는 모택동의 올바른 노선을 무시한 채 잘못된 노선을 계속 고집해왔기 때문이라고 주장하였다. 그는 부대 내부에서는 이러한 노선에 대한 의혹과 지도층의 감정적인 대응에 대한 불만이 커지고 있다고 지적하였다. 특히 지도층의 이러한 감정적 대응은 공산당 군대가 패전을 거듭하면서 더욱 두드러지고 있으며 상강전투를 계기로 최고조에 달했다고 말했다.

당시 장개석은 홍군의 전진 방향을 분석하여 틀림없이 상강 서쪽 홍2, 홍6 군단과 합류할 것으로 판단한 후 군대를 대거 이동하여 중앙 홍군을 일망타진할 생각을 하고 있었다. 공산당은 이러한 위기에 처한 상황에서 모택동은 홍2, 홍6군단과의 합류계획을 포기하고 국민당 군대의 병력이 비교적 약한 귀주(貴州)로 전진할 것을 주장하였다. 12월 15일 홍군은 귀주의 여평(黎平)을 점령하고 18일 여평에서 중공중앙 정치국회의를 개최하였다. 이 회의를 통해 상강 서쪽으로 전진하는 계획을 수정하여 귀주성 북쪽으로 전진할 것을 결의하였다. 여평회의를 계기로 홍군의 전략에 변화가 일게 되었다고 볼 수 있다.

12월 말에 홍군은 오강(烏江) 남쪽 연안 후장(猴場 : 지금의 초당草塘 지역)에 도착하였다. 1935년 1월 1일 후장에서 개최한 회의에서 중앙정치국은 「도강 후 새로운 행동방침에 대한 규정(關于渡江後新的行動方針的決定)」을 마련하여 준의(遵義)를 중심으로 한 귀주 북부지역을 점령한 후 사천 남부 지역으로 이동하여 사천과 귀주 접경지역에 새로운 근거지를 마련하는 전략을 세웠다. 회의를 마친 후 홍군은 바로 오강을 건너 국민당의 추격부대를 오강 동쪽과 남쪽 지역으로 따돌린 후 1935년 1월 7일 준의성(遵義城)을 점령하게 된다.

준의회의

1935년 1월 15일에서 17일까지 중공중앙은 귀주의 준의에서 정치국 확대회의를 개최하였다. 이번 확대회의가 긴박하게 개최되었으며 또한 당시 상황이 전략적으로 분산 공격을 진행하고 있었기 때문에 일부 정치국위원과 후보위원은 참석이 불가능하게 되었음에도 불구하고 다수 위원들이 참석하였다. 5차 전체회의를 마칠 때까지 고작림(顧作霖, 구줘린)이 병사하여 참석하지 못하였을 뿐 박고,

장문천(張聞天, 장원톈 : 1900~1976년)[*], 주은래, 진운(陳雲, 천원), 모택동, 주덕[**] 등 여섯 명의 정치국위원이 참석하여 전체의 과반의석을 채웠으며 참석하지 못한 다섯 명의 위원 가운데 왕명과 강생(康生, 캉성)은 모스크바에 장국도(張國燾, 장궈타오 : 1898~1979년)[***]는 사천, 임필시(任弼時, 런비스)는 호남, 호북, 사천, 귀주 접경지역, 그리고 항영(項英, 샹잉)은 강서에서 유격활동을 벌이고 있었다.

섭영진 초상

정치국 후보위원은 모두 다섯 명으로 유소기(劉少奇, 류사오치 : 당시 전국총공회 위원장, 1898~1969년)[****], 왕가상(王稼祥, 왕자샹 : 당시 홍군 총정치부 주임, 1906~1974)[*****], 등발(鄧發, 덩파 : 국가정치보위국 국장), 개풍(凱豊, 카이펑 : 즉 하극전何克全, 당시 공청단 중앙서기) 등이 참석하였으며, 관향응(關向應, 관샹잉)만이 호남, 호북, 사천, 귀주 접경 지역에 있어 출석하지 못하였다. 중앙의 서기(상무위원) 네 명은 항영을 제외하고 박고, 장문천, 주은래 등이 모두 참석하였다. 후에 장국도가 자신이 준의회의에 참석하지 않았기 때문에 회의의 결과가 무효라는 다소 터무니없는 주장을 펼치기도 하였다.

홍군의 총사령부와 각 군단의 책임자 가운데는 유백승 참모장이 참석하였으

---

[*] 일명 낙보(洛甫, 루오푸)라고 한다. 모스크바에서 유학(1926~1930년)하였고, "28인의 볼셰비키" 그룹의 일원으로 활동하였으나, 1934년 28인의 볼셰비키 그룹의 정책 실패로 장정을 떠나게 되었고 이에 준의회의에서 모택동의 노선을 지지하였다.

[**] 당시 박고는 당서기이며 상임위원을, 장문천은 소비에트인민위원회 주석이며 상임위원을, 주은래는 군사위 부주석이며 홍군 총정치위원을, 주덕은 군사위 주석이며 홍군 총사령관을, 모택동은 소비에트중앙집행위 주석을, 진운은 전국총공회당 서기를 맡고 있었다.

[***] 중국공산당의 핵심인물이었으나, 1935년 장정(長征) 중 모아개(毛兒蓋, 마오얼가이)회의에서 모택동과 의견충돌로 결별한 후, 1938년 국민당으로 전향하여 중국공산당에서 제명당하였다. 그 후 중국공산당이 대륙을 점령하자 홍콩으로 망명하였다.

[****] 국공분열 후 러시아에서 유학하였고, 1932년 강서(江西) 소비에트구(區)에 들어가 노동운동을 담당하였다. 이후 중국공산당 중앙위원회 북방국(北方局) 서기 등을 지내면서 지하공작을 지도하였다. 1959년 모택동에 이어 국가주석이 되었고, 문화대혁명 때 파면되었다.

[*****] 러시아에 유학한 후 토지개혁(1927~1936년) 때 정치국 위원, 중앙공농민주정부(中央工農民主政府) 부주석, 혁명군사위원회 부주석 등으로 활동하였다. 1949년 중화인민공화국 수립 후 초대 소련주재대사를 역임하였으나, 문화대혁명 때 파면되었다.

준의회의 회의실 내부

며, 총정치부 주임 대리 이부춘(李富春, 리푸춘 : 주임은 왕가상이었으나 부상을 당하여 이부춘이 대신 참석)이 참석하였다. 1군단의 임표, 섭영진, 3군단의 팽덕회와 양상곤(楊尙昆, 양상쿤 : 1907~1998년)*, 5군단의 이탁연(李卓然, 리줘란) 등이 참석하였으며, 9군단의 나병휘(羅炳輝, 뤄빙후이), 채수번(蔡樹蕃, 차이수판) 등은 준의의 동북 순담(循潭), 흥융(興隆) 일대에서 경비를 담당하고 있어 참석하지 못하였으며, 8군단은 이미 해체된 상태였기 때문에 참석할 사람이 없었다. 『홍성보(紅星報)』의 편집장이자 중앙군사위원회 사무장인 등소평(鄧小平, 덩샤오핑 : 1904~1997년)**과 코민테른의 군사고문 오토 브라운과 그의 통역 오수권(伍修權, 우슈첸)도 함께 회의에 참석하였다. 오토 브라운은 회의장 문 입구에 문지방에 의자를 두고 다리 한 쪽만 회의장에 들여 놓은 채 불만 섞인 표정으로 앉아 담배만 피워 물고 있었다.

곧이어 다섯 번째 국민당의 포위공격에 대한 분석이 진행되었다. 먼저 박고

---

* 1926년에 중국공산당에 입당한 후, 소련에 파견되어 모스크바에서 유학하였다. 귀국 후 1933년 모택동과 주덕의 강서 소비에트에 합류하였다. 친소련 성향의 지도부 "28인의 볼셰비키"의 일원이었으나, 준의회의에서 모택동을 지지하였다.

** 프랑스 유학과 모스크바에서 수학하고 귀국한 후 1927년 광서(廣西)에서 공산당 지하운동에 참여하였다. 1933년 비주류 모택동을 지지하고, 장정에 참여하였다. 항일전 때 공산당 팔로군(八路軍)에서 활약했고, 1949년 국공내전 때 장강(長江) 도하작전과 남경 점령을 지도하여 중화인민공화국 수립에 공헌했다.

가 군사지휘 상에 잘못이 있었음을 인정하고, 그 원인에 대해서는 객관적인 병력에서 적군이 크게 앞서고 있다는 점을 강조하였다. 그의 말에 대부분의 위원들이 불만을 나타내었다. 주은래는 박고와는 전혀 다른 입장에서 국민당의 포위공격을 막아내지 못한 실패의 원인으로 전략전술 상의 오류를 꼬집고 이에 대한 책임을 질 것을 밝혔다. 그는 박고를 비판하고 오토 브라운이 주장하는 '빠른 돌파'를 비롯하여 강한 적과 정면 대결을 벌이면서 병력이 소진된 점을 지적하였다. 주은래의 분석이 끝난 후 회의장의 분위기는 급변하였다. 박고, 오토 브라운

노년의 장개석

과 함께 '삼인의 지도체제'를 구축하고 있는 그가 박고, 오토 브라운과 다른 점이 있다면 풍부한 실전경험이었다. 주은래는 기존의 전투방법으로는 더 이상 버티기 어렵다는 사실을 간파하고 이번 회의에서 그러한 점들을 명확하게 밝힌 것이다. 개인적 이해득실보다는 전체의 앞날을 걱정하는 그의 태도는 준의회의에서 결정적인 역할을 했다고 볼 수 있다. 주은래의 이러한 발언이 없었다면 공산당의 준의회의는 그 성패를 예측하기 힘들었을 것이다.

박고와 주은래의 분석에 이어 먼저 장문천이 박고의 주장을 정면으로 반박하였다. 그는 박고가 전술상의 잘못을 직시하지 못하고 있을 뿐만 아니라 이를 인정하지도 않는다고 주장하였다. 장문천의 이러한 견해는 모택동의 견해가 주로 반영되어 있으며 장종상도 이러한 입장을 견지하였다.

드디어 모택동이 일어나 '좌경' 모험주의야말로 군사지휘체계의 근본적인 오류라고 지적하고, 앞선 국민당의 네 차례 포위 공격을 겪으며 얻은 실전 경험을 바탕으로 박고가 다섯 번째의 반격 실패 원인으로 꼽은 자기변론을 정면으로 반박하였다. 왕가상, 주덕 등도 자신의 입장을 밝히게 되면서 개풍을 제외하고는 박고의 의견에 동조하는 사람이 아무도 없게 되었다.

준의회의를 통해 공산당은 모택동을 상무위원(서기)으로 선출하였으며, '삼인의 지도체제'를 해체하고 주덕 총사령관과 주은래 총정무위원에게 군사지휘권을 부여하였다. 특히 주은래는 군사지휘의 최종 결정권을 갖게 되었다. '삼인

지도체제'의 해체로 박고는 공산당의 지휘권을, 오토 브라운은 군사 지휘권을 상실하였다. 또한 이번 회의를 통해 상무위원회에게 세부 임무를 지시하도록 결정하였다. 이에 상무위원회는 1935년 2월 5일 사천, 귀주, 운남 접경지역에 위치한 '계명삼성(鷄鳴三省)'으로 불리는 지역으로 행군을 감행할 때 박고를 대신하여 장문천이 모든 결정을 내리도록 하였다. 당시는 총서기직이 없었기 때문에 '부총책(負總責)'이라는 명칭으로 대신하였다. 또한 상무위원회는 주은래의 군사지휘 협조자로 모택동을 선정하여 오강(烏江) 도강작전 수행에 앞서 주은래, 모택동, 왕가상으로 구성된 군사지휘 삼인체계도 확립하였다.

▶▶ 역사의 흐름에 어떤 영향을 미쳤을까?

중국공산당혁명사에 있어 가장 결정적인 역할을 한 것으로 평가받고 있는 '준의회의'는 절체절명의 위기에 놓여있던 공산혁명의 불씨를 되살려 놓았다. 무엇보다도 모택동을 중국공산당 지도부로 끌어들였다는데 큰 의의가 있다고 볼 수 있다. 준의회의 후 모택동은 중국공산당의 핵심 인물로 떠오른 것이다. 회의가 끝난 후 좌경기회주의자들의 통치가 막을 내리게 되었으며 중국공산당은 처음으로 마르크스레닌주의의 기본노선을 자주적으로 운용하여 전략노선과 방침, 정책 등의 문제를 해결할 수 있게 되었다. 이때부터 홍군은 승전을 기록하기 시작하였으며, 위기를 벗어나 안정된 체계를 유지하며 2만5천리에 해당하는 장정을 완수하였을 뿐만 아니라 공산혁명까지 이룩하게 된 것이다.

8. 서안사변西安事變, 항일투쟁 통일전선을 구축하다

2001년 10월 15일, 중국의 유명한 애국장교 장학량(張學良, 장쉐량) 선생이 101세를 일기로 미국 하와이에서 병사하였다. 중국 현대사에 있어 더없이 중요한 인물인 그는 생의 대부분을 감옥에서 보냈지만 20세기 중국역사에 선명한 발자취를 남겼다고 볼 수 있다. 그 가운데 하나로 동북역치(東北易幟), 즉 동북군벌이던 그가 난징의 중앙정부(장개석)를 따르기로 한 결정이며 또 다른 하나가 바로 '서안사변(西安事變)'*이다. 이 사건을 통해 항일투쟁 및 중국통일의 대업을 촉진할 수 있게 되었다고 볼 수 있다.

장학량이 군대를 출병시키지 않은 내막

'동북역치' 이후 봉계군벌 세력이 장악하고 있던 '동북 3성(東北三省)'**이 남경 국민당정부에게 귀속되었다. 장학량은 동북역치 이후, 장개석이 무력으로 중국을 통일하는 데 적극 동의하였으며, 중원(中原) 대전(大戰)에서 결정적인 역할을 하게 된다.

1931년 9월 18일 일본은 심양성과 동북군이 주둔하고 있던 진영에 대한 공격을 시작으로 중국 동북 3성에 대한 침입을 본격화하였다. 일본군이 점령한 지역이 점차 늘어나면서 동북 각지의 정권과 군대 사이에 심각한 분열이 일어나게 된다. 초기에 일본군과 결탁한 희흡(熙洽, 시챠), 장경혜(張景惠, 장징후이), 위식의(威式毅, 웨이스이), 장해붕(張海鵬, 장하이펑), 우지산(于芷山, 위즈산) 등 친일파들이 적과 계속해서 내통하자, 소속 군인들 가운데 상당수도 그들을 따라 반역에 동참하였다.

일부 애국심에 불타는 관리들과 장령들은 연합하여 함께 일본에 대한 저항운동을 벌이기도 하였으며, 후에는 거세게 일기 시작한 의용군의 대열로 속속 합류하였다. 그러나 여전히 다수의 사람들은 관망 자세를 취하고 있었다. 일본군은 친일파들을 대거 모아놓고 꼭두각시 정권을 세운 후 동북지역에 대한 전면적인 식민지 통치 계획에 착수하였다. 그해 9월 하순경 요녕, 길림 두 성은 이미 와해

---

* 1936년 12월 12일, 동북군 총사령관 장학량이 섬서성 서안에서 국민당 정권의 장개석을 감금하고 공산당과의 내전을 중지하고 일본 제국주의의 침략에 맞서 싸울 것을 요구한 사건이다. 이 사건으로 국민당과 공산당 사이에 제2차 국공합작이 이루어져 항일투쟁의 계기가 되었다.

** 중국의 최동북 쪽에 위치한 길림성(吉林省), 요녕성(遼寧省), 흑룡강성(黑龍江省) 등 3성을 일컫는다. 이 지역 최대의 도시는 심양(瀋陽, 선양)이며, 그 외에 합이빈(哈爾濱, 하얼빈), 장춘(長春, 창춘), 대련(大連, 다롄), 제제합이(齊齊哈爾, 치치하얼), 길림(吉林, 지린) 등의 도시가 있다.

되었고 흑룡강성 정부도 마비상태에 빠졌다.

　당시 동북변방사령장관이자 국민당정부의 육해공군부사령관이었던 장학량은 병으로 북평 협화의원(協和醫院)에서 요양 중이었다. 그는 국민당정부에게 향후 행보에 대한 지시를 청하였으나 장개석은 소위 중앙의 입장에서 지방에서 일어난 충돌사건의 하나로 치부하였기 때문에 동북군의 출병을 허락하지 않았다. 상황이 이렇게 되자 일본군은 주인 없는 집에 들어오듯 파죽지세로 밀고 들어와 한두 달이 채 안 되는 시간에 광활한 동북 3성을 모두 차지하게 된다. 동북지역의 3천만 주민들은 고스란히 고통의 나락으로 떨어지게 되었다. 동북지역이 일본군에 점령되자 장학량은 영토를 빼앗긴 책임을 지지 않을 수 없었다. 국민당은 장개석이 동북군 출병저지라는 잘못된 판단을 내렸음을 숨기기 위하여 이 모든 책임을 장학량에게 떠넘기게 된다.

　심양(瀋陽) 사건이 발생한 후 장학량과 장개석 가운데 한 명은 반드시 출병 저지의 책임을 져야만 했다. 하북 보정(保定)의 기차 상에서 가진 회담에서 장개석은 지금의 형국은 강한 폭풍우 속에 처한 작은 배와 같다고 하면서 둘 중 하나가 배에서 뛰어내리지 않으면 둘 다 배와 함께 가라앉을 상황이라고 강조하였다. 둘 중 누가 뛰어내리면 되겠느냐는 물음에 장학량은 자신이 뛰어내리겠다고 대답한다. 장개석은 고심 끝에 장학량을 퇴역시킨 후 이탈리아로 보낸다.

　그러나 장학량이 군대를 출병시키지 않았다는 소문이 파다하게 퍼질 무렵 그와 적대관계에 있던 군벌들은 이를 바탕으로 터무니없는 말들을 지어내기 시작하였다. 그러나 장학량은 이를 참아내며 군대를 출병시키지 않은 죄명을 그대로 뒤집어쓴 채 장개석의 지시를 따랐다.[*]

　1935년 장개석은 동북군을 하남, 호북, 안휘 등으로 이동시켜 '공산당 포위 공격'에 이용하였다. 또한 장학량에게는 동북군을 이끌고 섬서, 감숙 지역에서 '공산당 제거' 작전을 수행하며 서안에 '공산당 제거' 서북 총사령부를 구축하였다. 장개석 자신이 총사령관을 맡은 후 장학량을 부사령관으로 임명하였다. 장개

---

[*] 1933년 장학량은 유럽으로 떠났고, 이듬해 중국으로 돌아왔다. 장개석은 여전히 공산당을 제거하는 일을 그에게 부여하였다.

석은 동북군과 공산당 홍군이 서로 충돌하게 함으로써 둘의 세력을 동시에 약화시키거나 최소한 한쪽을 약화시킴으로써 어부지리를 얻고자 하였던 것이다. 장학량은 일본군에 대해서는 부친을 잃은 복수심과 자신의 영토를 잃게 만든 원한을 깊이 가지고 있었다. 공산당군에 대한 두 번의 포위공격으로 장학량은 몇몇 사단을 잃게 되었으나 장개석은 이를 동정하기는커녕 오히려 동북군 두 개 사단을 해체시켰다. 장개석이 내전을 이용해 자신의 부대와 공산당군의 세력을 약화시킨데 대해 장학량은 크게 분개하였다.

간언(諫言)과 무력동원

일본군의 '9·18*' 침략으로 동북지역이 함락되자 중국공산당은 국민당과 합심하여 외세를 물리치자고 건의하면서 중국인이 모두 항일투쟁에 나설 것을 호소하였다. 이러한 정치적 영향은 동북군 하급 장교와 내륙으로 들어온 동북지역 진보인사들에게 큰 반향을 불러일으키게 된다. 그들은 '공산당 제거'라는 내전을 멈추고 총구를 외세에 겨누어 고향으로 돌아갈 수 있기를 희망하였던 것이다.

공산당 제거 전쟁에 투입되면서 장학량은 공산당과 홍군에 대한 인식을 새롭게 가지기 시작하였다. 호북, 하남, 안휘 지역에서 용감하게 전투에 임하는 홍군의 모습과 희생을 무릅쓰고 홍군을 지원하는 민중들의 모습을 보게 되었던 것이다. 섬서, 감숙 전투에서 동북군은 홍군의 절반에 해당하는 사단 병력을 물리치고 수천 명을 생포하였다. 그는 포로로 잡은 관병들이 홍군들보다 더 나은 생활을 하고 있다는 데 충격을 받았다. 그는 중국인은 같은 중국인에게 총구를 겨누지 않으며 공동의 적은 일본제국주의라고 말하는 홍군들을 모두 풀려나게 하였다. 포로로 잡힌 619단 단장 고복원(高福源, 가우푸위안)은 중국공산당과 동북군의 연락책을 자원하기도 하였다. 중국공산당과 홍군은 항일투쟁에 전력하고 있기 때문에 동북군이 항일투쟁을 원한다면 반드시 홍군과 연합해야 함을 설득하

---

* 1931년 9월 18일 류조구사건(柳條溝事件, 류탸오거우사건), 즉 봉천(奉天 : 瀋陽) 외곽의 류탸오거우에서 스스로 만철(滿鐵) 선로를 폭파하고 이를 중국 측 소행이라고 트집 잡아 일본 관동군이 만주를 침략한 '만주사변'을 말한다. 이로 인해 만주를 침략전쟁의 병참기지로 만들었다.

였다. 이에 장학량은 고복원을 다시 섬서 북부 중국공산
당에 파견하여 홍군과 연합하여 항일투쟁에 참여할 의
사를 전달하게 된다.

양호성 장군

　　신해혁명에 참여했던 동맹회 회원 양호성(楊虎城, 양
후청 : 1893~1949년)*도 장학량과 유사한 경험을 한 적이 있
다. 제1차 국공합작 과정에서 중국공산당에 대해 어느
정도 알게 된 그는 대혁명 실패 후 장개석의 '공산당 제
거' 명령을 거부하고 공산당원을 그의 부대 요직에 임용
하였다.** 이를 발견한 장개석은 그를 퇴역시킨 후 일본
시찰을 명분으로 출국시킨 바 있다.

　　1936년 4월 9일 장학량과 중국공산당 대표 주은래
가 동북군 주둔지 부시(膚施 : 연안延安)에서 비밀 회담을 갖고 서로 공격하지 않을
것과 대표를 파견하여 항일연맹을 맺기로 결정하였다. 곧이어 장학량은 홍군에
게 50만 위안의 항일투쟁경비를 지원하게 된다. 그해 5월 양호성의 부대도 중국
공산당 대표 왕세영(王世英, 왕스잉)과 상호불가침, 항일투쟁 공동추진 등 네 개 조
항에 합의하였다. 장학량의 동북군과 양호성의 17로군의 협력을 촉진하고 상호
간의 장벽을 해소하기 위하여 중국공산당은 양 진영에 파견하여 설득작업을 벌
인 결과 교류를 추진할 수 있었던 것이다.

　　그 결과 1936년 전반기에 홍군, 동북군, 그리고 17로군의 연합군은 '삼위일
체'의 항일동맹을 결성하고 서안을 중국항일투쟁의 중요거점으로 삼게 된다.

　　그 후 장학량과 양호성의 부대는 중국공산당과 더욱더 긴밀한 관계를 유지
하게 된다. 서북항일동맹의 결성은 장개석에게 놀라움과 분노를 안겨주었다. 10
월 22일 장개석은 서안에서 장학량과 양호성을 각각 따로 만난 후 다시 홍군을

---

* 신해혁명 때 군인이 되었고, 1925년 국민군 제3군 제3사 사단장이 되어 국공합작에 참여했다. 1930년 이후 국
　민당정부 제17로군을 총지휘했으나 장개석에 의해 1933년에 파면당했다. 장학량과 함께 서안사건을 일으킨
　인물이다.
** 1933년 양호성은 장개석에 대한 불만과 신변상의 이유로 공산당원인 조카 왕병남(王炳南, 왕빙난)을 비서로
　채용했고 공산당과 관계를 맺게 되었다.

공격하도록 협박하였다. 장학량과 양호성은 공산당과 연합하여 항일투쟁을 지속할 것임을 밝힘으로써 장개석의 호된 질책을 받게 된다. 장개석은 정주(鄭州)를 중심으로 평한(平漢), 농해(隴海) 철도 노선을 따라 자신의 적계부대 약 30개 사단을 이동 배치하여 언제든지 섬서, 감숙 지역으로 진격하여 전쟁을 일으킬 준비를 하였다.

12월 4일에 장개석은 다시 서안으로 들어와 장학량과 양호성에게 섬서 북부 지역의 공산당을 소탕하도록 엄중 경고하고 만약 이를 거부할 경우 동북군은 복건, 17로군은 안휘로 이동 배치할 것이며 중앙군대가 섬서 북부 지역의 공산당 소탕 작전을 대신할 것임을 밝혔다. 12월 7일 장학량은 장개석에게 '공산당 소탕'을 포기하고 항일투쟁에 나설 것을 설득하였다. 그러나 장개석은 지금 당장 총구로 자신을 위협한다고 해도 절대 공산당 소탕작전을 포기하지 않을 것임을 밝혔다.

이러한 상황에서 장학량과 양호성은 내전을 중단하고 항일투쟁에 나서자는 자신의 주장을 관철하기 위하여 무력을 동원하는 과감한 결단을 내릴 수밖에 다른 방법이 없었던 것이다.

12월 12일

1936년 12월 9일 서안학교 학생 1만여 명이 항일투쟁을 외치며 시위에 나섰다. 이 소식을 들은 장개석은 장학량에게 전화를 걸어 즉시 진압하도록 명하였다. 장개석은 전화로 만약 불복종할 시 엄중 진압할 것을 경고하였다. 장학량은 학생들을 보호하기 위하여 재빨리 현장으로 달려가 그들을 설득하기 시작하였다. 학생들의 애국심에 감동한 장학량은 차가운 바람 속에서 학생들에게 눈물로 호소하던 중 자신도 모르게 그만 일주일 안에 실질적인 행동으로 보답하겠다는 약속을 하게 된다. 장학량의 말을 들은 학생들은 그의 태도를 보고 감동하여 대오를 정돈하여 해산하였다.

당시 장개석은 임동(臨潼)에 머물고 있었으며 장개석을 수행하여 서안에 도착한 소원충(邵元沖, 사오위안충), 진성(陳誠, 천청) 등 20명의 문무 관료들은 모두 서안 시내의 서경초대소(西京招待所)에 묵고 있었다. 서안 시내에는 장개석의 중앙

헌병단과 경찰특공대 등의 기관도 함께 자리하고 있었다. 무력을 동원해서라도 장개석의 마음을 변화시키기 위한 장학량과 17로군의 작전은 다음과 같이 이루어졌다. 동북군 유다전(劉多荃, 류둬촨)이 임동으로 가서 장개석을 잡는 작전을 지휘하기로 하였다. 그러나 실제로는 백봉상(白鳳翔, 바이펑샹), 유계오(劉桂五, 류구이우), 손명구(孫銘九, 쑨밍주) 등이 작전을 수행하였다.

장개석은 당시 상황을 이렇게 회상하였다. 그날 아침에 일어나 운동을 마친 뒤 옷을 입고 있었다고 한다. 무슨 일이 발생했다는 것을 직감하고 두 명의 수행원을 거느린 채 벽을 타고 내려가던 중 그만 굴러 떨어져 도랑 속으로 빠지고 말았다. 당시 가슴을 찌르는 듯한 고통을 느꼈는데 나중에 보니 등에 큰 부상을 입었으며 틀니가 없어진 것을 알게 되었다. 다른 사람의 부축을 받으며 여관 부근의 산속으로 몸을 피하던 그는 경호원 몇몇과 조우하였다. 그들은 산위에서 갑자기 산 아래로부터의 공격을 받았으며 일부 경호원은 이미 목숨을 잃은 뒤였다.

장개석은 자신이 이미 포위당했음을 직감하고 산 아래로 향하였다. 관목이 우거진 동굴 속으로 몸을 피했다고 생각했을 때 손명구를 비롯한 그의 부하들이 그곳에서 장개석을 찾아내게 된다. 눈부신 태양아래서 그는 당시 잠옷 위에 긴 외투만을 대충 걸친 상태였다. 눈이 계속 내리고 있어서 그는 계속 몸을 떨었으며 맨발과 두 손도 상처투성이였다.

그러나 장개석은 추위보다도 분노로 인해 몸이 떨리고 있었다. 그는 "나만 죽이면 모든 일이 다 해결 될 것이다"라며 고함을 쳤지만, 손명구는 "당신을 해하려는 게 아닙니다. 우리는 당신이 항일전쟁의 선봉에 서줄 것을 원하는 것입니다"라고 대답하였다. 장개석은 말을 타고 산 아래로 내려가려 했지만 손명구는 그를 업고 산을 내려왔다. 산을 내려와 한참을 더 걸은 후에야 시종 한 명이 장개석의 신발을 들고 쫓아왔다. 평지에 이르자 차 한 대가 그 앞에 멈추어 섰다. 그를 서안으로 데려가기 위한 차량이었다.

서안성 내에는 제17로군의 조수산(趙壽山, 자오서우산)이 지휘하고 있었으나 실제로는 송문매(宋文梅, 쑹원매이), 공종주(孔從周, 쿵충저우), 왕경재(王勁哉, 왕징짜이) 등이 임무를 수행하였다. 먼저 서경초대소와 성(省) 정부 헌병대 및 경찰서 등의 기관을 포위하였다. 경찰과 헌병이 다소 저항하기는 하였으나 즉시 무장해제를 시키고 난 후에 나머지는 순조롭게 진행되어 서경초대소에 묵고 있는 모든 문무 관료들을 구금하였다. 다만 도주를 시도하던 소원충이 총탄에 맞고 피를 너무 많이 흘리게 되어 목숨을 잃었다. 진성은 쓰레기통에 숨어 있었으나 역시 발각되어 구금되었다.

평화적 해결

장개석이 연금된 후 남경정부 내부의 하응흠(何應欽, 허잉친)을 위시한 진입부(陳立夫, 천리부), 대계도(戴季陶, 다이지타오) 등의 친일파는 무력 해결을 주장하였다. 12월 16일 국민당 중앙정치회의에서는 '역적토벌'을 결의하고 유치(劉峙, 류즈), 고축동(顧祝同, 구주퉁)을 각각 동로군과 서로군의 총사령관으로 임명한 후 동관으로 출병하였다. 그러나 하응흠은 이 기회를 이용하여 장개석을 제거한 후 그의 자리를 대신할 생각을 하고 있었기 때문에 이탈리아에서 요양 중이던 친일파 두목 왕정위(汪精衛, 왕징웨이)에게 속히 귀국하라는 전보를 보내기도 하였다. 장개석이 죽고 친일파가 정권을 잡게 되면 중국은 혼란에 빠질 것이 자명하였다. 일본은 그 기회를 노려 중국을 침범하게 될 것이므로 중국은 그야말로 민족멸망이라는 절체절명의 순간에 놓이게 되었다.

그러나 중국공산당과 각계의 공동노력으로 장개석이 공동항일투쟁을 받아들이게 되면서 서안사변은 평화적으로 해결되었다.

장학량은 장개석이 모든 협상 조건을 받아들이자 시간을 끌수록 상황이 불리해지고 장개석의 생명이 위태로워질 것을 염려하여 양호성과 함께 12월 25일 오후 장개석을 공항으로 호송하였다. 그 자신도 비행기에 탑승하여 장개석을 무사히 남경까지 호위하였다. 그러나 장학량은 이때에 남경행 비행기를 탄 후 다시 돌아오지 못했다. 장학량은 이번 남경행에서 돌아오지 못할 것을 이미 예상이라도 한 듯 동북군의 안녕을 양호성과 그의 참모 우학충(于學忠, 위쉐중)에게 부탁하고 홀로 남경행을 선택했다. 장개석의 보복을 받을 것이라는 것을 알면서 장개석의 '이미지'를 보호하고 장개석이 항일투쟁의 약속을 지키도록 촉구하기 위하여 장학량은 자신이 연금되는 고통도 감수했다고 볼 수 있다.

그가 계구(鷄口)에 연금되어 있을 때 양호성에게 보낸 편지 가운데 '나라의 이익을 도모할 수 있다면 어떠한 희생도 감수할 수 있다. 내 자신의 이익을 위한 것이 아님을 알아주기 바란다"라는 구절에서 이러한 심정을 읽을 수 있다. 그러나 몇 년이 지난 후 장개석에게 죽임을 당한 양호성도 서안사변이 평화롭게 해결된 후 언제 생명의 위협이 닥칠지 모르는 상황에서도 "장개석이 나라를 안정시키고 외세를 몰아내도록 정책을 수정한다면 개인의 희생도 값진 것이다"라고 태연히 말하곤 하였다.*

남경으로 돌아온 장개석은 장학량**을 연금시켜 보복하였을 뿐만 아니라 양호성은 기존의 유임을 철회하고 파면시켰으며 서안에서 체결한 '삼위일체'의 항일동맹을 결국 파기하였다. 그러나 시대의 추이를 거스를 수 없었기 때문에 내전과 공산당 소탕을 중지하며 항일투쟁에 공동으로 임하는 정책기조는 유지하였다. 이로써 국공합작이 다시 이루어지게 되었으며 중국은 국내혁명전쟁에서 항일민족전쟁으로 역사적 전환기를 맞이하게 된다.

▶▶ 역사의 흐름에 어떤 영향을 미쳤을까?

서안사변은 각계의 사회정치적 요소가 유기적으로 결합되어 새로운 시너지 효과를 창출하였기 때문에 평화적 해결이 가능하였다. 서안사변이 평화적으로 해결된 후 중국내전은 사실상 중단되었으며 국공관계도 신속하게 발전하였기 때문에 중국에는 평화로운 시기가 도래하게 되었다. 서안사변의 평화적 해결은 국공 양당이 다시 협력 단결하여 항일투쟁을 전개할 수 있는 원동력이 되었다고 볼 수 있다. 이를 계기로 항일투쟁 통일전선이 구축됨으로써 중국은 내전에서 항일전쟁으로 시국이 바뀌는 전환점이 마련되었다.

* 서안사건이 평화적으로 해결된 뒤 장개석을 억류했다는 이유로 양호성은 군을 떠나 외국으로 가야 했다. 중일전쟁 때 항일전에 참가하기 위해 귀국했지만 장개석 정부의 특무기관에 의해 감금당하였고, 국공 내전 말기인 1949년 중경(重慶)에서 살해당했다.

** 이 사건으로 장학량은 지휘권이 박탈되고 10년의 금고형에 처해졌다. 1949년 국민정부와 함께 타이완으로 옮겨와 1990까지 연금생활을 하였다. 1995년 이후 동생이 거주하던 하와이에서 살다가 2001년 노환으로 사망했다.

9. 항일전쟁의 승리, 2차 세계대전을 종식시키다

중국은 반파시즘 전쟁에 공헌한 바가 크다고 할 수 있다. 1937년부터 1945년에 이르기까지 중국은 자국의 전장에서 일본제국주의 육군 총 병력의 3분의 2이상을 막았다고 해도 과언이 아닐 것이다. 1931년부터 1945년에 이르기까지 중국전장에서는 일본군과 16만5천여 차례에 걸친 전투가 벌어졌으며 150만 병력을 섬멸하였다. 이는 제2차 세계대전에서 일본군 사망인원의 70%에 달하는 수치로서 중국인들이 보여준 항일전쟁의 생생한 기록이기도 하다.

중국과 일본의 원한

19세기 중반 이전까지 중국과 일본은 특별한 원한이 없었다고 볼 수 있다. 양국이 모두 봉건 보수국가라는 점도 다를 바가 없었으며 서방세계의 비약적인 발전에 전혀 눈길을 주지도 않았다. 그러나 19세기 중반 이후 20세기에 이르는 50여 년의 시간처럼 피로 얼룩진 원한이 없었을 뿐이지 아주 먼 옛날 중국 대륙에 잦은 약탈을 일삼았던 것만은 부인할 수 없다.

19세기 중엽, 양국 모두 서방과 충돌하기 시작하면서 큰 변화를 맞이하기 시작하였으며, 이러한 변화의 근원을 밝히기 위해서는 두 민족이 외래 문명의 충격을 받았을 당시의 반응을 살펴 볼 필요가 있다. 결과적으로 중국의 '양무운동'은 실패로 끝이 났으며 일본의 '메이지유신'은 성공을 거두었다. 이때부터 중국은 시간이 지날수록 반봉건, 식민지의 심연으로 빠져들게 되었으나, 일본은 '화혼양재(和魂洋才 : 정신은 일본을 주체로 하고 서양의 재능과 기술을 받아들인다는 사상)'를 통해 아시아를 벗어나 유럽에 동참하는 성공적인 변화를 이루어내게 된 것이다. 아시아에서 두각을 나타낸 일본은 중국에 도움을 주지 않은 것은 차치하더라도 서방 열강보다도 더욱 잔혹하게 중국에 대한 수탈과 침략을 강행하였다. 일본은 중국을 딛고 발전의 가속도를 내게 된 것이다.

1894년 조선에서 동학당이 인도하는 농민봉기가 발생하자 조선의 왕은 청나라에 동학당을 진압할 원병을 청하였다. 일본은 이틈을 이용하여 조선을 차지하

상해가 점령된 후의 중국 난민의 모습

고 중국을 침략할 목적으로 조선을 침입하게 된다. 그해 7월 25일 일본 군함이 조선의 아산 앞바다의 풍도(豊島)에서 중국의 수송선을 습격하였다. 8월 1일 청나라는 어쩔 수없이 일본에 선전포고를 하게 된다. 당시는 음력으로 갑오년에 해당하였기 때문에 중국에서는 이 전쟁을 '갑오전쟁(甲午戰爭)'으로 칭하고 있다(우리나라에서는 청일전쟁으로 불리고 있다).

9월 중순 일본군이 평양을 공격하자 청나라 총병(總兵) 좌보귀(左寶貴, 쭤바오구이)는 장수들을 이끌고 성안에서 수비하던 중 포탄에 맞아 희생되었다. 청나라 군의 통수였던 엽지초(葉志超, 예즈차오)는 죽음이 두려웠던 나머지 군대를 이끌고 중국으로 도주하고 말았으며 평양은 일본군에 함락되었다. 9월 17일 일본함대와 청나라의 북양함대가 황해에서 격렬한 전투를 벌여 쌍방 모두 심각한 타격을 입었다. 이홍장은 안정된 병력을 유지하기 위하여 북양함대를 위해(威海) 위군항(衛軍港)으로 철수시킴으로써 해상 장악권을 일본에게 고스란히 넘겨주는 꼴이 되었다.

그해 10월 일본군은 두 개 부대로 나누어 대규모로 중국에 침입하였다. 첫 번째 부대는 압록강을 건너 구련성(九連城)을 점령하였으며, 나머지 한 부대는 요동반도를 가로질러 화원구(花園口)에 상륙하여 여순(旅順), 대련(大連)을 점령하였다. 1895년 1월에 일본 육군이 산동반도 영성만(榮成灣)에 상륙하여 일본 해군과 위해의 위군항에 협공을 가하게 된다. 이로써 청나라의 북양함대는 전멸하고 만다.

전쟁에 진 청나라는 일본과 매우 굴욕적이고 가혹한 「마관조약(馬關條約, 시모노세키 조약)」을 체결하였다. 마관조약의 내용을 살펴보면 다음과 같다. 첫째, 조선은 완전한 독립국이다(실제로는 일본의 조선에 대한 통치를 승인한 것이라고 할 수 있다). 둘째, 중국은 요동반도를 비롯하여 대만과 그 부속 도서, 팽호열도(澎湖列島)를 일본에게 할양한다. 셋째, 일본군의 군비 2억 량(兩)의 배상금을 7년 안에 여덟 차례에 나누어 지급한다. 1차 배상금을 지불한 후 매년 남은 배상금의 5%를 이자로 지급한다. 넷째, 사시(沙市), 중경(重慶), 소주(蘇州), 항주(杭州)를 통상 항구로 개방

양수포를 강점한 일본이 상해 시내 한 복판에서 포격전을 벌이는 광경

하고 일본 선박은 상기 통상 항구에 여객과 화물을 운송할 수 있을 뿐 아니라 통상 항구에 임으로 공장을 세울 수 있으며 그 제품에 대해서는 각종 잡다한 세금을 면제받을 수 있다. 또한 일본화물 창고를 건설하여 물품을 보관할 수 있도록 한다.

「마관조약」으로 일본은 20여 년 동안 꿈꿔왔던 세력 확장을 실현할 수 있었으며 조선을 발판으로 삼아 중국을 침략하였다. 조약에 규정된 전쟁 배상금과 후에 '요동반도'를 돌려주며 얻은 배상금을 합하면 총 2억3천만 량에 해당하는 거액으로 청나라 조정의 연간 재정수입의 세 배에 달하는 금액에 해당한다. 청나라는 백성들에게 혈세를 짜내는 동시에 거액의 외채를 빌어 와야 했다. 열강들은 가혹한 정치적 조건을 내걸고 차관을 주었기 때문에 중국에 대한 수탈과 압박이 더욱 심해지는 상황을 초래하였다. 이 조약에서 일본이 중국에 직접 공장을 설립할 수 있도록 하자 서방 열강들도 이를 원용한 동등한 특권을 중국에 요구하여 누리렸다.

갑오전쟁이 끝난 후 열강들은 앞 다투어 중국에 광산과 철도를 건설하는 공장을 건설하기 시작하였으며, 이로써 중국의 자원과 노동력을 직접 수탈하게 되었다. 이는 아직 미성장 단계에 있던 중국의 민족 공업에 심각한 타격을 주었으며 중국의 경제발전과 생산력 증대의 저해 요소로 작용하였다. 새로운 통상항구가

참호 안의 중국 병사

개방되고 중국내륙의 하천을 이용할 수 있는 특권을 얻게 됨으로써 열강들은 장강 유역에 펼쳐진 방대한 자원을 마음대로 갈취하고 그들의 상품을 팔 수 있는 시장을 얻게 되었다. 이러한 상황은 중국의 식민지화 양상을 더욱 가속화시킬 수밖에 없었다. 마관조약에서 정한 중국 영토 할양규정으로 인하여 중국은 전략적 요충지를 대거 상실하였으며, 대만은 오랜 기간 일본의 식민지 통치를 받게 되는 고통을 겪게 된다.

일본은 이 전쟁을 통하여 자국의 발전에 필요한 막대한 자금을 얻음으로써 세계적으로 강력한 세력을 보유한 제국주의 국가로 신속하게 성장하였다.

항일전쟁

1930년대에 이르자 중국에 대한 일본제국주의의 수탈과 침략의 강도는 더욱 높아지게 되었으며 중국을 합병하고자 하는 야심을 품게 된다. 이에 '9·18사변'을 통해 동북지역을 차지하고 '7·7사변'을 통해 화북지역이 일본의 손에 넘어감으로써 중국의 운명은 매우 위태로운 상황에 처하였다. 이에 중국인들도 마지막 남은 저항의 불꽃을 태우지 않을 수 없었다. 8년에 걸쳐 벌어진 중일전쟁의 결과로 중국의 운명과 중일관계가 결정될 순간에 놓이게 된 것이다.

1937년 7월 7일 일본은 화북지역에 주둔하고 있던 군대 일부가 훈련 도중 사병 하나가 실종되었음을 빌미로 하여 북평(北平) 서남 완평현(宛平縣)에 주둔하고 있던 중국 군대를 공격하게 된다. 이에 중국 전역에 회오리친 항일의 물결을 바탕으로 중국군 제29군 제37사단 제110여단 소속의 일부 군을 중심으로 일본에 대한 저항이 시작되었다. 중국 역사에서 7·7사변으로 불리고 있는 이 사건을 계기로 중국의 항일전쟁이 시작되었다고 볼 수 있다.

7·7사변이 발생한 다음날 중국공산당은 중국 전역에 항일전쟁을 선포하고 7월 9일 홍군(紅軍)이 정식으로 항일전쟁에 참전한다고 알렸다. 7월 15일 중공중앙은 「중국공산당의 국공합작선언공표(中國共産黨爲公布國共合作宣言)」를 발표하고

출정 병사들의 중경 지역 열병식

팔로군(八路軍)과 신사군(新四軍)을 조직하여 항전에 임하였으며, '평형관대첩(平型
關大捷 : 산서 동북지역에 위치한 요새인 평형관에서 승리한 전투를 말함)'의 성과를 거두었
다. 이에 일본군은 태원(太原)을 점령하고 상해로 출병하였다. 국민당은 퇴로를
차단당할 것을 두려워하여 상해를 포기하고 남쪽으로 이동하여 중경으로 천도
하였다.

　　일본군이 상해, 태원을 점령한 후 국민당과의 전투지역을 진포로(津浦路) 방
향과 장강 유역으로 옮기게 된 반면, 중국공산당은 진찰기(晋察冀 : 산서, 차하얼, 하
북성 지역), 진서북(晋西北 : 산서성 서북 지역), 진서남(晋西南 : 산서성 서남 지역), 소남(蘇
南 : 강소성 남부), 소북(蘇北 : 강소성 북부), 환남(晥南 : 안휘성 남부), 환중(晥中 : 안휘성 중
부), 예환소(豫晥蘇 : 하남, 안휘, 강소성 지역) 등지에 근거지를 마련하고 세력을 확장
하기 시작하였다.

　　일본군은 상해를 점령한 후 12월 13일 남경을 점령하고 30만에 해당하는 무
고한 시민들을 학살하였다. 이 전투로 송강(淞江) 유역과 상해 지역을 상실하게
되었다. 국민당은 40여만 명의 사상자를 내고 6만3천540제곱킬로미터에 해당하
는 국토를 상실한 것이다. 일본군은 진포로를 따라 진격하여, 1938년 봄에 방부
(蚌埠)와 연주(兗州) 지역을 비롯하여 서주(徐州) 지역까지 점령하였다. 국민당이 일
본군과 전면전을 벌이는 동시에 신사군, 팔로군은 후방교란작전을 펼침으로써

국민당의 전투 작전에 적극 협조하였다. 서주를 점령한 후 일본군은 계속 남하하여 무한, 광주 등을 점령하여 중원과 화남지역의 방대한 영토가 일본군의 수중에 들어가게 되었다.

이때부터 중국군과 일본군은 대치국면에 들어섰다. 팔로군은 일본군을 소탕하면서 국민당 완고파들의 반공 정서를 와해시키고 항일전쟁의 근거지를 확보해 나가기 시작하였다. 이 기간 동안 팔로군은 2만여 차례에 걸친 전투를 벌여 33만 명의 일본군을 섬멸함으로써 일본군에 심각한 타격을 안겨주었다. 팔로군과 신사군은 이러한 활약을 바탕으로 병력을 50만까지 증대하였으며, 근거지의 인구 또한 9천5백 명으로 늘어남으로써 지방 무장 세력을 확충하였다.

중국의 항일전쟁은 국지전이 아니라 세계적인 반파시즘 전쟁의 일부라고 볼 수 있다. 중국은 반파시즘 전쟁이 일어난 5대 국가 가운데 하나에 속하며 아시아 대륙에서 일본을 반대하며 맞선 주요 국가에 해당한다. 또한 반파시즘 전쟁에서 보여준 중국의 희생과 공헌도 세계사에 길이 기록될 것이다. 중국은 8년 동안 항일전쟁을 치르며 일본군 3천5백만을 물리치고 6천억 달러에 달하는 손실을 입히는 등 일본군에 상당한 타격을 주었다. 중국인의 불굴의 항일정신으로 결국 일본군을 물리치게 되었으며 중국의 위상도 한결 높아지게 된다.

항일전쟁의 승리

2차 세계대전이 끝나갈 무렵 승리의 여신은 연합국을 향해 미소 짓기 시작하였다. 베를린이 연합국에게 점령되면서 유럽의 전쟁은 막을 내렸고, 영국, 미국, 소련 등이 모두 연합하여 일본을 상대하게 되었다. 중국의 완강한 저항에 부딪힌 일본군은 중국전쟁에서 스스로 발을 뺄 수 없는 지경에 이르렀을 뿐만 아니라 반대로 중국의 공격을 받는 처지에 놓이게 된다.

1945년 7월 26일 중국, 미국, 영국은 「포츠담 선언(Potsdam Declaration)」*을 발표

---

* 독일의 포츠담에서 중국(장개석), 미국(트루먼), 영국(처칠) 등 3개국이 일본에 항복을 권고하고 전후 일본의 처리 방침을 선언한 것이다. 얄타회담 때의 약속에 따라 소련이 대일선전포고를 하게 되어 소련(스탈린)도 8월이 회담에 참가하고 이 선언문에 함께 서명하였다.

하고 일본의 투항을 촉구하였다. 선언에서는 일본이 즉시 무기를 버리지 않는다면 일본군은 소멸될 것이며 일본 국토 또한 잿더미로 변할 것임을 강조하였다. 일본군은 당시 이 선언이 무엇을 의미하는지 깨닫지 못하였으며, 원자폭탄이 그들의 머리 위로 떨어질 것이라고는 더욱 생각하지 못하고 있었다.

항일전쟁 최전방으로 향하는 중국함대와 탱크부대

당시 일본군은 이미 패색이 짙었다. 1944년 초 중국 군대는 이미 공격으로 전술을 바꾸었으며 일본군을 물리치고 수복한 지역도 점점 늘어가고 있었다. 일본군은 겨우 방어만 가능한 상태였으며 반격의 힘을 상실하였던 것이다. 태평양전쟁에서 연합군의 군대는 필리핀, 이오지마 섬(硫黃島), 오키나와 섬(沖繩島) 등 주요 도서를 점령하였으며, 일본 국토를 향해 전진해 들어가고 있었던 것이다. 소련군마저도 일본과의 전쟁에 참전하게 되었으나 일본군은 '포츠담 선언'을 귓등으로 흘려듣고 4백만 군대를 이끌고 마지막 저항을 준비하고 있었다. 일본군의 결사파는 일본 국내에 전쟁 동원령을 내리고 광범위하게 전쟁 물자를 징수하여 중국과 일본에서의 결전을 준비하였다.

미국은 직접 전투를 통한 손실을 줄이기 위하여 원자폭탄 투하 계획을 세웠다. 8월 8일 히로시마(廣島) 시각으로 8시 15분 17초에 미국의 첫 번째 원자폭탄 '리틀 보이(Little Boy)'가 히로시마에 투하되었다. 이어 또 다른 원자폭탄이 나가사키(長崎)에 투하되었다. 원자폭탄은 일본에 수많은 인명 피해와 경제적 손실을 안겨주었으며 심리적으로 상당한 압박감을 조성하였다.

일본에 투하된 원폭의 위력을 실감한 스탈린은 장개석이 이러한 상황을 파악하고 나면 소련에 불리한 결정, 즉 소련군 출병을 저지할 것임을 알아차리게 되었다. 미국도 원폭의 위력을 본 후 소련의 출병에 동의한 것을 후회하기 시작하였다. 이에 스탈린은 8월 8일 일본에 정식으로 선전 포고를 하고 포츠담회의에 참석하게 되었던 것이다.

모스크바에서 일본과의 회담을 회피하고 있었던 스탈린의 충복 몰로토프 (Molotov : 1890~1986년)가 갑자기 사토(佐藤) 대사를 접견하였으며, 사토 대사가 러시

1945년 8월 14일 일본천황이 「포츠담선언」을 받아들일 것을 선포하고 동맹국에 투항

아어로 인사를 하기도 전에 몰로토프는 일본에 대한 선전 포고문을 낭독해 버린 것이다. 선전포고문의 말미에는 "내일, 즉 8월 9일을 기해 소련은 일본과 전쟁에 돌입한다"라고 명시되었다.

두 시간 후 소련의 극동군 최고사령관 바실리예프스키(Vasilievsky : 1895~1977년)의 명령을 받은 160만 대군이 3대대로 나누어 '만주국'을 향해 전면전을 개시하게 되었다. 이 부대는 소련이 수개월에 걸쳐 서부 전장에서 이곳으로 이동시킨 것으로서 이미 일본군과의 전쟁을 오래전부터 준비하고 있었음을 알 수 있다. 일주일이 채 안 되는 시간에 중국 항일군과 소련 극동군의 연합공격을 받은 일본 관동군 주력부대는 전멸하였으며, 중국 군민의 총 공격을 받은 일본은 결국 최후를 맞게 된다.

더 이상 활로를 찾을 수 없게 된 일본은 1945년 8월 15일 무조건적인 투항을 선포하였다.

▶▶ 역사의 흐름에 어떤 영향을 미쳤을까?

항일전쟁은 중국근대사에 있어 가장 위대한 해방전쟁이라고 할 수 있으며 중국인이 기사회생할 수 있는 전환점이 되었다. 1840년 아편전쟁 발발 이후 제국주의 침략과 노역으로 고통 받던 중국인들은 항일전쟁의 승리로 이러한 치욕을 말끔히 씻을 수 있었다. 이는 제국주의 침략 전쟁에 대한 최초의 완벽한 승리라고 할 수 있다.

항일전쟁의 승리는 중국인들의 애국심의 발휘이며, 단결을 통해 이룬 값진 승리로서 민족의 위기와 일본 침략주의에 맞서 중국공산당을 중심으로 각 계급, 계층, 파당, 해외교포에 이르기까지 단결하여 애국심과 항일저항의식을 고취한 결과라고 볼 수 있다.

8년 간 전쟁을 치르는 동안 북쪽의 송화강(松花江) 강변에서 남쪽의 주강(珠江)

에 이르기까지 4억 중국인이 자신의 피와 목숨을 바쳐 일본의 침략에서 중국 강토를 지켜낸 것이다. 중국공산당의 주도 하에 일본군을 물리칠 수 있었으며 국민당 정부군도 일본군과 정면 대결을 펼치는 용감한 모습을 보여주었다. 8년간의 항일전쟁을 통해 중국인들은 애국심을 발휘하여 승리를 쟁취하는 역사를 실감하였을 뿐만 아니라 애국심과 단결된 힘만 있다면 어떠한 적도 물리치지 못할 것이 없다는 진리를 깨닫게 되었다고 볼 수 있다.

10. 공산당과 국민당이 중국의 운명을 건 대결전을 펼치다

1945년 8월에서 1949년 9월에 이르기까지 중국은 국민당정부를 전복시키기 위한 공산당혁명이 진행되면서 내전에 돌입하였다. 중국역사에서는 이를 '해방전쟁'으로 지칭하고 있다. '해방전쟁'의 최종 목표는 신중국의 기틀을 확립하는 것이었으며 요심(遼沈), 평진(平津), 회해(淮海) 등지에서 벌어진 대격전을 주요 전투로 들 수 있다.

중국동북지역 장악

1946년 6월 불붙기 시작한 국공내전은 1949년 12월 국민당정부가 타이완으로 퇴각하면서 종결되기까지 3년 반 동안 지속되었다. 국민당은 내전이 시작될 당시 우세한 전력을 바탕으로 공산당의 근거지인 연안(延安)을 점령하기도 하였다. 그러나 전쟁이 지속되면서 쌍방의 전력에 변화가 생기기 시작하였으며, 중국의 운명을 결정한 3대 전투가 벌어지게 된다. 그 가운데 첫 번째 전투가 바로 '요심전투'이다.

동북지역의 인민해방군은 오랜 기간 고된 전투를 계속하였다. 1948년 늦여름에 이르러 동북의 97%에 해당하는 토지 가운데 86%를 공산당이 장악하게 되면서 전쟁 국면에도 변화가 생기기 시작하였다. 동북지역 인민해방군 병력은 백

1948년 10월 14일 인민해방군 동북야전군의 금주(진저우)에 총공세를 펴는 장면

만 명에 육박하였으며, 군장비도 개선되어 사기가 충천되어 있었다. 그러나 연패를 당한 국민당 군대는 병력이 심각하게 손실되어 55만의 병력만이 장춘(長春), 심양(沈陽), 금주(錦州) 등 서로 연관이 없는 지역에 나뉘어 주둔하게 되었다. 장춘과 심양의 육지보급로가 차단되자 군인들은 동요하기 시작하였으며, 사기는 땅에 떨어진 상태였다. 병력 규모와 사기 면에서 동북 인민해방군은 국민당 군대를 앞서고 있었으며 한 번의 전투를 통해 국민당 군대를 물리치고 동북지역을 장악할 힘을 이미 보유하고 있었다고 볼 수 있다.

장개석(蔣介石)은 동북지역의 불리한 상황에 직면하여 병력을 아끼기 위하여 장춘과 심양을 포기하고 철도를 개통하여 심양의 주력부대를 금주로 이동시킨 후 화북, 화동 지역 전쟁에 투입할 생각이었다. 그러나 동북지역을 포기하게 되면 향후 정치, 군사적으로 심각한 결과를 초래할 수도 있었기 때문에 확실한 결정을 내리지 못하고 있는 실정이었다. 장개석이 동북지역 포기 여부로 고민하고 있을 당시 모택동은 전세를 유리하게 발전시키고 동북지역을 조속히 장악하기 위하여 동북야전군 주력부대를 북녕로(北寧路)로 남하시키게 된다. 그는 금주를 공격의 주요 목표로 삼고 금주를 공격하게 될 경우 지원군으로 오게 될 심양의 군대를 섬멸할 계획을 세웠다. 또한 동북 인민해방군들에게 심양의 지원군과 격돌하여 그들을 섬멸시켜야 하는 전대미문의 대격전에 임할 마음의 준비를 단단히 시켜 놓았다.

1948년 9월 12일 동북야전군이 금주에서 산해관에 이르는 철도에 공격을 감행하였다. 이때부터 10월 1일까지 금주 북부의 마지노선인 의현(義縣)을 비롯하여 남부의 고교(高橋), 탑산(塔山), 홍성(興城) 등이 함락되자 금주는 고립된 형국이 되었다. 장개석은 22개 사단을 집중 배치하여 동서 두 부대로 나누어 금서(錦西)와 심양에서 출격하여 금주를 포위하고 있는 동북야전군을 다시 동서에서 포위 공격하도록 계획을 세웠다. 동북야전사령관 임표(林彪, 린뱌오 : 1907~1971년)[*]는 국민당 지원군이 금서에 있다는 소식을 듣고 이를 중앙군사위원회에 알린 후 회군하여 장춘을 공격할 것을 제의하였다. 그러나 다시 원 계획대로 금주를 공격하겠다고 중앙에 알린 후 병력을 조정 배치하기 시작하였다. 모택동은 임표의 보고를 들은 후 병력을 집중시켜 신속하게 금주를 점령하도록 명하였으며, 계획을 다시 변경시키지 말 것을 당부하였다. 만약 회군하여 장춘을 공격했다면 큰 과오를 범하는 것이 될 수 있었으나 다시 본래 계획대로 금주를 공격하기로 했기 때문에 대세에 큰 영향은 없었다.

　　새롭게 병력배치를 마친 동북야전군은 10월 9일부터 북, 남, 동 세 방향에서 금주에 대한 공격을 시작하였다. 외부 병력을 섬멸한 후 10월 14일 총 공격을 감행하여 31시간 동안 격전을 치른 후에야 금주를 점령하게 된다. 이 공격으로 10만에 해당하는 국민당 군대를 섬멸하였으며, 금주 지휘군 대장 범한걸(範漢杰, 판한제)을 생포하였다. 동북야전군은 금주를 공격하는 동시에 장무(彰武), 신입둔(新立屯), 탑산(塔山) 지역에 대한 수비를 강화하여 방어전에 돌입하였다. 특히 탑산 방어전투는 6일 밤낮 동안 계속되었으며 국민당 동부 진격부대의 맹렬한 공격을 수십 차례에 걸쳐 격퇴하였다. 이 지역에 대한 방어에 성공함으로써 금주를 점령할 수 있는 시간을 벌 수 있게 되었다.

　　금주를 장악한 후 동북지역의 전세는 크게 역전되었다. 국민당 제60군 군장 증택생(曾澤生, 쩡쩌성)이 인솔하는 부대가 10월 17일 국민당에 반해 군사를 일으키

---

[*] 1927년 남창봉기에 참가하였으며, 대장정에 참여했고, 항일전쟁에서 크게 활약하였으며, 1945년 이후 국공내전에서 공산당이 승리하는 데 결정적인 역할을 하였다. 1959년 루산 공산당회의에서 모택동을 지지하여 후계자로 지목되었지만, 1971년 국가 주석 자리를 두고 모택동과 대립하다가 망명 도중 비행기 추락으로 사망했다.

게 되었으며 10월 19일에는 국민당 신칠군(新七軍)이 투항함에 따라 10월 21일 국민당 동북 총지휘관 정동국(鄭洞國, 정둥궈)도 어쩔 수 없이 지휘부가 위치하고 있던 중앙은행 건물에서 나와 투항하였다. 이로써 인민해방군은 장춘에 무혈입성하게 된다. 국민당 서부 진격부대의 요요상(廖耀湘, 랴오야오샹) 사령관은 동부 진격부대와 협력하여 다시 금주를 수복한 후 심양의 국민당 군대가 철도를 따라 중국 내륙으로 진격하는 것을 호위하려고 생각하고 있었다. 이에 10월 21일 흑산(黑山), 대호산(大虎山) 등에 공격을 감행하였으나 인민해방군의 완강한 저항에 부딪히고 만다.

흑산, 대호산 전투가 한창 격렬하게 벌어지고 있을 당시 동북야전군은 금주를 점령하고 신속하게 회군하여 남북 양쪽에서 요요상의 군대를 포위하여 협공하였다. 요요상은 흑산과 대호산에 대한 공격이 저항에 부딪히자 계획을 수정하여 영구(營口) 방향으로 철수하여 상해 쪽으로 도주하려 하였다. 그러나 도중에 인민해방군에게 가로막히자 할 수 없이 부대를 둘로 나누어 심양 방향으로 이동하여 포위망을 뚫으려 하였다. 지휘체계에 혼란이 생기자 국민당 군대는 우왕좌왕하며 일대 혼란에 빠지게 된다. 북평에서 군대를 지휘하고 있던 장개석도 그의 직속부대가 섬멸당하는 모습을 우두커니 지켜볼 수밖에 없었다.

10월 26일부터 동북야전군은 요양하(繞陽河) 서쪽에서 대호산 동쪽, 무량전(無梁殿) 남쪽에서 위가와붕(魏家窩棚) 북쪽에 이르는 120제곱킬로미터 구역 안에서 중국인민해방군 전투 역사에서 최대 규모의 포위 공격을 펼치게 된다. 10월 28일 5시를 기해 마침내 요요상 부대 5개 군 12사단 십만여 명을 섬멸하였다. 이 가운데는 장개석의 5대 주력군인 신편제일(新編第一), 제육양군(第六兩軍) 등이 포함되어 있었으며 요요상은 생포됨으로써 '요심전투'의 승리를 확정지었다. 금서, 호로도(葫蘆島) 섬 지역의 국민당 군대는 요요상 부대가 포위되어 섬멸당하고 있었는데도 북진하여 지원할 엄두조차 내지 못하였으며, 공산당이 심양까지 장악하자, 11월 8일을 기해 바다로 도주하였다. 이로써 동북지역은 공산당이 완전히 장악하였다.

요심전투에서 동북 인민해방군은 7만에 가까운 희생자를 내며 국민당 군대 47만 명을 섬멸함으로써 최종 승리를 거두게 되었다. 이때부터 동북야전군대는 인민해방군의 가장 강력한 전략예비병력으로 자리매김 하였다. 인민해방군이 요심전투를 비롯하여 다른 지역 전투에서도 승리함으로써 전세에 큰 변화가 생기게 된다. 즉 인민해방군은 전투력뿐만 아니라 수적으로도 국민당에 우세한 위치를 점하게 된 것이다. 모택동은 1946년 7월을 기준으로 본래 5년의 시간을 투자하여 국민당 정권을 타파할 계획이었으나, 1948년 11월 당시 향후 1년여의 시간만 있으면 이러한 계획을 실현할 수 있다는 확신이 생기게 된다.

회해(淮海)·평진(平津) 전투

1948년 11월 6일부터 1949년 1월 10일까지 중원과 화동인민해방국은 동쪽으로 해주(海州)에서 시작하여 서쪽의 상구(商丘)까지 북쪽의 임성(臨城)에서부터 남쪽의 회하(淮河)에 이르는 방대한 지역에서 '회해전투'를 감행하게 된다.

서주(徐州)를 중심으로 농회(隴淮) 철도의 정주(鄭州)에서 연운항(連雲港) 구간과 진포(津浦) 철도의 살성(薩城)에서 방부(蚌埠) 구간에 집결한 서주(徐州) 총사령관 유치(劉峙, 류즈) 부대는 국민당 장개석 부대 가운데 최대, 최강 부대로서 수도 남경을 수비하는 막중한 책임을 지고 있었다. 장개석은 서주와 방부 지역에 병력을 집결하고 각종 전투에서 살아남은 부대 총 7개 병단, 2개 점령지역 부대, 34개 군, 82개 사단까지 80만의 병력을 갖추었다.

1948년 11월 6일 회해전투가 본격적으로 시작되었다. 화동야전군은 예정된 계획에 따라 신안진(新安鎭) 지역의 황백도(黃伯韜, 황바이타오) 병단에 공격을 감행하였다. 11월 11일이 되자 황백도 병단의 4개 군은 연장우(碾莊圩)를 중심으로 18제곱킬로미터 지역 내에 포위되었다. 다른 한 군은 운하 요만(窯灣)에서 섬멸되었다. 황백도는 완강하게 저항하였으며, 화동야전군은 적의 약점을 우선 공격하고 강점을 후에 공격하며 수장을 무너뜨림으로써 부대의 혼란을 일으키는 전술을 취하였다. 11월 16일부터 총공격을 감행한 화동야전군은 22일까지 격전을 벌인 끝에 황백도 군대를 섬멸하였으며, 황백도는 자진하였다. 화동야전군이 황백도 군대를 포위 공격하는 동시에 중원야전군은 서주(徐州) 서부와 남부에 대한 공격을 개시하였다. 11월 16일 새벽 서주와 방부 사이에 있는 전략 거점인 숙현(宿縣)을 점령함으로써 서주와 방부의 연락을 차단하고 서주에 있는 유치 부대를 완전

회해전투기념관

히 고립시키고 만다.

황백도 군대가 섬멸되고 서주와 방부 사이의 교통이 단절된 후 장개석은 불리한 이 형국을 타파하기 위하여 진포로(津浦路)를 따라 남하하였으며, 이연년(李延年, 리엔녠), 유여명(劉汝明, 류루밍) 등 두 부대는 방부에서 북쪽으로 이동하도록 하였다.

황유(黃維, 황웨이)의 병단은 몽성(蒙城)에서 숙현 방향으로 진격하도록 하여 세 부대가 숙현에서 합류하여 진포로의 서주와 방부 구역이 다시 교통할 수 있도록 회복시키고자 하였다.

약 12만 명으로 구성된 황유의 병단은 장개석의 직속부대로서 우수한 장비와 뛰어난 전투력을 보유하고 있었다. 그 가운데에서도 제18군은 국민당의 오대 주력부대 가운데 수위를 차지하고 있는 부대로 장개석이 서주의 포위를 풀기위해 투입할 야심찬 정예부대에 해당한다고 볼 수 있다. 회해전투의 최전방에 투입된 유백승, 진의, 등소평 등은 지금이 황유의 병단을 섬멸하기 위한 적기라고 생각하고 이를 섬멸하기로 결심한다. 11월 25일에서 12월 15일에 이르는 동안 중원야전군과 화동야전군 일부 부대는 황유의 부대를 쌍퇴집(雙堆集) 지역에서 포위 공격하여 섬멸하였으며, 결국 황유를 생포하게 된다.

황유의 부대가 위태로워지면서 숙현에서 세 부대가 합류하여 공격하려던 장개석의 계획은 수포로 돌아갔다. 11월 30일 장개석은 서주 부사령관 두율명(杜聿明, 두뤼밍)을 남경으로 불러들여 비밀리에 회담을 갖고 서주를 포기하기로 결정한다. 두율명은 구청천(丘淸泉, 추칭천), 이미(李彌, 리미), 손원량(孫元良, 쑨위안량) 등 3개 부대를 이끌고 소현(蕭縣), 수성(水城)에서 남하하여 쌍퇴집 지역에 남아있던 황유 군대까지 합류시켜 회하(淮河) 이남 지역으로 퇴각하였다. 그러나 두율명의 30만 부대는 서주를 출발하자마자 일대 혼란에 빠지게 되었으며 서로 달아나기에 바쁜 형국이 벌어지고 만다.

이에 화동야전군은 추격전을 벌이기 시작하였으며, 12월 4일 영성(永城) 동북지역의 진관장(陳官莊, 천관좡), 청용집(靑龍集, 칭룽지), 이석림(李石林, 리스린) 부대를

천진시에 집결한 외국의 인민해방군 대포군

포위하였다. 두율명의 부대는 양식과 탄환이 바닥나고 지원병도 도착하지 않는 사면초가의 상황에 놓이게 된다. 1949년 1월 6일 16시를 기해 화동야전군은 10개 종대로 집결시켜 동, 북, 남 세 방향에서 불시에 총공격을 감행하였다. 1월 10일 16시, 두율명의 전 부대를 섬멸하고 구청천은 사살, 두율명은 생포하였으며, 이미는 어둠을 이용하여 도주하였다.

총 66일에 걸쳐 벌어진 회해전투에서 총병력이 국민당에 비해 다소 열세였던 인민해방군은 13만 명의 희생을 통해 55만5천 명을 물리치는 대승을 거두게 되었다. 회해전투의 승리로 공산당은 장강 중하류 이북 지역을 장악하게 되었으며 국민당정부가 통치하고 있던 남경, 상해 등도 인민해방군의 화력이 미칠 수 있는 영향권 안에 놓이게 되었다. 장개석은 정예부대를 잃음으로써 더욱 불리한 위치에 몰리게 되었다.

1948년 12월, 요심전투와 회해전투에서 공산당이 승리함으로써 화북지역에 주둔한 60만 국민당 병력도 크게 동요하기 시작하였다. 진퇴양난의 궁지에 처하게 된 이들 병력은 북평(北平 : 지금의 북경), 천진(天津), 당고(塘沽), 장가구(張家口) 등지로 위축되었다. 중공중앙군사위원회의 지시에 따라 화북야전군의 두 개 부대와 동북야전군의 선발 부대가 출격하여 북평, 장가구에 주둔하고 있던 부작의(傅作義, 푸줘이) 부대를 포위하고 수원(綏遠)을 통해 서쪽으로 도주할 수 있는 통로를 차단하였다. 포위망을 형성하고 공격은 멈춤으로써 일망타진의 기회를 노렸다. 동북야전군의 주력부대는 북평, 천진, 당고, 당산(唐山) 등지로 투입되어 이들 거점 간의 연결망을 차단함으로써 화북 지역 장가구에서 당고에 이르는 8백리 전선에 놓인 국민당 군대는 공격과 수비 모두에서 전력을 상실한 채 퇴로까지 차단당한 속수무책의 상황에 놓이고 만다.

12월 5일 마침내 '평진전투'가 시작되었다. 12월 22일부터 24일까지 인민해방군은 신보안(新保安)과 장가구를 점령하고 1949년 1월 14일 천진에 총공격을 감행하여 국민당 군대 13만 명을 섬멸하였으며, 지휘관 진장첩(陳長捷, 천창제)을 생포하였다. 이로써 공산당은 천진까지도 장악하게 된다. 여세를 몰아 백만에 달하는 인민해방군이 다시 북평에 운집하게 됨으로써 20만에 불과했던 국민당 군대는 '독안에 든 쥐' 꼴이 되고 만다. 이에 북평 주둔 국민당 군대는 부작의의 주도 아래 인민해방군의 평화적인 군대개편을 받아들임으로써 1월 31일 북평선언을 통해 공산당의 무혈입성이 이루어진다.

북평에 무혈입성한 공산당은 국민당의 군대를 인민해방군으로 개편하는 '북평방식(北平方式)'을 통해 모택동이 국민당 군대 문제를 해결하기 위해 제기한 '8항조건'의 첫 번째 관문이 순조롭게 이행되었다고 볼 수 있다. 즉 국민당 군대의 고위 장교와 부대를 해방군에 재편하는 데 성공하게 되었으며 이는 중공중앙의 전략적 성과 가운데 하나로 평가받고 있다.

64일 동안 지속된 평진전투는 동북야전군과 화북야전군이 국민당의 부작의 부대를 성공적으로 화북지역에 구류시킴으로써 포위와 차단의 전술을 효과적으로 사용하여 적을 섬멸시킨 전투라고 볼 수 있다. 군사적 압박과 정치적 노력을 동시에 추진시킴으로써 북평을 수비하던 국민당 군대를 평화적으로 인민해방군에 재편할 수 있게 되었던 것이다. 이번 전투를 통해서 인민해방군은 3만9천 명이 희생되었으나 국민당 군대의 총사령관 및 3개 병단, 1개 경비사령부(警備司令部), 13개 군, 51개 사단(전투 중 신생, 재편된 군, 사단 포함)과 비정규군을 포함하여 52만 1천 명의 병력이 섬멸 또는 인민해방군에 재편되었다.

▶▶ 역사의 흐름에 어떤 영향을 미쳤을까?

모택동의 뛰어난 전략전술을 바탕으로 인민해방군은 평진전투를 비롯하여 요심전투, 회해전투에서 승리하였다. 그러나 3개 정예부대를 상실한 국민당 정부는 정권의 기반이 동요하기 시작하였으며, 공산당은 중국을 완전히 장악할 기틀을 확립하였다.

11장

중화인민공화국 건국부터 현재까지

| 중화인민공화국을 수립하다

| 항미원조, 6·25 한국전쟁에 참전하다

| 마인추, 신인구론을 주장하다

| 닉슨 대통령의 중국 방문, 새로운 중미외교관계를 맺다

| 사인방 타도, 문화대혁명이 막을 내리다

| 중국, 개혁개방을 하다

| 홍콩과 마카오 반환으로 국치를 씻다

| WTO 가입, 사회주의 시장경제를 새롭게 하다

| 중국공산당 제16차 전국대표대회, 샤오캉 사회를 추구하다

1. 중화인민공화국中華人民共和國을 수립하다

　중국은 유구한 역사와 찬란한 문명을 지닌 유서 깊은 나라로서 걸출한 인재들을 배출해 내었으며 세계사에서도 중요한 위치를 차지하고 있다. 그러나 아편전쟁 이후, 중국의 낙후된 현실을 감내하며 열강의 침략 속에서 점차 식민지 반봉건사회로 전락하게 되었다. 국제사회에서의 지위도 수직 하락하여 수많은 나라들이 조공을 바치던 맹주의 위치에서 동아시아의 약소국으로 격하되었다. 아편전쟁이 발생한 이후부터 중화인민공화국이 수립되기까지 백여 년의 세월 동안 중국의 뜻있는 인물들은 지속적인 투쟁을 벌여나갔으며, 마침내 중국 부흥이라는 소망을 실현하게 된다. 신중국의 성립으로 중국은 지금까지 겪어보지 못했던 부흥의 새 길에 첫발을 내딛게 된 것이다.

중공중앙7기2중전회*

　항일전쟁에서 승리한 후 국제사회에서는 커다란 변화의 물결이 일었으며 중국의 정국에도 새로운 특징이 나타나기 시작하였다. 대내적으로는 중국 민중의 역량이 크게 증강되었으며 대외적으로는 미국과 장제스(蔣介石, 장개석)가 항일전쟁의 전리품을 모두 챙기고 난 상황이었다. 이러한 시기에 중국 내전은 내부적인 위기를 가중시키고 있었다. 국민당과 공산당은 충칭(重慶, 중경)에서 협상을 갖은 후 「쌍십협정(雙十協定)」**을 체결하고 협정에 따라 정치협상회의를 개최하여 일련의 결의안을 통과시켰다. 그러나 중국 공산당의 입장에서는 국민당이 일당 독재의 속셈을 버리지 않고 공산당을 비롯한 민주세력과 힘을 합쳐 새로운 중국을 건설할 의도가 없다고 판단하였다. 장제스가 무력으로 문제를 해결하고자 시도하여 대규모 내전의 위험성이 크게 증대되었으며, 중국의 평화, 민주, 단결을 위

---

* 중국공산당 제7기 중앙위원회 2차 전체회의를 말한다.
** 1945년 8월 평화를 갈구하는 중국 국민의 여망으로 국민당의 장개석과 공산당의 모택동이 중경에서 화평교섭회담(和平交涉會談)을 개최하였다. 그 결과 10월 10일 「쌍십협정」을 발표, "어떤 일이 있어도 내전을 피하고, 독립·자유·부강의 신중국을 건설한다"고 합의하였다.

1949년 10월 1일 중앙인민정부 주석 마오쩌둥이 중화인민공화국 수립을 선포하는 장면

협하고 있다고 여긴 것이다.

중국인들의 호소와 여론이 국민당에게 커다란 압력으로 작용하였지만 장제스와 국민당은 무력해결을 전제로 일방적인 행동을 취하였다. 1946년 6월 1차 중국내전이 발발하여 항일전쟁에서 승리한 후 중국인들이 만끽하였던 승리의 환희와 평화에 대한 기대감은 순식간에 사라져 버렸다. 민심을 거스르는 전쟁의 결과는 '인과응보'라는 역사의 교훈을 다시 일깨워 줄 것이라고 하였다. 군사적, 경제적으로 우세한 위치에 있다고 자만했던 장제스는 전면전 전개와 거점 확보라는 본래 예상했던 목표를 달성하지 못했을 뿐만 아니라 1년여의 시간이 흐르면서 기존의 우세는 열세로 바뀌게 되었다. 국민당 난징(南京, 남경) 정부는 군사, 경제, 정치적으로 모두 위기에 몰리게 되었으며 공산당은 포위망을 점점 좁혀 들어가기 시작하였다.

1948년 하반기에 이르자 결전이 임박한 듯 보였으며 국민당은 '전면 방어' 전략에서 '거점 방어'로 전략을 수정하였다. 국민당 통치 지역은 시간이 지날수록 정치, 경제적인 혼란이 가중되었으며 정권의 통치력도 힘을 잃기 시작하였다. 전세는 공산당에게 유리한 쪽으로 기울어지고 있었다. 중국의 현대사에서 가장 중요하게 다루어지고 있는 랴오선(遼沈, 요심), 화이하이(淮海, 회해), 평진(平津, 평진) 3대 전투에서의 승리는 필연적 결과라고도 볼 수 있으며, 이로써 중국공산당은 남쪽에서 장강을 건너 중국 전역을 공산화하는 기틀을 확립하게 된다.

국민당 정부는 이때부터 와해되기 시작하였다. 국민당이 평화협정 체결을 거부했던 바로 그 다음날인 1949년 4월 21일 당시 중국인민혁명군사위원회 마오쩌둥 주석과 중국인민해방군 주더(朱德, 주덕) 총사령관은 「중국전역으로의 진군명령(向全國進軍的命令)」을 발표하고 장강을 건너 대규모 전투를 벌이기 시작하였던 것이다. 국민당이 오랜 공을 들여 구축한 장강 방어 일선은 이때부터 철저히 붕괴되었으며 장강을 넘어 세력을 확대하려던 국민당의 계획은 수포로 돌아갔

개국 기념식에서의 마오쩌둥

다. 1949년 말, 중국인민해방군은 중국 대륙 내 국민당 군대를 모두 섬멸하고 서장(西藏 : 티베트)을 제외한 중국 대륙 전체를 장악하게 된다. 이로써 인민해방군이 최후의 승리를 거두었다고 볼 수 있다.

국내전쟁에서 승리한 후 중국공산당은 1949년 3월 5일에서 13일까지 허베이성(河北省, 하북성) 핑산현(平山縣, 평산현) 시바이포촌(西柏坡村, 서백파촌)에서 제7기 2차 전체회의를 개최하였으며, 중공중앙위원 34명과 후보중앙위원 19명이 참석하였다. 마오쩌둥은 회의를 주재하며 조속하고 성공적인 공산당혁명을 거두게 된 각종 방침을 설명하는 보고서를 발표하였다. 이를 통해 중국공산당 혁명이 성공을 거둔 시점에서 공산당의 향후 핵심역량을 농촌에서 도시로 확대하는 방안과 정치, 경제, 외교의 기본정책을 확정하고 중국이 농업국가에서 공업국가로 탈바꿈하며 신민주주의 사회에서 사회주의 사회로 전환하기 위한 과제와 주요 방법들을 모색하도록 하였다. 이를 위해 당시 중국 경제의 구조적 상황을 분석하여 올바른 정책의 방향을 확정하도록 하였다.

또한 혁명이 성공한 후 중국의 대내외적인 계급투쟁의 새로운 발전 추세를 전망하면서 교만하고 자만한 자세를 버리고 자산계급의 '달콤한 속임수'를 경계하며 겸손하고 신중하며 과시와 허풍을 지양하고 분투노력할 것을 당부하였다. 또한 수연(壽宴) 축하나 선물 공세를 하지 않으며 지도층의 이름으로 지방의 명칭을 삼는 행위를 근절하도록 규정하였다. 이 회의는 마오쩌둥의 이러한 보고에 대한 토론을 진행하는 한편 중국공산당이 중국 전역을 장악하기 위한 정치적 사상적 태세를 갖추는 계기가 되었다.

중화인민공화국 건국기념식

제7기 중공중앙 2차 전체회의를 마친 후, 중국인민정치협상위원회 제1차 전국위원회회의가 베이핑(北平, 북평)에서 개최되었다. 이 회의에서 중화인민공화국을 중국의 공식 명칭으로 정하고 수도를 베이징(北京)으로 결정하였다. 또한 마오쩌둥(毛澤東)을 중앙인민정부 주석으로 선출하고 류사오치(劉少奇, 유소기), 주더, 쑹칭링(宋慶齡, 송경령 : 1892~1981년)*, 장란(張瀾, 장란), 리지선(李濟深, 이제심), 가오강(高崗, 고강) 등 여섯 명을 부주석으로 선출하였다. 마오쩌둥은 저우언라이(周恩來)를 정무원(政務院) 총리로 지명하고 정무원 각 부장들을 임명하게 된다.

1949년 10월 1일은 중국인의 가슴에 길이 남고 중국 역사의 한 획을 긋는 의미 깊은 날이라고 할 수 있다. 신중국의 수도 베이징에서 열린 경축 행사에서 마오쩌둥은 중화인민공화국 중공인민정부공고(中國人民政府公告)를 선포하였으며, 주더 사령관이 중국인민해방군총부명령(中國人民解放軍總部命令)을 낭독하고 육해공 무장부대의 대규모 검열을 명하자 영공을 울리는 소리가 전 세계에 퍼져나갔다. 이로써 '중화인민공화국'이 탄생하게 되었으며 중국의 유일한 합법정부인 중앙인민정부가 성립되었다.

1949년 10월 1일 수도 베이징의 30만 군중이 톈안먼(天安門) 광장에 집결한 가운데 건국기념식이 개최되었다. 이날 오후 3시에 마오쩌둥을 비롯한 중국인민정부의 지도층이 톈안먼 성루에 모습을 드러내었다. 마오쩌둥이 연단에 나타나자 톈안먼 광장은 환호성과 구호를 외치는 소리, 박수소리 등이 하늘이 떠나갈 듯 울려 퍼졌다. 마오쩌둥은 굵고 분명한 소리로 중화인민공화국 중앙인민정부가 이날을 기해 탄생하였음을 전 세계에 선포하였으며, 직접 전동 스위치를 눌러 신중국의 국기 오성홍기(五星紅旗)를 처음으로 게양하게 된다. 군악대의 연주소리에 맞춰 54개의 예포에서 28번에 걸쳐 발포된 우렁찬 포격소리가 마치 천둥과 우뢰 소리처럼 주위를 흔들었다.

군중들의 뜨거운 박수를 받으며 마오쩌둥은 중화인민공화국정부공고를 낭독하였으며, 곧이어 웅장한 열병식이 거행되었다. 중국인민해방군 주더 총사령관이 지휘하고 화북군 사령관 겸 경진위융구(京津衛戌區 : 베이징북北京과 톈진天津을 방어하는 일종의 수도방위대) 사령관인 녜룽전(葉榮臻, 섭영진)이 수행하며 경건하게 각

---

* 손문의 부인이다. 언니는 공상희(孔祥熙, 쿵샹시)의 부인인 송애령(宋靄齡, 쑹아이링), 여동생은 장개석의 부인인 송미령(宋美齡, 쑹메이링), 남동생은 재벌인 송자문(宋子文, 쑹쯔원)이다. 손문 사후 국민당 좌파의 중심인물이 되어 장개석과 대립하고, 그 후 중공에 가담하였다.

군의 장비부대의 사열을 받았다. 이어 주더 총사령관은 다시 톈안먼 성루에 마련된 연단으로 돌아와 중국인민해방군총부명령을 낭독하였다. 경건하고 웅장한 분열식은 해군 2열이 앞에서 인도하며 동쪽에서 서쪽으로 진행되었으며 뒤이어 보병사단, 포병사단, 전차사단, 기병사단 등이 행군하여 들어왔다. 이들의 질서정연하면서도 늠름한 기세는 강철의 물결이 앞으로 밀려드는 듯한 장엄한 모습을 연출하였다. 이와 때를 같이하여 공군전투기와 수송기, 연습기 등 열일곱 대의 비행기가 톈안먼 광장 상공에서 사열하였다. 우레와 같은 군중들의 박수를 받으며 열병식은 세 시간 동안 지속되었다.

열병식이 끝난 후 군중들의 시가행진이 이어졌다. 오성홍기가 물결치며 노랫소리가 떠나갈 듯 울려 퍼지고 군중들은 새로운 정부에 대한 희망에 부풀었다. 그들은 노래와 춤으로 신중국의 탄생을 환호하며 새로운 나라, 새로운 사회의 주인이 되었음을 환호하였다. 어둠이 짙어지자 톈안먼 광장은 붉은 불빛으로 물들었다. 오색폭죽이 광장의 사방에서 터지고 광장의 상공에는 찬란한 불빛들이 수놓이고 환호성이 그치지 않았다.

중국 부흥의 첫발걸음

1817년 6월 가경황제 앞에서 무릎을 꿇기를 거부함으로써 원명원(圓明園)으로 쫓겨났던 영국 사신 암허스트(Amherst : 중국명 아미사덕阿美士德)는 귀국길에서 세인트헬레나(Saint Helena) 섬을 지나게 되었다. 그곳에서 그는 쫓겨난 지 2년이 지났지만 여전히 기세등등한 나폴레옹을 만나게 된다.

나폴레옹은 이 영국 사신에게 베이징 황궁에 도달하는 가장 빠른 지름길을 알려주게 된다(이는 베이징으로 가는 지리적인 지름길을 의미하는 것이 아니다). "만약 당시에 중국 최고위직 관리에게 백만 프랑을 주었다면 모든 일은 순조롭게 해결되었을 것이며 사절단의 국가 위상에도 손상을 주지 않았을 것이다. 사절단의 방문

1949년 10월 1일, 톈안먼 광장에 모여 개국기념 행사에 참석한 30만 베이징 시민

목적을 국가이익에 직접적으로 관련된 일이 아니라 일종의 상업적 거래로 치부하면 되는 것이다."

나폴레옹은 영국이 무력으로 중국의 문호를 열었다는 소식이 런던 전역에 퍼지자 이를 듣고 매우 분개하였다. "중국처럼 방대하고 물자가 풍부한 나라에 무력을 행사하는 것은 어리석기 짝이 없는 일이다. 그들의 선박을 빼앗고 상업을 파괴하는 등 시작은 순조롭게 성공할지 모른다. 그러나 이는 중국이 자신의 역량을 되돌아보는 계기를 만들어주게 될 것이다. 사고와 분석을 거친 후 그들도 선박을 건조하고 대포를 보유하면서 동등한 수준의 힘을 가지려고 할 것이 분명하기 때문이다. 중국은 프랑스, 미국 심지어 런던에서도 선박건조 기술자들을 들여와 함대를 만들 것이며 같은 방법으로 전쟁을 일으켜 영국을 패배로 몰아갈 것이다." "중국이 각성할 때 세계는 중국으로 인해 크게 흔들릴 것이다."

21세기에 들어서면서 나폴레옹의 예언이 조금씩 현실로 드러나고 있다. 중국은 각고의 노력으로 나라를 일으켜 세웠으며 엄연히 세계의 강대국 반열에 올라섰다. 중국경제는 신속하게 발전하고 있으며 세계 최대의 경제 강국을 향해 도약하고 있다. 중국의 군사력 또한 크게 증강되었으며 중국인민해방군은 세계적인 위상을 수립하였다고 볼 수 있다. 교육, 사회생활 전반에 걸쳐 중국의 수준은 크게 개선되었으며 부국의 대열에 올라서는 단계라고 할 수 있을 것이다. 중국의 국제적 위상 또한 크게 높아져 국제사회 내에서 중요한 위치를 차지하고 있다.

▶▶ 역사의 흐름에 어떤 영향을 미쳤을까?

중화인민공화국이 성립된 후 중국 역사의 새장을 열게 되었다. 백년에 걸친 식민지의 고통과 제국주의와 봉건통치자의 결탁으로 노역과 압박에 시달렸던 고난의 시간 및 내외전란 등으로 국가가 사분오열 되는 역사가 마침내 종식된 것이다. 중국인은 다시 일어서게 되었고 세계의 멸시로부터 벗어나게 되었으며 오랫동안 바라왔던 자주, 통일, 민주적인 신중국의 탄생을 맞이하게 된 것이다. 중국의 역사는 이때부터 새 기원을 열어나가게 되었으며, 중국의 궐기로 세계정세에도 중요한 변화들이 일어났다. 강성한 중국의 모습은 과거 수십 년의 기간은 물론 향후에도 세계 역사의 주요한 페이지를 장식하게 될 것이다.

2. 항미원조抗美援朝, 6·25 한국전쟁에 참전하다

인류역사는 진보발전의 역사인 동시에 일부 전쟁의 역사이기도 하다. 그러나 미래를 바라보는 인류의 소망이 '평화와 발전'이라는 데는 의문의 여지가 없다. 다만 평화에 대한 소망이 얼마나 절실한지에 관계없이, 또한 발전에 대한 염원이 얼마나 간절한지에 관계없이 지구촌에는 오늘도 매일같이 전쟁이 발생하고 있다. 또한 한 국가가 독립적 지위, 주권 수호, 영토의 완정(完整 : 영토를 완전히 정리하고 다스리는 것 혹은 강점되었거나 분리된 영토를 회복하여 나라를 완전히 통일하는 것), 국민의 평화로운 일상 보장 등을 중시한다면 때로는 전쟁이 유일한 선택일 수밖에 없게 되는 경우도 있다. 1950년, 신생국이었던 중화인민공화국은 바로 이러한 역사적 순간에 처해 있었으며 다른 선택의 여지가 없었던 것이 바로 한국전 참전이었다. 한국전쟁은 중국의 향후 역사는 물론 국제사회의 발전 추이에도 매우 중요한 영향을 끼쳤다고 할 수 있다.

오전오첩(五戰五捷)

1950년 6월 한국전쟁이 발발하였다. 미국은 바로 한반도에 군대를 파견하였으며, 해군함대를 몰고 타이완해협으로 들어왔다. 정부 수립 1년이 채 되지 않은 중국은 세계주의 원칙과 자국수호라는 명분으로 한국전쟁에 지원군을 파견함으로써 공식적으로 전쟁에 참전하게 된다. 중국 역사에서는 이를 "미국에 대항하여 북한을 지원한다"라는 의미로 '항미원조(抗美援朝)'라고 칭하고 있다.

한국전쟁이 발발한 후 미국은 유엔연합군을 집결하여 인천상륙작전을 추진하였으며, 삼팔선 이북을 침공하지 말라는 중국정부의 경고를 무시한 채 압록강 강변까지 밀고 올라왔다.

중국인민지원군이 한국전쟁터로 향하는 모습

1950년 10월 1일, 마오쩌둥은 김일성(金日成)으로부터 "만약 적군이 삼팔선 이북으로 계속 진군해 온다면 북한의 자체 역량으로는 위기를 극복할 수 없을 것 같다. 이에 중국의 특별 원조를 요청하며 적군이 삼팔선 이북으로 진격해 오는 시점에서 중국인민해방군이 직접 출정해 주기를 간절히 바란다"는 내용의 전보를 받게 된다. 마오쩌둥은 김일성의 전보를 받은 다음날인 10월 2일 스탈린에게 "중국은 한반도에 북한 지원군을 파견하여 미군과 이승만 군대와 전쟁을 벌이기로 결정하였다"고 전보를 보냈다.

10월 4일 중국정부는 전용기를 보내어 시안(西安)에 있던 펑더화이(彭德懷, 팽덕회 : 1898~1974년)*를 불러들이고 출병 문제를 논의하게 된다. 10월 8일 마오쩌둥은 동북 변방수비대를 '중국인민지원군'으로 조직하고 펑더화이를 지원군 총사령관 및 정치위원으로 임명하는 명령을 발표하였다. 이날 펑더화이는 비행기로 선양(沈陽)에 도착하여 열흘 안에 출병 준비를 모두 마칠 것을 선포하였다.

10월 19일 중국인민지원군은 압록강을 건너 한국전쟁 현장으로 출발하였으며, 북한의 조선해방군과 합류하여 전쟁에 참가하게 된다.

1950년 10월 하순에서 1951년 1월까지 세 번의 교전을 치렀으며 '삼팔선' 부근까지 밀고 내려와 서울을 점령하고 북위 37도 주변까지 이르렀다. 한미연합군은 퇴각할 수밖에 없었으며 공격에서 방어로 전략을 수정하면서 전쟁 국면에 변

---

* 1950년 한국전쟁 때 중국인민지원군 총사령관으로 참전하여 38선 근처에 전선을 교착시켰다. 이 과정에서 마오쩌둥의 큰아들 마오안잉(毛岸英)이 미 공군의 폭격으로 사망하였는데, 이로 인해 마오쩌둥과 불편한 관계에 놓이게 되었고, 전선이 교착상태에 있던 1952년 귀국하였다.

펑더화이와 조선노동당 중앙위원회 위원장 김일성이 전략회의를 하는 모습

화가 초래되었다.

1951년 12월 26일부터 리지웨이(Matthew Bunker Ridgway : 1895~1993년)*가 미군 제8사단을 지휘하게 되는데, 그는 취임 후 군대를 정돈하고 전술에 변화를 주기 시작하였다. 즉 '점진적 후퇴' 전술을 채택하여 미군을 37도선 부근 지역까지 후퇴시키고 조직을 정비한 후 1952년 1월 15일부터 다시 공격을 시작하도록 한 것이다. 미군은 한국전쟁의 지휘체계를 통일하고 동해안에서 일본에 있는 더글러스 맥아더(Douglas MacArthur : 1880~1964년)** 장군의 지휘를 받아 움직이던 미군 제10사단 병력을 제8사단으로 통합하여 리지웨이가 일괄 지휘하도록 하였다.

리지웨이는 중국군과의 수차례 교전을 통하여 중국군의 진격 패턴을 파악하게 되었으며 중국군의 군수물자 운수노선을 파괴하였다. 중국군은 공격할 때마다 양식, 탄환 등을 직접 소지하고 움직였기 때문에 1주일 정도의 분량만을 휴대하였던 것이다. 리지웨이는 이러한 중국군의 공격 유형을 '주단계 공격'이라고 분석한 뒤, 중국군이 1주일 동안의 공격을 마치고 이동하는 시점에서 대규모 반격을 가하여 이동을 완벽하게 차단하였다. 리지웨이는 이러한 공격전술을 '자성전술(磁性戰術)'이라고 칭하였다.

5월 27일부터 중국의 8개 군이 전면적인 공세를 취하면서 6월 10일 연합군은 다시 방어로 돌아섰으며 다섯 차례의 교전도 끝이 났다. 이때부터는 양쪽 모두 대치 국면에 들어섰으며 중국은 다섯 차례 교전에서 모두 승리하여 23만 규모의

---

* 1950년 6·25전쟁에서 중공군의 공세를 만나자 미 제8군을 이끌고 남한을 수복, 1951년 극동연합군 최고사령관이 되었다. 1년 후 아이젠하워의 뒤를 이어 유럽연합군 최고사령관, 1953년 미육군 참모총장을 역임, 1955년에 퇴역하였다.

** 제2차 세계대전 때 1945년 8월 일본을 항복시키고 일본점령군 최고사령관이 되었다. 6·25전쟁 때는 UN군 최고사령관으로 부임하여 인천상륙작전을 지휘하였으나 만주폭격과 중국연안봉쇄 등 트루먼 대통령과 대립으로 1951년 4월 사령관의 지위에서 해임되었다.

군대를 무찌르고 양군의 대치 지점을 삼팔선 부근으로 다시 이동시켰다고 자평하고 있다.

정전 협상

미군이 전술의 변화를 통하여 다소의 국면 전환을 가져오기는 하였지만 대다수 병력을 한반도에 집중시킴으로서 전략적 요충지인 유럽지역의 병력 약화를 초래하였다. 이에 트루먼 당시 미국 대통령도 한반도 철군을 고려하게 되었으며 정전 협상을 모색하게된다.

한국전쟁에 참전한 펑더화이

1951년 7월 10일 한국전쟁 정전협상*이 개성(開城)에서 열리게 되었다. 북한과 중국군 측은 북한군 대표 남일(南日)을 수석대표로 하여 중국군 덩화(鄧華, 등화)와 제팡(解方, 해방) 등이 참석하였다. 연합군 수석대표로는 터너 조이(C. Turner Joy) 미군 극동해군사령관이 참석하였다. 협상기간동안 미국과 한국은 전쟁의 원인을 규명하는 데 역점을 두었다.

협상과정에서의 가장 큰 쟁점은 군사분계선에 관한 문제였다. 북한과 중국군 측은 삼팔선을 분계선으로 할 것을 주장하였으며, 양측 군대가 모두 10킬로미터씩 후퇴하자는 안을 내놓았다. 그러나 미국은 북한과 중국군이 삼팔선에서 68킬로미터 후퇴하여 1만2천 제곱킬로미터에 해당하는 구역을 양보함으로써 해군과 공군이 우세한 미군에게 '부분보상'하는 방식을 취할 것을 요구하였다. 북한과 중국군이 이를 거절하자 미국은 '폭탄, 대포, 기관총을 가지고 협상'하자며 공중 공격, 해안 진격 등의 군사적 압력카드를 내밀었다. 그러나 북한과 중국군은 여전히 단호한 태도를 취하였다.

---

* 1951년 7월 10일 개성에서 첫 정전회담을 열었다. 이어 1952년 7월 개성에서 본회담이 시작된 후 중지되었다가, 1953년 7월 27일 판문점에서 국제연합군 총사령관 클라크와 북한군 최고사령관 김일성, 중공인민지원군 사령관 펑더화이가 최종적으로 서명함으로써 협정이 체결되었다.

1953년 7월 27일 판문점에 열신 한국전쟁 정전협상 체결식

1951년 8월 18일 미군은 다시 공격을 감행하였다. 일개 소대와 진지를 공격할 때에도 1만에서 3만에 이르는 폭탄을 발사하였다. 중국군은 완강히 버티며 육박전을 벌이면서 미군의 두 차례 공세를 막아내었다. 미군은 다시 공중에서의 우위를 이용하여 중국군의 군수물자 운수노선과 후방시설에 대한 무차별 공격을 취하였으며, 중국군도 공군과 포병부대의 지원을 받으며 철강운수노선을 건설하였다.

10월 25일 양측은 다시 협상 테이블을 마주하고 앉게 되었다. 중국군은 협상 장소를 판문점으로 정하였으며, 격렬한 논쟁이 벌어졌다. 미군은 1만2천 제곱킬로미터에 달하는 구역을 포기하는 대신 중국군에게 개성에서 1500킬로미터 떨어진 지점까지 후퇴할 것을 요구하였다. 중국은 정전을 제의하였으며, 미국은 받아들이고 싶지 않았으나 거절하기도 쉽지 않았다. 결국 분계선을 명확하게 결정하지 못한 채 회담을 연기하게 된다.

협상에서의 우위를 점하기 위하여 중국은 다시 군사공격을 감행하였으며, 해상 도서들을 점령하였다. 11월 27일 벌어진 협상에서 양측은 마침내 군사분계선을 확정하게 되었으며 2년여에 걸쳐 진행된 정전협상은 막을 내렸다. 한국전쟁에서 북한과 중국군은 갱도를 구축하고 진지방어를 강화하며 공격과 반격을 병행하는 전술을 이용하여 연합군에게 적지 않은 피해를 입혔다. 전쟁이 지속된 2년 동안 한미연합군 72만 명이 희생되었으며 이러한 국면은 정전협상 타결을 재촉한 요인이 되었다.

1953년 7월 27일 한국전쟁 정전협정이 판문점에서 체결되었다. 연합국 총사령관 클라크 장군(Mark Wayne Clark : 1896~1984년)*은 협정서에 서명하는 순간, 자신

---

* 1917년 육군사관학교를 졸업하고 제1차 세계대전에 참전하였다. 제2차 세계대전 중에는 이탈리아에서 제5군과 제15군 사령관으로 활약했으며, 6·25전쟁 때는 1952년 5월부터 1953년 7월까지 주한 유엔군사령관직을 수행했고, 1953년 북한, 중국, UN간 휴전협정에 UN군 대표로 참석하였다.

은 미국정부의 지시로 일종의 오명, 즉 미국 역사에서 처음으로 미국이 승리하지 못한 정전협정서에 서명을 한 사령관이 되었다며 비통함을 감추지 못하였다.

한국전쟁은 냉전시대에 처음으로 발생한 국제사회의 국부적 지역 충돌이었다고 할 수 있다. 미국은 소련과 공산주의의 유럽에 대한 '위협'을 억제하기 위하여 2차 대전 후 처음으로 대규모 병력을 타국의 내전에 투입하였다. 전쟁이 지속되는 3년 동안 미군 5만4천 명이 희생되었으며 10만3284명이 부상을 당하였다.

한국전쟁에서 미국은 세 차례나 총사령관을 바꾸었다. 마셜(George C. Marshall : 1880~1959년)* 장군은 한국전쟁은 미군이 가장 많은 피를 흘리며 가장 큰 대가를 치른 전쟁이며 시간만 헛되이 낭비했을 뿐 해결하기 힘든 전쟁이었다고 평가하였다. 미국 참모장연석회의 의장 블라이드 장군은 미국 국회에 증인으로 참석하여 "미국은 잘못된 시기에 잘못된 지역에서 잘못된 적과 잘못된 전쟁을 치렀다"라고 증언하였다고 한다.

▶▶ 역사의 흐름에 어떤 영향을 미쳤을까?

1949년 마오쩌둥은 중국인들이 새롭게 도약할 것이라고 말하였다. 아울러 한국전쟁의 참전으로 세계가 중국을 다시 보게 되었다고 자평하고 있다. 아편전쟁 후 백여 년이 흐르는 동안 중국은 수차례에 걸쳐 열강의 침입에 시달려 왔다. 십여 척의 군함과 수만 명에 불과한 군대에게 중국정부는 무릎을 꿇고 투항할 수밖에 없었으며 영토를 분할하여 주고 중국의 내정과 외교 모두 서방 열강에 의해 주도되었다. 중국이란 나라는 서방 열강의 안중에도 없었으며 국가와 국민 모두 최대의 굴욕을 맛보았다. 8년 동안 피로 얼룩진 항일 전쟁이 끝난 후 열린 얄타협정(Yalta協定)**에서 우방이라고 여겼던 나라들은 중국의 이권을 거래의 대상으로

---

* 제2차 세계대전 후 대통령 정부에서 국무장관, 국방장관을 역임하였다. 국무장관 시절인 1947년 하버드대학교 졸업식에서 유명한 '마셜플랜(유럽부흥계획)'을 제창하였고, 유럽의 경제부흥에 대한 공적이 인정되어, 1953년 노벨평화상을 수상하였다.
** 1945년 2월 4일부터 11일까지 얄타에서 미국(루스벨트), 영국(처칠), 소련(스탈린)의 수뇌자들이 모여 의견을 나눈 회담이다. 이 회담에서 패전 후 독일을 소련, 미국, 프랑스, 영국 등이 분할 점령하기로 하였으며, 남북의 3·8선을 경계로 남쪽이 미군정을 북쪽은 소련군이 군정을 실시하기로 하였다.

삼았을 뿐이었다. 중국 스스로의 책임이 가장 크다고 볼 수 있으나 국제사회에서는 국력이 약하면 굴욕을 당할 수밖에 없는 것이 현실인 것이다.

중국의 입장에서 보면 한국전쟁은 중국이 더 이상의 열강에 의해 좌우되는 약한 존재가 아니라 누구도 쉽게 넘볼 수 없을 만큼 국력이 신장되어 동방에 새로 등장한 세계 강국 가운데 하나임을 알리는 기회였던 것이다. 중국인민지원군은 그들의 피와 생명으로 과거 백 년 동안 중국이 받았던 굴욕을 씻어주었다. 중국 민족의 존엄성을 되살려준 그들은 중국의 영웅들로 대접받고 있으며 중국인들은 그들의 희생에 경의를 표하고 있다. 중국은 중국인민지원군의 완강한 저항정신 및 조직력, 역경을 참아내는 정신과 지도력 등으로 전 세계에 중국 군대의 강인한 면모를 각인시키게 되었다고 여기고 있다.

3. 마인추馬寅初, 신인구론을 주장하다

근대에 중국의 발전을 저해했던 가장 큰 요인은 바로 인구 증가였다. 중국은 '계획생육(計劃生育 : 계획출산)' 즉, 국가 제도적으로 인구 억제 방침을 추진할 수밖에 없는 상황에 이르렀다. 일찍이 1950년대에 중국의 급속한 인구증가에 대한 우려와 이에 대한 해결책을 제시한 인물들이 있었다. 특히 이 가운데에서도 베이징 대학 총장이었던 마인추(馬寅初, 마인초 : 1882~1982년)* 선생은 가장 유명한 인물로 인정받고 있다. 그러나 마인추의 주장은 당시 격렬한 반대와 비판에 부딪히게 됨에 따라 중국의 인구 억제 정책은 20여 년이나 늦어지고 말았다. 이 짧은 20여 년의 기간 동안 중국의 인구는 두 배나 증가하여 중국의 국가정책 수립과 민족부흥 등에 심각한 압력으로 작용하였다.

* 베이양(北洋)대학을 졸업한 후, 1907년 미국에서 유학하였다. 귀국 후 중국은행 고문, 중앙(中央)대학 및 베이징(北京)대학의 경제학부 교수, 1928년 국민정부 입법위원, 재정위원회 위원장을 지냈다.

'신인구론(新人口論)'

1957년 7월 5일, 중국의 반우파운동(反右派運動)이 격렬하게 진행되며 첨예한 대립의 각을 세우고 있던 시기에 베이징대학 마인추 총장은 『신인구론(新人口論)』을 발표하였다.

그는 1953년 중국의 제1차 인구조사결과와 그 후 수년 동안의 인구증가 상황을 토대로 중국의 인구 증가 속도가 지나치게 빠른 점을 지적하였다. 1953년 6월 30일 중국의 인구는 6억193만8035명이었으며 이는 정태적(靜態的)인 기록에 해당한다. 같은 해 29개 대중도시, 닝샤(寧夏, 녕하) 전역, 그리고 나머지 성은 각각 10개 현을 선정하여 인구 조사를 진행하고 다른 35개 현에 대해서는 1구(區), 2진(鎭), 58향(鄕), 9촌(村)에 대해 조사를 한 결과 총 3천18만 명에 달하였다. 또한 출생률 37%, 사망률 17%로서 인구증가율은 20%로 산출되었다.

그러나 1953년 이후, 생활수준이 향상되고 결혼인구가 증가하였으며, 임산부와 영아에 대한 복지혜택이 주어졌을 뿐만 아니라 노인인구의 사망률은 낮아지고 있었다. 중국내 사회질서가 안정되고 사람들이 모두 다복과 장수를 기원하게 되었다. 대대손손 자손번창, 3대 불효 가운데 자손이 없는 것이 가장 큰 불효라는 등의 전통 관념이 팽배하였다. 마인추는 이러한 사회풍조를 고려하여 최근 4년 동안 중국의 인구증가율은 20%를 웃돈 것으로 분석하였다. 6억을 기준으로 할 때 매년 1천 분의 20 속도로 인구가 증가한다면 지나치게 빠른 증가율이라는 것을 누구나 인정하지 않을 수 없을 것이다.

이에 마인추는 생산과 재생산을 확대하여 자금을 신속하게 축적하고 공업화에 더욱 박차를 가하는 한편 소비 비율을 낮춤으로써 인구를 억제해야 한다고 주장하였다. 아울러 생활수준을 지속적으로 개선하고 경공업 원료의 공급원을 확대하며 식량소비 수준을 제고하고 과학연구 분야의 발전을 촉진시킬 것을 강조하였다. 인구를 반드시 억제하지 않으면 안 되는 이유는 인구의 증가로 그동안 축적해온 자산이 감소하게 되어 공업화의 둔화를 야기 시키기 때문이며 만약 인구문제의 조속한 해결을 도모하지 않는다면 농민은 정부를 향해 실망과 불만을 터뜨리게 될 것이므로 중국정부가 곤란에 빠질 것이 분명하다고 보았다. 농민의 노동생산성을 제고하기 위해서는 그들의 물자와 문화생활 수준을 제고하여 자금을 축적하고 인구를 억제하는 수밖에 다른 방법이 없는 것이다.

마인추는 이상의 분석을 마친 후 다음의 세 가지 사항을 건의하였다. 첫째, 1958년에서 1963년까지 인구표준조사에 대해 재조사를 실시하여 5년, 또는 10년 동안 중국의 인구증가 현황을 정확히 분석 파악하는 것이다. 이어 인구의 동태적 (動態的) 조사에 대한 통계를 산출하고 이를 기반으로 인구정책을 확립하도록 하였다. 인구증가를 반영하는 숫자를 제2차, 또는 제3차 5개년계획에 명기하여 향후 계획을 수립함에 있어 점진적으로 정확성을 제고해 나가는 것이다.

둘째, 계획출산을 통하여 산아를 제한함으로써 인구 증가를 억제하도록 하였다. 먼저 광범위한 홍보를 통하여 산아 제한의 중요성을 알리는 한편, 실질적인 산아 제한 방법을 동원하여 시행하는 것이다. 특히 조혼(早婚)의 폐해와 만혼(晩婚)의 장점을 널리 홍보하는 데 역점을 두도록 하였다. 만약 이러한 인구 억제 노력이 실효를 거두지 못한다면 정부차원의 엄격하고 효과적인 방침을 실시하도록 하였다. 정부는 산아 제한과 인구 억제에 대한 권한을 가지고 있는 점을 강조하였다.

셋째, 산아 제한 조치는 인구 억제의 가장 효과적인 방법으로서 피임의 중요성을 널리 알리는 것이다. 마인추의 『신인구론』의 주요 내용은 이상과 같이 요약할 수 있다.

1957년 3월 2일 마오쩌둥이 주재하는 최고국무회의에 참석한 마인추와 사오리쯔(邵力子, 소력자)는 맨 앞줄에 앉아 서로 열변을 토하고 있었다. 마오쩌둥은 주석 연단 앞으로 몸을 내밀며 두 사람에게 또 인구 문제를 토론하고 있냐며 웃음 띤 얼굴로 물었다. 마인추는 중국전국인민대표대회의 인민대표의 신분으로 참석하여 계획 출산 및 인구 억제에 대해 연설하였다. 같은 해 3월 31일 중화의학회(中華醫學會) 1차 회의에 참석한 마인추는 만약 매년 인구증가율을 3%로 추정하면 1968년 중국의 인구는 8억에 달하게 될 것이며 1971년에는 9억8천, 50년 후에는 26억에 이를 것이라고 경고하였다.

그러나 반우파투쟁이 갈수록 격렬해짐에 따라 일부에서는 마인추의 '신인구론'이 우파분자들에게 공산당을 공격하는 빌미를 제공하였다는 비판이 제기되었다. 1958년 4월 베이징대학 공산당위원회는 마인추에 대한 비판회를 열기로 결정하였다. 그 해 5월 천보다(陳伯達, 진백달 : 1904~1989년)*는 베이징대학에서 마인추를 지명하여 비판하고 그에게 스스로 자아비판을 하도록 강요하기 시작하면서 마인추를 비판하는 목소리가 중국 전역으로 퍼지게 되었다. 당시 '신인구론'에게 씌운 죄명은 '맬더스 주의자', '사회주의 제도의 우월성 부정', '6억 인구에 대한 배려심 결여' 등이었다.

마인추를 염려하는 이들은 그에게 한걸음 물러서 분쟁을 종식하도록 권하였다. 승산이 없는 싸움은 할 필요가 없다고 그를 설득하였으나 마인추는 이를 단호히 거절하였다. 그는 자신의 주장이 정치적 견해가 아니라 학술적 견해임을 밝히고 학술적 견해는 논쟁을 통해 그 진리가 더욱 선명해질 것이라고 말하였다. 한번 공격을 받았다고 뒤로 후퇴하여 자신의 안일만을 추구할 수 없다고 강경하게 대응하자 마인추에 대한 비판은 더욱 고조되었고, 그의 투지 또한 더욱 불타올랐다. 그리고 마인추의 기세가 꺾이지 않고 더 높아질수록 또 그에 대한 비판의 수위도 높아져 갔다.

외로운 싸움

마인추는 1882년 저장성(浙江省, 절강성) 성셴현(嵊縣, 승현)에서 태어났다. 일찍이 미국에서 유학하며 경제학을 전공하여 경제학박사 학위를 취득하였다. 1915년 중국으로 귀국하여 베이징대학, 중산대학(中山大學), 자오퉁대학(交通大學), 충칭대학(重慶大學), 저장대학(浙江大學) 등의 교수를 비롯하여 베이징대학 경제학과 주임, 교무장, 충칭대학 경영대학(商學院) 학장을 역임하였다. 중국 국민계몽을 위해 노력하였으며, 국민당에 반대하여 투쟁을 벌인 인물로 평가되고 있다. 1948년 중국공산당의 도움으로 국민당 통치구역을 빠져나와 홍콩의 공산당 거점으로 진입하기도 하였다.

중화인민공화국 정부수립 이후에는 제1기 중국인민정치협상회의(中國人民政

---

* 1927년 중국공산당에 가입하고 모스크바에서 수학하였다. 1966년 문화대혁명을 추진하여 마오쩌둥과 린뱌오의 지휘 하에 일대 숙청작업을 전개했으며, 1969년 당 제9기 중앙위원, 정치국 상임위원으로 5인의 핵심지도인물이 되었으나 1970년 숙청되었다.

治協商會議) 전체회의 대표, 중앙인민정부위원(中央人民政府委員), 중앙인민정부정무원재정경제위원회(中央人民政府政務院財政經濟委員會) 부주임(副主任), 화동군정위원회(華東軍政委員會) 부주석(副主席), 저장대학 총장, 베이징대학 총장, 제1기 및 제2기 전국인민대표대회(全國人民代表大會) 상무위원회(常務委員會) 위원, 제1기 제2기 제3기 제4기 정치협상위원회(政治協商委員會) 전국위원회(全國委員會) 위원, 제2기 제4기 상무위원, 중국과학원(中國科學院) 철학사회과학부(哲學社會科學部) 위원 등을 역임하며 중국의 문화, 교육, 경제 발전에 공헌하였다.

당시 민중들 사이에 일기 시작한 마인추에 대한 비판은 민간 차원에 머물러 있었기 때문에 그 역시 전혀 개의치 않고 있었다. 마오쩌둥이 『신인구론』을 지지하였기 때문에 마인추는 두려울 것이 없었다. 그러나 1958년 봄, 마오쩌둥이 『어느 합작사에 대한 소개(원제 : 介紹一個合作社)』를 저술하고 뒤이어 창간한 잡지 『홍기(紅旗)』에 발표한 문장 가운데 그의 관용적으로 사용하는 시적 어휘로 "……중국공산당의 영도 외에 6억 인구가 가장 결정적인 요소이다. 사람이 많을수록 의견도 많아지고 열기가 고조되어 의욕이 커지게 된다"라고 쓰인 부분이 있었다. 민감한 사람들이 이 말에 반드시 숨은 뜻이 있을 것으로 생각하면서 마인추와 그의 『신인구론』의 앞날에 먹구름이 끼이게 된다.

이러한 예상은 현실로 나타나기 시작하였다. 5월 4일 베이징대학 창립 60주년 기념식에서 베이징대학 공산당위원회 주석 천보다는 기념사를 통해 연단에 있는 마인추를 공개적으로 비판하였다. 즉 마인추에게 그 자신의 『신인구론』에 대한 자아비판을 하도록 지시한 것이다.

1959년 겨울, 베이징대학 임호헌(臨湖軒)에는 눈보라와 얼음으로 꽁꽁 얼어붙고 차가운 바람마저 몰아치고 있었다. '마인추 비판, 신인구론 반대'라는 구호 아래 대학 차원의 신랄한 회의가 차가운 겨울바람과 함께 베이징대학 교정에 불어닥쳤다. 마인추 비판 회의에 참석하기 위하여 베이징대학으로 발걸음을 한 캉성(康生, 강생 : 1898~1975년)*은 손으로 책상을 내리치며 격한 비판의 소리를 토해 내었

---

* 1949년 중화인민공화국이 수립된 후 중앙인민정부 위원 1956년 정치국 후보위원이 되었다. 1959년 펑더화이의 실각과 '반우파투쟁'에 나섰으며, 1966년 문화대혁명 후 중앙문혁소조(中央文革小組) 고문으로서 활약하였다. 1969년 정치국 상무위원, 1973년 부주석 등을 역임했다.

다. "마인추는 사람들이 그를 맬더스주의자라고 하는데 동의하지 않았다고 했습니다. 맬더스는 마르크스와 발음이 비슷한 부분이 있어 사람들이 혼동한 것 뿐이지 자신은 마르크스주의자라고 강조하였습니다. 이제 마인추의 『신인구론』이 마르크스주의적인지 맬더스주의적인지 분명히 할 때가 온 것 같습니다. 내가 보기에 마인추의 『신인구론』은 의심할 여지없이 맬더스주의가 분명합니다." 캉성의 신랄한 비판에도 불구하고 마인추는 전혀 기세가 눌리지 않았다. 그의 말이 끝나기가 무섭게 오히려 바로 "나는 마르크스주의자요"라고 당당히 말했을 정도이다.

베이징대학 교수 겸 경제학자 마인추

이렇듯 험난한 분위기와 '우파분자'라는 정치적 오명을 쓰고 생명마저 위협당하고 있는 상황 속에서 위험한 고비는 넘기고 보자는 주변 동료들의 회유에도 불구하고 마인추는 『신건설(新建設)』에 「나의 바람과 소신을 천명하며(원제 : 重申我的請求)」를 게재하기로 하였다. 그는 자신의 결심을 다음과 같이 당당히 공개 발표하였다.

"나는 「광명일보(光明日報)」가 시작한 이 전쟁의 도전을 받아들일 것이다. 이번 도전은 매우 합리적이며 경건히 받아들이는 바이다. 내 나이 비록 80에 가깝고 이 전쟁에서 중과부적이라는 현실도 잘 알고 있다. 나는 홀로 전쟁에 당당히 임할 것이며 전장에서 죽을 때까지 싸울 것이다. 어떠한 압력에도 절대 굴복하지 않을 것이며 진리가 아닌 논리의 설득과 비판에 항복하지 않을 것이다."

마인추는 면직된 후 정치협상위원회의 학습현장에서 한 위원이 "마오쩌둥의 한 마디 말은 군중의 천 마디 말을 물리칠 수 있다. 천년이 흘러도 이러한 사실은 변함이 없다"라고 말하는 것을 들은 마인추는 "그러한 논리는 마르크스 레닌주의 원리에 부합되지 않는다. 마르크스 레닌주의의 기본 원리는 세상 어디에서도 통할 수 있지만, 마르크스, 엥겔스, 레닌, 스탈린, 그리고 마오쩌둥에 이르기까지 그들의 말, 저술, 특히 정책 분야에 언급된 논리들은 오직 한 순간, 한 시대에만 적용될 뿐이다. 마오쩌둥 주석이 당신의 말을 듣게 된다면 그도 당신 말에 찬성하지는 않을 것이다"라고 반박하였다. 이로 인해 마인추는 주변의 공격을 받게 되었지만, 그 자신의 관점이 마르크스주의에 부합한다는 확신을 굽히지 않았다.

오명을 벗다

과학적 진리는 사람의 의지에 따라 변화되지 않는다.

마인추가 비판을 받는 순간에도 과학적 진리는 여지없이 우매한 사람들에게 뭇매를 가하고 있었다. 중국의 인구는 해마다 아니 1분 1초마다 급격하게 증가하여 중국경제와 민생에 커다란 압력으로 작용하기 시작하였다. 또한 이는 단기적으로 극복할 수도 없는

1960년 전후 퇴직하여 저택에서 책을 읽고 있는 마인추

문제였다. 1974년 12월 29일 마오쩌둥은 「1975년 중국국민경제계획에 관한 보고서(원제 : 關于1975年 國民經濟計劃的報告)」를 심의하면서 인구증가를 반드시 억제하도록 지시하였다. 마오쩌둥의 지시내용은 17년 전 마인추가 『신인구론』에서 주장하였던 세 가지 건의 사항과 완벽하게 일치하였다.

중국공산당 제11기 3차 전체회의를 마친 후 마인추의 정치적 누명은 모두 벗겨지게 된다. 중국공산당은 『신인구론』과 경제이론의 정확성에 대해 긍정적인 평가를 내리고 그의 직위와 명예를 회복시켰다. 1979년 8월 5일 『광명일보』에는 '한 사람에 대한 잘못된 비판이 인구 3억을 키우다'라는 제목으로 마인추에 대한 긍정과 칭송을 담은 기사가 실리게 된다. 마인추가 마땅히 얻어야 할 명예가 회복되는 순간이었다.

▶▶ 역사의 흐름에 어떤 영향을 미쳤을까?

어리석은 행위는 대가를 치르게 마련이다. 진리는 추호의 모독도 용납하지 않는다. 마인추에 대한 비판은 계획출산을 부정하는 것과 다를 바가 없었다. 당초 마인추를 비판하던 것에서 잘못된 판단을 깨닫고 계획출산정책을 전면 추진하기에 이르기까지 짧은 수십 년 기간 동안 중국의 인구는 급속하게 팽창하였다. 이로

인해 중국 경제는 엄청난 부담을 안게 되는 결과를 낳고 말았다. 중국의 각종 경제지표는 세계 수위를 차지하고 있지만 1인당 평균 수치는 모두 하위에 기록되고 있다. 중국정부는 계획출산정책을 국가 기본방침으로 정하여 실시하지 않을 수 없는 상황에 이르렀으며 이 방침은 당분간 지속되어야 할 것으로 보인다.

4. 닉슨 대통령의 중국 방문, 새로운 중미외교관계를 맺다

중미관계의 획기적인 전환이야말로 20세기 하반기 가장 주목할 만한 국제관계의 변화로 볼 수 있다. 1972년 2월 21일 전 미국 대통령 닉슨(Richard Milhous Nixon : 1913~1994년)*의 중국 방문은 세계정세를 변화시켰다.

전조(前兆)

중화인민공화국 정부가 수립된 이후 미국은 중국정부를 인정하지 않고 적대시하는 정책을 시행하여 왔다. 1970년대에 진입하면서 국제 정세는 변화되기 시작하였으며, 중미관계를 다시 새로 열어나가야 한다는 목소리가 나날이 높아지고 있었다. 1969년 마오쩌둥은 예젠잉(葉劍英, 엽검영), 천이(陳毅, 진의), 네룽전(聶榮臻, 섭영진), 쉬샹첸(徐向前, 서향전) 등 네 명의 사령관과 국제정세에 대해 허심탄회하게 대화를 나눈 적이 있다. 천이 사령관은 미국인은 달 탐사도 떠나면서 중국에는 다가서지 못하고 있는데 과연 중국에 다가서는 것이 하늘을 뚫고 나가는 것보다 더 어려운 일이냐며 중미관계가 20년 동안이나 악화일로를 치달은 것에 대해 개탄하였다. 기세등등한 소련의 공세에 대항하기 위해서라도 중미가 연합해

* 미국의 제37대 대통령(재임 1969~1974년)이다. 하원의원 재직 시절 반공주의자로 알려졌으며, 1960년 케네디에게 패한 후 1968년 민주당의 험프리를 누르고 대통령에 당선되었다. 처음으로 중국을 방문하는 미국 대통령이었으나, '워터게이트사건'으로 대통령직을 사임했다.

중국의 저우언라이 총리가 미국의 닉슨 대통령을
공항에서 영접하는 모습

야 하는 이유는 충분하다고 보았다.

이러한 시기에 미국은 소련과의 패권 다툼에서 불리한 국면을 타개하기 위하여 베트남 전쟁에서 철수하는 길을 모색하는 한편 중국과의 관계 개선에 관심을 기울이기 시작하였다. 닉슨은 대통령에 당선된 후 여러 루트를 통하여 중국과 화해할 뜻을 나타내었으며 중국도 미국에게 관계 회복에 대한 신호를 보내기 시작하였다. 1970년 10월 1일 마오쩌둥은 중국인의 오랜 지기(知己)인 에드거 스노우(Edgar Snow : 1905~1972년)*와 함께 톈안먼 성루 위에 모습을 드러내고 중국공산당 정부 수립 기념일 공식 열병식을 사열하였다. 그 다음 날 이 사진은 「인민일보」에 실려 사람들의 이목을 끌게 된다. 이러한 특별 조치는 미국을 향해 중국의 고위 지도층이 이미 중미 관계를 매우 중시하고 있음을 암시하는 것이었다.

1971년 3월 제31회 세계탁구선수권대회가 일본에서 개최되었다. 대회에 참가한 미국 선수단은 중국 선수단에게 스스럼없이 다가서며 중국을 방문하고 싶다는 의사를 밝혔다. 그러나 중국 정부의 허가를 얻지 못하여 이 계획이 거의 수포로 돌아갈 시기에 마오쩌둥의 한 마디가 마침내 떨어지게 된다. 4월 7일 중국은 공식적으로 미국탁구선수단을 초청하게 되었으며 4월 14일 저우언라이(周恩來) 전 총리는 인민대회당 동대청(東大廳)에서 열린 미국탁구대표선수단 환영식에 참여하여 진심어린 환영사를 낭독하였다. "작은 탁구공이 거대한 지구의 역사를 바꾸어 놓았다"는 이 말은 '탁구 외교' 발판으로 중미관계의 새로운 시작을 알리

---

* 미국의 저널리스트이다. 1936년 서방 기자로는 최초로 중국공산당의 본부가 있던 산시성 바오안을 방문 취재하여 『중국의 붉은 별』을 출판, 서방에 마오쩌둥이 알려지는 데 큰 역할을 했다. 전후(1960, 1965, 1970년)에 다시 중국을 방문하여 마오쩌둥, 저우언라이 등과 회견하고 중국의 실정을 소개하였다.

는 감미로운 음성이었다고 할 수 있다,

두 달 후 미국대통령의 특사 자격으로 키신저(Henry Alfred Kissinger : 1923~)* 박사가 비밀리에 중국을 방문하게 되었으며 그 후 양국은 당시 미국 대통령이었던 닉슨의 중국 방문이라는 세계를 깜짝 놀라게 할 소식을 발표하게 된다.

냉전을 종결시키는 새로운 관계정립

1972년 2월 21일 베이징 시각으로 오전 8시 54분, 닉슨 대통령의 전용기가 기술적이 문제로 잠시 상하이 홍차오(虹橋, 홍교) 공항에 도착하였다가 다시 이륙하여 11시 27분 베이징 수도 공항에 도착하였다. 11시 30분 닉슨 대통령 내외가 비행기에서 내려왔으며 마중 나온 저우언라이 총리에게 악수를 청하였다. 양국의 지도층이 만나 나누는 역사적인 악수였다고 할 수 있다. 닉슨 대통령은 이때를 회상하며 "우리가 악수를 나눌 때 한 시대는 막을 내리고 다른 한 시대가 새롭게 열렸다는 것을 느낄 수 있었다"라고 말하였다.

오후 4시, 미국의 수행 기자단은 인민대회당 문 앞에서 회담에 참가하는 닉슨 대통령을 기다렸으나 그를 만날 수 없었다. 늘 시간을 지켜 나타나는 대통령이었기 때문에 대통령의 '지각'에 대해 기자들 사이에 갖가지 추측이 난무하였다. 5시 55분이 되어 백악관 대변인이 기자들에게 베이징에 도착한 지 세 시간 후 닉슨 대통령과 마오쩌둥 주석이 바로 회담을 가졌음을 발표하면서 이러한 의문은 풀어지게 된다.

회담에서 마오쩌둥은 "어제 비행기에서 저희에게 어려운 문제를 내주셨다고 들었습니다. 우리가 서로 토론해야 될 문제를 철학적인 면에 국한시키려 하신다고 말입니다"라고 말의 포문을 열었으며 닉슨은 "마오쩌둥 주석의 시사(詩詞)와 연설문을 읽었기 때문에 그럴 것입니다. 저는 주석께서 사상적 깊이가 대단한 철학가라는 것을 알고 있습니다"라고 대답하였다.

---

* 1969년 닉슨 행정부 때 대통령보좌관 겸 미국국가안전보장회의 사무국장으로 취임하여 이른바 '키신저외교'를 전개하였다. 1971년 7월 중국을 비밀리에 방문하여 닉슨 방중(訪中)의 길을 열었고, 1972년 중동평화조정에 힘썼으며, 1973년 1월 북베트남과 접촉하여 평화협정을 체결하는 등 세계평화를 위한 노력으로 그 해 노벨평화상을 수상하였다.

당시 마오쩌둥은 80세의 고령으로 병까지 앓고 있었으나 강한 인내력으로 견디며 닉슨과 70여 분 동안의 회담을 화기애애하게 진행하였다. 마오쩌둥은 회담의 주제를 중미관계 가운데에서도 철학적 측면, 즉 장기적, 원칙적, 거시적, 전략적 문제로 귀결시켰다. 키신저는 후에 이 회담에 대해 '마오쩌둥은 일부러 격식을 갖추지 않는 듯한 방식으로 그의 의견을 발표하였다'라고 적은 바 있다.

오후 6시 정각에 저우언라이와 닉슨의 1차 회담이 시작되어 한 시간 가량 지속되었다. 저녁 7시, 저우언라이 총리는 인민대회당에서 닉슨 대통령을 위한 환영만찬을 주관하였다. 긴장된 하루 동안의 일정을 마친 뒤였기 때문에 본래 중미 양국의 공식 일정 가운데 하나에 불과했던 만찬회는 즐거움이 가득한 파티로 변모하였다. 저우언라이는 마오쩌둥 주석과 중국 정부를 대표하여 미국방문단을 환영한다고 밝히고 축하연설에서 "미국 국민은 위대하며 중국 국민 또한 위대합니다. 양국 국민은 늘 우호적이었습니다. 여러분도 다 아시는 이유로 인해 양국 관계는 20여 년 동안이나 단절되었습니다. 그러나 지금 양국의 노력으로 마침내 서로를 향해 다시 대문을 활짝 열게 되었습니다"라고 밝혔다.

닉슨 대통령 역시 장문의 연설을 발표하였다. 그는 "눈앞에 놓인 수많은 일들에 언제나 마음만 조급하누나. 그래도 지구는 돌고 시간은 지나니, 만년 뒤를 어찌 기약하랴, 현재에 충실하면 그것으로 족하나니"라는 마오쩌둥의 시구를 인용한 뒤, "지금이야말로 현재에 가장 충실해야 할 때입니다. 양국의 국민들이 더 새롭고 더 아름다운 미래의 위대한 시간들을 창조해 나갈 시기가 도래한 것입니다"라고 말을 이었다.

중국 공연단이 미국의 곡들을 연주하고 만찬 테이블 위에 놓인 마오타이 술과 중국 요리들은 미국 대표단의 찬사를 자아내었다. 부담 없이 진행된 만찬의 분위기에 대해 미국의 언론들은 "몽환적인 분위기가 물씬 풍겼다", "만찬이 끝날 무렵 그는(닉슨 대통령) 눈물을 흘릴 것만 같았다. 그는 '산 위의 집', '아름다운 아메리카'를 연주한 중국 공연단에게 감사를 표했다"라고 평하였다.

공동성명

1972년 2월 26일, 저우언라이 총리는 닉슨 대통령과 함께 항저우(杭州, 항주)를 방문하였다. 항저우를 방문한 후, 닉슨 대통령 일행은 다시 상하이로 향하였다. 1972년 2월 28일 양국은 상하이에서 「중미공동성명(中美聯合公報)」(「상하이성명(上海公報)」이라고도 함)에 서명하였다. 공동성명에서 양국은 다음과 같이 밝히고 있다.

저우언라이 총리와 닉슨대통령과 함께 항주로 향하는 기내에서 찍은 사진

중미 양국의 사회제도와 대외정책은 본질적으로 차이가 있다. 그러나 양국은 상대방의 사회제도가 어떠하던 지에 관계없이 상대방의 주권과 영토의 완결함과 타국 불침범, 내정 불간섭, 호혜평등, 평화공존 등의 원칙에 따라 국가와 국가 사이의 관계를 확립한다. 국제분쟁도 이러한 원칙 위에서 해결하도록 하고 무력 또는 무력적 위협에 호소하지 않는다. 미국과 중화인민공화국은 상호 관계를 형성하면서 시행할 이러한 원칙들을 마련한다.

상기한 국제관계 원칙들을 고려하여 양국은 다음과 같이 천명한다.

중미 양국 관계의 정상화는 모든 국가의 이익에 부합한다.

양국은 국제 군사충돌의 위험을 감소시키기를 희망한다.

어느 일방도 아시아 태평양 지역에서 패권을 행사해서는 안 되며 양국 모두 다른 국가, 또는 국가 집단이 이러한 패권을 형성하려고 하는 것에 반대한다.

어느 일방도 제3의 국가를 대신하여 담판을 벌일 수 없으며 상대방과 다른 국가에 대한 협의 또는 양해 사항을 체결할 수 없도록 한다.

양국은 강대국과 또 다른 강대국이 결탁하여 다른 국가에 반대하거나 또는 강대국이 국제적인 이권을 나누거나 조종하는 것 등은 모두 세계 각국 국민들의 이익에 위배되는 행위라는 것에 견해를 같이 한다.

양국은 중미관계에 있어 오랜 기간 심각한 분쟁을 일으켜왔던 문제에 대해 돌이켜보도록 한다. 중국은 각 분야에 있어 다음과 같이 입장을 천명하였다. 타이완 문제는 중미관계 정상화의 핵심이라고 할 수 있다. 중화인민공화국은 중국의 유일한 합법적 정부이며 타이완은 중국의 성(省) 가운데 하나에 속하므로 조속히 중국에 귀속되어야 한다. 타이완 해방문제는 중국의 내정에 속하므로 다른 나라는 간섭할 권리가 없다. 미국의 무장군대 및 군사시설은 반드시 타이완에서 철수하여야 한다. 중국 정부는 '일중일대(一中一臺 : 중국은 중국이고 대만은 대만이라는 뜻)', '하나의 중국, 두 개의 정부', '두 개의 중국', '타이완 독립' 및 '타이완의 지위 미정' 등의 모든 활동에 반대 입장을 견지한다.

미국은 다음과 같이 입장을 천명하였다. 미국은 타이완 해협 양안의 모든 중국인들이 중국은 하나이며 타이완은 중국의 일부분이라고 여기고 있다는 점을 인지한다. 미국 정부는 이에 대해 이의를 제기하지 않는다. 중국인 스스로 평화적으로 타이완 문제를 해결하도록 하는데 관심을 둘 것을 천명한다. 이러한 현재의 상황을 고려하여 미국은 타이완에서 미국의 모든 무장군대와 군사시설의 철수가 최종 목표임을 확인한다. 이 기간 동안 이 지역의 긴장된 정세가 완화되는 상황에 따라 점진적으로 타이완에 있는 무장군대와 군사시설을 철수시키도록 한다.

양국은 양국 국민의 이해 증진을 도모하는 데 동의한다. 이를 위하여 과학, 기술, 문화, 체육, 미디어 등 구체적인 분야에 있어 토론을 진행함은 이러한 영역의 국민 소통과 교류 추진에 모두 유리할 것으로 판단된다. 양국은 이러한 소통과 교류를 발전시키는 데 편리를 제공하도록 합의한다.

양국 간 무역 분야는 상호 이익의 추구를 기대할 수 있는 영역이므로 호혜 평등의 경제관계를 정립함으로써 양국 국민의 이익에 부합할 수 있다고 본다. 양국은 점진적으로 양국 간 무역 발전에 편의를 도모할 수 있도록 한다.

양국은 다양한 방법으로 교류를 지속하는 데 동의한다. 비정기적으로 미국의 고위 대표를 베이징으로 파견하여 양국 관계 정상화에 대한 구체적인 협상과 공동 관심사에 대해 의견을 교환하도록 한다.

양국은 이번 방문의 성과들이 양국 관계의 새로운 미래를 열어 줄 수 있기를 기대한다. 또한 양국은 양국 관계의 정상화는 중미 양국 국민의 기대에 부합할 뿐만 아니라 아시아, 그리고 세계의 긴장 국면을 완화하는 데 공헌할 것으로 믿는다.

「중미공동성명(中美聯合公報)」은 중미 양국이 처음으로 서명한 양국 관계를 정립하는 문서에 해당한다. 이 공동성명의 발표는 중미 교착 상태의 종식과 관계

정상화의 시작을 의미한다. 1979년 1월 1일 중국과 미국은 공식적으로 외교관계를 수립하였다.

▶▶ 역사의 흐름에 어떤 영향을 미쳤을까?

미국 대통령은 미국이 중국과 공식 외교관계를 수립하기 전에 먼저 베이징을 방문하였다. 「상하이성명(上海公報)」(「중미공동성명(中美聯合公報)」)은 외교적인 어휘로 양국 관계를 미화시키지 않고 있으며 양국 사이에 존재하는 이견을 사실대로 열거하면서 동시에 양국이 지닌 공통점을 긍정하여 중대 사안에 대해서는 원칙적으로 합의하였음을 명시하고 있다. 저우언라이 총리가 지적한 대로 공개적으로 이견을 밝힘으로써 문제 해결의 실마리를 찾고 양국 관계의 미래를 향한 첫발을 내딛게 된 것이다. 「상하이성명」은 세계 외교사상 최초의 시도로서 국제사회의 관계를 여는 새로운 풍격을 선보였다.

「상하이성명」이 발표되면서 중미 관계 정상화에 획기적인 이정표가 수립되었다고 볼 수 있다. 이 성명에는 중미관계의 기본 입장과 원칙, 즉 양국은 상대방의 사회제도가 어떠하던 지에 관계없이 상대방의 주권과 영토의 완결함과 타국 불침범, 내정 불간섭, 호혜 평등, 평화공존 등의 원칙에 따라 국가와 국가 사이의 관계를 확립할 것을 명시하였다. 미국은 하나의 중국 정책을 비롯하여 타이완은 중국 영토의 일부분임을 인정하였다. 이러한 원칙은 향후 수십 년 동안 양국의 외교 수립 성명과 '8·17' 성명 등에서 다시 한 번 재확인 된다.

5. 사인방四人幫 타도, 문화대혁명이 막을 내리다

1976년 10월 6일 수요일, 평범한 일상 가운데 하루에 불과했던 이 날은 중국에 있어서는 역사적으로 매우 의미 있는 날이 아닐 수 없다. 바로 이 날, 세계적으로도 잘 알려진 중난하이(中南海) 화이런탕(懷仁堂, 회인당)에서 중국근대사에 있어 막강한 영향력을 지닌 의미 있는 투쟁이 소리 없이 전개되고 있었다. 일명 '사인방(四人幫)'*이라고 불리던 일파가 체포되었던 날로서 이 '사인방'의 체포로 10년간 지속되었던 '문화대혁명(文化大革命)'**이 막을 내리게 되었던 것이다.

겁 없이 날뛰었던 '사인방'

'사인방'은 1965년 「해서파관(海瑞罷官)」***을 허가하는 과정에서 그 일파를 형성하였다. '문화대혁명('문혁文革'이란 약칭으로 쓰임)'이 시작된 후 중앙문혁소조(中央文革小組)의 부조장을 맡게 된 장칭(江靑, 강청)은 그녀의 재량으로 장춘차오(張春橋, 장춘교)와 야오원위안(姚文元, 요문원)을 중앙문혁소조로 끌어들여 자신의 핵심 측근 세력을 형성하였다. 그들은 수중의 권세와 문혁의 혼란 국면을 틈타 파벌을 조성하고 심복을 키우면서 중국 전역을 망라하는 조직을 형성해 나가기 시작하였다. 문혁 전에는 보잘 것 없던 인물들이 문혁의 바람을 타고 위세를 떨치며 세상 모든 사람들의 입에 오르내리는 풍운아가 되어 버린 것이다.

장칭보다 세 살이 적은 장춘차오(張春橋)는 '디커(狄克, 적극 : 독재자란 의미의 영문 'Dictator'의 머리글자에 해당함)'라는 필명으로 문장을 발표하여 루쉰(魯迅, 노신)을 공격하기도 하였다. 1938년 1월 옌안(燕安), 스자좡(石家莊) 등지를 거쳐 상하이시(市) 일대 당 서기였던 커칭스(柯慶施, 가경시)를 따라 남방으로 내려와 문혁 전까지 상하이시 당 서기로 재임하였다. 1958년 당시 '좌익' 사상을 접하게 되면서 「자산계급의 법권 타파(破除資産階級法權)」란 제목으로 문장을 발표하여 마오쩌둥의 찬사를 받았다. 1963년 그는 백방으로 장칭에게 아첨하여 「리후이냥(李慧娘, 이혜

---

* 문화대혁명 기간 동안 무소불위의 권력을 휘둘렀던 4명의 중국 공산당 지도자로서 마오쩌둥의 부인 장칭(江靑, 강청), 정치국 위원 야오원위안(姚文元, 요문원), 중국공산당 중앙위원회 부주석 왕훙원(王洪文, 왕홍문), 정치국 상임위원 겸 국무원 부총리 장춘차오(張春橋, 장춘교)를 가리킨다.
** 1966년부터 1976년까지 10년간 마오쩌둥이 주도한 극좌 사회주의 운동으로 이 기간 동안 전국적인 혼돈 및 경제적 침체를 낳았다. 1981년 중국공산당은 이를 '극좌적 오류'였다는 공식적 평가와 함께 린뱌오와 사인방도 주요 책임자로 지목되었다.
*** 명나라 역사 전문가인 우한이 마오쩌둥의 요청으로 쓴 신편 역사극이다. 이는 명나라 때의 유명한 청백리 해서(海瑞)의 이야기를 현대적으로 각색한 경극의 극본인데, 이것이 오히려 마오쩌둥에 대한 비판으로 해석되어 문화대혁명의 계기가 되었다.

낭)」(남송 말기 집안의 몰락으로 창기가 된 리후이냥의 이야기를 다룬 경극)을 비판하는 문장 등을 발표함으로써 장칭의 신임을 받았다. 특히 「해서파관」을 비판하는 문장을 날조하는데 있어 장춘차오는 큰 역할을 담당하였다. 장칭은 장춘차오가 모략에 뛰어난 것을 보고 그를 '책사'로 삼게 된다.

사인방제거 축하대회에 참가한 중국인민해방군 베이징 주재 육, 해, 공 3군

문혁 이전에 한낱 무명의 소인배에 불과했던 야오원위안(姚文元)은 상하이의 「해방일보(解放日報)」와 상하이 공산당위원회 정책연구실에 재직하면서 맹목적이고 무책임한 문예비판의 글들을 쓴 적이 있었다. 1965년 장칭의 의도에 따라 문혁의 도화선이 되었던 「신 역사극 '해서파관'을 평하노라(評新篇歷史劇 '海瑞罷官')」는 문장을 발표함으로써 그 공을 인정받아 중앙문혁소조에 가입하게 되었으며 장칭의 심복이 되었다.

열여섯에 군인이 되었던 왕훙원(王洪文, 황홍문)은 제대 후 상하이 국영면화 제17공장(上海國棉17廠)에서 정비공으로 재직하였다. 문혁 전까지 이 공장의 정비과 부과장에 불과했으나 문혁 후 '반란파(造反派)'가 득세하는 틈을 타고 그 기회에 편승하여 출세가도를 달리게 된다. 상하이혁명반란사령부(上海革命造反司令部)를 조직하고 사령관이 된 그는 '안팅 사건(安亭事件)'*, '캉핑루 사건(康平路事件)'** 등을 일으켰으며 '1월 정변(一月風暴)'***을 일으켜 상하이 공산당위원회와 상하이시 정부의 권력을 수중에 넣게 되었으며 왕훙원은 상하이 공산당위원회 제3서기에

---

* 상하이시 정부가 상하이혁명반란사령부를 인정하지 않자 이들이 베이징으로 상경하여 투쟁을 벌이고자 하였으나 상하이시 정부가 안팅(安亭, 안정)에서 기차를 막고 30시간이나 대치했던 사건을 말한다.

** 상하이혁명반란사령부와 군중자위무장조직인 적위대(赤衛隊)가 상하이 공산당위원회가 소재하고 있던 캉핑루(康平路, 강평로)에서 대치한 최초의 무력유혈 충돌을 말한다.

*** 1967년 1월 8일 장춘차오, 야오원위안, 왕훙원 등이 혁명지휘부를 설립하여 상하이 공산당위원회와 상하이시 정부의 권력을 모두 수중에 넣게 된 사건을 말한다.

오르게 된다. 마오쩌둥은 린뱌오(林彪, 임표 : 1907~1971년)*를 제압한 후 왕훙원을 그 후계자로 선택하여 1972년 중앙으로 불러들였다. 왕훙원은 중앙정부로 합류한 후 장칭, 장춘차오, 야오원위안 등과 함께 결탁하여 '사인방'을 탄생시키게 된다.

장칭 일당의 음모와 계략은 마오쩌둥의 주의를 끌게 되었으며 마오쩌둥은 그들을 신랄하게 비판하기 시작하였다. 그는 정치국 회의석상에서 "다음의 두 개 공장을 절대 세우지 마시오. 하나는 강철 공장이요, 나머지 하나는 모자 공장이오. 아무에게나 무턱대고 모자를 씌워서는 안 될 것이오!(중국에서는 죄명을 씌우는 것을 모자를 씌우는 것에 비유하곤 한다)"라고 분명히 밝혔다. 또한 '사인방'을 향해 "잘 들으시오. 네 명이서 작당하는 짓거리를 해서는 절대 안 될 것이오"라며 패거리 정치를 엄중 경고하였다. 그러나 사인방은 이를 귓등으로 흘리며 제4기 인민대표대회를 준비하면서 내각을 새로 구성하여 권력을 탈취하고자 하였다. 또한 상하이 노동자 출신의 새로운 인물들을 각 부서의 요직에 앉히려고 시도하였다.

시대 배경적 요인의 변화

1976년 1월 8일 중국인들의 존경과 사랑을 받던 저우언라이(周恩來) 총리가 세상을 떠나자 중국 전역은 슬픔과 비통에 빠지게 되었으며, 그해 4월 '톈안먼 사건(天安門事件)'**으로 대표되는 총리의 추도회와 장칭, 장춘차오, 야오원위안, 왕훙원 등 '사인방'에 반대하는 대규모 시위가 일어나게 된다. 실제 이 시위는 덩샤오핑으로 대표되는 올바른 지도부를 지지하고 장칭 등 사인방을 타도하는 민중 세력 규합의 기초가 되었다.

같은 해 9월 9일 마오쩌둥이 세상을 떠나자 중국 전역은 또 다시 큰 슬픔에 빠지게 되었다. 마오쩌둥이 아직 병상에 있던 그해 8월 왕전(王震, 왕진 : 1908~1993년,

---

* 군인, 정치가로 항일 전쟁 중에는 팔로군 115사단장, 한국 전쟁 초기에 중국 지원군 총사령관을 지냈다. 1958년 당 부주석, 이듬해 국방부장에 올랐으며 문화혁명을 추진하여 마오쩌둥의 후계자로 지명되었으나 1971년 3월 반마오쩌둥 쿠데타를 주도하다가 발각되어 9월에 소련으로 탈출하던 중 몽골에서 비행기가 추락하여 사망하였다.

** 1976년 4월 5일, 문화대혁명 이래의 마오쩌둥 사상의 절대화 풍조와 가부장 체제에 대한 민중들이 일으킨 사건이다. 이는 1989년 6월 4일 후야오방(胡耀邦) 사망을 계기로 민주화를 요구하며 일으킨 톈안먼 사건과 다르다.

1988년 중국 국가 부주석에 오른 인물)과 예젠잉(葉劍英, 엽검영 :
1897~1986년, 군사과학원軍事科學院 초대 원장 및 중국 군사위원회
軍事委員會 부주석 역임) 등은 사인방을 언급하게 되었고 왕
전이 먼저 그들을 체포하여 문제의 화근을 제거하자는
의견을 내었다. 예젠잉도 그와 같은 뜻임을 밝혔다. 마오
쩌둥이 세상을 떠난 다음날인 9월 10일 예젠잉은 당시 실
세였던 화궈펑(華國峰, 화국봉 : 1921~2008년)*을 처음 예방한
자리에서 사인방의 체포와 관련한 말을 암시하였으나 화
궈펑은 이를 알아차렸으면서도 구체적인 언급을 피한 채
마오쩌둥의 시신 처리 문제로 화제를 돌렸다.

왕전 초상

　9월 12일이 되자 중앙정치국 위원이었던 녜룽전(聶榮臻, 섭영진)은 인민해방군
장교 양청우(楊成武, 양성무)를 통해 예젠잉에게 "사인방은 무슨 일을 저지를지 모
르는 위험인물들이다. 그들이 일을 꾸미지 못하도록 하기 위해서는 우리가 먼저
손을 써서 과감하게 결단을 내려야 한다. 그래야만 만일의 사태에 대비할 수 있
다"고 전하였다. 며칠 후 예젠잉은 세 차례에 걸쳐 화궈펑을 만나 스탈린이 죽은
후 말렌코프(Malenkov, 1902~1988년)가 그 뒤를 이었고 다시 후르시초프(Khrushchyov,
1894~1971년)**가 권력을 잡은 사례를 들며 그를 설득하였다. 결국 화궈펑은 원로
들의 지지를 받는다는 명분을 전제로 사인방 체포에 동의하게 된다.

　장칭 쪽에서도 장춘차오가 권력 찬탈의 시나리오를 작성한 후 사인방의 반
대 세력을 진압하여 숙청할 작업에 돌입하였다. 9월 16일 사인방이 「마오쩌둥 주
석은 우리의 가슴 속에 영원히 살아계신다(毛主席永遠活在我們心中)」란 사설을 발표
하면서 마오쩌둥의 '임종 시 마지막 당부'와 '기존방침 고수방안' 등을 공개하였
다. 또한 마오쩌둥 주석이 직접 지시했다는 덩샤오핑 및 '우경 복권 기류 저지(反

* 1938년 항일게릴라전에 참가하면서 중국공산당에 가입했다. 1959년 마오쩌둥에게 발탁되어 후난성 위원회
  서기가 되었고, '린뱌오(林彪)사건'으로 중앙에 진출, 사인방을 제거하는 데 협조하는 등 1970년대 국가 주석
  까지 역임했으나 실용주의 정책의 덩샤오핑 세력에 의해 실권을 빼앗겼다.
** 스탈린의 후계자로 유력시되었던 말렌코프가 1953년 3월 스탈린 사후 총리가 되었으나, '스탈린 비판'을 제
  기한 후르시초프(혹은 흐루쇼프)와 지도권 다툼에 패하여 마침내 1955년 2월 총리를 사임하였다.

撃右傾翻案風 : 반격우경번안풍, 즉 우경분자로 비판 받아 처벌된 이들에 대한 판결 번복 및 복권 활동에 반대하는 것을 말함)'에 대한 투쟁을 지속적으로 심화시켜 나갈 것이라고 호언장담하였다.

　같은 해 10월, 사인방의 음모와 계략은 칼날을 번뜩이며 '반혁명세력진압'을 위한 준비를 끝내는 등 일촉즉발, 마지막 카드를 뽑기 직전의 국면을 맞이하게 된다. 야오원위안은 "왜 그 반혁명분자들을 총살시키지 않는가? 손에 피를 안 묻히고 집권하는 것은 불가능하다"며 흥분했으며 왕홍원은 "상하이에서 개 백 마리 찾는 것은 어려워도 반혁명분자 일만 명, 아니 십만 명 찾는 것은 누워서 떡먹기다"라고 목청을 높였다. 사인방은 '민중에게 알리는 글' 등을 미리 준비해 놓았을 뿐만 아니라 정변 후에 전 세계에 이러한 사실을 공표하고 상하이와 베이징의 민병무장조직(民兵 : 평상시는 생업에 종사하다가 전시에 투입하는 무장조직)을 기반으로 정치 무대에서의 최후이자 최악의 공연을 준비하고 있었다.

　10월 1일 칭화대학교(淸華大學)로 향한 장칭은 덩샤오핑은 마오쩌둥 주석을 두려워하고 있으며 그를 당적에서 제적시켜야 한다고 주장하면서 자신도 스스로 단련하여 그들과의 투쟁을 계속해 나가겠다고 결심했음을 밝히기도 하였다. 10월 2일 왕홍원은 스스로 '초상화'를 제작하는 등 집권을 위한 준비에 여념이 없었다. 마오쩌둥이 세상을 떠난 후 사인방은 베이징 외곽의 장갑부대 참모장 두 명을 교체하고 이어서 10월 7, 8, 9일에 대단한 희소식이 있다고 선전함으로써 상하이 시내에서 경사에 사용되는 붉은 종이와 폭죽의 소비를 부추기기도 하였다.

　당시 권력을 쥐고 있던 핵심 인물인 화궈펑은 장칭의 안하무인을 더 이상 두고 볼 수 없게 되자 결심을 굳히게 된다. 우선 군사위원회를 주도하고 있던 예젠잉과 중앙호위부대를 총괄하던 왕둥싱(王東興, 왕동흥) 등 군대와의 협조를 긴밀히 하였다. 또한 가급적 합법적인 방법을 취하기 위하여 관련 인사들과의 일대일 면담을 시도하였고 그 결과 정치국 다수의 의견을 규합했다는 합법성을 어느 정도 인정받을 수 있게 되었다.

새 시대를 여는 희열

　확실한 성공을 거두기 위하여 예젠잉 등은 반복적인 협상을 통해 모든 과정에 있어 치밀한 계획을 세운 후, 군대와의 긴밀한 협조를 꾀하고 중앙 기관을 철저히 장악함은 물론 육·해·공군으로 하여금 경계를 강화하도록 하였다. 10월 6일 저녁 7시를 기하여 예젠잉의 차량이 중난하이(中南海)의 화이런탕에 진입하였다. 화이런탕 내에 미리 준비된 병풍을 경계로 화궈펑과 예젠잉은 그 앞의 소파에 앉고 왕둥싱과 호위부대는 병풍 뒤에 진을 치며 사인방을 기다렸다.

가장 먼저 장춘차오가 문서를 팔에 낀 채 의기양양하게 도착하였고 그가 문을 들어서는 즉시 그의 호위병들은 문밖에 격리되었다. 다소 의아해하며 들어서던 그는 근엄하게 앉아 있는 예젠잉을 보게 되었으며 화궈펑은 일어나서 그가 결코 묵과할 수 없는 범죄를 지었으며 이에 중앙에서는 격리재판을 결정하였고 바로 집행할 것임을 공표하였다. 장춘차오는 두 다리가 떨리는 것을 느꼈지만 안경만 만지작거렸을 뿐 아무런 반항 없이 교도관들에 이끌려 나가게 된다.

그 다음으로 기세등등하게 도착한 왕훙원은 그와 함께 따라 들어 온 호위병들을 보고 회의에 참석하러 온 자신에게 어쩔 셈이냐며 호통을 쳐대고 주먹과 발길질을 하는 등 반항했지만 바로 체포당했다. 그는 화궈펑과 예젠잉을 보며 자신의 마지막이 임박했음을 절감하였으며, 그들이 이렇게 빨리 행동할 줄은 몰랐다고 절규하였지만 때는 이미 늦은 후였다.

8시 15분이 되어서야 나타난 야오원위안은 회의실에 들어오게 할 필요도 없이 동쪽 휴게실에서 체포하도록 하였으며, 화궈펑은 모습을 드러내지 않은 채, 중앙호위국 부과장이 이러한 사실을 공표하였다. 권력의 실세의 비호를 받던 그는 이미 과거의 인물로 전락하여 어리둥절해 할 사이도 없이 호위병들에게 끌려 나갔다.

화이런탕의 작전이 긴장 속에서 진행되고 있는 사이, 또 다른 한 팀은 중난하이 완쯔랑(万字廊, 만자랑)에 도착하였다. 이 임무를 맡은 중앙호위단의 장야오츠(張耀祠, 장요사) 단장이 영장을 다 읽은 후에도 장칭은 분노에 찬 눈으로 그를 노려볼 뿐 입을 꾹 다문 채 소파에 앉아 꼼짝하지 않았다. 그러나 잠시 후 일어나 허리춤에서 열쇠 하나를 꺼내 봉투에 넣은 후 '화궈펑 동지에게'라고 쓰고 나서 장야오츠에게 건네었다. 그리고는 평소에 타던 전용차에 태워져 압송되었다.

화궈펑과 예젠잉이 주축이 된 중국공산당의 핵심지도부는 사인방을 무혈진압하게 되었으며, 바로 그 다음날부터 각지에 있던 사인방 수하들도 체포되어 격리재판에 회부되었다.

▶▶ 역사의 흐름에 어떤 영향을 미쳤을까?

문혁 기간 중 중국의 경제적 손실은 5천 억 위안에 달하였으며, 중국인들에게도 매우 큰 재난과 고통을 안겨주었다. 또한 국가적으로도 그 기틀이 흔들리는 심각한 상황을 맞게 되었다. 그러나 사인방을 체포하게 됨으로써 중국인들은 무한한 기쁨을 만끽하게 되었으며 10년 동안 시달렸던 고통의 시간에 마침표를 찍고 역사의 새 장을 열 수 있게 되었다.

6. 중국, 개혁개방을 하다

중국의 개혁개방은 중국공산당 제11기 중앙위원회 3차 전체회의(이후 '중공중앙11기3중전회'로 약칭함)를 계기로 시작되었다고 할 수 있다. 이 회의를 마친 후 줄곧 '좌경' 노선을 고수하던 중국 정부의 정책에도 변화가 생기기 시작하였으며, 현실적이고 효과적인 일련의 정책들이 실시됨에 따라 향후 수십 년간의 발전을 이룩할 수 있었던 것으로 평가되고 있다. 중국은 물론 앞으로도 계속 발전 추세를 이어나갈 것이며 '중공중앙11기3중전회'가 중국의 부흥에 사상적 기반과 정책적 방향을 제시했다고 볼 수 있다.

'진리의 기준'에 대한 대토론

1976년 10월 '사인방'이 체포된 후, 중국 국민은 '사인방'에 대한 철저한 수사 및 파벌정치 타파, 혼란 국면의 조속한 수습, 그리고 문화대혁명 기간 중에 날조되거나 오심을 받은 안건에 대한 시정 등을 요구하며 덩샤오핑(鄧小平)과 천윈(陳雲, 진운) 등이 조속히 중앙정부를 이끌어 주기를 기대하였다. 그러나 당시 중국

공산당을 주도했던 화궈펑(華國鋒)은 "마오쩌둥의 기치를 고양한다"는 미명 아래 이를 저지하고 훼방하였다. 그는 "마오쩌둥 주석이 결정한 일이면 어떠한 경우에도 이를 견지하여야 하며, 마오쩌둥 주석이 지시한 일이면 어떠한 경우에도 이를 지켜야 한다"는 입장을 보였다.

덩샤오핑의 친필 '진리를 검증할 유일한 기준은 바로 '실천'이다(實踐是檢驗眞理的'唯一標準')'의 표제

'문화대혁명'이 끝난 후 중국은 문화대혁명이 남긴 해독과 '좌경' 노선의 영향을 제거하고 혼란한 국면을 안정시키는 것이 급선무였다. 그러나 화궈펑의 '두 가지 착각'으로 말미암아 중국의 각 분야별 정책이 방향을 상실하고 배회하였다. 그럼에도 불구하고 이 시기는 중국이 국가적 차원에서의 사상 해방을 통해 두뇌쇄신, 사기진작, 역사진보 등을 이루어야 할 시기임이 강조되었다.

1977년 4월 10일 덩샤오핑은 중국공산당 중앙위원회에 보낸 서한을 통해 마오쩌둥 사상을 제대로 정확하게 해석하여 중국의 발전을 꾀하여야 한다고 밝혔다. 그해 7월 중국공산당 제10기 중앙위원회 3차 전체회의 석상에서 덩샤오핑은 이 원칙에 대한 한 단계 더 구체적인 해석을 내놓았다. 또한 1978년 5월 11일 「광명일보(光明日報)」에 '진리를 검증할 유일한 기준은 바로 실천이다(實踐是檢驗眞理的唯一標準)'라는 글을 발표했는데, 이로써 진리에 관한 대토론의 서막이 열리게 된다. 신화사는 발표 당일 이 문장을 곧바로 소개하였으며, 12일에는 「인민일보(人民日報)」, 「해방군보(解放軍報)」 등에 동시에 게재되었고 그 후 중국 전역의 성, 시, 자치구 일간지 등이 모두 이를 게재하였다.

이 문장은 마르크스주의의 '실천'이란 관점에서 어떠한 이론도 실천으로 검증되어야만 한다는 점을 지적하고 있다. 그는 또한 "성경에 있는 것만이 진실이다"라는 견해를 왜곡된 것으로 단정하고 사인방이 인류에게 씌운 정신적 족쇄는 타파해야 할 대상으로 보았다. 문장이 발표되자, 중국 전역에서 진리의 기준에 대한 대토론이 벌어졌으며 공산당 안팎의 많은 지지층이 이 문장을 옹호하기에 이르렀다. 특히 중국공산당의 핵심지도층이었던 덩샤오핑, 예젠잉, 리셴녠(李先念, 이선념), 천윈 등이 이 문장의 관점을 적극 지지하면서 토론은 점차 중국 전역

으로 확산되었다.

"진리를 검증할 유일한 기준은 바로 실천이다." 이에 대한 토론은 중국의 국가적 미래와 운명에 직결되는 문제였다. 이는 린뱌오(林彪) 등 '사인방'의 죄상을 철저히 파헤쳐 혼란 국면을 수습하는 막강한 원동력이 되었을 뿐만 아니라 중국인들의 '사상 해방'에도 지대한 영향을 끼치게 됨으로써 마르크스 레닌주의와 마오쩌둥 사상의 체계를 정확히 파악하도록 해주었다고 자평하고 있다. 또한 이로써 중공중앙11기3중전회 개최와 마르크스주의 사상 노선의 재확립 및 공산당의 주요 업무 전환 등에 이론적인 기초를 확립하게 된다.

중국공산당 제11기 중앙위원회 3차 전체회의, 개혁 개방을 하다

1978년 12월 18일부터 22일까지 베이징에서 개최된 중공중앙11기3중전회에는 169명의 중앙위원과 112명의 후보중앙위원이 출석하였으며, 지방정부 및 중앙기관 관료들이 참석하였다. 전체회의에 앞서 11월 10일부터 12월 15일까지 실무회의를 개최하여 이번 대회를 준비하였으며 실무회의의 폐회식에서 덩샤오핑은 「사상해방, 실사구시, 일치단결, 미래지향(思想解放, 實事求是, 團結一致, 向前看)」이란 주제로 폐막연설을 하였다.

그는 '사상해방'은 당면한 중요 정치문제로서 '민주'야말로 사상해방의 중요한 전제조건이라고 역설하였다. 구태 청산은 미래를 향해 나가기 위함이며 다가올 새로운 상황에 대한 연구를 통해 새로 발생하는 문제들을 해결해야 함을 강조하였다. 지금 개혁이 이루어지지 않는다면 현대화로의 발전과 사회주의 정책은 그대로 사장될 수밖에 없다고 보았던 것이다. 이에 남보다 근면함을 무기로 소득이 많아진 일부 지역, 일부 기업, 일부 근로자와 농민의 생활수준을 우선적으로 향상시키고자 하였다. 이는 매우 방대한 거시적 정책이며 덩샤오핑의 이번 연설은 실제로 중공중앙11기3중전회의 주제 보고와 같다고 할 수 있을 것이다.

중공중앙11기3중전회는 마르크스주의를 바탕으로 한 중국공산당의 사상과 정치방향을 새롭게 규정하였을 뿐만 아니라 화궈펑의 '두 가지 착각'을 비판함으로써 사상해방, 사고혁신, 실사구시, 일치단결, 미래지향이라는 새로운 지도방침을 확정하게 되었다. 이로써 "계급투쟁을 강령으로 삼는다"라는 구호의 사용

을 중지하는 결정을 내렸으며 '문화대혁명'과 이전의 '좌
경' 노선의 착오를 전면 바로잡음으로써 1976년 '사인방'
체포 후의 어지러운 국면을 안정시키고자 하였다.

중공중앙11기3중전회에서 결정한 중국공산당의 향후
업무추진 방향은 사회주의 현대화 확립에 있다. 심각한 불
균형을 보이는 중국 국민경제의 주요 지표의 문제 해결에
힘쓰고 농업발전 추진 정책을 제정하는 한편, 『중공중앙 농
업발전추진관련 약간 규정 초안(中共中央關于加快農業發展若干
問題的決定(草案))』과 『농촌인력 기업근무 조례 시행초안(農村

리셴녠 초상

人民公司工作條例(試行草案))』을 각 지방정부에 발송하여 토론을 진행하도록 하는데
동의하였다. 1979년부터 1980년 국민경제계획을 세우는데 원칙적으로 동의하여
토론을 거친 후 수정안이 제5기 인민대표대회 2차 회의에서 통과될 수 있도록 하
였다. 또한 경제관리 시스템 내부에 권력이 과도하게 집중되는 폐단을 개혁하고
경제규칙에 따라 정책을 시행하며 시장의 역할 중시, 사회주의적 민주 확립, 사회
주의 법제 강화 등의 의무를 제시하였다.

중공중앙11기3중전회에서는 마르크스주의 이론을 재확립하고 '문화대혁
명' 과정에서 발생한 중대 정치사건과 역사가 남긴 과제를 진지하게 논의하여
'우경 복권 기류 저지' 및 '톈안먼 사건(天安門事件)'과 관련된 잘못된 문서를 철회
하기로 결정하였다. 또한 펑더화이(彭德懷, 팽덕회), 타오주(陶鑄, 도주), 보이보(薄一
波, 박일파), 양상쿤(楊尚昆, 양상곤) 등에 대한 잘못된 판결을 시정하고 '61명의 반역
자' 들도 복원시켰다.

이번 중공중앙11기3중전회를 통해 천윈이 중공중앙의 부주석으로 선출되었
으며 덩잉차오(鄧穎超, 등영초), 후야오방(胡耀邦, 호요방 : 1915~1989년)*, 왕전(王震)이
중공중앙 정치국 위원으로 선출되었다. 또한 중공중앙11기3중전회 이후 발생할

---

* 1966년 문화대혁명 때 실각된 후, 1973년 덩샤오핑이 복권되자 다시 활약하였다. 1978년 정치국 위원, 1980년
정치국 상무위원을 거친 후 당 중앙서기처 총서기로서 당의 실권을 장악하고, 1981년 중국공산당 중앙위원회
주석에 선출되었다.

덩샤오핑이 중공중앙에 보낸 서한(수기 일부)

현실적인 변화와 업무상의 필요에 입각한 임시조치로서 황커성(黃克誠, 황극성), 숭런츙(宋任窮, 송임궁), 후차오무(胡喬木, 호교목), 시중쉰(習仲勛, 습중훈), 왕런중(王任重, 왕임중), 황훠칭(黃火靑, 황화청), 천짜이다오(陳再道, 진재도), 한광(韓光, 한광), 주후이(周惠, 주혜) 등을 중앙위원으로 보충하였으며, 향후 중국공산당 제12기 중앙위원회에서 승인받도록 제청하였다. 또한 천윈을 초대 주석으로 하는 중공중앙기율검사위원회를 선출하였다.

중공중앙11기3중전회는 오랜 기간 '좌경' 노선에 묶여 있던 속박에서 벗어나 중국공산당의 지도사상을 바로잡고 마르크스주의의 사상노선, 정치노선, 조직노선을 새롭게 확립하여 중국공산당 정부수립 이래 역사적인 전환점을 맞이하도록 함으로써 사회주의 정책의 건전한 발전을 도모할 수 있는 여건을 형성해 주었다. 이러한 전환이야말로 덩샤오핑을 중심으로 한 제2대 중국 지도부의 탄생과 사회주의 현대화 시대로의 진입을 가능하게 하였다고 볼 수 있다.

덩샤오핑의 집권

국가 영수로서 덩샤오핑(鄧小平, 등소평 : 1904~1997년)*의 양대 업적을 꼽는다면 중국의 경제성장의 발판 마련과 중국을 세계무대의 주역으로 등장시킨 것을 들 수 있다. 경제발전을 중국공산당의 주요 목표로 삼았다는 점, 그리고 중국의 문호를 개방한 점은 경제 분야에 있어 그의 가장 큰 공헌 가운데 하나라고 평가할 수 있다. 특히 덩샤오핑은 가장 먼저 '대외개방' 정책과 '경제특구' 발전에 주목하였으며, 경제특구가 개방정책의 유력한 상징물이 되도록 하였다.

---

* 1966년 문화대혁명 때 실각된 후 1973년 저우언라이의 추천으로 복권되었으나, 1976년 4인방에 의해 다시 실각되었다. 마오쩌둥 사후 화궈펑과 5년간의 권력투쟁 끝에 1981년 권력을 장악하였다. 이때부터 실용주의 노선에 입각하여 과감한 개혁조치들을 단행하였다.

덩샤오핑이 추진한 개혁정책은 눈부신 성과를 얻게 되어 1980년부터 1993년까지 13년 동안 중국의 경제성장률은 매년 8%의 속도로 증가하게 되었다. 이러한 발전 속도는 '아시아의 네 마리 용(한국, 싱가포르, 홍콩, 타이완)'에 버금가는 수준으로서 유럽 국가들의 발전 속도를 능가하는 것이었다. 1980년부터 1990년까지 중국의 대외무역액은 380억 달러에서 1150억 달러까지 증가하였다. 이는 대외

제11대 삼중전회 석상에서 발언하는 덩샤오핑

무역활동이 미미했던 중국이 대외무역을 경제발전의 동력으로 삼는 나라로 발전한 것이다. 1990년에 이르러 중국에 투자 또는 기존 투자를 확대하는 외국기업이 3만 업체를 넘어섰으며 투자총액도 20억 달러를 초과하는 등 중국의 외자 유치 규모는 다른 개발도상 국가들의 수준을 넘어섰다. 이로써 국민 생활수준도 개선되었다.

1950년부터 1972년 미국의 닉슨 전 대통령이 중국을 방문하기 전까지 중국은 세계와 단절된 상태였다. 국제사회의 중국에 대한 이해 정도는 갈수록 낮아졌으며 중국 역시 세계를 이해하는 시야가 협소해져만 갔다. 그러나 덩샤오핑은 이 모든 것을 바꾸어 놓게 된다. 그의 지도력을 바탕으로 중국은 외국의 자본을 유치하고 기술과 공상업의 발전 전략 등을 도입하여 현대화 요구에 신속하게 부응할 수 있었다. 덩샤오핑은 또한 국제적, 지역적 분쟁문제를 해결함에 있어 중국이 그 국력에 상응하는 영향력을 발휘하도록 하는 등 국제문제에 접근하는 중국의 입장에 변화를 가져옴으로써 더 이상 혁명, 전쟁 등을 역설하지 않게 되었다.

중국은 세계의 긴장 국면을 해소하고 '분쟁이 극렬한 지역'의 정세 완화에도 노력을 기울이고 있으며 국제통화기금(International Monetary Fund, IMF), 국제 형사경찰 기구(International Criminal Police Organization, ICPO) 등 여러 국제기구에도 적극 가입하였다.

1978년 3월 19일 베이징에서 개최된 '전국과학기술대회(全國科學技術大會 : 중국 최대의 과학기술행사)'에서 덩샤오핑은 "과학은 갈수록 중요성이 더해지고 있는

생산동력"이라고 역설하고 '지식 존중', '인재 존중'을 강조하였다. 그는 또한 "중국은 20세기 중에 농업, 공업, 국방, 과학기술의 현대화를 실현함으로써 현대화를 달성한 사회주의 강국으로 거듭날 것이다. 이는 중국 국민이 함께 이뤄내야 할 사명이다"라고 강조하면서 "'4대 현대화'의 관건은 과학기술의 현대화이며 과학기술의 현대화 없이는 농업, 공업, 국방의 현대화도 이뤄낼 수 없다"고 보았다. '전국과학기술대회'의 개막은 '4대 현대화'의 시작을 알리는 호각 소리로서 중국의 과학기술 정책과 사회주의 현대화 사업이 새로운 발전의 시기에 진입했음을 알리는 상징이 되었다.

▶▶ 역사의 흐름에 어떤 영향을 미쳤을까?

덩샤오핑을 중심으로 한 중국의 제2대 지도부는 중국의 개혁개방을 주도하면서 농촌에서 도시에 이르기까지, 경제체제에서 출발하여 사회 각 분야에 이르기까지, 대내적으로 신바람을 일으키는 것에서부터 역사의 위대한 한 페이지를 장식할 대외 개방을 이뤄내기까지 중국 특색의 사회주의를 확립해 나갔다.

7. 홍콩과 마카오 반환으로 국치를 씻다

타국의 침략으로 인한 영토의 상실이야말로 주권의 권위성과 국가의 존엄성이 훼손되는 가장 치욕적인 일로서 형용할 수 없는 비통함에 젖게 된다. 중국의 근대사에도 이러한 비극이 끊임없이 발생했지만 홍콩과 마카오를 잃은 충격에 비할 수 있는 것은 아마 없었을 것이다. 따라서 중국이 통일을 이루어 국제적 위상을 높이는데 있어 홍콩과 마카오 반환만큼 절실한 것은 없다고 볼 수 있다.

홍콩과 마카오

중국 남해(南海)의 관문이자 극동의 자유 항구인 홍콩(香港)은 아시아·태평양

지역의 무역, 해상운송, 그리고 국제
금융의 중심 도시이다. 주장 강(珠江, 주
강) 입구의 동쪽, 선전(深圳, 심수)시 남
쪽에 위치하고 있으며 광저우(廣州)시
로부터 130킬로미터 떨어진 지점에 자
리하고 있다. 세계 항로의 요충지이자
화남(華南)의 길목을 지키는 관문으로
서 홍콩 섬, 주룽(九龍, 구룡), 신제(新界,

1983년 6월 26일 덩샤오핑이 미국 뉴저지 시튼홀 대학교(Seton Hall University) 양리위(楊力宇) 교수를 접견하고 '일국양제'의 구상에 대해 설명하고 있다.

신계) 등 3개 지역으로 구성되어 있다. 홍콩 섬의 면적은 75.6제곱킬로미터이며
주룽은 11.1제곱킬로미터, 신제(다위산 섬大嶼山島 등 주변 섬 230여 개를 아우르는 지역)
는 975.1제곱킬로미터, 기타 신 매립지 9.2제곱킬로미터 등 육지 총면적은 1071.8
제곱킬로미터이다. 이 가운데 도심 면적은 166제곱킬로미터로서 전체의 15.6%
를 차지하고 있으며 인구는 678만5천 명(2000년 기준)이다. 전체 인구의 80%가 가
늘고 긴 배산임해지(背山臨海地)에 위치하고 있으며 육지 면적에 비해 인구가 많아
서 인구밀도가 매우 높은 편에 속한다. 거주민의 98%가 중국 교포이며 특히 광둥
(廣東) 출신이 많다.

　　자고이래 중국의 신성한 영토로 여겨졌던 홍콩은 청(淸)나라 정부의 통치 시
기에는 광둥성 신안현(新安縣 : 지금의 선전시) 관할에 속하였다. 18세기 중반 이후
영국인이 주축이 된 외국 상인들이 홍콩을 통해 아편을 중국으로 들여오기 시작
하면서 1840년 세계를 떠들썩하게 한 아편전쟁이 발발하였다. 부패하고 무능했
던 청나라 정부는 1842년 8월 29일 결국 영국과 최초의 불평등 조약인 「난징조약
(南京條約)」을 맺을 수밖에 없었다. 바로 이 조약의 세 번째 조항에 "홍콩을 영국
왕에게 예속시키고 왕위계승자에게 세습되도록 하며 영국 국왕이 장기간 집권
하며 법에 따라 다스린다"는 규정이 있었던 것이다.

　　1856년 11월 영국은 또 다시 구실을 만들어 프랑스와 연합군을 구성하여 제2
차 아편전쟁을 일으켰으나 청나라 군대는 이 전쟁에서도 연패를 하고 만다. 결국
1860년 10월 24일 영국과 프랑스는 청나라 정부로 하여금 「베이징조약(北京條約)」
을 체결하게 하여 주룽반도(九龍半島) 이남 지역을 영국에게 귀속시키도록 하였

다. 1894년 청일전쟁에서 청나라가 패하자 영국은 프랑스와의 세력 균형을 이유로 1898년 6월 9일 청나라 정부와 다시 「홍콩경계확장특별조항(展拓香港界址專條)」을 체결하여 주룽반도 이북, 선전허(深圳河) 이남 및 주변 230여 개의 섬들을 영국에게 조차하도록 규정하였는데, 이 지역을 새로운 경계란 개념의 '신제(新界)'라 부르게 되었다. 조차기간은 99년으로 1997년까지였다. 결국 영국은 3대 불평등 조약을 통해 홍콩 전체를 차지하게 된 것이다.

청나라 정부가 무너진 후 중국의 역대 정부는 홍콩에 대한 영국의 항구적 주권을 인정하지 않았으며 홍콩 반환을 위해 저마다의 노력을 기울였다. 150년이 흐르는 동안 중국인들은 끊임없이 홍콩 반환을 갈망해 왔으나 이전의 중국정부는 역사적인 제한 요인들로 인해 이 사명을 완수하지 못하였다.

마카오(澳門, 오문)는 중국의 남부 해안 주장 강 삼각주와 시장 강(西江) 삼각주의 남단에 위치하고 있으며 주장 강의 나팔모양의 강 입구 서쪽에 자리 잡고 있다. 본래는 광둥성 샹산현(香山縣 : 지금의 중산시中山市) 관할로 북쪽으로는 주하이(珠海) 궁베이(拱北, 공북)와 경계를 이루고 있으며, 남쪽으로는 드넓은 남해, 동쪽으로는 링딩양(伶仃洋, 령정양)을 사이에 두고 홍콩과 선전을 마주하고 있으며, 서쪽으로는 광둥성 더우먼현(斗門縣, 두문현)의 굽은 모퉁이를 아스라이 바라보고 있다. 마카오 반도와 한즈(函仔, 함자), 루환(路環, 로환) 두 개의 섬으로 이루어져 있는 마카오는 총면적이 23제곱킬로미터이며, 이 가운데 마카오 반도의 면적이 6제곱킬로미터를 차지하고 있다.

마카오 역시 오래 전부터 중국의 영토였다. 1553년 포르투갈 사람들이 광둥의 지방 관료를 뇌물로 매수하여 마카오 부두에 선박을 대고 무역활동을 전개하다가, 1557년부터는 아예 마카오로 들어와서 거주하기 시작하였다. 1840년 아편전쟁이 끝난 후 청나라 정부의 패배를 기회 삼아 마카오를 자유항구로 선포하고 청나라 정부 관료들을 내쫓은 뒤 마카오를 차지하였다. 1887년 포르투갈 정부는 청나라 정부와 「중국-포르투갈회의초안(中葡會議草約)」 및 「중국-포르투갈베이징조약(中葡北京條約)」을 체결하였다. 상기 조약 가운데 "포르투갈이 마카오 및 그 부속 지역에 항구적으로 거주하며 관리한다. 마카오는 포르투갈이 통치하는 다른 여타의 지역과 다름이 없다"라고 규정하였다. 그 후 포르투갈은 그에 속한 다른 영토와 마찬가지로 마카오를 점령하여 왔다.

덩샤오핑과 철의 여인 대처

덩샤오핑은 집권 후, 홍콩과 마카오 문제 해결에 대한 의지를 피력하였다. 그는 홍콩과 마카오 문제의 핵심은 홍콩에 있으며 홍콩 문제가 순조롭게 해결된다면 마카오 문제는 자연스럽게 해결의 실마리를 풀 수 있다고 보았다. 1982년 9월 22일 '철의 여인' 영국의 대처(Margaret Hilda Thatcher : 1925~)* 수상이 중국을 방문하여 덩샤오핑과 홍콩 문제와 관련한 회담을 갖게 된다. 당시 영국은 포클랜드 전쟁(Falklands War)**에서 승리하여 말비나스 제도를 다시 차지하게 되었기 때문에 비행기에서 막 내린 대처 수상의 표정에는 여유와 자신감이 넘쳐 있었다.

9월 24일 중국과 영국의 공식 회담이 시작되었으며 대처 수상은 인민대회당으로 입장하였다. 당시 대외우호협회 회장이었던 덩잉차오(鄧穎超, 등영초) 여사의 안내를 받아 푸젠팅(福建廳, 복건청) 회의실로 향한 대처 수상은 회의실 문이 굳게 잠겨 있고 덩샤오핑이 마중 나와 있지 않은 것을 보고 당황함을 감출 수 없었다. 회의실 문 앞 10여 미터 지점에 이르러서야 문이 열리고 덩샤오핑이 걸어 나와 악수를 청하였다. "현재 재임 중인 영국 수상으로서 중국을 방문하여 이렇게 뵙게 되니 반갑습니다." 방금 전의 당황함 때문이었던지 대처 수상의 첫 마디는 다소 의도적이었다. '현재 재임 중'이라는 말은 덩샤오핑에게 긴장감을 불러일으키고자 한 뜻이 담겨져 있다고 볼 수 있다. 그러나 덩샤오핑의 대답도 매우 절묘했다. "그렇습니다. 영국 수상이라면 저도 한두 분 알고 있는 정도가 아닙니다. 지금은 모두 물러 나셨지요. 중국에 오신 것을 환영합니다."

철의 여인 대처 수상이 중국을 방문하기 전 "홍콩과 관련된 3개 조약은 여전

---

* 1975년 보수당 당수를 거쳐, 1979년 영국 최초의 여성 총리가 되었다. 보수주의 정책 추진과 독단적인 정부운영으로 '철의 여인'이라 불리며, 1983, 1987년 실시된 총선거에서 승리하여 3기 연임이라는 최장기 집권을 하였다.

** 1982년 4월 2일 아르헨티나가 500킬로미터 떨어진 남대서양의 포클랜드 제도(혹은 말비나스 제도)의 영유권을 주장하며 일으킨 전쟁이다. 이 전쟁은 75일 만에 아르헨티나군의 항복으로 종료되었다. 이를 말비나스 전쟁(Malvinas War)이라고도 한다.

히 유효하다"고 천명한 바 있었다. 이 3개 조약대로라면 홍콩 섬과 주룽반도는 영국으로 할양되었기 때문에 다시 언급할 여지가 없으며, 1997년 조차 기간이 끝나는 '신제'만 반환하겠다는 의도가 담겨 있다고 볼 수 있다. 이에 회담이 시작되자마자 대처 수상은 '3개 조약 유효론' 주장을 굽히지 않았다. 그러나 중화인민공화국 정부 수립 이후 중국정부는 이 3개 조약에 대해 영국이 무력을 사용하여 청나라 정부와 체결한 불평등 조약이므로 인정할 수 없다고 선포한 바 있었다. 이에 덩샤오핑은 "주권은 토론의 대상이 아니다", "중국은 이 문제에 관한한 제고의 여지가 없다"고 응수하며, 1997년이 되면 "중국에 반환되어야 하는 부분은 '신제'뿐만이 아니며 홍콩 섬과 주룽반도 역시 반드시 포함되어야 한다"고 강조하였다.

대처 수상은 만약 중국이 홍콩의 중국 반환을 선포한다면 홍콩은 번영 대신 재난에 휩싸이게 될 것이라고 경고했다. 이에 대해 덩샤오핑은 "홍콩의 중국 반환이 선포되어 홍콩에 재난이 닥치더라도 이 재난에 용감히 맞서며 대책을 강구할 것"이라고 흔들림 없는 모습을 보였다. 담판의 시한에 대해서도 덩샤오핑은 1,2년은 더 기다린 후에 홍콩의 중국 반환을 선포할 수 있지만 더는 기다릴 수 없다고 강조하고 만약 중국과 영국의 회담이 결렬된다면 중국은 홍콩 반환의 시점과 방식을 다시 재고할 수밖에 없다고 밝혔다.

1차 회담은 합의점을 찾지 못했지만 덩샤오핑의 담대한 모습은 대처 수상에게 깊은 인상을 남기게 되었으며 '3개 조약 유효론'의 기조도 다소 흔들리게 되었다. 회담이 끝난 후 인민대회당을 나오던 대처 수상은 대문의 계단을 내려오다 마지막 두 번째 계단에서 그만 발에 걸려 넘어지고 만다. 위엄의 상징인 수상이 회담을 마치고 나오면서 타국의 계단에서 넘어진 이 황당한 상황은 세계 각국에서 모인 기자들에게 온갖 추측을 난무하게 만들었다. 포클랜드 전쟁의 승리로 얻은 자신감으로 무장하고 온 중국 방문에서 대처 수상은 전의를 상당 부분 상실하고 돌아갔을 것으로 짐작된다.

덩샤오핑의 강한 의지와 곧은 원칙은 철의 여인 대처의 뜻을 바꾸어 놓기에 이르렀다. 1983년 3월 중국 총리에게 보낸 서한에서 홍콩 전체의 주권을 중국에 반환하는 문제를 국회에 제의하고자 준비 중임을 알려왔다. 2차 회담의 초석이 마련된 셈이었다. 1983년 7월 13일 대처 수상이 다시 중국을 방문하자 중국은 홍콩이 안정적인 반환을 위하여 '중영공동연락기구(中英聯合聯絡小組)'를 설립하여 회담 협상 및 반환과 관련된 구체적인 문제들을 처리할 것을 제안하였다. 이 기구는 1988년 7월 1일 홍콩에 주재하기 시작하여 2000년 1일 1일 철수하게 된다. 1984년 9월 중영 양국은 공동 성명을 발표하고 1997년 7월 1일 중국이 홍콩에 대한 주권을 다시 회복하며 중화인민공화국 홍콩특별행정구 출범을 확정하였다.

국치를 씻다

1997년 7월 1일 홍콩 주권 반환식이 거행되었다. 당시 중국의 국가 주석이었던 장쩌민(江澤民, 강택민)은 "중국이 홍콩에 대한 주권을 다시 행사한다. 중화인민공화국 홍콩특별행정구가 공식 출범한다"고 엄숙하게 선포하였다. 뒤이어 중국 국가가 울려 퍼지는 가운데 중국 국기인 오성홍기와 홍콩특별행정구를 대표하는 자형화(紫荊花, Bauhinia)기가 게양되어 세계 각국의 지구촌 이목을 사로잡았으며 중국 전체가 환희로 가득 찼다. 백년이란 세월의 강을 건너 홍콩은 중국에 반환되었으며 이로써 중국의 국치를 씻게 되었다.

1987년 4월 13일 중국과 포르투갈 정부는 「중화인민공화국정부와 포르투갈 정부의 마카오 문제에 관한 공동성명(中華人民共和國政府和葡萄牙共和國政府關于澳門問題的聯合聲名)」을 체결하고 1999년 12월 20일 마카오에 대한 중국 정부의 주권을 회복하고 마카오특별행정구 출범을 확정하였다. 1999년 12월 20일 마카오 주권 반환식이 거행되었으며 장쩌민 당시 중국 국가 주석이 반환식에 참석하였다.

마카오 반환은 열강에 점령되었던 중국 국토가 모두 온전히 수복되었다는 상징적인 의미를 지니며 역사적으로도 중국 정부의 획기적인 업적으로 인정받고 있다.

▶▶ 역사의 흐름에 어떤 영향을 미쳤을까?

중국 역사의 한 페이지를 장식한 홍콩과 마카오의 반환은 중국의 통일과 부흥을 위한 분기점이 아닐 수 없다. 이로써 중국의 국제적인 위상이 제고되었을 뿐만 아니라 중국이 구시대의 유산을 정리하고 새로운 시대를 맞이하였으며, 더 이상 과거처럼 열강에 의해 좌지우지 되지 않을 것임을 상징하는 지표가 된다고 볼 수 있다.

8. WTO 가입, 사회주의 시장경제를 새롭게 하다

중국은 명청(明淸)시대부터 문호를 걸어 잠그고 쇄국정책을 실시하였다. 여러 가지 원인으로 인해 이러한 추세는 20세기까지 지속된다. 그러나 개혁개방 이후 중국인의 사상에도 큰 변화가 생기게 되어 세계 각국과의 문화교류를 추진하고 상호 장단점을 보완하는 것만이 중국을 진흥시키는 근본적인 대책임을 인식하게 된다. 이에 따라 세계 각국과 외교적 소통을 시작하였으며, 그 가운데 중요한 한 단계가 세계무역기구(WTO) 가입이라고 볼 수 있다.

세계무역기구

세계무역기구(World Trade Organization, 약칭 WTO)는 1995년 1월 1일 출범하였으며, 제네바에 본부를 두고 있다. 1999년 10월말 현재 134개 회원국으로 구성되어 있으며 WTO의 전신은 1947년 창설된 '관세 및 무역에 관한 일반협정(General Agreement on Tariffs and Trade, 약칭 GATT)'이다.

세계무역기구는 유엔으로부터 독립되어 있는 국제기구로서 시장개방과 비차별 공정무역의 원칙하에 세계 무역시장의 완전 자유화 실현을 그 목표로 삼고 있다. 1995년 1월 1일 정식으로 출범하여 세계의 경제와 무역 질서를 관리 감독하고 있으며, 제네바 레만(Leman) 호수가에 있는 GATT 사무국 건물 내에 본부를 두고 있다. 1996년 1월 1일부터 GATT 체제를 정식으로 대체하였다.

세계무역기구의 목표는 완전하고 더욱 적극적이며 항구적인 다자간 무역체제를 확립하는 것이다. '관세와 무역에 관한 일반협정'을 비롯한 기존의 무역 자유화 노력으로 일구어낸 성과들과 '우루과이 라운드 다자간 무역담판(Uruguay

Round of Multinational Trade Negotiation, 약칭 우루과이라운드)'에서 거둔 성과를 바탕으로 다자간 무역체제의 기본원칙을 유지하면서 그러한 체제 목표를 더욱 강화해 나가려고 하고 있다.

스위스 제네바의 세계무역기구 본부

'GATT'와 비교해 볼 때, GATT가 상품 무역만 대상으로 했던 것에 반해 세계무역기구의 관할 범위는 기존의 우루과이라운드에서 새로 확정한 상품 무역 외에도 오랜 기간 'GATT'의 관할 밖에 있었던 지적재산권, 투자 조항, 비상품 무역(서비스 무역) 등의 영역까지 확대되어 있다. 세계무역기구는 법인 지위를 인정받아 회원국 간의 분쟁 조정 등 더 강력한 권위와 영향력을 행사하게 되었다.

세계무역기구는 공식적인 국제무역기구로서 법률적으로 유엔 등의 국제기구와 평등한 지위를 부여 받고 있다. 세계무역기구의 기능은 기존에 'GATT'가 추진하던 다자간 무역 협의와 협상 장소 안배, 포럼 개최 외에도 정기적으로 회원국의 무역 정책을 심의하고 회원국 간에 발생한 무역 분쟁을 처리하는 한편 국제통화기금(IMF)과 세계은행(IBRD)과 협력하여 전 세계 경제 정책의 일관성을 실현하는 데 있다.

세계무역기구의 최고 의사결정기구는 각료회의로서 최소한 2년에 한번 회의를 개최하도록 하고 있다. 산하에 일반이사회와 사무국을 두고 있으며 세계무역기구의 일상적인 회의와 업무를 담당한다. 일반이사회는 상품교역이사회, 서비스교역이사회, 지적재산권이사회 등 3개 이사회와 무역개발위원회, 예산재정관리위원회 등 2개의 위원회를 두고 있다. 이밖에 일반이사회 산하에 무역정책검토기구를 두어 각 위원회 감독 및 국가정책 초안에 대한 평가 보고를 담당토록 하고 있다. 미국, EU, 일본, 캐나다는 2년에 한번 정책 검토 결과를 보고하도록 하고 있으며 상위 선진국 16개국은 4년에 한번, 개발도상국의 경우 6년에 한번 정책 검토 결과를 보고하도록 하고 있다. 분쟁해결기구는 회원국 간에 발생한 분쟁에 대한 중재를 담당한다.

세계무역기구의 회원국은 창설회원국과 가입 신청을 통해 승인된 정식회원국으로 나뉘어진다. 창설회원국은 반드시 '관세와 무역에 관한 일반협정(GATT)'을 체결한 국가여야 하며 신규 회원국이 세계무역기구에 가입하려면 각료회의 3분의 2이상의 회원국들이 찬성표를 던져야만 가능하다.

중국의 WTO 가입

중국은 길고 오랜 협상 과정을 거쳐 세계무역기구에 가입하였다. 1947년 중국은 유엔무역고용회의의 최종 문건에 서명하였으며, 바로 이 회의에서 '관세와 무역에 관한 일반협정(GATT)'이 창설되었다. 1948년 4월 21일 중국은 GATT의 임시 의정서에 서명하였으며, 1982년 9월 GATT 옵저버(참관국) 신청, 1986년 7월 11일 GATT 사무총장에게 정식으로 각서를 제출하여 GATT의 정식회원국으로서의 신분 복원을 요청하였으며, 1988년 2월 가입 협상팀이 구성되어 첫 협상을 진행하였다.

1995년 1월 1일, 마침내 134개 회원국으로 구성된 세계무역기구가 정식으로 출범하여 '관세와 무역에 관한 일반협정'을 대신해 우루과이라운드에서 나온 일련의 협의사항을 실행하고 세계 경제와 무역 질서를 관리하게 된다.

1997년 12월 5일 세계무역기구 개발도상국 회원국들은 제네바에서 성명을 발표하고 중국의 조속한 세계무역기구 가입 요청을 천명하였다. 1998년 4월 8일 종료된 세계무역기구 중국 가입 협상 관련 제7차 회의에서 가입 협상 대표는 성명을 통해 중국이 관세인하와 관련된 일련의 정책을 발표하여 협상단의 폭넓은 인정을 얻음으로써 협상에 실질적 성과를 끌어낸 것으로 평가받았다고 밝혔다. 1999년 4월 10일, 중국 대외무역경제합작부 스광성(石廣生, 석광생) 대외경제무역부장과 샬린 바세프스키 미국 무역대표부가 워싱턴에서 양국 정부를 대표하여 중미간 농업협정을 체결하였으며, 이는 중국이 WTO 가입을 위한 서곡으로 인식되었다. 2001년 7월 3일 중국협상단 수석대표인 룽용투(龍永圖, 용영도) 대외경제무역부 부부장은 중국이 세계무역기구를 가입하기 위한 모든 문제가 해결되었다고 발표하였다.

2001년 11월 11일 19시 35분 스광성(石廣生) 중국 대외경제무역부장은 당시 주룽지(朱鎔基, 주용기 : 1928~)[*] 국무원 총리의 권한을 위임받아 중국이 WTO 가입 의정서에 서명하였음을 대외에 공표하였다. 곧이어 장쩌민(江澤民, 강택민 : 1926~)^{**} 중화인민공화국 주석이 서명한 세계무역기구 가입 비준서를 WTO 사무국장에게 제출하였으며, 이로써 세계무역기구 가입을 위한 중국의 모든 법률적인 절차가 일단락되었다. 중국협상대표단이 'WTO 가

2001년 11월 9일 세계무역기구 제4차 장관급 회의 개막식에 참석한 대외경제무역부 스광성 부장과 룽융투 중국측 수석대표

입'을 위한 모든 법률 문서에 서명을 마치는 순간, 세계 최대의 개발도상국가인 중국은 세계무역기구의 정식 회원이 되었다. 15년간 험난하고 힘든 협상 과정이 지속되었지만 WTO 가입으로 그동안 폐쇄적이었던 중국 체제는 개방적 시장 체제로 변화되었다. WTO 가입을 통해 중국이 대내외적인 개방을 추진할 수 있는 충분한 준비가 이루어진 셈이라고 할 수 있다.

그로부터 한 달 후, WTO의 규정에 따라 중국은 세계무역기구의 정식회원국에 이름을 올렸다. 중국의 WTO 가입은 15년이라는 오랜 협상의 시간이 걸렸지만 새로운 세기를 여는 환호성 속에서 새로운 이정표를 세우게 된다.

▶▶ 역사의 흐름에 어떤 영향을 미쳤을까?

세계무역기구 가입으로 중국의 대외개방정책은 새로운 전환기를 맞이하게 되었다. 이는 중국이 대외개방을 확대하여 글로벌화로 약진하는 분기점이었을 뿐만 아니라 개혁을 심화시키고 사회주의 시장경제체제를 새롭게 정비할 수 있

---

* 1987년 상하이 시장이 되었고, 1989년 톈안먼 사건 때는 군대를 투입하지 않고 충돌 없이 시위대를 해산시켜 지도력을 인정받았다. 1991년 상하이를 방문한 덩샤오핑에게 인정받은 후 개방경제개혁에 착수했으며, 1998년 장쩌민 주석 시절 중국의 제5대 총리에 올랐다.

** 1985년 상하이 시장이 되고, 1987년 당 중앙정치국 위원이 되고, 1989년 자오쯔양(趙紫陽, 조자양)이 톈안먼 사건 때 실각하자, 당 총서기에 선출되었다. 1990년 덩샤오핑이 맡고 있던 국가중앙군사위원회 주석에 선출되었고, 2005년 국가 주석을 후진타오에게 물려주어 평화적 정권교체를 이루었다.

는 계기가 되었던 것이다. 또한 개혁개방정책을 견지하면서 세계 각지와 경제기술교류 및 협력을 강화하여 세계 경제의 번영과 발전에 동참하는 다음과 같은 의미를 지닌다고도 할 수 있다.

첫째, 중국은 더욱 나아진 글로벌 경제 환경 속에서 경제발전과 국제협력을 추진할 수 있게 될 것이다. WTO에 가입하면서 중국은 국제사회에 국제관례에 따라 대외경제무역활동을 펼치겠노라고 굳건하게 약속하였다. 시장 개방을 확대함으로써 책임감 있고 규율을 준수하는 중국의 국가 이미지를 전 세계에 알릴 수 있으며, 이는 중국의 경제투자 환경 개선으로 이어질 수 있다는 기대감을 낳게 한다. 책임감 있고 규율을 준수하는 국가는 국제사회의 존중을 받을 것이며, 이에 따라 중국의 대외경제협력과 교류도 크게 증진될 것이다.

둘째, 중국의 사회주의 시장경제에 한층 더 부합하는 사회체제를 확립해 나갈 수 있을 것이다. 이러한 체제의 3대 기본 요소는 다음과 같다. 먼저 안정적이고 투명하면서 예측 가능한 법률체제를 들 수 있다. 그 다음으로는 깨끗하고 효율적이며 규범화되어 있으며 사회주의 시장경제체제에 부합하는 정치 환경이라 할 것이다. 마지막이 공평하고 합리적이며 체계적인 시장경제 환경이다. 중국은 밀수, 세금포탈, 불량품 유통 등 시장 경제에 혼란을 주는 모든 행위를 지속적으로 타파해 나가는 한편, 지적재산권과 투자자 이익 보호에 더욱 힘을 기울여 공평하고 질서 있는 경쟁 환경을 조성해 나갈 것이다.

셋째, 세계무역기구 가입으로 더욱 개방적인 정책 환경이 조성될 것이다. 중국은 장담한 대로 2002년 1월부터 관세를 인하하여 2001년 15.3%였던 관세를 12%로 인하하였으며, 다수의 상품에 대한 수출입 쿼터 허가증을 철폐하였다. 이렇게 나아간다면 중국은 앞으로 더욱 포괄적이고 다층적이며 예측 가능한 개방체제를 선보일 수 있게 될 것이다.

9. 중국공산당 제16차 전국대표대회, 샤오캉사회를 추구하다

중국공산당은 1921년 성립된 이후 중국 민족과 그 운명을 같이하여 왔다. 20세기부터 현 21세기에 이르기까지 북양군벌(北洋軍閥 : 위안스카이가 신식 육군을 바탕으로 베이징을 무력으로 장악한 군벌의 총칭)을 제압하고 일본군국주의 침략세력을 무찔렀으며 장제스(蔣介石) 정권을 중국 본토에서 쫓아내고 사회주의 국가의 체제를 닦아왔다. 또한 중국의 대내적 개혁과 대외적 개방정책을 점진적으로 추진하면서 중국의 부국강병을 도모하였다. 21세기를 막 여는 시점에서 중국공산당은 세계의 이목이 집중되는 가운데 제16차 전국대표대회를 개최하였다.

개혁개방 후 14년의 중국공산당 역사

1989년 여름은 중국과 중국공산당의 운명을 결정할 매우 중요한 시기였다. 6월 23일부터 24일까지 중국공산당 제13기 4차 전체회의가 베이징에서 개최되었다. 1989년 톈안먼 사태 진압 과정에서 드러난 허점과 중국공산당의 4대 원칙을 소극적으로 수행한 책임을 물어 당시 총서기였던 자오쯔양(趙紫陽, 조자양 : 1919~2005년)*은 모든 공직에서 물러났다. 중국공산당 전체회의에서는 장쩌민(江澤民)을 중국공산당 중앙위원회 총서기로 선출하고, 장쩌민, 쑹핑(宋平, 송평), 리루이환(李瑞環, 이서환) 등을 정치국(政治局) 상무위원(常務委員)으로 선출하였다. 또한 장쩌민, 리펑(李鵬, 이붕), 차오스(喬石, 교석), 야오이린(姚依林, 요의림), 쑹핑, 리루이환 등으로 구성된 권력지도체계를 확립하였다.

전체회의가 폐회된 후 중국의 새로운 지도부는 정치 국면을 신속히 안정시키고 경제 상황을 호전시키는 한편 정신 사상 측면에 있어서도 새로운 전환기를 마련하였다. 1978년 덩샤오핑(鄧小平)은 개인적 위엄만으로는 공산당의 합법성

---

* 1967년 문화대혁명으로 숙청되었다가 복권된 후, 농업진흥과 기업자주권을 확대시켜 현저한 성과를 거두었다. 1979년 당 중앙정치국 위원을 거쳐 1980년 총리가 되었다. 1987년 총서기, 1988년 군사위원회 부주석이 되었으나 1989년 톈안먼 사태 때 민주화 시위에 동조했다는 이유로 실각되었다.

2002년 11월 8일 제15기 중앙위원회 중국공산당 제16차
전국대표대회에서 업무보고를 하고 있는 장쩌민 주석

을 유지하기 어려우며 반드시 '민주제도화, 법제
화'를 이룩하여야 한다고 천명한 바 있다. 마오
쩌둥, 덩샤오핑에 이은 제3대 중국 지도부는 새
로운 시대, 새로운 리더로서의 모습을 보여주게
된다.

　　1992년 10월 12일에서 18일까지 개최된 중국
공산당 제14차 전국대표대회에서 장쩌민은 「개
혁개방과 현대화 건설 가속화, 중국특색의 사회
주의 발전(加快改革開放和現代化建設步伐, 爭取有中國
特色社會主義事業的更大勝利)」을 주제로 한 보고서를 발표하였다. 이 보고서는 중국
공산당 제11기 중앙위원회 3차 전체회의가 개최된 이래 14년 동안의 실적, 기회,
발전 국면 등을 종합하여 중국의 경제체제 개혁 목표를 확정하고 사회주의 시장
경제체제를 확립하여 덩샤오핑이 제기한 중국 특색의 사회주의 이념을 확고히 할
것을 당부하고 있다. 이 대회에서 「중국공산당장정수정안(中國共産黨章程修正案)」이
통과되어 중국 특색의 사회주의 이념과 중국공산당의 기본노선도 확정된다.

　　중국공산당 제14기 중앙위원회 1차 전체회의에서는 중앙정치국 상무위원으
로 장쩌민, 리펑, 차오스, 리루이환, 주룽지, 류화칭(劉華淸, 유화청), 후진타오(胡錦
濤, 호금도)를 선출하고 장쩌민을 중국공산당 중앙위원회 총서기로 선출하였다.
1992년 덩샤오핑의 남방담화(南方談話 : 경제가 발달한 남방을 시찰하며 중국 개혁개방정
책에 대한 더욱 강력한 입장을 당 지도부에 요구함)와 중국공산당 제14기 전국대표대회
를 기점으로 중국의 개혁개방과 현대화 정책은 새로운 국면에 돌입하게 된다.

　　1997년 9월 12일부터 18일까지 베이징에서 열린 중국공산당 제15차 전국대
표대회에서 장쩌민은 「덩샤오핑 이론의 위대한 기치를 고양하여 21세기에도 중
국 특색의 사회주의를 발전시켜 나가자(高擧鄧小平理論偉大旗幟, 把建設有中國特色的
社會主義事業全面推向二十一世紀)」라는 보고서를 발표하였다. 이 보고서에서는 사회
주의 초기 단계에서의 중국공산당 기본 강령과 21세기로 바뀌는 과도기적 시기
에 현대화 발전 추진 전략을 더욱 분명하게 기술하고 있다. 또한 경제체제개혁을
심화하기 위해서는 먼저 공유제(公有制) 경제의 뜻을 확실히 이해할 필요가 있다.

'공유제 경제'는 국유제와 집단소유제뿐만 아니라 혼합소유제 경제 가운데 국유 부분과 집단 소유 부분까지 모두 포함하므로 공유제의 실제 운용방식도 다양하게 나타날 수 있다.

비공유제 경제는 중국의 사회주의 시장경제를 구성하는 중요한 부분이다. 모든 경제정책은 '삼개유리우(三個有利于 : '사회주의 사회의 생산력 증강, 사회주의 국가의 국력 신장, 국민생활 수준 향상'이라는 3대 조건을 만족시켜야 함)' 이념으로 귀결되므로

2002년 11월 15일 베이징에서 개최된 중국공산당 제16기 중앙위원회 제1차 전체회의를 주재하고 주요 업무보고를 하고 있는 후진타오 주석

어떠한 형태의 소유제라도 사회주의 체제를 공고히 하는데 기여하여야 한다는 것을 알 수 있다. 이 보고서에서는 현대화 발전 목표와 각 분야별 사업을 21세기에도 지속적으로 추진할 것을 강조하면서, 이는 무엇보다도 중국공산당 지도부의 끈기 있고 철저한 리더십에 달려 있다고 토로한다.

제15차 전국대표대회에서는 「중국공산당장정수정안에 대한 결의(關于中國共産黨章程修正案的決議)」, 「중국기율검사위원회 업무보고에 관한 결의(中國紀律檢查委員會工作報告的決議)」가 통과되어 중국공산당의 지도이념으로 확정한 덩샤오핑의 이론을 수정 '당장(黨章)'에 명기하였다. 중국공산당 제15기 중앙위원회 1차 전체회의에서는 장쩌민, 리펑, 주룽지, 리루이환, 후진타오, 웨이젠싱(尉健行, 위건행), 리란칭(李嵐淸, 이람청)을 중앙정치국 상임위원으로 선출하고 장쩌민을 중국공산당 중앙위원회 총서기로 선출하였다. 중국공산당 제15기 전국대표대회는 세기가 바뀌는 중대한 시점에서 열린 대회로써 중국인들에게 신세기 발전 방향을 명확히 해준 이정표가 되었다.

제3대 지도부의 뛰어난 리더십과 14년 동안의 부단한 노력으로 사회주의 국가 중국은 세계 사람들이 놀랄만한 경제사회적 발전을 이룩하였으며, 찬란한 역사의 새장을 열어나가고 있다고 자평하고 있다.

중국공산당 제16차 전국대표대회 개최, 샤오캉 사회 건설
2002년 11월 8일 중국공산당 제16차 전국대표대회가 베이징에서 개막되었

다. 이는 신세기를 맞아 처음 열린 중국공산당 전국대표대회로서 중국공산당에 게도 사회주의 현대화 발전 3단계 전략이 새롭게 선보인 시점에서 개최된 매우 중요한 대회라고 할 수 있다. 이 대회에서 장쩌민은 「샤오캉 사회 건설과 중국 특색의 사회주의 신국면 전개(全面建設小康社會, 開創中國特色社會主義事業新局面)」란 보고서를 발표하였다. 이 대회의 주제는 덩샤오핑 이론의 위대한 기치를 고양하고 '삼개대표(三個代表 : 중국공산당이 첨단 생산력의 기대 수요와 선진 문화의 발전 방향, 국민의 기본이익을 대표한다는 사상)' 사상을 관철하며 기존 정책의 지속성과 발전성을 유지하는 한편, 시대적 요구에 보조를 맞추어 '샤오캉 사회(小康社會 : 사회전체 구성원이 중산층 이상의 생활을 누리는 사회를 말함)'를 건설하고 사회주의 현대화와 중국 특색의 사회주의 발전을 더욱 신속하게 추진할 수 있도록 노력하는 것이다.

이 대회를 통하여 '삼개대표' 사상은 마르크스·레닌주의, 마오쩌둥 사상, 덩샤오핑 이론과 함께 중국공산당의 지도이념으로 확정하였다. 또한 새로운 기수의 중앙위원회와 중앙기율검사위원회, 지도부 등이 선출되어 원만한 세대교체를 이룩하였으며, 중국공산당의 두터운 인적 자원과 인재층을 과시하였다.

2002년 11월15일 중국공산당 제16기 중앙위원회 제1차 전체회의가 베이징에서 개최되어 중앙정치국위원, 후보위원, 중앙정치국 상무위원회 위원, 중앙위원회 총서기 등 새로운 지도부 선출, 중앙서기처(中央書記處) 구성원 결의, 중앙군사위원회 구성원 확정, 중앙기율검사위원회 제1차 전체회의를 통한 서기, 부서기, 상무위원 선출 등이 이루어졌다. 이 대회에서 중국공산당 중앙위원회 총서기로 후진타오(胡錦濤, 호금도 : 1942~)*가 선출되었다.

새로 선출된 중국공산당 중앙위원회 총서기 후진타오를 비롯하여 우방궈(吳邦國, 오방국), 원자바오(溫家寶, 온가보 : 1942~)**, 자칭린(賈慶林, 가경림), 쩡칭훙(曾慶紅,

---

* 1965년 칭화대학교 졸업 후, 간쑤성(甘肅省) 수력발전소 노동자로 시작하여 간쑤성 건설위원회 비서가 되었다. 이때 그의 후원자가 되는 간쑤성 당서기 쑹핑(宋平)을 만났다. 1992년 49세 때 중앙당 정치국 상무위원, 1998년 국가 부주석, 2003년 국가 주석, 2004년 중앙군사위원회 주석에 취임했다.

** 1967년 베이징지질학원 광산학과를 졸업한 후, 1968년부터 간쑤성 지질국에서 근무하였다. 1976년 탕산(唐山) 대지진 이후 지진 예보 전문가로 중앙 정부에 의해 능력을 인정받아, 1998년 국무원 부총리를 거쳐, 2003년 후진타오, 우방궈(吳邦國)에 이어 당 서열 3위인 국무원 총리가 되었다.

증경훙), 황쥐(黃菊, 황국), 우관정(吳官正, 오관정), 리창춘(李長春, 이장춘), 뤄간(羅干, 나간) 등이 중앙정치국 상무위원으로 선출되어 인민대회당(人民大會堂)에서 국내외 기자들과 만남을 가졌다. 후진타오는 연설을 통해 중국공산당 제16차 전국대표대회가 성황리에 폐막되었으며, 이 대회는 단결과 승리, 전진, 영속의 대회였다고 자평하였다.

2002년 11월 8일 중국공산당 제16차 전국대표대회가 베이징 인민대회당에서 성대하게 개최되는 모습

새로 선출된 중앙지도부와 각 기구의 임원들을 대표하여 발표한 감사 연설에서 후진타오는 중국인들의 기대에 부응하고 신뢰를 저버리지 않기 위해 덩샤오핑 이론을 고양하고, '삼개대표' 이론을 관철하며, 이 대회에서 결정된 분야별 정책은 당과 국민과의 협력을 통해 기존 정책의 지속성과 발전성을 유지하는 바탕 위에서 시대적 요구에 보조를 맞추어 '샤오캉 사회'를 건설하고 사회주의 현대화와 중국 특색의 사회주의 발전을 더욱 신속하게 추진해 나갈 것임을 천명하였다.

그는 또한 이 대회를 통해 '삼개대표' 사상이 마르크스·레닌주의, 마오쩌둥 사상, 덩샤오핑 이론과 함께 중국공산당의 지도이념으로 확정되었다고 밝히고, 이는 중국에 있어 역사적인 결정이며 앞으로의 발전 방향을 제시하여 주는 기준이 될 것이라고 강조하였다. 16차 전국대표대회에서 장쩌민이 발표한 보고서에는 13년 동안의 실적과 '삼개대표'의 기본 노선 및 새로운 세기를 시작하는 20년 동안의 국가 목표, 경제, 정치, 문화, 국방, 통일, 외교 등에 대한 일련의 목표들이 제시되어 있다고 밝히고, 이는 중국공산당이 중국민의 기대에 부응하면서 담당하여야 할 역할을 잘 명시하고 있다고 지적하면서 향후 새로운 지도부의 행보를 지켜봐 달라고 당부하였다.

후진타오는 또한 이렇게 성숙된 분위기 속에서 중국은 지구촌 사람들과 보조를 맞추며 패기 있고 진취적인 이미지를 구축해 나갈 것이며 단결된 모습으로

2002년 11월 15일 새로 선출된 중공중앙 총서기 후진타오를 비롯하여 중 앙정치국 상무위원회 우방궈, 원자바오, 자칭린, 쩡칭훙, 황쥐, 우관정, 리 창춘, 뤄간 등이 인민대회당에서 중공중앙 제16차 전국대표대회를 취재하 러온 대내외 기자들과 접견하는 모습

현대화 발전 추진, 개혁개방 확대 등을 실천해 나갈 것이라고 말하였다. 아울 러 중국의 내일은 더욱 찬란하고 중국 의 발전은 세계 평화와 번영에 일조할 것이라는 자신감을 강하게 내비쳤다.

그동안의 경험으로 미루어 볼 때 중국공산당은 성숙한 지도이념으로 무장하여 왔다고 자평하고 있다. 중국 은 이 대회를 통해 '삼개대표' 사상을 마르크스·레닌주의, 마오쩌둥 사상, 덩샤 오핑 이론과 함께 중국공산당의 지도이념으로 확정하면서 생각과 정책의 일관 성을 도모하고, 중국민의 결속력을 다지며 현대화와 통일, 세계평화, 중국특색의 사회주의 실현, 나아가 중국 부흥을 이루어내겠다고 고무되어 있다. 중국공산당 제16기 중앙위원회 1차 전체회의에서 새로 선출된 지도부는 이념적 결속을 다지 고 역사적 사명을 감당하면서 '삼개대표' 사상을 토대로 제16차 전국대표대회에 서 채택된 각 분야별 정책을 원만하게 추진해 나갈 수 있을 것으로 기대를 모으 고 있다.

▶▶ 역사의 흐름에 어떤 영향을 미쳤을까?

중국공산당 제16차 전국대표대회의 성공으로 혁명을 통해 집권했던 역사에 서 세대교체를 이룩해 낸 중국은 역사상 가장 젊고 유능한 지도부를 탄생시켰다. 중국공산당 제16기 중앙위원회는 새로운 정치선언이자 정책방향을 담은 보고서 를 발표하여 중국 특색의 사회주의 실현과 '샤오캉 사회' 건설을 향후 목표로 설 정하였다. '당장' 수정안이 통과되고 '삼개대표' 사상이 마르크스·레닌주의, 마 오쩌둥 사상, 덩샤오핑 이론과 함께 지도이념으로 확정되면서 새로운 시대 변화 를 꿈꾸는 지도부의 이념이 대폭 반영되었다고 할 수 있다. 이는 그동안의 경험 과 노력이 축적되어 이룩한 성과로서 향후 중국의 당풍 수립과 국가 발전에 원동 력이 될 것으로 기대되고 있다.

저자 후기

    2년이다. 이 책을 구상하고 글을 쓰면서 겪었던 갖은 고초들이 아직도 눈에 선하기만 하다. 실태조사를 위해 1년에도 수십 차례 도서관을 분주히 오가고, 한 가지 사건을 채택하기 위해 지도 선생님들과, 동료들과 함께 끝없는 토론을 했으며, 논쟁은 그칠 날이 없었고, 중요한 지명 하나를 위해 직접 가는 수고도 마다하지 않았다……. 이 모든 노력은 이 책을 읽게 될 열정적인 독자와 마주할 때, 희열과 행복이라는 일종의 감정으로 모아질 것이다.

    이 책을 대중들과 평범한 소시민에게 바친다. 한 가지 말하고 싶은 것은 알기 쉽게 대중화한 것은 우리가 이 책에서 체현하고자 하는 풍격이었다. 당연히 우리 역시 교수들, 전문가들, 학자들, 평론가들의 비평과 가르침에 솔직 담백하게 대응할 것이며 그들의 비평과 가르침을 바라고 있다. 이 책을 내게 된 것은 바로 대중들 사이에서 역사 지식이 보편화되길 바라던 이유였다. 이 책의 사건들은 대중들 모두가 알고 있어야 하는 지식들이다. 인류의 발전과정은 사실상 두 가지 부분으로 나눌 수 있다. 바로 역사와 미래가 그것이다. 역사는 인류가 겪어온 진실을 기재한 것이다. 역사는 매우 중요하다. 모든 국민이 이 책에 기재된 대사건들을 모두 이해할 수 있게 되기를 바라는 바이다.

    우리는 끊임없이 책의 내용을 체크하고 바로잡고 새롭게 하여, 이 책이 계속 수정 출간될 수 있도록 노력할 것이며, 이 책에 이어 나올 『성찰적 지식인·청년 학생을 위한 세계사 산책』을 포함한 두 권의 책이 도서출판계의 '백년도서' 더 나아가 '천년도서'가 될 수 있기를 희망한다. 하지만 또 하나 바라는 것이 있다면 앞으로 더 추가될 중대사건들이 피 비린내로 가득하거나 폭력과 고난으로 가득한 사건들이 아닌 평화적이고, 신사적이고, 사람들에게 위안을 줄 수 있는 사건들이 되길 바란다.

마지막으로 북경대학, 중국인민대학, 북경사범대학, 호남사범대학 등 대학 역사학과의 교수 및 학생들에게 진심으로 감사를 드리며, 그들의 노고와 노력으로 이 책을 완성할 수 있었다고 전하는 바이다. 많은 지지와 도움을 준 모든 나의 친구들에게 감사의 말을 전한다.

감사합니다!

찾아보기

|ㄱ|

가서한(哥舒翰) 300, 301
가섭마등(迦葉摩騰) 147
가오강(高崗, 고강) 699
가윤(嘉胤) 459
가의(賈誼) 109
가후(賈后) 190, 191, 192
갈영(葛榮) 211, 212
갈이단(噶爾丹) 493, 495, 496, 497, 498
갈이단책령(噶爾丹策零) 487, 493, 499
갈홍(葛洪) 383
감룡(甘龍) 73
감보(甘父) 115
감분서북계약기(勘分西北界約記) 555
감진(鑒眞) 153
강고리(綱古里) 455
강광인(康廣仁) 609
강상(姜尙) 37
강수(康首) 18
강숙(康叔) 35, 37, 38
강승회(康僧會) 148
강유위(康有爲) 570, 572, 573, 576, 608, 609
강저구(姜杵曰) 51
강화도조약(江華島條約) 563
강희(康熙) 486, 488, 491, 492, 495, 497, 500,
    512,
개빈 멘지스(Gavin Menzies) 424
개풍(凱豊) 667
거량(渠梁) 70
건륭황제(乾隆皇帝) 359, 483, 486, 488, 491,
    492, 499, 507, 513, 519, 521

건성(建成) 252
걸(桀) 31
격상가조(格桑嘉措) 483
견란(鄄鸞) 218
견심(甄尋) 141
견풍(甄豊) 141
견한(甄邯) 141
경제(景帝) 63, 66, 67, 108, 110, 112, 113, 107,
    130
경중문(耿仲文) 409
계(啓) 28, 30, 32
계강자(季康子) 54
계일왕(戒日王) 285
고경(高瓊) 343, 344
고계(高啓) 292, 511
고계충(高繼衝) 340
고공(高拱) 429
고구(高俅) 368
고력사(高力士) 297, 298
고모한(高謨翰) 330
고문진(高文津) 473
고병(高騈) 314, 324
고보융(高保融) 340
고복원(高福源) 673
고순장(顧順章) 645
고숭문(高崇文) 310
고영상(高迎祥) 459, 460, 461
고요(皐陶) 30
고의(高儀) 429
고일공(高一功) 464
고작림(顧作霖) 666

고축동(顧祝同) 677
고항(高恒) 487
고환(高歡) 212, 213
고후의 난(高煦之亂) 39
곤(鯀) 28, 29
골로빈(Golovin) 494, 500, 503
공갑(孔甲) 128
공반지달(公班智達) 483
공손가(公孫賈) 77
공손룡(公孫龍) 47
공손앙(公孫鞅) 71
공손하(公孫賀) 126
공손홍(公孫弘) 132
공숙좌(公叔痤) 72, 73
공알견찬(貢嘎堅贊) 479
공자(孔子) 44, 45, 51, 52, 53, 54, 55, 57, 58, 59,
    61, 128, 136
공자건(公子虔) 77
공자진(龔自珍) 292
공종주(孔從周) 676
공진(鞏珍) 424
곽거병(霍去病) 125, 126
곽말약(郭末若) 102, 638
곽무종(郭務悰) 287
곽송령(郭松齡) 658
곽원진(郭元振) 270
곽자의(郭子儀) 269, 301, 305
곽자흥(郭子興) 405
곽환(郭桓) 407
관숙(管叔) 37
관윤(關尹) 45
관중(管仲) 377
관천배(關天培) 530
광주화약(廣州和約) 530
광평왕(廣平王) 305
구겸지(寇謙之) 151

구마라습(鳩摩羅什) 150
구보(裘甫) 321
구애(具瑗) 172
구육(貴由) 399
구준(寇準) 343, 344, 345
구처기(丘處機) 414
구청천(丘淸泉) 692
구추백(瞿秋白) 629, 644, 645
구텐베르크(J. G. Gutenberg) 349, 354
굴원(屈原) 134, 136, 290
극오십(克五十) 453
금나라 세종(世宗) 376
금상인(金相印) 556
금성공주(金城公主) 255
금활리(禽滑厘) 46
급암(汲黯) 63
기백(岐伯) 17
기선(琦善) 529, 536
기영(耆英) 443, 530
기하라 사키미츠(柳原前光) 561
길림장군(吉林將軍) 495
김올술(金兀術) 373, 374
김일성(金日成) 703

| ㄴ |

나병휘(羅炳輝) 668
나여재(羅汝才) 460
나역농(羅亦農) 645
나폴레옹 700, 701
남경조약(南京條約 : 난징조약) 442, 531, 533,
    735
남궁경숙(南宮敬叔) 61
남명의 홍광제(弘光帝) 512
남옥(藍玉) 407, 408
남일(南日) 705
남정서(藍廷瑞) 427

남제운(南霽雲) 303, 304
남창봉기(南昌起義) 634, 653
낭담(郎談) 503
내호아(來護兒) 242, 243
네르친스크(Nerchinsk) 조약 500, 506
녜룽전(聶榮臻, 섭영진) 715
노덕명(盧德銘) 637, 646
노생(盧生) 99, 100, 102
노숙(魯肅) 183, 185
노식(盧植) 178, 179
노신(盧迅) 16, 22, 361, 611, 612
노자(老子) 45, 60, 61, 64, 65, 66, 67, 68, 69,
    108, 317, 318
녹동찬(祿東贊) 254, 255, 257
녹림(綠林) 145, 147
뇌만춘(雷萬春) 303, 304
뇌문광(賴文光) 540
뇌한영(賴漢英) 537
누르하치(努爾哈赤) 450, 453, 454, 455, 457,
    466
누사덕(婁師德) 270
누실(婁室) 372
누조(嫘祖) 17
니덤(Dr. Joseph Needham) 381
닉슨(Richard Milhous Nixon) 715, 716, 718

| ㄷ |
다가와(田川) 473
다융아(多隆阿) 539
단기서(段祺瑞) 601
단화(端華) 548
달라이라마(達賴喇嘛) 479, 481, 482, 484
달와제(達瓦齊) 499
담사동(譚嗣同) 570, 577
담연(曇延) 219
담평산(潭平山) 629

당계요(唐繼堯) 602
당나라 고조(高祖) 248, 262, 316
당나라 고종(高宗) 152, 246, 257, 262, 263, 266,
    267, 268, 272, 278, 317
당나라 대종(代宗) 305, 308, 317
당나라 덕종(德宗) 309
당나라 목종(穆宗) 311
당나라 무종(武宗) 152, 313, 314, 317, 318, 319,
    320
당나라 문종(文宗) 319
당나라 선종(宣宗) 320
당나라 숙종(肅宗) 294, 295, 301, 304
당나라 예종(睿宗) 281
당나라 의종(懿宗) 311, 321
당나라 중종(中宗) 255, 268, 281
당나라 태종(太宗) 151, 152, 245, 246, 247, 248,
    250, 251, 252, 253, 254, 257, 262, 266, 267,
    272, 282, 284, 316
당나라 헌종(憲宗) 152, 279, 310, 311, 312, 317,
    319
당나라 현종(玄宗) 282, 283, 284, 289, 293, 294,
    296, 297, 298, 299, 300, 301, 307, 318
당나라 희종(僖宗) 313, 325
당복(唐福) 385
당생지(唐生智) 646
당안안(唐安安) 359
당요(唐堯) 29
당읍보(堂邑父) 116
당주(唐周) 176
당중우(唐仲友) 358
당형(唐衡) 172
당호(唐鎬) 604
대계도(戴季陶) 642, 677
대량(大梁) 459
대명세(戴名世) 512
대사전약(臺事專約) 561

대우(大禹) 28, 30, 31, 32, 34

대재(戴梓) 492

대진(戴震) 360

대처(Margaret Hilda Thatcher) 737, 738

더글러스 맥아더(Douglas MacArthur) 704

덩샤오핑(鄧小平, 등소평) 692, 726, 728, 729,
    730, 733, 734, 737, 738

덩잉차오(鄧潁超, 등영초) 731, 737

덩화(鄧華, 등화) 705

도곡(陶谷) 336

도광황제(道光皇帝) 443, 526, 527, 529

도르곤(多爾袞) 440, 467, 470, 471, 472

도안(道安) 218

도연명(陶淵明) 290

도적(道積) 218

도종의(陶宗儀) 603

도주(陶澍) 526

동관(童貫) 368

동국강(佟國綱) 503

동랑(董郎) 641

동원순(董元醇) 546

동중서(董仲舒) 59, 130, 131, 132, 133, 357

동진(東晋)의 효무제 196

동창(董昌) 314

동탁(董卓) 179

동한(東漢) 명제(明帝) 156, 157, 160

동한(東漢)의 환제(桓帝) 148

동혼후(東昏侯) 603

두교(杜喬) 170

두낙주(杜洛周) 212

두무(竇武) 172, 173

두보(杜甫) 287, 288, 292, 293, 294, 295, 296

두송(杜松) 456

두심언(杜審言) 292

두씨(竇氏) 172

두언(杜彦) 230

두영(竇嬰) 131

두율명(杜聿明) 692, 693

두주(杜周) 132

두지(杜摯) 73

두태후(竇太后) 131, 167, 172, 173

두헌(竇憲) 167

드니 디드로(Denis Diderot) 490

등무칠(鄧茂七) 427

등발(鄧發) 667

등세창(鄧世昌) 567, 568

등연달(鄧演達) 639

등정정(鄧廷楨) 527, 528

등중하(鄧中夏) 645

등즐(鄧騭) 168

등지성(鄧之誠) 249

등태후(鄧太后) 168

등패(藤牌) 503

| ㄹ |

라이프니츠(Gottfried Wilhelm Leibniz) 490

레닌(Vladimir Lenin) 611, 620, 713

로산이시(羅桑益喜) 482

루서 구드리치(Luther Carrington Goodrich)
    249

루지에리(Michele Ruggleri) 436

루크나딘 400

룽융투(龍永圖, 용영도) 742

뤄간(羅干, 나간) 749

류사오치(劉少奇, 유소기) 699

르젠드르(Charles William Legendre) 559, 560

리란칭(李嵐淸, 이람청) 747

리루이환(李瑞環, 이서환) 747, 745

리셴녠(李先念, 이선념) 729

리지선(李濟深, 이제심) 699

리지웨이(Matthew Bunker Ridgway) 704

리창춘(李長春, 이장춘) 749

리펑(李鵬, 이붕) 747, 745
린뱌오(林彪, 임표) 724, 730

| ㅁ |

마가리(馬嘉理) 사건 558
마관조약(馬關條約 : 시모노세키조약) 569,
　　680, 681
마라(瑪喇) 503
마르코 폴로(Marco Polo) 414
마르크스 381, 387, 491
마림(馬林) 457
마링(Hendricus Maring) 622, 627
마셜(George C. Marshall) 707
마오쩌둥(毛澤東, 모택동) 465, 628, 647, 649,
　　654, 666, 669, 689, 698, 703, 707, 712, 718,
　　729
마옥곤(馬玉昆) 565, 566
마은합(馬銀哈) 498
마인추(馬寅初, 마인초) 708, 709, 711, 712, 714
마젤란(Ferdinand Magellan) 114, 425
마진(馬進) 497
마테오 리치(Matteo Ricci) 435, 436, 439
마환(馬歡) 420, 424
마황후(馬皇后) 606
만복린(萬福麟) 662
만태(滿泰) 453
말렌코프(Malenkov) 725
말제 329, 330
망하조약(望厦條約 : 왕샤조약) 442
매카트니(G. MaCartney) 516, 520, 521, 522
맬더스 713
맹가첩목아(猛哥帖木兒) 450
맹자(孟子) 46, 55, 56, 59
맹창(孟昶) 340
맹태후(孟太后) 371
메이지유신(明治維新) 562, 679

명나라 목종(穆宗) 429
명나라 신종(神宗) 437, 456
모리슨(Robert Morrison) 518
모스타신하라파 400, 401
모용수(慕容垂) 197, 200
모용연쇠(慕容延釗) 339
모용준(慕容雋) 411
몰로토프(Molotov) 685, 686
몽염(蒙恬) 89, 122
몽케(蒙哥) 396, 399
묘패림(苗沛霖) 540
무경(武庚) 34, 37
무술변법(戊戌變法) 570
무왕(武王) 34, 35, 36, 37, 38, 39
무원형(武元衡) 311
무제(武帝 : 사마염) 189, 193
무창봉기(武昌蜂起) 584, 585, 590
무카리(木華黎) 393
무함마드 술탄(摩訶末算端) 395
묵돌선우(冒頓單于) 122
묵자(墨子) 46
묵적(墨翟) 46
문뉴과부(文紐科夫) 503
문무천황(文武天皇) 265
문상(文祥) 550, 554
문성공주(文成公主) 254, 255, 256, 257, 258
문제의 황후 두씨(竇氏) 63
미자계(微子啓) 34
민자건(閔子騫) 54
민제(閔帝) 327

| ㅂ |

바스코 다 가마(Vasco da Gama) 424, 425
바실리예프스키(Vasilievsky) 686
바이주(拜住, 배주) 400
바이타르(拜答兒) 399

바투(拔都) 399
박고(博古) 664, 669, 670
박이제길특씨(博爾濟吉特氏) 441
박혁(博奕) 316, 317
반고(班固) 114, 137, 140
반귀비(潘貴妃) 603
반달이선(班達爾善) 503
반미(潘美) 340, 342
반선라마(班禪喇嘛) 479, 481
반성(潘晟) 432
발렌틴(Valentijn) 475
발리냐노(Alexander Valignano) 436, 437
방관(房琯) 294, 301
방길납(方吉納) 455
방랍(方臘) 368
방백겸(方伯謙) 565
방본인(方本仁) 659
방진무(方振武) 660
방현(方絢) 606
방현령(房玄齡) 262
방효표(方孝標) 512
방훈(龐勳) 321
배도(裴度) 311, 312
배적(裴寂) 262
백거이(白居易) 251
백봉상(白鳳翔) 676
백빈(白斌) 497
백숭희(白崇禧) 659
백익(伯益) 30
번손(樊遜) 215
범문정(範文程) 467
범질(範質) 334, 336
범한걸(範漢杰) 689
법지(法智) 220
법현(法顯) 150
베더(Beder) 476

보고르주(博爾朮) 393
보광(普曠) 220
보이보(薄一波, 박일파) 731
복고양(僕固瑒) 305
복고회은(僕固懷恩) 305
복림(福臨) 466
복이 179
볼테르(Voltaire) 489
봉상청(封常淸) 300
부견(符堅) 195, 196, 197, 198, 199, 200, 201
부륜(溥倫) 599
부우(負隅) 340
부융(符融) 197, 198, 199, 201
부의(溥儀) 599, 657
부작의(傅作義, 푸쭤이) 694
부차(夫差) 237, 239
북경조약(北京條約 : 베이징조약) 444, 543,
    735
북위(北魏) 효문제(孝文帝) 201, 210
북위(北魏)의 태무제(太武帝) 151
북위(北魏)의 효무제(孝武帝) 213
북주(北周) 무제(武帝) 225, 315
북주(北周) 효민제(孝閔帝) 216
불신(佛信) 424
블레머(Blemer) 528
비수대전(淝水大戰) 195, 200, 201
비양고(費揚古) 498

| ㅅ |
사리홀(謝里忽) 364
사마경(司馬囧) 192
사마광(司馬光) 337, 509
사마담(司馬淡) 44, 63, 134
사마등(司馬騰) 194
사마량(司馬亮) 190, 192
사마염(司馬炎) 189, 193

사마영(司馬潁) 192, 194
사마예(司馬乂) 192
사마옹(司馬顒) 192
사마요(司馬曜) 196
사마월(司馬越) 192, 193
사마위(司馬瑋) 190, 191, 192
사마윤(司馬倫) 191, 192
사마천(司馬遷) 16, 44, 55, 117, 134, 135, 136,
    137, 138
사마치(司馬熾) 193
사마흉(司馬遹) 191
사몽란(史夢蘭) 359
사사명(史思明) 299, 300, 302, 305
사사정(查嗣庭) 512
사상보(師尙父) 34, 36
사석(謝石) 197, 198
사안(謝安) 196, 201
사이고 쓰구미치(西鄕從道) 560
사조의(史朝儀) 305, 306, 308
사토(佐藤) 685
사헌성(史憲誠) 312
사현(謝玄) 197, 198, 199, 201
살가반지달(薩迦班智達) 479, 480
살포소(薩布素) 502, 503
삼감의 난(三監之亂) 39
삼무일종(三武一宗) 320
삼번의 난(三藩之難) 465, 472, 478
삼환(三桓) 51, 52
상(相) 30
상관완아(上官婉兒) 273
상앙(商鞅) 70, 71, 72, 73, 74, 75, 76, 77, 78, 85,
    131, 434
상양(尙讓) 323, 325
상우춘(常遇春) 406
상유한(桑維翰) 328, 329
상음괴(常蔭槐) 662

상제(殤帝) 168
상하이성명(上海公報) 721
색액도(索額圖) 503
샬 폰 벨(J. A. Schall von Bell) 439, 440, 441
서경당(徐景唐) 641
서계(徐階) 427
서광계(徐光啓) 437, 438, 444
서달(徐達) 406
서불(徐市) 100
서술기(徐述夔) 513, 514
서신선생(緖紳先生) 102
서욱(徐旭) 22
서원희(徐元喜) 197
서준(徐駿) 513
서특립(徐特立) 639
서황(徐晃) 188
석가모니(釋迦牟尼) 148
석경당(石敬瑭) 326, 327, 328, 329, 330, 331
석노(石魯) 364
석달개(石達開) 535, 537, 538
석도안(釋道安) 149
석수신(石守信) 335
선무제(宣武帝) 원각(元恪) 210
선중화(宣中華) 643
선지(高仙芝) 299
선초(單超) 172
설악(薛岳) 664
설호(薛嵩) 309
섭사성(聶士成) 564
섭영진(聶榮臻) 630, 637
섭적찬보(聶赤贊普) 254
성경장군(盛京將軍) 495
성왕(成王) 35, 37, 38
성제(成帝) 138, 139, 140
성하지맹(城下之盟) 530
세네카(Seneca) 436

소강(少康) 31
소공(召公) 35
소공석(召公奭) 34, 38
소달람(蕭撻覽) 343, 344
소마가(蕭摩訶) 230
소순흠(蘇舜欽) 292
소식(蘇軾) 292, 508
소에지마 다네오미(副島種臣) 559
소원충(邵元冲) 675
소작(蘇綽) 224
소정묘(少正卯) 52
소제(少帝) 168
소조귀(蕭朝貴) 535
소조정(蘇兆征) 631, 645
소진(蘇秦) 131
소철(蘇轍) 50
소초녀(蕭楚女) 630
소하(蕭何) 63, 64, 170
소하(蕭河) 111
소후(蕭后) 239
손건(孫建) 141
손권(孫權) 148, 182, 183, 184, 185, 186
손무(孫武) 45
손빈(孫臏) 46, 136
손수(孫壽) 169
손원량(孫元良) 692
손자(孫子) 45, 46
손전방(孫傳芳) 361, 632
손정(孫程) 168
손중산(孫中山) 596, 609, 627, 628, 630, 655
손하(孫夏) 179
송강(宋江) 368
송경(宋璟) 282
송경령(宋慶齡) 635, 639
송교인(宋敎仁) 597
송나라 신종(神宗) 279

송나라 인종(仁宗) 161, 279
송나라 태종(太宗) 279
송나라 휘종(徽宗) 371
송문매(宋文梅) 676
송서(宋恕) 607
송찬간포(松贊干布) 253, 254, 255, 257, 258
수나라 공제(恭帝) 244
수나라 문제(文帝) 151, 226, 232, 233, 242, 316
수나라 양제(煬帝) 232, 237, 238, 239, 240, 242,
    243, 244, 251
수부타이(速不台) 395, 396, 398
숙도(叔度) 34
숙선(叔鮮) 34
숙손통(叔孫通) 128
숙우(叔虞) 38
순(舜) 20, 34
순우곤(淳于髡) 48
순우월(淳于越) 96, 97
순자(荀子) 356
순치황제(順治皇帝) 441
숭정황제(崇禎皇帝) 417, 439
쉬샹첸(徐向前, 서향전) 715
스광성(石廣生, 석광생) 742
스탈린 713, 725
승맹(僧猛) 218
승면(僧勔) 218
승종(承宗) 310, 311
승천황태후(承天皇太后) 342
시문경(施文慶) 229
시영(柴榮) 314, 331
시종훈(柴宗訓) 336
시진경(施進卿) 422
신기질(辛棄疾) 292
신농씨(神農氏) 19, 34
신도(愼到) 48, 49, 50
신불해(申不害) 131

신수(神秀) 276, 277
신해혁명 594, 597, 611, 617
신호의 난(宸濠之亂) 39
심객경(沈客卿) 229
심괄(沈括) 350, 379, 380
쑹칭링(宋慶齡, 송경령) 635, 639, 699
쑹핑(宋平, 송평) 745

| ㅇ |
아골타(阿骨打) 365, 366, 367
아라감(阿羅憾) 286
아리가 나가오(有賀長雄) 598
아보기(阿保機) 328
아편전쟁(阿片戰爭) 434, 442, 686, 735
아황(娥皇) 603
악거공(樂巨公) 63
악비(岳飛) 372, 373, 374, 375
악진(樂進) 188
안경서(安慶緖) 302
안고경(顏杲卿) 300
안녹산(安祿山) 298, 299, 300, 301
안로(顏路) 53
안사(安史)의 난 294, 295, 296, 298, 299, 306,
    307, 342
안사고(顏師古) 248
안세고(安世高) 148
안수충(安守忠) 300, 301
안연(顏淵) 54
안제(安帝) 168
안진경(顏眞卿) 300
안체성(安體誠) 643
안회(顏回) 54
알리불(斡里不) 369
암허스트(Amherst) 700
애제(哀帝) 139
야오원위안(姚文元, 요문원) 722, 724, 727

야오이린(姚依林, 요의림) 745
야율덕광(耶律德光) 328, 329, 330
야율아보기(耶律阿保機) 362
야율융서(耶律隆緖) 342
양견(楊堅) 225, 226, 227, 232
양계초(梁啓超) 114, 608
양광(楊廣) 227, 228, 232
양광원(楊光遠) 329, 330
양국충(楊國忠) 297, 298, 299
양귀비(楊貴妃) 296, 297, 299
양기(梁冀) 169, 170, 171, 172
양무제(梁武帝) 315
양사성(梁師成) 368
양사인(楊師人) 339
양상(梁商) 169
양상쿤(楊尙昆, 양상곤) 668, 731
양성(梁成) 197
양소(楊素) 227, 229
양신(楊愼) 292
양연랑(楊延郎) 343
양우정(楊宇霆) 656, 658
양웅(揚雄) 357
양자(楊子) 46
양전(楊戩) 368
양정균(楊廷筠) 438
양준(楊俊) 227, 228, 229
양준(楊駿) 190
양청우(楊成武, 양성무) 725
양태후(梁太后) 169, 172
양행밀(楊行密) 314
양현감(楊玄感) 243, 244
양혜림(楊惠林) 310
양호성(楊虎城) 674, 678
양희문(楊希文) 301
얼릴게(臬振鷄) 327
엄예(嚴藥) 358

에드거 스노우(Edgar Snow) 716
여록(呂祿) 106
여무후(呂武侯) 169
여분민(余奔民) 647
여불위(呂不韋) 79
여사면(呂思勉) 43
여산(呂産) 106
여쇄도(余灑度) 647
여씨(呂氏) 황후 106, 112
여씨(呂氏)의 난 64, 107
여원홍(黎元洪) 599, 601
연영(燕榮) 227, 228
열자(列子) 318
염구(冉求) 54
염백우(冉伯牛) 54
염석산(閻錫山) 656
염유(冉有) 55
염제(炎帝) 19, 20, 24
염현(閻顯) 168
엽정(葉挺) 636, 637, 638
엽지초(葉志超) 680
엽향고(葉向高) 438
엽호(葉護) 305
영가(永嘉)의 난 203
영록(榮祿) 595
영륜(伶倫) 18
영양왕(嬰陽王) 242
영왕(永王) 289
영제(靈帝) 148, 166, 172, 173
예수게이(也速該) 391
예젠잉(葉劍英, 엽검영) 715, 725, 726, 729
예종(叡宗) 268
오고내(烏古乃) 364, 365
오고타이(窩闊台) 395, 396, 398, 399
오광(吳廣) 128, 136
오기(吳起) 71

오대십국(五代十國) 314, 326
5·4운동 611, 614, 617, 618, 631
오삼계(吳三桂) 417, 465, 467, 469, 471, 472
오소성(吳少誠) 311
오소양(吳少陽) 311
오수권(伍修權) 668
오예(吳芮) 106
오옥장(吳玉章) 639
오원제(吳元濟) 311
오장경(吳長慶) 594
오준승(吳俊升) 656
오철성(吳鐵城) 662
오토 브라운(Otto Braun) 664, 669, 670
오패부(吳佩孚) 632
옥진공주(玉眞公主) 289
완난득(王難得) 305
완안성(完顔晟) 366, 367
완안아골타 365, 366
완안양(完顔襄) 392
완안종망(完安宗望) 372
완안종보(完顔宗補) 372
완안종한(完安宗翰) 372
완안철개(完顔撒改) 366
완안희윤(完顔希尹) 368
완적(阮籍) 290
왕가상(王稼祥) 667
왕가파(王苛波) 645
왕거정(王居正) 604
왕경(王景) 155, 156, 157, 158, 159, 160, 161
왕근(王根) 139
왕둥싱(王東興, 왕동흥) 726
왕령(王令) 292
왕망(王莽) 119, 138, 139, 140, 141, 142, 143, 144, 145, 146, 147, 155, 156
왕명(王明) 663
왕박(王薄) 243

왕보(王黼) 368

왕보(王甫) 173

왕봉(王鳳) 139

왕부(王溥) 173, 334

왕사진(王士眞) 310

왕상(王商) 139

왕선지(王仙芝) 313, 322, 323

왕세영(王世英) 674

왕세적(王世積) 227, 228

왕수인(王守仁) 153, 280, 358

왕순(王舜) 141

왕심기(王審琦) 335

왕안석(王安石) 434

왕언(王彦) 373

왕언승(王彦升) 335

왕오(王吳) 156, 157

왕완성(完顏晟) 367

왕유(王維) 279

왕은례(王恩禮) 305

왕음(王音) 139

왕읍(王邑) 141

왕응린(王應麟) 50

왕이탁(王爾琢) 653

왕장(王臧) 131

왕전(王翦) 411

왕전(王震, 왕진) 731, 724

왕전빈(王全斌) 340

왕정(王禎) 350, 352, 353

왕정군(王政君) 139, 140

왕정위(汪精衛) 632, 677

왕정주(王廷湊) 312

왕좌(王佐) 650, 651

왕준(王浚) 194

왕지흥(王智興) 312

왕충명(王忠銘) 437

왕칸(王汗) 392

왕탁(王鐸) 324

왕품(王稟) 370

왕현(王顯) 198

왕현책(王玄策) 286

왕회오(王會悟) 624

왕효걸(王孝杰) 270

왕홍원(王洪文, 황홍문) 723, 724, 727

왕흠약(王欽若) 343, 345

요(堯) 20, 34

요건오(廖乾吾) 638

요나라 도종(道宗) 387

요숭(姚崇) 282

요장(姚萇) 200

요중개(廖仲愷) 630

우(禹) 20, 28, 29, 30, 31, 32, 37

우관정(吳官正, 오관정) 749

우문각(宇文覺) 216

우문개(宇文愷) 238

우문술(宇文述) 230, 242

우문옹(宇文邕) 314

우문태(宇文泰) 213, 216, 224

우문호(宇文護) 218

우문화급(宇文化及) 244

우방귀(吳邦國, 오방국) 748

우봉지(于鳳至) 658

우순(虞舜) 29

우왕(禹王) 134, 156

우지산(于芷山) 671

우학충(于學忠) 677

우한(吳晗) 409

우현왕(右賢王) 126

운대영(惲代英) 630, 637

원굉(元宏) 205

원문재(袁文才) 650, 651

원보거(元寶炬) 213

원선견(元善見) 213

원세개(袁世凱) 594, 596, 597, 602, 611

원심(元深) 211

원융(元融) 211

원자바오(溫家寶, 온가보) 748

원제(元帝) 139, 140

원조(袁晁) 321

웨이젠싱(尉健行, 위건행) 747

위(魏)나라 태무제(太武帝) 219

위(魏)나라 혜왕(惠王) 72, 73

위거(韋渠) 278

위관(衛綰) 131

위료(尉繚) 79

위모(魏牟) 47

위백양(魏伯陽) 382

위식의(威式毅) 671

위원숭(衛元嵩) 217

위저(韋杵) 638

위정(魏征) 245, 246, 252

위지공(尉遲公) 252

위청(衛青) 117, 124, 125

위황후(韋皇后) 273, 281

유계(劉啓) 107

유계오(劉桂五) 676

유광의(劉光義) 340

유귀철(劉貴哲) 301

유다전(劉多荃) 676

유뢰지(劉牢之) 198

유방(劉邦) 63, 106, 108, 110, 111

유백승(劉伯承) 637, 638, 692

유병충(劉秉忠) 413

유보(劉普) 172

유복통(劉福通) 405

유비(劉濞) 113

유비(劉備) 182, 183, 184, 186, 188

유상청(劉尙淸) 659

유소기(劉少奇) 667

유수(劉秀) 146, 167

유승해(劉承偕) 312, 313

유안(劉安) 69

유여명(劉汝明) 692

유연(劉淵) 194

유오(劉悟) 311, 312, 313

유요(劉曜) 202

유우석(劉禹錫) 279

유인은(劉仁恩) 227

유장(劉莊) 147, 157, 160

유종(劉琮) 183

유종원(柳宗元) 279

유지원(劉知遠) 328

유직순(柳直荀) 643

유철(劉徹) 124, 126

유총(劉總) 311

유치(劉峙) 677

유통(劉通) 427

유표(劉表) 182, 183

유항(劉恒) 107

유향(劉向) 44

유황후(劉皇后) 330

유흠(劉歆) 44, 141

육가(陸賈) 66

육구연(陸九淵) 153, 280, 356

육유(陸游) 292

육정상(陸征祥) 599

육조 혜능(慧能) 274, 275, 276, 279, 280

육종여(陸宗輿) 615

육진(六鎭)의 봉기 210

윤자기(尹子奇) 302, 303

의정법사(義淨法師) 152

의화단 운동(義和團運動) 445

이강(李綱) 370

이계(李系) 324

이고(李固) 170

이광리(李廣利) 135

이광필(李光弼) 289, 301, 302, 305

이국창(李國昌) 327

이귀인(李歸仁) 305

이균(李筠) 338

이극용(李克用) 327

이단(李旦) 268, 281

이달(李達) 621, 624

이담(李聃) 317

이대소(李大釗) 611, 613, 616, 621, 622, 629, 635

이덕유(李德裕) 313, 320

이릉(李陵) 135

이립삼(李立三) 639, 645

이마두(利瑪竇) 435

이목(李牧) 92

이미(李彌) 692

이방언(李邦彦) 370

이백(李白) 287, 288, 289, 290, 291, 292, 293, 296

이보신(李寶臣) 309

이부춘(李富春) 668

이사(李斯) 79, 81, 97, 98, 101

이사도(李師道) 311

이사사(李師師) 359

이사업(李嗣業) 305

이사원(李嗣源) 327

이서성(李書城) 623

이석림(李石林) 692

이석증(李石曾) 662

이선장(李善長) 409

이세민(李世民) 244, 247, 250, 251, 253, 254

이소설(李써雪) 311

이십일조(二十一條) 598, 594, 602, 614

이양빙(李陽冰) 289

이언(李彦) 368

이연(李淵) 244, 247, 248, 252, 254

이연년(李延年) 692

이염(李炎) 314

이완(李琬) 299

이요(李瑤) 353

이욱(李煜) 341, 603

이융기(李隆基) 281, 289

이임보(李林甫) 293, 297, 298

이자성(李自成) 416

이적(李適) 305

이정(李靖) 248

이제심(李濟深) 640

이종가(李從珂) 327

이종인(李宗仁) 646, 659

이종후(李從厚) 327

이주영(爾朱榮) 211, 212

이주조(爾朱兆) 213

이중무(李重茂) 281

이중진(李重進) 338

이지(李贄) 437

이지조(李之藻) 438

이처운(李處耘) 339

이탁연(李卓然) 668

이하(李賀) 292

이한준(李漢俊) 622

이현(李顯) 268

이형(李亨) 301

이홍장(李鴻章) 608

이회(李悝) 71, 72

이회광(李懷光) 309

이회선(李懷仙) 309

이희열(李希烈) 309, 310, 311

인종(印宗) 278

임구치랑(林久治郎) 660

임권조(林權助) 660

임도림(任道林) 219

임백거(林伯渠) 629
임조함(林祖涵) 639
임표(林彪) 689
임필(任弼) 645
임필시(任弼時) 667

| ㅈ |

자공(子貢) 54, 55
자란틴(札蘭丁) 396
자로(子路) 53, 55
자무카(札木合) 391, 392
자사(子思) 46
자오쯔양(趙紫陽, 조자양) 745
자유(子遊) 54, 55
자장(子張) 54
자칭린(賈慶林, 가경림) 748
자하(子夏) 54, 55
자희태후 595, 609
장각(張角) 174, 175, 176, 177, 179
장개석(蔣介石, 장세스) 630, 634, 635, 659,
　　666, 672, 675, 678, 688, 696, 745
장거정(張居正) 426, 426, 428, 430, 431, 433
장건(張騫) 114, 115, 116, 117
장경달(張敬達) 329, 330
장경혜(張景惠) 671
장구령(張九齡) 282
장국도(張國燾) 623, 624, 628, 637, 667
장군(張群) 662
장대(張岱) 605
장도릉(張道陵) 66
장란(張瀾, 장란) 699
장량(張梁) 177, 179, 180
장만성(張曼成) 177, 178
장문천(張聞天) 667
장문표(張文表) 339
장방기(張邦基) 603, 604

장방창(張邦昌) 370, 371, 372
장병린(章炳麟) 42
장보(張寶) 177, 179, 180
장복총(蔣復璁) 345
장비(張飛) 183
장빈(張賓) 217
장사유(張四維) 432
장서시(張曙時) 639
장석지(張釋之) 111
장소(張昭) 185
장손무기(長孫無忌) 261, 262, 266
장순(張巡) 302, 303, 304
장안(張晏) 137
장야오츠(張耀祠, 장요사) 727
장양(張讓) 173
장얼(蔣讜) 409
장열(章烈) 642
장의(張儀) 131
장자(莊子) 46, 61, 62, 66, 68, 69, 290, 318
장작림(張作霖) 635, 655, 656, 659
장작상(張作相) 656, 659, 662
장장숙(張長叔) 143
장재(張載) 153
장제(章帝) 166, 167
장종상(章宗祥) 615
장종손(張宗遜) 650
장종창(張宗昌) 661
장쩌민(江澤民, 강택민) 739, 747, 745
장춘차오(張春橋, 장춘교) 722, 724, 727
장칭(江青, 강청) 722, 723, 724, 726, 727
장탕(張湯) 132
장태뢰(張太雷) 630
장학량(張學良) 656, 658, 661, 662, 670, 672,
　　678
장해붕(張海鵬) 671
장홍-(萇弘) 61

장홍정(張弘靖) 312

재아(宰我) 55

재풍(載灃) 596

저소손(褚少孫) 138

저옥박(褚玉璞) 661

저우언라이(周恩來, 주은래) 616, 621, 637,
　　638, 639, 699, 716, 724

적금(翟金) 353

적문선(翟文選) 662

적미(赤眉) 145, 147

적벽대전(赤壁大戰) 181, 182, 188, 189

전계안(田季安) 310

전대균(錢大鈞) 640

전병(田騈) 48, 49, 50

전분(田蚡) 131

전숙(田叔) 63

전숙(錢俶) 342

전승사(田承嗣) 300, 309

전신공(田神功) 305

전연지맹(澶淵之盟) 342, 344, 345, 347

전욱(顓頊) 22, 29

전포(田布) 312

전홍정(田弘正) 312

전흥(田興) 310

접자(接子) 48, 49

정강의 변(靖康之變) 368

정난의 역(靖難之役) 33, 39

정덕황제(正德皇帝) 359

정동국(鄭洞國) 690

정애(靜藹) 218

정이(程頤) 355, 356

정정옥(張廷玉) 434

정제(靜帝) 225

정중(鄭衆) 167, 168

정중하(鄭中夏) 621

정호(程顥) 153, 355, 356

정화(鄭和) 419, 422, 423, 424

제(齊)나라 환공(桓公) 72

제1차 국공합작 627, 633

제갈량(諸葛亮) 183, 184, 381

제곡(帝嚳) 29

제극양(齊克讓) 325

제베(哲別) 395, 396, 398

제음왕(濟陰王) 168

제팡(解方, 해방) 705

조관(趙綰) 131

조광윤(趙匡胤) 334, 335, 336, 337, 371

조광의(趙光義) 341, 334

조구(趙構) 371

조귀진(趙歸眞) 318, 320

조덕균(趙德均) 329, 330

조보(趙普) 334, 338, 339

조비(曹丕) 202

조빈(曹彬) 340, 341

조수산(趙壽山) 676

조식(曹植) 290

조여림(曹汝霖) 615

조여변(曹予汴) 438

조연수(趙延壽) 330

조익(趙翼) 250

조인(曹仁) 188

조절(曹節) 173

조제프 가베(Joseph Gabet) 444

조조(晁錯) 109

조조(曹操) 178, 182, 183, 184, 185, 186, 187,
　　188, 189

조참(曹參) 63, 64

조충(趙忠) 172, 173

조태후(曹太后) 330

조파노(趙破奴) 126

조환(趙桓) 370

종간(從諫) 310

종택(宗澤) 373
좌구명(左丘明) 136
좌보귀(左寶貴) 680
좌사(左思) 290
주(紂) 34
주공 단(旦) 34, 36, 37
주극융(朱克融) 312
주극정(朱克靖) 638
주덕(朱德) 637, 638, 653, 654
주돈이(周敦頤) 355, 356
주라후(周羅侯) 228, 229
주룽지 747
주무제 우문옹(宇文邕) 217, 218, 219, 220
주배덕(朱培德) 637
주보권(周保權) 339
주서(朱序) 197, 198, 199, 201
주온(朱溫) 314, 325, 326
주왕(紂王) 34, 56
주운(奏雲) 606
주원장(朱元璋) 404, 407, 410, 415, 429, 606
주유(周瑜) 185, 186, 187, 188
주일군(周逸群) 640
주자곤(周子昆) 665
주준(朱儁) 179
주차(朱泚) 309
주청신(周青臣) 96
주체(朱棣) 415, 420
주치(尤赤) 395, 398, 399
주행봉(周行逢) 339
주혼원(周渾元) 664
주희(朱熹) 59, 153, 356, 357, 358
중강(仲康) 30
중궁(仲弓) 54
중일갑오전쟁(中日甲午戰爭) 595
증삼(曾參) 54
증택생(曾澤生) 689

지현(智炫) 218
직불의(直不疑) 63
직하학파(稷下學派) 48
진(晋)나라 문공(文公) 72
진경(秦景) 147
진관장(陳官莊) 692
진군(陳群) 643
진나라 장양왕(莊襄王) 79
진나라 혜제(惠帝) 190, 191
진나라 회제(懷帝) 193
진독수(陳獨秀) 611, 613, 616, 621, 628, 629,
    633, 636
진선기(陳仙奇) 311
진성(陳誠) 675
진숙보(陳叔寶) 225, 230
진숭(陳崇) 141
진승(陳勝) 128, 136
진시황(秦始皇) 76, 78, 79, 80, 82, 84, 85, 86, 87,
    88, 89, 91, 95, 96, 97, 98, 99, 100, 103, 128,
    162
진왕(晋王) 양광(楊廣) 227
진왕(陳王 : 진승陳勝) 100, 102
진요수(陳堯叟) 343
진우량(陳友諒) 405
진운(陳雲) 667
진입부(陳立夫) 677
진자앙(陳子昂) 291
진장첩(陳長捷) 694
진제당(陳濟棠) 641
진조의(陳祖義) 421, 422
진중(陳仲) 46
진평(陳平) 63, 122
진혜기(陳慧紀) 229
진홍진(陳洪進) 342
진회(秦檜) 374, 375
질제(質帝) 169

질지(郅支) 127

쩡칭훙(曾慶紅, 증경홍) 748

| ㅊ |

차가타이(察合台) 395, 398, 399

차오스(喬石, 교석) 745

창힐(倉頡) 18, 21, 22, 23, 24, 25, 27

채경(蔡京) 368

채륜(蔡倫) 162, 163, 164, 168

채수번(蔡樹蕃) 668

채숙(蔡叔) 37

채원배(蔡元培) 616

채음(蔡愔) 147

채자중(蔡子仲) 143

채정개(蔡廷鍇) 637

채희덕(蔡希德) 302

척계광(戚繼光) 431

척흔(戚欣) 229

천보다(陳伯達) 711

천윈(陳雲, 진운) 728, 729

천이(陳毅, 진의) 637, 640, 653, 692, 715

천조(天祚) 365, 367

청용집(青龍集) 692

청허자(淸虛子) 384

체더부화(怯的不花) 400

최군(崔群) 312

최발(崔發) 141

최언진(崔彦進) 340

최영(崔英) 608

최호(崔浩) 151

추연(鄒衍) 48, 49, 133

축도생(竺道生) 150

축법란(竺法蘭) 147

충제(沖帝) 169

측천무후(則天武后) 152, 263, 267, 268, 269, 270, 271, 272, 273, 274, 283, 316

치우(蚩尤) 16, 19, 20

칠국의 난(七國之亂) 33, 39, 113

7왕의 난(七王之亂) 64

칭기즈칸(成吉思汗) 390, 392, 393, 394, 397, 398

| ㅋ |

캉성(康生, 강생) 712, 713

콜럼버스 114, 380

쿠빌라이(忽必烈) 241, 390, 396, 413

클라크 장군(Mark Wayne Clark) 706

키신저(Henry Alfred Kissinger) 717

| ㅌ |

타오주(陶鑄, 도주) 731

탁발도(拓跋燾) 314

탁발징(拓跋澄) 203, 204

탈라스 전투 165

탕무(湯武) 56

탕옥린(湯玉麟) 662

탕화(湯和) 409

태강(太康) 30

태평공주(太平公主) 273, 281, 282

태평천국의 난 445, 606

터너 조이(C. Turner Joy) 705

테렌츠(Johann Terrenz) 439

테무친(鐵木眞) 390, 392, 393, 394, 397, 398

토돌승최(吐突承璀) 310

툴루이(拖雷) 395, 396, 398, 399, 400

| ㅍ |

파육한발릉(破六韓拔陵) 210, 212

파재(波才) 177, 178, 179

팔왕의 난(八王之亂) 33, 39, 189, 190, 193, 195, 202

팔칠회의(八七會議) 642, 645, 648

팽공달(彭公達) 645

팽덕회(彭德懷) 654, 664

팽몽(彭蒙) 50

팽배(彭湃) 637, 645

팽언(彭偃) 317

팽탈(彭脫) 177, 179

팽택민(彭澤民) 639

펑더화이(彭德懷, 팽덕회) 703, 731

평안(平晏) 141

평제(平帝) 139

포조(鮑照) 290

포츠담 선언(Potsdam Declaration) 684

풍국장(馮國璋) 601

풍영왕(馮瀛王) 350

풍옥상(馮玉祥) 659

풍응경(馮應京) 438

프랭크 굿노(Frank Johnson Goodnow) 598

필승(畢昇) 347, 349, 353, 354

| ㅎ |

하두인(夏斗寅) 643

하란진명(賀蘭進明) 304

하룡(賀龍) 636, 637, 638

하약필(賀若弼) 227, 228, 230

하응흠(何應欽) 677

하지장(賀知章) 288

하진(何進) 177

하천리(何千里) 659

하향의(何香擬) 639

학소(郝昭) 381, 382

한금호(韓擒虎) 227, 228, 230

한나라 고조(高祖) 108, 109, 111, 128

한나라 광무제(光武帝) 146

한나라 명제(明帝) 147

한나라 무제(武帝) 59, 63, 91, 107, 113, 117,
    119, 126, 127, 128, 129, 130, 131, 132, 133,
    134, 135, 136

한나라 문제(文帝) 66, 67

한나라 선제(宣帝) 127

한나라 소제(昭帝) 127

한나라 원제(元帝) 138

한비자(韓非子) 97

한세충(韓世忠) 373

한연휘(韓延徽) 330

한유(韓愈) 291, 317, 320, 357

한임아(韓林兒) 405, 406

한중(韓衆) 100

한착(寒浞) 31

한충(韓忠) 179

한통(韓通) 335

함보(函普) 363, 364

항영(項英) 667

핵리발(劾里鉢) 365, 366

향충발(向忠發) 645

허원(許遠) 302, 304

현엽(炫燁) 441

현장법사(玄奘法師) 152, 249, 285, 316

혜능(惠能) 274, 275, 276, 277, 278, 279, 280

혜시(惠施) 46, 47, 62

혜왕(惠王) 48, 49, 55, 62

혜원(慧遠) 149, 219

혜제(惠帝) 108, 111, 128

호빈(胡彬) 197

호엘룬(孋月倫) 391

호유용(胡惟庸) 407, 410, 408

호한야선우(呼韓邪單宇) 127

혼야왕(渾邪王) 125

홍인(弘忍) 276, 277

화귀펑(華國峰, 화국봉) 725, 726

화목란(花木蘭) 273

화제(和帝) 166, 167, 168

확광(霍光) 171

환연(環淵) 48, 49

환제(桓帝) 169, 170, 172

환충(桓衝) 196

황개(黃盖) 187

황건(黃巾)의 봉기 174, 175, 176, 180, 181

황경인(黃景仁) 292

황백도(黃伯韜) 691, 692

황보숭(皇甫嵩) 178, 179, 180

황소(黃巢) 313, 321, 322, 323, 324, 325, 326

황소횡(黃紹竑) 640

황유(黃維) 692

황제(黃帝) 16, 17, 19, 20, 22, 23, 24, 29, 34, 108, 136

황쥐(黃菊, 황국) 749

황포조약(黃埔條約 : 황푸조약) 442

회창멸불(會昌滅佛) 314

회창법난(會昌法難) 152

회해신사(懷海神師) 280

효공(孝公) 70, 72, 73, 76

후경(侯景)의 난 316

후당(後唐)의 명종(明宗) 327

후당(後唐)의 말제(末帝) 327

후르시초프(Khrushchyov) 725

후민(後緡) 31

후생(侯生) 99, 102

후야오방(胡耀邦, 호요방) 731

후예(後羿) 30, 31

후진(後晋)의 태조(太祖) 330

후진타오(胡錦濤, 호금도) 747, 748

후투라한(忽圖剌汗) 391

훌라구(旭烈兀) 398, 400, 401

희송(姬宋) 51, 52

희종(僖宗) 321

희흡(熙洽) 671

성찰적 지식인·청년 학생을 위한
중국사 산책

2011년 10월 17일 초판 1쇄 인쇄
2011년 10월 24일 초판 1쇄 발행

지은이 | 쑨톄
옮긴이 | 이화진

펴낸이 | 이성우
편집주간 | 손일수
편집 | 이수경·김정현
마케팅 | 황혜영

펴낸곳 | 도서출판 일빛
등록번호 | 제10-1424호(1990년 4월 6일)
주소 | 121-837 서울시 마포구 서교동 339-4 가나빌딩 2층
전화 | 02) 3142-1703~5
팩스 | 02) 3142-1706
전자우편 | ilbit@naver.com

값 28,000원
ISBN 978-89-5645-159-6 (03910)

우편요금
수취인 후납 부담

유효기간
2011.7.6~2013.7.5

마포우체국승인
제40556호

우 편 엽 서

자르는 선

보내는 사람

도서출판 **일빛**

서울시 마포구 서교동 339 - 4 (2층)

ilbit@naver.com

| 1 | 2 | 1 | – | 8 | 3 | 7 |

- ■ **구입한 책 제목**

- ■ **구입한 서점**

  □ 온라인 서점 (   ) □ 오프라인 서점 (   )

- ■ **구입한 날짜**   년   월   일

- ■ **구입한 동기** (해당 란에 ∨표시)

  □ 신간안내나 서평을 보고 [에 실린글]
  □ 서점에서 우연히 눈에 띄어서
  □ 주위의 권유 [로부터]
  □ 선물로 받음 [에게서]

- ■ **구입하신 책에 대한 소감이나 도서출판 일빛에 하고 싶은 말씀을 적어주세요.**

  (내용 · 제목 · 표지 · 책값 등)

- ■ **독자님께서 관심 있는 책의 분야는 무엇입니까?** (해당란에 ∨표시, 복수응답 가능)

  □ 역사   □ 문학   □ 문화예술   □ 사회과학   □ 자연과학
  □ 외국어   □ 실용   □ 아동 · 청소년   □ 경제경영   □ 자기계발

- ■ **독자 회원란**

이름		성별		나이	

  1. 생년월일 |
  2. 직업 |
  3. 연락처 | E-mail |
  4. 요즘 읽은 책 중 다른 사람에게 권하고 싶은 책 |
  5. 구독하고 있는 신문 · 잡지 |

  • 독자님의 소중한 개인정보는 외부로 유출되지 않도록 철저히 관리하겠습니다.